Nicolai Cajetani Ageta J. C.

Annotationes

Nicolai Cajetani Ageta J. C.

Annotationes

ISBN/EAN: 9783741171819

Manufactured in Europe, USA, Canada, Australia, Japa

Cover: Foto ©Andreas Hilbeck / pixelio.de

Manufactured and distributed by brebook publishing software
(www.brebook.com)

Nicolai Cajetani Ageta J. C.

Annotationes

NICOLAI CAJETANI AGETA J. C.

PARTHENOPÆI, &c.

ANNOTATIONES

PRO REGIO ÆRARIO.

Tempus admonet humanis rebus indesinenter accomodum (dum res nobis etiã asperas captata super opinione conciliat) ut illationum Fiscalium curam annua festivitate reparemus: Quoniam Reipublicæ ordo, tali constituto, & merito votorum sistere cernitur, quod pro cunctorum utilitate præstatur. Diligenda sunt ista, unde Respublica videtur esse firmissima; quæ dum redeunte censu reficitur, status sui firmissimo robore continetur.

M. Aurelius Cassiodorus var. lib. XII. Epist. XVI.

ANNOTATIONES
PRO REGIO ÆRARIO

AD SUPREMI REGIÆ CAMERÆ SUMMARIÆ SENATUS REGNI NEAPOLIS

DECISIONES

PER LUCULENTOS TRACTATUS, ET QUÆSTIONES AD REM FISCALEM ATTINENTES,

EXARATAS,

A præclarissimo J. C. Spectabili D. ANNIBALE MOLES, *ejusdem Regiæ Cameræ Præsidente, postmodum in Supremo Italiæ Consilio,*

Apud Invictissimum, Potentissimumque Hispaniarum Monarcham, PHILIPPUM II. à latere Consiliario, & demum in hoc Regno Regiam Cancellariam dignissime Regente.

NOSTRA ÆTATE, ANNO 1670. IN LUCEM EDITAS.

Quibus virili spiritu plurima, ad Regalia Jura sustinenda, augenda, atque administranda, luculentissimè elucidantur.

OPUS THESAURARIUM

Magistratibus, Advocatis, Cæterisque in Foro versantibus perutile, & jucundum.

QUATUOR IN PARTES DIVISUM.

Pluribus historico-politicis monitis, variorum I. CC. allegationibus, Causarumque Cameralium novissimis Decisionibus ditatum.

ADDITISQUE [illegible] suis Decisionibus ejusdem amplissimi Regentis D. ANNIBALIS [illegible] non impressis; Cumulatis, concinnatisque pluribus Regiæ Cameræ [illegible] præterinissis.

AUCTORE

NICOLAO CAJETANO AGETA,

I. C. PARTHENOPÆO, ET IN SUPREMIS REGNI NEAP. Regiis Tribunalibus solertissimo Advocato.

Præmittitur NOTITIA PRACTICA ÆRARII UNIVERSALIS: *Ex qua publici reditus, divitiæ, ac vires universi Orbis, in compendium clara methodo perspiciuntur.*

ACCESSIT TANDEM MANTISSA VARIARUM RECOLLECTIONUM, EJUSDEM AUCTORIS.

CONTINENS

RESPONSA duo Ipsiusmet Spectabilis Dom. Regentis D. ANNIBALIS MOLES, quorum unum de successione Portugalliæ pro Rege Catholico; Alterum pro Sereniss. Infante Helisabeth, in successione Ducatus Britanniæ; Cum ADDITIONIBUS ejus dignissimi filii D. THOMÆ MOLES M. C. Vic. Judicis, atque ANNOTATIONIBUS ejusdem AUCTORIS.

RELATIONEM, aliaque plurima scitu digna, de Regia Dohana Menæpecudum Apuliæ, quoad ejus originem, bonumque regimen; Insertis ad id Instructionibus, Privilegiis, ac 18. Capitulis Ill. Cardinalis de Granuela, non adhuc typis impressis.

NOTITIAM CHRONOLOGICAM circa passuum, seù pedagiorū hujus Regni prohibitiones, limitationesque
Cum luculento quæstionum, & rerum notabilium Indice.

PARS PRIMA.

NEAPOLI, Ex Officina Typographica Jacobi Raillard. CIƆIƆCXCII.
SUPERIORUM PERMISSU, AC PRIVILEGIO.

CAROLO SECUNDO

REGI . CATHOLICO . PIO . FELICI . CONSTANTI . ORTHODOXÆ . RELIGIONIS . SUPRA . OMNES . REGES . DEFENSORI . INVICTISSIMO . NOVI . ORBIS . IMPERATORI . AUGUSTISSIMO . CUI . NULLUM . EST . MUNDI . LATUS . TAMETSI . SOLEM . LATEAT . QUOD . OBSEQUENTISSIME . NON . PAREAT . LITERARUM . ET . OMNIUM . STUDIORUM . FAUTORI . LIBERALISSIMO . JUSTITIÆ . GENIO . TUTELARI . VIGILANTISSIMO . AUSTRIACÆ . MAGNANIMITATIS . PROPAGATORI . EXCELSISSIMO . *CUJUS . ÆRARIUM . NUNQUAM . EX . SPOLIIS . CIVIUM . INSTRUCTUM . INAUDITO . BENIGNITATIS . EXEMPLO . PRO . SUBDITIS . PERENNE . EFFUNDITUR* . EXIGUUM . HUNC . PRO . IMMENSO . ÆRARIO . LABOREM . FLEXO . POPLITE . SUPPLICI . MANU . HUMILIQUE . CORDE . DICAT . SUSPENDITQUE . REDDENDO . CÆSARI . QUÆ . CÆSARIS . SUNT .

SACRÆ . SUÆ . CATHOLICÆ . MAJESTATIS.

ANNO DOM. CIↃIↃCXCII.
Kal. Octobris.

Subjectissimus, ac Devotissimus
Vasallus Humillimus
Nicolaus Cajetanus Ageta.

CA-

CARLO SECUNDO
HISPANIARUM MONARCHÆ
ORBIS REGUM MAXIMO
ELEGIA.

CAROLE, dum geminus Fasces tibi subjicit Orbis,
Et dant supremum fata referre Jovem;
Accipito docti certa hac monumenta laboris,
Qua mens Palladia cudere novit ope.
Tunc immortali sat digna volumina Cedro,
Et fuerint Clario non abigenda Deo;
Si tantum augusta de Majestate remittas,
Isthac ut placido, dum vacas, ore legas.
Ecce vides; vastum Junonia dona per orbem
Diffusa, hìc certo ex ordine nosse datur.
Mirata est quondam, si vera est fama, vetustas,
Cortice qui exiguo clauseris Iliada.
Sed si parva licet rebus componere magnis,
Nec labor hic rari cernitur ingenii;
Hoc uno facile est libro cognoscere gazam,
Munere qua Divûm qualibet aula nitet.
Cui mage debentur scripta ista dicarier? uni
Ni tibi, quem totum terra nec ipsa capit?
Jam tibi divitia fuscis vectantur ab Indis,
Et veniunt toto munera ab Oceano.
Nec tanti fuerint concredita poma Draconi,
His licet Herculeus surgat ad astra labor.
Nec celebrata olim Phryxea vellera lana,
Qua fuit Argoa gloria prima ratis.
At quid ego hac memorem? Tenuis de Sole favilla,
Et brevis è medio est stilla refusa mari.
Occidua Phœbus qua crines proluit unda,
Et reducem Eoo qua trahit axe diem;
Jam tot Regna tibi, tot parent, CAROLE, gentes,
Ut cuncta Imperio jam moderere tuo.
Ergo ubi tot relegis praclustria nomina Regum,
In te unum tota hac funditur Historia.

Devotissimus Benedictus Menzinus Florentinus.

EXCELLENTISSIMO DOMINO

D. FRANCISCO DE BENAVIDES,

DE AVILA, ET CORELLA, COMITI S. Stephani, Concentaniæ, & Risci, Marchioni Navarum, & Solera, Generali militum moderatori in Regno, & Episcopatu Giennensi, ibidemque Regiarum Arcium Præfecto, primo, ac perpetuo Civitatis Abulensis in Militia Signifero, uni ex tredecim Equestris Ordinis S. Iacobi, & Commendatori Montis Regalis, olim Sardiniæ, dein Siciliæ, nunc Regni Neapolitani vigilantissimo Proregi.

Nonnulla quidem fabulata est, Excellentissime Heros, de suis Heroibus Gens gloriosa Græcorum, quæ etsi commentitia, fictitiaque fuere, nonnihil tamen sub speciosis illis ambagibus veritatis habuerunt, & saltem initium ab ipsa obtinuerunt. Hinc est, quod si quis Herculea facta evolvat, pleraque nimiæ futilitatis plena, pleraque immanis mendacii partus judicabit:

Herculem duri celebrant labores.
Ille Centauros domuit superbos,
Abstulit sævo spolium Leoni,
Fixit & certis volucres sagittis,
Poma cernenti rapuit Draconi,
Aureo lana gravior metallo
Cerberum traxit triplici catena,
Victor immitem posuisse fertur
Pabulum sævis dominum quadrigis, Seneca in trag.
Hydra combusto periit veneno,
Fronte turbatus Achelous amnis
Ora demersit pudibunda ripis.
Stravit Antæum Lybicis arenis.
Cacus Evandri satiavit iras,
Quosque pressurus foret altus Orbis.
Setiger spumis humeros notavit.

Non est tamen, quod omninò spernenda ea, & confutanda decernamus; fuit namque vir ille omni virtutum genere, & fortitudine insignitus; multa in Reipublicæ bonum, ejusque salutem, & incolumitatem gessit; multa perpessus est, ut calamitates ab eadem averteret: Quod si non *Hydram* illam *Lernaam*, seditiones tamen compressit, si non *Crymantiam Belluam*, *Nemæumque Leonem*, certè injustos homines, tyrannos delevit; omnibus malis suo animi vigore se opponens, injurias undequaque à suis profligans. Sed quis neget, ingentes Heroas quandoque nasci, fortissimos nempe homines quandoque per ætates conspici ultrà humanam metam; Reipublicæ saluti, & bono exortos; ingentia enim tua opera, Excellentissime Princeps, vel in Aula, & in oculis Regis admirantis exantlata emicuere, vel in præclaro *Sardinia* moderamine, vel in *Sicilia* Insula, ubi & *Messana* velut alter Hercules, *Centauros* domuisti superbos, *Leones*, *Antaos*, ejusdemque generis monstra. Quot verò magnanima, quot ingentia in hoc Regni Neapolitani regimine intrà paucos annos egisti? quæ mala à nobis non arcuisti? quæ bona non invenisti? teretem scilicet, adulterinamque nobis pecuniam in meliorem, & metallo, & pondere, & cuneo commutasti, nullo rerum turbamento, cunctis admirantibus facti dexteritatem, & commercium tanto cum Reipublicæ bono reductum; vel in hoc ipsum Herculem superatus, qui aurea *poma rapuit Draconi*. Porrò quis terrifico illo casu, quo tot Cives, Urbes, oppida, pagi ingenti terræmotu deleti sunt, non exterritus esset? Tu non modò impavidus restitisti, sed dispersos, exanimesque populos resovisti, utilibus, imò providis legibus ità infortunio occurristi, ut tuo consilio vel pulchriora, & firmiora omnia sint refecta, nullo aut Ærario, aut vectigalibus ex tanto casu detrimento illato, & (*ut Romanus* inquit *historicus*) *in hac ruina rerum stetit una, atque integra, & immobilis virtus*. Eruperat demum ex infestis Orci faucibus infanda lues, quæ Regni partem aggressa, in reliquum corpus irruptura mox erat; nisi tu omni ope, omni industria tanto malo resistens, ità in arctum eam compulisses, ut paucis mensibus in eadem orci barathra, unde exierat, redire coegisses; undè pestilentem *Hydram* tua Herculea fortitudine abscissam vidimus.

Symmach. l. 10. epist. 1.

Ergò Neapolis *revaluit ex morbo, cujus remedium Tu fuisti*. Quid tandem reticeo hanc Urbem, hostiles insultus, & non experta mala nupèr horrescentem, à te magna arte recreatam? Tu quidem paucis diebus tanta munimenta, machinasque erexisti; opera bellica excitasti, ut scilicet illi iidem primò pavidi, non modò conceptum deposuerint timorem, sed ultrò venturos irrisuri, & exibilaturi ex tuto erant. Sed alius magna hæc grandiori stylo exequatur, & cætera, quæ referre magno tempore, & labore opus esset. Te meritò jactat nostra hæc Parthenope *Herculem* non fictum suum,

Et

Et Laribus tuum Horat. 4. carm. ode 5.
Miscet numen, uti Græcia Castoris,
Et magni memor Herculis:
Longas ò utinam, Dux bone, ferias
Præstes Hesperiæ.

Ego autem hæc ideò memoravi, quod te sicut in cæteris virtutibus Heroem, sic etiam in magnanimitate ingentem mihi persuadeam; Hinc est, quod audeam hasce *pro Regio Ærario Annotationes* tibi proferre, ut habeas occasionem, unde tuam humanitatem ergà minimum tui cultorem exerceas: quod feceris abundè, si oculo benigno eas respicias, & demum si ante pedes nostri Maximi Monarchæ *CAROLI II.* Hispaniarum Regis exponas, & maximè meis laboribus consultum existimabo, si eam à tanto Heroe gratiam inire mihi potuerint. Intereà, Princeps Excellentissime, vale nostro, & Reipublicæ bono.

Excellentiæ Vestræ.

ANNO DOM CIↃIↃCXCII.
Kal. Octobris.

Ordini excelso, amplissimoque Supremi, Sacri, ac Regii Collateralis Consilii Regni Neapolis,

SIVE

Generosa, ac illustri Nobilitate, strenuitate insigni, ac admirabili Prudentia Fulgentissimis, Praeclarissimisque Decemviris Patriciis, Senatoribus Spectabilibus, Regis à latere Status, & Belli inclytis Consiliariis, Regiamque Cancellariam Regentibus.

D. Stephano Carrillo, & Salzedo, Decano,
D. Felici de Lanzina, & Vllea, Sacri Reg. Cons. Praesidi, Regnique Vice-Magno Prothonotario.
D. Didaco Soria Morales, Crispani Marchioni, ac Generali in facinorosos Regni Praefecto.
D. Antonio de Gaeta, & : Calatrava Equiti.
D. Francisco Moles, Calatrava Equiti, ac Paresa Duci, Regiaque Iurisdictionis Delegato.
D. Trajano Miroballo, Campimellis Duci.
D. Luca Iacca, & Niño, Calatrava Equiti, atque Annona Praefecto.
D. Iannario de Andrea, in Supremo rerum Italicarum Consilio pro hoc Regno, Regenti.
D. Sebastiano de Cotes, & la Carcel, Regia Camera Summaria Locumtenenti.
D. Nicolao Gascon, & Navas, Alcantara Equiti, ejusdem Regia Camera Praesidenti Decano, ac Regenti electo.

Necnon

Consultissimo, Nobilique Viro I. C.

Circumspecto

D. Dominico Florillo, ejusdem Supremi Ordinis Scriniario, sed Regni Secretario.

In aeviternum observantiae cultum;
Nicolaus Cajetanus Ageta I. C. Felicitatem Perennantem devotè precatur.

MEas hasce qualescumque literarias lucubrationes, ut quod ab Auctore praesidium habere non possunt, à prima Senatus authoritate mutuentur, ad fulgentissimam Decemvirorum coronam venerabundus affero, hoc est ad Iustitiae Tribunal, Religionis aram, Consilii oraculum, Prudentiae delubrum, Moderationis domicilium, Fortitudinis sedem, uno verbo, Virtutum thesaurum: Vobis, inquam, SVMMI IVSTITIÆ ANTISTITES, eas sisto, ut quò plùs promptae voluntatis, honestique conatus, quàm expeditae facultatis habent, eò magis animo, atque conatui faveatis; Quis enim mortalium, plùs ornamenti, ac decoris potest afferre, quàm Vos, qui SPECTABILITATIS nitore collucetis? Aut quis Athletas in amaenissimo literarum campo decertantes, benigna favoris aura, laborum exantlatorum compensatione vehementiùs propellit, quàm tantus Senatus, quem *honorem prudentum,*

som-

fontem omnium dignitatum, magnus ille Senator *Cassiodorus* (A) appellavit. Et quod omnium caput est, à vestris consultationibus maximoperè totius Regiminis, adeòque Ærarii salus dependet, qui gloriosè fortissimis consiliis, vestræque prudentiæ humeris gravissimam universi Regni molem sustinetis, & Curiæ capita dignissima, Urbis lumina, omnium in omni occasione, & necessitate perfugium estis. Obsecro, quæ Prudentia, quæ Consiliorum altitudo deesse possit Vobis, quos ad negotia semper maxima Hispaniarum ille Monarcha potentissimus admovit? Quanta vestrorum Consiliorum necessitas, qui belli, pacisque tempora in hoc Regno gubernatis:

(A) Lib. 8. var. epist. 13.

Bellaturumque rogatus
Imperat, & spectant Aquilæ decreta Senatus. (B)

(B) Claudian. in Paneg. Stilich.

Utinam audire haberet Regem nostrum Invictissimum! An non verò ita loquentem auditis?

Vos, ô mihi proxima membra,
Conscripti patres, nostri spes maxima Regni,
Vos estis pectus, Vos brachia pectoris hujus. (C)

(C) Corip. Lib. 1.

Gratulor autem ex animo, & eò libentiùs, quod Regnum fortunatum esse videatur; *Quoniam gloria Regni est, reperisse Judices exquisitos.* (D) O felicem Senatu felix Neapolis! De te nunc inquam, quod de Roma olim dixit Nazarius: (E) *Sensisti, te tandem arcem omnium gentium, & terrarum esse Reginam, cum ex omnibus Provinciis optimates viros Curiæ tuæ pignoraveris, ut Senatus dignitas, non nomine quàm re esset illustrior, cum ex totius Orbis flore constaret.* Constat equidem hic Senatus ex fidissimi pectoris, & mentis candidissimæ viris ex nobilissimis Hispaniæ oris, atque ex florentissimo nostro Parthenopensi Regno delectis; *Non sunt nobis, P.C. minùs probata, quæ loquimur, certus testis est, qui laudat experimur.* (F)

(D) Cassiod. lib. 1. ep. 16.

(E) In Paneg. ad Constantin.

(F) Cass. ep. 1.

Admiror etenim in primis te,

D. STEPHANE,

qui etsi nobilissimis generis tui imaginibus prætulgeas, majorem adhuc ex tua virtute diffundis; Ex Hispanis quippè huc pro Regni bono pervenisti, ut illud tuo summo consilio benignè gubernaretur, hæc Civitas uberrimam per te videret annonam, regnaret justitia, quam æquato examine omnium primus exerces.

Te unum prædicant omnes, suavissime Præses,

D. FOELIX

à majoribus hæreditaria Ulloæ generis nobilitate, ac à te ipso quæsita, præclarissimum, *copiosum virtutibus, divitem moribus, plenum magnis honoribus Senatorem cujus si merita consideretis, debemus verè, quod solvimus* (G) Mirum qua integritate dignitates tibi creditas complevisti, nunc in summo Consilio Præfectus, magna ergà omnes comitate spectabilis, benevolus cunctis, ad te omnium trahis amorem; Tuasque admirandas dotes refert etiam filius tuus D. HADRIANUS, meritissimus Regiæ Cameræ Præsidens, & nupèr non sine Regalis Ærarii augmento, Regiæ Dohanæ Menæpecudum Apuliæ Præfectus, qui *omne habet studium, ut sibimet vigilanter inspiciat, & aequus (?) utrique parti, & in publicis disciplinis, nulliquè parti citrà quàm justum est, prægravet.* (H)

(G) Cassiod. lib. 2. ep. 3.

(H) Justin. Imp. in l. ... tit. ... Nov. 4. §. & primum.

Suspicio in summo dignitatis solio te,

D. DIDACE,

qui illud tui nobilissimi generis, expertæque doctrinæ, paternæque integritatis, avorumque nomen ... illustri tui stemmatis nitore irradias; tuaque fide ... ac vigilantia Regnum summoperè gaudet, cum illud facinoro-

Gs

sis viarum grassatoribus continuò liberaveris; ac tuo Consilio delinquentes exterminante, *fuisti Provinciarum verissimus custos*; (I) & pro tuæ gloriæ apice meruisti, ut Civitatis Messanæ pervigil Straticotus deligereris; quod est quartum è summis muneribus, quæ in Italia Catholicus Monarcha largitur. Quo in munere ea rectitudinis, constantiæque virtute in perduellibus domandis eniteusti, ut adhùc majora mereri ab omnibus judicareris.

(I) *Cassiod. lib. 9. ep. 25.*

Mirantur omnes candorem tuum,

D. ANTONI,

Extollunt nobilitatem, ac animi tui magnitudinem, doctrinam, ac prudentiam, dum aut Romæ pro Regia jurisdictione tuenda, aut in Hispania Regens, aut Neapoli in Supremo Regiæ Cameræ Senatu Locumtenens, ergà Regale servitium, insigne virtutis specimen præbuisti; triumphant verò in tua syncera ergà omnes benignitate, quæ *ornamentum honorum omnium est, nec est solo, quia de virtutibus videtur esse generata*. (K)

(K) *Cit. Cassiod. lib. 10. ep. 6.*

Effulges præterea sanguine, & virtutibus illustris,

D. FRANCISCE,

qui tui Proavi tantum exæquasti honorem, & doctrinam; Taceo verò egregia facta, dum in Hispania Regens, & Mediolani summum Magni Cancellarii fastigium tenens, *molem tantam regalis ingenii, facundia tua viribus sustineres; Te in dictationibus amplum, te ad justitiam rigidam, te habes à cupiditatibus alienum*. (L)

(L) *Idem d. lib. 3. ep. 14.*

Cæterùm mirabilem patriciæ virtutis plausum refers, nobilissime

D. TRAIANE,

qui dum in Supremo Sacro Consilio residebas, nulla erat omninò lis tàm difficilis, tàm ardua, quam non tuum ingenium, tanquàm rupem præruptam superaret, quia nulla virtus est tàm excelso in loco posita, quò non tuus animus generositatis alis anhelavit, adeptusque, & nunc magno omnium plausu in summa Iustitiæ sede majora pertractas.

Quid inquam de *tua* eximia doctrina,

D. LVCA,

antiquissima etiam nobilitate ornatus; experientia quippè ostendit ex gestis nec dum in Almo majori Collegio S. Ildephonsi Vniversitatis de Alcalà, verùm etiam in Regno Majoricæ, in quo septem annorum curriculo Regii Consiliarii munus dignissimè exercuisti, & hùc cum eadem dignitate translatus, ad celsissimum dein evolasti fastigium, quò gloriosissimè frueris.

Miror planè tuam magniloquentiam, cum summo judicio, ac eruditione conjunctam,

D. IANVARI,

qui post supremum Regii Consiliarii munus, Regii Ærarii Patronus allectus auxisti non sine æquitatis summo studio Regalia Iura, & posteà Regiæ Cameræ Præsidens Ius pro Ærario plaudentibus subditis dixisti, unde ab Augustissimo nostro Monarcha ad supremum Italicarum rerum consessum convocari meruisti, ubi *non imparem meruisti gratiam, variis actionibus æqualiter approbatus*. (M)

(M) *Cassiod. 1. ep. 14.*

Te hic appello,

D. SEBASTIANE,

generis item, ac doctrinæ splendore decoratum; sed miror tuam prudentiam, summam integritatem, ac in Regis Patrimonio conservando Incomparabilem fidem, in augendo industriam singularem, dum in supremo Regalis Aulæ Senatu meritissimus Præfectus existis, quo in munere in hac temporum calamitate talem te gessisti, *qualis ante te, qualis post te vix unus, aut alter; non sinit enim me verecundia tua dicere, nemo*. (N)

(N) *Plin. Iun. lib. 4. ep. 1.*

Te

Te [illegible], [illegible]

D. [illegible]

[illegible] apud Catholicum Regem [illegible] Regis [illegible]

[illegible] Nec [illegible] D. FRANCISCE, S. Iacobi Ordinis Equestris [illegible] Regio Confessario [illegible]

[illegible] silentio [illegible] possum,

D. DOMINICE,

qui [illegible] praeclarissimi patro-[illegible] dignitatem [illegible]

Sed [illegible] Thomistis [illegible]

[illegible] Hoc autem [illegible] Vobis & [illegible] vestrum etiam est gratum habere, & mihi benigne favere. Neap. Kal. Octobris [illegible]

SV.

SVPREMO REGNI NEAPOLIS REGIÆ CAMERÆ SVMMARIÆ SENATVI.

Viris ejusdem Senatoris doctrina incomparabili, & morum rectitudine splendidissimis.

PRæstantissimo Spectabili Regenti, [illegible] Dom. [illegible] de Cioci, & [illegible], antiquissimæ illustris Familiæ [illegible] nobilitate, ac bonarum litterarum doctrina [illegible], Magno Camerario, & [illegible] amplissimæ [illegible] Locumtenenti.

Dominis Præsidentibus togatis, ceterisque militaribus, [illegible].

Præclarissimo Spectabili Regenti nobilissimo Domino D. [illegible], & [illegible] Sacri Ordinis Alcantarensis Equiti, peritissimo I. C. in Regia Camera [illegible], ac perspicaci rerum [illegible], [illegible] publici [illegible].

Dom. D. [illegible] Cappis [illegible], Patricio antiquissimo [illegible] Neapolitano nobilitate, [illegible], ac morum [illegible] admirabili [illegible], I. C. gravissimo.

Dom. Francisco Antonio Andreassi [illegible], prudentia [illegible] laudibus [illegible] I. C. [illegible] communiorum.

Dom. D. [illegible] de Lantian, & [illegible] I. C. [illegible] Familiæ, [illegible] patriæ [illegible], doctrina [illegible].

Dom. D. Andreæ Guerrero de Torres, [illegible] in [illegible] nobilitate, [illegible] integritate, ac doctrina I. C. [illegible].

Dom. Francisco [illegible] Andrea, [illegible] Patritio [illegible] Consiliario, [illegible] Orationum Principi, Regni [illegible], [illegible] nomine ipsum, [illegible] in Europa amplificatum est.

Dom. D. [illegible] Tutali, [illegible] nobilitate, [illegible] I. C. [illegible], ac Senatori integerrimo.

Dom. Federico Cavaliero, [illegible] inter celeberrimos Advocatos, nunc inter Magistratus ob [illegible] I. C. spectatissimo.

Dom. D. Io. Francisco de [illegible], nobilium natalium celebritate, I. C. peritissimo, [illegible] Iurisprudentiæ [illegible] & Senatori [illegible].

Dom. D. [illegible] I. C. ac Senatori [illegible], [illegible].

Dom. D. [illegible] de [illegible], Regii [illegible].

Dom. [illegible] de [illegible], [illegible] rerum experientia [illegible].

Dom. D. Nicolao [illegible], [illegible] perspicacitate [illegible].

Dom. D. Iosepho de [illegible], Sacri Ordinis Calatravæ Equiti, [illegible] Regni [illegible], ac [illegible].

Dom. Marco Antonio Garofalo, Regio Collaterali Consiliario, [illegible], [illegible] prudentia ac vigilantia insigni.

Dom. D. Iosepho [illegible]) Regii [illegible] militaribus [illegible]

Dom. Carolo [illegible] Marchioni [illegible]) [illegible].

Et Dom. [illegible] de [illegible], ejusdem Senatus ob [illegible] prudentiam Secretario.

Nicolaus Cajetanus Ageta I.C. hac Epistola nuncupatoria S. P. D.

AD Supremum Regiæ Cameræ Senatum, veluti prototypum suum, se hæc lucubratio mea affectat aditum, cum eas fiscales tractationes complectatur, quas præclarissimus *Dom. Regens D. Annibal Moles*, dum in eodem Senatu optimum Præsidentem egit, in tàm diuturno rerum judicatarum usu disertè collegit; & ea quidem studiosorum omnium alacritate exceptas, ut nõ parum publicæ utilitati prospectum iri cõfiderem, si studia mea, quæcumq; à me proficisci possent, in iis data opera, qua potui sedulitate conferrem; *Hinc*, *AMPLISSIMI DOMINI*, observantis ergà vos animi reverentiam significare hìc gestio, dum tanta prudentia, industria, integritate, rerumque peritia Regia Jura tutamini, ut verè in humeris vestris nitatur totius Regii Ærarii salus. Te autem maximè, iterum, atque iterum colo,

NOBILISSIME D. SEBASTIANE,

qui non tantùm Supremo Senatui, cui magno merito, & Reipublicæ bono es præpositus, lumen ostendis animi, ingenii, salutarisque consilii tui; Verùm etiam summa hùmanitate inter cæteros me allicis, sciens te immodicum esse fautorem nòn studiorum modò, sed & studiosorum; tanto enim virtutum splendore decoraris, ut de te silere in stylo epistolari meliùs putem. Vosque,

REGII AERARII PRAESIDENTES, ATQUE PATRONI.

cum nomino, laudare est; dum in propatulo sunt animi egregiæ aliæ, ac multiplices laudes, quibus in summo Justitiæ solio triumphum agitis; Admittite intereà in Musæis vestris meas hasce *Annotationes pro Regio Aerario* conscriptas, sin minùs ex Auctoris ingenio, ex materiæ saltem dignitate, ac varietate jucundas; vestrumque probatissimum Consilium pro non minimo laborum meorum fructu acceptum feram. Valete Reipublicæ emolumento. Kal. Octobris CIƆIƆCXCII.

AD BENIGNUM
LECTOREM

Antonii Agea, Auctoris filii, ætatis annorum quatuordecim; Atticarum literarum, Philosophiæ, ac Iurisprudentiæ Professoris.

Πρόληξις.

SISTE paulisper, Benigne Lector; sed priusquam de opere proloquar, vereor, ne præjudicata illa vulgi, atque etiam virorum illustrium de insanabili scribendi cacoëthe opinio, minus benevolum, atque syncerum te huic operi, ejusq; Auctori exhibeat; Vetus enim querela est, convicium vetus, quod scribendi librorum nullus sit finis, iisque legendis non satis alicujus hominis vita, etsi Nestoream eligas; si enim à primo illo *Irnerii* tempore, qui primus in Italia latens Ius Civile eduxit è tenebris, tot enumeremus *Glossatores, Summistas, Commentatores, Scholiographos, Paraphrastas, Interpretes,* iisque addiderimus tot *Consiliorum, Tractatuum, Repertoriorum, Decisionumque* Auctores, *Auctorumque Bibliothecas*; tantam profectò perspiciemus multitudinem, ut distrahere potiùs, quàm excolere animum videatur.

Veruntamen hujusmodi sycophantas non audiendos modò, sed ad Garamantas usque relegandos esse existimarem; quippe qui [illegible] Deus [illegible] animam humanam, instar speculi, Mundi totius capacem, & perscrutandi inviolabiles naturæ leges præcupidam; Ad id verò propensiùs incumbendum est, ut undique doctrinæ impedimenta rejiciantur, veluti sunt, non quidem breviores [illegible] studiorum divortia, aliaque incommoda, quibus humana conditio illaqueatur; non enim literæ tempus absumunt; *Ait* (A) *neminem adeò distringi negotiis, quin habeat sua otii intervalla*; Aut meliùs morali cum Philosopho: (B) *Mentiuntur, qui sibi obstare ad studia liberalia turbam negotiorum volunt, simulant occupationes, & augent, & ipsi se occupant*; ac optimè ad rem *Quintilianus* monet: *Breve nobis tempus nos fecimus; quantulum enim studiis impartimur, alias horas vanus salutandi labor, alias datum fabulis otium, alias spectacula, alias convivia trahunt; adjice tot genera ludendi, & insanam corporis curam; quæ si omnia studiis impenderentur, jam nobis longa ætas, & abundè satis ad discendum, & scribendum videretur.*

(A) Franc. Marc. de Hieron. lib. 1. [illegible] pag. 22.
(B) Seneca ep. [illegible]

Quis autem, vel mediocritèr versatus ignorat, hujus contagiosi, & inextricabilis Iuris disciplinæ altissimum pelagus, absque innumeris Argonautis transiri tutè non posse? Imò in assiduas ambagum Syrtes offenderemus, ni tot Iurisconsulti lucidorum instar syderum Nos hoc in legali Oceano tutè navigandum feliciter conducerent, & fortunarent; unde *qui docti* (C) *fuerint, fulgebunt quasi splendor firmamenti, & qui ad justitiam erudiunt multos, quasi stellæ in perpetuas æternitates*; Et juxtà Baldi (D) monitum, *quemadmodum triste est divitè decedere sine herede, ita miserrimum est habenti gratiam intellectus, posteris suis, idest studiosis nihil scriptum, tanquam hæreditarium relinquere.*

(C) Dan. c. 12.
(D) Bald. in Proœm. Decr. n. 2.

Hinc & majores grates persolvere debemus Auctori, qui eam subeundam duxit materiam, quæ dignitate nobilior, cognitione utilior, ac utilitate ponderosior esset, quales sunt Supremi Regiæ Cameræ Senatus *Decisiones*, à clarissimo J. C. Perillustri Regente *D. Annibale Moles* summo studio, atque dexterè elucubratæ; at non Decisionariorum quorundam more, nullo penè ordine, materiarum nulla sibi præscripta serie, sed per absolutos tractatus concinnè dispositæ; et ad præscriptum *Impera-*

pera-

peratoris Justiniani, his selectis, atque congestis, quæ maximè commoda, & Reipublicæ statui utilia essent,

atque (E) *nihil positum non utile vobis,*
Pervenitque nihil, verùm quod postulat usus.

Neque actum agere, aut *Penelopes* telam retexere ibi Auctor videatur, eò quòd inventis facilè sit addere, ac laboriosi magis, quàm ingeniosi operis esse perhibeatur; fateor equidem, quàm perarduum sit post *Roscium* in Orchestra secundas agere, & placere; Verùm te iterum etoro, ut *Areopagitarum* more tum magis, quàm rerum animadvertas, nec statim, nisi toto opere perspecto pronuncies; cum et ipse Jurisprudentiæ limen aggressus, meminerim, quod in *Conceptione Digestorum Imp. Justinianus*, ità compilatoribus jussit: *Ea, quæ anteà in Notis Æmilii Papiniani ex Ulpiano, & Paulo, necnon & Marciano adscripta sunt, quæ antea nullam vim propter honorem splendidissimi Papiniani obtinebant, non statim respuere, sed si quid ex his ad repletionem summi ingenii Papiniani laborum, vel interpretationem necessarium esse perspexeritis, & hoc ponere, non moremini*; imò si integræ *Sabiniani, Pomponii, Ulpiani, Pauli, Notæ ad Sabinum, Mutium, & Plautium*, extarent, tum utiquè sormam expressam videret, quæ hujusmodi studium, antiquis J.C. familiare, à Jurisprudentia alienum non esse perciperet.

Quid verò in hisce *Notis* præstiterit Auctor, in *Panegyri* ostendit, vel ipsa te OPERIS THESAURARII Ichnographia monet, cujus titulum ANNOTATIONUM PRO REGIO ÆRARIO elegit, qui rem tractandam rectè significare legentibus posset: Sed hærebis fortassè, Lector, ad tàm speciosum operis frontem, ac si profiteri *Archimedæum* quoddam inventum Auctor videretur, aut spem legentium ambitiosa pollicitatione deludere, instar ingentissimi lapidis (F) propè *Arbonem*, in cujus altera parte erat inscriptum: *Si me subvolveris, eris tibi proficuum*: quem cum nonnulli spe inveniendi thesauros, subrupuissent, nil aliud reperisse, nisi hæc verba: *Quid quæris? nihil hic repositum est*. Plura nihilominùs præstitit, quàm pollicitus est Auctor, atque me expromissore.

[illegible]
[illegible]

Quod latinè sonat;

Omnia quisquis amas opulenta Ærarii legum,
Nonnisi abundantes hic numerabis opes.

Non enim suspensa hedera opus exornavit, cujus utilitas commendatione non indiget, & in eo non simplicem Annotatorè, sed verum Auctorem se ostendit, in Regalibus juribus disertè explanandis, cæterisque ad communem omnium utilitatem dilucidè investigandis, stylo planè non insulso, sed ad seculi hujus genium, ac forensè usum accomodato, quærendo quid scripserit, non quemadmodùm, nec delectare voluit, sed prodesse; *Non quærit* (G) *æger medicum eloquentem, sed sanantem*; Ut verè de ipso affirmarem, quod de *Divo Augusto* Romani Aulici ajebant, (H) *solam ipsius mentem tanta molis capacem*; vel cum *Homero*: (I)

[illegible]

Quare nobiliorem Regii Ærarii denominationem feliciter sumpsit opus; *quoniam ut ajebat Domitius Piso*, (K) *thesauros oportet esse, non libros*; quemadmodùm vero, & aptato ad rem vocabulo, hasce Decisiones, *Decisionū Reg. Cameræ thesaurum*, (L) illas verò Annotationes vix in lucem emissas, *Aureas*, (M) eximii scriptores denominarunt.

Atque ex his, velut ex digito Herculem, vel ex ungue Leonem, cognosces Auctorem; non sinit enim me ipsius modestia, mei vel tenuitas ingenii, aut verecundia sanguinis de parentis laudum concentu præfari; satis quippe illum Tibi notum esse reor, quisquis es Lector, sivè Civis, sivè alienigena, dum ab ineunte ætate, peractis priùs humaniorum literarum, ac Jurisprudentiæ studiis, annum agens decimum octavum, sui ingenii specimen præbuit, juvenili spiritu elaboratis, ac elucidatis *Jurium Feudalium Visionibus*, iidemque *Fori Feudalis Epitome*, ac in forensi palæstra quinque lustrorum curriculo, & quod excurrit, veteranus miles haud inglorius, & frequenti Clientum aditione, in Supremis Regni Tribunalibus causas perorando versatus, elucubratis quoque innumeris juris Consultationibus, optimam de se opinionem adeptus, gravissimisque in causis, plaudente Senatu, patrocinia præstitit:

Pro

(E) *Ut appositè in Proœm. Institut. inquit eruditissimus J. C. Dom. Jo: Bapt. Pisacane, qui Instit. libros in carmina elegantissimè redegit.*

(F) *Testis Olaus in suo itinerar. Persico lib. 4. c. 7.*

(G) *Sen. ep. 75.*

(H) *Apud Corn. Tacit. lib. 1. ann.*

(I) *Homer. hymn. in Apoll.*

(K) *Apud Plin. in præf. hist. ad Vespas.*

(L) *R. Galeot. resp. fisc. 1. n. 6.*

(M) *Carol. Ant. de Luca in Rittl. ad Decis. Gratian. 16. n. 7.*

Pro Summo Pontifice Beatissimo Innocentio XII. Eminentissimo tunc Cardinali D. Antonio Pignatello, in causa liberationis pretii Status Minervini: *Pro Serenissimo Rege Poloniæ*, ac Ser. Duce Neoburgensi, in causa Dohanellæ pecudum remansarum in Provinciis Dohanæ Menæ pecudum Apuliæ subiectis: Pro Ser. Magno Duce Hetruriæ, in pluribus causis, ac pro Serenissima Magna Ducissa Victoria Feltria Roborea, in successione status Amatriciæ: Pro Excellentiss. Don Petro Antonio ab Aragonia, tunc Regni Prorege, in successione Excell. D. Joachim Ramon Folch Aragon: Pro Magno Regni Comestabulo Columna in causa jurisdictionum Baroniæ Playsani, cum Regio Fisco; Pro Ill. Principe Monaci, pro se & parte, cum Ill. D. Veronica Spinola; Pro Ill. D. Antonio Pignatello in successione majoratus Ducatus Montis Leonis, aliisque innumerabilib. Regni, ac Italiæ Magnatibus; Sed si hasce Annotationes libenti animo excipies, non parum ei animi adjicies ad ea, quæ in Mente sunt, edenda opera; Præterea enim sex *Allegationum* volumina, præ manibus habet, *Disquisitionum forensium* edendam Centuriam, omnibus numeris absolutam; *Parergon*, & *Notas ad Reg. Jo: Ant. Lanarii* opus, Regio Ærario, ac Regno proficuum, nec adhuc impressum, *De differentiis inter jus commune feudorum*, & *leges Regni Neapolis*; *Tertiam*, & *quartam partem Visionum feudalium*; Opus inscriptum, [illegible], in quo abdita Jurisprudentiæ mysteria, ac vera principia à foris causis primus reperit, atque discernit; cæteraque opera de ejus ingenii fonte depromenda.

Hæc denique si grato, ut par est, animo æqui, bonique consulas, grandioribus animis calcar addes; si autem Zoili subsannaverint, vereor cum *Divo Hieronymo*, (N) ne illud eis eveniat, quod græcè significantius dicitur, ut vocentur [illegible], quod est, *manducantes Sannas*; Et cum *Seneca* dicam *Monumenta* (O) *ingeniorum*, & *ad indignos perventura publicanda editio*; *satiùs est autem prodesse etiam malis propter bonos, quàm bonis deesse propter malos*; scribendum semper est aliquid gratum bonis, utile Reipublicæ, dignum posteris; *præsertim* (P) *quippè judiciis obtrectantium non satis moveamur, qui in utramque partem, aut amore labuntur, aut odio*. Interea vale, fave Auctori, ejusque laboribus fruere.

(N) S. Hier. in praef. in Ezech.

(O) Senec. de benef. l. 18.

(P) D. Hieron. in praef. in Daniel.

CAROLUS II.

DEI GRATIA REX, &c.

DON FRANCISCUS DE BENAVIDES,

De Avila, & Corella, Comes S. Stephani, & Concentania, & Risci, Marchio Navarum, & Solere, Generalis militum moderator in Regno, & Episcopatu Giennensi, ibidemque Regiarum Arcium Praefectus primus, ac perpetuus Civitatis Abulensis in Åbitum Signifer, unus ex tredecim Equestris Ordinis S. Jacobi, & Comendator Montis Regalis, & in praesenti Regno Vicerex, Locumtenens, & Capitaneus Generalis.

MAgnifico Viro U. J. D. Nicolao Cajetano Ageta Regio fideli dilecto, Gratiam Regiam, & bonam voluntatem. Nuper ex vestri parte fuit Nobis praesentatum infrascriptum Memoriale, v3. *Eccellentissimo Signore, Il Dottor Nicolò Gaetano Ageta supplicando espone à V. E. come havendo già con l'opportuna licenza, e facoltà del Supremo Regio Collateral Consiglio fatto stāpare alcune delle sue opere legali intitolate:* Annotationes pro Regio Ærario ad Supremi Regiæ Cameræ Summariæ Senatus Regni Neap. Decisiones Spect. Reg. D. Annibalis Moles, &c. *divise in quattro parti, con due opuscoli aggionti, uno intitolato:* Notitia Practica Ærarii universalis, *e l'altro:* Mantissa variarū recollectionum: *Supplica perciò V. E. concederli privilegio, che per dieci anni nō si possano ristampare nelli Regni di Sua Maestà Cattolica, che Dio guardi, ed in caso, che si ristampassero in altri luoghi anco fuori il dominio del Rè N. S. non si possano da persona alcuna introdurre, nè immettere, ò baratare nel Regno di Napoli, nè in altri luoghi soggetti all'Augustissimo nostro Monarca, imponendoci pena in caso di controventione, ut Deus.* Quo tenore praeinserti Memorialis per Nos viso, considerantes dicta opera intitulata: *Annotationes pro Regio Aerario ad Supremi Regiae Camerae Sūmariae Senatus Regni Neap. Decisiones Spect. Reg. D. Annibalis Moles;* cum duobus opusculis adjunctis, intitulatis: *Notitia Practica Aerarii universalis; & Mantissa variarum recollectionum,* maximam utilitatem afferre, vestris propterea supplicationibus inclinati, tenore praesentium de certa nostra scientia cum deliberatione, & assistentia Regii Collateralis

Con-

Consilii penès Nos assistentis, statuimus, quod nemini liceat per annos decem à die datæ præsentium decurrendos supradicta opera, ut supra expressa imprimere, nec imprimi facere in Regno nullo pacto, nec alibi impressa in Regnum ipsum immittere, nec immissa vendere, absque speciali permissione, & vestra licentia, vel vestrorum hæredum, & successorum, dicto tempore perdurante; & si aliquis contrà nostram ordinationem facere, vel attentare præsumpserit, ipso facto, ipsoque jure incurrat, & incurrere intelligatur in pœnam unciarum auri quinquaginta, Vobis, vel vestris hæredibus, & successoribus pro medietate, & pro alia medietate Fisco Regio applicandâ, & opera taliter impressa, aut quomodolibet ex qualibet parte in hoc Regnum immissa devolvantur, & sint vestra, vel vestrorum hæredum, & successorum, exceptis iis, quæ ad præsens sunt in Regno prędicto, juxta vestram petitionem liceat eis vendere; Mandantes propterea per præsentes omnibus, & singulis Officialibus, & subditis regiis majoribus, & minoribus, quocumque nomine nuncupatis, titulo, officio, authoritate, potestate, & jurisdictione fungentibus, præsentibus, & futuris, ad quos, seu quem spectabit, præsentes pervenerint, vel fuerint quomodolibet præsentatæ, unicuique in sua jurisdictione, quod Vobis, seu aliis legitimis personis, ex vestri parte præsentis, præstarique faciant omne auxilium, consilium, & favorem necessarium, & opportunum super consecutione dictæ pœnæ pecuniariæ, ac dictorum operum impressorum in casibus prædictis Vobis devolutorum, adeò quod pro prædictis ad Nos recursum habere Vobis necesse non sit, & si secus factum fuerit, statim incurrant in iram, & indignationem Regiam, ac pœnam ducatorum mille cupiunt evitare. In quorum fidem præsentes fieri fecimus Magno præsentis Majestatis Sigillo pendenti munitas. Datum Neapoli in Regio Palatio, die 16. mensis Octobris 1692.

EL CONDE DE S. ESTEVAN.

Vidit SORIA REGENS.
Vidit MOLES REGENS.
Vidit JACCA REGENS.
Vidit GAETA REGENS.
Vidit MIROBALLUS REGENS.

Illustrissimus, & Excellentissimus Dominus Viceres, Locumtenens, & Capitaneus Generalis mandavit mihi D. Dominico Fiorillo.

Joseph Anastasius Regens à Mandatis Scriba.

Privilegium non imprimendi per annos decem supradictos libros in personam Magnif. V. I. D. Nicolai Cajetani Ageta in forma Regiæ Cancellariæ.

EMI-

EMINENTISSIMO SIGNORE.

IL Dottore Gaetano Ageta supplicando espone à V.Em. come intende dare alle Stampe alcune sue Opere legali da esso di già compite, intitolate cioè:

1. *Annotationes Pro Regio Ærario ad Decisiones Regiæ Cameræ Summariæ Clarissimi, ac Spectabilis Domini Regentis D. Annibalis Moles, &c.*
2. *Notitia Practica Ærarij Vniversalis.*
3. *Duæ Semicenturiæ Disquisitionum Forensium.*
4. *Differentiæ inter Ius commune feudorum, & leges Regni Neapolis, Amplissimi, ac Spectabilis Regentis, ac S.R.C. Præsidis Io: Antonij Lanarij cum Parergis, & Notis ipsius Supplicantis.*

Ricorre per tanto à V.Em. e la supplica degnarsi commetterne la visione di quelle, à chi meglio parerà à V.Em., acciò possino dette opere imprimersi; Che il tutto lo riceuerà à grazia, vt Deus, &c.

Neapoli die VIII. Iulij 1690.

FVit provisum coram Eminentissimo Domino Cardinali Pignatello Archiepiscopo Neapolitano, quòd Rever. Canonicus D. Hieronymus Balsamo videat, & in scriptis referat eidem Eminentissimo Domino.

Sebastianus Perissius Vicar. Gener.

EMINENTISSIME DOMINE.

EX præscripto E.V. censoriæ severitatis onus assumpsi, animo verò libentiùs subirem laudandi officium; Perillustri etenim egregia Opera, nempè:

Annotationes pro Regio Ærario ad Supremi Regiæ Cameræ Summariæ Senatus Regni Neapolis Decisiones, per locales tractatus, & quæstiones ad rem fiscalem attinentes, superiori Sæculo enarratas à clarissimo I. C. Dom. D. Annibale Moles Regiæ Cancellariæ Regente: Quibus præmittitur Notitia Practica Ærarij Vniversalis, ex qua publicæ [illegible], divitiæ, ac vires Vniversi Orbis perspiciuntur.

Duæ item Semicenturiæ Disquisitionum forensium, [illegible] difficiliores fere articuli ad forum accommodati resolvuntur.

Necnon Parergon, & Notæ ad Differentias inter Ius commune feudorum, & leges Regni Neap. amplissimi Regentis, ac S.R.C. Præsidis Io: Antonij Lanarij, nunc primùm in lucem [illegible] Auctore Nicolao Caietano Ageta, eximio I.C. Parthenopæo, & primi nominis disertissimo Advocato, qui [illegible] celebria Scriptor edidit [illegible], inter memoriæ [illegible] nunquam *Fori feudalis Epitome*, itemque *Iurium feudalium* [illegible], doctis pariter, & laboriosis, ut non modò eloquens in dicendo, sed etiam sapiens in scribendo Advocatus haberetur; non enim solùm Parthenopensem forum toto Orbe decantatum, quotidianæ operationis pagina in causis perorandis illustrat; verùm ad exteras Nationes excolendo, dilucidam, & peculiarem præbet Notitiam, varij, variarum Gentium, Ærarij, pluresque materias, & in scholis, & in foro ubique locorum valdè utiles, mira ingenij dexteritate resoluit; unde (ut Cassiodori verbis utar, in *lib. 4. epist. 5.*) *[illegible] ad censuram exponitur, cui tantum [illegible] approbatio debetur.*

Tantùm verò abest, ut in ijs quidquam, vel orthodoxæ fidei dissonum, vel à bonis moribus devium offenderit, ut quàm citiùs publicam lucem aspiciant, E.V. annuente maximè à republica literarum exanimi sententia censeo. Neap. Kalen. Septembris CIↃIↃCXC.

E. V.

Addictissimus Servus Hieronymus Balsamo Canonicus Neapolitanus.

Neapoli die 12. Octobris 1690.

FVit provisum coram Eminentissimo Domino Cardinali Pignatello Archiepiscopo Neapolitano, quòd stante retroscripta relatione Domini Revisoris: Imprimatur.

Sebastianus Perissius Vicar. Gener.

ECCELLENTISSIMO SIGNORE.

IL Dottore Gaetano Ageta supplicando espone à V.E., come intende dare alle Stampe alcune Opere legali da esso di già compite, intitolate cioè:

1. *Annotationes Pro Regio Ærario ad Decisiones Regiæ Cameræ Summariæ Clarissimi, ac Spectabilis Domini Regentis D. Annibalis Moles, &c.*
2. *Notitia Practica Ærarij Vniversalis.*
3. *Duæ Semicenturiæ Disquisitionum forensium.*
4. *Differentiæ inter Ius commune feudorum, & leges Regni Neap. amplissimi, ac Spectabilis Regentis, & S.R.C. Præsidis Io. Antonij Lanarij cum Parergo, & Notis ipsius Supplicantis.*

Ricorre per tanto à V.E., e la supplica degnarsi commettere la visione di quelle, à chi meglio parerà à V.E., acciò possa ottenere il Regio *Imprimatur*; Che il tutto lo riceuerà à gratia, vt Deus, &c.

Magnif. V. I. D. Carolus Susanna videat, & in scriptis referat.

Carrillo Reg. Soria Reg. Gaeta Reg. Iacca Reg.

Prouisum per S. E. Neap. die 6. Iulij 1690.

Mastellonus.

Illustres Regentes Duces Parete, & Campimellis non interfuerunt.

EXCELLENTISSIME DOMINE.

IVssu tuo, vt par est, capessere paratissimus, attentè legi, quæ Typis excudi posse petuntur opera, quorum hi sunt tituli:

Adnotationes pro Regio Ærario, ad Supremi Regiæ Cameræ Summariæ Senatus Regni Neapolis Decisiones, per lucubrationes tractatus, & quæstiones ad rem fiscalem attinentes, superiori Sæculo exaratas à Clarissimo I.C. D. D. Hannibale Moles Regiam Cancellariam Regente; quibus præmittitur Notitia Practica Ærarij Vniversalis, ex qua palam redditus, diuitiæ, ac vires Vniuersi Orbis perspiciuntur.

Duæ item Semicenturiæ Disquisitionum forensium, quibus difficiliores Iuris articuli ad forum accommodati resoluuntur.

Nec non differentiæ inter Ius commune feudorum, & leges Regni Neapolitani, amplissimi Regentis, & S.R.C. Præsidis Io. Antonij Lanarij nunc primum in lucem edita cum Parergis, & Notis Nicolai Caietani Agetæ I.C. Parthenopæi, in Supremis Regni huius Tribunalibus solertissimi Aduocati.

Quia verò nihil in eis scriptum est, quod Regiam lædat Iurisdictionem, immò, si verum fateri licet, multa eruditè, omnia pro forensium negotiorum faciliori explicatione scitè composita habent benè desudati labores hi, per quos decoris plurimum accedit Auctori, & voluptatis cum fructu afferetur eruditis pariter, & ijs, qui forensibus implicantur curis, imprimi eos posse censeo, modò annuas tu, Excellentissime Domine, ad cuius genua prouoluimus hæc sincero animo testor. Neap. Kal. Octobris CIↃ.IↃC.XC.

Exc. Tuæ

Addictissimus, & Obsequentissimus Cliens,
Carolus Susanna.

Imprimatur, Verùm in publicatione seruetur Regia Pragmatica.

Carrillo Reg. Soria Reg. Gaeta Reg. Moles Reg. Miroballus Reg. Iacca Reg.

Prouisum per S. E. Neap. die 6. Octobris 1690.

Anastasius.

TESTIMONIA ENCOMIASTICA
Insignium quorundam Scriptorum De Praeclarissimo I. C. Spectabili Dom. Reg. D. Annibale Moles, eiusque scriptis.

PROLEMMA:

LAudari à probatissimis Viris, ea est profectò iucunda laus, teste *Cicerone, in oratione prò Sextio; Haec est*, ait, *vna via, mihi credite, & laudis, & dignitatis, & honoris, à bonis Viris, sapientibus, & benè natura constitutis, laudari, & diligi*: Et *in epistolarum* quoq; *libro* haec protulit verba: *Laetatus sum laudari me, abs te, Pater, laudato Viro, ea est profectò iucunda laus, quae ab his proficiscitur, qui ipsi in laude vixerunt, & in dignitate, & honore*: (a) Huiuscemodi sanè laudum praeconijs à laudatissimis plerisq; Viris celebratus fuit D. Annibal Moles, qui summae doctrinae, vitae probitatem adeò iunxit, vt viuens acclamationem, defunctus posteritatis stuporem fuerit adeptus; tantas enim huic viro natura Opifex inseuit ingenij dotes, vt in ipso humanitas ergà homines, solertia in agendis, in tractandorum serie facilitas, in explicando puritas, in imitando industria singularis, felicitèr eminere, ac excellere censerentur: quem excellentem virum, immortali dignum memoria, & meritò habendum, & iure praedicandum, ipsius Augustissimi Regis, ac doctiorum approbauit consensus; *Hac est vita gloriosa commoditas, Dominos esse Testes, Ciues habere laudantes*; (b) Imò quae de Annibale Poeno fortis victore, ac naturae Triumphatore, literis mandauit antiquitas; in hoc vno Doctorum Corypheo renasci videntur; ille siquidem armis, hic ingenio, virtutis specimen toti Orbi pulcherrimum praebuerunt; Hinc factum est, vt selectioribus Scriptorum calamis eius encomia posteris luculentèr sint mandata, dùm in ijs efferendis omnes student, ac testimonium reddunt amplissimum:

Illa tamen laudant omnes, mirantur, adorant. (c)

(a) Cic. 15. Famil. Epist. 6. cuius est ... D. Roderic. Moles Eques Hierosolymitanus, [illegible] 187.

(b) Cassiod. lib. 5. Epist. 3.

(c) Martial. lib. 9. Epigr. 48.

DOm. Vincentius de Franchis, primum Aduocationis munere præstantissimus, postea R. Consiliarius, ac S.R.C. Præses meritissimus in sua *decis. 144.*

Et in decis. 94. ibi: Et existente tunc Iudice M.C. Dom. Annibale Moles, nunc Regiæ Cameræ Summariæ dignissimo Præside.

Dom. D. Franciscus Reuertetius, eximius I.C. Hispanus, primum Reg. Cam. Summariæ Neap. Præsidens, deinde Locumtenens integerrimus, ac Regiam Cancellariam Regens, in summam suarum *decis.* operis Reg. *de Marinis* edita, & propriè *decis. 31. in fine lib. 2.* ibi:

Dom. Annibal Moles, tunc Reg. Cameræ Præsidens, deinde Regiam Cancellariam Regens, qui in hac decisione doctissimus vir appellatur.

Dom. Nicolaus de Bottis, dignissimus filius *Iacobi Aniell. de Bottis* doctissimi Regij Consiliarij, *in Epistola Dedicatoria Dom. Regenti Moles, in prima. Constitutionum* Regni, in editione Veneta anni 1590. inter alias laudes, quibus illum celebrat, hæc profert:

Qui etiam uniuersi, tum patrij iuris eruditissimus existimaris, cum annos ferè triginta, in Summis Magistratibus, litibusque iudicandis, summa cum laude versatus, nec ipso Petro de Vineis harum Constitutionum digestori, doctrina, ingenio, rerum experientia, & nobilitate inferior, nunc inter omnes Regni Magistratus Principem locum teneas, &c.

Dom. Franciscus de Amicis, feudorum interpres in almo Gymnasio Neap. acutissimus, in *repetitione c. q. 1. de his, qui feud. dare poss. fol. 164. 1. col.* ibi:

Coram illo peritissimo, & summæ Religionis viro Domino Annibale Moles meritissimo Regente Regiam Cancellariam, qui ex ordine Ill. & Exc. Dom. Pro-Regis librum hunc perlegit, & suo summo ingenio approbauit, & collaudauit.

Dom. Io. Vincentius de Anna celeberrimus Aduocatus Neap. in suis editis operibus, D. Regentem, laudat, prout *in alleg. 84. nu. 9. lib. 1.* ibi: *Coram Domino Annibale Moles Præsidente ornato, & officioso viro, qui nunc est Regens pro Regno Neapolis in Curia Inuictiss. Philippi Regis nostri.*

In lib. 2. alleg. 104. num. 23. his verbis:

Referente eximio Præsidente Domino Annibale Moles viro bene docto, nunc apud Catholicam Maiestatem in Consilio Italico pro Regno nostro Regente dignissimo.

Et *in alleg. 126. num. 12.* ibi:

D. Annibal Moles Præsidente eruditissimus fuit Commissarius, qui ob suas virtutes effectus fuit Regens meritissimus apud Catholicam Maiestatem Philippi Regis nostri in Consilio Italico, pro Regno hoc Neapolis.

Et *in singul. 350.* ibi:

Referente Domino Annibale Moles eruditissimo Præsidente Regiæ Cameræ.

Dom. Fabius de Anna Patritius Neap. primarius olim causarum patronus, Regius deinde Consiliarius meritissimus in lib. 1. cons. 94. ibi:

Præsidente Clarissimo Regente Moles.

Dom. Camillus Salernus in suis doctissimis *additionibus ad Consuet. Neap. in prooemio nu. 294. lit. P.* ibi: *D. Antonius Salazar, & D. Annibal Moles, viri quidem nunquam satis laudati, Iurisconsulti adeo veritatis amatores, ut veri duo æquitatis, ac iustitiæ fulmina videantur.*

Dom. Balthasar Benedelius, Friniunensis, I.C. præclarissimus, in suo *Tractatu Iuris Protimiseos,* edito anno 1591. quem dicauit *Perill. Dom. Reg. D. Annibali Moles,* & *in Epistola Dedicatoria* eiusdem nobilissimam familiam multis consanguinitatibus cum alijs plurimis Vrbis Parthenopeæ admodum nobilibus celebrem, ac *Scannasor, Trebarios, Aquilasque* vicisse, animi synceritatem, æquitatem, iustitiam in ipso summam, fidem, probitatem, maximamque prudentiam, & præcelsa munera, quæ incorruptè obijt, ibidem extollit.

Dom. D. Io. Aloysius Riccius, patritius Neapolitanus, eiusdemq; Metropolitanæ Ecclesiæ Canonicus, & Vicarius Generalis, ac postmodum à Summo Pontifice Vrbano VIII. meritissimè Vici Æquensis Antistes creatus, in doctissimis decisionum Collectaneis D. Reg. *Moles* extollit, vt *in Collect. 3109. & in Collect. 4023. in fin.* ibi:

Facta relatione in Reg. Coll. Cons. per doctissimum virum D. Annibalem Moles Præsidem Reg. Cameræ.

Dom. Fuluius Constantius, Neapolitanus Eques, Regius olim Consiliarius, Reg. Coll. Cons. & Regiam Cancellariam Regens doctissimus, ac deinde ibidem Decanus, ac Cotleti Marchio, in eius optimis *Commentarijs ad tres lib. Cod.* pluribus in locis Dom. Reg. commendat, & præsertim *in l. 1. nu. 28. C. quan. sit. crèd. præscrib. lib. 10.* ibi:

Regens Moles in suo accurato, & docto opusculo manuscripto in tit. de iure tractarum. &c.

Et ibidem nu. 67. testatur: *Vt retulit Dom. Reg. Moles in erudito, ac docto suo libello, quem de Iuribus Regalibus huius Regni conscripsit.*

Et in d. l. 1. num. 85. ibi: *Et quoniam quæstio hæc superioribus annis agitata fuit in hoc Regno tractata tamdiu Iudicibus omnium Tribunalium, vt refert Dom. Reg. Moles (qui fuit vnus ex Iudicibus) in eius opere sæpius citato de Regalibus Regni Neapolitani in qu. 27. Et ob grauissimi Viri memoria* [illegible] *in eadem [illegible]* [illegible]

Et in eadem [illegible] *Annibal Molles Regens Collateralis Consilii Regni* [illegible]

[illegible] *Dubium &c.*

Dom. D. Petrus [illegible] Valliscletani [illegible] I. C. [illegible] in insigni Vallisoleti Vrbis Academia Antecessor, deinde inter Regiæ Cameræ Regni Neapolis Præsidentes cooptatus, postea in Supremo Italiæ [illegible] Regens electus, [illegible] Regni [illegible] Regni Præses, & Vicecancellarius [illegible] in [illegible] tractatu *de Successione* [illegible] *par. 1. quæst.* [illegible] ibi:

Et in specie pro [illegible] *Regentis Molles* [illegible] *21.*

Ac [illegible] ibi verba:

Vt declarat ipse Regens Molles [illegible] *per Regiam Cameram* [illegible] *Consilium*

Et quia dictæ decisiones non sunt typis mandatæ, sed per manus in manuscriptis Codicibus traditæ, & ad
[illegible] doctrina, [illegible]
[illegible]

Dom. [illegible] Canobius, in Vrbe Neapoli celeberrimus sui temporis Aduocatus, in sua *allegatione* [illegible] *sub num. 2.* ibi: *Vt dixit* [illegible] *Regens Dominus D. Annibal Molles,* [illegible].

Dom. D. Carolus Tapia, olim Reg. Consiliarius [illegible] Consilium, ac Regium Consiliarium [illegible] Marchionis Belmonti titulo ob merita decoratus, multa in lucem [illegible] volumina, in quibus *Dom. Regentis Molles* doctrinam magnifecit, vt in *lib.* [illegible] *Reg. fol.* [illegible] *vers.* [illegible] ibi:

Et post hæc [illegible] *Dom. Regentis Molles,* [illegible] *titulum de* [illegible]

Et in eodem lib. [illegible] *fol.* [illegible] *vers.* [illegible] ibi:

[illegible] *Dom. Regentis Annibalis Molles in decisionibus Regiæ Cameræ per eum* [illegible] *typis tradita,* [illegible]

Et in eod. fol. [illegible] *vers.* [illegible] ibi:

De qua [illegible] *Dom. Regentis Molles,* [illegible]

Et in eodem [illegible] *vers.* [illegible] ibi:

[illegible] *D. Reg. Molles* [illegible]

Et in eodem lib. [illegible] *Reg. fol.* [illegible] *vers.* [illegible] ibi:

Ad quæ [illegible] *Dom. Reg. Molles.*

Et ibid. fol. [illegible] ibi:

De qua [illegible] *D. Regentis Molles* [illegible]

Et in [illegible] ibi:

[illegible] *Regentis D. Annibalis Molles* [illegible].

Dom. [illegible] de Medicis I. C. [illegible] in suis [illegible] *sub num. 2.* ibi:

Dom. [illegible] *Regens Molles* [illegible]

Dom. [illegible] Aduocatorum [illegible] Consiliarios Regios cooptatus, [illegible] Regiæ Cameræ [illegible] Consiliarius, & Regens Cancellariam Regentis, [illegible] Consilii [illegible] Reg. [illegible]

[illegible] *D. Regentis Molles* [illegible]

Et eod. [illegible]

Et in [illegible] ibi:

[illegible] *per Regentem Molles* [illegible]

Et super [illegible] ibi:

Et ad Reg. Molles [illegible]

Dom. Horatius Montanus I. C. & [illegible] Aduocatus in [illegible] *de Regalibus,* [illegible] *fol.* [illegible] ibi:

Sed hic [illegible] *per Regentem Molles* [illegible]

Dom. [illegible] Neap. [illegible] olim primarius causarum patronus, & in S. Reg. Cons. [illegible] Regium Consiliarium [illegible] *Dom. Reg. Molles* [illegible]

[illegible] *Reg. Molles* [illegible]

[illegible] Et

Et in d. lib. 2. respons. [illegible] num. [illegible] ibi: Et quidem Adsurgunt Dom. Reg. Moles in decis.

Dom. D. Fabius Capycius Galeota, Patritius Neap. Advocatorum olim primus, Regius deinde Consiliarius, Regiae Camerae Praesidens, & tandem sidelissimus Fisci Patronus, dignissimusque item in Supremo Italiae Consilio, Regiamque Cancellariam Regens, ac Dux Regiae [illegible] creatus, in suis selectissimis Responsis, ac [illegible] iuris controversijs, ad laudes *Dom. Reg. Moles* insurgit, [illegible] *lib. 2. contr. 17. num. 12. vers. quibus non obest.* ibi:

Quibus non obest decisio doctissimi, & nunquam satis laudati Dom. Regentis Moles, quae me adolescente, vel fui [illegible].

Et in d. lib. 2. contr. 47. sub num. 23. ibi:

Testis illo [illegible] quam [illegible] Regens Moles, post haec [illegible], quo &c.

Et [illegible] in [illegible] decis. d. lib. 2. ibi:

Et in illa causa intervenerunt, videlicet Dominus Praesidens Villanus, [illegible] de David, Dom. Moles, nunc Dom. [illegible] Bernardinus Sandionisius, qui omnes fuerunt doctissimi Viri.

Et in respons. [illegible] 1. num. 2. ibi:

Et post [illegible] doctissimus, ac [illegible] Regens Moles in sua [illegible] Regiae Camerae Thesauro.

Et in respons. [illegible] num. 13. [illegible] ibi: [illegible] doctissimus Reg. Moles in suis decis. [illegible] manuscriptis qu. 15. &c.

Dom. D. Io: Franciscus Sanfelicius M. C. Iudex, eiusdem Fisci patronus, deinde ad Supremum Regij Consiliarij [illegible], Aulaeque Decanus, ac Regiam Cancellariam Regens meritissimus, in suo *primo [illegible] lib. 4. in [illegible] de [illegible] num. 13. in fin.* has protulit laudes:

Et per Reg. Moles doctrina, & prudentia insignem, quaest. 30. cum seqq. non dum impressis.

Dom. Mutius Recchus, Patritius Neap. doctissimus I. C. ac Almi Doctorum Collegij Senator in peculiari *Glossa*, seu commentarijs *ad Privilegium dicti Collegij, super Privileg. 2. lit. O. num. 68. fol. 113.* ibi:

Sed cum dignissimus ille D. Regens Annibal Moles Avus paternus D. Victoria uxoris meae carissimae ad Supremum Italiae Consilium in Hispaniam vocatus esset; atque nostro in Collegio gauderit vel Superinnumerarius, Regias obtinuit literas, &c.

Dom. Io: Baptista Hodierna, Advocatus olim facundissimus, & M. C. Vicariae Iudex, ac in S. R. Neap. Consilio Senator integerrimus, in suis aureis *additionibus ad Petri Surdi Decisiones*, & praesertim *in addit. ad decis. 93. nu. 12.* ibi: *Et doctissime advertit D. Reg. Moles in eius decis. manuscript. qu. 7.*

Et in addit. ad decis. 329. sub num. 5 sic *Dom. Regentem* laudabiliter memorat:

Residente tunc celeberrimo Praeside D. Annibale Moles, deinde meritissimo Regente.

Dom. Donatus Antonius de Marinis, Advocatus celeberrimus, Regiae Camerae Praeses, ac deinde Regiam Cancellariam Regens meritissimus, in eius bene resolutis iuris quaestionibus, speciali elogio *Dom. Reg. Moles* celebrat, *in lib. 1. resol. cap. 1 [illegible]. in fin.* ibi:

Pro [illegible] patrocinatus est D. D. Didacus Moles magnae expectationis Advocatus, filius magni Regentis Annibalis Moles ex filio nepos, moribus, natalibus, ac omni virtutum genere decoratus.

In d. lib. 1. resol. cap. 227. num. 15. ibi:

Sic testatur religiosissimus Reg. Moles in suis decisionib. manuscriptis, &c.

In d. lib. 1. resol. cap. 283. num. 7. ibi:

Regens Moles optime decis. 4. &c.

Et lib. 2. resol. 247. num. 6. ibi:

Dixit, & satis bene Dom. Reg. Moles.

Et d. lib. 2. resol. 1 [illegible]. num. 8. ibi: Testatur D. Reg. Moles in suis decis., ubi plura in hac materia prae[illegible] d. S. R. Vassallus [illegible], & in [illegible] latius, & [illegible] haec omnia patent, [illegible], ut quando hi casus acciderint, ad supra relatam decis. Reg. Moles, quae in hac materia est notabilissima, recurrant.

Et in d. lib. 2. resol. 2 [illegible]. nu. 3. Et post eum satis eleganter, prout de more D. Reg. Moles decis. &c.

Et in obs. ad Reuert. decis. 34. tom. 2. nu. 2. ibi: Adornatum, & maiorem intelligentiam, &c. Sunt [illegible] digna [illegible], quae in hac eadem materia scripsit Dom. Reg. Moles.

Et in obs. ad decis. 9 [illegible]. nu. 1. ibi: Sic [illegible] praestantissimo Regente Moles in suis decisionibus. Et *in [illegible] decis. 236. nu. 3. ibi: Vide plenius D. Reg. Moles.*

In [illegible] ad decis. 163. nu. 2. ibi: Dom. Reg. Moles [illegible]. &c. videnum, quia docte loquitur.

Et [illegible] ad decis. 218. ibi: Dom. Reg. Molem in suis decis. manuscriptis. &c. praeterea hic vir doctissimus.

Et [illegible] decis. 271. nu. 4. ibi: Quod satis bene comprobat Dom. Reg. Moles decis. &c.

In [illegible] ad decis. 286. nu. 1. ibi: Dom. Reg. Loffred. D. Reg. Moles, & cum illis D. Caesar [illegible] Precisa, vim

aequa

[illegible] doctrina [illegible] prædicti scripserunt, &c.

Et in add. ad decis. 51. num. 1. hæc [illegible] quidem quæstionem [illegible] Dom. Reg. Maloni [illegible].

Et in add. ad decis. 543. ibi Reg. Mal. [illegible].

Et in add. ad [illegible] decis. 548. sub Dom. Regentem [illegible] [illegible] Dom. Reg. Mole, tunc Reg. Cam. Præsidente, [illegible] de verbo ad verbum [illegible] Dom. Reg. Capone, &c.

Et in add. ad cit. Reg. Revert. decis. 572. ibi

[illegible] Regia Camera [illegible] à Dom. Reg. Malo in suis decisionibus manuscriptis, in tit. de **[illegible]** *[illegible] Vir dignus [illegible] lib. 2. Resolut. cap. 134.* ***Hæc enim*** *Vir doctissimus scripsit, &c.*

Dom. Io. Hieronymus de Philippo, olim peritus, olim facundus egregius Vir, [illegible] **Fisci** Patronus, Sacrique Senatus Neap. Consiliarius, deinde Regij Præsidens, ac tandem **in** Supremo Italiæ Senatu [illegible] Regens, defunctus in Regali Villa Matriti [illegible] *[illegible]* 36. hæc de Dom. Reg. Molen [illegible]

[illegible] Consiliarius D. Reg. D. [illegible] Molen in [illegible], &c.

Et in suis [illegible] impressis inter [illegible] D. Afflicti in addit. [illegible] ***per eo-*** *rum Dom. Regentem [illegible] sub num. 36. hæc [illegible]*

[illegible] Regia Camera [illegible] consideratione [illegible] sub die ***6. Iulij*** *1591. [illegible] Dom. Reg. Molen allegata con-* *[illegible], &c.*

Dom. D. Ferdinandus Arias de Mesa I. C. [illegible] Hispanus, olim apud Salmanticenses perpetuæ [illegible] Cathedræ [illegible], ac postea apud Neapolitanos [illegible] legum interpres, & in S. R. Cons. Consiliarius in suis *[illegible] resolutionibus,* lib. 2. [illegible] Dom. Regentem laudibus extulit:

[illegible] D. Regens [illegible] Molen [illegible] in suis decisionibus manuscriptis tit. 6.

Dom. D. Gregorius de Gaeta [illegible] Hispanus I. C. [illegible] de Consilio Supremæ Maiestatis, & Præsidens Reg. Cameræ Neap. [illegible] Reg. Cam. *Decisionibus, in decis. 4. num. 22. ibi*

[illegible] Reg. Molen in decis. [illegible] ibi [illegible] Tribunalis Reg. Cam. allegantem, & [illegible] decisionem.

Dom. Iosephus de Rosa I. C. Neap. celeberrimus, olim in [illegible] Tribunalibus Advocatorum facile Primus, postea verò Regius Consiliarius, deinde Regalis Patrimonij in Regia Camera Fisci Patronus, postmodum, ipso præeunte, ad S. C. [illegible], & in publico Neapolitano Gymnasio feudalis iuris interpres acutissimus, *in prælud. feudal. [illegible] num. 6. [illegible] ibi*

[illegible] Reg. Molen. Et in [illegible] Reg. Molen in tit. [illegible]

Et de fraudibus [illegible] sub num. 9. ibi

[illegible] Reg. Molen in suis decisionibus [illegible] impressis [illegible] de donat. [illegible] **1.** *[illegible]*

Et in Consult. 22. per tot. [illegible] in d. [illegible] D. Regentis, & in [illegible] 12. num. 4. ibi

[illegible] Reg. Molen [illegible]

Dom. Io. Baptista Thoro I. C. doctissimus, & [illegible], [illegible] Decisionum indagator, & Almi Neap. Collegij [illegible] *in compendio [illegible] in Catalog. Auctorum, ibi:* *[illegible] Regiæ Cameræ [illegible], [illegible] Regens Regiam* Cancellariam.

Et in [illegible] idem facit.

Dom. Io. Maria Novarius I. C. Lucanus, in [illegible] Regni Neap. Provincijs Regijs Audientijs munere optimè functus, [illegible] *Dom. Regentem* extollit, præsertim in *[illegible] Neap. [illegible]*

[illegible] Dom. Reg. Molen.

Et super pragm. de [illegible] ibi

[illegible] Reg. Molen in decis. Reg. Cam.

Dom. Franciscus Maria Prato, Baronius Liciensis, facundissimus olim causarum patronus, deinde M. C. Vicariæ Iudex, [illegible] Fisci Patronus, ac demum in Regium Consiliarium [illegible], in suis peritissimis *[illegible]* insigni laude refert *Dom. Regentem, [illegible] 1. num. 51. ibi*

Nec

Nec absimile emanauit scitum, sed ve aiunt, decisū à Prætorio Regia Camera de anno 1564. reperiuntur à doctissimo Reg. Moles in decisionibus manuscriptis rubr. de donatur. quæst. 10. nuper typis prodita.

Et in argumento cap. 29. num. 4. ibi:

Reprensio in terminis determinatione facta per Regiam Cameram, idem in hoc adhibente fuam, eruditissimo D. Reg. Moles in manuscriptis.

Et in d. cap. 29. num. 90. ibi:

Vt perfectè mirandum sit, quomodo allegetur ex aduerso doctissimus Reg. Moles in decisionibus, quæ ad penam circumferuntur, qui &c.

Et in Annotation. ad Pascal. de patr. pot. par. 4. cap. 4. verf. ad num. 1. ibi:

Secundum est, omnes quæstiones ab Auctore indicatas ex professo fuisse tractatas, & plenè discussas à D. Reg. Moles in suis decis. quas ad penam habemus, ducto quidem eminenter calamo.

Dom. Prosper Rendella, celeberrimus I.C. Monopolitanus *in tract. de Pascuis, & Fundis lib. 1. cap. 2. fol. 9.* ibi:

Reg. Moles, qui diligentissimè in dictam ***Dohanam scripsit.***

Idem *ad lib. 1. cap. 15. in princ.*

Dom. Io. Franciscus Marotta, in Neapolitanis subsellijs Aduocatus, ac Patricius Tarentinus in suis peritissimis *disceptationibus forensibus cap. 21. n. 57.* ità *de Dom. Regente* cum laude sermocinatur. *Prout ità post laudatissimum Dom. Reg. Moles, virum splendore generis, ac doctrina insignem, cuius mores, ac probitatem, summa gloria, ac præcimo sequutus est inter alios Dom. D. Didacus Moles eius Nepos, Iurisconsultus, & Aduocatus olim in Supremis nostris Tribunalibus præclarissimus, inde meritissimus Fisci Patronus, postmodum Regius Consiliarius, mox Regiæ Cameræ Summariæ Præsidens integerrimus, in d. decis. 46. annotat Thor. &c.*

Dom. Nicolaus Antonius Marotta, Patritius Tarentinus, ac insignis Neap. Aduocatus *in tract. de Collecta, seù Bonatenentia, cap. 2. sub num. 2.* ibi:

Verbalib. Reg. Moles in tit. de Collect. &c.

Dom. Constantinus Casatus, veridicus I. C. ac doctissimus **Neap. Aduocatus** ***in Speculo peregr. quæst. for. quæst. 50. num. 28.*** ibi:

Grauissimus Senator D. Annibal Moles postea Regens Cancellariæ, & Magni Camerarij Locumtenens.

Dom. Helisæus Danza, Aduocatus clarissimus, priùs in Regia Audientia Principatus Vltra Auditor consumatissimus, & M. C. Vicariæ Regius Pauperum Aduocatus, multis in locis Dom. Regentem cum laude memorat, & præsertim *in addit. ad Grammat. decis. 4. num. 3.* ibi:

Vt perbellè articulum disputat, & vota enarrat, decisionemque refert D. Reg. Moles in decis. 73. quam ad penam habeo, & cum videre poteris, subtiliter enim refert.

Et *in add. ad eun. Grammat. decis. 85.* ibi:

Et licet articulus fuerit subtilissimè, & eleganti sermone disputatus per Reg. Moles in decis. 17. quam ad penam habeo &c. Et in fin. ibi: *Quod disputatum subtiliter, & decisum reliquit Reg. Moles decis. 59.*

Et *in tom. 2. de pugna Doct. tit. de immun. Neap. cap. 3. num. 6.* ibi:

Nam de illis pulcherrimas decisiones fecit Reg. Moles, quas ad penam habeo.

In tract. de prælat. Montisfalsali tit. de offic. Rationalis Consil. cap. 1. nu. 3. & 4. ibi: *Sciat, quod Reg. Moles, qui curam habuit conseruandi antiquarum, illarumque originem, magna cum admiratione, & curiositate habita, & diligentia adhibita in decis. 63. quam ad penam haben, refert, &c.*

Dom. Michael Angelus Giustus I. C. Neapolitanus in suis elegantibus *obseruationibus ad Dom. Reg. Capycij Latro Decisiones, in obs. 20. sub num. 15.* ibi:

Ad relationem tunc Præsidentis R. C. S. D. Annibalis Moles, postea Regentis dignissimi.

Et *in obs. 92. num. 8.* ità de Dom. Regente vaticinatur:

Ac ità practicari indistinctè in Reg. Cam. Summ. refert Dom. Reg. Moles, vir doctissimus, ac æquissimus sua tempestate in decis. manuscriptis.

Dom. Ioannes Lupanatius I. C. Neapolitanus in suis pulchris *additionibus ad Commentaria Dom. Reg. Rouiti super pragm. tit. de Vectigal. vers. versus in fin.* ibi:

Prout testatur D. Reg. Moles in decis. manuscript., vbi satis benè de his omnibus, ***& alijs in hac materia tractat.***

Dom. P. Caietanus Andreas de Afflicto Clericus Regularis, ac Theatinæ Religionis decus, insignis olim magnus causarum patronus in Neapolitanis subsellijs, postea dignissimus Canensis Episcopus in suis *controuersis iuris resolutionibus*, in pluribus locis Dom. Regentis doctrinam magnificit, vt *in addit. ad cap. 47. per tot. & in supplem. ad d. cap. 33. & in cap. 48. num. 4.* ibi:

Cuius causa decisionem magis per extensum posuit Dom. Reg. Moles in suo manuscripto, sub rubr. de iur. adoh. quæst. 2. decis. 13. quam hic etiam de verbo ad verbum pro clariori intelligentia subscribere libet.

Dom.

Dom. Iulius Cæsar Capacius Neapolitanus, diligentissimus antiquitatis perscrutator in *suo historiarum libro*, nuncupato, *Il Forastiero, giorn. 17. fol. 579. in fin.* ibi:

Vn' Annibal Moles, di chi non nacque huomo di maggior bontà, prudenza, lettere, cortesia, con un giuditio così candido, che giudicasse, e scrivesse ritrovò la verità delle sentenze legali.

Dom. Pompeius Cumulinus, doctiss. I.C. Regius olim in Barensi Provincia Auditor, in suo opusc. *de Iuribus passuum*, alio pro passu Cannarum, *in cap. 10. nu. 3.* ibi:

Meminisse cunctos volim inter Regiæ Cameræ Officiales, nullum, Dom. Reg. Moles, quamdiu vixit, acriorem fiscalium prærogativarum assertorem extitisse, quod & ipsius decisiones satis testantur.

Et *cap. 15. num. 15.* ibi:

Per ea, quæ doctissimè scripsit Dom. Reg. Moles in tit. de Iure tap. &c.

Dom. Iulius Caponus, doctissimus I.C. Neap. & meritissimus Comes Palatinus, in *discept. forens. lib. 1. discept. 27. nu. 6. vers. probatur*, ibi:

Vt doctissimè fundat Regens Moles de funct. fiscal. &c.

Et *num. 10.* ibi:

Probatur secundò, ex celebri illa decisione, quam refert Reg. Moles in tit. de gabell. &c.

Dom. D. Carolus Petra Sac. Militiæ Calatravensis Eques nobilissimus, Dux Vasti Gerardi ob merita creatus, aliorumque feudorum Dominus, olim in Subsellijs Neapolitanis Advocatus celeberrimus, deindè Iudex M.C.Vicariæ, & R. Cons. posteà in vtroque Samnio Præses; mox in S. R. Consilio Senator Decanus integerrimus, in suis luculentissimis *Commentarijs ad Ritus M.C. tom. 3. rit. 293. num. 114.* hæc ait:

Quibus addo Dom. R. D. Annibalem Moles in suis aureis decis. propriis 119. (quam etiam alijs non dum impressis rescripsit D.R. g.Tap. &c.) & tit. de demani. Vniver. §. 24. qu. 5. in impressis nuper studio, operaq; Domini viri D. Francisci Moles eius pronepotis, Equitis Sacræ militiæ Calatravæ, Ducis Parettæ, Regiæque Cameræ Præsidentis, qui Iudex primo M.C. Vic. in capitalibus causis, tùm Generalis Campaniæ Commissarius, Præses deindè, ac armorum Gubernator in Transensi Provincia, atque hodiè Censor, ac Visitator unus, ex Regia Iuncta, gessit Magistratuum omnes Mediolanensis Dominatus visitator; Minister sanè claritate generis non minùs, quàm doctrina, ac morum integritate conspicuus, ut dignè quidem non degener à suis gloriosæ memoriæ proavis, itaut hunc nobis liceat colligere, sandicumque fateri possumus, non minimum [illegible], quo ipso ad Supremum Regentis fastigium conscendat, id suis exigentibus eximijs meritis, [illegible], omnium ore ei præoptante.

Auctor istarum Annotationum in suis *resolutionibus variarum* [illegible] *& Epitome iuris feudalis*, quas viginti duobus ab hinc annis edidit, multis in locis Dom. Regentem [illegible] præsertim in *vol. 5. rub. 4. fol. 268. lit. B. & in Epit. feud. tit. de Doman. lit. C.* ibi:

Iun. Hr, quæ ex perito Dom. Reg. Moles hic conferuntur; Et *lit. N.* ibi: *Peritissimus Dom. Reg. Moles decis. R.C. &c.*

Dom. Nicolaus Vincentius Scoppa doctiss. I.C. Neapolitanus, in suis *Theorico-practicis observationibus ad decisiones Marchio Stephani Gratiani*, Dom. Reg. Moles dignis laudibus extollit, vt *in obser. 41. num. 9.* ibi:

Vt testatur norma gadus Dom. Regens D. Annibal Moles in suis qq. tit. de iur. relevier. §. 21. quæst. 3. nu. 20. quas ad communem omnium vtilitatem, optimo quidem efficiente voto, typis mandari curavit clarissimus huiusce nostri ævi I.C. Dom. D. Franciscus Moles laudati Regentis Pronepos, qui in ætatis adhuc flore, meritis majis, quàm annorum gravitate maturus, nobilissimo genere natus in Equitum Calatravensium numerum adscitus, indè propter eius virtutem, vitæ probitatem M.C.V. in criminalibus Iudex Electus, & post alia posmodùm ab invictissimo, Potentissimo que Rege Catholico D. N. Regiæ Cameræ Præsidens vocatus fuit, quod quidem munus ad præsens laudatissimè gerit, valdè ad maiora fastigia promovendum esse compertum est.

Dom. Ioannes Franciscus Pasqualinus I.C. Neapolitanus, in suis *commentariis ad lib. 2. pragm. tit. de abolitione nu. 20.* sic Dom. Reg. Moles dignis laudibus celebrat:

Verùm senectute huius D. Regentis (Moles) non tàm memoriæ ad posteros demandata celebris, quàm iuventute fuerat exolescente celeberrimus, nobilitate familiæ vetusta, dignitate senatoria, quasi hæreditaria illustrium; quorum nostræ ætatis admirandus Orator fuit Nepos, memoria defatigata, disciplina emendata beatitatis, qui etsi paulo tardius, quàm spes omnium erat, ad togam venit, ad gloriam tamen suis eius, prius dignitatem meruisse, quàm habuisse, ad quam cum pervenirent impigri, idus, ità Regis Advocatus fiscus integer Senator. Coæqualis Scriptor eius Pater D. Thomæ, cùm aliqua monumenta in commentando Responso Regentis Patris pro D. Philippo II. Rege in successione Portugalliæ. Admirabilior eius Pronepos, & pronomi, & patris vitalis etiam clarus, vir solidi, & fœlicis ingenij, equestri Ordine Calatravæ ornatus. Cùm adolescens virtute, suavem, & expectatam grandem artem oratoriam expromsisse, & dedit ità, ut iuvenilis ætas superaret perfectè Oratoris iudicium, Cùm doctrina expurgati iudicij, animi ingenij, moribus vitæ instituere exemplaria adeo usque antea, ut quos senescentem patrem decorarit dignitas, non numerari annis sed spectata virtutis

tutis subsecutis, quasi ad obscurum [illegible], [illegible] eadem [illegible]; Cumque accederet opu- lentia commulatus omnes hos statim dignitates, cepit laureis frugi moribus, quasi cum [illegible]- m, quando cum [illegible] moveretur. Calcatum prima sententia plebem [illegible] criminibus, qua vera, vel q- [illegible] inculpata, [illegible] vindex. [illegible] Summum est, summa iniuria in- [illegible] quasi durius, [illegible] quod primus et documentum erat, imponendi repulit. Cuius administranda vel [illegible], qua decore Iustitia observata, qua incorrupta, & sincera, ut diffunderis per [illegible] undique notare, si commentatis iussus non esset; ut alioqui [illegible] laboribus ditavit Regis Æra- rium, quem [illegible] in Regia Dohana Menapecudum Apuliæ, authoritate eius integritati [illegible] Regalis Patrimonij in [illegible] Tribunalis, Provinciae, & [illegible] Supremum Italico Senatu, Mediolani [illegible] Magni Cancellarij dignitatem obiisit, mox Neapolis [illegible] eandem, & quam- [illegible] indicatur tam [illegible] ab omnibus [illegible] mereri. Nec quare, quo genere, par illo ubique aequitatis, & integritatis fama, qua non [illegible] abesset, nec [illegible] [illegible], sed [illegible] in aperta publicum [illegible] animus hilaris, [illegible] lumina vigor. Conversum [illegible], atque [illegible] moribus [illegible] in familiaritatis, quam iustam authoritatem gentis [illegible] in urbanissimis quoque verbis [illegible]. Non [illegible] virtu- tis, sed [illegible] ingenua, tum in hilari, ac [illegible] matura [illegible], & caetera bona, propter qua senectutem laudamus, & facilius eum forma, atque virtutibus ab caeteris ipse secernas.

Et ad pragm. 18 num. 129. fol. 71. tit. de admin. Univ. ibi:

De hoc [illegible] habui cum Dom. D. Francisco Moles [illegible], quo Iudex criminalis erat, quem hodie plena omnium consolatione conspicimus ascendisse ad supremas dignitates, sed altiora, & plus ultra, [illegible], non minus sua virtute, [illegible] [illegible] comparatio, quia invidiam fortasse [illegible], sed etiam D. O. M. gratia, provide [illegible] de Universali bono huius Regni [illegible] quo acutissimo ingenio, [illegible], eloquentia, moribus integris clarissimus; sed silere magis, quam imbecilli plaudere, quique ingenioso exemplo bipedis Iudicis lu- cide exposuit mihi hoc [illegible], [illegible] iudicium.

Dom. Io. Leonardus Roilotenius doctissimus I. C. ac primarius Advocatus Neapolitanus, omni magistratus dignitate merito decorandus, *in additionibus ad resolutiones Reg. de Marinis, in add. ad cap. 1. num. 9.* ibi:

Teste doctissimo Dom. Reg. Annib. Moles in sua adhuc non impressa decis.

Et ad cap. 30 num. 2. ibi:

Dom. Reg. Moles, semper veneranda in aevum memoria, in suis adhuc non impressis decis.

Et ad cap. 101. num. 10. ibi:

Ad [illegible] Reg. Annib. Moles decis. manuscriptas, quam tanquam singularem, & notatu, dignam in lu- cem [illegible] imprimi curavit.

Et ad cap. 174. num. 3. ibi: *Longe tamen melius D. Reg. Moles in decis. manuscript. &c. Hactenus doctissimus vir ille, cuius verba me nec pudet, nec taedet referre, ut [illegible] pateat impressa tanti [illegible] authoritas, qua per paucorum bibliothecas manuscripta circumfertur.*

Idemque facit in add. ad cap. 167. num. 8. & cap. 183. num. 6 & 11.

Dom. Carolus Antonius de Luca, Canonicus Regalis Ecclesiae Barensis, aliisque Ecclesiasticis di- gnitatibus meritissimus, maximus I. C. editorum operum fama celeberrimus, *in animadvers. a Gratiani discept. tom. 5. cap. 1. num. 4.* ibi:

Celeberrimus Dom. Reg. Moles, &c.

Et in doctissimis *Scholijs ad Decisiones eiusdem Gratiani*, ubi Annotationes istas memorat; *in schol. 16. num. 9.* ibi:

Et de hoc [illegible] edisserit D. Nicolaus Caietanus Ageta facundissimus S. C. Advocatus in aureis suis annot. ad decis. D. Reg. Moles §. 7. &c.

Et in schol. ad decis. 144. sub num. 9. ibi:

At de hac quaestione diffusissime, & Magistraliter disseruit D. Caietanus de Ageta in suis doctissimis Annot. ad D. Reg. Moles in §. 6. de iure Dohan. quaest. 7. & 8. qui erit omnino videndus, ut illius dicta [illegible] ascribam.

Et in Schol. ad decis. 148. num. 3. 6. & alibi.

Dom. Io. Baptista Mucci I. C. Neap. in suis claris, & lucidis *dilucidationibus ad decis. Reg. Sanfelic. lib. 1. in dilucid. ad decis. 78. num. 6.* ibi:

[illegible] oculate advertit Reg. Moles in decis. sub tit. de [illegible] § 18 ubi rursum habes me- moriam, quod opus ab omnibus optatum [illegible] curavit Dom. D. Franciscus Moles eius [illegible], non impari praeditus doctrina, optimis moribus, integritateque [illegible], qui [illegible] [illegible] quibus omnium plausu [illegible] cap. [illegible] in Supremo tandem Italiae Sena- tu Reg. [illegible] hac [illegible] ostendit [illegible] nobilitate, doctrina, prudentia, integritate, caeterisque virtutibus [illegible] deputatibus esse veri numeris omnibus absolutum.

Et in dilucid. decis. 133 num. 37. vers. pro maiori, ibi:

Et

Et eripuit Reg. Mulcs [illegible] Regis Catholici [illegible] sed satis [illegible] patefacit.

Dom. Cæsar Nicolaus Pisanus I.C. Neap. in suis *additionibus ad Gaffred. de Constitutione Reg. R.* [illegible] *Lepidissime Dom. Reg.* [illegible] particulariter [illegible] observatur, in verbo, 5. num. 172. ibi:

Cæterum [illegible] *per Reg. Mulc.* [illegible] *laudando Refrendar. 6. n. 3.* idem adimplet. Et in verb. num. 11. ibi: [illegible] apud Reg. Mulc. [illegible] & alibi.

Dom. [illegible] I.C. [illegible] in [illegible] *Ill. Dom. Regenti D. F.* [illegible] *Mulc.* [illegible] *& Reg.* [illegible] *Patris*, ibi: *Asseri* [illegible] *Annibalem Mulcs* [illegible] *R. C. Præsidentem*, [illegible] *Supremi Italiæ Consilij, & Regni Neap. Regentem.* [illegible] *I.C.* [illegible]

Dom. Hieronymus Rocca, Patritius [illegible] olim Neap. deinde in Vrbe celeberrimus Aduocatus, dignissimus iam Episcopus [illegible], in suo *primo libro disputat. iur. select. cap. 65. num. 18. circa finem*, ibi:

Ergo [illegible] *Mulcs in decis.* [illegible] *de Mauriis lib. 2. resol. 134. recte ad-* [illegible]

Dom. Petrus [illegible] de Andrea I.C. & Patritius Neap. Aduocatorum olim primus, Reg. Consiliarius meritissimus, ac Regij Fisci [illegible] Patronus in sua *Neapolitan. Regal.* [illegible] impressa [illegible] *pag. 129.* ibi:

Il Regente [illegible] *Sig. Regente D. Annibal Mulcs, all'hora Presidente, e Commissario Generale* [illegible] *della Camera* [illegible] *Sig. Regente Mulcs Duca de* [illegible] *dignissimo Promotore*.

Dom. D. Gaspar [illegible] I.C. celeberrimus, Regiusque in Regno Siciliæ [illegible] Consiliarius, in suo [illegible] *de Iudicijs* [illegible]

Et [illegible] *in Reg.* [illegible] *Annibalem Mulcs Præsidem* [illegible] *Regiæ Cameræ.*

Excellentissimus Dom. D. [illegible] del Marzano, Iuris prudentiæ Princeps, [illegible] Iur. Civilis [illegible] Supremi [illegible] Consilij [illegible] Castellano Senatu [illegible] & Iuliani Consiliarius, [illegible] Regni nostri [illegible] doctrinæ, & morum magister, & ob [illegible] *ad* [illegible] *Pontificem* [illegible] *II.* [illegible] *Regni, ubi* [illegible] *Hispaniæ, ac* [illegible] pro Inuictissimo Philippo II. [illegible] eiusdem Regni, [illegible] Dom. Reg. D. Annibalem Mulcs.

Dom. D. Didacus Bolero, & Castal peritissimus I.C. Matritensis, & Consilij Regij Patrimonij, in Aula Millionum Fiscalis, in suo celeberrimo *Tractatu de Decoctione debitorum Fisc.* [illegible] *1. qu. 15. num. 12.* ibi: *Quibus* [illegible] *resolutio Annibalis Mulcs in decis. Supremi Trib. Reg. Cam. &c.*

Et [illegible] *quæst. 15. num. 11. circa med.* ibi:

Nouissime Annibal Mulcs in decision. Reg. Camer. [illegible] *quæst.* [illegible]

D. Berardinus Rota Eques Neapol. egregius Poeta, *in libro epigrammatum fol. 57.* ita ceciuit.

De Annibale Mulcs Iureconsulto [illegible]

Tot Moles alij, nos admirabimur vnam:
Natura hanc, illas ars operosa dedit.
Materia è vili sunt illæ, & paupere saxo,
Nobilis hæc constat diuitijs animi.
Tempus edax illas, hanc nullum destruet æuum,
Mortales illas, hanc posuere Dei.

Dom. D. Cæsar Eugenius Caracciolus, celebris Historicus, ac Patritius Neapolitanus, in sua *Neapoli Sacra folio* 547. hoc refert Elogium.

Annibali Moles.

Integritate, & grauitate præstanti,
In publicis, & in [illegible] *agendis,*
Iureque reddendo [illegible] *laude versato.*
A Philippo II. Catholico Rege in Hispaniam
Ad Supremum Italiæ Consilium collocato
Mox Neapolim ad Regia iura tuenda misso,
Quod [illegible] *optime se gesserit,*

Et

Te moriens tristis sui desiderium relinquens,
In posterum memoria sui semper victurus.
Iulius Moles.
Fratri Carissimo, amoris mutui,
Ac meritorum causa Pos. M.DC.VII.

Syllabus Quæstionum, siuè Decisionum Spectabilis Reg. D. Annibalis Moles, quæ integrè per Auctores in eorum operibus transcriptæ fuere.

QUæst. 1. §. 2. transcripta per Nouarium, ac Riccium, p. 1. f. 234. n. 13. & 54.
Quæst. 2. & 3. §. 2. transcripta per Nouarium, p. 1. f. 373. n. 1.
Quæst. 4. §. 2. enarrata per Episc. Riccium, p. 1. f. 19. n. 2.
Quæst. 6. §. 2. per Episc. Ricc. p. 1. f. 358. n. 2.
Quæst. 7. §. 2. per Episc. Ricc. & Rodoerium, p. 1. f. 467. n. 1.
Quæst. 7. §. 3. per Reg. de Marinis, p. 2. f. 108. n. 1.
Quæst. 7. §. 3. per Reg. Tapiam, p. 2. f. 337. n. 14.
Quæst. 8. §. 3. per Reg. Tapiā & Rodoerium, p. 1. f. 160. n. 10. & 12.
Quæstiones §. 4. per Capyc. p. 2. f. 794. n. 1.
Quæst. 2. §. 4. per Capyc. & F. Afflict. p. 2. f. 200. n. 1.
Quæst. 5. §. 4. per Capyc. & Nouar. p. 1. f. [illegible]
Quæst. 1. & 2. §. 5. per Nouar. & R. Tapiam, p. 2. f. 335. nu. 15.
Quæst. 2. §. 8. per Thor. p. 2. f. [illegible]
Quæst. [illegible] §. 8. per Thor. p. 2. f. [illegible]
Quæst. 1. §. 8. per Nouar. p. 2. f. 43. n. 23.
Quæst. 2. §. 8. per Nouar. p. 2. f. 13. n. 2.
Quæst. 3. §. 8. per Nouar. & Thor. p. 2. f. 54. n. 2.
Quæst. 4. §. 8. per Nouar. p. 2. f. 16. n. 6.
Quæst. 5. §. 8. per Nouar. ac Thor. p. 2. f. 63. n. 21.
Quæst. 6. §. 8. per Nouar. ac Thor. p. 2. f. 64. n. 4.
Quæst. 7. §. 8. per Nouar, Thor. ac Reg. de Marinis, p. 2. f. 68. n. 4.
Quæst. 2. §. 8. per Nouar. ac Thor. p. 2. f. 70. n. 8.
§. 9. per Duenam p. 2. f. 79. n. 1.
Quæst. 1. §. 9. per R. Crescent. p. 2. f. 111. n. 7.
Quæst. 1. §. 11. per R. de Marinis, p. 3. f. 286. n. 14.
Quæst. 7. §. 16. per R. de Marinis, p. 3. f. 179. n. 1.
Quæst. 8. §. 16. per R. de Marinis, p. 2. f. 143. n. 7.
Quæst. 1. §. 20. per R. de Marinis, p. 3. f. 70. n. 6.
Quæst. 3. §. 20. per R. de Marinis, p. 3. f. 78. n. 2.
Quæst. 4. §. 20. per R. de Marinis, p. 3. f. 73. n. 7.
Quæst. 4. §. 21. per R. de Marinis, p. 3. f. 83. n. 1.
Quæst. 5. §. 21. per Capyc. p. 2. f. 68. n. 2.
Quæst. 6. §. 21. per Capyc. p. 2. f. 69. n. 2.
Quæst. 8. §. 21. per Thor. p. 3. f. 71. n. 2.
Quæst. [illegible] per R. de Marinis, p. 3. f. 90. n. 1.
Quæst. 4. §. 23. per Prof. Vrsis. & de Luca, p. 3. f. [illegible]
Quæst. 5. §. 23. per R. de Marinis, p. 3. f. 128. n. 1.
Quæst. 7. §. 23. per R. de Marinis, p. 3. f. 146. n. 7.
Quæst. 8. §. 23. per R. de Marinis, p. 3. f. 277. nu. 14.
Quæst. 13. §. 23. per R. de Marinis, p. 3. f. 165. n. 1.
Quæst. 1. §. 24. per Reg. Tapiam, p. 3. f. 179. n. 1.
Quæst. 2. §. 24. per R. Tapiam, p. 3. f. 285. n. 1.
Quæst. 3. §. 24. per R. Tapiam, p. 3. f. 289. n. 4.
Quæst. 4. §. 24. per R. Tap. & R. de Marinis, p. 3. f. 289. n. 1.
Quæst. 5. §. 24. per R. Tap. p. 3. f. 189. n. 2.

ILLV-

ILLVSTRI, AMPLISSIMO,

atque præclarissimo Viro,

Egregio Militi, Nobilissimo Patricio Neapolitano, ex Portæ Nouæ Sedili, omnigenæ literaturæ, vniuersæ in primis Iurisprudentiæ ornamento

SPECTABILI DOMINO

D. FRANCISCO MOLES

Calatrauensis Ordinis Equiti, ac Paretæ Duci,

PRIMVM REGIO MAGNAE CVRIAE Vicariæ in criminalibus Iudici, tùm Regij Tribunalis Campaniæ in facinorosos, ac exules Generali Præfecto, in Supremo dein Regiæ Cameræ Summariæ Senatu integerrimo Præsidenti, necnon Præsidi, & armorum Gubernatori in Barensi Prouincia, Regiæque Dohanæ Menæ pecudum Apuliæ Moderatori, Regno Magistratuum Mediolanensium Censori, ac Visitatori Generali, ad Supremum Italicarum rerum Consilium apud Hispanum Monarcham inter illius Regentes cooptato; Magno, seu Supremo Cancellario, & Consiliario Secretioris Consilij Status Mediolanensis, nunc in hoc Regno in Regio Collaterali Consilio, Status, & belli summo, & fido Consiliario, Regiamque Cancellariam meritissimo Regenti, insigni Ciuium plausu fidelissimæ Vrbis Neapolis Annonæ Ex-Præfecto, & Regalis Iurisdictionis peruigili Delegato, Patrono incomparabili, ac operis Mæcenati.

NICOLAI CAIETANI AGETA I.C. ET ADVOCATI PARTHENOPÆI.

Oratio Panegyrica.

TVi nè magis meriti, an officij mei debitum exoluerem, hæsitaui nonnihil; At latior vtrque patuit campus, quàm, vt hoc possit orationis cursu lustrari; Cum enim non leuiusculi prorsus meo fato contigerit, vt nunc Tu mihi semper præbueris dilectionis indicia, nunquàm quin me complecti desiueris patrocinio, veri amor in perenne conuersus obsequium, id quidem in tui nominis obse-

fer

fecunaeslam effecit, vt nihil magis optauerim, quàm hoc grati animi, tibi non indignum, posteris verò non improbandum exhibere monumentum. Debitum est præterea meæ ergà Te obseruantiæ, quod, vt libenter impleuerim gratam futuram Humanitati tuæ soluturum confido, [illegible] mei rationem debeo, eidem [illegible] signum adducam. Tibi sunt vnanimo [illegible] hæreditarij fœtus, quos nobilissimus Proauus tuus Superiori seculo mira ingenij dexteritate conceptos, totique ingenij splendoribus in lucem prodiderant. Placuit igitur hoc qualecunque obsequij testimonium, tuo nomini tot nominibus debitum, tuo titulo [illegible] proferre; Propria namque [illegible] affectio clarissimi Proaui lucubrationes, gloriæ Pronepotis nuncupationis imagine conuestire.

Hoc tibi, ne tanto careat mihi nomine charta (a).

(a) Tibull. carm. lib. 4.

Excipe igitur hilari vultu, & sincero, quo soles, animo, munus hoc, quod offero, non tanquam meum, sed vt tuum, vt fide, quod tuum est, tuearis; Et hoc Clientis tui opusculum, & si rude, & incultum, pro tua benignitate dignare aspectu, imò

Hoc lege, quod possis dicere iure, meum est (b).

(b) Martial. lib. 10. epigr. 4.

Eminet autem ingenij laude in literaria Palæstra Proaui tui eruditissimum *Decisionum* opus, in quo luculentam legum edocet rationem, sæpèque testatur peritorum incomparabilis calami felicitatem, quando breuitati candorem, eruditionem suauem, perspicuitatemque ita connexit, vt maximus quidam eius etiam, atque etiam legendi ardor abripiat; vnde manuscriptæ quoque lucubrationes creberrimo plausu per omnium manus ferebantur, & ad illas, veluti Oraculum concurrebant, ac in domesticis Sapientum Musæis, typorum radijs obtenebrati labores seruabantur, &

Ibant obscuri sola sub nocte per vmbras,
Perque domos Ditis vacuas, & inania Regna (c).

(c) Virgil. lib. 6. Æneid.

Tu verò spectatissimas hasce *Decisiones*, omnibus suis numeris absolutas, ad Reipublicæ literariæ vtilitatē diuulgasti; Tibi propterea, velut huius operis instauratori tantum perpetuò debuit peritorum orbis voluetes, vt studiosis expositum, ab omnibus quotidiana propè visione (est enim opus practicum, & frequentissimum) atque admiratione laudaretur; Idcircò *Cicero (d) M. Varronem* Authorem celebrat, multorum, quæ diuturnitate temporis abscondita in lucem edidit; *Nos*, inquit, *in nostra Vrbe peregrinantes, errantesque tanquam hospites tui libri, quasi domum reduxerunt, vt possemus aliquando, qui & vbi essemus, agnoscere: Tu ætatem Patriæ, Tu descriptiones temporum, Sedes Regionum, & locorum, Tu omnium diuinarum, humanarum rerum nomina, genera, officia, causas aperuisti, plurimùmque luminis attulisti.*

(d) Cic. lib. 1. Acad. 91.

Eluceant igitur scripta, quibus perficiendis tot vigiliæ, & elucubrationes sunt impensæ, vt semel in lucem emissa, per omne æui tempus plenis gloriæ velis ferantur; *Nam vnius (e) ætatis sunt, quæ fortiter fiunt; quæ verò pro vtilitate Reipublicæ scribuntur, æterna sunt.*

(e) Veget. Lib. 2. de re milit.

Nec

——— ——— *Nec Iouis ira, nec ignis,*
Nec poterit ferrum, nec edax abolere vetustas (f).

Emicant ex professo pro Regij Ærarij iuribus, pro Regiæ Maiestatis vtilitate, ac communi Regni bono; Omnia enim, quæ circà fiscalium disquisitionum materiam, Regalium vtilitates, bonorum publicorum, ac priuatorum commoditates, feudorum lucra, & alia vtilia sese possent offerre, sapientèr, & acutè excogitata, disertè explicata, summo adhibito studio ponderata inueniuntur. Hinc & meritò quidem *Decisionum Reg. Cam. Thesaurum* appellauit eruditissimus *Dom. Regens D. Fabius Capycius Galeota* (g); Nec minùs felicitèr, quod de *Tito Aristone I.C* Plinius iunior (h); *Nihil est, quod discere velis, quod ille docere non possit, mihi certè, quoties aliquid abditum quæro, ille Thesaurus est.* Quis non concipiat in animo ipsius Authoris ingenij celsitudinem, cum per dubitandi, ac decidendi rationes rem exactè perquirat, euoluat. *Quàm* (i) *peritus ille, & priuati iuris, & publici? Quantum rerum? quantum exemplorum? Quantum antiquitatis tenet? Iàm quanta sermonibus eius fides, quanta authoritas, quam pressa, & decora cunctatio? Quid est, quod non statim sciat? Et tamen plerumque hæsitat, dubitat diuersitate rationum, quas acri, magnoque iudicio ab origine, causisque primis repetit, discernit, expendit. Quo* (k) *nihil verius, nihil simpliciùs, nihil candidiùs, nihil fideliùs noui,*

Nil exactius, eruditiusque est,
Sed nec candidius, benigniusque (l).

Verùm ad quid tàm longè expatiatum eo? Sufficiat tantùm librum *De Regijs Fiscalibus* nominare; Equidem *vtilitas huius tituli non eget commendatione, ipsa enim se ostendit* (m).

Ergòne his meis Annotationibus ausus sum mihi imponere
Molem immensam humeris, & vix tractabile pondus? (n)

His ne meis notiunculis tantum opus adumbrare præsumo? Teruncium quasi argento addere, vel Soli facem præferre? Ecquis continere vocem posset, si obscurari videret Solem, cuius omnes aura, & claritate fruuntur? Non eget aliena luce, qui alios suæ doctrinæ splendore repleuit. Non eget plumis alienis, qui sua ornamenta in tantam laudis amplitudinem diffudit; Ad cuius virtutis odorem tot probatissimi Viri concurrerunt; Quem ipsemet Augustissimus Rex, ob egregia eius merita, plurimis voluit honoribus insignitum. Insupèr, si ità comparatum est, vt fulgentissimum Solem intuentes cæcutiamus, dùm ipsa oculorum acie perstringitur; profectò fieri non potest, quin nimio quodam pondere conatum suum is intelligat, qui virtutem stylo suo subijcere contendit, cum *ad portandam tantæ sapientiæ molem, non sint idonei humeri vestri,* (o) Ergò ne?

Ausus sum tamen sumere mollis opus (p).

Ast parcat clinamini meo Tua eximia modestia; Parcant bonarum literarum Censores; Nàm quemadmodum, *intellectus noster Solis instar oritur, occiditque, vadit, & redit, nunquàm moritur, sed suis vicibus renouatur;* ità ab humana industria, licet

(f) Ouid. lib. vlt. metamorph.

(g) Reg. Galeota resp. fiscal. 1. in n. dissert. n. 2. in fin.

(h) Plin. lib. 1. ep. 21.

(i) Plin. ibid.

(k) Idem lib. 2. ep. 9.

(l) Martial. lib. 4. ep. 34.

(m) Vlpian. lib. 11. ad Edict. not. in l. 1. D. de rest. in integr.

(n) Statius lib. 5. ad Abascantium.

(o) Imp. in l. 2. §. sed cum prospeximus C. de vet. iur. enucl.

(p) Ouid. de Ponto lib. 2. eleg. 5. ad Salanum.

nihil intactum aliquandò relinquetur; multa tamèn postea excogitantur, quæ vberiori indigent tractatione. Præsertim hoc in opere, in quo peculiare meum fuit studium, ac labor, vt ea, quæ recentiores post Authorem tradiderunt, ac noua emerserunt, imò (quod notatu dignum) omnia ferè illius loca, quæ apud Doctores recensentur, approbantur, laudanturque, diligenti industria, ac lucubratione in his meis annotationibus proprijs locis, prouti aptiùs visum est, accomodentur, annotentur, illustrentur: Et *Decisiones* omnes furtim excerptæ (innata multis eripiendi voluptate), cum iam pridem manuscriptas plerique in editis operibus transcripserint, Authore ipso non citato, vel memorando ipsius nomine allegato hic ostendantur. *Quod si quis (q) vsurpationis arguat, arguat potiùs Sedulitatis*; Siquidem vel simpliciter necessarium, vel vtile saltem videbatur, laudata loca, vel eorundem rapinas palàm facere, ac Notis indicare. Hæc igitur harum Annotationum causa, hoc Operis argumentum; quæ me impulere, vt eas nouissima cura concinnarem, publicæq; luci exponerem. Quod quidem tibi maximè cupiens elaboraui, cum propter tuas publicas curas, ab ineunte ætate, & in maximis rebus occupationes, Te ab hoc scribendi onere destitisse perspexerim: *Quod enim (r) spatium potuisti publico labori surripere, quando in vnum pectus confluit, quidquid vtilitas generalitatis exposcit*. Tu iàm inter eos, quorum humeris, velut Atlantum, quorundam vniuersæ Patriæ *Moles* recumbit, vt verè tibi summus ille honos, ob tuam in iure dicendo peruigilem assiduitatem, summum quoq; sit onus. Experimur etenim omnes, Te vnum esse, cui verba *Senecæ* de *Cesare* loquentis; optimo iure possunt adaptari, cum ait: *Omnium quippè Ciuium domos, tua vigilia custodit, omnium otium tuus labor, omnium delicias tua industria, omnium vacationem tuum facit negotium. Ex quo te Republica dedicasti, Tu tibi eripuisti, Tu pro vtilitate communi solus ità omnium curas, laboresque suscipis, vt nihil aliud, quam cura salutis alienæ sit gubernatio tua.*

Cùmq; verò à nullo alio adhùc ante me id opus factũ esse sciã.

Peragro loca nullius ante
Trita solo. Iuuat integros accedere fontes,
Atque haurire, iuuatque nouos decerpere flores, (s)

Omnibus (t) prætereà feliciter hic locus se dedit, & qui præcesserant, nòn præripuisse mihi videntur; quæ dici poterant, sed aperuisse. Multùm tamèn interest, an ad consumptam materiam, an ad subactam accedas, crescit in dies, & inuenturis inuenta non obstant. Hinc meritò *Plinius (u)* licet multa à se scripta, à quamplurimis Authoribus collecta testetur, tamèn multa addita, & ampliata inueniri posse fatetur: *Ego planè*, inquit, *meis adijci posse multa confiteor, quæ aut ignorauerunt priores, aut posteà inuenerit vita*. Præterea, vt cum Sapientissimo *Seneca (x)* loquar, *multum adhùc restat operis, multumque restabit, nec vlli nato post mille secula præcludetur occasio aliquid adhùc adijciendi, sed etiam si omnia à veteribus inuenta sunt, hoc semper nouum erit,*

vsus

(q) *D. Ambros. de Virg. lib. 1 in pr.*

(r) *Cassiod. in praef. Var.*

(s) *Lucret. rer. nat. lib. 1.*

(t) *Senec. ep. 79.*

(u) *Plin. ad Vespasian.*

(x) *Senec. ep. 64.*

usus, & inventorum ab aliis subtilitas, & dispositio. Multum egerunt, qui ante nos fuerunt, sed non peregerunt. Siquidem natura ipsa, variantur omnia, & nova egent explicatione, & ex ipsa antiquorum repetitione nova disputanda, & resolvenda emergunt, quæ novum formant librum: *Existimas (y) nostra scripta esse recentia, & nupera? Ego nihil cunctabor à prima origine repetere nostrarum literarum antiquitatem.* Nec improbandæ sunt, aut audaciæ nota afficiendæ (absit jactantia) meæ annotationes ad tanti Viri eruditissimum opus, *nam etsi (z) maximis tantum operibus admiratio debetur, tamen inferiora non despicimus, & justa laude non carent, quæ sunt maximis proxima*, licet de meis annotationibus hoc dici non possit. Plinius ad *Caninium* (a) idem profitetur, *Sum, ait, ex iis, qui miror antiquos, non tamen (ut quidam) temporum nostrorum ingenia despicio; Neque enim quasi lassa, & effœta natura nihil jam laudabile parit, sed verò, ne dubitemus multa esse, quæ nos præterierunt.* Cæterum, si indocti, meos labores carpunt, quos fortè non capiunt; & alienarum laudum detractores invidi me obtrectent, illorum ego Criticorum morsus, tui patrocinii munimine fretus, haud pertimesco.

Inveniat, quod quisque velit, non omnibus unum est,
Quod placet, hic spinas colligit, ille rosas. (b)

Nec tamen desistã à justo, ac tenaci scribẽdi proposito; nam

Si fractus illabatur Orbis,
Impavidum ferient ruinæ (c)
Haud secus, ac Moles, quam magno murmure fluctus
Oppugnat, manet illa, suoque est pondere tuta. (d)

Accedant sanè vitæ tuæ innocentia, & illustris in summo dignitatis loco eruditio, vitæ lumen maximè conspicuum, humanitas præsertim tua ergà literatos omnes propè singularis, quæ vel nolentem me ad hoc onus assumendum invitare, nec monere, sed cogere, ac impellere debuissent: *Fiducia (e) mihi styli, atque ingenii nulla est, sed tua benignitas ausus meos provocat;* Cum sis (f) *ità justus, & bonus vir, ut natura, non disciplina consultus esse videaris, ità peritus, ac prudens, ut ex Jure Civili, non scientia solùm quadam, verum etiam bonitas nata videatur, cujus tantum est ingenium, ità prompta fides, ut quidquid inde hauriatur, purum, liquidumque hauriri sentiatur, Elegans in dicendo, in existimando admodum prudens, in omnibus perurbanus.*

Tibi ministræ, & comites sunt temperantia, fides, felicitas, gravitas cum humanitate permixtæ. In Te uno virtutes elucent, nimirum *Q. Flaminii* clementia, gratitudo *Mitridatis*, *Syllæ Aggrigentini* liberalitas, *Scipionis* authoritas, *Valerij Publicolæ* humanitas, *Pompeij* pietas, *Attilij Reguli* veracitas, Fama *Metelli*, *Scævolæ* fortitudo, *Seleuci* justitia, *Cambysis* judicium, *Ulpiani* elegantia, *Pauli* copia, & amor Patriæ *Marsi Corij*, & *Codri*, & ergà me affectio, & patrocinium. Tibi quoque egregia est corporis forma, quam ad animi pulchritudinem ità composuisti, ut cum *Petro Salmurensi* dicam:

Par animo quoque forma suo respondet in illo,

Et

(y) Theophil. Antiochenus lib. 3.

(z) Dominic. Baudius in orat. ad studiosos Leidenses p. 93.

(a) Plin. lib. 6. ep. 21.

(b) Petron. Arbiter in Satyr. pag. 20.

(c) Horat. lib. 3. ode 3.

(d) Ovid. 6. [illegible]

(e) Symmach. lib. 4. epist. 45.

(f) Cic. Orat. pro A. Cæcina n. 57.

(g) Ouid. 6. fastor.

Et genus, & facies, ingeniumque simul. (g)

Verùm si te amant omnes, Cunctos Tu etiam amplecteris beneuolentia, Vnde cum *Plinio* (h) exclamem, oportet: *Iucundissimum est in rebus humanis amari, sed non minùs amare, quorum vtroque ità frueris, vt cum ipse ardentissimè diligas, adhùc tamen ardentius diligaris; primum quia faciliùs est unum amare, quàm multos: deinde, quia tibi amicos tot obligandi adest facultas tanta, vt nemo possit te, nisi ingratus, non magis amare.* At quanta Tibi *concordia.* (i) *quantosque concentus omnium laudum, omnisque gloria contigit? Vt nihil seueritati eius hilaritate, nihil grauitati simplicitate, nihil Maiestati humanitate detrahatur.* Ità quidem es fortunæ ac intellectus bonis donatus, nobilitatis, dignitatis, ac probitatis radijs ornatus, vt arduum esse, aut de te loqui, aut de te scribere, prorsùs experiar; Etenim, dum mentem excito, vt te, qua possit, cogitatione tantum, quantus es, complectatur, inardescit ipsa, & desiderio protinùs feruentissimo elata, non satis habet tuam gloriam admirari, nisi etiam deprędicare conetur; At verò cum calami officio, cartæ consignare laudes aliquas tuas tentet, concidit omninò, & quod aggredi amor vellet, formido detractat. Proh dolor!

(h) Plin. in Paneg. ad Traian.

(i) Idem

(K) Tibull. lib. 4. el.

Non ego sum satis ad tanta præconia laudis, (K)
Ora licet tribuas multiplicata mihi. (l)

(l) Ouid. in Ibin. ver. 203.

Quid igitur inter hos amoris, & formidinis fluctus agemus? dùm volo, & non possum, dum detracto, & idem conor? Audeamus aliquid, & magno, ac fidenti animo, quod incępimus, obeamus:

Quod si deficiant vires, audacia certè
Laus erit, in magnis voluisse sat est. (m)

(m) Propert. lib. 2. eleg. 10.

Absit iam tantum ingrati animi supercilium, vt tuam ergà me notam affectionem, affectione rependam. Tùm ergò necessitudo, tùm incomparabilis amor,

Hanc habere orationem mecum à principio instituit. (n)

(n) Terent. in Hecyra act. 3. Scen. 3.

Placet intereà gratitudinis, ac obseruantiæ tibi mittere monumenta, &

Esse salutatum te vult mea litera primùm. (o)

(o) Ouid. 2. de Pont. eleg. 7.

Deinde si gloriam illam tuam, quam in publico Neapolis, ac Europę ferè totius theatro, virtus tua, applaudente fama, reportas, pro dignitate eloqui, & stylo consignare non possum, amoris, & desiderij vehementissimi signum, famulantis obsequij contentu declarabo. *Quisnàm* (p) *sit ille qui debeat tantam molem subire: Nemnè is omnium suffragijs hominum tributim, centuriatimque legeretur, cui felix Patria, cui domus clara, cui Forma diuina, cui ætas integra, cui militarium, ciuiliumque rerum vsus contigisset?* Caussa igitur à capite, proposito ordine prosequamur.

(p) Lat. Pacat. in Pan. Theod. Aug.

Et primùm fateor, te summam sortiri originis felicitatem, cum ex Hispania repetas ab antiqua prisci æui memoria florentis prosapię, vetustam familię nobilitatem. *Bellatricem* (q) *illam viris, armisque nobilem Hispaniam, illam Seminarium hostilis exercitus, illam Annibalis eruditricem*, vt, dum (r) *Hispa-*

(q) Luc. Flor. gest. Ro. cap. 6.

(r) Pacat. in Pan. Theod. Aug.

pa-

paris vel quidquid laudatur, assurgat, hæc clarissimos milites, hæc experientissimos Duces, hæc facundissimos Oratores, hæc clarissimos vates paris, hæc Iudicum matre, hæc principium est. Cuius (s) preclara antiquitas nulli Prouinciarum non modò Europæ verum nec totius Orbis cedit. Inter omnes Mundi Prouincias maximam, nobilissimamque Hispaniæ antiquitatem maximis laudibus extollendam, & externarum gentium Commentarijs, ac varijs librim, atque descriptionibus labore maximo comprobatam.

Est locus, Hesperiam Graij cognomine dicunt,
Terra antiqua, potens armis, atque vbere glebæ,
Oenotrij coluere Viri: nunc fama, minores
Hispaniam dixisse Ducis de nomine gentem. (t)

O Inauditam tantæ Patriæ celsitudinem, pro tanti etiam generis dignitate prædicandam. Sed etsi cuncti Hispani hac gloria fruantur, & gaudeant suæ cognomine gentis; tamen

Est quod præcipuum debeas ista domus. (u)

O' generosam stirpem, (x) & tanquam in vnam arborem plura genera, sic in istam domum multarum insitam, atque illuminatam sapientiam. Tàm (y) frequens est familia vestra felicissimus proventus, tàm in multis personis declarata prudentia, vt licet aliquis vos elegat ad subitum, nihil fecisse videatur incertum. Similitudinem suorum felix vena custodit, quando pudet delinquere, qui similia nequeunt in suo genere reperire.

Dicat antiquissima, & nobilissima familia *Moles*, à Gallæciæ Regno originem trahens, & inde in Lusitaniam, Cathaloniã, ac Gerundam, demum Neapolim gloriosè prouecta, ex qua literis paritèr, atque armis, vel togati, vel sagati celeberrimi Viri, tanquàm ex Equo Troiano prodierunt Heroes.

Et genus immortale manet, multosque per annos
Stat fortuna domus, & aui numerantur auorum. (z).

Occurrit calamo memorandus ille Comes D. Eros, qui anno à Virginis partu 899. erat Magnus Regis Alphonsi Magni, eiusque Generalissimus Armorum Præfectus, Comes Ciuitatis Lugo, à Comite D. Mendo, & D. Ioanna Romanes ex Regali progenie descendens; Hic ille fuit magnanimus Heros, cuius opere (a) Ciuitas Vlispomenis, & totum Lusitaniæ Regnum fuit conquisitum. D. Consaluus Eris de Moles, & D. Petrus Mendez de Moles, generosissimi Milites. D. Payus Estenez de Moles, Regis Alphonsi III. Pincerna. D. Ioannes Moles familiaris, & strenuus miles, tempore Regis Petri IV. Aragonensis. D. Petrus Moles Consiliarius Aragoniæ Regis anno 1134. Aloysius Moles D. Alphonso Regi Aragon. XVII. carissimus, qui anno 1445. fuit Baliuus Ciuitatis Gironæ à Regina D. Maria, illorum Regnorum Gubernatrice electus, in cuius officium substitutus reperitur D. Petrus Moles eius germanus, vsque ad annum 1463. Et maximus ille S. Romanæ Ecclesiæ Princeps D. Ioannes Moles à Margaritis, (b) iuuenis à Nicolao V. Cameræ Clericus institutus, & à Io: Nauarræ Rege ad multos Principes missus Orator, postremò à Ferdinando ad Xystum IV. à quo Episcopatum Gerundensem regendum, & Romani Senatus dignitatem simul capula-

(s) D. Ioannes Moles à Margaritis Ep. Gerundensis (postea Cardinalis) in eruditissimis libris, quos inscripsit, Paralipomenon Hispaniæ lib. 1. inter tom. 1. Hispan. Illustrat.

(t) Virg. lib. 1. & 3. Æneid.

(u) Ouid. ad Liuiam

(x) Cic. in lib. de Clar. Orator. qui inscrib. Brutus n. 111.

(y) Cassiod. lib. 8. var. ep. 10.

(z) Virg. lib. 4. Georg.

(a) Vt videre est apud Nobiliarium Comitis D. Petri filij Regis D. Dionysij Lusitani tit. 56. pag. 310 laud. per P. Londoño Chronist. Regalem Regnorum Hispaniæ & Vberte in descriptione familiæ Moles, ac P. Stolesfius in comm. ad Pers. satyr. in epist. dedic. fol. 5.

(b) Ciacon. in Vitis Pont. & Card. to. 2. anno 1484. lit. C. fo. 1268.

ns

ris accepit, Presbyter Cardinalis S. Balbinæ, is Theologiæ, Iurisprudentiæ, & Cosmographiæ peritissimus, scripsit *Historiam Hispaniæ; de optimo Principe;* & alia quædam in bonam iomnibus credidit; Hinc meritò cum Hispano Poeta,

Purpura te felix, te colit omnis honos. (c)

(c) *Martial. lib. 8. epigr. 8.*

D. Ioannes Baptista Moles, Ordinis S. Francisci, ac Religionis decus circà annum 1591. Romæ Commissarius Generalis, qui ob suam eminentem scientiam, acre ingenium, varios edidit tractatus, vt (d) peritissimi Viri testantur. Et inter viuentium primarios D. Franciscus Maria Moles, Theatinæ religionis speculum, celeberrimus Sacer Orator, suæque Religionis Visitator, cuius doctissimus legitur Panegyricus (e) super Epistola SS. Virginis Messanensibus missa; Episcopali Thiara venerabilis, nobilitate, ac agendorum vsu, iàm Romanæ Curiæ gratiam promeritus, ac Nolanus renunciatus Antistes.

(d) *Vide eruditum Nicol. Anton. in Bibliot. Hisp. p. 1. fol. 497.*

(e) *Vide V. Ghilin p. 3. bibl. C. R. lib. 12. fol. 965.*

Consultò alios prætereo, lubens omitto, qui S. R. E. suis virtutibus illustrarunt, & apud Regem, ac Patriam tùm domi, tùm belli plurimum præualuere; Tantùm verò ad illos in hoc nostro Neapolis Regno optimè meritos mea deflectat Oratio; quotusquisque enim Italorum ignorat, plures in Teatrali hoc Neapolitanæ Ditionis ambitu reperiri

——— *Quos æquus amauit*

Iuppiter, aut ardens euexit ad æthera virtus. (f)

(f) *Virgil. lib. 6. Æn.*

Et quidem offertur D. Franciscus Moles auus meus, cuiusque nomen, & omen habeam; Is enim anno 1515. ad hoc Neap. Regnum aduenitus, maiorumque inhærens vestigijs, tanta apud suos Reges in obeundis muneribus fidem, atque authoritatem est adeptus, vt summam Regiæ Quæstoris munus, ac Veredariorum Præfecti, siue, vt aiunt, Cursoris Maioris officium sit promeritus, opibusque fortunæ præditus, magnis impensis à fundamentis insignem ædificauit Aedem in hac Parthenopensi Vrbe in via dicta Incoronatæ, quæ hodiè ab Illustri Ottaiani Principe possidetur; ac post Marij Loffredi obitum, ab Inuictissimo Imp. Carolo V. officium Portulaniæ Barensis Prouinciæ obtinuit, fuitque Dominus Terræ Montisfinis ac deinde Terræ Turi in Barensi regione, quæ ad nostra vsque tempora à suis descendentibus dominatur. D. Gabriel Moles, strenuus miles in bello Senensi, & Romanæ Campaniæ vti militum Præfectus, dimicauit, qui cum sibi instituisset D. Thomam eius fratrem consobrinum, ac suum auum dignissimum, acris contentio exorta fuit inter ipsum, & D. Marcum Antonium Moles, præfati D. Gabrielis patruum, de successione in prædicto Turi Oppido, de qua celebri controuersia (g) plerique testantur; sed tandem de lite retulit palmam D. Marcus Antonius; Hic autem fuit præclarus ille miles, qui viriliter bellans, in varijs campestribus, maritimisque adfuit pugnis, in obsidione præsertim Melitæ Insulæ anno 1565. & anno 1571. in prælio nauali propè Scrofi, & Abidi promontorium, & sequenti anno in Oris Orientalibus, Duce Ser. D. Ioanne Austriaco, fuit cunctorum Equitum gregario-

(g) *Vide R. Tap. dec. 1. S. C. Cons. de Gen. 3. allig. 12. R. Rouit. in allig. impress. sis in cons. ad prag. 11. de feud. Iurisdict. vers. 1113 l. 12.*

[illegible]

rum, numero circiter ducentorum Præfectus. D. Franciscus Eques Hierosolymitanus Commendator, & postea eiusque Crucis insignitus, ac Barolitana Prioratu decoratus; D. Leonardus Moles Ordinis S. Iacobi, & illius habitus Commendator, qui ob eius magnam rei bellicæ peritiam, fuit creatus Magister militum, & armorum munitionum, Regni Præfectus Generalis (h). D. Antonius Moles pariter nominis miles, indeque Militum Præfectus. D. Fridericus Moles Eques Hierosolymitanus Sarmatiæ, ac Dalmatiæ olim classiarum Præses, ob illi[illegible] quoque opera. Octaviano [illegible] scripsit (i) enim tomo 1. & Collectionis [illegible]: *Guerra entre Ferdin. II. Emperador Romano, y Gustavo Adolfo Rey de Suecia: Et Advertencia de Principes; Ia [illegible], Amistades de Principes.*

Perbenignum nobis autem luminaria duo præfati D. Francisci filii D. Annibal [illegible] & D. Iulius [illegible] in meritissimi suis Iurisconsultorum maximos; & aliarum scientiarum eruditione excultos, integritate, & gravitate præstantissimos. Almi Doctorum Collegii Neapolitani Senatus in publicis, & maximi momenti negotiis, ac iure tradendo tanta cum laude versatus, ut à Maximo illo Monarcha Philippo II. Catholico Rege, post [illegible] collatas dignitates, inter Regiæ Cameræ Summariæ Præsidentes fuerit collocatus, & deinde pro Magno Camerario dignissimè curavit, deinde ad Supremum Italiæ Senatum ac etiam Aragoniæ evocatus, & Neapoli Regiam Cancellariam Regens, Regnique Viceprotonotarius meritissimè delectus, qui Ordinamenti pro bono, perpetuoque Regiæ Dohanæ Menæ pecudum regimine edidit, pariterq; pro suo Rege scripsit in *Successione Regni Portugalliæ*, & de *Ducatu Britanniæ pro Sereniss. Infanta Helisabeth*, aliasque *Decisiones* enucleavit. Alter, hoc est D. Iulius Sac. Theolog. Doctor eximius, in arduis Apostolicæ Sedis, eiusdemque Augustissimi Regis Philippi II. rebus gerendis summa dexteritate commendatus, qui Ecclesiæ Aluanæ Antistes creatus, iurisperitia, ingenio, gravitate desponsatam sibi Ecclesiæ regimen nobilitavit. Præterea eorum patrem D. Annibalem, repræsentant dignissimi filii, D. Mauritius, M. C. V. Iudex, qui S.R.C. Sanctæ Claræ huius Regni Senator electus, ob immaturam mortem dignitatis possessionē nō fuit adeptus: D. Fridericus Eques Hierosolymitanus, in puerili ætate defunctus, & D. Thomas natu minor, M.C.V. Iudex, idemque ad præfatum Senatoris munus nominatus, sed fato præreptus illud minimè fuit assecutus, cuius ingenium æquè ostenditur in aliquot suis monumentis, in commentando patris scripta, pro successione in Portugalliæ Regno, ac Britanniæ Ducatu, & hunc decisionum librum. Porrò præcellit alter D. Annibal, ipsius D. Thomæ filius, qui fuit Iudex M.C.V. Regius Consiliarius, & eiusdem M.C. Procerum, Moderator Regiæ Dohanæ menæ pecudum Apuliæ; ubi non sine omnium ingenti dolore, nominatus per Regni Proregem ad Regēs Supremi Italiæ Cōsilii munus, sed mors spem eorum abrepit, ob suum tamen eminentem doctrinam, rerum per publicarum peritiam. Do-

(h) De cuius rebus gestis apud clarissimos Scriptores, Orland. P. Raphael. Marcus Fil. Bened. nel Campo Histor. di Nap. pag. 232.

(i) Nicol. Anton. in Biblioth. Hisp. p. 1. fol. 278.

mino-

minoris in huius Regni Procerum Consultor fuit, grauibusq; rebus detentus, vnde omnium laudes (k) cumulauit. Floruit D. Didacus parens tuus, cuius nomen est incredibili commendatione diffusum, emensis doctrinarum curriculis, insigne munere locum praecepisti, vt Rex Noster Inuictissimus sui Aerarij Aduocatum designarit, quo in munere insigni dexteritatum acumine, applausu omnium vndique Senatorum votis, fœlicissimi ingenij laudem adeptus, additis ei Regij Consiliarij dignitate, ac postmodum inter Reg. C. Sum. Praesidentes meritissime cooptatus. Commemorandus parenti optimi virtutes, tecum sua summa cum dignitate vera Iurisprudentiae eruditio, in admirabili virtutum gloria nitens D. Annibal frater tuus, generosissimus Eques, ac in Mediolanensi Statu Neapolitanae Militiae Praefectus, inter magnos nostrae aetatis milites iteratum in bello gestum periculis, quiq; in Peloponneso contra Turcas Modone gloriose expugnata, hostes se illi dedere (l). Ac alter frater D. Antonius spectata prudentia, ac nobilium morum integritate incomparabilis.

(k) Landulus & R. C. lib. fol. in praxi fol. 56. num. 18. Reg. de Marin. resol. 179. n. 13. Cap. Prauensp. 50. & 51. in fin. R. Merlin. cont. 1. decision. 40. n. 14. & contr. 63. in fin.

(l) P. Raphael Maria Philamond. in tit. lib. del Gen. Bellic. di Nap. fol. 4. 9. & P. Scales, in Epist. Dedic. lib. 1. comment. ad Pers. Satyr.

Haec est, inquam, Florentissima Familia tua innumerabilium penè propagatrix Heroum. Antiqua (ll) proles, laudata prosapies, cum togatis claris, inter viros fortes eximia. Hi sunt quorum,

Longa fuit a patrum series longissima rerum. (m)

Per tot ducta Viros, antiqua ab origine gentis.

(ll) Cassiod. lib. 1. ep. 4.

(m) Virgil. 1. Æneid.

Maxima (n) Serenitatis luminibus sanguis irradiat, qui tot annis continuis simul splendet claritate virtutis, & quamuis rara sit hac gloria, non agnoscitur in tam longo tempore, summas tamen inu. Saecula suis producunt nobile vena primarias. Nescio inde aliquid nasci mediocre, sed probati, quos genuit, & quod difficile probatur, electa frequentia est.

(n) M. Aurel. Cassiodor. lib. 3. var. ep. 3.

Sed anagetis exterius illa,

Et genus, & proauos, & quae non fecimus ipsi,

Vix ea nostra puto. (o)

Mallemus (p) in te praedicare, sua dona fateamur, nam ***ad ea*** *profecimus gradum, qua tibi debes.*

Viuant illi tui Consanguinei in luce clarissimi, qui fidelem Regiae Maiestati perstiterunt operam, admirationem omnium conciliant, & promereantur amorem, tantum hic dicant, vbi tuae virtutis admiratio sola, satis nostros animos euincit, & sublimium dignitatum laetitia, iure suo gratulationem exposcit.

(o) Ouid. 3. metam.

(p) Tacit. in Paneg. Tr.

O qui nominibus cum sis generosus auorum,

Exsuperas morum nobilitate genus. (q)

(q) Ouid. lib. 4. eleg. 3.

Te potius, non tuos maiores, tuam virtutem, non tuam familiam, decus tuum, non tuum genus, tuis, inquam, te virtutibus, non alienis floribus exornandum suscepi. Lateat quidquid est generis tui, à quo, & si in te magni nominis splendor deriuetur, tuo tamen, non alieno fulgore splendere concupiscis:

Nam quamquam antiqua gentis superent tibi laudes,

Non tua maiorum contenta est gloria fama,

Nec quaeris, quid qua Index sub imagine dicat,

Sed

Sed generis priſcos contendis vincere honores
Quam tibi maiores, maius decus ipſe futuris. (r) (r) *Tibul. carm. lib.* 4.

O quanta illa nunc tuæ virtutis eſt amplitudo, quam ampla, glorioſaque dignitatis excellentia. *Te fama, (s) te gloria, te ad ſydera tollit humus.* (s) *Plin. ad Traian.*

O virtus egregia, doctrina admiranda, nobilitas, & authoritas eximia, probitas, & integritas ſpectata. Agedùm verò, quis in te iſta requirat, quæ perfectiſsima in te admiratur, & obſtupeſcit? Quorum dico conſcium habes nobilium ordinē vniuerſum, teſtem Regem Inuictiſsimum, præconem famam æternam? Si virtutem quis requirat, tuo generi eſt innata, & hæreditariam à maioribus habuiſti; Si doctrina quæratur, ætas prima ex decurſu tot Regionum, & laboribus tot exhauſtis in otio literarum hanc collegit: ſi nobilitas deſideretur, duplicem habes, ſanguinis vnam à maioribus, virtutis alteram à te: Si probitas deſideretur, de te mentiri fama veretur. Neque tamen eſt, quin glorioſam Neapolim noſtram exclamem, quæ te protulit; Felicem, quæ te virum gremio complexa, magnum habet decus ſuum, & propugnatorem. Equidem ad magna natum Patria benigniſsimo ſinu excepit adoleſcentem, ac primo robore iām ætatis ſpatia ſuperantem indolem aliquandiū continuit; *Et quod (t) grandæuus de imperatione vnquam certus optauit, hoc tibi adoleſcenti ſupremum munus inceſſit.* Quod humanum magis exſuperat captum, te aſpicere in Senatu, in foro, incredibili memoriæ, dictionis, ac ingenij felicitate. (t) *Caſsiodor.* 2. *var. epiſt.* 15.

Ore loqui doctus, & virtutem oſtendere factis. (u) (u) *Homer. Iliad.* 1. 441.

*Commendat (x) flos annis, & maturitas mentis, ſed potiùs illa ſuperauit, quæ nos ad virtutum gradus, gloriamque perducit, quapropter optamus munera nomini, & meritis tuis, vt arcana regis fidelis accipias, vir eloquens literatam reperias dignitatem. Nunc cauſas glorioſas indicas, quas laudabiliter peroraba*s. Poſſumus, ſpectabilis Vir, te quidem admirari, ſed virtutes tuas, & tot res à te præclarè geſtas non poſſumus enumerare. Quis dicat, quæ in Aula, & in oculis Regis admirantis ſumma induſtria peregiſti? Quis concipiat ſatis vnquam, quanta æquitate, quanta deniquè ſubtilitate inextricabiles lites enodatis, cum in ſupremo nunc Italiæ Conſilio, nunc Mediolani, nunc Neapoli ſumma cum authoritate reſidens, magnificentiſsimum nobilitatis vniuerſæ conſeſſum in tui vnius admirationem pertraxiſti. (x) *M. Aurel. Caſsiod. lib.* 8. *epiſt.* 18.

Te clamore vocant iteramque iteramque ſupremo. (y) (y) *Ouid. ad Liuiam circa med.*

Virtus enim tua lucem ſuam in Vrbem hanc, ac remotiſsimas Orbis oras diffundens, tuis in primis te carum effecit, externis deſiderium iniecit magnum; Cum Regi, ac toti Reipublicæ toties eſſet probata, cum apicem attigiſset tua virtus, & quantum patriæ prodeſse poſſes, nemo ignoraret; Deo, ac Rege flamentibus, virtute tua poſtulante, Supremo Senatorio Ordini es adiunctus. Quid nunc dicam de iuſtitia, quam ità exerces, vt per te æquitas vigeat, iniquitas exulet, tranquillitas regnet. Teſtes ſunt iuſtiſsima illa Tribunalia, in quibus assidebas. Testis est tua æquitas, quam in Summo Astreæ Solio moderaris. Quid amplius dicemus? Felicemne Regem? Cuius tantus Aerarij Thesaurus, quo studio, quauè industria, quot laboribus adauctus? Aut quibus iuribus defensus, & conseruatus fuerit? Cum in Supremo Regalis Aulæ Tribunali præsideres, fideliter, feliciterque, absque omni subditorum iniuria agebas, quod erat Regi probatum, Regno vtile, tibi ipsi gloriosum; Et cum magna tua laude negotia pro communi omnium bono agitans, inde Tribunalis, commissas tibi Regiones peruigili cura gubernasti; Erè Supremo Italico Senatu Mediolani primam Magni Cancellarij dignitatem adeptus, vbi etiam Magistratuum fuisti integerrimus Censor. *Credidit (a) fortè Princeps vester, nouam in hunc, imperatamque apparuisse prudentiam, origo tuas hæreditarias sibi literas vendicauit, qui ità in Mediolanensi foro resplenduit, vt aterno fructu è Tulliano cespite pullulares*; Mox Neapoli Regiam Cancellariam, Regentis decus proauitum familiæ tuæ, ac tibi promeritum obtinuisti; Dignus quippè, vt tuis meritis omnium vtilitatem, plurimorum salutem, Regis tui amantissimi honorem, complecteretis; *Honorem (a) siquidem celsum, sed qui tuis meritis probetur esse æqualis. Currus (b) quinimò honorum gratia per parentes. Tende igitur ad laudem celsa vestigia, vt priores tuos, quos honore reparas, virtute transcendas.* Fortunatam ne Patriam magis appellem? *Fortunata (c) tanquam, & inuidiosa Neapolis, literarum domus augustissima, quæ, si Maroni quondam dulcis visa est, quantum nunc dulcior videtur, vbi ingeniorum ac studiorum æquissimus extimator habitas.* Tu namque is es, qui nostræ Patriæ fausto omine natus, *vt cincta (d) æquas trutinator examines, tantamque famam tuam habita maturitate custodias, quantum te illi Populo, vel in leui culpa facilè displicere cognoscas. Vrbi Neapolis ornata multitudine Ciuium, abundans marinis, terrenisque delicijs, vt dulcissimam vitam te ibidem inuenisse diiudices, si nullis amaritudinibus misceatis.* Emeritus es propterea vt ipsius fidelissimè Ciuitatis Annonæ Præfectus vnanimi omnium consensu legeteris; *Tui siquidem (e) studij est, vt Sacratissima Vrbi prepareretur annona, vbique redundet panis copia, & tàm magnus Populus, tanquàm vna mensa satietur. Non immeritò Pompeius fertur, copia quantitate prouisa vsque ad rerum peruenisse fastigia, quia meritò singularis est amor populi, cum potuerit à penuria liberari; Hinc ille gratificationem meruit, plausumque Populorum; Hinc vnicè semper amatus est, & in gratia Ciuium omnium vicit facta maiorum.* Augetur etiam ex hoc tuæ gloriæ præconium, & non vna, aut altera contenta lauro, multiplicem sibi æternæ laudis coronam texuit; *Etenim quid meliùs (f) quam illum populum gratum respicere, cui cognoscaris præsidere? quale est perfrui fauore multorum, & illas voces accipere, quas, & clementes Dominos delectat audire.*

Ciuium grato animo accessit Patritiorum fauor, & Regis nostri Inuictissimi placitum, quo nostris hisce temporibus, & non anteà huius Vrbis Sedilibus, exteras quasdam familias alliciendi præbuit facultatem, quorum animos ità pertraxi-

(a) Cassiod. lib. 8. ep. 19.

(a) Idem epist. 21.

(b) Idem lib. 2. ep. 2.

(c) Franc. Petrarch. famil. epist. lib. 1. epist. 1.

(d) Cassiod. lib. 6. ep. 23.

(e) Ibid. ep. 18.

(f) Cassiod. lib. 6. ep. 23.

sti,

sti, vt promeritus es, nemine penitùs dissentiente, sed omnium Nobilium cœtu, vniis suffragijs applaudente, ac antiquissimæ Familiæ tuę summa nobilitate à tempore, quo Neapolim aduenit, iam promerente, albo calculo ad honores Illustris Portæ Nouæ Sedilis huius Inclytæ Vrbis adscribi.

Omnis in hoc vno varijs discordia cessit
Ordinibus; lætatur eques, plauditq; Senator,
Votaq; patricio certant plebeia fauori. (g)

Neque omnium est, ea summa virtute patrare, quæ facis, hominum autem omnium est te amare, *noster hic, magnus; qui cum fortuna virtutem adæquauit,* (h) at iure optimo egregius, Sacerq; vates Parthenopæus (i) de Te ità cecinerit.

Zodiacum emensus per singula signa forensem,
Pergis idem fido lumine Solis iter.
Publica res olim nullam te Præside noctem
Palluit, aut dubio nubila iura dolo.
Hispanas inter Sirena Campana Carolos
Sensit in Occiduos Te sibi ferre dies.
Rexit & Insubres populos Epidaurius Anguis;
Cum Thermis è nata splenduit aula sue.
Arduum id est, Fisci annonam indulgere sequestro,
Et simul vrbanas consuluisse focis.
Tanta operum Moles, tanti decora alta laboris
Fixa tibi meritæ sydera laudis alunt.
Nunc Regum latus es, patrijsq; optabile terris
Solstitium præstas; hoc quoque Solis habes.

Admiror hæc libentèr, eloqui verò nō possū. Generosū tuum animum repræsentant tui liberi *D. Didacus*, & *D. Ioannes*, non tam quod ex te nati, quàm quod gloriosis tuis vestigijs insistunt; & mores sequuntur nobilissimæ matris D. Mariæ Vrsinæ ex Comitibus Pacentri, & Oppidi, ex antiquissima, & nobilissima prosapia (k) inter familias non dum Regni, verum Italiæ excellentiores. Habet Rex, quod in iis speret, habet Patria, quod in iis confidat. Ille tuus *D. Didacus*, patriæ virtutis imitator, cuius animus ad omnē prudentiā factus, insigni generositate in Cathalonia pro Catholica Maiestate strenuè militādo, multorū triūphos iteraturus iam pergit. Ille tuus *D. Ioannes* tui ipsius simulachrū, quē cum videas, omnia, & sūma speres, qui se sacrosancto matrimonij fœdere coniunxit cum nobilissima *D. Magdalena de Triuultio*, ex antiquissima pariter in Italia, ac florentissima Mediolanensi progenie (l), ex qua tot belli Duces egregij, ac domi celeberrimi emanarunt Heroes. In illis profectò speciosas generis imagines, & tot Patriæ, ac Regi animi tui obsides relinques. Felix Patria nostra, quæ illos iam habet, nec plùs sperari potuit, nec spei respondeti feliciùs.

Sed quò me mea vox virtus rapit? Tempus est, vt vela contrahamus, *& meliùs est silere* (m), *quàm pauca dicere: Dixi* (n) *propè plura, quam potui, sed pauciora, quam debui, vt iustissima mihi causa sit propitio manere tuo, & nunc desinendi, & sæpè dicendi*. Accipe hoc voluntatis argumentum, & debiti census mo-

ni-

(g) *Claudian. de Laudib. Stilich. Paneg. 1.*
(h) *M. Tull. pro Archia.*
(i) *P. Iacobus Lubranus Neap. Soc. Iesu Epigrammatum lib. 8. Epigr. 12.*
(k) *Francisc. Sansouin. in geneal. lib. de famil. Vrsina, Mezzell. in descrip. Regni Neap. l. 2. fol. 735. Franc. de Petris lib. 2. histor. Neap. fol. 185.*
(l) *Chasson. in Cathal. glor. mund. p. 1. consid. 66. in fin. Ep. Ioanna lib. 4. elog. fol. 147. Et commemoratur per Triuultium, ac bello clarum, occasione coniugij cū nobili Neapolitana, testatur Angel. Politianus epist. lib. 12. pag. 198.*
(m) *Salustius.*
(n) *Eumen. in Paneg. ad Constant. Aug.*

(o) *Senec. epist. 81.*
(p) *Latin. Pac. in Pan. Theod. Aug.*

ornamentum, *nec quantum (o), sed à quali profectum sit voluntate perpenditur. Hoc quoque (p) tuum mihi Numen indulseris, vt ex hac Oratione, non eloquentiæ (quod nimium est) sed quantulæcunque prudentiæ, & deuotæ tibi mentis testimonium vestiam,*

> *Nec tua, Te præter, chartis intexere quisquam*
> *Facta queat, vt non maiora supersint;*
> *Est nobis voluisse satis, nec munera parua*
> *Respueris: Etiam Phœbo gratissima dona*
> *Cres tulit, & cunctis Baccho iucundior hospes. (q)*

(q) *Tibull. carm. lib. 4. ad Messalam.*

Vale Senator amplissime, Vir clarissime. Viue Deo, Regi, Patriæ, Familiæ tuæ, suauissimis filijs tuis *D. Didaco*, & *D. Ioanni*, & gloriosæ posteritati. Viue nobis cunctis, quibus dignitate, & amore es pater, tutela patronus, authoritate propugnator.

> *Sis felix, nostrumq; leues quemcumq; laborem,*
> *Et quo sub Cælo tandem, quibus Orbis in oris*
> *Iactemur, doceas. (r)*

(r) *Virgil. lib. 1. Æneid.*

Det igitur æternus Deus, vt tantum Virum communi bono conseruet, & dùm Vrbis est ornamentum, diù, ac incolumem superesse velit in Orbe. Ex nostro Musæo Neapolitano Restauratæ Salutis Anno CIↃIↃCXCII.

DOM. D. ANTONII MATINÆ
I. C. & Canonici Neapolitani.
Ad AVCTOREM, Advocatorum Principem,
Epigramma.

[illegible]

EIVSDEM DISTICHON.

N[illegible]

Con l'occasione dell'eruditissimo libro attinente al Regio Erario.
Composto dal signor Avvocato Primario
NICOLO' GAETANO AGETA,
Alla Maestà Cattolica
DI CARLO II.
Re delle Spagne.
Sonetto di Federigo Meninni.

IN duo Mondi [illegible] à CARLO, a cui [illegible],
[illegible]
Di [illegible]
[illegible]
Quindi [illegible]
L'[illegible]
[illegible]
Di fama eterna a la Virtute [illegible].
[illegible]
Ogni [illegible]
Il [illegible]
Degni dunque [illegible]
[illegible]
Son del [illegible] Regio [illegible].

Ad eundem AVCTOREM [illegible] I.C.
Iosephi Macrini I.C.
Epigramma.

O[illegible]

ANGELI MENINNI I.C. NEAPOLITANI
in laudem Operis.
DISTICHON.

D[illegible]

NICOLAO CAIETANO AGETÆ
Summo I.C., ob [illegible]
Eruditorum plausu, labore, ac summo ingenio elaboratum.
Dom. [illegible] I.V.D.
Musæ [illegible]
EPIGRAMMATA.

[illegible]

AD EIVSDEM AVCTORIS MAXIMI I.C. LAVDEM.
Epigramma.

E[illegible]

Humillimus Servus,
ac [illegible] Discipulus
V.I.D. Franciscus Riccius [illegible]

In Eruditissimi, Peritissimique I.C.
DOM. NICOLAI CAIETANI AGETA
[illegible] de Regio [illegible]
EPIGRAMMA.

M[illegible]

[illegible] Auctori
gratulabundus posuit
D. Leonardus Cellius physicus,
ac medicinæ professor.

A N.

ANTONII AGETA

Iurisprudentiæ Professoris

AVTHORIS

Obsequentissimi Filij,

Parenti Optimo.

EPIGRAMMA.

*E*Loquar, an sileã? premat alta silentia Numen:
Eloquar? ad laudes impedit ora pudor;
Non mihi quisquis iter sistat, nam maxima Fama
Me trahit ad cantus sollicitatque Chelyn.
Est labor insignis liber hic, vel proxima tantùm
Pallas, & blue Dius dicens esse eve e.
Tot noua sublimis cælo miracula monstris
Tollit opus, Regis quod nunci astat opes,
Ærari, ingenijq; nouam admirabitur ætas
Molem, quam MOLI nunc duxisse, ratus.
Hanc Phœbus genetrans Aulis Regalibus aurum
Iuuidet, ocredine lumine sæpè mirans.
Mentis mutandæq; grauitas luce lumine gazæ
Constituit, & vehemens non simul ipsa mori.
Maxima profari visum, hic tamen ore rumdinans
Mulceo quamuis, & loquor, & sileo.

EIVSDEM

Distichon.

*H*Ic operis videas aternatis ex nomine Molem,
Namq; erit Ærarij firmior ære liber.

Ianuarij Salsani

Ad Ingeniosissimum AVCTOREM, eius Sororium

Epigramma.

*P*Ellat gladio. an calamo sedulo AGETÆ
Analogia, cui maior sit tribuendus honos.
Ille triumphales duxerit per inania laurus
Sallitat bellile idem superasse manum.
Alter hic opere æternum se tradidit orbi,
Dum docto Ærarij pallia scripsit opus.
Credo equidem, nec vana loquar; par gloria vtriq;
Inclytus ille armis, inclytus iste toga.

Petri Salsani

Ad Eruditissimum AVCTOREM, eius Sororium.

Epigramma.

*A*B Ioue principium, & dux incunabula in Pais
Cœlitus tradunt obtinuisse Deum.
Sed tâm dextra sint hæc miracula ficta,
Fluxit ab ingenio vera Minerua tuo.

Io: Baptistæ Salsani

Ad doctissimum AVCTOREM, eius Sororium.

Epigramma.

*V*Ellusto fer mercator compendia dorso,
Fert manus hæc calami lucidiora suo.
Quæris per abstrusas pretiosa pericula cryptas;
Hoc spernat vestras lance voluminis opus,
India si nulla extaret, nullaq; fluxina,
Palladis hæc gaza ditior Aula foret.

Eiusdem aliud Epigramma.

*S*Ola ferat mirandi operis præconia, Agetha,
Dum labris est solus nomen, opusq; tuum,
Ærari scripsit opus, haud te mitior, Agetha,
Nam quem nomen sic retinere tenem.

Pacundissimo Oratori, ac Sapientissimo I.C.

Domino

NICOLAO CAIETANO AGETA,

Aduocatorum maximo,

In eius commendatissimum opus Annotationum pro Regio Ærario ad Decisiones Camerales, superiori seculo a Peritissimi Litem, Regente D. Annibale Moles recollectas.

ELEGIDION.

*Q*Vis tibi promittam audet virtutis honores
Dicere; cuius quis par Mole munere potis?
Non ego cemis instare tubas si ac carmine Phœbus
Det mihi, Cytharæ aut fonte propinet aquas;
Vix, ô vae Musa, quibus est ab Apolline virtus,
Dicite: Vix aeternam tollite ad astra caput;
Ex Melosgere, alio ter flumine pinna
Lobore, Aoni gloria magna choro;
Scilicet eloquium prodens hic AGETA triumphat,
Et velut Amphion alterabit arte forum.
Dossum Zodiaci gyrant qua luce replentis
Signifer hic lucis, ter maximus ta probaret;
Dum munere suo Regalia Iura mouere,
Abs se ab signo tam refurret opus.
Ærari Herculeus labor est, ac dum amoris
Herculi, perpandit montem, & Orbis opus.
Hesperia illi perusserat prodigia flores,
Et Nama consilio, vel grauiora refert.
Quæ Camera Ritus, Sacri quæ festa Senatus
Adsunt, eximia sedulitate docet. [illegible]
Quidquid habet Tagus, aut Ganges, ac Hy[illegible]
Vel quod Pactolus colligit amnis aquas;
Quod vel Lucmedon, Crœsus, celebrisq; Phocæa,
Dines Achæmenius, Mygdoniusq; ferax;
His, & maiores gemmas quæ possit ABERO
Orbis opes, premit Phosphorus iste nouus.
Eia age; Fama Noua surgat velocius ipsa,
Te vaga Laurigeris Gloria tollet equis,
Fert in astra decus, plaususq; per ora virorum,
Robora dum tellus, dum mare seruat aquas.

Eidem Epigramma.

Hac rerum Moles, tenui quas Annibal Atlas,
Pressa nixa ferat, sane patebat opus.
Tu autem Alcides, Moli supponere dextram;
Qui pateras, onerat pondera magna geris.
Haud mirer, si aggressus, opus perfeceris ingens;
Quod tua non Virtus tanta subiret onus?
I, nunc Plus Vltra; Herculei, Vir magne, laboris
Pro mercede tibi post omnia adsit honos.

In signum amoris, ac obsequij pignus
Ita pro ingenij modulo debitè,
atq; ex animo plaudit.
Caietanus Ianuarius
Studiosissimus Alumnus,

SERIES

SERIES

Titulorum, & Quæstionum, siue Decisionum, quæ in hoc quadripartito Annotationum opere continentur.

IN PRIMA PARTE.

Quæst.

Quæst.

Quæst.

Elen-

Elenchus Quæstionum, seù Decisionum Dom. Reg. D. Annibalis Moles, quæ nunc primùm hic in lucem editæ sunt.

Quæstiones quinque sub §. 5. tit. de Conventiom. &c. p. 1. fol. 441. & seq.
Quæstio 10. §. 7. de Immunitat. p. 2. fol. 32.
Quæstiones 12. 13. 14. & 15. §. 21. de Iur. relev. p. 3. fol. 88. & seqq.
Quæstio 24. §. 23. p. 3. fol. 170.

RITVS Regiæ Cameræ Summariæ hoc in opere, & non antea in lucem emissi.

Capitula nouæ gabellæ Ser. Regis Alphonsi, p. 1. fol. 476. n. 15.
Ritus de Iure Quartucij, p. 2. fol. 157. à n. 28. ad 33.
Ritus de Officio Magistrorum Rationalium, p. 4. fol. 16. n. 29.
Ritus de Officio Magni Camerarij, p. 4. fol. 17. & fol. 18. num. 30.

NOTÆ

NOTITIA PRACTICA ÆRARII VNIVERSALIS.

EX QVA

Publici reditus, diuitiæ, ac vires cuiusq; Status, Imperij, Reipublicæ, & Principatus, non tantùm in Europæis, sed etiam Asiaticis, Africanis, & Americanis regionibus, facilè in vnum collecti perspiciuntur.

Cum Prænotionibus, de præcipuis modis ad Ærarij constitutionem, conseruationem, augmentum, ac administrationem obseruandis.

OPVS HISTORICO-POLITICVM

Ad Regalia Regni Neapolis attinentibus Decisionibus Cameralibus valdè congruens, cuilibet Magistratui apprimè vtile, cunctis denique studiosis non iniucundum.

AVCTORE

NICOLAO CAIETANO AGETA
I. C. PARTHENOPÆO,

Et in Supremis Regni Neapolis Regijs Tribunalibus solertissimo Aduocato.

A

ARISTOTELES I. RHETOR. CAP. IV

De apparationibus pecuniarum, qui deliberaturus fuerit, eum oportebit reditus Ciuitatis scire, qui, & quanti sint; vt si quis desit, adiungatur, & si quis minor sit, augeatur, &c. Atq; hæc non solùm ex rerum priuatarum experientia contingit contueri, sed necessarium est, eorum, quæ alij inuenerunt, historicum esse, ad eam, quæ de his habetur, deliberationem.

INDEX
ÆRARII VNIVERSALIS.

PRÆNOTIO I.

De huius Opusculi instituto, & Syllabo Scriptorum, quorum opera hoc in argumento Auctor vsus fuit.

PRÆNOTIO II.

De Ærarij constituendi vtilitate, ac necessitate.

PRÆNOTIO III.

De Ærarij Conseruatione.

PRÆNOTIO IV.

De Ærarij augmentatione.

PRÆNOTIO V.

De Ærarij administratione, & Regijs Administris, qui gestis, ac scriptis in hoc Regno Neap. floruerunt.

PRÆNOTIO VI.

De Redituum notitia, & Rationario, siuè Breuiario Principi conficiendo.

DE ÆRARIO, DIVITIIS, Reditibus, ac Viribus cuiusq; Status, Imperij, Reipublicæ, ac Principatus.

PARS I.

IN EVROPA.

Præliminaria.

Caput I. Atheniensium, & Laconum.
Cap. II. Veteris Romæ.
Cap. III. Summi Pontificis.
§. 1. Status Vrbinas.
Cap. IV. Imperatoris Romano-Germanici.
Cap. V. Hispaniarum Monarchæ.
§. 1. Regnum Neapolitanum.
§. 2. Sicilia.
§. 3. Sardinia.
§. 4. Mediolanensis Status.
§. 5. Flandria.
§. 6. Baleares Insulæ.
§. 7. Pityusæ Inf.
§. 8. Canariæ Inf.
§. 9. Philippinæ Inf. & America.
Cap. VI. Regis Gallorum.
Cap. VII. Turcici Imperatoris.
Cap. VIII. Regis Angliæ.
§. 1. Regnum Scotiæ.
§. 2. Regnum Hyberniæ.
Cap. IX. Regis Sueciæ.
Cap. X. Regis Daniæ.
§. 1. Regnum Noruegiæ.
§. 2. Islandia Inf.
Cap. XI. Regis Poloniæ.
Cap. XII. Magni Ducis Moscouiæ.
Cap. XIII. Regni Portugalliæ.
Cap. XIV. Belgij vniti.
§. 1. Hollandia.
Cap. XV. Reip. Helueticæ.
§. 1. Rhetia.
§. 2. Geneua.
Cap. XVI. Reip. Venetæ.
Cap. XVII. Reip. Genuensis.
Cap. XVIII. Reip. Lucensis.
Cap. XIX. Ducis Lotharingiæ.
Cap. XX. Ducis Bauariæ.
Cap. XXI. Ducis Saxoniæ.
Cap. XXII. Ducis Palatino-Neoburgensis.
Cap. XXIII. Marchionis Brandeburgensis
Cap. XXIV. Ducis Brunsuigo-Luneburgensis

Cap. XXV. Ducis Holfatiæ.
Cap. XXVI. Ducis Vuirtembergensis.
Cap. XXVII. Marchionis Badensis, Hassiæ Landgrauiæ, & Ducis Megapolitani.
Cap. XXVIII. Ducis Sabaudiæ.
Cap. XXIX. Magni Ducis Etruriæ.
Cap. XXX. Ducis Mantuæ & Montisferrati.
Cap. XXXI. Ducis Mutinæ, & Rhegij.
Cap. XXXII. Ducis Parmæ & Placentiæ.
Cap. XXXIII. Ducis Mirandolæ.
Cap. XXXIV. De alijs Italiæ Principibus.

PARS II.

IN ASIA.

Præliminaria.

Caput I. Regni Iudæorum.
Cap. II. Regni Ægypti.
Cap. III. Magni Chan Tartari.
Cap. IV. Regum Chinensium, seu Sinarum.
Cap. V. Regis Persiæ.
Cap. VI. Magni Mogolis Indorum.
Cap. VII. Regum Iaponensium.
Cap. VIII. Regis Narsingæ.
Cap. IX. Regis Siami.
Cap. X. Regis Pegu.
Cap. XI. Regis Calecutij.
Cap. XII. Regis Golcondæ.
Cap. XIII. Regis Iauæ.
Cap. XIV. Regis Macassariæ.
Cap. XV. Regis Tunchini.
Cap. XVI. Regis Decani.
Cap. XVII. Regum Tipræ, Achemi, Assemi, Butani, Bornei, & Candeæ.

PARS III.

IN AFRICA.

Præliminaria.

Caput I. Presbyteri Ioannis Abyssinorum.
Cap. II. Regis Tafiletæ.
§. 1. Regnum Marocci.
§. 2. Regnum Fezzæ.
Cap. III. Regis Monomotapæ.
Cap. IV. Regum Congi, & Angolæ.
Cap. V. Regis Adel.
Cap. VI. Regis Borni.
Cap. VII. Regum Galæ, Monemugi, Benini, Tombuti, Bisfaræ, &c.

PARS IV.

IN AMERICA.

Præliminaria.

Caput I. Regni Mexicani, seu Nouæ Hispaniæ.
Cap. II. Regni Peruuiæ.
Cap. III. Terræ firmæ, seu Castellæ aureæ.
Cap. IV. Paraguayæ, Chiles, ac Floridæ.
Cap. V. Insularum Cubæ, Iamaicæ, Hispaniolæ, & S. Ioannis.
Cap. VI. Insularum Philippinarum.
Cap. VII. Brasiliæ.

PRÆNOTIO I.

De huius Opusculi Instituto, & Syllabo Scriptorum, quorum opera in hoc argumento Auctor vsus fuit.

1 QVoniam diminutæ sunt veritates à filijs hominum, vix aliquis in alio integritatem fidei experitur; hinc præter calamitates, quas ignes, aquarum illuuio, bellicæ, barbaræq; in Europam vastationes attulere, etiam hæc accesserunt mala, vt alij odio in literatos pro virili eos conculcarint, alij segnes per contemptum habuerint, studiaq; neglexerint, vt ad corruptionem artium, interitumq; assiduè tendant. Quamplura ad hæc deploranda recensent *Io: Pierius Valerian. in libr. de infelicitat. literatorum edit. Helmst. 1664. Dan. Bartolus in Charit. Berlitter., Iac. Thomasius in Dissert. de Plag. liter. doctiss. Bened. Menzinus Florentin. de liter. hominum vitiis*; ac præstantissimorum quorundam hominum ruinas singulari studio notauit *Ioann. Diffelius Illustr. Roman. Dec. III. p. 612. & seq.* necnon peritiss. *Theophilus Spizelius in Felici literato*, qui etiam in egregijs *Commentationibus de Vitijs Literatorum edit. Augustæ Vindel. 1676.* itemq; *in Literato Infelici, siue de vita, & moribus literatorum edit. ibid. 1680.* Secundus quidem nobis erat opusculum præsens in sinu proprio, quasi sub modio clau-

2 dere, quam exponere palpebris æmulorum, & falsiciorum, quem iterat videra tenere delectat, transferre in theatrum, & derisum (vt in libr. de Amicitia præfatur *Cassiodorus*); Scimus enim quod statim granniet æmulus, & labio virulento subsusurrabit, compilatori adscribens, quod hæc propriam lo... in tanta librorum mole, quæ olim *Iustiniani Imperatoris* ætate Ius Ciuile laborabat, vt veterum Iureconsultorum tot millia librorum, & versuum commodè resecasse glorietur in *Cod. de Veter. Iure enucl.* quam tamen Edictum detestatur, & iniquissimam appellat non modicæ lectionis peritus I.C. *Andreas Alciatus l. fin. de verb. sign.* quamquam *Io: Lud. Viues de causis corrupt. artium lib. 7. tom. 1. oper. fol. 413.* non putat abolitos libros illius iussu Principis, aut consilio, & cura leuis præciorum, sed malignitate temporis, atq; barbariem desijsse, vt alia multa. De hoc alias.

3 At literatores hi, vel rabiduli, quos eleganter *Cato* vitiligatores appellat, isto litigandi genio veluti morbo laborantes, qui sine causa, sine discrimine, quodcumq; nomen adlatrant, detrahunt, ac ignauiæ videntur accusatores, nam de illis dubitat nemo, quos suorum tinea comedit, quos rubigo liuoris inuidiæ, qui gloriam alterius, famam propriam, felicitatem alterius, suam faciunt carnificinam, vt longè feliciùs ineos inuehit in *Syllogæ Miscellan.* politioris literaturæ vir *Angelus Politia-*

nas, neque hi hostes minore clade Rempublicam literariam afficiunt, quàm milites illi, qui in bello Alexandrino millia septingenta voluminum combusserunt, sicut Gellius conqueritur *Noct. Attic. lib. 6. cap. 17.* Legant si, vel reliqui omnes, qui volunt; qui nolunt, abjiciant, ut scribit *D. Hieronym. in præf. ad Esd. & Nehem.* Neminem enim invenimus inter doctos, qui libros suos nō conquisiverit, & cum multos haberet, plures non optarit: Omninò, ut in Coelo non unum duntaxat Sydus rerum omnium artifex, & machinator Deus collocavit, sed infinita propè stellarum multitudine nobilissimum illud corpus distinxit, ut ex variis varia signa mortales discernerent; pari profectò ratione in hac civili vita diversorum veluti ingeniorum faces constituit, quibus ipsa collustraretur: At inquiunt, varia lectione obrui, & confundi ingenia; ita quidem est, si infirma sunt, si tumultuaria, si perperam legant, sine duce, sine luce, sine fructu lectionis, teste *Cassiod. lib. 3. de Eloqu. sacra, & hum. cap. 12.* Verùm librorum compilatores, quod plenum vigiliarum, sudorisque negotium est, *2. Machab. 2.* quasi stellæ fulgebunt in perpetuas æternitates *Daniel. 12.* Quousque tandem paucos Scriptores statuemus nobis, tanquam *columnas Herculis, ne plus ultra* in doctrinis progrediamur, cum mox periret liquor iste scientiæ, nisi conservaretur in libris, *Francisc. Bacon de augmentis scient. lib. 2.*

4 Quid ergò æmulus detrahit, & oblatrat: obstruatur os loquentis iniqua; Hoc autem Opusculum omnibus communicavimus, sed illis dumtaxat, quibus data est (ut idem *Cassiod.* ait) manifestatio spiritus ad utilitatem, ut in simplicitate cordis familiarius, si velint, inspiciant, cujus Indicem, castrumque praxim, NOTITIÆ PRACTICÆ nomine prænotavimus; Cum enim in *Annotationibus* ad Camerales egregii, ac præclarissimi I.C. *Dom. Regentis D. Annibalis Moles Decisiones* per varios, eosque utilissimos tractatus ad rem fiscalem attinentes, observata, ac tradita sint Regalium Iura, emolumenta, bonorum publicorum, ac privatorum commoda, Feudorum Iura, aliaque in utilitatem Ærarii excogitata: Publici boni ergò operæ pretium facturi putavimus, si practicabilia quoque, & Ærarii Universalis Promptuarium præstaremus, quidquid scilicet in Europa, Asia, Africa, & America Orbis Terrarum partibus observatur, & apud Scriptores invenitur, ut quasi in uno fasciculo theorica juncta, ac praxis in tam nobili materia, quæ tùm prodesse, tùm etiam delectare, pertractanda comprehendatur.

5 Verùm reditus, sive annuæ opes, (quia post *Tiraquell. Rhetr. de Retr. cap. 3. n. 19. Haderit de annuis reditib. q. 1. à n. 1. Gryphiander lib. 2. Oeconom. legal. cap. 1. n. 63.* notant, ex eo derivare, quod singulis annis redeant, ideòque simplici *d*, scribendum, unde reditus prædii dicitur proventus, qui quotannis redit *l. pen. de usu, & usufr. leg. l. si reditus, de fideicomm.* ut apud *Quad. leg. 3.*

Ac reditus tam quisque suos amet, & foveat, quid sit
Vale solliciti computat articulis

Reditum à Græcis, ait *Budæus*, esse *obventionem, vectigal, & quæstum*, posseque scribi duplici, *dd.* cum scilicet à *reddo* derivatur; Obventiones autem, fructusque advectitii, qui ex re quacunque quotannis redeunt, à redeundo reditus dicuntur, *Brechaus in l. frugem Dig. de V. S. Connan. lib. 4. c. 3. n. 5.*) Reditus,

6 inquam, non adeò exactè hic describuntur, ut certa de iis ratio haberi possit, neque fides in hoc facilè habenda iis, qui annuos Imperantium reditus enumerarunt; nàm divitiarum publicarum, tàm naturalium, quàm artificialium proventus pro varietate circumstantiarum personæ, loci, ac temporis quoque variant; Sufficiat tamen aliqualem de iis cognitionem præbere, quam pervigili cura, ac studio ex variis probatissimorum Authorum fontibus hausimus, ut nostro Ærario aliorum similitudinem, sive quantita-

tem

erat inspicias, siuè modum, siuè administrationem, magis, magisq; consulat Princeps, eiusuè Administri; nunc enim aliorum exempla præoculis habere, vt vel ea laudata imitemur, vel improbata caueamus, aut pro parte saltèm cuiq; Reipublicæ accomodemus. *Aristotele* testè 1. *Rhetor. cap. 4.* cuius meminere *Besold. in discurs. de Ærario cap. 7. nu. 1.* *Fausti. in Consil. pro Ærar. class. 5. ord. 3 4 1.*

7 Authores verò, quorum opera, quasi floribus, potissimum in hoc argumento vsi fuimus, hic recensere lubet, vt sua cuiq; gloria tribuatur, imò licet nil, nisi solam operam, & laborem contulissemus, totum nobis iure possemus vindicare, cum præsertim, vt *Plinius in præf. ad nat. hist.* inquit, laus fiat ex vsura, & laus, quæ primis Scriptoribus iustè conceditur, non minor interdum posterioribus deferenda sit, qui multa inuentis addiderunt, vel quæ à primis hauserunt, illuminarint, ac ordinatius tradiderint, *arg. l. 2. de orig. iur.* ibi: *Non quia Papyrius de suo quidquam adiecit, sed quod leges sine ordine latas in vnum composuit.* Quod rectè agnouit *Lipsius in not. ad lib. 1. Polit. c. 1.* vbi ait: *Lapides, & ligna ab alijs accipio, ædificij tamen extructio, & forma tota mea est.* *Nec Araneorum textus ideò melior, quia ex se fila gignunt, nec noster vilior, quia ex alienis libamus, vt apes.* Nec dissentit *D. Hieronymus aduersus Vigilant. Operis mei est, & studij multos legere, vt ex plurimis diuersos flores carpam, non tam probaturus omnia, quàm quæ bona sunt, electurus: assumo multos in manus meas, vt à multis multa cognoscam.* Itemq; in libro *Saturnal. Macrobius* scripsit in ea togata, quæ *Compitalia* inscribitur, suis respondens detractoribus dicentibus, cum de libro *Menandri* non sibi tam sententias, sed verba integra transscripsisse, *transfunxi*, inquit, *fateor, quæ meliùs me posse inuenire non credidi*, apud *Cassiod. in præf. ad lib. de amicit.*

8 Multùm igitur in hoc profuerunt *Caspar Klockius*, qui in lib. 2. *de Ærario*, nonnullorū Principum redditus, ac vires tradidit; quem antea illustrauit doctiss. *Christoph. Pelleras*; Necnon *Maximilianus Faust. in suis Consil. pro Ærario*, cuius non meminit *Pelleras*, licet recentior.

Fuere etiam plurimi, qui de omnibus Rebuspublicis conati sunt conscribere Commentaria, quorum in numero duo sunt nostri Itali, *Franciscus Sansouinus, & Ioannes Boterus*, qui eum longè hac in parte superauit, opusque suum italico sermone, *Relationem Vniuersalem*, inscripsit.

Ex relationibus etiam Legatorum congestum est opus illud, quod *Thesauri Politici* nomine prodijt Mediolani, versum deinde in latinum sermonem diuersis titulis *à Caspare de Bar*, & *Philippo Honorio*.

Io. Ludouicus Gothofridus in Archontologia Cosmica Sperati moderna interpres anonymi Authoris Gallici libri dicti, *les Estats, Empires, & Principautez du Monde.*

In Batauis nonnulli Authores Enchiridia de Rebuspublicis Vniuersi ferè Orbis edidere, vt sunt *Simlerus, Contarenus, Ianotius*, & præcipuè *Ioannes de Laet*, qui edidit quoque libellum *de Principatibus Italiæ*.

Idemq; argumentum aggressus est *Lucas de Linda*, cuius opus ex latino in italicum idioma versum edidit *Venetijs 1660. Mauolinus Bisaccioni* sub tit. *Descrittioni vniuersali, e particolari del Mondo, e delle Republiche, di Luca di Linda.*

Hosce autem Rerumpublicarum Scriptores longè post se reliquit *Hermannus Conringius in Rerumpubl. Collegio*; Quod egregium opus eruditis miscellaneis nouis, & scitis adcidendum curauit insignis I. C. *Philippus Andreas Oldenburgerus* sub tit. *Thesaurus Rerumpublicarum totius Orbis*, quadripartitus in quarto. in 8. edit. 1675.

Conferuntur *Thomæ Lansij Consultatio de Principatu inter Prouincias Europæ*. Nec non *Alberti Compilationis & Orationes*, edita Tubingæ 1656. in 8.

Geor-

Georgius Hornius in Arca Noë in orbe Imperante; Et in orbe Politico, cui nonnullorum *additiones* accesserunt.

Conradus Theodorus Lincker. Theatrum Historico-Politicum. Tabulas Chronologicas, vicissitudines iuxta Regnorum variorum euentum, & in Terrarum Orbe summorum Principatuum seriem &c. exhibens edit. Marpurgi 1664. in fol.

Ioannes Sebildius de Coalitione Populorum, ac Rerumpublicarum libri III.

Mr. Chapuzeau l. Europe Viuante, ou Relation Historique, & Politique de tous les Estats 3. vol. edit. Geneuæ 1667. in 4.

Io: Fridericus Popping. Orbis illustratus, seù noua Historico-Politico Geographica Imperiorum, Rerumpublicarum per totum Terrarum Orbem descriptio, edit. Ratzeburgi 1668. in 12.

Prodijt item *Ioannis Andreæ Bosij Introductio Generalis in Notitiam Rerumpublicarum Orbis vniuersi*. Accedunt eiusdem *Dissertationes de Statu Europæ, Ienæ 1676. in 4.*

Auctor anonymus Manualis Politici toto lib. 3. edit. Ienæ 1687.

In nonnullis etiam adiumento fuere *Hispania Illustrata in 4. vol. edit. Francofurti 1603.*, necnon *Io: Solorzanus in egregijs libris de Indiarum iure, Sebast. Munsteri Cosmographia, Atlas Gerhardi Mercatoris, Geographica Orbis notitia Fournier, Cosmographia Pauli Merulæ, Theatrum Vitæ hum. Laurentij Beyerlink, Aurifodina Iurispublici Vuesselingij, historicum Compendium Comitis Alphonsi Lasthi*, ac *Itineraria Leandri, Zeilleri, Olearij, Vilde, Suueiggeri, Tauernier*, aliorumq; quos suo loco reperies.

PRÆNOTIO II.

De Ærarij constituendi vtilitate, ac necessitate.

1 MAxima necessitas, & præcipuum politici muneris caput est Ærarij, vel redituum cura: munimentum hoc Regnorum est, pacis, & belli subsidium, sine quo Respublica vlla consistit, ex quo possunt Superiores benemerentibus præmia, indigentibus auxilia præbere, hostibus terrorem inijcere; Pecunia enim, & reditus Principis, Reip. nerui sunt, quibus est opus, tùm in pace, dicente *Vrbano Pontifice*, *Tributum pro pace, & quiete, quo nos tutri, & defendere debent, Imperatoribus persoluendum*, in c. *tributum 23 qu. 8.* tùm in bello, aut suscipiendo, aut suscepto gerendo, vndè, qui pecuniam esse neruos rerum dixit, is præcipuè ad bellum videtur respexisse, *Plutarch. in Cleomen. fol. 291.* Conueniuntq; *Demosth. Olynth. 2. Cic. pro L. Manil. Tacit. 2. Annal. Quintil. declam. 341. Vlpianus in l. 1. D. de quæst. Nou. 149. & 101. Cuiac. 6. obs. 19.* Inlusum proindè est dogma illud *Nicol Macchiauelli in discurs ad Liuium*, pecuniam non esse neruum belli, à quo tota Politicorum Schola diuortium fecit, vt præcipuè videre est apud grauissimos Authores de Ærarij cura, veluti Rerumpublicarum neruo scribentes *Bornitium in tract. de Ærario, Hermannum Latherb in tract de Censu, Christoph. Besoldum in Discursu Polit. de Ærario publico, Casp. Klocbium in duob. libr. de Ærario, Maximilianum Faust. in Consilijs pro Ærario, Henelium in tractat. polit. de Ærario, Hermannum Couringium de Ærario boni Principis, Valerium Maximum in Memorabil. 3. de Ærario, Georg. Adamum Struuium in dissertat. 1. de Ærario militari.*

2 Quapropter cum Athenienses tempore *Themistoclis* Ærario caruissent, ad belli sumptus comparandos violento vti remedio coacti fuerunt, *Plutar. in eius vita n. 6. fol. 128.* Lycurgus quoq; qui suos Ærarium habere noluit, & idem amplificare finibus exc̃ssis Rempublicam eo ipso prohibuit. Idq; cum armis sumptis experirent Lacones, belli destituti expensis, mox pecuniam mutuò sumere cogebantur, & porrò in extrema discrimina peruenerunt, *Aristot. 2. Politic. cap. 7. in fin. Io. Bodin. lib. 6. de Republ. c. 2. in princ.* Et tandèm apud Politicos ferè vapulant in Italia Ge-

nuen-

nienses, in Belgio *Antuerpienses*, in Germania superiori *Colonienses*, *& Angliani*; quod publicè pauperes existant, diuites priuatim, *Piccart ad Arist. Polit. 2. cap. 9. ad fin.*

3 Prudentiùs verò omnes ferè gentes Thesauros habuerunt, *Zelchius Polit. 2. cap. 3. n. 1.* vt ex hic descriptis Ærarijs perspici valet; solertissimè enim dispiciendum erit, priusquàm extraordinaria onera indicantur, & collecta cogatur, aliâ ne ratio decentèr, legitimèq; conquirendæ pecuniæ inueniri queat, vt Princeps nullam vel occasionem, necessitatemvè habeat à Subditis pecuniam extorquendi, aut nouis populum exactionibus diuexandi, vndè *Cicero*, cuius ingenium par Imperio Romano fuit, *lib. 2. de offic.* inquit: *Danda opera est, ne (quod apud maiores nostros sæpè fiebat) propter Ærarij tenuitatem, assiduitatemq; bellorum tributum sit conferendum: Idq; ne eueniat, multò antè erit prouidendum; sin qua necessitas huius muneris alicuius Reipublicæ obuenerit (malo enim alteri, quam nostræ ominari, neq; tantùm de nostra, sed de omni Republ. disputo) danda erit opera, vt omnes intelligant, si salui esse velint, necessitati esse parendum: Atq; etiam omnes, qui Rempublicam gubernarunt, consulere debebunt, vt earum rerum copia sit, quæ sunt necessaria.* Sicut enim grauiora sunt, quæ singulos attingunt, itâ certum est, nullum conficiendæ pecuniæ modum tàm inuisum esse, quàm si in singulorum bona dirigatur, adeò vt multos Principum pecunijs acerbè cōquirendis, plus inuidiæ, quàm virium sibi addere scripserit ex Tac. *Lipsius 4. Polit. 11.* Cauendum itàq; ne dicatur

Hos illi (quod nec benè vertat) mittimus hædos.

Facius Polit. Lib. par. 1. art. 40. fol. 175.

4 Ærarium autem propriè Reipublicæ, Fiscus Principis dicebatur Patrimonium, vt ex *Plinio*, alijsq; notabimus infrà *in Annot. ad §. 17. Decis. R. Moles*, quæ tamen vocabula, *Ærarium, Fiscus, & Camera* hodiè confunduntur, *ibid.* Distinguitur verò Patrimonium, vt illud Principis dicatur Priuatum, quod vel habet quæsitum sibi nomine proprio, vel à maioribus relictum: alio nomine quàm Principatus. Secundum verò publicum, eorum scilicèt, quæ annexa, & incorporata sunt Principatui, quæ & Reipublicæ dos, vel Coronæ dicuntur, *Faust. in consil. pro Ærar. class. 26. ord. 1179.*

5 Itàq; Reipublicæ, & Principis Patrimonium (siuè Ærarium, siuè facultates, siuè alio nomine voces, vt Hispani *las rentas*, vel vt Galli *finances*, aut generali nomine pecunias publicas) in duas partes diuidi debet, vt faciliùs intelligantur ea, quæ indè colliguntur, & cuius generis, & compendij sint, in Patrimonium Ordinarium, & Extraordinarium, seù in Reditus Ordinarios, & Extraordinarios. Ordinarij reditus (siuè publicæ functiones, indictiones &c.) dicuntur propriè, qui dati erant pro dote Principi, ex quibus impensæ ordinariæ, & sumptus fieri possent, quæ tùm Principem, tùm etiam Rempubl. respiciebant. Ferè sunt ij, qui ex publicis desumuntur fundis, puta, agris, pascuis, vineis, syluis, ac nemoribus: Hisce accedunt vectigalia propriè dicta, quæ ex rebus inuectis, vel euectis in vijs publicis, pontibus soluuntur, siuè ex venationibus ferarum, aucupijs, piscinis, metallis, solo, aqua, opificijs publicis, mercatura, feudorum, ac publicorum bonorum venditione. Extraordinarij (siuè superindicta &c.) quos non semper, sed cum Reip. vrgentes causæ accedunt, quæ longè maiores exoptant expensas, Princeps pro subditorum facultate imponere debet, vt puta, Iugatio, quæ de agris pendi solet, Capitatio, Hospitatio, & his similia.

6 Quæcumq; verò pro temporum necessitate à Gloriosissimis Austriacis vectigalia iubentur, seruato regionum more, eam habent moderationem, vt eorum, qui pendere debent, facultates non excedant; Neque enim graues esse populis suis volunt, sed patriæ necessitati ex singulorum opibus subue-

nire; Ac plerumq; ipsi ordines concessum vectigal colligunt, & Principibus persoluunt, ità fit, vt populum plus æquo onerare, etsi vellent, non possint, *ex Phosphoro Austriaco de Augustiss. Gente Austriaca par. 1. c. 36.*

7 Quibus accedunt Reditus fortuiti, siuè incidentes, qui non in potestate Principis, aut Reipublicæ esse videntur, sed fortunæ potiùs commissi, vt potè è bonis vacantibus, feudis caducis, & mercibus commissis, è bonis indignorum, committentium crimen læsæ Maiestatis, thesauris, spolijs hostium, deuictorum tributis, & pensionibus sociorum.

8 Reditus Ærario accomodati, sunt vel naturales, vel industriales: Natura parari intelliguntur, quæ ope terræ; Arte, quæ opificijs, & artificijs manuarijs desumuntur. Quemadmodùm igitur maxima redituum publicorum est varietas, vel in terris, puta, vel in aquis, vel in aere, ità sigillatim, & intrà cancellos nequeunt constringi, sed de ijs disserendi latior se offeret campus in sequentibus Notis, & Obseruationibus ad Fiscales Definitiones, & consule, si libet, *Bulengerum, Obrechtum, Molinam, Bodinum, Tholosanum, Botrum, Arumaeum, Bodericum, Ferratum, Boraitium, Thomasium, Forsterum, Besoldum, Lasbeum, Klockium, Faustum, Conringium, Mannum, Strumium,* aliosquè, qui Ærarij artes, ac remedia obseruarunt, & annotarunt. Si autem crumena Populi est anima Regni, siuè, vt ait *Cicero lib. 3. de offic.* singulorum facultates, & copiæ, sunt diuitiæ Ciuitatis; ad priuatorum lucra agnoscenda pro secundario Ærario adeas *Agricolam, Crescentium, Matthiolum, Fabricium, Cardanum, Vegetium, Florauantum, Colerum, Sommerum, Garzonum.* & præ cæteris *Ioannem Gryphiandrum in duobus libris Oeconomic. legal.: siuè de arte acquirendi, & conseruandi Patrimonij,* itemq; *Io: Paulum Felwinger in Explicatione politica Rationis dissecandi.*

PRÆNOTIO III.

De Ærarij Conseruatione.

NON minor in conseruandis rebus, quàm in inueniendis adhibenda cautela est, *Cassiodor. 1. var. epist. 25.* Imò faciliùs quædam vincere,
1 quàm tueri, *Curt. lib. 4.* Et Publius Scipio, Romanæ Reip. Officiali per vias publicè deprecanti, *Iuppiter auge Rempublicam,* replicabat (*satis esse auctam, dummodò conseruaretur*) *Valer. Max. l. 4. cap. 1.* ideòq; apud Lacedęmonios Scutum relinquere præcipuum flagitium, *Tac. de morib. Germ.*, vt quia in Scuto ipsorum conseruatio consisteret, magis, quàm ense, quo acquisitio tantùm denotabatur; Hinc meritò non solùm quærere pecuniam conuenit, teste *Aristot. lib. 1. oecon.*, sed etiam quæsitam tueri, alioqui nulla quærendi foret vtilitas. Vtra autem harum facultatum sit difficilior, aut vtilior, optimè disserit *Io. Gryphiander in tract. de Insul. cap. 18. in pr. & lib. 2. Oeconom. legal. cap. 6. à num. 19.* Ærarij autem cura, non solùm consistit in benè conficiendi, sed & conseruandi, & in benè collocandi ratione, quæ sæpè difficilior, quàm conficiendi, vt inquit *Klockius de Ærar. lib. 2. cap. 133 num. 1. Petr. Gregor. de Republ. lib. 3. cap. 8.*

2 Hircius, & Pansa olim Iulio Cæsari consuluerunt, Principatum ijsdem medijs quàm optimè detineri, quibus quæsitus fuit, teste *Velleio Paterc. lib. 2.* vt si armis sit obtentus, etiam armis defendatur, iuxtà illud *Senecæ: quod Ciuibus inuitis tenere te scias, strictus tenetur ensis:* Quomodò ipse Cęsar dixit, duas res esse, quibus paretur, & conseruetur potentia, pecuniam nempè, & milites, *Dio Cass. lib. 42.* Hinc si negligentia est modus amittendi res suas, *l. 1. de vsucap.*, certè diligentia erit modus acquirendi, & conseruandi.

3 Vt scilicèt in primis consideretur, ne impendia fructibus sint maiora, *Aristot. lib. 2. Oecon. in princ.* Teneat mensuram,

ram, & respiciat finem; Idq; ait *Ioan. Mariana 3. lib. de Rege c. 7.* Principis curæ referuntur, vt superuacaneis sumptibus detractis, modicis vectigalibus sit: Et quod frugales homines præcipuè solent in procuranda re familiari, cogitare diligenter, vt expensæ publicæ, si non minores, certè regio censu maiores non sint; ne cogatur versuram facere, audijq; in dies [illegible] attendere Imperij opes. Magna, & prima cura esse debet, vt sumptus singulis facultati, & copiæ sint exæquati, congruant inter se vectigalium ratio, & erogandi necessitas, ne si modum excedant, Respublica maioribus malis implicetur. Si maiores multò vectigalibus regij sumptus diuersum, haud dubia pestis consequetur, noua in dies tributa imperandi necessitates, aures Prouincialium obsurdescunt, animiquè exasperabuntur. *Rosell. de Ærario cap. 1. nu. 2.* à quo transcripsit *Bouffier in Consil. pro Ærar. class. 3. ord. 479.*

4 Redituum etiam, Ærarijq; conseruandi præcipuus modus in bene, parceq; collocandi consistit ratione; Parsimonia quippe opes auget, *Prou. 13. v. 11.* Summumq; est vectigal: *Mas vale regla, que renta; y donde no la ay, [illegible] pare*, quod monitum est optimum Hispanorum. *Silua Curiosa de Iulian. Medrano fol. 21.* Ipsisq; etiam in prouerbio est, egere non posse, qui regulam obseruat in expendendo, *à deppensa compuesta non pueda faltar el pan.* *Rosell. d. tract. de Ærario cap. 1. n. 1.* eumq; non citans *Bouffl. class. 3. ord. 478.* *Gryphiang. d. lib. 2. cap. 7. de modis conseruandi ærarij.*

5 Expeditissima proinde census augendi ratio est, decurtare sumptibus, & inhibere largitiones, & gratias petitorum, sed redimendo, vt post alios obseruat *Exc. D. D. Christoph. Crespi de Valdaura p. 1. obser. 34. n. 31.* quod aliud seculer optimus Gubernator Regni non habere debere, monet *Reg. de Ponte de potest. Prorreg. tit. 5. nu. 11.* interpretando scilicet Regis intentionem, quatenus Regni necessitates aliud non requirat, suspendere exequutiones, Regemq; consulere de omnibus, & non inordinatè exequutionem huiusmodi concessionibus præstare contra Deum, Regem, & Rempublicam, ex quibus tam ingentia mala oriuntur in depopulationem, & exterminationem Regni, ex nouis impositionibus, nouis donatiuis, & innumerabilibus oneribus. Quod etiam notauit *Ioannes Sepulueda Cordubensis* Augustiss. Caroli V. Imp. celebris Historicus *lib. 3. de Regno, & Regis Officio*, dùm ait: *Deinde liberalitatis, & magnificentiæ multi sudinis vari[illegible] [illegible], quarum virtutum præceptis pleni sunt philosophorum libri; sed hoc in genere cauendum Regibus est, ne largitionibus (inquit) maximè propterea Rempublicam exhauriat, & publica, regiaq; vectigalia magnoperè minuant.*

6 Ideò salaria, quæ otiosos, vel inutiles accipere videmus, sunt subtrahenda; Nil quippe sordidius, imò crudelius est, quàm si Rempublicam ij arrodant, qui nil in eam suo labore contribuunt, quod olim dixit *Antoninus Pius* Imperator, teste *Capitolino fol. 143.* Sic, & *Almansor Arabs*, adulatores, homines; inutiles omnes, quibus tamen vndequaq; scatent Aulæ, vespis similes esse dicebat, vt memorat *Botero 1. de i detti fol. 57.* Prouideat omninò Princeps, ne otiosi homines, & inania officiorum nomina, Metatorum, Historicorum, Regionum (vlterà vrgentium) Sacerdotum, Consiliariorum, extraordinariorum, annuis salarijs Remp. lædere, prædamq; habeant, nullo prorsùs prouentu, *Mariana 3. d. cap. 7.*

7 Quid igitur, necessarij sunt tot Aulæ Officiarij, inutiles cenarij, qui more Harpyarum apposita deuorant, in peculio subalternorum ex Secretarijs, cum duo, aut quatuor amanuenses sufficiant, negotijs expediendis: quorum tantus nunc numerus [illegible] Curiæ? quibus [illegible], vt tanta, sub-ministri, & subministrorum alij subministri, & illis famuli, & famuli famulorum? Cur tot, populi sanguine, [illegible] nutriuntur adulatores, inutiles, fatui, vel verò mo-

morimnes, nani, naturæ monstra? quæ in delicijs habentur, muscæ, asseclæ comitatus, & stipatores inermes, numerus, pondus iners terræ, & fruges consumere nati! Istos enim omnes expensis publicis nutriri, in præiudicium publicum videmus &c. Quæ sunt verba *Petri Greg. Tholos. de Rep. lib. 11. c. 5. n. 2.* de suo tempore exclamantis.

8 Omittantur porrò opera, & ædificationes, quæ potiùs aliquam vanitatis habent ostentationem, quàm Reipublicæ aliquam afferant vtilitatem, aut commoditatem: Insatiabili ambitione, nimioq; desiderio ædificandi, qui sunt capti, vt nunquam non ædificia ædificijs adijciant, ij facillimè ad res iniustas prolabuntur, destruunt, ædificant, mutant quadrata rotundis, *Lather. de censu lib. 1. cap. 12. n. 8. Besold. de Ærario cap. 1. n. 5. Faust. d. class. 5. ord. 483.* Vel, vt *Morus ex epigrammate græco incerti Authoris lib. 1. epigr.* inquit:

Ædificare domos, multorum, & pascere vrutres,
Est ad pauperiem semita recta quidem.
Litiges, ædificet, qui vult citò pauper haberi.

9 Non summam fortunam definiat luxu bonus Princeps, cum scire debeat, in virtute, non in decore, & pompa Imperium esse, quod olim, teste *Lampridio*, dicebat *Alex. Seuerus*: In luxus verò, Aulicasq; comessationes, & perpotationes, lusus, dulcedinem musices, viridaria, spectacula, venationes, equorum, canumq; studia, & alias aulicas voluptates, seù potiùs vanitates, inuehit vehementèr *Reinhardus Lorichius Hadamarius in locis comm. de Princip. instit. cap. 59. & multis seqq.*

10 Non autem minuendi solummodò sunt sumptus, sed & nihil vnquam de Domanio, ordinarijsq; redditibus est alienandum, *Sixtin. de Regal. cap. 6. nu. 86. lib. 1. Petr. Gregor. de Republ. lib. 3. c. 8. nu. 1.* Quod si fiat, flagitium Dominationis committi, *Clapmarius* monet *5. de arcan. Rerumpubl. cap. 12.* nec quippè iuris, vel potestatis appellatione dignum est, quod Remp. euertit. Imò & à Maioribus alienata reuocari debere, neruosè tenet *P. Gregor. Tholos. lib. 3. cap. 8. à n. 1. ad 12.* Feuda, quæ è mortua familia Vasallorum ad Dominum redeunt, non sunt alijs de facili largienda, sed mensæ applicanda. Infinitæ donationes, ac largitiones immanium pecuniarum indignissimis hominibus sunt reuocandæ, *Bodin. de Rep. lib. 6. cap. 2. n. 657. Klockius de Ærario lib. 2. cap. 45.* Et ità, Neronem, an cuncta vectigalia omitti iuberet, dubitantem, docuere Senatores, dissolutionem Imperij sequuturam, si fructus, quibus Respublica sustinetur, diminuantur, *Tacit. 13. Annal. n. 578. Ærod. rer. iudic. lib. 5. tit. 16. cap. 7.* Rex etenim redditibus egens, magna calamitas est, *Victor. lib. 2. de persecut. Africæ*; iustus enim metus est, ne cessantibus subsidijs, necessaria deserantur, *Symmach. 10. epist. 50.* Vndè & apud *Cassiodor. 1. var. 19. Theodericus* rescribit: *Indigentiam iustè fugimus, quæ suadet excessus, dum perniciosa rei est in Imperante tenuitas; & sicut nullum grauare cupimus; ità debita nobis perdere non debemus.*

11 Vicissim verò liberalitas propria Principum est, & ea præsertim ergà benemeritos, inopesq; Principi semper est exercenda, *Apoll. de Calderini disc. 7. & 8. Casp. Ens 2. continual. 2. fol. 325. Henr. Farnes. in Apophtegm. Card. Petri Aldobrand. tit. 10. de liberal. nu. 574. & seq. Besold. de Ærario cap. 2. n. 3. Faust. in cons. pro Ærario class. 5. ord. 485.* imitandus est Imperator *M. Antoninus Philosophus*, qui in largitionibus pecuniæ publicæ, parcissimus fuit, sed tamèn, & bonis viris pecunias dedit, & oppidis labentibus auxilium tulit, & tributa, vel vectigalia, vbi necessitas non cogebat, remisit, *Capitolin.* Hæc virtus Tiberio conseruauit Imperium, quia solam illam semper *retinuit, cum cæteras exueret*, *Tacit. lib. 1. Ann.*

12 Sed accersenda ars quædam pecuniæ erogandæ; est quippè liberalitas prudentiæ consors, & socia Religionis, *Farnes. d. tit. 10.* Ad perfectam liberalita-

tatem septem requirit *Canonhiero, introduct. lib. 8. cap. 15. fol. 490.* vt Patrimonio sit conformis, vt non fiat ergà indignos, vt quis sua donet, vt temporis, locique opportunitas non negligatur, vt citò donetur, vt non inuitè, & ad honestum finem; & sic prudentèr considerari debere accipientis necessitatem, tempus, quantitatem, modum, ac finem, monet *Fabius Albergati lib. 4. Moral. cap. 1. vsque ad cap. 5.* Vnde *Muibien es* (verba sunt Regis Alphonsi sapientis) *la liberalidad à todo ome y de derecho, e sennaladamente al Rey, quando vsa della en tiempo, que conuiene, e como debe*, teste peritiss. *Didaco Saauedra in Symbolis Politicis symb. 40.* vbi plura huius rei monita habet.

11 Cui virtuti opponuntur Prodigalitas in excessu, & Auaritia in defectu; Hac Ærarium ambitione, & largitionibus exhaustum, per scelera suppletur plerumque, & omnis Princeps prodigus, vel cupidior est, vel erit, *Richeheran. Orean. 78. 83. 121. & seq.* qui est prodigus sui, est etiam prodigus alieni; Prodigalitati rapacitas est annexa, *Guicciardin. lib. 12.* Familiare etenim Principibus est, vt egentes ad subleuandam inopiam iniusta excogitent tributa, & manus alienis iniiciant rebus, *Fran. Castellanus de Offic. Regis lib. 3. cap. 20.* Sicque C. Caligula, cui persuasum erat, aut frugi hominem, aut Cæsarem esse oportere, tandem exhaustus, atque egens, ad rapinas animum conuertit, vario, & exquisitissimo calumniarum, & auctionum, vectigaliumque genere, *Suetonius in eius vita c. 37. & seqq. Cælius Rhodig. antiqu. lect. c. 4.* Hoc Domitiani, Commodi, Bassiani, Neronis, Vitellij, aliorumque Principum Romanorum exempla conijcere possemus, qui diuersis dotibus vitijs, auaritia, & luxuria laborantes, cum altero ad conquirendas pecunias, cum altero ad profundendas abuterentur, parem exitum habuerunt; *Bossius de Aerario cap. 1. n. 2. Paul. in consilio pro Aerario class. 3. ord. 4. &c.*

PRÆNOTIO IV.

De Ærarij augmentatione.

1 LOngè facilius est rem augere, quàm ab initio acquirere, vt *Lampis* mercator interrogatus respondit, *Plutar. in lib. an seni sit capess. Resp.*, *Lother. lib. 3. de censu c. 14. num. 7.* Conseruatio quoque difficilior est, quam sæpè augmentum sua sponte sequitur, *Gryphiand. Oeconom. legal. lib. 2. cap. 8. n. 2.* & eo ipso, quod acquisita conseruantur, etiam augentur; quia bona semper alia bona ex sese proferunt, iuxtà illud *Christi D. N. habenti dabitur*; quasi dicat, diues ideò ditescit, quia habet, pauper ideò facultatibus labitur, quia non habet.

2 Modi autem augendi Patrimonij iidem sunt, qui & acquirendi, & conseruandi; *Cicero* rem familiarem duobus potissimum modis augeri scribit, nempè diligentia, & parsimonia. Diligentia occupatur plerumque in congregandis lucris, & *Iulius Cæsar* recenset apud *Dion. lib. 38.* quomodò Romani laboribus semper intenti rem, & imperium auxerint, non otio dediti diminuerint. Parsimonia verò in conseruando, quia ex minimis congregantur maxima, *Lother d. lib. 3. cap. 10. n. 1.* Sicuti enim additione numerus numero additus, tandem magnam summam producit, ità hic quoque iuxtà consilium *Hesiodi* procedendum est, quod etiam ad studia applicat *Plutarch. de institut. puer. Spec. Iohan. Assenb. tom. 1. fol. 103.*

Adde paruum paruo, paruo superadde pusillum,
Sæpius hoc faciens, magnum cumulabis aceruum.

3 Ærarij tamen augendi methodus ità sit, vt & honestatis iustè, & dignitatis ratio habeatur, reiectis *Vespasiani, & Caligulæ Imp.* sordibus, quorum iste ex re qualibet gratum pecuniæ collectæ odorem existimabat, ex lotio vectigalis extrahebat, & nec mendicis quidem parcebat; hic ex meretricio

quæ-

quæstu infame lucrum captabat: reprehensa *Gallorum*, aliorumq; in magistratibus, dignitatibus, sacerdotijs prostituendis, fœditate; exterminaris deniq; *Ærariatorum* iniuriosis exactionibus, quibus nulla religio est, Principis saltèm sui, cui placere hoc pacto student. Fiscum, vt adaugeant, & partem prædæ in sinum suum conferant, vt aduertit *Klock de Ærario lib. 1. cap. 1. n. 6. & 7.* Imitantur Procuratores *Traiani*, quorum vnus sic fertur, vnumquemq; diuitum conuenire solitum fuisse. *Quid habes? Vndè habes?* Hæc vbi didicerat, addebat tertium: *Pone quod habes, attn. Erasm. in Apophth. lib. 8. fol. m. 619.* Et in hoc artificij genere Italos præ alijs excellere reputatur, teste *Boccalino 2. relat. ex Parnasso 57.*

4 At has captiunculas, quas magnifaciunt quidam Principes, & per quas apud illos multi fiunt magni, Eques quidam Hispanus vno festiuo verbo docuit; nàmcum *Ferdinandus Aragonius* Neapolis Rex noui Portorij commendaret excogitationem, vt scilicèt quatuor annuos in Ærarium referret pro singulis centenis aureis, qui stipendium de Regio acciperet Ærario: *O Rex*, inquit ipse, *quò apud te commendatior multò sim, id tibi dederim consilij, nobis omnibus, quos & pascis, & vestis, vt victum tripias, & vestitum, Iouian. Pontan. de Sermone lib. 5. cap. 1.* Sanè monet *Besold. de Ærario cap. 3. n. 1.* satiùs esse, si magistratus subditis omnia eriperet simùl vnà, varijs quàm excogitatis rationibus subtilibus, lentè torquendo, ad inopem miseriam redigeret eosdem: Si qui sunt Consiliarij, qui se non iustitiæ, sed vtilitati Domini sui inseruire debere putant, hi maledictionem attrahendo diuinam, multò plus Principi nocent, quàm prosunt. *Opes possideas*, ait *Senec. de vita beata cap. 23. sed nulli detractas, nec alieno sanguine cruentas, sine cuiusquam odio partas, sine sordidis quæstibus; quarum tàm honestus sit exitus, quàm introitus; quibus nemo ingemiscat, nisi malignus.* Regula omnium quidem ordinum hominibus communis, ad quam tamen maximè respiciendum est in Fisco locupletando, censente *Henr. Klock. de vectig. lib. 6.* Vndè Magnus *Tartarum* Tyrannus, quando *Bassà*, aut Prouinciæ Gubernator, naturali, aut violenta morte oppetit, eorum bona capit: *Fridericus* itidem Imperator oculis orbauit *Petrum de Vineis* sub colore rebellionis, vt eius caperet bona, teste *Cons. de Bottis in add. ad Constit. Regni, ad laudem; Vespasianum* imitando, qui rapacissimum quemque ad ampliora officia ex industria solitus promouere, quo locupletiores mox condemnaret; quibus quidèm vulgò pro spongijs dicebatur vti, quod quasi siccos madefaceret, & exprimeret humantes, authore *Tranquillo in eod. lib. 9. cap. 16.* Qui modus colligendæ pecuniæ non adeò improbandus videtur, vt monet *Klock. de Ærario lib. 2. cap. 131.* modò boni Quæstores promoueantur, qui, si deindè ex publicis reditibus ditescant, vti spongiæ exprimendi: Et oculatè aduertere debet Ministrorum Visitator, *ait Reg. de Ponte de potest. Prorég. tit. 3. §. 7. num. 10.*, si ad officium consequendum pecuniam expendit, & salarium nullo modo est sufficiens ad vitæ sustentationem, & videmus ministrum viuentem splendidè, & vltrà ditatum.

5 Fugiendi item sunt aucupes crumenarum, qui aurum, quòd posteà alijs pollicentur, sibi captant prius, quibus, si qui adhibent fidem, curiosi, & auari ingenij sunt; Sicuti mysteria, vel potiùs fraudes, & scelera Alchymistarum, quorum artem *damn. Agrippa de vanit. scient. cap. 90.* definit, quòd sit fucus, siuè naturæ persecutio, eadémq; insignis, & impunis impostura, cuius vanitas eo ipso se facilè prodit, cum polliceatur, quæ natura nullo modo pati potest, *post Besold. de Ærario cap. 3. num. 11. & alios Fauft. in consil. pro Ærario class. 16. ord. 162. & class. 20. ord. 1589.* vt sic inter modos improbandos ditandi Ærarium, Alchymiam ponant *Heurlius de Ærar. p. 2. cap. 1. pag. 367. & seq. Peller ad Klock. d. lib. 2. cap. 117. num. 1.*

Et

Et in *Turbone Andreas de Valentia* *A.T.4. Scen.1.*

Illa est ars sine arte,
Cuius summa pars tam partis,
Cuius mater otiari,
Cuius verba sunt nugari,
Cuius votum denigrari,
Cuius fama annotari,
Cuius proba est mentiri,
Cuius via impediri,
Cuius labor est instare,
Cuius fructus mendicare,
Cuius finis desperare,
Cuius merces nusquàm stare,
Cuius pœna est perire,
Et in Cruce interire.

6 De hac verò re prudentissimus extat discursus *Xenophontis de redituum rationibus, seù Prouentibus* inscriptus, cuius monitum, quo suum concludit opusculum, menti boni Principis insculptum esse decet, cum ait: *Quæ Dei voluntate suscipiuntur, ea per est semper Republica rectiùs, feliciùsq; cedere*; Et *Aristoteles* tales modos è re nata pro cuiusq; prudentia excogitari posse, inquit *lib. 2. Polit. cap. 1.*, quem refert *Besold. de Ærario d. c. 3. n. 3.* Vt enim variant Regnorum iura, ità quoq; reditus eorundem, & tunc modi hi sunt vsurpandi. Reipublicæ ratio, Regionisq; & Populi natura, & conditio hoc admittant, *Besold. d. cap. 3. n. 14. Klock. de Ærar. cap. 1. n. 100. vers. sequ.*

7 Considerandum *Aristoteles* ait, *2. Œconom.*, quinàm fructus, aut non proueniant, cum possint prouenire, aut cũ exigui sunt, an augmentum admittant: Curandum igitur est, vt paludes exsiccentur, syluæ inutiles ad culturam redigantur, & sic Ærario augendo inseruiunt syluarum cæduarum, incæduarum, ac lignorum cura, venationes, piscinæ, metalla, amicorum dona, sociorum contributiones, monopolia, mercatura, vectigalium, triburorumq; ordinariorum auctio, & id genus alia, de quibus *Besold. d. cap. 3. Klock. de Ærario lib. 2. per tot. Faust. in cons. pro Ærario class. 5. & 10. & seq.*

8 Honestum illud exactionis genus, *Eduardus IV.* Anglorum Rex excogitauit, quod *Beneuolentiam* appellauit; Egit enim cum amicis, vt sponte ad sumptus belli pecuniam erogarent, quod ipse ex ea re beneuolentiam singulorum mensurus esset, vt scilicèt eũ, qui plus daret, se plus diligere censeret. *Pisistratus* item Atheniensium Tyrannus omnium rerum decimas exigebat, teste *Plutarcho in eius vita*. Eiusq; filius *Hipparchus* Academiam muro sepsit, atq; huius rei nomine magnam pecuniæ vim ab Atheniensibus exegit, vt ait *Suidas*, qua arte plures Principes vtuntur, vt dum vtilitatem, vel reparationis Vrbium, vel exercitus collectionem proponunt, fingant vrgentem necessitatem, & posteà pecunijs exactis opera imperfecta relinquant, & pacem concessam prætendant, ac simulent.

9 *Commodus* Imperator, vt tradunt *Dio, Xiphilin., Herodian., & Lamprid.* natali suo die vxoribus Senatorum, eorumq; liberis singulis binos aureos, tanquàm aliquas primitias imperauit, idq; tributum pendere coegit, & à Senatoribus, qui in reliquis Ciuitatibus erant, quinque drachmas exegit, & plurimos alios modos conquirendæ pecuniæ, quibus aliquæ Resp., aut Principes vsi sunt, recenset *Petr. Gregor. de Republ. lib. 3. cap. 7.* & alios modos pecuniæ colligendæ affert *Klock. lib. 2. de Ærar. cap. 145. & 150* & videas in his variorum Principatuum descriptis Ærarij.

PRÆNOTIO V.

De Ærarij administratione, & Regijs Administris, qui gestis, ac scriptis in hoc Regno Neapolitano floruerunt.

1 ADministratio ab acquisitione plerumq; seiungitur, præsertim in diuitibus, quorum fortuna in bona administratione posita est, teste *Cicer. l. 1. ad Attic. 1.* maioris itàq; pruden-

dentiæ, & magis etiam necessaria est administratio, quàm acquisitio, vt monet *Gryphiand. lib. 2. Oeconom legal. cap. 5. n. 1. & 2.* Qui autem Ærario præsunt, *Quæstores* dicti sunt ex eo, quod inquirendæ, conseruandæ, & expendendæ pecuniæ publicæ causa creantur, *Arist. 1 polit. 7. l. 2. §. 22. de orig. iur.*

2 Boni Quæstoris munus expressit *M. Cato*, de quo vide *Plutarch. in eius vita*, quod fœlix est Rex, qui habet virum scientem ordinare reditus, & expensas; At si stultum, & ineptum sit administratoris propositum, fieri non potest, quin tristis, & infelix exitus patrimonij indè sequatur, *l. vlt. C. de bon. quæ lib.* Eorum verò, qui tàm artificiosè ista consectantur, qui dignitatis, & honestatis in eo genere rationem haberet, nemo reperitur, sed conficiendi Ærarij magistros habemus vbiquè quam plurimos, qui Ciuium opes exhaurire, ac Principes ad iniustissima vectigalium genera vrgere consueuerunt, *Fausf. in cons. pro Ærar. class. 14. ord. 1144.* Nec hac id, quod testatur *Afflict. dec. 320. in fin.* inquiens; *Et in hoc voto fuerunt quinque Doctores Regiæ Cameræ Summariæ, & Sacri Consilij, licet Fiscales fuissent in contraria opinione, non tamèn suffulta legibus, aut rationibus, nisi authoritate Psalmi: Placebo Domino in regione viuorum; Pellerus memor in obser. ad Klock. lib. 2. de Ær. cap. 57. n. 12.*

3 Diligentèr itidem curari debet, ne vectigalia à varijs hominibus, & prauis, qui omnes pecuniæ vias norunt, omnesq; fraudes pecuniæ causa suscipiunt, minuantur, siuè Publicani sint, siuè ipsis cura regiorum vectigalium concedatur, qua peste vix vllam magis terram excogitari posse notat *Besold. de ærario cap. 2. n. 4. vers. 3.* Quàm graue Reipublicæ, bonisq; sit inuidiosum, plerosq; ad eam procurationem accedere exiles, sine censu, eosdem
6 intrà paucos annos copiosos, & beatos euadere: à quibus profectò exigendum esset, vt rationem opum quæsitarum possent exactam, *Mariana lib. 3. de Reg. instit. cap. 7. fol. 262.*

4 Hoc etiam omninò procuretur, vt puris manibus vtantur, & ab omni abstineant acceptione, pro ijs solis contenti, quæ à Fisco dantur: Quod non aliter fiet, nisi & ipsi cingula sine mercede percipiant, nihil omninò dantes, nec occasione suffragiorum, neque alio turpi modo; considerauit enim *Imp. Iustinianus Nou. 8. quia licet quæstus immodicus imminuitur Imperio: attamen nostri subiecti incrementum maximum percipient, si indemnes à Iudicibus conseruentur, & Imperium, & fiscus abundabit, vtens locupletibus subiectis &c.* Necesse est, vt qui emat, vendat, *Lamprid. in Alex. Seuer.* Sicq; *Seneca 1. de benef. cap. 9.* Prouincias spoliari, & nummarium Tribunal, audita vtrinq; licitatione alteri addici, non mirum; quando quæ emeris, vendere gentium ius est, post alios *Besold. de Ær. cap. 6. n. 4.* Hinc *Thebani* Ministrorum integritatem, symbolicas repræsentabant per statuas quasdam, manibus destitutas: istæ enim in pugnum contractæ, auaritiæ sunt symbolum, oculis instructæ sunt, vt vigilent, at brachijs carent, ne quid eorum manibus côtingant: Quod si Ministri ità consimiles essent, magis secura forent Æraria publica, vt rectè ostendit *Didac. Saauedra in Symbol. Polit. 53.*

5 E' contrario secundum veterem disciplinam, & instituta maiorum, apud quos virtute, quā pecunia res Romana meliùs stetit, *Tacit. 2. Ann.* Illæ, illæ, inquam, sunt gloriosæ, & pulchræ dignitates, quas, qui assequitur, non solùm non ambiuit, nec quæsiuit, imò nec concupiuit: Et in Aula eiusmodi Viri sunt instàr Heroum, *Scot. 2. comment. in Tacit. 819. n. 19.* Sed spretis melioribus, deterrimi valent, *Tacit. 2. hist.* vndè ex eiusmodi Consilijs, vtpotè malis, sequuntur mali etiam euentus, & semper res illius Principis se malè habebunt, vbi viri prudentes parùm auctoritatis habebunt, ex quo exclamat *Ioan. Casus lib. 2. Sphæra Ciuitatis cap. 9. pag. 104. O Christe, si latius hoc malum serpat, quem lapsum, & luctum Ciuitatis*

videre

videat. Sed conniuere oportet, nam dies mali sunt, corrigentur. Atque hinc fit, vt pecunia, non prudentia, quæstus, non virtus, affectio hominis, non moderatio æquitatis in ciuitate regnent.

6 Oportet igitur Consiliarij, qui in Quæstorum Cameræ iurata, aliisque Thesaurariorum muneribus constituti sunt, diligenter sanè prius ponderare debeant, an, quod inchoatur, Reipublicæ sit vtile, sibi ipsis gloriosum, effectu promptum, aut non ita arduum; autem illam Poetæ regulam pro Cynosura Consiliorum vtique ponderandum.

Quis, quid, vbi, quibus auxilijs, cur, quomodo, quando.

7 EOs autem hic appello præclarissimos viros, qui in hoc literis, & armis florentissimo Regno Neapolitano, ita se in Supremo Regij Ærarij, siuè Regiæ Cameræ Magistratu gesserunt, eorumque doctrinam, fidelitatem, ac summam prò Ærarij salute ostenderunt industriam, vt celebre nobis testimonium perhibeant perpetua eorum ingenij monumenta.

Memorandus in primis est Iurisconsultorum Corypheus *Andreas de Isernia*, qui fuit Magister Rationalis, & Locumtenens Magni Camerarij anno 1351. & *Ritus Regiæ Cameræ* compilauit, eosque in formam redduxit, in qua nunc reperiuntur, *super Regni Constitutionibus*, ac in *vsus feudorum Commentaria*, *Nardi Liparuli* explicationibus illustrata, scripsit, & licet *Liparulus* nutat circa dicta, communis est etiam dictos Ritus, intelligendus tamen est de ipsa integra compilatione, cum aliqui ipsorum ad literam repetiti reperiantur *in Comment. Isdr.* & colligitur ex *titulo* in *Archiuo R. Cam.* dicti *Ritus Dom. Andreæ de Isernia super quinterno* *juribus Lobanarum*, *&* aliorum Regni *Siciliæ Gabellarum*.

Goffredus de Gaeta natus ex Carolo eximio I.C. sub Rege Ladislao, & Regina Ioanna II. Regij Fisci Aduocato, ac R. Cam. Præsidente, patris æmulus, fuit Magister Rationalis, Reg. Consil. ac anno 1422. Præsidens R. Cameræ Summariæ, composuitque *lecturam*, siuè elegantes *Declarationes super Ritibus Regiæ Cameræ Summariæ*, nuper ad publicam vtilitatem editas, cum additionibus celebris I.C. *Dom. Nicolai Pisani*, & dicatæ peritissimo I.C., & Dom. meo *D. Antonio de Gaeta*, Goffredo, sanguinis necessitudine coniuncto, qui omnes supremos magistratus transgressus, parem Magni Camerarij Locumtenens in Regia Camera Summaria id ipsum effecit, quod Regi & Regno vtile, sibique erat gloriosum, eandem imperatam laboribus vestra ad Regiam Cancellariam Regendam reuocatus.

Ioannes Aloysius Arcaldus, publico in Neapolitano Gymnasio Interpres eximius, Præsidens R. Cam. electus anno 1496. demùm ad S. Consilium, composuit *Enchiridion*, siuè *Repertorium ad Andream de Isernia volumen feudale*, teste *Nicol. Toppio de orig. Trib. p. 2. lib. 4. cap. 1. fol. 50.*

Michael Riccius I.C. celeberrimus, Regius Consiliarius, Regis Alphonsi I. Locumtenens Magni Camerarij, Conseruator Regij Patrimonij, & Legatus ad multos Reges, vt testantur *Facius lib. 10. Comm. de reb. gest. Alphonsi. & Zurita in Annal. Arag. lib. 15. c. 66. & lib. 4. c. 22. Franc. de Petris lib. 2. hist. Neap. pag. 108.* Cuius virtutum, ac dignitatum æmulus fuit alter Michael, quem cum illo primo confundit *Top. de orig. Trib. p. 1. p.* Bartholomæus, huius *Michaelis Riccij* vicemacerrimè comprobat, *Carolum de Lellis*, Fuit etiam hic sub Ludouico XII. Galliarum Magno Consilio, & Camera Parlamenti Burgundiæ Consil. Præsident Prouinciæ, Mediolani Senatus, & Neapolis Regius Vicecprothonotarius, ad Genuenses, Florentinos, & Iulium II. Legatus Orator, scripsitque *de Regibus Francorum lib. 3. Hispaniæ lib. 3. Neap. & Siciliæ 4. Hungariæ 2. Hierosolimæ 1.*

Antonius de Bononia, *Panormita* dictus, I.C. ac Poeta laureatus, R. Cam. Præsidens, Consiliarius, ac Præceptor Regis Alphonsi II. qui illum grauiter

Ciuem Neapolitanum, edito *libro de dictis, & factis Alphonsi Regis*, multe aureorum munere affectus est, teste *Pontan. de liber.* & de eodem alia legas pręclarè gesta apud *Ioannem in Elog. Summont. Hist. Neap.* ac *Top. de orig. Tribun. par. 3. pag. 166.*

Ioannes dictus Iouianus Pontanus inter Philosophos, Oratores, Poetasq; sui seculi celeberrimus, fuit Regis Ferdinandi à Secretis, Regiae Camerae Praeses, & Magni Camerarij Locumtenens anno 1479. Cuius praeclarissima opera in soluta, & ligata oratione edenda curauit *Franciscus Piccolomineus Bisinianensis Episcopus*, & vide *Toutium fol. 119. & Capac. in Elog. lib. 1. fol. 375.*

Antonius de Alexandro clarissimus Iuris Interpres, Praeses Regiae Camerae anno 1488. postea Viceprothonotarius, ac S.R.C. Praeses, quem optimè noscens Ferdinandus Neapolis Rex anno 1458. ad Iulium II. Pontificem Oratorem misit, locupletissimum ingenij sui specimen posteris reliquit; scripsit namq; doctissima *Commentaria ad leges* ab ipso in Scholis explanata, quorum paucae editae sunt, nempè *Recollecta super 1. Codicis*, quae etiam manuscripta seruantur in nostro Museo, aliasq; lecturas calamo exaratas refert *Top. de orig. Trib. p. 2. pag. 155.*

Diomedes Mariconda I.C. in Gymnasio Neapolitano Lector, & causarum patronus doctissimus, R. Cam. Praesidens anno 1500. multa scripsisse fertur, sed tantùm *Glosa* & *Additiones ad Consuet. Neap.* & *Regni Constitutiones* edidit, vide *Top. de orig. Trib. p. 2. fol. 151.*

Nicolaus Mariconda eiusdem Reg. Cam. Praesidens edidit doctas *addit. ad Consuet. Neap.*

Scipio Bucinus I.C. optimus, ac Reg. Cam. Praesidens, *Additiones ad Consuet. Neap.* elucubrauit.

Matthaeus de Afflicto in vniuerso Terrarum Orbe suorum operum fama celeberrimus, creatus à Rege Ferdinando I. anno 1491. Regiae Camerae Praesidens, postea Regius Consiliarius anno 1496. pro sua ingenij felicitate legit in Gymnasio Neap. *Glossemmata ad Regni Constitutiones*, edidit q; S.R.C. *Decisiones*, ad quas aliquot Regni I.C. illucubrantes additiones conscripsere, *Commentaria super feudis*, & *Regni Constit.* ac *Consuet. Neap. Tract. de Iure Prothomiseos, cum addit. Rouiti*, & alia opera relata per *Top. lib. 1. fol. 113.* Extitere etiam in hac Regia Camera Senatus *Michael*, & *Leonardus de Afflicto* M.C. Locumtenentes.

Iacobus de Aysllo, siuè *de Ocllo* I.C. eximius, Ferdinandi iunioris Regis tempore Regius Consiliarius, deindè Praesidens R. Cam. scripsit aureum *tract. de Iure adohae, releuij, atq; subsidij*, multas etiam *additiones ad Constit. Regni*, & *Ritus M.C.*, & *Compendium Codicis* exarauit, quod penès se seruari aiebat *Prof. de Franch. dec. 20. in fin.*

Marcellus Gazella vitae probitate, ac sapientia praestantissimus vir, Regius Consil. à Federico Rege anno 1496. creatus, deindè in Regia Camera per vndecim annos Praesidens consedit, tandem Regens, de quo nobis laudabile testimonium reliquit *Afflict. in Const. post mortem nu. 5.* vbi eum appellat *successorem in virtutibus Dom. Bartholomaei de Capua*, subditque, & *fero, quod dico veritatem, quia expertus sum*; idemq; testantur *Loffred. cons. 17. n. 63. Gramm. cons. 97. 99. & 129.* multa ab illo gesta refert *Top. de orig. Trib. p. 3. fol. 137. & seqq.*

Sigismundus Loffredus, natalibus, ingenio, ac eloquentia admirandus, anno 1511. Praesidens Reg. Cam. creatus, deindè Regiam Cancellariam Regens, scripsit *Consilia*, siuè *Responsa*, *Paraphrases feudales*, necnon *Commentaria ad l. Iurisconsultus. D. de gradib.*

Io. Angelus Pisanellus ea tempestate Iurisconsultorum maximus, & R. Cam. Praesidens, praeter alia scripsit *additiones ad Consuet. Neap.* & *Constit. Regni*, *decreta* S.C. ab ipso annotata apud *R. de Marin. tom. 3. alleg. fol. 989.*

Antonius Baratutius Reg. Consil. deindè accerrimus Fisci Patronus reliquit *additiones ad Consuet. Neap.*

Bar-

Bartholomæus Camerarius eximius I.C. Beneuentanus, Regiæ Cam. Præſidens, ſucceſſor *Io. Angeli Piſanelli* anno 1539. & 1541. M.C. Locumtenens viginti quatuor annos publicæ vtilitati conſulens; Tandem fortunæ rarò felicitatis pertæſa ob liuorem in Exc. Toletanum Proregem contractum, patriam Clementiſſimo ſuo Principi fidelis, Pariſios nefariè ſe contulit; ſcripſit celebrem *Repetitionem l. Imperialem, de prohib. feud. alien. per Feder.*, aliaq; opera relata per *Biographum eius vita apud nouiſſ. Repetit. feud. Camerar.* editas ſtudio *Reg. de Marinis.*

Franciſcus Reuerterius Iuris Conſultiſſimus per longum annorum curriculum ſumma dexteritate in negotijs tractandis verſatus, vti Præſidens in Regia Camera Summariæ tandem ibidem priuatione *Camerarij* Locumtenens, ac Regens creatus, cuius rei diploma, ſiuè potiùs Elogium maximo huic viro datum ab Inuictiſſimo Imp. Carolo V. legitur apud *Tap. de orig. Trib. par. 3. pag. 215.* *Quinque volumina Deciſionum Regiæ Cameræ manuſcripta* reliquit, quarum ſummam *in duobus libris* cum elegantibus ſuis *obſeruationibus* edendam curauit *D. Reg. de Marinis.*

Annibal Moles ſummis natalibus ſplendorem probitatis, ac doctrinæ adiungens, Præſidens Reg. Cam. anno 1567. creatus, ac ibidem pro Magno Camerario exiſtens, ita ſe in hoc munere glorioſè geſſit, vt ſydus inter alios videretur, cui tanquàm de rebus Regiæ Dohanæ Apuliæ inſtructo, multa, & Card. Granuela tunc Prorege commiſſa fuere, quæquè vnà cum *Reg. Reuerterio* ediderunt 38. *Capitula*, aliaq; *decreta* pro eius bono regimine, & Supremi illius Tribunalis *Deciſiones* elaborauit; pro Rege Noſtro *ſucceſſione Portugalliæ*, aliaq; ſcripſit, tandem in ſupremo Italiæ Conſ. Regens electus maximam ſui opinionem ibi confirmauit, vt etiam ad Supremum Aragoniæ Conſilium fuerit euocatus; Nec inferiori laude res fiſcales peregit *Didacus eius nepos*, qui fuit Regius Conſil. & in Regia Camera ſtrenuus Fiſci Patronus, ac Præſidens; eiuſq; Pronepos, & huius Didaci filius *Dom. Regens D. Franciſcus*, pari gloria in Regia Cameræ Præſidentem egit, cuius laudes alibi, licet nunquàm ſatis recenſuimus.

Thomas Salernitanus in publico Neapolitano Gymnaſio Interpres, & cauſarum patronus peritiſſimus, Regiæ Cam. Præſes, in Siciliam miſſus ad aliud Reg. Cam. Tribunal erigendum, Magiſtratuſq; viſitandos, ac in Germaniam pro Regis cauſa tuenda, tandem reuerſus S.R.C. Præſes, ac Regens creatus, librum *Deciſionum* edidit cum *allegationibus diuerſ. I.C. & addition. Io. Bapt. Thori.* Vide *Tap. p. 2. pag. 177.*

Franciſcus Aluarez de Ribera Hiſpanus I.C. ſapientiſſimus, R. Cam. Præſes electus anno 1570. & cum ad Locumtenentis eiuſdem R. Cam. munus aſſumptus eſſet, ea prudentia, ac incredibili ſolertia Regalis Patrimonij curam habuit, vt Rationalium numerum auxerit, Archiuum ampliauerit, exornaueritquè; ac *de Regni Luſitaniæ acquiſitione* eruditè ſcripſit, ad quod *Reſponſum additiones* edidit ſuas *Reg. Carolus Tapia* ob tot opera edita inſignis I.C. qui huius Regentis Riberæ vitam, ſcripſit, ac partum adauxit *Tap. de orig. Trib. p. 3. fol. 203. cum ſeq.*

Marcellus Pignonus ſummis virtutibus refertus, Regiæ Cameræ Præſidens creatus, quo in munere mira vigilantia inſeruiuit, præcipuè in Regiæ Dohanæ Apuliæ negotijs, quæ omni ſolertia conſcripſit, & in ordinem redegit, et in quodam *permagno manuſcripto Codice*, qui in magno R. Cam. Archiuo, ſub tit. *Il Pignone*, ſeruatur, teſte *Tap. d. p. 3. fol. 199.* tandem Regens electus.

Io. Baptiſta Ogeda I.C. celeberis, & Regiæ Cam. Præſes creatus, & poſteà anno 1558. Epiſcopus Tranenſis electus, & tanquàm olim Præſes, quem dignitiſſimum appellat *Reg. Moles in deciſ. R.C. tit. de Dohana Menapecud.* §. 3. n. 11. vbi. *nos in nouas.* obſeruauimus, quod de Regia Dohana Apuliæ *librum* compoſuit, cui *tit. Pecuniegium.*

C 2 Mar-

Marcellus de Mauro primæ notæ Advocatus dilectissimus, Almi Collegij Neap. Senator, fuit R. Patrimonij acerrimus Patronus, ac R. Cam. Summariæ Præses; scripsit *Iuris Allegationes* editas cum *additionibus Abb. Io. Hieronymi eius filij*.

Mutius Surgens I.C. eruditissimus Regiæ Cam. Præsidens composuit elegantes *Annotationes ad tract. de Magistratibus Regni, sive Neapoli illustrata* sui germani fratris *M. Antonij*, ac vilem *tract. de Regalibus Regni Neap.* imperfectum reliquit, ut ipsemet *ad lectorem, & in annot. fol. 3.* testatur.

Ioannes Franciscus de Ponte in Neapolitano Gymnasio feudorum Interpres, itemque Advocatus celeberrimus, deinde Regalis Patrimonij, ac Regiæ Cameræ Præs., ac Regens meritissimus scripsit *duo Consiliorum volumina*, *Decisiones*, *lecturas feudales*, ac *tract. de Potestate Proregis*, aliumque *tractatum de Iurisdictione*, manuscriptum.

Camillus de Curte filius *Ioannis Andreæ* olim Regij Consiliarij, ac S.R.C. Præsidis, I.C. & feudorum in Neapol. Gymnasio Interpres acutissimus, deinde Regij Patrimonij Advocatus, postmodum Regiæ Cameræ Præsidens, tandem Regens, ac S.R.C. Præsidens *Diversorium Iuris feudalis duobus voluminibus distinctum* conscripsit, necnon *Resolutiones feudales* editas studio *Reg. de Marinis sub tom. 1. resol.*

Io. Aloysius Mormilis Regiæ Cam. Præsidens doctè scripsit *super Constitut. Regni*.

Petrus Iordanus Ursinus I.C. *Hispanus* in Vallisoleti Academia Antecessor, & in hoc Regno Reg. Cam. Præsidens, Regens, ac S.R.C. Præses, edidit celebrem *tract. de successione feudorum*.

Fabius Capycius Galeota, prius causarum patronus, deinde Regius Consiliarius, Fisci Patronus, Reg. Cam. Præsidens, ac Regiæ Cancell. Regens, edidit *Controversiarum iuris illustrium libros duos*, *Responsa Fiscalia*, *Lecturas*, ac *additiones ad Consilia Camilli de Medicis* fuisse fertur. Cuius virtutes exequitur eius filius *Iacobus Capycius Galeota*, qui ex Præsidente Regiæ Cam. fuit Regens electus, ex quo vivit nunc dignissimus *Dom. meus D. Iulius M. C.* Vicariæ Iudex Decimus, quem ad maiora ascendere ob eius doctrinam, ac integritatem certè ominamur.

Scipio Rovitus causarum patronus celeberrimus, Regius Cons. R. Cam. Præses, ac Regens eximius, luculenta scripsit *Commentaria ad Pragmaticas Regni Neap. Consilia, seu Iuris Responsa* tribus libris comprehensa, ac *Decisiones*, ad quæ duo postrema opera suas *observationes* illucubravit doctiss. *Reg. Cons. Altimarus*, & *ad Consilia*, *Annotationes* etiam edidit *Carolus Russo* omni virtutum laude dignissimus.

Anellus de Amato I.C., & causarum patronus doctissimus, Fisci Advocatus, ac Regiæ Cam. Præsidens, sua *Consilia*, sive *Responsa* reliquit.

Fabius Lanarius, Advocatus olim solertissimus, deinde Fisci Patronus, ac R. Cameræ Præsidens, edidit *additiones ad Repetit. feudales* maximi illius I.C., ac S.R.C. Præsidis *Io. Ant. Lanarij* sui patrui, cuius aliud opus nondum impressum, *De differentijs inter Ius commune feudorum, & leges Regni Neap.*, propediem cum nostris *Notis, ac Parergis*, Deo dante, pro communi bono edituri sumus.

Gregorius de Gansuerra I.C. Hispanus peritissimus, & in hoc Regno Regiæ Cam. Summariæ Præsidens Decanus, nonnulla *Consilia*, eiusdemque *R. Cam. Decisiones* edidit.

Ioannes Camillus Cacacius eximius I.C. Fisci Advocatus, deinde Regiæ Cam. Præsidens, ac Regens electus, multa scripsit in iure, quæ per manus eruditorum circumferuntur, ac nonnullas *fiscales allegationes* edendas curavit *Regens Marinus in fine collect. divers. I.C.*

Franciscus Merlinus I.C. præclarissimus, per omnes magistratuum gradus ad summum Collaterali dignitatem evectus, ex Regiæ Cameræ Præsidente, Fisci Patronus in omnibus Regni tribunalibus,

R. Cam.

R. Cancell. Regens, Magni Camerarij Locumtenentis officium pro tempore exercens, & Præſes S.R.C. edidit *Controuerſiarum Forenſium duas Centurias*, & *reſponſum, ſiuè tractatum de Decimis*.

Carolus Calà perceleberis I.C. in Regij Patrimonij Patronum, deindè in Regiæ Cam. Præſidentem, ac Regiam Cancellariam Regentem delectus, ſumma iuris peritia, ac eruditione ſcripſit *de Præcedentia R. Cameræ cum S.C.; De Principijs; De Baliatu huius Regni; De Contrahendis Clericorum; De ſucceſſione per pactum acquirenda; Et in cauſa Regij Fiſci cum D. Emmanuele Caraffa in ſucceſſione Nucerię Ducatus*, & id genus alia, quorum etiam meminit *Dom. Regens Iannarius de Andrea in ſua Epiſtola inſerta in princ. tract. de reſtit. in integrum D. Hieronymi Calà, præfati D. Caroli Germani.*

Donatus Antonius de Marinis inter primarios Aduocatos præſtantiſſimus, Regiæ Cameræ Præſidens omnium plauſu creatus, & tandem Regiam Cancellariam Regens, non minùs doctus, quàm doctorum amator, reliquit ad commune bonũ *duos Reſolutionũ libros, ac tertium diuerſ. I.C. allegationum*, ac *duo Decisionum Reg. Reuerterij volumina, ſuis obſeruationibus, ac Regiæ Cameræ Arreſtis illuſtrata.*

Ioſephus de Roſa Aduocatus celeberrimus, & in publico Neap. Lycæo Iuris feudalis Interpres, primùm Regius Conſiliarius, poſteà Regalis Patrimonij in R. Camera Fiſci patronus integerrimus, ipſoq; poſtulante ad S. Conſilium, *duos Conſultationum tomos, & Præludia feudalia* legali doctrina, ac eruditione referta elucubrauit.

Marcellus Marcianus, nepos *Marcelli ſenioris* Regij Conſiliarij, qui *Conſilia* edidit, & filius *Io. Franciſci Senioris* meritiſſimi Regentis, qui *Iuris Diſputationes* in lucem emiſit, Aduocatus primùm acerrimus, deindè Reg. Conſiliarius, Fiſci patronus, ac in Supremo Italiæ Senatu Regens, *Exercitia Fiſtalium Exercitationum*, aliaq; opera peritiſsimè elucubrauit, quæ ad publicam lucem excuſa ſunt, ſtudio clari dignifſimi filij *Io. Franciſci Marciani* iunioris, primò M.C.V. Iudicis, mox Regij Conſiliarij, qui, dùm maiorum ſuorum virtutes refert, ad eoſdem ſummæ dignitatis gradus quàmcitiùs, annuente Deo, aſcendet.

Ioannes Hieronymus de Philippo, Orator facundiſſimus, bis primùm ex Regio diplomate Fiſci patronus electus, Regiæ Cameræ Præſidens, ac in Supremo Italico Senatu Regens, elegantes lucubrauit *Rerum Fiſcalium Diſſertationes*, editas ſtudio *Dom. Ianuarij* eius filij, Marchionis Miani, & M.C.Vic. in Criminalibus Iudicis.

Franciſcus Ortiz Cortes I.C. Hiſpanus doctiſſimus, Regens, & Regiæ Cameræ Locumtenens, ſumma familiaritatis neceſſitudine mihi coniunctus, edidit reſponſum, ſiuè *tract. de Præcedentia*.

Ioſeph Fiola I.C. Hiſpanus, Reg. Cameræ Præſidens, edidit opus, cui tit. *Margarita*.

Antonius Ioan. de Caſtellis Regiam Cancellariam Regens, & Regiæ Cameræ Locumtenens in eruditiſſimis *Diſceptationibus hiſtorico-legalis, de Præcedentia*.

Raphael de Viloſa Regens meritiſſimus, & Regiæ Cameræ Locumtenens, celebrem edidit *tract. De Fugitiuis* cũ nonnullis elegantibus *Diſſertationibus*.

Antonius Fiorillus I.C. doctiſſimus, priùs Fiſci patronus ac Regiæ Cameræ Præſidens, tandem meritiſſimus Regẽs, multa in iure ſcripſit, quæ in eruditorum Muſæis ſeruantur, præcipuè *Commentarium ſuper Prag. 7. de Scholarib. doctor.*, cuius dignisſimus filius *D. Dominicus* eſt nunc huius Regni Secretarius.

Franciſcus de Andrea inter Aduocatos olim iuris peritia, tùm facundia pollens, deindè Regius Conſiliarius, mox acerrimus Fiſci patronus in Regia Camera, omni ſolertia res fiſci peragit, ſcripſit hic eloquentiſſimus I.C. vltrà varia, ac omni peritia primorum Iuris prudentiæ doctrina dictata reſponſa, ia, eruditum tractatum, cui tit. Risposta al trattato delle Ragioni della Regina Christianissima sopra il Ducato di Brabante, ed altri Stati della Fiandra, & nunc alium edendum parat pro defensione Iurium nostri Catholici, & Augustissimi Hispaniarum Regis in hoc Regno Neap. contra eosdem Gallos; Nec minori laude aliqua iuris responsa scripsisse fertur eius frater doctissim. Dom. Ianuarius de Andrea in M.C.V. Fisci patronus, posteà R. Consiliarius, ac in Regiæ Cameræ Senatu strenuus Fisci Aduocatus, ibidemq; posteà integerrimus Præsidens, mox in Supremo Italiæ Consilio apud Inuictissimum Regem Carolum II. Regens conuocatus, habitam de se fidem gloriosè sustinet in Hispanijs, obsequij laudem, & gratiam assecutus.

Emicuere etiam in hoc Fiscali Consessu præter enumeratos alij præclarissimi viri Locumtenentes Bernardus Caracciolus, Nicolaus Antonius de Montibus, Aloysius de Constantio, Iulius de Scortiatis, Hieronymus Seuerinus, Hector Pignatellus, Ferdinandus, & Alphonsus Dauali, Hieronymus de Francisco, Andreas Pons de Leone, Franciscus Antonius de Dauid, Berardinus de Sancta Cruce, Ferdinandus Bernarius, Io: Berardinus de Montalto, Io: Alphonsus Suarez, Alphonsus de la Carrera, Ferdinandus Afflictus, Gaspar de Sopramonte, Ennecus de Fgeda, Hieronymus Garzia, Felix Vilea, deinde S.R.C. Præses incomparabilis; ac integerrimus Antonius de Gaeta; Et ex Præsidentibus Regentis posteà munere decorati Franciscus Antonius Villanus, Bernardus de Bolea, Scipio Cattinarius, Alphonsus de Salazar, Matthæus de Georgiis, Petrus Castellet, Io: Camillus Gallus, Ioannes Mendoza, & Cardona, Scipio Brancaleonus, Antonius Caracciolus, Matthias de Casanate, Didacus Bernardus Zufia, posteà S.C. Præses, & Stephanus de Carrillo, nunc Regiæ Cancellariæ Decanus omnibus dilectissimus, Vincentius Horatius, Ignatius Prouenzalis, Marcus Antonius de Risis, Dominicus Petronus; Eiusdemq; R. Cam. Præsidentes Bonus homo de Transo, Pyrrhus, Vitus, Io: Angelus, & Io: Baptista Pisanelli, Antonius de Iannario, Andreas Marchenda, Berardinus de Montibus, Antonius Baldaxinus, Marinus Spinellus, Ioannes, ac Antonius Orifici, Alphonsus Guerrerus, Fabritius Villanus, Marcellus Quadra, Io: Dominicus Brancaleo, Io: Camillus Bilotta, Iacobus Saluttius, Iulius Cæsar Minadous, Io: Aloysius Marmille, Petrus Antonius Mastrillus, Hieronymus de Natale, Iulius Petrus Laurentius, & Thomas de Franchis, Camillus de Marra, Vincentius Cottinegos, Didacus Salimar, Parthenius Pisagna, Io: Baptista Confalone, Vincentius de Andrea, Io: Baptista Amendola, Didacus de Vilea, Afranius Horatius, Hortensius Pepe, Dominicus Astutus, Emmanuel de Bralona, Carolus Vergara, Marcellus Graffus, alijq; doctissimi viri ad id munus electi, qui rem fiscalem omni solertia, ac iustitiæ documentis auxere.

Viuentes autem, quos Iuris consultissimos, & pro Ærarij cura solertes esse scimus, nominasse sit satis: sunt igitur D. Sebastianus Cotes Magni Camerarij Locumtenens, ac D. Nicolaus Gascon Regens electus, R. Cam. Decanus, D. Octauius Caputius Scondito, Franciscus Antonius Andreasso, D. Hadrianus Lancina, & Vilea, D. Andreas Guerrerus de Torres, D. Cæsar de Natale, Federicus Caualerius, & D. Io: Franciscus Paga Præsidentes; ac Reg. Consil. Franciscus de Andrea Fisci patronus.

Sunt etiam alij præstantissimi viri, qui licet extrà R. Cameræ, seù Fisci cœtum extiterint, ab ijs tamen veluti Regijs Administris summum Regni bonum, adeoq; Ærarij salus dependet, idq; editis scriptis satis, superq; ostenderunt.

Appareat in primis magnus ille Minister Bartholomæus de Capua, totius illustrium Heroum Apex, celebratus à Bart. in Auth. Presbyteros, C. de Episc. & Cler., & à Luca de Penna in l. 1. C. de vendend. fisc. cum prin. comm. lib. 10. & in rubr. de Quæstor. lib. 12. dicere etiam, cum

cum reliquisse successorem in officio, sed non in virtutibus; fuit enim ob legalis scientiæ peritiam dictus Magnus Comes, & creatus Logotheta à Rege sapientiss. Roberto, qui sæpè dictitare solebat: *Tres fuerunt in Mundo sapientes, Thomas, Bartholomæus, & Ego*; intelligendo de Monarcha Philosophorum, ac Angelico Doctore *Sancto Thoma Aquinate*, tunc publico Theologiæ Antecessore in Gymnasio Neapolitano, quiѐ Pontifice *Innocentio VI.* Salamone maior habitus: De ipso Roberto admirabili sapientia prædito, qui alter Salamon appellatus fuit à *Bald. in l. 3. Qui filii & legit. & Iason in l. si pat. D. de acqu. hæred.* Et de hoc magno *Bartholomæo*, qui scripsit etiam super *Constit. Capit. Pragm. & Ritib. Regni, & Angel. Iam. 151. super D. & C.* & *Neap. Consuet.* compilauit.

Vincentius de Franchis Sac. R. Consil. Præses, *quatuor Decisionum libris*, additionib. illustratis toto Orbe celeberrimus, cuius supremo muneri successit *Regens Fuluius Constantius*, (si credimus *Reg. Tapiæ lib. 2. Iur. Regni rubrica de off. Praesid. n. 4.*) qui eminentè *super duobus libris Cod. commentaria* scripsit, necnon *supplicationem ad Paulum V. Pont. Max. pro tollenda, vel moderanda Constitut. Gregorij XIV. super Immunitate Ecclesiastica.*

Regens Carolus Tapia, omni virtutum genere præditus, scripsit *Commentarium ad Rubr. & cap. de Constit. Princip.*, & *in Authent. gressi. C. de Sacr. Eccl.*, *Ius Regni Neapolitani septem libris* diuisum, *Decisiones S.R.C., & Supremi Italiæ Senatus in 2. vol.*, *de Præeminentia Regiæ Cam. Neap.*, *de Abundantia*, *Speculum [illegible]*, & *de habilitate Incantatis*, aliaque.

Regens Io. Baptista Valenzuela I. C. ea, qua pollebat, doctrina, edidit *Discursum de Statu ac belli ratione, &c.* & *Consiliorum volumina duo.*

Regens Hector Cappicius Latro edidit peritissimas, ac selectiores *Iuris Consultationes, & Decisiones S. R.C. cum additionibus Michaelis Angeli Glazij, & Io. Dominici Manfredi.*

Regens Io. Franciscus Sanfelicius doctissimè elucubrauit *Praxim Iudiciariam*, & *Decisiones Supremorum Tribunalium*, quas iudicando collegit, in quatuor partes distributas, quarum postrema adhuc desiderantur. *Ad primam, & secundam par. decis. additiones* edidit *Seuerinus*, & *ad lib. 1. Decisionum Io. Baptistæ Marci*, & quàm citius in lucem prodibunt nouissimæ obseruationes doctissimi I.C. *Iosephi Lima sub citypalis illectis &c.*

9 Ex Regijs Consiliarijs primum scribentem reperimus celebrem I.C. *Paridem de Puteo*, qui creatus Reg. Consil. anno 1459. fuit etiam magister Regis Ferdinandi, cum erat Dux Calabriæ, scripsit *Tractatus de singulari certamine, de syndicatu Officialium, de reintegratione feudorum, de ludo, de reassumptione instrumentorum*, & alios.

Carolus de Rogerijs Reg. Consil., & ab eodem Rege ad Venetos missus Orator, cuius *Recollecta in l. admonendi, D. de iureiur.* allegat *Afflict. decis. 104. n. 3.*, & alibi, & *Repertorium [illegible] super Codice* se vidisse testatur *Tap. de orig. Trib. p. 2. pag. 138. n. 36.*

Andreas Barbatia maximus I.C. Bononiensis, Consiliarius à Ferdin. I. electus anno 1475. scripsit super *D. nouã*, super *Decretal.* & *Clementin. De Cardinali legato à Latere, Repet. c. Testimon. n. de Testibus, Consiliorum vol. 5.*, & alia, *Tap. par. 2. de orig. Trib. fol. 230.*

Antonius Palmerius I.C. egregius, cuius præter innumeras eius lucubrationes manuscriptas, leguntur *ad Regni Consuetud. additiones*, [illegible] *Tap. de [illegible] fol. 231.*

Antonius Cappicius I.C. acris ingenij scripsit *Repetitionem in c. Imperialem de prohib. feud. alien. per Feder.*, *Inuestituram feudalem*, ac *Decisiones S.C.* editas à *Scipione Cappicio* eius filio, pariter Regio Consiliario, qui scripsit *Commentaria ad Ius Ciuile*, suas lecturas, quas in publico Gymnasio edocuit, [illegible] cantum est *Repetitio in l. D. de acquirend. poss.*, edidit etiam *libros duos de Franci-*

sis

[illegible] heroico carmine, quos magnifecerunt *Card. Bembus, & Paulus Manutius in Epist.*, itemque *de Vati Maximo*, cæteraque *Elegias, Epigrammata*, & *Compendiolum de Magistratibus Regni*.

Io. Thomas Minadous secundo ingenio scripsit *Repet. ad Const. Regni in aliquibus*, *Consiliorum librum*, ac *Decisiones S.C.* editas cura *Iudic. Cæsaris Minadoi* eius filii, & R. Cam. Præsidentis cum *addit. Flaminij Manaci*.

Nicolaus Iacobus de Reynaldo I.C. eruditus præter varia opera manuscripta enumerata à *Top. d. par. 2. pag. 184.* edidit *Præludia ad L. Imperium, D. de iurisd. omn. Iudic.*

Marinus Freccia clarissimus I.C. scripsit *de subfeudis Baronū libros duos*, ac *tractatum de Præsentatione Instrumentorum*; quem *Borell.* relatus per *Cons. Pratum in add. ad Mastrill. in praxi [illegible] modo 13.* tradidit, forsan *Bernardini Scripbilij* eius auunculi, & tribuunt *Freccia* post eius obitum à *Paulo Fasco*, qui illum edidit.

Faux de Rubeis multa scripsit, quorum pauca extant, nempè, vberes *additiones ad Consuet. Neap.*

Thomas Grammaticus editorum operum posteris commendandus, conscripsit *lectiones ad lib. 1. Instit. Imp.*, & *ad [illegible]*, *Consilia & vota decisiua*; *Decisiones S.C.*, & *additiones ad Decis. Afflict. super Constit. Capit.*, & *Pragm. Regni*.

Iacobus Anellus de Bottis vberes doctasque *Annotationes ad Iuris Ciuilis Corpus*, *additiones*, *ad libros Decretal.*, *ad Consilia Abbatis Panormitani*, *ad Bartoli opera*, *ad Constit. & Cap. Regni*, *ad Ritus M. C.*, & *Consuet. Neap.* elucubrauit.

Cæsar Vitellius, & *Io. Felix Scalaleo* doctas reliquerunt *addit. ad Consuetud. Neap.*

Augustinus Caraccio I.C. Eboliensis edidit *additiones ad Decretum Caracc.*

Nicolaus Antonius Gizzarellus, *Decisionum S.C. librum* conscripsit, licet alia manuscripta reliquerit, præcipuè *Tract. de Iurisdictione Regia*, *relat. Capan.* *tom. 5. disceptat. 392. cap. 1. n. 59.*

Fabius de Anna edidit *Consiliorum libros duos*, potiores *additiones ad Ioannis Vincentij [illegible]* opera, nempè, *ad Allegationes*, *ad Singularia*, *ad Constitution. Regni*, *Si quis aliquem*, & *terminum vitæ*; itemque *Collectanea*, siue *Remissiones ad Iuris Ciuilis leges*, &c.

Io. Andreas Georgius edidit *librum Allegationum iuris*, quas in foro patrocinando doctè conscripsit, & duas *Repetitionum feudalium partes*.

Philippus Paschalis disertè, copiosèque scripsit *Tractatum*, *de viribus Patriæ Potestatis*, ad quem suas edidit *Annotat. Franc. Maria Pratus*.

Horatius Mambellus luculentissimè elucubrauit *Commentaria ad cap. Papæ Honorij*. Sed dum apud *Cons. Gizzarellum* recognitionis causa hic liber existeret, repentino igne consumptus fuit; teste *Reg. Marciano disput. 34. n. 4. lib. 1.*

Marcellus Marcianus senior, vt suprà diximus, *duo Consiliorum volumina* peritè scripsit.

Scipio Theodorus edidit celebres *Allegationes*, & iucundè eiusdem librum scripsit cum tit. *Alquante Rime*; e gl' *Amanti ingelositi*, *Comedia dell' Incognito Academico Otioso*.

Thomas Carracciolus edidit elegantem *tract. de Iudicijs*, & manuscripta reliquit *de rebus Philosophicis volumina duo*.

Ferdinandus Arias de Mesa edidit *variarum Resolutionum libros tres*, in quibus subtili ingenio recta Iuris principia stabiliuntur.

Scipio Salernus edidit *Iuris responsum pro olim Principissa Stilliani*, & reliquit calamo exaratum *tract. de Perfecto Aduocato*.

Ioannes Dinant edidit *Selectarum Iuris Conclusionum in Sundericis Prætorio decisarum librum*.

Andreas Prouenzalis Observationes, & *glossemata ad Consuetud. Neap.* doctè conscripsit.

Carolus Brancatius disertè, copiosèque reliquit *Repertorium decisionum, decretorumque Sacri Reg. Cons. [illegible]*

quæ

quod testatur *Tap. de orig. Trib. p. 2. pag. 305.* manuscriptum seruari apud *Eminentiss. Card. Franciscum Mariam* eius fratrem, ad senium hoc erudiendum virum factum, & ad purpuratorum decus, qui celebrem Bibliothecam Neapol. instituit ad publicum commodum propè Nidi Sedile. Viuit hodiè alter Reg. Consil. *Dom. D. Carolus Brancatius*, doctrina, & morum elegantia multi summè laudandus.

Ioannes Maria Campana de requisitis ad commendabilem judicum Consultationem politici iuris fecit, ac *Resolutiones selectas ad materiam jurisdictionis cum additionibus Caroli Grillæ.*

Christophorus Vargas Machuca celebrè edidit *tractatum de synd. cum Officialium Arag. & Decisiones Aragon. & Regni hujus*, ex quo nunc viuit dignissimus filius *D. Michael M. C. Vic. in criminalibus Iudex* optimè meritus.

Antonius Nauarretta postea Regens electus, inter alia doctè Regiis volumen *singulare de Alimentibus.*

Io. Baptista Hodierna Controuersiarum forensium volumen edidit, necnon reperiuntur *eius editiones, D. de Franch. nupt. & addit. ad Surdi Decisiones*, perquàm doctè.

Paulus Stabbanus iunior, filius *Pauli* senioris, qui *Consilia* edidit, doctissimè *duos Resolutionum libros*, cum suis *Obseruat.* in lucem emisit, eiusque filius *Io. Baptista* conscripsit vtilem *tract. de* [illegible].

Franciscus Maria Prata edidit *Dispositionum forensium libros quatuor, Responsa criminalia & ciuilia Obseruationes practicas, Additiones ad Afflicti* [illegible], *Annotationes ad tract.* [illegible] *de Patria potestate*, [illegible], & alia.

Franciscus Rocchus in lucem emisit *Responsorum legalium centurias duas*, opusculum *de Officio Peregrinorum*, ac celebrem *tract. de Officijs.*

Michael Muscettula olim præclarus Aduocatus, nunc laude, eum morum [illegible] dignissimus, plura edidit *Iuris Responsa*, & præcæteris illud pro translatione cadaueris Sere. Regis Alphonsi, apud *Rouit. ad R. Reu cons. 7. & 3.*

Petrus Caroni edidit *allegationem* [illegible] *legalem*, in qua ex legibus principijs, atq; doctrinis mirabiliter indubitabilem veritatem Sanctissimæ Immaculatæ *Conceptionis Beatissimæ, ac Sanctissimæ MARIÆ semper Virginis* ab omni labe originalis peccati ab æterno præseruatæ eruditè demonstrat.

Fulvius Caracciolus nobilitate, doctrina, morum suauitate, ac integritate clarissimus plura edidit *Iuris Responsa*, & inter ea præcellit *Pro Illustriss. Ciuitate Neap. in successione* [illegible] *in feudo non*.

Petrus Antonius Ghibertus eruditè edidit *Disquisitiones Iurisprudentiæ* cum aliquot aliis *Dissertationibus.*

Carolus Petra super ob auorum nobilissimam seriem, doctrinamque, ac proprij meriti intuitu à Clementissimo Rege nostro Don Vtile Gerardi creatus, peritissimè publicauit *Commentaria ad Rituales M. C. Vicariæ* [illegible], ac alia vtilitatis pleni partes.

Carolus [illegible] *Praxim Criminalem* [illegible] *M. C. V.* aliaq; elucubrauit.

Blasius Altimarus doctissimè edidit *Obseruationes ad Decisiones, & Consilia Reg. Rouitæ; Tract. de Nullitatibus* [illegible] distinctum, & alia.

Vincentius Vidmann I. C. & Aduocatus olim præclarissimus *plura Iuris Responsa* posteà mediò in lucem emisit.

Amatus Danius iuris peritia, ac morum elegantia excellens suas *Dissertationes* [illegible].

Rurfus & alij Regij Consiliarij, & [illegible] variam, vel nominat, [illegible] *Madrigal* doctè commentatur aliquos Regentes sui patrij [illegible] *Medianus*, cuius *Consilia* collectim edidit *Reg. Fabius Chirurgus* [illegible], *Marcellus Cola* [illegible] *tract. de* [illegible] *articulandis*, & alia, *Prosper Petra* [illegible] edidit *addit. ad Grammat. & Capyc. Decis.*, *Petrus Antonius Camillus* edidit *lectionem feudalem* huic operi in annot. *ad sic dep. lib. a* inferendam.

10 Ex iudicibus M. C. V. primus se ap-

bis offert *Carolus de Tocco*, qui scripsit argutissimas *Glosas ad leges Longobardorum*, quæ editæ sunt cum doctis commentatijs ad easdem leges *Andreæ de Barulo*, necnon *annotationibus Nicolai Boëtij*.

Petrus de Vineis, de Capua, qui floruit sub Imperatore Federico II., cuius fuit Iudex M.C., & à secretis, scripsit *Epistolarum libros 6.*, *De Potestate Imperiali lib. 1.* *Viridarium Imperatorum*. Fuit & alter *Petrus de Vineis* de descendentibus primi, Iudex, & Regius Consiliarius an. 148.

Beatus Ioannes de Capistrano hoc anno 1690. in Sanctorum albo adscriptus, Iudex M.C. anno 1401. ingressus Religionem Ord. Min., socius S. Berardini Senensis. scripsit *de Dignitate Ecclesiast.*; *De illustranda Conscientia*; *De Censuris*; *De Concilijs, siuè Ecclesiæ authoritate*; *Speculum Conscientiæ*; *De Canone Pœnitentiali*, & alia relata per *Top. d. p. 1. de orig. Trib. pag. 108.*

Io: Aloysius Cathalanus edidit vtilem *tract. de Indulto*.

Camillus Borrellus eruditè scripsit *tract. de Regis Cath. præstantia*; *De Magistratuum Edictis*; *De legatione*; *Consilia*, & *Compendium Decisionum 3. vol.* distinctum, & *add. ad Spec. Bellug.*

Camillus de Laratha edidit luculentum *Theatrum feudale & Consilia*.

Io: Dominicus Tassonus edidit peritas *Obseruationes ad Prag. de Antefato*.

Franciscus de Balbo in lucem emisit *Monarchiam Regum*, & *addit. ad Consilia Salon de Pace*.

Balthasar de Angelis scripsit *Pratum*, siuè vtilissimum *Apparatum ad primum, & 2. librum Codicis*, & *addit. ad Gizzarelli Decis.*, & *ad Practicam Scialoyæ*.

Petrus de Vories luculentum scripsit *Commentarium ad Rit. M.C. 235.*

Io: Franciscus Capiblancus conscripsit *tract. de Baronibus*, siuè vtilia *Commentaria ad Pragm. de Baron.* edita, & aucta per eius filium *Regentem Antonium Capiblancum*.

Honuphrius de Palma vtile lucubrauit *Responsum de Delegationibus Causarum*, & alia.

Hieronymus Caluo olim M.C. Iudex doctè in lucem emisit *tract. de Restitutione in integrum*; *Et de Præminentia M.C.V.*; *De Iurisdictione omnium Iudicum*, & alia.

Antonius Barra paritèr olim Iudex *Controuersiarum forensium volumen vnum* conscripsit.

Helisaus Danza M.C. Pauperum Aduocatus doctissimè scripsit *libros tres de Pugna Doctorum*; *Addition. ad Gramm. decis.*, & *Tract. de Priuilegijs Baronum*.

Franciscus Viuius, *Io: Grande*, *Io: Maria Nouarius*, *Franciscus Scaloma*, *Anellus de Sarno*, *Vincentius Brilla*, alijq; innumeri tot editorum operum fama insignes, quorum, aliorumq; Regnicolarum
11 opera vsi sumus, ne iniuriam Regnicolis inferamus, (quod assiduè in hoc Regno fit, quia moderni exteri, vix in lucem editi, indistinctè allegantur, & gloriantur qui priùs illos allegant, & nostri nunquam allegantur, vt optimè aduertit *Pras. de Franchis dec. 193. n. 17.*) Legamus Authores cum reuerentia antiquos, sine inuidia recentes, *Sidon. lib. 8. ep. 11.* quia non à quo fiat, ad rem pertinet, sed quid fiat, *Senec. lib. 6. contron. 2.* *Liu. lib. 6.* nec pigeat hic subdere, quod *Ausonius* cuidam præscripsit:

Displicet insipiens nouitas, delira vetustas
Non places: est vero nil mihi, Paule, prius.
Non ego sum veterum, non assecla, Paule, nouorum,
Seù vetus est verum, diligo, siuè nouum.

Probè ex alijs longè ostendit *Guilhelm. Anton de Freundeberg in Epilogo Tract. de rescript. Morat. num. 20.* Quapropter ignari rerum, temeraria iudicia suspendant, nec perseuerent satis, aut suspicere præteritos, aut despicere præsentes, vt idem *Sidon.* aiebat *lib. 3. epist. 8.* vbi *Io: Sauarus in annot.*

PRÆNOTIO VI.

De Redituum notitia, & Rationario, siue Breuiario Principi conficiendo.

1 PRæcipua Ærarij constituendi Principibus causa fuit, ut Subditis iustitiam ministrarent, ab iniurijs vindicarent, eosdem in pace, quietéq; conseruarent, sed quia populorum multitudini vnos superesse nō poterat, oportuit etiam, ut sibi in oneris partem optimos quosq; viros assumerent; Vnde *Iustinianus Imperator*, obligationis suæ conscius, eiq; anxius, Quæstori Palatij sui rescribens in *Auth. de mandatis Princip. [illegible] coll. 3. Festinabis etiam, ait, Consiliarios, & quoscumq; fuerit circa te assumere Virum optimum, & purum [illegible] & contentum [illegible] à fisco dantur.* Fuit verò Deus ut consilium sit semper fidum, & recolendissime memorandus ille Rex *Alphonsus* [illegible] sciscitatus, *qui nam essent optimi Consiliarij? Mortuos*, respondit, *libros scilicet, qui nihil blandientes, nihil celantes, puram propinant veritatem*; ut memorat peritiss. *Didac. de Bolero de decoct. debit. fiscal. lib. 2. quæst. n. 43.* ex *Reg. de Ponte de potest. Prorg. tit. 4. de Regal. impos. §. 8. n. 42.* vbi *Thomas in add.* se audiuisse testatur, in Templo S. Dominici Neap. in eiusdem Regis monumento repertum fuisse librum, cum quo voluit sepeliri.

2 Necesse igitur est, ut Rationarium, siue Breuiarium habeat Princeps, quod summam accepti, & expensi rationem complectatur, ut Principi eiusq; Administris planè exploratum sit, quanta facultates, quantaque ei sit inopia, ut commodius Reipublicæ caueatur, ac donationibus immensis occurratur; *Bodin. lib. 6. de Rep. cap. 2. n. 633. Scipio. Ammirat. lib. 1. in Tacit. discurs. 4. Lipsius ad Tacit. lib. 1. Annal.* Sic enim *Augustus Cæsar* successori propria manu scriptum reliquit libellum, qui totius Imperij Breuiarium erat, *Sueton. cap. 3. in Augusto.* In eo opes publicæ continebantur: quantum ciuium, sociorumq; in armis, quot militum sub signis vbiq; essent, quot classes, Regna, Prouinciæ, Tributa, ac Vectigalia, & necessitates, ac largitiones, quantū pecuniæ in Aerario, & fiscis; ac vectigalium residua; Adiecta erant, & libertorum, seruorumq; nomina, à quibus ratio exigi posset, teste *Tacito 1. Annal. fol. 5.* aliorumq; Principum exempla afferunt *Besold. de Ærar. cap. 3. lib. 1. ex n. 3. Klockius eod. tract. lib. 2. cap. 117. Maximilian. Faust. in consil. pro Ærario class. 1. ord. 57. class. 3. ord. 480. 481. & 541. class. 14. ord. 1009. & 1281. Gryphiander lib. 2. Oeconom. legal. cap. 3. [illegible] 78.*

3 Quod Rationarium solebat accuratè videre prudentissimus ille, & Augustiss. Rex *Philippus II.* Hispaniarum secundus *Salomon*, & cognomine *Magnus*, ac propria manu adnotare, quæ superflua, quæuè contra Regias ordinationes impensa videbantur, *Ita d. Chockier [illegible] n. 6. B. Tapia lib. 1. Iuris Regni Neap. fol. 584. num. 6. Christoph. Besoldus in [illegible] cap. 12. n. 4.* Nos autem vulgò *bilancium* appellamus, quod est breuis, atq; compendiosa ratio introitus, & exitus Regij Patrimonij, & singulis annis fit, ac ad Regem transmittitur, ut Instructio extat in *Reg. Pragm. 20. §. 8. sub tit. de Officio Proc. Cæsaris, siue Reg. Cameræ Summ.* testaturq; *B. Tapia ibid.*

4 Cuius rei quanta sit vtilitas, argumentari ex eo posse inquit *Besold. de Ærar. cap. 2. sub 1. n. 2.* & ex illo *Faust. d. ord. 480.* quod & de nonnullis illustrium familiarum in hoc Regno Neap. scribit *Thomas Costo [illegible] fol. 551. E' io non mi meraviglio punto, che tante case di Napoli siano andate in malhora, (non parlo di quelle, che [illegible] per mancamento di successione, ò per mutazione di stati) ma che non si vedano tutte [illegible] quasi tutti i Signori di Napoli [illegible] in quei tempi [illegible], di che [illegible] spesso [illegible] re à relazione altrui, attendono à spendere per lungo, e per traverso, senza mai*

riscontrare il debito col credito, cauandosi hoggi una voglia, e domani un'altro, viuemo, come si suol dire, à caso, che è quello, che li manda in rouina].

5 Non sinant propterea (vt *Klockij* verbis vtar *in d. cap.* 117. *n.* 9.) pro stabiliendo, & coadiuuando Ærario Principes morem optimum, & Reip. gubernandæ conuenientissimum sua negligentia exolescere: scribant Principatus Rationarium, siuè arcanum librum, in quo vires suas, quantum videlicet militum in suis ditionibus legere, quantam pecuniæ vim ex suo censu, tributis, alijsq; reditibus publicis cogere possint, compertas habeant, videantq; ne oculis sic caligent, vt aliorum oculis indigeant: Quemadmodùm Consiliarius, qui Principi assistit, curabit etiam, Administrorum, & Consiliariorum naturam, atq; mores indagare, quæ, quantaq; sit omnis ditio Principis, quæ Prouinciæ, Ciuitates, loca, eorumq; ambitum, ac situm, quæ ratio Prouinciæ administrandæ, quæ leges fundamentales, quæ iura, libertates, quo more vtantur Ciues, quomodò ergà Principem sint affecti, quod nàm vectigal eorum, quæ inuehuntur, vel euehuntur, ex pascuis publicorum agrorum, ex sale, oleo, vino, frumento, mercatura, subditorum tributis, quodnàm Ærarium, an subditi nimijs tributis, alijsq; oneribus premantur, quantus militum numerus in qualibet Prouincia conscribi possit: Et ad summam omnia etiam minutissima, quę neglecta, Reip. detrimento esse possunt, omne studium, ac solertiam conferet, post *Besold. Klock d. loc. Faust. d. ord.* 541.

6 Has verò Regni vires, hos neruos ità descriptos, soli Regi, & qui ab arcanis consilijs sunt, notos esse conuenire, ne ad cæteros emanet opum, vel abundantia, vel defectus, notat *Forstnerus ad Tac.* 2. *Annal.* 11. *n.* 7. Quò pertinet monitum *Cyriaci Lentuli de Arcan. Regn. cap.* 14. *pag.* 322. ad *Taciti* locum, vbi laudat Principis in subducendo Imperij facultatum calculo diligentiā, modò secretò habeatur; vno tamen in casu non reijciendam hanc Regum apertam rationem, quatenùs populo ratione accepti, & expensi reddita fides, & beneuolentia subditorum conseruatur; Hac enim arte, vel Tyrannus, videri posse popularem, ex *Aristot.* 5. *Polit.* docet *Pellerus d. loc. n.* 3.

7 Et hoc etiam modo Officialium electio fieri deberet, prout fecisse Sereniss. *Ferdinandum I. Aragonensem* Neapolis Regem, qui habebat libellum nominum, & cognominum virorum probatæ opinionis, iuxtà officiorum diuersitatem, & ipse motu proprio eiusq; Officiales eligebat, testantur *Afflict. in Const. Regni, Cordi. col.* 2. *not.* 1. *n.* 3. *vers. & stio. & lo. de Nigris in cap. Regni, Item quod prædicti, sub rubr. quod non ordinentur Official. n.* 10. vbi concludit, quod bonum esset, si hoc hodiè seruaretur: Vel saltèm cum maxima, diligenti, ac matura informatione, prout optimos quosq; Reges fecisse notauimus infrà *ad §.* 16. *de pœnis Official. &c. qu.* 1 *decis. R. Moles*; Ex hac enim bona, vel mala electione, similis euenit administratio, hoc est Reipublicæ vtilitas, vel detrimentum, aut Regij Patrimonij euersio; Imò debent etiam cauere, ne sub specie emendationis alicuius, dissimulatione rem profectant; ad quod est valdè singularis animaduersio docti, & Christiani illius Gubernatoris *P. Ioannis Marquez en el Gouernador Christiano lib.* 1. *cap.* 27. *§.* 2. vbi solita eruditione Ministrorum Regis infidelitatem in hac materia administrationis, & protectionis Ærarij notat, & hortatur Principes, eiusq; Supremos Consiliarios, vt nulla conniuentia ergà illos semèl in ea deprehensos vtantur, nec in officio manuteneāt, & alia ad hæc apud *Bolér. de decoct. deb. fisc. t.* 1. *q.* 15. *n.* 34.

8 Quod si hæc Principes in minimis habuerint, & animaduertere contempserint; *animaduertent certè, & quamprimum* (quia repentè, & celerrimum venturum est Dei iudicium, quod tardissimum putatur, teste *D. August. lib.* 2. *de Ciuit. Dei c.* 26. *in fin.*) *quando tempus recta animaduersionis, & misericordia* am-

amplius non erit, monente *Conf. Stockh. consil. tom.* 2. 393. *tom.* 1. vel librum s[illegible] significantur (ait *cit. Klock n.* 17.) etiam *in Cœlo non deesse libros, quibus bona, & mala opera inscribuntur*: *Fr. M. Fridericus Rettmerus in Disquisit. de Libro vitæ*, *& inscriptione in eum* §. 3. 11. *& seq.* cum Sacra Scriptura tres DEO libros tribuit potissimum: 1. *Librum Prouidentialem*, qui aliàs dicitur *Prouidentiæ*: 2. In statu contractiori *Librum Specialem*, siue *Iudicij*: 3. *Specialissimum*, seu *Vitæ*; quorum hic solos electos assignatos habet; ille solos peccatores; iste verò indiscriminatim omnes tàm iustos, quàm peccatores continet; imò nec homines solum, sed & alias Creaturas.

DE ÆRARIO, DIVITIIS, REDITIBVS, AC VIRIBVS cuiusq; Status, Imperij, Reipublicæ, ac Principatus.

PARS I.

IN EVROPA.

Præliminaria.

1 TErra vniuersa cum mari, fluminibus, paludibus, verè vniuersum Orbem absolutum constituit: quem sanè Orbem continere in circuitu, quo maximè patet, gradus 360. antiquitas docuit, idemq; recentior asseruit ætas. Obseruatum tamen est, longitudines, & latitudines locorum pro interuallis variari, vt de magnitudine Vniuersi variorum sententias collegerint *Daniel Angelocrator de Ponderib. & mensur. &c. cap. 7. pag.* 1[illegible]. *Iacob. Capellus de Mensuris lib.* 1. *n.* 38. *pag.* 41. & Geographi, ad quos curiosos missos facimus Lectores, præsertim recentiores, *Marsilium Berlingerium*, *Dominicum Marium Nigrum*, *Laurentium Corvinum*, *Hieronymum Girauam*, *Petrum Appianum*, *Zachariam Lilium*, *Michaelem Villanouanum*, *Iacobum Castaldum*, *Sebastianum Munsterum*, *Gerardum Mercatorem*, *Hieronym. Zieglerum*, *Abrahamū Ortelium*, *Laurentium Anaiaden*, *Io. Boterū*, *Paulum Merulam*, *Io. Antonium Maginum*, *Petrum Bertium*, *Philippum Cluuerium*, *Ioannem Heuricum*, *Petrum de Auity*, *Abrahamum Golnitz*, *Nicolaum Sanson*, *Philipp. Brietium*, *Petrum du Val*, *Augustinum Lubin*, *Io. Baptistam Ricciolium*, *Gulielmum Sanson*, *Michaelem Antonium Baudrand*, aliosque. Diuiditurq; in Orbem antiquum, seu ab antiquis cognitum, & nouum, seu de recenti detectum. In antiquo tres constituuntur partes, *Europa* nempè, quæ minor est, sed magis populata, & culta, *Africa*, quæ ab ea Mediterraneo mari dirimitur, & *Asia*. In Orbe nouo est *America*, quæ vulgò India Occidentalis etiam dicitur; *Atq; hæ portiones terræ* (vt *Plinius* 2. *nat. hist. libro ait*) *imò verò*, *vt plures tradidere*, *Mundi punctus*; (*neq; enim est aliud terra vniuersa*) *hæc est materia gloriæ nostræ*, *hæc sedes*, *hic honores gerimus*, *hic exercemus imperia*, *hic opes cupimus*, *hic tumultuatur humanum genus*, *hic instauramus bella etiam ciuilia &c.*

2 Europa igitur vna ex quatuor Orbis Terrarum partibus, est omnium præcipua, vel ob soli nobilitatem, vel ob frequentiam incolarum, vel ob præclara facinora eorum, qui hactenus extitere: Fertilitate etiam frugum, arborum, plantarum, omnis item generis animantium, metallorum, & aliorum, quæ sustentandæ hominum vitæ sunt necessaria, rerum copia reliquas Terræ partes longè superat; ita vt par nihil Europæ, nihil esse fecundum asseratur

rit *Gerhard. Mercator in suo Atlante*: *Praambulet quis*, inquit, *cogitatione solum sua in Italia* (*exemplum enim subministrat hic vnus ille Mundi in nostra Europa ocellus*) *sumptuosam Roma magnificentiam*, *regales Venetiarum opes*, *suspiciendam Neapolis Nobilitatem*, *feruentia Genua Commercia*, *felicem illam Mediolani amanitatem*, *aliarum deniq; alia tùm miracula*, *tùm commoda*. Diuiditur hodiè in complura Regna, & Principatus. Præcipua verò sunt, secũdùm *Michael. Ant. Baudrand in lexic. Geograph.*, Hispania, Gallia, Anglia, Scotia, Hibernia, Noruegia, Dania, Suecia, Germania, Portugallia, Polonia, Hungaria, Bohemia, Bosnia, Bulgaria, Regnum Neapolitanum, Sicilia, Sardinia, Russia, seù Magnus Ducatus Moscouiæ, Turcarum Imperium Hellespontum, & Tartaria minor. Respublicæ sunt, Venetiæ, Genua, Status Belgij vniti, & Heluetij. Insulæ sunt, Corsica, Creta, Islandia, & Eubœa; Supersunt Ditio Pontificia, Ducatus Sabaudiæ, Ducatus Mediolanensis, Ditio Magni Ducis Etruriæ, alijque Principatus innumeri.

CAPVT I.

De Ærario Atheniensium, & Laconum.

1 Ciuitatum græcarum florentibus eius gentis rebus longè clarissimæ fuerunt *Athenæ*, & *Lacedæmon*, quæ & *Sparta* etiam dicta est, velut oculi duo inter cæteras emicantes; nũc autem Vrbes obscuræ sensim deficiũt, subsuntq; dominio Turcarum, & Venetorum. Extant de his Rebuspubl. duæ *Xenophontis* orationes, & alia, quam *de Vectigalibus*, *seù Redituum ratione* inscripsit, nec non alia *Isocratis* apud *Ludou. Viues tom. 1. oper. fol. 308.* *Nicolaus Cragius de Republica Lacedæmoniorum lib. 4.*

2 Duplex erat apud Athenienses Ærarium: Vnum *Commune*, vndè quotidianæ expensæ soluebantur: Alterum *Sanctius*, ad quod tantùm recurrebant tempore necessitatis, quod etiam Thesaurum parsimoniæ vocari posse tradit *Gasp. Klock de Ærar. cap. 3. n. 33.* vbi tamen Atheniensium non approbat consilium, qui *Delphis* Thesaurum habebant, qui sola superstitione tutus erat, quem hostis, vel atheus, vel sacerus facilè mutuò ab Apolline acciperet, *Brenno*, vel *Dionysio*, aut certè *Diagora* opus erat: Quæstorum ordo peramplus, & multiplex erat Athenis, quemadmodum & ipsa pecunia publica, quam curabant, erat magna, & varia, quæ partim ex ijs, quæ proueniebant ex publicis Ciuitatis possessionibus, vt fodinis, metallis, nemoribus, agris publicis, & mercibus importatis, & exportatis, partim ex tributis belli causa imperatis conficiebatur: quæ si vsum suum retinere potuisset, meliore loco, vt credere ratio suadet, fortuna Reip. Atticæ mansisset; Verùm culpa *Periclis*, vt perhibent *historia*, viri cæteroquin præstantissimi, ad demerendã gratiam plebis, in vsum theatri maxima parte conuersa; rem militarem, qua steterat, creueratq; eòusq; Reip. fortuna, deteriorem, & Ciues inertiores fecit, inde fortunæ ruina sequuta. De quibus Ærarij custodibus post *Sigonium* multa collegit *Vbbo Emmius de Græcorum Rebusp. pag. 79. & seq. vt & Gulielmus Postellus de Republic. Atheniens. cap. 19.*

3 Apud Lacones autem, cum olim vsus auri, & argenti nulli apud eos esset, nec item Ærarium publicum; quod bellis gerendis sæpè officiebat, aut difficultates haud paruas creabat, quod etiam testatur *Archidamus* Rex Spartorum apud *Thucydidem lib. 1.* bellum contrà Athenienses suscipi dissuadens: *Pecuniam*, inquit, *publicam non habemus*, *neq; promptè è priuato conferimus*. Verumenimverò præfatus *Emmius in descript. Reip. Lacon. fol. 331.* opinatur, posteà, cum aurum, & argentum cœpisset adamari, vsusq; eorum crebrescere, & è manibus à *Lysandro* in vrbem inuectis Ærario esset datum initium, ac so-

fociorum multi vectigales facti, Ærarium cum tempore locupletarum, pecuniæ magnitudine, Ærarià reliquarum Græciæ Vrbium longè fuperaffe.

CAPVT II.

De Ærario veteris Romæ.

Omnia Romanæ cedunt miracula Terræ,
Natura hic pofuit quidquid vbiq; fuit.
Propert.

1 QVid de hoc Orbis miraculo enarremus, procul hæret animus: de Roma intelligas, de qua *Liuius hiftor. lib.* 1. *nullà vnquam Respublica nec maior, nec fanctior, nec bonis exemplis ditior fuit.* Quàm frugi parens, prudens, ac diues fuerit illa Terrarum Domina dicta à *Marcellino*, celeberrima à *Tacito*, ditiffima à *Prudentio*, Orbis compendium ab *Athenæo*, Imperij Diuumq; locus ab *Ouidio* pulcherrima, & maxima rerum à *Virgilio*, officina Orbis à *Seneca*, Æquanda Polo à *Claudiano* his verfibus:

Quæ nihil in terris complectitur altius Æther,
Cuius nec fpatium vifus, nec corda decorem,
Nec laudem vox vlla capit, quæ luce metalli
Æmula vicinis faftigia conferis aftris
Armorum, legumq; parens, quæ fundis in omnes
Imperium, primumq; dedit cunabula iuris.

Et paucis, fed maximi ponderis verbis *Martialis*:

Terrarum Dea, Gentiumq; Roma,
Cui par eft nihil, & nihil fecundum.

Et *Petronius* inquit:

Orbem iam totum victor Romanus habebat,
Quà mare, quà terræ, quà Sydus currit vtrumque.

Et *Ouid.* 2. *faftor.*

Gentibus eft alijs tellus data limite certo,
Romanæ fpatium eft Vrbis, & Orbis idem.

2 Cuius magnitudinem ad faftidium vfq; Scriptores celebrarunt, quatuor verò libris complexus eft Magnus *Lipfius*, quibus tit. *Admiranda*, & in lib. 2. eam quoq; metitur ex prifcis vectigalibus, tributis, capitatione, Ærario militari, & alijs ad illud explendum neceffarijs, metallis argenti, auri, aliarumq; rerum fodinis, opibus thefauri Imperij, peculiis, & triumphis, effufis Principum donis, ac priuatorum opibus, de quibus etiam latè agunt *Iul. Cæfar Bulengerus de Imp. Rom. lib.* 9. *de Vectigal. Populi Romani*, *Cafpar Klock de Ærar. lib.* 1. *c.* 7. *à n.* 1. *ad* 31. vbi *Chriftoph. Befoldus in obf.* *Maximil. Faull. in conf. pro Ærar. claff.* 1. *ord.* 57. & *claff.* 17. *ord.* 1190. *Henric. Kipping. Antiquitat. Rom. lib.* 2. *cap.* 5. *Io: Baptifta Cafalius de Vrbis, ac Rom. Imper. fplendore par.* 1. *cap.* 2. 3. & 4.

3 Romani maximam Ærarij curam habuere, in quo recondebantur thefauri congefti, quod conftabat maximè tributis, ac vectigalibus, quæ, vt ex Cicerone liquet *in orat. pro leg. Manil.* erant trium generum, à portu fcilicet, decumis, ac fcriptura; Ex *Macrobio lib.* 1. *Saturnal. cap.* 8. *vt*, eo confilio fuerunt Saturni voluiffe Ærarium, quod tempore, quo is incoluit Italiam, fertur in eius finibus nullum furtum fuiffe commiffum, aut quia fub ipfo nihil erat cuiufquè priuatum.

Nec fignare folum, nec partiri limite Campum
Fas erat. Vid. *Petr. Gregor. de Republic. lib.* 3. *cap.* 3.

4 Tria autem fuere Æraria, Publicum à Publicola inftitutum, Sanctius, & Militare ab Augufto, cui reditus nouos, ac certos attribuit; vt teftatur *Sueton. cap.* 49. *quicquid vbiq; militum effet ad certam ftipendiorum, præmiorumq; formulam adftrinxit, & vt perpetuò, ac fine difficultate fumptus ad tuendos eos, profequendofq; fuppeteret, Ærarium militare cum vectigalibus nouis inftituit.*

5 Poffunt colligi, quæ mitterentur in Ærarium Romanum antiquitus ex *Lucano lib.* 3. *Pharfal.* dum ità defcribit expilationem Ærarij totius à Iulio Cæfare

fare factam, (cuius etiam meminere Dio, & *Plutarchus*)

- - - - Tunc conditus imo
Eruitur templo multis intactus ab annis
Romani census populi, quem Punica bella,
Quem dederat Perses, quem victi præda Philippi:
Quod tibi Roma fuga Pyrrhus trepidante reliquit,
Quo te Fabricius Regi non vendidit auro,
Quicquid parcorum mores seruastis auorum,
Quod dites Asiæ populi misere tributum,
Victoriq; dedit Minoia Creta Metello,
Quod Cato longinqua vexit super æquora Cypro.
Tunc Orientis opes, captorumq; vltima Regum,
Quæ Pompeianis prælata est Gaza triumphis,
Egeritur: tristi spoliantur templa rapina,
Pauperiorq; fuit tunc primum Cæsare Roma.

6 E triumphis immensas opes in Ærario cumulatas, siuè quid per Romæ triumphalem ianuam fuerit aduectum, si quis enarrare voluerit, non admiratio solùm in animo legentium oriretur, sed stupor. Vide *Plin. lib. 3. cap. 3. Liu. lib 34. cap. 45. lib. 41. cap. 28.* & peculiarem *libr. de Triumphis Romanorum*, ac *Onuphrium Panuinium in Fastis, & Triumphis Rom.* Et *Velleius de Cæsaris triumphis*, idest quinto Hispaniensi, inquit: *Pecuniam ex manubijs latam paulò ampliùs decies sexies millies H. S.* quæ sunt quadraginta milliones, vndè reditus Imperij Romani nec dicere quisquam, nec animi certa coniectura assequi potest, vt opinatur *Budæus lib. 4. de Asse pag. 147.*

7 Accepta magna, & maxima, sed expensa non minima, nec exigua erant in Magistratus, Ministros, Milites, Populum, opera publica, puta Theatra, Amphitheatra, Circos, Palatia, Basilicas, Templa, Fora, Curias, Statuas, Colossos, Vias lapideas, Pontes, Aquæductus, Balnea, de quibus agunt *Lipsius lib. 3. de magnitud. Rom. cap. 4. & seq. Franciscus Serlius in parte Spec. Architectura, Vuilhelmus Bleu in vol. admirandarum Italiæ, Iacobus Meursius in Iconibus Romæ Veteris, & Nouæ, Roma Noua Antiqua anno 1658. impressa, & de Antiquitatib. Rom. Ioannes Rosinus cum Thoma Dempstero, Iacobus Laurus, Onuphrius Panuinius, Antonius Salamanca, Iacobus Boissardus, Alexander Donatus, Io: Baptista de Cauallerijs, Bartholomæus Marlianus, Augustinus, Busticus, Lunadorus, Dictericus, Masenius, Fabricius, Gamuccius, Kippingus, Casalius*, alijq; innumeri.

6 Priuatorum opes magnæ quoque fuere, inter quos erat ille *Crassus* cognomento *Diues*, de quo *Cic. in Paradox.* inquit: *Multi audierunt ex te, cum diceres, neminem diuitem esse, nisi qui exercitum suis fructibus alere posset: Ergò hoc proposito nunquàm eris diues, antequam tibi ex tuis possessionibus tantum reficiatur, vt ex eo tueri sex legiones, & magna equitum, ac peditum auxilia possis*, vt & *Plin. lib. 33 cap. 10.* Ac etiam *Seneca de Tranquill. cap. 11.* de Poppæo quodam sub Caligula inquit: *Pontum, & aquam defuisse, cum tot flumina possideret in suo orientia, in suo cadentia.* Imò de ipso *Seneca* Philosopho animi sapientia æquè, ac externorum bonorum diuite, *Tacit. 14. Annal.* inquit: *Septuagies quinquies centena millia possedit*; ac reliquis omissis, sint nobis exemplo duo *Plinij* viri doctissimi, ac diuitijs affluentes, vt ex ijs, quæ scripsit *Nepos Plinius ad Marcum lib. 3. & ad Quintilianum lib. 6.* vnde meritò Constantius Imp. Magni Constantini filius dictitabat, *sese in Vrbe tot prospectare Reges, quot Ciues videret*, vt mirum videri nequeat, quod *Cicero lib. 7. Epist. 5.* de Cæsare scribit: *Marcum Furium, quem mihi commendas, vel Regem Galliæ faciam, vel Leptæ legatum: Si vis, tu ad me alium mitte, vt ornem.* Nō erat quippè nouum, Romanum Ciuem de Regnis disponere, & qui Cœsaris vitam describunt, multa Regna ab ipso vendita memorant. M. Antonius aiebat, Romani Populi magnitudinem non tàm ab acquirendo, quàm donando ostendi: omnia Regna bello quæsita Augustus victis restituit, vel exteris largiens est; Vnde *Tacitus*, loquendo de *Cogiduno* Angliæ Rege,

Rege, teſtatur, Romanos veteri more ſolitos fuiſſe ſuperatos Reges in ſuorum Regnorum poſſeſſione, ſub eorum authoritate relinquere, *vt haberent inſtrumenta ſeruitutis, & Reges*, teſte *Michaele Montano* in periti. *Diſcurſ. polit. & moral. lib. 3. cap. 23.*, vt omittamus militum copias vrbanas, prouinciales, & claſſicas, colonias, ciuium multitudinem, municipia, admiranda inſtituta, religionem, ſcholas, commercia, tribunalia, & ſimilia ad miraculum vſq;, quæ non dicam exornari, ſed enarrari vix poſſe.

9 Romæ deniq; tantum ſplendorem Deo adſcribas, à quo periodi ſunt Imperiorum, & fixi rerum fines, qui enim id cogitat, hærebit ſæpè dubius; vndè tria quondam fertur habuiſſe in votis *S. Auguſtinus: Videre Chriſtum in carne, S. Apoſtolum concionantem, & Romam per Imperatores, Reges & Conſules triumphantem*: Non quod ad beatitudinem multũ interſit habere iſta; potuit nãq; habere Simon Magus, ſed quod liberalis ingenij ſit, ſenſum operare earum rerum, quas admiratur.

CAPVT III.

De Ærario Summi Pontificis, ſeù nouæ Romæ.

Roma caput Mũdi, vita Cœleſtis alumna, Summi Pontificis magnificata Throno.

Vueſſeling. in Aurifodina vet. Roma pag. 1331.

1 VT legum originem anterior Roma ſortita eſt, ità & Summum Pontificatus apicem apud eam eſſe, nemo eſt, qui dubitet, vndè & *patriam legum, ac fontem Sacerdotij* neceſſarium eſt appellare, vt præfatur *Imp. Iuſtin. in Nou. 9. ſiuè L. 7. C. de ſeruis*; Romano enim Imperio in totum ferè collapſo, non ſolùm ſpiritualis illius iuriſdictio in Vrbe, verùm & temporalis ad Summos Romanos Põtifices fuit tranſlata, adeò vt *S. Maximus hom. 5. de SS. Apoſt. Petro, & Paulo* dixerit: *In Vrbe Roma, quæ principatum, & caput obtinet nationum, ſcilicet, vt vbi caput ſuperſtitionis erat, illic caput quieſceret Sanctitatis, & vbi Gentilium Principes habitabant, illic Eccleſiarum Principes morarentur.*

2 Quomodò verò Romani Pontificis Principatus, & authoritas creuerint, Annales oſtendunt; Nos pro inſtituto, Statum Summi Pontificis ſequentibus delibabimus; Siquidem totius ditionis Pontificiæ Vrbs præcipua eſt Roma, quam ſi cum antiqua conferre velis, non de poteſtate, vel Imperio, ſed quoad antecedentia tempora vſq; ad Ciuilia bella Syllæ, & Marij, quadraginta annos antè Auguſtum Conſulem, non ambigendum, quin recens forma Vrbis non modò cum veteri cõferenda, ſed illi etiam anteferenda ſit. Eius arx olim Moles Hadriani, hodiè Caſtrum S. Angeli ab Vrbano VIII. magno ſumptu perfectum nuncupatur. Ex præcipuis Eccleſijs eſt Baſilica S. Ioannis in Laterano, ſed Baſilica S. Petri in Vaticano totius Orbis facilè pulcherrima eſt Eccleſia, & ſumptuoſiſſima ad miraculum vſq; excitata, eiq; adiacet ornatiſſimum Palatium Pontificium Vaticanum. Recentem Romam præter alios plurimos fusè deſcripſerunt *Floruauentes Martinellus, ac Ioannes Theodorus Sprengerus in Roma noua, Ioannes Biſſelius de Ortu, & Interitu Reip. Romanæ Veteris & Nouæ, Cyriacus Lentulus de Statu Reip. Romanæ priſco, & recentiori; Li Teſori della Corte Romana in varie Relazioni fatte da diuerſi Ambaſtiadori, à Bruſſelles* 1673. in 12.

3 Summus Pontifex quoad Secularem Monarchiam, poſſidet nobiliorem Italiæ partem, nimirum totum id, quod inter fluuium Floris, & Caietam ſitum eſt, in quo ſpatio comprehenduntur Prouincia *Bononia, Romandiola, Marchia Anconitana, Vmbria, ſeu Ducatus Spoletanus, Latium, & Patrimonium S. Petri*. Acceſſerunt etiam *Ferraria*, cum Alphonſus II. Dux Ferrariæ diem clauſerat anno 1598. vti feudum ad Sedem Apoſtolicam reuerſum eſt ſub Clemente VIII. *Ducatus Vrbinas* per

mortem vltimi Ducis anno 1624. sub Vrbano VIII. qui optimum habet Propugnaculum S. Leonis, septem Ciuitates, 30. Castella, & reditus annuos 100000. coronatorum: Subsuntq; etiã eius dominio *Auenio, & Comitatus Vindascinus in Gallia*, vti *Beneuentum in Regno Neapolitano*. Vrbes autem præcipuè sunt præter Romam, *Ancona, Ariminum, Asculum, Bononia, Camerinum, Faentia, Ferraria, Firmum, Forumliuii, Fulginium, Imola, Macerata, Oruietum, Perusia, Pisaurum, Rauenna, Reate, Spoletum, Tifernum, Viterbium, Vrbinum*, adeò populosæ, vt Summ. Pont. è Solo Bononiensi, Marchia, & Romania, seù Romandiola exercitum 30000. militum, absq; notabili diminutione educere possit. Tanta est hominum copia, vt tempore Clementis VII. cum Imperialis exercitus Romam aduenerit, sola Marchia 15. m. militum Romano Pontifici miserit in auxilium, vt tradit *D. Herm. Vuesselingius in tract. de Iure Superior. ac Summa Potest. Rom. Pontif. cap. 12. per tot. & in Aurifodina Iur. publ. in V. Roma*, & teste *Legato Veneto in relat. de Pontifice Rom. & Eccl. Dom.* Si Princeps aliquis Secularis Põtificias obtineret ditiones, easq; vti rem propriam administraret, cum paucis Principibus foret comparandus, nõ etiam Imperij magnitudine, quàm Regionum præstantia, agrorum fertilitate, incolarum numero, nobilitate Ciuium, ad militiam apta iuuentute, summa deniq; rerum omnium abundantia, habetq; semper paratam in suis Terris militiam, quam *li Soldati delle bande* appellat, ad octuaginta millia peditũ, & tria millia quingenta equitum. Et inter Fortelitia præcipua sunt, *Oruietum, Pipernũ, Salsubiũ, Palianũ, Spoletũ, Perusia, Ancona, Forolinũ, Bersinaria, Ferraria*, *cit. Sprenger. in Roma noua lib. 3. cap. 7.* aliud quoq; præ cæteris eminet oppidum Ciuitatis Veteris, siue Centumcellæ ab Vrbano VIII. cum Portu capaci, & Castro munitum, *Baudrand in Lexicon. Geograph. v. Centumcella*.

4 Ioannes XXII. anno ætatis XC. creatur, spatio octo, & decem annorum, quos superuixit, vigesies quinquies centena aureorum millia coaceruauit. Callixtus III. Pontifex cẽtum, & quindecim millia nummorum aureorum reliquit, *Platina* teste. Sixtus V. immẽsus collegit thesauros, vltrà quod immensam pecuniam in ædificijs consumpsit, quinque aureorum millionibus in Ærario illatis. Vrbanus VIII. breui annorum decursu collegisse dicitur quinquagies centena aureorum millia. Et de Innocentio XI. Christianæ Reipublicæ vero patre vndecim milliones Romanæ Ecclesiæ eũ acquisiuisse fertur, vltrà pecunias pro Imperio Romano-Germanico aduersùs Turcas sanctissimè erogatas. Reditus autem Papæ ad decies, & octies centena millia coronatorum putantur ascendere, secundum *Honorium in Thesauro suo Politic. par. 2. pag. 127.* vbi vectigalium descriptionem exhibet, quæ ea ipsa est, quã ponit *Gasp. Klock. in tract. de Ærario cap. 3. à n. 40. ad 74. Lituanus* ponit quindecies centena millia coronatorum. *Hieranus* autem 900000. coronat. apud *Beierlink in Theatr. Vitæ humanæ tom. 6. ver. reditus fol. 25.* Summa omnium, quæ ex Christiano Orbe annuatim Curia Romana cogit, facit decem millionum millia, vel vt aiunt, centum tonnas auri, vti videre est in appendice *Caubal. test. verit. fol. 2060. apud Maximil. Faust. in cons. pro Ærar. class. 17. ord. 1331. in fin.* Et *Zeiller. in Itinerario Italiæ p. 9. cap. 1.* se vidisse testatur ostensam à Prothonotario Apostolico designationem redituum Papæ Vrbani VIII. de anno 1629. quæ consummata efficiebat reditum annuum 359188 5. coronatorum, non connumeratis ibidem, quæ ex Ducatu Vrbini recipiuntur; habet enim hic Ducatus reditus annuos 100000. coronatorum, teste *Sprengero in sua Roma noua ex facie anni 1660. delineata lib. 2. cap. 5. fol. 179.* immeritò tamen *damn. Author Nepotismi Romani lib. 3. cap. 6.* de dignis. Nepotibus eiusdem Pontificis scriptum

peum reliquit, numerata pecunia illorum abyssum, solum rationabilem imaginationem penetrare valere. Interim verò constat, quantum veteres auxi, vel excogitari æuate posteriorum Pontificum, quilibet ex ingenio suo fidem præstet, monente *Pellero in add. ad tit. Klock. d. cap. 3. n. 63.*

5 Et iuxtà placitum præfati *Sprengeri d. tract. lib. 5. cap. 6.* ordinarij reditus æstimantur quindecim tonnarum, extraordinarij innumeri ferè sunt; censetq; *Franc. Albanus (vt ait Spreng. ibid.)* Papam singulis horis gaudere prouentu mille coronatorum. Tot enim, & variæ Bullæ, reseruationes, mandata de prouidendo, spolia, annatæ, redemptiones palliorum, confirmationes, dispensationes, pensiones, menses Papales, anni Iubilæi similiaq; & eiusdē generis alia, quorū summā importent, nec ipsi Exactores, neq; Rationales exactè sciunt. Quantum vigente necessitate pro fide Cath. contra S. Rom. Ecclesiæ hostes tutò exigi possit, ex Archiepiscopatibus, Episcopatibus, Abbatijs, Monasterijs, & Parochijs iure Pontificis summo, ex numero colliges. Sunt in Orbe Catholico Archiep. 130. Episcopatus 1017. præter Episcopatus Indiarum. Monasteria, quæ iam Pauli IV. tempore fuere 144000. & Parochiæ 288000. Sixtus IV. pennam Papæ ditissimum vectigal appellabat, vt nunquam ei desit pecunia, quandiu ipsi nō desit manus, & penna; *[illegible] cap. 11. pag. 83. Tesoro Polit. par. [illegible] relat. di Roma fol. 22.* quem refert *Ewald. de Ærario publ. cap. 6. n. 1. fol. 155.* à quo transsumpsit *Frid. in tract. pro Ærario class. 5. nu. 35.* Sicuti verò ditissimum, ita & sanctissimum, atq; Catholici Orbis præsidium, Summi Pontificis Ærarium dignè prædicandum.

6 Sed potentia illius, & authoritas longè maior est, neque ex Ærarij copia censeri debet, sed ratione præeminentiæ, totius Christiani Orbis arbiter est, & plurimum potest etiam, vbi nil posse videtur, quare & à potentissimis obsequenter colitur, & ab impotentioribus humillimè adoratur, & se Vice-Deum, Regem Regum, Principem Principum in sua Inthronizatione à Decano Cardinalium meritò appellari iubet, vt testatur *Author Manualis Politici lib. 3. cap. 4. in princ.* Hinc potentissimi Principis nomen sortitus est, & vocatur Beatissimus, & Sanctissimus, Rector Vniuersalis Ecclesiæ, Vicarius Christi D. N., cuius est terra, & plenitudo Orbis terrarum.

§. 1.

Status Vrbinas.

1 Diù Comitum Montis Feretrij fuit Ducatus Vrbinas, & ab his ad Roboream gentem deuolutus, sed per mortem vltimi Ducis Francisci Mariæ de Robore anno 1624. sine masculâ prole, vnica filia iam M. Duci Etruriæ nupta relicta, maximiq; thesauri, & pretiosorum mobilium ad tres milliones æstimatorum hærede, eodem, quo Feretria titulo, vti feudum nempè Ecclesiæ Romanæ (cui eo nomine, *Boterus teste de Ducib. Vrb. cap. 1[illegible]* duo millia cum ducentis aureis, sed, vt *Segethus de Principat. Italiæ pag. 37.* notat, annuè pendebat scutatorum millia octo) apertus fuit: Ecclesiastico quidem Statui valdè opportunus, cum limitibus coniunctus, & permultos habeat versus Marchiam Anconitanam; Eius verò partes sunt Vrbinum, Comitatus Montisferetrij, & Eugubij, Pisauri Dynastia, & Vicariatus Senagaliæ.

2 Huius Status reditum, atque expensas computatas apud *Henricum in Thes. Polit. poster. par. pag. 1[illegible]6.* Scribit [illegible], quem hic afferre nimium [illegible] & incertum. Habet autem optimum propugnaculum S. Leonis, septem Ciuitates, 30. Castella, & reditus annuos 100000. coronatorum secundum *Io. Theod. Sprenger in Roma noua lib. 5. cap. 5. num. 3.* sed vltimum Ducem collegisse ducenta, & quinquaginta aureorum millia, testatur *Comes Alphons. Loscus in comp. histor. pag. 351.*

CAPVT IV.

De Ærario Imperij Romano-Germanici.

Romanorum Imperium cunctis dominatur in Orbe

Regnis, & sceptris: substinet hinc Aquilam.

Imperij gremium Germania Magna vocatur,

In qua Regna duo, Dana, Bohema iacent.

Praeter eos Reges foedus cum Caesare servant

Innumeri Comites, innumerique Duces.

Vvesselingus in sua Aurifodina to. 1. pag. 587. & v. Romanum Imp.

1 IMperium Romano-Germanicum, licet hodiè Hispania, Gallia, Italia, alijsq; regionibus Europae, imò Asiae, & Africae auulsis, populorum, aut regionum ambitu reliquis Imperijs, Regnisquè restrictiùs videatur, coadunata tamen potentia, auctoritate, dignitate, & praeeminentia, Orbis vniuersi Imperia, Regna, Resq; publicas longè post se maximè relinquit: Non mediocris quidem est huius Imperij praerogatiua, quod sit omnium ferè eruditorum iudicio, ipsa prouidentia diuina sic dirigente, quarta, & vltima illa Monarchia Vniuersalis à *S. Daniele* in suo vaticinio praedicta, cui perennem, & cum quo duraturam felicitatem diuina ominantur miracula, *Dan. 2. & 7. Auctor Manualis Politici, Iene impressi anno 1687. lib. 3. cap. 1.* Retulit autem Imperium Romanum antè Carolum M. Statum summi Regiminis purè Monarchicum, quod etiam vult *Iulius Pflugius in sua orat. de ordin. Republ. Germ.*, sed à tempore Caroli Magni, & regnante potissimum Carolo IV. Imperium mixtum fieri caepit, hoc est Monarchicum Aristocratia temperatum, *Oldenburger in suo Lymneo enucleato lib. 1. cap. 8.*

2 Augustissimi Imperatoris titulus his verbis conceptus fuit in *Capitulatione Francofurti* scripta die 18. Iulij 1658. quae extat in *tract. ad 3. par. Histor. Vniuers. Coloniae edit. pag. 99.* videlicet: *Nos Leopoldus Dei gratia electus Romanorum Imperator semper Augustus, Germaniae, Hungariae, Bohemiae, Dalmatiae, Croatiae, Sclauoniae Rex: Archidux Austriae, Dux Burgundiae, Brabantiae, Styriae, Carinthiae, Craniae, Luxenburgi, Vuirtembergae, superioris, & inferioris Silesiae, Princeps Sueuiae, Marchio S. R. Imperij, Burgouiae, Morauiae, superioris, atq; inferioris Lusatiae, Comes Principalis Hamsburgi, Tyrolis, Ferreti, Kyburgi, Goritiae, Landgrauius Alsatiae, Dominus Marchiae, Sclauoniae, Portus Naonis, & Salinarum, &c.* Imò ipse Turca, qui noster hostis est, alijs Regibus praeteritis, Imperatori hunc dat titulum: *Potenti, ac Magno Christianorum Domino, vni electo Romanor. Imp. &c.* teste *Vvesselingio in Aurifodina vir. Sabaudia in fin. pag. 1596.*

3 Huius Imperatoriae Dignitatis splendor continuatur, & conseruatur in Augustissima, ac Potentissima cum primis Domo Austriaca, quae dignitatem istam diutiùs, quàm caeterae omnes stirpes possedit; quippè posteri Caroli M. Imperium tenuere per annos 118. Domus Saxoniae 117. Franconiae 102. Sueuiae 110. In hac verò Sereniss. familia permansit annos 250. & quod excurrit, & felicissimè hactenus ex ea Imperiali diademate coruscarunt XIV. Imperatores; nulla etenim in Germania superest familia meritis dignior, aut par ferendis sumptibus, quos Maiestas Imperialis, & Regia requirit, omnibus fisci bonis in priuatam Principum possessionem redactis: Non tamen ideò hereditariam successionem arguit, nec libertas eligendi, què voluerint, Electoribus adempta: Vndè estò laudata videatur vaticinatio illius personati Authoris *Hyppoliti à Lapide de rat. stat. par. 1. c. 2. sect. 2.* tàm scilicèt altè in augustiss. familia Austriaca Imperium radices egisse, vt continua in illa, ac perpetua Imperij Sedes firmitèr speranda sit; In Coronatione tamen, quando Moguntinus Imperatorem inthronizat, sic eum affatur: *Sta, & tene locum regimen, non haereditarium, sed libera Principum*

ele-

rudßiane tibi delegatum. Interest enim, ut Statuum Imperij libertas illibata permaneat, & omnes, quantum fieri potest, vitandæ sunt occasiones, ex quibus villo modo discordia in Imperio oriri posset, quo instituto nihil sapientius, aut Reip. salutaribus vnquam excogitatum puto: *Hotom. in Franco-gall. cap.* 6. cum singulum membra totius corporis, participent bona, & mala, emolumenta, & onera habentq; pro capite Imperatorem, qui non absolutè regit, sed per Comitia, ad quæ conueniunt Electores, Principes, Comites, & Barones immediati, ac Ciuitates Imperiales, de quibus videndi sunt *Arumæus in pleno tract. de Comitijs*, in primis cap. 4. *Io. Guntherus Disp. inaug. Io. Stiernius in Comitiorum* [illegible] *Lymnæus*, alijq; *Iuris publici* Scriptores.

4 Vires Germaniæ sunt absque dubio maximæ, æstimaturq; totum Imperium educere posse, tum equitum, tum peditum, ducenta millia. Inter Germaniæ pedites excellere putantur Tyrolenses, Sueui, & Vvestphali, inter equites Brunsuicenses, Cliuenses, & Franconenses, sed peditatus Germanicus potior est. Vires maritimæ terrestribus minores non sunt, Ciuitates enim Hamburgum, Lubeca, Rostochium, & aliæ, habent hac ex[illegible] [illegible], quibus æquant vires Daniæ, & Sueciæ. Præter frequentissimas militares copias, etiam plurima sunt fortalitia, in Hungaria scilicet contra Turcam sunt, *Raab, Komorn, Neuheusel, Cassaw, Zathmar, Tokay, Papa, & Presburg*; In Austria, *Vienna, & Neustad*; In Silesia, *Vratislauia*; In Stiria Vrbs, & Arx *Gratz, Rackelspurg, Bruck*; In Carniola est *Labach*, [illegible] *Portgor*, alijq; In Vvindischmarch, *Carlstadt, Kopranitz*; In limitibus Basileæ *Brisach*; In Alsatia, *Argentina, Benfeld, Hagenaw*; In Palatinatu, *Manheim, & Frankenthal*; In Terra Episcopi Spiræ *Vdenheim*, alias *Philipsburg*, & alia in alijs locis, teste *Philipp. Andrea Oldenburgero in Thesaur. Rerump. p. 4. f. 960 & 164*. Constat autem Carolum V. Cæsarem circiter nonaginta millia peditum, triginta m. equitum, Turcis Austriam properantibus opposuisse: & Maximilianum II. Imp. maiores etiam copias contraxisse, quarum numerus ad centum millia peditum, equitum triginta quinque m. accedebat, & alios, apud *Klock. de Ærario cap. 4. n. 126. & 127.*

5 Imperium ex veteri Consuetudine obligatum est Imperatori Romam ad sumendum diadema proficiscenti suppeditare viginti millia peditum, & quatuor millia equitum in menses octo, & hæ copiæ appellantur Auxilium Romanum, seu Expeditio Romana, de qua plura *Lymnæus de Iur. Publ. lib. 2. cap. 4. n. 107. Klock de contribut. cap. 1. n. 17. & seq. R. Tapia de Constit. Princ. lib. 1. cap. 4. n. 42. Goldastus de Regno Bohemiæ lib. 2. cap. 15. Mylerus de Princ. & Statib. Imp. p. 3. cap. 47. à n. 1.* Licet verò inde à Caroli V. tempore nemo Imperatorum Romam pro consequenda Corona adierit, summa tamen in Matricula taxata à Principibus, & Statibus in casu necessitatis præstanda mansit, *Christoph. Pellerus* [illegible] *Klock. de Ærar. cap. 4. n. 130.*

6 Constat etiam Carolum M. ob bellorum grauitatem, neq; solum prædia stipendiaria, agros, prata, vineas, villas, & huiusmodi reditus, ac vectigalia, verùm & propriam supellectilem Præfectorum, Præsidum, descriptam habuit, itaque patrimonij vires, *Faust. in consil. pro Ærario class. 17. ord. 132.* Fiscì regalia ad Imperatoris Ærarium pertinuisse, ex capite *quæ sint regal.* liquet, de quo *Guntherus in Ligurin. lib. 8.*

Vectigal, Portas, cudenda iura monetæ,
Cuncta; molendinis, celeresq; flumina pontes,
Id quoq; quod fodrum, vulgari nomine
dicunt.
Et Capitulationem certo sub tempore censum,
Hæc Ligures solitos tribuisse omnia fisco.

7 Fuere *fodrum, Parata, & Mansionaticum*, quæ Otto Magnus Imp. retinuit. *Fodrum* fuit summa quædam frumenti, quam aduenienti in Italiam Regi populi soluere tenebantur, pro quo sæpè etiam æstimata pecunia pendebatur, ut

vide-

videre est apud *Petrum de Vineis* Cancellarium Imper. Federici II. *in lib. 2. epist. 19.* *Parata*, sumptus, quos ijdem in vias, pontesq; fluminum, quà transiturus, aut quò aditurus Rex erat, reficiendos impendere; *Mansionaticum*, sumptus in tecta, & cætera, quæ Regio exercitui in agro hospitanti necessaria, præbere, iubebantur. Non absimile est Ius Hospitatoræ, siuè Albergariæ, *Faust. d. ord. 1332.*

8 Collectas Imperij imponendi modi varij sunt. Prior Constitutione Maximiliani I. introductus Denarius communis, quem quilibet Imperij subditus, siuè mediatus, siuè immediatus Cœsari soluere obligatus erat, quæ Collecta, & Capitatio dicebatur. Alter, dum cuilibet Principi, ac Statui Imperij certus numerus iuxtà quantitatem in Imperij matricula definitam assignatur, qui adhuc obseruatur, quàmuis de reducendo priore consultatum fuisset in Comitijs de anno 1669. testatur *Peller. in add. ad Klock. d. c. 4. n. 116.*

9 Aliæ insuper sunt Collectæ Imperiales, aliæ Circulares, aliæ Prouinciales. Imperialis Collecta est, quæ ad vtilitatem totius Imperij, vniuersis, qui ei subsunt, indicitur, vtpotè ad cõseruandum Imperij regimen, ad arcendos hostes, vel Prouincias recuperandas. Circulares Collectæ sunt, quæ Imperij Circulis imponuntur, eius vtilitatem concernentes; Est enim Imperium Romano-Germanicum in decem Circulos distributum; nempè, *Franconicum, Bauaricum, Austriacum, Sueuicũ, Rhenanum, Electorum Rheni, Vuestphalicum, Saxonicum Superiorem, & Inferiorem, Burgundicum*, de quibus *Vuesselingius in Aurifodina vtr. Circuli*. Prouinciales sunt, quas Imperij status, & ordines pro vtilitate Prouinciæ subditis suis imponunt, de quibus omnibus, *Faust. cit. ord. 1331.* & latiùs *Henr. Bocer. de Collect. cap. 2. 3. & 4. per tot.*

10 Est & alia Gabella, quæ plerumquè Decima pars est omnium bonorum, quam in alieno territorio succedentes, & hæreditatem indè eò, vbi alioquin domicilium fixerunt, transferentes, Fisco loci, vbi hæreditas delata est, relinquere coguntur: Sicuti & transmigrantes de vna Ciuitate, territoriouè in aliam, aliuduè, de suis bonis, quæ transportant, vel alienant, pariter decussem detrahi patiuntur. Sumq; etiã pro pecoribus, & iumentis, pro importatione, & extractione mercium, pro ponderatione mercium, & alijs apud *Faust. d. class. 17. ord. 1333. & seqq.*

11 Sed vt ad summam reuertamur, notat *Paulus Vuindeckius de Electorib. Imp. cap. 23. punct. 9.* Fridericum I. Imper. ex Imperij reditibus annuatim percepisse viginti tonnas auri, quorum maximam partem Italia, minimam verò Germania contribuerit. Verum *Schneidevvin. Instit. de success. ab intest. sub rubr. de success. Fisci n. 5.* scribit, annuos Imperij Romani prouentus sub Friderico Barbarossa fuisse sexaginta tonnarum auri ex Germania, & Italia, Collectarum ex Ciuitatibus immediatis, ex portorijs, vectigalibus, telonijs, quæ non erant Principum, aut Priuatorum, sed Imperatoris, & Imperij. In vniuersum autem reditus Imperij septem milliones auri constituere creduntur, teste *Botero in relat. de Imper. Roman. & Klockio de Ærar. d. c. 4. n. 57.* sequendo Authorem Gallicum, & eius Interpretem *Gothofredum in Archontologia Cosmica de Imper. Germ. nu. 15. p. 1. fol. 73.* Siuè ad octo milliones thalerorum, secundùm *Comitem Lustum in compend. histor. fol. 88.*

12. Ex Austriæ reditibus, tributis, & vectigalibus decies centena aureorum millia Imperatores Austriacos percipere posse, nonnulli scribunt, cuius tamen summæ tres partes oneribus soluendis haud sufficiunt. Quantum ad subsidia extraordinaria, ab Austria inferiori quater centena septuagena, ex Superiori verò ter centena aureorum millia in censum relata perhiberi scribit *Klock. d. cap. 4. n. 96.*

13 Hungaria sexies centenis millibus æstimatur, ità vt in vniuersum fiunt vicies centena aureorum millia. Quin ex

sola

ſola Alſatia, Sueuia, Rhętiaq; , in qua Domus Auſtriaca quatuordecim habet Communitates, percipiat quotannis duos milliones auri cum dimidio, ſi víitata tantùm pendantur vectigalia, teſte eodem *Klock.ibid.*

14 Sunt autem ordinarij in Bohemia Regij reditus alij ex Cœnobiorum, Ciuitatumq; liberarum canone annuo, alij ex auri, argentiq; fodinis, alij ex vectigalibus, alij ex ditionibus tùm fiſcalibus, tùm ijs, quæ de tabula vulgò, & quaternatæ à quibuſdam dicuntur, quos ad aureorum germanic. millia quadringenta ſiuè groſſorum, vt vocant, ſexagenas centies ſeptuagies ſemel mille, quadringentas, & triginta, aſcendere quidam prodiderunt. Regni onera non tàm ſunt impendioſa, nec ſumptus publici modum excedunt, quibus ferendis partes quintas quatuor, hoc eſt $\frac{4}{5}$ abundè eſſe arbitrantur, & annis ſingulis vt minimum, ſexagenarum tricies quinquies mille in theſauros Regis recondi poſſe creditur. Quotieſcunquè verò neceſſaria cauſa vrget, ordines Rex conuocat, propoſitis Reip. periculis, opem, ac ſubſidia poſcit. Ferunt hoc onus, vt plurimum agricolæ, & Ciues, ac etiam parte aliquantula Sculteti in Regno liberi, & Parochiarum pinguiorum Sacerdotes, itemq; opiliones, & eorum magiſtri. Agricolæ glebæ adſcriptitij cenſentur ſupra centies quinquagies, Ciues verò plus minus duodecies mille. Sculteti CCCXXXVIII. Parochæ CIↃCCCXL. Opilionū magiſtri CIↃLXVIII. Opiliones CIↃ IↃ CCC LXXV. Accedunt contributiones aliæ multiplices pro numero agreſtium, partim ex nobilitatis, partim ex Colonorum loculis corradendæ, itemq; ex vſurarum decimis, rotis molaribus, fumarijs, aurea ſuppellectile, vulpibus, vinis, frumento, pecoribus, piſcibus, lana, mercibuſq; alijs, Iudæorum deniq; Capitibus cogendæ. Peculiaris etiam eſt contributio, quæ ab Ordd. vniuerſis in ſalaria Miniſtrorum Regiæ Aulæ, & diſſoluendum Creditoribus in Bohemia Regijs fœnus víitatum, ex Cereuiſia præſtatur; vt tradit *M. Paulus Stranskius in deſcript. Reipubl. Bohem. cap. 18. à pag. 408.*

15 Viribus præterea, & Ærario Imperij accedunt ſubſidia Catholicorum Principum, qui nunquàm in neceſſitatibus defuere, & ſæpè etiam Optimi Romani Pontifices. Liberas quoquè Ciuitates Imperij ferè ſingulas olim Imperatori quotânis in recognitionem immediatæ ſubiectionis non leuem pecuniæ ſummam obſtrictas fuiſſe, & quaſdam adhuc eſſe, docet poſt alios *Piller. ad Klock d. cap. 4. nu. 127.* Ciuitates autem Imperiales ſunt, nempè, *Alena Sueuia, Aquiſgranum, Iuliacenſis Ducatus, Argentoratum, Auguſta Vindelicorum, Bacèa Heluetiorum, Biberacum, Boffinga, Brachelium, Brema, Brunſuiga, Buchorna, Buchouia, Cæſariris Mons Alſatia, Cameracum, Câpidona, Conſburna, Cella in Hamerſpach Sueuiæ, Colmaria, Colonia Agrippina, Conſtantia, Cornelia, ſeù Vuimpina, Dortmania, ſeù Tremonia, Dunauerta, ſeù Vuerda, Dunkelſpyla, Duyſburgum, Egra, Eſchenium, Erfordia, Eſlinga, Fanum S. Galli Heluetiorum, Francofurtum ad Mœnum, & ad Oderam, Friberga, Friſlaria, Gelnhuſa, Gemunda, Geneua Allobrogum, Gengembachium, Giengá, Goſlaria, Gotbinga, Hagenoa, Halberſtadium, Halla, Halprunna, Hamburgum, Heruordia, Hildeſia, Iſna, Landauium, Leukirchum, Lindauium, Liegnia, Lubecum, Luneburgum, Magdeburgum, Memminga, Metæ, Minda, Moguntiacum ad Rhenum, Mulhuſa, Monaſterium, Nerdlinga, Norimberga, Northuſium, Offenburgum, Oppenheimū, Paderbuna, Pfullendorfum, Ratiſbona, Rauenſburgum, Roſenheimium, Reicchburgum, Rotuilla, Rutlinga, Sarponte, Scaphuſia, Scletſtadium, Schuueinfordia, Spira, Sunda, Suſatum, Tremonia, Treuiri, Tullum, Turckheimum, Vberlinga, Veſalia inferior, Veſuntio, Vlla, Virdunum, Vima, Vuanga, Vueiſſenburgum Alſatia, & Franconia, Vuetlaria, Vuimpina, Vuinsheimium, Vuormatia, & Zuuolia*, iuxtà calculum *Michaelis Ant. Baudrand in Lexic.*

xic. Geographic. tom. 1. fol. 333. de quibus omnibus scripsere *Nicolaus Reusnerus, Io: Lymnaeus de Iure public. lib. 7. & in add. 1. & 2. Philipp. Knipschild. in tract. de Iur. & Priuil. Ciuitat. Imper.*

16 Non solùm autem Ciuitates Imperiales, verùm Principes etiam Imperij, qui plurimi sunt, Imperatori subueniunt, ingruente bello aduersùs Turcas, aut alios Imperij hostes. Quod quidem non est leuitèr aestimandum; Sunt etenim iuxtà *cit. Lexic. Geograph. tom. 1. fol. 285.* in Germania Principes praeter alios minores, nempè

Rex Bohemiae, cum annexis Silesia, & Morauia, qui nunc est Imperator Austriacus, cui etiam subsunt Austria cum Stiria, Carinthia, Carniola, Comitatu Tyrolis, Brisgouia, Burgouia, & annexis.

Archiepiscopus Elector Moguntinus, sub quo ditio Moguntina, Erfordia, & tractus Eisfeldia.

Archiepiscopus Elector Treuirensis, sub quo ditio Treuirensis.

Archiepiscopus Elector Coloniensis, sub quo ditio Coloniensis, & Ducatus Vvestphaliae.

Dux Elector Bauariae, sub quo Bauaria, cum Palatinatu superiori.

Dux Elector Saxoniae, sub quo Ducatus, seù Electoratus Saxoniae, cum Lusatia superiori, & Misnia cum Episcopatu Misnensi, & Comitatu Mansfeldiensi.

Dux Elector Brandeburgicus, sub quo Marchia tota Brandeburgica, Ducatus Pomeraniae vlterioris, Prussiae, Magdeburgensis, Halberstadiensis, Mindensis, Cliuensis, & Crossensis, Comitatusquè Marchiae, & Rauenbergensis.

Princeps Elector Palatinatus, sub quo Palatinatus inferior, siuè Rheni.

Archiepiscopus Salisburgensis, sub quo ditio Salisburgensis.

Episcopus Monasteriensis, sub quo ditio Monasteriensis.

Episcopus Leodiensis, sub quo ditio Leodiensis.

Episcopus Herbipolitanus, qui & Franconiae Dux, sub quo ditio Herbipolitana.

Episcopus Bambergensis, sub quo ditio Bambergensis.

Episcopus Paderbornensis, sub quo ditio Paderbornensis.

Episcopus Osnabrucensis, sub quo ditio Osnabruc.

Sunt etiam *Episcopi* Aistetensis, Argentoratensis, Augustanus, Basileensis, Constantiensis, Passauiensis, Spirensis, & Vormaciensis cum eorum ditionibus adiacentibus.

Duces Luneburgenses, & Brunsuicenses, sub quibus Ducatus Brunsuicensis, & Luneburgensis, Comitatusquè Diepholtensis, Danebergae, & Hoiae.

Dux Vuirtembergensis, sub quo idem Ducatus.

Dux Neoburgensis, sub quo Ducatus Neoburgensis, Iuliacensis, & Montensis.

Lantgrauius Hasso Cassellanus, sub quo maior pars Hassiae, ditiones Marpurgensis, Hetofeldia, Smalcaldia, & pars Comitatus Schaumbergensis.

Duces Megalopolitani duo, sub quibus Ducatus Megalopolitanus, & tractus Suerinensis, & Ratzeburgensis.

Duces Holsatiae plurimi, sub quibus maior pars Holsatiae.

Principes Anhaltini quinque, sub quibus Principatus Anhaltinus.

Dux Bipontinus, sub quo Ducatus Bipontinus.

Princeps Frisiae Orientalis, sub quo eadem.

Dux Saxoniae Lauenburgensis, sub quo idem Ducatus.

Dux Saxoniae Hallensis, sub quo Halla, & pars ampla Thuringiae.

Dux Saxoniae Mersburgensis, sub quo tractus Merseburgensis, & Lusatia inferior.

Dux Saxoniae Nauburgensis, sub quo ditio Nauburg., maxima pars Voitglandiae, & Principatus Henebergensis.

Dux Saxoniae Altemburgensis, sub quo Ducatus Altemburgensis, & Coburgensis.

Duces Saxoniae Veimarienses, sub quibus Ducatus Veimariensis, & Eysenacensis.

17 De

17 De his verò Germaniæ Principibus decantat elogium *Gulielm. Bragsus*, ut in Italia Palatia, & antiquitatum monumenta, in Gallia, & Hispania Præsules, in Anglia agricolas, in Polonia nobiles; ità in Germania Principes omni laude, & admiratione dignos inuenisse, *in Consil. de bello aduers. Turc. feliciter gerendo*. Idq; August. Carolus V. & Maximilianus I. comprobantes, titulo Regio Principes Imperij condecorauere, cum in Germania Regibus dixerint imperare, *Benedict. Carpzou. in disp. de iure, ac potest. Seren. Princ. de non appellando posit. 1. nu. 2. & 3.* Vndè Maximilianus cum ad Imperij fasces euectus esset, exhorruit ad eius potentiam Rex Galliæ Ludouicus, adeò vt nec metum potuerit dissimulare, Consiliarium suum *Maximilianum* ex contempto appellantem *Consulem Augustanum*, his grauitèr compellans verbis: *Tace, Absit, ne talia amplius effutias, quando hic Consul tympanum sonat, tota contremiscit Gallia*, *Mascius in Collect.*

18 Electores, eorumq; officia ità describit *Nicol. Reusnerus in descript. Urb. Imper. pag. 10.* quem etiam refert *Philipp. Knipschildt. de fideicom. nob. cap. 1. n. 321.*

Septem clara viris fulget Germania magna,
Quos penès arbitrium Cæsaris omne manet.
Poma Palatinus, Dapifer gerit aurea Principi:
Dux gladios Equitum Saxo magister habet.
Marchio fert Sceptrum Camerarius inde Bohemus
Rex Pincerna mero pocula digna tenet.
Præsul Agrippinæ fert signa per Itala Regna:
Teutona Moguntus: Gallica Treuir habet.

Vide *Christoph. Gewoldum in tract. de septemuiratu*; Sed ex septenario Electorum numero, octauus factus est Princeps Palatinus, *Oldenburger. in Limnæo Enucleato lib. 2. cap. 1.*

19 Deniquè notandum ducimus, quod de Germani Imperij viribus tradit *Io. Barclaius* (acutissimus Politicus, qui iuuenis 20. annorum sub *Euphormionis Lusinini* nomine sic mortalium animos, ac omnium Europæ Rerumpubl. vitia, & virtutes satyrico stile perstrinxit, vt vniuersum orbem in stuporem dederit) in suo *Euphorm.* seu *Satyricon part. 4. Icon. animor. cap. 5. fol. 316.* inquiens: *Sed nihil in ea gente magnificentius, quàm quod nomen Sacri Imperij, Aquilamq; sibi habet: tanquam Romani Germania victricis, & præmiorum ultima, quæ Italico iugo accessit, iam sit sola, in qua nomen, atq; reliquiæ Fortunæ Romanæ acquieuerint. Tanti nominis Sancta Maiestas, nulla Sociorum Principum æmulatione corrumpitur, Regesq; quamquam viribus sæpè maiores, sponte Imperatoriæ tabulæ concedunt. Olim quoque illi summæ appellationis fastigio inerant dignæ vires, quæ paulatim immarcuerunt, vel fatali senectute. Quippe domi natis bellis, cum nimia Optimatum potentia, deniquè quod non nascendi sorte, sed per suffragia defertur hæc dignitas, datus ad Tertium Imperij vigor consenuit, specimen in hoc seculo magis castrorum pietate, quàm sua fortitudine seruauit. Inter cæteras hanc præcipuè excidentium virium causam inuenias, quod ipsi Optimates nimijs patrimonijs, etiam Imperatorum beneficio aucti, commissas sibi quondam Prouincias, tandem in Principatus mutauere, & ne non aliquid supra Imperatorem essent (qui non iure succedendi, sed suffragijs fortunam suam debet) etiam sua hæreditaria fortuna in sobolem transfundit. Hinc modò gentium, & populorum mentes, quas vis quædam ingenita ad sacrum Principum cultum adduxit, auersa in vnius Imperatoris reuerentiam intenta, ad istos Viros, & mox dominos accesserunt; propriis studiis, vel periculo, vel vtilitate. Sic rapta, rapinisq; deinde, Purpuratorum potentia, totum Imperij robur exhausit.*

20 Sed Galli Authoris fortassè, vti infensi iudicium apud multos leuius erit, & licet eius verba verisimilitudinem præseferre videantur, hodierno tamen

Imperio, siuè vigilantissimo, & ad Rempubl. Christianam attentissimo Imperatori semper inuicto *Leopoldo Austrio* minimè adaptari valent, quippè quod ducentis iam ampliùs annis placuit Electoribus ex parte illam cognaticam successionem obseruare, secùs nec vmbra quidem Imperij Germanici iam super foret, cum in *Germania* nulla superstit familia, quæ Imperatoriam Maiestatem conseruare posit, quàm domus Austriaca, ad quam hæreditario iure pertinent Archiducatus Austriæ, Regnaq; Bohemiæ, & Hungariæ cum adiacentibus, adeò vt si alij electi fuissent, forsàn Imperium transijsset ad Antipodas, *Besold. lib. 2. disp. 1. th. 44. Phosphorus Austriacus par. 1. c. 10.* Existimat verò *Auctor Comitiologia Ratisbonensis de anno* 1654. *par. 2. n.* 6. nullam pennam, beneficia tùm belli, tùm pacis Augustissimæ Domus Austriacæ sufficienter describere posse, idq; conarem, Solem carbone effigurare; Vndè *Io. Boterus 2. par. relat. vniuers. lib. 1. tit. Di Casa d' Austria,* conseruationem Imperij Romani fermè Soli Augustissimæ Domui Austriacæ quasi diuinitùs ad nostram custodiam constitutæ adscribit, & ità reuera se rem habere fatetur *D. Herm. Vuesselingius in General. Austriac. post tract. de Summa Potest. Roman. Pontif. fol.* 130. nam licet Cæsari tot milliones, tot milites, & obsequia, quot ipse etiam in *sua Aurifodin. Iur. Publ.* descripsit, quotannis ex Imperij Ærario competant, vix tamen Sacrum Romanum Imperium suum grauat, sed ex Prouincijs, & Regnis suis hæreditarijs amplissimis, & fertilissimis, omnem penè militiæ machinam sustinet, vt verè sit, & habeatur Sacratissima illa Austriaca Domus totius Christianitatis primarium, & solidissimum Propugnaculum, *Vuesselingius in cit. Aurifodin. verb. Hungaria*, quia est omni Rege potentior, in qua consistit, & residet salus, & neruus Romani Imperij, sicut anima in corpore, *la quale*, ait *Boterus*, *non cederebbe nè in moltitudine di popoli, nè in ricchezza di tesori, nè in magnificenza di Città, nè in grandezza di forze à i maggiori Regni della Christianità &c.* Hinc Regna domus Austriacæ reputantur murus totius Germaniæ, Turcicæ immanitati oppositus, *Io. Sleidan. lib. 7. comment. hist. ad fin.*, vt quocumq; tandèm se verterint Electores, aliùm inter Principes potentiorem ad repellenda Turcarum arma, & recuperanda iam antea oblata, haud reperire potuissent, quod & communi Electorum voto Archiepiscopus Moguntinus in electione Caroli V. Cæsaris hocce verborum tenore, publica occasione populo intimauit: *Videmus autem fato quodam hoc tempore duas bellicosissimas Nationes* [illegible] *esse, Germanicam, & Hispanicam: At tenet Carolus Austriacus magnam Italiæ partem,* [illegible] *complexus. Duce* [illegible] *Turcas* [illegible] *gendos esse, haud dubiè* [illegible] *experientur, &* [illegible] *suffragijs designatum Imperatorem Carolum,* teste *Georg. Sabin. de elect. & coronat. Caroli V. Imp.*

CAPVT V.

De Ærario Augustissimi, ac Potentissimi Hispaniarum Monarchæ, qui maximam Europæ, magnam Africæ, & Asiæ, maiorem Americæ partem feliciter habet.

Cæsar, & Hispanus soli de iure Monarchæ
Dantur in Europa, culmina summa sacra.
Sunt plures alij, qui Reges iure vocantur;
Regibus at Magnis sæpè subesse solent.
Sic apud Hispanos sunt plurima Regna minora,
Vnicus hæc solus iure Monarcha tenet.
Vuesselingius in aurifodin. ver. Rex Hispaniarum.
Iuppiter in Cælis, in terris regnat Iberus:
Diuisum Imperium cum [illegible] *Iberus habet.*
Klock. de Ærario, lib. 1. cap. 6.

1 Am-

1 AMplissimum siquidem, ac percelebre ad nostrum Horizontem Europæum, positum in Plaga Occidentali, est Regnum Hispanicum, à Ferdinando Catholico, & Isabelia, partim Aragoniæ, Castellæ, Siciliæ, & Nauarræ adiectione; partim deuoti Orbis adeptione; partim denique filiæ Ioannæ cum Philippo Archiduce Austriæ maritatione fundatum; vastum hodiè, & latissimum, cum quo in toto Orbe nullum comparandum; Cum enim anteà in Europa tot Regna, & Status obtineret, & Africæ quoq; ac Asiæ partibus dominaretur; adiecta postea quarta totius Mundi parte, quæ vna reliquas ferè omnes magnitudine, vbertate, diuitijsq; superat; nulli fanè Imperatorum, Regum, vel Principum maius Imperium obtigit, quinimò Regnum hoc decuplo esse maius, quam Turcarum Imperatoris, ipse Gallicarum defensor *Bodinus* fatetur *lib. 1. de Republ. cap. 2. pag. 90.* suo vsurà supputationem *Horatij Malaguccij apud Henricum in Thes. polit. p. 1. pag. 135.* Catholici Regis Imperium illo Turcico sexies ferè, & dimidia parte aliquando maius fuit; & Romanum Imperium, quando vel maximum fuit, si spatia terrarum consideres, Hispanico minus fuisse, ostendit *Lipsius de magnitud. Roman. lib. 1. cap. 3.* Nunquam enim Solem Occidentem videt, quocumq; se Sol vertit, quod de nullius vnquam Principis Imperio dici potuit, aut etiam nunc dici potest. *Klock. de Ærario cap. 6. n. 3. Cam. ll. Borrell. de Regis Cath. præst. cap. 45. Phosphorus Austriacus de Ueroia Andrea. c. 4. 3. Valdesius de Dignit. Hisp. cap. 11. n. 27.* Et cum per mundum hyperboles in Romanis Imperium, & illius Solis Orientis, & Occidentis terminis proponantur, hoc tamen verè de diffusa Monarchia Hispani Imperij affirmare possumus, nam nascentis, & occidentis Solis terminis perstringit, vt adeò verissimum Hispanorum prouerbium: *Dios es pastorgo en el Ciel, y el Rey d' Espagne en la tierra*; Hinc verò de Hispana Monarchia peritissimus Regius Chronographus *Egidius Gonçales Dauila* in libro, cui tit. *Teatro de las Grandezas de Madrid*, in *præfatione* ad imitationem nostri Sulmonensis Poetæ *Ouidij* ità canentis *lib. 1. fastor.*

Iuppiter arce sua cum totum spectet in Orbem,
Nil nisi Romanum, quod tueatur, habet.

Christianè proferri posse elegantèr aduertit:

Cum Deus ex alto totum prospectet in Orbem,
Vix nisi Iberiacum, quod tueatur, habet.

Nec extra rem facere videmur, si hoc tetrastichon à meo filio tenere adhùc gratis *Antonio Agera*, in debitam obsequij laudem tanto Hispanæ Monarchiæ Inuictissimo CAROLO II. conscriptum afferamus:

Regis par Vrbi, Hesperia Orbi, ac margine terra
Par nullus CAROLO est, nemo SECVNDVS erit.
Barbara Luna gemit, lacerat sua lilia Gallus,
Dum geminos Orbes fulcit Iberus Atlas.

2 Quod si Persarum Reges pro gloria ducebant, omnium fluuiorum aquam, & omnium Prouinciarum glebam alis quam penès se habere, vt sic ostenderent, se omnem terram, & mare imperio possidere, vt prodit *Plutarchus in vita Alexand. Brissan. de Imper. Persar. lib. 1. pag. 01.* quantò veriùs, & præstantiùs Catholici nostri Reges gloriari possunt, qui integras Prouincias, & Regna in omnibus ferè mundi partibus suo Imperio possident. *Solorzano de Indiar. Iure lib. 1. cap. 18. num. 18. & 59.* Et ità de Hispania non solum illud prædicari potest, quod de Roma olim *Virgil.* hyperbolicè dixerat:

Imperium Oceano, famam, qui terminet astris.

Sed illud etiam *Paulini Episcopi in epist. 3. ad Ausfon. Gallum* inter aplius *Ausonij* opera, qui veluti propheticè dixit.

Qua geminum felix Hispania tendit in æquor.

Lateq; distantis pelagi dimensa complet
Orbe suo, fines ponens in limite mundi.

Vndè meritò de eadem Augustissima Austriaca familia adsunt hi versus Gabrieli Ligurini.

O verè famosa domus, cui totus ab ortu
Solis ad occiduas Mundus subseruit auras,
Quam, qui nouit, amat, qui non nouere, verentur,
Cuius in auditu confusis mentibus hostes
Tabescunt, contraq; nihil se posse fatentur.

3 Quod verò ad Hispaniæ solum attinet, iuxtà *Marianam de rebus Hisp.* nulli cedit, neq; salubritate Cęli, neque frugum omnis generis vbertate, neque metallorum, gemmarumq; copia, quibus tota fermè scatet; Non, vt Africa, violento Sole torretur, neq; vt Gallia ventis, Cęli rigore, aërisq; fatigatur, sed media inter vtramq; verni caloris temperie, & tempestiuis sæpè imbribus, geluq; hyemis tempore fecundatur; alibi multa arbor, alibi arboribus nudi montes, agriq; rari sæpè fontes, pingue solum, quæ mitiora sunt frugibus, frumentoq; feraliunt, cætera pabulo pecorum; Monstrum pares, quod alicubi arua auctum centies semen agricolæ restituunt. Multa etiam ex America, & ex India importantur, & afferuntur. Ad Hispanicam autem cognitionem, quoad mediæ ætatis Scriptores, illi simul editi sunt *in folio Francofurti, Tit. Hispania Illustrata*, quatuor tomis comprehensa; Liber etiam *Campanellæ de Monarchia Hisp. Conseruationis Monarchiæ Hispan.* libellus editus anno 1626. à *Petro Ferdinando Nauarretta*; *Madera, Gregor. Lopez. & Didacus Valdesius in libris*, quos *de excellentijs, & dignitate Hispaniæ* luculenter scripserunt; & ex *Stephano de Gariboy de Regnis Hisp., Io: Botero, Io: de Laet, Hermanno Conringio*, alijsquè.

4 Tota Hispania olim diuiditur in quatuordecim partes, quæ postea reducuntur ad tres Coronas, seù tria Regna, *Castellæ* scilicèt, & *Aragoniæ*, quæ cum suis appendicibus nostro Regi Catholico subsunt, ac *Portugalliæ* cum Algarbia, quæ sub potentissimo Philippo II. Rege ad vnam Monarchiam redierat, sed sub Philippo IV. iterum auulsa est ab anno 1640. alteri parens.

5 Sub Corona *Castellæ* sunt Castella vetus, Castella noua, seù Regnum Toletanum, Andalosia, Granata, Murcia, Regnum Legionense, Asturia, Extremadura, Gallęcia, Nauarra, Biscaia. Extrà Hispaniam, vti Regi Castellæ subsunt pars Australis Belgij, vbi partes Prouinciarum Flandriæ, Brabantiæ, Hannoniæ, Luxemburgensis, Limburgi, Namurgensis, & minuta pars Geldriæ, & Artesiæ: Comitatus Burgundiæ, Ducatus Mediolanensis, Marchionatus Finalij in ora Ligustica, Status Præsidij, vbi Orbitellum in Hetruria, vti etiam custodia Plumbini, & Portus Longus in Ilua Insula. Vti in Africa vrbes, seù oppida, Septa, Oranum, Portus magnus, & Rupes Velia, & Insulæ Canariæ. In Asia autem Philippinæ Insulæ. Maior etiam pars Americæ, nempè Regiones, Noua Hispania cum annexis, Florida ex parte, & Insulæ Cuba, Hispaniola, seù S. Dominici, & S. Ioannis Portus diuitis cum adiacentibus, Terra firma; In America meridionali cum annexis Regnum Papayani, nouum Regnum Granatense, Peruuia, Regnum Chiles ex parte, & Paraguaia.

6 Sub Corona autem *Aragoniæ* sunt Aragonia, Catalonia, Valentia, Maiorica, & Minorica, & Ebusus. Extrà Hispaniam vti Aragoniæ Regi subsunt etiam nostro Augustiss. Monarchæ magnum Regnum Neapolitanum, Sicilia, & Sardinia in Italia; De quibus *Michael Ant. Baudrand in Lexic. Geograph. Vuassilinges in Aurifodina pag. 654. & seqq. & à pag. 1536. Zeiller. in Itiner. Hispan. Ioann. de Laet in descript. Hispaniæ à pag. 153. cum seq. Hermann. Conringius apud Oldenburger. in Thesaur. Rerumpubl. part. 1. à fol. 34. ad seqq. & Author descript. Regni Portugalliæ*, necnon *Geographi*, inter quos *Gerard. Mercator, & Merula* passim cōsulātur.

7 Ex

7 Ex quibus alijsq; ad Catholicum Regem spectantibus hoc insignium agmen elicitur, summæ potestatis insigne: *Carolus Dei gratia Rex Castellæ, Legionis, Aragoniæ, Vtriusq; Siciliæ, Hierusalem, Portugalliæ, Nauarræ, Granatæ, Toleti, Valentiæ, Galiciæ, Maioricæ, & Minoricæ, Hispalis, Sardiniæ, Corduba, Corsicæ, Murciæ, Iaen, Algarbiæ, Algeriæ, Gibraltar, Insularum Canariæ, Indiarum Orientalis, & Occidentalis, Insularum, & Continentis Oceani, Archidux Austriæ, Dux Burgundiæ, Lotharingiæ, Brabantiæ, Limburgi, Luxemburgi, Geldriæ, Mediolani, & Comes Tyrolis, Hasburgi, Flandriæ, Burgundiæ, Arthesiæ, Hannoniæ, Hollandiæ, Zelandiæ, Namurci, Zutphaniæ, &c. Marchio S.R.I., Burgauiæ, Orisstani, &c. Dom Biscaiæ, Frisiæ, Mechliniæ, Traiecti, Transisal. Groningæ, &c. Dominator in Asia, & in Africa, &c.* Quod multum Gallis dolere, ait *Georgius Baro à Stubenberg apud Feidor. Achill. sive Lang. in orat. pro Hispania pag.* 357. Vid. *Iacob. Mainold. de titulis Reg. Philippi.*

8 Ad sequentium computationum coadunationem non inutiliter est præsciendum, quod in plerisq; Hispaniæ Regnis in minoribus, & maioribus cõputationibus vtuntur nomine *Marauedisorum*, vel *Marapetinorum*, quorum 375. efficiunt vnum ducatum: Eorum autem decies centena millia vulgò appellant *Quente*, quæ vox in rationibus eorum sæpè occurrit. *Quentos* verò marauedisorum continent 2673. ducat. Reales, & 26. marauedis; Nam & rationem marauedis., & ducator. cũ realibus comparare solent, licet in publicis computationibus rarus eorum sit vsus; quippe 34. marauedis, efficiunt vnum *realem*, & vndecim *reales* faciunt vnum ducatum; licet non exactè vbiq; eadem proportio obseruetur; cum in Aragonia, Barcinona, Valentia, & Cathalonia *realem* subdiuidant in 25. denarios, & ducatum duodecim *realibus* definiant: Agnoscunt & *scutos*, quorum singuli valent 100. *mor.*, & decem eorum valent 20. realibus: Sed hæc mercatoribus excutienda relinquit *Io. de Laet in describ. Hisp. fol.* 397. Ad rem igitur.

9 Reditus Regni Hispaniarum, Primò constant ex Regni Patrimonio, quod quale, quantumque sit, à nemine annotatum legimus; Et secundò ex

Alcauala, quæ est onus personale, Regi debitum à venditoribus, & permutatoribus, eos ad soluendam adstringens decimã partem pretij rei venditæ, & æstimationis rei permutatæ, de cuius Iuris origine, & iustitia videas *Gutierr. de gabell. quæst. 2. P. Molinam de iustit. disput. 663. Paris. de lib. 1. ... quæst. cap. 3. Klock de contributionibus cap. 1. n. 338. Maximil. Faust. in cons. pro Ærario class. 18. ord. 1443. & seqq.* In Lusitania verò idem tributum, quod *Sisa* vocant, primum fuit impositum ad tempus à Rege Petro, posteà ex varijs causis cõtinuatum, de quo *Molina de iust. disput.* 861.

Almonarifæ voce à Mauris mutuatã, denotant decimas omnium mercium, quæ è Belgio, Francia, Anglia, Italia, Lusitania, alijsq; exteris Regnis in Hispaniam inferuntur, quibus colligendis plura loca sunt destinata, siuè plures Almonarifatus, efficiuntq; summam reditum 218.555.721. *mor.*

Almonarifæ Indiæ Hispanicæ, siuè Decimæ omnium mercium, quæ Hispali, aut ex alijs Andaluciæ portubus soluunt in Indiam Occidentalem; omnes enim illæ merces cum Hispali, aut alijs locis soluunt, vigesimam Regi pendunt; itemq; vbi in Indiam delatæ fuerint, in eundem modum denuò soluunt, ità vt decimam quoq; in totum persoluant.

Los seruicios ordinarios, siuè tributum annuum, quod Regna Hispaniæ quotannis Regi præstant; id autem distribuitur per cunctas Prouincias, terras, & vrbes inter plebem, nam Nobiles, Feudatarij, & Equites immunes sunt; censentur enim plebei secundum facultatem, & bonorum vniuscuiusque æstimationem, & quotannis inde Regi tributum soluunt; Licet extrà ordinem quo-

quoque nonnunquàm seruitium Regi præstent Regna Hispaniæ, vti tria seruitia Philippo II. tributa anno 1591. ob grauissimos sũptus, quos Rex fecerat in Classem illam formidabilem anni 1588. seruitium octo millionum, deindè rursùs quatuordecim, & demùm XIX. millionum a Subditis collarum.

De Puertos Secos, siuè decimæ omnium mercium, quæ terrestri itinere è Regnis Valentiæ, Aragoniæ, Nauarræ in cætera Hispaniæ Regna deuehuntur, aut vicissim ex Hispaniæ Regnis in prædicta loca conducuntur; Idem quoque in Lusitaniam, & vicissim è Lusitania locum habet.

Vectigal *lanæ*, quæ è Regno euehitur, nam singuli sacci (qui ferè decem *arobas* pendent, *aroba* autem viginti quinque libras) duos ducatos pẽdunt, si indigenarum sint, sin verò à peregrinis prius empti fuerint, quatuor duc.

Vectigal, quod panni, *Florentina Rassa* vulgò dicti, qui foris in Hispaniam inuehuntur, soluunt singuli panni 6. ducatos.

El Sennoreaxe de la moneda est vectigal, quod Rex habet ex Hispanica moneta, nempè ex quaque marca sex ducatorum argenti, quæ in monetaria domo laboratur, Realem vnum.

Reditus, quem vocant *de la moneda forera*, quo vnusquisq; focus singulis annis Regi soluit 7. marauedisios, cuiuscumq; conditionis sint homines.

El exercitio: tributum, quod quotannis omnes Hispaniæ terræ reddunt mancipiorum, & triremium gratia.

Ex herbis, & pascuis publicis, quæ quotannis à Rege locantur.

Ex argento viuo, quod *Almada* eruitur in Montanis Sierræ Morenæ in Cãpo Calatrauæ.

E fodinis Guadalcanæ in Estremadura, & Montanis Modanæ, quæ argẽti sunt, olim magnam summam reddebant, & interdum 177. argenti Quentos, sed posteà adeò imminuta, vt vix taxari possint.

Locatio, siuè reditus Lusoriarum Cartarum, quæ foris in Hispaniam inuehuntur, nam è singulis percipit Rex dimidium Realis. Hispani autem quã procliues præ alijs populis sint, & præcipiti impetu ferantur in aleam, ostendit *Lansius in Orat. cõtra Hisp pag.* 291.

E' reditibus ordinum militarium S. Iacobi, Calatrauæ, & Alcantaræ, quos Rex locare solet annuo pretio nonaginta, & octo Quentorum, id vulgò vocant *El subsidio*.

E bullis, siuè indulgentijs Papalibus, quas Papa Regi concedit in sex annos, & ità porrò, quæ Subditis à Rege impertiŭtur, vt ipsis vetitis diebus carnes liceat edere, vulgò *la Cruzada* vocãt, quia primũ cõcessa fuit ad belli sumptus sustinendos aduersùs infideles, & hæreticos gerendi. Illud solùm nota ex *Mariana de reb. Hisp. lib.* 11. *cap.* 18. in belli aduersùs Mauros gerendi subsidium, Callistum Pontificem Cruciatam indulsisse, non modò viuentibus, sed etiam vita functis, nouo in Hispania exemplo.

Tertię, vulgò *Terzas*; Pontifices enim Rom. iàm olim Regibus Hispaniæ cõcesserunt tertium nummum omnium Ecclesiæ redituum, rerumq; Ecclesiarum in subsidium bellorum, defensionemq; Catholicæ, ac Romanæ Religionis, qui item à Receptoribus Alcaualarum recipitur. Videas *Io: del Castillo tom. 6. controu. in pleno tract. de Tertijs Decimar. Regib. Hisp. soluend.*

El Excusado, est Decima, quam Rex per concessionem Pontificis percipit ex omnibus bonis, & terris Ecclesiæ.

Quando etiam aliqua necessitas vrget, ad Papam recurritur, & illius concessione Clerus Hispaniæ nouis oneribus grauatur. Huc pertinent *Epistola Card. Ossati* 76.274.283. quarum tenorem *de Laet* descriptioni horum redituum *pag.* 405. *& seqq.* transcribit.

Ex piscatura piscium, quos vocant *Atun* (vide *Iouium de Piscib. cap.* 6.) Id vectigal vocant *Almadrana*.

Extrà ordinem autem percipit Rex à populo duos milliones duc., vndè hoc subsidium, siuè tributum *des millions sicut* appellant; Id autem in Conuentu ordinum Regni Regi indulgeri solet in quatuor, aut sex annos, quibus elapsis, rursus conueniunt Ordines, & postu[l]ata idem tributum in alios annos prorogant. Cum anno 1590. Inuictissimus noster Rex Philippus II. grauibus bellorum incursionibus constringeretur, Regna Castellæ, & Legionis, eorumque Comitiis congregata more solito, vt necessitati occurrerent, concesserunt Domino Regi octo milliones exigendos certis annis ab eduli[bus]... scilicet; vino, oleo, & aceto præter gabellam, quæ ex venditionibus harum rerum debetur, de qua, & forma exactionis agunt. *L. 2. tit. 19. lib. 9. in fin.* & *l. 15. tit. 17. eod. lib.* vbi *Azeuedo, Gutier. de Gabell. q. 79.* quod prorogatum fuit annis sequentibus, & simul anno 1607. noua concessio 17. millionum facta fuit, & de nouo in sexdecim [illegible] fuit in Comitiis 1618. De initio autem, progressu, administratione, & Aula Millionum, vulgò *Sala de Millones*, agit post alios doctissimus *D. Didacus de Ribera Consilij Regij Patrimonij in Aula Millionum Fiscalis* in eleganti *tract. de Decis. Aul. Fisc. tit. 2. q. 2. & 3.*

30 Reditus annui Regis Hispaniarum, ex *Ioanne Hugone Linschotano*, qui etiam habentur apud *Petr. de Laet* [...] *descript. Hisp. fol. 408.* & *Klock. de Ærario l. 2. cap. 6. à n. 110.*

Soluunt *Hispanicæ Coronæ annua taxatione nonaginta tres Quentos.*

Decima maris, mercium [...] *in Biscayam peruenientium, atque ex Prouinciis Guipuscoa, quatuorque Montanarum Vrbium mari adiacentium, soluunt ex omnibus mercibus, quæ in Castellam terrestri itinere reuehuntur, decimasque persoluunt,* **in ædibus** *tribunalis destinatis, videlicet Victoria, Hordana, & Valmaseda, redduntque annuatim regi* —— 3 [illegible]

Decima maris, mercium, quæ per Regnum Legionis transeunt, ac per portus Samabria, & Villafranca proueniunt, reddunt —— 1. *Quent.*

	Quent. Marau.
Decima maris per Vrbem Oviedo transeuntis reddunt, ——	575000.
Reditus præfecturæ Vrbis Bilbao ex mercibus foris aduenientibus, ——	490500.
Burgos Ciuitas cum territorio suo soluit nomine Alcaualarum & terciarum, ——	17. 129880.
Balliuatus Burgos qui et Bureba dicitur, soluit annuatim ——	2. 648000.
Montana Orz. ——	34000.
Balliuatus Hebri, ——	3. 348000.
Victoria Ciuitas, ——	169000.
Guipiscua Prou. ex Alcau. & ter. ——	1. 181000.
Ferrum illius Prouinciæ, ——	150000.
Septem Balliuatus antiquæ Castellæ in Montanis sitæ ——	942000.
Vallis Menæ in ijsdem Montan. ——	225000.
Prouincia Ciuitatis Logrono, ——	7. 760000.
Iangus Oppid. & territorium, ——	151200.
Oppidum S. Dominici, ——	9. 812000.
Balliuatus Vrbis Diego, ——	1. 345000.
Balliuatus Candemassen, ——	4. 612000.
Balliuatus Castri Xeris, ——	8. 485000.
Balliuatus Serrata, ——	2. 965000.
Balliuatus Monson, ——	2. 176000.
Palentia Ciuitas, ac Prouincia Campos soluunt quotannis, ——	16. 940000.
Carion Vrbs, ——	4. 945000.
Balliuatus Carion, ——	3. 920000.
Vici P. Alueral. de Vega. ——	635000.
Saciegon Oppid. ——	2. 135000.
Saldanna Oppid. ——	1. 073200.
Balliuatus Pering, ——	178000.
Balliuatus Campi in Montanis, ——	3. 730000.
Vallis Miranda, ——	557000.
Quatuor Vrbes maritimæ Laredo, Sant Ander, Castro de Vrdiales, San Vincente, soluunt quotannis, ——	3. 365000.

Astu-

	Quent. Maran.
Asturia principatus, & Ciuitas Ouiedo,	12. 345000.
Vrbs Lugo Regni Galetiæ cum Episcopatu suo soluit annuat.	4. 137600.
Vrbs Mondonedo Regni Galetiæ,	1. 732000.
Orense, eiusq; territorium,	6. 505000.
Compostum cum Archiepiscopatu suo soluit annuatim,	18.212000.
Ciuitas Tuy cum territorio,	5. 827000.
Ciuitas Ponte Vedra,	1. 975000.
Ciuitas Leon, & Episcopatus,	6. 350000.
Astorga Ciuitas, & Episcopatus,	2. 455000.
Abbatia Legion. & Astorga,	797000.
Parrocia Sala in Astur. mar.	231000.
Zamora, eiusq; territorium,	15. 525000.
Toro, eiusq; territorium,	11. 112000.
Viena Ducatus Ossuna vrbs,	62000.
Vallis Guyrena,	2. 335000.
Vrbs Barasil de la Coma, mar.	250000.
Salamantica cum territorio,	24. 345000.
Vrbs Rodrigo cum territorio,	14. 345000.
Iurisdictio Trigeros,	417000.
Ciuitas Olmillo,	47000.
Tordesillas cum territorio,	2. 600000.
Valledolid cum territorio,	19. 730000.
Torde Humos Ciuitas,	827000.
Medina del Campo, illiusq; iurisdictio,	31.375000.
Ciuitas Olmedo,	2. 149000.
Naua Ciuitas, & septem Ecclesiæ,	333000.
Madrigal Ciuitas,	681000.
Arenalo Ciuitas, & territorium,	5. 310000.
Auila Ciuitas, eiusq; potestas,	19. 365000.
Segouia cum diœcesi,	11.480000.
Aranda de Duero,	3. 350000.
Roa Ciuitas,	1. 515000.
Gumiel de Yzan, quæ est Ducis Ossuna Ciuitas,	154000.
Sepulueda, & territorium,	3. 540000.
Soria Oppidum cum potestate sua,	10.282000.
Osma Oppidum, & Episc.	4000000.
Agreda, & Tarasona,	2. 083000.
Molina Oppidum,	5. 792000.

	Quent. Maran.
Siguença, eiusq; districtus,	3. 661000.
Cuenca, & dominium,	14. 645000.
Huete Oppidum & territ.	17. 916000.
Villa Rana de Fuentes,	2. 517000.
Villena Marchionatus, qui complectitur vrbes Tintibillam, Abasetten, Rodam, S. Clementem, & Ciuitatem Villenam cum territorio,	31.503000.
Belmonte Oppidum tantùm soluit tertias, quia Alcaualæ sunt Marchionis,	476000.
Murtia, eiusq; dominium,	14.820000.
Lorca Oppidum,	5000000.
Carthagena cum territ.	2. ——
Alcaraz cum territorio,	16.948000.
Segura de la Sierra cum Prouinc. & territ. Magistr. S. Iacobi,	11.091000.
Villa noua de los Infantes, eiusq; Prouincia dicta, El Campo de Moryel ad Magister. S. Iacobi pertinens,	8. 664000.
Ocanno Oppid. ac Prouincia Castilla dicta, Magist. S. Iacobi.	23. ——
Guadalaxara Oppid.	11.064000.
Pias & Peso oppida,	160000.
Almonasid oppid., ac Prouincia Santa, Magist. S. Iacobi,	1.188000.
Oppido Vzeda, Talamanca, Tordelaguna cum territorio, quæ ad Archiepiscopatum Toletanum pertinent,	18.250000.
Oppidum Yepes,	423000.
Alcala de Henares cum Oppido Briuega, quæ sunt Archiep. Toletani,	16.250000.
Oppidum Madrit cum territorio suo,	33. 250000.
Comitatus Punno en rostro,	1. 261000.
Vrbes Cabas, & Grinnon, quæ Aluarum de Mendoça Dominum agnoscunt, qui Alcaualas percipit, & tertias,	117000.
Vrbs Galapagar. D. Infantat.	160000.
Vrbs Illescas,	2. 197000.
Vrbs Toletum, eiusq; membra,	73. ——

De-

	Quent. Maran.
Domini armentorum, quæ à Montanis Eſtremadurani paſtus gratia petunt,——	19. 503000.
Vici Prioratus S. Ioann.——	7. 055000.
Vrbs Almagro eiuſq; Prouincia, quæ dicitur, Campo de Calatraua, ————	7. 110000.
Alcauala herbarum, & olerum, quæ in eod. Magiſtr. oriuntur, ————	3. 438000.
Vrbs Ciuitad Real————	4. 150000.
Vici in ea plaga ſiti, quæ Archidiaconatus Talauera del Rey dicitur,————	14. 316000.
Placentia Vrbs, eiuſq; dominium, & Vici, qui Archidiaconatus dicuntur, ——	18. 475000.
Truxillo. eiuſq; diſtrictus,—	12. 284000.
Caceres Vrbs, & territ.——	7. 85000.
Badaioz, eiuſq; Prouinc.——	9. 972000.
Alcantara cum territ.——	9. 403070.
Paſcua, & Oliva ibidem, ——	3. 481000.
Serena Prouinc. Mag. Alcant.	7. 570000.
Merida, eiuſq; territorium in Prouinc. Leon pertinens ad Magiſtr. S. Iacobi,———	21. 134000.
Vrbs Fuente el Maeſtro in Prou. Leon. Mag. S. Iacob.—	6. 973000.
Vrbs Guadalcana Magiſterij S. Iacobi cum territ.—	3. 305000.
Vrbs Xeres de Badaioz ſub Magiſtr. S. Iacobi, ———	7. 100000.
Vrbs Hiſpalis, ſiue Seuilla eiuſdem membra, & diſtrictus, ————	381. 387000.
Reditus Domini, vt vocant,—	2. ——
Vrbes Palma, & Gurlues ſub Comitibus ſuis, ———	235000.
Vrbes Teuar, & Ardales ſub Marchione Ardales,——	135000.
Vrbs Ellerena Prouinc. Leon, & Magiſter. S. Iacob.——	3. 125000.
Vrbs Cadiz,————	8. 451000.
Ex Almadraua, ideſt piſcatu Tynnorum vul. Atun.——	3. 350000.
Gribaltar ab Alcaualis immunis eſt, ſed pro tertijs,—	1. 500000.
Xerez de la Frontera, ——	11. 050000.
Vrbs Carmona, ————	9. 450000.

	Quent. Maran.
Lora, & Setefilla,————	680000.
Vrbs Ecija cum Suburbibus,—	15. 100000.
Cordoba, eiuſq; diſtrict.——	48. 995000.
Loca dicta Realengos de Cordoba,————	17. 316000.
Ciuitas Anduſtar,————	4. 800000.
Ciuitas Viedo, ————	11. 346000.
Ciuitas Baeça,————	17. 316000.
Ciu. Quexada,————	1. 415000.
Adelantado de Carçola,——	6. 881000
Comitatus S. Stephani,——	1. 340000
Vrbs Martos in Andaluz Magiſterij Calatraua cum diſtrictu,————	12. 436000.
Vrbs Iaen, & territorium,—	15. 609000.
Granata, & territorium——	42. 910000.
Sericum Regni Granatenſis olim ante expulſos Mauros valebat 42. Quent. nunc tantum————	22. ——
Aguila, & Ariſſas Granat.—	1. 750000.
Loxa, & Albama Gr.———	3. 650000.
Ciuitas Baça G.————	10. 626000.
Guadix Ciuitas G.————	6. 395000.
Almeria Ciuitas G.————	308000.
Almunecar, Mutril, & Salabrena G. ————	2. 643000.
Malaga Ciuitas G.————	16. 269000.
Veles Malaga G. ————	3. 519000.
Pulchena Vrbs,————	410000.
Ronda, & territor.————	5. 334000.
Inſula Canaria, ————	4. 850000.
Tenariffe,————	3. ——
Palma,————	2. ——
Tributum annuum, quod Regna Hiſpaniæ Regi pendunt nomine Seruitij ordinarij, valet quotannis,——	104. 305000.
Vectigalia Siccorum portuum, vt vocant, à Regnis Valentia, Aragonia, & Nauarra, tàm in exitu, quàm introitu,————	59. 035000.
Vectigalia Siccorum portuum Regni Portugalliæ reddunt ————	34. 155000.
Vectigal lanarum, quæ è Regnis Hiſpaniæ exportantur, ————	53. 586000.

G Sum-

	Quent. Marau.
Summum Almoxariff Indiæ Hispanicæ, quod Ciuitas Hispalis in eundem modum à Rege conducit, ——	67. ——
Moneta Hispanica vulgò, El Sennoreaxe de la moneda in sola Vrbe Hispalensi, quæ tantùm reddit, quantùm cætera omnes, ——	22. ——
Magistratus S. Iacobi, Calatraua, & Alcantara Rex Fuggeris Augustanis locare solet pretio annuo nonagesimo, & octo Quentorum. —	98. ——
Alij verò obseruarunt percipi bis centena, & quadraginta millia ducatorum.	
Locat præterea Rex herbas, & pascua Magistratuum prædictorum, ex quibus habet, ——	37. ——
Ex argento viuo Almada, è montibus Morenæ in Campo Calatrauæ, quod Rex annuatim locat ——	73. ——
Bullæ, seù Indulgentiarum Papalium literæ, omnibus impensis deductis reddunt —	200. ——
licèt alij obseruant ex hisce bullis à Rege percipi duos milliones, & quadringenta millia librarum, seù florenorum.	
Subsidium, quod Clerici ex beneficijs annuatim pendunt, valet ——	65. ——
El Excusado, idest tributum annuum, quod Episcopi, & Ecclesiæ annuatim pendunt, valet ——	110. ——
Fodinæ Guadalcanæ, quoniam multum exhaustæ, quid hodie reddant, sciri non potest.	
Tributum, quod Regi quotannis præbent cunctæ Terræ Hispaniæ, mancipiorum, & triremium gratia, vulgò Exercitio ——	7.75050.
Tributum ferrarium, vulgò de la moneda forera, ——	9.656000.
India Hispanica quotannis Regi reddit ——	300. ——
Nauarra Regnum quotannis Regi Hispan. reddit —	94666. d. & 250.
Regna Valentiæ, Aragoniæ, & Cathaloniæ, præter alia tributa reddunt ——	75. ——
Insulæ Sardiniæ, Maioricæ, & Minoricæ parùm afferũt.	
Insula Siciliæ quotannis dat —	375. ——
Regnum Neapolitanum ——	450. ——
Ducatus Mediolanensis ——	300. ——
Prouincia Belgica, & Burgundia solebant Regi reddere ——	700. ——
Locatio Chartarum Lusoriarum fert per totum Hispaniæ Regnum, ——	20. ——
Panni Florentini, ——	10. ——

Cuncta hæc (inquit *Linscotanus*) ex authographis Codicibus fidelitèr sunt translata, fuitq; hic rerum status anno 1578. Verùm crebrò mutari multa, nulli dubium est, vel diminutione, vel augmento, præsertim vectigalia, quæ *Almoxariff* vocant, & ex India percipiuntur, non vnum singulis annis seruant tenorem, vt obseruant *ibidem*, de quibus est peculiaris titulus in *lib. 9. Recopil. tit. 16. Del Almoxarifazgo de las Indias, y condiçiones, con que se arrienda*, & quotidiè augeri necessitate vrgente testatur *Solorzan. de Indiar. gubern. lib. 5. cap. vnic. n. 55.*

11 Relatio de Regis Hispaniæ opibus apud *Honorium in Thesaur. Politic. par. 1. pag. 73.* ità colligit.

Regna Maiestatis Catholicæ non amplius, quàm nouem milliones aureorum quotannis Regi pendunt hoc modo:

Hispania duc. ——	1400000.
Indiæ duc. ——	2300000.
Flandria, & Burgundia duc.	2100000.
Maiorica, & Minorica d. —	50000.
Sardinia duc. ——	60000.

Sici-

Sicilia duc. —————— 600000.
Regnum Neapolitanum, d. — 1500000.
Ducatus Mediolanensis, d. — 1000000.

Summa totalis d. —— 9010000.

12 In Africa Castellæ nomine potitur magno illo Portu, quē incolæ *Masalquiquir* appellant, quo portu nullus insignior, securiorq; in Mari Mediterraneo est: habet etiam Oranum, Melillam, & Rupem Pegnonum, *Velez* dictam. Habet & extrà fretum Herculeum Insulas Canarias, *Klock. de Ærario d. cap. 6. num. 21. & 22.* Ijsdemque verbis *Valdesius de Dignitate Hisp. cap. 12.* potentiam, & multitudinem Iberi deprædicat, in quo consentientes *Verulam. Orationum par. 2. diss. 2. artic. 2. Vesselingium in Aurifodina*, aliosque habet. In Asia Insulas Philippinas, de de quibus ratione inuentionis, & acquisitionis cum America inferiùs in *super.* agemus.

13 Licet verò *Klock. in d. cap. 6. nu. 158.* dicat, quod si immensæ illius expensæ, & sumptus, quos in familiam Regiam, Præfectos Nobiles, aliosq; Aulæ Ministros, necnon in Senatores, Consiliarios, Inquisitores, Rationales, Susceptores publicorum vectigalium, & in ipsa loca publica, in classes maritimas, milites, & præsidia Regni Neapolitani, Siculi, Ducatus Mediolanensis, Belgij, in Africa, Insulis, India Orientali, & in summa in omnibus Prouincijs extrà Regnum bello acquisitis annuatim sustinere, & erogare cogitur; cum rationibus accepti conferantur, illæ has, aut æquant, aut non rarò superent: Attamen tribuendum est hoc Regiæ Magnificentiæ, cum ea sit Austriacorum benigna natura, vt graues esse populis suis nolint, sed patriæ necessitati ex singulorum opibus subuenire, seruato regionum more, ac modo facultatum, vt notat *Pellerus ad eundem Klock. cap. 4. nu. 169.* & ditissimi Patrimonij maximam partem summa beneficentia ipsismet Subditis munificè largiantur; quod pro scopo imperij habuit *Regia lex 18. tit. 5. partit. 2. l. 1. tit. 10. lib. 5. Recopilat.* ibi: *Pertenesçe à los Reyes hazer graçia, y merçedes à sus naturales, y Vasallos, porque sean ricos, y honrados, y el estado de los Reyes por ellos mas acreçentado, y por esso hizieron donaçiones à los sus Subditos, y à Iglesias, y Ordenes de su Sennorio, de Ciudades, Villas, y lugares, y otras heredades;* aliamq; legem Regis nostri *Alphonsi* cognomine *Sapientis in l. 14. tit. 5. par. 2.* vbi ità concludit: *E por estas razones, que de suso diximos, no hà el Rey por que auer cobdiçia de grandes riquezas*, recenset *D. Didac. de Bolero de decoct. deb. fisc. tit. 5. qu. 11. n. 8.*

14 In hoc vastissimo Regno Hispanico vnicus defectus à nonnullis Politicis deprehensus fuit, quod membra ipsius per totum Orbem dispersa, haud rectè ad mutuam defensionem, vel auxilia coniungerentur; nam quò magis istis longè dissitis regionibus cœpit grandescere, eò magis integralē potentiam Hispanicam in ijs defendendis, ac definiendis immensum, ac debilitatam esse, *Colinius*, & *Noalius* ad Regem Galliæ scribunt apud *Thuanum lib. 51. & lib. 82.* & acris Satyricus *Troianus Boccalinus* Romanus in libello, cui *tit. del Paragone Politico*, siuè *lapide Lydio Politico* latinè edito; qui etiam scripsit Satyras nouo planè argumento, quas inscripsit *Relationes ex Parnasso*, fuitq; animo infesto admodùm aduersus Hispanos, totus verò in perstringēdo Rege, & Hisp. Ministris est inuidè occupatus, fustigatus meritò ab Hispanis, Venetijs vsque ad mortem, teste *Conringio* apud *Andr. Oldenburger. in Thesaur. Rerumpubl. par. 1 fol. 135.*

15 Sed huic defectui remedium hoc repertum fuit, vt duabus classibus, veluti neruis, omnes partes hinc indè dispersæ coniungerentur. Aluit igitur Rex Hispaniæ duas classes perpetuas, vnam in Oceano, qua Indiam Occidentalem defendit: alteram in mari Mediterraneo, qua Italiam Hispanicæ coniungit, & sic magnus ille vir *Io: Boterus* nihil obesse illius fortitudini, & stabi-

 litati

litari iudicat, quamuis negari non possit, quod virtus vnita sit fortior, non tamen generali officit Monarchiæ, quinimò ipsæ dissitæ Ditiones per se solæ hostem arcere valent, & solum nostrum Regnum Neapolitanum valida hisp. militum præsidia habet ad quamcumque hostium vim repellendam. In omnibus verò Prouincijs (quæ sunt duodecim amplæ regiones) quinque pedites in singulos centenos focos extrà ordinem imperantur, qui cum per totum Regnum ingentem faciant numerum (sunt enim foci 394721.) non paruas reddunt peditum copias; plurimæ etiam numerantur arces, & fortalitia, ac magnus triremium numerus ad propulsandam exterorum ingruentem vim; & omnes publici sumptus ex ipso Regno desumuntur, imò exteris auxilia mittit, vti hoc tempore pro Mediolanensis Status tutamine subuenit, & sic nihil Regiæ potentiæ obest, imò & maximum affert emolumentum, & plurimum decoris ex illo *Prouerb. cap. 4. In multitudine populi dignitas Regis, & in paucitate plebis ignominia Principis.*

16 Vires autem, ac potentia Inuictissimi Hispaniæ Regis, non solùm ex maxima terrarum amplitudine, fœderibusq; colligitur, sed quod valeat in Italia magnũ Equitum, peditumq; numerum alere, & in mari 50. triremes; quod alat viros prudentissimos, milites q; fortissimos, propositi semper tenaces, & laborum patientes; vna enim viget Hispanorum Ducum, & militum summa peritia, & strenuitas; vt *Velleius* etiam *Paterculus* de bello inter Hispanos, & Romanos autumarit (*per quinquaginnium dijudicari non potuit, Hispanis ne, an Romanis plus esset roboris, & vter Populus alteri esset imperaturus*) vndè non inconcinnè his cõgruit, quod de Romanis Militibus scripsit *Lipsius lib. 1. Dialog. 11.* (*delectum vide nihil accuratius, ordinem nihil aptius, disciplinam nihil securius*) Illorum insignia, & præclara gesta ingenuè extrà omnem adulationis aleam deprędicamus, neque enim nostro indiget encomio ea Natio, quæ tot seculorum serie semper gloriosa essflotuit, semper dominatrix effulsit, vt testantur abundè *Plinius lib. 25. c. 17. A. Gell. lib. 1. Noct. Attic. 21. Strab. lib. 1. & 3. Liuius lib. 22. cap. 21. Borrell. de præstant. Reg. Cathol. cap. 82. num. 27. Valdes de Dignit. Hispan. cap. 4. n. 5. B. Valenz. in Discurs. Status, et belli consid. 18. p. 1. n. 78. Lansius in orat. pro Hispan. fol. 218. Besold. in Dissert. Philolog. de iure belli cap. 3. Bernard. Aldret. lib. 1. de orig. lingua Castell. cap. 3. & 15. Solorzan. de Iure Indiar. lib. 1. cap. 6. num. 13. tom. 1. Gastone discept. fisc. 1. num. 47.*

17 Prodijt item *Caroli Scribanij Soc. Iesu Institutio Politico-Christiana*, in qua *lib. 2. cap. 42.* præter alia, Regis Catholici potentiam, & opes elicit ex numero militum, qui ad Regnorum, Prouinciarum, Vrbium, & arcium præsidia, & munitionem deseruire possent, & in hostem immitti: Hunc autem ex viri peritissimi subductione se didicisse asserit, qui anno 1615. scribebat educi, armariq; posse.

E veteri Castella, & Legionẽsi agro peditum sex, & viginti millia, equitum millia duodecim.

E Castella noua, peditum triginta millia, equitum millia duodecim.

Ex Aragonensi Regno, & Cathalonia, peditum triginta sex millia, equitum millia quatuordecim.

E Valentia, & Murcia, peditum sexdecim millia, equitum millia octo.

E Granatensi Regno, peditum quatuordecim millia, equitum millia sex.

E Betica, seù Andalusia, & agro Giennensi, Cordubensi, Extremadura, peditum quinquaginta, & vnum millia, equitum millia viginti.

E Galicia peditum octo millia, equitum millia duo.

E Biscaia latissimè sumpta, quæ cõplectitur quidquid inter Galliam, & Galiciam terrarum iacet, peditum duodecim millia, equitum octo millia duo, & nongentos.

Nauarra, peditum octo millia, equi-

equitum millia tria.

Quæ omnia (inquit) peditum statuunt ducenta viginti, & vnum millia; equites nongentos suprà octuaginta nouem millia. Ingens numerus, sed qui à magno Viro, & Hispaniarum peritissimo profectus fidem meretur. Quod si singula Regna, & Prouinciæ quartam eorum, quos armare possent, partem in annos duos, aut ad summum tres ære suo Regi suo mittant in belli subsidium, exurgent peditum quinquaginta quinque millia, ducenti, & quinquaginta; Equitum viginti duo millia quadringenti, & septuaginta quinque. Auctior equitum numerus est? auge peditum, minue equitum, & pro quinquaginta quinque peditum millibus, substitue quinque, & septuaginta millia; pro equitum millibus viginti, & duobus, concede millia non amplius decem.

18 Cumq; verò Subditorum diuitiæ sint laus, & gloria Regis, qui necessitate vrgente non modicum possunt præbere subsidium, non incongruè annotandum est, Magnatum Hispanorum familias, quas recenset *Laët in descript. Hisp. cap.* 17. tot scilicèt Duces, Marchiones, Comites, tantas ingētes opes, ac reditus possidere, vt asserat *Contarginus* apud *Oldemburgen. in Thesaur. Rerumpubl. par.* 1. *pag.* 136. hodiè Magnates longè maioribus diuitijs, quàm ipsum ferè Regē pollere. Videō. eruditiss. *D. Ildephonsus Carrillo in tract.* cui tit. *El origen de la Dignidad de Grandes*, quem inseruit post opus *Salazaris de Mendoza de las Dignidades Seglares de Castilla*. Sunt prætereà in Hispania Ordines Equestres, & in Regno quidem Castellæ tres, scil. S. Iacobi, Calatrauæ, & Alcantaræ, qui etiam ingentia possident bona. De Clero refert ex *Maringo Siculo pag.* 301. *Ioannes de Laët*, quod Cleri vniuersæ Hispaniæ annui reditus sunt 4000000. ducati. Hi reditus Cleri iam eo tempore fuere, verisimile autem est multum deindè vberiùs creuisse. Et licet Magnates, ac Nobilitas Hispanica ab omnibus tributis exempti sint, vt & Clerus, sūma tamen exigente necessitate, & assensu Summi Pontificis, quoad Clerum impetrato, solet Rex illum oneribus prægrauare; Vndè de mense Augusti 1658. occasione circumuallationis factæ à Lusitano Exercitu in Ciuitatem *de Baiadox* nostri Regis recolendæ semper memoriæ Philippi IV. decreto generali impetrata fuit registratio omnium carrucarum, siuè curruum, coram D. Hieronymo Camargo sui Consilij Castellæ, & quod quilibet ex Subditis eas habens collectaret centum ducat. æreæ monetæ pro vna vice, & omnes Ecclesiastici suos currus registrarunt, & sine vlla coactione donarunt Regi, vel eandem summam, vel aliam minorem, aut maiorem, vt post *Fermosin.* refert *Capon. for. discept.* 313. *cap.* 2. *num.* 62. *tom.* 4.

19 De ipsis verò Regijs, & Regni Hispaniæ prouentibus præfatus *Carolus Scribani in Instit. Polit. Christian. d. lib.* 2. *cap.* 42. quem etiam refert *Laurent. Beyerlinck in Theatr. Vitæ Human. tom.* 6. *verb. vectigal fol.* 26. ità subdit:

Iam si Regias intuearis opes, ingentes omninò sunt: cum suprà sex, & viginti auri milliones annuè regio inferantur Ærario, & possent plures, si res Augusti more ad certos calculos redigamus. Nisi quis arbitretur tàm seriam, & sedulam exactionem non cadere in magnos Reges; errat. Non penitus, nec pudiut Romanum Imperatorem, nec quicquam magnitudini illius ex accuratissima, ac quasi priuati hominis cura decessit; accessit autem plurimum.

Quod si Archiepiscoporum, & Episcoporum Regni illius opes recensetas, magnas omninò reperies, annis enim singulis Archiepiscopatus quinquaginta quatuor suprà septingenta millia aureorum pendunt: Episcopatus verò ad minimum septuaginta octo suprà octingenta aureorum millia. Nec tango hic Archiepiscopatus, & Episcopatus Indiæ vtriusque, quorum opes in tanta gemmarum auri, aromatum luxuria quis certò enumeret? Sed neq; Sardiniæ, Siciliæ, Neapolitani

Re-

Regni, Mediolanensis Provinciæ aliarũq; provintiam Regi parentium. Adde his militarium ordinum annuos proventus. Invenies in S. Iacobi Ordine, qui nonaginta novem administrationes, seù Encomiendas continet, supra octingentas, & octuaginta novem, trecenta, & octo aureorum millia.

In Ordine Calatravæ, qui quinquaginta, & unam Encomiendas continet, centum, & trigintaquinque aureorum millia.

In Ordine Alcantaræ, qui triginta octo Encomiendas complectitur, ducenta quadraginta octo millia, supra centum, & quatuordecim aureorum millia.

In Ordine S. Ioannis, qui in Hispania centum, & triginta quatuor Encomiendas continet, ducenta, quinquaginta suprà centum, & triginta quatuor aureorum millia.

In Ordine de Montesa, qui tredecim Encomiendas complectitur, tria, & viginti aureorum millia.

Quorum omnium summa nongentorum, & quinquaginta millium, trecentorum, & octuaginta septem aureorum est. Omnium verò omninò commemoratorum Ecclesiasticorum summa excrescit in milliones auri duos, & quingenta, & octuaginta duo millia, & aureos trecentos, & octuaginta septem.

Taceo Abbates, Prælatos opibus claros, variorumq; Ecclesiarum Canonicos, aliosq; Ecclesiasticis proventibus insignes, qui si in unum conferantur, non cedunt Archiepiscopis, Episcopis, militaribus Ordinibus sacris, adeòq; superabunt non parum.

Veniamus ad secularium Principum opes. Reperio Hispaniæ viros Principes, quos Grandes vocant, è proventibus suis annis singulis percipere: Duces nongenta, & nonaginta aureorum millia suprà millionem auri unum: Marchiones, trecenta, & quadraginta octo aureorum millia: Comites, ducenta, & sexaginta sex aureorum millia. Quæ si iungas, reperies suprà milliones aureos duos, sexcenta, & quatuor aureorum millia. Adde his annuos census Magnorum Hispaniæ in Italia, nongenta, & septuaginta aureorum millia, & reperies suprà auri milliones tres, quingenta, & septuaginta quatuor aureorum millia. Quibus addi possunt annui proventus Ducum, Marchionum, Comitum Hispaniæ extrà numerum Magnorum, milliones auri tres, & centum, & quinquaginta, & unum aureorum millia. Quæ omnia excrescunt in septingenta, & viginti quinque aureorum millia suprà sex auri milliones. Quibus si addas Archiepiscoporum, Episcoporum, Ordinumq; militarium opes, exurgent milliones auri novem, & trecenta, & septem aureorum millia, & octingenti, & septem aurei. His verò si iunxeris reliquorum Ecclesiasticorum proventus illustriores, aliorumq; infrà Comitum dignitatem constitutorum opes, fidem superabunt Regni unius opes.

Ex his opibus à singuli ultronea voluntate Regi suo anni unius proventum offerant, quam nobili augmento Regium opulentabunt Ærarium? Et quis petenti Regi, fidei, & Regni bono subsidiarium anni unius proventum negabit; maximè si aliquid honoris Regia munificentia singulis accedat, honor nimirùm pro pecunia erit, maximè apud Hispanos.

Iam si Augusti exemplo, quicumque Hispania tota per cuiuscumq; generis opes aliquid possunt, in annos duos, tresvè, pro facultatum nimirum ratione militem unum, alterumvè, aut plures sumptibus suis alant; quanti exurgent exercitus, Deo, Regi, Regno! & quantula res est paucorum annorum stipendium, militis unius, aut plurium, aut medij etiam, si plures non permittant annui proventus?

Perges aliquis, & gravia hæc esse dices: at ego nihil hic video admodum grave, aut metuendum, sed & si quid indico, deduco rem ad facilem executionem, & magnum non magno negotio militarem monum. In universa Hispania, quæ ambitu suo tot Regna, & Provincias complectitur, opesq; quas recensui tantas, quantas nullum Orbe toto Regnum, siuè in Regium Ærarium, siuè in Ecclesia Proceres, siuè in seculo Magnos confers; Oppidorum minimum, pagorumq; millia trigin-

m reperies. Sanè ex Alphonso Sapiente, de solo agro Betico refert Mariana hist. lib. 3. cap. 7. Tanto prouentu, vt centum millia, qua villas, qua trapeta in ijs numeris, quibus *Assaraffe* nomen est, Mauris rerum potiuntibus, numeraret. Ingens numerus, sed Alphonsi tamen Regis Sapientis historiæ auctoritate probabilis: *Hoc anno 1248. cum prouinciam illam Hispaniarum fœcundissimam Ferdinandus III. Sanctus, Mauris eripuit. Et verò Plinius lib. 3. cap. 1. oppida in Betica numerat 175. vt nemo miretur, si vniuersæ Hispaniæ triginta vbi locorum millia attribuam, è quibus educi miles possit. Educ proindè è singulis stipendia in pedites duos, equitem vnum; habebis peditum ex his Regnis millia sexaginta, equitum millia triginta; quod si plures hic equites, deme de equitatu, auge peditatum. aut sanè medium tantùm equitem è singulis locis pagi educito; Non quod è minimis locis tantùm stipendiorũ velim colligi, quantùm è magnis, sed habita populi, & potentia in singulis locis ratione; ità ex Vrbe vna viginti, quinquaginta, centum etiam, aut plurium sperari stipendia poterunt: è tenui pago, stipendium vnum, aut medium etiam militis vnius. Quæ omnia quo commodiùs, minoreque locorum sensu fiant, posset Regia concessione permitti modicum aliquod vectigalis alicuius publici in singulis locis augmentum, è quo stipendia hæc, nullo propè populorum, Vrbium, pagorumque sensu colligi possent.*

20 Omnes reditus annuos suprà sex, & viginti auri milliones Ærario inferri tradit præfatus *Scriban.*, & ad vigesies quinquies decies centena aureorum m. ascendere testatur *Comes Alphons. Lusitus in compend. histor. fol. 87.* sed Regis Patrimonium nouissimis temporibus suprà modum auctum, amplificatumque; vltrà diuitias cuiusuis alterius Regis *sit D. Didac. de Balero in tract. de decoct. deb. fiscal. tit. 2. qu. 1. num. 30.* vt omnes in comperto habent, & domesticus testis, qui de ea re tamdiù egit, fidem præstat *D. Meucher. lib. 1. contron. vsu frequen. in præfat. nu. 78. & 79.* ità concludens: *Sed Potentissimum Regem, ac Dominum nostrũ reliquis omnibus Principibus longè ditiorem, ac opulentiorem esse, nullus ignorat, &c. cit. Scribonius in Polit. Christian. in Epist.* ad Regem Cathol. ibi: *Tu mihi primus, qui mundũ vniuersum auro denuò perpluis, & gemmis, nam quod illis propè fatigetur orbis, ab Oriente, & Occidente tuo est. &c. Borrellus de Regis Catholici præstantia d. cap. 45. & c. 46. Bulenger. de Imp. Rom. lib. 3. cap. 16. Carança en el Aiustamiento de las monedas 1. par. cap. 6. §. 2. vers. de todo lo dicho. Fr. Ioann. à Salazar. in Politica Hispana proposit. 1. Bobadilla in Politica lib. 3. cap. 2. num. 4. D. Io. Solorzan.* solita eruditione exornans *lib. 2. de Iure Indiar. cap. 16. & in Politica Indiana lib. 6. cap. 1.* præcipuè *ex vers. Podemos tambien traer por testigos fol. 989. Epist. Fermosin. alleg. fisc. 2. num.* 10. alijque

21 Ex quibus facilè conuincitur mendacium *Euphormionis Lusinini*, siuè *Io. Barclai in par. 4. Icon. animor. c. 7.* quem etiam refert *Petr. Andr. Canonherius in Aphorism. Polit. tom. 1 pag. 438.* qui ausus est dicere, Hispanos sui ærarij famam, opulentiæ Indicæ nomine, & ingentibus prætereà verbis, cauta, & industria fraude sustentare; Nam, præter enarratas opes, Indiarum Occidentalis Prouinciæ tanto auro, argento, metallis, gemmisque sunt affluentes, vt Reges nostros, vel ipsis cæteris confitentibus, omnium diuitiarum copiosos reddant, qui si haberent sibi subiectos loco mancipiorum, vt habent Turcarum, Sinarum, ac Moscouitarum tyranni, *forent illius opes nimis incredibiles, & immensæ, teste Thom. Bozio l. 2. de Signis Eccl. sign. 92. cap. 3. pag. 378.* & *Simon Maiol. colloqu. 22. de fluuijs, & colloqu. 10. de metall. pag. 598. & seqq.* recensitis harum Indiarum diuitijs, inquit, se non dubitare, quod excedant eas, quas Imperium Romanum congessit, & cum *Surio* referet vsque ad annum 1558. asportatos ex illis in Hispaniam esse septem decades millionum auri, totidemque ex margaritis, gemmis, vnionibus,

bus, ac reliquis lapidibus, rebusq; pretiosioribus, præter aliam summam, quæ ibidem consumpta est; & longè plures, cum vel totidem ad nationes extraneas per incuriam fluxisse affirmet *Alphons. Carranza in tract. de Aiustamiento de monedas 3. par. cap. 4.* & ex sola Potosiensi argenti fodina ex anno 1545. quo effodi cæpta fuit, ad A. 1585. centum, & vndecim milliones extractos fuisse, habita ratione ad quintam partem, quæ Regi soluta est, memorat *P. Ioseph Acosta in hist. Ind. lib. 4. cap. 7.* eamq; plusquam 850. milliones excedisse, vsque ad sua tempora inquit *Solorzanus*, scribens in anno 1639. *de Indiar. Gubern. d. lib. 5. cap. vnic. num. 14.* referens *Iacob. Marchant.* qui hac de causa Regum nostrorum thesaurum inexhaustum appellat:

Cuius inexhaustas Dî tueantur opes.

12 Reditus igitur annui Catholici Regis Hispaniarum adeò ingentes sunt, vt Orbis ferè totius possidere Ærarium videatur, eiusq; vxor sit fortuna, quæ pro dote attulit in mariti domum potentiæ perpetuitatem; domus verò sit Principis Aula, quæ sit illud punctum extrà mundum toties ab Archimede desideratum, ex quo Rex nouus Archimedes Hispanicus, totum terrarum Orbem facilè mouere, & hinc inde propellere possit, vt loquitur *Thom. Lansius in Orat. pro Hisp. circà princ. fol. 419. & 431.* Circundat etenim, ac planè cingit vniuersum ipsum terrarum Orbem, & ab Oriente ad Occidentem diffunditur, ità vt possit quis totum Orbem circumnauigare, Hispani semper Imperij terras pertingens, *Thom. Bozius de Signis Ecclesiæ Dei lib. 8. sign. 32. & lit. E. 112. Solorz. d. cap. 16. num. 54.* Vndè cum quidam Princeps alti sanguinis Anglici (referente eodem *Lansio d. Comp. hist. fol. 61.*) duos annos assiduè nauigarit, & ab Ortu ad Occasum terrestri itinere incederit, ac nil vnquàm viderit, audiueritq;, quàm maris, ac terrarum ditiones Regis Hispaniarum, Regiam Aulam, vti conspicuum subiectum, ad deosculandas *Magni Philippi* regales manus, ingressus, admiratione iuxtà, & confusione defecit, qua de re sciscitanti deindè respondit: *Et non deficiam, dùm Compendium terrarum Orbis aspicio.*

Hæc deniq; vastissima, & ditissima Monarchia, Catholicis Hispaniæ Regibus in Fidei, Pietatis, & Religionis præmium diuinitùs data, efficiet, vt tantæ Maiestatis fastigia, margine Cæli claudantur, & eisdem, quibus terrarum Orbis, finibus terminentur, ex promissione *Isaiæ cap. 43. & 51.* ac benedictione Ecclesiæ *Psalm. 71. Et dominabitur à mari vsque ad mare, & à flumine vsque ad terminos Orbis terrarum*: Vndè inter alia Gloriosissimæ huius Austriacæ familiæ encomia, illud notandum, quod literis consignauit *Hermannus Kirchnerus in Moralib. Erris lib. 2. c. 44. num. 83.* in eadem nullum vnquàm Tyrânum extitisse; prout nec absoluta potestate vsos fuisse, notat *Cannet. in Extrauag. si aliquem, fol. 266. num. 111.* Imò rarum, ac singolare, necnon à proauis, atauisq; proprium esse videtur, præter masculos ferè omnes, etiam fæminas plurimas, mento nasci oblongiore, prominentioreq; non tamen indecenti, sed cuius forma vultum Principis graui quadam Maiestatis reuerentia decoret, vt animum ostendat pium, placidum, constantem, & minimè perturbatum, *Theodor. Hopinck tract. de notis natural. &c. S. 6. num. 8. 9. & 10. Oldenburgerus in Lymnæo Enucleato lib. 3. cap. 2. num. 3.*

Tanti imperij habenas nunc moderatur Augustissimus, ac Inuictus Rex Catholicus CAROLVS SECVNDVS Hispaniarum Monarcha, gloriosissimorum Auorum vestigijs insistens, nec ab eorum pietate, sapientia, strenuitate, constantia, magnanimitate, iustitia deuians, quo vno non habet Christianus Orbis maiorem dignitate, potentia, ac dotibus, cuius heroicas virtutes, licet infrà meritorum dignitatem, ad viuum expressit

P. D. Bo-

P. D. Bonauentura de Tondis Oliuetanus eruditissimus Regius Chronographus in sua *Idea Regum ad Reges*, tribus partibus diuisa, & inter centum nonaginta nouem Elogia *in parte* 1. inscripta, *Elogium XXIV pag.* 25 hic appendere libet.

CAROLVS SECVNDVS REX,
Austriadum decus,
Hispanorum columen:
In cuius potestate est, quidquid vltrò, citròque extenditur,
Quidquid regionum, & litorum, tot alluunt maria.
Tot dissita inter se Mundi climata,
Vltrà Oceani claustra, vltrà Gangem, vltrà Gades,
Et quà currit vtrumquè Sydus,
Vbiquè Regnorum, & gentium dominatur;
Extendit cum Sole manus;
Vbiquè huius fasces imperant,
Hispanorum fortuna, & virtus eò peruasit;
Vt Romanos ipsos rerum Dominos,
Imperij magnitudine,
Non æquauerit modò; sed longè superauerit;
Nulla pars Mundi est,
Quam Austriacus Sol non lustret.
Est religionis fulcimen;
Et ideò tanta stirps æuo certat,
Et nulla armorum vi quati potest;
Nihil hoc Rege Augustius,
Nihil hoc Chlamidato dignius,
Qui auream gloriæ segetem demetit,
Dùm Christo, & Aræ serit;
Dùm faces eiaculatur in impietatem,
Sibi sternit viam ad sydera;
Quod licet, libet,
Dat in cunctis specimen insignis prudentiæ, & iustitiæ,
Summam rerum optimè regit;
Regnat enim in animo Regis illa pietas,
Quæ peperit Austriacis tot Regna, tot Reges,
Et longam adeò Cæsarum posteritatem,
Quæ nascentem, & Occidentem Solem ijs subiecit,
Quæ ad Herculis columnas fortunam alligauit Austriacam,
Quæ Oceani claustra ad Peruanas opes aperuit,
Quæ constituit Regnantem CAROLVM,
Extrà omnem fortunæ aleam,
Intrà omnigenæ fœlicitatis incrementum.

H §. 1. Re-

§. 1.

Regnum Neapolitanum.

1 SI Europa præstantior Orbis pars, intrà quam beatior Italia est iudicanda, nonnè in Ausonia amęniora loca obtinuisse Neapolitanum Regnum fateamur, oportere Hic, quidquid solers natura peperit, quidquid mortalium genus ad feliciter viuendum posset excogitare, semper commodissimèq; reperitur, tellus amęnissimarum regionum sinubus mutuò circumplexa, inclytum reddit hoc Regnum, aliàs etiam dictum *Sicilia citrà Pharum*, quod pars est perampla Italiæ ad meridiem extensa, terminaturq; ab Occidente Pontificio Statu, in alijs verò partibus mari circundatur, à Septentrione scilicèt Adriatico mari, seù Veneto sinu, ab Oriente sinu Tarentino, & mari Ionio, à meridie deniq; mari Tyrrheno. Eius circuitus maximus est, 1400. milliarium longitudine, 400. circitèr latitudine: Inter 12. lacus, 148. flumina, 30. montes, 5. syluas, 7. Insulas, 27. mineralium venas, 1981. Oppidis decoratum, Vrbes habet non Ignobiles 148., in quibus XXI. Archiepiscopali, cæteræ CXXVII. Episcopali emicant dignitate, earumque Archiepiscopos octo, & sexdecim Episcopos nominat Rex noster Catholicus, hiq; se Regis Consiliarios inscribunt, *ex Summi Pontificis Clementis VII. concessione Inuictiss. Imp. Carolo V. facta sub die 29. Iunij 1529.* Brundusij scilicèt, Lartiani, Marathææ, Hydrunti, Rhegij, Salerni, Trani, Tarenti: Necnon Ariani, Acerræ, Aquilæ, Cutroni, Cassani, Castri maris de Stabia, Caieræ, Gallipolis, Iuuenatij, Motulæ, Monopolis, Puteolis, Potentiæ, Triuenti, Tropeæ, & Vgenti: Quas Cathedrales Ecclesias Regi reddere annuos ducat. 30000. circitèr scribit *Mazzella*, præter multarum Abbatiarũ præsentationes, quæ sunt antiqui Iurispatronatus Regni.

2 Duodecim complectitur Regiones, siuè Præfecturas, pro faciliori regimine, ac Ærarij cura distinctas, teste *Pontano lib. 5 de bello Neap. fol.* 381. quas ob magnitudinem (fuerunt aliàs Reges *Apuliæ & Lucaniæ*, cũ græcis dictæ, *Basilicata*) Prouincias appellamus, nempè *Terram Laboris*, siuè Campaniam fœlicem, cuius caput olim Capua, nunc inclyta Neapolis Vrbs, totius Regni metropolis, & regina; *Principatum Citeriorem* (siuè Picentinorũ), cuius caput quondam Picentia, hodiè Salernum, medicinæ fons antiquitùs dictũ; *Principatum Vlteriorem* (siuè Hirpinorũ) cuius caput Monsfusculi; *Basilicatam* (seù Lucaniam), cuius caput Marathea; *Calabriam Citeriorem* (seù Bruttiorũ), cuius caput Cõsentia; *Calabriam Vlteriorem* (vel Magnam Græciam), cuius caput Catanzarium; *Terram Hydruntinam* (vel Iapygiam), cuius caput Licium, vbi & celebris Tarentina Ciuitas; *Terram Barensem* (seù Peucetiam) cuius caput Tranum; *Comitatum Molisij* (qui pars est Sãnij); *Capitanatam* (siuè Apuliam Dauniam), cuius caput Luceria; *Aprutium Citerius* (vel Samnium), cuius caput Theate; *Aprutium Vlterius*, cuius caput Aquila. Huius Regni descriptionem peculiaribus libris pulchrè exhibent *Henricus Bacchus, Scipio Mazzella, Iulius Cæsar Capacius, Franciscus de Petris, Eugenius Caracciolus, Cons. Blasius Altimarus* sub anagrammatico nomine *Tobia Almagiore insua raccolta, in fine tomi 2. Hist. Summont.*, præter Geographos, & *Neapolitanas historias Pontani, Villani, Tarcagnotæ, Summontij, Colenucij, Costi, Caraffæ, Rosti, Lasrena de Bellis, Bossi, Porrij, Pellegrini, Gerardi, Zapati, Tutini*, ac recentiores *Antonij Bulifon* in accuratis libris, quos inscripsit *Cronicamerone, ò vero Annali, e Giornali Historici delle cose notabili accadute nella Città, e Regno di Napoli dalla Natiuità di N. S. fino all'anno 1690.*

3 Magnum hoc Regnum varijs olim bellorum casibus expositum, *Atheniensium* Republicæ, *Romanorum* munici-

pio,

pio, *Graecorum* imperio, *Normannorum, Suevorum, Germanorum, Andegavensium, Hispanorum* Regum coronae illustri, fidelissima nunc homagij obsequia praestat maximo Orbis Monarchae Austriaco, Hispaniarum Regi Catholico, sub cuius validissimo propugnaculo in pace vivit, & perpetuo vivere exoptat; qui ex Regni huius iuribus etiam Rex Hierusalem appellatur, & amplissimos habet reditus, quos ad duodecies centena millia duc. ascendere inquit *Viginer.* apud *Beyerlinck in Theatro vitae hum. tom. 6. ver. reditus fol. 15.* siue milliones duos, nongentos nonaginta sex millia, & nongentos triginta septem ducatos, ex *Reg. Tapia de Consil. Princip. in rubr. cap. 4. n. 102.* tradit *Barrellus de Regis Cath. praestantia cap. 45. num. 3.* & ad tres milliones duc. *Mazzella in descript. huius Regni lib. 1. pag. 123.* cuius etiam meminit *Klock de Aerario cap. 8. num. 13. & 14.* ubi *Pellerus in discurs. num. 12.* addit *Ian de Laet in libello de Princip. Ital. pag. 104. Hononius Thes. polit. p. 1. pag. 220. Cammerarius subcisiu. cent. 1. cap. 85. & Lotherium de censu lib. 1. cap. 17. ex num. 29.* Sed sub Augustiss. Carolo V. quinque milliones, & deinde septem transcendere testatur *Comes Alphons. Loschius in comp. hist. pag. 76. in princ.* Verum ordinarij reditus ascendunt hodie ad duos milliones praeter extraordinarios.

4 Tria sunt in hoc Regno redituum genera; primum scilicet eorum, quae Baronagium soluit; alterum, quae Populus; tertium, quae ex Regiis Dohanis, aliisque vectigalium arrendationibus ordinarijs, extraordinariisque percipiuntur; quorum (iuxta nostri operis limites) originem, easdemque enucleationem *in annotationibus ad has Regiae Camerae Decisiones late reperies.*

5 Baronagium componunt Barones, ac feudatarij, ex quorum innumero numero plurimi sunt titulati, Principes nempe 119. ac 158. Duces, 174. Marchiones, 41. Comites, qui habent iurisdictionem ciuilem, & criminalem, cum mero, & mixto imperio, non vero procuratorem, nec advocatum fisci, sed tantum constituere possint Curiae Consiliatorem, praeter Exc. Bisiniani Principem ex Illustr. Magnatibus, qui ex peculiari privilegio facultatem habet procuratorem fiscalem eligendi, teste *Reg. Tapia lib. 1. Iur. Regni Neap. rubr. 10. pag. 185.* & eligunt alij exactorem Baronalium introituum, quem *Erarium* vocant, de quo plura collegit post alios *D. Cons. Altimarus in obs. ad Reg. Rovit. cons. 73. lib. 1.*

6 Hi Barones ad servitium militare tenentur, quod *Adohum* vocant, estque duc. 5. 2. 10. pro singulis centenis, si feudum in Vasallis consistit; si vero est sine Vasallis, soluuntur pro adoha ducat. 20. ½. medietas scilicet integri feudi; si feudum est rusticum, idest inhabitatum, soluuntur duc. 30. pro cen. Ob quam adoham Barones omnes, ac feudatarij annuatim soluunt duc. 165339. 2. 10. ex quibus sunt Regio Aerario assignati duc. 48806. 4. 18⅔. reliqui vero duc. 116003. 1. 23⅓. dati sunt eius Consignatarijs. Alios calculos antiquiores referunt *R. Moles in decis. R. C. S. q. 8. n. 4. & ad 30. Scipio Mazzella in descript. huius Regni lib. 1. pag. 131. R. Tapia ubi sup.*

7 Soluunt etiam Barones ob mortem praedecessorum, relevium, quod est medietas fructuum, qui percipiuntur ex feudo in anno mortis Baronis, & hoc ius habita ratione ad plures annos summam efficere duc. 30000. testatur *R. Moles in d. dec. § 21. q. 3.* sed ex libro *Novae Situationis anni 1669.* duc. 32200. percipi constat, verum sicut incerta mors est, ita haec summa. Soluunt etiam hoc ius Oppida demanialia, siue regia, & Ecclesiae (nisi exemptae sint) singulis quindecim annis. Si vero statuto tempore hoc non denuncietur, duplicati relevij, vel simpli cum interesse, ad Regij fisci electionem, solutione puniuntur. *Vide tractatus de adoha, & relevio Iacobi Apolli, & Andr. Capani.*

8 Adest ius devolutionis, omne videlicet, quod pervenit ex feudis, Terris, functionibus fiscalibus, ac introitibus

regijs in feudum concessis, quę ob feudatariorum mortem absque legitimis successoribus in dies obueniunt, prouit in præterito A. 1689. ob mortem Excell. Hostiliani Principis, Hispaniarum Magnatis absq; legitimo successore in feudali hæreditate, eius ingens feudorum ditio ad Regium Fiscum Regni huius deuoluta est.

9 Sunt etiam alij introitus fiscales extraordinarij, qui à varijs debitoribus per Regiam Curiam percipiuntur, & iuxtà d. *Situation. pag.* 454. ascendunt ad duc. 6928.1.19 $\frac{1}{3}$., ex quibus sunt eius creditoribus assignati duc. 4891.3.11 $\frac{2}{3}$., reliqui verò Regiæ Arcæ militari, hoc est. —— duc. 2036.3.8 $\frac{1}{3}$.

10 Assignantur etiam Regio Ærario militari ex fiscalibus, adohis, vitalitijs, alijsquè ad beneficium Regiæ Curiæ, infrà nouam situationem deuolutis, alij annui ———— duc. 3303.2.13 $\frac{4}{5}$.

Ex taxis in anno 1669. per Aulam Regij Cedularij tunc formatis annui duc. ———— 151.3.18.

Præter alias taxas, quæ posteà factæ sunt, & deinceps in dies faciēdæ erunt.

11 Quæ Populus soluit, sunt functiones fiscales, siuè ordinariæ contributiones, quas Regni Communitates soluunt; numerantur enim singulis quindecim annis, & singuli fumantes, seu foci soluunt ducatos quatuor, & tarenum vnum, ità vt, cum numerus focularium Vniuersitatum Regni (exceptis immunibus, & Vrbe Neapolis, quæ non numeratur) efficiat 394721., importet annuatim millionem vnum quingentum sexaginta millia, quingentum septuaginta ducatorum, taren. 4. & gran. 4., ex quibus assignati sunt Regiæ Curiæ annui duc. 801940. 4. 4. Dùm reliqui annui duc. 758629. 2. 12. assignati sunt multis eius Creditoribus, siuè Consignatarijs, vt habetur in *libro* edito *Nouæ numerationis, seù Situationis Regni anni* 1669. hoc modo:

	Numerus Focorum.	*Debitum annuum.* Ducæ.	taren.	gran.
Prouincia Terræ Laboris ————	n. 56990 ————	d. 198849.	2.	4 $\frac{1}{5}$
Prouincia Comitatus Molisij ———	n. 12876. ————	d. 53242.	——	13 $\frac{1}{2}$
Prouincia Principatus Citerioris ——	n. 30130. ————	d. 125828.	3.	2 $\frac{1}{2}$
Prouincia Principatus Vlterioris ——	n. 19128. ————	d. 77834.	——	19 $\frac{1}{5}$
Prouincia Capitanatæ ————	n. 17090. ————	d. 71363.	3.	16 $\frac{1}{5}$
Prouincia Basilicatæ ————	n. 27795. ————	d. 115297.	2.	15 $\frac{1}{5}$
Prouincia Agri Bariensis ————	n. 41950. ————	d. 169282.	1.	10 $\frac{1}{5}$
Prouincia Agri Hydruntini ————	n. 44678. ————	d. 176820.	3.	19 $\frac{1}{5}$
Prouincia Calabriæ Citerioris ———	n. 34791. ————	d. 143938.	4.	6 $\frac{1}{5}$
Prouincia Calabriæ Vlterioris ———	n. 46851. ————	d. 174660.	3.	17 $\frac{1}{5}$
Prouincia Aprutij Citerioris ———	n. 23156. ————	d. 92571.	3.	2 $\frac{1}{2}$
Prouincia Aprutij Vlterioris ———	n. 39196. ————	d. 161898.	2.	8 $\frac{1}{5}$
Summa totalis ————	n. 394721 ————	d. 1560570.	1.	17 $\frac{1}{5}$

Ex quibus assignati Regiæ Curiæ duc. ———— 801940. —— 4. —— 4 $\frac{2}{5}$
Assignati Consignatarijs d. ———— 758629 —— 2. —— 12 $\frac{4}{5}$.

Ex ijs igitùr, quæ ex dicta Oppidorum Capitatione Regiæ Curiæ tantùm penduntur, sunt annui duc. ———— 801940.4.4 $\frac{2}{5}$

12 Assignantur etiam Regiæ Arcæ militari alij annui duc. 300000., quos R. Curia, siuè Regium Ærarium impartitos, ac reseruatos habet super infrascriptis Arrendamentis, Gabellis, nouis Impositionibus, & Sigillis, & vulgò appellātur, *Massa reseruata*, ex ijs, quæ Cre-

Creditoribus sine assignata, vt in *Libro Noua Situation*, hoc est:

Super Regia Dohana Neapolis, duc. ———— 17000. — —
Nouo Imposito dictæ Regiæ Dohanæ, duc. ———— 6000. — —
Sericis Calabriæ, duc. ———— 10000. — —
Sericis, & Croco Aprutij, d. 1000. — —
Granis tribus pro qualibet serici libra, duc. ———— 1000. — —
Sericis aliarum Prouinciarum, vulgo *delle Prouinciali*, duc. ———— 6000. — —
Regijs Dohanis Apuliæ, d. 7000. — —
Arrendamento Vini *ad minutum* dicto, d. ———— 17308. — —
Salibus quatuor Fundacorum Neapolis inclusis nouis Impositionibus superindictis, duc. ———— 50000. — —
Salibus Hydronti inclusis d. nouis impositionibus, duc. ———— 26000. — —
Salibus Montium, & maris Calabriæ, duc. ———— 1600. 1.19.
Salibus Apuliæ, duc. ———— 2008. — —
Salibus Aprutij, duc. ———— 13000. — —

Sed in anno 1689. vlterà etiam alias nouas impositiones carolenariis fuerunt superindictæ alia gr. 7. cum dimidio pro noua construenda moneta pro quolibet salis modio.

Oleo, & sapone inclusis nouis impositionibus, duc. — 4000. — —
Ferris Regni, duc. ———— 8000. — —
Cartis Lusoriis, duc. ———— 2500. — —
Platea Maiori, duc. ———— 2000. — —
Stela Ponderum, & Mensurarum, duc. ———— 935. — —
Ouis, & hædis, duc. ———— 600. — —

13 *Super nouis impositionibus in solutum datis, i.e.*

Super ponderibus Regni, duc. ———— 300. — —
Duobus granis 15. super qualibet vncia, duc. ———— 3000. — —
Ponderibus intus Regiam Dohanam Neap. duc. — 1600. — —
Medio pondere intus dictā Dohanam, duc. ———— 675. — —
Secundo caroleno pro quolibet Olei sextario, duc. — 1500. — —
Tertio caroleno in singulos olei sextarios, duc. ———— 2200. — —
Caseo, duc. ———— 502. — —
Regale Piscis, duc. ———— 1300. — —
Sericis Bisinianis, duc. ———— 4310. — —
Duobus granis pro qualibet serici libra, duc. ———— 6000. — —
Iure Scannagij Mercatus, duc. ———— 256. — —

14 *Super Gabellis Ciuitatis Neapolis, i.e.*

Super Gabella carolenorum 9. pro quolibet vini dolio, duc. ———— 3347. — —
Gabella vulgò *del Pane à rotolo*, duc. ———— 1700. — —
Gabella vulgò *della metà delle due grana à rotolo*, d. 3856. 2.10.
Gabella dicta *della metà del terzo grano à rotolo*, d. 3400. — —
Gabella Nitri, duc. ———— 2287. — —
Gabella Pellium, duc. ———— 1200. — —
Gabella vulgò [illegible] *rum* intus Dohanam Neapolis, duc. ———— 4250. — —
Gabella trium Octauarum intus d. Dohanam, duc. — 3000. — —
Gabella medietatis primi caroleni pro quolibet sextario olei, duc. ———— 700. — —
Gabella medietatis priorum carolenorum trium cum dimidio pro quolibet farinæ modio, duc. — 2000. — —
Gabella medietatis secundorum carol. trium cum dimidio, in singulos farinæ modios, duc. ———— 4000. — —
Super Gabella Farinæ Casalium Ciuitatis Neapolis varijs personis vendita, annui duc. ———— 2590. 1.9.
Super Sigillis Sacri Regij Consilij, Regiæ Cameræ Summariæ, M. C. Vicariæ, Regiarum Audientiarum in Regni Prouincijs, Audientiæ Exerci-

tus.

tus, Regesto Regiæ Cameræ, Officio Secretarij Vicariæ vendito, annui duc. ———— 774. 4. 6.

Ex Arrendamento tractarũ Vini per extrà Regnum ad rationem carolenorum 30. pro quolibet vini dolio, ex locatione facta valet ann. duc. ———— 14010. — —

Ex Arrendamento tractarũ doliorum vacuorum veterum, ac nouorum, & alterius generis lignorum castaneæ, quæ extrahuntur per extrà Regnum, ex Prouincijs Terræ Laboris, & Principatus Citrà, præter Castrum maris de Stabia, quod locatum est pro annuis duc. 300., & quidquid etiam peruenit ex tractis lignorum solutorum, quæ extrahi permittuntur ex Prouincijs Principatus Citrà, & Terræ Laboris per extrà Regnum, locato pro annuis duc. 1605. Summa igitur totius efficit annuos duc. 1905. — —

Ex Tractis rerum siccarum, & salsarum, quæ extrahi conceduntur ex Prouincijs Terræ Laboris, Principatus Citrà, Calabriæ Citrà, & Vltrà, & Terræ Marathcæ in Basilicata, per extrà Regnum, quæ locatæ sunt pro annuis duc. ———— 5310. — —

Ex Tractis lignorum populi, Autani, Vlmi, Nucis, Clibani, Cerasi, &c. quæ extrahũtur per extrà Regnum ex Prouincia Principatus Citrà, præter Ciuitatem Castri maris de Stabia, locatis pro ann. d. 555. — —

Ex Tractis rerum siccarum, vulgò *Seccarie*, vini, aceti, aquæ ardentis, fabarum, leguminum, quæ extrahuntur per extrà Regnũ ex Prouincijs Hydrunti, & Barij, locatis pro annuis duc. ———— 10010. — —
Præter ius prohibendi aquæ ardẽtis, ac tractoriæ.

Ex Tractis Oliuarum per extrà Regnum, quæ extrahuntur ex Ciuitatibus Caietæ, Molæ, Castillioni, aliorumq; locorum Terræ Laboris ad rationem granorum 24. pro quolibet modio, ann. duc. 1100. — —

Ex Regia Syla Consentiæ, duc. ———— 1800. — —

Ex Iure prohibendi Niuis Calabriæ, annui duc. —— 1145. — —

Ex Defensis Regij Armenti Equini Apuliæ, & Defensa dicta, *del Regio Mazzone*, annui duc. —— 4047. — —

Ex Arrendamento territoriorum, herbagiorum, alteriusuè in Præsidijs Heturiæ, annui duc. ———— 10258. — —

Ex Regia Dohana Menæpecudum Apuliæ ob fidam ouium, locationes terræ non cultæ, vulgò *falde* pro vsu herbarum, & qualibet alia exactione, pœnarum, ac prouentuum, annui duc. —— 177296. 2. 5

Ex Dohanella Aquilæ ob fidam ouium in Prouincijs Aprutij remansarum, annui duc. ———— 5554. 4. 7.

Ex fida ouium exterarum extrà Regnum æstiuo tẽpore in pascuis d. Prouinciarum Aprutij, annui d. 1679. 1. 2.

Ex fida ouium exterarum, quę veniunt hyberno tẽpore ad pascua, annui d. 1075. 4. 12.

Ex locatione Prothomedicatus, annui duc. ———— 3800. — —

Ex Iure prohibendi venditionis Pulueris vulgò dictæ *Perdiglia* huius Ciui-

ta-

tatis Neap., & Casalium, ac Prouinciarum Terræ Laboris, & Principatus Citrà, annui duc. —— 7643. — —

Ex Iure prohibendi Tabacci in toto Regno, annui duc. —— 79690. — —

Ex pretio pullorum equinorum, & iumentorum Regij Armenti Apuliæ, annui duc. —— 3000. — —

Ex dirictibus fabricarum extrà mœnia Ciuitatis Neapolis, annui duc. —— 600. — —

Ex Arrendamento vulgò *della Manna forzata*, annui duc. —— 2550 — —

Ex dirictibus Sigilli Regiæ Audientiæ Capitanatæ, & Comitatus Molisij, annui duc. —— 30. — —

Ex dirictibus Secretariarum Dom. Proregis, annui d. —— 2000. — —

Alij reditus, qui plurimis Consignatarijs impartiti sunt vita durante, super varijs Fiscalibus, Adohis, & Corporibus extraordinarijs, quæ post eorum mortem ad Regiæ Curiæ beneficium deuoluentur, annui duc. —— 11882.2.6¼.

Alij ann. duc. 51799.1.12 diuersis Cõsignatarijs vita durante concessi super varijs Arrendamentis, qui post eorum mortem item ad R. Curiæ beneficium incorporandi erunt, duc. —— 51799.1.12½.

Ex dirictibus Tractarum frumentorum, & hordeorum per extrà Regnum, annui duc. —— 136576. — —

Ex extractionibus, quæ per extrà Regnum cõceduntur, cum Tractis dissolutis, ann. duc. —— 500. — —

Ex dirictibus Tractarum sericorum sanorum per extrà, annui duc. —— 1660. — —

Ex dirictibus Iuris salmarum, & aliorum Magistrorum Portulanorum, annui duc. —— 3800. — —

Ex mandatis, seù resultis Regij Cedularij, annui d. 26500. — —

Ex pretijs Officiorum, ad beneficium Regiæ Curiæ vacantium, ampliationum, substitutionum, renunciationum, locationum, & medietatis emolumentorum illorum in demanium, annui duc. —— 36000. — —

Ex Compositionibus, & trãsactionibus pœnarum delictorum, annui duc. —— 60000. — —

Ex Commissarijs Contrabannorum, Compositionibus, & transactionibus eorundem, annui duc. —— 35000. — —

Ex Debitoribus Significatoriarum, annui duc. —— 25000 — —

Ex venditione rerum veterum Regij Naualis, vulgò *Arsenalis*, Scapharum, veterum triremium, & nauilium, annui duc. —— 2000. — —

Ex Prouentibus Tribunalis Campaniæ, annui duc. —— 500. — —

Ex Prouentibus Magnæ Curiæ Vicariæ, ann. duc. 8600. — —

Ex Prouentibus Regiarum Audiẽtiarum Prouincialium, annui duc. —— 2500. — —

Ex Interceptis, quæ fiunt tàm in hac Ciuitate Neapolis, quàm à Capitaneis Grassiæ Prouinciarum Terræ Laboris, Comitatus Molisij, & Apuliæ, annui duc. —— 4000. — —

13 Summa totius ascẽdit ad millionem vnum, nongentum decem nouem millia, tercentum octuaginta duo ducatorum, tarenos quatuor, & grana septem, siuè ann. duc. 1919382.4.7.

16 Impensæ tamen adeò ingentes sunt, vt enarratio solùm omnem argutum confunderet intellectum, pro certo tamèn scimus, pro salarijs, & mercede Administrorū Regij Collateralis Cōsilij, Regiæ Cancellariæ, Sacri Regij Consilij S. Claræ, Regiæ Cameræ Sūmariæ, Scribaniæ Rationis, Aulæ Rationum, Thesaurariæ Generalis, & Regiæ Arcæ militaris solui annuos ducatos 57944.4.8. & pro mercede *Lectorum* Regiorum Studiorum Neapolitanæ Academiæ, Capellani Maioris, Sacristæ, Capellanorum, & Musicorum Regiæ Capellæ Palatij, & pro monumento, quod in dicta Regali Capella fit, solui annuos ducat. 13246.4.18., vt habetur *in Noua Situatione edita anno 1670. fol. 466.* Aliaq; onera pro soluendis militum stipendijs, pro tormentis bellicis, ac munitionibus, triremibus, constructione turrium, præsidiorum, viarum, quæ expendit *Iul. Cæsar. Capac.* in libro *del Forastiero, giorn. 6. fol. 404.* totq; alias expensas, quas ad vnguem enarrare, superuacaneum foret.

17 Quæ omnia solertissima cura administrantur per Supremum Regiæ Cameræ Summariæ Tribunal, constans ex Magni Camerarij Locumtenente, qui est caput, octo Præsidentibus doctoribus togatis, sex Præsidentibus militaribus, quos vulgò *Idiotas* appellamus. Fisci Aduocato togato, & altero militari, ac Procuratore, Notatore, siue à secretis, viginti Rationalibus, qui in relatione computorum, & rationum discussione cum Præsidentibus suffragia præstant, alijsq; actorum magistris: Sub se alia inferiora Tribunalia habet, Scribæ scilicèt Rationis, Thesaurarij Regni Generalis, Dohanarum, Regiæ Siclæ monetarum, ponderum, & mensurarum, Montecrij maioris, Portulanorum, Capitaneorum, quos vocant Grassiæ, Consulatuum Artis Serici, & Lanificij, Perceptorum, Thesaurariorum, Arsenalis, &c. Consuetum etiā habet post singulos quindecim annos mittere Numeratores pro totius Regni fumantium descriptione. De cuius origine, administratione, ac alijs vide *Nicol. Topium* I. C. ac Magni d. Reg. Cameræ Archiui accuratum Cōseruatorem *de origin. Tribunal. Neap. par. 3.* & nos latiùs in *annot. ad eiusdem R. Cam. decis. R. Moles, §. 27, 28 & 29.*

18 Præterea Neap. Ciuitas, & Regnum pro innata ergà suū Regem fidelitate, pro quo nō solùm bona, sed sanguinem Vasalli effunderēt, in omni vrgēte necessitate, conuocato Parlamento, ingētia præbuerūt donatiua, quę recēsentur à *Tassono in Pragm. de antefato. vers. 3. obseru. 4. Scipione Mazzella in descript. Regni à fol. 341. Iul. Cæsare Capacio in libro,* cui tit. *Il forastiero, fol. 563. & Consil. Rocco in tract. de Officijs rubr. 16. §. 5. de Donatiuis n. 31. 87. & 88.* vbi *à num. 127. & seq.* egregiè fundat, quod à Baronibus etiam durante exactione Donatiui, possit quoq; exigi adoha, siuè feudale seruitium taxatum, & sic pluries hoc in Regno obseruatum, vigentibus bellis in Statu Mediolani, testatur *ibid. num. 57.* cum maximè expediat arcere hostem à Statu Mediolani huius Regni antemurali, teste *R. Sanfelicio in descript. de donatiuo tempore belli n. 28. post libr. 1. decis.*

19 Hæc breuitèr dicta sint satis, vt nonnihil de huius nobilissimæ Coronæ magnificentia pro aliquali redituum notitia delibaremus; Cæterum Ærarij regij opulentiam ex ingentibus illius prærogatiuis, velut ex vngue Leonem, deprehendas; cum alia post se longè relinquat, tum situs ratione, in pulchriori, ac amæniori Europæ climate, tùm etiam cuiusq; rei affluentia, cum iure optimo fructuosius Europæ viridarium, horreum opulentum, & ab *Impe. Federico in Regni Constit. occupatis nobis* electum quoddam viridarium inter agros appelletur; Cæteris enim regionibus antecellere videntur Cœli clementia, soli vbertas, aquarum perēnitates, thermarum scaturigines, auri argenti, ferri, aluminis, sulphoris, nitri, salis, chalybis, cæterorum mineralium venæ, pecuaria res ampla,

rusti-

rustica benè culta, & fructuosa, armentorum greges, ad venationem saltus, ad omnem materiam syluæ, Minerua oleis, viribus Bacchus, frugibus Ceres præstiterunt; Martiales equos tota Europa celeberrimos, eiusdemq; generis alia admiraberis, *Capacius lib. 1. hist. Neap. cap. 1.* Audi verò *Plinium lib. 3. cap. 5.* nobilissimè laudantem: *Iam verò tota ea vitalis, ac perennis salubritatis Cœli temperies est, tàm fertiles campi, tàm aprici colles, tam innoxij saltus, tàm opaca nemora, tàm munifica syluarum genera, tot montium afflatus, tanta frugum, & vitium, olearumq; fertilitas, tàm nobilia pecori vellera, tàm opima tauris colla, tot lacus, tot amnium, fontiumq; ubertas, totam eam perfundens, tot maria, portus, gremiumq; terrarum commercio patens undique, & tanquam ad iuuandos mortales auidè in maria procurrens: Neque ingenia, ritusq; ac viros, & linguæ, manuq; superatas commemoro gentes*, & quæ sequuntur.

20 Militare robur inquirere non omnem antiquitatem hìc repetere licet, sed audi *Ciceronem*, quem refert *Matth. Gribald. in method. Stud. lib. 1. cap. 20.* inquirentem: *armis Italia vinci non potest*; quod potissimum de hoc Regno, veluti Italiæ pulchritudinis, ac magnificentiæ compendio, intelligendum; notabile verò aliquod Samnites (cuius partem, quam nunc *Aprutium* appellamus) cum Romanis militaris disciplinæ magistris octoginta annorum spatio decertando, tandem victoriam referentes, Romanos, *Pontio* Samnitum Duce, sub iugo in Furcis Caudinis propè Beneuentum ignominiosè deduxerunt; quod latiùs à *T. Liuio* scriptum est: Et *Dionysius Halicarnass. in quadam legatione Romana ad Samnites* [illegible] *Deinde anno præterito Neapolitanis bellum aduersus nos susceperunt* [illegible] *studia, ac promptitudine* [illegible], *vel potiùs consilijs, sumptibusq;, ad eum rem suppeditatis &c.* apud *Capacium d. lib. 1. cap. 20. & Franc. de Petris hist. Neap. lib. 1. cap. 3.* vbi & literæ Neapolitanæ olim Reipublicæ statum ostendunt.

21 Adest pro Regni tutamine strenua Hispanorum acies quatuor mille peditum numero (vulgò *Tertium Neap.* dicta) sub diuersis Tribunis, vnoq; Præfecto, qui vulgò *Magister Campi* appellatur, ac Auditore; Militum verò species in Regno plures sunt, grauis nempè armaturæ, qui vulgò vocantur, *huomini d'armi*, & leuis armaturæ, vulgò *Caualli leggieri*, & pedestris militiæ vulgò *del Battaglione*, institutæ ab Excell. Duce de Alcalá olim huius Regni Prorege contra hostium inuasiones, quæ magnas reddit 19736. peditum copias; in omnibus enim Prouincijs quinque pedites in singulos centenos focos imperantur, qui foci, seù fumantium capita per totum Regnum (vna excepta Neapoli, cum suis Casalibus) sunt 394721. In Regno etiam plures adsunt arces cum opportuno militum præsidio; *Insulæ* nempè *Baiæ, Ischiæ, Nisidæ, & Liparis, Caieta, Capua, Aquila, Brundusium, Crotonis, Piscaria, Vestum*, [illegible] *Manfredonia, Barolum, Barium*, [illegible] *Litium, Hydruntum, Gallipolis, Tarentum, Catanzarum, Brefilia, Consentia, & Amanthea*; præter Turres in maritimis Regni locis extructas, ut nostris à manibus pyratæ eminùs arceantur; ac cætera quoque [illegible] Præsidia.

22 Constituunt etiam Regni vires in magno triremium numero sub regiminis Præfecti, qui triremium Generalis appellatur, cum amplo Portu, utroq; tutissimo, quò; non ut olim statio malè fida carinis in spatioso mare Parthenopæi maris naufragium sæpè numero inferebat; eadem, & vetus frustrà nunc, olim autem Racinetu, quam *Tarsenam* appellant, periodam ab Excellentiss. D. Petro Antonio ab Aragonia dignissimo olim huius Regni Moderatore, qui in suo rectissimo regiminis studio pia loca, Castra, turres, vias, triremes, Balnea, militum subsidia ad longinquas regiones transmissa, aliaq; Regij Ærarij augmenta peruigili industria perficiendo suorum maiorum gloriam [illegible] in modum coæquauit, pro quo

colendissimo Patrono obsequentèr obtemperando, in anno 1670. *Diatribam*, siuè *Exercitationem iuridico-politicam* edidimus, *in successione Excell. Dom. D. Ioachim Ramon Folch, Aragon, Fernandez de Cordua sine liberis defuncti, & pro exclusione Excell. D.D. Catharina ab Aragonia, & Sandoual, Ducissa Lerma, &c.*

23 Habet Vrbs Neapolis Regni metropolis arces firmissimas, egregièquè munitas, quæ sunt *Castrum nouum*, vetusta Regum Parthenopensium Regia, quam in nouam, & superbissimam formam restituit magnus ille Rex Alphonsus I. vt cum omni vetustate possit de magnificentia contendere, testibus *Panormita de dictis, & gestis Alphonsi, Ænea Piccolom. de Regn. Neap. cap. 60.* alijsq; Potissima huius Vrbis arx, ingenti tormentorum, aliarumq; Martialium machinarum, horreorum, ac militum apparatu munita: *Castrum oui* in Promontorio Lucullano vastissimum, quod militum quatuor millia commodissimè capit: *Castrum S. Elmi*, siuè *S. Erasmi* munitissimum, in Monte situm, quod Ciuitati, ac mari imminet: *Turris Carmelitarum*, quæ est optimum Propugnaculum: Collis *Pizzofalcone* dictus, qui est vastum Præsidium Hispanæ cohortis: Militiæ pars vnoquoque die antè ornatissimum Regale Palatium armis perbellè instructa lustratur.

24 Aderat olim *Castrum*, quod dicitur *Capuanum*, posteà ab Excell. D. Petro de Toleto pro litigantium commodo in amplissimum, ac admirabile Tribunal redactum, prout hodiè in quatuor partes distinctum conspicitur, *in Magnam Curiam*, scilicèt, *Vicaria ciuilis* cum sex Iudicibus; Et *Criminalis* cum sex Iudicibus, Aduocato fiscali, ac altero pauperum, duobus Consiliarijs, ac Præfecto, siuè Regente; *Sacrum Regium Consilium* dictum *S. Clara*, vbi olim residebat, cum 24. Consiliarijs, ac Præsidente; *Regiam Cameram Summaria* cum Locumtenente, & octo Præsidentibus togatis, & sex militaribus, Aduocato, & Procuratore fisci, ac 20. Rationalibus.

25 Regni olim caput *Capua*, quæ Vrbs in Orbis Principatu cum maximis viribus æmula contendens, non tantùm Campaniæ caput, sed omnibus gentibus, bellorum præcipuè diuturnitate, fuit admirabilis, quam fortem, diuitem, ac bonitate agrorum superbam appellarunt *Liuius, Cicero, Gellius*, eamquè alteram Romam posse fieri dicebant, & inter eas, quæ in terris omnibus poterant imperij grauitatem, ac nomen sustinere, Carthaginem scilicèt, & Corinthum ad solitudinem redactas, tertia numerabatur, teste *Cicer. de lege agrar. contra Rullum*, ibi: *De Capua multùm est, & diù consultatum, extat litera, Quirites, publica, sunt S.C. quamplurima, statuerunt homines sapientes, si agrum Campanis ademissent, Magistratus, Senatum, publicum ex illa Vrbe consilium sustulissent, imaginem Reip. nullam reliquissent, nihil fore, quod Capuam timeremus. Illi Capuam receptaculum aratorum, nundinas rusticorum, cellam, atq; horreum Campani agri esse voluerunt. Hi expulsis aratoribus, effusis atq; dissipatis fructibus vestris, eandem Capuam sedem noua Reip. constituunt, molem contra veterem Remp. comparant.* Quæ tamen felici sydere condita, deleta, possessa, principatus titulo semper claruit; Nũc Ciuitas Archiepiscopalis, ac Regia, Regni mediterranea clauis, munitissima custodia, atq; tutela putatur, ad quam regendam mittitur vnus ex Regijs Consiliarijs S.R. Consilij Neapolitani.

26 Sed humanam vicissitudinem præseferens, suæ ipsius nobilitatis cessit Neapolitanæ Vrbi amplitudinem, quæ primordio parua, & *Parthenope* dicta, in dies ità opibus aucta, & ædificijs, maximè sub felicissimo Austriaco Imperio, vt ad duodecim millia passuum cum suburbijs, & ampliùs hac tempestate contineatur; Ciuitas Archiepiscopalis, ac Sedes Regni amplissimi, vbi Vicarius Regis toti Regno ius dicit, quam *nobilissimam, ac Vrbium Italicarum maximam, Academiam numerosam, Emporium, & Portum amplum* appel-

pellauit *Cosmographus Alexandrin.* ac adeò clara, vt, qui tantæ Vrbis delectatione non capiatur, cæteras possit totius Orbis fastidire, vt concludit *Io: Ant. Campanus Epist. Teranus lib. 1. epist. 8.* Templa, Monasteria, loca pia, Hospitalia, aliæq; Catholicæ Congregationes ibi reperiuntur. In hac Vrbe ornanda non minores fortuna exercuit vires, quàm natura in regione ditanda, vt naturæ, & fortunæ certamen videatur, vnde *Angerianus Poeta*:

Fons, Mare, Sylua, Lacus, Mons, Horti, Balnea, Campi,
Flumina, sunt vno hac nomine Parthenope.

Seu iuxtà *Facianum Melphitan.* terrestris Paradisus:

Napoli è tanta bella, che in grembo serra,
Sembra parte del Ciel discesa in terra.

Et meritò *Cassiodorus* in formula Comitiuæ Neap. inquit: *Vrbs ornata multitudine ciuium, abundans marinis, terrenisq; delitijs, vt dulcissimam vitam te in ea inuenisse dijudices. Prætoria tua officia replent, militum turba custodit, consessus gemmatum tribunal; sed tot testes patriis, quot te agmina circundare cognoscis &c.*

27 Verùm non tanta est in multitudine populi, cuius numerus à nulla Europæ Ciuitate præter Lutetiam superatur, quanta in genere hominum commendatio, teste *Oberto Folietta de laudib. Neap.* Hæc est enim illa, quæ sua summa pulchritudine, ac felicitate Cœlos ipsos amore trahit, adeò vt *Magnum Herculem*, Cœli scilicèt gloriam dib retinuerit: Illa, quam potentissimam nedùm Romani, sed maiores Orbis nationes timuerunt: Illa, quæ *Annibalem* Africanum, *Gensericum* Gothum, *Belisarium* Græcum, *Albuinum* Longobardum, ac tres illos potentissimos Reges *Saracenos*, totq; alios fortissimos domuit Duces: Illa, quæ ob doctrinam *Athenarum* primogenita dicta est, magistra Græcorum sapientissimi *Vlyssis*, *Apuleium*, *Lucullum*, *Virgilium*, *Ciceronem*, *Archiam*, *Philostratum*, *Galenum*, *Gellium*, *Petrarcham*, *Boccatium*, *Pontanum*, *Crinitum*, *Vallam*, *Panormitam*, *Aretinum*, *Manutium*, *Facium*, & tot alios literatos Heroes in sui pertraxit amorem: Illa, quæ ob religionem est prima Ciuitas Christiani Orbis, tot pijs locis ornata, quot recenset *Eugenius Caracciolus in sua Neapoli Sacra*, quæq; Apostolorum Principem *D. Petrum* in sinu suo recepit, eiusq; successores toties à barbarorum iniurijs vindicauit: Illa, quæ ob innatum splendorem cum primis terræ Principibus, imò cum proprijs Regibus legitimo matrimonij fœdere se coniunxit, & à clarissima nobilitate, propter excellentiam *Nobilis* appellatur, ex prisco adagio *Napoli Gentile*: Illa Neapolis vnicum decus, imò Vniuersi miraculum.

§. 2.

Sicilia.

1 Sicilia ab Italia separatur angusto freto 1500. pass. eiusq; circuitus est 600. mill. pass. teste *Cluuerio*, & amplius; Insula est ampla, & formæ triangularis, in qua tres sunt partes, seu Prouinciæ, Valles dictæ, nempè Vallis Nemorensis, seu Demonæ ad Ortum, & Boream, vbi Messana, Catania, Pactæ, & Cephalodium, cum monte Ætna, vulgò *Mongibello*, qui anno 1669. quatuor fluuios igneos emisit: Vallis Neetina, vulgò *Val di Noto* ad Austrum, vbi Syracusæ, Neetum, & Terra Noua: Vallis Mazaræ ad occasum extensa, vbi Panormus, Mons Regalis, Mazara, & Drepanum, seu Trapanum: Vide *Io: de Lait in descript. Hisp. pag. 163. & seq. & Geographos* passim.

2 Totius Regni metropolis est celeberrima Vrbs Panormi, vbi Prorex Hispaniæ sedet cum valido Hispanorũ præsidio, ac egregio Portu; de qua videndus *D. Franciscus Baronius in 4. libris de Maiestate Panormitana*. In hoc Regno Rex noster Catholicus est Sũmi Pontificis, atq; Apostolicæ Sedis Legatus à latere, cum ampla cognitione super Ecclesiasticos per suum Re-

gium Tribunal *Monarchia* appellari, ex concessione Vrbani II. Rogerio Regi facta anno 1099. de qua *Camill. Borrell. de Regis Cath præstantia cap. 48. §. 3. & 71. nu. 7. D. Io: Solorzan. de Iure Indiar. lib. 3. cap. 1. à num. 74.* Quam Monarchiam Siculam aċriter impugnet *Cardin. Baronius in Annal. Eccl. tom. 11. anni 1097. ex nu. 18.* contra illum tamen plures scriptæ sunt *Apologiæ*, & præsertim illa *D. Ioannis Beltrani à Gueuara Archiep. Compostellani* iàm typis edita sine Auctoris nomine, *cit. Solorzan. nu. 76. & 77.* Testatur verò *Borrell. d. cap. 53. num. 38.* sibi de hac Monarchia scribendi onus imposuisse, & multas scripturas transmissurum promisisse *D. Alphonsum de Taboada Pardo Regentem*, quas ob eius mortem minimè habuit; Nos verò *manuscriptum Codicem* plurium literarum, informationum, aliorumq; argumentorum huius Siculæ Monarchiæ in nostro Musæo conseruamus.

3 Diuitiæ huius regionis in primis comparantur ex frumento, & serico, & propter serici mercatum singulis annis Messanæ nundinæ habentur, ad quas totius ferè Europæ incolæ confluunt, præstat quoque saccharum, & quæ saccharo condi solent; Reditus autem, quamuis magni sint, expensæ tamen eos adæquant, vndè anno 1637. cum singularis inopia Ærarij Regij adesset, ratio redituum, & expensarum fuit inita, è qua constitit, certos reditus annuatim ascendere ad 965097. coronatos, expensas verò ad 1001079. Vt huic defectui obuiam iretur, Dux Ossunæ illius Insulæ Prorex in Regni Comitijs effecit, vt subsidium in annos nouem quotannis subsidium 300. millium coron. Regi erogarent, præter verum seruitiũ 400. mill. coron., excepta Ciuitate Messanæ, in qua paulò post Prorex gabellam vnius tareni, & quinque granorum in singulas libras serici, quæ ex illo portu transferuntur, imposuit; & licet Messanenses id acritèr oppugnarint, vicit tamen Regis iustissima ob necessitatem indictio, adeò vt quinque ipse

D. Ferdinandus de Matute Regis Consiliarius, ex cuius *tractatu* notandum solùm 17. diebus, quibus forum publicum Messanæ celebratur, euchi è portu illius duo millia ballarum serici, quarum singulæ ordinariè pendunt 250. libras, & non rarò 270. teste *de Laet. in descript. Hisp. fol. 176.* Scripsere etiam pro Regio Fisco *D. Regentes D. Petrus Corsetus, & D. Ioseph de Neapoli*, & pro Ciuitate Messanæ *Io: Bapt. Castell. et Octauius Glorizius resp. 1.* & alij, de qua cõtrouersia luculentam compilauit *decis. 23. Supremi Ital. Sen. Dom. Reg. D. Carolus Tapia.*

4 Sed Messanæ Ciuitas per tot seculorum curricula ab Inuictissimorum Regum Aragonensium, & Austriacorum munificentia in summo felicitatis fastigio constituta, tot repleta priuilegijs, nimia nostri Regia clementia, cœpit sic audactèr abuti, vt paulatim sacrum, ac suaue obedientiæ iugum nefariè excutiens, cum hostibus fœderata die 7. Iulij 1674. in detestabilem inciderit rebellionem, eiusq; contumax, ac insipiens furor quadriennio perdurans; Tãdem hostes Hispanorum armis perterriti recesserunt, & in eam noster exercitus gloriosus ingressus est die 16. Martij 1678. Pacatis igitur belli turbinibus Rex noster Inuictiss. Siculi Regni clauum moderandum commisit *Excell. Dom. D. Francisco de Benauides S. Stephani Comiti*, qui è Sardiniæ Regno, vbi Regias vices gerebat, illhc transfretauit (qui etiam hoc anno 1690. Neapolitani Regni clauum dignè sustinet) & Messanæ Ciuitatem omnibus priuilegijs exutam, & priuatam iustissimè declarauit, bona omnia, iura, ac vectigalia, quæ possidebat, Regio Fisco publicauit, vetera vectigalia exigenda curauit, & noua opportunò superindixit, plures etiam in Ciuitate præfixit militum, tùm Hispanas, tùm Germanas cohortes, speciales etiam prouentus designauit, pro soluendis militum stipendijs, prouisionibus bellicis, salarijs Officialium, necessarijs erogationibus Vniuersitatis, & satisfacien-

ciendis Creditoribus, qui super Patrimonio, & gabellis Ciuitatis annuos reditus antecedenter habebant, Castra Regia refici iussit, ad quod opus perficiendum in Comitijs eiusdem Regni in anno 1681. fuit oblatum S. Cathol. Maiestati donatiuum bis centum mille ducatorum, ac totius bellicæ præparationis magnum arcem ante subdolam construendam duxit (vulgò Cittadellam appellant) quæ Castrũ SS. Saluatoris dicitur, Ciuitati prædominatur, Portui supereminet, ex quinque angulis constat, in quolibet sua habet propugnacula, vt sula enarratione tradit *D. Ignatius Gaston* I.C. Catinensis, ac Reg. Consil. dignissimus *in suis disceptat. fiscal. 1. 2. 3. & 4.*

§. 3.

Sardinia.

1 SArdinia à *Sardo* Herculis Filio dicta, Insulaq; est Italiæ, alijs regiis titulis insignita, regiturq; à Prorege Hispano, qui sedet in Vrbe *Calaris*, quæ totius Insulæ caput est; inter Baleares Insulas, & Siciliam ad ortum diuisa, eiusq; longitudo est 170. mill. pass. latitudo maior 70., circuitus autem 450. De qua doctissimè commentatus est *Cluuerius tract. singulari de veteri, & noua Sardinia, Iac. Gothofredus in Archontologia Cosmica tom. 1. pag. 354. de Lall. tract. sp. descript. pag. 158. & seq. Fournier Geograph. Orbis not. lib. 9. cap. 12.* alijq; passim, qui inter alia notant, nasci in hac Insula herbam quampiam, *Sardoam* dictam, quam nonnulli *Apij* similem putant, Latini *Ranunculum, & Scelaratum* vocant, quæ si comedatur, ora hominum contrahit, & quasi ridentes perimit, et hinc prouerbium, *Risus Sardonius*, in eos, qui intùs tristes, foris lætitiam simulant, de quo *Erasmus Adag. Chil. 3. cent. 5. prou. 1.*

2 Hæc Insula fertilis est, ac frumenti feracissima, ouium, caseorum, piscium, aliarumq; rerum, de qua *Francisc. Petrarcha* :

Et Crasso dixit Sardinia Cels. Barrin. ac Regis Cath. præd. cap. 46. num. 150. Regnum hoc 60000. duc. Regi valere testatur *Hornerius in Thes. Polit. par. 1. pag. 173.*

§. 4.

Mediolanensis Status.

1 MEdiolanensis Prouincia, Italiæ pars est in Lombardia fertilissima, cultissima, ac tota ferè in Planitie amplissima, terminaturq; Septentrione Heluetijs, & Rhetijs, ab Oriente ditione Veneta, & Ducatu Placentino, à meridie dominio Genuensi; & ab Occidente partim Montisferrati Ducatu, partim ditione Sabaudiæ Ducis, subestque potentissimo Hispano Monarchæ Ducatus titulo, quem haud nunquam illi dominaturos ominamur, eò quod Venetos attinet, hi nec possunt, nec audent, cum à tergo Domum habeant Austriacam, ac Italiæ Principes, inter quos est perpetuum odium. Minor metus est à Rege Galliæ, quanquam sæpè tentatur, non enim facilè paterentur Veneti, & Italiæ Principes, Sabaudiæ Dux, & Genuenses, vt Rex Galliæ fiat Mediolani detentor, cum videant, si hunc Statum teneat, non priùs illum acquieturum, quàm si totam occupasset Italiam. *Hermann. Conringius apud Oldenburger. in Thes. Rerumpubl. par. 1. pag. 147.*

2 Status Mediolanensis Vrbes nunc sunt, Mediolanum, Papia, seu Ticinum, Alexandria, Comum, Cremona, Dertona, Laus Pompeia, Nouaria, Bobium, Mortaria, Valentia, & Vigleuanum, *Philipp. Ferrar. Alexandrinus in Lexic. Geograph. tom. 1.* In quem Rex ordinariè Gubernatorem cum titulo Capitanei Generalis, qui præest 3000. pedestribus, 100. equestribus leuis armaturæ, & 800. equitibus Hispanis, qui pro illius tutela continuò ibi permanent, quin verò maior militum numerus ob hostium eruptiones ad Alpium radices.

3 Celebratur Vrbs ipsa Mediolani, quæ Statui nomen dedit, quod fuerit, ac sit Regia Italiæ, hospitium Imperatorum, quod sit specula, & arx firmissima, & instructissima, Incolarum multitudine longè superior, tantaq; artium, & opificiorum varietate, vt iactetur Mediolano destructo, Italiam his instrui posse, *Fournier Geog. Orb. not. par. 2 lib. 9. cap. 33.* Vel cum *Ausonio*:

Et Mediolani mira omnia, copia rerum,
Innumeræ, cultaq; domus facunda virorum
Ingenia, antiqui mores, tùm duplice muro
Amplificata loci species, populiq; voluptas,
Circus, & inclusi moles cuneata theatri,
Templa, Palatinaq; arces, opulensq; moneta,
Et Regio Herculei celebris sub honore lauacri, &c.

4 Huius Status reditus annui ex diuersis colliguntur, vt tradunt *Klock de Ærar. cap. 6. à n. 17. & Conringius* apud *Oldenburger. in Thes. Rerumpubl. par. 1. pag. 250. & 251.* Primò, obseruanda est *Mensuaria*, ità dicta, quia pro rata portione in singulos menses soluuntur, trecenta millia coronatorum annua, nimirùm ab omnibus locis Status, tàm in feudum datis, quàm immediatè subiectis; Secundò, datia, quæ mercibus imponuntur, ad rationem pristini valoris octoni coronati in singulos centenos, & redimuntur annuatim CXL. mill. coronat.; Tertiò, Vectigal Salinarum, cum non liceat salem exoticum inferre, nisi ijs, qui hanc licentiam pecuniæ summa apud Cameram acquisiuerunt, quã plerumq; redimere solent CCXXX. millia coronat. In vsu quoque sunt datia vini, farinæ, carnium, verùm iamdiù alijs oppignorata. De incertis hic non agetur, qualia sunt mulctæ pecuniariæ, bona condemnatorum, &c.

5 Cæterum magnos hic sumptus Rex erogat, nam & hic etiam pacis tempore tria millia Hispani militis pedestris alit, mille velites, & sexcentos cataphractos equites, ad quorum sustentationem certa tributa colliguntur. Reditus annuos huius Status ad septingẽta millia aureorum ascendisse, refert *Cominæus comment. rer. gest. lib. 7. cap. 3. pag. 448.* & preter extraordinarias exactiones octingenta mill. percipi testantur. *Klock. & Conringius d. loc. & Vuesselingius in Aurifodina vtr. Lombardia pag. 964.* Posse tamen Regem ex hoc Statu percipere duos milliones, & quadringenta millia aureorum, vlterà tres, vt vocant, *Tertias*, quibus belli tempore Magnus Dux, Mutina, & Parma obstringuntur, fatetur *Comes Leschus in comp. histor. fol. 112.*

§. 5.

Flandria, & Burgundia.

1 TOtum Belgium, ab Italis vulgò, *Paesi bassi*, septendecim complectitur Prouincias, quæ omnes aliàs Hispano Monarchæ paruerunt, eiq; subsunt etiam nùm Meridionaliores: sed quæ sunt versus Septentrionem, ab Hispanis defecerunt anno 1581. fœdusq; inter se inierunt, quod *Fœderato Belgio* nomen dedit; Vide *Stockij Belgiũ Fœderatum*; Hinc orta diuisio in Belgium Hispanum, quod persæpè *Flandria* dicitur, & in Belgium *Hollandicum*, seù Fœderatum. Subest igitur nostro Regi pars Australis Belgij, vbi partes Prouinciarum *Flandriæ, Brabãtiæ, Hannoniæ, Luxemburgensis, Limburgi, Namurcensis*, & minura pars *Gueldriæ*, & *Artesiæ*; Et Comitatus *Burgundiæ*; Ducatum verò Burgundiæ hodie occupat Rex Galliæ, quamquam connubij iure ad Reges Hisp. pertineat, vndè se Duces Burgundiæ meritò vocant, & vti tales sedent inter Principes Imperij, *Gaill. de Arrest. Imp. c. 6. n. 15.*

2 Obseruat autem *Viginarius*, Belgium soluere quotannis decies sexies centena millia coronatorum; *Bodinus* autem scribit, Caroli V. tempore Belgas tredecim centenas mille libras grossorum exsoluisse. Et *Carol. Scriban. Instit. Polit. Christ. lib. 2. cap. 42. post med.* Belgici soli potentiam è sententia virorum, qui pace

pace, & bello magni, ernere conatur à collectione militum, quos educere poſſet ad bellum, arbitratur autem, ex ea parte, quæ in fide Regis ſtat, partim per eas Prouincias oneribus pro ſingularum potentia, viginti, & plura millia colligi, & ſuſtentari poſſe.

§. 6.

Baleares Inſulæ.

1 Hiſpaniarum Rex poſſidet in mari mediterraneo primum Baleares Inſulas, vulgò dictas *Maioricam*, & *Minoricam*, quæ olim fuerunt peculiaria Regna, hinc ſolet ſe Regem Maioricæ, & Minoricæ, inſcribere. Maioricæ circuitus eſt ferè 112. mill. paſſ. Eius præcipua Vrbs eſt *Palma* Epiſcopalis, ampla, & permunita cum portu in ora Occidentali Inſulæ, in qua adeſt etiam *Alcudia* oppidum in parte Orientali cum 34. Caſtris, ſeu vicis. Minorica verò, aliàs Balearis minor dicta, 30. mill. paſſ. ab ea diſtat, eiuſque circuitus 60. mill. paſſ., ſuntq; ibi *Citadella* oppidum Inſulæ primarium in parte Occidentali, vbi aliàs *Lamna*, & *Mago* portus capaciſſimum cum arce S. Philippi, & quatuor pagi. De quibus vide *Io. de Laët in deſcript. Hiſp. pag. 153. & ſeqq. Zeillerum in Regn. Hiſp. nouo deſcript. pag. 87.* Valet Regi hoc Regnum iuxta *Honorium in Theſ. polit. par. 1. pag. 73.* ſingulis annis 30000. duc.

§. 7.

Pityuſæ Inſulæ.

1 Poſſidet ſecundò Rex in hoc mari Pityuſas Inſulas, quæ duæ itemſunt, maior dicitur *Yuiſa*, olim *Ebuſa* circiter centum mill. paſſ. ambitu complectens, Caſtrum habet cognomine, cum tribus Villis eiuſdem, & ſalis fodinis. Minor dicitur veteribus *Ophiuſa*, ſiuè Colubraria, hodiè *Formentera*, ad auſtrum extendens, quæ ob ſerpentum multitudinem fere deſerta eſt; vide *Io. de Laët in deſcript. Hiſp. f. 157. Clenargium apud Oldenburger. in Theſaur. Rerumpubl. p. 1. fol. 98.*

§. 8.

Canariæ Inſulæ.

1 Hiſpaniæ Regi etiam parent Canariæ Inſulæ in mari Atlantico, aliàs *Fortunatæ* dictæ, ſeptem numero maiores, quarum præcipua *Canaria* dicitur, vti antiquitus. Aliæ ſunt *Teneriffa*, quæ aliàs *Niuaria*, omnium maior, *Forteuentura*, antea *Capraria*, & *Caſperia*, *Lancerotta*, olim *Centuria*, *Gomera*, aliàs *Theode*, Inſula *Ferri*, antiquitùs *Pluuialia*, & inſula *Palma*, quæ Capraria etiam dicebatur. Ipſa Canaria diſtat 90. milliaribus ab ora proximiori Africæ in Occaſum, & 260. ab Inſula Madera, in Auſtrum, habetq; Vrbem cognom. cum arce, & portu verſus Orientem. Rex quotannis è magna Canaria, Teneriffa, & Palma, percipit 50. mill. ducatorum, hæq; tres coniunctim vnum habent Epiſcopum, cuius cenſus annuus valet XII. millia ducatorum, teſte [illegible] *Laët. fol. 180.*

§. 9.

Philippinæ Inſulæ, & ditiones Americæ.

1 Regnum Caſtellæ, Rex Hiſp. in America ampliſſima Regna, & ditiones poſſidet, vt & Inſulas Philippinas, quarum ſi conſideres ſitum, pro parte Aſiæ habendæ ſunt, ſed per nouam Hiſpaniam primi earū exploratores ſub felicibus Regis Philippi auſpicijs penetrarunt, de quibus cum America, infrà in 2. parte.

CAPVT VI.

De Ærario Regis Galliarum.

1 Gallia, quam Itali *Franciam* dicunt, Regnum eſt Europæ notiſſimum, quod terminatur ab Occidente Oceano Aquitanico; à Meridie, mari Mediterraneo, & Montibus Pyrenæis, quibus ab Hiſpania ſeparatur; à Septentrione habet mare Britanni-

nicum, & partem Belgij Hispano Imperio subditam; & ab Oriente separatur à Germania Rheno fluuio, & ab Italia Alpibus. Diuiditur nunc in 40. Prouincias, quæ ad duodecim Præfecturas Generales reducuntur, *Franciã* nempè, seù Insulæ *Franciæ, Burgundicã*, *Normannicã, Aquitanicam, Britannicã minorem, Campanicam, Occitaniam, Picardicam, Delphinatum, Prouinciam, Lugdunensem*, & *Aureliamensem*. Subsunt etiam Franciæ Regi *Noua Francia* in America Septentrionali, & plurimæ Insulæ in mare Boreali, atquè à paucis annis occupata pars *Flandriæ*, & *Hannonia* Prouinciarum Belgij, vti etiam pars meridionalis *Luxemburgensis Ducatus*. Regni Caput est *Lutetia Parisiorum*, totius Europæ fortè populosissima, & amplissima. De quo Regno videndi sunt *Iacobus Hauuel*, eiusquè interpres *Harmarus sect. 2. Lymnæus in Notitia Regni Franc. cap. 4. & 6. Gothofredus in Archontologia Cosmica par. 1. in Galliæ descript., Mercator in suo Atlante, Lansius in Orat. pro Gallia, Fournier in Geograph. Orbis notitia p. 1. lib. 6. c. 5. Ioann. de Laët in libello de Gallia, siue Francorum Domin. & opibus* Lugduni impresso anno 1619. *Io. Boterus, & Honorius in Thes. politico*, in eorum *Relationibus de hoc Regno, Philipp. Andr. Oldenburger in Thesaur. Rerumpubl. par. 2. à fol. 312. ad sequ. Petrus Berthault in Floro Gallico lib. 3. cap. 41. & 42. & Stephan. Forcatul. de Gallorum Imper. & Philosophia, Hottomannus in sua Franco-Gallia, Sesellius de Rep. Gallia.*

2 Huius Regni Rex *Christianissimi* nomine decoratur; titulo verò *Franciæ, ac Nauarræ Regis*; Vndè cum Franciscus Galliæ Rex in literis sibi missis multitudinem titulorum Augustiss. Imper. Caroli V. Hispaniæ Regis inuidis oculis legeret, per iocum ad eundem scripsisse fertur hoc titulo, *Roy de Gentilli*, alij dicunt titulo *Regis Franciæ* addidisse, *Seigneur de Vannes, & Genuesse*, qui pagi sunt, vnus penem sapidissimũ, alter butyrum, Lutetiæ subministrantes, *Pitrantus dec. 4. obs. historico-polit. cap. 10. Lansius in Orat. pro Hisp. Dresse de Patriciorum origine, & iure in append. ad c. 2. n. 9. & seq.* qui ob id in Frãciscũ Regem censoria nota animaduertit. Hodiè in Regio throno sedet Rex Lodouicus huius nominis XIV. de quo vnà cum statu hodierno Regię, Author Relationis *de la Cour de France* typis editæ, & Author libelli, cui tit. *La fama gloriosa della fortuna, Panegirico sopra la nascita, vita, azzioni, gouerno, progressi, vittorie, glorie, e fortune di Luigi il Grande, Geneua 4. 1680. editi.*

3 Galliæ Regnum hodiè statum refert Monarchicum Dominatui proximum, vbi Rex prorsus absolutum in suos obtinet Imperium, & pro arbitrio dominatur, nefasq;, quantum Regi liceat, dubitare; quem statum solidè fundauit Rex callidissimus Ludouicus XI. atq; post eum hoc seculo sub Ludouico XIII. primarius Minister status *Cardinalis Richelius*, vtporè, qui omnium consanguineorum Regis, aliorumquè Procerum, qui hodiè supersunt, potentiam, & auctoritatem depressit, quamuis omnes quidem Principes sanguinis, sint Regis Consiliarij nati, ac maximo gaudeant indultu, quod Cameram Reginæ parturientis liberè intrare queãt, ne partus aliquis obrudatur subditiuus, & sub Ludouico XIV. *Cardinalis Mazarini*, natione Siculi moderamine, anterioris Collegæ ministerium continuatum, *Auctor I. E. C. Manualis Politici*, Ienæ anno 1687. impressi *lib. 3. cap. 6. fol. 311.* De quorum porrò *Richelij*, & *Mazarini* encomijs, videndus Auctor, & eius interpres *Ministerij Card. Richelij, & Mazarini*; & Scriptores eorum *testamentorum*; verùm tantus laudum cumulus, quæ extant in libro Parisijs anno 1634. impresso, cui tit. *Epinicia Musarum, Eminentiss. Cardinali Duci de Richilieu*, nonneminem in tantam bilem mouit, vt anno 1635. scripto quopiam publico sub frontispicio *Scriptorum Galliæ Maledicentia, & Adulationes impiæ &c.* in has poeticas laudes inueheretur. Sed an conueniat, vt Princeps omnia in vnum aliquem repo-

reponat, nemine explicatur in libello anno 1649. prodito *de Obseruationibus Politicis super nuperis Galliæ motibus*, vbi inter alia inquit, *hæc esse necessaria exempla, & fere vbi vix reperiatur non Regis negare, sed primum Ministrum Regulare sexus, & aetas aliquod potentiæ, sed non idem omnia ab vno Ministro, ceteris ad iustitiam spectantia summa cum authoritate expediri debere : Habet Hispania Consilia certa, per quæ ordine, & industria expeditur, quæ sunt publica &c.*

4 Cum igitur penes Regem potestas sit pro lubitu tributa imponendi, exacta redituum in Gallia ratio haberi nequit, imò licet Galliæ Reges, nisi suffragante Generalium Ordinum scitu, iam inde ab ætate Caroli M. tributa noua instituere non potuisse, *Aymonius Monachus* attestetur *lib.4. cap.116. & seq. Hottom. in Franco-gallia c.23.* Primus verò ad libitum collectas exegit Carolus VIII. de quo scribit *Comineus lib.6. cap.7. fol.253.* & Ludouicum XI. Galliæ Regem gloriatum fuisse ferunt, *Regnum suum pratum esse fertilissimum, quod meteret in annos, & toties, quoties vellet, Klock. de Ærario cap.7. n.23.* vbi *Peller nu.17.* quod etiam dictum ex *Theuete es vies illustres des hommes liu.4. chap.6.* refert *Lymnæus in Notitia Regni Franciæ lib.1. cap.9.* Et Maximilianum I. Imperatorem dicere solitum, quod Rex Franciæ esset Pastor ouium, qui oues suas cum velleribus aureis toties, quoties opus esset, tonderet, vnde dicitur, quod Reges Galliæ sint *Reges bestiarum* propter impositiones, & alia onera, quibus subditos onerare solent, *Comin. lib.5. cap. vlt. fol.272.* ac de oppressione populi Gallicani sub Regibus posterioribus Valesiis stirpis, mira, & ferè supra fidem multa refert *Nicolas de Montand liu.1. du miroir des François fol.80.* Et Gallorum Regnum seruile iudicauit Imp. Carolus V. eò quod Rex imperet, vt mancipiis & belluis; Vnde prouerbium manauit Gallicum : *Que le Roy de France est le Roy des bestes, à cause de la grande facilité du peuple François qui se laisse tondre par le Roy, comme les bestes, Anon. V erasphal. in dissert. de Iure Princip. concl. 9. lit. A.* ex quo etiam Galliæ Regem titulo insigniri, non solùm *Roy de France* (Regis Galliæ) sed etiam *Roy de François* (Regis Gallorum) existimat *Pierre Bonfons liur.1. des antiquitez de Paris cap.5.* quem refert *Cumpan. in disp. de priuil. Elect. & Duc. Sax. posit. 1. n.23.*

5 Sed hoc non semper æquo animo tulerunt ipsi Galli, *Miroir de Franc. lib.1. fol.75.* nam, vt Franciscus I. Gall. Rex, referente *Ludouico Guicciardino l'hore di recreat. fol. poco curare i Principi Sauij del voler cicalare de i popoli*, prudenter dicere solebat: *che per i loro danari possono ben parlare.* (*In ogni cosa è obligato il suddito à desiderare il Principe buono, & à tolerare il reo; altrimente si confonderebbe ad ogn'hora lo stato del mondo: Non deue però il Principe assidarsi in questo obligo de sudditi, dimenticandosi del debito, che egli ha; perche pochi sudditi giungono à si perfetto grado d'obbedienza, e tutti hanno questa ferma credenza, che il ferro sia la vera medicina del Principe non buono, Tesoro Polit. fol. 19. & seq. Besold. de Ærario cap.4. nu.1. vers.3.* post quem *Rausl. in consil. pro Ærar. class.5. art.3. 1.* Commemoratione proindè digna est, ac successoribus imitanda *Ludouici Sancti* Gallicarum Regis, ad *Philippum* filium cohortatio grauis, & efficax, quam testamento inserí mandauit in hæc verba: *Fili, religiosus in primis erga Deum esto: benignus, ac liberalis verò egenis: legum, ac morum bonus Imperij custos, ac vindex acerrimus, à vectigalibus, & tributis abstineto, nisi te summa vis necessitatis, ac vtilitatis publicæ iustissima causa ad hoc impellat, sin minus Tyrannum te potius, quam Regem futurum putato, &c. Bodin. 6. de Rep. cap.2. n.675.*

6 Galliam admodum fuisse felicem, ac beatam, antequam rebellio incolarum, & ambitio extraneorum, ad rigorem, & asperitatem eiusmodi remediorum extraordinariorum, recurrere Reges adegisset, aduertunt *Besold. de Ærar. cap.4. vers.2. Klock. ead. tract. cap.*

7.n.24. & 15. Maximil. Faust in consil. pro Ærar. class.5. ord. 501. & class. 17. ord. 1354. non enim exigebatur sub Regis nomine quidquam, præter vectigalia, & tributa quædam, quæ *Pedagia, barragia, & trauersa* vocant, & alia quædam præcipua Regia non magni momenti. Bella Anglica introduxerunt subsidia *Taillarum*, aliarumq;. Aucta posteà in eum numerum Tributa fuerunt, vt nomina ipsa vix inueniãtur, quibus ea exprimi possint, *Pier. Matthieu lib.2. narrat.3.* Hinc descendunt *le Don, & octroy, treues, Fouages, Aydes, Douane, Equiualent, Bilots, leuées de cheuaux, & chariots, Imposition de Traitte foraine, Gabelles, Solde de cinquante mille hommes, Taillon, Augmentation de la gendarmerie, Imposition sur l'entrée des vins, Emprunt generaux, & particuliers, Subuention de partie sur les villes closes, Augmentation en diminution du prix de Monnoiies, creduen surcharges de deux, trois, & quatre sols pour liure gros du vin, & huictiesme du vin qui se venden de tail, &c. Secret. des Finances in Epist. Dedicat. Iul. Cæsar. Bulenger. de Imper. Rom. lib.9 de vectig. Popul. Rom. cap.58.* De quorum origine, ac progressu, alijsq; impositionibus, latè *Klock de contribut. cap.1 num.339. & seqq. Faust. in cons. pro Ærar. class.4 ord. 1045. & class.17 ord.1354. Ioann. de Laet. in descrip. Galliæ cap.9. Lymnæus in Notit. Regni Franciæ lib.2 cap.8. Merula Cosmographia par. 2. lib.3. Budæus de asse lib. 3. pag. 114. Iacque Lessassier OEuures en droit, Paris 1652 in 4. Gilles le Maistre OEuures en droit, Paris 1653 in 4. Simon de Oliue OEuures en droit, Lugd. 1657. in 4. Iean Troncon le droit François, & Coutume de Paris, 1664. in fol. Besongne en estat de la France del ann 1669 tom.2. par.3. Les OEuures de M. Antoine d'Espeisses tome quatriesme in Traicté des Tailles, & autres Impositions, 1665. in fol. Guy Coquille OEuures en droit en 2 tomes, Paris 1666. in fol. François Grimaudet OEuures en droit, Bruxell. 1669. in fol. Iean Bechefer Augmentations au Bibliotheque ou Thresor du droit François de Laurens Bochel 3. vol. Paris 1667. & 1671. in fol. Louys Charondas Pandectes du droit François, Paris 1676 in fol.*

7 Patrimonium Regni est maximè legitimus, & certus Regum reditus, quod Domanium, vulgò *le Domaine* vocant, de quo integer *Renati Choppini tractatus de Domanio Franciæ* extat, distinguiturq; in *Domanium Immutabile*, quod in fundis patrimonialibus, locatis, vel datis priuatis cum onere pensionis certæ in perpetuum; & inter *Domanium Mutabile*, eò quod sint iura Reipublicæ habentia reditus, vel compendia, quæ singulis annis, vel alijs tẽporibus, vel augeri, vel minui possunt, iure exigendi tamen remanente immutabili penès Principem, vel Rempubl. &c.

8 Sunt, & his affinia iura, quæ debentur Regi pro feudorum transmutatione à persona in personam aliam, vel per successionem, vel per alienationem permissam, in quibus aliquandò morte possessoris iura quædam exiguntur, quæ dicuntur *Releuamenta*.

Quints, & Requints, & alia iura, quæ debentur ab illis, qui ea in feudum tenent, aut quotannis soluuntur, aut cum tenens mutatur, siuè per mortem, siuè aliam ob causam. Item tributa, & vectigalia, Impositiones, portoria eorum, quæ aut inuehuntur, aut euehuntur, dinumeratio, siuè professio rerum beneficialium, siuè clientelarium: *Adespota (espaues)* caduca bona *(aubaines)* peregrinorum, aut spuriorum, nisi aut illi ius Ciuitatis, aut hi legitimationis obtinuerint: Aut alioqui defectu hæredis vacantia, *manus mortuæ*, vt vocãt, quæ duplices, aut Ecclesiasticæ, aut plebeiæ, siuè adscriptiorum.

9 Patrimonium autem hoc sacrum est, & non tàm Regis, quàm Regni, itàq; per se alienari non potest, nisi per assignationem, qua minoribus Regum filijs certa dominia, & terræ assignantur in *Apanagium* cum conditione, vt maribus deficientibus ad Coronam redeant;

deant;

deant; Vel per venditionem pro rata pecunia, necessitate id exigente, & decreto Parlamenti præeunte. De quo vlt. à præfatos vide *Sprengesfeldium de Apanagio cap. 1. & seqq.*

10 Sequuntur deinde tributa vulgò *Tailles*, quæ nomine à plebeis hominibus soluuntur pro bonis possessionum, ac etiam domicilij habita ratione bonorum omnium, quæ à tributis addicto vbicumq; possidentur. Exempti autem sunt Ecclesiastici, Nobiles, & Regij officiales, latè *M. Antoine d'Espeisses in tract. des Tailles tit. 2. art. 14. sect. 1. & 2. per tot.* De qua Immunitate sed *Bodinus 6. de Republ. cap. 2. pag. 661.* exclamat: *Quid absurdius, quam apud nos terra hominum genera, Sacerdotes, inquam, Nobiles, ac Magistratus ferè immunes, omnia tributa in miseram opifices, & aratores reijcere? Sunt igitur ea vectigalia (si modo necessaria) probanda, quæ in omnes ordines pro singulorum facultatibus exequuntur, &c.*

11 Tributi huius superindictum vulgò *Taillon*. His accesserunt *les Crues*, sirnè additamenta tributorum, cum vetera nequaquam militibus sufficerent. Dicitur autem *Tallia à talea*, quæ lignum quadratum significat, quod ex censu à possessoribus per partes æquo iure exigatur, *Iul. Caesar. Bulenger de vectig. Pop. Rom. d. cap. 58.*

Payement de Fumages, siue focaria à foco appellantur, annuum tributum, quod in singulos focos exigendum curauit Galliæ Rex *Carolus V.*

Subsidia, vulgò *Aydes*, quibus vicesima pars pretij singum, cæterarumq; rerum venalium, quæ intra Regni fines venduntur, exigitur; hodie Patrimonij munus prædijs indictum pro cuiusq; censu, sicuti *Tailles*.

Mutuatio, *Emprunts*, cum mutui nomine, ac titulo Rex à subditis aliquid exigit.

Æquipollens, vulgò *Equiualent*, alia impositionis species. *Droict de l'Equiualent, qui se prend sur le chair*, denarius vnus in libram piscium, & carnium in macello venalium.

Droict de l'Equiualent, qui se prend sur le vin; sexta pars pretij vini, quod à mercatoribus emitur.

Droict de l'Equiualent sur le poisson, de quibus latè præter citatos Authores, vide *M. Anton. d'Espeisses in d. tract. art. 1. à sect. 1. ad 4.*

12 Sed vectigal vini perantiquum est in Francia. Quoad vsum verò Gallicum circà tributum vini, & aliarum eiusmodi rerum duas esse Parisijs, & in alijs Ciuitatibus tributi species, alteram ex populi consensu, alteram mera Regis authoritate indictam obseruat *P. Gibalinus de vniuers. rer. negot. lib. 2. cap. 3. art. 8. num. 22.* Prima species vocatur subsidium *droict d'aide*, cuius item duę sunt species, si nempè vinum vencat *en gros*, vicesima; quarta, si minoratim vendatur *en detail*, quæ deinde in octauam conuersa est: Et vicesima cuiusq; libræ Franciæ, *le sol pour liure*. Alterũ tributum Regium à Carolo VII. indictum est, in quo quacumque ex causa vehantur fructus, vt vendantur, vel ad proprios vsus, maximè vinum, soluitur aliquid pro quocumque dolio, aut alia mensura, non tamen de aqua ardente, cum sit liquor, siuè abstractum purissimi speciè vinariæ spiritus.

13 *Des gabelles*, alia tributi species, licet apud nos sit generale vocabulum, in Francia restringitur pro tributo salis, quod prius exiguum fuit, sed Franciscus I. illud in immensum auxit anno 1543. 24. libr. in singulos modios impositis. Videatur *Franc. Belcarius in lib. 25. rer. Gallic. n. 15. & seqq.* vbi agit de motibus grauissimis in Aquitania anno 1547. & 1548. occasione Salinarij vectigalis exortis.

Traitte foraine, mercibus è Regno exportandis vectigal impositum. Sunt etiam *Impositions Foraine*, *Reue*, & *Haut-passage*.

Des. est appes, militibus procedentibus, annonæ, & munitiones stationarijs exhibendæ.

Des Fortifications & Reparations, ad Vrbes, arcesq; muniendas.

Leuds de Cheuaux, & Chiarots, angariæ, & perangariæ.

Solde de cinquante mil hommes, stipendium 50000. militibus alendis, quod exigitur ab omnibus oppidorum incolis.

14 *Office venal*, Magistratuum, atque publicorum officiorum nundinatio. Idquè inter turpissima vitia Gallorum Politici numerant apud *Thuanum* Gallicũ scriptorem eximium *lib. 131.* quamuis abrogatio sæpè fuerit tentata; Notat verò *Lymnæus in Notitia Regni Franciæ lib. 2. cap. 8. lit. aa. in fin.* à tempore, quo Ludouicus XIII. Coronam Regiam adeptus fuerat, ad mensem vsque Ianuarij anno 1614. quod tempus 30. annos cum dimidio conficit, ex venditione Officiorum (quæ illic recenset) plusquàm ducentos libellarum milliones receptos fuisse.

15 *Dons gratuits*, dona gratuita, quæ necessitatis tempore exigere potest; Imò etiam ex redditibus Ecclesiasticis post conuentum anno 1657. per consensum Cleri perpendentis Status necessitates, percepit summam duarum millionum septingentarum millium librarum, *Besongne tom. 2. p. 3. pag. 187.*

Des decimes, decima pars redituum Ecclesiæ, quam à Clericis Rex exigit, Summi Pontificis permissu, verùm duplex decimarum genus constituit *Frãc. Duarenus de Sac. Eccl. minist. ac benefic. lib. 7. cap. 1.* vnum vocans decimas ordinarias, alterum extraordinarias, atq; indictas, quas Rex beneficiarijs indicere solet, præter eleemosynaria loca, vide *cit. Lymnæum, & Thols. lib. 2. syntagm. cap. 20. cit. M. Ant. d'Espeisses 4. tom. à tit. 1. ad 9. du traité des benefices Ecclesiastiques.*

16 *Regalia*, ius, quod ab antiquo vsu Regibus Galliæ competit in omnibus Episcopatibus, vt illorum sede vacante per Episcopi obitum, fructus eorum suos faciant, & disponant, vsquè dùm nouus Episcopus in demortui locum sufficiendus, Regi fidelitatis iuramentum præstiterit. De qua extat integer *tract. Iuris Regaliæ Arnulphi Ruzei*; & *Ann. Robert. rer. iudic. lib. 3. cap. 1.* Vide *Claudium Robertum in Gallia Christiana*, necnon *Merulam Cosmographiæ par. 2. lib. 3. cap. 18.* qui XV. Archiepisc. numerat, Episcopatus verò CVIII. Præter Abbatias, de quibus notandum, quod teste *Ioachimo Hagmeiero in dissert. de Statu Galliæ*, titulum *Abbatis S. Hilarij* apud Pictones ipsi Reges non dedignentur assumere, vndè iocosum illud: *Abbati huius Ecclesiæ licitum esse primam noctem inire thalamum Reginæ Franciæ.*

17 Quibus omnibus indictionibus Generales Ærarij, ac Thesaurarij Principis, vulgò *Generaux des Finances*, cognoscunt, quorum ordo primùm Lutetiæ, deindè per reliquas Galliæ Prouincias propagatus honestissimo loco habetur. Sunt & alij Collectores, Discussores, Tabularij, Opinatores Palatini, Scribæ, Actuarij, &c. *Faust. in consil. pro Ærar. class. 14. ord. 1045.* Auditoria autem Thesaurariorum Generalium Franciæ, *Generalitates* appellant, ad faciliùs colligẽdos ex tributis exactos nummos. Sunt autem illæ viginti tres, nempè septendecim, quæ distributæ sunt in electiones, & sex in Regni terras, siuè Regiones; hæ conuocant Status ad soluendam summam à Regibus sibi imperatam, quam exactam Ærario publico inferendam transmittunt, quas omnes ex *Besongne en Estat de la France de l'Ann 1669. tom. 2. p. 3. chap. 1.* refert *Christoph. Peller ad Klock. lib. 1 de Ærar. cap. 7. n. 36.* Quarum vniuersa summa ex taleis, indictis, & subsistentijs conficit quinquaginta milliones, tercentum quinquaginta nouem millia, ducentas, & octo libras, nouem asses, octo denarios.

18 *Ioannes Boterus* de redditibus Regijs edisserens, scribit Ludouicum XII. ex Regno Franciæ Myriadem, & Semissem percepisse; Franciscum I. ad tres; Henricum II. ad sex; Carolum IX. ad septem myriades peruenisse; Henricũ II. verò ab vnoquoq; pecunias fœneratitias ad XVI. per ceorum sumpsisse, & filios ære alieno ad XXX. myriades aureorum obligatos reliquisse, nec

mer-

mercatores ei quadrantem credidisse, apud *Klock d. cap. 7. n. 26.*

29 *Bodinus* refert anno 1444. sub Carolo VI. totum Regnum soluisse quotannis tantùm tredecies centena millia librarum. Sub Carolo IX. quatuordecim milliones libr. Sub Henrico Magno exhibuit quinque milliones auri, & quingenta millia coronator. Auctor libelli, cui tit. *Conclaue Regium* testatur, Politici ordinis reditus ad 39. milliones, & 50. millia librarum Turonensium, quæ superant tredecim milliones coronatorum, apud *Beyerlinck in Theatr. Vitæ human. tom. 6. fol. 26.*

Sed iuxtà veriorem opinionem Regios reditus hodiè ascendere ad 15. milliones auri, ex *Cardin. Bentivoglio* testatur *Comes Laschus in compend. histor. fol. 36.*

30 Inter tantos tamen reditus sæpiùs thesaurus Regius exinanescit, cuius rei plures causæ, nempè sumptus bellici, sumptus vicinis, & confœderatis populis suppeditati, qui 5. aut 6. haud rarò myriades superant; & Patrimonium Regium oppignoratum, stipendia, & pensiones Officialium, & quæ in confœderatos quotannis erogantur.

31 Quoad bellicas vires attinet, licet gallica gens armorum strenuitate, equestri cum primis certamine, indomitoq; impetu celebretur, vndè Romani Imperatores solerti cura Ærarium peculiare dispositum habebant, in quo pecunia seruabatur ad bellum gallicũ velut primo æstu fluxile sustinendum, & depellendum, teste *Appiano lib. 2. de bello ciuili*, sola tamèn est in exitium sui potens, nec diù externum aliquod imperium tenuit. Læta semper bellorum initia, atroci exitu corrumpentes, & Francicum impetum Hispanica cũctatio frangit; nam impetus facilè præuidetur, & vir constans facilè illum eludit, faciliùsq; cunctationem retundere impetum, quam contrà. Hoc modo Magnus Capitaneus deductis copijs ad Barolum vulgò *Barlettam*, & cunctatione sua ad ripas Liris fluuij (qui dicitur *Garigliano*) Francos nostrorum Catholicorum gloriæ inuidos detentione Regni Neapolitani deiecit, omnemq; inuadendi in posterum spem ademit: Iisdem artibus *Antonius Leua* Regem Franciscum fregit sub Ticino, & *Prosper Columna* copias illius è Mediolano eiecit. *Io: Botero* teste apud *Laët in descript. Hisp. pag. 471.* Vndè Hispanis contra Gallos, tàm in bello, quàm pacis negotiationibus semper res optimè cessit, nam cùm Franci natura vehementes sint, in Hispanorum inuictam constantiam impingentes, obtunduntur, & superãtur, atq; vt tædium vitent, facilè pacem licet iniquioribus Gallorum conditionibus ineunt, vt ipse *Io: Bodinus* Gallus inuitè fatetur *in lib. 5. de Republic. cap. 1. pag. 501.*

32 Et hæc Gallorum licentèr præter gentium indolem lasciuientium extrà patriam suam labes: sed ne quidquam de Gallorum leuitate, odio, & sæuitia addamus, ipsemet Gallus *Caspar Coliniius* in scripto quodam ad Regem Carolum IX. dissimulare nequiuit, Francis hoc insitum contendens, vt, cum hostem extrà fines non habeant, in cõmilitones, & conciues suos sęuiant, & omnes pacis artes perosi, scelerata mẽte viatores hostiliter aggrediãtur, apud *Thuan. hist. 51.* vndè & illud Flandrorum adagium: *Quand le François dort, le diable le berle*, h. e. quando Gallus dormit, diabolus est motor cunarum, *Rudolph. Maximil. in orat. contra Galliam* apud *Lans. de principatu inter Prouinc. Europ. pag. 277.* Adhùc sęuius in Galliarum visceribus peccant, qui passim tanquam gladiatores ad arenam damnati, subitis odijs, armisq; priuatis ob leue iurgium, aut iocum, (quis crederet rem immanem!) ritu ferarum, non ratione, sic ad vltima discrimina committuntur, vt orbem supra aliquot secula suis moribus polluisse, scribat eorum fautor *Barclaius in Euphorm. Satyr. par. 4. Icon. animor. cap. 3. vers. & seq.*

33 Gallorum deniq; vitia Italis propè repugnantia, sinè tertiam Babyloniam, & quin-

& quintum labyrinthũ in Gallia, non minus pulchrè, quàm veridicè describit *Franciscus Petrarcha in Epistolarum libro epist. 10. & seqq.* concludens *epist. 14. Postremò quodlibet vide, Iudas quoque, modò ut videas Babylonem, neq; descendas in Infernum viuens.* Qua de re optimè vaticinatus est Italorum Poetarum maximus *Ariostus*, qui *canto 33. st. 10.* sonorè cecinit:

Merlin gli fe veder, che quasi tutti
Gli altri, che poi di Francia scettro hauranno,
O di ferro gli Esserciti distrutti,
O di fame, ò di peste si vedranno:
E che breui allegrezze, e lunghi lutti,
Poco guadagno, & infinito danno
Riporteran d'Italia: che non lice,
Che'l Giglio in quel terreno habbia radice.

CAPVT VII.

De Ærario Turcici Imperatoris.

1 VAstum illud Turcarum Imperiũ, ab *Ottomanno* Tartaro, audaci, ac scelerato milite conditore, *Ottomannicum* dictum, ac latè per Europam, Asiam, & Africam à duobus præsertim seculis extensum, terminatur in Europa ad Boream Tartaria minori, Polonia, Moldauia, Transyluania, & Hungaria Austriaca; ab Occasu mari Hadriatico, quo separatur ab Italia, & mari Mediterraneo. In Africa terminatur ad Austrum sinu Arabico, Nubiæ Regno, desertis Barcæ, & Gagæ, ac Regno Tripolitano. In Asia autem ad Ortum terminatur Ponto Euxino, Georgia, Imperio Persarum, & Arabia. Ditio Turcica in *Europa* duplex est, nempè *Rumelia*, sub qua censentur Græcia, Macedonia, Albania, Thracia cum insulis Creta, Eubœa, & alijs in mari Ægeo; Et *Sclauonia*, sub qua Bosnia, Seruia, Croatia ex parte, Dalmatia, Mediterranea, Sclauonia, Bulgaria, & aliqua pars Regni Hungariæ versùs Austrum. *In Asia* quatuor sunt partes, nempè Asia minor, siuè Natolia Syria latè sumpta, Turcomania, aliàs Armenia maior, & Diarberchia, aliàs Mesopotamia, & Assyria, atq; pars Babyloniæ, cum aliquot locis tantùm in Arabia Petræa versùs sinum Arabicum. *In Africa* autem Turcicæ Ditionis partes sunt Regnum Barcæ, & Ægyptus. Regna tamen *Tripolis, Tunesi*, & *Algerij* in Africa sunt sui iuris quodammodò, & Turcarum Imperatori parent tantùm, quando ipsis videtur, quamquàm sub ipsius clientela viuant. At vice versa ipsi tributum soluunt *Principes Transyluaniæ, Valachiæ, & Moldauiæ*, ut *Resp. Ragusina. &* *Princeps Tartariæ minoris* ipsius est clientelaris.

2 Hoc Imperium diuiditur aliter in viginti quinque Præfecturas Generales, quarum vna est in Africa, septem in Europa, & septendecim in Asia, & ex his duæ reguntur à Præfectis *Beglierbey* dictis; aliæ omnes habent Præfectos *Bassà* nominatos. Totius Imperij sedes Regia est *Constantinopolis*, in qua quidem Vrbe Regium est Palatiũ ambitus trium milliarium mœnibus clausum, quod vulgò dicitur *Serraglio*, intra quod sunt Claustra duo pro mulieribus, in quorum vno sunt propè 1500. mulieres. Vide *Ioann. de Laet. in descript. Reip. Turcicæ, Ant. Gotofred. in descript. Imp. Ottomann. Io: Leunclauium Pandect. hist. Turc.* Varias item Relationes apud *Honor. in Thes. Politic. Io. Bapt. Montalban. in Comment. rer. Turcic. Lazarum Soranzium in Ottomanno, Achill. Tarducium in Turca vincibili, Mons. Briot en l'Histoire de l'Empire Ottoman, Lonicer. in Hist. Turcic. Laonicum Chalcocondylam de reb. Turc. Cominum Lascbum in compend. histor. à fol. 115. ad seqq. Hermann. Coeringium apud Oldenburger. in Thesaur. Rerumpubl. part. 1. à fol. 598. ad seqq. Hermann. Vvesselingium in sua Aurifodina circ. Turcicum Imperium à fol. 1737. cum seqq.*

3 Tyrannicum Dominatum, siuè Monarchiam herilem in Europa refert Imperium Turcicum, vbi se Sultanũ,

hoc

hoc eſt *Dominum* appellat Imperatorem, qui hodiè *Mahometes IV.* abſolutiſſimam rerum omnium intra fines ſuos habet poteſtatem, ità vt poteſtas belli, & pacis, & omnium fœderum ſit in ſolius ipſius manu, & arbitrio, honorum vnà cum vita ſubditorum, nec quiſquam tàm magnus, aut potens ſit, qui non tàntum de fortunis, bonis, ac facultatibus, ſed de corporibus & vita etiam ipſa vllam ſibi ſecuritatem promittere queat, niſi quandiù Imperatori placuerit; Imò apud Turcas non ſoli quiſquam iuris eſt, multòque minus ædes, quas inhabitat, vel agrum quem colit, ad ſe iure proprietatis ſpectare, verè gloriari poteſt, exceptis aliquot familijs Conſtantinopolitanis, teſte Comite *Lyſtho in compend. hiſtor. tit. de Domo Ottoman. fol. 163. & Authore I. B. C. Manualis Politici*, Ienæ anno 1687. impreſſi *lib. 3. cap. 1. n. 1.*

4 Omnes etiam in bello occiſos credunt beatos; hinc fit, vt nemo pro ſalute Imperij, & religionis Mahumedanæ vitam profundere ſubterfugiat, & Mahumedis Conſtitutiones *Leges Gladij* appellantur, & *Alcoran* inſtitutis gubernantur; Abhorrent verò à nomine *Turca*, dici verò amant *Muſulmanni*, hoc eſt benè credentes, maiore tamen Chriſtiani apud eos, quàm Hebræi ſunt amore ſunt. Regni Primoribus, ac Potentibus hoc eſt *Baſſis*, & *Vſiris* ſumma auctoritas eſt, ſed omnium dubia fortuna, vt ob quæmuis minimam ſuſpicionem, quæ leuiſſimam Sultani indignationem incurrit, ſtatim vitæ, ac facultatum iacturam faciant: quaſi hac Ottomannicæ domus immanitate, ex iuſto Dei iudicio, *Baſſarum*, & *Vſirorum* apoſtaſias, & ſcelera vindicaret; ſiquidem plerique parentibus Chriſtianis nati Religionem Chriſtianam exuerunt, & ea de cauſa ad tantos honores euehuntur; Magnus Tyrannus habet quoque ius vitæ, ac necis in fratres & conſanguineos, quemadmodum *Mahometes III.* nouendecim fratres, & *Selimus I.* genitorem proprium, binos fratres, cunctoſque etiam filios ſtrangulauit, vt præter ſuſpicionem dominaretur, *cit. Manuale Politic. d. c. 1. n. 4. & 5. Henricus Brenner in hiſtoria Rebellio-Thaldeanæ contin. par. 7 lib. 1. c. 1.*

5 De Maieſtate verò, diuitijs, Ærario, ac viribus præfati relatos adeundi ſunt *Klock. lib. 1. de Ærario cap. 4.* ibique in aliſ. *Chriſtoph. Peller*, *Beyerlinck in Theatr. vitæ hum. tom. 6. verb. reditus fol. 17. & 18. Io. Bapt. Tauernier in part. 1. Itinerarij Turcici*, italico idiomate, Romæ ann. 1682. edit., in Relatione Palatij, vulgò *Seraglio cap.* 10. 11. & 13. *Henn. Vueſſelingius in d. ſca. Aur. ſol. dim. verb. Turc. Imp. & verb. Vires &c. fol. 1084. & 1085.* vbi & hic titulus pro magnitudinis notitia apponitur.

6 *Imperator Mahometes IV. ſitus ſibi ex biens ſemper victor. Ego, qui per infinitas gratias Omnipotentis, & abundantiam miraculorum Principis Prophetarum ſum Imperator Auguſtorum Imperatorum, diſtributor Coronarum, ac Diadematum inter maximos Terræ Principes, Miniſter duarum Sacratiſſimarum, & Auguſtiſſimarum Vrbium Meccæ, & Medinæ, Protector Sanctæ Hieruſalem, Cuſtos Sepulchri Chriſti Domini, Aſiæ, Africa, & maximæ partis Europæ victrice noſtro enſe partæ, ſcilicet Hegrarum, & Regnorum Græciæ, Themiſuar, Bosniæ, Segeti, Natolia, Caramaniæ, Ægypti, omniſque Terræ Parthorum, Curde, & Georgianorum, Portæ ferri, Regionumque Principis partorum Tartarorum, Cypri, Diarbequir, Aleppi, Aſſirum, Damaſci, Babyloniæ, Barzaræ, Arabiarum, Abeſ, Tunis, Tripolis, Barbariæ, & plurimarum aliarum Regionum, Inſularum, fretorum, portuum, populorum, familiarum, generationum, & infinitorum myriadum præliantiſſimorum militum, qui ſub noſtro obſequio requieſcunt, & ſub meis iuſtitia, qui ſum Imperator N. filius N. Gratia Dei refugium præcipuorum Principum mundi, & aſylum honoratiſſimorum Imperatorum, &c.* Nebulo nebulonum, eſtu Diaboli, tyrannus Chriſtianorum, &c. refert idẽ *Vueſſelingius in Genealogia Ottoman. poſt tract. de Iure Pont. & Roman. Pontif. fol. 232.* Aliumque titulum, quo in Epi-

ſtolis

& quintum labyrinthũ in Gallia, non minus pulchrè, quàm veridicè describit *Franciscus Petrarcha in Epistolarum libro epist. 10. & seqq.* concludens *epist. 14. Postremò quidlibet vide, Indos quoque, modò ne videas Babylonem, neq; descendas in Infernum viuens.* Qua de re optimè vaticinatus est Italorum Poetarum maximus *Ariostus*, qui *cantu 33. st. 10.* sonorè cecinit:

Merlin gli fe veder, che quasi tutti
Gli altri, che poi di Francia scettro hauranno,
O di ferro gli Esterciti distrutti,
O di fame, ò di peste si vedranno:
E che breui allegrezze, e lunghi lutti;
Poco guadagno, & infinito danno
Riporteran d'Italia: che non lice,
Che'l Giglio in quel terreno habbia radice.

CAPVT VII.

De Ærario Turcici Imperatoris.

1 VAstum illud Turcarum Imperiũ, ab *Ottomano* Tartaro, audaci, ac scelerato milite conditore, *Ottomanicum* dictum, ac latè per Europam, Asiam, & Africam à duobus præsertim seculis extensum, terminatur in Europa ad Boream Tartaria minori, Polonia, Moldauia, Transyluania, & Hungaria Austriaca; ab Occasu mari Hadriatico, quo separatur ab Italia, & mari Mediterraneo. In Africa terminatur ad Austrum sinu Arabico, Nubiæ Regno, desertis Barcæ, & Gagæ, ac Regno Tripolitano. In Asia autem ad Ortum terminatur Ponto Euxino, Georgia, Imperio Persarum, & Arabia. Ditio Turcica in *Europa* duplex est, nempè *Rumelia*, sub qua censentur Græcia, Macedonia, Albania, Thracia cum insulis Creta, Eubœa, & alijs in mari Ægeo; Et *Salamonia*, sub qua Bosnia, Seruia, Croatia ex parte, Dalmatia Mediterranea, Sclauonia, Bulgaria, & aliqua pars Regni Hungariæ versùs Austrum. *In Asia* quatuor sunt partes, nempè Asia minor, siuè Natolia Syria latè sumpta, Turcomania, aliàs Armenia maior, & Diarbechia, aliàs Mesopotamia, & Assyria, atq; pars Babyloniæ, cum aliquot locis tantùm in Arabia Petrę versùs sinum Arabicum. *In Africa* autem Turcicæ Ditionis partes sunt Regnum Barcæ, & Ægyptus. Regna tamen *Tripolis, Tunesi*, & *Algerĳ* in Africa sunt sui iuris quodammodò, & Turcarum Imperatori parent tantùm, quando ipsis videtur, quamquàm sub ipsius clientela viuant. At vice versa ipsi tributum soluunt *Principes Transyluaniæ, Valachię, & Moldauię*, vt *Resp. Ragusina*, & *Princeps Tartarię minoris* ipsius est clientelaris.

2 Hoc Imperium diuiditur aliter in viginti quinque Præfecturas Generales, quarum vna est in Africa, septem In Europa, & septendecim in Asia, & ex his duæ reguntur à Præfectis *Beglierbey* dictis; aliæ omnes habent Præfectos *Bassà* nominatos. Totius Imperij sedes Regia est *Constantinopolis*, in qua quidem Vrbe Regium est Palatiũ ambitus trium milliarium mœnibus clausum, quod volgò dicitur *Serraglio*, intra quod sunt Claustra duo pro mulieribus, in quorum vno sunt propè 1500. mulieres. Vide *Ioann. de Laet. in descrips. Reip. Turcica*, *Ant. Gothofred. in descrips. Imp. Ottomann. Io: Leunclauium Pandect. hist. Turc.* Varias item Relationes apud *Honor. in Thes. Politic. Io: Bapt. Montalban. in Comment. rer. Turcic. Lazarum Soranzium in Ottomano, Achill. Tarduccium in Turca vincibili, Mons. Briot en l'Histoire de l'Empire Ottoman, Lonicer. in Hist. Turcic. Laonicum Chalcocondylam de reb. Turc. Comitem Luschum in compend. histor. à fol. 115. ad seqq. Hermann. Conringium apud Oldenburger. in Thesaur. Rerumpubl. pars. 1. à fol. 598. ad seqq. Hermann. Vuesselingium in sua Aurifodina ver. Turcicum Imperium à fol. 1727. cum seqq.*

3 Tyrannicum Dominatum, siuè Monarchiam herilem in Europa refert Imperium Turcicum, vbi se *Sultanũ*, hoc

hoc est *Dominum* appellat Imperatorem, qui hodie *Mahometes IV.* absolutissimam rerum omnium intra fines suos habet potestatem, ita ut potestas belli, & pacis, & omnium fœderum sit in solius ipsius manu, & arbitrio subditorum vitâ cum vita subditorum, nec quisquam tàm magnus, aut potens sit, qui non tàntum de fortunis, bonis, ac facultatibus, sed de corporibus & vita etiam ipsa vitam sibi securitatem promittere queat, nisi quamdiù Imperatori placuerit; imò apud Turcas non sui quisquam iuris est, multòque minùs ædes, quas inhabitat, vel agrum, quem colit, ad se iure proprietatis spectare verè gloriari potest, exceptis aliquot familiis Constantinopolitanis, teste Comite *Lyslo in compend. histor. tit. de Domo Ottoman. fol. 163. & Authore I. E. C. Manualis Politici*, Ienæ anno 1687. impressi *lib. 3. cap. 2. n. 1.*

4 Omnes etiam in bello occisos credunt beatos, hinc fit, ut nemo pro salute Imperij, & religionis Mahumedanæ vitam profundere subterfugiat, & Mahumedis Constitutiones *Leges Gladij* appellantur, & *Alcorani* institutis gubernantur; Abhorrent verò à nomine *Turcas* dici verò amant *Musulmanni*, hoc est benè credentes, minore tamen Christiani apud eos, quàm Hebræi in amore sunt. Regni Primoribus, ac Potentibus hoc est *Bassis*, & *Vesiris*, summa auctoritas est, sed omnium dubia fortuna, ut ob quamuis minimam suspicionem, quæ leuissimam Sultani indignationem incurrit, statim vitæ, ac facultatum iacturam faciant quasi hac Ottomanicæ domus immanitate, ex iusto Dei iudicio, *Bassarum*, & *Vesirorum* apostasias, & scelera vindicari, siquidem plerique parentibus Christianis nati Religionem Christianam ejurant, & ea de causa ad summos honores euehuntur; Magnus Tyrannus habet quoque ius vitæ, ac necis in fratres, & consanguineos, quemadmodùm *Mahometes III.* nouendecim fratres, & *Selimus I.* genitorem proprium, binos fratres, cæterosque; etiam filios strangulauit, ut præter suspicionem dominaretur, *cit. Manuale Politic. d. c. 2. n. 4. & 5. Henricus Brunner in historia Brachelio-Thuldenana contin. par. 7. lib. 1. c. 1.*

5 De Maiestate verò, diuitijs, Ærario, ac viribus præter relatos adeundi sunt *Klock. lib. 1 de Ærario cap. 4.* ibique in *add. Christoph. Pellerus*, *Beyerlinck in Theatr. vitæ hum. tom. 6. ver. vrbs tur. fol. 27. & 28. Io. Bapt. Tauernier in part. 1.* Itinerarij Turcici, Italico Idiomate Romæ ann. 1681. editi, in Relatione Palatij, vulgò *Seraglio cap. 10. 11. & 17. Herm. Vuessilingius in A sex Amsterdam. vrb. Turc. Imp. & verb. Vizer &c. fol. 1084. & 1085.* vbi & hic titulus pro magnitudinis notitia apponitur.

6 *Imperator Mahometes IV. filius Ibrahimi semper victor: Ego, qui per insultas gratias Omnipotentis, & abundantiam miraculorum Principis Prophetarum sum Imperator Augustorum Imperatorum, distributor Coronarum, ac Diadematum inter maximos Terræ Principes, Minister duarum Sacratissimarum, & Augustissimarum Vrbium Meccæ, & Medinæ, Protector Sanctæ Hierusalem, Custos Sepulchri Christi Domini, Asiæ, Africæ, & maximæ partis Europæ vicinæ nostro nunc parere, scilicet Regnorum, & Regionum Græciæ, Themesuar, Bosniæ, Segeti, Natoliæ, Caramaniæ, Ægypti, omnisque Terræ Parthorum, Curdi, & Georgianorum Portæ ferreæ, Regionisque Principis parvarum Tartarorum, Cypri, Diarbequir, Aleppi, Aseruni, Damasci, Babyloniæ, Barzaræ, Arabiarum, Alerà, Tunis, Tripolis, Barbariæ, & plurimarum aliarum Regionum, Insularum, freterum, portuum, populorum, familiarum, generationum, & infinitarum myriadum prælantissimorum militum, qui sub nostro obsequio requiescunt, & sub mea iustitia, qui sum Imperator N. filius N. Gratia Dei refugium præcipuorum Principum mundi, & asylum honoratissimorum Imperatorum, &c.* Nebulo nebulonum, & seu Diaboli, tyrannus Christianorum, &c. refert id. *Vuessilingius in Genealogia Ottoman. prius tract. de Iure Pared. Roman. Pontif. fol. 131.* Alium que titulum, quem in *Epi-*

stolis

Aulis Inuictiss. Imperatori nostro visus est, affert *Peller. in add. ad Klock. d. cap. 4. num* 116.

7 Ad opes Ærarij quod attinet, Turcarum Imperator duos habet Thesauros, vulgò *Hasnad* dictos, quorum primus, *Ærarium publicum* in quatuor cubiculis consistens, ex quo sumptus Regni, stipendia militum, alijquè ad Imperij conseruationem necessarij sumptus desumuntur; Alterum *Ærarium secretum*, quod semper est clausum, nisi Magnus *Visir* aliquam notabilem summam ibi locandam nunciat; Quæ latè, & pulchrè describit *Io: Bapt. Tauernier part. 2. Itinerar. Turcic. tit. Relatione del Serraglio del Gran Signore cap. 10. & 11.* Tradit verò *Leuncl. Chron. Turc. tom. 1. lib. 3. cap. 17.* Iuuenes, quibus horum cura commissa est, vocari *Aslanglandaros*, quorum per singulos dies, alij decem, alij quindecim aspros habent. Eis aurea, argenteaq; vasa, monilia, aliaq; eius generis ornamenta, gemmas, & quidquid in thesauris est Imperatoris, committi. His præesse Eunuchum *Asnadarbastiam* (*Leunclauius in Onomastico Hist. Musulm.*, vocat *Hasnadarbassim*, & interpretatur, Præsidem thesaurorum, Magnum Thesaurarium) cui claues Thesaurorum commissæ sunt, nec tamen quisquam reserare posse, nisi præsentibus alijs duobus, quorum alter *Tesleder*, alter *Nisangi* vocatur; Hos enim seras, arcasq; obsignare, &c.

8 Ærarium ex Donarijs ferè constat, quæ ab alijs Principibus, potissimùm Christianis, tùm & à suis subditis, atq; seruis Imperatori conferuntur; nemini enim vacuis, quod dicitur, manibus in ipsius conspectum venire conceditur, indéq; sunt, qui per facetiam aliquam produnt, sic dictam, *Portam Ottomannicam*, quòd non ingredi possit, qui nō aliquid portet; *Pellerus ad Klock. de Ærar. cap. 1. num. 30.* Magnificentiæ id tribuunt, quod immensam secum trahit vtilitatem; ac si quis penitiùs in omnes Turcarum actus oculos infigere velit, cognoscet, eò ipsos vnicè intentos esse, quò aliundè cumulare rapiãt, vt Imperatori, quæ rapta sunt, donent per eorum manus, tanquàm per aquæductum quendam omnes isti thesauri huius Imperij diffluant, seq; in Oceanum auaritiæ Imperatoris exonerant, *Klock. d. cap. 5. n. 6. Lazar. Soranzius in Ottoman. cap. 47. Traductius in Turca vincibili tit. de reditib. & Thes. Regni fol. 138. & seq. Arnis. Polit. 2. cap. 5. fol. 563. Caua il Gran Sig. cento sessãta mila scudi di tributi, e presenti da diuersi Prencipi*, ait *Auctor thes. politic. par. 1. relat. di Constantinop. fol. 122.* eaq; dona ex loco sublimi, omnibus spectantibus explicari iubet, quasi tributa subditorum, *Bodin. 6. de Republ. cap. 2. nu. 645. Besold. de Ærario cap. 1. n. 7.*

9 Sunt & alia dona, quæ extrà ordinem Principes huic barbaro Tyranno, eiusuè ministris ad cōciliandum amorem faciunt; Cuiusmodi fuerunt illa, quæ Inuictissimus Imperator *Leopoldus* pace conclusa anno 1665. *Mahumedi IV.* obtulit, quorum cathalogum *Diarium Europæum par. 12. ad pag. 497.* munerum verò Turcicorum *eiusd. par. 13. pag. 41.* exhibet. Vbiq; Regionum suarum libertas omnium Religionum annuo tributo venditur, quo templa à Christianis extructa, sarta, tecta quidem seruare, exusta verò, vel destructa reędificare nullatenus permittitur, imò talia demoliuntur, vti post incendium *Galatæ*, & *Constantinopoli* A. 1660. exortum reædificantibus contigit.

10 Omnes prætereà, qui ad aliquod Imperij munus peruenire ambiunt, immensas pecuniæ summas, valori eius, & fructui exindè capiendo adæquatas, pro eo pendunt, vndè mutuò sumunt Candidati argentum illud sub vsuris ad rationem 40. aut 50. in singula centena, & nonnunquàm duplo maius, si vel incidant in manus auarorum in Claustro Eunuchorum, *Briot en l'histoire de l'Empire Ottoman lib. 1. chap. 17. Pellerus ad Klock. d. lib. 1. cap. 5. num. 87.* Imò omnes Præfecti, vbi ad exercitum peruenerint, ambitiosè præstantius donum Imperatori offerunt, non igi-

igitur expendit, vt nostri Principes, sed colligit pecuniam belligerando. *Soranzius in Ottoman. cap. 47. Pellonus ibid.*

11 Illę verò quantitates, quas pro Officijs sumit Imperator, non sunt considerabiles respectu earum, quas accipit, cum *Bassà*, aliusvè *Portæ* Præfectus quouis modo obit, cuius iuxtà eorum legem remanet ex asse hæres, vel cum alij Officiales immensos habentes thesauros necari iubentur, quod sæpè sæpiùs fit; Quemadmodum fuit misera sors cuiusdam Mahumetlis *Beglerbey*, & Magni Visiri *Nassuf*, qui immensas auri, argentiq; diuitias possidebat, quæ cum eius capite in *Portam* exportatæ fuere, teste *Tauernier d. cap. 12.*

12 Aurum verò, quod in Ærarium intrat, ex quatuor fontibus emanat, duobus nempè exteris, & duobus internis. Primus exterorum est commercium Gallorum, Italorum, Anglorum, Hollandorum, Moscouitarum, & Polonorum, qui ex eorum regionibus aureos ducatos afferunt; Alter dimanat ex annuis tributis Magni Chani minoris Tartariæ, Principum Transyluaniæ, Moldauiæ, & Vualachiæ, Reip. Ragusiæ, & partis Mingreliæ, & Russiæ; quæ in aurea summa soluenda sunt; Ex propria regione peruenit spolium Bassarum, & Visirorum; & insuper ex Ægypto, qui præter alia Barbarorum Regna eius sub iugo gemit, ac tremit; vt videre est apud *Rieck de Arand c. 5. à n. 47. ad 61. Beyerlink in theatr. vitæ hum. tom. 6. ver. reditus pag. 17. & 18. Vuesseling. in d. Aurifodina, ver. Turcicum Imp.*

13 Formidabilem constituit militiam, tàm equestrem, quàm pedestrem; hinc sunt, qui famosissimorum *Iannizzarorum*, & *Spachorum* nomine celebrantur, in quibus duobus peditum, equitumq; ordinibus præcipuum Turcici Imperij robur versatur; Vtriq; desumuntur ex *Amoxoclani*, quos instar decimarum 5. aut 6. ætatis anno Commissarij ære conducti à Christianis Europæis, quibus hodiè etiam Asiatici, alijq; miscellanei adscribuntur, singulis quinque, vel sex annis exigunt, qui postquam Constantinopoli Turcarum more circumcisi, deindè Prouincijs, & remotissimis Asiæ locis hinc indè distributi, Principisq; sumptibus in Religione Mahumethana, lingua, ac moribus Turcicis primùm educati, tandem, vel armorum exercitio, vel in alijs artibus laboriosis, vt cuiusq; fert inclinatio, instruuntur, *Soranz. in Ottomanno p. 1. cap. 20.* Ex horum serie præter Aulæ Ministros, & Officiales numerantur *Iannizzari* pedites, quos 12000. ad sui custodiam habet Imp.; Ex *Iannizzaris* selecti *Spachi* 5000. dexteræ Principis, singuli 4. aut 5. equis seruientes. Ex ijsdem *Silichtar, Vlufagi, Charipici*, alijq; in limitibus Imperij ad centum quinquaginta millia Equitum; maxima verò eorum ars in Aula, quæ *Porta* dicitur, circà Imperatorem excubias agunt, ex quibus etiam *Bassæ*, & *Visiri*, idest Capitanei, & Consiliarij sufficiuntur, item Præsides Prouinciarum, & Baroniarum, & *Agæ*, siuè militum Præfecti, vel Tribuni militiæ depromuntur; Eorumq; arma offensiua sunt *hasta, acinax, scutum, arcus*; præter *galeam* ferè nulla defensiua, habetquè classem semper instructam, suumq; ad nutum paratissimam, *Laz. Soranz. in Ottoman. cap. 30. Theodor. Sanduginus de morib. Turcar. per tot. Vuesseling. in d. Aurifod. ver. Turcicum Imperium, tom. 2.*

14 Hæc publica Orbis lues, barbaro impetu, multitudine hominum, & austera parendi disciplina inualuit; hinc potentiam, ac fortitudinem militarem Sultani Turcici nobis commendat *Bodinus in methodo histor.* Imperium scilicet se habere Europa triplo maius, tùm populorum multitudine, tùm amplitudine regionum, occupare amplissimas maioris, & minoris Asiæ, Africæ, & Europæ partes, totiq; mari mediterraneo, & Insulis omnibus, exceptis admodùm paucis, latè dominari, armis, ac viribus tantum esse, vt vnus omnibus ferè Principibus par esse possit, cum Persarum, ac Moscouitarum cupitas extrà Imperij limites longè re-

pellat. Accessit etiam Turcicæ potentiæ plurimum, cum Religiosissimus Hispaniæ Rex omnes Iudæos, & Mauros ex suis Regnis proscripsit; tunc enim inquit *Horn.* plus 120000. in Africam, & ditiones Turcicas migrarunt, simulq; cum ijs artes Europęæ, præsertim militares, & mechanicæ.

15 Sed etsi videri possit, Turcam ex tanto imperio multò ampliores reditus percipere posse (qui ordinarij dicuntur esse nouem *Sultbanicorum* milliones, siuè octo aureorum milliones), id tamen non fit, cum Turcæ nullam alterius rei curam gerant, quàm armorum, vt exercitus conseruent, ità spoliant populos, vt vix ipsorum sustentationi necessaria eis relinquant, vndè duratio Imperij Ottomanici, vel ideò diuturna ampliùs esse nequeat, quod tyrannica seueritate, non clementia subditi regantur, ideò hoc Imperium apud *Boccalinum* Europæ Principes insulsè ridet, quod clementia subditos suos tractent; Cum teste *Polybio lib. 6.* ille Reip. status optabilis, & firmus sit, in quo & priuatim sanctè, innoxièq; viuitur, & publicè iustitia, & clementia vigent, vt rectè tradit *Conringius* apud *Oldenburger. in Thes. Rerumpubl. par. 1. pag. 675* Qua de re inter *centum manuscriptos Codices rerum diuers.* qui in nostro Musęo conseruantur, extat fidele *Prognosticon D. Magistri Antonij Torquati, artium, & medicina Doctoris Ferrariensis, clarissimiq; Astrologi de euersione Europa, quod Seren. Matthia Hungaria Regi anno salutis 1480. direxit*, vbi sic concludit: *Nec cessabunt, aut desisient Hispani ad vlteriora procedere, donec omnia meridiana ad extremam vsq; Indiam sibi subijcient, & c. prædaq; ingentissima ab omni parte, gentesq; subducta supra quam credi potest, ditabuntur: Sicq; Domini nostri Iesu Christi vexillum ad Orientales partes cū gloria portabitur, & Mahumetiana secta cessabit, & passim Mahumetani, & Indi, atq; Iudęi ad Christi baptismu conuolabunt; cui sit honor, & gloria in secula seculorum, amen.*

16 Quod dictum sit ad maiorem DEI gloriam, & ob Catholicorum Hispaniæ Regum summam clementiam, ac religionem, de quibus concludat illud *Cant. 4. Surge Aquilo, & veni Auster, perfla hortū meū, & fluant aromata.* Caussa enim sperandi oritur ex tanti Monarchæ potentia, ac religione, nostrorum militum robore, belliq; disciplina, tùm ex Christianorum numero, atquè votis, præsertim Inuictiss. Imper. *Leopoldi* Austriaci, qui *Budam* Hungariæ metropolim, cum alijs propugnaculis recuperauit, & cum gloria Christiani nominis feliciorem exitum consequetur. Vtinam aliquandò Christiani Europęi Principes vires suas sanè maximas coniungerent, non in semet ciuilibus discordijs, & simultatibus seipsos atterentes, fidei, Christo, & sibi inuicem datæ, non obliti, *coniuncta rabie in vrsum insilirent, morsu vndiq; appeterent, nec priùs desisterent, quàm omnem belum è faucibus eripuissent, prædatoremq; dilacerassent*, *Parinal. hist. sac. ferd. 7. c. 27.* Sed tantùm abest, vt in concordiam contra hanc hirudinem conspirent, vt potiùs arma contra Christianos Principes arripiant, proh! hodiè tàm grauem, ac sanctum apparatum aliquantulùm interuertit *Gallia Rex*, Sabaudiæ limites aggressus, aliaquè metu licet inani interitus. Sic in nostra viscera acti sumus, & à nobis superari triumphos Saracenis, Turcisq; concedimus. O' tempora, ò mores!

CAPVT VIII.

De Ærario Regis Angliæ, siuè Magnæ Britanniæ.

1 MAgna Britannia est Insula totius Orbis longè celeberrima, quæ a circumuicinis regionibus commodo vndiq; interuallo disiuncta, iuxtà illud *Poeta*:

Et penitùs toto diuisos Orbe Britannos.

gremijsq; passim patentibus vniuersi Orbis commercijs opportuna, & tanquàm

quàm ad inuadendos mortales in mare se proijciens, vndequaq; Cœlo, & solo iuxtà fruitur felicissimo, vti eam celebrat *Lanflus in suo per Britanniam*, & videndi *Fournier in Geograph. Orb. notitia lib. 5. cap. 2. & Eduard Chamberlayne* en l'*Estat présente de l'Angleterre chap. 1. pag. 5. Thomas Smithus de Repub. Angliæ, Cambdenus, & Hermannides in Britannia. Ias Barclaius* natione Scotus *in Euphormione par. 4. item. animor. cap. 4. Ioachimus Hagemeierus Iuris publ. Europæi de Statu Angliæ, Scotiæ & Hiberniæ Epist. 3. Francof. 1678. in 4.*

2 In quatuor diuiditur partes, *Angliam* nempè, *Scotiam, Walliam, & Cornubiam*; Anglia tamen omnibus præstat, sub qua triginta nouem Comitatus, seù Regiunculæ. Tria verò hodiè complectitur Regna, Angliæ videlicet, Scotiæ, atq; Hiberniæ, ex quibus post obitum *Elisabethæ* Reginæ, sicq; Regia Angliæ familia extinctâ, proximus hæres *Iacobus VI.* Rex Scotiæ vi, & occasione testamenti Elisabethani Rex Angliæ creatus modernam M. Britanniam publico Parlamenti decreto constituit circà annum 4. huius seculi, ob religionis tamen negotium, lacerum ex parte, & in factiones diuisum vidit Imperium Angliæ. *Auctor I. E. C. Manualis Politici lib. 3. cap. 7.*

3 Quod itaq; concernit Regnum Anglicanum, quod Italis *Inghilterra* dicitur, & prævalet hodiè, in eo obtinet forma Reipublicæ mixta, nimirùm ex Monarchia, quam Rex; Aristocratia, quam Parlamentum Superius; & Democratia, quam Parlamenti Domus Inferior, alias *Domus Communium* dicta, repræsentat. Rex hodiè est *Iacobus II.* frater defuncti Caroli II. Stuarti admirabili Dei beneficio hactenus Regno potiti, cum eaurea scintilla ciuilis motus in Anglia emicans Carolus I. M. Britanniæ Rex in iis vocatus publico in pegmate (inaudito per Vniuersum exemplo) anno 1649. die 31. Ianuarij securi fuerit percussus, de quare latiùs *in scriptis Salmasij, & Batei de motibus Angliæ, Theatro Tragico Londini celebrato, vti. Chamberlayne d. loc. cap. 8. Samuel Neander in tract. de Principum Potestatis summitate contrà Regicidium Anglicanum, Francof. ad Oderam 1660. in 12. Gaspar Zieglerus exercitatione circà Regicidium Anglorum*, edit. *Lipsiæ 165. in 8.* aliisque.

4 Vires Angliæ non in potentia Regis, Ducum, Comitum, &c. sunt collocatæ, sed in eorum potissimùm potestate consistere videntur, qui ad *inferiorem* pertinent *domum*; vt Rex potiùs politicum caput, quàm Dominus sit, est titulo verò *Regis Angliæ, Scotiæ, Franciæ & Hiberniæ*, necnon *Fidei Defensoris* ex Bulla Summi Pont. Leonis X. ad Regem *Henricum*, qui *Lutheri* blasphemias publicis scriptis, adiuuante *Episcopo Roffensi* oppugnauit, ac liber per eius Legatum oratione præhabita Papæ oblatus fuit, cuius originale testatur *Hauart* apud *Pallav. ad Klock lib. 2. de Aerario S. num. 11.* adhùc extare in Vaticana Bibliotheca cum hac dedicatione propria Regis manu scripta: *Anglorum Rex Henricus Leoni X. mittit hoc opus & fidei testem, & amicitiæ.*

5 Sed hanc Parlamenti authoritatem meritò ægrè tulit defunctus *Carolus II.* atque ideò plus simplici vice cum Parlamento inferiori seuerissimè protestatus est; Vndè etiam hodierno Rege *Iacobo* à regio throno deposito, *Guilielmum* Orangiæ Principem sibi Protectorem elegerunt, quamquàm Galliæ Rex pro Iacobi repositione suis armis vehementer institit; Sed quod propter Christi D. N. religionem expediat, non cum Galliæ Rege, sed cum Hispano Monarcha fœdus inire, & clarâ ob rationem statum, quinis mediocritate bellorum penitus diiudicet; cum Galli iam satis Angliæ appropinquauerint per *Calesium, & Dunkerckam*, quam à *Cromwellio* ope eorum occupatam, defunctus Rex Angliæ Carolus II. cum maximo damno iis vendidit pro 5. millionibus, necessitate ineuitabili, & Regni neruo exhausto: Quod sanè interesse Henricus IIX. Angliæ Rex, & Elisabetha Regina obseruarunt, ac etiam defun-

ctus Carolus II. agnouit, cum superiori bello validissimum exercitum Hispanis succurrendum in Belgium misit: Ast ex nuperrima huius neglectione, qui acutè vident, nil boni Regno Angliæ ominari, rectè testatur *Manuale Politicum d. lib. 3. c. 7. n. 7.* Sed hoc in medio relinquimus, à *Tacito 6. Annal. num. 8.* edocti, *abditos Principis sensus, & si quid occultiùs parat, exquirere illicitum, anceps, nec ideò assequare.*

6 Regni Angliæ opulentiam ex eo præcipuè iudicari arbitrantur *Thomas Smithus de Republ. Anglor. lib. 3. cap. 5. Conringius apud Oldenburger. in Thesaur. Rerumpubl. par. 1. à pag. 649.* quod solum in omnibus penè Prouincijs habeat fœcundissimum, quod omnia humanæ vitæ necessaria producat bona, è metallorum præsertim auri, argentiq; copia, ex lanarum ingenti copia, & pannificio, commerciorum affluentiâ, nauigandi peritia, & naualium sociorium, nauiumq; copia, priuatorum quoq; opibus: Commercia verò hodiè Angli instituunt non tantùm in Europa, sed & per omnes reliquas Orbis terrarum partes, & habent ad tuenda commercia Africana *Tangir*, quod Rex Carolus II. à Portugallis, cum Regina Catharina dotis loco accepit, item promontorium *Cabo Verde, &c.*

7 Rex autem Angliæ plurimos habet ordinarios reditus, de quibus *Ioann. de Laet. in descript. Angliæ, Thom. Smithus lib. 3. de Republ. Anglor. cap. 7. Klock. de Ærario d. cap. 8. à nu. 1. vbi Pelleras in obs. Maximil. Faust. in cons. pro Ærar. class. 17. ord. 351. Boterus, Conringius,* alijq; *in relationibus de hoc Regno.*

8 Habet primò Patrimonium Regni, quod barbarè vocant *Domanium*. Omnium pupillorum feudatariorum tutelam suscipit, & durante pupillari ætate omnes bonorum reditus. Minor autem est quisq; apud Anglos, donec annum vigesimum primum compleuerit, si masculus sit. *Cowel. Instit. Iur. Angl. lib. 1. tit. 3. §. 16.* Et matrimoniorum eorundem dominus est, & eiusmodi pupillis coniuges attribuit, aut pretium pro coniugijs accipit. *Relevium* etiam soluunt ex feudis.

9 Portorium quoq; Rex percipit ex omnibus mercibus, quæ inuehuntur, & euehuntur sub nomine *Pondage*, maximè verò ex lanis. Accedunt etiam confiscationes bonorum, & reditus ex Abbatiis.

10 Extrà ordinem etiam, necessitate exigente, Parlamentum indicere solēt Reges, & sic auxilium à subditis impetrare. Idq; duplex: Prius subsidium vocant: Alterum auxilij extraordinarij genus, siuè taxatio pro ratione decimæquintæ partis facultatum locorum. Solet quoq; interdum Rex sine Parlamenti auctoritate locupletioribus subsidium petere, quod *Beneuolentiam* vocant.

11 Sic verò inquit *Barclaius d. cap. 4.* nullibi in tàm ingenti Regno vectigal: nō in vrbium, pontiumvè discriminibus publicanorum stationes, præterquàm in ijs locis, vndè naues in exteras plagas soluunt; nam importatas merces, aut quæ inde exportantur, profiteri apud eos, necesse est, qui à Rege portorium conduxerunt.

12 Ordinarios sanè Regni Anglicani reditus, antequàm Henricus VIII. bona Ecclesiastica occupasset, ad quingenta aureorum millia accessisse, *Boterus* prodidit; sed olim ad 190. millia ducatorum ascendisse refert *Comes Lusches in compend. hist. fol. 168.* & *Ioannes de Laet in descript. Angliæ cap. 7. num. 504.* è tabulis publicanorum restatur, portorium omnium mercium euectarū anno 1612. ascendisse ad 93794. libr. sterling. Easdem tabulas, *idem* ait, fidem facere, easdem anno 1621. vectigal mercium cunctarum reddidisse publicanis 82162. libras, inuectorum autem 91059. libras sterling.

13 Verùm de hodiernis Regni reditibus sic loquitur *Edward. Chamberlayne en Estat present de l'Angleterre p. 94. Certè Regis Angliæ reditus olim maiores erant, quàm alterius Europæi Regis vllius. Ex domanijs, & Iuribus feudorum*

rum

rum plus percipiebant, quàm opus erat ad ordinarias Coronæ expensas sufficienda. Sicut nullatenus *cogebatur subditos suos impositionibus, & collectis onerare. Postquam duæ Cameræ Parlamenti ob felicissimam Regis tandem restitutionem congregatæ essent, invenerunt illæ Coronæ reditus ita diminutos, & contra in eas tantas expensas, quæ necessariæ ad bellum tàm mari, quàm terra contra duas potentissimas nostras vicinas gerenda erant, & ob ingentem numerum subditorum, fidelissimorum, & rebellium contra Regem sustinendorum erant, aucta, ut unanimiter concluderent, omninò ad pacem, & quietem Status, & ad honorem Regis, Regnique conservandum opus esse, ut certi deputarentur Regi reditus ad summam duodecies centenorum millium librarum sterlingensium annuatim, &c.*

24 Viribus maritimis, & classe ipsius naturæ beneficio Anglus populus præstat; nam in potentia navali præsidium Status Anglicani consistit, & conseruatur Imperium maris Anglicani, vndè inter cætera ex litteris Eduardi III., qui se *Dominum maris* nominat, probare voluit; & *Io.* Seldenus quoque in suo libro, cui tit. *Mare clausum*, Regem maris circumflui, & indiuiduæ, ac perpetuæ Imperij Britannici appendicis Dominum esse asserit; Cui tamen dominio *Batavi* maximè obluctantur, pro quo libellum *de mari libero* edidit *Hugo Grotius*, contra quem *Seraphinus de Freitas de Iusto Imperio Lusitanorum Asiatico*; nec minus huic maris Imperio infensi sunt Castellani, & Galli, vide *Claudium Morisotum de Orbe maritimo*, aliosque.

§. I.
Regnum Scotiæ.

1 SCotia alterum Magnæ Britanniæ Regnum anteà per plurima secula proprijs paruit Regibus, sed ex quo obijt Elisabetha Angliæ Regina anno 1603., ei successit Iacobus VI. Scotiæ Rex, qui duo Regna Angliæ, & Scotiæ coniunxit, & in Angliam, vel maius Regnum transfigurauit, de quo etiam *Alber. Gentilis* librum scripsit, & Iacobus ipse affectauit nomen Regis Magnæ Britanniæ, & aureis cudi curauit cum hac Inscriptione: *Henricus Rosas, Regna Iacobus*. Scotia nunc in duas præcipuè partes, Tauo fluuio intercurrente, diuiditur; in Scotiam *Australem*, quæ frequentius habitatur, & moribus, diuitijs, ac humanitate excultior est; Et Scotiam *Borealem*, quæ agrestior, & rudior, mores etiam *Syluestris Hiberni* genuini, & prisci Scoti retinet.

2 De Scotorum opibus, ac reditibus plura accipi possunt ex *Morysonio Anglo* apud *libellum de Regno Scotiæ c. 5.* & *Philipp. Andr. Oldenburger. in Thes. Rerump. par. 2. p. 616. n. 1 p.* Reges itaque Scotiæ, vt suis temporibus magis, magisque commendarent, nulla, aut penè exigua nauigantibus imposuerunt telonia; Reditus vero Regij olim fuerunt tenuissimi, ex fructu *Guardiæ*, quæ ad Regem spectabant, hæredumque tutela in potestate Regis erant, quandiu durante ætate aliquod Rex capiebat emolumentum, ad hæc possessiones hæredum in matrimonium collocandorum. In legibus, & Consuetudinibus *Burgorum* per Dauidem primum editis, dicitur: *Quilibet Burgensis debet Domino Regi Burgagio, quod defendit, pro particata terra quinque denarios annuatim*. Reges cum ex suo Ærario, quemadmodum Reges Angliæ, exercitus alendo non essent, edicebant suis, vt certo die ad signa adessent, denunciata aduersus contumaces perduellionis pœna.

3 Quidam existimant, inter quos etiam *Boterus* est, quod Rex Scotiæ non plus ex suis percipiat reditibus, quàm centum millia coronatorum; nonnulli autem putant, quod reditum illius calculus ad millionem auri accedat. Modestiores tamen relationes non pluris, quàm centum millium librar. *sterling.* pretio illos reditus æstimant. Post verò Scotiæ cum Anglia vnionem ordinarios reditus sub Carolo I. excreuisse ad quingentorum millium librar. *sterling.* pretium, siuè quas Itali vocant

Doble

Dubli, testatur *Comes Alphons. Lasibus in Comp.hist fol.* 258.

§. 2.

Regnum Hiberniæ.

1 Hibernia, vulgò *Irlanda* dicta, Insula est ampla Europæ in Oceano Occidentali propè Angliam, & ad eius Occasum, sed multò minor ipsa. Subest ab aliquot seculis Regibus Angliæ, qui dicti fuerunt Hiberniæ domini iàm inde ab Henrico II. ad Henricũ VIII. qui primus *Hiberniæ Rex* dictus est, eius præcipua vrbs est *Dublinum* In ora Orientali Insulæ Diuiditur in quatuor partes, sub quas sunt triginta tres Comitatus, seù Regiunculæ, teste *Michaele Ant. Baudrand in Lexic. Geograph. tom.* 1.

2 Abundat hæc Regio amœnissimis fluminibus, piscibus, & portubus, syluis, lignis, equis, lino, metallis, præsertim marmore, quod iuxtà Dublinũ, & Corcagium generat; maxima autem Hibernarum opum pars, teste *Botero*, in illorum ouibus consistit; ac vaccis. Maiora nauigia, præsertim bellica, Hibernis fabricare non licet, habent verò multa mercibus deducendis idonea, & adnexis piratas leuitèr armata: Ex quibus facilis redituum coniectura, hoc tamen certum est, qualescumq; hactenùs fuerint, vix ordinarijs sumptibus sufficere; Porrò Comitatus singulos annua tributa Coronæ Angliæ pependisse iàm à multis annis, extrà dubietatis aleam est; amplissimosque itidem reditus fisco è rebellium bonis accessisse. Constat Hibernorum militia ex quadruplici militum ordine; primus est *hastatorum* equitum; alter pedestriũ copiarum; tertius illorum, qui paritèr gladijs, ac missilibus accincti sunt, & *Karnos* vocant; quartus ordo Cursorum est, qui Irlandis *Daltini* vocantur, vt videre licet apud *Auctorem Descript. Hiberniæ cap.* 4. *Philipp. Andr. Oldenburger in Thesaur. Rerumpublic. par.* 2. *pag.* 661. & 662.

CAPVT IX.

De Ærario Regis Succiæ.

1 SVecia, *Suetia* Italis, *Suede* Gallis, Regnum est Europæ antiquum in plaga Septentrionali positum, maiorem *Scandinauiæ* partem complectitur, aliàsq; Daniæ, & Noruegiæ vnitum fuit, sed hodiè proprio subest Regi; Eius partes sunt sex, nempè *Suetia* propria, *Gothia*, *Lapponia*, *Noruegica*, *Finlandia*, *Ingria*, & *Liuonia*, sub quibus sunt triginta quinque Prouinciæ, quibus additur *Bausiana* Præfectura, quæ anteà pars erat Noruegiæ. Subsunt etiam Succiæ Regi *Pomerania citerior*, *Ducatus Bremensis*, & *Principatus Ferdensis*, sed hæc sunt in Germania; Totius autem Regni caput est *Holmia*, videndi *Henricus Soterus*, *Alb. Crantzius*, *Zeillerus*, *Bertius*, & *Gothofredus in Archontologia Cosmica*, in *Suecia descriptionibus*.

2 Refert autem hodiè Regnum illud Statum *Democratico-Aristocratico-Monarchicum*, ità quidem, vt *Monarchiam* repræsentet Rex, ob totidem, quæ ipsi sunt reseruata, & maximè hodiè post noua Comitia *Holmia* anno 1682. quibus ipsius fasces Regij aliquo modo restricti, maxima ex parte relaxati. *Aristocratia* speciem formant Senatores, Nobiles, Clerici, ac milites; *Democratiam* verò Ciues, & mercatores, teste *Authore Manualis Politici lib.* 3. *cap.* 9. *pag.* 351.

3 Regis titulus apud *Tract. ad Historia Thuldeni par.* 4. *p.* 247. *edit. Coloniæ anno* 1663. his concipitur verbis: *Nos Carolus Gustauus, Dei gratia, Suecorum, Gothorum, & Vandalorum Rex, magnus Princeps Finlandiæ, Dux Scaniæ, Estoniæ, Liuoniæ, Careliæ, Bremæ, Verdæ, Stetini, Pomeraniæ, Cassubiæ, & Vandaliæ, Dominus Ingriæ, & Vuismariæ necnon Comes Palatinus ad Rhenum in Bauaria, Iuliæ, Cliuiæ, ac Montium Dux.*

4 Priuatorum diuitiæ in copia pelliũ, & ferarum, corijs, exuuijsq; sitæ sunt,

tùm verò in butyri, ferri, cupri, ceræ, aliarumq; rerum abundantia; De Regio autem Ærario agunt *Klock de Ærario lib. 1. cap. 9.* vbi *Peller in obs.*, *Maximil. Faust. in consil. pro Ærar. class. 17. ord. 2355. Philipp. Andr. Oldenburger. in Thes. Rerumpubl. par. 2. pag. 330.* alijq;

5 Regni itaq; reditus ex quatuor fontibus emanant; è metallis scilicet fodinis, omnium enim mineralium decimæ Regi debentur, & si subditi venas fodinarum non tenerent in occulto, multò plures ex illis redirent prouentus.

6 Deindè per totum Regnum tributa exigit, & decimas frugum, siliginis, hordei, butyri, boum, piscium, pellium, rerumq; similium, quas ad nouem, vel decies milliones ascendere, creditur.

7 Tertium redituum genus consistit in contributionibus, & vectigalibus arbitrarijs, nam quotiescumq; Regi militares copiæ conscribendæ sunt, Comitia Regni solet indicere, nouasq; exactiones imponunt.

8 Postremò ex bonis Ecclesiasticis, priusquam enim religionem Sueci mutassent, Ecclesiastici latissimos possidebant fundos, ex quibus magnos accipiebant reditus, quos deindè ad Coronam vnà cum arcibus reuocandos esse decretum fuit; qui verò oppignorati, à veris hæredibus redimi fas fore.

9 Præter vires terrestres, quæ tàm in copia militum, quàm accurata militiæ disciplina sitæ sunt, etiam maritima Sueciæ potentia magna est; incumbendum verò est, vt Ærarium, quod bello hactenus infeliciter gesto valdè depauperatum est, per negotiationes, & commercia respiret; Adest ibi Collegium Regiæ Cameræ, seù Fisci, in quo omnium totius Regni redituum, ac sumptuum rationes examinantur, atq; expunguntur, *Soterus in descript. Sueciæ pag. 164.* Licet vndequaq; Regnum suum munitum habeat natura, cùm à parte Orientali *Moscum* vicinum aspiciat, sed admodùm vastis Regionibus distinctum, & sunt ex parte Findici Ducatus, vt & Ingriæ, & Careliæ lacus, & propugnacula plurima: Habet quoque circà Liuoniam, vbi Suecia solùm aperta, sibi *Polonos*, & *Lithuanos* vicinos, deindè etiam circà Borussiam, & Pomeraniam vlteriorem *Electorem Brandeburg.*, ac tandem vicinos quoque *Danos*, aduersùs quos mari ad Noruuegiam in accessu montium niuosorum se tuetur, sed legi merentur *Ius feciale armatæ Daniæ* anni 1657. ac *manifestum*, & *Responsio ad illa*, quæ armorum Daniæ Regis contra Sueciam ostenditur apud *Tract. ad 3. par. histor. pertinadit. Coloniæ* 1659.

CAPVT X.

De Ærario Regis Daniæ.

1 Danorum regio, aliàs valdè extensa, nunc Dania dicitur, Italis *Danimarcha*, eratq; diuisa in tres partes, nempè *in Cimbricam Chersonesum, in Insulas*, & *in Scaniam*, nunc autem angustioribus restringitur limitibus, à *Scania, Blekingia*, & *Hallandia* in Suecorum potestatem deuenerint: Habet ad Austrum, Germaniam versùs, Holsatiam; sed in alijs partibus circumcingitur mari Germanico, & mari Balthico; Eius primaria Vrbs, & Regia est *Haphnia* ad Sundicum fretum sita: Quod sanè Regnum exhibet nobis formam Monarchiæ absolutæ, vbi hodiernus Daniæ Rex *Christianus V.* absolutam, & legitimam potestatem in Danos habet, quam *Fridericus III.* partis cum perpetua, ac hæreditaria Regni Danici successione anno 1660. grauissimo tunc temporis bello cum Sueciæ Rege Comitijs *Haphniæ* acquisiuit, teste *Authore I. E. C. Manualis Politici lib. 3. cap. 8.* Videndi *Stephanius*, *Cranzius*, *Zeillerus*, ac *Pontanus in Daniæ Description. Iuarus N. Nert Zboinsius de Præcellentia Regni Daniæ, Hafniæ 1661. in 4. Ioachimus Hagemeierus Iuris publ. Europæi trium Regnorum Septentrionalium Daniæ, Noruuegiæ, & Sueciæ epist. 1. Francof. 1677. in 4.*

2 Sublunt etiam Daniæ Regi, Regnũ

Noruue-

Noruegia, Islandia Insula, *Schetlandica* Insulæ, & littoralis ora *Groenlandiæ*; De Noruegia, & Islandia inferiùs. Schetlandiæ, quæ & Scandiæ à quibusdam dicuntur, sunt sex, quarum tres præcipuæ, nempè *Mainlandia, Zealia,* & *Vusta*, ipsarumq; incolæ in maximā proueuntur senectutem. Reges Daniæ se iam appellant etiam Reges *Gothiæ*, & *Vvandaliæ*, qua de re grauis semper controuersiæ ortæ inter Reges Daniæ, & Sueciæ, cum hi potiorem partem *Gothiæ*, scilicet *Ostrogothiam*, siuè Orientalem, *Vvestrogothiam*, siuè Occidentalem, & alia obtinerent, & nunc etiam Suecico Dominio subest *Gothia* meridionalis, nempè *Scania*, *Hallandia*, & *Blekingia*, quæ prius erat Danici iuris, titulo tamen Regis Gothorum retento, hoc modo: *Nos Christianus V. Dei gratia, Daniæ, Noruegiæ Vandalorum, & Gothorum Rex, Dux Slesuici, Holsatiæ, Stormariæ, & Ditmarsiæ, Comes in Oldenburg, & Delmenhorst.*

3 Principales huius nobilis Regni reditus ex telonio nauibus, quæ *Sundam* transeunt, imposito, cùm ex taurorum vectigali, quorum ingens numerus singulis annis in Hollandiam, & vicina Germaniæ loca euehitur, colliguntur. Quod ad telonium nauium in freto *Sundæ* spectat, hoc incredibiles parit nummos; omnibus enim nauibus ex alterutro horum marium in alterutrū nauigaturis hoc fretum *Oresund* transeundum, & vectigal pendendum est, pro quouis nempè malo aureus nummus vulgò *Rosennobel*, soluendus; Quotidiè ferè 400. aut 500. naues tàm paruæ, quàm magnæ ibi vectigali soluto transeunt, *Zeiller. in Dania descript. pag.* 176.

4 Neque parui illi sunt habendi reditus, qui ex captura piscium proueniūt, vt & hordeo, butyro, larido, carne, corio, alijsq; vsui necessarijs, *Bert. Rer. Germ. l. 3.* Metallorum quoq; fodinæ regia curā excultæ, tot boum, equorumq; myriades, quibus, vt è Regno abduci tutò possint, certis sunt locis constituta vectigalia, maximum etiam afferunt emolumentum, *Pontan. in Chorograph. Daniæ descript. pag.* 727. *Klock. de Ærario lib. 1. cap. 10. nu. 19. &* 20. Quibus Ærarij Præfectos constitutos esse docet *Pontanus in reb. Dan.* apud *Klock. d. loc. n.* 21. vbi *Pellerus in add. num.* 17.

5 Regni vires in classibus maritimis potissimùm spectantur, numeroq; in belli vsum munitarum nauium, teste *Philipp. Andr. Oldenburger in Thes. Rerumpubl. par. 2. fol.* 287. Quid verò in militia terrestri, ostendit non ità pridem anno scilicet 1657. Fridericus Rex, cum decem mille equitibus, & vndecim millibus cum octingentis peditum, Suecorum arma præstolabatur, *Theatr. Europæum par. 2. pag.* 108.

§. 1.

Regnum Noruegiæ.

1 NOruegia, Regnum amplum Europæ, est à faucibus sinus Codani, & Scania prouincia Daniæ, vsq; ad promontorium Boreale, & Lapponiā, sed non æquè latam, habens ad Ortum Sueciam, & ad Occasum mare Germanicum. In eo sunt quinque Prouinciæ, seù Præfecturæ; Vrbs autem Noruegiæ caput est *Nidrosia*; Aliàs Reges habuit proprios, sed ab anno 1387. vsque ad nostram hanc ætatem Regnum hoc Regum Daniæ dominatui hæreditario obnoxium mansit.

2 Licet verò *Klock. de Ærar. lib. 1. cap. 10. n. 9. &* 10. scribat, quod Noruegia nullas alicuius momenti diuitias habeat; attamen esse Regnum feracissimū abietum, aliarumq; arborum, & lignorum, ac metallorum testantur *Conringius* apud *Andr. Oldenburger. in Thesaur. Rerumpubl. par. 2. pag.* 261. *Vvessellingius in Aurifodina ver. Noruegia pag.* 1146. & *Zeillerus in descript. Daniæ, Noruegiæ, &c. pag. 44. edit. lat. & p.* 132. tradit, anno 1623. in Prouincia *Sandouers* sumptibus Regis Christiani IV. Argenti fodinam inuentā fuisse, ex qua postmodùm & aureum erutum fuisse, & schinam æris, & ferri fodinis ditatem fatetur.

3 Vo-

3 Vnde ex pascuis, lignis, nauigijs, piscatura, pecudumque magna copia reditum agnosces, & vix 100000. Imperialium excedere testatur *Auctor apud cit. Oldenburger. d. par. 2. pag. 296. edit.* 1675.

§. 2.
Islandia.

1 ISlandia, maris Septentrionalis Insula ad Regem Daniæ spectans, amplissima, inter Noruuegiam, ex qua pendet, & Gronelandiam, seu Terram Viridem, & ab Ortu in Occasum extensa. In quatuor diuiditur partes, nempè in *Orientalem, Occidentalem, Septentrionalem, & Meridionalem*. Eius Vrbes præcipuæ sunt *Holo*, & *Schalotum*, & *Bessedi* arx, vbi Prorex Insulæ commoratur, satisq; culta est, & fertilis oram litoralem versùs, sed in mediterraneis valdè montuosa, & inculta. *Mich. Ant. Baudrand in Lexic. Geograph. tom. 1.* An autem Islandia sit vetustissima antiquis Scriptoribus celebrata *Thule*; disserit *Angrimus Ionas Islandus*, tàm in *Chrymogæa*, quàm *Specimine Islandiæ historico*.

2 Exiguis contentam esse voluit natura Islandiam, in qua multarum frugum prouentum frustrà quæres; piscibus tamen marinis, equis, labori, & longo itineri ferendo commodissimis, canibusq; sagacibus commoda sua venatur, teste *Oldenburgero in Thesaur. Rerumpubl. par. 1. pag. 187.* Deniq; de Monte Islandiæ *Hecla* videantur, quæ *Camerarius Hor. subcisiu. cent. 3. cap. 17.* adducit. Niuem in Islandia præ nimia vetustate nigrâ, & aridâ, vt incensâ ardere testatur *Adamus Bremensis l. de situ Daniæ* apud *Georg. Hornium hist. natur. lib. 2. cap. 3.*

CAPVT XI.

De Ærario Regis Poloniæ.

1 POlonia, Regnum peramplum Europæ in plaga Septentrionali positum, in duas diuiditur partes, nempè in Poloniæ Regnum proprium, & magnum Ducatum Lithuaniæ. Poloniæ Regni partes sunt *Polonia superior*, seu parua, cuius caput *Cracouia*, totius Regni primaria; *Polonia inferior*, seu magna, cuius caput *Posnania*, *Masouia, Prussia*, & *Russia Nigra*. Magni Ducatus Lithuaniæ partes sunt *Lithuania propria*, cuius caput est *Vilna*, *Podolia*. Aliter etiam diuiditur Polonia in triginta quatuor Palatinatus, & octuaginta septem Castellanias. Vide *Zeilerum in Itiner. Polon., & in recenti Poloniæ descript. p. 1. Cellarium in nouiss. descript. Regni Poloniæ, Stanislaum Krzistanouicium Cromerum, & Io. de Laët in Polonia descript. Christophorum Hartknack in Republica Polonica duobus libris illustrata in 8. Io. Philippum Hartmannum in Memorabilibus Reip. Poloniæ, Andream Pilca in Perspectiua politica Reipubl. Poloniæ, Dantisci edit.* 1652. in 4.

2 In hoc Regno apparet forma Regiminis mixti, ità quidem, vt Aristocratiam formet Curia Senatoria, in quatuor consistens Ordinibus, ac deindè Nobilitas Polonica, & Lithuanica. Maximum præeminentiæ ius Regi tributum consistit in facultate Comitia indicendi, exercendi iudicia, omnesq; magistratus distribuendi, quamuis hodierno die Rex magis absolutè, & Monarchicè imperare cœperit, præsertim tempore belli, Auctore *I. E. C. Manualis Politici lib. 3. cap. 10.* & vide *Franc. Marinum de Scopo Reip. Polon. cap. 2. & 14.* Et libellum *de Scopo Reip. Poloniæ, & Domus Austriacæ aduersùs Marinum, in quo Hermannus Conringius ab ineptijs, & calumnijs Marinij vindicatur.* Sed, vt vult *Paulus Piasecius Chron. gest. in Europa sing. pag. 40.* præest Rex summo contentus dignitatis gradu, & censu Fisci sui à primordijs Regni præfinito, quem minuere, vel augere lege prohibetur; nec aliundè, nisi ex isto censu Fisci proprij Rex Poloniæ liberalitatem exercet penè profusam in tantum, quod in tàm vasto Imperio, & populo-

rum multitudine, paucissimi sunt ex nobilioribus, & militaribus melioris notæ, qui non participent ex gratia Regis aliqua emolumenta Fisci Regij.

3 Regius titulus in tractatu pacis Brandeburgo-Polonicæ anni 1657. apud *Tract. historia Thuldeni par. 4. contin. pag.* 174. ità habetur: *Nos Ioannes Casimirus, Dei gratia, Rex Poloniæ, magnus Dux Lithuaniæ, Russiæ, Prussiæ, Masoviæ, Samogitiæ, Livoniæ, Smolensciæ, Czerniechoviæq;, necnon Suecorum, Gothorum, Vandalorumque hæreditarius Rex.*

4 Gaudet Polonia tota admodùm fertili solo, omnis generis frumentorum feracissima, & fructus varios ferentibus arboribus plenissima *Cellarius d. loc. pag.* 22. imò rectè *Botero in relat. de Regno Polonia*, cui iungi potest *Discursus* apud *Hornr. Thesaur. Polit. part.* 2. *pag.* 172. frumento superiori seculo penuriæ Italiæ subuentum fuit. Neq; verò magnæ, neque contendendæ sunt opes Polonorum, sed tales, vt omnes bellorum expeditiones hactenus suis ferè redditibus peregerint, sumptusque quosvis maximos in Coronationes, nuptias, aut sepulturas Regum suorum ære proprio exsoluerint, authore *Starovolscio in Polonia pag.* 189.

5 De diuitijs Polonorum, & quidem Magnatum, *Boterus* (cuius verba exhibet *Klock. de Ærar. lib.* 1 *cap.* 11. *à n.* 14.) scribens, ditissimos eorum vix viginti quinque millia coronatorum excedentes reditus annuos possidere dicit; sed eas minus ipsi cognitas, aut certè tunc alium statum fuisse arguunt longè maiores reditus annui, & sufficiat alterum exemplum ex *Piasecio cit. Chron.* afferre; *Ianussius* enim *Dux Ostrogiæ, Castellanus Cracoviensis*, qui anno 1619. decesserat, hæreditatem suam obligauit, vt eius stipendijs sexcenti equites armati perpetuò in Castris illius Reipublicæ contra hostes finitimos *Russia* militarent; In peculio autem suo numerato reliquerat trecenta millia nummorum aureorum Hungaricorum, & communioris pecuniæ, ac gemmarum, auri, argentiq; supellectilis etiam ingentem. Plura apud *Authorem defensa contra Barclaium Polonica pag.* 126. 127. & 173.

6 Quondam reditus Regij maiores fuerunt, quàm *Crumero*, & *Neugebauero* esse creduntur. Sola autem mineralia, & salis fodinæ Regi maximos faciunt reditus; Tùm tributa, & vectigalia, mercatorum aduenarum mercibus imposita. Tributorũ aliud vetus, aliud nouum est; Vetus exiguum est, & ab ijs tantùm, qui in Regno mercatum exercent, exigitur. Nouum maius est, & soluitur pro bobus, equis, frumento, lana, corio, cera, alijsq;, quæ extrà Regnum vehuntur; Ab his tamen Nobiles, & Ecclesiastici exempti sunt, modò non emant eo fine, vt iterum vendant: Iudæis portoria pro summa summa elocantur, & priuilegia mercaturæ conceduntur, teste *Neugebauero Hist. Polon. lib.* 1. *pag.* 21. (ex quo *Klock. in d. cap.* 11. numeros 35. 36. 37. 38. & 39. desumpsit, vt monet *ibid. Pellerus*) & *Andr. Oldenburger in Thesaur. Rerump. par.* 1 *pag.* 93. & 94.

7 Quanti verò prouentus Regi sint in Poloniæ Regno, Henrico Valesio, post Regi Sarmatiæ populorum, exponit *Carnacius Episcopus Posnaniensis* grani oratione ad *Henricũ* habita apud *Ptolomæum gestor. Pop. Pol. sub Henr. Valesi post Gall. N. p.* 121. vbi sic inter alia inquit: *Priuati tui reditus (uti nobis Regia Mensa bona vocantur) propè tertiam florenorum millionem ascendunt: Ingens sanè, si præsertim expensarum paucitate metieris, non inde bella prouidebis, non munificus eris, non publicos Curiæ ministros, aut aulicos sustentabis, qui in aliorum spem præmiorum cum honore aderunt; sed mensam tuam inde instrues, & paucorum ministerium prouidebis.* Et *pag.* 119. *Iura Maiestatis sunt, leges Populo dare, bellum indicere, legatos mittere, & accipere, monetam cudere, honores Reipublica pro arbitrio conferre, & cætera omnia. Illis prioribus Respublica mutuatorum potestate vtitur: tria postrema ab vnius Regis dependent voluntate: Nos*

ideò

ideò tamen arbitratur, eu in parte Regem infelicem haberi, gaudere potius, imò felicem esse, quia nemini acerbus futurus, aut *(quod proprium Regum Poloniæ symbolum) in sinu cuiusq; Ciuis tutus obdormire audebit.*

8 Illud verò maximum est, quod Nobiles (quorum ibidem ducenta millia reperiri meminit *Besold. lib. 2. dissertat. ...-pol. 1. n. 2.*) proprijs expensis pro defensione Regni Regi inseruire obligati sunt, nimirum vrgente necessitate, *Klock. d. cap. 11. n. 29.* vbi *Peller. in add. Oldenburger d. part. 2. Thes. Rerump. pag. 91.* Equitatu enim Poloniam supera e Respublicas omnes fatetur *Franc. Marinius de Stapo Regni Polon. cap. 9. pag. 215.* & asserunt nonnulli inquit *Fredrus Gest. Pop. Polon. sub Henr. 1. pag. 25. 340.* vel vltrà millia equitum posse numerari, sed magis verò coharens *Starauolscius in sua Polonia pag. 94.* perhibet certum esse, Regem Poloniæ posse ducenta equitum millia habere absque vllis stipendijs, & oneribus publici Ærarij, quorum quilibet sumptu proprio, vel eo nomine, quod Nobilis sit, militare tandiu tenetur, donec, vel bellum finiatur, vel à Rege omnes dimittantur; Equitesq; ipsos quasi in quadruplici esse differentia, pedites in duplici. Ex equitibus alij sunt grauioris armaturæ, quorum alij sunt hastati, & alij sclopis tantum armati, vtriq; autem ferreis thoracibus, atq; galeis sunt vestiti; Alij leuioris armaturæ quorum aliqui sclopis oblongis, alij lanceis armati; Pedites verò alij sunt è Polonia, & Hungaria conscripti, alij à partibus Russiæ Scythiæ vicinis: Sic fertur Rex Stephanus in expeditione Liuonica plusquàm XVI. peditum Germanorum, & Hungarorum millia sub signis habuisse. In Ærarij auctionem summoperè Polonis attendendum, quo prompta pecunia semper sit instructum, cum ijs neque à natura, neque ab arte vlla sint munimenta, nisi aliquot Castella, & arx *Lemburgensis Cracouiensis.*

CAPVT XII.

De Ærario Magni Ducis Moscouiæ.

1 MOscouia, seù Russia Alba, regio est ex præcipuis Europæ versùs Septentrionem, & amplissima, vbi alias maxima pars Sarmatiæ Europeæ cum aliqua parte Asiaticæ, Prouincia autem est *Russia Magna*, quæ ab ea Moscouia à recentioribus dicitur. In quatuor præcipuas diuiditur partes, nempè in *Moscouiam Occidentalem, Moscouiam Orientalem, Tartariam Moscouiticam, & Lapponiam Moscou.*, sub quibus sunt 40. Prouinciæ circitèr, quæ plerumq; à præcipuis Vrbibus denominantur, quibus nunc addi possunt *Smolenscensis, & Seuerensis Ducatus*, qui antea Iuris Polonici erant. Totius Regionis primaria Vrbs est *Moscoua*. Videndi *Gothofredus in Archontologia Cosmica in Russ. & Moscou. descript. & Respublica Moscouiæ Lugd. anno 1630. impressa; Olearius in Itinerario Moscou. Persic. Ioannes Faber, & Paulus Iouius in suis descript. Moscou. Andr. Oldenburger. in Thesauro Rerumpubl. totius Orbis par. 2. à pag. 1. ad seqq.*

2 Longè igitur, latèq; dominatur, vti ex titulo, quo vsus est *M. Moscouiæ* Dux *Alexis* Michaelis filius, qui anno 1630. natus est, in *Mandato*, Legato in Galliam suo dato, qui sic se habet: *Alexis Michaelowitz, Dei gratia, Dominus Czar, & Magnus Dux totius Russiæ, magnæ, paruæ, & albæ, Magnus Dux Moscouiæ, Kiouiæ, Volodimeriæ, Nouogardiæ, Czar Casaniæ, Czar Astracaniæ, Czar Sibiriæ, Dominus Plescouiæ, Magnus Dux Smoleniæ, Tueriæ, Iugariæ, Permiæ, Viatkæ, Bulgariæ, &c. Dominus, & Magnus Dux Nouogardiæ inferioris, Czernigouiæ, Rezaniæ, Rostouiæ, Iaroslauiæ, Bielozeriæ, Vdoriæ, Obdoriæ, Condiniæ, & omnium aliarum partium Septentrionalium Dominator; Dominus Iberiæ, Cartaliniæ, Kartaliniæ, & Georgianiæ, Gabardiniæ, & Ducum Czarkasiæ, & Horskiæ, & multorum*

terum aliorum Dominatuum, & terrarum Orientalium, Occidentalium, atque Septentrionalium paternus, auitusq; Hæres, Successor, Dominus, & Dominator. Mr. de Sainte Marte en l'Estat des Roys d'Europe tom. 2. pag. 510. Pellerus ad Klock. de Ærar. lib. 1. cap. 12. n. 2.

3 Hoc Regnum alterum est, quod in Europa Monarchiam Despoticam refert, quæ ab *Aristotele 3. Polit. 10.* Regnum Barbaricum, siuè Dominatus vocatur; Ideòq;, authore *Botero in relat. cap. 6. de hoc Regno*, dicebat quidam Muhamedes Visirus, quod *Moscus*, & *Turca* soli inter Principes essent *Domini* suorum Dominiorum; Proindè Academiæ, & Collegia in hoc Imperio Moscouitico nulla existunt, tùm ne beneficium naturalis libertatis intelligatur, tùm vel maximè, ne Imperatore ipso quisquam sapientior videatur. Vndè pueri docentur credere, & loqui de *M. Czar*, scilicèt Domino, sicut de Deo terrestri, & ipsi etiam nobiliores semper suo nomini addunt *Serui* cognomen, *Authore I. E. C. Manualis Politici lib. 3. cap. 3. & ex Botero* accipit *Klock de Ærar. lib. 1. cap. 12. nu. 2. Olearius in Itin. Mosco-Persico lib. 3. cap. 10.*

4 Reditus verò huius Principis ordinarios exhibet libellus sub tit. *Russia, seù Resp. Moscouia Lugd. 1630. editus cap. 5.* & per eadem omninò verba Klock *d. cap. 12. à num. 8. ad 31.* paucisq; diminutis *Fausst. in consf. pro Ærar. class. 17. ord. 1357.*

5 Magnus igitur Moscouiæ Dux è terris ad ipsum Principatum peculiaritèr spectantibus (quas *verbia* dicunt) certos census quotannis percipit, qui partim in pecunia ab agricolis numerantur, partim in frugibus terræ, vt in tritico, hordeo, auena, &c. (quod vocant *Obroki*) Itemq; in animalibus terrestribus, aut volatilibus, & domesticis auibus, deniq; in alijs terræ frugibus, cera, melle, & similibus. Annona autem, quæ hoc pacto Principi colligitur, longè copiosior est, quàm aut in familia eius expendi, aut per pensiones, quas familiaribus suis, aut Nobilibus pro mercede attribuit, exhauriri possit; reliquum venditur magno pretio, & nummi in Principis ærarium inferuntur.

6 Secundum tributorum, & redituum genus appellatur *tagla*, & *podat*, quod è quatuor imperij huius tetrarchis colligitur. Est autem *tagla* annuum tributum pro singulis mensuris sacris, quod in singulis Prouincijs emanat; *Podat* est census annuus, qui imponitur singulis Prouinciarum diœcesibus.

7 Tertiò *bulta prexbod*, idest magnum tributum, quod colligitur è vectigalibus, & portorijs Ciuitatum, & municipiorum totius Principatus.

8 Hisce accedit tributum annuum, quod colligitur è thermis, & cauponis publicis, quod licet incertum sit, tamen valdè opulentum esse, ex ingenio incolarum iudicari potest, qui verisq; hisce locis delectantur. Item in causis criminalibus, & conuictorum, ac damnatorum bonis Fiscus capit semissẽ, delator quadrantem, & magistratus reliquum quadrantem. Qui accuratè rationem accepti, & expensi tempore Theodori Principis iniuit, *Angliæ Reginæ Legatus* scribit, in vniuersum quotannis in pecunia numerata in Ærarium inferri 1430000. sublatum.

9 Tenet aliàs quidem *M. Czar* contra Turcas, & præsertim Tartaros, Crimenses, atq; Præcopenses, quos versùs Meridionalem plagam vicinos, & inimicos habet, haud mediocrem Equitatus numerum ad famosissimum in *Russia*, & *Vkrainia* fluuium *Borysthenem*, &c. *Manuale Polit. d. lib. 3. cap. 3. n. 10.*

CAPVT XIII.

De Ærario Regni Portugalliæ.

1 PORtugallia, Regnum Europæ in parte Occidentali Hispaniæ, quã veteres dixere *Lusitaniam*, tenebatur anteà à Potentiss. Hispano Monarcha, sed anno huius seculi 41. cum *Algarbia* iniustè excussit suaue iugum Hispanicum

cum auxilio Gallorum, certis legibus sibi electo Rege *Ioanne Duce Bragantino* ex antiqua Regum prosapia oriundo. Totius Regni caput est *Olysipo*, quæ etiam sedes Regia, ad Tagum fluuium. Subsunt etiam Portugalliæ Regi, *Algarbiæ* Regnum in Hispan. *Brasilia*, Regio ampla Americæ meridionalis in 14. Præfecturas diuisa, *Azores* Insulæ in Oceano Atlantico, vbi *Madera* insula, & Insulæ *Capitis Viridis*. Habet præterea plurimas arces in ora Regni Congi, & Æthiopia inferiori, vti *Fanū S. Pauli Loandæ* in ora Angolæ, & insulas *S. Thomæ, Annobom*, aliasq; in mari Guineæ: In ora orientali Africæ arces *Sofolam, Mozambicum, Mombazam*, & alias *Zanguebariæ* regionis. In India verò Orientali habet *Goam* vrbem amplam cum annexis, & cum plurimis arcibus in illa ora, & Insulam paruam cum aliquot locis in ora occidentali sinus Gangetici, *Michael Ant. Baudrand* 2. *par. Lexic. Geograph.* Videndi de hoc Regno *libellus in Batauis excusus*, plenaq; autem *Ioann. de Laët in sua Republic. Hispanica* tradidit, anno 1620. edita *descriptio* authore *Nicolao Oliuera*, *Hieron. Connestaggius l. 5. de Statu Portugall.*, *Andreas Oldenburgerus in Thesaur. Rerumpubl. par. 2. tit. 2. de Lusitania*, *Emmanuel de Faria, & Sousa in Epitome hist. Portug.*

2 Regit autem hodiè Portugalliæ Regnum sub hodierno Rege *Petro* formam Regiminis mixti, ità vt Nobiles, & Clerici, quorum caput est Archiepiscopus *Vlyssiponensis*, ac populus inferior non tam magnam potestatem, authoritatemq; in regimine, sed & potiora Majestatis iura sibi arrogant; habent enim ius belli & pacis, quod non nisi consentiente populo, & Proceribus Rex decernere valet, indicunt contributiones, & vectigalia, promulgant leges vniuersales, cætera autem iura Majestatis Rex pro lubitu exercere potest, *Authore I. L. C. Manualis Politici lib. 3. cap. 11.*

3 Reditus Regni, & Dominiorum Portugalliæ consistunt primò in Teloniis publicis, *Alfandegas* ipsi vocant, quippè ob omnes merces, & res quascunq; venales soluunt alij decimam, alij quintam, alij aliam partem, excepto tritico, quod foris importatur; alijsq; vectigalibus in ligna, vinum, carnes, cartas lusorias, salinas, &c.

Alterum redituum genus prouenit ex *Almoxarifes*, quibus colligendis plura loca sunt destinata.

Tertium genus percipit Rex nomine Magisteriorum ordinum militarium, tàm in Regno, quàm in Prouincijs bello acquisitis.

4 *Author* autem *Relationis* de hoc Regno apud *Hauerium in Thes. Polit.* scribit, reditus annuos huius Regni esse 960000. duc. vix tamen expensis sufficere; At *Klock de Ærario lib. 1. cap. 6. num. 146. & 147.* scribit summam redituum annuorum esse 2100000. duc., aut 66. tonnas auri, quam desumpsit ex *Ioanne de Laët in Republ. Hispan. cap. 14.* vbi alium calculum ex *Nicolao Oliuera*, qui anno 1620. librum edidit, in quo diligentissimè explicauit reditus annuos Regni Portugalliæ, & eidem alium ex India Orientali *Eduardi Menesij* adducit *Author Descrips. Portugallia pag. 296. & seqq. & 315. cum seq.* quod indicare, vel eo nomine sufficiat, ex quo eiusmodi calculi redituum Regnorum multis erroribus sint obnoxij, & de tempore mutentur, præsertim ob belli flammam, quæ ab anno inde 1640. Lusitaniam corripuit, & valdè depauperata nonnullis in locis reliquit, aduertente *Pallero ad tit. Klock d. cap. 6. n. 81.*

5 *Emmanuel de Faria, & Sousa in Epitome de las historias Portuguesas par. 4. cap. 4.* de huius Regni reditibus ità habet:

Las rentas Reales del Reyno son cas mil ducados, y sesenta quentos de marauedis, de Alfandegas, de Esanos, de Chancillerias, de Almoxarifazgos, de las ordenes, y otros tributos diferentes.

Las del Estado de la India son quatrocientos, y treze quentos, de aduanas, de foros, de drogas, y derechos.

Las del Brasil de otros semejantes ca- lidi-

bidades son sesenta, y seis quentos, lo uno, y lo otro antes mas, que menos, que à ducados exceden de quatro millones. No dexarè de ponderar que es cosa digna, no solamente de admiracion, sino de llanto, el saberse, que à nuestro primero Rey Don Alonso Enriquez le rentava solos onze quentos su Corona, y à Don Alonso V. cinquenta, y que siempre estuviessen sustentando exercitos, siempre levantando suntuosos edificios, siempre haziendo mercedes, y que todos se mirassen contentos, y les quedassen tesoros, y que rentando oi mil setecientos, y quarenta, que son casi mil, y setecientos de ventaja, hogamos menos; bien se dexa luego ver, que no la grande suma, sino la moderacion grande fuesse siempre autora de los grandes hechos, de las grandes obras.

CAPVT XIV.

De Ærario Belgico.

1 TOtum Belgium, quod nos vulgò *Paesi bassi* vocamus, septendecim complectitur Provincias, quæ omnes Catholico Hispaniæ Regi paruerunt, sed quæ sunt versùs Septentrionem ab Hispanis defecerunt, fœdusq; inter se inierunt, quod *Federato Belgio* nomen dedit, seu Provinciæ vnitæ, aut Status Hollandiæ, septem nempè Provinciæ; *Geldria*, *Hollandia*, *Zelandia*, *Vltraiectum*, *Frisia Occidentalis*, *Transisalania*, *& Groninga*, ex quibus constat hodiè Belgica, siuè Batauorum potentissima Orbis Europæi Respublica, vbi summa potestas residet penès Supremum Collegium Statuum Generaliũ, qui dependent à supradictis septem Prouincijs, ac totum Populum Belgicũ sub titulo *Altipotentium* repræsentant, cuius commodum in commercijs, opibus, & diuitijs possidendis consistens intendunt, teste *Authore I.C. Manuali Politico lib. 3. cap. 13.* Vide *Martinum Zeilerum Belgium Federatum, Meteranum, & Stradã Belg. hist. vtrumq; Ioannem de Laet Belg. Rep. descript. Ludouic. Guicciardin. in descript. de Paesi bassi. Marcum Zuerium Boxhorn. de Rep. Batau.* & post *Coningium* latè *Oldenburgerum in Thes. Rerumpubl. par. 3. à tit. 2. ad 8. Vvesselingium in Aurifodina vtr. Prouinciæ Belgij à pag. 1443.*

2 Quæ autem ad tantam potentiam Federatum Belgium euexerunt, duo sunt præcipua, Mercatura, siuè commercia, & manufactura, siuè artes mechanicæ. Florent admodum mercatura præ reliquis Prouincijs *Hollandia*, & *Zelandia*, quæ nauibus suis totius orbis remotissimas, veteribusq; vix nomine cognitas adeunt regiones, ex quibus omnium rerum aceruum cumulant. Plurimum autem huic rei inseruit, quod hinc inde in longè dissitis locis multa validissima Castella possident: sic ad tuenda commercia Africana tenent Insulam S. *Helena*, & in Regno Nigritarum Castella *del Mina*, *Cormantino*, *Moureo*, *&c.* Quibus accedunt duæ illæ Societates *Ost-Indica*, & *Vvest-Indica*, quæ hodièrnùm ad immensam peruenerunt magnitudinem, ità vt quæstum ex ijs faciant *Batavi* non mediocrem, præsertim ex Societate Orientali, quæ palmam præripit, cuiusq; multæ Insulæ, & loca munitissima in Oriente absoluto subiacent Imperio, quorum præcipuum Regnum Iacatræ in Insula Iaua ab Hollandis anno 1644. occupatum, vbi Nouam Batauiam vrbem, & Castellum fortissimum ædificarunt, in quo nomine Status Hollandici residet Generalis Gubernator, dictus *Ong.* qui commercia Batauorum *Ost-Indica* ad commodum Belgij valdè moderatur, *cit. Manuale Politic.*

3 De *Ærarij* Belgici opulentia, post alios agunt *Knich. in cons. pro Ærario class. 17 ord. 1336. & Iacob. Klock. de Ærario lib. 1. cap. 14.* vbi *Christoph. Besoldus in observa.* Vt scribit opes Federati Belgij in *diuersis* prouentibus consistunt: Omnibus enim rebus, quæ in dies venduntur, & emuntur, vti vino, cereuisia, cuiuscumq; generis frumento, carnibus, bestijs, piscibus, lignis, sali, aceto, tabacco, panno, vestibus pretiosis,

tiosis; & similibus rebus tributa indicuntur. Secundò, in licentijs, & saluo conductu. Tertiò, in contributionibus, ac auxiliario ære. Quartò, in Ære fœnebri, id est pecunia à priuatis volentibus credita Reipublicæ ea lege, vt ijs volentibus fore cum vsuris reddatur. Obseruandum in ordinarijs tributis Belgij censet *Boxhornius de Repub. Batauica cap. 9. pag. 621.* quod illa subindè pro rerum, ac temporum necessitate increscere soleant, atquè adaugeri.

4 Opes vnitarum Prouinciarum facilè quis metietur è sumptibus ordinarijs menstruis, quos bello impendunt: Eorum summam conficit *Meteran. lib. 25. histor. Belg.* nempè *Geldria*, & *Zutphania* contulit 28286.5.7. *Frisia* 69721.16.11. *Hollandia* 337646.4.8. *Zelandia* 83019.4.5. *Vltraiectum* 55131.18.7. *Transisalania* 16770.1.8. *Groninga* 39271.6.2. *Drentia* 5365.4.— *Linge* 1721.6.8. *Vvedda* 350. Summa totius ——618365.—0—8.

5 *Carolus Scribanius Soc. Iesu Instit. Politico-Christian. lib. 2. cap. 42.* quem refert *Beyerlinck in Theatro Vitæ hum. to. 6. lit. R. fol. 17.* scribit, quod Prouinciæ fœderatæ, præter vndecim argenti milliones, quos in exercitum, & præsidia annuè conferunt, classes ingentes suprà quorumuis Regum potentiam exciant, sustentant, in omnem partem terrarum mittunt. Neptuno ipso formidabiles, cócedat Italiæ prudentiam, Hispaniæ robur, Galliæ suos ignes, Germaniæ constantiam, nemo Belgis audaciam, industriam, vires adimet. Orbis ante thesauros euertes, & omnium vbiq; Regnorum, Orbisq; adeò ipsius arma, & potētiam franges, quàm aut vniuersum Belgium subigas, aut diù terroribus teneas. Imò nulli Hollandos æstus, nulla terruere frigora, etiam per ipsa concreta glacie maria nauigare lubuit, & naturæ vim inferre, & si vera Christi Religio adesset, & pietas, si causæ bonitas, imperio dignos iudicaret *Io. Baptista Casalius de Vrb. & Imper. Rom. par. 1. cap. 2. lit. D.*

Verùm de *Hollandia* tanquàm excelsiori Prouincia seorsim agemus.

§. 1.

Hollandia.

1 HOllandia inter omnes Fœderatas Prouincias ditissima, & potentissima est, adeò, vt ab ea Belgium vnitum ab exteris *Status Hollandiæ* dicatur, & seorsim pariter ad res Hollandicas noscendas conducit liber *Hug. Grotij de antiqua Repub. Holland.* eamq; descripsere *Adrianus Iunius, & Ludouicus Guicciardinus in Descrips. de Paesi Bassi.*

2 Ciuitatum Hollandicarum, quarum 16. præcipuæ numerantur, *Amstelodamum* (Emporium Orbis celeberrimū) Reginam decantat *Casp. Barlæus Eleg. lib. 3.* Huius Vrbis fora, quidvè publici vectigalis prouinciæ ipsi vrbi conferāt, egregiè memorat *Ioann. Isacius Pontanus*. Alecum piscatio quantam Reip. in primis Hollandicæ, & Zelandicæ vtilitatem præstet, docet *Mercator in Atlante Belgico*, vbi addit, piscis Salomonis in Hollandia tantam sale conditi copiam, vt collectum fructus annuum 200000. coronatorum excedere credatur.

3 Cuius tellus aquosa maiori ex parte, quamuis proceriores tantùm arbores, fruges etiam pauciores producat, vinum nec tellus gignit, linum quoque terræ negatum, lanarum penè est expers, lignorum materiam hæc terra non producit, & tamen plura in ea struuntur nauigia, plures lignei aggeres, quā in reliqua penè Europa. Pannificium excolunt, & quidquid à lanis vlla arte parari potest, ex quibus facile est iudicare, qualia sint Hollandorum ingenia. Lineas quoque telas conficiunt toto Orbe notissimas, quarum cum niue certat candor, cum sindone tenuitas, cum bysso pretium. Præterea fundus, seù fundamentum opum, & fructuum huius loci in pascuis versatur, pecori nutriendo, saginandoq; maximè idoneis, equi vasto in primis sunt corpo-

re,

re, & belli vsui maximè inseruientes, vnde de Romanis copijs ait *Dio-hist.*: *sunt & exteri equites selecti, quibus Batauorum nomen est, ijq; equitandi peritissimi*. Boues, & vaccæ in Hollandia cornuum celsitudine, & lactis copia eximiæ, ex quibus tanta conficitur casei simùl, & butyri vis, vt nonnisi qui oculis adsueric, induci possit, vt credat, vt se vidisse testatur *Io: Bapt. Casalius de Vrbis, ac Rom. Imp. splendore cap. 27 lit. A par. 1.* vbi etiam inquit, præter hæc pascua modicos fructus ex hac terra redundare, supplere in hominibus illis ingenij acumen in artium inuentione. Accessere exinde illis mercimonia, vt arbitreris potiorem Orbis partem in illam terram migrasse.

4 Hùc pertinent, quæ *V.D.H in t' Interess von Holland*, diuersis capitibus asserere conatur, scilicet *cap. 6.* nullam Europæ regionē mercaturæ esse aptiorem, *cap. 11.* non posse aliter fieri, quin piscatio, & mercatura, opificia in maximam partem, illic sedem capiant, cum similibus; & *Schookius de fader. Belgio lib. 6.* præsertim *cap. 11. & 12.* obseruat.

5 Hollandiæ solius reditus duodecim millionibus florenorum constitisse anno 1643. refert *V.D.H.* auctor scripti Belgici, cuius tit. *Interess van Holland cap. 1.*

6 Cæterum, quænam per Hollādiam colligendorum tributorum, vectigaliumq; sit ratio, tradit *Commentariolus de Statu Reip. Fæder. Belg.* transcriptus à *Klock. de Ærar. lib. 1. cap. 14. à n. 50. ad seqq.* & iterum, iterumq; typis editus; Tributa in vsu hic esse duorum generum statuit ille *Author*, quorum alia ordinaria, alia extraordinaria.

7 Census capitis, vt vnusquisq; capitis nomine florenorum vnum soluat, facile autem reperiri homines hanc Prouinciam inhabitantes 2400000. notat *cit. Author in Interess van Holland cap. 8.* Tributum Caminorum simile est pro ijs, qui extrà tectum eminent. Est & aliud, quo omnium opum nomine singulis tributum indicitur ad modum *Ducentesima*. Adsunt vectigalia frumēti, bestiarum, vtporè bouum, vaccarum, ouium, suum, qui mactationi destinantur, equorum, piscium, tabacci, saponis, olei, butyri, salis, cereuisiæ, aceti, carbonum, ligni, pannorum, vehiculorum, & nauium, & carrucarum, siuè rhedarum, & famulorum nomine, ac omnium immobilium, vt videre est apud *cit. Commentariolum*, & *Klock*.

8 Vectigal magni, & parui sigilli, quod singulorum papyraceorum foliorum nomine soluunt; Ordines enim Hollādiæ tributi recipiendi causa decreuerunt, neque testamenta, neque contractus, neque alia instrumenta, quæ in publicis iudicijs essent valitura, neque libelli supplices, admitterentur, nisi sigillo Ordinum essent conscripta; Vnde *Boxhornius Disquisit. Politic. cap. 59. & de Republ. Batau. cap. 8.* inquit, singulari arte recentem inuentam esse corradendæ in vsum Reipublicæ magnæ pecuniæ summæ rationem, cum plurimi sint ditiorum, qui magnam pecuniæ vim Ærario publico crediderunt, cuius interesse dato Chirographo accepti quotannis vtuntur; Cum autem plurimæ circà forum lites, quæ nonnisi inter potentiores solent excitari, nec cōfici, aut ad finem perduci, nisi confectis plurimis inuicem instrumentis, visum ordinibus edicto publico cauere, ne aut chirographa, aut libelli forenses, aut contractus, aliaq; instrumenta, authoritatis alicuius essent, nisi ea, quibus Ordinum maius, vel minus sigillū impressum, cui impositum pretium soluendum vnicuique, qui eo opus habet. & videndus etiam *Theodor. Hopingh in tract. de Sigillorum prisco, & nouo iure cap. 9. §. 2. à n. 49. ad 59.*

CAPVT XV.

De Ærario Reip. Helueticæ.

1 RESpublica Heluetiorum, quos & *Suitzeros* à præcipuo eorum Pago *Suitzio* appellamus, constat tredecim populorum conuētibus, seù pagis, qui *Cantones* Italis dicuntur, ex qui-

quibus septem sunt Catholici, nempè Lucerna, Tugium, Suizia, Friburgum, Soludorum, Vriam, Vnderualdium; quatuor verò hæretici, Tigurum scilicet, Berna, Basilea, & Scaphusia; reliqui duo mixti nimirùm Glarona, & Abbatiscella. Heluetijs Confœderati sunt Rhæti, Valesij, Episcopi Constantiensis, & Basileensis, Abbas S. Galli, Geneua, cum aliquot alijs. Vide Iosiam Simlerum de Republ. Heluetior. Io: Henricum Suizerum, Osuuald. Moliterem, ac Danielem Herrmit. in Descriptionib. Heluetia, & apud Gerardum Mercat. in suo Atlante, Gothofred. in Archontol. Cosm. par. 1. num. 29. pag. 560. Fournier in Geograph. Orbis notitia lib. 1. c. 35. Zeillerum in Topographia Heluet. p. 15. & seq. Philipp. Andr. Oldenburger. in Thesaur. Rerumpubl. p. 3. tit. 11. & 12.

2 Heluetiorum dominio subsunt aliquot ditiones, nempè Rapersuila, Bada, Bremgarte, Mellinga, & Surseium, Turgea, Comitatus Rotensis, & Sarunegas; Quatuor autem Præfecturæ Italicæ, videlicet Lugonensis, Locarnensis, Mendrisiana, & Madiana anno 1512. in Heluetiorum potestatem, præter Abbatiscellenses, non dum fœderi vnitos, transierunt. Sciendum verò, quod licet hi tredecim potentissimi Pagi in vnam Rempublicam, seù potiùs in vnum Corpus politicum spontaneo fœdere coiuerint, attamen habent singuli sua Iura Maiestatis, suos nempè magistratus, Ærarium, agrum suis finibus diuisum, stemmata, nomen, numismata, sigillum, iurisdictionem, leges, mores, & instituta à se inuicem diuisa, ità vt vnusquisq; pagus Rempublicam quandam repræsentet, Authore I. E. C. Manualis Politici lib. 3. cap. 14.

3 Constituta montium, pontium vectigalia nonnisi probatæ fidei viris committuntur, impositiones autem præter ordinem nullæ sunt. Magistratus, & Rectores nihil à subditis pecuniæ, quã nomine mulctarum exigere possunt. Præcipuæ verò Heluetiorum diuitiæ in pecore sitæ sunt, cuius incredibilis in montibus est abundantia. Illorum casei etiam ad Sueuos, aliosq; pertinguntq; tantus verò cēsus inde percipitur, vt ex hoc tota familia domestica viuat; Animalium quoque ingens copia, Oldenburger. d. p. 3. Thes. Rerump. pag. 888. num. 4. Primæ tamen dignitatis Tribunis publicæ pecuniæ custodia commissa est, præter quos alij sunt Præfecti, qui minora vectigalia, & reditus annuos administrant, & per susceptores colligunt, vt potè vectigal vini, quod publicè venditur, & frumenti, quod euehitur, aut quod pistores emunt, & ex singulis Cœnobijs nonnullos Tiguri reditus percipiunt, teste Klock. de Ærario lib. 1. cap. 15. n. 9. & 10.

4 Heluetij non aliam militiam, quàm pedestrem æstimant, pro qua ingentem copiam sclopetorum, hastarum, paratam habēt. Quilibet Cantonum suum habet armamētarium, belli Præfectos, tribunos militum, aliosq;. Existimat inde Boterus in relat. de hac Rep., quod 120. millia militum pro defensione regionis conscribere possint; Constat etiam illos 30000. foras sæpius misisse. Cum de defensione Regionis agitur, omnes ad opportunum numerum arma pro patria ex tempore capere tenentur. Plurimi autem Heluetiorum, quod probatæ fidei, & fortitudinis sint, stipendia merent apud Regem Hispaniæ, & Galliæ, Papam, Ducem Sabaudiæ, & Lotharingiæ, teste cit. Oldenburgero d. par. 3. pag. 888. n. 5. Imò soli Bernenses ingruente vi externa intrà spatium 24. horarum 40. millia hominum colligere possunt, vnde apud eosdem prouerbio circumfertur: Berna, & Bernenses tantùm possunt, quantùm Mediolanum, & Mediolanenses; si credimus præfato Authori anonymo Manualis Politici d. lib. 3. cap. 14. pag 399. qui num. 8. optimè monet Heluetios, vt non ampliùs moderno Galliarum Regi succurrant, cum sciant, Regem Ludouicum hodiè arma parare Hugenottis, & ne Galli occupent loca, quibus cōmodè adiri potest ipsa regio, qualia in primis sunt, Geneua, Constantia, & quatuor ad Rhenum sitæ Ciuitates

Syluestres, à Rege Galliarum vi *Instrum. Par. Caes-Gallic.* Domui Austriacę restitutae.

§. 1.
Rhaetia.

1 RHaeti, quos itidem Grisones dicimus, Alpini cum Heluetijs perpetuum fędus anno 1491. inierunt, vide *Fortunatum Sprecher. in sua Rhaetia*. Huius regionis sunt sex partes, nempè Fędus Superius; Fędus Cathedrale, seù domus Dei; Fędus decem iurisdictionum, & Grisonum subditi, nempè *Vallis Tellina, Comitatusq; Clauennensis, & Bormiensis*.

2 Thesaurus *Grisonum* publicus exiguus est, ob sterilitatem regionis. Opibus potentiores ex pecore, & pratis viuunt, qui mechanicam artem exercent, pauci sunt; alij per mulos, & equos alij merces vehunt, & hac ratione viuendi media sibi parant, maxima autem pars hominum ex mercatura. Ità censet *Oldenburger. in Thes. Rerumpubl. par. 3. pag. 913. n. 75.*

§. 2.
Geneua.

1 GEneua, siuè *Geneura*, est Vrbs satis ampla, & probè munita, in limine Sabaudiae, libera, & pago *Bernensi* Confęderata, cuius descriptionem latam iuxtà, ac pulchram exhibet ex quodam Authore Germanico *Philipp. Andr. Oldenburgerus in Thes. Rerumpubl. par. 3. tit. 13. per tot.*

2 Respublica haec diuitias suas ex vectigalibus, decimis, redditibus colligit. Ipsa verò Vrbs opibus satis amplis praestat, ex manuarijs operis, serici, aliarumq; materiarum confectione, & mercatura. Academia, ac librorum ibi impressorum copia etiam sitos magnos confert nummos, *cit. Oldenburg. d. par. 3. pag. 919.* Tota tamen est haeresis labe coinquinata.

CAPVT XVI.
De Aerario Reipublicae Venetae.

1 REspublica Veneta opum maritimarum, munitionum, & apparatuum bellicorum, necnon perennitate moderaminis ad duodecim vsq; secula, & quod excurrit, potentissima pariter, ac celeberrima, reliquos Italiae Principes longè praecellit, vnde *Traianus Boccalinus in l. Lyd. Polit. pag. 78.* eam admirabilem sua magnitudine, & opportunitate situs aptam conatibus magnis, depraedicat. Reipublicae caput est Vrbs *Venetiarum* pulcherrima circuitus nouem milliarium, in qua 500. pontes ex maiori parte lapidei numerantur, cum celebri armamentario, ac optimo portu, de qua *Actius Syncerus, Sannazarius* egregius nostrae Parthenopęae Sirenis alumnus *Epigramm. lib. 1. pag. 154.*

Viderat Hadriacis Venetam Neptunus in vndis
Stare Vrbem, & toto ponere iura mari:
Nunc mihi Tarpeias quantumuis Iuppiter arces
Obijce, & illa tui moenia Martis, ait.
Si pelago Tybrim praefers, Vrbem aspice vtramq;
Illam homines dices, hanc posuisse Deos.

quos versus adeò Venetis placuisse refert in *Sannazarij vita Io. Baptista Crispus à Sebotto in Itin. Ital. p. 56.* relatus, vt singulos versus singulis centenis aureis remunerarent.

2 In Duce vulgò *Doge* regia quodammodò Maiestas elucet: In Senatu Aristocratia: In Consilio maximo Democratia, sed summa potestas totius huius Reip. ad Nobiles, qui vltrà 1200. vsq; ad 1400. esse dicuntur, indiuisim spectat: Hi Consilium magnum, Praesidium Curiae Venetae constituunt, vnde *Io: Altus. Polit. cap. 39.* hanc Remp. esse Aristocraticã autumat, quem sequitur *Auctor Manualis Pol. lib. 3. c. 12.* vide *D. Vinc. Sgualdũ in Aristocratia conseruata.*

Ve-

Verùm prudentèr studens Patricij habere populum placatum, diuitem, & cum Tribunis plebis, qui querelas Ciuium magistratui superiori exponunt, *Pane in Piazza, giustizia in Palazzo*, teste *Amelotto de Houssaie* (qui omniū optimè, occasione Gallicæ Legationis, huius Veneti Dominij mysteria penetrauit) *in parte 1. historia regiminis Veneti, tit. de Senatu pag. 74.*

3 Huius ampli Dominij partes sunt *Istria, Forum Iulium, Marchia Taruisina*, sub qua agri *Taruisinus, Cadorinus, Feltrinus*, & *Bellunensis, Ducatus Venetus, Peninsula Rhodiginna*, & Territoria, *Patauinum, Veronense, Vicentinum, Brixianum, Bergomense*, & *Cremense*. Eiq; subsunt etiam ora littoralis *Dalmatia, Insula Absyrtides, Curicta, Arba, Gissa, Scardona*, seù *Longa, Bratia, Pharia*, & aliæ quāplurimę in ipsa ora Dalmatiæ, atq; insulæ *Cephalenia, Corcyra* hodiè *Corsu, Zacynthus*, cum aliquot alijs minoribus in mari Ionio, *Cythera* insula versùs oram Australem Peloponesi, & insulæ *Fine*, & *Moscolo* in mari Ægeo, & tandem arces *Suda, Spinalonga*, & *Grabusa*, iuxtà oram Borealem *Creta* Insulæ, quæ in horrendo bello ab *Ibrahimo* anno 1645. 24. annis gesto à Turcis occupata fuit, vti etiam *Cyprus*, Insulæ Archipelagi maiori ex parte, *Peloponnesus*, & *Albania*, licet paulatim hæc ipsa sibi armis vendicēt Veneti, qui interim fortalitia sua ità muniunt, vt hostis haud facilè damnū inferre possit, præsertim per mare contrà ipsum se defendunt Insula *Corsu*, & in Dalmatia habent Montes, Castella, & *Morlaccos*.

4 Videndi de hac Republica præter *Boterum, Bodinum*, & *Arnisaum* præterea *Casp. Contarenus, & Donatus Iannotius. Io. Cotouicus, Nicol. Crassus, in duobus libellis de Rep. Venet. Batauis excussis*, & *Io de Laët*, & *Geographi* passim, paruus liber Gallicus *Traité de Republique de Venise*, post *Conringium*, *Phil. Andr. Oldenburger in Thesaur. Rerumpublic. par. 3. tit. 1.* Libellus Italus, cui tit. *Relatione della Città, e Republ. di Venetia, Geneua* 1672. in 12. *Amelottus de Houssaie in historia Regiminis*, & *in Scrutinio originaria libertatis Venetianorum*, anno 1681. italico sermone *Colonia* editis.

5 Huius Reip. annui reditus habentur apud *Philipp. Honor. in Thesaur. Politic. par. 1. pag. 185.* & anonymum authorem apud *Io. Cotouicum in Synopsi Reip. Veneta pag. 381. Iannotium de Rep. Venet. lib. 3. pag. 167.* ex quibus transcripsit *Casp. Klock. lib. 1. de Ærario cap. 13.* vbi *Pellerus in obs. Laurent. Beyerlink in Theatro Vita human. tom. 6. ver. reditus pag. 25. Reinkingium in Notis ad Boterum pag. 225. Oldenburger. d. par. 3. pag. 43. 44. & 45.*

6 Illiq; percipiuntur ex diuersis vectigalibus, & tributis vini, olei, salis, carnis, tritici, ferri, molendinis, panetijs, mercium portorijs.

Deindè alius pecuniæ colligendæ modus Decimarum, quas tàm patritijs, quàm plebeijs ratione bonorum imponit.

7 Alius modus est, vt Patritij aliquot annis magistratum gratis gerant; præcipuosq; honores, qui in benemeritos conferri solent, pretio emant, proùt ad resistendum Turcicis Insultibus, decretum anno 1668. vt quicumque solitos centum mille ducatos persoluerēt, Patritiorum numero adscriberentur, *Diarium Europæum par. 30. pag. 109.* Vel à particularibus argentum mutuò accipere, & sæpiùs seruatum legimus ex *Bembo*, & *Sabellico* apud *Faust. in cons. pro Ærar. class. 17. ord. 1309.*

8 Nunquàm verò tot modis nummos conquirendi vsam fuisse Remp. Venetam putat *Pellerus in add. ad Klock. d. c. 13. nu. 11.* quàm durantibus Turcicis bellis antè conclusam anno 1670. pacem, cum pro quolibet pileo Venetijs confecto soluebatur libra vna, tabacci monopolium triginta mill. ducatorum elocabatur, & cartarum elusoriarum pretium in duplum auctum, ac octingenta millia ducatorum sub vsuris centesimis mutuò sumebantur, & sex etiā ex præcipua Nobilitate eligebantur,

qui publicæ necessitatis subsidio adessent, aliosq; ità incitarent.

9 Præsuli autem tradunt, omnium proventuum Reip. Venetæ ad quatuor milliones 165000. duc. summam esse, similitèr *Segerbus de Princip. Ital. pag. 14. & 15.* reditus annuos tricies centenis aureorum millibus æstimat, atq; Vrbem Venetam reddere quotannis octingenta duc. millia, sed *Comes Alphons. Lascbus in suo Compend. histor. pag. 288.* post Turcicum bellum putat, reditus transcendere quinque milliones: Ità incertè loquuntur, verissimum tamèn est, quod cecinit *Io: Ovvenus Epigr. lib. 2. epigr. 110.*

Vt mare nil nisi aqua, Cœlum nihil est nisi stella:
Sic sunt Venetia nil nisi Divitiæ.

10 Præfatus verò *Amelottus de Houssaie in historia Regim. Venet. par. 1. pag. 110.* postquàm Militiam retulit, ità de reditibus inquit: *Il Ducato di Venezia, che comprende la Città dominante, e tutte l'Isole, e parti del Vicinato, rende ogn'anno trè milioni di ducati, senza metter in conto la rendita del sale, che fà ancora più di un'altro milione di ducati. Il che fà circa dieci milioni di lire francesi, che sono quasi un testone Romano per lira, facendo il ducato di Venezia quasi due testoni e mezo, ò 50. soldi francesi. Non pretendo quì di fare una supputatione giusta d'Aritmetica.*

La Marca Trevigiana, che è un buon paese, rende per lo meno 280000. ducati.

Padoua, ed il suo territorio 400000. ducati.

Vicenza, ed il Vicentino 200000. duc.

Verona, ed il Veronese 260000. ducat.

Bergamo, ed il suo distretto 300000. ducati per lo meno.

Crema 160000. e forse un poco più.

Brescia, ed il Bresciano 1200000. ducati, la cui metà è impiegata à mantenere l'Arsenale di Venezia.

Il Polesine, altrimente il Contado de Rovigo, paese misero 140000. ducati.

Il Friuoli Provincia Grande 400000. ducati almeno.

Lo Stato di mare, che comprende l'Istria, la Dalmazia, e parte dell'Albania, colle Isole di Corfù, Zante, Cefalonia, e Cerigo, &c. rende 800000. ducati.

Tutto ciò fà più di venti milioni di lire Francesi. A che si deve giungere le nuove impositioni, che si multiplicavano di giorno in giorno, le decime del Clero, la vendita di quantità d'ufficij, le confiscationi, ed in fine molti altri diritti considerabili. Di maniera, che il Senato risparmia ogni anno molti milioni, quando è in pace, stando che la forma del suo governo l'esenta da tutte le spese, che si fanno in ogni tempo nelli Stati Monarchici, dove regna la magnificenza. Egli è vero, che la Signoria di Venezia hà maggior bisogno di risparmiare durante la pace, che alcun'altro Principe, non essendovene alcuno, à chi costi tanto la guerra, che ad essa, che non è servita, che à forza di danaro, e sempre con poco affetto da quelli, che la servono. Oltre, che queste rendite ordinarie non li bastano per sostenere la guerra. Mà parimente, quando essa nō l'hà, trova bene i mezzi di supplire al difetto, ò con nuovi dazij, ò con una tassa straordinaria delli Nobili, degl' Ecclesiastici, delli Cittadini, e dell'Arti, come altresì col vendere la Nobiltà à Popolari, la veste di Procuratore, la stola d'oro, e le cariche cospicue à i Nobili ambitiosi. il che durante la guerra di Cambrai fece una stata entrare nello sparagno la somma di 500000. ducati in otto mesi di tempo. Il Senato vende parimente la Cittadinanza à gli stranieri, i titoli di Marchese e Conte à gli Nobili di Terra ferma, la libertà à Prigionieri, la gratia à Rei, e la licenza del ritorno à Banditi. Oltre ciò piglia ancora del danaro à due, ò trè per cento da i Monti di pietà, come fece sotto quello di Venezia nell'anno 1509. e costrigne i ricchi d'impegnarglione [illegible] *principalmente gli Ebrei, che sono delle spugne, che preme quando vuole, minacciandoli di scacciarli alla minima resistenza che eglino fanno. Durante la Guerra di Candia quelli di Venezia solamente somministrarono cinque, ò sei milioni, e frà tanto cinque, ò sei* [illegible] *la redditione del-*

la piazza, non lasciò di trarre ancora da essi una somma riguardeuole, &c.

11 Respublica hæc magis bellicis instrumentis instructa est, quàm vlla alia in Europa, vt etiam tempore pacis exquisitissimi fiant belli apparatus. Adsunt numerosæ semper peditum, equitumq; copiæ, quæ vel in finibus, vel in præcipuis Insulis præstò sunt ad quosvis hostium impetus excipiendos: Mare classibus est constratum. In Armamentario, vulgò *Arsenale*, magnus numerus triremium reperitur, tot, tàmq; diuersa armorum genera passim non sine spectantium stupore videre est, vt integris armandis exercitibus sufficiant, tùm machinarum, & bellicæ rei magna copia, vt tradit *Auctor Manualis Politici lib. 3. cap. 12. num. 10. & cit. Amelottus de Houssaia histor. Venet. par. 2. pag. 101.*

CAPVT XVII.

De Ærario Reipublicæ Genuensis.

1 RΕcedat à cuiusvis boni Principis Aula *Macchiauellicum* illud dogma, priuatos Ciues in Rep. ditescere non debere, & appareat in hoc Politices campo pater patriæ *Cicero*, qui *singulorum*, inquit *3. de offic., facultates, & copiæ, diuitiæ sunt Ciuitatis*; hinc censent ex modernioribus *Auctor in Dialog. Politicis, Geneuæ ann. 1666. edit. p. 2. Dial. 7.* maximè felicem esse Remp. Genuensem, quod Nobiles, & Ciues diuitijs, & opibus affluentes habeat, & quod hoc præter Reipubl. detrimentum, illis optimè concedi queat, vt cambijs, & fœnori operam dent; cum nemo Ciuium illorum sit, qui non in conseruationem suæ libertatis, vel vltimum obulum vellet impendere. Editus est libellus *Amsterd.* in 12. sub tit. *Politiche malatie della Republ. di Genua*, vide etiam *Honorium* in suo *Thes. Polit. in relat. Polit. Genuat.*, aliosq;.

2 Genuensium dominium consistit in *Liguria* in ora littorali, & in *Insula Corsica* maris Tyrrheni, Sardiniæ proxima, vti & *Capraria Insula*. Liguriæ caput, imò & Reip. sedes est *Genua*, à recentioribus *Ianua* dicta, Vrbs ampla, Emporium Italiæ celeberrimum, locus sanus, itemq; tutissimus iuxtà inscriptionem, quæ in Cathedrali *Sancti Laurentij* Ecclesia legitur: *Ianus, Princeps Troianus, astrologia peritus, nauigando, ad habitandum locum quærens sanum, dominabilem, & securum, Ianuam, iàm fundatam à Iano Rege Italiæ, pronepote Noe, venit, & eam cernens, mare, & montibus tutissimam, ampliauit nomine, & posse.* Præcipuas habet Vrbes præter Genuam, *Albingaunum*, *Albintemelium, Brugnetum, Naulum, Sauonam, Serezanam.*

3 Omnium verò publicorum redituum curam Magistratus, qui dicuntur *Procuratores*, gerunt, vel etiam Ministri Corsicæ, triremium, & Patres communis vtilitatis. Procuratores percipiunt multos nummos, ex vectigalibus vini, appellationibus sententiarum Rotæ, confiscationibus, condemnationibus, & alijs iuribus, locis, signis, & syluis. Quorum summam ascendere ad 428264. libras, ex quibus stationes militum, portus, dominia, & arces sustentantur, testatur *Conringius* apud *Andr. Oldenburger. in Thes. Rerumpubl. par. 3. tit. 1. pag. 94. & 95.* Similitèr Comes *Alphons. Lasctbus in suis compend. histor. pag. 702.* scribit, Reip. ordinarios reditus ascendere posse ad 500000. ducat., qui ex datijs, salibus, Duhanis, alijsq; gabellis percipiuntur.

4 Haud paruipendenda est societas, seù Bancum S. *Georgij* tot Pontificum, ac Imperatorum priuilegijs insigne, ac optimo ordine gubernatum. Solet enim tàm à priuatis hominibus, vel etiam inuitis, vel volentibus, ac exteris mutuo sumere, quibus persoluuntur graues vsuræ; Vndè tanta vis pecuniarum coacta est, vt Insulam Corsicam, ac prædia publica omninò redemerint, *Bodin. lib. 6. de Rep. cap. 2. pag. 1041.* Ex quo thesauro hodiè Publicum commodiùs, & particulares ditiùs, euaserunt.

5 Ve-

5 Verùm Respublica hæc non adeò fertilem sortita est agrum, vt alij *Lombardiæ* loci; frumenti tamen, vini, aliorumq; fructuum pro habitantium cōmodo ferax est; Genuenses item magnum quæstum faciunt ex mercatu sericarum vestium, quas in Septentrionem mittunt, & in cambijs, ac mutuis, quæ Ciues exercent, cum sint in negotiorum arte, & commercio experti, vndè dicterium illud: *Genuensis, ergò mercator, Rota Genuens. dec. 139. nu. 10.* Cōmercijs valdè prosunt etiam *Hebræi* ibi existentes.

6 Hæc Resp. semper habita fuit vna ex Italiæ clauibus ob vires maritimas, & bellicosos Ciues, in arte militari, ac nautica peritos, qui in expeditione Terræ Sanctæ immortalem gloriam retulerunt, vndè à *Balduino I.* Hierosolymæ Rege anno 1160. regionem in illa Ciuitate obtinuerunt, ac etiam super Altare Sancti Sepulchri hāc meruerunt inscriptionem: *Præpotens Genuensium præsidium*; & in anno 1258. Venetum Ducem captiuum fecere in Vrbe *Gaza*, & in anno 1337. Regni *Cypri* potiti fuerunt, captiuosq; Regē, ac Reginam, *Genuam* duxere, quæ victoriæ causa fuit, vt maiori splendore Ducem vulgò *Doge* eligerent.

7 Habet præter 500. Germanos milites, decem Corsorum, ac tres leuis armaturæ copias pro Vrbis defensione. Adsunt etiam 40. Tribuni à *Consilio* quolibet anno electi, quorum singuli centum milites ex Ciuibus militiæ aptioribus selecti, qui omnes numerum 4000. militum faciunt, ac omni necessitati parent. Eòq; potentior habenda, cum viuat sub valida protectione Potentissimi nostri Catholici Regis Hispaniarum; Quod sanè maximè Reipublicæ interest, cum proxima sit *Mediolano*, & *Finalium* propugnaculis, eiusq; Ciues plurimi post *Andream de Auria* semper militaribus curis propositi sint, multosq; Status, ac dominia possideant cum titulis *Principatus*, & *Ducatus* in hoc Regno Neapolitano, in Ducatu Mediolanensi, alijsq; ditionibus Hispani Monarchæ.

CAPVT XVIII.

De Ærario Reipublicæ Lucensis.

1 LVca, Ciuitas cum vndecim propugnaculis permunita, hodiè est Respublica libera, optimis Aristocratiæ legibus temperata, quæ duodecim millibus ducatorum à *Rudolpho I.* libertatem comparauit, si credimus *Sigonio de Regno Italiæ lib. 4. Castald. de Imp. quæst. 54. n. 13. Bodin. lib. 1. de Rep. cap. 9. Ioseph Ludou. dec. Lucens. 36. nu. 18.* alijsq;.

2 Huius Reipublicæ reditus satis magni sunt, quorum magna pars ex vectigalibus mercium, in primis verò pāno, & serico. Census ex carnibus, bonis mobilibus, dotibus, coniugijs summam pecuniæ valdè adauget: Frumento verò (cuius maior pars ex Etruria venit) nullum imponitur tributum; Estq; ibi Officium *Abundantiæ*, vbi pro centeno quintus datur nummus deponētibus ibi pecuniam. Habet hæc Respublica multa instrumenta bellica, ex quibus 30. hominum millia in bellum possint expediri, magis enim hic status, quàm vlla Italiæ regio frequentia incolarum abundat, adeò vt vltrà 18. millia militum in censum relata reperiantur, teste *Philipp. Andr. Oldrabungero in Thes. Rerumpubl. par. 3. pag. 103. n. 61. & 62.*

3 Ad militiæ verò regimen sex periti Commissarij à *Magno Consilio* eliguntur; & sex alij Consiliarij, exterorum ibi venientium curæ inuigilant; trecētos milites expertæ valoris habēt, quorum ducenti Ciues in octo acies distributi, qui ianuas, & mœnia Ciuitatis custodiunt; centum verò exteri sub Ducibus etiam exteris in Palatio publico, quibus ad Vrbis mœnia sub pœna Capitis approximare prohibitum est. Habet quoque validam Stationem (siuè *Arsenalem*) bellicis tormentis munitam, ex quibus triginta hominum mil-

millia cum *sclopis*, & octo millia cum *hastis* armari possunt; præter arma, quæ Ciues domi conseruant, ipsi ditissimi sunt, sed pro libertate sanguinem, nedum opes effunderent, teste *Anonymo in Dialogis Politicis Genuæ editis par. 2. Dial. 8. pag. 746. & 747.*

4 Lucenses denique libertati oppidò student, & quod magis est, nunquam repertus est Ciuis suæ Patriæ proditor, vt *cit. Author pag. 731.* testatur necnon *Dom. Aloysius Mansi.* Patritius Lucensis, ac de legali scientia optimè meritus, in *Epistola Dedicat. lib. 1. suarum Consultation.* his verbis: *Inconcussum perennabit Liberam Republicam nostram Imperium, in qua Ciues tanquam dilectionis, & Regni vinculo arctissimo inter sese amoris vinculo colligata quolibet ciuium seditionum impetus redditur inanes, & vincitur in unum conspirantes externarum gentium vim, vel potentissimam eludent, &c.*

CAPVT XIX.

De Ærario Ducis Lotharingiæ.

1 LOtharingia latinis, *Lothringen* Germanis, Italis *Lorena*, regio, & Ducatus Galliæ Belgicæ, proprio Duci, qui *Nanceii* residet, parens, de qua *lib. 4. Itinerarij in Augustano itinere:*

Hic vbi fertilibus floret Lotharingia campis.

In duas diuiditur partes, in *Lotharingiam propriam*, quæ ad Ortum tendit, & in *Barrensem Ducatum* ad Occasum. Incolæ magnum percipiunt lucrum ex lapidibus & vnionibus, quæ in Lotharingia inueniuntur, tum verò ex vitris, speculis, equis, quorum ingens venditur numerus, item monetaria opera, argenti fodinis. Dux interalios reditus salinas habet, quæ ipsi prouentum faciunt insignem. Populo tributa, vt alibi, imponi non solent, sed propter soli fertilitatem, tot maiores solito percipit reditus, atque ex abundantia fodinarum, lignorum, pratorum colliguntur, teste *Oldenburger in Thesaur. Rerum par. 3. pag. 910. n. 73.* vbi ex hac regione percepere 300000. coronatorum circiter inquit, verbo seniores centena millia librarum *Virginarius*, & *Barrensis*, non ultrà, quàm quinquaginta millia, inecrtè asserunt.

2 Dux Lotharingiæ est absolutus Princeps, sed ratione bonorum, quæ ab Imperio tenet, eiusdem est membrum, ac sessionem in Comitijs habet, sed an Barrensis Ducatus ad Regnum Galliæ pertinere debeat, an verò ad Imperium Germanicum, vide *Chiffletium in Commentario Lothariensi cap. 12. Herm. Conring. de Finib. Imp. Germ. lib. 1. cap. 5. n. 50. & seq. & lib. 2. c. 27. Oldenburger in Lynaeo Enucleato lib. 3. cap. 15. & in addit. ad cap. 27. & 28. post 4. libr.* imò quando anno 1641. Lutetiam venit Carolus Lotharingus, ad Regem Galliæ dixit: *Domine, quia Maiestas tua ita iubet, Ego ipsi veneratione exhibebo*, eiusque filium osculatus est manum; mox ad Richelieum Cardinalem, & ad Franciæ Cancellarium adstantes, *Non existimo*, inquit, *bonum fuisse Clientis obsequium edidisse*. Ad quæ Cancellarius: *Capiendæ Consilium formula videris vsus?* Cui ex tempore Dux: *Non sum Causidicus ego, nec vllus ex meis grauis Leguleius vnquam fuit; tu indigne muneris eiusmodi, forensem togam adhuc gestas, Chiffet. in cit. comment. Lothar. cap. 30. p. 80.* Vide *Ministeri. Richelij par. 1. pag. 632. & par. 2. p. 578.* licet hunc Ducatum Rex Galliæ Lotharingo ademerit, ità vt tempore bello Germanico Imperatori contra Gallos præstiterit arma, idem *Oldenburger in Thesaur. Rerum publ. d. par. 3. pag. 921. n. 74.* & hoc anno 1690. gloriosissimè obijt *Carolus Lotharingus* totiesque plus nouissus, Inuictusque Imper. *Leopoldi* Generalis armorum Præfectus.

CAPVT XX.

De Ærario Ducis Bauariæ.

1 BAuaria, regio Germaniæ potentissima, & fertilissima, Regnum olim floren-

florentissimum Reges antiquitùs habuit, teste *Marquardo Frehero de Origin. Palatin cap.* 12. & ità gubernatam vsq; ad *Arnulphi* Imperatoris tempora, scribit *Mercator in Atlante pag.* 252. Ducatus deindè titulo clara, ex qua familia exorta, & inde non tantùm aliq complures Principum, quasi riuuli, enatæ, sed multi Cæsares dati. Eius Dux est S.R. Imperij Elector, cuius dominio etiã subest Palatinatus superior, ac primaria totius regionis, ac Principis pulchra sedes *Monachium*.

2 Potentia inter Germanos, & thesauri opulentia vix vlli Principum cedit, quam vigili œconomia ex peramplis, ijsq; feracissimis colligit Prouincijs: Et profectò habet hic, vndè ingentem pecuniæ vim sibi colligere possit; Vndiq; multa oppida, montes, hominesq; multos, exercet etiam mercatum cereuisiæ, & salis, ac piscatus; ex nitidis, & benè constitutis Ciuitatibus *Straubinga* ædificijs superba, *Landishuto*, vbi eminet turris altissima 443. pedum, *Monachio* Ducali sede, *Burghusio*, vbi Castellum Salza munitissimũ, *Ingolstadio* illustri Academia, ex qua I.C. peritissimi *Hubertus Giphanius*, *Christophorus Besoldus*, & *Caspar Manzius* prodierunt, *Oldenburgero* teste in *Thes. Rerumpubl. par.* 4. *tit.* 7. *num.* 12. & *pag.* 800. *n.* 9. & 10.

3 Cœpit inter varios Scriptores doctissimos circà annum 1612. agitari illa quæstio, *vtrum Electoralis dignitas Palatino Rheni competeret, an Duci Bauariæ*? Stant pro Bauaro Duce *Gewoldus de S.R.I. Septemuiratu cap.* 10. *per tot.* & *Vuindeckius de Elector. cap.* 17. *p.* 50. Et pro Palatino *cit. Freherus*, qui ab initio sententiam protulit *in Comm. Origin. Palatin. par.* 1. *cap.* 15. ità eiusdem postea defensor extitit *in Epistola responsoria de Electoratu S. R. Imperij Comitiua Palatina Rheni antiquitùs annexo, et cohærente*, aliaq; paribus vicibus scripta in lucem prodierunt: Vide latiùs *Lundorpium in tom.* 1. *Actor. public. lib.* 6. *Theatrum Europæum par.* 3. *à pag.* 712. *Freyberger in Germania perturbata*, & *restaurata par.* 3. *pag.* 86. *Pollerum ad Klock de Ærario lib.* 1. *cap.* 4. *nu.* 212. *Oldenburger. in Lymnæo Enucleato lib.* 8. *cap.* 8.

4 Hodiè verò, ne bellum ex bello cresceret, & pax Imperio reddi posset, hæc controuersia sopita est, atq; ex septenario Electorum numero, (vt etiam annuimus sup. cap. 4. n. 18.) per *Instrumentum Pacis* octauus factus est Princeps Palatinus, qui septimum votum post Brandeburgensem Electorem præstat, ex *art.* 4. §. *Instr. Pac.* & ibi *Borgeldensis in Discurs.* 25. *par.* 1. Ad quorum officium, & potestatem pertinet, vt Imperatorem eligant, solemnitatibus in *Aurea Bulla* præscriptis: Electoribus verò Ecclesiasticis commune est, vt quilibet eorum dicatur *Archicancellarius*, Archiepiscopus nempè Moguntinus per Germaniam, Archiep. Treuirensis per Galliam, & Archiep. Coloniensis per Italiam, vide *Bernardum à Mallinckrodt in tract. de Archicancellarijs*, quamuis magna fuerit contentio inter *Moguntinum*, & *Coloniensem* in coronandis Regibus Romanorum, vndè prò, & contrà scriptum est, attamen in suffragijs præstandis obseruandum, quod

5 *Archiep. Moguntinus*, qui est *Decanus* Collegij Electoralis, Coelectores conuocat, eorumq; vota perquirit, atque ipse vltimò rogatus suum promit, licet olim primus iure Decani votum suum protulerit.

Primùm igitur votum dat *Treuirensis Archiepiscopus*.

II. *Coloniensis Archiep.*, qui est etiam Dux Vuestphaliæ.

III. *Rex Bohemiæ* (qui est nunc Imperator Austriacus) *Pincerna*, qui *poculum* Imperatori præbet.

IV. *Dux Bauariæ*, qui est *Archidapifer*, & *pomum* præfert.

V. *Dux Saxoniæ*, *Archimareschallus* affert *gladium*.

VI. *Marchio Brandeburgensis*, *Archicamerarius* gerit *Sceptrum*.

VII. *Princeps Palatino-Neoburgensis*, *Archithesaurarius* defert *Coronam*.

Vide

Vide Gerkel. de Regib. Europæis pag. 534. cit. Burgold. in Notitia rerum Romano-german. ad Instr. Pac., Oldenburger. in Lymnæo enucleato lib. 2. cap. 4. ex quo hunc præcedentiæ ordinem adijciendum duximus.

Electores conducentes Imperatorem, ità incedunt cum insignibus;

Treuir.

Brandeb. cum sceptro, Bauarus cum pomo, & Palatinus cum Corona,

Saxo cum gladio,

Moguntinus : IMPERATOR : Coloniensis,

Bohemus.

Imperatorem conducentes sine insignibus, ità incedunt:

Brandeb.	*Palatinus.*
Bauarus.	*Saxo.*

Treuir.

Moguntinus : CÆSAR : Coloniensis,

Bohemus.

CAPVT XXI.

De Ærario Ducis Saxoniæ.

1 SAxoniæ Ducum hodiè varij rami, *Saxonia* autem strictè sumpta, seù propria, & Electoralis, prouincia est Germaniæ in Saxoniæ Superioris Circulo, cuius Dux est vnus ex 8. Imperij Electoribus; Prouinciæ vrbes sunt *Vittemberga* (quæ primaria est, vt rectè censet *Æneas Syluius de Statu Europæ cap. 24.*), *Torga*, & aliæ; Prætereà subsunt etiam Saxoniæ Duci *Misnia* Prouincia, & pars ampla *Thuringiæ*, ac *Lusatia* superior, & inferior ab anno 1620. cum anteà fuerit Regni Bohemiæ pars, *Comitatus Mansfeldiensis* ex parte, & tractus *Abbatiæ Quedelinburgi*; Sed Lusatiam inferiorem, vti partes Thuringiæ, & Principatus Hennebergensis nuper concessit Dux Elector Saxoniæ fratribus suis, vti videre est in Germaniæ Principibus suprà *cap. 4. de Ærario Imperatoris.*

2 Titulus verò est huiusmodi: *Ioannes Georgius S. R. Imperij Archimareschallus, & Princeps Elector, Dux Saxoniæ, Iuliæ, Cliuiæ, & Montium, Landgrauius Thuringiæ, Marchio Misniæ, & vtriusq; Lusatiæ, Burgrauius Magdeburgensis, Comes Marcæ & Rauensberga, Dynasta in Rauensteìn, &c.*

3 Saxoniam Electoralem comparare solent cum aureo anulo, cuius gemmã *Lipsiam* vrbem constituunt, magnos enim redditus indè Sereniss. Elector percipit. Possidet nitidas, & lautas Ciuitates, inter quas *Dresda*, *Misnia*, *Freyberga*, & *Lipsia*, *Vittemberga* Electoralis Ciuitas, ac *Pleissenburgum*. Diues porrò est metalli fodinis; etiam in fluuio *Albi*, & *Mulda* aurum inuenitur, ac lapilli pretiosi; Insupèr terræ celebres, cereuisia, commercia pannorum sericum augent. Quæ potentia illustribus Vasallis etiam nobilitatur, inter quos ratione Territorij sunt Comites *Schwartzburgenses*, *Solmenses*, vt & Comites *de Barbi*, qui coram Dycasterio, quod singulo trimestri spatio *Vittemberga* celebratur, in certis causis comparere tenentur, *Andr. Oldenburgerus in Thes. Rerumpubl. par. 4. pag. 825. 826. n. 16. 17. & 18.*

CAPVT XXII.

De Ærario Ducis Palatino-Neoburgensis.

1 NEoburgum, quod & *Nouocastra*, multiplex Vrbs Germaniæ, præcipua autem est in Circulo Bauariæ ad Danubium, Sedes Seren. Ducis Neoburgensis è familia Bauarica, de qua *lib. 4. Itinerar.*

Intramus Boij præclaram Principis Vrbem,

Indigenæ Ciues, quã Nouacastra vocãt.

In qua turrigeris extructa manibus arces:
Priscorum superant amplitudine Ducum.
Multaq; diuersis monstrant animalia formis,
Quæ vix sub nostro dixeris esse Polo.

2 Et quoque subest *Iuliacensis Ducatus* prouincia Germaniæ inferioris inter Rhenum ad ortum, cuius primaria est *Iuliacum*, Vrbs permunita cum arce fortissima, quæ pluries capta fuit, tandem ab Hispanis reddita Duci Neoburgensi virtute pacis Pyrhenæorum anno 1660. Et ex hac Iuliacensi hæreditate obuenit *Montensis*, seù *Bergensis Ducatus*, prouincia Germaniæ in circulo Vuestphaliæ iuxtà Rhenum. Eius primaria vrbs est *Dusseldorpium*, benè munita, ibiq; Iesuitarum Collegium pulchrè extructum, ac diues Seminarium pro pauperibus studiosis, ac Sereniss. Dux Neoburgensis aulam habet amœnissimam, quam ornant Nobiles eruditi. Est etiam *Laugingæ* ad Danubium totius Palatinatus iunioris, siuè Neoburgici gemma, ex qua ortus *Albertus Magnus*.

3 Palatinatus inferior, seù Rheni, prouincia est Germaniæ pulcherrima à Rheno fluuio bipartita sub dominio Electoris Comitis Palatino-Neoburgici, à qua ante à post Bohemiæ motus eiectus fuerat, sed pace *Monasteriensi* recepit Palatinatum inferiorem, & octauus Elector S.R.I. Archithesaurarius constitutus fuit, Bauaro Duce suam dignitatem retinēte. *Insula* Rhenensis Palatinatus pertinent etiam ad Electorem; Et *Schonborneryus lib. 1. Polit.* notat Cōsuetudinem in tractu Syluæ *Ottonis*, cuius vigore bona illorum, qui post 25. ætatis annum matrimoniū non inierunt, fisco cedunt. Fertilitas, diuitiæ, & magnus vasallorum numerus Serenissimum Electorem reddunt formidabilem. Exorto deindè bello Gallo-Hollādico an. 1674. Rex Galliæ, Seren. Electoris affinis, fines Palatinatus misserimè per *Turrenium* depastauit, nunc autem in dies reparatur, propt restatur *Phil. Andr. Oldenburgerus in Thesauro Rerumpubl. par. 4. à fol.* 1071. & videndus *Iacob. Andreas Crusius in tract. de Iure Poledria* S.R.I. *Electorum. nec non* Sereniss. *Domus Neoburgica, Francof.* 1671. *in* 4. & eruditus *Andreas Ioseph Gizzius in sua Trutina historico-Politica, & Iuridica*, in qua Rationes Præcedentiæ *pro Sereniss. Neoburgensi Celsitudine cum Republica Hollandica* ponderantur, Neap. edita anno 1670. licet alia eiusdem *Gizzij* allegatio edita anno 1660. *pro Sereniss. Duce Parmensi contra Legatum Neoburgensem* legatur apud *Cons. Altimar. in obser. ad Reg. Rom. cons.* 84. *to.* 1.

4 Serenissimus Dux Palatino-Neoburgicus *D. Philippus Gulielmus* hoc vsus est titulo: *Philippus Vuilhelmus Dux Neoburgensis, Comes Palatinus Rheni, S.R.I. Archithesaurarius, & Princeps Elector, Dux Bauariæ, Iuliaci, Cliuiæ, Montium, Comes in Veldenz, Sponheim, Marchia, Rauensberg, & Moers, Dominus in Rauenstein, &c.* Aulam valdè magnificam habet, Ministrosquè doctissimos, inter quos eminuit *Caspar Manzius*, qui *Centuriam Decisionum Palatinarum, seù rerum in supremo Dicasterio Neoburgico iudicatarum*, in lucem dedit; & Sereniss. Principes filij benè in spem illustris gloriæ educantur, quorum vnum vidimus, dum in hanc Neapolis Vrbem aduenìens, paruo dierum interstitio hoc anno 1690. moram fecit: & Serenissima filia *Maria-Anna* nūc etiā cum nostro Augustissimo Hispano Monarcha CAROLO II. desponsatą fuit, cui felicem prolem à Superis eniuè precamur; De quibus faustissimis nuptijs, *P. Iacob. Lubranus Soc. Iesu*, nouus *Martialis* Parthenopæus, in egregijs *libris Epigrammaton, lib. 9. Epigr.* 83. ità cecinit:

Libramus Horis, Gratijsq; libramur.
Hispano nupto Regna Carolo, iam spem
Iubent redire fluctuantibus Mundis.
Felicitas fiscera, gratior votis.
Defloruere Lilia, vt ferax Regum
Pietas decora Coniugis Palatina

Non

Non defuturam parias vberem messem
Benigniore Heroides Neoburga
Nascuntur astro, & Austria parent Cœlo
Martes triumphis auspices, Ionis Aris.

CAPVT XXIII.

De Ærario Marchionis Brandeburgensis.

1 BRandeburgum, siuè *Brennoburgum*, Vrbs est in media Marchia, totius Prouinciæ summum, & inappellabile Iudicium, vt & Sereniss. S. R. Imperij Elector Brandeburgicus, & Archi-Camerarius, antiqua ortus Domo, Regibus, ac Cæsaribus sanguine iunctus, de qua familia, vide *Ioannem Lymnæū*, Consiliarium quondam Brandeburg. March. in *Anspach*, & Iuris publici Coryphæum, *lib. 3. cap. 8. per tot.* ibiq; *Oldenburger.*, eiusq; præeminentia *Crusium de Iure Præced. lib. 4. cap. 11. Spenerv. in Sylloge Genealog.* & *Cernitium in tract. de Elect. Brandeb.*, itemq; *Reinerum Reineccium in tract. de familia Brandeburgica.*

2 Omnium ferè Electorum hic potentissimus, cuius dominio subsunt hæ Prouinciæ, *Marchia* scilicèt *vetus Brandeburgica, noua, & media, Borussia*, siuè *Prussia Ducalis*, *Pomerania* vlterior, *Ducatus Crossensis* in Silesia, *Ducatus Magdeburgensis*, *Principatus Halberstadiensis*, & *Mindensis*, *Comitatus Rauensbergensis*, & *Marchiæ*, cum *Ducatu Cliuensi*, & parte *Voitglandiæ*. Vndè in Comitijs, harum ratione habet quinque vota, *Wesselingius in Aurifodina, ver. March. Brādeburg. pag. 1032.* Cuius Electoris titulus in Tractatu pacis Brandeburgo-Polonicæ ann. 1657. apud *tract. historia Thalden. 4. par. continu. pag. 275.* sic habetur: *Fridericus Wilhelmus Marchio Brandeburgensis, Sacri Rom. Imperij Archicamerarius, & Princeps Elector, Magdeburgi, Prussiæ, Iuliæ, Cliuiæ, Montium, Stetini, Pomeraniæ, Cassubiorum, Vandalorumq;, nec non in Silesia Crosnæ, & Carnouiæ Dux, Burgrauius Norimbergensis, Princeps Halberstadij, & Mindæ, Comes Marcæ, & Rauensbergi, Dominus in Rauensteini.*

3 Eius potentia in militaribus maxima est, propugnacula itidem habet egregia. Reditus ditissimi quotannis proueniunt ex fundis proprijs, & mancipatis, ex lignis, syluis, venationibus, ex pedagijs mercatorum, nundinas *Francofurtenses*, & *Norimbergenses* frequentantium, & tributis, vndè nil mirum, quod aulæ sint splendidæ, & pulcherrimæ. Habet ingentem vasallorū numerū, qui tēpore pacis ad publicas solemnitates tenentur se sistere, & tempore belli similitèr seruitia feudalia præstare; Regiones insupèr sunt valdè populosæ, ex quibus magnum equitū, peditumq; numerum legere possunt, vt habetur in *Itinerar. Germ. Polit.* apud *Philipp. Andr. Oldenburger. in Thesaur. Rerumpubl. par. 4. pag. 877. nu. 5. & pag. 1063. n. 8.*

CAPVT XXIV.

De Ærario Ducis Brunsuuigo-Luneburgensis.

1 INter eas Principum stirpes, quibus hodiè Germania nititur, Sereniss. hanc Domum *Brunsuuicensem* antiquitate, nobilitate, ac potentia illustrem pronunciat *Iac. Andr. Crusius in tract. de Præeminent. lib. 4. cap. 10.* Nomen sumpsit hic Ducatus à *Brunsuuiga*, inter quam Ciuitatem, & ipsos Seren. Duces, hi pro subiectione, illa pro libertate, diù contentio fuit; *Lymnæus* illam Ciuitatem in opere suo *de Iure publ.* Imperialibus Vrbibus accenset, proùt facit *Mich. Ant. Baudrand. in Lexic. Geograph. tom. 1. fol. 333.* Quid verò pro se Ciuitas afferat, videre est apud *Philipp. Knipschildium de Iure, & Priu. Ciuit. Imper.* Contra, quid Duces, legatur *Oldenburgerus in Lymnæo enucleato lib. 3. cap. 7. n. 4.* qui etiam è numero illarum expunxit, dum anno 1671. Duces ipsi hanc Ciuitatem hæreditariam, & Prouincialem vi, & armis ad debitā

redegerunt obedientiã, vndè & paruũ illud Scriptum Politicum, cui tit. *Fatum Ciuitatis Brunſuicenſis*, teſte eodem *Oldenburgero in Theſ. Rerumpubl. par. 4. pag. 1107. n. 36.*

2 Subeſt etiam Ducibus Brunſuicẽſibus *Lunaburgenſis Ducatus*, Prouincia in Saxonia inferiori, cuius caput *Lunaburgum*, vrbs ampla, & ædificiorum magnificentia, rerum copia, ac ſitu munitiſſima, & ferè ſui iuris; Comitatusq; *Diepholtenſis*, *Danberga*, & *Hoya*. Horum Ducum potentia inſignis redditur ex probè munitis Vrbibus *Guelpherbyto*, *Brunſuiga*, *Giſhornia*, *Luneburga*, ex metalli fodinis, magno Nobilium Vaſallorum numero, qui in caſu neceſſitatis equeſtribus armis ſeruitia præſtare adſtringuntur; *Brunſuiga* autem occupatio Seren. Duci magni conſtitit, præſidiumq; perpetuum, quod ibi alitur, ſingulis menſibus non paruam ſummam abſorbet, ſubditiq; hac ratione non exiguum ſubſtinent onus; teſtis eſt locupletiſſimus præfatus *Oldenburgerus in d. Theſaur. Rerumpubl. par. 4. à pag. 1067. cum ſeqq.*

3 Præcipui huius Vrbis prouentus conſtant ex calce in monte *Calcaria* Lunæburgæ exiſtente, mercimonijs, quibus promouendis domus quædam mercatoria, *Albeniæ* ponti ſuperſtrato vicina, ibi viſitur, præ primis verò ſale, & exindè veteres dotes eius tribus vocabulis *MONS*, *PONS*, *FONS*, expreſſiſſe teſtatur *Zeillerus in Topographia Ducatuum Brunſuic. & Luneburg. pag. 147.* Et adhùc *Lunaburgæ* hi verſiculi leguntur, Salinarum ingreſſui adſcripti:

Ecce Salinarum largiſſima dona reguntur,
Gratuita hic Summi de bonitate Dei.
MONS: FONS: PONS: tua dona Deus! de pectore creſcas
In noſtro pietas, nec minuantur opes.

ſed quo tempore inuẽti fuerint hi fontes Salinarum, adhùc in incerto manere poſt alios inquit *Pelerus ad Klock. lib. 2. de Ærar. cap. 9. n. 18.*

CAPVT XXV.

De Ærario Ducis Holſatiæ.

1 FAmilia Ducum Holſatiæ diuiditur in Regiam, & Ducalem *Holſatiam*. Ducalis rurſus in *Gottorpinam*, & *Sonderburgicam*; De qua *Craſius de Praecd. lib. 4. cap. 14. Oldenburger. in Lymnæo Enucl. lib. 3. cap. 11.* *Holſatia* Prouincia eſt in Saxonia inferiori, partim Regi Daniæ ſubiacet, & partim Duci Holſatiæ Sleuicenſis, nempè *Chilonium*, *Landa*, *Heyda*, *Oldenburgum*, *Bordesholma*, aliaq; Oppidula. Anno 1660. Dux Holſato-Gottorpicus concluſa inter duas Septentrionales Coronas pace plenum dominium in *Ducatum Sleuicenſem* accepit; *Sleſuicum* Ducatus metropolis eſt magis longa, quàm larga, vbi ad ſinum maris Balthici inſignis Portus, ibiq; Sereniſſ. Dux magnum vectigal quotannis recipit. Sedes ibi eſt Ducum ordinaria, in ſplendida arce *Gottorpienſi*.

2 Reditus annui potentiſſimi illius Ducis ad 5. auri tonnas pertingere ferunt; potentia verò vel inde illuſtris eſt, quod ditiſſimos habeat Nobiles, & ſitu loci maritimo commodiſſimo magnas diuitias quotannis à ſubditis colligat, *Chilonium* commercijs florentiſſimum ad mare Balthicũ, & ſingulis annis ibi conuentus Prouinciales celebrantur; teſte *Oldenburgero in Theſ. Rerumpubl. par. 4. pag. 1158. & ſeqq.*

CAPVT XXVI.

De Ærario Ducis Vuirtembergenſis.

1 COmites Vuirtembergenſes anno 1495. à Maximiliano I. (cuius hac de re diploma extat apud *Hortlederum lib. 3. de cauſis belli Germ. cap. 1. pag. 610. & ſeqq.*) Duces creatos fuiſſe, qui tamèn ante Ducalem hanc dignitatem, *Ducatu Teccenſi* inſignes fue-

re,

re, scribit *Ian. Andr. Crusius in tract. de Praecedent. lib. 4. cap. 13. n. 2. & 3.* latiùs *Philipp. Andr. Oldenburger. in suo Lymnaeo Enucl. lib. 3. cap. 16.* & *in Thesauro Rerumpubl. par. 4. à pag.* 1166. cum hoc titulo: *Vvilhelmus Ludouicus Dux Vvirtembergiae, & Teciae, Comes Mompelgardiae, Dominus in Heidenheim, &c.* *Vvirtembergensis autem Ducatus*, regio est ampla Germaniae in Sueuia, nomen habens à *Vvirtemberga*, arce vetusta, cuius caput, & sedes *Stutgardia* sita in agro ad amplitudinem consita. A *Stutgardia* 4. milliaribus Germanis in meridiem distat *Tubinga*, Vrbs culta, & Academia celebris: Itemq; *Schorndorffium* adeò munitum, vt *Martin. Crusius in Annal. Sueu.* credideris, illam vrbem esse inexpugnabilem.

2 Figura latè patentis Ducatus Vvirtembergici est ferè circularis, quae sexaginta oppida, mille arces, sexcentos quinquaginta pagos, & quatuordecim Abbatias circitèr includit. Serenissimus Dux quotannis ingens vectigal ex vino percipit. Colles amenissimi vbiq; in hoc territorio, segetes, & vinea obseruantur. Abundant porrò Ditiones *Vvirtembergica* hominibus sat bellicosis. In hoc Ducatu amplissimum territorium habet, interitu Ducum Sueuiae, & Comitum, partim successione, & connubijs, partim armis, partim etiam emptione; latè *cit. Oldenburgerus in d. Thes. Rerump. par. 4. à pag.* 1167. *& seqq.*

CAPVT XXVII.

De Ærario Marchionis Badensis, Hassiae Landgrauij, & Ducis Megapolitani.

1 BAdensis Marchionatus in Sueuico Circulo Germaniae, magis abundat vino, quàm frumento, piscibus, lignisq; diues, vt nihil desit huic regioni, quod ad vitae necessitatem, & commoda pertinet. Ciuitas *Bada*, siuè *Baden* ad pedes excelsi montis sita est; Altera Vrbs primaria huius Marchionatus est *Durlachum* in planitie ad mōtis radices, vbi Palatium Principis valdè magnificum. Hoc titulo vti solet: *Fridericus II. Marchio Badensis, & Hochbergensis, Landgrauius de Sausenberg, Comes de Sponheim, & Eberstein, Dominus de Rotelen, Badenweiler Lohr, & Mahlberg, &c.*

2 *Hassia* Prouincia est itidem Germaniae in Circulo Rheni, cuius Principes *Landgrauij* dicuntur, suberatq; anteà tribus Landgrauijs, sed deficiente *Landgrauio Marpurgensi* sine prole, *Casselensis Landgrauius* maiorem ditionis partem consecutus est, cui subsunt *Hassia* propria, vbi *Cassella* cum aliquot alijs ditionibus, hoc titulo: *Carolus I. Landgrauius Hassiae, Princeps Hersfeldiae, Comes Cattimeliboci, Decia, Ziegenhaina, Hidda, Schaumburgi, &c.* Territorium est satis fertile, & munimenta adeò valida possident, vt facilè cum vicinis Imp. Statibus certare possint: *Cassella* Vrbs valdè munita, & *Smalcaldia* diues ob artem ferri fabrilem, magni etiam quotannis reditus in fiscum inde deueniunt.

3 *Megapolitanus Ducatus*, Prouincia Germaniae satis ampla in Saxonia inferiori, duobus ex eadem familia Principibus subest, pars nempè Orientalis *Duci Gustrouiensi*, ità ex eius primaria dicto, & pars Occidentalis *Duci Schuuerinensi*, ab eius praecipua Vrbe denominato. Huius Ducatus *Megapolitani* territorium valdè est fertile frumenti, lignorum, piscium, & similium: Potentia verò horum Ducum satis valida, si modò mutua concordia illam vnit, vt latiùs restatur *Oldenburger in Thesauro Rerumpubl. par. 4. à pag.* 1136. *cum seqq.*

CAPVT XXVIII.

De Ærario Ducis Sabaudiae.

1 SAbaudiae Dux, Princeps paritèr Germaniae, quòd olim ad Comitia Imperialia vocari solebat, & Italiae, quod plurima loca, & ingentes opes in hac

hac possideat regione, paucisq; sanè Italiæ Principibus splendore, & potentia cedit; Si enim familiam respicimus, ea per 600. & quod excurrit annos rerum est potita, in insignibus suis *Saxonicæ Corollam rutatam* præferens, diuersisq; temporibus cum summis Principibus connubio iuncta; Si dominium, illud peramplum est, consistens in *Sabaudia propria*, & *Pedemontium Principatu*, cui iunctus est *Salutiarum Marchionatus*, totiusq; regionis caput est *Augusta Taurinorum*, vbi etiam Ducis sedes. Videndi *Lambertus Vander Burchius in descript. Reip. Sabaud.* aliiquè.

2 Præter eas Prouincias ius quoque sibi competere asserit in Vrbem *Geneuensem, Achaiam, Regnum Cypri*, & in *Marchionatum Montisferrati*, de quo pro ipso Duce magnus ille Iurecons. & Sabaudiæ Senator, ac decus *Antonius Faber* longam composuit *Consultationem* sub tit. *de Montisferrati Ducatu contra Sereniss. Ducem Mantuæ*, & *Ias. Menoch. cons. 1. vol. 1.* Vnde titulum habet *Celsitudinis Regalis*, atq; ex sententia Senatus Sabaudiæ, Pedemontis, & Nicæ, constituit, vt in posterum in publicis actibus hic ordo exprimeretur: *Victor Amadæus, Dei gratia, Dux Sabaudiæ, Chablasij, Augustæ, Geneuensis, Montisferrati, Princeps Pedemontij, Marchio Salutij, Comes Geneuæ, Romontis, Nicæ, Asti, & Tendi, Baro Vallium, & Fossigni, Dominus Vercellarum, Marchionatus Cevæ, Oniglia, & Mar. Marchio Italiæ* (quod inde est, quoniam possidet principaliores aditus Italiæ, nempè *Iuream, Susam, & Nicæam*) *Princeps, & Vicarius perpetuus Sac. Rom. Imperij, Rex Cypri, &c. Lymnæus de Iure publ. lib. 3. cap. 22. n. 13.*

3 Regio quidem amplissima est *Pedemontana*, fœcunditatis Insubriũ particeps, & multò locupletior Sabaudia, quæ ferè montuosa est, & non adeò sterilis vti ab *Anonymo in dist. de Princip. Italiæ* fertur, ex *Gothofredo in Archontol. Cosm. par. 1. pag. 481. nu. 8. Leandro Alberto in descript. Italiæ pag. 384.* & *Geographis* passim colligere licet. Quinimò fertilitas illa conijcitur ex Principis reditibus, qui annuatim ascendunt ad 800000. coronatorum iuxtà *Authorem de Principat. Ital.* apud *Oldenburgerum Thes. Rerumpubl. par. 3. pag. 1070. num. 183.* siuè ad quingenta aureorum millia, vt ait *Boterus in relat.* quem sequitur *cit. Vander Burchius in Descript. Sabaud. à pag. 301. ad pag. 313.* quo non relato, idem transcripsit *Klock. de Aerar. lib. 1. cap. 16.* Et ascendere ad millionem circiter, & ad maiores reditus iuxtà vrgentes necessitates, testatur *Comes Alphons. Loschus in compend. histor. pag. 308.* Ex vectigalibus salis, mercium, & similium, confiscationibus bonorum, compositionibus delictorum, augmento subsidiorum, & Censualibus, qui vulgò *Tagliabeli* dicuntur, hi homines de suis bonis disponere non possunt, nisi pendant aliquam pecuniæ summam Ducis arbitrio; & tributo, quod pendunt *Iudæi*.

4 Ad Vires Sabaudiæ Ducis quod attinet, potentissimus ille existimatur, & posse 30000. peditum è suis Principatibus alere Itali putant, & si *Botero*, & *Loscho* credendum, habet 7000. Nobiles, siuè feudatarios, pluresq; arces, inter quas *Nicæa*, & *Villafranca* ad littus maris, *Taurinum, Asti, Salutiæ, Vercellæ, Carmagnola*, & *Montmelianum*, habetq; suas etiam triremes instructas. Prætereà Dux imperat Montibus, qui sunt Italiæ, & in primis Ducatus Mediolanensis, claues; atq; hinc illa Ducis authoritas in Italia, & apud Reges Hispaniæ, & Galliæ, veluti potentiores vicinos, Sabaudiæ Principes variam fortunam experti sunt, & dum hæc ad Cleanthis lucernam elucubramus, ad Martis fulgur armorum strepitus Italiæ aures penetrant, & præsens bellorum æstus, quo Sabaudia fluctuat, Hispanorum tamen validissimis fulcita armis aduersus Gallos, viriliter sustinens, secundam dicendi præbetet campum, ni calamum legalis militia alio reuocaret.

CAPVT XXIX.
De Ærario Magni Ducis Etruriæ.

1 MEdiceorum familia, antiquiſſima
origine illuſtris, ex Græcia dif-
fuſa per Italiam radicibus Mediolani
glorioſè floruit, Florentiæ fundauit
perpetuitatem, quæ olim in Republi-
ca ad ſummos honorum gradus ità
fuit euecta, vt in anno 1464. *Coſmus
Medices* inter Italiæ Heroes magnus
decoratiſſimam in eius tumulo meruc-
rit inſcriptionem: *Decreto publico Patri
Patriæ*; quique ex *Petro* nepotes vidit
Laurentium, & *Iulianum*, qui poſteà
admirabili ſorte geminos Pontifices
Leonem X. & *Clementem VII.* genue-
runt, de quibus videas *Paulum Iouium*
lib. 3. vbi alia de hac gĕte Heroũ *Elogia*
exhibet, *Angelum Politianũ in Epigr. &
biſ. de Palliana in Laurent. & Iulian.*,
*totamq; Mediceam gentem Cantinentio-
ne*, aliosq;; Tandem Imperium anno
1531. obtinuit *Alexander*, auctoritate
Aug. Imp. Caroli V. Auſtriaci, ſui ſo-
ceri: ſed *Coſmus* primus fuit, quem
Pius V. Pont. Max. à Ciuibus Florenti-
nis Ducem electum, *MAGNVM DV-
CEM ETRVRIÆ* anno 1569. addita
Corona Regia nominauit, *Gotbofred. in
Archont. Coſm. p. 1. pag.* 508. *Hanuphrius
in vita Pij V. p.* 437. cuius inaugura-
tionis ceremonias refert *Medius Pan-
dect. triumph. tom. 1. lib. 4. n. 27. p.* 191. &
192. & poſt *Franciſcum* ſucceſſit eius
frater anteà Cardinalis *Ferdinãdus I.*
hunc filius *Coſmus II.* ſequutus eſt, hũc
Ferdinandus II. qui Principiſſam Vr-
binatem *Victoriam* vltimi Ducis ex
Claudia Medicea vnicam filiam matri-
monio ſibi coniunxit, & reliquit lumi-
naria duo, *Coſmum* M. Ducem, & *Fran-
ciſcum Mariam* nunc S.R.E. Cardina-
lem perexcelſum, ac generoſum He-
roem: *Coſmus* verò huius nominis III.
omni æuo glorioſiſſimus nunc regnans
ex Sereniſſ. *Margarita Aurelianenſi* ge-
nuit Magnũ Principẽ *Ferdinandũ*, veræ
magnanimitati, ac maiorum imperio
natum, cum *Anna Violante Bauarica*
feliciſſimè deſponſatum, ac Principem
D. Gaſtonem, in quo præter animi virtu-
tes egregias, innata illa Mediceorum
in literas, & literatos viros propenſio
liberalitèr viget. Videas huius inclytæ
progeniei ſtemmata apud *Camillum Lu-
ſcum in temp. biſt. pag.* 308. *Rittersbuſiũ*,
Spreneruum, *Henningeſium*, & *Ant. Albi-
tium* Florentinum *in Genealogijs*, &c.

2 Sereniſſimus *Coſmus III.* verè Ma-
gnus Dux (cuius ardens, & viuida
virtus breui Elogio explicari nequit,
cum immortalibus monumentis cer-
tam ſpem æternitatis expectet) felici-
tèr nunc rerum potitur, cum hoc titu-
lo: *Coſmus III. Dei gratia*, *Magnus
Dux Etruriæ VI. Florentiæ, & Senarum
Dux VII. Comes Petiliani, Princeps Ca-
piſtrani, Portus Ferrarij in Ilua inſula,
Caſtilionis Piſcariæ, & Igilij inſulæ Do-
minus, Sacræ Militiæ Sancti Stephani
Magnus Magiſter*, &c. vt legitur in
Priuilegio [illegible] *Ant. Magino* pro ſuo
opere *Deſcript. Italiæ*; Eſt abſolutus, ac
ſupremus Dominus Magni Etruriæ
Ducatus; Qui in Dominium vetus, &
nouum diuidi ſolet, quorum illud an-
tiquam comprehendit *Remp. Florenti-
nam*, & *Piſanam*, cum *Volaterris*, *Are-
tio*, *Piſtoria*, *Cortona*, *Monte Politiano*,
Monte Alcino, *Colle*, celebri *Liburni
portu*, ac *portu Argoo in Ilua Inſula*; hoc
verò intelligitur de *Senenſi Republica*
(quam Catholici Regis Hiſpaniæ elar-
gitate beneficio habet; *Forſtnerus in
Not. Polit. ad 4. Tacit. Ann. c. 17. n. 4.* ex-
ceptis *Herculis portu*, *Telamone*, *Orbi-
tello*, & *Plombino*, quæ etiamnum reti-
nent Hiſpani, quibus merces ſemper ſe
officioſum præbet Ser. M. Dux) cum
[illegible] *Maſſa* & *Roſſeno*,
necnon Inſulis *Planaſiam*, *Gorgon*, *Igi-
lium*, *Giannutum*, & *Montem Chriſti* in
mari Tyrrheno, *Statum* à *Flora* familiæ
Sfortiadum poſteà in feudum inueſtiti,
Comitatum Petiliani, & *Sorani*, cum
arce [illegible], à familia *Vrſinorum*
emptum; Et in Dominio Lunenſi Sta-
tum *Pontremulenſem*, ſub *Luniguni*
aliaq; feuda, ab illis de *Malaſpina*
empta; Multos quoque redditus habet
in

in *Hispania*; in Ducatu *Mantuano*, ob dotalem restitutionem Catharinæ; in Statu *Vrbini*, ob dotem prælatæ Vrbinatis Principissæ Victoriæ; tria *Romæ* magnifica possidet Palatia; ac pariter in hoc *Regno Neapolitano*, *Principatum Capistrani*, aliaq; oppida cum varijs redditibus habet: Qua occasione Sereniss. Celsitudinis sum Aduocatus (si ità loqui fas est, cui me obsequiosissimum Clientem profiteor) eiusq; tueor interesse in plurimis causis, cum assistentia iàm mei *Dom. Iosephi Andreoni I.C. Lucensis*, non minùs legalis scientiæ peritia, quàm animi candore optimè præditi, mox ob eius ex hac Vrbe Neap. discessum, mei *Dom. Michaelis Hieronymi Catanei Florentini* I.C. peritissimi, doctrina, ac morum suauitate summè laudandi, in hoc Regno Ser. Celsitud. Generalis Procuratoris.

3 Caput, & Sedes Ducalis est *Florentia*, Vrbs ampla, ambitu suo 6. milliaria, ac supra 90000. incolarum continens, totius Italiæ florentissima, ac Europæ pulcherrima; hinc, quemadmodum Venetiam *diuitem*, Mediolanum *magnum*, Genuam *superbam*, Bononiam *fertilem*, Rauennam *antiquam*, Neapolim *nobilem*, ità *Florentiam*, tanquàm florem, atq; pulchritudinem Italiæ Florentiam *bellam* esse nominatam, *Hentznerus in Itiner. pag.* 510. perhibet; & in honorem huius Vrbis verissimum prolatum notat à *Carolo Archiduce Austriæ*, Ferdinandi I. Imperatoris filio, *Lansius in Orat. pro Germ. eam Ciuitatem tantùm diebus festis, & solemnibus monstrari debere*, vti solent pretiosæ vestes in magna pompa, & festiuitate indui solent; cuius descriptionem videas apud *Merulam lib.* 4. *par.* 1. *pag.* 335. *& seq. Cluuerium lib.* 2. *antiqu. Ital. cap.* 3. *Macchiauell. hist. Flor. lib.* 1. *p.* 61. *Zeillerum in Itin. Ital. cap.* 3. *pag.* 111. *Iouianum Montanum libro hist.* 1. *Æneam Syluium de reb. gestis Friderici III. Natalem Comit. lib. hist.* 20. *Leandrum Albertum, Flauium Blondum, Gulielmum, & Ioannem Blaeu in descript. Italiæ*, aliosquè. Hic celebratum fuit S. Concilium Oecumenicum, siuè Vniuersale anno 1438. sub Eugenio IV. præsente *Ioanne Palæologo* Imp. Constantinopolitano: Sedes est Archiepiscopalis, & Ducalis, vbi Sereniss. Dominus *Aulam* habet valdè magnificam, itemq; pulcherrimam; In Palatio *Galeriam* (vt vocant) admirabilem in longum, latumq; extensam, vbi tot armaria, tot loculamenta, rerum rarissimarum, & pretiosissimarum plena, vno verbo tot ferè miracula, quot res: *Bibliothecam* locupletissimam (vbi inter alia admiramur magnum Iuris Cæsarei thesaurum, siuè (vt I.C. vocant) *Pandectas Florentinas*, quas à Pisanis cum reliqua præda, hiq; à nostris Neapolitanis sub Innocentio II. inter belligerandum transtulere) qua tot literatorum hominum erudita monimenta exultàt, sub Celsissimo, ac Sapientissimo Mecenate: Cui Bibliothecæ assistit *Dom. Antonius Magliabecus*, ea memoria prædiens, nihil vt ipsum lateat, ac omnes libros habeat in numerato, & viua quædam Bibliotheca, teste peritissimo *Ioanne Mabillon in suo Itinere Italico-litterario pag.* 161. Sed non possumus non celebrare *Cosmum Medicæum Sapientem* & *Laurentium Magnum*, nepotem; quo vtroq; Duce *Homerum* in Italiam venisse, scribit in *Epistola Marsilius Ficinus*, ab iisdem cum *Ioanne Argyropylo*, *Demetrio Chalcondile*, *Angelo Politiano*, aliisq; doctissimis viris euocatus; Florentinum illum Triumviratum *Dantis Aligerij*, *Francisci Petrarchæ*, *Io. Boccatij*, procul dubio in etrusca lingua Principum; *Accursium* stupendum Iurisprudentiæ Interpretem, qui si peritiorum litterarum notionem habuisset, miraculum fuisset naturæ; *Americum Vespucium*, qui detectæ quartæ terrarum orbis parti *America* ab se nomen imposuit; Pictorum Principem *Iottum* artis reductorem, aliosq; innumeros; Verùm tantum huius *Dantis* opus, antiquissimo charactere in pagina pergamena, cum figuris à *Zingaro* ad viuum delineatis conscriptum, omnis cũ admiratione in nostro *Museo* visitur.

4 Hoc vno Principe moderatore Iustitia viget, cum & prudentissimos constituerit Administros, inter quos eminent Ill. Dom. Marchio, & Senatorum decus *Franciscus Feronus*, Depositarius Generalis, Dom. Auditor, & Consilij Collateralis Caput *Aemilius Lucius*, integritate, ac omni virtutum genere admirabilis, ac Dom. *Thomas Capponius* Ducalis Fisci Aduocatus diligentissimus & incorruptus, qui Aerario omni solertia prospicit, necnon eiusdem Cons. Auditor Dom. *Felinus Mattheus Maggius* Patritius Vrbinas, Eques planè spectata probitate, ac doctrina mirificus, Dom. Aud. *Ioseph Vernaccius* nobilis Faoliuiensis, editis quoque legalibus operibus summè conspicuus, ac Dom. Aud. *Petrus de Angelis* nobilis Cortonensis, Iurisprudentiae laude dignissimus. Et & Florentiae Senatoribus inter alios adnotatus est, veluti Assessor, Dom. *Cornelius Piccolomini* nobilis Senensis, ac iuris scientiae peritissimus; praeter Rotas, Ciuilem, & Criminalem, quibus praesunt magni nominis Iureconsulti, & inter eos suspicimus Dom. *Petrum Paciolum* I.C. Pistoriensem, & *Marcum Antonium Sabelium* I.C. Mutilianensem, editorū operum fama celeberrimos, ac doctissimos viros.

5 Hac regio, vt notat *Merula Cosmogr. par. 2. lib. 4. cap. 21. pag. 505.* quà mari propior, planior est, oraq; spectatu iucundissima, intus montosior, vniuersim pulchra, nobilis, nullíq; Italiae regioni sua beatitudine postponenda. Agros, lateq; aperit campos, amoenissimas valles, collesq; arboribus, hortis, vineis, fluuijs, supra modum decoros. Incolae in peregrinas oras, merces suas, vt sericum, pannos, tapetes exportant, indeq; magnam pecuniae vim sibi parant. Obseruatum fuisse semel, vnò anno Florentiae confectos fuisse pannos, quos vulgò *Rascie* vocant, valoris duorum aureorum millionum. Hae opes valdè ditant Principis Aerarium, quae nihil sunt, quàm eius thesauri in varios loculos diuisi, teste *Legato Venetae* apud *Honor. in Thes. Polit. pag. 370.* Aerarium quoque explet ex datio, seu vectigali carnis, exceptis Senis, salisfodinis, ferri, & argenti; ex contractibus dotalibus data in centena singula, tantundem ex venditione, & emptione bonorum immobilium; insuperq; sportulis, cambijs, decima pretij parte, quam domorum locatores soluunt; rebus deniq; inuectis, vel euectis: ex quibus annuus redditus ad duos aureorum milliones ascendere, testantur *Klock de Aerario lib. 1. c. 17. Phil. Andr. Oldenburger in Thes. Rerumpubl. par. 2. pag. 957. & 958. Comes Alphonsus Lascheus in compend. hist. pag. 313.* Praeter ingentem thesaurum congestum, & reconditum, qui ad plures milliones ascendit. *Pelzerus ad Klock. d. cap. 17. n. 15.* Accessit magnus thesaurus, & preciosorum mobilium ad tres milliones aestimatorum haereditas ex Principissa Vrbinate.

6 Vires Ser. Magni Ducis maximae sunt, nec minus quàm nobiliorem, pulchrioremq; Italiae partem teneat, Statum scilicèt trium Rerumpublicarum Florentinae, Pisanae, & Senensis, verùm, quod eius Status natura, ac arte sic probè munitus, ac *ferreus* denominetur; Praeter enim naturalem fortitudinem montium, qui ipsum à tribus lateribus cingunt, tanquam muri, habet ad quartum latus maritimas, ac validissimas arces, pedestrem militiam 40000. selectorum hominum, qui semper presto sunt, praeterquamquod in Propugnaculis plusquàm 4500 adsunt cerna milia militum distributa. Equites etiam mille sunt duodecim, quorum Tribunis sunt arces, quaeq; suo ordine posita, vt sibi inuicem signa faciant: Habet trecentos armatos viros, qui singuli septem aureorum stipendium merent in singulos menses, ac pacis tempore fines custodiunt, Magnumq; Ducem foràs eunte comitari tenentur: Quingentos item Vastatores, qui pacifico tempore nec otiantur, sed arces, vias, aliaq; reficiunt. Sex triremes pro maritima defensione, aliasq; ad

suum nomen peræstimus. Adsunt Florentiæ tres arces firmæ, egregieq; munitæ, ex quibus centum millia hominum armari possunt, ut testatur *Auctor in Dialogis Politicis par. 2. Dial. 6. pag. 561. & seq.* Vtq; maritimas vel vires adaugeret *Cosmus*, ingentis animi, & profundæ prudentiæ Princeps instituit *Militiam S. Stephani*, à S. Pont. Pio V. confirmatam, cuius caput esse voluit, cum potestate legibus à se conditis addendi, vel abrogandi: & ut Equites Commendis frui nequeant, nisi in triremibus per annos tres militauerint, ad imitationem Sacri Ordinis Hierosolymitani, etsi viuant ex regula S. Benedicti, & à matrimonio non arceantur. *Mennenius in Delic. Ord. Equestr. p. 184. & seq. Miræus in orig. Ord. Equ. lib. 2. cap. 7. de Lucc. de Princip. Italiæ p. 27 Lucc. Auth. superius recensiti.*

7 Præter denique bellicum apparatum, militiæ terrestri, maritimæque præficit multos præclaros Duces, militaresq; viros Italiæ, largiturque eis optima stipendia, ità ut omnibus is videatur esse instructissimus, quæ ad arcendam hostilem vim necessaria requiruntur, & verè sit, ac habeatur Italiæ opulentior, potentiorq; hic Maximus, nedum Magnus Etruriæ Dux.

CAPVT XXX.

De Ærario Ducis Mantuæ, & Montisferrati.

1 DVcatus Mantuanus Prouincia est in Lombardia sub proprio Principe ex præclarissima familia Gonzaga, quorum Ducum seriem, & res gestas eleganter describunt *Anton. Possevinus in Gonzaga, & de Lucc. de Princip. Ital. pag. 281.* Huius autem partes fuerunt *Guastallam, seu Guastalla, Sabionetam, Nouellaria, Bozulum, Castellio Stiuerium*, & *Sulphurinum*, cum aliquot aliis locis, sed nunc propriis parent Principibus, Verum *Guastallam*, ex quo obijt eius Dux ultimus ann. 1673. hodiè huic Duci subest; Ducatus caput, & sedes est *Mantua*, Vrbs magnifica, populosa, & munitissima, de qua latinorum Poetarum Princeps *Virgilius* suus Ciuis *lib. 10. Æneid.*

Fatidicæ Mantus, & Tusci filius amnis,
Qui muros, matrisq; dedit tibi, Mantua, nomen.

Sic verò *Bosius lib. 3. Gem.*

L'honore, la grandezza, e la potenza
Della Città tien quella di Gonzaga:
Tre fratelli fingo jan d'una essenza.
Molto è la terra bella, è grande, e vaga.
E'l suo bel porto in tempo di pace,
L'entrata è buona di quel, che si paga.

Est quoque subest *Ducatus Montisferrati*, cuius caput *Casale*, Vrbs permunita, vicinis obsidionibus celebris, in quem Ducatum, *Sabaudam* prætendere diximus, sed pro his Ducibus possessoribus scripserunt *Soccin. sen. consil. 77. vol. 1. Paris. consil. 21. & n. 3. vol. 1. Gonzadinus consil. & Grat. consil. 9. lib. 1. Alciat. resp. 199. Roland. à Valle consil. 3. vol. 1.* aliiq; Habuit in Gallia Principatus *Niuernensem, Rethelensem, & Arquensem*, quorum maxima pars fuit venalis, & *Niuernij* Ducatum emit *Card. Mazarinus.*

2 Hic Ducatus annuatim illi reddit sexcenta millia coronatorum, ut ait *Klock. de Ærario lib. 1. cap. 18. n. 3.* ubi *Politicus in obs.* addit *Segnium pag. 68.* numerantem trecenta quinquaginta scutorum millia, & *Reinfenbergium in notis ad Botteri relat.* ubi Mantuanus Ducatus, & Montisferrati pendit trecenta millia secundum *Pigneurium*, vel secundum *Nicquet* Regnum. sed Comes *Alphons. Lofchius in compend. histor. pag. 533.* putat, quod è suis statibus cum bonis allodialibus quingenta aureorum millia colligebat, sed oppressiones bellorum, & ducum successio *Catharinæ Medicæ* lata, reditus ... *Catharinæ Medicææ* late, redditus esse... ceu.

3 Mantuanus Princeps in suo armamentario pro commilitibus armandis paratis arma habet, & comparat necessariam numerum bonorum regionis Equitum, pugnæ est felices, & facile 200. Equites suo impensis assequentes habet. In Montisferratensi territorio is ... mi-

militia seruatur ordo, vt cum primum signum *Casali* tormento bellico datum fuerit, omnes militiæ operam nauantes, qui 15. millium faciunt numerum, in procinctu esse debeant, *Auctor de Princip. Ital.* apud *Oldenburgerum in Thes. Rerumpubl. par. 2. pag. 920. nu. 56.* licet pro 30000. hominibus armandis munitiones habere, ac millia equitum, duodecim millia peditum educere posse testetur *Auctor in Dialogis Politicis par. 2. Dial. 8. pag. 705.*

CAPVT XXXI.

De Ærario Ducis Mutinæ, & Rhegij.

1 EX celebri Atestina, siuè *Estensium* Domo, de qua cecinit *Ariostus*: *L'antico sangue, che venne da Troia.* Duces iam *Ferrariæ*, nunc *Mutinæ*, & *Rhegij* cum Principatibus *Carpensi*, & *Corregiensi*, dominio *Saxuolensi*, *Frimiane*, & *Grafaniane* pro maiori parte, ex quibus conflatus est *Status Mutinensis*, de quo *Av. de Leti de Princip. Ital. pag. 198.* ex quo omnia desumpsit *Klock. de Ærar. lib. 1. cap. 18. n. 11. & 12. Zeiller. in Itin. Ital. c. 1. pag. 16. & seq.* Clauum nunc tenet Sereniss. Princeps *Franciscus Estensis* II., Mutinæ, & Rhegij, &c. Dux X. cuius inter cæteros est à Secretis, & Consiliarius Status *Dom. Philippus Castaldus, Patritius Mutinensis*, in celebri Academia Bononiensi olim Aduocatus, editis etiam legalibus operibus I. C. celebris.

2 Percipit singulis annis hic Dux reditus ex tributis rerum variarum, vt vino, farina, leguminibus, fructibus, corijs, pecore, sale, Iudęis, tituli. Excubiæq; huius Principis constant ex 50. hastatis *Heluetijs*, & 50. Equitibus leuis armaturæ. Militia viginti millia complectitur peditum, ex quibus eligi possunt 20. millia, & facilè 600. Equites habere potest, *Oldenburger in Thes. Rerumpubl. par. 2. pag. 931. n. 67. & 68.* Sed *Comes Alphons. Lascbus in compend. histor. pag. 924.* Duces annuos reditus 300. millium aureorum colligere testatur.

CAPVT XXXII.

De Ærario Ducis Parmæ, & Placentiæ.

1 DVx Parmensis ex clarissima *Farnesia* gente ditionem suam à Summo Pontifice fiduciariam habet, cui subsunt *Ducatus Parmensis*, & *Placentinus*, Status *Buxeti*, & Principatus *Vallis Tari* pro maiori parte. In hoc Regno Neapolitano possidet *Ciuitatem Ducalem* in Prouincia Aprutij, *Castrum maris de Stabia*, & *Altamuram*, bona iam dotalia *Margaritæ* Austriacæ, August. Imp. Caroli V. filiæ. Hodiernus Sereniss. *Raynutius II.* Placentiæ, & Parmæ Dux VI pietate, ac prudentia maiorum superat mores, ex cuius Supremo Cõsilio inter alios adstat *Dom. Ioannes Torre nobilis Lucensis*, peritissimus I.C., editorum operum laude literariæ Reip. carus.

2 Huius Ducatus reditus secundùm *Segerbum de Princ. Ital. pag. 35.* quem refert *Pellerus ad Klock. lib. 1. de Ærar. cap. 18. nu. 21.* olim erant centum millium scutatorum annuorum, nunc ducenta millia reddit, eò quod præcipui Feudatarij, nimirùm *Pallauicini*, *Landi*, *Scotti*, & *Angustioli* maximam ditionum suarum partem amiserunt, & fisco Ducis accreuerant; nundinæ in Vrbe *Placentia* influxæ, & Lycæum in Vrbe *Parma* aliquid afferunt emolumenti. Imò ex collectis, quæ subditorum bonis secundùm *Papæ* permissionem imponi solent, exigitur tributum ex pane, vino, pecore, mercatura, Cancellaria, condemnationibus, confiscationibus, sale, mineralibus, lana, lignis, fundis, alijsq; Et ex dominij locis, quæ in hoc Regno *Neap.* habet, & ex pensione, quam Augustiss. Hisp. Rex *Philippus II.* dedit super Statu Mediolani, teste *Phil. Andr. Oldenburgero in Thesaur. Rerumpubl. par. 2. pag. 926. nu. 63.* Et *Comes Alphons. Lascbus*

in comp. histor. pag. 348. Ducis reditus ad sexcenta aureorum millia ascendere posse, putat.

3 Alit hic Princeps pro sua custodia 25. Italos, & 30. hastatos, 50. Equites leuis armaturæ, & conducere valet 10. millia peditum, & 500. & vltrà Equitum. Multa propugnacula munita habet, adeò vt nec validus, & numerosus ipsi nocere queat exercitus, quem conditio loci non capiat, eiusq; potentia cum Catholici Regis Hispaniæ viribus inuicem est coniuncta, teste eodem *Oldenburgero ibid.* Imò vltrà tria millia peditum, & millia grauis, & leuis armaturæ, quæ sub diuersis Tribunis habet, 20. millia peditum, ac millia equitum educere posse testatur *Auctor in Dialogis Politicis Dial. 8. par. 2. pag. 720.*

CAPVT XXXIII.

De Ærario Ducis Mirandulæ.

1 DOmini *Mirandulæ* ex clarissima genre *Pica*, facti Principes *Mirandulæ*, & Comites *Concordiæ*, deindè anno 1618. decoratissima Cæsareæ Maiestatis concessione cum titulo *Illustrissimi* Serenissimis Principibus dari solito, *Ducatus* nomen assumpserunt, habentq; potestatem cudendæ monetæ, & sub tutela Potentissimi Hispaniæ Regis viuunt, *Oldenburger. in Thes. Rerumpubl. par. 2. pag. 933.* Ex Picis celeberrimi, & eruditione præstantissimi fuere *Ioannes Picus* sui seculi *Phœnix*, & *Io. Franciscus* nepos.

2 Reditus huius Ducis ascendere possunt ad octuaginta aureorum millia, licet hodiè post Mantuanum bellum, ratione oppressæ regionis minores habeant, teste *Comite Alphons. Lusebo in compend. histor. tit. de Ducib. Mirand. pag. 360.*

CAPVT XXXIV.

De alijs Italiæ Principibus.

1 ITalia olim Orbis domina ob Romanorum Imperium, *regio Dijs sacra*, inquit *Plin. lib. 3. nat. hist.* omnium propè terrarum altrix, ac regina, & fausto sydere etiam num suis, quibus vtimur, legibus, Orbi dominatur, totius Christiani Orbis tenet Principatum sub Summo Romano Pontifice; Principes habet potentissimos: Incolarum omni arte, & disciplina præstantium copias, Pagos magnos, ædificijsq; nobilibus, & Prætorijs superbientes, oppida clara Ciuibus aucta, Vrbes egregias, & opulentas, quæ olim 1166. fuere, teste *Æliano*, nunc verò pauciores; de quibusdam verò non abs re erit, audire iudicium *Thomæ Eduardi Angli* apud *Mercator. in suo Atlante pag. 365. & Vvesseling. in Aurifodina tom. 1. pag. 969. Ioannem Blaeuo in descript. Italiæ pag. 4. & 5.*

2 *Sancta est Sanctorum pretioso sanguine*
Roma.
Cingitur Vrbs Venetum *Pelago ditissima nummis*.
Inclyta Parthenope *gignit Comitesq;, Ducesq;*.
Est Mediolanum *iucundum, nobile, magnum*.
Excellit studijs fœcunda Bononia *cunctis*.
Splendida solertes nutrit Florëtia *Ciues*.
Genua *habet portum, mercesq; domosq; superbas*.
Exhaurit loculos Ferraria *ferrea plenos*.
Verona *humana dat singula commoda vita*.
Extollit Paduam *Iuris studium, & Medicina*.
Illustrat patria Senas *facundia lingua*.
Maxima pars hominum clamat miseram esse Cremonam.
Mantua *gaudet aquis, ortu decorata Maronis*.
Vina Vtini *varias generosa vehuntur ad Vrbes*.

Bri-

Brixia *diues opum partò fautoris egenis.*
Italicos versus profert Papia *latinis.*
Libera Luca *tenuit Dominis vicinus durbus.*
Flent Pisæ, *omissum dum contemplantur honorem.*
Commendant Parmam *lac, caseus, atque butyrum.*
Non caret hospitijs perpulchra Placentia *caris.*
Taurinum *exornant virtus, pietasq;, fidesque.*
Militibus validis studiosa Perusia *claret.*
Vercellæ *lucro non delectantur iniquo.*
Mordicùs vrbs Mutinæ *ranas tradit esse salubres.*
Contremunt omnes Anconæ *agmine Turcas.*
Litibus imponit finem Macerata *supremum.*
Emporia *in portu constitit gloria classis.*
Vrbs Liuij *celebris, nimis est proclinis ad arma.*
Bergomum *ab inculta dictum est ignobile lingua.*
Omnibus exponit gladios Aretium *acutos.*
Viterbi *commeatus opem fert sanctus egenis.*
Ciuibus humanis decorata est Asta *fidelis.*
Fructibus, ansoribus, pomario Ariminum *abundat.*
Recum *fumosas mulieres fertur habere.*
Odit mundanas fastus Nouaria *fraudes.*
Clara perennique defecit fama Rauennæ.
Anglia *habet paucos Comites,* Vincentia *multos.*
Omnes commendant ficus, grossosq; Pisauri.
Castaneis, oleo, tritico Pistorium *abundat.*
Rustica frugales nutrit Dertona *Colonos.*
Postponit Regium *cornuta animalia pomis.*
Dulcia felicem cingunt vineta Cesenam.

Taruisium *exhilarant nitido cum flumine fontes.*
Imola *diuisa est, nocet hæc diuisio multis.*
Vrbinum *statuit Ducibus clamare, valete.*
Nota est fictilibus figlina Fauentia *vasis.*
Spoletum *clamat, peregrini intrate, manete.*
Laus *pingues* Pompeia *boues producit, ouesq;.*
Narnia *promittens epulum, dabit oua, vel vuas.*
Assisium *Sancti Francisci Corpore gaudet.*
Hospitibus Comum *pisces cum carnibus offert.*
Quærit opes fragiles studijs Sauona *relictis.*

3 Adsunt *Equites S. Ioannis Hierosolymitani*, qui *Rhodij* etiam dicti fuere ab Insula *Rhodi*, quam fortiter seruarunt vsq; ad annum 1522. quo expugnata fuit à Turcis, sed ab Augustiss. Imp. Carolo V. Austriaco ijs dono data fuit *Insula Melita*, Italis *Malta*, quæ, veluti antemurale, & propugnaculum Christianitatis, Barbarorum potentiæ formidabilis euasit, ac ità se aduersùs fidei hostes triremium numero, Equitumq; strenuitate gloriosè tuetur, vt sæpè sæpius triomphales retulerit palmas: Vide *Mennenium in Delic. Equestr pag. 68. Miræum in orig. Ord. Equestr. lib. 1 cap. 2. Burchardum Niderstedt in Malta veteri, & noua, Marulum, & Iac. Bossium de Sacro Ord. Hierosolym.*

4 Respublica S. *Marini* libera ab anno 600., cuius caput Oppidum S. *Marini*, aliàs *Acer*, seù *Titanus mons*, in excelso monte situm, sic dictum à S. *Marino*, qui inibi solitariam vitam duxit tempore *Diocletiani* Imperatoris, possidet septem Castra, habuit etiā Castra *Montem Maggium*, *Vallem*, & *Petramrubeam* quæ ipsi concessa fuerant die 27. Decembris 1375. sub Carolo IV. Imp., sed ipsi erepta sunt à Ducibus Vrbini, nunc eius ditio extenditur

vsq;

vſq; ad Ariminum fluuium ex parte Montisbelli, & ei ſubſunt ſex incolarum millia, oppidum verò *S. Marini*, ſeù *Titanus*, ſatis munitum cum tribus Caſtris in eius circuitu, cum vico ad radices montis: A duobus *Capitaneis* gubernatur, qui mutantur bis in anno, *menſibus* nempè *Martij*, & *Septembris*, teſte *Mich. Ant. Baudrand in Lexic. Geograph. tom. 2. ver. Titanus, pag. 310. edit. anni* 1681.

5 Epiſcopus *Tridentinus*, qui *Princeps Tridentinus* etiam dicitur, poſſidet Ciuitatem *Tridentinam*, ſatis cultam in Valle inter altiſſimos montes, Sacroſancto *Concilio* ſuo Oecumenico celebrem, ac alia plurima loca, ſub clientela tamen Aug. Imperatoris, vti *Comitis Tyrolis*.

6 Principes *Caſtilionis Stiuerianum*; & *Sulpharini*; Comes *Nouellariæ*, è gente *Gonzaga*.

7 Dux *Maſſæ*, ex gente Cibo, ſub quo etiam Principatus *Carrariæ* in Etruria.

8 Dux *Sabionetæ* in Lombardia, cum arce valida, & Hiſpanorum præſidio, olim de familia *Gonzaga*, deinde de *Guſman*.

9 Princeps *Maſſeranii*, è gente *Ferreria Flyſca*, cui etiam ſubeſt Marchionatus *Crepacorij*, ſub clientela Summi Pontificis.

10 Princeps *Plumbini*, è gente *Ludouiſia*, cum *Ilua Inſula*, ſub clientela Catholici Regis Hiſpaniarum, qui ibi habet *Portum Longum* cum arce, & præſidio munitiſſimo.

11 Princeps *Monaci*, è gente *Grimalda*, cum valdè anguſta ditione, nunc ſub clientela Regis Galliæ.

12 Marchio *Fodinoui*, è gente *Malaſpina*, in Valle Magræ.

13 Marchio *Montenſis*, è *Montecuculum* familia, ſub quo Marchionatus *Montis S. Mariæ*.

14 Marchio *Spini*, è gente *Carreta*.

PARS II.

IN ASIA.

Præliminaris.

1 NObiliſſima Mundi portio cenſetur *Aſia*, quæ tribus partibus percingitur vaſtiſſimo *Oceano*, qui ab Oriente vocatur *Eous*; à Meridie *Indicus*; & à Septentrione *Scythicus*, ſeù *Tartaricus*; *Strabo* Aſiam in quinque partes diuidit; *Ptolomeus* in 47. Regiones, ac Prouincias. Sunt verò Turcicæ ditionis in Aſia, *Arabia*, *Perſia*, *Tartaria*, *Sinarum* regio, ſeù *China*, *India*, & *Inſulæ*, ſub quibus multæ aliæ regiones continentur. Delitiæ huius regionis magni habentur, hinc balſamum, thus, myrrha, cinnamomum, vbertas agrorum, varietas fructuum, innumeri Elephantes, Cameli, & alia complura animalia: Spectanda hic potentia incolarum, *Magnus Turcarum Dominus*, *Magnus Moſcouiæ Dux*, *Magnus Cham Tartarorum*, *Magnus Mogol Indorum*, *Rex Perſarum*, aliique.

2 Prima in his terris cognitio debetur *Hiſpano-Luſitanis*, vndè Rex *Emmanuel* his titulis vti cœpit: *Emmanuel Dei gratia, Rex Portugalliæ, & Algarbiorum, citrà, & vltrà mare in Africa, Dominus Guineæ, & conquiſitæ nauigationis, & commercij Æthiopiæ, Arabiæ, Perſiæ atq; Indiæ*: quibus titulis ſucceſſores vſos eſſe tradunt *Fr. Anton. de S. Roman lib. 1. hiſt. Orient. cap. 10. in ſin Seraph. Freitas de iuſto Imperio Luſitan. Aſiatico cap. 8. & 14. Hieron. de Oſſorio Epiſc. Syluenſ. in 12. libris, de virtute, & geſtis Emmanuelis Regis Luſitaniæ*. Intimulq; Euāgelica prædicatio *Dominican.*, *Fräciſcan.*, *Auguſtinian. Ordinum*, & præſertim *Ieſuitarum Societ.* aliorūq; *Presbyterorum* obtinuit, & inter eos præcipuam laudem

dem omnium historicorum consensu tribuitur S. *Francisco Xauerio* Soc. Iesu (qui tanquam verus, & nouus *Indiarum Apostolus* veneratur, & eodem ferè honore apud Indos habetur, quo apud nos S. *Franciscus de Assisio*) cuius beatissimam vitam descripsere *Horatius Tursellinus*, *Ioannes Lucena*, *Stephanus Binetus*, Scipio Sgambatus, *Hieronymus Gisslerus*, *Franciscus Martinez*, *Petrus Eusebius Nierembergius*, aliique.

3 De hac regione plurimi scripsere, quos laudè recensent *Ant. Possevin. in Bibliotheca tom.* 2. *p.* 2 14. & vnus pro mille *D. Io. Solorzanus de Indiar. iure lib.* 1. *cap.* 3. *à num.* 8. *ad seqq.* & plurimorum *nauigationes Indiæ Orientalis*, in nouem partibus distributas, edidit *Io. Theodorus de Bry Bibliopola Oppenheimensis.* Et videndus *P. Daniel Bartol. Historia in descript. Asiæ.*

CAPVT I.

De Ærario Regni Iudæorum.

1 EX vno *Abrahamo* non multò amplius quadringentis annis, numerositas Iudææ, siue Hebrææ gentis tanta prouecta est, vt in exitu eiusdem ex Ægypto, sexcenta millia hominum fuisse referantur bellicæ iuuentutis. *D. August. lib.* 15. *de Ciuit. Dei cap.* 8. Regio quidem Asiæ nobilissima, quæ antiquitùs dicta fuit *Terra Chanaan*, postea *promissionis*, & *Palæstina*, deinde *Iudæa* quæ Christi D. N. ætate diuisa fuit in Galilæam, Samariam, *Iudæam*, *Idumæam*, & *Decapolim* trans Iordanem, cuius vrbes præcipuæ *Hierosolyma*, nunc *Hierosolimitanus* regionis caput, *Cæsarea*, *Ascalon*, *Gaza*, *Ioppe*, *Bostra*, *Ioannes*, *Sebaste*, *Acon*, & *Tiberias*. Nunc autem regio hæc à nobis dicitur *Terra Sancta*, in qua redemptionis nostræ mysteria Dominus corporaliter exhibuit, subestque Turcarum dominio, cum antea pateret. Iudæorum & [illegible] Iudaicam regionem descripsere [illegible] *Sigonius*, *Cornelius Bertramus*, & post alios *Petrus Cunæus de Republic. Hebræor.* *Ioachimus Lalen*, *Bertramus de Rep. Hebræorum*, ex *Sigonio*, *Bertramus*, *Cunæus*, *Menochio*, aliisque concinnata, edita *Hafniæ* 1657. in 12. Hinc *Iudæa* gens, quæ magis cunctis dissipata, nusquam proprium locum possidens, vbique odiosa, & tributaria, sed ab Hispania eiecta, ad mercaturam fœnusque, & per fraudes flagitium ducens, & nescio quid insolens in ipsorum domibus, & vestibus cabalæ.

2 Terra hæc fuit olim populosissima, nam ferunt Regem *David* illic collegisse millies mille, & trecentum millia homines ad bellum idoneos, præter Tribum *Beniamin*; Est verò Iudææ metropolis, ac totius Orbis primaria gloria Christianorum *Hierusalem*, intra quam Vrbem præter cætera est Domini Nostri *IESV CHRISTI* sepulchrum maximum, ac sacrosanctum nostræ redemptionis pretium [illegible]; Debet autem quicumque S. Sepulchrum ingredi vult, ea aurea persoluere, vnde ex hoc quotannis Turca Ærario aduectum prouentum accipit, teste *Vrsellino in Auris* [illegible] *Thomas* [illegible]. Sacra loca fuere fusè descripta, & delineauit *Bernardinus Amicus* [illegible] *Ordinis S. Francisci*; Et non parum distat S. Caluariæ locus, in quo à perfidis Iudæis *IESVS CHRISTVS D. N.* crucifixus est, pro nostrorum scelerum redemptione; Et Vallis *Iosaphat*, vbi est Tumulus Sanctissimæ Virginis MARIÆ, & Diuæ Annæ, & Locus futuri tremendi Iudicij, vbi Saluator noster viuos, & mortuos est iudicaturus.

3 Thesaurorum Sacrorum apud Hebræos duo fuisse genera tradit *Bertramus de Rep. Iudaica pag.* 171. Quosdam enim fuisse *Primitiarum*, & Decimarum Aliorumque rerum DEO sacratarum; Eiusmodi verò fuisse Vota, communes Redemptiones, item & Primogenitorum, Sicli Sanctuarij, & Anathemata, illa, quæ in pecuniam redacta templo asseruabantur. Ex thesauro posteriori genere deprehenderunt, quæ erant necessaria ad sacrificia; Tertius quidam fuit thesaurus sub Templum, constructionem, ob illius conseruationem, *Pellerus ad Klockium Ærarij lib.* 1. *cap.* 1. *n.* 36.

a 122

4 Ioatham Iudæorum Rex victis Ammonitis tributum imposuit annuum, centum argenti talenta, & decem millia coronarum tritici, & hordei totidem, 2. *Paralipom.* 27. Ex his, cum innouaret Ioas Domini templum, tributum à Moyse in deserto institutum. *Exod.* 30. omnibus Iudæis indixit, ut homines quisque afferret, 2. *Paralip.* 24. & 4. *Reg. c.* 12. Cum Phul Assyriæ Rex Israelitas infestaret, Manahem Israelitarum tyrannus potentissimus quinquagenos argenti Siclos imperauit, & mille talentis argenti pacem ab Assyrio emit, 4. *Reg.* 15. Ezechias, Iudæorum Rex sanctissimus, magnos thesauros sibi comparauit, 2. *Paralip.* 32.

5 Quantæ fuerint opes Dauidis Regis Iudæorum, incredibile est commentare. *Historia Regum* scribit, Dauidem habuisse argenti mille millia talentum, idest, decies centena millia, & auri centum millia, quæ mille millia talenta argenti valent. Propterea *Budæus* ait, opes Dauidis decies fuisse maiores opibus Darianis. Eius sepulchro Salomon filius magnas opes intulit; quod inde colligi potest, quod post 1300. annos, cum Hircanus Pontifex, Antiochum *Pium* cognomine, qui Hierosolymam obsederat, pecunia mercede ab obsidione reuocare vellet, aperuit vnum cubiculum sepulchri Dauidici, & tribus millibus talentorum repertis, partem dedit Antiocho, referente *Iosepho lib. 8. Antiquit. Iudaic. vlt.*

6 Varie autem, quos reliquit Dauid templo Dei, computant thesauros, & inter illos, quos *Villalpandus in Salomone par. 1. cap. 3.* addit & *Cornelius à Lapide Chronicorum Regum* interpretaturus, *Dauid Salomoni, ait, pro templo reliquit bis mille quadringenta millia auri.* Opes verè regiæ, Dei beneuolentia, Dauidis manus congestæ. Accuratam tamen *Templi Hierosolymitani* delineationem, atq; descriptionem exhibet *Iacobus Iudas Leonis*, & nuper recensitum à *Ioanne Saubert*.

7 Salomon Rex omnium sapientissimus, & locupletissimus, singulis annis ex prouentibus habuit auri sexcenta sexaginta sex talenta, præter eas, quæ pendebantur ei à mercatoribus, & institoribus aromatarijs; omnibusque Arabiæ Regulis, & Præsidibus *lib. 3. Reg. cap.* 10. Consumpsit in templi sui columnis, & vasis aureis quadraginta sex centena millia, argenti verò ad clauos, & alia instrumenta mille ducenta & triginta duo talenta. Æris verò in columnis, fornicibus, & cæteris, talenta octodecim millia. *Sacris literis* proditum est, decem millia talenta auri eorundem, & amplius argenti ab eo possessa, bigarum equorum quadraginta millia, sed auri argentiq; partem in apparatum templi, & Regiam sumptuosissimè ædificatam, impendit. Felix opibus, felix etiam, sed multò felicior sapientia, qua mortales omnes antecellit, *Sab. l. 8. c. 4.*

CAPVT II.

De Ærario Regni Ægypti.

1 Ægyptus est Asiæ regio celeberrima, licet à plerisq; in Africa describatur, antea proprios habuit Reges, sed anno 1517. à magno Turcarum Domino quæsita fuit, Præfectum Generalem habens *Misir Beglerbey* dictum, sub quo sunt 12. *Cassilyfiaci*, seu *Præfecturæ Prouinciales*; cuiusque Vrbes clariores sunt *Cairus*, siue *Memphis* ad Nilum incredibilis amplitudinis, & primaria olim *Sultanorum* regia, *Alexandria* Patriarchalis cum celebri portu, *Pelusium, Thebæ, Diospolis, Syene*, de quibus *Iac. Golius in notis ad Alfraganum.*

2 Ægyptij præter tributum in capita, & ex censu annonæ, frumentum quatuor mensium Vrbi Romæ pendebant, idemq; *Iosephus* scribit Ægyptum multò amplius in singulos menses pendisse, quàm Iudæam toto anno, apud *Lipsium Lib. de magnit. Rom. lib. 2. cap. 3. Klock. de Ærar. lib. 2. cap. 9. n. 4.*

3 Vectigalibus colligendis præerat in Ægypto, primam post Regem præcipit Collegium Sacerdotum, magna apud

inco-

incolas authoritate, tùm ad facrificiorum minifterium, tùm ad priuatæ vitæ commodum. Alteras portiones ad Reges peruenire, quas & ad bella, & ad vitæ cultum, tùm ad libertatem ergà ftrenuos viros pro meritis impendebant, *Diod. lib.1. cap. 6.* quem refert *Beyerlinck in Theatr. Vitæ hum. tom.1. lit. D. pag.159.* Ægypti autem in quadã orat. elegãtèr explicãs (inquit *Strabo*) reditus *Cicero* Auletæ patri Cleopatræ dicit talenta duodecies millena, & quingena quotannis ex Ægypto obuenisse: Quare fi is Rex, qui diffolutiffimè Regnum adminiftrauit, tantum annuæ obuentionis habuit; quid nunc exiftimare conuenit de alijs? refte *Budæo de affe lib.4. pag.148.*

4 Myris Rex vectigal pifcium, qui in Stagno Myrios à fe effoffo capiebantur, vxori conceffit, quod argẽti talentũ fingulis diebus pendebat, *Diod. l.1. c.4.* vbi etiam tantam pecuniarum copiam in Ægypto olim fuiffe tradit, vt incenfis Ægyptiorum templis à Charabyfe, inter cætera parum quid auri, quod tamen vltrà trecenta talenta fit penfum, effluxit; argenti verò duo millia, & trecenta.

5 Iofeph Ægypti horreis à Pharaone Rege præfectus, cum feptem annorum famem præuidens, frumentariæ annonæ maximam vim coegiffet, omnem in primis pecuniã ex Ægypto, & Chananæa in fifcum regium intulit, cum fruges ab eo emere cogerentur, & fic omnem Ægyptiorum agrum Pharaoni coëmit Iofephus, populum in oppida tranftulit, & femen fubminiftrauit, vt fementes facerent ea conditione, vt prouentuum quintam Pharaoni penderent, *Genef.47. Faufius in conf. pro Ærar. claff.17. ord.1210.*

6 Sefoftris, fiue Sefoofis Rex Ægypti opibus clarus, & inexpugnabili potentiam in arrogantiam verfus, currus ex adhærenti fibi auro, & lapidibus pretiofis conftructo, fedit fuper eum, & fubiectis iugo de exfuperatis Regibus quatuor trahi fecit currum, *Plin. lib.33. nat. hift. cap.3. & Diodoro Siculo cap.55.* authore, cippos vbiq; terrarum bello acquifitarum erexit, facris Ægyptiorum literis, his verbis infcriptos: *Hanc Prouinciam armis fuis deuicit Rex Regum, & Dom. nus Dominorum Sefoftr*; in quibus cippis membrum pudendum viri, apud gentes quidem ftrenuas, & pugnaces; apud ignauas autem, & timidas fœminæ expreffit; & de figura hac vide *Io. Pierium Valer. Hieroglyphicorum lib.34. pag.349.*

CAPVT III.

De Ærario Magni Chan Tartari.

1 PRincipatum in Afia Dominatum, fiuè Herilem Monarchiam refert *Magnus Chan*, Tartarorum Imperator potentiffimus, in amplitudine regionum *Tartariæ magnæ*, in magnitudine Ciuitatum, in abundantia commeatus, in copia ædificiorum, qui *Presbyteri Ioannis* primogenitam duxit filiam. Videndi *Georg. Horneus in Orbe Imper. tit. de Tartaria*, *Martinus Bruniotius in defcript. Tartariæ*, *Gothofredus in Archontolog. Cofm. lib.2. de Imp. Magni Chani*, *M. Paulus Venetus hift. Orientali*, *Botero in relat. 15 de Magno Chano*, *Andr. Oldenburgerius in Thefauro Rerumpubl. par.1. tit.5 de Regno Tartarico*.

2 Percipit inter alias res, decimas ex lana, ferico, cannabe, frugibus, pecudibus, eftq; abfolutè Dominus rerum omnium, *Klock de Ærario lib.1. cap.10. n.3.* vbi *Pellerus in obf.* addit *M. Paul. Venetum lib.2. cap.65.* qui recenfet aliquot *Magni Chani* alios reditus, & in fine addit, quod femel audiuerit computum fieri fingulorum redituum, qui *Magno Chano* penduntur annuatim in Regno *Quinfai*, quod fit nona pars Prouinciæ *Mangi*, & afcendiffe fummam omnium (fale tamen excepto, cuius folius prouentus octoginta aureorum myriades efficiunt) ad quindecim millia millium aureorum, atq; fexcenta millia.

3 Eiusq; vires fingulariter confiderantur in multitudine copiarum, quæ ex

amplitudine ditionis ipsius colligi potest, & in promptitudine eorumque iliter enim degunt semper in campis, quibus cum *M. Chan* opus habet, vocat ad se partem illius militiæ, quæ per Prouincias disposita est; Vnde *Thuanus hist. lib. 67. ait*, quod si exercitum educere est opus, centum & quinquaginta millia Equitum conueniunt; Ibid. *cit. Gothofred. in Archontologia Cosm. lib. 2. de Imperio Magni Chani*, notatque quod suffurantur homines *Russos, Polonos, Moldauos, Vvalachos*, & vndecumque possunt, solis parentes Tartaris sui sanguinis, & *Iudæus* quidam ad portam illam vocitam *Taurica* telonio præsidens, & innumeram hominum multitudinem illuc importari cernens, quærebat ex Polonis, *verum adhuc homines in regionibus ipsorum superessent*.

4 *Ioannes* vero *Nieuhouius in Legatione Batauica ad M. Chanum, ac Sinam*, latinè edita per *Georg. Hornium pag. 6. & seq.* testatur, annuatim præter expensas publicas Regulorum, Præfectorum, ac militum, sexaginta milliones scutatorum in Ærarium publicum inferri; ac Tartaros ad annum 1652. breui septem annorum spatio plus terrarum occupasse, quam integer exercitus eodem temporis interuallo perambulare posset, duodecim nimirum *Imperij Sinici* Prouincias, *Peninsulam Coream*, ac spaciosum *Leaotungi* Regnum.

CAPVT IV.

De Ærario Regum Chinensium, seu Sinarum.

1 Sinarum Imperium pars est ampla Asiæ, in quindecim peramplas Prouincias, seu Regna distributum, maximè in Ortum extensum, sed cultissimum, & mirè ríguum, ac frugiferum, aliàs proprios habuit Reges, sed ab anno 1650. viuè victum à Tartaris Regni *Niuchæi*, tandem ipsis cessit, & Imperatorem habet Tartarum (licet pro libertate contra Tartaros fortiter pugnet) commorantem *Pekini*, quæ Vrbs Imperij caput est, & ab alijs dicitur *Kambalu*, idest magnifica Ciuitas, amplissima, & ex præcipuis Orbis, cum superbissimo Palatio Imperatorum; quam eandem esse cum Vrbe *Cambalu*, idest Vrbe Domini, probant ex pluribus *Nicol. Trigautius de Christiana expeditione apud Sinas*, *Martinius in descript. Sinarum*, *Iacobus Golius in Notis ad Alfraganum, & in dissertatione de Cambalu*, vti etiam *Tauernierus*, cum alijs.

2 Tota Sinarum regio diuiditur in quindecim amplas Prouincias, seu Regna, præter quas ab ea etiam pendent *Iunnam*, seu *Leaotung*, *Corea* peninsula, *Haynania* insula, & *Calamasius*, cum alijs minoribus. Regni autem *Chinensis* accuratam descriptionem nobis dederunt primò *Iesuitæ*, inter quos *Iacobus Pantoia*, ex cuius literis facta est *relatio de Chinensibus in Thes. Polit. Gasparis Ens*, & *Dissert. Nicol. Belli*; *Nicolaus Trigautius* Iesuita, necnon *P. Matthias Riccius* eiusdem Societatis Iesu, *Martinus Martinius in Atlante Sinico*, seu Chinico, *Athanasius Kircherus in China illustrata*, *Io. Nieuhof in descript. Legationis Batauica ad Sinas*, latinè edita per *Georg. Hornium*, *Boterus in Politia Regia de hoc Regno*, *Gothofredus in Archontologia Cosm. lib. 2. tit. de Regno Chinæ*, *Hermannus Conringius apud Schelhamerum in Thes. Rerumpublic. par. 1. ibid.*

3 Potentia Regis *Chinæ* defensioni magis, quàm offensioni prona est, nam neque non desunt, nec propugnacula, quam optimè instructa; Ad fines Tartariæ ad hostes expellendos extruxerunt amplissimum, ac celeberrimum murum altitudine triginta *Sinensium cubitorum*, & longitudine ad septingenta milliaria circiter, Ortum versùs extensum, donec ei alius mons occurrit; alunt autem ad eius custodiam Imperatores *Sinarum*, haud minùs, quàm decies centena millia militum, teste *Martinio in Atlante Sinico in præfat. pag. 15.* & *Auctore antiq. homin. & admir. natura in Sinis, & Europa cap. 3.* Milites vero equi-

equestris, tum pedestris numerosa potior, probeq; instructa, quàm fortis maritimæ vires nec inferiores sunt in tot classibus destinatis.

4 Non desunt stipendia persoluendo pecuniæ suprà quàm credi possit; asserunt enim multi ex præfatis apud *Kircherum*, ibiq; *Pellerus*, *de Ærario lib. 1. cap. 19.* reditus regales ad 150. aureorum milliones accedere: Numerus sanè quamuis incredibilis videatur ei, qui ex Statibus Europæ hanc æstimationem facere velit, fidem tamen inueniet apud eos, qui ponderant primò amplitudinem, & naturam Regionis in quindecim Prouincijs, imò refert *Martinius* audiuisse se à Tributorum Præfecto, vnam Prouinciam *Kiangnan* conferre quotannis in Ærarium triginta duos milliones ducatorum; Deinde inæstimabilem opulentiam metallorum, frumenti, hordei, orizæ, oliuæ, lini, lanæ, serici innumeri, pecudum, sacchari, melis, moschi, Porcellanæ, & similium, de quibus omnibus decimam percipit, aliaq; tributa personalia, ità vt subditis nihil præter victum relinquat; Tùm frequentiam incolarum, cum Sinam ducentos hominum milliones continere ferant; quilibet verò paterfamilias sub graui pœna tenetur ex ianua maiori domus tabellam suspendere, in qua habitantium numerus, conditioneq; exprimuntur; vndè nil mirum, tantos illum habere reditus annuos, vt præter expensas publicas Regulorum, Præfectorum, ac militum, tertia pars in Regiam deferatur, & cum est opus, à Præfectis Ærarij petit, teste cit. *Martinio*, & *Oldenburgero in Thes. Rerumpubl. d. par. 1. pag. 498.*

5 Notandum verò, quod Chinenses Typographiam, & artem tormentariam, recentiùs apud nos inuentam, à multis iam seculis habuere, vbi, qui in Academijs gradum consequuti sunt, *Mandarini* sunt, idest Prouinciarum, & Vrbium potentissimi Præfecti, & à Plebe in maxima veneratione coluntur, teste *Conringio de Rebuspubl. tit. 6. de Regno Chinensi n. 30.* apud cit. *Oldenburger. d. par. 1. pag. 500.* Sicq; testatur *Io: Petrus Maffeius hist. Indic. lib. 6.* Chinenses literas, imaginesq;, subiectis prælo typis excudere, ac ænea tormenta conflare, & id vetustissimo in vsu apud Chinas esse; imò hanc artem cum ipso ferè Regno natam tradunt *Garzias ab Horto lib. 2. Aromat. apud Indos nascent. cap. 38. Io: Consaluus Mendoza par. 1. Indiæ Orient. cap. 16. Iouius lib. 14. histor.* Verùm Germanis solis Typographiæ nostratis inuentionem adscribit *Besoldus in Dissert. 2. & 3. de Inuent. Bombardarum, & Typographia*, quem sequitur *Klock. de Ærario lib. 1. cap. 19. à n. 29. ad seqq.* vbi *Pellerus in obs.* (licet inter ipsos contentio sit inter *Moguntiam*, *Argentinam*, ac etiam *Batauos*) & Chinensium rudimenta non ad eam spectare, nec vnquàm Chinensium, & Germanorum fuisse coniunctionem: Successum verò huius artificij describit *Iacob. Wimphelingus in Epit. rer. German. cap. 65.* his verbis: *Successit Ioannes Mentel, id opificij genus incipiens, multa volumina castigate, ac polite Argentinæ imprimenda factus est breui opulentissimus. Huic successit Adolphus Ruschius, mox Martinus Flachus, qui & ipsi Argentinenses in natali solo cum laude, & gloria hanc artem exercuerunt. Nec solum nostri in hac arte Argentinæ floruerunt, sed tandem etiam alibi tractantes, & diuitias, & emolumentum sunt consecuti. Ità Sixtus Rusinger Argentinus, Neapoli anno 1471. libros, quemadmodum imprimi possent, primus monstrauit; ob quod factum, Ferdinando, & Neapolitanæ nobilitati carissimus extitit; huic sæpè ab ipso Rege Episcopatus, & amplissimæ dignitates oblatæ sunt. His omnibus patriam Argentinam præferens, ad nos concessit, estq; hodiè vita superstes, vir ob dignitatem Sacerdotalem, & senium venerandus.* De hac verò Typographia, quæ ab origine, vtilitate, necessitate, facilitateq; sua commendari debet, consule *Nicol. Serar. rer. Moguntin. lib. 1. cap. 36. & seq.* (cui *Bernard. Mallincrotius* adhæret) *Gesnerum in supplemento Biblioth. Thom. Garzon. in Piazza Vniuers. dis.*

118. *Gotfrid. Hegenit. in Thes. lect. memorab. c.* 12. ibiq; *Henr. Salmuth. Georg. Schonbornet. Pol. lib.* 3. *c.* 49. *Io: Gisen. p.* 2. *de vita Academ disp.* 8. *qu.* 4. *Io: Faugr. in ethimol. trilingu. ver. Typogr. Limnaus to.* 3. *Iur publ. lib.* 8. *cap.* 10. *Cardan. lib.* 17. *de subtil. et variet. lib.* 13. *cap.* 64. *Fortanatum lib.* 4. *de Gallor. imp. & philosophia, Theatr. vol.* 20. *lib.* 23. *Maiol. collequ.* 23. *tom.* 1. *dier. canicul. Petr. Gregor. de Republ. lib.* 16. *c.* 3. *n.* 22. *Herm. Hugon. de prima scribendi origine cap.* 34. *Polyd. Virgil.* 2. *de rer. inuent. cap.* 21. *Pancirol. lib.* 2. *de reb. deperd. & nou. inuent. tit.* 12. *Hermann. Latber in tract. de censu lib.* 3. *cap.* 20. *nu.* 46. *Fauß in cons. pro Ærario class.* 16. *ordin.* 1193. *Ahasuerum Fritschium in tract. de Typographis, Bibliopolis, Chartarijs, & Bibliopegis* (in quo de eorum priuilegijs, statutis, abusibus, taxa, &c. succinctè agitur) Et quos non? Omnium enim meretur encomia ars illa, mors obliuionis, & fax admirandorum ingeniorum, de qua nec facilè est iudicare, an in tanta facilitate pulchritudo, an in tanta pulchritudine facilitas, vel celeritas admirabilior? rerum naturæ ferè munificentiam superat; hinc & *Chassanaus in Catal. glor. mundi p.* 11. *consid.* 39. inter artifices præferri scripsit *Typographos*, licet *Francisc. Sadarinus respons.* 10. *per tot.* ratione antiquitatis, finis, nitoris, mercaturæ, ac maioris administrationis, *Bibliopolas* præferri *Typographis* peritè ostendat. Ipsosq; Bibliopolas præferri cæteris mercatoribus, post alios *Thor. in compend. dec. p.* 1. *ver. Mercator librorũ.*

CAPVT V.

De Ærario Regis Persiæ.

1 PErsicum Regnum amplissimum, ac potentissimum, sub quo *Parthorũ* Imperium, quod primum *Assirij* (quorum Metropolis *Niniue* olim celebris) postea *Medi*, à quibus *Cyrus* imperium in Persas transtulit; post illum *Macedones*, deuicto *Dario*, deindè *Parthi* tenuerunt, tandem *Sophi*, quorum nunc dominio subest Persia, cuius Caput, & Regia *Aspahamum*. In eo comprehenduntur bœnæique Prouinciæ, *Media, Hyrcania, Margiana*, pars *Assiria*, *Susiana, Aria, Chaldæa*, siuè *Babylonia, Caramania, Gedrosia, Parthia*, & *Persia*. Obseruandum est, hoc Regnum inter quatuor Monarchias eminentiores apud *Daniel. cap.* 7. recenseri, & de superbo titulorum apparatu, quo *Sapor* Persarum Rex, literis ad *Constant.* Imp. datis, vsus est: *Rex Regum Sapor, particeps Syderum, frater Solis & Lunæ, Constantio fratri meo salutem plurimam dico*; post alios restatur *Theodor. Hoping. de insignium iure cap.* 12. *n.* 91. Vetus Regnum Persicum optimè cognosci potest ex *Barnaba Brissonij tribus libris de Regno Persico*. Hodierni Regni Persici notitia peti potest ex *Petro Texeira in relat. de Regno Pers. l.* 11. *cap.* 6. *Ioe de Laët in descript. Persiæ, Adamo Oleario in Itinerario Moscouico-Persico lib.* 5. *ex Conringio, Bottero, Linda, Hornio*, alijsq; apud *Oldenburgerum in Thes. Rerumpublic. par.* 1. *tit.* 2. *de Regno Persiæ*, & ex *Itinerario Turcico-Persico Io: Baptistæ Tauernier lib.* 4. *&* 5. *per tot.*

2 Huius Regni vires consistunt potiùs in virtute, quàm numero; ingentes verò expeditiones plus simplici vice contra Turcas susceptæ à Persis: Sunt ibi tria militum genera, scilicèt *Corsci, Gulami*, & *Tufenkgi*. Primi, viginti duo mille esse dicuntur. *Gulami*, siuè mancipia ad decem, & octo millia accedunt. *Tufenkgi* ex agricolis, qui licet ad quadraginta, siuè 50. hominum millia ascendant, Rex ijs non vtitur, nisi magna vrgente necessitate. Rex ingentes pecuniarum vires colligit ex Dohanis, & gabellis, dùm non solum Vrbes, & Prouinciæ tributa pendunt, sed & vectigalia, & gabellæ impositæ super serico, equo, siuè mulo vendito, pro asino, boue, oue, mercibus, balneis, lupanarijs, diuersorijs Vrbium, confiscationibus, & alijs, de quibus *Botterus* apud *Klock. de Ærario lib.* 1. *cap.* 21. *à n.* 13. ibiq; *Pelleras* post *Olearium lib.* 5. *cap.* 36. & latiùs videndus *cit. Tauernier d. lib.* 5. *cap.* 16. 17. *&* 18. vbi de Officialibus militiæ, Prouinciarum

Gu-

Gubernatoribus, & Camera maiorum. Annui reditus, quos Rex percipit, iuxtà nonnullorum supputationem ad octo milliones Imperialium assurgunt; etenim præter ingentia Prouinciarum tributa, vectigalia, & gabellas, omnes, & singuli alicui rei operam dantes, ad exsolutionem ingentis tributi adstringuntur, adeò vt nec obstetrices, aut aliæ res exemptæ à censu sint. *Oleand. cap. 36.*

3 Regi autem valdè placet aurum, & quantumcumq; in ipsius Regnum infertur, ibi manet, magna etenim ibi adest commerciorum exterorum copia ex *Anglia*, *Hollandia*, & *India*. Et *Armusium*, vulgò *Ormus*, Insulæ cognominis caput, veteris *Caramania* Regni pars, ob mercimonia ibidem frequentata, necnon commoditatem situs adeò celebratur, vt *Arabibus* in prouerbium abiisse scribat *Boterus in relat. de Regno Persi.*

Si terrarum Orbis, quà quà patet, annulus esset,

Illius Armusium gemma, decusque foret.

Licet verò *Solorzan. de Indiar. Iure lib. 1. cap. 3. n. 47.* tradat, quod huius Insulæ Rex est saracenus, qui tributi nomine quindecim ducatorum millia singulis annis pendit Lusitanis, qui illic arcem munitissimam collocarunt; tamen eiectis deindè Lusitanis, anno 1622., arceq; illa munitissima pluries Arabum, & Turcarum armis tentata, auxilio Anglorum expugnata, illius vltimus Rex *Seid Mahumet Scach* dictus in perpetua custodia detentus fuit, vsq; ad eius obitum, & eius Regnum à Persis occupatum fuit, dempta tantùm parte ipsius in Arabia sita, quæ Arabibus paret, teste *Mich. Ant. Baudrand in Lexic. Geogr. tom. 1. p. 98.*

4 Sed quod magis Ærario prodest, sunt Chani, aliique, cum, vt olim, & hodiè sine dono etiam minimo, res suas coram Rege agere permissum nemini sit, de quo etiam refertur *Senec. epist. 17.* dùm ait: *(Reges Parthos non potest quisquam salutare sine munere (ti-bi vale dicere non licet gratis.)* Quod sanè dictum de omnibus Principibus Orientalibus verificatur.

CAPVT VI.

De Ærario Magni Mogolis Indorum.

1 VAstum illud Imperium *Magni Mogoris*, siuè meliùs *Mogolis* descendentis ex Magno *Tamerlano* Tartarorum, seù Scytharum Imperatore (qui propter inauditam sæuitiam, ac portentosas vires *Orbis terror*, & *Clades Orientis* appellatus fuit) comprehendit 37. amplas Prouincias, siuè Regna Indiæ Septentrionalis, incolis *Indostan*, quæ vera India est, diciturq; Orientalis ad differentiam *Americæ*, quæ impropriè dicitur *India Occidentalis*. Hæc regio fertilis admodùm, & populosa est, & in dies valdè extenditur, cùm etiam à paucis annis sub illo censeatur maior pars Regnorum *Decani*, & *Golconde*, licet intra ipsius Imperij fines sint multi Principes valdè potentes, Raiq; dicti, qui fiduciario iure ab Imperatore pendent, teste *Mich. Ant. Baudrand in Lexic. Geograph. tom. 1. ver. India, & ver. Mogolis Imp.* Imperij caput est *Agra*, Vrbs amplissima, diues, & perelegans, cum Palatio amplo, & superbissimo. Videndi *Ioan. Laet in libello, cui tit. de Imp. Magni Mogol. siuè India vera*, *Conringius*, *Hornius*, aliiq; apud *Oldenburgerum in Thes. Rerumpub. par. 1. tit. 7. Io. Baptista Tauernier in Itinerario Turc. Pers. & Indico lib. 2.* & quàm plurimi *Iesuitæ*, præsertim *Io. Petrus Maffeius in suauissimis libris hist. Indicarum*, qui meritò poterunt cum *Decad. Titi Liuij* contendere.

2 Hic Princeps Asiæ potentissimus est, veluti Spongia, quæ omnes vires populi, & pecunias exsugit, & sic Monarchia herilis, vt solet, defunctis Præfectis, omnia ad se rapere, & hæredibus aliquid pro arbitrio suo relinquere. *Conringius apud Oldenburger. d. tit. 7. n. 10.* Deindè opulentia huius Principis

æstimari potest ex amplitudine ditionum, quas ornat abundantia, maximè tritici, hordei, orizæ equorum, Camelorum, Elephantorum, reperiuntur etiam ibidem Gemmæ, Adamantes, Iaspides, Smaragdi; Et *Magni Mogolis* gemmas omnes se vidisse testatur, & numerat *Tauernier d. lib.* 2. *cap.* 11. qui *lib.* 3. *cap.* 10. refert, adamantem huius Principis æstimari posse ad vndecim millionès 723278. libr. Gallic.

3 Tertiò ex immensis Donarijs, quæ quotidiè ipsi non modo subditi, sed cæteri ferunt, nemo enim sine munere ipsum alloqui potest, alijsq; reditibus apud *cit. de Laët*, cuius verba refert etiam *Klock. de Ærario lib.* 1. *cap.* 22. vbi *Pellerus n.* 14. recenset *Hawkinum*, qui nomine Angliæ Regis ab anno inde 1608. Legationis ad Mogolem munus gessit, ac retulit, reditus annuos eiusdē ex vniuerso Imperio tunc tēporis quindecim exæquasse milliones; & à *Mandelslo in Itiner. Orientali lib.* 1. *c.* 20. notatum, sesqui mille milliones, auri, argenti, margaritarum, gemmarumq; reconditas seruare, de quibus nec quidquam ordinariè expendit.

CAPVT VII.

De Ærario Regum Iaponensium.

1 INter Asiatica Regna partis Orientalis, maximi nominis est Regnum, siuè Imperiū *Iaponicum*, Italis *Giappone*, cuius caput, & primaria Vrbs est *Meacum*, licet ab aliquot annis sedes regia ad *Iendum* sit translata. Tota regio admodum fertilis, abundans, & culta est cum plurimis vrbibus magni momenti, tres Insulas complectens, nempè *Niphoniam*, *Ximum*, & *Xicoci*, in quibus sunt sexaginta octo Regna, seù potiùs Prouinciæ, nempè quatuor in *Xicoco*, decem in *Ximo*, & quinquaginta quatuor in *Niphonia* Insula, quæ cæteris amplitudine præstat, quæ subsunt dominio Regum viginti, & vnius, qui tamen illa omnia possident vti feuda, & sub clientela Imperatoris *Iaponia*, teste *Iacobo Carone in eius Regni descript. quæst.* 1. cui addendi sunt *Bernardus Varenius*, *Io. de Laët in descript. Iapon.* *Conringius*, *Linda*, & *Boterus*, apud *Oldenburgerum in Thes. Rerumpublic. par.* 2 *tit.* 4.

4 Summus, & potentissimus *Iaponensium* omnium Rex ille habetur, quem vti *Imperatorem* cæteri venerantur, eiusq; potentia est in donatiuis, & tributis, quæ ei Reguli Insulæ ex debito offerunt, & ex oriza, quæ in prædijs Regijs colligitur, multitudine etiam margaritarum, ac auri, & mercatorum frequentia, teste *Klockio de Ærario lib.* 1. *cap.* 14. *nu.* 18. Sicquè vnus Rex omnia tàm publica, quàm priuata possidet bona, cum absoluta potestate dandi vni, alteri suum auferendi.

5 Regum verò reditus annuos (exceptis Imperatoris prouentibus, & solum numeratis, quæ in victum illius, filijvè, atq; amicorum expenduntur,) ducentos octoginta tres milliones quadringenta quinquaginta millia carolenorum efficere tradunt *Caron. d. loc. quæst.* 2. & *Montanus* apud *Pellerum in add. ad Klock. d. c.* 24. *n.* 4.

CAPVT VIII.

De Ærario Regis Narsingæ.

1 POtentiorum Principum, qui inter *Indum*, & *Gangem* sunt, vnum esse Regem *Narsingæ*, (cui subsunt quatuor Regna, sed & Regna *Onorium*, *Baticala*, & *Garcopa* sunt ipsi tributaria,) fatentur *Boterus in relat. de hoc Regno*, & per eadem omninò verba *Klock. lib.* 1. *de Ærario cap.* 23. *per tot.* *Conringius* apud *Oldenburgerum in Thes. Rerumpublic. par.* 1. *par.* 553. vbi omnes dicunt, quod in hoc Regno duæ sunt Ciuitates, quarum vna *Narsinga*, altera *Bisnagar* nuncupatur, vndè mox *Rex Narsingæ*, mox *Bisnagariæ* salutatur; Regemquè 12. ducatorum milliones quotannis recipere, eorumq; tres, aut duo & ipsi manere, omne residuum impendere in magnum Corpus militię,

nem-

nempè 40. *Nairorum*, & 30. equitum millia, quibus pacis, belliq; tempore stipendia largitur. Nemo autem aqua fluminis *Gangis*, quæ Regnum *Bengalæ* perlabitur, aut per *Orissæ* Regnum fluit, se lauare potest, nisi Regibus vectigal soluerit, quibus ipso quoque *Narsinga* Rex aquam dictorum fluuiorum emere cogitur; Rex insuper omnium fundorum sua ditionis dominus est, populo verò nihil præter victum relinquit.

CAPVT IX.

De Ærario Regis Siami.

1 REgnum *Siami* inter magna Asiæ Regna habetur, cuius caput est *Vrbs Fatis*, sub *Odia*, dicitur; in ea esse quadraginta incolarum millia, & inter alias Ciuitates duæ sunt celebres, nimirum *Cambaia*, & *Siam* sedes Regis, cuius amplitudo Regno nomen dedit; circuitum nouem, aut decem milliarium, commercioq; admirabilis. Huic Regi alia etiam subsunt Regna, nempè *Tangoma*, *Iuncalaonem*, *Tanassirium*, *Ligorium*, & *Singora*; sicuti ab eo pendent fiduciario iure Regna *Lantani*, *Pahani*, *Pani*, *Patani*, & *Pina*. Videndi *Boterus in relat. Regni Siam*, & per ipsiusa ferè verba *Klock. de Ærario lib. 1. cap. 14. à num. 50. ad 17. Iodocus Schoute in descript. Siam*, *Oldenburgerus in Thes. Rerumpubl. par. 1. pag. 741. & 742. Io. Baptista Tauernier in Itinerario Turcico-Indico lib. 3. cap. 15. per tot.*

2 Rex *Siami* inter ditissimos Orientales Monarchas adscribi potest, cum sit absolutus dominus fertilissimæ regionis, quæ producit etiam, frugesque, Equos, Elephantes, pecora; armentaq; aurum quoque, & metalla, & se *Regem* [illegible] *Tiem* [illegible] vocari iubet, quamuis Siamum Regi tributarium sit, teste præfato *Tauernier*, qui has regiones peragrauit; Ex *Ferdinandi Mendez Pinto* apud *Feliceum ad Klock. de Ærar. lib. 1. cap. 14. n. 47. in fin.* refertur, Regem possidere [illegible] militum (ex

commerciis vectigalibus) ringentarum sexaginta tonnarum fuisse; Elephantorum 30. millia habet, quorum tria millia bello idonei sunt, 20. equitum, & 250. peditum millia, & ampliorem numerum educere posset, teste *Oldenburgero pag. 742. n. 43.*

CAPVT X.

De Ærario Regis Pegu.

1 PEguanum Regnum aliâs amplissimum fuit, à quo pendebant viginti sex Regna, sed posteà validè imminutum fuit, & destructum pluries à Regibus *Siami*, *Aracani*, *Brama*, & *Tanga*, nunc autem continet tantùm *Peguanum* Regnum propriam est vno, aut altero adiacente, nomen ducens à præcipua Vrbe *Pegu* Regni primaria, & sede Regis. Extat *de hoc Regno Boteri*, aliorumque relatio apud *Oldenburgerum in Thes. rerumpubl. part. 1.* & *Klock de Ærario lib. 1. cap. 14. à n. 27.* qui tamen diuersa illa Regna Siam, & Pegu non semel confundit, vt *Feliceus* quoque ibi aduertit.

2 Vires huius Regni, vt de cæteris diximus, ex numero Elephantorum, & incolarum, quibus absolutè Rex utitur, facilè colliges, quamuis pauperrimam regionem esse testetur *Io. Bapt. Tauernier in Itinerario Turcico-Indico lib. 3. cap. 11.* Multa verò percipiuntur ex terra, lapillis pretiosis, aliarumque rerum commercio, sic eius prouentus quotannis certum quid solummodo æstimaria nauet, teste *Beyerlinck in Theatro Vitæ humanæ tom. 6. lit. R. pag. 49. lit. E.*

CAPVT XI.

De Ærario Regis Calicutij.

1 IN nobilissima *Indiæ* parte hoc Regnum situm est, à *Calecutio*, Vrbe primaria, & Emporio celebri denominatum, præfuit antè septingentos annos *Perimal* Rex totius *Malabaricæ*, qui *Mecam* profecturus, suum Regnum in

in plures partes, siuè Regna diuisi, solius tamen, et authoritas esset apud Regem *Calecuti* cum titulo *Zamorini*, qui Imperatorem significat, habetque sub clientela Regna *Badara*, *Repory*, *Chambai*, *Cucurani*, *Curigue*, *Mangati*, *Mancini*, *Ponani*, & *Tanori*. Ostant hoc Regnum mercatorum frequentia, soli fertilitas, ex quibus Regis opes conijcies. Nec semel ostendit, quantas copias educere possit *Calecuty* Rex, cũ anno 1501. contra Lusitanos 60. millia cum 200. nauibus eduxit, teste *Botero*, cuius verba transcripsit *Klock de Aerario lib. 1. cap. 24. à n. 41. ad 53. Oldenburger in Thes. Rerumpubl. par. 1. pag. 355. & seqq.*

CAPVT XII.

De Ærario Regis Golcondæ.

1 GOlcondæ, siuè *Orixa* Regnum Asiæ amplissimum, cuius Rex sedem habet *Bagnagar*, vulgò dictæ *Golconda*, quæ est nomen arcis parùm distantis, & circuitus sex milliarium, ideòque præsidium est magnum, Ciuitatis formam habens; ibiq; Regis thesaurus conseruatur. Sunt & aliæ Vrbes Regni præcipuæ *Gandapolis*, *Condauera*, *Orixa*, *Masulepatanum*, & *Narsingapatanum*.

2 Rex iste opes suas ex regionis fertilitate colligit, dominus enim terrarum est, redituq; illius annuos esse viginti milliones coronatorum testatur *Io. de Laët in descript. Indiæ veræ pag. 82.* à quo mutuatus est *Klock. de Ærario lib. 1. cap. 24. n. 36. & 37.* Præcipuum reditum habet super sale, & tabacco, & super potu *Tari* dicto, quem potissimùm bibunt meretrices, quæ tàm in Ciuitate, quàm in Arce *Golconda* sunt plusquam viginti mille. Magnum Equitũ, peditumq; numerum alit, & quamuis habeat à Septentrione Imperium *Magni Mogolis*, non adeò tamen illum timet, cum è suo Regno pecuniam extrahi non permittat, & magnos collegit thesauros ad omnem belli vim repellendam, vt latiùs, & pulchrè tradit *Io. Baptista Tauernier*, *sub Tauernier in Itinerario Turcico-Indico lib. 1. cap. 18. & 19.*

CAPVT XIII.

De Ærario Regis Iauæ.

1 IAua, Insula peramplis Asiæ in mari Indico, in qua sunt nouem Regna, nempè *Bantam*, *Iacatra*, *Iapara*, *Tubani*, *Iortani*, *Passaruani*, *Panarucani*, *Palimbani*, cuius Rex, siuè Imperator erat totius Insulæ potentissimus, priusquam Rex *Bantam*, qui simplex erat Prouinciæ Gubernator, ab eo rebellionis causa defecisset. Tota *Insula* diues est aromatum prouentu, ac piperis abundantia, ideòq; valdè ab Europæis frequentatur, præsertim ab *Anglis*, & ab *Hollandis*, qui inibi habent *Batauiam* arcem valdè permunitam, à qua nonaginta milliarium spatio distat Vrbs *Iaua*, Regni caput, & sedes Regis, teste *Mich. Ant. Baudrand in Lexic. Geogr. verb. Iaua pag. 501. edit.* 1681. Et Rex *Bantami* in Vrbe Regni cognomine residet, qui pro sua custodia, vltrà innumeros Elephantes, habet duo hominum millia in Palatio. Regio hæc horum Principum diuisione probè seruatur; cum enim Regum alter *Batauiam* expugnare vult, alter *Hollandis* auxilium præstat, si verò inter se manus conserant, tunc politica trutina debiliorem *Hollandi* defendunt, teste *Io. Bapt. Tauernier in Itinerario Turcico-Indico lib. 5. cap. 6.*

CAPVT XIV.

De Ærario Regis Macassariæ.

1 MAcassaria, ampla *Asiæ* Insula in mari Indico, quæ aliter *Celebes* dicitur, sub se habet sex Regna, *Macassariam* scilicet, *Cioncum*, *Sanguinum*, *Cauripanum*, *Gericanum*, & *Separum*, ac præcipuas Vrbes *Macassariam* emporium celebre, & *Bantarbaiam*. Pars

eius

eius Australis frequentatur quoque ab *Anglis*, & *Belgis*, *Baudrand in Lexic. Geograph. tom. 1. pag. 603*. Huius Regis opes, & vires colliges ex soli amænitate, & amplitudine, ac bello cum Batauis Hollandorum habito anno 1660. licet postea in *Bataviam* miserit pro pacis conclusione Legatum cum pluribus triremibus, vndecim suæ Curiæ Magnatibus, & septingentis hominibus, vt testatur *Io: Baptista Tauernier in Itinerario Turcico-Indico lib. 4. c. 23.*

CAPVT XV.

De Ærario Regis Tunchini.

1 TVnchini Regnum fertilitate, ac amplitudine cæteris non inferius, ab Oriente, & Septentrione Sinarum Imperio terminatur, ac in septem diuiditur partes, seu Prouincias, eiusq; primaria Vrbs est *Keciam*, siue *Tunchinum*, sub proprio Rege, cui subsunt etiam pars Occidentalis *Quansi* Prouinciæ Sinarum, vbi Vrbes *Tapinga*, *Chinganum*, *Tronchinum*, *Sugnum*, & *Suchinga*, & pars etiam Occidentalis, & Meridionalis *Iunnania* Prouinciæ Sinarum, vbi vrbes *Quangnanum*, & *Quansi*, teste *Martinio in suo Atlante Sinico*; & in hoc Regno à paucis annis Christianam Religionem primum prædicatam fuisse per Vicarios Apostolicos à Sancta Sede deputatos, tanto fructu, vt in ea sint hodiè quamplurimi Christiani, & à Rege *Tunchini* etiam obtinuisse Missionarios Gallos facultatem liberè Euangelium prædicandi, testatur *Mich. Ant. Baudrand in Lexic. Geographic. par. 2. pag. 342.*

CAPVT XVI.

De Ærario Regis Decani.

1 REgnum Asiæ satis amplum in India citeriori *Decanum*, tria continet Regna, cuius Rex dicitur *Idalcan*, iàm sub clientela *Magni Mogolis*, nunc liber. Regni primaria antea fuit *Goa* (emporium celeberrimum, & diues in ora littorali, & Vrbs Archiepiscopalis cum Academia, quæ subest dominio *Lusitanorum*, vbi sex arces in Insula habent, & quasi in eius suburbijs, teste *Emman. de Faria in tract. de Asia Lusitanica*) nunc *Visapora*, Vrbs ampla. Hæc regio præ cæteris ob piperis abundantiam ab Europæis mercatoribus frequentatur, venditurq; in Vrbe *Regiapur*, suumq; piper Rex vendendum curat in Vrbe *Rabaebe*, teste *Io. Baptista Tauernier in Itinerario Turcico-Indico lib. 1. cap. 21.*

CAPVT XVII.

De Ærario Regum Tipræ, Achemi, Assemi, Butani, Borneï, & Candeæ.

1 REx *Tipræ*, siue *Tipoura*, duobus præsertim fontes Ærarium implet, auri nempè fodina, & serico; sumit verò subditos non onerat, nisi sint homines inferioris conditionis, qui quotannis pro Rege sex dies in auri fodina, aut serico laborare tenentur; præter Elephantes, quos etiam bello aptos habet, Equos, &c. teste *Io. Baptista Tauernier in Itinerario Turcico-Indico lib. 4. cap. 20.*

2 Achemum, siue *Atmeum* est Vrbs perampla, Regni cognomen, & Caput, eiusq; Rex obtinet etiam Regna *Pedir*, & *Pacem* in vicinijs. Hæc est regio valdè fertilis, & culta, vbi fit piper maximæ æstimationis apud Orientales.

3 Regnum *Asem* Vrbem habens primariam *Kemmerouf* dictam, vbi sedes Regis, est vnum ex melioribus Asiæ, producit enim omne ad viuendum necessarium, suntq; fodinæ auri, argenti, chalybis, plumbi, & ferri, quæ ad Regem spectant, abundatq; serico, & sale, *Tauernier d. lib. 3. cap. 21.*

4 Regnum *Butan* est satis amplum, abundatq; musco, & reubarbaro; cuius Rex à subditis mirificè colitur, vt *Deus in Terra*, habetq; semper in sua

R cu-

custodia septem, aut octo hominum millia, quinquaginta Elephantes, & 35. Cameleos, qui parua tormenta bellica afferunt, *Tauernier d. lib. 4. cap. 18. & 19.*

5 Borneum est Insula Asiæ amplissima, quæ aliquot Regna complectitur, cum Vrbe primaria eiusdem nominis, Emporio celebri cum portu capaci, Venetiarum instar in ora parui sinus intrà paludes. Hoc Regnum gubernatur à Regina, cui obsequitur Rex eius vir, propter nimiam Subditorum Zelotypiam, vt gubernentur ab herede legitimo Throni, nempè à matre certa, non verò patre incerto; & credimus *Tauernerio*, cui fides præstanda, velutì testi de visu, *d. lib. 3. cap. 8.*

6 Candea, vulgò *Candy*, Vrbs Indiæ Citerioris ampla, in Insula *Ceylani*, & Regni cognominis caput. Eius Rex totius Insulæ est præcipuus, alios sub se habens vectigales, Elephantibus præsertim affluit, quibus omnes Orientales Reges frui quærunt.

7 Sunt & alij Reges in Insulis Indiæ *Celebi*, *Gilolo*, *Maldiua*, *Molucis*, *Samatra*, & alijs, qui potiùs *Raja* dicendi sunt patrio vocabulo, ideà Principes, sed tanquàm minùs celebres, sunt hic prætermissi.

PARS III.

IN AFRICA.

Præliminaria.

1 AFrica, quæ & *Lybia* Græcis, est vna ex Terræ partibus antiquitùs cognitis, *Ipheridia* ab incolis dicta, teste *Ioanne Leone Africano*, sed Lusitani hisce vltimis temporibus detexerunt meridionalem eius partem nondùm Europæis notam. Olim Romanorum tempore diuisa fuit in sex Prou., & *Ptol.* eam distribuit in 12. regiones. *Ioannes Leo Africanus* ex recentioribus totam Africam diuisit in partes quatuor, *Barbariam*, *Numidiam*, *Lybiam*, & *Nigritarum* regionem. Sed hoc tempore præcipuæ sunt *Æthiopia inferior*, sub qua Regna *Monomotapa*, & *Monemugi*, *Barbaria*, sub qua Regna *Marocci*, & *Fezza*, *Æthiopia superior*, sub *Abyssinis*, Congi Regnum, *Guinea*, *Nigritia*, *Nubia*, *Zaara*, siuè desertum, ac plurimæ Insulæ. Magna ex parte incolta est, & ob situm Cæli deserta, eximia verò agrorum narratur feracitas; sunt & varia monstrorum genera, quorum diuersitatem, ac multitudinem inopiæ aquarum adscribunt, teste *Mercatore in suo Atlante*. Hic fuit *Carthago*, Vrbs Romæ æmula, Reipublicæ cognominis Caput, à *Didone* condita, quæ nunc iacet in ruderibus longè, lateq; sparsis, ex cuius ruinis creuit *Tuneti* Vrbs caput Regni cognominis, quæ ab Augustiss. Imp. Carolo V. anno 1535. expugnata, & proprio Regi restituta, deindè Turcis subdita, hodiè verò quandam Reipublicæ formam seruat, eiusquè Princeps *le Dey* vocatur.

CAPVT I.

De Ærario Presbyteri Ioannis Abyssinorum.

1 INter potentissimos Principes connumerandus *Æthiopum*, siuè *Abyssinorum* Imperator, dictus *le Grand Negus*, ab Europæis abusiuè *Presbyter Ioannes*, vulgò *Prete-Gianni* appellatus, qui ex *Salomone*, & Regina *Candacis* prosapia ortum sese iactitat, Religionemq; Christianam Iudaicis cæremonijs inquinatam profitetur; sed quomodò iuuandi sint, vt ad fidem Catholicam conuertantur, tradit *Fr. Thomas à Iesu de procuranda om. salute lib. 7. p. 1. cap. 7. & seqq.* tenorem verò Epistola-

larum, quas *Claudius* huius Imperij Rex, & *Dauid* filius ad Romanum Pontificem, & Regem Lusitaniæ miserunt, legere potes apud *Maffeium lib. 16. hist. Ind.*; Titulorum, quibus vtitur, alij sunt apud *Mercatorem in Atlante*, & *Fr. Anton. de San Roman. lib. 4. hist. India Oriental. cap. 26.* alius verò apud *Damianum de Goes in descript. Legat. illius*, nempè: *Rex Regum N. N. Rex Abyssinorum Presbyter Ioannes, omniumque suarum Prouinciarum, & iuxtà, & ad finem marium; Rex Nili, & Iudex Magni Sultani, & habitationis Cayri, & Cathedra Alexandrina virtute Dei, & Redemptoris Nostri Iesu Christi, & virtute D. Virginis Mariæ.*

2 Aliam deniq; ponit *Vuesselingius in Aurifodina Iuris publ. ver. Vires pag. 1809. N. Supremus mearum Regnorum à Deo vnice dilectus, columna fidei, ortus ex stirpe Iuda, filius Dauid, filius Salomon, filius Columna Sion, ex semine Iacob, filius manus Mariæ, filius Nabo secundum carnem, filius Sanctorum Petri, & Pauli secundum gratiam; Imperator Superioris, & Inferioris Æthiopiæ, & amplissimorum Regnorum, iurisdictionū, & terrarum, Rex Goa, Caffates, Angola, Barn, Baligansa, Adea, Vangue, Goyama ad Nilum, Amara, Bagamedri, Ambea, Vanguei, Tigremaon, Sabains, seù Saba, Barnagassi, & Dominus vsque in Nubam, quæ in Ægyptum extenditur, &c.*

3 Videndi *Boterus in Politia Regia de Presb. Ioanne*, & *Gothofredus in Archontologia Cosmica in descript. huius*, quos verbotenus sequitur *Klock. de Ærario lib. 1. cap. 25. Herm. Vuesselingius in sua Aurifodina ver. vires pag. 1809. & ver. Turcic. Imp. pag. 1711. & seqq. Conringius*, alijq; apud *Oldenburgerum in Thes. Rerumpubl. par. 2. tit. 13. P. Nicolaus Godignus Soc. Iesu in 3. libris de rebus Abyssinorum, deq; Æthiopiæ Patriarchis*, alijquè.

4 Hic Rex antè aduentum Turcarum erat post Romanum Imperatorem potentissimus inter Reges Terræ, & obtulit Regi Portugalliæ vna vice contra infideles 100000. *drachmas* auri, & militum, & annonæ quantum desideraret, etiam [illegible], si vellet; Potest namque, vt ait *Aluarez*, hic Presbyter Ioannes centena millia militum mittere in campum. Habet porrò Magnus hic Princeps Religionem quandam militarem Equestris Ordinis sub protectione *S. Antonij*, cui quilibet Paterfam. tertium quemq; filium è sua sobole, non tamen primogenitum consecrare, & offerre debet; ex quibus selegit ille Princeps 12000. nobiliores, & elegantiores pro suâ custodia, reliqui fines Imperij defendunt, *Vuesselingius infrà allegandus*.

5 Præcipua eius Regna ad Superiorem *Æthiopiam* pertinentia sunt *Barnagassum* propè Ægyptum, *Tigremahon* inter Nilum, & Mare rubrum, *Tigrae*, in quo est Vrbs *Cassumo* sedes olim Reginæ Sabæ, *Amahara*, *Fatigara*, *Sewa*, *Ogara*, *Holcare*, *Dambea*, *Bagameder*, *Narea* pars *Koa*, & *Damut*, in quo sunt Amazones mulieres bellicosæ &c., contra Mauros & Turcas continuò belligerant, & idem lex est apud Mauros, quia cauetur, vt *nemo possit habere*, *nisi duodecim Christianos occiderit*. Et *Matthæus* Legatus apud *Damianum de Goes* narrat, *Preste-Ioanem* præter sexaginta Christianos Reges sibi subditos, habere adhùc quinque Reges Mahumedicos. Triplices hic Rex habet reditus, nimirùm ex fundis suis, è vectigalibus fororum, & decimis mineralium, & è tributis Principum ei subiectorum; multaq; loca plena auro, panno, & lapidibus pretiosis habere dicitur, *Oldenburgerus d. par. 2. pag. 791.* Nullum verò habet Palatiū, sed sub *tentorijs* degit, quorum 6000. secum defert, vndè tota eius vaga Aula 10. vel 12. ferè milliaria occupat, atq; decies centum millia ad bellum instruit, ac insuper 50. Elephantes, Equorum verò, & Camelorum multitudinem innumerabilem, teste *Vuesselingio* post *suum tract. de Iure Maiest. Rom. Pontif. pag. 241.*

CAPVT II.

De Ærario Regis Tafiletæ.

1 REgnum *Tafiletanum*, seù *Tafileta* terminatur ad Boream Regno Marocano, eiq; subest *Itata* Prouincia peramplia, & Vrbem habet primariam *Tafiletam*. A paucis verò annis *Tafiletanus Rex*, qui cum exercitu octoginta millium, ac ter mille selectissimis Equitibus, *Africæ Imperatoris* quærebat titulũ, post multas, insignesq; victorias Regna *Marocci*, & *Fezzæ* suo subiecit Imperio, cuius rei narratio in *appendice par. 20. Diarij Europæi, & in historia Brachelio-Thuldenana per Henr. Brewer contin. par. 7 lib. 1 cap. 2.* extat. Hinc factum est, vt Regnum illud *Fezzo-Marocanum*, quod rerum, bellorũq; vicissitudinibus obnoxium fuit, & sub vno Principe, *Seriffo* dicto, vnitum, deindè rursus diuisum, hodiè in vnum Imperium coalitum sit amplissimum, & potentissimum, & militum copia præstet, licet ibi sint vastæ solitudines, quæ omnem perimunt Exercitum.

§. 1.

Regnum Marocci.

1 REgnum hoc nomen sortitur à *Marocho*, quæ est Vrbs amplissima, & sedes Regia cum Palatio superbissimo; Eius verò Prouinciæ sunt septem, nempè *Susa*, *Hea*, *Guzula*, *Marochia*, *Teldesa*, *Hascora*, & *Ducala*, sed *Marochia*, & quæ in Occasum tendunt, sunt admodum fertiles, & cultæ. Descriptio accuratior petatur ex *Io. Leone Africano lib. 2. de Marocc. Mercatore in suo Atlante pag. 327. Gothofredo in Archontologia Cosmica, & Botero in Politia Regia de Regno Seriffi* (idest Domini) ex quibus *Klock. de Ærario lib.* 1. c. 28. ibiq; *Pellerus*, alijq; apud *Oldenburgerum in Thes. Rerumpubl. par.* 1. ill. 12.

2 Rex *Marocci* omnium honorum subditorum absolutus est Dominus, primitias, & decimas semper exigit, aliud verò tributum fructuum, & pecuniæ ab illis, qui XV. annum egressi sunt, vt alios reditus omittamus, ex molendinis, focis, & Terris percipiendos. Militari multitudine valdè abundat, cum præter militiæ ordines, & præsidia, omnes quidem incolæ ad bella promptissimi sint.

§. 2.

Regnum Fezzæ.

1 FEzzanum Regnum Africæ amplũ, ità dictum à primaria Vrbe *Fezza*, siuè *Fessa*, Africæ Ciuitatum clarissima, & ideò (*Thuano lib. 7. teste*) à Saracenis *Aula Occidentalis* dicta. Eius Prouinciæ sunt *Fezza*, siuè *Fessa*, *Hasbata*, *Errifa*, *Garета*, *Asgara*, *Tremisen*, & *Chaus*. Ipsimet autem Authores, qui suprà in Regno *Marocci*, de hoc pariter agunt.

2 Rex itidem præter decimas, & absolutum dominium, habet teloneia, & vectigalia Ciuitatum, in quarum introitu pendunt rei vectigal, nempè Ciuis *Fessanus* duo pro centenario; extraneus decem. Sunt quoque reditus molarum, quæ *Fessæ* adsunt plusquam 400., Templum, *Carruein* dictum, habebat plusquam 80. aureorum millia annui reditus, multa alia quoque Collegia, & Xenodochia *Fessæ*, quæ omnia percipit Rex; quin etiam hæres est omnium Iudicum, & omnium suorum Officiariorum, &c. testibus *Leone Africano in descript. Africa lib. 3. & Botero* apud *Klock. lib. 1. de Ærario cap. 18. & Oldenburgero in Thes. Rerumpubl. par. 1. in pag.* 777.

CAPVT III.

De Ærario Regis Monomotapæ.

1 MOnomotapa est Africæ Vrbs, quæ Regno nomen dedit, in parte Australi Æthiopiæ inferioris, estq; valdè extensum, & alias diuisum

in

in tres partes, ſeu Regna, nempe *Quiteua*, *Sedanda*, & *Chicanga*, tunc autem ſub eo cenſentur viginti quinque alia Regna: quorum Reges, ipſum Monomotapam in ſupremum Dominum, ac Principem agnoſcunt, ſed ex iis præcipua ſunt Regna *Manicæ*, & *Motemuga*, & ex hoc vicino oriundus eſt hodiernus Imperator *Monomotapæ*, teſte *Emmanuele de Faria in tract. de Aſia Luſitanica*. Hæc regio fertilis eſt, & metalli fodinarum præſertim auri abundantia, ideoq; Luſitani hiſce vltimis temporibus *Colonias* duxerunt verſus oram littoralem, & in locis interioribus aliquot etiam arces extruxerunt verſus auri fodinas, *vt. Faria*. Rex verò à ſubditis nullum aliud exigit tributum perſonale, quàm dierum aliquot operas, & crebra munera, ſine quibus nemini coram eo comparere licet. Magno hominum gaudet numero, quos ad bella promptos habet, *Klock de Ærario lib. 1. cap. 16. Oldenburgerus in Theſaur. Rerump. par. 1. p. 806.*

CAPVT IV.

De Ærario Regum Congi, & Angolæ.

1 CONGUM in Æthiopia inferiori, fuit anteà Regnum valdè extenſum, nunc autem anguſtioribus limitibus conſtringitur, ibiq; Rex Chriſtianus, vti & Epiſcopus totius Regni, commoratur in Vrbe *Banza*, quæ Vrbs S. *Saluatoris* dicitur à Luſitanis, quorum dominio ſubſunt aliquot vrbes, vti *Loanda*, ſeu Ciuitas S. *Pauli*, *Benguela*, & *Embaca*, & Regnum ex electiuo in ſucceſſiuum mutatum fuit à moderno Rege *Garcia* dicto, *Baudrand in Lexic. Geogr. to. 1 pag. 293.* Olim ſingulæ Prouinciæ Regni Congi ſuos habebant Reges, nimirum *Sunda*, *Pango*, *Bamba*, *Songo*, *Batta*, *Angola*, & *Bamba*, donec tandem in vnius Regis *Bamba* poteſtatem concederent, variæ deinde defecerunt à Congenſibus, præcipuè *Angola*, cuius Rex potentiſſimus eſt, qui anno 1590. Luſitanorum ope ceteros Regulos ſubegit, & ſuperiorem ſe conſtituit. *Vid. Regnum Congi, hoc eſt veram deſcriptionem Regni Africani, quod tam ab incolis, quàm Luſitanis Congus appellatur per Philippum Pigafettam, olim ex Odoardi Lopez acroamatis lingua Italica excerpta, nunc Latio ſermone donata ab Auguſtino Caſſiodoro Reinio, Iconibus, & Imaginibus rerum memorabilium quaſi viuis, opera, & induſtria Io. Theodori de Bry fratrum exornata.*

2 Hic tamen Rex Angolæ loco tributi ſingulis annis ingentia dona ſuppeditat Regi Congi, ſub cuius imperio copioſiſſimus incolarum numerus acquieſcit, adeò vt vrgente neceſſitate, indè 400. millia militum ſecundum morem regionis armari poſſint. *Pamba* totius Regni propugnaculum, argenti, aliorumq; metallorum fodinis frequens, illa adhuc incolis mercantur, Regi innumeros congerunt theſauros, *Lopez, & Pigafetta in deſcript. huius Regni cap. 1. Baudrand. in dictionario Geogr.* poſt quem *Klock. de Ærario lib. 1. cap. 17. Oldenburgerus in Theſ. Rerumpubl. par. 1 pag. 809. & 810.*

CAPVT V.

De Ærario Regis Adel.

1 REX *Adel* dominium ſuum extendit in ora Orientali Æthiopiæ ad Mare rubrum vſq; Metropolis Ciuitas huius Regni eſt *Arar*, quæ 38. leucis diſtat à Zeila, ex qua maior commeatuum quantitas petitur, ibi enim eſt mel, & cera in magna copia, fruges, fructusq; diuerſi, qui in Aden, & Arabiam deferuntur, pecora quoque, ſpeciatim verueces, & vaccæ.

2 Hic Rex, qui etiam religioni *Mahometanæ* eſt addictus, eò quòd profeſſus ſit, ſe ſemper bellum gerere velle cum Chriſtianis *Abyſſinis*, id eſt ſubditis *Presbyteri Ioannis*, ſibi *Sanctis* cogno-

gnomen inter illos barbaros parauit. Expectat ille, donec *Abyssini*, longo, duroq; illo 50. dierum ieiunio Quadragesimale debiles facti sint, ingreditur tunc eorum regionem, multaq; damna infert, teste *Oldenburgero in Thes. Rerumpubl. par. 1. pag 798. n. 14. & 15.*

CAPVT VI.

De Ærario Regis Borni.

1 REx *Borni* dominatur ei regioni, quę se extendit à Guangala, Ortum versùs ad plus, minusvè quingenta milliaria, inter deserta *Serb*, & *Barca*, continens partim montes, partim planiciem, vbi alias *Garamantes*, teste *Cluuerio*. Propter frugum copiam est ibi quoque nonnullus mercatorum concursus: In montibus viuunt pastores armentorum, & pecorum, teste *Oldenburgero in Thes. Rerumpubl. par. 1. pag. 798. n. 13.*

2 Hic Rex populo valdè potens est, cui nihil aliud oneris imponit, quàm decimam fructuum. Pro exercitio, locoq; artis manuariæ solent latrocinari vicinos, aut captiuos facere, eosque commutant equis, quos à mercatoribus *Barbariæ* consequuntur; vndè infestant mirabilitèr Abyssinos latrocinijs, abigendo pecora, deprædando fodinas, ac homines in captiuitatem abducendo, *Oldenburger. ibid.*

CAPVT VII.

De Ærario Regum Galæ, Monemugi, Benini, Tombuti, Biafaræ, &c.

1 GAlarum Regnum olim paruum, nunc occupatione Prouinciarum *Bati. Fatigar, Angote*, aliarumq; adeò creuit, vt iàm inter præcipua illius regionis censeatur, teste *Isaaco Vossio*, Regemq; habet proprium *Magnum Galam* dictum, vt testantur *Andreas Batelus Anglus & Hieronym. Lobus* Lusitanus.

2 Monemugium Regnum Africæ in Æthiopia inferiori, estq; peramplum, Regi *Macoco* conterminum, eiusquè ditio latissimè patet, crediturq; extendi ad limites Regnorum *Mombaza, Quiloa Soffala, & Mosambici*, teste cit. *Isaaco Vossio*.

3 Beninum est Vrbs celebris in Guinea regione, caput Regni cognominis, quod est valdè extensum, & sub ipso complectitur etiam Regnum, *Ouirum* dictum, in quo sunt plures Christiani.

4 Tombutum Vrbs paritèr Africæ, Regni cognominis caput, in Nigritia regione.

5 Biafara Vrbs Africæ in Guinea regione, Regni cognominis caput.

6 Sed de his, alijsq; Regnis, & Prouincijs non constat apud Europæos, ob Scriptorum inopiam, cum ex ijs pauci hucusq; peruenerint, sed hæc indicasse sit satis.

PARS IV.

IN AMERICA.

Præliminaria.

1 AMerica quarta Orbis pars nouitèr detecta, nempè anno 1491. sub Catholicorum Regum auspicijs à *Christophoro Colombo* Genuensi, & postea ab *Americo Vespucio* Florentino nomen sortita, aliàs etiam ob magnitudinem *Nouus Orbis* dicitur, & persepè *India Occidentales*, quarum pro maiori parte felicitas, ac temperies tanta, vt primus earum inuestigator ferè opinatus sit, Paradisum terrestrem in illis inueniri, vt tradit *Gomara in hist. Indica lib. 1.* quem refert *Martin. del Rio in Adag. sacr. t. 10. adag. 789.*

No-

Nouumq; hunc Orbem antiquo præponi debere, concludunt *Ioseph Acosta lib. 3. & 4. hist. nat. & mor. Indiar. & Anton. Herrera ad. hist. dec. 1. lib. 1. c. 5.* Cæterum situm, longitudinem, & latitudinem, atq; vniuersalem diuisionem, & descriptionem variè exponunt *Gerard. Mercator, Appianus, & Gemma Frisius*, aliiq; magis communiter tamen duabus magnis Peninsulis diuidunt, quarum altera dicitur *America Septentrionalis*, quæ Regnum Mexicanum, siuè Nouam Hispaniam, aliasq; regiones continet; altera *Meridionalis*, continens Peruuiam, Brasiliam, aliasque.

2 Augustissimo nostro Hispaniarum Regi maior pars Americæ subest, nempè *Noua Hispania*, seù Regnum *Mexicanum* cum annexis Prouinciis, *Florida*, & Insulæ *Cuba, Hispaniola*, & *S. Ioannis Portus* dictis, cum adiacentibus *Terra firma*; In America Meridionali, cum annexis Regnum *Popayanensium Regnum Granatense Peruuia Regnum Chiles*, & *Paraguaya*, cum Prouinciis adiacentibus, de quibus accuratè *Io. de Laët in descript. Hispan. cap. 11. pag. 213. & seqq. & in Nouo Orbe, seù descriptione Indiæ Occidentalis lib. 18. nonis tabulis Geographicis, & variis animantium, fructuumq; Iconibus illustrata; Botrus par. 1. relat. Vniuers. vol. 1. & 3. Valdes. de dignitat. Reg. Hisp. cap. 12. Gregor. Lopez Madera de Monarchia Hisp. c. 6. Fr. Torquemada in Monarch. Ind. lib. 1. cap. 6.* aliique, quos refert D. *Ioannes de Solorzano* in supremis Castellæ & Indiarum Consiliis Senator in duobus tomis, quorum primus *de Indiarum Iure*, *siuè iusta acquisitione* in tribus libris agit; alter verò quinque libris comprehensus de *Iusta Indiarum gubernatione* pertractat. *Occidentemq; partè*, (ait *Io. Botrihyst. in Phœnic. Augusta pag. 25.*) *Mexicumque, & remotiores Antipodum tot insulas, quas Cyfario tot Maximi victus apparat, quas fausta, feliciq; velificatione magistrorum domitrix Hispania reclusit, Orbis tamen celeberrimi Scriptores, aut vadantes solaq; notitia elogio, aut generali Magnorum nomine illustrabant.*

3 Lusitanis subest *Brasilia* in quatuordecim Præfecturas diuisa, *Canada*, quæ & *Noua Francia* Regi Galliæ, *Estotilandia*, siuè *Terra Laboradoris* Angliæ, quædam autem parent *Batauis*, atq; *Suecis*. Vndè hæ nouæ regiones proprium Regem præter illos enumeratos nullum habent; non absonum verò visum est, ut de his amplissimis Regnis nonnulla separatim ageremus. Ideò sit.

CAPVT I.

De Ærario Regni Mexicani, siuè Nouæ Hispaniæ.

1 INter omnes Americæ regiones *Noua Hispania* præstat, est enim amplissima, cæteris cultior, amænior, ac populis frequentior, habetq; viginti præcipuas Vrbes, quæ alitèr *Regnum Mexicanum* quoque dicitur, ab eius primaria Vrbe, quæ est sedes Proregis Hispani, & Cancellariæ *Nouæ Hispaniæ*, eamq; non solùm inter Americæ Vrbes, verùm & Europæ amplam, & nobilem faciunt, *Herrera in descript. cap. 1. ad pag. 11. & dec. 3. lib. 1. cap. 10. & seqq. Fr. Ioan. Torquem. in Monarch. Ind. 1. tom. per tot.* vbi in *lib. 4. ex cap. 37 ad 92.* agit de expeditionibus ad nouum Mexicum, *Solorzan. de Indiar. Iure lib. 1. cap. 5. n. 37. Io. de Laët in descript. Hisp. c. 11. pag. 124.* quem refert quoque *Klock. de Ærario lib. 1. c. 6. n. 61.*

2 Diuiditurque ab Hispanis in tres partes, quas vocant *Præfecturas*: Quæ media est, dicitur *Audientia Mexici*, sub qua Hispania Noua strictè sumpta, in qua sunt Prouinciæ *Mexicana, Mechoacana, Panuco Tlaxcala*, seù *Angelorum, Guaxaca, Tabasco*, & *Iucatania*. Præfectura in Occidentem versa dicitur *Audientia Guadalajara*, cui subsunt hæ Prouinciæ: *Noua Biscaia, Cinaloa, Culiacana, Zacatecas, Chametlana, Xalisco*, & *Guadalaxara*, seù *Noua Galitia*, eiusque præcipua Vrbs est *Guadalaxara*. Præfectura autem versus Ori-

rum dicitur *Audientia Guatimala*, eiq; subsunt hæ Prouinciæ. *Soconusco, Verapax, Guatimala, Hondura*, *Nicaragua*, *Oro dinero*, & *Veragua*; Primaria Vrbs est *Fanum S. Iacobi de Guatimala*, de quibus suprà relati, & *Geographi* passim.

3 Ex quibus amplissimi reditus quotannis Hispaniarum Regi Catholico subministrantur, nàm præter argenti gazam, classe illa, quæ singulis annis è portu *S. Ioannis de Vlloa* soluit, in Hispaniam inferuntur pretiosissimæ merces, in primis autem nobilissima illa *Cochenilla* (vermiculorum genera sunt) & varia aromata, balsama, aliaq; quãtiuis pretijs, censente *de Laët d. loc.* quẽ sequitur *Klock d. cap. 6. n. 45.*

4 Refert *Herrera hist. Ind. decad. 3. lib. 8. cap. 5.* quod in Mexicana Prouincia, vbi Indi ità pauperes essent, vt nihil aliud haberent, quod tributi nomine *Mottezumæ* eorum Regi pendere possent, pediculorum saltem certam pensitationem facere cogerentur, quos sacculis inclusos offerebant, eorumquè plures in Regis Palatio *Tepac* dicto; in Camera ad hoc disposita ab Hispanis repertos, nunc sub felici Hispaniæ Regis dominio Tribunal est constitutum in Vrbe *Mexicana*, in quo tres Rationales, seù Calculatores, cõstituti, vt vectigalium, aliarumq; exactionum rationibus sumendis, & reliquis exigendis intenderent, & omnia alia ad Regij patrimonij administrationem conuenientia curarent, *Solorzan. lib. 5. cap. vnic. n. 131.*

CAPVT II.

De Ærario Regni Peruuiæ.

1 EA terræ pars, quæ *Perù*, siuè *Peruuia* dicitur, totius huius Noui Orbis est nobilissima in America meridionali, quæ indè persæpè dicitur *Peruuiana*. Reges anteà habuit proprios, *Incas* dictos, sub quibus ingens Regulorum numerus, de quorum *Incarum* origine, & Imperio, ac rebus *Peruuiensibus* præter alios *Garcilassus Inca commentaria* quædam vulgauit, *Petr. Zieza hist. Peruana cap. 21. Io. Matienzo de gubern. Regn. Peru par. 1. cap. 6.*, & quamuis noui huius Orbis generalis dominatio gloriosissimis nostris Hispaniæ Regibus cesserit, antiquis tamen Regulis particularis Indorum gubernatio relicta fuit, *Solorzan. de Indiar. gubern. lib. 1. cap. 16.*

2 Diuiditur ab Hispanis in tres Præfecturas, quas *Audientias* vocãt, suntq; *Præfectura Regum*, quæ in medio, vbi Vrbs *Regum*, *Cuscum*, & *Peruuia* regio propria, quę perampla, & à Septentrione in meridiem in duas partes Andibus Montibus secta. *Audientia Quiti*, vbi Prouincia *Quitoa*, *Quixorum*, & *Pacamorum*. Et *Audientia Charcarum*, quæ etiam *de la Plata* dicitur, vbi Prouincia *Chica*, *Charcarum*, & *Montanæ*, de quibus *Io. de Laët in descript. Hisp. cap. 11. à pag. 253.* & alij.

3 Auri, argentiq; ditissima inter omnes totius Orbis regiones non immeritò *Peruuia* censetur; non solùm enim plurimas, easq; nobilissimas auri, argenti, ac metallorum fodinas habet, sed flumina auriferos, qui rutilantibus arenis, & perlucidis vndis limpidi aureo quodam profluuio ruere videntur, *Casp. Ens. hist. Occident. India lib. 3. cap. 21.* ex *Leuino Apollonio de reb. Peru.* Totius regionis caput est *Lima*, siuè *Ciuitas Regum*, totius maritimi tractus celeberrima Metropolis, populo frequentissima, agro rerum omnium fertili, ac tutissimo portu gaudens, ambitus valdè extensi, in quo latæ viæ, amplum forum, Archiepiscopalis Ecclesia, nobilis Academia, plura Collegia, sedes Proregis, & Regiæ Cancellariæ, *Solorzan. tom. 1. de Indiar. iure lib. 1. cap. 6. num. 46.*

4 Cum *Lima* de principatu contendit alia Vrbs *Cuscum*, montanarum Vrbiũ regina, quæ ante Hispanorum aduentum, fuit Regia *Incarum* sedes. Et *Guancauelica* Vrbs, argenti viui ditissimis fodinis per totum Orbem nobilis. Sunt etiam Vrbes *Arequipa*, & *S. Marci de*

Ari-

Arica, ob portuum, nobilium ædificiorum commoditatem, populi frequentiam celeberrimæ; & de alijs Vrbibus *S. Francisci de Quito*, *Portus veteris*, *S. Iacobi de Guayaquila*, *Truxilli*, *Piura*, *siue S. Michaelis*; *cit. de Laët*, & *Solorzan. d. loc.*

5 His Vrbibus meritò adijcienda est *Argyropolis*, seù *Argentea*, vulgò *de la Plata*, quæ licet habitantium copia cum *Lima*, & *Cusco* comparari non possit, opulentia tamen insignis, decem & octo leucis distans à celebri illo Oppido, & Monte, cui nomen *Potosium* argenteis fodinis suprà modum referto, è quibus, alijsq; eis vicinis immensa eruitur argenti copia, quæ vniuersam Hispaniam, & Europam implet, & in Asiam etiam, atq; Africam magna ex parte dilabitur, *Acosta lib. 4. Histor. Ind. cap. 6. & seqq.* Vndè ea Vrbs *Argentea* dicta est, in qua Archiepiscopus, & Regia Cancellaria residet, *Solorzan. de Indiar. iure lib. 1. d. cap. 6. num. 36.* Ex qua sola *Potosiensi* fodina ab anno 1545. quo effodi cæpta fuit, ad ann. 1585. centum, & vndecim milliones extractos fuisse, memorat *Acosta d. lib. 4. cap. 6.* habita solùm computatione ad quartam partem, quæ Regi soluta est, post *Laetium. Klock de Ærario lib. 1. cap. 6. n. 56.* & si hæc ad nostra vsq; tempora ineatur, scribit de anno 1639. *Solorzan. de Indiar. gubern. lib. 5. cap. vnic. n. 14.* plusquàm 850. milliones ponderum argenti puri, ac puti excedere.

6 Prouincia *Peruana* adeò omnibus metallis, smaragdis, varijs gemmarum generibus, & pretiosis margaritis abũdat, vt *Francisc. Xeresius* in *Cusco* ædes fuisse, cuius area, parietes, ac tecta vndiq; aureis laminis erant obducta; & *Girana*, incolas *Anzerma* Prouinciæ ab imo ad verticem auro ad prælia armari, tradunt apud *Beyerlinck in Theatr. Vitæ hum. tom. 0. lit. R. pag. 30.* Videndi ex professo *Apollonius*, *Zieza*, *Lopez de Gomara*, *Fernandez de Ouiedo*, alijquè in *descript. America*.

CAPVT III.

De Ærario Terræ firmæ, seù Castellæ aureæ.

1 ALtera Americæ Meridionalis pars *Terra firma* latè sumpta, quæ aliàs *Castella aurea* dicitur, ea fortè ratione, quod ibi aurum plurimum reperiebatur, subest etiam dominio Cath. Hispaniæ Regis. Continet hæc regio *Terram firmam* propriam (sub qua præcipuæ Vrbes *Panama*, & *Portus Pulcher*), *Popayanam*, *Nouam Granatam*, *Pariam*, siuè *Nouam Andalusiam*, & *Gubernationes Venezuela*, *S. Martha*, *Fluuij facis*, & *Carthaginis noua*, de quibus *Io: de Laët in descript. Hispan cap. 11. à pag. 140.* alijq; apud *Solorzan. de Indiar. Iure lib. 1. cap. 6. à num. 34. ad 41.*

2 *Panama* Vrbs iuxtà mare *del Sur* apposita est, cum nobili alia Vrbe *Porto bello*; quæ Vrbes, quæcumque, vel è *Peruana* regione in Hispaniam, vel ex Hispania in *Peruuiam* aduehuntur, fido portuum hospitio recipiunt, siquidem diuitiæ, ac merces vtrobiq; à nauibus exonerandæ sunt, & terrestri itinere, aut per amnem, qui dicitur *Chagre* comportandæ, qua de re ob clarum concursum, & nauale commercium, Episcopalis *Dariensis* sedes ad hanc Vrbem *Panamensem* translata est, & ibidem Regia Cancellaria constituta.

3 Sequitur ad Occidentem *Popayana* regio ampla versus montes, auri venis opulenta, pluresq; complectitur Prouincias minores, in quibus Hispani incolunt metropolim *Popayanam*, aliasq; Vrbes nempè *Panam S. Fidei de Antiquaria*, *Carmanianam*, *Armam*, *Forum S. Annæ de Anzerma*, *Carthaginem*, *Caliam*, *Almagueram*, *Timanam*, *Pastum*, & *Agredam*.

4 Nec minùs celebris Prouincia, quæ *Nouum Regnum Granatæ* dicitur, cum gubernationibus *S. Marthæ*, *Venezuela*, & *Nouæ Carthaginis*, vbi est Ciuitas, &

Portus ad Hispalenses classes excipiendas tutissimus. Abundat hæc Prouincia omnium fructuum copia, auro, & smaragdis, alijsq; pretiosis lapillis, & inter plura nobilia Hispanorum oppida eminet Vrbs S. *Fidei de Bogota* cum Regia Cancellaria, & Archiepiscopali Ecclesia, *Solorzan d. lib.* 1. *cap.* 6. *n.* 40.

5 *Venezuela* Prouincia nobilissima, in primis tritico abundat, necnon armentis, atq; pecoribus, itaut meritò horreum aliarum indicetur. Præter alia oppida præcipua Vrbs est *Corum*, Venezuelam excipit ad ortum *Paria*, quæ & *noua Andalusia* dicitur, sub qua amplissimum flumen *Orenocum*, cum oppido *Camana*, cum celeberrimis salinis, & Arce S. *Iacobi*, *Io. de Laët*, vbi suprà.

CAPVT IV.

De Ærario Paraguayæ, Chiles, ac Floridæ.

1 PAraguaya, siuè *Paraguaria* regio ampla meridionalis partis, sub qua sunt aliquot Prouinciæ, nempè *Paraguaya* propria, *Tucumania*, *Vruagia*, *Parana*, *Guaira*, *Chaco*, & *Fluminis Argentei*, vulgò *Rio de la Plata*.

2 Chilis, seù *Cilis* Prouincia partim maritima, partim montana, egregia Peruanis frigidior est, cuius Metropolis est *Fanum S. Iacobi*, Colonia Hispanorum cum Regia Cancellaria. Terra quidem natura sua fertilis, omniumq; ad vitam necessariorum abundantissima, gignitq; piper longum, auriq; obrisi ingens prouentus; de quibus, & alijs huius Regni *Chilis* latiùs *Acosta*, *Herrera*, & alij relati per *Solorzan. de Indiar. iure lib.* 1. *cap.* 6. *n.* 60.

3 *Florida* sic vocatur, quod ipsa Dominica Palmarum reperta sit, quam Hispani *Pascua de Flores* appellant, est quidem ampla, satis amœna, ac omnium fructuum fertilis, oras tamen habens asperas, incolas barbaros, cuius occupationem Galli sæpè, irritis tamen conatibus, adorti sunt, ibiq; Hispani possident Arces S. *Matthæi*, & S. *Augustini* cum aliquot alijs, vide *Mercatorem in suo Atlante*, *Herreram hist. Ind. decad.* 4 *lib.* 4. *cap.* 4. *& seq. Dauilam in histor. Mexic. lib.* 1. *ex cap.* 55. *Garcilassum Incam hist. Florida.*

CAPVT V.

De Ærario Insularum Cubæ, Iamaicæ, Hispaniolæ, & S. Ioannis.

1 PRima & Europæ vicinior est Insula *S. Ioannis*, quæ ab oppido primario, portu capacissimo, & probè munito, *Portus diuitis* appellatur, habetq; vltrà minores, alias tres nobiles Hispanorum Colonias, affluitq; frugibus, fructibus, animalibus, ac auro, *Io. de Laët in descript. Hisp. cap.* 11. *pag.* 214. latiùs apud *Herreram in descript. Ind. cap.* 7.

2 Principem verò locum obtinet *Hispaniola*, siuè *Insula S. Dominici*, ab eius Metropoli Vrbe, quæ dicitur *Dominicopolis* eleganter structa ab Hispanis, qui eam vocant *la Española*: sunt aliæ Vrbes *Conceptio de Vega*, *Zeibum*, *Fanum S. Iacobi*, *Portus argenteus*, vulgò *de la Plata*, *Azua*, seù *Compostella*, & *Mons Christi*. Eius forma longa est ab Ortu ad Occasum, gaudens eximia Cœli temperie, soli vbertate, auri, & argenti fodinis, & sacchari immensa copia, & alijs vtilissimis frugibus, de quibus latiùs agunt *Petrus Martyr de Nouo Orbe decad.* 1. *Dauila in hist. Mexicana lib.* 1. *cap.* 101. *& seq. Solorzan. de Indiar. Iure lib.* 1. *cap.* 6. *n.* 10.

3 Ab Occasu autem Hispaniolæ iacet *Insula Iamaica*, quæ ab Hispanis *S. Iacobi* vocatur, habet auri metalli, sacchari, & gossypij magnum prouentum, duo continens oppida, *Oristan*, & *Seuilla*, cum aliquot Colonijs Anglorum, *Herrera d. cap.* 7 *de Laët*, *& Mercator d. loc.*

4 His proxima est *Insula Cuba* in longum valdè extensa, quæ appellata fuit à *Christophoro Colombo* in honorem *Ferdinan-*

[illegible] Regis Catholici Ferdinandi, multis vtilibus rebus abundans, præcipuè magna Rubeæ tinctorum copia, & quodam picis genere ad naues reparandas idoneo. Continet autem sex Hispanorum Colonias, quarum præstantiores sunt S. Iacobi, & Hauana, celebre Emporium, ad quod appellunt nauigia, quæ ex Peruuia, & Noua Hispania in Europam redeunt, Solorzan. d. cap. 6. n. 12.

5 Post has verò Insulas Cubagua iacet, quæ olim Margaritarum copia nobilis fuit, sed postea ob aquæ inopiam derelicta, translato huius Vnionum piscationis emporio ad aliã, cui Margaritæ nomen inditum est, Solorzan. d. cap. d. num. 17. Non est autem in toto Orbe Insula tam parua, quæ tantos reditus suppeditauit, quàm hæc Margarita, teste Mercatore in suo Atlante.

CAPVT VI.

De Ærario Insularum Philippinarum.

1 AVgustissimus Rex noster Hispaniarum, inter Americam, & Asiam habet quamplurimas Insulas, Noui Orbis ferè appendices, dictas *Philippinas*, quia auspicijs Catholici *Philippi II.* verè Magni, mãdato Nouæ Hispaniæ Proregis fuerunt inuentæ. Earum præcipua Vrbs est *Manila*, in medirullio Insulæ eiusdem nominis, vbi Prorex commoratur. Sunt autem longè maioris momenti, quàm vulgò æstimantur, nam præter alimentorum, & auri abundantiam, opportunæ admodùm sunt ad vicinas Insulas subiugandas, & commercia in toto illo Archipelago exercenda, vt inquit [illegible] apud *Io. de Laet in descript. Hisp. pag. 474.* & de alijs *Cabrera in vita Philippi II. lib. 7. cap. 8.* plurimi relati per *Solorzan. de Indiar. iure lib. 1. cap. 6. n. 64.*

CAPVT VII.

De Ærario Brasiliæ.

1 BRasilia est pars admodùm ampla, & fertilis Americæ Meridionalis, aliàs dicta Prouincia S. Crucis, à Lusitanis detecta, & occupata. Diuiditur in quatuordecim Præfecturas, seù, vt aiunt, *Capitanias*, quarum sex ad Dominos particulares pertinent, qui illas armis acquisiuere, reliquæ octo sunt Regni *Portugalliæ*. Ex hac Prouincia in Europam traduci plurimas pretiosas merces testatur *Io: de Laet in descript. Hisp. cap. 10.* quem sequitur *Klorà de Ærar. lib. 1. cap. 6. n. 36.* vbi *Pellerus* addit *Caspar. Barlaeum de rebus Brasilia pag. 31.* Plura autem de eius descriptione, & alijs agunt *Herrera in descript. cap. 25. & hist. Ind. dec. 2. lib. 4. cap. 7. Botr. Bennon.* alijq; relati per *Solorzan. tom. 1. de Indiar. Iure lib. 1. cap. 6. num. 59.*

CONCLVSIO.

1 EN ad Instituti nostri clepsydram peruenimus, paucis tamen te sistere volumus, Lector studiose, vt scias, non arithmeticum Imperiorum rationarium, sed (vt vndè orsus est, in eodem terminetur sermo) succinctam terrarum Orbis notionem, curiosam iuxtà, ac perutilem Ærarij constituendi curam in hoc Promptuario Vniuersali nos tradidisse, vt publicis commodis, ac thesaurario Operi consulentes, miscendo vtile dulci ad *Horatianum* placitum omne tulisse punctum videamur; Cœterum concludat *Phœdrus*:

2 *Supersunt mihi, quæ scribam, sed parco sciens:*
Primùm, esse ne tibi videar molestior,
Destringit quem multarum rerum varietas:

Dein,

Brin, si quis eadem fortè conari velit,
Habeat, ut possit aliquid operis residui;
Quamuis materia tanta abundet copia,
Labori faber ut desit, non fabro labor.

3 Suspexisti planè admirandas opes, ac vires *Summi Pontificis, Cæsaris Germanorum, Catholici Hispanorum, Christianissimi Gallorum, Magni Britann., Sultbani Turcarum. Czari Moscorum, Chami Tartar., Sophi Persar., Mogolis Indor., Presbyteri-Ioannis Abyssinorum, Alti-potentium Rerumpublicarum, Regum, ac Principum*, quos latè patens terræ ambitus excipit.

4 At si permagnus hic Mundus, vti nobis cominùs intuentibus videtur, ad cœlestis globi magnitudinem conferretur, puncti instar appareret; talem iudicant, qui è summo cœlestium amore ducti eum contemplantur, ex similitudine apud *D. Chrysostomum homil. 15. ad Populum Antioch.* In hoc igitur minimo puncto circumsepti Mortales Cœlum aspicite; etenim quantum est in cuiusque Ærario, non auri, sed virtutis, & innocentiæ, tanta sit vel beatitas, vel calamitas, oportet: Quocircà nihil vtiliùs, quàm pium meditari opus *P. Io. Baptistæ Sangiurii Soc. Iesu de Ærario vitæ Christianæ, & religiosæ*: Quanta sanè potentia, & gloria polluerint *Dauid, Salomon,*
5 *Ezechias, Iosias*, alijq; insignes sacræ legis custodes, docet *Regum, & Paralipomenon* historia! Non hic temporum memoriam repetere per otium liquet, de *Græcorum*, aliorumq; imperio ob repudiatam Catholicam fidem funditùs collapso: Verùm ad Catholicos Hispaniæ Reges transmissa esse augustissimi Imperij sceptra, quorum auspicijs magno Christianæ religionis commodo, & augmento, tàm longè illæ, latèq; patentes Indicæ regiones inuentæ, vt lure *Nouus Orbis* appelletur, eorumq; virtus (tantùm abest ab adulatione, quantùm à necessitate manifesta rerum fides) PLVS VLTRA progredi nequit, nisi inter astra referatur. Hæc Principi-
6 bus cordi esse decet; Nos verò pro huius Opusculi iusta mercede veniam à DEO Optimo Maximo exoramus, omnia submittendo Sacrosanctæ Romanæ Ecclesiæ censuræ, cui si quid fortàn (quod absit) aduersatur, deletum volumus, & præter animi sententiam excidisse fatemur: A te demum, Lector amice, gratiam, non liuoris morsum expectamus, cum infelicis, & malè feriati ingenij sit, famam alienam per inuidiam allatrare; prudentis verò, ac sapientis, humanos excusare defectus, & candore suo accipere

——— *à Musa paupere diues opus.*

A N-

ANNOTATIONES PRO REGIO ÆRARIO

Ad quæstiones examinatas per Spectab. Dom. D. Annibalem Moles, Regiam Cancellariam meritissimum Regentem, & auctas per Dom. D. Thomam Moles eius filium, M. C. Vic. Iudicem, cum suis decisionibus actitatis in Regia Camera Summariæ.

AVCTORE

NICOLAO CAIETANO AGETA, I. C. PARTHENOPÆO,

Et in Supremis Regni Neapolis Regijs Tribunalibus solertissimo Aduocato.

AD §. I.

De Regijs Fiscalibus.

ANNOTATIO.

SVMMARIVM.

DOm. Reg. D. Annibal Moles quando Regens electus, & tutus successor, dignis encomijs memoratur n. 1.

Districtiò à iure Fiscalium functionum exorditur n. 2.

Tributa, & vectigalia sunt Reipublicæ nerui n. 3. ornamenta pacis, & belli subsidio, patrimonium Imperij, solatia Ciuitatum ibid.

Functiones fiscales sunt nerui Regnorũ n. 4.

Tributum unde denominetur n. 5.

Tributorum unum personarum, siue capitis, alterum Rei, siue soli n. 6.

Tributum extraordinarium, siue Temerarium quid n. 7. & Tyrannicum n. 8.

Vectigal pro umbra, & pro aere exactũ n. 9. & ex meretricio, aut lenocinio, ibid.

Tributum quod imponitur rebus ad luxum, delicias, pompamque spectantibus honestissimum n. 10.

Portorium pro vitijs, & curiosus casus enarratur n. 11.

Tributum in quo differat à Vectigali n. 12.

Tributorum plures species, & Authores de ijs agentes recensentur n. 13. & 14.

Tributa apud Romanos, quæ capita, & bona ligabant n. 14.

Pensiones à socijs fœderatis accepta, & dona, ac munera Regum à Romanis aliquandò spreta n. 15.

Tributa omnibus subditis indicenda, in proprias eorum utilitates redundãt n. 16.

Tributa constituta Principi dicuntur, ut subditos in pace contra hostium vim pro-

... vegetur n. 17. & præstentur pro militiæ stipendio n.20.

Stipendia militibus virtutis causa concessa, vulgò vantaggi appellantur n.18.

Stipendia Iudicum, qui uti Pastores gregem sua curæ commissum rectè pascere debent n.19.

Fodrum, Paratæ, & Mansionaticum quid sint n.21.

Tributa antè Reges, & à Mundi principio fuisse ostenditur n.22. & affertur ad id Tetrastichon n.23.

Tributa tā à Regibus, ac Romanis, quā cæterarum regionum Dominis imposita reperiuntur n.24.

Tributa persolui debere negans, publicæ saluti detrahit, & iustitiam, ac ius publicum offendit n.25. commune illud dicterium, quod fraudans gabellas nec Deo, nec Mundo tenetur, quomodò intelligendū, latè enucleatur n.26.

Sotus de iust. & iur. 3. quæst. vlt. & Victoria 10. ar. 3. necnon Ledesma 2.4. qu.18. art. 3 declarantur n.27.

Fraudare vectigal permittitur, si imponatur ab eo, qui non habet potestatem, vel cum sine causa imperatur n.28.

Fraudari an possit vectigal, si ex rebus proprij vsus causa ductis exigatur n. 29. & receditur à Fr. Mar. Ploto affirmante, ibid.

Angel. in summa ver. pedagium, expenditur n.30.

Restitutio facienda est ijs, qui tributa condonarunt n.31. & quid in pœnis contrabannorum, quæ fiunt in Regno ob dationem in solutum Consignatarijs factam n.32.

Tributa ad mensuram publicæ vtilitatis, & ex iusta causa imponenda sunt n.33. & 34.

Tributa indicendi causa iusta, an præsumatur in Principe n.35.

Tributa ordinaria, & extraordinaria quid sint n.36. vtraque sunt de regalibus n. 37. an verò concedi possit facultas imponendi n.38.

Functiones fiscales, velati ordinariæ collectiones, inter regalia iura meritò adscripsit D. Regens n.39.

Census quid sit, & vnde dictum n.40. & Census lustralis quid n.41.

Tributum Columnarium, & Ostiarium quid n.42.

Reprobantur illi, qui dixerunt ab inuente Romano Imperio vsq; ad Regem Gulielmum nulla extra collectarum fuisse n.43.

Functiones fiscales, quæ à nostro Catholico Rege exiguntur à quolibet focularij ex iusta causa impositæ sunt n.44.

Alphonsi I. Regis tempore fuit oblata solutio per Generale Regni Parlamentum ducati vnius quotannis in singula focularia, & postea additi carol. 5. & gran. 2. pro quibus præstare voluit cuilibet sumenti salis modium vnum n.45. & 46.

Salis præfata præstatio tumuli vnius fuit circà annum 1607. in generali Parlamento Regia Curia legitimè remissa n.47.

Horatius Mōtan. dubitans de validitate d. salis remissionis, latè reprobatur n.48.

Fauor publicus in his functionibus versatur, & maior pars potest minori præiudicare n.49.

Hispaniæ Reges Catholici meritò laudantur, quod summa moderatione imponant tributa, approbantibus Regni Procuratoribus, ac subditis n.50.

Subsidium extraordinarium si Rex noster exigere habeat, piissimè permittit, Ordines conuocari Neapoli, non quidem in Palatio Regio, sed in Monasterio Diui Laurentij n.52.

Regem quendam Galliæ gloriatum ferunt, sibi aureum esse pratum, quod meteret, quotiescumque vellet, absq; Generalium ordinum scitu n.51.

Procuratores Regni, & ordines in casu necessitatis consentire tenentur n.53.

Subditos nouis tributis onerare, quantum fuerit alienum à pia mente Augustiss. Philippi IV. ostenditur n.54.

Normanni primùm Coronam Regni Neapol. susceptere, & Rogerius ab Innocentio II. Pontifice de hoc Regno inuestitus n.55. & indè primus Neapolis Rex dictus n.56.

Lege Regia lata, tributa fuisse exorta, & iure

bus Regis imperato n. 77.

Tributum soluere denegans, in Principis contemptum incidere dicitur, & in crimen læsæ Maiestatis n. 78.

Iura regia antiquissima, & iusta indubie videntur, puta Passus, Fundicaria, Plateatica, Prouentus gemmarum, ac iura ponderum, & mensurarum, &c. n. 79. Iura q; vetera n. 80.

Dohana quid significet n. 81.

Federicus II. Imperator, Rex Neapolis, Constitutionum q; Regni conditor n. 82.

Iura noua, seu alia tributa in Regno imposuit n. 83.

Studia hæc in Ciuitate primum instaurauit, ac literatorum amicissimus fuit n. 84.

Fuit Tyrannus, ob quod videtur quæsitum in pace, & non in pace n. 85.

Fuit multoties excommunicatus ac depositus tandem, Constitutiones vero ipsius non fuerunt reuocatæ n. 86.

Innocentius IV. Summ. Pontif. de familia Fliscorum sub Ianua, eiq; fuit inimicus n. 87.

Cardinalatus tempore, Federici II. amicissimus, sed cum postea damnauit, [illegible] Diabolum n. 88.

Scripsit Commentaria ad Decretal. & librum de Iurisdictione Summi Pontificis contra Petrum de Vineis Federici à Secretis n. 89.

Mortuus est Neapoli, & sepultus in Ecclesia S. Laurentij, ubi hodie Archiepisc. Ecclesia est n. 90.

Referuntur Carmina inter Innocentium, & Federicum insignia n. 91.

Federicus [illegible] à toto Regno exegit sub aduerarij [illegible] quod separatum est ab Adohamento n. 92.

Adiutum post Federici obitum [illegible] Dotium, dein de Collecta q; ad tempus Alphonsi Regis n. 93.

Omni reale Federici [illegible] n. 95.

[illegible] n. 96.

Omni reale pro quantitate patrimonij cuiq; imponitur n. 97.

Tributa relaxanda ob [illegible] prædiorum, vel destructione n. 98.

Conductoribus Apulia tempore Theodorici Regis Gothorum propter [illegible], ob frumentorum contaminationem n. 79.

Sic etiam Campaniæ Vesuuij ignis læsione vastatis, & quid ob terramotum, & pestem n. 80.

Tributa varia, alia contra realia impositu antiquissima n. 81.

Functiones fiscales contra realia dici possunt n. 82. in locum collectarum subrogata sunt n. 83. inter maiora pagaria numerantur ibid. originem habent à d. Federico n. 84.

Functiones fiscales, licet fuissent extraordinaria, ordinariæ deinde effectæ sunt n. 85.

Vniuersitates, ut muneribus publicis facilius [illegible], collectas imponunt n. 86.

Apprezzum bonorum Ciuium sit pro rata, vel gabella imponatur pro soluendis ipsis functionibus n. 87.

In hoc apprezio bona forensium adnotantur, [illegible] n. 88.

Ex [illegible] in Catastum [illegible] hypotheca n. 89.

Functiones fiscales, velut realia onera, unusquisque soluere tenetur n. 89.

Montani de regal. doctrina declaratur n. 90.

Quæstoris officium apud Romanos n. 91.

Tributorum exactionis forma qualiter antiquitus fieret n. 92.

Functionum fiscalium exactio in hoc Regno fit à perceptoribus prouinciarum n. 93.

Focularium numeratio singulis quindecim annis fit, neq; elapso, an debeat renouari n. 94.

Exactores, sub Perceptoris mittis se [illegible] debent, [illegible] exigere, quam eorum officium [illegible] n. 95.

Pro functionibus fiscalibus contra particulares Ciues exequuntur n. 96.

Fiscalium functionum exactio olim per Barones fiebat n. 98.

Prouinciæ Rector, cui exactio antiquitus collata erat, non licebat remittere tributa n. 99. quæ tamen remissio valet in Exactoris præiudicium n. 100.

Exactor tributorum Creditor dicitur, & equitatem respicere debet n. 101. [illegible] & impositorum [illegible] n. 102.

1 COncinna plaudente laudum serie in suum commemorandus peritissimus Dom. D. Anibal Moles, Regiam Cancellariã Regens meritissimus, qui fuit etiam Supremi Italiæ Consilij Regens, electus sub die 25. Novembris 1579. in locum Dom. Regentis Scipionis Cutinarij, & ob mortem sequutam Dom. Regentis Thomæ Salernitani, Neapolim ex literis die 14. Iulij 1583. reversus, ibique in eandem subrogatus, cum Privilegio sub die 7. Maij 1583. fuitque pro tempore pro M. Cam. Regniq; Viceprothonotarius, & tempore adhuc ubique optimè erat, mores, incomparabiles, doctrinam, eruditionemque, incomparabilem, immortali fama eloquentem sub die 22. Ianuarij 1591. cuius adhuc fidelissime hæ in Civitate ob egregia gesta ergà Catholicam, Augustissimumque Regem, & hanc Patriam deplorant æstimatione quæ I.C. omnia inter cætera illustrata perpetuaque memoriæ posteritati tradit, ut egregiè Scipio Mazzella in descriptione Regni Neapolis, in numeratione, seu catalogo Spectabilium Regentium Regiam Cancell. in fine libri, ac Iulius Cæsar Capacius in Historia nuncupata, il forastiero, Giornata 7. fol. 579. ac sæ. aliisque Testimonijs Encomiasticis recensuit.

Expositurus Regio huius Neapolitanæ Supremique R. C. S. Senatus ad hæc sententias, receptasque decisiones, sive, quæ iudiciorum frequentissimus ordo exequitur, Auctor in hac Camerali Regio Senatu præsidens, Optimè
2 quidem à Iure Fiscalium Functionum, veluti (ut meritò ipse admonet) à maiori, ac dignioni inferiori sunt; Illustre namque, & quæ nervos coniunctis, ac validior Republicæ administrandæ manimentum, Tributorum undique exactio videtur: In his enim esse Rei-
3 publicæ nervos, nemini dubium est, Vlpian. l. 4. 20. D. de quæst. Plutarch. in Cicerone. Marc. Tull. pro leg. Manilia, Mucian. apud Dion. in Vespas. Renatus Koppin. de doman. Galliæ lib. 3. tit. 1. n. 8. Publica enim utilitas Tributorum, & Vectigalium exactiones requirit, quod aliàs Respublica consistere non posset; Impossibile est (ait ad ubicam. Novell. 149. 1. ac sunt vero impossibile) ut sacris Tributis non illatis aliquo Republicæ conservatur; Nam neque quies gentium sine armis, neque arma sine stipendijs, neque stipendia sine Tributis haberi possunt. Tac. lib. 4. hist. Hæc ornamenta pacis sunt, & belli subsidia, Cicer. pro L. Manil. Et Plin. lib. 3. cap. 13. Vectigalia vero patrimonium Imperij, quæ Imperatores appellant sabacia Gentilium, in l. Vectigalia, C. de vectig. & commiss. quasi, ex quibus muri, & ædificia publica restituuntur, Magistratibus salaria, bene-

merentibus præmia distribuantur, tutiusq; Ciuitatis status conseruari debeat, d. Nouell. 149. Hinc sine illis retineri Imperium nullo modo posse, Cic. in epist. ad Q. Fratr. Vndeq; eosdem Ciuitatis spiritus dicunt [illegible] ciuil. Doctr. lib. 5. c. 6. Franc. Patrit. [illegible] lib. [illegible], & de Regis, & Regni instit. lib. 7. tit. 6. pag. 429. ac tota Politicorum schola.

Et quemadmodum totum corpus ad curriculum tabem venire necesse est, alimentis ventriculo denegatis; ita Tributis non exhibitis, certa in regimini pernicies; quæ latiùs ex multis alijs ad hæc congestis demonstrat [illegible] [illegible] Arniseus de iur. Maiest. lib. 3. c. 2. num. 1. Vnde dictum

4 quod fiscales functiones sunt nerui Regnorum, Reg. [illegible] n. 3. prox. & vectigalia, Reg. Galeot. resp. fiscal. 10. num. 17. cùm sicut nerui iuxta Medicorum doctrinam ex capite humano manantes per totum corpus diffunduntur, vim, roburque eidem tribuunt, ex Galen. lib. 8. de adm. [illegible] G. Tholos. in Syntag. [illegible] lib. 3. c. 2. num. 2. & de Republ. lib. 3. cap. 1. sicut quoque plenitudine sua, & inanitate periculosissimas conuulsiones creant, Hippocr. lib. 2. de loc. affect. Tholos. d. l. ità pecunia solida Imperiorum compages, & opes sunt opes, nec sine ea stet, quod opus, ex [illegible] lib. 4. c. 9. Gaspar [illegible] in Menenio Agrippa, sine corporis human. cum Republ. comparatione, [illegible] lib. 1. [illegible] cap. 15. [illegible] & [illegible] I. C. Dom. D. [illegible] in [illegible] ad l. Iul. [illegible] cap. 6. n. 1. & 2. vbi refert, & illud Prudentij in Peristephanon Hymno 2. Laurent. Mart.

Hinc [illegible]
Hoc Fiscus dat ærarium,
Vt dedita stipendijs
[illegible] pecunia.

Experientiaq; id Lacedæmones refert Bodin. de Republ. lib. 6. cap. 2., & de Annibale refertur Liu. lib. hist. 30. dum Imperium, quod sine magna opum vi ingredi non licuit, vno momento excidisse, tradit Step. [illegible] lib. 1. [illegible] 3., & ex his posse Principem amicis beneficijs obstringere, indigentibus opem suppeditare, & inimicos iure [illegible], Diogen. apud Stobæum, Iacob. Simancas de Republic. lib. 9. c. 15. Reg. [illegible] in iur. Regn. lib. 6. de [illegible] tit. [illegible] n. 1. & seq.

5 Indè ipsum Tributum, stipendium est, quod appellatur ab introductione, vel ex eo, quod militibus tribuatur, vt ait [illegible] in Leges D. de V. S. & Varr. lib. 3. [illegible] à Tribubus dictum vult, quod ea pecunia, quæ à Populo imperata erat, tributim à singulis pro portione census exigebatur, & Festus lib. 7. Tributum à tribuendo dicitur, vt plura, quia ex priuato in publicum tribuitur, Cic. 2. de offic. danda est etiam opera, vt, quod apud maiores sæpè fiebat, propter [illegible] [illegible] Tributum [illegible] conferendum.

6 Tributorum autem duo sunt antiquitus genera, vnum personarum, siue capitum, alterum prædiorum seu agris impositorum, vt [illegible] in l. 3. & [illegible] C. de [illegible], quæ ordinaria Tributa dicta sunt, eaq; ab Augusto, cum extraordinaria Prouinciarum Vectigalia sustulisset, repetit Carol. Sigon. de antiq. Iure Ital. lib. 1. cap. 21. Neque hic improbanda eorum sententia est, qui personale propriè stipendium appellandum putant, cum scilicet aurum, argentum, æs penderetur; Reale verò, siue prædiale, cum æqui, vestes, cæteraq; ex eodem genere præstarentur; Hinc illud Tertullian. in apologet. cap. 13. [illegible] agri Tributo onusti viliores, hominum capita stipendio censa ignobiliora, nam hæ sunt notæ captiuitatis, quem sequitur [illegible] C. de annon. & tribut. capitationem illam appellat stipendium, sed Tarquinium Superbum nomine singulorum pro capite cuiusque denos denarios exegisse scribit Dionys. Halicarnass. quæ capitùm collecta Turcis etiam est hodiè familiaris, sublata verò in Imperio Romano à Constantino, l. vers. [illegible] cap. [illegible] [illegible] Henric. Bocer. de iure collect.

cap.

cap. 1. &c. Bap. d'Ho Comes tract. singula-ri. At postquam Augusto cum Populo Prouincias partitus fuit, Tributa appellari cœpta sunt, quæ bello victæ Prouinciæ Populo quotannis pendebant; quæ verò Cæsaris Prouinciæ ad belli subsidia inferebant, stipendia sunt vocata, ex de causa, quia Tributa à stipēdijs, tribunorumq; piaculis à stipēdiarijs separantur, *l. 13. D. de impens. in reb. dot. fact. l. 4. §. qui tempus factiendum D. de iur. Fisc. §. per traditionem Instit. de rer. diuis.*, vbi *Theoph.* omnia tamen prædicta sub ipso Tributi nomine veluti in genere comprehendit, dum illud ab intributione dictum constat; & sic præstationes omnes illi subalternantur.

7 Imò, & vltrà præfata duo Tributorum genera, tertium recenset *Carol. Sigon. de antiquo iure ciuium Roman. capit. 6.*, nàm non solum illud, quod in capite, & aliud, quod ex censu collatum est, memorat, sed & quod extrà ordinem imperatur, idq; *temerarium* ex *Festo* dictum, & postquam antè *Seruium* quidem Regem, Tributi conferri in capita consueuit, temerarium expensi fuisse, nimirum *cum repente omnes quicquid auri, atq; argenti habebant, sine discrimine in ærarium conferrent, Temerariumq; dc nominatum, cum temerè, atq; extrà ordinem propter periculi magnitudinem, qui habent, quacumq; haberent in commune sine discrimine conferrent*: Hæc *Sigonius*, & *Io. Bodinus de Republ. lib. 6. c. 1. fol. mihi* 655. scripsit: (*Hinc Tributa originem traxerunt, & ordinaria fieri cœperunt, quæ antea extraordinaria dicebantur, tertium genus additum, vtriusque naturæ quodammodo particeps est, in Frecausait appellant; His autem tribus generibus omnia continentur, quæcumq; Ciuibus imperantur, vel pro nomine, si quid in leges peccatur, vel rerum prædiorum, pecuniarumque, quas quisque possidet, vel etiam quæ in capita singula indicuntur, quod genus Tributi capitationem latini vocant: vectigalium, quæ ex traiectu percipiuntur, quod propria significatione Portorium vectigal dicitur, vel quorum* [illegible]

quæ etiam *sordida causa exigitur*: *quæstus enim fortunissimi amant, viorumq; suauissimus odori sunt fragrans Tyranni Costusfundi est Tributum, quod ab ijs, qui opus meretricium profitentur, exigi Romæ consueuit. Quodq; ex Vrinarum effusione Vespasianus imperauerat, vt filio quidem indigna forent, Pater pecuniam ex prima pensione naribus admouit, sciscitatus, num odore offenderetur? & illo negante: Atqui inquit, Lotio est).* Et de dicto temerario Tributo latè videndi sunt, *Rulinger. de Imp. & imperat. lib. 9. c. 12. sit. C. & Faust. de Aerar. class. 1. ordin. 1 Tribut. 3 ord. 30 2. class. 14. ord. 934. & 971.*

Sicut antiquitus apud Romanos erat
8 *Tyronum Tributum*, quod & Temerarium erat, hoc est, quod ratione publici sumptus extorquebatur ad species transportandas, vel commeatum, aurum, argentumq; ad exercitum ducendum, de quo attendus doctissimus *Candl. Dom. D. Petr. Ant. Chasareti in Didascal. Iurisprudentia cap. 18. à nu. 9. ad seqq.* post alios.

In summa, lucri bonus est odor ex
9 re qualibet, *Suetom. in Vespasian.* Etenim enim Vectigal pro Vrinis, pro aere, nullo tamē iure exactum legimus *Plinius hist. & in Cedrino Const. 10. obs. cap. 7. Arnold. Clapmar. lib. 5. de Arcan. Imper. cap. 14. Heig. qu. 17. n. 17. p. 1.* sed de hoc Chrysargyro ex variis tributorum forte mixto, quod virtuti plebeiæ, & annualem capitationis, aut negociatoris [illegible] latè *P. Ioseph Gibalin. lib. 2. de vsuris commer. cap. 2. de Gabell. & vectigal. sent. 3. cit. D. Franciscus Ramos lib. 3 cap. 37 per tot. vbi n. 18 meminit Vectigalis ex meretricio, aut lenocinio, quale Albatis*, de quo *Rebuss. aut. contra Timurbam*, & Neapolitanæ meretrices olim pendebant, deinde, vt inhonestum, & suæ soli improbatum, Catholici Regis nostri religione abolitum fuit, *ex Thor. in suppl. ad comp. dec. ver. Gabella*, aliisque.
10 Honestissimum verò reputatur Tributum, quod ijs imponitur rebusque ad luxum, delicias, pompamvè spectant, & mo-

& mores corrumpunt, *Bodin. li. de Republ.cap.2.n.661.& 663. Althus.cap.11. Polit.n.31. Rechenmer. 1.polit.c.28.fol. 363. & disput. pract. 4. qu.14.fol.724. Fausi.in consil.pro Aerario classi.5.ord.521. & 523.* Et inpositum tradit *Botelin. rest.2.ragg.6.fol.94. Che nelle impositioni di publici Dacij per l'aumentar meno, che fusse possibile, aggrauassero le cose necessarie al vitto, & al vestire di gati poveri, che con l'industria de perpetui sudori sostentano la vita loro; e che rigore de impositioni maggiori vsassero in quelle, che solo appartenessero alle delicie, & i lussi, & alle superfluità de' facultosi, che delle rendite loro viuendo otiosi, solo attendono all'arte di star immersi ne' giuochi, & all'esercitio di perpetuamente inuentar nuoui vitij.* Et narrat *Gilbert. Cognat.lib.1. Narrat.* conduxisse quendam

11 portorium ad amnem, quâ pons transitum praebebat, hac conditione, vt illac iter facientes singuli de singulis vitijs persoluerent nummum vnum: Aduenit quidam scabiosus, & maculosa facie, ab illo petitur portorium vnius nummi: Qui cum recusasset, pendentem accurrit petitor, & pignoris loco detrahit viatori pileum, atq; ibi apparet in caluitie alterum vitium Alopeciae: *Ergò duos iam*, inquit, *nummos solues*; Et dum luctari incipit, conspicitur etiam hernia: Tres igitur nummos soluere coactus fuit.

12 Tributi verò appellatione, eâdem vectigalia omnia comprehenduntur, *Reg. Galeot.resp fisc. 10.n.4.* Illud tamen inter Tributum, & Vectigal discrimen ponitur, quod pars Tributum erat pecunia Populo imperata, quae tributim à singulis pro portione census exigebatur; Vectigal verò ea pecunia, quae alio quocumque modo pendebatur, vt *Sigon.* loco *superiùs* relato, & post alios *Io: Bapt. Bilotta in consuls feud.35.n.1. & 2.* exponunt.

13 Tributorũ insupèr species, nonnullas alias etiam esse cõstat, conueniuntquè omnes ad Iura regalia, quae Principi dantur, vt publica pensitatio, impositio census, tales, vectigal, stipendium, indictum, collecta, eiusdemq; generis alia, *d.l.ager in fine. l.inter 34. de publ.l.5.D.de cens. l.1.§ si quid publici, de hered.vel act. vend. lib. tit. C.de exact.Tribut.lib.10.* Plures autem horum Tributorum species congerunt, & exponunt *Rebuff. Plat. Valenzuel.*, & alij relati à *D. Francisco de Amaya* peritissimo Hispano I.C. *in comment. ad lib.10.C.tit.18.n.4.& 10.* ad litis satiissimè *Io: Matthia. & Casp. Klock. de contribut. & in tract. de Aerario, Ioann. Guttier. de Gabell. q.1. P. Ludouic. Molin. lib.3. de Iust. & Iur. tract. 2. disp.661. de Tributis, Reg. Tap. Iur. Regn. lib.6. de solut.funct.fiscal. tit.3. n.4.* & *Maximilian. Fausi. in cons. pro Aerario class.10. 17. & 18.* & alibi, *Thomasio, Christoph. Vintzler, Bacone, & Didaco Balmaseda de collectis, Lathero de censu, Bornitio, Besoldo, Henelio, Caringio, Mann. Sommio in tract. de Aerario, alijsq; in disput. de tributis, & vectigal.* De quibus autem speciebus suis in locis, prout Auctoris nostri tractatio caperit, congruè peragemus.

14 Victis quoque gentibus Tributa apud Romanos imperata fuerunt, quae caput, & bona ligabant, erantq; stipendiarij ipsi, & agri, grauissima pœna eorum, qui pertinaci bello superati essent, *Lips. de magnit. Roman lib.1. cap.3. Ioan. Corasi in l illicitas, §. ne potentiores n.14. D. de offic. Praesid. Tholos. de Republic.lib.3.c.4.nu.13. Lazius de Rep. Rom. lib.3. cap.13. Durant. Cassellius lib.1. var. cap.4. Alciat. Rebuff. Forner. Brechaus per text. ibi in l.ager 17 § stipendium, D. de V.S.* Verum verò capitum, seu hominum illud Tributum vniforme in omnia capita, an ex censu indictum; vix ex antiquitate erui posse, fatetur *Lips. d.lib.c.3.* explicare tamen id conatur *Bodinus de Repub.cap 2.n.663.* patremfamilias pro singulis capitibus, & si nihil in bonis habebat, id soluere coactum fuisse. Haec verò capitatio sublata vt suprà est à *Constantino l.1.C.de capitat. Ciuium cens. eximend.* deleatq; fastuosus ditandi Aerarij modus, quem Christiani Principes adsciscere nõ debent

bet, *Io Guttier. de Gabell. q. 1. n. 3.* Simi-
15 liter à socijs ex fœdere pensiones, si bellum gerendum erat, accipiebantur, *Bodin. d. l. c. 2.* Neque dona, & largitiones amicorum respuebantur, peculiari tamen magnitudine vsi sunt Romani, vt rebus aduersis oblata Regum munera spernerent, quemadmodùm Ptolomeo Ægypti Regi mille pondo auri, & 20. m. pondo argenti dono data remissa sunt, *Liu. lib. hist. 36. c. 4.* amplissima tamen Regna, fœdere iunctorum testamento sibi relicta, non indecorè acciperent, ex *Epit. Flor. Bodin. d. c. 2.*, quo titulo Regnum Burgundiorum, seù *Arelatense*, *Conrado Salico* datum Germanico Imperio accessit, *Peucer. Chron. lib. 4. in vita Conrad. Salic.*, temerario ausu à *Carolo IV.* Imp. in *Delphinum* Galliæ alienatum, sed falsum esse, quod Cesarea iura Gallo in perpetuum cesserit, demonstrat *Conringius de Finib. Imp. Germ. l. 2. c. 14. p. 569. & seq.* Nescitur autem, an solidiùs nutrimentum ærario quæsitum fuerit, quàm cum vectigalia certa, perpetuaq; eidem destinarentur, *Gregor. de Rep. lib. 3. c. 3. n. 3.*

16 Tributaquè insupèr ipsa, omnibus subditis indicenda, eaq; in proprias eorum vtilitates redondare constat; ideòq; *suo damno potiùs agunt, qui sub nobis aliqua fraudare contendunt*, *Cassiod. var. lib. 11. epist. 7.* Erecto enim Romano Imperio *Octauianus Augustus*, ex consilio *Mecœnatis* regalia sibi præscripsisse, ad pecuniam comparandam pro stipendijs militibus erogandis, ex *Dion. hist. Rom. lib. 52. pag. 635.*, ibi (*Impossibile est, & sine bello nos tutos esse, & milites sine stipendio habere, siue vnius principatum agnoscamus, siue in qualicumq; Republica forma versamus, vbiq; necessariò pecunia est conficienda. Henr. Muntan. de regal. in prælud. n. 3.*, quod & breuibus D. *Augustin.* comprobat *lib. 22. contrà Faust. cap. 74.* (*Christus Tributa Cesari monet reddi, quia propter bella necessariò militi stipendium præbetur*) & *Symmach. lib. 10. epist. 30. cessantibus subsidijs necessaria deseruntur.* Cumq; ratio institutionis, siuè originis Tributorum publica sit, & singulorum vtilitas in illis consideretur; iustissima omni iure est illorum exactio, vt ex *D. Paul. ad Rom. cap. 13.* constat ibi: (*Ideò necessitate Subditi estote, non solum propter iram, sed propter conscientiam; Ideò enim & Tributa præstatis; Ministri enim Dei sunt; in hoc ipsum seruientes*) & in S. Euangel. *D. Matth. c. 22.* (*Reddite, quæ sunt Cesaris, Cesari*) & Cesaris ibi specialia esse dicuntur *Census, & Numismata, Marquardus Freherus in lib. de numismate censu*, *Io: Seldenus de iure nat. & gent. iuxtà Hebr. lib. 6. c. 17.* Vndè Tributa etiã, & Vectigalia dicuntur Stipendia Principis, pro administratione Iustitiæ constituta, *D. Tho. 2. 2. q. 63. Isern. in Constit. super incision.*, & *in c. 1. de pace ten.*, & *in c. 1. vers. vectigalia, tit. quæ sint regalia. Thom. del Bene de Parlam. dubit. 7. sect. 1. n. 2. et 3.* Et propterea Princeps dicitur debitor Iustitiæ, quam Subditis tribuere tenetur, *can. Reg. 23. qu. 5. Velasc. de Iudice Perfecto rubr. 1. annot. 3. §. 3. nu. 3.* quoniam, aiente *Aristot. lib. 1. Oecon. suprema potestas versatur in componendis litibus; in puniendis delictis, & pro subditis inuigilando:* Si igitur (vt *Plin. ad Traian.*) *qui sustinet Republicæ onera, & pro omnibus vigilat, ab omnibus debet iuuari*, sic Princeps tributis muniendus est, quia omnibus fauet, *Anton. Perez. super D. Matth. c. 17. n. 5.* & qui regios introitus, regaliaq; vsurpat, capitis pœna plectitur, vt *in Constit. ea, quæ ad speciale decus*, *Mut. Surgent. in annot. ad Marc. Ant. Germ. Neap. illustr. c. 16. fol. mihi 340. & 377.*

17 Imò Tributa constituta Principi dicuntur, vt subditos in pace protegat, eaq; ad repellendos Hostes erogentur. *Surgent. fol. 390. & fol. 402.* Militibus inde ex Regis Ærario stipendia in primis persoluenda sunt, qui pro Regni defensione, siuè Castrorum præsidio, siuè Classi sunt adscripti, siuè equestri, siuè pedestri militiæ destinati, eaq; antè omnia esse præstanda; Eodemq; iure censenda additamenta illa, quæ vltrà consueta stipendia militibus virtu-

tiis

ex causa conceduntur, ac vulgari
28 sermone *vantaggie* appellantur, quae
eodem privilegio gaudent, cum non
sit de soldicamento diversum ius sta-
tuendum, arg. *l. etiam, de iur. dot. cum*
simil., cum ob virtutem, aut nobilita-
tem veluti praestantioribus honor sic
dari soleat, ipsique inde exercitus
nervi dicti, & *duplicarij* apud Roma-
nos vocati, vt ex *Liuio, Lips. de Milit.*
Rom. lib. 5. dial. 16. Et ideo etiam in e-
odem loco sunt Iudicum stipendia cen-
29 senda, expensaeque omnes, quae tum in
bellicis contingunt, tum etiam in iu-
stitia recte administranda sunt necessa-
riae, vt doctissime post alios fundant
Reg. Fab. Constant. ad l. 2. lib. C. tit. 1. de
iur. fisc. vol. l. 1. & n. n. 107. & 108. Anto-
nius de Portugal de Donat. Reg. lib. 2.
cap. 24. à nu. 81. Propterea magistratus
debent annonae prospicere, & ne sub-
diti fame pereant, curare; & dum ex
Tributis impositis, stipendia recipiunt,
inde debent, vti Pastores praecipue in-
cumbere, pecora suae curae commis-
sum recte pascendo, ad Principis instar,
in cuius locum ab eodem constituti
sunt, vt late post *Varr. de re rust. lib. 2.*
c. 10. pluribus rationibus, atque exem-
plis suadet *Mart. Cabr. de aliment. lib.*
1. c. 17. à n. 1. & seqq.

30 Antiquissimam vero Tributorum
pro militari praesertim stipendio, ac vi-
ctu exactionem fuisse, nemo est, qui du-
bitet, idque ex innumeris Romanae Hi-
storiae testimonijs, memorat *Nic. de Ann.*
Arnisaei d. lib. c. 2. Imo id proba-
tur ex *Vlp. in l. si pendentes, §. si quid*
Cloacarij, D. de vsufr. vbi docet col-
lationis onus pro exercitu transeunte,
vepote quod ex fructibus Terrae prae-
benda exercitui censeatur, belli & cae-
tera onera realia, eo tempore occasio-
ne imposita, ad vsumfructuarium, non
ad proprietarium spectare; vnde recte
Hieron. Montan. de regal. tract. extraor-
dinaria collatio d. fol. mihi 120. num. 2.
dum exponit, quid sit *Fodrum*, *Para-*
ta, & *Mansionaticum*, scribit, Regibus
tamen sua Terra tributum esse, vt ex
omnibus fructibus, quae ipsa ferre ad
vsum hominum solet, quantum opus
militibus foret, ad regios vsus suppe-
ditatum sit, nec id à *Carolo Magno* so-
31 lum, sed antiquitus introductum fuisse
firmat; *Fodrum* autem germanicum
verbum est, ac pro equorum pabulo in
lege Francica, & passim pro annona mi-
litari vsurpatur, vt in *lib. 2. feud. tit. 1.*
Mansionaticum, & *Parata* primum so-
nat Hospitium, & secundum alimenta,
quae Regi, eiusque familiae proficiscen-
ti dabantur à subditis, & sunt extraor-
dinariae collationis, *Camill. Borell. de*
praestantia Reg. Cath. cap. 30. à n. 13. ad
15. à quibus erat Ecclesiastici immu-
nes sunt, vt ex *Ioanne IX. in Synodo*
Rauennat. p. 2. c. 8. doctiss. ac eruditiss.
Hispanus I. C. *D. Emmanuel Gonzalez*
decretalium lumen fundat in *commen.*
ad lib. 3. tit. 40. c. 4. n. 15.

Quia insuper Tributa & à Mundi
principio, generisque humani pri-
32 mordio fuisse nempe initiata, fun-
dat *cit. Maximilian. Faust. d. consil. 1. pro*
Aerar. orat. c. & ante illum *Gregor. Tolos.*
in orat. ad Iulian. ita scribens: *Ex pec-*
cato penuria nata est, penuriaque cupidi-
tatis mater, quae bella peperit, à quibus
orta sunt tributa, quibus in diuino com-
demnatione nihil gratius est, & acerbius
&c. Vnde Tributa, & Vectigalia pene
cum Regibus nata fuisse, *Reg. Tapia*
dec. Supr. Ital. Senat. 23. n. 35. & apud
Iudaeos, Assyrios, Medos, Aegyptiosque
vbi primum Reges coeperunt, Tributa, &
Vectigalia eadem instituta, ex *Genes.*
47. vbi Regibus Aegypti pars quinta
fructuum Tributi nomine praestita nar-
ratur; Imo & ante Reges, si quae Re-
publicae forma vllo tempore fuit, sine
Vectigalibus esse non potuit, quibus
belli, pacisque munera sublevarentur,
Aristot. Politic. c. 11. Boleng. de Imper.
& Imper. lib. 9. tit. 1. de Tribut. orig. ac
necessitate c. 8. & 9. vt de iure gentium
Tributa esse videantur, *Amaya super*
C. lib. 10. tit. 16. ad l. 4. n. 1. Quod etiam
33 his carminibus ipse *Faust.* expressit:
Dum sit Imperium, sit & collecta
Tributum
Quolibet Imperio semper habenda fuit.

V Nam

Num simul, ac Reges fuerant, quoq; Regia passim

Census a reliquis munera exciperet.

24 Et sic ipse *Faust.* insequitur enarrare alia quoq; Tributa, tam à Regibus, quàm Imperatoribus Romanis, caeterarumq; Mundi regionum Dominis, variis temporibus diversimodè imposita; de quibus eundem *Faust. ibid.* adeas, & alia ad hæc notarunt *Reg. Tap. Iur. Regn. lib. 6. tit. 10. per tot. Ioan. Laganar in addit. ad Reg. Roui. in Pragmat. 1. de iur. & vectig. fisc. lit. A.* ubi Authorem nostrum referunt, illisque apud *Solorzan. de Indiar. gubern. lib. 1. cap. 18. per tot.* idemq; *Reg. Tap. Iur. Regni tit. 3. in annot.* meminit ab initio collectas, sive oblationes fuisse voluntarias ex *Sacra Scriptura*, quæ deindè Regum, ac Regnorum necessitate exigente, necessariæ effectæ sunt, & hinc pro optima laudanda est talis colligendi consuetudo, *Gallup. in meth. feud. p. 3. c. 5. n. 14.* Sicut Donativum, quod anteà in Regno fuerat voluntarium, hodiè est necessarium, dum fit ad subveniendum Regi propter bella, & sic ad necessariam, atq; iustam causam, dicitur, eius exactio iam præscripta, ipsumq; Donativi nomen simulatum, ut exponit *Andr. Capan. de Iur. Adoha q. 14. n. 7. 8. 9. & 14. cum seqq.*

25 Eademq; Tributa, quæ persolvi debere negat, publicæ saluti detrahit, & Iustitiam, iusq; publicum offendit, nã & ipse *Iesus Christus Dominus Noster* illa persolvit, & præceptum insuper dedit; *Date Cæsari, quæ sunt Cæsaris, D. Matth. 22.* Quod latius interpretatur S. *Apostol.* (*Reddite omnibus debita, cui Tributum, Tributum, cui Vectigal, Vectigal, cui timorem, timorem, cui honorem, honorem.*) ad Rom. 13. Et *D. Ambrosius orat. contra Auxen.* (*Tributum Cæsaris est, non negatur*); nam Tributa quidem Maiestati debentur, & absque læsione conscientiæ negari non possunt, ut ex D. *Matth. 17. & 22. &* ad Rom. 13. *Sotus Iust. & Iur. lib. 3. q. 6. art. 7.* & *Covarr. p. 2. regul. peccatum § 4. n. 3. de reg. iur.* [illegible] *Reg. Rovit. super rubr. de Vectigalib.* [illegible] Et

26 licèt è contrario illud sit dicendum, quod fraudantes gabellas, nec Deo, nec Mundo tenentur, ex *Bart. in l. cond. ligandis 20. D. de publ. & vectigal.* Hoc tamen procedit in Datio, sive Vectigali non legitimè imposito, & sic iniusto, & iniusto, et cavetur in *d. l. &* vectigalia, ubi notant *Bart. & Roman. ubi. Alex.* [illegible] *super D. Matth. c. 22. qu. 101.* ubi allegans *D. Chrysost.* in (*Tu autem cum audieris, redde, quæ sunt Cæsaris Cæsari, illum scias dicere tantùm, quæ in nullo pietati nocent, quia si aliquid tale fuerit, non adhuc Cæsaris est, sed Diaboli*) [illegible] *16.* Nam aliàs Tributum, seu Datium legitimè fraudans, ex quo omnes illud solvere tenentur, *Gaetan. de Gabell. q. 1. n. 12.* [illegible] *Cod. vocat publ. mun.* [illegible] *Iudic. Anaya in lib. 10. C. tit. 16.* [illegible] *4. n. 2.* lethaliter peccat, ut docent *D. Thom. 2. 2. qu. 96. art. 4.* & alii relati à *Gabalino lib. 2. de* [illegible] *cap. 2. de gabell. & vectigal. art. 10. à n. 1. ad seq.* & *2. Consil. Rox de offic. rubr. 24.* ubi latè de pœnis contrabannorum agit § 3. à nu. 1. ad 5. *& seq. Io. Leonard.* [illegible] *ad Reg. de Marin. in addit. ad caput 157. n. 5. & 8.*

27 Verùm non obstat prædictis *Soti de Iust. & iur. 3. q. art.* [illegible] *& Villalob. 12. q. 62. art. 7.* doctrina, necnon *Ludovic.* [illegible] *qu. 18 art. 3.* qui loquuntur in terminis Tributi Regnorum *Castellæ, & Hispaniæ*, & aliorum, si sine fraude, ac dolo non in occultando, dum aliquid vendunt, sed celebrando contractum quo ad eum in locis consuetis, Tributum non solvunt, ex quo nõ accedit Publicanus, neque alius Minister publicus, qui illud exigat, non teneri in conscientia illud restituere, eorumq; sententiam fundant, quoniam consuetudine non est receptum, ut homines solvant hoc Tributum, nisi quando ab eis exigitur, sive petitur, *Gaetan. de Gabell. q. 3. per tot. Raudens.* [illegible] *c. 23. nu. 7. Grammatic. dec.* [illegible] *Menoch.* [illegible] *134. Bertazzol.* [illegible] *153. num. 19.* Vectigalis etiamq; Exactor si non fuerit in loco exactionis, viator transibit impe-

nè, Camill. Borrell. de præst. Reg. Cathol. cap. 11. n. 109. & ideò dicitur, quod vectigalis exactor in Regno Neapolitano debet stare in loco destinato, ide Borrell. d. loc. n. 116. confirmat traditur per Alex. conf. 172. n. 1. vol. 2. Bertachin. Gabell. q. 9. num. 3. & 11. Iosèph Ludouic. communi concl. 15. n. 11. Mascard. de probat. concl. 834. n. 11. Gaeccin. de consil. humor. amphat. 82. n. 3.

In quo casu, oltò rationabilis esset prædictorum opinio, quam sequitur Fausl. pro Aerar. class. 18. cas. 82. ad n. 444. Attamèn certum est, quod si fraudibus, aut se occultando Tributum non soluatur, aut venienti Publicano, & interroganti circa quantitatem mercium, aut circa aliquid aliud, non fuerit verum dictum, tunc præcitati quoque Doctores indubiè tenent, esse obligatos transgressores, in foro quoque conscientiæ restituere totum, quod ità defraudauerint, & sic quoque concludendum est, quod quoties non dubitamus de iustitia Tributorum, prædictos teneri in conscientia certum sit; Secus tamen si practicè dubitaretur de illorum iustitia, aut fuerit ambiguum, an desit aliquod requisitum; nam tunc DD. communitèr affirmant, non teneri contrauentores in conscientia, sed posse defraudari, modò periuria, & mendacia non interueniant, imò denegari posse, cessante scandalo, & graui dãno publico, ex Caiet. in verb. Vectigal., Angel. in verb. Pedagium nu. 6., Syluest. verb. Gabell. 3. num. 1. Gabr. in 4. d. 15. q. 5. concl. 7., Medin. de rest. q. 13. fundat. Pausl. conf. 78. ad n. 440. & 441. & Lessius lib. 2. c. 33. n. 64. & 67. Lugo de iustit. disp. 36. n. 92. Sanch. lib. 2. in decal. c. 3. n. 7. Alij tamen, post Vasquez, Turrian. Bonacin. & Suar. apud cit. Gabalin. d. art. 10. n. 7. vers. maior, docent teneri subditos in casu probabilitatis tributum soluere, quia Princeps habet ius imperandi non tantùm euidentèr iustum, sed non euidentèr malum, alioquin vix vnquàm teneremur obedire, & quisq; facilè se à tributis eximeret, & spoliaret Principè iure suo, & authoritate, pro qua est iustum præsumendum.

18 Hinc rectè dicitur, quod fraudare vectigal permittitur, si imponatur ab eo, qui ius imperandi non habet, Guid. Pap. singul. 720. quod pro Clericis notari iubet Abb. in c. nouerimus n. 5. de cens. si quando à laicis vectigalibus premantur, deindè quando nimis est excessiuum, vt potiùs in extorsione consistat, P. de Vbald. de duob. fratr. in 5. p. princ. nu. 37. Raudens. quæst. resol. c. 25. nu. 39. vel sine causa exigantur, Abb. in proem. decret. verbo. Rex pacificus n. 5. vel denique exigantur ob causam, veluti custodiam itinerum, reparationem viarum, quam tamen ex sua parte Dominus non adimpleat, Felin. in c. 1. nu. 41. de Constit. quarum omnium illa ratio videtur, quia Princeps iniustè vectigal extorquendo in subditos suos, grauitèr peccat, eosq; defraudare videtur, & sic fraudem fraude repellere licet, dummodò intentio simulanti sic damnum cuitare, Leges pater 77. §. 31. D. de leg. 2. Bargal. de dolo lib. 2. c. 8. n. 4 9. Fab. de Mont. de empt. & vend. quæst. 4. princ. nu. 5. P. de Vbald. de collect. nu. 97. Euerhard. Prosp. conf. 43. n. 31. Sotein. in reg. iur. verb. Gabella, Saxon. in consil. Turon. tit. 7. art. 1. in fin. Carbocan. decis. 31. n. 22. Thoming cons. 93. nu. 107. Decian. tract. crim. lib. 1. c. 5. n. 15. Farinac. crim. 172. n. 91. Tiraqu. de retr. lignag. in præfat. nu. 69. & seq. Bonifac. de furt. §. fraudolosa n. 31. vbi ait, Christianum esse, si scandalum timeatur, vectigal iniustum soluere, cui consentit Gaetier. de Gabell. q. 2. n. 27. per Text. in Matth. c. 5. vers. 40. Marta de Iurisd. p. 1. c. 24. nu. 48. Rondin. in promptuar. recept. sent. tom. 1. tit. 1. 30. n. 4.

29 Recedendum tamen est à Fr. Man. Plat. in addit. ad Mart. Laudens. in cons. 39. n. 8. scribente, posse fraudari vectigal, si ex rebus proprij vsus causa ductis exigatur; si enim consuetudine introductum est, ex eiusmodi rebus vectigal petere, sanè conscientiam decipientes lædent, quæ veluti optima approbanda est consuetudo, nam in veteri Testamento DEO Optimo Maximo

V 2 ini-

iniquum visum non fuit, vt tenuissimis quibus ex fructibus agelli in proprium vsum satis decimam solueret, *Molin. de Iust. & Iur. disp. de Tribut. 669. n. 2.* Nec iniquum iudicat leges, mercatori pauperi, & diuiti idem vectigal indicere, tamen hic lucri, & quæstus, ille sustentandæ vitæ gratia negotiatur; quid ergò vetat rebus victui paratis vectigal imponere, *Suarez de leg. c. 16. n. 7. in fine.* In claro similitèr est, etiam si rebus negotiationis causa deuectis imponatur, pauperes eas à negotiatoribus refuso auctiori pretio in vsus suos necessarios emere, & ità in effectu vectigal ex rebus necessarijs soluere; quod itàq; per indirectum fit, cur directè fieri non admittetur. *Molin. d. loc. in fin.* Et hęc *DD. Scholast.* communis est opinio, vt videre est apud *Suar. d. c. 16. n. 3. de Lugo de iustitia disp. 36. n. 36. Sanch. lib. 2. consil. c. 4. dub. 44. Dian. 2. par. tract. 3. miscell. resol. 28. Gibalin. lib. 2. de varijs commerc. cap. 2. art. 8. à n. 20.* & proindè approbanda est Consuetudo, finè etiam Senatum, quæ indifferentèr ex rebus commercij, & vsus necessarij causa transuectis portorium, finè aliud vectigal exigi, firmant *Rupp. dec. 50. nu. 34. Gylm. dec. 8. n. 3. lib. 1.* Dictamq; Consuetudinem optimo iure inniti, ac decennio, tàm de iure ciuili, recto *Mantuan. cons. 71. nu. 8. Natt. cons. 98. num. 6. Olim. Ran. dec. 1159. n. 3.* quàm canonico, secundùm *Marcscot. 2. var. resol. c. 200. n. 31.* introduci posse, quod latius annotabimus infrà *ad §. 14. de iurib. passuum qu. 2. per tot.*

Præter indè casus prædictos, relatosquè à *cit. Faust. d. loc.*, certum est, quod quando Tributa imposita sunt, concurrentibus omnibus conditionibus requisitis, vt iusta reddantur, qui ea non soluunt, lethalitèr peccant, modò quantitas, quam soluere omittunt, tanta sit, quæ ad culpam lethalem in materia furti sufficiat, atq; in conscientiæ foro ad restitutionem non solutorum teneantur; Non tamen obligantur, restituere pœnam statutam ea non soluentibus, aut non manifestantibus mercem, vel aliquam aliam diligentiam omittentibus, antequàm condemnentur, *Reg. Reuit. in Pragmat. rub. de vectigal. n. 27.* vbi *Io: Lagonar.* latè *lit. A.*

30 Et similitèr neque obstat prædictus *Angel. in summa verb. pedagium*, vbi nouum dogma inculcat; quasi lex Tributorum, seù Vectigalium non obligaret in conscientia, ex quo colorem absurdæ opinioni mutuans, quod legislator addendo pœnam temporalem, videatur excludere æternam *c. nemo de præsumpt.*, cùm quod in pœnalibus humanior interpretatio sumenda sit, benigniorem autem esse sententiam, si statuatur, legem in foro poli non ligare, *Suar. de ll. lib. 5. c. 3. nu. 5.* sequuntur *Angel., Dec. in c. nam concupiscentiam de constit., Iason in l. 1. nu. 143. C. de iur. emphyt.*, alijq; quos allegat *Couar. in cap. peccatum p. 2. §. 5. nu. 2., Vasq. de success. creat. §. 28. n. 128.*, qui tamen non persistit in ea opinione.

Nàm in contrarium dicimus ex illo ineuitabili argumento, humanam potestatem à Diuina ordinatione pendere, omnemq; animam subiectam esse potestati, & qui resistit potestati, eum resistere ordinationi Dei, *D. Paul. ad Rom. c. 13. vers. 1. ad 2.* & indè nos subiectos esse, non solum propter pœnam, sed etiam in conscientia, *d. c. 13. vers. 5.* Imò data *Angeli*, & aliorum opinione pro vera, tota legum vis facili negotio pessum iret; ac adiectio pœnæ, quæ ideò fit, vt maius robur legibus concilietur, contrarium operaretur, & eas redderet imbecilliores, vt ex mente Theologorum, reiecta dicta opinione, fundant *Couar. d. §. 5. per tot.* & *Gibalin. d. cap. 2. art. 10. n. 1.* & Canonistarum *Suar. d. l. n. 6.* Iuristarum, *Gutierr. de locat. & cond. uect. qu. 1. Marchesell. resol. lect. q. 7. n. 1.* & alij; vnde etiam dicitur, quod nec in foro conscientiæ tutus est, qui mentiendo, iniquum exactorem eludere præsumit, *Gutier. d. q. 3. nu. 16. Molina disp. 674. num. 0. Sanch. lib. 2. cons. cap. 4. num. 10. Lugo disput. 36. num. 44.* & alij.

31 Ad-

31 Advertendo tamen, quod quando aliqui Tributa conduxerunt, ipsis facienda est restitutio, quia conductores totum, quod Princeps ad illa habebat, secundùm communem DD. sententiam, quam sequuntur *Io. Mich. de vectig. q. 17. Castr. de leg. penal. c. 10.* ... *Caiet. d. loc. Caual.* post alios *in reg. prouentum q. 2. §. 3.* idem huiusmodi pœnæ sunt in fructu, *l. si quis c. 5. in fin. C. de vectig. l. fin. §. Diui 12. D. de public. & comm. Bald. in l. 1. C. de fruct. & lit. expens.* licet in contractu locationis nihil de eo dictum fuerit, *Bald. consil. 155. n. 1. vol. 4. Bald. Nouell. de fiat. verb. exigere nu. 1. Dec. consil. 4. nu. 2. Io. Sich. in C. tit. de Vectig. in fine. Chassan. in consuet. Burg. rub. 2. §. 11. in fin. Sard. consil. 57. n. 21. Boss. tit. de fraudant. vectig. nu. 17.* nam quoad hæc Conductor iura Fisci habere, ait *Peregr. de Iur. Fisc. lib. 4. nu. 33. Losaus de Iur. Vniuersit. p. 3. c. 6. n. 5. Chopp. de Iurisd. Andeg. lib. 1. c. 56. num. 3. Io. Saison in consuet. Turon. tit. 7. art. 14.* vbi tamen ex stylo Curiarum in Sede Turonensi contrarium receptum tradit *Emil. Ferret. in l. fin. in int. num. 21. D. de leg. 1.* Et inde statim Conductori applicantur, quando commissa sunt, licet deinde sententia desuper feratur; nam etiò, si fama tantum commissi ... prouocauerit, pendente iudicio inter famosos non habeatur, iniusta autem si eius appellatio visa fuerit, hodie non retrotrahetur, ex *l. furti 6. §. 1. D. de his, qui notan. fam.* vnde *Peregr. d. l. fin.* pœnas inter fructus pendentes referre nō dubitauit, quæ Conductori à die sententiæ tantùm debentur; ideòq; primum, cuius tempore casus commissi extitit à posteriori Publicano, cuius tempore sententia lata est, excludi, *Guid. Pap. dec. 535. Ferrer. in addit. ibid.* Pœnarum autem iure ad hanc speciem non possunt applicari, tam manifestum redditur, sequitur fraude Vectigalis, rem statim, ipsoque iure commissam, quare primi Conductori eo ipso iure quæsitum fuit, vt ait *Marc. de clausul. 1. clausul. 13. n. 3.* Igitur etiam, si declaratiua sententia sequatur, tamen ea iux de nouo non tribuit, sed quod antea fuit, explicat, *l. 1. §. 4. D. ad Turpil. l. heredes palàm 2. §. 1. ibi (Et puto possessi) D. qui test. fac. poss.* & fertur, non vt puniatur, & condemnetur, sed vt declaretur, ipsum iam fuisse condemnatum, in puncto *Bero consil. 100. nu. 19. vol. 3. Iaso. de Amic. consil. 110. n. 25.* nam quando finis habet necessariam consequentiam ad principium, respiciendum ad ipsum, non finis, *l. 3. §. 1. D. de minor. l. 3. C. ad S. C. Maced. l. 1. C. de impon. lucrat. descr. Chassan. in Consuet. Burg. rubr. des iustices §. 7. n. 7.* qui bis contra *Guid. Pap. dec.* pronunciatum refert, & simile præiudicium videndum est apud *Surd. consil. 57. n. 19. in fin. Parlad. rer. quotid. l. 2. c. 3. §. 3. n. 33. Boss. de Vectig. quo suo. solu. n. 6.* & sequitur in laudemijs *Ant. Faber dec. 10. error. 4.*

Quæ omnia ex ratione confirmantur, quia dùm talia Tributa imposita pro publica vtilitate à Principe fuere, vt subuentioni ipsius Reipublicæ, ac in eiusdem bonum, conseruationemque, administrationem, & defensionem debentur; proinde obligatione ex iustitia soluti præcipiuntur; neque suffragatur pœnæ impositio transgressoribus, nam illa solùm, vt meliùs ab omnibus soluantur, pœnæ eisdem legibus, quibus statuuntur, Tributa non soluentibus, aut alia transgredientibus comminatæ sunt, illæq; ad maiorem cautelam merito sunt statutæ, imò, quia transgrediens tali casu non solùm peccat contra Principis debitam obedientiam, ob quod pœna infertur, sed etiam contra iustitiam peccando, ad restitutionem, vt suprà, non obstante pœna statuta, tenebitur, vt fundat *cit. Rogil. consil. 7. quod. 1455.*

32 An verò pœnæ pecuniariæ, & transactiones, quæ ad euadendam pœnam contrabannorum sunt in Regno isto, ob dationem in solutum Consignatarijs factam, Regio Fisco, vel ijsdem Assignatarijs incorporandæ sint, satis examinat *Cons. Rouit. de assis. rubr. 14. §. 5. per tot.* quem nouissimè sequutus est *Dom. Cæsar Neapol. Pisanus* in suis elegantibus

tibus

tibus *addition. ad Goffred. de Gaeta super Ritib. Reg. Cam. Summ. rub. 21. à nu. 19.* & qualiter pœnæ, quæ exiguntur à transeuntibus, non soluentibus vectigal, applicentur domino vectigalis locanti; an verò conductoribus, latè examinat *Camill. Borrell. de præstant. Reg. Cath. cap. 11. à n. 97. ad seqq.*, vbi n. 101. pro conductoribus concludit, excluso proprietatis domino locante, ex *l. si quis. C. de Vectigal. & commiss.*, ibique *Bald.*, *Salicet.*, & ex alijs cit. *Borrell.*, vbi contrarijs respondit n. 108.

Ipsa autem Tributa non ad alium
33 vsum, nec ampliori mensura, quàm exigit vtilitas publica, imponenda sunt, *l. 1. §. in consis 10. de quæst. Nouell. 149. c. ac sanè Nouell. 161. cap. 2. Nouell. 163. in princ.*, *Leon. nouell. 1. in princ.*, *Montan. d. loc. n. 2.* & *cit. Arnis. d. loc. n. 3.* & *de Republ. lib. 2. c. 3. nu. 75.* vnde dicitur, quod ad Tributorum constitutionem requiritur iusta, & publica necessitas, ex *l. 1. C. de Vectig.*, & post plures Theologos *Molin. de iustit. & iur. 3. so. disp. 667. n. 1. in fin. Guttier. de Gabell. q. 2. n. 25. Mastrill. de Magistr. lib. 3. c. 10. n. 225.*, & post alios cit. *Amaya lib. 10. C. tit. 16. ad l. 3. n. 27. Gibalin. d. cap. de gabell. art. 3. & 4. per tot. Thomas. Hobbes de Ciue cap. 12. §. 9. Samuel Pufendorfius de iure naturæ, & gentium lib. 8. cap. 5. §. 5. & 6.* Iustæ autem causæ quæ
34 plures sunt, easque *DD.* referunt, de quibus apud *Bouadill. Politic. lib. 5. c. 5. n. 5. & seqq.*, *Reg. de Ponte de pot. Prorreg. tit. 4. n. 1. & seq.*, *Io. Andr. de Georg. in rep. feud. p. 1. c. 57. n. 28.* & alios relatos à *cit. Amaya d. loc.*, concludente: *Idque ità procedit, vt iusta non videantur causa, nisi concurrat necessitas publica, qua cessante Princeps non potest Tributa imponere, aut imposita augere, vel continuare, quæ ob causam, quæ iam cessauit, imposita fuerant, vt rectè docet Molin. suprà cit. (à quo multa huius articuli pertenas) & Andr. de Georg. d. c. 57. n. 32. Parlador. 1. quotid. c. 3. n. 6.* adeòque *necessariam esse causam supradicti affirmant, vt Princeps absque ea si imponat Tributa, peccet, ità post Innocent. in c. innouamus de [illegible] Sixtin. 2. c. 4. n. 44. de regalib. Reg. de Ponte d. tit. 4. n. 1. & 2.* Cum autem ex iusta causa illa imposita sunt, naturalis ergà subditos ad illa soluenda oritur obligatio, *Reg. Rouit. sup. rubr. de Vectig. n. 13.*

35 In Principe tamen semper imponendi Tributa, ac Vectigalia, causa iusta præsumitur, etiò non exprimatur, dummodò, quando imponuntur, de causæ vrgentia constet, idem *Rouit.* post alios *ibid. n. 9.*, & ex hoc in subditis non debet esse perquisitio scrupulosa ergà Principem, in perscrutando ad vnguem causam, sed credere debent Principi, qui est vigor iustitiæ, ex *cap. 1. qui sunt. ten. Andr. in §. sed nec est alia iustior, post n. 41. quæ sit prima causa benef. amitt.*, & *in tit. hic fin. post n. 11. vers. his cessantibus*, idem *Rouit. in consult. pro Donatiuo in fin. tom. 1. consil. nu. 1. 2. & 3. Io. Baptista Larrea alleg. fiscal. 60. & 61. nu. 28. & alleg. 9. P. Dian. 2. p. moral. tit. 3. resol. 11.* vbi nu. 7. respondet contrarijs *del Bene de parlamentis dub. 1. sect. 1. Gibalin.* optimè *cit. cap. 2. art. 10. num. 7. Reg. Galeot. resp. fiscal. 13. à n. 92. & contr. 18. n. 28. lib. 2. Reg. Sanfel. decis. 306. lib. 3. & in qu. voit. de Donatiuo temp. belli nu. 5.*, & alijs cit. per *Dom. Cons. Altimar. in obseru. ad d. consult. Rouit. pro Donat. n. 13.*

36 Tributum autem duplex quoque apud Romanos fuit; vnum puta pecuniæ ordinarium, quod in caput, atque in solum impositum quotannis exigebatur; Alterum extraordinarium, quod aut ex lege, aut S.C. pro vsu Prouinciæ aliquando imperabatur, veluti cum naues, nautas, milites, aut sumptus in eos dare Prouinciæ iubebantur, vt exponit *Ioan. Rosin. antiq. Rom. lib. 10. fol. mihi 993. vers. Prouinciæ*; Eaque omnia extraordinaria Regibus in multis casibus à subditis debita, de quibus *tirat. Montan. d. loc. à n. 1. ad 3.*, quæ extraordinariæ collationes, siuè etiam superindicta dicuntur, *l. 1. C. de superindict. lib. 10. & C. de indict.*, cum superindictum sit extraordinaria præstatio, siuè munus vltrà solitam collationem indictum, *l. 3. C. lib. de collat. fund. patrim.*, *Cuiac. ad rubr.*

[illegible] C. de [illegible] cap. [illegible] quæ sint regalia; Amaya super C. l. 10. tit. 18. l. 3. num. 3. [illegible] dici etiam subuentionem, subsidium, ac subsidium, ex l. [illegible] C. de Sacros. Eccl. [illegible] ad tempus [illegible] [illegible] belli imponitur ad supplendum [illegible] quo subuentio ordinaria Tributum non sufficit ad Manutenendum Regnum; [illegible], idem Amaya [illegible] n. 34. Montan. de regal. [illegible] [illegible] n. 3. Camill. Borrell. de præstantia Reg. Cathol. cap. 18. num. 6. Ipsum autem super indictum, quandoque etiam extraordinarium appellatur, idem Borrell. [illegible] n. 7. & post Andr. & alios declarauit Montan. d. loc. nu. 2. vers. hæc [illegible], vbi requisita pro illo legitimè imponendo recenset; nam cum [illegible] Ærarij modo hoc ipso, quod in singulorum bona [illegible], non nisi vltimo loco, & quando à cæteris nihil superest subsidij, [illegible] collationibus vtendum erit, vt ex [illegible] in testamento [illegible], [illegible] A Vectigalibus & Tributis abstinere, nisi te summa vis necessitatis, ac vtilitatis publicæ iustissima causa ad hoc compellat; & ex alijs id comprobat [illegible] d. c. 2. n. 4. & 5.

37 Vtraque autem, siue ordinaria, siue extraordinaria Tributa de regalibus esse constat, & soli Imperatori, Regi, liberis Rebuspublicis, aut alio absoluto Principi exigendi, & imponendi Tributa, ac Vectigalia ius competit; nam in Romana Republica sub Coss. ædiles exhausto Ærario noua Vectigalia [illegible], Alex. ab Alexand. genial. dier. lib. 4. cap. 4. pag. 187. idem Censores [illegible], Alex. lib. 3. cap. 13. Tribunis tamen plebis assentientibus, Vol. Ant. Marti de iurisd. p. 1. c. 45. n. 13. P. Gregor. Syntagm. iur. lib. 3. tit. [illegible] num. 7. [illegible] verò Populi potestate in Principem [illegible] cum notat. C. de ver. rom. [illegible] quod Principi placuit, [illegible] de [illegible] & c. facultas hæc quoque in illum translata, l. 1. D. de publ. & vectig. & 3. [illegible] super [illegible] [illegible] de V. S. Farin. de [illegible] [illegible] [illegible] de [illegible] Fisc. resol. 5. n. 1. Paulus. rer. quotid. lib. 1. c. 4. n. 7. Lancell. Conrad. in templ. omn. Iudic. lib. 1. c. 1. § 4. verbo collectas & Gabellas nu. 1. Cassan. de potest. Reg. in [illegible] Compan. ad Statut. Mediolan. p. 1. c. 348. n. 3. in Kapp. dec. 50. n. 3. Corn. consil. 199. n. 11. vol. 1. Hier. Gabriel cons. 156. num. 7. Knichen de Sax. non prouoc. iur. verbo Ducis Saxon. c. 3. n. 68. Chopp. de doman. lib. 1. tit. 1. num. 6. Et hanc ob causam Fridericus I. Imper. inter regalia vectigal numerauit in c. vnic. quæ sint regalia. Doctores omnes in l. Vectigalia 10. D. de publ. & vect. l. non solùm 3. C. vectig. noua instit. non poss. c. innouamus 10. de cens. Matth. Steph. in tract. de iurisdict. lib. 2. p. 1. c. 1. membr. 2. n. 47. Schrader. dess. p. 3. c. 3. n. 38. Sixtin. de regal. lib. 1. c. 1. n. 4. Schneidewin. de [illegible] p. 1. n. 217. Petr. Ant. Augustin. cons. 13. num. 35. lib. 3. Ubert. Zucard. cons. 7. num. 18. Ant. Quett. cons. 3. n. 2. Camill. Borrell. de præstantia Reg. Cathol. c. 1. à n. 34. Borrell. tract. de regal. [illegible] num. 187. Reg. [illegible] supra n. 3. [illegible] cons. [illegible] num. [illegible] Amaya d. loc. n. 26. vbi contrarium referentes, post Sixtin. confutat, [illegible] quemadmodum regalibus non annumerabilia, si priuati minimè ea imponere possint, Gaitier de Gabell. q. 5. n. 11. & seq. vbi etiam tradit, gabellarum percipiendarum ius præscriptione acquiri non posse, adeò vt nec vetera Vectigalia quisquam sine Imperatoris, aut Regis, aut Principis permissu reformare possit, d. l. 10. in princ. D. de vectig. Matth. Steph. & alij in tit. loc. Add. ad Ioach. Mynsinger cent. 5. obs. 19. per tot. imò nec transferre posse, argum. l. si cuius, vers. totum conferri. D. de seruit. & d. l. 10. quo facit, quod translatio illa vectigalis, quæ fit in præiudicium mercatorum, aliorumque transeuntium, reddat difficiliora commercia, ipsas merces carioras, & perniciosas in Populorum [illegible] pariat, Borr. de regal. d. c. 1. n. 195. & hinc concessio vno regali, nec ad aliud fit extensio, Montan. d. loc. n. 3. Priuilegio tamen concesso imponendi Vectigalia & Collectas illud reuocari nō potest, si transijt in formam pa-

petit. Reg. Rouit. d. loc. num. 19. & sic ex
38 priuilegio tale ius Vectigalia imponendi concedi posse constat, idq; tam verum quàm præsumptio, scilicet ex immemorabili possessione firmatur. *Rouit. d. loc. n. 20.* Quod *Amaya cit. loc. n. 15. usq; ad 26.* late examinat, & negant *Camill. Borrell. de Reg. Cath. præst. c. 11. n. 42. Reg. Galeot. resp. 10. nu. 22. & seq.* & quod lege Iulia de ambitu, & de vi publica teneantur alij priuati nouis pedagia, siuè vectigalia imponentes, probatur ex *l. unica, §. item is 2. D. ad leg. Iul. de ambitu. l. ult. D. ad l. Iul. de vi publica. l. penult. C. vectigal. l. unica C. de superindict. lib. 10.* ut cum Comites, & alij inferiores Principes nouis Censibus, & Vectigalibus prouinciales deterrere conarentur, valdè illos Sac. Canones *Conc. Turon. 3. can. 30.* increpasse aliuerit doctiss. decretalium potiùs illuminator, quàm commentator *D. Emanuel Gonzalez ad lib. decret. 3. tit. 30. c. 10. n. 4.* ubi circa finem, Consuetudinè in contrarium forsàn introductam, ex pluribus damnatam fundat.

39 EX his igitur rectè *Author* noster loquuturus de functionibus fiscalibus, veluti de ordinaria collatione, siuè Tributo, vti inter præcipua regalia iura, de quibus erat tractaturus, primò annumerauit; à pensitatione namque fiscali præstatio aurariæ, ærariæ, ferrariæ conferebatur; vndè collatio, collatores, oblatio, oblatores, & præstatio, functio, item functiones annonariæ, functio publica, munia functionum, publica necessitas, publica collatio, publica deuotio; vndè collator ipse deuotus, vel deuotissimus, necessitas rei annonariæ, statuta necessitas, debitæ pensio, obsequium, capitatio, de quibus adeundus est peritissimus *Iacob. Gothofr. 11. Cod. Theod. tit. 1. verbo & hac quidem præstatio, & in versiculis:* Fit autem collatio ordinaria illa, quæ Regiæ subsidiis pro Regni defensione debetur, concurritque vti principalis species sub Tributi nomine, quod à tribuendo dicitur, *Monran. loco supra cit.* exponens censum, siuè Tributum siuè dictam ordinariam collationem à
40 censendo quidem appellatum, quòd census est personarum, rerum, descriptio, sic sumitur apud *Pompon. in l. 2. §. post deinde. D. de orig. iur.* cuius originem exponunt *Fauft. class. 1. ordin. class. 3. ord. 97. class. 10. ord. 801. class. 10. ord. 1194. & 1336. & class. 18. ord. 1663. Kliock de Ærar. lib. 2. c. 79.* ibiq; *Pellicius post Ioc. Bapt. Vitr. Comm. de capitatione, Gibalin. d. c. sp. 2. de gabell. & vectig. art. 7 per tot.* Personarum quidem, cum singuli Ciues in sua Tribu, classe, centuria, omnia sua, vxorem, liberorumque, seruorumque suorum, item cuiusque ætatem, & quam Vrbis regionem habitarent, profiterentur, vndè triplex modus manumissionis, puta *vindicta, censu, testamento*, vt refert *Theoph. in Paraphras. ad §. & dedititios, Inst. de libertinis*; Nàm serui ipsi, qui sciente, & patiente domino in tabulas censuales nomen suum retulissent, pro liberis, & ciuibus habebantur, *Faust. class. 17. cons. 27. ord. 1301.* Bonorum verò cum iidem Patresfamilias prædia sua cùm vrbana, tùm rustica, seruorum, pecudumq; numerum, fundorum instrumenta, supellectilem, pecuniæ denique numerum profitebantur, *Dionys. Halicarnass. lib. 4. & Tit. Liu. lib. 1. 7 & 34. A. Gell. lib. 18. Noct. Attic. 10. Alex. ab Alexandr. Genial. dier. 5. cap. 10. Brisson. antiquitat. selectt. lib. 1. c. 4.* & sic rectè cit. *Monran.* exponit, *Censum à censendo dictum*; Censeri autem dicebantur, cùm bonorum suorum censum, hoc est valorem apud censores profitebantur, hinc census quoque nomine, substantia, bona, fortunæq; comprehenduntur. *Dicimus enim pro Censu (quantum, etc.) & ex censu spectatur, Ciuis Romanus est, l. 1. & l. 6. in princ. D. ad S.C.T.*

41 Prælata autem æstimatio quinto quoque anno sub ea institutione *Seruij Tullij* Regis Romanorum, vndè census lustralis dictus, *Varro in pass.* Bonorum autem, quibus bona deerant, capita censebantur; vndè capite censi dicebantur; & in S. Euangel. legitur: *Exiit edictum, ut profiterentur singuli in suam* Ci-

Galiciarum, §. Item,) eiusmodi censis personalis, modicus vigintiseu denariorum erat, à quo præter eas Italicus in Provinciam, & alios, qui à Principe immunitatem obtinuerant, nemo immunis erat, vt *Carol. Sigon. de antiq. Iur. Ital. c. 15.* & ex *Montan. post alios d. loc.* memorant: Ipsæ verò functiones fiscales, de quibus *Auctor* noster hic memor est, dicuntur conuenire cum illo Tributo, imò idem esse cum eodem, quod à singulis domorum focis, & caminis exigitur, ab id vulgò Caminorum dictum, de quo *Hermannus Lathervus tract. de censib. c. 5. n. 2.* quod aliàs intelligunt, quando rustici, seù subditi aliquid ratione loci, & focì domino persoluunt, vt exponit *Gylmann. lib. tarr. 12. n. 18. fol. 174. & 186.* sic & 42 olim columnarium vocabant grave illud Tributum Asiaticis, aliisq; Provincijs, temporibus bellorum ciuilium, à Romanorum Ducibus impositum, quod pro singulis domorum columnis, & ostijs, quæ indè ostiaria appellabatur, exigebatur, vt post alios declarat *Maximil. Faull. cons. pro Keran. class. 4. cons. 43. vol. 194.*

43 Ex quibus etiam omnibus, cum supereis *Montan. d. loc. n. 7.* circà tradita per *Dom. Regentem* nostrum hic concludimus, satis clarè errasse illos, qui dixerunt ab incunte Romano Imperio, vsq; ad Regem *Gulielmum* nulla extra Collectarum, & Impositionum fuisse; tùm quia ex iam traditis contrarium constat, *Reg. Rovit. super Pragm. 1. de annon. exact. fiscal. n. 1.* tùm etiam quia post ea Romanorum tempora in ipso Siciliæ Regno, *Friderici II.* denique temporibus, qui Siciliæ Rex fuit, præstari cæpisse aliquid ratione adiutorij loquitur, vt ex *Capyc. & Capiblanc.* scribit *Montan.*, adueniendum *Auct.* scripsisse, antiquos Reges hæc dixisse, sed tamen id ipsum firmasse, idem aliàs ipsum quoque errasse indubitè ostendit, ex c. *Regis Caroli II. tit. de priuil. & immunit.*, contrà eos probare id videtur, dum mandat, collectas exigi iuxtà modum, vsum, & statum, qui seruabantur tempore Regis *Gulielmi II.* de quo erat facta conuentio cum Rege *Carolo* super Summum Pontificem, qui statum, vsum, & modum, pro eo, quod constare non possunt, cum nulli, vel pauci superessent, qui possint testimonium perhibere, mandat remitti declarationem ad Summum Pontificem. *Ergo* (cóclu-dit *Montanus*) *tempore Regis Gulielmi exigebantur Collectæ, siuè Tributa, Iura veteris dicta, secundùm Andr. in Reg. Const. quam exactis num. 80. 2. vol. sed modus, status, quantitas ignorabantur;* vndè adnotare hic ex eod. *Montan. d. loc.* non omittimus, quod sicuti certum est de antiquissima Tributorum origine, eorum imponendi modum, Ius regale supremum esse, & quod sub Tributi nomine conueniant Census, Collectæ, Vectigal, & cætera Impositiones, Telonia, siuè Collationes, ac Tributa ordinaria, siuè extraordinaria, ita quoque certissimum est, quod quantitas, & modus huius Tributi ordinarij, aut extraordinarij exigendi vniformes non sunt, sed varij apud diuersas gentes, & singula Regna, aut lege Regulata, vel Consuetudine diuersimodè obseruantur.

44 In Regno autem isto, prout aduertit *Auctor* noster hic, fiscales functiones (quæ à Catholico Rege nostro exiguntur à quolibet foculari, siuè à qualibet familia simul viuente, & sic à pluribus **insimul** viuentibus, sub vno scilicet tecto, secundùm *Montan. tradita de regalib. verb. extraordinaria nu. 14.* vnde vulgò constituitur fumans) istas de causa impositas fuisse, cóstat, veluti subrogatas in locum omnium Collectarum, quæ ab antiquissimo tempore ab exteris Regibus imperabantur, in recognitionem supremi dominij, regiminis, ac tutelæ, quam de Regno Reges gerunt, vt admonet *Auctor hic num. 5. Prosp. Camill. de Curte in diuers. feud. p. 1. fol. 4. n. 6. & 7. Marius Surgent. Neap. illustrata anno. fol. m. 245. Ab. R. de Phil. lipp. sup. differ. 54. n. 33. Iac. Laganirius ad R. Rovit. super prag. 1. de ann. exact. fisc. lit. 4.* Consonant verba R.

gis *Roberti* in *cap. Regni*, incip. *Fiscalium*, 155. iuxtà ordinem *de Negris*, ibi: *Fiscalium functionum exactioni cōgruè, per quas Reipublicæ curam gerimus, & onera supportamus, opportuno tempore prospicere cupientes, &c.* Et concordat his lex Regia Hisp. *in l. 1. tit. 18. lib. 9. Recopil. l. 2. tit. 15. lib. 4. Recop.*

45 Itemq; posteà continuè iusto titulo exactæ; dùm in anno 1442. tempore *Alphonsi I.* Regis fuit oblata solutio per generale Regni parlamentum ducati vnius pro quolibet anno in singula focularia, quæ oblatio fuit à Rege acceptata, vt in *Capitul. & Priuileg. Neap. fol. 5. cap. 1.* Et posteà in anno 1449. fuerunt additi caroleni quinque, & grana duo pro quolibet foculario exigenda, pro quibus clementiss. *Rex Alphonsus I.* obtulit, ac præstare voluit salis rubri tumulum vnum cuilibet fumanti, & sic fuit per Regiam Curiam dari concessum, testibus *Scip. Mazzella in descript. Regn. Neap. lib. 2. fol. mihi 328. & Io: Laganar. ad Reg. Rouit. in Prag. 1. de iur. & exact. fiscal. litt. A.* Vndè dictum est, quod caroleni quinque sunt pro tumuli salis pretio, & grana duo soluenda, pota, vnum pro expensis conducturæ, & aliud pro mensuratura; & sic meritò dicitur, quod impositio salis in Regno non fuit primò indicta à Rege *Alphonso*, sed à Re-

46 ge *Federico II.* Imperatore; dùm *Rex Alphonsus* tumulum salis pro quolibet fumante Regno donauit, secundùm cit. *Mazzell. ibid.*, cum pareat, impositionem salis, imperatam in Regno, fuisse longo tempore antè Regem *Alphonsum*; & quia tempore, quo ipse Rex *Alphonsus* collectam aliorum carolenorum quinque pro quolibet foculario exegit, dictum salem donauit, & cuilibet fumanti dare promisit; indè versum est, quod dicunt Regnicolæ, iura salis dandi, atq; vendendi, introducta in Regno à Rege *Federico II.* Imperatore, vt in *Ritu Regiæ Cameræ de Iure salis in princ. rubric. 20. nouæ edit. Afflict. in cap. vnic. vers. & salinarum n. 1. quæ sint regaliæ;* Impositionem verò solutionis annuam, quæ fit per Populos Regni, institutam à Rege *Alphonso* fuisse; dùm scribunt, ipsum *Alphonsum* cum Regnicolis conuenisse, de præbēdo cuilibet foculari annuum salis modium, in cuius recompensationem acceperat collectam, & dationem annuorum carolenorum quinque ab ijsdem Regnicolis, mediantibus regijs litteris expeditis in anno 1451., de quibus *Reg. Tapia in rubr. de constit. Princip. cap. 4. n. 54.* vbi mentionem facit de dictis alijs assibus duobus, quæ pro conductura, & mensura salis exigi dicuntur, quem refert *Camill. Borrell. de præstant. Reg. Cath. c. 24. à nu. 19. ad 21.* & mentio quoque de prædictis fit, in *Pragm. de iur. & exact. fiscal. & in c. 4. capit. Ciu. fol. 5. àt. R. Rouit. in d. Prag. 1. alleg. 1. n. 65. Pisan. in cit. add. ad Gaetā super Rit. R.C.S. rubr. 20. nu. 44.* post *Auctorem* nostrum infrà videndum in *seq. tit. de collect. à n. 45.* ibiq; nos n. 63. & in §. 20. à n. 14. ibiq; nostr. *annot.*

47 Salis verò præstatio tumuli vnius pro quolibet foculari, fuit posteà Regiæ Curiæ solemniter, ac legitimè remissa circà annum 1607. in generali itidem alio Baronum Regni, Procerū, & Magnatum parlamento, *Reg. Rouit. in Pragm. 1. de sale vendend. nu. 3. Reg. Capyc. Latro decis. 116. n. 7.* nulla vnquā habita ratione de alio antecedenti parlamento in anno 1481. Regis Ferdinādi tēpore facto; dùm illud non habuit effectum, sed post tres annos continuata fuit semper exactio fiscalium, prodit iam anteà, vt ex c. 27. *inter c. Regis Federici fol. 24.* fundat *Reg. de Ponte d. tract. tit. de regal. imposit. 4. §. 2. nu. 24.* quod exposuit iam antè illum *Auctor* noster infrà in *tit. de collect. à num. 50. ad 57. & 58.* & *Reg. Capyc. Latr.* post *Auctorem* nostrum *in cit. dec. 116. n. 8.*

48 Hinc improbandus est (salua doctiss. viri in alijs opinione) *Horat. Montanus*, qui Regi nostro Catholico, Dominoq; naturali amabilissimo, & auorum continua serie pijssimo, Iurisq; veritati parùm fidelis ostenditur; dùm absque fundamento conqueri videtur, de præ-

fata

sata salis remissione, in dicto generali parlamento validissimè conclusa, autumant, contra Regni antiquissimum, approbatumq; stylum, & Consuetudinem Iuri conformem dubitare, quod per Baronum, & Procerum parlamentum, Regnum totum, eiusq; Vniuersitates, atq; subditi omnes repraesententur, quando & ipse *Montan.* fatetur in *tract. de regal. verb. Vectigalia nu. 1. & in tit. de n. 7.* quod hoc in Regno Barones pro subditis loquuntur in parlamento generali, ex *Fore* aliorūq; doctrina; & postea fuit ausus dicere, quod forsàn requireretur in tali remissione dictae praestationis salis, consensus omnium Vniuersitatum, ac subditorum Regni congregandorum, velut continente interesse, quod singulos tangebat, cum singulis focularijs soleret, illisq; singulis sal debebatur.

Quod quidē asserti repugnare videtur antiquissimae Regni consuet., *And. Capan. de iure Adoha q. 34. n. 20.* dum omne Regni interesse semper per quoq; tali parlamento examinatum, & quid in eo gerendum, conclusum fuit, Baronibus pro subditis loquentibus, semperq; fuit inde attenta maior, & ditior, siuè melior pars ciuium Regni, in uno congregatorum; prout de iure attendenda est pro caeteris in concludendo, secundum *Bald. in l. & secum 7. § fin. n. 2. & 3. D. de pact.*, vbi *Paul. de Castr.* idem firmat, & ita post alios comprobat *Reg. de Ponte de potest. Prorg. tit. 4. de reg. impost. n. 14. & 15.* vbi attendendam esse rationem potiùs, & à *DD.* traditam, tenendo concludit, sufficere consensum Magnatum Regni, quia sanior pars attendenda est, ad euitandam multitudinem gentis imperitae, quae causas, statum, & securitatem Regni concernentes minimè discernit, nec illarum est capax, & semper Magnatum, ac Baronum parlamentum legitimè Regnum totum repraesentauit, *ut And. Capan. d. loc. n. 23.*

Idq; omne antiquissimae praxi, & obseruantia confirmat; dum omnia donatiua oblata Regi, vnicuiq; quae singulos quoque, vel singulos subditos tangebant, eodem modo conclusa fuere, de quibus videndi sunt *Scipio Mazzella in descript. Regn. Neap. lib. 1. à fol. 342. ad 370.* & *Io. Dominic. Tasson. de antefat. vers. 4. obs. 3. à n. 21.* quae Consuetudo antiquissima in Regno iniqua non est, nec vsurpatio videtur, sed iure est introducta, ex praedictis rationibus, & proinde obseruanda est, vt *cit. Reg. de Ponte dicit*, concludit, & probat in simili, ex *Bald.* doctrina in *cap. cum tanti n. 1. q. extr. de consuetud.*, *Franc. Cyfal. ad Prorg. de sdit. fol. mihi 73. vers. st regē*; Imò, dùm in dicto parlamento Regis *Alphonsi I.* tempore, in quo dictum salem praestari, fuit à Rege concessum, non interuenerunt Vniuersitates, siuè earum Administratores, nec vocati fuerunt subditi, sed solùm adfuerunt Barones, & Proceres Regni, qui pro Vniuersitatibus, & subditis interfuerunt; Nescitur, quomodò ad remittendum postea salis annuam praestationē Regiae Curiae, à praefato aliquo optimo I.C. dici potuit, esse, quasi iuris ... fuisse necessarium, dictas Vniuersitates, & subditos, ad id vocari; dum iuris indubitata principia volunt, nihil tam naturale esse, quàm eo genere, ac modo, quodq; dissolui, quo ligatum est, *l. nihil tam naturale 35. D. de reg. iur. ...* Et quibuscumq; modis obligamur, ijsdem ferè in contrarium actis liberamur.

Igitur si in antecedenti parlamento, in quo dictū sal praestari promissum fuit, non fuerūt vocatae Vniuersitates, ac subditi Regni; in sequenti etiam in quo fuit remissa salis praestatio, nec opus fuit Vniuersitates, ac subditos vocari; vt probat quilibet contractum eisdem ... solui debet, *l. prout D. de solut.* Vnaquaeq; namque obligationis eo modo soluitur, quo quaeri adsolet, vt est apud *Papin. in l. quemadmodum D. de ...* Ac enim lex, colligatum, ... contractum, alligatum, astrictum, illigatum, simili modo contrario actu dissoluitur, vt tradit exornat *Petr. Faber ad tit. de diuers. reg. iur. antiq., ad d.l. nihil tàm naturale per tot.* Ex quibus constat, satis rectè concludi, validè fuisse per Regnum totum remissam Regi salis præstationem, vt idem *Montan.* rectiùs posteà loquendo confitetur *in eod. tract. de Regal. versic. piscationum n. 3 fol. mihi 193. à nu. 9. ad seqq.*

Ad quod notandum est ex his, quæ fundauit *Reg. de Ponte de regal. impofit. per tot.* d. m n. 17. pro singulari scribit,
49 quod adeò verum est, quod in his functionibus publicus fauor, & vtilitas versatur, vt quoties de his tractatur, dicatur factum, & negotium Vniuersitatum Regni; ideòq; in eis maior pars poterit minori præiudicare, quod latè confirmat *Io: Lagonar. ad Rouit. in prag. 1. de iur. & exact. fiscal. litt. A.*, addito *P. Diana resol. moral. tract. 3. de parlamento resol. 27.*, & an in impositione Adohæ, vel Donatiui procedant termini *l. quod maior, D. ad municip.*, latè examinat *Andr. Capan. de iur. Adoha qu. 34. per tot.* & quid apud Germanos vide *Faust. pro Ærar. class. 5. ord. 511.*

Et imò circà prædicta, meritò lau-
50 dantur Augustissimi Hispaniæ Reges, quod summa humanitate, & moderatione imponant tributa approbantibus Regni procuratoribus, plebis Tribunis, ac subditis in Comitijs, *Pariador. lib. 1. rer. quotid. cap. 3. fol. 57. Bolerus de decoct. debit. fiscal. tit. 2. quæst. 1. num. 44.* Quamuis *Vasquius* referat lanarum vectigal subditis impositum fuisse non conuocatis procuratoribus Regni, neque celebratis Comitijs; posteà tamen in Comitijs reuocatum esse *lib. 1. §. 17. de success. creat. num. 102. Faust. pro Ærar. class. 5. ordin. 510.* vbi insequitur quod si Rex extraordinarium subsidiũ ab his exigere habeat necesse, vt omnis coactionis suspicio tollatur, & suffragia sint liberiora, pijssimè permittit, ordines conuocari Neapolim, non qui-
51 dem in arce, aut Palatio regio, sed in Monasterio Diui Laurentij, vbi Rex ipse, vel eius nomine Prorex accommodata ad rem præsentem concione, causam, & necessitatem impulsiuam conuentus agendi, petendiq; extraordinarij subsidij exponit, & deindè, quãtum Rex ab ordinibus expectet, declarare solet; Quam praxim habes apud *Marc. Ant. Surgent. de Neap. Illustr. lib. 1. cap. 23. n. 33. Reg. de Ponte dec. 15. Consil. Rocc. de offic. §. 5. de don. n. 87. Iul. Cæs. Capac. in hist. in tit. il Forastiero fol. 660. & Nos infrà in annot. ad quæst. 7. §. 3.* Et ex hoc præ cæteris omnibus mundi Principibus in æternum laudandi clementissimi Reges nostri Catholici, qui non præcipitantèr pro libidine, ac instantia, vt Principes quidam se gerunt, qui gloriantur, se habere priuilegia, potestatemq; quãtum velint à populo exigendi, vti ferunt Galliæ quendam
52 Regem gloriatum, sibi aureum esse pratum, quod meteret, quotiescumq; vellet, *Faustus d. class. 5. ordin. 509.* immemorem, Galliæ Reges, nisi suffragante generalium ordinum scitu iàm inde ab ætate Caroli Magni tributa noua instituere non potuisse, vt post *Aymonium Monachum lib. 4. cap. 126. & seq. & Io: Bodin. 6. de Republ. c. 2. n. 656.* testatur *Faust. d. loc. ord. 510.*

In casu tamen necessitatis non posse
53 Ciuitatum Procuratores, atq; ordines non consentire, vt imponatur tributũ, cum tunc ipsis quoque dissentientibus à Principe imponi tributum possit, post *Iordan. Castillo Sotomayor lib. 7. contr. cap. 9. per tot. Boler. de tit. 2. qu. 2. n. 45.* & infrà in *annot. ad q. 10. §. 3.* declarabitur.

Quantùm verò fuerit semper alienæ
54 mentis recolendæ mem. Augustiss. nostri Regis Philippi IV. ab impositionibus tributorum, legatur eius *Epistola*, quã registrauit *Reg. Sanfelic. in fin. discept. vnic. de donatiu. post to. 1. decis.* Quæ sanè aurea est Epistola digna tanti gloriosissimi Monarchæ, vt obseruat *Capon. to. 4. discept. 313. n. 6. in fin.*

NOrtmanni (ex quorum inuasio-
55 nibus plures exortos Principatus, cum ius se in armis ferre dictarent, testatur *d. m. Arnis. de republic. c. 1. sect. 2. n. 14. circà fin.*) primi Coronam Regni huius suscepere, cum Rogerius Siciliæ

ciliæ Comitis Rogerij filium, interea
Guiscardo, Siciliam à Saracenis recu-
perauerit, nactus occasionem in Cala-
briam contendit, illamq; & Apuliæ
potitus est, Regemq; Italiæ se appel-
landum iussit, sic ad Normannos Nea-
polis peruenit, & Græcorum in eo Impe-
rium defecit, *Iul. Cæsar Capac. lib. 1.*
Hist. Neap. n. 20. fol. 319. &c. Cumq; rur-
sus ille Rogerius post Capuam debel-
latam (præcedente S. Brunonis tunc
viuentis in somnijs visione, cum ad id
excitante, ob quod inde parta victoria
Priuilegia, Iurisdictionesq; eius fratri-
bus concessit, quibus ex eo tempore
adhuc fruitur Monasterium, in Cala-
bria situm, Sancti Stephani de Nemo-
re, vt post *Card. Baron.* memorat. *Tas-*
son. de annfat. vers. 14. n. 67.) ab Inno-
centio II. Pontifice de hoc Regno fuerit
inuestitus, *Fazzello de reb. Sicul.* di-
citur; indè, primus Rex Neapolitano-
56 rum 1144. nominatus, iuxta *Card. Ba-*
ron. Ann. Eccl. tom. 12. fol. mihi 296. &
ex *Capac. lib. 1. hist. Neap. fol. 169.* quod
latius ex pluribus annotabimus *infrà*
ad §. 26.

Vndè meritò cum ipso Rogerio I. huius
Regni Rege fuerunt hoc in Regno Tri-
57 buta exorta, vt *Auctor* noster hic rectè
animaduertit *n. 22.* nam penè cum Re-
gibus ipsis in toto Orbe Terrarum, cum
primum Regum in qualibet Orbis parte
dominatus incæpit, lege Regia lata,
initium ipsa Tributa imperata, cum in
omnibus nationibus, & gentibus, vbi
Reges primum recepti sunt, & Tributa
quoque Iure regio indicta fuere, idq;
Iure supremi dominij, vt ex *Gen. cap.*
47. & lib. 3. Reg. 4. constat, *Bobadill.*
lib. 2. de Impor. Bon. cap. 1. ad ... *super*
C. lib. 11. tit. 36. n. 1. Et Regem Salomo-
nem annonamque familiam vniuersam,
quam habebat, amplissimam, sic susten-
tasse legitur, *3. Reg. c. 4.* Id enim fuit
propemodum necessarium, vt omnes
subditi ad Tributorum præstationem
cogerentur, tum in signum subiectio-
nis, *c. 1. de censib.* tum ad exercitum
alendos, Magistratusq; sustinendos,
& ciuitatem publicam tuendam, vt
ex *Bobadill.*, & alijs *ibid.* fundat latissi-
mè, dicens quoque, eadem Tribu-
ta imperari ob domus regiæ sumptus,
sicut pro manutentione Præfectorum,
qui sunt legum, & politici status custo-
des; hinc indè victum petunt, & quæ-
cumq; alia necessaria sunt, ad tam dif-
ficilis muneris administrationem. Hinc
ordinaria collatio Tributorum debe-
tur, quæ in subsidium sumptuum, atq;
laborum, & pro regimine generali cu-
ram imperantes quotannis, argum.
D. Matth. c. 17. vers. 24. & c. 22. vers. 17.
& 21. D. Marc. 12. vers. 14. & 17. S. Luc.
20. vers. 22. & 25. ad Roman. 13. vers. 6. &
seqq. Ius namque est Regis, vt à Regno
alatur, & quidem pompa regali, cum
vt ei Regnum subministret omnia, quæ
necessaria fuerint, & ad bella gerenda,
& ad pacem conseruandam, hæc à Po-
pulo Regi subsidia debentur, & neces-
sariò à Populo fideli soluuntur, nam
Tributa, ac Vectigalia, vel ad dome-
sticos Regiæ Domus sumptus, vel ad
Exercitus, vel ad Populum alendum,
vel ad Magistratus, & onera publica
relata sunt, *Menoch.* pro quod latè expo-
nit, exemplisq; exornat *Bobadil. de*
Impor. & Imperat. lib. 9. cap. 1. tit. C.

58 Et proindè censum, ac tributa non
soluens, non modò in conscientia te-
netur, vt suprà, verum etiam soluere
denegans, in Principis contemptum
incidere dicitur, ac in crimen læsæ Ma-
iestatis, *Gig. tract. de crim. læs. Maiest. q.*
36. n. 2. Etenim Tributum præstatur in
recognitionis, & obedientiæ signum,
notamq; est dominij vniuersalis, quod in
singulorum bonis Reges habent, qua-
proptèr etiam eo nomine bona singu-
lorum tacitè sunt hypothecata. Decer-
nendo ergo Superiori soluere Tributa,
obedientiam subtrahit, Mandatumq;
manifestè offendit, quicquid enim boni
homo, Ciuisq; in Republ. habet, &
possidet, quod viuit, quod liberè viuit,
quod benè, quod beatè, omniumq; re-
rum, & bonorum vsu, & interdum etiã
copia ad voluptatem vtitur, fruiturq; to-
tum hoc beneficium Regi acceptum
est referendum, ille, vti pater Patriæ,
Re-

Reipublicæq; status, ciuilisq; ordinis Custos, facit, vt homo sociatus in ciuilitate ciuiliter viuat, suisq; gaudeat bonis; qua de causa non tantùm necessarium, verùm etiam æquissimum reputatur, vt aliquid ex lucro, & compendio illorum bonorum cõferat in commune; propterea quod & homo, & res singulorum in Reipub. conseruari nequeant, nisi conseruetur Respubl., siuè communitas; adeòq; singuli sui causa impendere videntur, quicquid conferunt in publicum vsum; Hæc nõ omittenda verissimæ sententiæ verba ad prædicta, ex *Nouell. 8. c. 10. § 2.* & ex *D. Chrysost. in epist. ad Rom homil. 23.* recēset *Faust. consil. pro Ær. class. 5. ord. 474.*

59 Antiquissima, iustaq; inde meritò, ex eo tempore iura illa Regia *Auctor* noster *num. 13.* hoc in Regno agnoscit, puta *Passus, Fora Regia, Plateatica, Proventus ponderum, & Iura ponderum, & mensurarum; Andreas* autem ab eodem nostro *Auctore ibid. cit. in Const. Regni, quantò cæteris n. 6. col. 2.* (necnon idem *Andr.* Ritum R. Cam. Summ. compila-
60 tor in *rubr. 31. Rit. 1.* vbi *Goffr. de Gaeta n. 14.* hæc verba *vetera, & noua* ad demonstrationem licitorum, & illicitorũ intelligit) infrascripta iura vetera adnumerauit, puta *Dohanam, Anchoragium, Scalaticum, Glandiaticum,* & similiũ, *Ius Tumuli, Ius Casei, & Olei,* non tamen vbiq; per Regnum, *Portum, & Piscariã veterem, Ius affidaturæ, Herbagiũ, siuè Pascua, Buccerũ, & Passagium vetus;* cætera verò, quæ ibi sequentia enumerat, noua iura esse dixit, inter quæ etiam connumerantur *Adiutoria,* quorum præcipuum est, vt quando Rex hospitatur in Terris Prælatorum, Comitum, vel Baronum, Feudatariorum, recipiat *Corredum* à Dominis Terrarum, qui faciunt regias expensas. *Isern. in consil. quamplurimum de Adiut. n. 50. fol. 340. 2. col.,* quæ continere dicit inter ea, quæ competunt ratione maioris dominij; Imò inter eadem, iura extraordinaria, quæ à Rege imponuntur, commemorantur ex *Fexterno in c. vn., quæ sint regal.,* dum ille inter regalia iura, *Ius subuentionis extraordinariæ* adnumerauit in *§. & extraordinariæ collationis, ibid., Consil. de Georg. in repet. feud. c. 57. n. 7.* prout ex iure feudali indictum est *Adiutorium,* à Feudatario præstandum, scilicet pro directi domini subuentione, quando associat Imperatorem, vel in hostem, vel in accipienda corona, *c. 1. § similiter, de capit. Corradi 2. Imperial. § similiter de p. f. a. p. F. de Georg. d. loc. n. 6.* & multi casus sunt subuentionis, Domino à Vasallo præstandæ, siuè Burgensis sit, siuè Miles, ex *Constitut. quamplurimum, cit. Georg. d. loc. num. 8., Reg. Rouit. in consil. in mat. donat. 5. in consil. lib. 1. n. 10.*

61 Ad *Dohana* verò nomen, quod inter iura vetera primùm collocauit *Andr. sup. cit.,* omnia Tributorum iura, tàm vetera, quàm noua, imò & ipsum Regium Ærarium, siuè Regiam Camerã spectare, ac in illo contineri indubium est, nam exactio pro Regio Ærario in Regno olim tempore Regis Gulielmi, & aliorum Regum in Dohanis, tã in Terra, quàm Maris, Forestagijs, Passagijs, & alijs, fiebat, vt ex *Const. Magistri Camerarij,* exponit *Reg. Tap. b. s. iur. Regni tit. 3. n. 3.* Verbum namq; *Dohana* latinum non est, sed Normannum, significans combinationem, ac vnitatem multarum Gabellarum, & Iurium regalium, quæ sub vno verbo comprehenduntur, *Andr. in c. 1. § similiter de prohib. feud. alien. per Frid., & in c. 1. de contr. feud. apud Par. Mr. Ioc. Dom. Tasson. de Antefato vers. 3. obs. 3. Trib. 17. n. 322.,* de cuius verò Dohanæ iuribus, & speciali significatione, ac iurisdictione plura annotabimus ad nostrum *Auctorem* infrà *in §. 6. de Iure Dohanarum.*

62 FEdericus *II.* Imperator, *Henrici VI.* Imperatoris filius, fuit Rex Neapolis, ex *Io. Anton. Summont. hist. Neap. lib. 2. c. 8. fol. 87. vlt. edit.* Cõstitutionumq; Regni conditor secundùm *Andr. in const. si Vasallus, de fide iuss. Domin. à Vasall. fol. 235. n. 4. 1. col.* quas promulgauit ann. 1231. vt in *finalibus Regni Constit.* verbis legitur, duos

annos post quàm fuit coronatus, vt *Auctor noster hic notat num. 43. & 44.* necnon *Consil. in Auth. habita C. ne fil. pro patr.* condidit, secundum *Petr. Be-lugi ad d. Auth. in princ.* vbi *Federicum*, ac *Fridericum* dici posse scribit, cuius autem Federici leges fuerunt in *Cod. Iustinianeo* insertæ, ac approbatæ, inter quas nonnullas ad libertatem Ecclesiasticam conseruandam, & pro Italiæ securitate, ac telluris cultu, nauigantium, studentiumq; fauore imperauit, teste *Pandulpho Colennucio lib. 4. compend. hist. Neap. fol. 113.* Iura noua, siue alia Tributa in Regno impe-

63 rauit, quæ describit, ac numerauit *Andr. in d. consil. quanto caueris, tit. de* [illegible]. Et leguntur in *Ritibus Regiæ Cameræ rubr. 31.*

Fuisset autem Federicus mirabilis prudentiæ Rex, tum ob leges quamplurimas sancitas, tum etiam ob quædam illustria facta, tam in armis, quàm in literis, si beneficum S. R. E. se gessisset, & licet discretissimus fuerit in ordinando virum subditorum in agibilibus, ac prudenter considerauerit fraudes, & malitias vendentium, quibus obuiauit per pœnarum impositionem, vt notauit *Andr. de Isern. in Consil. Magistros Mechanicorum, de sal. mercat. col. 2. n. 8. fol. mihi 186.* Studia hæc in Ciuitate Neap. primum instaurauerit, tra-

64 ducere fecerit *Aristotelis* opera è græco in latinum, literatorum virorum amantissimus, & inter iuristas dilexerit *Roffredum Beneuentanum I. C.* quem generalem eius Curiæ Iudicem elegit, *Pandulph. Colennut. lib. 4. compend. hist. Neap. fol. 113.* de quo lacius de illius gestis à *fol. 83. ad seqq.*

65 Tyrannus tamen fuit, vt probat idem *Andr. in consil. [illegible] de [illegible] fol. mihi 5. n. 20. & 30.* & multa Statuta noua [illegible] in Regno contra Deum, & Iustitiam, ob quod videtur Fridericus *quasi [illegible] in pace, & non in pace*, secundum *Andr. in consil. quanto, de [illegible] n. 3. col. 2.* vbi hæc ait: quidem *[illegible]*

Deus retribuit, [illegible] pater [illegible] ille Federicus, cuius heredes non sunt hodie. Diuitem [illegible] fol. 20. Vbi qui condunt leges iniquas, [illegible] de talibus [illegible] habet partem, [illegible] &c. Idemque *Andreas in [illegible] 1. R. C. S. sub rubric. 79.* ibi: *[illegible] fuerunt [illegible] qui depositus fuit à Regno, & Imperio,* (et in *Decretal. cum Apostolica dignitatis de sententia, & re iudicata in 6.) [illegible] propterea in Inferno [illegible] semper [illegible] Arrij, vt Augustinus dicit.* Licet *Gaufred. de Gaeta super d. Rit. C. S. rubr. 31. n. 7.* asserat, mortuum fuisse assumendo signum Crucis contra infideles in parum [illegible] Regni, vnde non esse desperandum de eo, sed illum sine hæredibus obijsse etiam refertur, quia suo sensu abundabat, & de suorum Sapientum consilio non curabat, *Capibl. de Baron. in Pragm. 1. n. 17.* post *Andr. & Afflict. ibidem*, errant enim cum consilio, non est iniquitas, ex *Innoc. in cap. quanto, de iudic.* & sine eo Principes excedunt, *Surgent. Neap. illustr. cap. 17. n. 6.* nam impedire iura Principes habent per suis superiores, qui illis [illegible], non quia infulæ habeant, vt ex *Andr.* & alijs monet *cit. Capibl. d. loco n. 19. Reg. Tap. de praef. Reg. Cancell. tit. de peregr. n. 19.* Fuit namq; ille nimium cupidus in augendis, & rigidus in suis iuribus exigendis, secundum eundem *Isern. in consil. fratribus, de [illegible] Vassallo. col. 2. fol. 231.*

Et quia se intromisit in electione Prælatorum, quæ ad Ecclesiam pertinet,

66 fuit vna de causis, quare ille, postquam fuisset multoties excommunicatus, tandem depositus fuit, secundum *cit. Andr. in consil. [illegible], tit. vt [illegible] fol. 11. n. 8. col. 1.* Constitutiones verò ab illo conditæ non fuerunt reuocatæ, *Andr. in proœm. Constit. col. 2.* cum librum Constitutionum compilari, & publicari fecit, antequàm Imperio, & Regno priuaretur, secundum *Gloss. in proœm. Const. col. 1. n. 20.* De cuius verò Friderici II. vitijs videndus *Thomas Bozius de signis Ecclesiæ, sign. 5. lib. 12. cap. 3. fol. mih. 480. lit. A. & B.* & de

& de aliis contrà Christianos gestis, idem *Beaius* adeundus, dum notauit, dicens. (*Saracenos adeò fouit Fridericus, vt tot mercede conductos magis, quàm caeteros Christianos in militia caros habere sit visus*) & *lib. 12. de signo. Eccles. sign. 52. c. 3. fol. 487. lit. C. D.*, necnon, de eiusdem Friderici aduersus Sacros. Cath. Eccl. Rom. ingratitudine, ac pessimè gestis, & contrà Ecclesiasticam libertatem constitutis, attentatisque adeundus est *cit. Beaius d. lib. 19. sign. 81. fol. 286. lit. B. C. D. & seqq. cap. 5.* additis *Io. Villane in Cronica Parthenop. c. 70.*, ac *Scip. Mazzell. in descript. Regni Neap. in pag. 454. & 455. Bilotta in consuet. feudal. 35. n. 3.*

67 Maximum autem omnium scientiarum, iurisq; diuini, ac humani percelebrantissimũ illũ Monarchã Summũ Põtificem *Innocentiũ IV.* Ianuẽsem de familia *Flisco*, è Comitibus Lauaniæ, nomine *Synibaldũ Fliscũ*, quẽ sub *Azone, Accursio, & Iacobo Balduino Ius Ciu.* didicisse tradit *Valent. Forster. Hist. Iur. ciu. Rom. inter tract. 1. to. fol. mihi 54. 4. col.* ante Pontificatum, eius Cardina-

68 latus tempore, præfati Federici amicissimum memorat *Colennuc. lib. 4. compend. hist. fol. 102.*, nam cum fuisset à S. R. E. Federicus educatus, ei primum multa singularia iura contulit; demum contrà matrem, videlicet Ecclesiam insurgens, ab ea depositus fuit, ac damnatus, sicut Diabolus, vt in *cap. ad Apostolicæ, de sent. & re iudic.*, *Aluarot. in c. vnic. de pac. ten. & eius violat. Rebuff. supr. d. lut., & in tract. vt laici non conuen. coram Iud. Eccl. Gloss. vn. nu. 5. in lib. Constit. Regni Gall.*, eoq; deposito, fuit de Regno inuestitus *Carolus Primus, Andegauiæ* Dux, *Cons. de Georg. in repet. feud. c. 57. n. 9.*, post *Andr. in c. vn. § extraordinaria n. 61. quæ sint regal.* Et sic intrepidissimè ipsum *Federicum II.* maximus ille *Innocentius IV.* in Concilio generali Lugdunensi, per ipsum celebrato, Patrum consensu excommunicauit, ac deposuit, de quo sententia legitur in *6. Decretal. in d. c. ad Apostol. de sent. & re iudic.*, *Colennuc. in compend. hist. lib. 4. fol. 114.*

Et satis vndè de isto *Innoc.* peregregiè eius temporis vnico elogio histo-

69 riæ memorant, doctissimaq; eiusdem commentaria ad decretalia, ac decretales, ab ipso edita, pro æterna eius memoria loquuntur, dum magistrali diuini, ac humani iuris apparatu eas ditauit, & assiduè docet; de cuius operibus, laudibus, ac optimè gestis, veluti de alio libro illo, quem edidit *de Iurisdictione Imperij, ac Summi Pontificis*, contrà *Petrum de Vineis* (qui fuit Capuanus, Constitutionum Regni Siciliæ compilator, præfati *Federici Imp.* Magister, & Cancellarius, & Magnæ Curiæ Iudex, vt in *Constit. ad laudem*, de quo *Danthes canto xiii. Inferni:*

Io son colui, che tenni ambe le chiaui
Del cuor di Federigo.

Ibiq; *Christoph. Landinus in exposit.* eius desperatam mortem variè narrat) latè adeundus est *Platina in eius vita*, addito *D. Thoma Diplouatacio in eiusdem vita in lib. d. Innocent. comment. ad decret. in princ.*, & citat. *Valent. Forster. d. l.* vbi insequitur: *Scripta huius Innocentij, in quanta habita fuerint authoritate, veneratione q; inde facilè constat, quod pater, & organum veritatis à multis Iuris vtr. peritis appellatur; quamuis autem pro ea, qua pollebat potestate, scriptis suis facilè authoritatem addere potuerit, eius tamen modestia fuit, vt veritatem authoritate non prægrauare, verùm liberum iudicium lectori relinquere voluerit; primus Cardinalibus rubrum galerum, dignitatis insigne, & ornamentum addidit, ac talem Beatæ Virginis octauis diebus Ecclesiam celebrare iussit, Bononiam Studio priuauit, & Patauium transtulit; Mortuus est Neapoli, & ad S. Laurentium sepultus Anno Christi 1254. ann. 12. Pontificatus.*

Illud tamen aduertendum hic non omittimus, nempè *Platinam*, ac citat. *Forsterum*, dixisse, dictum Innocentium

70 IV. sepultum in Ecclesia S. Laurentij huius Ciuitatis Neap., & tamen nos videmus, prout *Author* noster hic *n. 24.* memorat, eius sepulturam in Ecclesia Archiepiscopali Neapolitana, propè

la-

Ianuam Sacrarij, & sic testatur *Io. Villan. in Cron. Parthen. cap. 71.* Quod pro historiæ concordia ita intelligendum esse ducimus, puta verum esse, dictum *Innocentium IV.* fuisse sepultum in Ecclesia antiqua S. Laurentij, sed tamen fuisse, vbi hodiè videmus Metropolitanam Neapolis fundatam, & sic *Platina & Forster* testatum verum est, dùm dixerunt, illum in Ecclesia S. Laurentij sepultum, hoc est, vbi hodiè Archiepiscopalis Ecclesia est, propè Sacrarium, vt benè exponit *Thom. Costo in annotat. ad Colennuc. lib. 4. compend. histor. fol. 118.* vbi carmina in dicto sepulchro adscripta refert.

Similiter nec pigeat carmina illa referre, à dicto *Friderico* scripta, & ei-
71 dem alia ab ipso *Innocentio IV.* siuè à *Gregorio IX.* vt alij volunt, rescripta, per cit. *Dom. Thom.* ibidem relata.

Friderici sunt;

Roma diù titubās, longis erroribus acta,
Corruet, & Mundi desinet esse caput.

Innocentij verò, siuè (vt alij volunt) *Gregorij IX.* iuxtà cit. *Bozium de sign. Eccl. lib. 3. sign. 19. cap. 3. fol. mihi 216. lit. C. & D.*

Niteris incassùm nauem submergere Petri,
Fluctuat, & nunquam desinet esse ratis.

Rursùs idem *Fridericus* circitèr annum 1240.

Fata volunt, Stellæq; docent, auiumq; volatus,
Quod Fridericus ego malleus Orbis ero.

Cui sic *Pontifex* vera prædicens rescripsit.

Fata volunt, scriptura docet, peccata loquuntur,
Quod tibi vita breuis, pœna perennis erit.

Hæc quoq; recensent *Ciacon. in vita [illegible]*, & *Thom. Bozius de sign. Eccles. sign. 19. c. 3. lib. 3. lit. C. & D.*

72 Nulli autem dubium est, *Fredericum Imperat.* generales quasdam subuentiones à toto Regno petijsse, & exigere cœpisse, idq; omne sub *adiutorij* nomine, necnon figurato spontanei donatiui titulo; Hinc licet *Andr. in c. 1. §. similiter, de cap. Corr.* Adiutoria, quæ Regi pendantur, *Adohamenta* vocauerit, separatum tamen *Adiutorium* ab *Adohamento* est; nàm reuera *Adoha* est illa, quæ imponitur Feudatarijs; *Adiutoriū* verò, quod imponitur toti Populo, & sic etiam Burgensibus, licet largo modo etiam Adoha, Adiutorium dicatur, vnde de nomine hoc videndus est *Luc. de Penna in l. illud, C. de annon. & tribut. lib. 10.* vbi dicit, quod Collectæ regiæ in Regno cœperunt Regis *Friderici* tēpore, & fuerunt vocatæ *Adiutum, in Const. quamplurimum in rubr. & nigr.* vocantur *Adiutoria*, in vsibus tamen feudorum vocantur *hostendicia*, vt in *d. c. 1. §. similiter*, & dicuntur ab hoste, secundùm *Andr. in c. 1. [illegible] de nat. feud.* quasi hostis occasione datū indictū, *Ant. Capyc. in inuest. verb. Adiutoria, fol. mihi 24. [illegible]* vnde dicunt, Regni Vniuersitates à tempore *Friderici* primū coactas fuisse soluere collectam quæ exigebantur sub nomine *adiutorij*, ex cit. *Luc. de Penn. [illegible] 116. à n. 3.*

73 Quod *adiutorium* post mortem *Friderici*, tēpore aliorū Regū vocabatur *Donum*, & postea *Collecta* nominata, & durarunt vsq; ad tempus *Alphonsi I.* exclusiuè, *Afflict. in c. 1. §. & plaustrorum n. 8. quæ sint regal. Lipar. ad Isern. in c. 1. quæ sint regal. §. & extraordinaria collatio n. 64. lit. G.* vbi verbum, *adiectum*, apud *Andr.* legendum, *adiutum*, secundùm eius manuscripta, imò adiuuet neque legendum, *adiutum*, vt voluit cit. *Luc. de Penna in l. fin. de annon. & tribut.* & ideò donatiua dicuntur adiutum, seù seruitium extraordinarium Regi debitum ex causa belli, *Tasson. de antef. vers. 4. obs. 3. à n. 20.*

Hoc autem onus, vt *Author* noster hîc n. 16. exponit, imponebatur secundùm bonorum æstimationem, iuxtà *l. fin. C. de censib. & peræquat. lib. 11.* & sic
74 merum reale erat, quo sola res, & non persona obligabatur *l. Imperatores, D. de public. & vectigal. l. 2. & 3. C. de mun. patrimon. lib. 10. l. 3. de annon. & tribut. eod. lib.* exempla ponuntur in *l. 1. & in l. fin. D. de muner. & honor. Bartol. in l. 1. col. fin. C. de mulier. in quo loco lib. 10. & in*

 l. re-

l. rescripto. § fin. D. de muner. & honor.
Ludovic. cons. 3° n. 4. Anguis. cons. 5 2. n.
2. Boccac. in tract. de cens. p. 1. num. 67.
Clapper. caus. 4 2. qu. 1. num. 7. 8. & 9. Io.
Bapt. Costa de ration. rat. quæst. 158. Reg.
Tap. in rub. de Constit. princip. c. 4. nu. 37.
post Andr. & Bald. in c. 1. col. penult. tit.
quæ sint regal. Rosenthal. de feud. cap. 5.
concl. 73. n. 1 & gloss. lit. D. Sesse dec. 7. n.
1. & seq. Quod onus reale antiquitùs
75 etiam *Fodrum* appellabatur, secundum
Cuiac. ad tit. de superindict. C. lib. 10.
Erat, inquam, solutio illa, quæ à pos-
sessoribus, & vsufructuarijs bonorum,
Regi, cum iam exercitus de vna Pro-
uincia in aliam veniebat in Regno, &
erat quædam summa frumenti, quæ
persoluebatur, *Carol. Sigon. de Regn.*
Ital. fol. 145. prædictumq; fuerat cogni-
tum *in l. si pendentes, §. si quid cloaca-
rij, D. de vsufr.*
76 Et sic dicebantur etiam *indictiones*,
veluti annonæ, siuè tributa, *l. 2. C. de*
annon. & tribut. lib. 10. vbi *Imperator*
docet, *indictiones* esse onera possessio-
num, non personarum, & *indictiones*
solere indici non personis, sed rebus;
dictæ verò sunt *indictiones*, cum essent
anniuersariæ, inde cœpere anni per
indictiones numerari, quas vocàt quin-
decim, hoc est, quòd numerus non ex-
cederet quindecim annos, sed idem
semper reuolueretur, & cœpit hic tem-
Theodosij Magni temporibus, aut *Con-*
stantini, vt ex fastis quibusdam græcis
tradit *Cuiac. tit. de indict. C. lib. 10.* &
post alios *Couarr. var. res. 2. lib. c. 6. 1 & d.*
n. 4. Vnde superindictum quoque ver-
sum est, quod pro Imperatoris necessi-
tate, ac vtilitate indicitur suprà ordi-
narias, ac statutas eorum indictiones,
& tributa, *tot. tit. D. de cens. & tit. de*
indict. C. lib. 10. & tit. de annon. & tri-
but. & C. de collat. quæ omnia regalia,
& supremæ maiestatis iura sunt, *Scrap.*
resp. 5 q. ann. 1. Vulteius cons. 45. n.
19. Borchold. in c. unic. quæ sint regal. n.
83. Hermann Vult. de feud. c. 5. num. 7.
Petr. Greg. in syntagm. iur. cap. 7. de Indict.
lib. 3. aliique.
77 Cum insuper hoc reale onus sequa-
letur, pro quantitate patrimonij quem-
que teneri, certum est *l. 2. C. de immun.*
nem. conced. l. Imperatores 7. D. de public.
l. 1. & seq. C. de annon. & tribut. lib. 10.
l. vlt. C. sine censu &c. & dum ex re ipsa
illud regulatur, rectè dicitur, quod
hoc onus reale possessorem sequitur,
sicut vmbra hominem, & lepra lepro-
sum, vt ex *l. Imperatores, & l. fin. C. sine*
cens. vel reliqu. l. hactenùs, D. de vsufr.
Ludov. Bologn. cons. 4. n. 6. Paris. cons. 52.
n. 1. Cravett. in comm. q. 76. n. 20. & q. 36.
n. 31. & 32. Garz. de nobilit. obs. 6. nu. 9.
Gaill. obs. 52. lib. 2. Antun. d. tit. 3. lib. 12. n.
8. Sesse d. dec. 7. n. 1. & seq. Vnde melio-
78 rato fundo, & aucto, augetur quoque
eius tributum, *l. 1. C. de allu.* nisi sum-
ptibus possessoris id factum sit *l. 3. C. de*
fund. rei priu. E' contrariò ob deterio-
rationem prædiorum, releuanda tri-
buta, *l. forma censuali 4. § æquit. D. de*
cens. d. l. 1. C. de alluu. necnon ob immi-
nutionem, *Mynß. 3. obs. 34. Gaill. 1. obs.*
21. n. 18. Hart. Hartm. tit. 52. obs. 52. nu.
3. sicut etiam ob sterilitatem, *l. 15. C. de*
omn. agr. desert. & in vniuersum ob
quosuis casus fortuitos.
79 Sic Theodoricus Rex Gothorum
pensionem conductoribus Apulis releua-
uit, quod frumenta eorum ab inimicò-
rum incursionibus fuissent concrema-
ta, aut consumpta, apud *Cassiod. lib. 1.*
epist. 9. & Campanos Vesuuij læsione
vastatos tributis subleuauit, idem *Cas-*
siod. lib. 4. var. epist. 50. ibi: *Campani,*
80 *Vesuuij montis hostilitate vastati, cle-*
mentiæ nostræ supplices lachrymas profu-
derunt, vt agrorum fructibus enudati
subleuentur onere tributariæ functionis.
Quod fieri deberi nostra meritò pietas
acquiescit; sed quia nobis dubia est uniuscu-
iusq; indiscussa calamitas, magnitudi-
nem vestram ad Nolanum, siue Neapoli-
tanum territorium probatæ fidei virum
præcipimus destinare, vbi necessitas ipsa
domestica quadam læsione grassatur, vt
agris ibidem diligenter inspectis, in quan-
tum possessoris laborauit vtilitas, suble-
uetur; insequiturq; elegantèr describe-
re Vesuuij montis exarsuri signa, cuius
etiam meminit *Capacius hist. Neapol.*
lib. 1.

lib. 1. cap. 8. De cuius etiam conflagratione videndi *Plinius nepos lib. 6. ep. 16. Georg. Merula Alexandrinus* interpres ex *Dionis hist.* vbi hæc ait: *Campaniæ Titus duos ex ijs, qui consulatum erant, delegit, vt ad ipsam reparandam, pecunias insuper dedit; domanij præterea eorum bona, qui sine hærede decesserant; nihil enim à priuato homine, neque ab Ærario, neque fisco, cum multi multa conferrent, sumpsit*: Quale fuit aliud lachrymabile incendium Vesuuianum anno 1631. die 16. Decembris, de quo tractantur *Historici*, & præsertim *Io: Bernardinus Iulianus, Pater Recupitus*, ac *Braccin. in tract. peculiar.* sed vtinam tremor iste abesset, cum in monte ipso alter quidam monticulus creuerit, & quotidiè fumans memoriam faciet priscæ calamitatis, à qua Deus hanc Patriam per intercessionem S. Ianuarij Martyris, & præsentissimi Tutelaris præseruet.

80 Itidemq; tributa ob damna passa ab hostibus *Theodor.* remisit Gallis, idem *Cassiod. lib. 3. ep. 40.* Obsidionis tempore Arelatensibus, *lib. 3. epist. 32.* Sed an ob diuinum bellum, seu pestem, remissio mercedis facienda sit vectigalium conductoribus, videndi post alios *Thomas p. 1. comp. decis. ver. remissio pag. 462. Petr. Surdus de locato, & conduct. cap. 46. à n. 6. Philibertus Marchinus de belli diuini, siue pestilentis temporis accurata speculatione par. 9. cap. 2. et 7.* Ità quoq; tributis leuata in tempus Asiæ vrbes, afflictæ terræmotu, *Tacit. 2. Annal. nu. 47. et 4. Ann. n. 13.* Factoq; eo Auctore, Sen. Cons. et Ciuitati *Cibyraticæ* apud Asiam, *Ægiensi* apud Achaiam motu terræ labefactatis subuenire eis, remissione tributi in triennium, & *12. Annal. num. 58.* tributum *Apamiensibus* terræmotu conuulsis in quinquennium remissum; & an mercedis remissio gabellarum conductoribus facienda, differit *cit. Thom. in comp. dec. p. 3. ver. remissio p. 253.* occasione terræmotus, qui in vigesima prima hora Sabbati palmarum diei 27. Martij 1638. Prouinciam Calabriæ afflixit, teste *Lucio de Vrso* in opusculo *de terræmot. duar. Calabr.* necnon *Cons. Nicol. Pisan. in add. ad Gaetam super Ritu R. C. S. rubr. 33. de Excomputis, &c. per tot.* vbi *n. 9.* meminit terræmotus, qui Neapoli euenit in vigesima prima hora Sabbati diei 5. Iunij in vigilia Pentecostes, de quo plura, & eruditè *Reu. Abb. D. Vincentius Magnati* S. Officij Cōs., & S. Domus D. Mariæ Incurab. Mitratus Rector in *opusc. Notitie Istoriche de' Terremoti à fol. 237.* ac *Dom. D. Marcellus Bonitus Marchio S. Ioannis*, genere, ac eruditione præstantiss. Eques Sac. Ord. Calatrauæ, in singulari opere, cui tit. *Terra tremante*, nupèr in lucem emisso.

Varia quoque alia, secundùm diuersa tempora in rebus tributa, siuè onera
81 realia imposita, antiquitùs legimus, apud *Suet. c. 4.* exigebantur enim pro litibus, atq; iudicijs vbicumq; conceptis quadragesimæ summæ, de qua litigaretur: Talis *Heliogabalus*, qui cū Dijs suis fecit nuptias, vt ijs pro dote pecuniam elaboraret, *Herodian. in vita eius*; Talis interdùm etiam Romani, dùm quintam partem fructuum ex agro pascuo postulatam esse tradit *Appian. lib. 1.*, decimam ex agro aruo, occiso *Iulio Cæsare*, singuli Ciues vigesimam quintam omnium bonorum dependere iussi, & Senatorij ordinis omnes in singulas ædium suarum tegulas sex asses, *Dion. lib. 46. Augustus* exegit octauam, *Dion. lib. 50.* eiusq; tempore, ex Ægypto Vrbi annua ducentiès centena millia modiorum frumenti inferebantur, *Iust. Lips. ad lib. 6. Annal. Tacit. num. 43.*

82 His igitùr omnibus annotatis, vndiq; cōstat, functiones fiscales, de quibus *Author* noster hic agit, onera merè realia dici posse, tàm olim consistentia in solutione dict. annuorum carol. quindecim, & gran. duorum pro quolibet fumante, functionesq; indè istæ ordinariæ meritò dictæ, quia *Functio*, tributorum alicuius exsolutio nominatur *l. placet, C. de Sacrosf. Eccl. Luc. de Penn. in l. q. n. 1. C. de annon. et tribut. lib.*
83 *10.* Etquoniam in locum Collectarum

 subro-

subrogatæ sunt tempore Regis Alphon-
si I., quarũ iidem antiquæ, tempore
Rom. Imperatorum, impositio fuit, vt
ex Bald. fundat R. de Pont. de potest. Pro-
reg. tit. 4. §. 8. nu. 33. Reg. Rouit. in pragm.
3. de iur. & tract. fiscal. nu. 1. ex l. si pen-
dentes §. si quid cloacarũ in fin. D. de
vsufr. l. si functiones, C. de donat. l. si mi-
nor, C. de ass. empt. Amat. Rodrig. de pri-
uil. cred. p. 1. art. 1. n. 16. & seq. Reg. Tap.
in Iur. Regn. tom. 6. tit. 3. n. 3. 4. & 5. Gal-
l. p. in method. feud. p. 5. c. 3. nu. 1. & 2. &
inter maiora regalia commemorantur
Iacob. Gall. cons. 21. n. 7. Io: Vinc. Anna
alleg. 18. et 19. vtrobiq; n. 14. alleg. 36.
n. 6. & alleg. 66. nu. 7. Regiq; debentur
vti Regi, non verò vti domino terræ,
super qua impositæ sunt, Reg. Reuerter.
dec. 173. n. 3. vbi Reg. de Marinis in ob-
seru. n. 1.

Quæ Collectæ, vt suprà, soluebantur
pro subueniendis Regum necessitati-
bus, vt per Capyc. in suo inuest. in verbo
Collectis: Originemq; habuere à dicto
84 Federico, secundùm Andr. in § placitorum,
quæ sint regal. nu. 62. & per latè
tradita à Reg. Lanar. cons. 95. in princ. &
qualiter fuerint auctæ ad d. carol. quin-
decim in anno 1449 exponit R. de Pon-
te de potest. Pror. tit. de regal. impos. §. 2. à
n. 9. ad seqq. Istæ proindè functiones fi-
85 scales, licet personis pro rebus impo-
nantur, quia loco Gabellarum, siuè
Collectarũ antiquarum impositæ sunt,
realia munera iudicantur, & licet fuis-
sent extraordinariæ ratione originis,
tamen, quia quolibet anno soluuntur,
ordinariæ dicendæ sunt, Auctor noster
infrà §. 2. qu. 5. à n. 12. R. de Ponte de po-
test. Pror. tit. de regal. impos. à nu. 9. Prosp.
Merlin. c. 1 contr. n. 5. et 12. quem post
alios sequitur Nicol. Ant. Maretta de
Collecta, siù Bonatenẽ. c. 4. n. 9. et 10. nàm
licet Vniuersitates Collectas prædi-
ctas soluant, tamen te ipsi Ciues sol-
uere, necesse est; quoniam Vniuersita-
tes ob vtile publicum Collectas impo-
86 nunt, vt muneribus publicis faciliùs
obtemperetur, vt post Reg. Rouit. in cõ-
sult. in mat. donat. n. 21. & alios expo-
nunt cit. Maretta d. loc. n. 3. c. 2. Bolognese-
da tract. de Collect. quæst. 5. n. 21. Georg.
Mundi tract. de muneribus cap. 2. n. 397.
Bumaguera ad Concial. in Statut. Eugub.
lib. 1. rubr. 39. n. 15.

Inde est, quod sicut pro Collectis,
siuè oneribus antiquis soluendis per
singulas familias, siuè fumantes ex
pragm. 1. de appretio, et c. Regni, fiscalis,
fiebat appretium, ac bonorum æstima-
tio, secundùm notata etiam per Au-
thorem nostrum hic, & solutio erat cer-
ta, & ordinata, & continuatam, ac per-
petuam habebat præstationem per Ca-
dalarium, in quo per æs, & libram, se-
cundùm ratam cuilibet Vniuersitati
tangentem, committebatur exactio
Magistris Rationalibus, Reg. Tap. dict.
loc. n. 7. Ità & hodiè fit quoque ad eun-
87 dem finem bonorum Ciuium appre-
tium, & vnusquisq; pro rata bonorum
soluit, vel Gabellæ per ipsosmet Ci-
ues persoluendæ imponuntur, ex qui-
bus functiones fiscales Regiæ Curiæ
persoluuntur, vt declarant Reg. de Ponte
d. loc. § 1. n. 6. et seq. §. 8. n. 42. Reg. Rouit.
in prag. sub. de appretio n. 7. et 8. Huius
verò appretij formam, & quid in praxi
obseruetur in Regia Camera, notat la-
tè Dom. Hieron. Nicolin. in Collectanea
decretor. Reg. Cam.

In quo appretio bona forensium
æstimantur, vocaturquè solutio, quæ
88 ex hoc fit, Bonatenentia, quoniam
à tenentibus bona in Territorio de-
betur, de qua cit. Maretta adcen-
dus est in d. tract. cap. 3. num. 3. c. 4. n. 1.
& per tot. tract. post alios, quos cumu-
lat, vbi n. 3. ex decisione Regiæ Came-
ræ sub die 3. Nouembris 1569. ab Au-
thore nostro relata in d. §. 1. quæst. 5. in
vers. quò verò; tradit, ordinaria quoque
munera dici functiones gran. 48. pro
quolibet foculari, & consequenter rea-
lia, post ad id pulchrè annotata per R.
Tap. in d. rubr. de contrib. Princip. d. cap. 4.
n. 78. Vnde enunciatas functiones in
locũ dictarum Collectarum subroga-
tas, veluti patrimonialia onera, vnus-
89 quisq; ratione dominij tenetur præ-
sertim in Regno soluere l. rescripto, vbi
gloss. D. de muner. et honor. Osasch. dec. 95.
n. 31.

n. 31. et 32. & in ipso Regno id magis urget, quia pro omnibus bonis, quæ quis possidet, collectas soluere tenetur vigore *Cap. I n singulis, & C. Porrecta de fiscus appret. Afflict. in tit. quæ sint regal. § plaustrorum nu. 4. in fin.*, nam ratione patrimonij soluuntur, quod exponit *tit. Marott. q. 15. n. 5.*

90 Et licèt *Horatius Montan. de regal. verb. extraordinaria tit. n. 8.* contra *Capibleum* videatur concludere, quod dictæ functiones fiscales, esto onera ordinaria dicenda, mixta tamen, & non simpliciter realia censenda sint, veluti subrogatæ, non solum in locum collectarum à d. *Federico II.* super bonis impositarum, sed etiam in locum antiquæ personalis præstationis, quam etiam soluerunt Romanorum tempore *Iesus Christus Dom. noster, ac D. Petrus Apostolus.* Attamen principaliter attendendo nos ultimum statum onerum præfatorum à *Federico* impositorum, quorum in locum ab *Alphonso* Aragonensi dicta subrogatio fuit, quæ est merè realis effectu, ut doctissimè *Author noster* fundat hic à *n. 26.* qualitas illarum realitatis illius oneris, cui fuerunt functiones illæ subrogatæ, attendenda est, ut regula illa firma sit, subrogatum sapere naturam illius, in cuius locum subrogatum est *l. quod debitori, D. de don. caus. mort. cum concord.* neque antiqua illa personarum præstatio, Romanorum tempore, & non antea in Regno cognita, obseruanda est, ut considerandi patet.

91 A Uctor insupèr noster hic, cum de exactoribus Tributorum, siue functionum fiscalium agat, videtur de antiquo quæstoris apud Roman. officio agere, & proindè, quomodo ex illo hodiè hoc in Regno Reg. Cameræ supremum Tribunal descendat, quod *Federici* tempore nondum institutum erat, *Cons. de tiss. instit. feudal. q. nu. 30.* cumq; de huius Supremi Tribunalis origine, ac iurisdictione idem noster *Auctor in eius operis fine* latiùs doctissimè peragat in §. 17. 18. & 19. nos proindè ibi aliqua speciatiora ad hæc annotabimus; Sufficiat tamen hic tantùm annotare, qualiter Tributorum exa-

92 ctionis forma, antiquitùs fiebat, quam tradit *Iustinian. Nouell. 128. quæ est Authent. de Collator. in princ.*, & cum Præfecto Prætorio Tributorum cognitio, & cura demandaretur, eidem significabat Princeps, quanta sibi pecunia opus esset, qui facta computatione, & diuisione disponebat apud acta, quantum quælibet Prouincia inferre teneretur in auro, argento, vel alijs speciebus, *l. qui ordinariam 7. C. de offic. Rector. Prouinc.* quæ descriptio, *delegatio* quoque dicta, à Præfecto Prætorio emittebatur in singulas Prouincias Præsidibus, & alijs Rectoribus Prouinciarum, initio cuiusq; anni, seù indictionis, quæ incipiebat mense Septembris *l. fin. cum lege ad fin. ex Baldini tit. C. de annon. & tribut. l. 1. C. de milit. vest. l. fin. C. si propter publica pensit.*, *tit. Nouell. 128. in princ.*, & in ea concipiebatur tributorum modus, & quantitas pro indictio à Principe tributum, ac sequenti anno soluendum erat, ut ex *Cuiac. in d. Nouell. 128.* & *Bulenger lib. 9. de vectigal. c. 3.* eruditè exponit *Dom. Amaya in lib. C. 10. tit. 24. ad l. vnicum à n. 1. ad sequ. et tit. 14. ad l. 3. n. 1. et sequ.*

Et licet antiquitùs etiam in Regno Præsidibus, siuè Iustitiarijs Prouincia-

93 rum tributorum exactio committeretur, ut infrà *n. 110.* annotabimus; Hodiè tamen in Regno exactio fiscalium functionum fit à Perceptoribus Prouinciarum, qui pro duabus partibus sunt Regnicolæ, cæteri ad Regis beneplacitum, ut in *pragm. 1. de offic. procur.*, & quomodò debeant illi exactiones facere Regiarum impositionum, & qualiter se gerere in ipsorum officijs, latè examinat *Reg. de Ponte d. tit. 4. §. 1. à n. 1.*, ubi etiam postquàm functionum fiscalium originem exposuit, de numeratione, qualibet triennio in Regni Capitulis fieri ordinata, & postea qualiter singulis quindecim annis illa prosiceretur, tàm ad instantiam Re-

94 gij Fisci, quàm ad beneficium Vniuersitatum Regni, ut earum numerus focu-

la-

lariorum taxetur, & secundum illum Fiscus exigat, & soluant Vniuersitates, declarat, quem sequitur *Reg. Galeot. contr. 55. lib. 2. num. 41.* & quando clausa numeratione, detur reuisio ad instantiam Fisci, idem *de Ponte ibid.* vbi *Thor. in addit.* & *Reg. de Marin. alleg. 59. tom. 3.*

Illud tamen hic non omittimus,
pota ex quo dictæ functiones fiscales,
95 onera realia, vt suprà sunt, hypo-
thecam inde oriri ex descriptione bo-
norum in Catasto, & debitum à primo
die descriptionis, singulis annis præ-
standum contrahi, transeuntq; inde
bona prædicta, si alienantur, cum eo-
dem Collectarum onere in quemcum-
que possessorem, vt post alios fundant
*Marott. d. loc. nu. 5. 7. et 14. Præs. Gama-
ter dec. 58. n. 4. et dec. 41. à n. 32. ad 38.*
& videndus in hoc *Montan. d. l. nu. 10.*
Hinc Perceptores Prouinciarum, Vni-
uersitatibus functiones fiscales non
soluentibus, contra particulares Ci-
ues, eorumq; bona exequuntur, *Reg. de
Pont. d. loc. §. 1. nu. 9.* & esto in casu, quo
96 particulares Ciues pro rata per ipsos
debita, Vniuersitati soluissent, contra
eos exequi non posse, *Author* noster
affirmet sub *tit. de Exact. funct. fiscal. §.
3. q. 3.* subdit tamen, id Perceptores nõ
seruare, ac Regiam Cameram, conni-
uentibus oculis in hoc pertrãsire, quod
notat cit. *Marott d. loc. c. 3. n. 10.* vbi *n.
6.* discrimen ponit inter solutionem
hanc, quæ fit per fumantes, ab illa,
quæ fit per focagia; concludens tamen
semper *n. 10.* & *11.* dictas functiones fi-
scales, vti loco gabellarum subroga-
tas, onera realia esse, post alios *ibid.*,
Perceptoresq; ipsos, aduertẽdum esse,
ante diem solutionis maturatæ, ac de-
stinationem Commissariorum contra
Vniuersitates, debere illas intimari fa-
cere pro solutione, debito tempore fa-
cienda scribit *&* *de Pont. d. tit. 4. §. 1. n.
9. et 42. Nouar. sup prag. 40. n. 3. de offic.
p. C. collect. 5.* adiungere autem posse
Vniuersitates pro inhabilibus iuxtà ce-
dulam numerationis ad soluendum,
firmat *Montan. d. l. n. 9.*

97 Similitèr aduertendum circà Exa-
ctores, siuè Perceptores ipsos Fiscaliũ
functionum, qui susceptores in iure
vocantur, illos in hoc Regno vltrà po-
testatem, iuris communis habere am-
plam potestatem ex particulari instru-
ctione Regiæ Cam. *Capon de iure Adoha q. 51. n. 5.* Eosq; mites, clementesq;
se gerere debere, nihilq; seuerè, aut
insolentèr agere, nihilq; amplius exi-
gere, quàm causæ iustitia deposcat, vt
sancitur in *Nouell. 8. Iustinian. cap. 10.*
Impia enim exactio, Populum, ac Re-
gem nostrum Catholicum, & clemen-
tissimum offendit, quoniam ex huius-
modi rigorosa exactione Vniuersitates
depopulantur, possessiones à Ciuibus
derelinquuntur, diuitiæ euertuntur, &
omnia ad inopiam reducuntur, notante
*Ant. Perez in tit. C. de Superexactor. lib.
10.*, addito latissimè *Amaya* super hoc
videndo in *tit. de Exactor. tribut. lib. 10.
in l. 1. 2. et seqq.*, vbi de pœnis contra di-
ctos Exactores, siuè Superexactores,
qui sæuitia vtuntur in colligendis tri-
butis peragendo, ostendit, quantum
Princeps attendere debeat, ne subditi
vexentur, in *d. l. 1.* post *Farinac. consil.
111. qu. 23. n. 1. Facchin. lib. 1. contr. cap.
4. in fin.* quos recenset cit. *Amaya in tit.
de Superexactor. lib. 10.*, additoq; etiam
ad hæc videndo *Reg. Consil. Rocco in
discursu de delict. Percept. Prouinc., eo-
rumq; pœn. per tot.* vbi *n. 3.* Perceptori-
bus monet, Ciues ad instar ouium
tondendos in exactione tributorum,
non verò eradendos, & sic quod stu-
deant illi onera Populi moderata red-
dere, & æqua consilia Principi sugge-
rere, qui semper in se ipso publicum
bonum intuetur, & semper eius est ani-
mus adiumenti ad Reipublicæ inco-
lumitatem conferendi, vnde, qui ni-
mis acerbum exactorem se præbet, po-
tius extorquere, & vim inferre, quàm
exigere videtur, vt notatur in *l. 1. D. ad
L. Iul. de vi priu.*, quod etiam exemplis
antea illustrauit *Bulenger. de Imper. et
Imperat. lib. 9. tit. 31.* Vnde *Dom. Reg.
98 Tap. lib. 6. iur. Regn. tit. 3. ad c. 4. fol. 4.*
aduertit, pro Vniuersitatum, ac subdi-

torum

tarum beneficio vtilium esse, si observaretur *Cap. Regis Alphonsi*, quo fiscalium functionum solutionem fieri per Barones iuxta Regni supplicationem, statuitur, quod hodiè minimè in vsu est, dum exactio fit per dictos Perceptores, vnde extorsiones continuè Vniversitatumq; ac Populorum damna.

99 Rectori autem Prouinciæ, cui tributorum exactio collata antiquitùs erat, ex *l. 4. C. de canon. largit. lib. 11. l. in fiscalibus 6. C. de exact. lib. 10.* sicut etiam ad Vicarium Præfecti exactio spectabat, vt in *l. fin. § si quis, D. de public.*, non licebat alicui priuato remittere, quod tributi nomine debebat, cum aliter faciendo, de suis facultatibus soluere compellendus erat, idq; illa nimirùm ratione, quia, vt benè Imperator admonet in *l. 2. C. de fund. patrim. lib. 10.* negligentiæ, & defectu officij pœna castiganda est ab eo, qui debitum officium non complevit, sic hoc intelligit *gloss. in l. 3. C. de annon. lib. 10. in verbo complevit*, ex *Platea n. 3. Valenz. n. 4. Amaya n. 41. & in l. 29. C. de decur.*, quod idcò

100 remissio facta ab exactore nō valet in præiudicium Fisci, licet valeat in præiudicium ipsius exactoris remittentis, à quo poterit exigi quidquid ille remiserit *d. l. fin. § si quis, C. de public.* & sic debitor fiscalis non poterit conueniri primo loco à Fisco, nisi exactor, qui remisit, soluendo non sit, & ita in subsidium conuenitur *l. 5. C. de conuen. Fisc. debit. lib. 10.*, tum quia exactor, & quilibet administrans Reipublicæ potest per negligentiam præiudicare Fisco, vel Reipublicæ *l. [illegible], C. de [illegible]*. Neque obstat *textus in l. Præses, C. de exact.*, quia ibi loquitur Text. in administratore, qui ob gratiam, vel ambitionem, & sic animo donandi transegerit cum debitore Reipublicæ, quod improbatur ex *l. Imperatores, D. de publ. Lambertinsa, D. de don. alibi*[illegible] *Flor. de Men. qu. 27. n. 188. & seq. & num. 247. Amaud. in l. 3. n. 15. & in l. 4. n. 6. tit. 19. lib. 9. recopil.*, & nos latius infra in qu. 3. *sub §. 6. de Iur. Dohan.*

101 Vlterius exigens tributa, exactorum custos, & dispensator sit, vt communium bonorum, non vt suorum, *Arist. 5. Polit. 21.* & Custos dicitur in *l. 4. § illum, D. de cens.*, *Fortunat. in Neapol. Dial.* [illegible], & in horum exactione Thesium illud æqualitatis filum rectè tenendum, vt inde iusta, ac vniformis contributio fit, ne per bonam, malamvè gratiam aliqui sublimentur, cæteri premantur: commoda ciuium non diuellenda, omnesq; eadem æquitate continendi, *Cic. 2. offic.* vt Sol, & dies omnibus in commune nascitur, *Plin. Panæg.* Optimi namq; Principes delectantur, miseros premi, commoueriminquè, & non querentibus malis, *Cassiodor. l. 2. ep. 25.* quare, nè tenues deprimantur, quos magis decet subleuari, dumq; exactorum nimietas à Potentibus contemnitur, in tenues magis grassatur, secundum *Cassiod. d. lib. 3. epist. 24.* saluberrimâ lege, grauioribus malis medendum esse ratus *Constantinus*, exactorum fœnoris frænum iniicit crudelitatis carentia, & plumbatarum flagello diminuto, pœnisq; propositis cohibet, vt notauit *Amaya in d. l. 2. C. de exactor. tribut. n. 1. lib. 10.*

102 Et vtrè exactor *duo*, *Violentiâ, & Impostura*: illa facillimè exulcerat plebis animum, ipsam vitam parasficiunt adempte re, vel minimi pretij: Cogi quidem ad præstationem possunt *Nouell. 8. § proinde*, & iure ciuili, cū tributum non soluunt, pignora capi, & distrahi iubentur *l. cum possess. § 2. fin. D. de censil. 1. & 2. C. de capien. & distrah. pign.* Verùm absit quantumuis licet extremâ illa, ne boues ipsos, aut agros, postremò corpora lenire eradere *Γ. Aur. 4. Antid.* [illegible] cogantur. Tenuiores mirè sublevati paulatim, & per partes quæcumq; ex præscripto modo debent, inferant, *Dion lib. 52.* Alterum, quod est *Impostura*, laqueus exponno cautius cauendum est, Plurimis autem perstringit oculos, *Petr. 2. fragm.* vsq; vè adeò

——*Solet ferrum, mortemq; timere Auri nescit amor.* *Lucan. lib. 3. de bell. Ciu.*

Vnde

Vnde amouendi isti cum nota infamiæ, & talionis pœna. *Ereptum alienas pecunias iuerunt, perdant has, quas habent, Plin. Paneg.* Hi spongiarum instar exprimendi, postquàm affatim biberunt, *Suet. in Vespas. c. 16.* mille pœnarum indagine coarcendi sunt: Et quoniam

———— *dociles imitandis*
Turpibus, ac prauis sumus. Iuu. satyr. 14.

Sæuissima in eiusmodi Miluios animaduersio parata sit, vt alij à tanta sceleris immanitate abstinere discant.

103 Hinc in *sacris Pandectis* varijs Epithetis iniqui exactores signantur, idest *filij Belial, Socij furum, Leones rugientes, Vrsi esurientes, Lupi rapientes, Canes, & Dracones, Pardi vigilantes, Vaccæ pingues, Hirci* appellantur, vt ex Sacræ Scripturæ locis, tradit *Fauss. pro Ærar. cons. 53. class. 7. ord. 656.* Apochas insu-
104 per soluentibus exactor bona fide præstet, *Nouell. 128. §. insuper definimus, Nouell. 17. § compellas etiam l. 1. §. sed & aurum, C. de apoc. publ.* & quod eo pacto exactum est, ad Thesaurarium reddat *l. 1. C. de sac. largit. &c l. diu 7. C. de suscept. l. vnic. C. de aur. publ. prosec.* Ide-
105 què hoc in Regno fit, transmittendo ad generalem Thesaurarium pecunias cum Mulionibus, vulgaritèr dictis, li Cavvaggi, quos Populi associare tenentur, vnusquisq; videlicet per suam Prouinciam, quod fieri deberet, mediante iusto salario, quod non seruatur, stante in contrarium consuetudine, quæ in his attenditur, *R. de Ponte cit. tit. 4. §. 1. n. 49.*

106 De Iure etiam Regni per Regias *Pragmaticas, & Capitula Regiæ Reformationis* insertæ in corpore *Pragm. sub tit. de offic. Proc. Cæs.* Isti Perceptores tenentur quolibet mense mittere bilancium administrationis ad Regiam Cameram, quod principalitèr statuitur in *l. apparitores, C. de exactor. lib. 11. & l. Diuus, C. de suscept. lib. eod.* & singulis annis tenentur computa dare, & sic rationes cum cautelis exhibere, & statim dare Fedegraphas receptæ pecuniæ, *pragm. 1. S. 9. & pragm. 10. de offic. Proc. Cæs.* Pecunias autem exactas tandiu illicò transmittere debent ad Regium Thesaurarium, aliàs ob moram puniri poterint *l. vnic. C. de aur. publ. lib. 13. l. 1. C. de sac. largit. mun. lib. 11. R. Rouit. sup. pragm. 1. de offic. Proc. Cæs. n. 17.* quæ intra sunt in praxi, secundùm illa deciditur, & adsunt *R. Prag. 2. de offic. quæst. Ær., & Pragm. 2. §. 7. tit. de reuoc. & suspens. grat.* Præsentantes verò computa, iurent illa esse vera, & Rationalis de iureiurando in calce eorum testetur, vt in *pragm. 76. Regia Reform. §. 10. de offic. Proc. Cæs.*, & remittere tenentur in Regia Camera bilancium residuorum cum causis renitentiæ, vel impotentiæ *d. pragm. 75. §. 100.* Residuorumquè diligentias exprimant in computo §. 101. & 169. & pro residuo non benè diligentiato significantur, nec potest illis concedi prorogatio à Regia Camera vltrà duos menses ad producendas cautelas absque expresso Proregis ordine consulto Collaterali Consilio, vt in §. 98. & quod exactum ab illis est in residuorũ extinctionem, nec aliter deducatur in computum, & Rationales debent præcedentes significatorias obseruare, an ità factum sit §. 168. & partita etiam, & introitus Perceptorum substantietur præscripta forma in §. 171. Idq; addatur in eorũ instructionibus; nec possunt functiones
107 fiscales separatim exigi per Perceptorem Prouincialem à Casali, probè habetur in *pragm. dicta Tit. Reg. Reuers. decis. 163.* Nihil recipere possunt ab Vniuersitatibus, nec mercaturam exercere, nec animalia ad pascendum detinere, *pragm. 2. §. 5. & pragm. 48. eodem tit.* Recipiunt pecunias compositionum Audientiæ, & soluunt salarium Officialibus *pragm. 60. tit. eod.* Non possunt exercere priuatas exactiones *d. pragm. 75. §. 178.* Mortuo Barone hodiè tenentur tantùm infrà mensem certiorem reddere Regiam Cameram *pragm. 53. eod. tit.* quolibet mense mittant *Carrugium* cum pecunia exacta ex *pragm. 56.* Non possunt soluere pecunias assignatas absque mandato Proregis inserto, & relato in libro Scribæ

Por-

Portionis, *pragm. 6. §. 1. de offic. quaest.* adstringant Barones ad soluendum Bonatenentiam Vniuersitatibus, & omnes Ciues etiam nobiles ad soluendos annuos carol. 42. pro fuculari, *pragm. 26. de Vectig. & Gabell.* Regensq; officium Perceptoris non vltrà, quam sui principalis salarium habeat, *d. pragm. 75. §. 179.*

Cum æquitate debitores cogere debent ad soluendum, præcedenti denunciatione, & liquidatione, antequã debitor in culpa non est *l. 2. C. de indict. lib. 10.* ibi: *Notitia detur ante indictionis exordium, & subeundi dispendij necessitas auferatur.* Tantò fortiùs, quia Fiscus nisi debet æquitate in exigendo ab eius debitoribus *l. 2. C. de commun. largit. lib. 12.* Et inde Exactores exigentes vltrà signatam taxam, vel præmaturè absque vllo mandato puniuntur *l. 1. C. de Exactor. lib. 11.* & superexigentes pęna multiplici puniuntur in *d. pragm. 75. §. 12.* Similitèr puniuntur, si pretio dilationem dederint post tempus maturatum, ob quod quo-

108 tidiè obseruatur, Commissarios Perceptorum ob id puniri, ex dispotit. *l. 3., & l. in fraudem, C. de annon. lib. 10.* Et ità iudicatum refert *Nouar. in collect. 5. ad pragm. 40. de offic. Proc. Cæs. n. 5.* Vnde contra Perceptores, eorumq; Ministros, & Commissarios de triennio in triennium procedi potest per inquisitionẽ voce præconis, vt in *pragm. 8. de offic. quaest.* quemadmodùm etiam puniuntur, si fiscalem pecuniam retineant, vt in *pragm. 36. cit. tit. de Offic. Proc. Cæsar.*, quod ex iure communi confirmatur in *l. sacrilegij pęnam, §. qui cum in moneta, D. ad l. Iul. peculat.*, ità quod si absque Principis iussu, ac licentia Superiorum legitimorum mutuò dent, vel in proprios vsus conuertant, capitali pęna plectendi sint ex *l. 2. in fin. C. qui ex public. ration. lib. 10. Reg. de Ponte decis. 7.*, vbi latissimè de hoc agit, cum non possit impendi in alium vsum publica pecunia præter illum, in quem destinata est; Vnde regula firmatur illa, quod omnes, pecunias publicas intercipientes, vel quomodolibet auferentes *l. Iulia peculatus*, teneantur, ex *l. 1. D. ad l. Iul. peculat. l. sacrilegij capite, §. Labeo, D. eod.*, cum peculatus aliud non sit, quam publicæ pecuniæ furtum, *§. item l. Iul. peculatus de publ. Iudic.*, quod procedit, non solùm contrà principalem intercipientem, & auferentem, sed etiam facientes, & procurantes, vt publica pecunia intercipiatur, & auferatur *d. l. 1.*, dùm tamen dolus interueniat, vt benè exponit *cit. Nouar. in pragm. 40. collect. 5. de Offic. Proc. Cæs. à num. 1. ad 10. & seqq.* additis ad dictam peculatus materiam examinandam, post alios latè *Anton. Matth. de crimin. lib. 48. tit. 10. c. 1. per tot. & c. 2.* & *Christoph. Crus. de indic. delict. p. 3. c. 1. à n. 1. ad seqq. c. 3. & c. 4. Reg. Galeot. resp. fisc. 12.* sed nos infrà latè annotabimus ad §. 16. *De pęnis Official. &c.*

109 Audiant deniquè Exactores isti, quod aureis verbis scriptum reliquit *Cassiodor. lib. 11. epist. 7.* ibi: *Vndè continentèr agite, si prouectum vestrum magis desideratis extendere. Impia lucra sunt à vobis omnimodis aliena: vos possessorem deuotum redditis, si fraudulentis non prematur incommodis. De æquitate potiùs, quàm de rapacitate proficitur. Semper metuit iniusta præsumptio. Quid enim acquiri putatur, vbi bona conscientia perditur? aut in qua parte possit homo proficere, si innocentiam probatus fuerit amisisse? Nolite sine præmio credere, quæ videntur ad bonam conscientiam pertinere. Habebunt nos benè agentes, in quo possumus auditores. Remuneratorem enim illi esse promitto, quem se aliqua honestate tractasse cognouero. Agite ergò, laudes ad me potiùs vestræ perueniant, quàm querelæ. Maius commodum non quæratis, quàm si nihil venditis. Illa tantum sequenda sunt lucra, quæ potest lætus possessor offerre, & miles solemniter securus accipere. Non censorem, sed laudatorem vestrum esse desidero. Cauete ergò, ne reddatur infestus, qui vobis cupit esse beneficus. Nam grauius semper irascitur, qui contra propositum commouetur.*

110 IVstitiarij verò Prouinciarum, quorum *Author* noster hic memor est, quibus de ãno 1265. Regis *Caroli I. Andegauensis* tẽpore fuerat exactio prædictarum subuentionum commissa, sunt idem, ac Præsides Prouinciales, secũdùm eundem *Authorem* nostrum infrà *de Iur. Baiulat.* §. 9. n. 49. Imò cum antiquis temporibus feuda concederentur, reseruata Regi causarum criminalium cognitione, vbi puta pęna mortis, membri abscissio, vel exilium erat imponendum; ideòq; Iustitiarium in qualibet Prouincia Rex habebat, qui de criminibus cognoscebat, Prouincię inseruiebat, eam malefactoribus purgando; Prǽsidesq; Prouinciales inde dicti, quibus nomen, & formam, Ius, & Iustitia contulerunt, & quantò magis in nomine sunt affines, tantò eorum veri, & solliciti debent esse cultores, vnde ipsorum iudicijs capitales causæ reseruatæ, eorumq; officium gratuitum, nec aliqua auiditate mercari, & sic de delictis, eorumq; pœnis cognoscunt ex *Const. Regni, Iustitiarij nomen, & Const. Iustitiarij non per Calendas*, idquè etiam de pęna pecuniaria, siuè mulcta secundùm *glos. in d. Const. Iustitiarij nomen n. 10. & 40. fol. 70.* & etiam de magnis furtis cognoscunt, scilicèt *vltrà 20. augustal. n. 50. fol. 60.* Et omni tempore debent facere Iustitiam, quia beati, qui custodiunt iudicium, & faciunt iustitiam in omni tempore, *glos. in d. Const. Iustitiarij non per calendas fol. vbi 78. n. 70. col. 1.*, vbi latè de illorum officio, & iurisdictione, prout in antecedente *Const. Iustitiarij per Prouincias, & in alijs sequentibus* agitur, vbi *glos.* Item ipsi cognoscunt, quando Domini in causa ciuili suo Vasallo ius dicere nolint, quod intelligitur, si duo menses tali cum negligentia fuerint elapsi, non tamen cognoscunt de causis feudalibus, nec de Castris, quia de illis sola M. C. ante Regiæ Cameræ institutionem cognoscebat, ex *cit. glos. in d. Const. Iustitiarij nomen, col. 1. in princ.*, quod declarat etiam *glos. in Const. Iustitiarij per Prouincias n. 40. & 50. col. 2.*

Et licet de Iure communi maius erat Præsidis officium, quia de omnibus ciuilibus, & criminalibus iudicijs cognoscebat *l. omnia, D. de Offic. Præs.* Attamen in Regno Iustitiarij nomen idem importat, ac Præses Prouincialis, vt *Author* noster *suprà cit. loc.* monet, quem sequitur *Nouar. sup. rub. pragm. de offic. Iustit. collect. 1.* & sic Iustitiarij, veluti Prouinciarum Præsides, Regis membra, & pars Curiæ Regiæ in Regno dicuntur, secundùm *glos. in Const. Regni 1. §. nos itàq; n. 20. 1. col. fol. 4.* Et inde habent iurisdictionem in ciuili implicitam, hoc est non exercitium iurisdictionis, sed iurisdictionem, & sic videtur, quod possint cõmittere, antequàm Baiulus, & Secretus erunt negligentes, eaq; Iustitiarij iurisdictio extendi ex hoc potest, tàm per expressum, quàm per tacitum partium consensum, vt in *d. Const. Iustitiarij nomen num. 40. col. 2. fol. 361.* Præsente autem M. C. Vic. silet Iustitiarius, *glos. in Const. Statuimus tit. de impetr. lit. &c. col. 2. num. 40. fol. 64.* Ità quod si Iustitiarius M. C. Vic. reperiatur cum suis Iudicibus in aliquo loco, & Ciuitate Regni, potest ibi regere Curiam, iustitiamq; administrare, & interim alij Iustitiarij regionum, siuè alij Officiales, qui illic adfuerint, silere debent ob luminare maius, secundùm *glos. in Const. Statuimus, de offic. Baiul. n. 60. fol. 474. ex Const. honorem debitum, &c.* post alios *Consil. Rouit. de offic. rubr. 5. §. 6. n. 28.* Itemq; Iustitiarij illi, nisi intrà semestris temporis spatium terminauerint quæstiones, illæ ad M. C. V. deuolui dicuntur ex *glos. in Const. it. causas alias num. 70. fol. 79.*

Ipse autem Iustitiarius, cum antiquitùs functiones, siuè collectas exigeret, aliquid accipere non poterat pro sigillandis, vel clarificandis quinternionibus collectarum, aliàs puniri notatur in *glos. in princ. ad c. Caroli I. incip. Quod quaterni*, vbi ipse Iustitiarius ob dictam exactionem *Magister Iustitiarius* Cameræ dicitur, prohiberuq; illi, & alijs Officialibus, ne aliquid recipiant

cipiant

cipiant pro apodissis, aliàs puniuntur pęna 25. *augustal.*, secundùm *d. glos. ibid., verb. eadem pęna, & in verb. Augustales*; similiter fuisse pęnam quadrupli eius; quod extorserint ab aliquibus Commissarijs, cauillando literas commissionis, quas ibi fecerunt, eandemq; pęnam imponi Secretis, Magistris Portulanis, & Portulanis, vt in *cit. glos. fol. 122. 1. col.* Talis tamen Iustitiarius constitui nequit ab Vniuersitate, Prælato, vel Comite, vt in *Const. ea, quæ ad speciale*, vbi *glos. n. 50.* omnia verò Prouinciæ facta prædictis Iustitiarijs, quia committenda erant, secundùm *glos. in Constit. asperitatem nu. 60. col. 2. fol. 21.* proindè prædictarum subuentionum exactio illis quoque tempore dicti *Regis Caroli I.* fuit commissa, vt aduertit *Author* noster hic.

111 Cumq; illi de criminibus cognoscerent, Prouinciasq; à malefactoribus, illos extirpando, defenderent, rectè Gubernatores, siuè Præsides Prouinciarum dicti sunt, *Frecc. de subfeud. lib. 1. de Magistr. Iustit. n. 13. & 14.* post *Afflict. in Const. Præses Prouinciæ n. 1. & in Const. beneficium in q. notab., Reg. Rouit. in pragm. 3. n. 1. de offic. Iustit., de Angel. ad Foller. prax. crim. in fragm. nu. 33.* Ijq; sunt hodiè in numero duodecim, quàm licet totum Regnum pro vna Prouincia haberi, existiment *Luc. de Penn. in l. fin. C. de discuss. lib.*, *C. de cens. & censit. lib. 10.* *Andr. in Const. Constitutionum, Capyc. in Inuest. feud., rub. feud. offic., verbo Magister Iustitiarius, & in l. Imperialem, de prohib. feud. alienat. pag. 92.* Fuit tamen illud in duodecim

112 Prouincias, siuè Regiones diuisum, *Frecc. de subfeud. lib. 1. vers. Regnum Neapolitanum*, & in vnaquaq; illarum residet vnus Præses, *Afflict. in Const. occupatis n. 4. 5. & 6.* Cuius cura est purgandi crimina, puniendi quosq; delinquentes *l. congruit, D. de offic. Præs. §. velutimus, verb. vt Indic. sine quoque suffragio*; Et sic Prouinciam sine damno, pacatamq; custodire, & inconuenientia euitare, & prouidere; Vnde absq; Proregis nostri licentia nequit ille Prouinciam deserere, *Gizzarell. dec. 30. n. 10. & 11.* differt autem illius Curia à Curia Magistri Iustitiarij, vt exponit *Consil. Petr. post alios sup. rit. 64. à n. 1. ad seqq.* Et quomodo illi iurent, exponit *Dominic. Tasson. de antefat. vers. 2. obs. 1. n. 15.*, vbi Regni Prouincias numerat, & *n. 42.* onera Regni enarrat; Præsides autem isti Prouinciæ Viceregen dicuntur, & Capita Tribunalium Collegiatorum, ex *Vin. dec. 401.* etsi non habeant omnes prærogatiuas, quibus gaudet Magister Iustitiarius, agere tamen poterint omne id, quod possunt Officiales præeminentes, cum voto tamen Auditorum, vel in aliquibus causis sibi præcisè concessis vnius Auditoris à se electi, vt exponit *cit. Nouar. d. loc. n. 1.*

Isti tamen 12. Præsides omnes, cum vni Proregi subsint, tanquàm Capiti, non ob hoc, quæ in his Prouincijs geruntur, in diuersis Prouincijs geri dici potest, sed in eadem Prouincia, ac Regno, vt exponit *cit. Cons. Gizzarell. dec. 32. n. 15. & 21.* vbi *n. 13.* aduertit, quod Regnum hoc totum ab hac Ciuitate Neap. eius Metropoli percurritur spatio viginti dierum cum omnibus eius Prouincijs. De officio autem Iustitiarij, siuè Præsidis, eiusq; iurisdictione, ac potestate, latè adeundi sunt *Reg. Rouit. in pragm. de offic. Iustit., Donza tom. 1. de pugn. Doct. tit. de Offic. Præs. cap. 1. Thor. de Magistr. Regn. tit. de Iustit. & Præsid. Prou. post Io: Grand. de Bello vol. & cit. Nouar. sup. d. rubr., & pragm. de offic. Iustit.*

Annotandum hic est, Præsides istos Regni Prouinciales conuenire aliquo modo cum Præsidibus, qui minoribus Prouincijs apud Romanos præerant, aut mediocribus, de quibus in *L. 1. C. de Offic. Præfect. prat. Afric. L. 1. C. vt omn. Indic., tàm ciu. &c.*, licet tamen non tanta Iurisdictione, facultate, ac gubernãdi amplitudine ditati nostri sint, prout illi Romanorum fuerant, de quibus loquitur *Bulenger. de Imper. Rom. lib. 4. c. 38. fol. 935. litt. C.* Et latè de illis, & qualitèr Præsidiales Prouinciæ sortitæ, Præsidibus, Romanorum tempore, concedebantur, memorat *Rosin. antiqu. Roman. lib. 8. c. 8.* Præsides verò isti solùm in homines sui territorij, nō extraneos imperium habent *l. Præses 7. D. de Offic. Præsid. l. 1. C. de Offic. Præf. Vrb.*, & sic nulla redditur sententia, litigatorum ratione, in homines alterius Prouinciæ, ab alia Regia Audientia prolata, *Christoph. Besold. in dissert. de nullis n. 85. fascic. 4.*

113 Iustitiarij autem huius Regni, siuè Præsides Prouinciales, quorum vnus in qualibet Prouincia à nostro Inuictissimo Rege, vel à Prorege eligitur, antiquitùs in omnibus Prouinciæ partibus, ac locis, etiam in Terris Baronum, criminum, pęnarumq; cognitionem habebant, ex quo, vt *Author* noster hic *n. 49.* refert, *Reges* prædictos *Andegauenses* semper in concessionibus Castrorum in feudum, Criminalem iurisdictionem reternasse constat; quo tempore omnes Prouinciæ in placida quiete viuebant, nam à tempore *Federici* vnus in Regno erat Magnus Iustitiarius cum duobus Iudicibus, & in qualibet Prouincia vnus Iustitiarius cum vno Iudice, & in qualibet Terra demaniali vnus Balios erat, & officia prædicta erant annalia iuxtà *l. 4. C. de suscept. lib. 10.*, vt in *Const. Regni occupatis nobis*; Imò & *Caroli I. patris Roberti* de anno 1282. edita extiterant Capitula Regni, *Terrerij*, hoc est *Comites*, & *Barones*, cum duobus sequentibus, in quibus prohibetur Baronibus Vassallorum carceratio, & nè illos cognoscant sub pœna priuari carceris, cum vnius augustalis tantùm pęnam constituere possent, *Freta. lib. 2. de suffeud. in 2. Author. Baron. n. 25. per tot. fol. 267. Reg. de Pont. cons. 53. vol. 2.* Quinimò Iurisdictio non vendebatur, vt not. *Bald. in §. 2a lege n. 2. de l. Corradi*, vndè

114 Feudatarij vocabantur *Terrerij*, tunc enim generales inquisitiones singulis annis per singula loca Regni per Præsides Prouinciarum fiebant, vt in *cap. Regni Caroli II. incip. Generales inquisitiones singulis annis*; & M.C. per Regnū totum procedebat, inquirebatq; soluta ei statutum morandi tempus in *c. Regni, insuper ad fidelium*, excepta tamen ab his Calabriæ Prouincia, quia ibi *Dux Calabriæ Regis primogenitus*, & *Vicarius* residebat.

115 Quod postea in desuetudinē abijt, introductumq; fuit, iurisdictionem vendi, vt ex *cit. Bald.* memorat *Reg. Galeot. resp. fasc. 23. n. 107. & 211.*, concessisq; inde quatuor literis arbitrarijs à Rege *Carolo I.* & Rege *Roberto*, Baronibus, fuit illis communicata iurisdictio cum mero, & mixto imperio, ac iuramento ligij homagij (quod ęquipollet obedientiæ, quæ in spiritualibus Ecclesiæ, Prælatisq; debetur, *Innocent. in c. fin. de reg. iur.*) & sic Regni Barones amplam iurisdictionem in pauperes Vasallos acquisiuere, & inde diminuta, & pessundata remansit ampla illa M.C.Vic. iurisdictio, vt rectè exclamat *Præs. de Franch. dec. 370. n. 8.* ob dictam puta concessionem meri Imperij cum cognitione primarum, & secundarum causarum Baronibus factā; Et licet idem *Præs. de Franch.* scripserit, à Rege *Alphonso I.* fuisse Baronibus communicatam iurisdictionem meri Imperij, & idem asserant *Reg. Constant. in l. 1. C. de iur. Fisc. lib. 10. n. 31. fol. 58. & Reg. de Pont. cons. 53. nu. 6. vol. 2. Camill. Borrell. de præst. Reg. Cath. cap. 19. n. 93.* Id tamen non ità videtur, nam ex capitulis prædictis constat, *Regem Robertum* dictam concessionem fecisse, eamq; tamen *Regem Alphonsum I.* confirmasse, vt in *cap. & priuil. Neap. fol. 5. cap. 9.* cum qua cōfirmatione dicti meri Imperij, & quatuor literarum arbitrariarum, concessa, & commissa censentur omnia illa, sine quibus Iurisdictio expediri, siuè exerceri non potest, *Innocent. in c. dilectus 11. nu. 2. de pæn.*, quæ ità optimè exponit *Ios. Dom. Tasson. de antefato vers. 3. obs. 4. à nu. 31. ad seqq.* vbi *n. 35.* de potest. Baronū vigore priuilegiorum agit, & *in vers. 12. obs. 1. à n. 99. ad 106. & seqq.* vbi *n. 109. & seqq.* quæ sint istæ quatuor literæ, & vnde habeantur, exponit; Et *nu. 111. & seqq.*

& seqq. quid in illis contineatur, declarat.

116 Ad hæc etiam notandum non omittimus, certum esse in ea Terra, & loco, in quo quis habet iurisdictionem ciuilem, verum Baronem, ac utilem dominum esse, & non alio, qui criminalem; vt optimè post alios firmat *Frecc. de subfeud. auth. 1. n. 2 c.* latissimè *per 3. tot. fol. 167. & seqq.* Nam illa iurisdictio Criminalis magis videtur cohærere officio, quàm Territorio, seu feudo, & hinc, licet ipsa detur in feudum, erit feudalis quoad alia capita, præterquamquod à solutione releuij, quia habens iurisdictionem criminalem non habet subuentionem à Vasallis, & Rex *Alphonsus Aragoneus* declarauit habentem iurisdictionem ciuilem esse verum dominum *de anno 1443. Frecc. d. loc. n. 2. col. 3.*, cum habens criminalem iurisdictionem non sit Dominus Vasallorum, neque ei præstatur Iuramentum assecurationis, neq; habet emolumenta feudalia, & ideo non debet etiam feudalia onera sufferre, cùm non procedant ex dicto feudo, vt est releuium, sed à consuetudine, quæ est optima iuris interpres in illis, quæ in facto occurrunt, vt optimè ex his fundant *Camill. de Luraïho in Theatr. feud. p. 12. dilut. 49. à num. 34.* & *Cons. Rovit. de offic. rubr. 5. §. 6. à n. 8.* Imò iurisdictionis criminalis concessionarius, est vt Iudex Delegatus Dom. Regis, & est dominus secundùm quid, & impropriè, vt *cit. Camill.* declarat *d. loc. dilucid. 62. n. 1. 2. & 4.*

Licet Baronem criminalem esse superiorem omnibus Ciuibus, ac etiam Barone ciuilis iurisdictionis firmet *D. Hieron. Cala in resp. 2. à n. 10.* post suum *tract. de restit. in integr.* An autem Iurisdictio concessa, cum feudo radicetur, & existat in corpore feudi, vel potius in persona feudatarij, exponit *Montan. de regal. in verbo, Bona vacantia n. 4.* Et qualiter illa in territorio sistitur, seruitus in fundo, non sicut nebula in palude, idem videndus *ibid. in princ. ad tit. de regal. in prælud. nu. 14.* & *Præsid. Cannaver. decis. R. C. 9. à nu. 14. ad 18.* & an Castro concesso, intelligatur concessa iurisdictio, vide *Cons. de Rosa lect. feud. 1. à n. 11. ad 14.* Et num Iurisdictio M. C. Vic. in ciuilibus, separata à iurisdictione in criminalibus dici possit, idem *Montan.* declarat *ibid. verb. Potestas constituendorum Magistratuum nu. 37.* Et quid si Iurisdictio de nouo acquisita fuerit per Baronem in Castro, an efficiatur feudalis; Et an vnus possit esse dominus Castri, alter Iurisdictionis, vide *Fulu. Lanar. in addit. ad Reg. Lanarie repet. c. 1. de his qui feud. dar. poss. nu. 60.* & qualiter diuidi exercitium, non verò iurisdictio dicatur, cum quis habet ciuilem, alter criminalem in eodem Castro iurisdictionem exponit *Consil. Ioseph. de Rosa consult. 16. n. 4.*

117 COllectarum denique in hoc Regno originem, ac statum, ad tempora vsq; *Frederici II. Imp.* eiusque ex familia sueua successorum dominium, postquam *Auctor noster* in *num. præcedentibus* exposuit, subsequitur, quomodò ad *Reges Andegauenses* peruenerit Regno isto, extincta Sueuorum familia per mortem *Corradini*, *Corradi filij* (*Carolo I. Andegauense* post illum victum crudeliter mandante) capite truncidati, secundum *Io. Villan. in Cron. Parth. lib. 2. c. 11.* *Bozium de Sign. Eccl. lib. 14. sign. 100. c. 3. fol. 608. litt. E.* Inuestitque ipso *Carolo* à *Pontifice Clemente IV.* de hoc Regno, fuerit per conuentiones habitas cum S. R. E. deliberatum in ipso Regno, iuxtà tempora *Regis Gulielmi II. Normanni* (qui, licet *Gulielmi mali filius*, ob morum discrepantiam, *bonus Gulielmus dictus fuit*) Collectas exigendas esse, *Consil. de Georg. in repet. f. 6. 17. n. 10.*, de qua Inuestitura habes apud *Io. Ant. Summon. in hist. Neap. lib. 2. cap. 10. fol. mihi 177. in hac vlt. edit.*, & prædicta ex *Caroli II. d. Caroli I. filij capitulo incip. Statuimus, mandamus, & volumus*, ita reperiuntur, vt cum idem *Carolus II.* voluisset posteà dictum statum, & vsum Collectarum, temporis *Regis Gulielmi II.* declarare, quia verò

dictus

dictus statum, modos, & vsus pro eo, quod cōstare non poterat, quoniā, vel nulli, vel pauci superetant, qui possent de hoc testimonium perhibere; insuper *Carolum II.*, in *d. cap.* legitur, voluisse hanc declarationem fieri per *Pontificem Martinum IV.* tunc viuentem; vnde illo morte præuento, *Honorius IV.* *Pontifex* præfata adimpleuit, & Capitula plura pro Regni bono regimine decreuit, ex quibus cum illa, quæ ad Collectas attinent, *Auth.* noster hic referat, eaq; ad *sequentem tit. de Collectis* recenseat, atq; declaret; proindè & nos ad eundem *tit.*, quæ ad hæc annotanda occurrunt, vtiliter conferamus.

AD TIT.

De Collectis.

ANNOTATIO.

SVMMARIVM.

TRibuta, collectas, aliasq; subuentiones ad Supremum Principem indicendi spectat facultas n.1.

Tributorum innouatio pro nouo vectigali reputatur n.2.

Tributa nemo potest indicere, absque expresso Principis licentia, nec etiam Magistratus n.3. & 4.

Tributa, aut collectas imponere nequeunt Barones n. 5. & 6. Exempla de Ducibus Allobrogum, Ferraria, & Vicecomitibus Mediolani n.7.

Tributa liberè indicere possunt Ciuitates Superiorem non recognoscentes n.8.

Ciuitates magna possunt Statutum condere, vt tertia octaua à transeuntibus soluatur n. 9.

Ciuitas, siuè Vniuersitas in casu vrgentia nolens collectas imponere, officio Iudicis cogi potest n.10.

Vniuersitatibus Regni Neap. an licitum sit donare, & quibus casibus collectas imponere n.11.

Vniuersitates subdita sine regio assensu collectas imponere nequeunt n.12. non obstante immemorabili præscriptione n.13.

Tributa instituisse Senatus, Populiq; authoritate vsitas fuit apud Romanos num.14.

Tributa ex iusta causa imponi debent n. 15. priùs vetera augeri n.16.

Causa iusta indicendi tributa antiquitùs erant, pro dote filiæ primogenitæ, pro militia nati, pro transmarina expeditione, vel redemptione capti ab hostibus n.17.

Causa pro iusta tributorum impositione sunt pro defensione patriæ, personæ, ac status Regis, pro bello contrà infideles, pro redemptione Principis, vel filiorū, pro aduentu Regis, pro subuentione populorum, pro maritagijs filiarum, pro manutentione Ministrorum, refectione, vel constructione viarum, aliisque publicis necessitatibus nu.18. & 19.

Princeps debet rationem habere, ne subditi in necessitatem inducantur n.20.

Subditorum bona an capere possit, & illorū dominus sit in casu necessitatis n.21.

Tributorum indicendorum modus, & quantitas in hoc Regno declarari videntur Capitulis Papæ Honorij n. 22.

Capitulorum Papæ Honorij origo n.23.

Honorius IV. Pontifex mortuo Martino IV. aliqua Capitula promulgare fecit; eaq; direxit Cardinali Gerardo (de cuius gestis hic*) quæ verè fuerunt Papæ Martini n.24.*

Capitula Papæ Honorij in Regni Archiuo conseruata fuere, & à DD. vti iura allegata sunt n. 25.

Io: Dominic. Tassonus *transcripsit verba* Dom. Regentis *hic, quem tamen non allegauit, sicùt verò fecerùt* Reg. Tapia, & Marciano. *num.* 26.30.34. & 35.

Io: Franc. Pasqualin. *de errore notatur nu.27.*

Co-

Nu-

Numerationes focularium Regni singulis quindecim annis factæ fuere, quæ in Regia Camera discutiuntur n. 67. ijsq; clausis, an possint aperiri, ibid.

Neapolis Vrbs olim ad sex Collectas contribuebat, & qualibet Platea eligebat unum pro exactione, quem appellabant Collectorem n. 68.

Collecta dicta S. Mariæ quæ sit, & quibus præstetur n. 69. & an Barones possint eam imponere, ibid.

Collectæ respectu ciuium onus mixtum quoad forenses verò onus patrimoniale erant n. 70.

Collectari an possint forenses n. 71.

Functiones fiscales, seù ius focularium successerunt in locum Collectarū n. 68. & Regni Vniuersitates tempore Regis Alphonsi se obligarunt soluere duc. vnū pro qualibet focul. n. 72.

Functionum fiscalium, siuè focularium onus mixtum dicitur n. 73.

Bonatenentia, seù collecta, an pro annuis introitibus venditis ab Vniuersitatibus Regni cum pacto immunitatis debeatur, & ad quam rationem nu. 75. & 76. & quid in extero emente, ibid.

Neapolitani an sint immunes à bonatenentia, dilucidatur n. 77.

Functiones fiscales ex gratia Augustiss. Regis Philippi IV. redactæ sunt ad carolenos 42. pro qualibet foculari, & veterum impositionum medietas abrogata n. 78. & 79. & quo tempore soluantur n. 80.

Functionum fiscalium exactio commodiùs in duodecim Prouincias distributa fuit n. 81.

Regnum Neap. olim vna Prouincia fuit, & diuisum deinde pro commodiori tributorum exactione, & regimine; prout in Fundacis n. 82.

Casalia diuisa quoad solutionem functionum fiscalium tantùm, remanent quoad cætera, prout prius erant, vnita ibid.

Prouinciæ nomen vnde exortum, eiusq; distinctio quæ sit n. 83. & 84.

Prouinciæ Regni Neap. sunt duodecim amplæ regiones, quarum nonnullæ olim Regna fuere n. 85. Præfecturis Romanorum assimilantur, in quas mittuntur singuli Præsides n. 86. & 87.

Regni plura, quæ Rex noster Catholicus feliciter dominatur, vnæ Prouinciæ reputantur num. 88.

Prouinciæ Regni Neap. quandò fuerint diuisæ, & de ijs Cassiodori *elogium affertur n. 89. 90. & 91.*

Prouinciæ vnius Thesaurario mortuo, proximioris Prouinciæ Thesaurario solutio est facienda n. 92.

Prouinciæ regulari debet secundùm leges Regni, cui accessoriè non autem principaliter vnitur n. 93.

Prouincia prima Regni Neap. est Terra laboris, quæ Campania felix dicitur, sub cuius appellatione non venit Neapolitana Ciuitas ob eius excellentiam n. 94. & de alijs Prouincijs transitiuè n. 95. & 96.

Sclauones, & Albanenses tempore Regis Alphonsi, & Ferdinandi I. ex inuasione Albaniæ, Dalmatiæ ad Regnum Neapol. appulere, ac nouam Coloniam instituerunt, dicuntur foculares vagabundi, et extraordinarij, et quolibet anno numerantur, quorum villæ dicuntur feuda quaternata, et quid de adoha, et alijs à n. 97. ad seqq.

1 CVm itàq; in dubium sit, Tributa, Vectigalia, Collectas, cæterasq; subuentiones, ad Supremum Principem indicendi spectare facultatem, adeò, vt nec plus, neq; minùs ijs exigi possit à Vicarijs, vel Præsidibus Prouinciarum, cæterisq; Exactoribus *l. 3. §. illud, C. de can. largit. l. vnica, C. de superindic. l. placet 8. C. de excusat. mun. lib. 10. l. vectigalia 10. D. de public. l. omnium 6 C. de vectig. l. 1. & 2. C. vectigal. non. inst. non poss. c. innouamus 10. de cens. c. super quibusdam §. 1. de V. S.*, vbi *DD.* communiter, & præsertim *Gonzalez Tellez lib. 3. Decretal. & Henricus Pirhing in methodo iur. canon. tom. 3. lib. 3. tit. 39. sect. 1. §. 3.* & post alios *Molin. de iust. & iur. 3. tit. disp. 666., Parlador. lib. 1. quotid. cap. 3. n. 2. Mastrill. de Magistr. lib. 3. cap. 10. ex n. 119., Ramirez de Lege regia §. 23. Flor. de Mena lib. 1. var. q. 11.*

q.31. *Henr. Rosenth.* d. f. 2.4. *concl.* 33. *nu.* 1. & 3. *gl. litt.* A. *Schrad. de f.* 1.3. *4. nu.* 38. & *seq. Iannin. de* [illegible] *lib.* 1. *n.* 188., *Card. Tusch. pract. conclus. litt.* L. *concl.* 1. & *litt.* P. *concl.* 204. *n.* 1. *Wesemb. cons.* 109. *n.* 43. *Alciat. cons.* 136. *n.* 8. *lib.* 5., *Camill. Borrell. de praestant. Reg. Cath. c.* 1 *n.* 34. & *c.* 20. *n.* 16. & *in comment. ad Bellug. in Spec. Princ. rubric.* 46. *ver. tributum, vers. ex quo, Bouadill. lib.* 5. *Polit. c.* 1. & 13. *D. Io. del Castillo de tert. c.* 21. *ex nu.* 78. & *seq. Treutler* [illegible] *lib.* 1. *resolut.* [illegible] *de iur. Fisc. resol.* 5. *num.* 1. *Suarez de legib. lib.* 5. *c.* 14., *Scambornerr. lib.* 4. *Polit. c.* 25. *Dominic. Antunez Portugal de Donat. Reg. lib.* 2. *c.* 24. *à nu.* 79. *Card. de Luca in Theatro veritatis tom.* 2. *tit. de regal. disc.* 30. *n.* 5. *Georgius Christophorus Golnitz in Gymnasio* [illegible] *de Regali Vectigalium iure, Woesselingius in Aurifodina, ver. Vectigalia pag.* 175 *his verbis:*

Vectigal numerant inter Regalia magna,
Quae primus Princeps ponere iure potest.

Cùm hoc Ius, ratione supremi dominij, ac potestatis, Principum superiorem non recognoscentium, aut liberarum Rerumpublicarum sit proprium; nam ipsa Tributa de Summo Imperio sunt, *Bald. in l.* 3. *C. de iur. Fisc. lib.* 10. *Regner. Sixtin. de regalib. lib.* 2. *c.* 6. *nu.* 14. *Bouadill. d. loc., et Flor. de Mena supra cit. q. n.* 11., ac instituendi noua, & vetera prorogandi, & augumentandi Tributa publica potestas est, *l. non solent, C. vectig. nou. inst. Arnis. de iur. Maiest. c.* 7. *n.* 6.

Et sic licet augumentum naturam sui principalis sequatur, *l. si extoto, l. quod in rerum, §. si quid post, D. de legat.* 1. *l. certu C. de iur. dot. l. si fundus in prim. l. Paulus, §. si domus, D. de pignor. et hypoth.* Non tamen possidens antiqua Vectigalia, ea augere potest, nisi Ius immediatum noua imponendi habeat, cùm

2 in illa materia omnis innouatio pro nouo Vectigali reputetur, *l. locatio* 9. *§.* 8. *D. de public. et vectig. Episcop. Rocca disput. iur. cap.* 78. *per tot.* & nouorum institutio praecisè prohibita sit, *toto tit. nou. vect. inst.* & *c. Ioseph Ludouic. comm. concl.* 15. *n.* 4. *August. Bero. cons.* 27. *lib.* 3. *Farinac. de fort. q.* 47. *a n.* 76. *Knich. de Saxon. non prouoc. iur. verb. Ducum Saxon. n.* 4. *in* [illegible] *Forster de Iurisdict. Rom. lib.* 2. *q.* [illegible] *Wesemb. cons.* 45. *n.* 43. *Frideric. Schenck.* [illegible] 1. *n.* 131. *lib.* 1. *tom.* 1. vbi limitat in Vectigali, quod praestari ad tempus definitum, non verò vsucaptum sit, nam cum postliminio reuocare non sit prohibitum, appellatio noui Vectigalis ei non congruit, *Alex. cons.* 14. *n.* 2. *lib.* 1. sicuti nec minui illa possunt absque eiusdem Supremi Principis iussu *l. vectigalia* 10. *D. de publican. Cuiac. in paratit. C. nou. vect. Reg. Galeot. Resp. fisc.* 10. *n.* 20. & 21.

3 Indè adeò propria talis facultas Principis superiorem non recognoscentis est, vt solùm dictum Ius ad ipsum, & non ad alios spectet, & sic absque eiusdem speciali concessione non censetur in alium translata, *Couar. pract. c.* 2. *n.* 10. *Menoch. de arbitr. lib.* 3. *praes.* 97. *n.* 41. *Duodus in cap.* 10. *de cens. nu.* 3. Ità quod absque tali concessione redderet in contemptum Principis, si alius ea Iura vsurparet; & ità *Archang.* [illegible] apud *Sozomen.* accusabatur, quod Tributum lineae vestis indixisset; vndè nec veteribus vectigalibus aliquid augere, sicuti neque noua indicere absq; Supremi Principis mandato licet, vt suprà, post alios fundat *D. Franc. Amaya in l.* 3. *tit.* 16. *à n.* 5. *in comm. ad lib.* 10. *C.* ex quo *n.* 9. concludit, ità praedictum Ius supremae Principis potestati reseruatum esse, vt neq; Praesides, aut alij

4 Supremi Magistratus possint ea imponere; & sic tantò magis Domini Vasallorum, & Ciuitates absque Principis assensu, & licentia, nàm aliàs illis subiectionis vinculum impedimento est, *Schiers. in l. ubi C. de vect. et commiss. Bonifac. de furt. §. fraudulosa n.* 3. *Petr. Ant. de Petr. de potest. Principis c.* 6. *num.* 78. *Panciroll. cons.* 23. *nu.* 5. *Borrell in addit. ad Bellug. in Spec. Princip. rubr.* 46. *verb. Tributum.*

5 Et sic videmus, quod licèt in hoc Regno Neapolitano omnes Barones à Rege habeant merum, ac mixtum Im-

perium, & omnimodam Iurisdictionem, non tamen habent potestatem Tributa, aut Collectas subditis imponendi. Et hinc, nec Baronibus debentur subuentiones, siuè Collectæ aliquæ, præter casus permissos à *Constit. Regni*, *quamplurimùm*, *tit. Borrell. d. l. Capibl. &c. de Baron. pragm. 1. à n. 53.* quas nec propria authoritate exigere possunt à subditis, cum requirantur literæ, & licentia Regis, quod pleniùs exponunt *Montan. de regalib. verb. extraordinaria collatio n. 50 fol. mihi 121. Borrell. de præst. Reg. Cath. cap. 10. à n. 30. ad seqq.*; Cum generalitèr inconcussum sit, Vassallorum Dominos, Duces, Marchiones, & similes non posse imponere Tributa, Vectigalia, neque Hospitia, aut Donatiua à subditis exigere, *tit. Amaya ibid. n. 28. Borrell. d. c. 10. à n. 26. ad seq.* ità quod si illi audeant imponere, aut quomodolibet exigere, aut impositas à legitimo superiore augeant, vltrà pœnam capitalem, in quam incurrunt, in excommunicationem in Bulla Cœnæ incidunt, vt fundat *P. Stephan. de Neap. de præcip. Iuris &c. lib. 1. de Tribut. & Vect. cap. 25. num. 2.* estq; Ius impræscriptibile, & de maximo imperio, & proindè vetitum imponi ab inferioribus, nisi nominatim concedatur, *Reg. Galeot. resp. fisc. 10. n. 22. ad 25.*

6 Enim verò licet contrarium quidam dixerint, quia Duces, Marchionesquè, Vicarij Imperatoris, ac Regis perpetui sunt appellati, *Craueтт. cons. 958. nu. 4. post Bald. cons. 162. nu. 1. in fin. Cacher. cons. 9. n. 5. Natt. cons. 119. num. 14. Surd. cons. 1. nu. 11. Thom. Michael. disp. de Iurisd. concl. 29. lit. C. Vvesemb. cons. 17. nu. 29. M. Ant. Peregr. cons. 24. n. 1. Zas. cons. 1. n. 11. vol. 2. G. Pancirol. cons. 119. n. 40. Modest. Pistor. cons. 24. n. 1. Petr. de potestat. Princip. c. 8. num. 26. Boss. tit. qui poss. vect. impon. n. 10. Rol. à Vall. cons. 91. nu. 108. Farin. de furt. qu. 172. n. 80.* & ex quo Territorij vtile dominium habēt; sed ratione soli, ac Territorij Tributa, Vectigalia, siuè Collectæ imponuntur, *l. 1. §. 1. D. de public.* ibiq; *Bart.* *Bald. cons. 142. vers. potest enim &c. vol. 2.* & vtile dominium habentes possunt iure propria facere, quæ sibi prosunt, *l. si cui §. 5. D. de seru. vindic. l. 1. §. Arindè. D. de Aqu. plu. arc. Signor. d. cons. 108. n. 11. Menoch. cons. 902. nu. 52. Ant. Quett. cons. 3. n. 5.*

Fragili tamen argumento vtuntur, nam esto, hos Vicarios perpetuos, vt suprà constitutos consideremus, minimè ad reseruata Principis, manus admouere possunt, *Bald. cons. 457. num. 3. lib. 5. Ægid. Boss. de Principe n. 88. Alex. Raudens. de analog. lib. 1. c. 28. num. 10. Surd. cons. 210. n. 48. Farin. in prax. crim. q. 29. n. 91.* nisi speciale mandatum, aut licentiam Principis supremi habeant, *Natt. cons. 40. num. 18. Schrad. consil. 37. num. 19. lib. 1.* cum magis ad pompam illos talitèr dici, existimarunt, *Mascardi. in prax. ciuil. 1. inst. p. 7. gl. in verb. sententiam n. 66.* & rectiùs de hoc *Dec. in cap. pastoralis n. 34.* ibiq; *add. de appell. Bon. de Curtil. de Nobil. p. 3. num. 218. Chassan. in cathol. glor. mundi p. 5. cons. 24. n. 164. Pacian. de probat. lib. 2. c. 28. n. 21. Valent. Forster de success. ab intest. lib. 6. c. 34. n. 22.*

7 Vndè Duci etiam Allobrogum, vti beneficiario Imperatoris hanc potestatem denegat *Choppin. de doman. lib. 1. tit. 9. num. 3.* Iulius Secundus Pontifex Alphonso Ferrariæ Duci hanc quoq; licentiam sine illius consensu vsurpanti, bellum minatus est, nisi propè diem *Bado* imposita vectigalia tolleret, *Frācisc. Guicciardinus lib. 9. Hist. pag. 823.* & esto Vicecomites Mediolani, Imperatorum Vicarij perpetui fuerint, *Galeatius* tamen *Vicecomes* Maiestatis accusatus, quod vectigalia noua absque Cęsaris voluntate imperasset, *Clapmar. de Arcan. lib. 1. c. 21.* & in Germania de hoc minimè dubitandum est, *Henr. Rosenth. de f. c. 5. concl. 44. n. 2.*

8 Ciuitates verò, Superiorem non recognoscentes, liberè indicere possunt Collectas, & Tributa, *Dec. consil. 534.* vbi *Add. Rol. à Vall. cons. 91. nu. 4. vol. 3. Alex. Trentacinq. var. resol. lib. 1. tit. de iur. Fisc. resol. 5. n. 1. & 2. R. Galeot. resp. fisc. 10. num. 18.* cæteræ autem nequeunt

queunt ob subiectionis vinculum, *Salicet.in l.vbi,C.de vectig.& comm.* & alijs
9 citat; Magnas verò Ciuitates posse statutum condere, vt tertia octaua, ex
dispo *l.exceptis, C.de vectig.* ipsis de assignatis à transeuntibus soluatur, post
*Bald.Robert.Maranta cons.*28.*n.*11.*Io. Sichard.in C.tit.de vectig.n.*7. *R.Galeot.d.resp.*10.*n.*71. quorum tamen ratio ex
*l.*1.& 2.*C.nou.vect.* omninò eneruatur; quoniam si voluntaria ex causa id fiat,
non nisi consentientes obligarũr, *Andr. Barbat.cons.*7.*in fin.lib.*1. *Crauet.consil.*
392.*nu.*20.*Bursat.cons.*71.*num.*7. *Ceph. Hug.cons.*106.*n.*5.*Rip.cons.*93.*num.*14.
*Natt.cons.*215. *n.*4. *Camill.Borrell.de præst.Reg.Cath.cap.*20.*n.*24. Si autem
necessitas, aut publica vtilitas id fieri vrgeat, maior pars minorem obligat,
*Thesaur.dec.*257.*n.*4 *Gylman.dec.* 1.*nu.*211.*Capyc.dec.*112.*Prob.de Franch.dec.*
192.*n.*8. *Gars.Mastrill.dec.*49.*n.*7. *Fr. Bec.cons.*163.*n.*19.*Surd.cons.*65.*num.*3.
Imò secundùm *tit.de Franch.* minor maiorem obligat in *dec.*2.*n.*24. dummodò non singulis commodum pariat,
sed prosit omnibus vniuersis, *l.*2. *C.de muner.Patrimon.lib.*10.*l.final.C.de immun.nemin.conced.eod.lib.* *Aldouin.* *Aldouini cons.*50.*n.*10.*Peregr.cons.*102.*n.*
3.*lib.*1. audiendasq; esse Ciues omnes, qui bona communia prius excuti,
deinde muneris indictionem fieri postulant *Rebuff.in l.final.C.quib.muner. vel præst.* *Ioseph Ludou.decis.Perus.*43.
*n.*11.*arg.l.*3.*C.de præd.decur.sin.decr.non alien.* *Loseus de Iur.vniuers.p.*3.*c.*
9.*n.*6. quod sanè intellige vbi habeant de bonorum redditibus pecuniam in
communi Bursa, vel nomina Debitorum, post *Natt & Caualc.* *Henr.Bocer. tract.de contribut.c.*5.*n.*18.non autem
quod teneantur vendere fundos, & proprietates, *arg.l.*2.*cum ibi not.D.de cess.bonor.* *Alber.Brun.cons.*100.*per tot.*
Et in Regno est *Pragm.* 18. *de administrat.Vniuers.* quæ alienationes prohibet, & sic omnes citari debent, ex *l.de
vnoquoque* 47.*D.de re iudic.l.*39.*D.de adoption.* *Ioseph Ludouic.decis.*43.*nu.*7.
& ità Collectæ, siuè onera imponuntur, *l.*2. *§.viarum, D.ne quid in loc.publ.* *l.*1.*§.quod si nemo, D.quod cuiusque
Vniuersitat.nom. *Fr.Lucan.tract.de Fisco, & priuil.p.*3.*princ.n.*3.*Boss.de Princ.nu.*
95. *Petr.Greg.Syntag.lib.*3.*c.*7.*num.*10. *Flor.de Mena pract.quæst.*31.*nu.*72.*lib.*
2.*Io.Bapt.Costa de port.& rat.q.*57.*n.*7. *M.Ant.Amat.dec.*130.*nu.*6. *Berchols.in
c.vn.quæ sint reg.n.*91. *Loseus d.c.*9.*M. Coler.proc.exec.p.*2.*c.*3.*n.*369. *Kopp decis.*17.*n.*18. *Schruph.cons.*27.*n.*6. *Coler.cons.*42.*n.*28. *Ceph.Hug.cons.*91.*n.*3.
*Vari.German.cons.*1.*n.*43.*vol.*1.

10 Et si dictas Collectas Ciuitas, aut Vniuersitas in casu publicæ vtilitatis,
ac vrgentiæ imponere nollet, officio Iudicis, vel per Superiorem cogi posset,
*Chassan.in Consuet.Burg.rubric.*1.*§.*4.*verb.des iustices n.*47. *Stephan.Bertrand. cons.*141.*n.*8.& 11.*vol.*1.*p.*1. *Petr.Gregor.d.l.nu.*10. *Ægid.Thomat.de collect.
verb.sup.expositum n.*22. *Borrell de præst.Reg.Cath.cap.*20.*nu.*18.19.20.& *seqq.* *Cons.Stathan.to.*1.*resol.*190.*n.*71.
*Henric.Bocer.de Collectis cap.*6.*n.*23. & quando est imponenda Collecta, an
habeatur ratio ad personam, vel ad bona, & alia, exponit *Reg.Reuert.super pragm.de appret.in rubr.nu.*4. & qualiter Taxa, vel Collecta sit in Regno
Vniuersitatibus imponenda, est sancitum in *reg.Pragm.in tot.tit.de admin. Vniuers.* vbi *cit.Reuer.* *Vouar.* & præsertim *in pragm.*13.14.& 15.

11 Imò per ipsas Vniuersitates, & fideliss.Ciuit.non posse alteri, quàm Regi
fieri ex Regni sanctione donatiuum, & quare id processerit, exponit *Cæs. Rocc.
de offic.rubr.*17.*tit.de Donatiuis,Regi faciendis §.*5.*n.*135.& 136.vbi *n.*137. id
etiam in Regno Siciliæ vigere, ità quod nec Proregi Donatiuum fieri
possit absq; licentia Regis, & omnium vno voto concurrente, vnde nec maior
pars sufficeret, *cit.Rocc.n.*139. Imò neque Vniuersitatibus conceditur, se
vnire pro donis dandis, ac salarijs constituendis absque licentia *n.*140. & nõ
possunt Baroni donare aliud, quàm id, quod in *Cons.quamplurimum* statuitur,
idem *ibid.n.*141. licet Nuncijs ex causa

lætitiæ non prohibeantur donare, *cit. Rocc.d.l.n.*142. Casus verò nonnullos, in quibus tàm Vniuersitas, quàm Barones Collectas imponere possunt, exponunt *Gallupp.in method.f.p.*5.*c.*5. *per tot.* & *Barbat.de diuis.fruct.p.*1 *cap.*8. *à num.*36. latè etiam, ac doctè post alios peritiss. I.C. *Dom. Francisc. Romaguera in addit.ad Conciol.super Statut. Eugub. lib.*1.*rubr.*39.*à n.*9.*ad* 16.

12 Et indè rectè dicitur, quod respectu Vniuersitatum subditarum, nec pro suis necessitatibus sine Regis assensu Collectæ imponi per illas possunt, quod post alios etiam declarat *citat. Montan.ibid.nu.*14.*&* 15. *R.Tapia lib.*6.*Iur. Regni pag.*41. *vers. non tamen*, post *Reg. Reuerter. dec.*388. Et haberi in *Cap. Regis Caroli I.* incip. *Item quod Iustitiary*, & *Iudices*, 28. secundùm ordinem *de Nigris*, testatur *Goffred. de Gaeta super Rit.R.C.S.rubr.*34.*à nu.*85. Ità quod etiam si Collecta imponatur pro Donatiuo Principi faciendo, eiusdem requiratur authoritas, *cit. Borrell. ibid.n.*21. fundans *nu.*21.*&* 22. ex *Regia Pragm.* Ill. Ducis Ossunæ, Regni olim Proregis, nec licere Ciuitatibus, atq; Vniuersitatibus congregari, pro donando Principi, aut alteri cuivis, etiam si in congregatione, & conclusione Regis reseruaretur assensus, licẽtia, ac beneplacitum, cum illud præcedere debeat, vt pro dicta causa congregari possit, nam isto casu non solùm prohibita est donatio, & Collectæ impositio, tanquàm ambitiosa, sed ipsa coadunatio, & congregatio Vniuersitatis pro eliciendo voto, de donando absque Principis licentia, vt post *Bart. et Corn. Borrell.ibid.n.*23. *et* 24. firmat, dicens etiam, quod data Regia licentia pro donando alicui, non sufficit maior pars Ciuitatis ad donandum, sed obligari tantummodò consentientes; cæteros verò absentes, aut contradicentes minimè teneri, quod post alios *ibid.n.*25. probat, & ipsum ità cõsuluisse refert, idq; procedit semper quando ex causa voluntaria imponantur Collectæ, vt suprà dictum est.

13 Cumq; inter maiora regalia talis potestas indicendi Tributa, & Collectas sit, *Hraing. Arnis.de Iur.Maiest. c.*7.*n.*10., nec sufficere præscriptionem immemorabilem, ad acquirendum tale Ius Tributa Indicendi constat, cum immemorialis præscriptio efficax tantùm sit in minoribus regalibus, non in maioribus, quæ Coronæ admodùm adhærent, vt non posit Princeps illa à se abdicare, ità vt si alicui ea concedat, illis nequiret vti donatarius, nec etiam ad vitam concedentis; nam his in regalibus electa est Principis industria; & ideò impossibilis est illorum separatio, vt *Mastrill.lib.*1.*cap.*16.*n.*9. alijq; comprobant, tùm quia ius Superioritatis est imprælcriptibile, ex *Bald.in l.fin.C.de Sacrosanct. Eccles.*, tùm etiam quia ità sancitur in *l.*2. *tit.*15.*lib.*4.*recop.* & ex alijs id fundat *cit. Amaya ibid.n.*25.*et* 26. Quæ tamẽ solũ quando Rex dictam facultatem à se omninò abdicaret, procedere dixit, nõ verò, quando alteri illam communicaret; vnde, dum hoc in multis priuilegijs concessum videmus, esse præscriptibile per immemorabile tempus, ex quo titulus præsumitur, fundat *Capiblanc.de Baron.in pragm.*1.*n.*113. Verum in hoc Regno, per *Cap.Caroli II.* quod incip. *Item statuimus quod si Procuratores Fisci* 120. iuxtà ord. *de Nigris*, habetur, quod tenentibus, & occupantibus bona, & iura fiscalia, non prosit etiam concessio Regis, nec priuilegium inde factum, ità vt possidentes non possint allegare contra Fiscum præscriptionem, seù concessionẽ, quod benè notandum monet *cit. de Gaeta d.rubr.*34.*à n.*134 *ad* 137.

14 Insuper vigente apud Romanos eorum Republica, nefas fuit, vectigalia institui sine Senatus, Populiq; authoritate, teste *Liu.lib.*29. Vnde vectigal in opera publica à *Lepido*, & *Fuluio* Censoribus indictum fuit authore Senatu, ac Populo, penès quem summum Imperium erat, vt ex *eod. Liu. lib.* 40. ibi: *Censoribus postulantibus, vt pecunia summa sibi, qua*

in

in opera publica vterentur, attribueretur, vectigal annuum decretum est. Euersa verò Republica, cum in Populi iura successerunt Cęsares, lege Regia lata sancitum fuit, nè sine præcepto Principis, in quem omne Imperium collatum fuit, noua vectigalia indicerentur, & sic rectè aduertit *Diocasius lib.* 53. ibi: *Hæ verò leges omnibus ex æquo Prouinciarum Rectoribus factæ, ne quem delectum Militum agerent, ne pecuniam suprà modum, qui constitutus erat, exigerint, Senatus, Imperatorisvè iniussu*; quod etiam ex lege Gallica imperatũ fuit *lib. 3. c.* 12. ibi: *Placet nobis, vt antiqua, et iusta telonia à Negotiatoribus exigantur, tàm de pontibus, quàm de Nauigijs, seù Mercatis; Noua verò, seù iniusta, vbi vel funes tenduntur, vel cũ Nauibus sub Pontibus transitur, seù his similia, in quibus nullum adiutorium itinerantibus præstatur, vt non exigantur, &c. Si quid verò fuerit, vnde dubitetur, ad proximum placitum nostrum, quod cum ipsis missis habituri sumus, interrogetur.* Et *lib. 4. cap.* 47. Vnde rectè *cit. Amaya d. loc. nu.* 26. illos exprobat, qui tale Ius inter regalia non esse dicunt, immemores, quod à *Friderico Imper. in c. vnic. quæ sint regal.* inter regalia fuerit annumeratum, & quod priuati imponere illa non possunt, imò nec præscribere, secundùm *eund. Amayã*, cum sit tale Ius inter regalia priuatiuè quoad Subditos, vt exponit *Montan. d. loc. num.* 14. post alios *Antunez Portugal de Donat. Regijs lib. 2. cap.* 24. *à num.* 79.

15 PRætereà, vt ad proprias nostri *Auth.* his præmissis descẽdamus cõclusiones, postquàm Principis authoritatem omninò necessariam esse in Tributorũ, Collectarumq; indictione expositum est; Similitèr causam iustam in illorum constitutione, nemini dubiũ est, requiri; imò quod publica necessitas id postulet, *l. 1. C. Vect. nou. &c.* vbi *DD.* cõmunitèr, ac plures ex Theologis, quos recẽsent, & sequũtur *Molin. de Iust. & Iure 3. tom. disp.* 667. *nu. 1. in fin. Guttier. de Gabell. q. 1. n.* 25. *Parlad. lib. 1. quotid. c. 3. n. 5. Bobadill. lib. 5. Polit. c. 5. nu. 2. & seq. Mastrill. de magistrat. lib. 3. c. 10. nu.* 225. *Sixtin. de regal. lib. 2. c. 6. nu. 43. & seq. Io: Andr. Georg. rep. feud. p. 1. c. 57. nu.* 19. *Marquez lib. 1. del Gouernador cap.* 16. & ex *Auth.* nostro, & alijs innumeris *Cons. Nicol. Pisan. in add. ad Gaetam sup. Rit. R. Cam. de iure fundaci rub. 1. n.* 3. Nam si prætèr iustam causam, & non vrgente publica necessitate imponerẽtur, mortalitèr Princeps peccaret, & ad restitutionem teneretur *Nauarr. in Man. c. 15. in princ. nu.* 6. Ex hoc enim Populi grauarentur, & ipse excederet *Paris. de Syndic. verb. post Imperatorum nu.* 27. *Mastrill. de Magistr. lib. 5. cap. 6. num.* 94.

16 Et ità etiam absque publica necessitate, & iusta causa, neque vetera augere potest; nam vetera augendo, noui etiam aliquid fit, & vectigalia etiam noua imperari cẽsentur, cũ vetera augentur *l. licitatio, § eadem D. de public. c. prohibemus*, & ibi *DD. de cens.*, *Salicet. ad l. 2. n. 1. C. nou. vect. inst. non poss.*, *Curiac. in Paratl. ad eund. tit. & ibid. Azo. in Summ. n. 1. Vvesembec. cons.* 45. quod procedit etiam, està augmentum censeatur sequi naturam sui principalis, cui accedit, & eiusdem cum eo iuris esse dicatur, *l. si ex toto, & l. quod in venditionem, § si quid post. D. de leg. 1.* vt optimè fundat *cit. Sixtin. de regal. lib. 2. cap. 6. n. 14. 15. & seq.* Et sic per noua Vectigalia intelligimus, non tantùm, quæ de nouo exiguntur, sed quæcunq; à prisca abhorrent Consuetudine, *cap. prohibemus de cens. l. locatio, §. quod illicitè*, iuncto *§ seq. D. de public.*, vt post alios fundat d.m. *Arnis. de iur. Maiest. c. 7. n.* 7. sicuti nec potest continuare iàm imposita ob causam, quæ iàm omninò cessauit, vt fundãt *Molin. cit. loc. Andr. de Georg. in rep. feud. c. 57. n. 32. & Parlador. d. loc. n.* 6.

17 Iustæ verò causæ antiquitùs ad quatuor reducebantur, nempè pro dote filiæ primogenitæ, pro militia nati, idest equestris dignitatis accessione, pro transmarina expeditione, vel redemptione capti ab hostibus, ex quo

iure

Iure Vuisigothorum Regi nubenti filiæ *Chilperici* Regis à Francis oblata fuerunt munera, vt ex *Gregor. Turonen lib. 6. hist. c. 45.* Et *Federico II.* Imperatori concessum fuisse subsidium, ad collocandam primogenitã filiam, ex *Matth. Paris. anno Christi 1244.* Insupèr, & pro militia filij *Eduardo I.* erogata fuit tricesima rerum à Clero, & Plebe, ex *Matth. Vuestmonasteriensi anno 1306.* Et pro militari expeditione solemnis fuit Francis, & Germanicis Regibus indictio, quam *Fodrum* vocarunt, ex *Othon. Freisingen. lib. 2. de gest. Frideric. c. 13.* Et tandèm similiter liberãdi Principis gratia, Clerum, & Plebem conferre debere cõstat ex *Innocentio III. lib. 1. epist. 404.* Et factum ità fuisse in Anglia pridem capto *Richardo I.* à *Leopoldo* Duce Austriæ, ex *Roger. Hovedeno in Richardo I.* Quæ omnia eruditissimè memorat Decretalium lumen, peritissimus Hispanus *Dom. D. Emmanuel Gonzalez in comment. ad lib. 3. Decret. tit. 39. cap. 10. n. 3. in med.*, vbi doctissimè monet, quod sequentibus sæculis, ex causis Tributa imponi cæperunt, de quibus, eorumq; iustitia in eis imponendis seruanda, ad politè, ac politicè tradita per eruditiss. *D. Io: de Solorzano emblem. 82. & 83.* nos missos facit.

18 Regibus inde, quorum suprema est facultas tributa indicendi ex dispositione *c. unic. de regal.* Collectas de nouo imponere, qualibet iusta existente causa, & ob publicam necessitatem, aut vtilitatem ex præfatis licet; Ceterum Theologi omnes in hoc conueniunt, causam oportere publicam esse, ac necessariam, vtilemq; pro iusta tributorum impositione, ac exactione, propterea eam reducunt ad sequentia capita: Primò, pro defensione patriæ, personæ, ac status Regis, & sic non solum pro exercitu, sed etiam pro emenda Ciuitate, vel Castro, *Camill. Borrell. de præst. Reg. Cath. c. 18. n. 64. & 65.* Secundò, pro bello contra infideles. Tertiò, pro redemptione Principis, vel filiorum in bello captorum. Quartò, pro aduentu Regis in Ciuitatem. Quintò, pro subuentione Populorum tempore famis. Sextò, ad maritagia pro filiabus, & pro Corredo Regali, siuè Imperiali, *Borrell. d. c. 18. n. 65.* Septimò, pro militia fratrum Regis. Octauò, pro manutentione Ministrorum tàm armatæ, quàm togatæ militiæ. Nonò, pro refectione, vel constructione viarum, pontium, fontium, mœniũ &c. X. pro salario Custodum Ciuitatis, siuè communium Pascuorum. Demùm etiam omnes aliæ publicæ necessitates, quæ occurrere possunt, iustam Principi causam præbent tributa indicendi: Sic *S. Thom. in epist. ad Ducissam Brabantiæ*, & ex *D. Antonin., Caietan., Syluestr.*, & alijs *P. Megala p. 1. inst. cõs. lib. 2. c. 17. n. 39. Azorius tom. 3. inst. moral. lib. 5. c. 23. tit. quæ sint iust. caus. exig. gabell.* post *Lessium, Suarez. & Vasquez, P. Molfes. in Summ. Theol. Moral. par. 2. tract. 12. de contract. lib. c. 21. de Gabell. & tribut. respons. 7. n. 69. Bannes in tract. de iustit. & iur. quæst. 62. art. 3. dub. 3.* vbi aliam addit, quæ est vndecima, ad splendorem scilicèt Regium. Et similitèr duodecima cumulatur, videlicèt si subditi iniquè rebellarunt contrà suũ Principem, eiq; fuerunt causa multorum damnorum, ac sumptuum; Nam eo casu Princeps in subditos imponere poterit noua tributa, nedùm pro dicta refectione damnorum, sumptuumq; factorum, verùm etiam in pœnam, ità vt pro iusta vindicta poterit eos tributis grauare, vt pœna vnius, metus sit multorum; sic ex *c. 20. Deuter.* probat *Victoria relect. 4. de Iur. bell. n. 57.* quem sequuntur *Lessius* cum *Molfes. in loc. supracit. n. 82. Gaill. de pace publica lib. 1. c. 9. n. 27. & 30.*

Rationesq; traduntur ex *Bannes*: Primò, quia Reges ex officio tenentur seruare Rempublicam in pace, & bello; In pace, componendo, ac dirimendo lites ciuiles, puniendo potentèr malefactores, etiamq; Magnates, ne inferiores, ac pauperes comprimantur, aliaq; similia peragere: In bello autem defendendo Remp. ab iniquis inuasoribus;

ribus; & insuper vindicando iniurias Reipublicæ factas, ad quæ omnia sunt necessariæ ingentes opes: Ergò &c. Secundò ex Sacr. Script. *D. Matth.* 22. *Reddite quæ sunt Cæsaris, Cæsari & quæ sunt Dei, Deo*; ex quibus verbis apparet, Christum Dom. N. indicasse apertè, ea deberi &c. Et ità ibi *D. Hieronym. &* *Theophilact.* Similitèr ex *Apost. ad Rom.* 13. *Reddite omnibus debita, cui tributum, tributum, cui vectigal, vectigal.* Tertiò, denique vniuersi Reges, tàm in Populo Dei antiquo, quàm etiam inter gentes semper sibi receperunt tributa à suis Regnis: Ergò necessaria illa indicata sunt ab omnibus gentibus, vt Respublica rectè gubernetur.

19 Prædictis etiam casibus & aliumaddas, vtpotè, cum pro subueniendis Regis vrgentijs, reditus Regni ordinarij, ac vires non sufficerent, subuentionem deberi à subditis, non est, qui ambigat, *Reg. Sanfel. in d. decept. vnic. de donat. impub. ll. n.* 37. *tom.* 1. *decis.* quo casu libentèr Subditi ad cogitum Principis beneméritè adiutorium præstare, semel, bis, imò toties, quoties opus fuerit, promptè esse debent, vt ?àm continuò conuocatis Regni Comitijs, ità practicatum in Regno refert *Consil. de Georg. in repet. feud. cap.* 37. *nu.* 12. Et de anno 1630. post etiam ordinarium donum Regni, Regi nostro præ cæteris Imperantibus clementissimo datum, cum adhùc tamen ille pecunia indigeret, petieritq; donum à subditis ad arbitrium eorum, libentissimè ergà Pijssimum Monarcham iuxtà eorum facultates dedisse illos, constat, vt memor est *Horat. Montan. de regal. verb. Extraordinaria nu.* 7. *in fin.* & in anno 1639. donatiuum duc. bis cẽtum mille, soluisse, memorat *Consil. Rocc. de offic.* §. 5. *n.* 31. vbi *n.* 32. post alios tradit, id nõ solum in nostro Regno seruari, sed in Sicilia, in Anglia, in Gallia, in Hispania, in Belgio, in Indijs, & Statibus Ecclesiæ, & huiusmodi donatiua, quia pro Regis necessitatibus soluuntur, necessaria dicta sunt, *Reg. de Pont. dec.* 3. *n.* 14. *Consil. Rocc. ibid. n.* 33.

20 Quæ certè omnia, eſtò cuncta pateant, subuentiones tamen à subditis non debet Princeps consequi, nisi aliter imminenti publicæ necessitati non possit occurrere, & debet habere rationem, ne illi egeant, inducantq; in necessitatem, vt fundat *Reg. Rouit.* in *consult. in mat. donat. extraord.*, in qua consuluit etiam *Reg. Valenz. consult.* 99. *à nu.* 12. *&* 16. vbi doctissimus ille I. C. optimè mouet *nu.* 18. Principem non

21 esse dominum bonorum subditorum, nec illis vti debere, nisi in eorundem vtilitatem, & sic probat etiam, pensiones, Regis munificentia elargitas deberi potius suspendi, quàm exquiri subuentiones à Populis; Existente verò quomodolibet euidenti, ac imminenti necessitate pro subsidio non tantùm Regij Ærarij, quàm totius Regni, Regisq; Vasallorum, Princeps non solùm imponere potest tributa, sed adeò etiam dicitur Dominus bonorum etiã priuatorum, vt possit iuri tertij acquisito derogare, & à contractu licet iurato recedere, vt legitur obseruatum inter alios casus in *prooem.* 1. *de feud.* vbi fuit sancitum, Fisco ex consideratione publicæ vtilitatis, ac Regni tuitionis, cui Regium Ærarium continuò assistere debet, tempus feuda recemendi, licet præfinitum, non currere, & nulla præscriptione finiri; Imò nulli dubium est, ob mutationem etiam temporum, ac rerum, licitum esse Principi de bonis particularium disponere, vt publicæ saluti, atq; Regis statui succurratur, vt post innumeros, quos refert, in puncto fondamit pro constituenda, vel restauranda Arcæ militaris dote, *Franc. Maria Prat. tract. dis.* 100. *per tot.* confert *Ant. alleg.* 69. *n.* 83.

Etenim licet indubiũ sit, bona subditorum dici Principis quoad protectionem, & iurisdictionem, non quoad proprietatem, seclusa necessitate, *Reg. Sanfel. in d. decept. vn. n.* 21. *Reg. Valenzuel. consil.* 99 *n.* 5. 6. *&* 8. *R. Capyc. Latro decis.* 188. *n.* 69. quod post alios sequitur *Amaral. Portugal. in tract. de Donat. Reg. lib.* 2. *cap.* 24. *nu.* 112. idq; ex eminennenti dominio, *Samuel Pufendorfius de Iure naturæ, & gentium lib. 8. cap. 5. §. 7.* & *Iacob. Andreas Crusius in tract. historico-iuridico-politico, de Eminenti dominio Principis, & Republicæ in subditos, eorumq; bona, & ius quæsitum.* Facit illud *Seneca de benefic. c. 4. Iure Ciuili omnia Regis sunt, & tamen illa, quorum ad Reges pertinet vniuersa possessio, in singulos dominos descripta sunt, & vnaquæq; res habet possessorem suum: itàq; dare Regi, & domum, & mancipium, & pecuniam possumus, nec donare illi de suo dicimus; ad Reges potestas omnium pertinet, ad singulos proprietas*; cum vrgente necessitate donare quis teneatur, & eò magis subditus Regi tempore eius necessitatis donare tenetur, quia verè donare non dicitur, si Regis vrgentiæ succurrit, *cit. R. Sanfel. d. loc. n. 2.* Et sic non solum Princeps tributa noua imponere potest, sed dominio suarum rerum subditos priuare, licet multi teneant, obligari Principem ad emendam, quod nec subsistit, existente publica necessitate, ob quam ex generali lege id fit, vt latè fundant *DD. cit.* per *Cons. Altimar in obs. ad cit. R. Rouit. d. consult. à n. 1. ad 12.* & *cit. Portugal d. l. n. 113.* & sic rectè dicitur, quod ex dicta publica necessitate, noua onera, & inde nouam adoham imponere potest, quando reditus Regni non sufficiunt, *Capan de iur adoh quæst. 16. per tot. & in qu. seq. vsq; ad 21.*

Imò posse Principem ob quamlibet iustam causam, publicamq; vrgentiam, & non aliter tributa imponere, in eo sanè fundatur, nempè, quod cum ipsa Maiestas ratione iurisdictionis, & administrationis domina sit omnium bonorum, tàm priuatorum, quàm publicorum, vnde iisdem eisdem vti queat, quia de re disponendi facultatem habet, hoc est domina est, vulgata *l. in re mandata. C. mandat. Bart. & DD. in l. si quis, §. differentia. D. de acqu. poss. s. tot. qui per pecunias 1. q. 1. Vultsember. in rub. num. 4. Inst. de rer. diuis. Couarr. lib. 3. var. resol. c. 6. Duaren. lib. 1. disp. anniuers. cap. 17. Chassan. in Consuetud. Burgund. rubr. 1. q. 1. vers. Et lo preuue nu. 11. Donell. ad l. tam. qui § propriet. de V. O. Hæc sunt* (ait *Cic. pro Balb.*) *firmissima fundamenta nostræ libertatis sui quemq; iuris. & retinendi, & dimittendi esse dominum.*

Dominium tamen non alio respectu Princeps habet, nisi quatenùs in illa Maiestas consideratur, hoc est in quantum Rempublicam gubernat ad salutem omnium subditorum, in quo consistit Principis officium, & inde sequitur, quod nec ex bonis Reipublicæ quidquam petere possit, nisi quousque publica necessitas, & publicus vsus id exigit, *Hrig. qu. 17. & 18. n. 4. & 6.* Et sic videtur hæc communis, & optima Fisci curandi regula, ne plus pro eo exigatur, quàm publica postulat vtilitas.

22 RVrsus ex quo doctissimus *Auctor* noster hic refert *Capitula Papæ Honorij*, ex quibus videntur declarari casus, modus, & quantitas circà noua tributa in hoc Regno indicenda; Proindè ad hæc obseruandum, annotandumq; est, quando, & quomodo ex doctrina ipsa præfati nostri *Authoris*, ac aliorum, fuerint *d. Capitula* edita, & quã vim in hoc Regno ad nostra vsq; tẽpora obtinuerit; Vnde non pigeat nos ex ipsa etiam *Auctoris* nostri doctrina hic, ad id eruditos fieri, cronologiamq; dictorum Capitulorum, eorumq; constitutionis vim enarrare.

23 Sciendum itàq; est, Capitula ista Papæ Honorij illam originem habuisse, puta, quod mortuo Carolo I. huius Regni Rege die 7. Februarij 1284. existente hoc Regno magnis collectarum oneribus oppresso, cum Carolus II. eius filius, Salerni Princeps, ac Generalis patris Vicarius in carceribus Regis Aragoniæ reperiretur, Martinus Quartus tunc Summus Pontifex, in hoc Regnum, ipso Carolo Secundo postulante, ad leuamen Regni misit ad illud gubernandum Legatum Apostolicum Gerardum Blasium Episcopum Sabinensem Cardinalem Parmensem (secundùm *Platinam*) nuncupatum, ex Villa Gainaco Parmensi ab

ipso

ipso Martino IV. Cardinalis creatus, qui concessit omnibus Regni Prælatis in Ciuitate Melphiæ, ad beneficiũ Ecclesiarum, & iurisdictionis ecclesiasticæ, aliqua Capitula edidit in dicto anno 1284. quarto anno Pontificatus prædicti Papæ Martini. De eius Cardinalis Gerardi gestis ad hæc *Alphonsus Ciaconius in Hist. Pontif. & Cardin. sub Nicolao III fol. mihi 723. n. 1. Et.* & infrascripta memorat, ibi: *Gerardus legatus Nicolai III. cum fratre Hieronymo Asculano in Hispaniam, pro sancienda pace inter Reges Franciæ & Castellæ, postea à Martino IV. totius Regni Siciliæ Legatus creatur, quam legationem sub Honorio, & Nicolao IV. continuauit difficilem eo tempore, quo Siculi à Carolo deficientes, Petrum Aragonum Regem in Insulam, cæsis Gallis, receperant. Legatus cum Rege Carolo ad expeditionem Siculam profectus, dein cum Rege in Messana expeditione fuit: Messanenses Regis viribus impares, obsidione, miserunt ad legatum Gerardum rogatum, ut urbem ingressus æquas pacis conditiones componeret, quarum hæc summa fuit: Vt Rex incolumes sibi illorum vitas condonaret. Ne plus tributi aut vectigalis penderent, quàm maioribus eorum Regibus Vsquardo persolui solitum. Ne Præfecti, & Magistratus Galli in Insula crearentur, sed Prouinciales: Carolus aduersante maximè Cardinale has conditiones recusauit. Et vos nullis, nisi belli legibus in deditionem accipere volebat, dure [illegible] nec belli varios euentus attendens. Messanenses sæuum Regis animum animaduertentes, legato nunciant, se nulla ratione deditionem facere, sed potius [illegible], vel in extremo consumpto quàm in Gallorum atrocissimam seruitutem redigi. Legatus à Messanensibus interdicto supposita, & excommunicatis Ciuibus rediit ad Regem, qui paulò post aduentu Classis Petri Regis Aragonum obsidione solutus est. Caroli Regis filio à Rogerio de Loria classe prope Neapolim victo & capto, quum Neapolitani rebellionem agitarent, superuenit tum [illegible] Rex, ad profectionem [illegible] urbem incendio tradere constituerant, à quo proposito [illegible] Rex Legati precibus auocatus est, principalibus rebellionis auctoribus 150. supplicio traditis, tum verò paulò post mortuo, legatus Regni sub Rege tutelam pro Eccl. suscipiens, incredibili studio, diligentia, & prudentia id gubernauit, usque ad Caroli II. à carcere relaxationem. Is à Nicolao Quarto [illegible], quum redijsset in Regnũ [illegible] legato grauiss [illegible] cum summo honore multis muneribus donatum remisit.*

24 Mortuoq; postea ipso Martino IV. Gallo, in anno 1285. fuit ad Pontificatum electus Honorius IV. genere Romano de gente Sabella, iuxta cit. *Ciaconium in d. Hist. ann. 1285. fol. 778.* qui præfato Cardinali Gerardo adiunxit in Regni administratione pro Carolo II. vt suprà carcerato, Balium Robertum Comitem Attrebatensem Philippi Regis Francorum filium, qui vnà cum prædicto Gerardo Regnum gubernauit, & sub die 21. Septembris 1285. ipse Papa Honorius IV. nonnulla capitula promulgare fecit, cuiq; directa prædicto Balio, & Gerardo Cardinali, vnde Capitula Papæ Honorij vocata fuere, vt ex præfatione dictorum Capitulorum apparet; illa tamen verè fuerunt Papæ Martini, vt optimè refert *Auctor* noster hic à *n. 8. & seqq.*

25 Quæ quidem Capitula inde in Regio Archiuo Regni huius conseruata fuere, & ideò à Doctoribus sunt allegata, vel iura, vt legitur apud *Afflict.* & *Andr. in loc.* à nostro *Auctore cit.*, & in pluribus alijs, hoc est in *l. imperialem, de prohib. feud. alien. per Frid. in §. nec dominus n. 44. in fin. & 45. & in c. 1. n.* [illegible] *circà med. & n. 23. de nat. succ. feud.* & alibi, vt per *Liparul. in c. sed nec est alius* [illegible] *num. 4. in verb. Honorij, quæ sit prim. caus. benef. amitt.*, nam, vt ipse etiam *Auctor* noster hic meminit à nu. 19. ipse *Andr. de Isernia* vixit temporibus dicti Caroli II. & vsq; ad tempora Roberti Regis, eiusdem Caroli II. successoris, vt ex *Afflict. in loc. per allegatis* constat, & in *Const. Regni præfatis*

in rubr. subq; Magister Rationalis Reg. Curiæ, vt post *Pisanell.* refert *R. Martian. disput. 5. num. 5. tom. 1.* allegat illius vnum Capitulum Gerardi, & intelligit de Capitulis illis, ex quo præfatus Gerardus Cardinalis erat in Regno legatus, vt suprà, perdit memorat etiã *Io: Dominic. Tassan. in pragm. de antef. vers. 4. allig. 1 n. 10.* dum prædicta ex peritissimo nostro *Authore* transcripsit,
26 illo tamen non citato, vt optimè aduertit doctissimus *Dom. Consil. Ioseph de Rosa in lect. feud. ad prælud. lect. 3. n. 48. in fin. & Reg. Tap. Iur. Regn. lib. 6. tit. 3. n. 2. circa fin. fol. mihi 39. at.*, qui exscribit nostri **Authoris** verba illum laudã-
27 do. Et ex his patet non benè scripsisse *Io: Franciſc. Pasqualin. in comment. ad lib. 1. pragm. Regn. Neap. &c. de annon. prag. 41. n. 7.* nam non est quin dubitemus, Capitula, de quibus hic, fuisse Papæ Honorij, vt suprà, & non Friderici, vtriusq; Ferdinandi, & aliorum, vt *citat. Pasqualinus* scripsit contra *Const. Bacc. de offic. §. 5. n. 39.*

28 Capitula verò prædicta, quæ Papæ Honorij, vt suprà denominata sunt, & dicuntur edita in planitie S. Martini in Prouincia Calabriæ Vltrã, teste *de Nigris post Assist. in cap. Regni 138. n. 6.* Exhortatoria, & ad releuamen Regnantium, & Regni Siciliæ dicta esse, legitur apud *Andr. in § extraordinariæ n. 61. quæ sint regal.*, veluti ordine dicti Caroli II. Regis facta, ac fuisse allegata in S. C., eaq; obseruata ex *Afflict. & Loffred. Author* noster probat *n. 23. & 24.* concludens ex *Capyc. & Camerar.* quod adhuc deductio in relevijs fit ex dispositione *Cap. Papæ Honorij*, Eaquè pro lege in Regno qualiter obseruentur, exponit *cit. Reg. Martian. d. disput. 3. à n. 10. ad seqq. & d. n. 10. cum seqq.*

29 Insuper ex eodem nostro *Authore* est hic animaduertendum, quod cum casus positi in Capitulis Papæ Honorij quatuor numerentur, in quibus licet Regi collectas in Regno imponere, pura Primo pro defensione Regni, quando inuaderetur, aut in alio casu id contingere. Secundò, pro redimenda persona Regis, si ab hostibus caperetur. Tertiò, pro militia filij, vel fratris, vel propria. Quartò, pro maritanda filia; Authoritate tamen *Lucæ de Penna* I. C. clarissimi (qui post *Andr.*, *Angel.*, & *Bald.* floruit, vt *Author* noster hic memorat *nu. 11.*) *in l. 1. de indict.* optimè ad hæc concluditur, quod *Collectæ, quæ imponuntur in Regno, Principe*, hoc est Rege nostro Inuictissimo *imperante, dicuntur munera Ordinaria, & Canonica*; nam quamuis idem putat, *hoc verum esse in casibus per Honorium Papam expressis, & approbatis*, tamen subdit, *nisi fieret eo modo, quo scripsi in tit. 1. l. 1. ver. indictio* (sinè melius *in tit. 18. ver. indictio n. 1.* ibi, ita seruasse Reges nostros gloriosos Carolum II. & alios); vbi pluribus concurrentibus subsistunt, cũ consensu **Populi, etiam in** casu insolito, & sic extra casus Honorij **Pontificis**, posse collectam imponi, quod esse menti tenendum, quia singulariter hoc apud *cit. Luc. d. loc.* legitur, scripsit *Nard. Liparul. ad cit. Andr. d. loc. litt. B.*
30 Ex quo etiam loco euidentèr probatur, *Lucam de Penna* intellexisse de hoc Regno Neapolis, in quo prædicta Honorij Capitula condita sunt, ipsumq; fuisse de Ciuitate Pennæ Prouinciæ Aprutij huius Regni, & non Gallum, patria Tholosanum, aut Arelatensem, explosis aliquot Gallorum calumnijs latè ostendit *Nicol. Toppius par. 1. de orig. Tribun. Neap. lib. 3. cap. 11. 12. 13. & 14.*

Quod quidem probatur, nam cum Rex Carolus I. remiserit se Pontifici, vt id declararet; In primo Cap. Honorius deindè tempore Caroli II., vt suprà, declarauit *pro defensione, & manutentione Regni*: Ergò in omnibus casibus similibus, cohærentibus, dependentibus, & emergentibus, tributa siuè collectas imperare Regi licebit *Reg. Tap. decis. Supr. Ital. Senat. 3. n. 2.* vbi etiã enumerat inter causas iustas oppressionem Regij Patrimonij ex *Cic. lib. 2. de Offic.* dicente: *Non est dubium propter Ærarij tenuitatem tributum esse conferendum, vt omnes intelligant pro salute*

Rei-

Reipublicæ necessitati parandum. Qua ratione prædicta Capitula in pluribus similibus casibus ampliat latissimè *Capanus in tract. de iur. adoh. à qu. 17. usque ad quæst. 22.* Imò ad omnes casus iustos, dum ipsa declaratio ad tempora Gulielmi Boni Regis refertur, & sic ad casus omnes, in quibus ab illo bono Rege aut fuerunt imposita, & non constat, quia pauci sunt, qui testimonium perhibent, vt legitur in *cap. Regis Caroli 2. incip. quod quæcumq;* aut inibi imponi poterant, & sic complectuntur casus omnes, in quibus licitum est Principibus tributa, sive Collectas, ac subuentiones imperare, ob publicam pariq; necessitatem, vtilitatemque, qui casus non videntur dici posse in Regno isto exclusi, imò, et supra potius comprehensi, ex vi etiam iustitiæ, & obligationis Subditorum, qua tenentur pro vtilitate publica, tributa soluendo, Principi assistere.

Vnde *Afflict.* doctrina [illegible] *quæ incipit. Dux*, in authoritate *Lucæ de Penna* fundata, approbata, & indubitabilis est, dum dat Regi huius Regni cautelam, vt quoties casus ille occurrerit, in quo pro publica, atq; communi vtilitate, vel pro honesto statu Principis conseruando, & defendendo, non sufficerent proprij, siuè ipsius Sacri Ærarij redditus, pro conseruatione Regni, imponat tunc vocatis Comunijs collectam de voluntate, & Consilio Baronum, Vniuersitatum, & Subditorum, ex quo iusta redditur Collectæ impositio, *Bonacc. lib. 7 [illegible] Parlador. quotid. lib. 1. cap. 7. n. 13. Valenzu. in l. vn. n. 6. C. de superind. lib. 10. Marquez lib. del Gouernador cap. 16. Castill. de tert. deb. cap. 9. Sanchez. t. 1. consil. lib. 2. c. 4. dub. 3. n. 5. Reg. Rouit. in d. pragm. nu. 33. Amaya in l. 3. C. de annon. & tribut. nu. 37. Cod. lib. 10. Altimar ad cit. Rouit. nu. 74.* & ex doctrina *Andr.*, & aliorum, fundat *Horat. Montan. de regal. tract. Extraordinariis nu. 7. circa fin. vbi n. 14.* optimè scripsit, Regibus ex Maiestatis prærogatiua, & in vim obligationis subditorum, ad publicam subuentionem necessitatem in beneficium ipsius Regis, ad felicissimam eiusdem Numinis expeditionem, licitum esse, subditos quoq; inuitis, tributa, collectasq; imponere, cum in hoc consistat specialitas, & prærogatiua Regum. Hinc nō est prætensa potestas in Regno hoc tributa imponendi limitanda, ad casus prædictos per dictum Papam Honorium enumeratos, & rel. mea à *P. Mulsis in summ. Theol. Moral. p. 2. tract. 12. de Contract. cap. 12. de Gabell. & tribut. resp. 3. n. 62.* & à *Reg. de Curt. to. 2. p. diuers. iur. feud. cap. 5. sub n. 148. ab eod. Mulsis relat.* vt bene fundant *Consil. de Georg. in repet. feud. cap. 57. per tot. cit. Consil. Altimaris obs. ad consult. Reg. Rouit. 2. n. 25.*

31 Sed imò Iure optimo in Regno isto, indubium, & consertum est, Dom. *Proreges*, Augustissimi nostri Regis nomine, ac supremaq; qua fulgent, authoritate, cum voto Regij Collat. Cons. publicis necessitatibus occurrentibus, nouas impositiones indicere, vt ex dispositione *l. 1. C. de superind.* aliisq; iuribus concordantibus, causa tamen iusta, vt supra, existente, aliàs peccarent, & sic declaratur in *Bulla Cœnæ Domini*, exponit, & fundat *Reg. de Ponte de potest. Proreg. tit. 4. de regal. impos. à n. 1.* vbi ad morem doctissimè plures ad id conclusiones examinat circa donatiua, impositiones, & seruitia, etiam de nouo necessitate vrgente imponenda, & exigenda, de quibus ille abundans est, addit etiam *Capan. in suo tract. de Iur. adoh. qu. 16. Reg. Tapia decis. 23 n. 43. Consil. Staiban. post alios resol. 100. n. 6. & seqq.* Quæ intelligenda esse referunt semper prius inspectis expensis, aduertit *Reg. Tap. in ius Regni nouiss. lib. 3. num. 5.* vbi refert ordinem Regis Recoll. Proregibus datum, dum ille erat in Supremo Italiæ Senatu, ne Rege nostro inconsulto sumptus fierent extraordinarij, impositioq; Ministris fiscalibus, vt de ordine S. C. Maiest. Proregem certificent, idq; omne, vt postea opus non sit noua onera subditis imponere.

32 At quia supra diximus prædicta militare, quando reditus ordinarij pro subueniendo Regni necessitate non sufficiunt, quod possit pro bello, pro manutentione exercitus, & militum, & pro defensione Regni, Rex non habens de proprio, noua imponere tributa, & collectas, necnon extraordinaria seruitia à feudatarijs exigere, vt post alios fundant, & obseruatum referunt in casibus prædictis *cit. Reg. de Pont. d. loc. d n. 1. & 4. ad seqq. Loffred. ad Rouit. in prag. 1. de iur. & exact. fisc. litt. A. 2. col. late cit. Capan. à d. qu. 16. ad 21. tract. de iur. adob.* aut aliàs cum bellum esset contra infideles, idem *de Ponte ex Luc. de Penn. ibid. & Consil. de Georg. in d. repet. feud. cap. 57. n. 12.* post alios, quos refert *Camill. Borrell. de præst. Reg. Cath. cap. 11. n. 38. 40. & 41. & n. 46.* & quando imponitur pro bello contra infideles, nemo excusatur ab extraordinarijs collectis, & ecclesiasticos etiam ad eas dicto casu teneri fundat *ibid. num.* 47. & 48.

33 Hinc annotandum est, qualiter, quando Regni reditus non sufficiunt, possit Rex, seruitia, aut aliud adiutorium præter ordinarium à feudatarijs, & subditis exigere, de quo videndus *Iacob. de Ayello in tract. de iur. adob. n. 40. & 46.* & quando sint in Regno donatiua imponenda, & in cuius impositionis locum subrogata dicantur, vide *Camill. Borrell.* latè *in consil. 1. per tot. præsertim n. 8.* Et tempore belli circà seruitium extraordinariè exigendum, videndi sunt *cit. Ayell. cit. loc. n. 16.* post *Afflict. in Const. § Vasallus n. 15. & Ant. alleg. 86. n. 3. Campagn. in c. item statuimus, quod Comites n. 5.* vbi tradunt, an hoc casu submonitio requiratur, & de hoc intelligit *B. de Curt. in diuers. feud. § cum igitur n. 45.* de quibus etiam latè adeundus est *cit. Capan. de iur. adob. d. loc.*; & quod hoc militet, quando bellum esset in Regno, secus si esset extra Regnum, nisi necessitas aliud suaderet, vt benè declarat *cit. Ayell. d. loc. n. 21.* quo in casu Baroni à subfeudatario quoque adiutorium debetur, imò etiam Eccle-

34 siasticæ personæ tempore belli ad dictam taxam pro dicto seruitio, communiter ratis tenentur, *cit. Ayell. ibid. n. 46. Martin. Laudens. in tract. de Princip. q. 413.* vbi fundat, Prælatum debere subuenire Principi suo laico, puta Regi, vel Duci, tempore necessitatis ad vtilitatem publicam, & in omnibus Ecclesiasticis, quod teneantur de hospitio, mansionatico, & paratis Regi proficiscenti, ex dispositione *Sacr. Canon.* probat *Dom. D. Emman. Gonzalez in Comment. ad lib. 3. Decret. tit. 49. cap. 4. n. 17.* post alios; Quas conclusiones etiam post alios optimè declarat *Dom. Consil. Altimar. in obs. ad cit. Reg. Rouit. d. consult. à n. 5. ad 16. 1. tom.*

35 Similitèr sciendum est, Vasallos cuiuslibet Regni teneri contribuere Monarchæ pro bello alterius, vt infrà annotabimus ad *quæst. unic. § 5.* & sic nos omnes, qui Clementissimo, ac Potentissimo nostro Monarchæ felicitèr subijcimur, tenemur ei contribuere propter bella aliorum Regnorum, quæ sub eius ditione sunt, quia non posset, nec iustè faceret, si alia desereret, quia nos hostium periculo exponeret, vt optimè his proprijs verbis post *Vasquez, Turrian. P. Dianam, Castillum, & Cutellum* fundat *Excellentissimus D. Christophorus Crespi de Valdaura,* peritissimus Hispanus I. C. *in obs. & decis. p. 1. obs. 34. n. 36.* vbi rationem reddit, ibi: *Quia omnium interest, Monarchiam conseruari, & cuiusque Prouinciæ vtilitas in vniuersali Monarchia vtilitate inclusa est, cum facilius à potentiori Rege, Iustitia, & pax sustineatur, & metu solo hostes fugentur, vt inquit Thom. dei Marini in tract. de Parlam. dub. 14.* Et ad hæc conferunt tradita à *cit. Consil. de Georg. in repet. feud. cap. 57. à n. 1.* & propriè n. 40. concludente, bellum extrà Regnū proficere, quando pro conseruatione Regni, non pro adipiscenda noua Prouincia, ad nouum tributum deuenitur, & *n. 41.* bellum extrà Regnum sufficere, non dum pro conseruatione Regni, sed quando geritur contrà hæreticos, aut quoslibet infideles, vnde

ten-

tenderet pro Sanctæ Fidei defensione, etiam in coadiuuando alio Rege, tributa imponi posse; sed etiam quando bellum esset extra Regnum pro conseruatione alterius Regni, quoniam causa est iusta, ac proficit ad noua tributa, seu adiutoria ab alijs Regnis exigenda *Tasson. post alios de Antefat. vers. 4. obs. 1. n. 19. cum 1. & seqq.* nam interest aliorum subditorum, eorum Regem esse potentem, & plura habere Regna, ut post alios fundat *ex. de Georg. d. l. n. 41.* dicens quoque idem procedere in bello contra inimicum Regis, pro iuuamine alterius Regis confœderati, nam illud ad prædicta imponenda sufficit, quando ex victoria communis inimici timeretur inuasio. *Consil. Roez. de effect. sit. de annat. §. 5. an. 64.* & sic etiam *n. 44.* fundat, quod bellum pro iuuamine Regis confœderati, etiam proficit pro tributis nouis imponendis, post alios, quos recenset, & sequitur latè *D. Consil. Altimar. in obs. ad Reg. Rouit. in d. Consult.* [illegible] *nu. 14. & seqq.* ubi in *n. seqq.* id fundat, non obstantibus d. Capit. Papæ Honorij.

36 Ipse tamen *excellentiss. & eruditiss. I.C. Dom. D. Christophorus Crespi ibid. n. 27.* insequitur: *At non omnes eodem modo, nec pari obligatione astricti sunt; vnde Diana, ubi proximè, limitat hanc regulam, ubi obstant leges municipales, ex de Ponte de potest. Proreg. tit. 4. §. 1. n. 4. & Thom. del Bene in d. loc. qui specialibus de his gradibus, de quibus noster sermo est, dubit. 20. sect. 1. nu. 1.* inquit; *Itaque breuiter dico, quod Rex, si indiget ad defendendum aliquod Regnum, debet grauare primo illud idem Regnum. Secundò, si illud non est potens, debet grauare Regna, quæ ne grauentur, priuilegium non habent; Tertiò, si hæc amplius grauari non possunt, [illegible] grauare & Regna, quæ priuilegium habent, ne grauentur, grauare, propter ea quæ in dubit. 14. diximus; debet tamen illa, si in feudum habet, grauare cum consensu directi Domini, saltem in casibus in quibus directus Dominus illa grauari à principio non concessit.* Et quatenus Vasallis tenentur seruire Regi in bello intra, & extra Prouinciam, ubi degunt, sed si extra eam, non proprijs sumptibus decertare, idem *ibid.* post alios *nu. 25.* ubi etiam *n. 28.* inspiciendum esse inde Principis necessitatem per suos gradus ad eam, de qua agitur, & obligationem Vasalli ad ei succurrendum per suos gradus, quod optimè *ibid.* elucidat *nu. 28. 29. & 30.* ubi *nu. 31.* scribit: *Quod si temporis calamitas videatur adeo vrgere, vt omnia conburere mittitur, et & turbas remedia per suos gradus adhibenda esse, & sic non ex calamitatum incendio nos turbari, aut iustitia regulas confundere, sed per suos gradus aduersitatibus nos opponere, & necessitatibus subuenire, constantiq; animo, & pacato, prudentiq; consilio succurrere par est; ut aliter scribit accomodari posse, quod Plato docuerat: Confert differre, est velut in rebus in futurum, sed imprudenter agere.*

37 Unde *n. 32.* ante omnia hoc in casu fundat, debere Principem, antequam ad alienationes bonorum patrimonij, vel ad tributa imponenda perueniat, prius suspendere gratias, pensiones, & alia reditum, quæ consignari solent in Regio Patrimonio cuiusq; Prouinciæ, etiam si donata sint in remunerationem seruitiorum, ex *d. R. Rouit. consult. 4. n. 4. Reg. Tap. dec. 13. n. 83. R. de Ponte de potest. Prox. tit. 5. nu. 21. R. Valenz. consil. 99. punct. 2. n. 29. & Diana p. 4. resol. moral. tract. 3. resol. 14. & par. 3. tr. 4. resol. 78. Amaya in lib. 10. C. de annon. & tribut. nu. 36. in fin. Del bene d. partium. n. 7. Altimar. in d. obs. nu. 23.* ubi *n. 23.* dicit, etiam si Princeps posset ex suo Ærario eundem, non posse tributa imponere, post alios *ibid. cit.* Et 38 præterea semper in liberatione redituum Regij Patrimonij præferendos esse creditores ex contractu, etiam post dominicas largitiones initos, ex *Reg. Fulu. Constant. resp. 1. & 2. C. de fid. ass. lib. 12. n. 100.* rationem reddente, quia harum solutioni non est Fiscus adstrictus, nisi cum vires Ærarij sufficiant, deducto, ac Dominus egent, ac

omnis

omni ære alieno, quod præcinuum esse Ærarij, & in obligatione Principis, & ex quo vectigalia illi præstantur ad stipēdia Militū, & lu licum, primū illa obtinent locum. idem *ibid. n. 35.* ex eodem *Consil. n. 108.* vbi *n. 36.* laté declarat, quod alienatio bonorum Regiæ Coronæ requirit, vt etiam ea facta, remaneant in redditibus Regij Patrimonij, quæ sufficiant ad salariá Iudicum, & expensas administrationis iustitiæ *n. 37. & 45.* Nam Iudices, & Tribunalia pars corporis ipsius Principis sunt, *idem ibid. n. 46.* At pensiones illæ, quæ ex mera Regis munificentia conceduntur, æquiparantur feudis Cauenæ, & inde ad libitum quatenus tamen excedunt seruitia, non tamen infrà merita reuocari possunt, *Reg. Valenzuel. cons. 99. n. 19. & 38.* sicut si debeantur ratione officij, licet etiam nec pro illis teneatur de euictione, supracit. *Reuis. in d. consult. Domanial. à n. 4. ad seqq.* vbi *n. 11.* fundat, nec Regem teneri remunerari seruitia prædecessori præstita.

39 Similitèr ex eodem doctissimo, ac magno I.C. *Dom. D. Christophoro Crespi d. loc. nu. 18.* hic annotanda est quæstio illa ab eodem, & nemine altero examinata; An puta, extantibus necessitatibus quibus vniuerso Patrimonio Regio totius Monarchiæ subueniri nequit, statim ad alienationem rerum Regiæ Coronæ deueniendum sit, an prius noua tributa imponenda, vbi iustè ea indici poterunt; In quo articulo ipse *Dom. de Valdaura*, ex mente omnium videtur concludere, esse prius imponenda, vel exigenda tributa, illa potissima ratione, quia omnes tractantes de eorum iusta impositione concludunt, si reditus patrimonij non sufficiunt, vt suprà ex parte Regis iustam adesse causam ad illa imponēda, quod dici non posset, si antequam ad indicēda tributa ad dictam alienationem deueniendum esset: *Non ergò* (inde ille concludit) *considerandа est alienatio bonorum Regiæ Coronæ*, quod latè, & pariter iuxtà morem in *num. seqq.* fun-
40 dat vsq; *ad fin.* Idquè confirmatur, quia Principes priùs debēt manū mittere ab Bursam, seù bona subditorum, quàm proprium Ærarium expendere, *Ægid. Thomas. de collectis, verb. anfictionte n. 6. Petr. Bellon. de re milit. tit. 7. nu. 8. tom. 16. tract. Cgualt. in pract. qu. 578. n. 14. & 17. Guido Papa singul. 13. & decis. 551. n. 10. Andr. in cap. 1. n. 27. de capit. qui Cur. vend. Anna alleg. 69. n. 13.* & alij apud *Reg. Valenzuel. cons. 99. num. 20. lit. c.* quem sequitur *Consil. Rocc. de Officiis. donat. § 5. n. 25.*

41 Inconcussum igitur remanet, posse Regem ex quibusvis causis iustis, extraordinaria imperare ex *Bald. in l. 1. C. vect. g. noua &c.* Et sic exigere potest ab Vniuersitatibus, quæ desunt suo exercitui ex *glos. in fin. in l. meminj 11. C. de Sacros. Eccles.* Et inde etiam per tributa ordinaria quādo non sufficiūt, debet Populus Dominum adiuuare, concurrente iusto fine, & publico bono, hoc est ratione ad conseruationem personæ Regis, & status principalis, etiam si ad bonum priuatum Regis tēdat, quando secundariò vergit in publicum bonum, puta si ob magnos sumptus ex prodigalitate factos, indigeret pecunijs pro sua Monarchia, vt post alios fundat cit. *Altimar. in obs. ad R. Reuis. in d. consult. n. 21.*

42 Quod ampliatur, etiam si Rex culpa sua, propter largitiones immoderatas, ludos, iniusta bella, &c. in egestatem inciderit, vt teneantur quoque subditi illi donatiuum præbere, ac omnia illi necessaria ad defensionem, & conseruationem publici status, & ad id, quod necessarium esset ad Principis substentationem considerata eius dignitate, nam totum hoc postulat bonum publicum, quidquid sit de peccato Regis. *Lessius lib. 2. cap. 33. dub. 8. num. 48.* & post *Molin. & alios P. Diana resol. moral. de Parlam. tract. 3. ref. 4. par. 4. Tassin. de annof. verf. 4. obser. 3. num. 34. & seq.*

Possunt itàquè noua tributa imponi, & adiutoria exigi; In eo tamen tēpore necessitatis expensas superfluas

Prin-

Princeps reficeret, ac necessitate cessante Populo retribuat, dummodò causa
43 redire facilius non possit, nam & hæc sufficiens est ad continuanda jam imposita tributa; Conf. Rot. d. loc. post alios n. 85. Larr. Dom. Rodur. in addit. ad Reg. de Marin. c. 357 per tot. lib. 2. post quē Dom. Pisanus ad Gart. super Rit. R. C. S. rubr. 2 n. 120. Nam Populus pro novis necessitatibus tenetur subvenire Regi, bonumq; Regis privatum mediatè, vel immediatè, si devenerit ad necessitatem, consideratum, vel etiam si aliæ causæ subvenerint, justa tamen mediante distributione, quæ in modo exigendi tributa practicanda est, Gibb. de Georg. in d. repet. feud. cap. 57. à num. 1. ad seqq. ubi examinat, qualitèr Rex in Regno possit imponere extraordinaria, & quod etiā absq; cōsensu Regni, ex Gubernat. Christian. in lib. 1. cap. 16. posse Princeps illa imponere, fundat Ign. Dominic. Tassone sup. pragm. de antef. vers. 1. obs. 2. n. 18. Et fuisse impositas à Regibus collectas, etiam super labore, & personis, idem obs. 3. n. 55. & solvisse etiam feminas, & duas, uti unum masculum in nativitate, ex Sueton. in Vespas. 2 ibid., quantò minus tamen esse illa imponenda, regula est, idem Tasson. vers. 4. obs. 9. n. 24. ubi qualitèr à feminis solvantur in Constantinopoli, & in Sardinia pro filiorum nativitate.

44 Regi autem collectam extraordinariam imponenti extrà Regnum existēti, an eam subditi ibidem afferre debeant, an verò sufficiat illam suis magistratibus in Regno cōsignari; Et quod sufficiat Regiis Exactoribus, Perceptoribus, ac Thesaurariis in Regno consignari, & sic observatum à Clementissimis nostris Catholicis Regibus, dum magno illorum sumptu per cambia, ac evectiones, & permutationes mercatorum, & argentariorum transferri cōsuetum, fundat, & observatū refert Camill. Borrell. de præst. Reg. Cath. cap. 51. n. 50. ad 52. & an servitium personale Regi debitum, extrà Regnum, vel tantummodò in Regno debeatur, vide eundem Borrell. ibid.

45 REdeundo inde ad prædicta Capitula Papæ Honorij, circà illorum vim, efficaciam, ac observātiam nostra etiam se vertat annotatio, per ea, quæ Author noster hic in nu. 25. & seqq. adnumerat, scilicet, quod hæc Capitula nunquàm fuerunt expressa, nunquàm virtute illorum aliquid decisum legitur; Enim verò ad cognoscendum, quem vigorem habeant illa in Regno, sciendum est, antiquos Regni peritos varia ad hæc scripsisse; nā Andr. noster in c. imperialem de prohib. feud. alien. per Feder. in §. vel dominus feudi num. 44. vers. unde Honorius, tractans de prohibitione illa, quam fecit Honorius in suis Capitulis, ne Reges Regni alienarent demanialia ipsius, videtur dicere, post rebellionem Siciliæ, Honorium Papam suadendo voluisse, Regem Siciliæ abstinere ab alienatione demaniorum, ut caveret gravamina subditorum; ex quo enim in pactis, & conventionibus Regni inter Romanam Ecclesiam, & quondam Magnum Regem Carolum (ut ipse fatetur) hæc non sunt prohibita, & sic videntur cōcessa; Vnde infertur, quod ipse Auth. videtur tenere, quod Honorius Papa per modum consilij, ut ibi suadendo voluit, Regem Siciliæ abstinere ab alienatione demaniorum, non verò, quod in vim legis, aut conventi pacti inter Romanam Ecclesiam, & quondā Regem Carolum id constitutum fuerit, sed tantum per modum consilij declarasse id putasse, cùm aliàs demanium alienare nefas est, ut latè exponit Renat. Choppin. in lib. 2. de doman. Franc. tit. 1. n. 1. & seqq. Ibiq; excepta alienatione bellorum causa facta, de qua latè idem Choppin. tit. 14. lib. 2. à n. 1. ad seqq. & per tot. idq; etiam quia Romana Ecclesia proprietaria Domina Regni Siciliæ dicitur, ut ipse Auth. scribit ibid. n. 45.

Similitèr prædictorum Capitulorum Honorij meminit idem Vtrn. in c. 1. de nat. succ. feud. n. 31. dum concludere videtur, dotem constitui per acceptilationem, nedum per rei traditionem,

vel

vel solutionem, scripsit, Capitulum Honorij dicit de Coniugatis tantum, quoniam non dicit de dotatis: sic ipse quoque Andr. de Capitulis praedictis mentionem facit in c. 1. §. hoc quoque sciendum n. 28. de his, qui feud. dar. poss. ibi: Sic declarauit Dom. Honorius Papa, rebellionem Siciliae tollens, successionem Collateralium in feudis Regni, scilicet usque ad principium fratris; quod est intelligendum secundum praedictam iuris ciuilis computationem, & ad eos, qui in simili gradu sunt; quae declaratio an debeat obseruari, tangit Afflict. in cap. 1. n. 2. si Imperat. Loth. vers. 8. pro [illegible], & videndus Andr. in c. unic. de nat. succ. feud. col. 2. in fin. ibi: sed diuerse videtur c. Honorius, ut obseruat Lipauol. in d. §. hoc quoque sciendum ad eit. Andr. litt. G. prout etiam de ijsdem Capitulis meminit et ab Andr. in Const. Regni, ut de successionibus circa fin. vers. hic similiter, & in Const. Honorem nostri diadematis, ubi ait, illam Constitutionem fuisse correctam per Cap. Papae Honorij.

46 Certum insuper quoque est, quod cum idem Andr. in c. 1. §. sed nec est alia quae fit prima caus. ben. amitt. n. 42. allegasset c. Honor. haec subnectit verba: Licet illa capitula Honorij non seruentur, nisi in quantum rationabilia sunt, & in c. un. §. ex inordinatione collatis n. 83. quae sunt regalia, eadem vocat cap. exhortatoria, ac in Const. Regni post mortem, cum illa corrige dixisset per cap. Papae Honor., quod incipit si contingerit, subiicit: sed non seruatur dictum Cap. Honorij, licet immediate subdat, ut quod sit, sed quod fieri debet, intuendum, deinde ex hoc praeiuratum cap. Honor. seruari oportere, unde constat, Andr. opinionem fuisse (prout Auctor noster hic aduertit n. 16. & Gaffred. de Gaeta sup. Rit. R. C. S. rubr. 39 n. 9. & 10.) Capitula praedicta seruanda esse in ijs, quae rationabilia sunt, ac inde approbandus non est Sebast. Napodan. (contemporaneus Bartholomaei de Capua, decessitque anno 1362. ex Reg. Marcian. disp. 3. nu. 18.) qui illorum inobseruantiam simpliciter testatur ad cap. Regni, Item statuimus, in rubr. de matrimoniis contrah. sed cum dixisset, Honorium statuisse, ut feuda possent in dotem dari absque Domini consensu, quod posteà non nisi mulieri ex Afflict. & Reg. de Ponte de Potest. Prorreg. tit. 6. n. 9. circa fin. Obseruandus tamen est Napodan. in eo, quod sentit, quidam tamen dicunt, quod illa fuerunt suspensa tempore Regis Roberti, quod etiam dicit Camer. ab Auctore nostro hic num. 29. nihilque si sit verum, vellem, exquirendus est Andr. in d. c. 1. §. sed nec, ubi dicit, quod non seruantur, & in Const. Post mortem, prout etiam idem testatur Petr. Piccolus, aliàs de Monteforte insignis Doctor in add. ad d. Constit. Regni Post mortem, ubi nihilominus monet Capitula praefata suspensa fuisse per Nicolaum IV. qui successit Honorio, ad instantiam eiusdem Regis Caroli II. ut Auctor noster hic meminit num. 30. & 31. & clare idem declarat Lipauol. ad Andr. in §. sed nec est alia litt. [illegible] n. 41. in verbo Honorij, & refert Ioan. Dominic. Tasson. de antef. vers. 4. obs. 1 num. 11. & cit. Reg. Marcian. d. disp. 3. à num. 18. ad seqq. de quo inf. à n. 51.

47 Praeterea constat nonnullos alios Doct. de Capit. praedicti Honorij mentionem fecisse, in ijsdemque se fundasse, ut legitur apud Luc. de Penn. in l. 1. C. de petit. bonor. sublat. & in l. 2. eodem, C. de exaction. Tribut. & alibi. Paris de Put. in tract. de syndic. in tit. de excess. Baron. §. accedit. Angel. in cons. [illegible] col. fin. vers. praeterea cap. Honor. ubi in Regno seruari illa dicit, & Afflict. in cap. 1. tit. Imperat. Loth. num. 26. vers. 8. allegata illa recenset in h. C. & de eorum [illegible] obseruantia testatur, quae facta fuere ex voluntate Regis Caroli II. & in Const. Post mortem n. 3. vers. sed aduerte, acerrime defendit, potuisse Honorium ea capitula condere, & illa Regno seruanda esse, & ipse Afflict. illa saepissimè allegat, & in ipsis fundat, ut in Constit. ut de successionibus nu. 15. 16. 18. 23. 48. & 66. & in Const. Honorem nostri diadematis n. 3. & vers. 24. [illegible] n. 1. & dec. 28. n. 13. [illegible] in [illegible] in verbis [illegible] ic in cap.

prædictis, verùm in repert. cap. [illegible] fol. 88 col. 2. tractans de prohibitione Honorij, ne alienentur demanialia, firmat, quòd non poterat illam facere, nisi vbi tenderet in magnum Regal. præiudicium iuxtà Andr. doctrinam.

Regens verò de Ponte de potest. Prorrit. de assens. reg. sup. dec. n. 8. & seq. acerrimè defendit præfata Cap. esse seruanda, quia ordinè, & cum Regis consensu condita fuere, & quotidiè allegari in causarum decisionibus, exceptis quibusdam ex illis, quæ in desuetudinem abiere, vbi & n. 20. subijcit, non iuridicè dici Cap. prædicta non esse obseruanda, postquàm facta sunt de Regis consensu, ex Afflict. qui dicit quod in Archiuo cõseruantur Regiæ literæ, in quibus requirebatur Papa à Rege pro reformatione status Regni, ex grauaminibus & excessibus ipsi illatis per Imper. Fridericum, Sunt Papal. dicta Reg. de Ponte [illegible] Dominus, [illegible] [illegible] Dom in, propterea vndiq; dictum hoc, quòd non seruantur, nisi quatenus sunt rationabilia, non est verum, sed dicere, quod sunt sublata aliqua per desuetudinem, vel per contrarium vsum, vel quia non fuerunt vsu recepta, qui sunt modi, ex quibus leges abrogantur, tolluntur, vel non habent vigorem, hoc verum, & hoc modo poterit subsistere, quod dicit Andr. in d. §. sed nec est alia subtilior, quod sunt menti tenenda, & quidem in rebus iurisdictionalibus semper recurrimus ad Cap. Papæ Honorij. Hæc scripsit cit. de Ponte d. loc. num. 19.

48 Reg. ceterimus, ac iustus defensor dict. Capitul. vt adnotauit cit. Reg. Marcian. d. dec. n. 13. in fin. qui etiam n. 2. refellendit argumentum in contrarium, nempe, quòd quatenùs concernunt feudalem iurisdictionem, & alia incognita, non possit directus Dominus post perfectã infeudationem apponere legem, aut detrahere Baronali authoritati ex Andr. & alijs; ex quo respondit, Capitula prædicta fuisse edita de voluntariæ consensu, & ad rogationem eiusdem Regis Caroli, eiusq; filij Roberti, tanquàm Regum Christianissimorum, in celeuamen subditorum Regni, ad tollendos, & penitùs delendos malos mores, pessimos abusus, atq; tyrannides, cæterasq; leges introductas per Fridericum in perditionem, & destructioné Regni; adeò quòd concurrente voluntate feudatarij cessat obiectum; Et ex hoc intelligendus est Author noster, qui circà obseruantiam dictorum Capitulorum plura ex prædictis retulit, & nullum circà hoc iudicium dedit, sed tantùm n. 25. ponderandum dixit, nonquàm vidisse aliquid decisum vigore d. Cap., et obseruari prout cavetur apud Afflict. in eius decis., vt ponderat quoque cit. Reg. Marcian. d. dec. 3. n. 19. vers. hinc notaui.

49 Ex quo nos haud recedẽtes ab ipso nostro Authore, cum cit. Reg. de Ponte concludimus, ipsa Capitula Honorij esse in Regno obseruanda, exceptis iis, quæ veluti irrationabilia visa, aut experta, in desuetudinem abiere, aut contrarià lege derogata sunt, sicuti in alijs illis reliquis, [illegible] Regni habentes in pluribus rationabiliter agrauentur, & sic in illis Ius feruatur eorum sententijs in varijs iuris ambiguitatibus, præcipuè in materia successionis feudi, & adohæ, seù seruitij feudalis à Baronibus præstandi, imò in nonnullis alijs articulis, illis vsi sunt, vt videre est apud Afflict. in c. Imperialem de prohib. feud. alien. per Feder. n. 27. Capyc. de inuest. verbo Feudorum clausulæ, vers. collectis col. 1. & in vers. & feudorum adiutorias, Reg. [illegible] cap. Regn. n. 17. circa fin. Loffred. Afflict. de iur. adoh. n. 18. & seqq. & n. 28. Freccia de subfeud. lib. 1. tit. de diff. feud. quaternat. n. 6. & de author. Baron. [illegible] 1. num. 14. Reg. de Curte in diuers. feud. [illegible] 1. fol. 7. num. 28. & fol. 27. n. 62. & fol. 80. num. 46. & 47. Reg. Lanar. cons. 57. n. 6. & 7. Reg. de Ponte d. tit. 6. §. 1. num. 15. Regentem [illegible] [illegible] infrà §. 3. quæst. 8. n. 9. Et ex Siculis Cũtrerius [illegible] aliquid f. 133. n. 4. & f. 199. n. 18. Cum. in prælud. [illegible] 67. et in ver. C[illegible] n. 30. et 33. additione Regni. Caput. de iur. adoh. quæst. 17. num. 8. [illegible] de regal. verb. [illegible] num. 1. vers. Et Afflictus, fol. mihi 294. Praes. [illegible]

 feud.

feud.succ.p.3.q.3.art.3.n.22. Conf. Marian.cons.8.n.5.31. Doct. Marta de successf.legal.p.3.qu.5.art.4.nu.8. Reg. Marcian.disput.3.tom.1. Reg. Tap.ad Constit. Vt de successionibus, vers. Et quia supra dictum est, & in lib.6. Iur. Regn. tit.3.
50 vbi dicta Capit. Honorij sunt impressa, & verba *Dom. Reg. Moles* ad haec transcribit, dicens *n.2. Reg. de Ponte* reprehendere illos, qui dicunt simpliciter nõ seruari *d. Cap.* imò in rebus iurisdictionalibus ad eadem Capitula recurri.

51 Vnde annotandum hic etiam est, nõ esse approbandum *Consil. de Georg. in repet. feud. cap.57. nu.15. & 45.* quem etiam sequitur *Cons. Rouit. de offic. §.5. de Donatiuis n.39.* dum simpliciter dixit, Capitula prædicta nullius esse roboris, imò quod nunquàm fuerunt in obseruantia à tempore Caroli II. quo dicit fuisse suspensa per Papam Nicolaum IV. idq; ex auctoritate *Andr.*; Dũ nunquàm *Andr.* hoc dixit, sed hoc scripsit *Petr. de Montefort in add. ad Const. Regni, Post mortem,* vt *Auctor* noster meminit *n.31.* Quod quidem dictũ, *Petri de Montefortis* optimè *Consil. de Rosa in prælud. feud. lect.8. nu.50.* concludit non esse verum, ex quo idem Rex Carolus II. expressè ordinauit obseruantiam d. Capitulorum Papæ Honorij per literas Regias directas Iustitiarijs regionum, quod probat ex regestr. Regis Caroli II. *in regestr. in tit. 1291. litt. A. fol.340. & seq.* in quibus leguntur literæ directæ Iustitiarijs Regni in Prouincijs Basilicatæ, Capitanatæ, Barij, Terræ Hydrunti, & Secreto Apuliæ, omnes eiusdem tenoris, cuius formam *ibid. tit. de Rosa* refert, ex qua cum pateat, dictum Carolum II. omnia Capitula prædicta confirmare, & seruari iussisse, non videtur verisimiliter, ac sanè dici posse, eundem Regem Carolum II. petijsse, & obtinuisse illorum reuocationem à Nicolao IV. Pro vero tamen tenendum est, quod tempore Regis Roberti, aliqua ex illis in desuetudinem abierunt, vel fuerunt suspensa, vt dubitando *Napod.* dixit, quod ex *Reg. de Pont.*, nisi quoad quædam putat esse verum idem *de Rosa ibid. n.51.* vbi *nu.53.* exinde concludit, nullo modo Caroli II. tempore, & dum ille edidit *cap. considerantes* dubitari posse, fuisse dicta Capitula in viridi obseruantia, ac proinde, cum Honorius primogenituram seruari dixerat inter viuentes tantùm iure Francorum, non esse censendum, Carolum Regem dixisse contrarium in præfato *cap. considerantes*, quod latè idem *de Rosa* exponit *ibid. à n.52. ad seqq.*

52 Pro eadem Capitulorum obseruantia circà illa, quæ in desuetudinem non abierunt, *Auctor* noster aduertit hic, aliqua ex dictis Capitulis Honorij typis impressa reperiri *in lib. pragm. Regni in pragm.2. de Cleric. Saluat.* edita à Sereniss. Ferdinando I. sub die 25. Maij 1469. in qua etiam inserta est Bulla confirmationis eiusdem Summi Pontificis Honorij; necnon cum alijs Capitulis Regni, in *rubr. de priuil. & immun. Eccles.* quæ differunt à Capitu-
53 lis Papæ Honorij: Quorum authenticum transumptum, vnà cum confirmatione Capitulorum Caroli II. in antiquo Archiuo Monasterij Sanctissimæ Trinitatis Ciuitatis Cauæ Ordinis S. Benedicti cautè conseruatur, ad quod exemplandum accessit Fisci patronus doctissimus Marcellus Marcianus, deinde Regius Cõsiliarius, ordine Dom. Reg. Moles nostri Auctoris, & peritissimi Reg. Consil. Horatij Marchesij, qui Capitula præfata luculentissimis exornauerat commentarijs, quæ, dum apud *Consil. Gizzarellum* residerentur, incendio, quo totum eius museum conflagrauit, combusta sunt, vt ex attestatis per dictum Cõsil. Marcellum Marcianum memorat *D. Reg. Io: Franc. Marcianus*, tanti genitoris dignissimus filius, *in d. disput.3. n.3. & 4. to.1.* idque etiam quodammodò annuere videtur noster *Auctor* hic *n.34.*

54 Ad prædicta tamen idem noster *Auctor* aduertit, Capitula illa esse Caroli II. tunc Principis Salerni, qui vti primogenitus, & Vicarius patris edidit

mul-

inuita Capitula in planitie S. Martini
Prouinciæ Calabriæ sub data die pe-
nult.Martij vndec.indict.ann.1283. vt
liquet ex data vltimi *Cap. Item statui-
mus,&c.* teste *de Nigr.in cap.Regni* 138.
n.6. ex *Afflict. in Const. Honorium lib.* 3.
*col.*1. In quibus plura fuerunt ordina-
ta ad fauorem Ecclesiarum Regni pro
immunitate, ac libertate ecclesiastica;
vnde eadem Capitula fuerunt per Pō-
tificem Honorium confirmata eodem
die, & tempore, quo alia Capitula
prædicta edita fuere, nempè die 22.
Septembris 1285.cum insertione sub-
stantiæ dictorum Capitulorum, vnde
dicuntur esse vera hæc Cap. Caroli II.
per Honorium Pontificem firmata, vt
memorat noster *Auctor* hic, à quo eas-
dem peritas notitias transcripsit *Io:Do-*
55 *min.Tasson.* suppresso tamen memorā-
do *Auctoris* nostri nomine, in *pragm.de
antef.vers.4 obs.*1.n.11. necnon *cit.Reg.
Martian.d.disp.3.nu.*1.3. *&* 4. qui ta-
men *Auctorem* nostrum celebrat.

56 VLterius inconcussè sciendum est,
quod sub Regibus Nortmannis
Ærarij regij introitus, atquè subuen-
tiones per appretium exigebantur, hoc
est pro quibuslibet duodecim Mar-
chis introitus, tres soluebantur Flore-
ni, quod ad tempora vsquè Imperat.
Federici II. obseruatum est: Cumquè
posteà ipsi Federico non placeret, Re-
gios introitus ità exigi, conuocato ge-
nerali parlamento, in quo omnes in-
teruenère Barones, & Regni feudata-
rij, Ciuitatumq;, ac Terrarum Regni
Prætores, congregatisq; Comitijs, Fe-
dericus Rex, post ornatam ad Regni
laudem orationem, quam dignè habi-
tam pro vniuersali beneficio, atq; au-
xilio omnibus monuit, esse certum in-
troitum, ac ordinarium Regio Ærario
assignandum, ne pauperes à diuitibus
potentioribus opprimerentur, sed vt
quisque iuxtà proprium onus solue-
ret: Placuit subditis Regis propositio,
tanquàm iusta, atq; honesta, cui vt es-
set in effectu locus, supplicauerunt, vt
liceret per octo dies super hoc matu-
riùs consilium habere, dictoq; tempo-
re ad seipsos consulendos à Rege ob-
tento; Congregatoq; posteà præfato-
rum Concilio, siuè parlamento sub
die 16. Aprilis 1218. in Castro Oui cō-
clusum fuit, regios introitus pro sub-
ueniendo Regno exigendos esse per
Collectas, per æs, & libram iuxtà cu-
iuslibet bonorum valorem; ità quod
pauperes, ac in totum fortunæ, ac bo-
norum inopes nihil soluerent: Quæ
postmodùm solutiones, cum non suffi-
cerent pro Regni subuentione, auctæ
fuere vsq; ad sex collectarum nume-
rum, quæ vocatæ sunt solutiones fi-
scales ordinariæ, vt memorant *Luc. de
Penn.in l.*1.*nu.*3.*C.de indict. lib.*10. *An-
ton. Capyc. in inuest., verb. Feudorum
clausula, vers.Collectis col.*5 *in fin. & in
princ.post Andr. in c.*1. *§.extraordinaria
in princ.quæ sint regal.*

57 Quod & *Fabius Iordanus* Neapoli-
tanus *in eius Chronica* ità enarrat, ibi:
*Postquàm Neapolitanum Regnum in
Federici II. Imperatoris ditionem venit,
noluit ille, vt reditus ad Fiscum perti-
nentes licitatione exigerentur, quemad-
modum à Superioribus Regibus factum
erat, nam vsq; ad eius tempora pro duo-
denis marchis, tres argenti floreni solue-
bantur. Hinc animaduertens prouidus
Imperator, pauperes hac ratione nimium
vexari, & opprimi, anno millesimo supra
ducentesimum decimum octauum, octauò
Kalendas Maias, in arcem Lucullanam
Castellum Normandiacum etiam dictū,
publica comitia haberi voluit, quò conue-
nientibus omnibus ferè Regni huius Re-
gulis, & Feudatarijs, sic dictis Oppido-
rum Dominis, atq; etiam nonnullis Vr-
bis Pratoribus: Federicus ex excelsa Se-
de, regaliq; solio elegantem, ac doctam
in Regni laudem orationem habuit, vni-
uersos adhortatus, vt pro publico omniū
commodo, stabiliq; quasi Regni præsidio,
præcipuus, ac certus quidam per singulos
annos census designaretur; ne singuli ni-
mis, ac vltrà modum vexarentur. Impe-
ratoris oratio vniuersis placuit, à quo sa-
tis humanitèr octo dierum spatium his
fuit concessum, vt ea de re inter se matu-
riùs deliberarent; quo dierum curriculo*

elapso cunctis Regulis visum fuit, vt Regni census posthac non licitarentur, sed per collectas colligerentur, [illegible] plures possideret bona, plus solueret; qui verò pauciora, minùs; hic exactionis modus ad breue durauit tempus, nam cum non esset satis ad Regni necessitatibus subueniendum, procedente tempore creuit vsq; ad sex collectas, quæ ab omnibus salariones fiscales vocabantur; quæ omnia recensiet, & approbat *Scip. Mazzella in descript. Regni Neap. lib. 2. fol. mihi 316. 317. & 318.*

58 Vndè dicimus, præstationem, quam bonatenentiam vsitato vocabulo appellamus, Collectam illam dici, quæ æstimatis omnibus bonis tàm ciuium, quàm exterorum, quæ sunt in territorio, vel districtu, vniuiq; pro modo facultatum ad onera publica faciliùs subeunda imponitur, vt post antiquos, modernioresq; Regnicolas, & præsertim ex *Author* nostro hic, exposuit *Reg. Io: Camill. Cacac. in alleg. 87. tom. 3.* inter diuers. I.C. Neap. apud *Reg. de Marin. n. 3.* vbi *n. 4.* distinguit tempora ante annum 1443. Regum, qui inter Alphonsum I. ab Imperatore Federico II. regnauerunt, in quo tempore Collectæ istæ ratione bonorum indicebantur à duobus, videlicèt, à Rege, & ab Vniuersitate; Rex namq; vltra antiqua iura Dohanarum indicebat Collectas iuxtà rei indigentiam, æstimatis singulorum facultatibus in qualibet Terra, vel Oppido, & sic Imp. Federicus quolibet anno dictas sex collectas imperabat, vnde vnum ordinarium onus ef-

59 fectum erat: Deinde Regum Andegauensium tempore non ità regulariter, sed iuxtà necessitates, occasionesq; varias indictum monet, ex Rege Roberto in *cap. Regni incip. Fiscalium functionum, tit. de appret.* & tota illa pecunia, quæ inde colligebatur, ærarij regij erat; Insuper Vniuersitates quoque eo tempore sibi collectas imponebant pro oneribus subeundis, debitisq; ipsorum soluendis, & in vtroq; casu, siuè à Rege, vel ab Vniuersitate indicerentur, iura sunt prædica, quibus modos, & tempus appretij bonorum faciendi, quæ bona, & quorum, & quomodo in illo sint describẽda, statutum fuit in *c. in singulis, de offic. collect.*, in *c. cum ad obuiãdum, & in c. porrecta*, quod non est positum inter cap. Regni, sed in comment. Regnicolarum, & præsertim à *Nigr. n. 199.* insertũ est; Quæ tria *cap.* fuere Regis Caroli II. addito prædicto *cap. Regis Roberti*, incip. *Fiscalium functionum*, vt rectè aduertit *cit. Camer. n. 6. & 7.*

60 Docet autem hic *Dom. Reg. Moles*, quod ineuntibus Caroli I. Andegauensis temporibus Collectæ in Regno exactæ fuere iuxtà Federici mores, qui primus collectas in Regno imposuit, cum aliàs tempore Regis Gulielmi non fuerit collecta, sicut dicitur per antiquos Regni Siciliæ, *Andr. in §. extraordinaria nu. 62. Luc. de Penn. in l. fin. C. de annon. & tribut. lib. 10. Capyc. in inuest. verb. Feudorum clausula, vers. Collecta fol. 114. & propriè vers. Collect. 117. & seq. Iac. de Apello in tractat. de iur. adoh. num. 37. D. Reg. Lanar. cons. 95. in princ. Goffr. de Gaet. sup. rub. 2. n. 230.* (vbi *Pisanus num. 50.*) *& rub. 3. num. 6.*

Nam reductio ad tempus Gulielmi II. non fuit, nisi in anno 1285. & dictus Carolus I. fuerat in anno 1265. de Regnis Vtriusq; Siciliæ in die post Epiphaniam in Vrbe Romæ in Ecclesia Lateranensi coronatus, teste *Pandulpho Colenucc. lib. 4. compend. histor. Neap. fol. 121.* eodemq; anno, 1265. ipse Carolus I. post Manfredi cladem sub die Veneris 6. Februarij, Regni totius Neap. potitus est, vt memorant *Io: Villan. in Cron. Parthen. lib. 3. c. 9. & 10. Scipio Mazzella in descript. Regni Neapol. fol. 439. 440. et 441. Isernia* verò *d. loc.* dicit, quod Collecta deinde sic denominata est, cum antiquitùs *Adiutorium* diceretur, vt exponit *Lipar. ibid. litt. G.* & quod in Capit. concessionis Regni

61 Carolo I. continetur, quod debeant viuere subditi, sicut tẽpore Regis Gulielmi; nàm deposito Federico, mortuoq; Currado IV. Imp. & VII. Regni

huius

huius Rege, victoq; à dicto Carolo I.,
Federici II. filio Manfredo VIII. Re-
gni Rege, ac iam inuestito à Summo
Pontifice Vrbano IV., dicto Carolo I.
Andegauiæ Duce, habita fuit conuen-
tio de tributis in quibusdam casibus
exigendis, fuitq; etiam pactum, vt vi-
ueret, prout viuebat Rex Gulielmus
III. vt ex *cit. Istru.* exponit *Consil. de*
Georg. in repet. feud. c. 57. n. 9. quo tem-
pore erant iura Dohanarum, & aliorũ
tributorum *vetera* dicta, de quibus
etiam *in cit. glos. in d. Const. quantò cate-
ris n. 65. & in Rit. Reg. Camer. rubr. 31.*
mentio fit; Inter quæ etiam Secretia-
rum iura annumerabantur, quæ per
Magnificos Portulanos, Procuratores,
& Secretos exigebantur, secundùm
quam formam fiebant etiam rata, &
cultus terrarum, & iura gratiæ, & vlti-
mæ exituræ, imò defensæ, & foresta-
gia, vt ex *Capit. Regni* per *Authorem*
nostrum hic *sn. n. 41.* patet.
62 Mutatis deinde temporibus, cum
Rex Alphonsus I. ex Reginæ Ioannæ
II. adoptione, Regni istius fuerit poti-
tus, excluso Rhenato, ac Ioanne Duce
eius filio, ac Isabella eiusdem coniu-
ge, qui in Regnũ primùm nobilissimos,
ac morum integritate, animiq; fortitu-
dine decoratissimos, Neapolitanæ Ci-
uitati, nostrisq; Ciuibus continua fe-
re propitios introduxit Hispanos; re-
ductoq; ad eum debitam obedientiam
Regno isto in anno 1442. iuxtà *Colen-
nucciam lib. 6. compend. hist. Regn. fol. 271.*
[illegible] *Mazzella* [illegible] *fol. 462.* in
63 parlamento generali in Ecclesia Diui
Laurentij fratrum Conuentualium
sub die 28. Februarij 1442. teste [illegible]
Mazzell. lib. 2. fol. mihi [illegible] quidquid
dixerit *Affl.* [illegible]
[illegible] dictum Parlamentum
fuisse in Ciuitate Beneuenti, dum cõ-
trarium [illegible] in Cap. 1. Regis Al-
phonsi, teste *cit. Mazzella d. fol.* iura fi-
scaIia vetera seu collectas, siue ordina-
rias, ac extraordinarias abrogauit, cõ-
uenitq; cum Regno pro certa quanti-
tate illi oblata, nempè carlenorum
10. pro qualibet fumante singulis an-
nis iuxtà numerum focularium ab
Vniuersitatibus Regni exigenda, quæ
exactiones, fiscales functiones appella-
tæ fuere; vnde inquisitio, siuè numera-
tio focularium Regni orta est, vt ex
capit. fidelis. Ciuit. Alphonsi I. *c. 1. 2. &*
7. fol. 4. ait. exponit cit. de Georg. d. loc. n.
31. & *Montan. de regal* §. *extraordina-
ria collatio n. 7. circà fin.*, & conferunt
tradita per *Reg. de Ponte de potest. Pro-
reg. tit. de regal impos.* § *1. à n. 9. ad seqq.*
& *Pisanum*, qui nostri *Auth.* meminit,
in add. ad Gaetam super rit. R. C. S. rubr.
10. de Iure salis n. 44. necnon ab expo-
sita hic ab *Auctore* nostro à *num. 45. ad*
49. ne repetamus antecedentèr dicta,
videnda sunt, quę iàm obseruauimus
in antecéd. §. 2. *à n. 44. ad seqq.*
64 Estò Rex Ferdinandus I. super
tributorum abolitione scribi
per *Capollam & Barbatiam* curauerit, vt
est videre *in cons. Cæpoll. 46. inter consil.*
Bolyni, & Barbat. cons. 1. vol. 3. teste *Bi-
lotta consil. feudal. 95. n. 7.* & sic cessan-
tibus antiquis tributorum nominibus
sumpsit origo scannagij, ius foculario-
rum, & salis ex *Capyc. in Inuest. in ver-
bo, feudorum class. vers. scannagij fol.*
114. cit. Bilotta d. l. n. 7. posteàq; in an-
no 1481. impositiones super Comesti-
bilibus, Croco, sçalino, bombaci, &
65 alijs mercibus, conuocato generali
Parlamento indixerit, mandaueritq;
prędictas nouas impositiones locari,
neque liberari eas posse pro minori
quantitate, qua in qualibet Terra fi-
scales functiones Regi in reditu erant,
vnde ille Rex per indirectum, non so-
lùm reditus iuxtà functiones antece-
dentes, sed multò plus exigebat, à qui-
bus impositionibus nec Ecclesiastici,
etiamq; Prælati fuerunt exempti, sed
solùm Ciuitas Neapolis fuit, prout à
fiscalibus functionibus erat immunis
secundùm *Authorem* nostrum hic *à n.*
54. ad 56. Id quidem non longiori triũ
annorum tempore obseruatum fuit, cũ
post tres annos fuerit inde continuata
Fiscalium exactio, vt antecedentèr in
vsu erat, vt exponit *R. de Ponte d. tract.*
de pot. Proreg. tit. 4. §. 8. n. 13. & 14.

66 Imò

66 Imò & Rex Ferdinandus Catholi-
cus in anno 1507. adepto Regno isto,
imperauit exigendas esse, prout anteà,
præfatas Fiscales functiones, omnesq;
alias Collectas tolli ordinauit, vt ex
Cap. Regis Cath. docet hic *D. Reg.* no-
67 ster *n.19.* Vnde numerationes focula-
riorum Regni singulis quindecim an-
nis factæ fuere, vt sumptus illarum
maximus euitaretur, teste eod. *Auth.*
nostro hic *n.60.* Nam anteà in quolibet
triennio Regni numeratio fiebat, & po-
steà singulis quindecim annis practica-
ta ad releuamen pauperum, & ad Fisci
etiam vtilitatem, vt vnusquisq; soluat,
quod debet, & non grauetur, de quo in
l.4. C. de censib. & censf. peræquat., & ex
expresso *cap.7. Fidelissima huius Ciuita-*
tis inter concessa à Rege Alphonso I.
testatur *cit. Reg. de Pôte tit. de regal. im-*
posit. tit.4. §.2. n.17. vbi *n.18.* ex *Rebuff.*
& alijs tradit de pœna, qua secundùm
ius commune punitur ille, qui occupat
Regia focularia tempore numeratio-
nis, vel calliditate in fraudem Regiæ
Cameræ vtitur, & videndi sunt ad id
Petr. Piccol. in pragm. 1. de apprez. nu.57.
& Capiblanc. in pragm. 1. n.106. & 107.
de Baron. & de pœna contra numerato-
res fraudantes est dispositum in *l. peræ-*
quat. C. de censib. & censf. peræquat. Reg.
de Pont. de potest. Prorr. tit.4. §.1. num.20.
Imò & *n.21.* ex *Rebuff.* exponit, nume-
rare idem esse, ac computare, & à *n.22.*
vsq; ad 27. tradit, numerationes ipsas
iàm factas discuti in Regia Camera, &
à lege esse præfinitum tempus, infrà
quod grauamina proponi, & discuti
debent, quo elapso denegatur actio, &
venit à iure impositum silentium, vbi
Thor. in addit. ad cit. num. Et qualiter
numeratio focul ariorũ Regni solemni-
ter clausa, Fisco instante possit ape-
riri, vel potius perpetuum silentium
imponi, & an in integrum restitutio
Fisco competat aduersus numerationẽ
factam, & clausuram ipsius, ad intelle-
ctum *l. omnia C. de sent. aduers. Fisc. lat. lib.*
10. post cit. Reg. de Ponte. latè examina-
tur in collegijs g. *Ferdinand. Brancat. inter*
diuers. Reg. de Marinis 32.

68 Ex his igitur omnibus constat, ius
focu lariorum, siuè fiscales functiones
successisse in locum Collectarum, quæ
tempore Friderici exigebãtur, & alio-
rum iurium fiscalium, ac subuentionũ,
quæ post Federici tempora exacta fue-
re sub nomine donatiui, cum fuisset
exactio reducta ad præfatas sex gene-
rales Collectas quolibet anno exigen-
das, & sic ad ordinarium munus *Capyc.*
in Inuest. feud. fol.117. & 119. in verb.
Feudorum clausula, vers. Collectarum,
vbi refert verba Priuilegij concessi
Ciuitati Tarentinæ supplicanti: *Che*
non sia tenuta pagare à S. M. altro paga-
mento, che onze 15. per Colletta; Inten-
dendo per sei Collette generali; de qui-
bus sex Collectis mentionem faciunt
R. Lanar. cons.93. Reg. Tap. de Constit.
Princ. in rubr. c.4. num.49. & Reg. Capyc.
Latr. decis.116. n.3. vbi *Auth.* nostrum
citat, ac testatur, quod tunc con-
tribuebat etiam Ciuitas Neapolis, vt
ex *Andrea* dixit *Prosp. de Franch. decis.*
56. n.26. & ibidem *n.4.* recenset idem
Reg. Capyc. Latr. ipsum vidisse nonnul-
las scripturas Regij Archiui, quod
quolibet platea eligebat vnum pro
exigendis collectis, quem appellabant
Collectorem, licet posteà loco Collecta-
rum fuerit data Regiæ Curiæ Gabella
boni denarij, vt post *Capyc.* tradunt *cit.*
de Franch. decis.56. in fin. Reg. de Ponte
cons.135. n.4. lib.2. Capyc. Latr. ibid. n.4.
Quæ quidem collectæ differebant à
tributo, quod erat certum, & singulis
annis pro certa summa soluebatur; nã
istæ collectæ non singulis annis, neque
in summa certa, sed prò modo, & va-
rietate negotiorum imminentium
exoluebantur, iuxtà *Luc. de Penn. in l.*
penult. n.3. C. de annon. & tribut. lib.10.

69 A quibus verò diuersa erat *Collecta*
nominata *S. Mariæ*, nam illa non præ-
stabatur Regibus, prout iàm dictæ, sed
Comitibus, & Baronibus per Vasallos
Terrarum suarum singulis annis, cuius
præstatio erat certa, & ad certam sum-
mam taxata, pro qua omnia bona im-
mobilia ipsius Castri, vbi imponeba-
tur, taxata in appretio, & æstimo reperie-

riebantur *Luc.in l.si diuinos 8.num.2. &* 13. *C. de exact. & tribut. lib.* 10. *Alex. Palmerius in alleg.88.n.4. in 3.to. alleg. R.de Marin. Barbos.de diuis.fruct. par.* 3.c.8. n.34. *Dulliss.de Luca ad Prasi. de Franch.dec.* 56.n.2. post *Ann.singul.* 91. *ver. Collecta Sancta Maria*, vbi dicit, quod est de regalibus, & qualitèr Barones possint imponere collectã Sanctæ Mariæ, exponit *Borrell.de prast.Reg.Cathol.cap.*10.n.28.& 29.

70 Aliæ verò fuerant collectæ, quæ imponebantur per ipsas Vniuersitates, pro earum subeundis oneribus, vel soluendis proprijs creditoribus, *Capyc. d. loc. vers. Collectarum tertia species fol.* 119.*cit.Reg.Capyc.d.alleg.*87.n.6. apud *de Marin.* Quæ esto respectu Ciuium essent contra mixta, quia imponebantur personis pro rebus, ex *Afflict.in cap.* 1.*vers. Et plaustrorum nu.* 8. *quæ sint regal.Capyc.d.loc. vers. Immunitas fol.* 119. *Reg. Capyc.Latro decis.*116. à nu.21. ad 75. Attamen quoad forenses in Territorio possidentes, contra patrimonialia erant, quia personis imponi non poterãt, sed rebus tantùm, vt optimè declarat *Bald.in l.per bithiniam n.*1.*C.immunit.nemin. conced. lib.* 10. & sic dicitur, quod materialitèr imponantur rebus, formalitèr verò personis, & est impositio, quæ indicitur personis habito respectu ad bona per æs, & libram, *Gallupp.in meth.f.p.5.cap.*5.n.44.& 45. Et sic gabella erat anomala, & irregularis, vt exponit *Io.de Clapper.in centur. caus.fisc.caus.*37.*quæst.n.*2. *Marotta de bonat.cap.*9.n.3. Etenim pro collectarum exactione constat Carolum II. statuisse, anno quolibet in singulis Ciuitatibus renouari oportere appretium, & præsertim collectari forenses, esto alibi habitantes, pro rebus in loco, in quo possident, vt legitur in *Caroli II. Cap. Regni, In singulis* 19. quod declarat *Reg.Tap.lib.*4.*iur.Regni tit.*5.*n.* 2.*per tot.* Et indubium in Regno est,
71 Forenses collectari, quidquid sit de iure communi, affirmant *Capyc. d.loc. vers. Forenses, & vers. quod autem fol.* 120. *Prasi.de Amat.cons.*77.n.23. & alij apud *Marottam de Bonaten. cap.*9. n.1. & 2. Qualitèr verò id liceat de iure communi, ex consuetudine, vel priuilegio, latè exponit *Ansald. de iurisd. p.* 5.*tit.*3.*cap.*2.*per tot.* vbi n.18. Forenses æstimum, seù catastum habentes, qualitèr compelli possint, declarat ex *Fab. Anna cons.*59.*lib.*1. eaq; omnia latiùs, ac doctissimè examinat nobilitate, ac doctrina præclarus *Dom. D. Hieronym. Rocca Episc. Isclanus in disput. iur. cap.* 82.*per tot.* necnon *Cæsar Panimolle decis.fori Eccl.*13. *annot.*2.*per tot.*

72 A præfato inde tempore Regis Alphonsi I. in anno scilicèt 1442. sublatis collectis, dictæ Fiscales functiones super Regni fumantibus institutæ fuerunt, in locum antecedentium Collectarum ab exactis Regni huius Regibus indictarum, easq; cum ijsdem qualitatibus successisse, certum est; Nam Regni Vniuersitates in locum præfatarum collectarum se obligauerunt soluere ducatum vnum pro quolibet fumante, & posteà aucti fuerunt alij caroleni 5. promissumq; salis tumulum cuilibet fumanti dari, *Reg. Lanar.cons.*31. & patet ex *Capit. huius fidelissimæ Ciuitatis in princ.fol.*5.*at. cap.* 2.& 8. *Biletta resol.feud.*25.n.5. Idq; ad etiam ità est habitum in anno 1496. tempore Ferdinandi II. vt in parlamẽto de dicto anno *c.*27. fuitq; id confirmatum in parlamento anni 1505. tempore Regis Catholici, vt in *cap.*15. *fol.* 45. & ex *Afflict. in tit. quæ sint regal.* §. *plaustrorum*, *Reg. de Ponte in tit. de regal.impos.in princ.sub n.*25.& §.1.*num.* 15.& §.2.n.10. *Fabio de Anna cons.*60. *Reg.Reuert.in pragm.*1.*de iurid.& exact. fiscal.n.*65. *citatur cit. Reg. Capyc. Latro d.decis.*116.n.5.& 6. quod legi aduertit *in pragm.* 1. *de sale vendend.* recensens quoque dictam salis præstationem in Parlamento generali de anno 1607. fuisse Regiæ Curiæ remissam, itacontoq; pretium salis in carolenis octo pro quolibet modio ex *Reg. Tap. in lib.* 4. *iur.Regn.tit. de solut. fiscal. in commens. ad cap.*1*fol.*43.& in anno 1635. ob imminentia bella fuisse dictum pretium au-

auctum ad carolenos decem pro quolibet modio,& in anno 1637. ad carol. 12. Idem *Capyc. Latr. d. dec. 116. nu. 7.* & ad nostra tempora pro noua cudenda moneta fuit in tribus alijs carolenis auctum, *Cesar Nicol. Pisan. ad Goffred. de Gaeta super ritib. R. Cam. rubr. 20. de Iure salis n. 48.* & postea in alijs granis 7. cum dimidio, sed vide annotata à nobis infrà ad §. 20. *de Iure salis*; Et sic ius etiam præfatum fiscale focularioI
73 rum, onus mixtum dicendum esse, prout ipsæ collectæ erant, testantur *Afflict. in c. 1. vers. Plaustrorum num. 8. quæ sint regal., Capyc. d. loc. vers. immunitas fol. 119. D. Reg. Lanar. sitat. consf. 95. D. Reg. de Curte in diuers. iur. fol. 25. num. 22. D. Reg. de Ponte d. tit. 4. §. 2. n. 10. 11. & 12.* & nos infrà in *annot. ad Dom. Reg.* nostrum in *quæst. 4. §. 2.*

74 Aduertendum tamen hic est, quod estò cum ipso Rege Alphonso I. fuisset conuentum, omnes collectas abrogandas esse, soluturumq; ius foculariorū Regio Ærario, ad rationem duc. vnius pro quolibet fumante, nihilominùs conuentio illa fuit respectu illarum seu collectarum, quæ irregulariter exigebantur per Curiam, teste *cit. Mazzell. lib. 2 d. loc. fol. 328.* & non respectu solutionis decem carolenorum pro foculari, pro cuius exactione continuabat apprecium, iuxtà *Cap. Regis Caroli II.* quod ità iussit Ferdinandus I. de anno 1467. *in pragm. vnic. de appret.* in qua renouando Caroli II. placitum, clare mandat, debere forenses collectari, & exteros pro possessionibus ibi detentis, ex illis verbis, *sibi alibi habeant incolatum*; & rursùs, *bona prædicta tenentis, licet alibi incolatum habeat*, tradendo inde rationem, quæ illa videtur esse, quæ expetenda hic est, *ne alter alterius onus ferat*, ex qua ratione desumendum esse, *Alexander Palmer. in alleg. 88. inter diuers. Reg. de Marin. to. 3. n. 9.* tradit, quod ab apprecio, & æstimo deducenda sint à possessoribus bonorum onera ipsarum rerum, quia aliàs duplici onere grauarentur, vt etiam fundant *Nouar. in collect. 2. ad d. pragm. 1. nu. 10.* & *Rouit. ibid. num. 11. & 12.* Verùm, quia ista deductio non debet cedere in damnum locorum, in quibus sita sunt bona, maximè cum functiones fiscales exigantur ab Vniuersitatibus pro numero foculariorum, & nō à possessoribus bonorū; Vniuersitates enim pro soluendis supradictis functionibus imponunt collectas bonorum possessoribus, præuio appretio, allibrando eorum bona in territorio sita per æs, & libram, & vnusquisq; soluit pro
75 rata bonorum, vt post *cit. Dom. Reg. Moles, & Reg. de Ponte* exponit *Reg. Capyc. Latr. d. decis. 116. à num. 9. ad seq.* Ideò onus censuum, vel annuorum introituum deductum à possessoribus, & venditoribus bonorum imputari creditoribus, & emptoribus, tàm ciuibus, quàm exteris, & sic Vniuersitates non esse in damno, dùm à possessoribus habent collectam pro rata fructuum, deducto onere, quod aggregatur creditoribus, & ab eis exigitur, & in effectu, quod exigebatur ab vno pro certa quantitate, pro eadem summa exigitur à duobus, & ità alterius non fert onus; sed quisq; suum, & Vniuersitates integrè exigunt absq; diminutione, quod examinat *cit. Alexand. Palmer. in d. loc.*
76 videndus, qui circà articulum deductionis bonatenentiæ pro creditoribus scripsit, necnon etiam *Ferdinandus Rouitus*, vt ex *allegation.* apud *R. Rouit.* patrē *in Prag. 5. de exact.* Pro Vniuersitatibus vero Regni scripserūt *Nic. Anton. Moretta*, vt ex suo *tract. de Collecta. seù bonatenentia*, & *Reg. Io: Camill. Cacacius*, vt in sua *allegat. 87.* apud *Reg. de Marin. 3. tom.* ad quarum beneficium decisum fuit, teste *Grammat.* post alios *in obs. ad R. Capyc. Latro decis. 116. n. 4.* Verùm sicut anteà pro annuis introitibus ad rationem septem pro centenario ius bonatenentiæ erat carolenorum viginti, ità ab anno 1650. quo omnia capitalia instrumentaria Vniuersitatum ad redditū 5. pro centenario fuerunt reducta, vt in *Pragm. 18. de admin. Vniu.* hodiè est carolenorum quatuordecim, & actum octo cum dimi-

midio, qui à summa, seù reditu duc. quinque debebantur ad beneficium Vniversitatis, & sicut prius, quando exigebantur duc. septem pro centenario, remanebant duntaxat duc. quinque pro creditore, *ut Gizz. ibid.* hodiè remanent carolent triginta quinque, & alijs cū dimidio, reliquis retentis ab Vniuersitate pro d. iure bonatenentie; & quid caetero *ut Gizz. n. 2. et 9.*

77 Sed an Neapolitani sint immunes à Bonatenentia, inspicienda esse benè eorum priuilegia, & Capitula, dum ex eorum lectura haec immunitas nō probatur; optimè monet *Reg. Caracius in d. alleg. 87. num. 3. apud Reg. de Marin.* Etenim in Cap. 18. *inter gratias, & Cap. Ciuit. Neap. de anno 1503. Magni Capitanei fol. 3. à t. ibi: Item supplica, se degni V. S. Illustriss. Signoria fare franchi, immuni, & esenti detti supplicanti per loro beni Stabili siti in qualsivoglia Città, Terre, e luoghi del prefato Regno tanto demaniali, come de Baroni de ogni pagamento de fiscali funzioni, seu Collette, etiam se detti beni de essi supplicanti fossero accatasti, e tale immunità se intenda fatta pro statu Reipublicae, & Habitatorio Regni: Placet Illustrissimo Domino Locumtenenti Generali iuxta solitum, & consuetum.*

Cum dicatur *iuxta solitum, & consuetum*, nihil de nouo conceditur, sed confirmatur antecedens status: Cumque antecedenter Neapolitani soluebant pro bonis accatastatis, concludendum est, nō eos quaesijsse vigore huius *Capituli*; neque illorum Cap. *Regis Catholici anni 1505. fol. 3.* à t. ibi dicitur: *Placet, prout in praecedenti Capitulo*, & in praecedenti Cap. dictum fuit: *Placet Regiae Maiestati, sicut melius fuit confectum tempore Regum Aragonum.*

Et in alio *Capitulo anni 1541. Inuictiss. Imper. Caroli V. fol. 103.* ascriptū fuit: *Placet quod oriundus Neapolitanus, ut supplicatur, ridactis dictis prouisionibus quatenus opus sit ad ius, & iudicium;* Expositum nāq; fuit R. Cam. solitam fuisse prouisiones expedire contrà Neapolitanos pro solutione bonatenentiae; Imò *Reg. Rouit. super Pragm. 4. de immun. Neap.* testatur, se vidisse processum fabricatum in Regia Camera Summariae ad instantiam cōnullarum Vniuersitatum contra nonnullos particulares Neapolitanos super huiusmodi contributione, & in ea esse quamplurimas prouisiones recentes, & antiquas contrà Neap. ut contribuant, tanquam bonatenentes, verùm in eodem processu subintrasse Ciuitatem Neap. quae porrecto memoriali in Coll. Collatera. Regiam decretationem, quod *R. Camera de iustitia prouideat, & interim non molestetur*: Quam quidem decretationem obtinuisse, & nunc etiam obtinere ait quoad motus incoatos, & reditus censuales, sed respectu immobilium semper soluisse fiscalia, tanquam bonatenentes, & sic poscā decisum per R. Cam. ut in *Arrest. 653.* ac testatur *Tapp. in summ. dec. 3. tit. Collectar. fol. 167. Maranta de bonatenentis c. 16. n. 1. Gizzar. ad R. Cap. 1. Latro dec. 176. n. 11. 12. & 13.*

Et ideò propter obseruantiam, quae sic habet, non verò ideò Neapolitanos remansisse exemptos quoad motus incoatos à bonatenentia, quia illi factis iudicati tanquam bona mara districtū Neapolis, ex quo iura, & actiones inibi iudicantur, ut communiter receptum legitur apud *Consil. Prouenzal. ad Consuet. Neap. cōf. 29. per tot.* ut in quadam facti contingentia attestatur doctissimus causarum patronus *Dom. Petrus Pisanus*; Cui nos contrarium respondimus, dum hic intellectus non est generaliter admittendus, ut dicit ex *Prouenzalio*; imò etiāsi in Ciuitate Neap. fuisset celebratus contractus, & promissa solutio, vtrius de bonis accatastatis tributibus debentur Collecta bonatenentiae, ut fundat *Reg. Camill. Caracius in d. alleg. 87. n. 40. & 41. apud Reg. de Marin. 3. tom.* ubi ait, post alios doctum fuisse relatum per S. C. quod mercatus vendita super gabella Molae, licet contractus celebratus esset Neap. & ibi promissa solutio, nō tamen bona intrà districtum Ciuitatis Neap., sed extrà vnde concludit, quod cum annui introitus venditi ab Vniuersitate sint super eius gabellis, vel stabilibus, quæ sunt iure dominium ipsius Vniuersitatis, hoc intendit, licet sibi sit celebratus contractus, vel promissa solutio, & in hanc sententiam inclinare *Ferdinandum Reuertum*, qui pro aduersa parte scripsit in *alleg.* sua informatiua genitore in *Prag. 5. de censib. n. 77.*

78 Annotandum insuper est, quod de omnibus præfatis oneribus, functionibus, seù solutionibus loquuntur post *Auth.* nostrum hic *Montan. de regal. in § extraordinaria collatio*, & *Tapia lib. 8. Iur. Regni Neapol. tit. 3. de solut. funct. fiscal.* & [illegible] *in Prag. 1. de iur. & exact. fiscal. fisc.*, itaque sui *Lagonar. in addit.* ad memorat omnia prædicta onera multis ab hinc annis recessisse ab Anis, & in eorum vicem exactas fuisse quasdam alias impositiones, quæ ex gratia, & benignitate Inuictiss. nostri Regis *Philippi IV.* immortalis memoriæ, procurante Sereniss. Principe *D. Ioanne Austriaco* eius filio, & in hoc Regno Plenipotentiario, reductæ fuere ad carolenos quadraginta duos pro quolibet foculari, cæteris omnibus sublatis; Etenim pro subueniendis Regij Ærarij necessitatibus ob tot bellorum casus exhausti, à Neapolis Vrbe, & Regno ob maximã ergà Regem amorem, ac fidelitatem, successiuis temporibus variæ fuerunt indictæ gabellæ, vnde Ciuitas grauissima onerata nouam super fructibus impositionem Populo Neapolitano [illegible] fecit in anno 1647. sed insurgente plebe impetu furiosa [illegible] motu, comburendo loca, vbi gabellæ exigebantur, ac etiam domos Arrendatorum; quapropter Excell. Dux de Arcos, tunc Regni Prorex, [illegible] pertinacem tandem dictam gabellam super fructibus tolli, sed etiam omnes aliastam veteres, quam nouas [illegible] præcedenter [illegible]: Tandem cum aduentu Excellentiss. Proregis Comitis de Oñate, & Villamediana, ac præsentia Sereniss. D. Ioannis ab Austria, sequuta fuit optata quies in die 6. Apr. 1648. fueruntque vt supra, reductæ functiones fiscales ad quadraginta duos carolenos, & sublatæ omnes impositiones super rebus comestibilibus, excepto sale, cuius pretium nunc fuit taxatum ad rationem carol. decem pro quolibet modio, exceptis etiam iuribus prohibendi, & alijs, vt in *Gratijs per d. Serenissimum Principem concessis sub die 11. Apr. 1648.* continetur; Sed quia Ciues annuis introitibus super ijs gabellis spoliati remanebant, & Rex, ac Regnum

79 carebant redditibus Arcæ militaris, ideò fidelissimus Populus denuò preces dedit pro impositione medietatis eius, quod antea ex omnibus gabellis exigebatur, excepta tamen impositione super fructibus, vt legitur in *Prag. 21. de Vectigal. & gabel.* Imò cum præfata medietas nec satis esset pro supplendo Regio Ærario, & creditoribus, fuit determinatum, annuos creditorũ introitus super gabellis esse reducendos per [illegible], & [illegible] pro rata persoluere solutis, vt in *Pragm. 20. 21. & 22. de Vectigal. & gabel.* in quo puncto [illegible] *Reg. Capycius Latro* [illegible] fuitq; facta diuisio, siuè contributio ab Arrendamentis gabellarum pro solutione annuorum duc. tercentum mille Regiæ Curiæ, eo modo, prout habetur in *Pragm.* [illegible] *de Vectig.* & in nostra *Notitia* [illegible] 3. [illegible] n. 12.

80 Obseruat autem *Biletta consil. feud. 33. num. 10.* quod functiones fiscales soluuntur in Natiuitate D. N. I. Christi, in Resurrectione, & in mense Decembris, sed *R. Tapia d. lib. 8. tit. 2.* attestatur, illas solui in fine Aprilis, Augusti, & Decembris.

81 DVm igitur *Author* noster prosequitur hic fiscalium functionũ exactionem ipsam in duodecim Prouincias fuisse distributam, [illegible] in ipsis Perceptores, seù Commissarios vocatos fuisse pro commodiori tributorum exactione [illegible]; Annotandum est, Regnum hoc olim vnam Prouinciam fuisse, *Auth. in* [illegible] *Constitutionem*,

nem,

nium, *Afflict. dec. 109. Luc. de Penna in l. fin. C. de mod. mulct.* [illegible] qui putat, quod antiquitus principium esset Regnum totum ab uno Præside vltrà cum ditione [illegible] ab Vrbe gubernabatur, nam [illegible] centesimum lapidem erat cognitio Præfecti Vrbis *l. 1. ff. de Off. Præf. Vrb.* [illegible]

82 Secus fuerit diuisum in duodecim Prouincias, vna tamen dicitur, *Reg. de Ponte de pot. Prorëg. tit. 1. §. 4. num. 16.* Ex quo illa diuisio processit pro commodiori tributorum exactione, vt post *Pontan. lib. 5. de bell. Neap. fol. 381.* tradit *Reg.* noster hic *nu. 62. & 63.* Sicuti vnicus est Fundacus in Regno, nam diuisio ipsorum non arguit, quod sint plures, cum sit facta gratia commodioris exactionis per Regem destinatæ, vt docet idem *Auth.* noster infrà *§. 6. numbe. 1. ac num. nu. 15. & 16.* [illegible] *5. num. 4.*

Ex quibus etiam vti Advocatus Cabilum Plagiarum Terræ Laboris Prouinciæ Principatus Citra [illegible] arguebam, quod licet dicta Casalia fuerint diuisa quoad solutionem functionum fiscalium vnà cum præeminentia Regiæ Curiæ ab anno 1571. ex decreto Reg. Cam. Summariæ, id fuit gratia commodioris exactionis, & [illegible] [illegible] [illegible] vniuersitatis, Cæterum quoad omne aliud dicta Casalia remanserunt vnita, & debent frui iurisdictione, lucris, & honoribus, & onere subire dictæ Terræ, vt clarissime [illegible], & ex priuilegiis fundatis.

83 Imò alicui [illegible] dicendum est, Prouinciæ nomen ex [illegible], quod quasi procul victæ [illegible] Prouinciæ dicebantur, in eas namque mittebantur Proconsules [illegible] [illegible] etiam Prouinciæ nomen [illegible] [illegible] modis Pop. Romanus accepisse constat, Vno, pro regione, quam [illegible] [illegible], aut quocumque modo in potestatem adductam, [illegible] [illegible] [illegible] quod conscribunt latè tradita per Carol. *Sigonium de antiqu. iur. Ciu. Rom. lib. 2. & Italiæ antiqu. Iur. Prouinc. à cap. 1. ad seqq.* Alterò pro quacumque regione, in qua publico nomine Romanus Imperator bellum administrauit. Tertiò, pro quacumque publici muneris procuratione, quod latè exponunt in *Lexic. Iurid. et Brisson. Othoman. Calvin.* & aliis dictionariis, verb. *Prouincia.* Videndi etiam *Hieronym. de Monte in tract. de Finib. regund. Ciuit. cap. 4. per tot. Dom. Cost. Pietra in proœm. ad M. C. à n. 100 ad seqq. Possewin. in prag. tit. de Exactor. Regni à n. 11.* Et Prouinciarum

84 distinctio secundùm *Paul. de Castro in l. ex hoc iure n. 11. D. de iust. & iur.* est duplex: Quædam est, quæ fit per idiomata penitus diuersa, vt Francia, Anglia, Alemania, & Italia, & ista distinctio de iure gentium fuit introducta, et ibi in *Gloss.* vbi etiam subdit Italiam esse Prouinciarum diuisionem. Alia est Prouinciarum distinctio, quæ fit per Præsides, & illa de iure Ciuili emanauit, idem *de Monte d. tract. c. 4. n. 6. & seqq.* vbi [illegible] quod Prouinciæ mutantur, & diuiduntur Principis authoritate.

85 Nos verò Prouincias hic intelligimus partes, siue regiones illas duodecim, in quibus Regnum Neapolitanum, hoc est Siciliæ Citrà Pharum, diuisum fuit; Etenim sicut ipsum Regnum Neapolis, in quo tertia Italiæ pars continetur, tamenq; ob aeris, situsq; illius amœnitatem, ac fertilitatem vocatum ab Imperatore *Federico in Const. Regni, Occupatis pedes, electum quoddam viridarium inter agros,* & communi sermone *Regnum Regnorum* appellatum legimus; vndè quando dicitur *Regnum,* solùm subintelligitur hoc nostrum, vti vnicum, [illegible] qualitate, quæ Regnum est Italiæ, & in se continet Prouincias, quæ aliàs fuerunt Regna, sicuti Apulia, Lucania, [illegible] [illegible] *Bas*[illegible]*lonia,* & alia, vt tradit *Nicol. Top. de orig. Trib. Neap. lib. 1. praelud.*

Ita quoque ipsum Regnum ex eodem in duodecim Prouincias diuisum fuisse, constat, nempè ab *Imperatore Federico II., Rege Carolo I., Rege Alphonso I.,* atque à *Rege Ferdi-*

eande Cathedra, quod etiam approbauit *Marc. Ant. Surgens de Neap. illustr. c. 29. n. 2. fol. 253.* vbi dictas Prouin-
86 cias declarat, easq; Præfecturis Romanorum assimilat, quia in illis singulis ponuntur singuli Præfecti, siue Præsides, qui vulgò Prouinciarum *Viceregis* appellantur, idem *Surgens ibidem lib. 1. c. 24. num. 6.* qui sunt subditi
87 Regni Proregi, à quo vt plurimùm eliguntur, illiq; iurant, secundùm *l. fin. [illegible] C. ad l. Iul. repetund.* & sic eorum errores à Regni Prorege corriguntur, vt exponit *[illegible] Dominic. Tassou. de antefat. vers. 2. obs. 1. num. 13. versic. illis*; à principali veluti totius Regni Præfecto, Augustissimi nostri Regis Locumtenente, à cuius numine Prouinciales alij Præfecti omnimò dependent. Sicut & ipsæ Prouinciæ à Metropoli Neapolis veluti à capite neruì considerantur, tanquam vnicum Regni corpus;
88 Et à pari Regna plura, quæ Inuictissimus Rex noster dominatur, reputantur vna Prouincia respectu ipsius Monarchiæ, *Luc. de Penn. in l. fin. C. de discuss. lib. 10. Afflict. dec. 209. nu. 1. & in Const. Regni Consuetudinem in rubr. de præscript. 3. col. in princ. vers. secundo.*
89 De quibus Prouincijs memor etiā est *Cassiodorus lib. 8. epist. 33.* ibi loquēdo de Lucania prosequitur: *Quicquid enim præcipuum, aut industriosa mittit Campania, aut opulenti Brutij, aut Calaber peculiosi, aut Apuli idonei, vel ipsa potest habere Prouincia, &c. insuper: videas enim illic collucere pulcherrimis [illegible] laetissimos campos, & de omnibus [illegible] [illegible] momentaneas: domos populorum [illegible] tium, [illegible] discursum: [illegible] non [illegible] [illegible] videas tamen [illegible] Ciuitatis ornatum. [illegible] [illegible] [illegible] [illegible] [illegible] [illegible] [illegible] [illegible] [illegible] [illegible] [illegible] quid diuersi generis animalia [illegible] grex [illegible] &c. habet & Lucania [illegible] [illegible] &c.*
90 Et licet *Marin. Frecc. in lib. 1. de subfeud. in tit. de Prouinc. & Ciuit. Regni n. 16. sit ipsius, ab Alphonso I. [illegible]* Regnum in sex Prouincias diuisum, à quo tamen non adhæret *Tassou. d. vers. obs. 1. n. 15.* Et tamen dicit, quod diuisio Prouinciarū Regni esse apud *Gr. vers. 10. [illegible] princ.* & quod Prouincia significatur, procul ab Italia victa, & primam omnium sic vocatam à Romanis Siciliam fuisse, tanquam primò victam, & à Romanis multum distitam, ob quod à Prætoribus regi, atq; à Consulibus administrari voluere, ex *[illegible] 1. ac. lib. 4. de princ. & tunc Sa-*
91 *lutiferi* Saluatoris nostri aduentum, vocabantur *regiones*, vt in *c. 2. 94. dist.* & à Gr. dictæ sunt *Diœceses*, [illegible] ex *Bart. in Lucanum 99. D. de V. Sign.* [illegible] dici Prouinciam, exponitur, quæ ab Italia est separata, & ad primos vicinos pertinet ex *l. insula, D. de iudic. Auctor. de exequend. lib. 1. c. 4. nu. 4.* eò Prouincia dici posset omnes districtus ex *Bald. in § sed & quis n. 2. quibus mod. feud. amitt.* apudq; Prouincia definitur regio, quæ sub Prouinciale consecrata sit, vt late in *Lexic. iurid. per Io. Calu. compilato, in verb. Prouincia,* secundum quam Prouinciæ significationem intelligitur *text. in l. 1. C. de canon. largit. lib. 10.* cū alijs ibi traditis in commentar. per doctissimū *D. Franc. Amaya.* vbi num. annotatur, quod si Thesaurarius Prouinciæ, cui sumenda erat
92 functio, absens sit, aut mortuus, proximioris Prouinciæ Thesaurario lucranda est, quemadmodum si in loco aliquo, aut Ciuitate non reperiantur idonei homines, qui aliquod publicum munus exerceant, ex proximis locis idonei euocandi erunt ex *l. cum sanctorum, C. de naui. lib. 10.* quod etiam in Thesauro dicendum, & in erogatione eleemosynarū non adsint in loco pauperes, fundat idem *Amaya ibid. à num. ad 9. vbi n. 10.* concludit, aliquem dici ac censeri proximam Prouinciam, quæ ex Consuetudine loci, & regionis pro tali approbata est, non Consuetudo tolere proximitatem approbato loco, ex *Bart. in l. si [illegible] in princ. n. 1. D. de aqu. pluu.* & aliquæ [illegible] sic Thesau-

fiscarius Provinciae puniendus, & contra Administratoris Provincialis admonitionem, pecuniam expendens, illi dos esse teneri à Grammat. consil. 72. num. 9. cit. Amaya monet. Et Provincia regi
93 iuri debet secundum leges, & Consuetudines Regni, cui accedunt ipsius, sed is si principaliter, Cappan. consil. fisc. 3. ... num. 14.

94 PRima igitur Provinciarum duodecim Regni huius est Terra Laboris, quae Campania felix dicitur, sub cuius appellatione non comprehenditur Neapolitana Civitas, Afflict. in Const. Regni, Communiter col. 1. in 1. not. quemadmodum sub nomine dignitatis non venit Episcopus, quia dignitatis culmen est, Afflict. dec. 165. col. 2. cit. Tassonad. lin. n. 13. ubi eandem Provinciam Terrae laboris habere Terras, ac Civitates habitatas 183. comprehensis Neapoli Civitate, Ischia, ac Prochyta Insulis; De cuius comprehensione, ac de illius antiquis habitatoribus longitudine, ac latitudine, Civitatibus, Terris, Castris, territorij natura, fertilitate, amoenitate, [illegible] ...ibus, mineralibus, ac bal[illegible] innumeris hominum [illegible], atque armis illustrium, [illegible] quae ad eiusdem felici[illegible] ornamentum, ac decus spectantibus late videndi sunt Henricus Bacchus, aliique in descript. Regni, & ... Mazzell. in d. descript. Regni à fol. 5. ad 34. & à fol. 35. ad 47. ubi antiquae Campaniae tabulam proponit, necnon focularium numerum in qualibet eiusdem Provinciae Civitate, Terra, Casali, aut Castro, distinctim, prout ex tunc in anno 1601. numeratio extabat, exponit.

95 Nunc vero sciendum est, secundum numerationem de anno 1669. in ea esse numerata focularia 59000. ut in libro Novae Situationis de illo anno fol. 14. ubi describuntur focularia aliarum Provinciarum, iuxta eandem numerationem, necnon annui introitus, qui ex fiscalibus exiguntur, tam Regiae Curiae assignati, quam Consignatarijs, cui libro nos circa praedicta pro plena notitia remittimus; semper tamen cum nostro Auctore hic advertendo, quod Neap. Civitas Regalis, Regnique Metropolis, ex privilegio non numeratur, sicuti neque eiusdem Casalia, quae circumcirca illam per 12. milliaria sita sunt, pro fiscalibus nihil solvunt, teste etiam eod. Mazzell. d. loc. fol. 39. 1. col.

96 Cumque de singulis alijs Provincijs, ab eod. Scriptor. Mazzell. in d. eius lib. latius (ut prout de ipsa Terra laboris) agatur, comprehensorum, & aliarum, et separatim cum focularium numero, impositionibusque solvendis ex dicto anno 1601. declarentur; Et qualiter ad praesens sit focularium in qualibet Provincia numerus, impositionumque ab illis exigendarum quantitas, tam pro assignatis Regiae Curiae, quam eiusdem Consignatarijs, unde [illegible] in qualibet Terra, tum modo à Perceptoribus Regiae Curiae, aut eius consignatarijs debitus, assignatusque, etiam in dicto libro Novae Situationis distincte, & passim [illegible] pariter ad cit. Mazzell. & ad d. librum Nov. Situat. Regni, missos facimus Lectores.

97 TAndem Auctor noster postquam Provinciarum omnium Regni huius Civitates, Terras, Casalia, fumantium numerum, aliaque notatu digna exposuerat, addit eodem in Regno Villas aliquas, quae ab Exteris Regni, videlicet Sclavonibus habitantur, idque introductum tempore Regis Alphonsi, & Ferdinandi I. Aragon. ex quo tunc Albanenses, & Dalmatae a Turcis [illegible] habitationes ad Regnum hoc appulere, ac nonnullas Colonias aedificaverunt, qui, dum nunquam perpetuo in uno eodemque loco degunt, vagabundi dicuntur focularia, & extraordinarij, nec inde in ordinaria numeratione descripti sunt, sed quolibet anno numerantur, eorumque numerationem non fieri per comprobationes, illorumque solvere carolenos undecim pro quolibet fumante, quia omnes alias

fun-

functiones non soluunt, antiqua ex cō-
suetudine, à prima introductis tempo-
ribus, nisi pro medietate, ut debetur
illis sol. *Sep. Manzell. in descript. Regn.*
Neapol. lib. 2. fol. mihi 329. quod etiam
meminit *Reg. Salernitan. decis.* 4. *per*
tot. vbi *Thor. in addit.* & *Nouar. in*
pragm. 1. *de appret. tit.* 13. *collect.* 2. *Reg.*
Camill. de Curte in diuers. feud. fol. 14. *nu.*
33. vbi scribit illas functiones fiscales
98 à Sclauonibus exigere Perceptores
Prouinciarum, quibus pro illis exigē-
dis soluitur ad rationem vnius cum
dimidio pro quolibet centenario.
99 Easdemq; Sclauonum, & Albanēsium
villas præsumi feuda quaternata, si
sunt in sufficienti numero Vasallorum,
fundat *Thor. d. loc. n.* 2. vbi *n.* 3. tradit de
praxi concedendi Baronibus habenti-
bus feuda inhabitata, vt proinde Pro-
regis licentia præfatis exteris feuda
prædicta habitantibus replere possint.
100 Quæ autem numeratio focularìorum
Sclauonum quolibet anno faciēda est
à Perceptoribus Prouinciarum, qui
exinde numerationem præsentare de-
bent in Reg. Cam. aliàs tenentur iuxtà
numerationem anni præcedentis, vt in
Arrest. 12. *Reg. Cam.* apud *Reg. de Ma-*
rin. 2. tom. ad R. Reuert.
101 Quia verò prædicti Sclauones, siuè
Græci, ac Illyrici non firmitèr degunt
in loco aliquo, fuit controuersum, an
in solutione adohæ per vasallos, & ha-
bitatores facienda in subsidium eius,
quod Baro soluit, sit attendendum
tempus impositionis, puta, quando illi
habitabant in eius Terra, vel solutio-
nis, quò discesserint, & sic an attenda-
tur tempus taxationis, vel solutionis
adohæ? Qui articulus licet fuerit in
Regia Camera decisus in causa Ill. D.
Ferdinandi de Aragonia pro Terra
Mooris leonis, & infantem Nicolai
Mariæ Caraccioli pro Terra Montis
Gioiosæ, vt si tempore, quo imponitur
adoha, dictæ gentes habitarent, eam
indicarentur, vt vasalli, & inde adoha
soluenda esset, non obstante, quod po-
steà in aliam Terram migrauerint, tam
tunc vel de Terra habitata soluitur
adoha, si verò tēpore numerationis nō
habitarent, tunc adoha non exigitur
pro prædictis non habitantibus, quā-
vnde redijssem, quia tempus imposi-
tionis attenditur, vt post *Ifern.* & *Afflict.*
& alios refert, & fundat *Andr. Capan.*
de iur. adoha q. 10. *n.* 5. *& 6.* attamen *n.* 7.
tradit ex Regiæ Cameræ stylo, qui pro
lege habetur, prædictos indifferentèr
soluere in loco, vbi habitant, dictos
annuos carol. 12. pro foculari, post
Fran. & *Afflict.* & alios, licet in anno
1527. soluissent medietatem onerum
extraordinariorum tantùm, secundùm
ordinem Regiæ Cameræ ab eod. *Ca-*
pan. ibid. relatum, & decisum in pun-
cto refert *Larrabo in theatr. feud. p.* 13.
discurs. 32.
102 Fuit similitèr dubitatum, an
vasalli Albanenses contribuere tenēa-
tur pro adiutorio Baronibus debito
vigore *Const. Regni, Quamplurimum*,
& *Cap. Regni, Comites, & Barones, pag.*
312. Et fuisse decisum, quod si per vi-
ginti annos habitassent, teneantur, post
Freccia lib. 2. *de subfeud. quæst.* 1. *fol.* 199.
& *in fol.* 272. *nu.* 26. *in med.* tradit *Taf-*
son. de antefat. vers. 3. *obs.* 4. *nu.* 98. *circa*
medium.
103 Horum verò Albanensium, siuè
Sclauonum numerum ascendisse ad
3944. refert *cit. Tassan. fol.* 31. *n.* 13. *cir-*
ca fin. fuisse ad 4451. & soluisse annuos
ducatos 4896. & alios decem refatur
cit. Manzell. ibid.

ANNOTATIONES
Ad quæstiones, quæ in materia functionum fiscalium deciduntur in Camera.

Et primò circà immunitates concessas.

AD § 2.
ANNOTATIO.

SVMMARIVM.

Vniversitates multæ sunt in Regno Neapolitano immunes à functionibus fiscalibus num. 1.

Immunitatum privilegia sunt odiosa, si alios onerant n. 2.

Immunis nemo est in civilibus, nisi specialiter exemptus reperiatur n. 3.

Immunes sunt Ecclesiastici, & quid de Clericis Coniugatis, Equitibus Hierosolymitanis, & Lazari, Thesaurariis, [illegible] Nobilibus, Legatis, Doctoribus, Scholaribus, Officialibus, [illegible] [illegible] fœminis, sexagenarijs, [illegible] n. 4. ad 13.

Immunitas, & munus quid sint, & vnde derivantur n. 14.

Immunitas à Principe solùm concedi potest n. 15. & quibus ex causis n. 16.

Immunitas acquiritur privilegio, pacto, consuetudine, vel præscriptione n. 17.

Immunitatem eius [illegible], vel externi contrahere [illegible] Vniversitati [illegible] possit, & qualiter hoc declaratur nu. 18. 19. & 20.

Immunitatis concessio ab Vniversitate [illegible] facta [illegible] fisci præiudicium afferre possit n. 21. & ad validitatem requiritur causa, consensus, & auctoritas num. 22. & quid sit [illegible] Regiæ Pragmaticæ, quæ prohibet donationes n. 23.

Immunes non solvunt vectigalia in rebus à [illegible], vel [illegible] quomodo præscriptione acquiratur num. 24.

Immunitatem elargiri possunt Vniversitates, quæ exigendi vectigalia ius acquisivere n. 25.

Immunitas an dari possit civibus ad molendina Civitatis, si illa molendina ad alios pertineant, latè distinguitur n. 26. & 27.

Immunitatem allegans, an à malo [illegible] liberet, an [illegible] allegare ipsi habeat n. 28.

Immunitatis possessio probatur testibus, vel ex publicis [illegible] libris, vel publica fama num. 30. & 31. & an testes de interpellatione Domini [illegible] exigantur, latè traditur n. 32. & 33.

Immunitatis à solutione Collectarum, ex præscriptione [illegible] longissimi temporis etiam [illegible] n. 34.

Immunitatem habens Vniversitas à functionibus fiscalibus & donatiuis, an illa solvens sibi præiudicet nu. 35. & quid si solvat per errorem n. 36.

Immunis an sibi præiudicet solvendo in actu [illegible] n. 37.

Immunitatis privilegia ex actu contrario qualiter amittantur n. 38. & 39.

Immunis si gravatus, & non appellat, an immunitatem perdat n. 40.

Immunitatem habens Vniversitas, an privilegio derogatum censeatur, si appareat aliquem ex [illegible] posita solvisse nu. 41. 42. & 43.

Immunitatis privilegia an derogantur si privilegium [illegible] privilegio n. 44.

1 DOctissimus [illegible] Reg. D. [illegible] [illegible] fiscalium functionum originem, atque in hoc Regno Neap. institutionem, progressumque; exposuerat; Ex quo modò sunt eodem in Regno Vniversitates, quæ ab his functionibus ex Regum privilegijs in totum, vel in parte sunt immunes, de quibus mentio est [illegible]. *Marcellus* in lib. 2.

lib. 2 disser. p. Regal. f. mih. 319. & 320. aliàs immunitates pluribus in Regno concessas enarrarunt *Dom. Reg. prelec infrà hoc tit. q. 9 per tot. & Reg. Salern. decis. 31.* quarò exagitatas quæstiones, decisionesq; in Regia Camera circa præfatas immunitates emanatas, hîc referre prosequitur.

Vnde & nos ad hæc principaliter conclusionem regularem concrare affirmamus; Primò tributa, & sic etiam vectigalia omnibus esse imperanda, iustum enim, æquumq; est, neminem horum, neque priuatum hominem, neque Populum immunem esse, cum ex æquo ad omnes vtilitas eorum, quæ informantur, tendent, vt inquit *Mecænas in orat. ad Augustum apud Dion. lib. Histor. 52. Can. ægid. lib 2.* & beneficium

2 quibusdam dare plebis inuidia est, immunemq; Ciues odere sui *l. 9. C. Theodos. de immun. collat. Guil. Forner. select. lib. 1. cap. 20. Casp. Klock lib. 2. de Ærario cap. 47. n. 9. & 13. Peregr. de iur. fisc. lib. 6. tit. 5. n. 18. Sixtin. de regal. lib. 2 cap. 6. n. 95. & seq.* Vndè Priuilegia immunitatum contrà Fiscum tendere, eiq; esse damnosa, notatur in *l. fin. C. si contra iur. vel vtil. public. l. 1. C. de prædi. Imp. ass.* præcipuè quoque, cum alijs damnum inferant, quibus iniunguntur illa munera, atq; onera perferenda, à quibus immunes fierent priuilegiati, adeò vt priuatum commodum præferretur vtilitati publicæ contrà ordinarium iuris regulam *l. aspidem, D. pro soc. l. vnic. § pen. C. de caduc. toll.* quia, prius pendebatur à pluribus, quod postmodùm portabatur à paucioribus *l. omnium C. de omnium agr. desert.*, & ideò rectè dicuntur immunitates contra publicam vtilitatem, ex *glos. in l. si ita scriptum, D. de leg. 2.* & post alios notat *Camill. Borrell. de Reg. Cath. præst. c. 33. n. 10.* vbi in *n. 9.* assumit ex his, non ità facilè immunitatum priuilegia à Principibus concedenda, nec ità passim à magistratibus probanda.

3 Ex quibus præfata affirmatiua regula confirmatur, omnes ad eorum præstationem teneri *l. omnium in C. de*

Vestigal. Gallupp. in method. f. p. 5. c. 3. n. 16. Koppen dec. 50. n. 4. exceptis illis, qui specialiter exempti reperiuntur, ob singulare nempè ius contrà iuris rationem per priuilegium, quod est contrà ius commune, vt *Borrell. n. 5.* authoritate constituentium propter aliquam publicam vtilitatem concessum *l. 16. D. de legib.* vndè lex priuata dicitur priuilegium. *Borrell. d. loc. n. 6.*

4 Et eamdē factū est, vt Ecclesiasticæ personæ ab hoc onere quoque subtraherentur *Auth. Item nulla communitas, C. de Episc. & Cler. l. placet, C. de SS. Eccles. c. quamquam 4. de censib. in 6. Clem. fin. eod. tit. c. 1. de immun. Eccles. Roland. à Vall. cons. 81. n. 2. vol. 4. Fr. Bursat. cons. 41. n. 3. Marta de iurisd. p. 4. cent. 1. cas. 3. n. 24.* quod ampliatur, vt comprehendat etiam emptores fructuū bonorū Ecclesiæ, vel Clerici. *Thor. in suppl. comp. decis. verb. immunitate gaudent fol. 389.* sed contrarium post alios videas apud *R. Rouit. dec. 71. R. de Marin. resol. 169.* latè *Pison. ad Garsiam super tit. R. Cam. rubr. 2. a num. 273. ad seq.* Et quid dicendum de Carthusianis, & an immunitas Ecclesiastica, ad prædia recens à Monasterijs acquisita extendatur, examinat *Ant. Robert. rer. iudic. lib. 2. cap. 2. et in cap. 3.* an Ecclesiastici à viarum refectione sint immunes: Et à solutione collectarum, vectigaliumq; etiam in anno probationis, nouitiosq; in Monasterio existentes esse immunes, probatur ex *c. religiosi § 1 de sent. excomm. in 6. Ioan. Parador. rer. quotid. cap. 3. § 1. num. 21.* cum pro Ecclesiasticis iudicandi sint *P. Stephan. de S. Gregorio lib. 1 de princip. iur. tit. de tribut. & vectigal. c. 16. n. 9. & 15.*

Similiter in immunitatibus illos gaudere, didiciae illustriss. ordini equestri S. Ioa: in Hierusalē religiosos adscriptos, qui egregiam operam Christianæ Reipublicæ contra Turcas strenuē nauant, adnumerari constat, cum tales Equites verè religiosi sint, *Papon. in secund. tit. des Chevaliers de Ierusal. 10. lib. 1. Afflict. ad Const. Reg. lib. 1. tit. 5. nu. 1. et 2. Gratian. discept. forens. 363. num. 21.*

Gesù,

Gerb. Maynard. decis. 17. n. 1. lib. 2. & latè post alios *Quesad. ad Assiero. 1. 4. nu. 70. cum seqq.* etiam ad Equites de Montesa ampliant *n. 71.* quidquid de ea re dubitetur apud *Vasqu. de success. creat. lib. 3. n. 360.* in contrarium disputando; Cum etiam vigore priuilegij Friderici I. de anno 1185. *Nemo* (vt verba priuilegij dictant) *impositionem, naulum, aut portarum transitus vectigal, aut in foris teloniam ab illis capere possit*; Theutonicos etiam milites eodem priuilegio gaudere tradunt *Sixtin. de regalib. cap. 6. n. 125. Reg. Rouit. in pragm. 2. de Cl. selu. n. 13.* vbi id ampliat in equitibus S. Iacobi de Spata, Alcantaræ, Calatrauæ, & alijs similibus *ibid. n. 14.* idq; procedere non solùm in bonis commendarum, sed etiam in bonis proprijs *n. 18. Gregor. d. Loco. 18.* excepta in Regno militibus S. Lazari, qui non gaudent immunitate functionum fiscalium, *Arrest. R. C. 365.* apud *R. de Marin.*

5 Clerici autem coniugati, cum reperiãt priuilegium fori, & canonis non habeant, gabellarum solutioni sunt obnoxij, *c. vn. de Cler. coniug. in 6. Guid. Pap. decis. 183. & ibi Matth. in add. Couarr. pract. quæst. 31. n. 9. Iul. Gattitr. de gabell. qu. 91. n. 4. Amend. ad Const. Reg. lib. 1. tit. 4. l. 1. num. 7.* & in Regno adest *pragm. 1. de Cler. seluatis.* sanciens, dictos coniugatos Clericos non esse immunes à functionibus fiscalibus, neque à collectis, datijs, & gabellis, quoniam tantùm priuilegio fori gaudent, & sic etiam munera Vniuersitatum subire coguntur, *Epist. Ricc. dec. Cur. Archiep. Neap. 109. p. 3.* quem post *R. de Marin. resol. 58.* Rocc. & alios sequitur *Dom. Cons. Petr. super Rit. M. C. 66. n. 7.* Ex hac dicti Clerici coniugati non eximuntur ab oneribus fiscalibus etiam secundum Canonistas, nisi adsit consuetudo, docuit *Dominus D. Iacob. Pignatellus n. 2. consult. Canonic. 65. nu. 4. & 11.* sicuti tenentur etiam ad taxam pro stipendio medici, pro refectione viarum, pontium, &c. nisi obstet consuetudo in contrarium idem *n. 14.* & eò magis nequè eximantur ab hospitatione militum, idem *ibid. n. 13.*

Et iuxtà præfatas doctrinas sic fuisse expeditas prouisiones ad instantiam Vniuersitatis Aliani Prouinciæ Basilicatæ, contra Lelium de lo Iodice Clericum coniugatum, qui fuit adstrictus Syndicatus officium gerere, refert *Nouar. in d. pragm. n. 3.* illam limitando *n. 4.* in Clericis coniugatis, mortuis vxoribus, nam tùnc exempti redduntur à fiscalium functionum solutione, secundùm ea, quæ ipse fundauit *forens. qu. 86. par. 1.* illa ratione, quia præfati Clerici mortuis vxoribus recuperant omnia, & singula priuilegia, quæ non coniugatis Clericis competunt, *Aufrer. in dec. Capell. Thol. dec. 104. & nu. 13.* idemq; *Nouar.* aduertit, quod tales Clerici nobilitèr viuentes nõ soluunt Vniuersitati datium capitis, vulgò, *lo pagamento della tassa*, post *Reg. de Marin. 1. quotid. c. 59.*

6 Clericos verò ipsos clericalitèr viuentes ab omnibus oneribus realibus, & personalibus, & sic à collectis, tàm iure ciuili, quàm iure canonico esse exemptos inambiguum est, vt post iura canonica, atq; ciuilia satis ad id expressè loquentia, & ex Sac. *Conc. Trid. sess. 23. c. 6. de refor.* scribit cit. *Nouar. d. in pragm. 1. collect. 3. num. 1. & 3.* vbi etiam in bonis patrimonialibus procedere fundat, & *nu. 4.* exponit, qualitèr dicatur, Clericum clericalitèr viuere; tenentur tamen Clerici consignare fidem Gabellario, vt immunitate gaudeat, sicut in quolibet immuni, *Borrell. in præst. Reg. Cath. cap. 31. n. 105. & 106.* conforme tradita per *Kappen decis. 50. n. 13.* Pro bonis autem alienatis in Clericum per laicos ad collectas teneri per *pragm. 3. eod. tit.* sancitur, ea ratione, quia res transit cum onere suo, & ex regula, *Nemo plus iuris &c. cit. Nouar. ibid. collect. 4. per tot.* Nam indubium est, quod bona obligata Principi si transeant ad Ecclesiam, cum onere suo transeunt, & sic Ecclesia debet tributa soluere, si antea illud debebatur ex dictis bonis, vt post alios Canoni-

stas, Ciuilistaeq; fundat *cit. P. Stephan. à S. Gregor. de precip. iur. &c. lib. 1. de tribut. cap. 16. n. 11.* dicens tamen, non posse Principem aliam gabellam imponere super dictis bonis iam factis Ecclesiasticis ex *Diana p. 1. resol. 41. de immun. Eccl. & alijs ibid.*

Clericos tamen Negotiatores non esse exemptos à solutione gabellæ, post trinam monitionem eis factam ab *Episcopo*, eosq; tunc pro laicis habendos post *Less. & Dian. idem à S. Gregor. d. loc. n. 12.* probat, vbi *num. 21.* fundat, quod possidens cum Clerico indiuisum, cum debeat laicus pro sua portione gabellam soluere, si id de facili practicari non posset, ob fructuum dubietatem, possit cogi ad diuidendum, & *n. 23.* vsufructuarium rerum Clericorũ teneri soluere gabellam, si gabella fuerit imposita super fructus, secus si fuerint empti ab aliquo, vt in *n. 21.* Similitèr, quod supra diximus, Clericos negotiatores teneri ad solutionem vectigalis, etiam si semel negotientur, militat, quia omnis negotiatio etiam licita illis interdicta est, *cap. 1. ne Cler. vel Mon. se sec., c. fin. de vit. & honest. Cler.* & negotiatio ex vnico actu dicitur, vt denotat generalitas *cap. eijciens 88. dist. Gauttier. de gabell. qu. 93. num. 43.* vbi *Parid. de Syndic. Aven.* & alios cõsutat, post *Lassarte. & Salzed. Flor. de Men. lib. 1. qu. 21. num. 332.*

Ter autem monitum, vt suprà, esse oportere ex *d. c. fin. de vit. & honest. Cleric.* licitè, vt cogi possit ad vectigal soluendum essè communitèr *DD.* crediderint, *Nat. consil. 495. n. 18. Marcabr. ad Anguill. cons. 18. num. 145. & n. 247.* latissimè *Dom. Cons. Nicol. Pison. ad Gaet. super rit. R. Cam. rubr. 2. à num. 221. ad seqq.* In puncto tamen iuris secundùm alios verius videtur, etiam sine dicta monitione vectigal à Clerico negotiante deberi, tantùm enim abest, vt *d. c. fin.* defendat negotiatores à Statutis gabellarum, vt etiam adijciat, *insuper si ter monitus non desistat, priuilegium Clericale in totum quoad tributa in bonis reliquis amittat,* vt ex *Molin., sen. Gau*tier. de gabell. qu. 93. n. 10. & seq. Flor. de Men. lib. 1. q. 21. n. 332. Azeued. ad Cons. [illegible] Reg. lib. 9. tit. 17. l. 7. Borrell. de præstant. Reg. Cath. cap. 67. n. 55. & 58. vbi Clerici emptores bona, & præmittentes soluere Gabellas tenentur à n. 50. ad 53. sicut pro bonis illis in fraudem donatis ad collectas tenentur, *Marcus de [illegible] n. 3. & 4.* in quam sententiam omnes ferè Hispani, sussultiam lege patria veniunt, cum indubium alias sit, illos pro dicta re negotiandi causa euicta ad gabellam teneri, [illegible] Bertachin. de gabell. p. 7. n. 8. Franc. [illegible] de gabell. nu. 87. Roland. à Vall. cons. 73. nu. 10. vol. 4. Carol. Ruin. cons. 112. n. 6. vol. 5. Bursat. consil. 41. [illegible] cons. 3. n. 12. inter Consilia Mantic. Et [illegible] ipse cons. 48. n. 1. vol. 1. Gutt. d. qu. 93. n. 2. Marta de iurisd. p. 4. cent. 1. cas. 3. per tot. Casp. Bart. de [illegible] cap. 16. num. 38. Et inde res, quæ ob non solutum à Clerico vectigal in commissum cecidit, à publicano per vindicationem auocari potest, nam res statim onere vectigalis afficitur *l. 1. C. de nautic. non [illegible] lib. 12. [illegible] n. 20. & seq.* quæ actio, cum realis sit, Clericus fori priuilegium allegare non potest, vt fundant, & receptum de consuetudine Germaniæ, ac Galliæ tradunt *Gayll. [illegible] Mynsinger. 1. obs. 40. & [illegible] de Amic. cons. 14. nu. 11. [illegible] de feud. cap. 10. nu. 11. Schon. disp. feud. [illegible] Farin. q. crim. 8. n. 21. Gratian. discept. forens. 16. n. 14.* qui tamen frigidis rationibus dictam consuetudinem infringere conatur; Imò si conditione ex priuilegio, vel Statuto ab eo vectigal petatur, ne tunc quidem fori priuilegio gaudet Clericus, etiamsi personalis videatur actio, nam propter negotiationis delictum Ecclesia eum à Secularium iurisdictione non defendit *d. c. fin. de vit. & honest. Cl. Gauttier. de gabell. qu. 94. nu. 6. Stracc. de mercat. par. 3. [illegible] nu. [illegible] lib. 1. cap. 3. §. 1. nu. 22. Azeued. ad Cons. Reg. lib. 9. tit. 17.*

l. 7.

l. 7. n. 13. ubi contrà ipsû voluerunt defendere Clericos Judicatum solere. *Trentacinq. var. resol. lib. 1. tit. de iur. fisc. resol. 5. n. 8. Flavio Mar. dec. 3 [illegible] n. 173.*

Insuper Senatoribus, & Cancellariis quoque immunitas concessa est. *Papon. de arrest. lib. 5. tit. 11. nu. 15. Rolan. de Consil. parte lib. 1. c. 9. n. 28.* de qua infrà ad quæst. 4. cap. ucimus.

7 Nobiles verò an sint immunes, latè examinant post innumeros *Barto. de nobilit. cap. 11. & n. 31. Quiñon de nobilitat. qu. 1. Nidan de statu nobilium [illegible] cap. 16. Garzia de nobilitate gloss. 8.* imò mulier plebeia, quæ secundo viro nupsit nobili, nulla debet tributa pro bonis sibi pro dote assignatis, licet ea fuerint antea contributioni obnoxia, ut scribit *Faber in Cod. tit. 30. defin. 11.*

8 Neque prætereundi sunt Legati exterarum gentium *l. 4. legatis 8. C. de vectig.* quorum immunitas ità restringitur, ut quidem nihil solvant pro rebus, quas exportant, & è contrà, quæ de propriis locis, unde venitur, deportant, Octuarij vectigal accipiunt. *Peregr. de Fisco lib. 5. tit. 15. [illegible]* probat eò magis Oratores Dom. nostri Regis Romæ residentes fuerunt immunes declarati per Regiam Cam. à datiis vectorum vini per extrà Regnum, & noviter impositi, ut in *decis. 543. & 529.* apud *R. de Maria.* Legati tamen hostiû ab hac immunitate exclusi sunt, *Trentacinq. var. resol. tit. de iure fisci resol. 5. nu. 20.* quemadmodum in Legato Regis Portugalliæ decisum fuit per R. Cam. ut in *decis. 547.* apud *R. de Maria.*

9 Eademq; de iure erat in Doctoribus *[illegible] l. C. de profess. & medic. lib. 10.* qui gaudent immunitate reali [illegible], secundum communem. *Andr. Fachin. [illegible] 8. n. 7. [illegible] lib. 1. [illegible] 3. C. de [illegible] lib. 12.* de qua etiam infrà in qu. 7. nostri *Auctoris* n. Quemadmodum, & ad Scholares etiam sibi vindicat immunitas, restringenda tamen ad res tantùmq; studii contemplatione *l. sed præterea C. de [illegible] C. de Tyron. l. Scriniarios, C. de [illegible] Gratian. discept. forens. 188. n. 37.* quod præsertim procedit in Scholaribus, Officialibus, & ludiribus, ut non teneantur de iure communi solvere gabellam ex suis libris inductis causâ studii, *[illegible] C. de vectig. & l. fin. §. Divus, C. de public.* tenentur tamen petere bulletam à Gabellario, aliàs libri incidunt in commissum, *Borrell. de prest. Reg. Cath. cap. 12. n. 109.* ubi *nu. 107.* dicit, quod Scholaris excusatur à commisso, non ostendens Immunitates, si tamen ostendat libros, quos secum ducit ad studiû, vel simile, quod qualiter procedat in Scholari postea revertente finito studio, vel animo non redeundi ad studium, quod debeat gabellam solvere, quia non est amplius Scholaris, post *Azor. 3. p. lib. 5. c. 10. §. [illegible]* declarat tit. *d. S. Greg. [illegible] n. 14.* Et quod nec Basin revertens in patriam cum libris solutioni vectigalis sit obnoxius, nisi per longum tempus studium deseruerit, aut ad aliud munus animum applicuerit, *Claud. [illegible] ad cons. Patr. [illegible] num. 179. [illegible] Fr. [illegible] de Gabell. num. 71.*

10 Eademq; Immunitate gaudebant & navicularij *l. 4. C. de vectig.* & hoc ideò quia annonæ Urbis magno periculo, & labore serviebant, unde illos honari præmiis placuit *l. semper 5. §. 3. D. de iur. immun. Guil. Forner. select. lib. 1. cap. 2. Cuiac. in Paratit. C. de vectig. Peregr. de iur. fisc. lib. 6. tit. 5. nu. 23. Brk. Mar. decis. 31. num. 4. vol. 1.* Quid &

11 mercatoribus, qui annonam iuvant, à Regibus eadem fuisse concessa privilegia meminit *Chopp. de doman. Franc. lib. 1. tit. 9. n. 8. & [illegible]*

12 Similiter ratione sexus feminæ à muneribus publicis, personalibus exemptæ, sicut à [illegible], à quibus non omnino removentur; Corporalia enim munera feminis ipse sexus denegat, *Ulpian. in l. 1. §. 3. de muner. & D. Ambros. [illegible] cap. 11. [illegible]* Sicut *Vir publicis [illegible] ità mulier domesticis ministeriis habilior [illegible], & Calistrat.* ab omni opera virili feminas removeri consuevisse, & idcircò ad offi-

cium Argentarij admittendas non esse inquit in *l. pen. D. de edend. Renard. ad l. fœmina. D. de reg. iur.* vbi *Petr. Fab.*, & alij. *Reg. de Philipp. dissertat. fest.* 23.

13 Quibusdam ætas tribuit, ne tributo onerentur, veluti in Syrijs à quatuor annis masculi, à 12. fœminæ vsq; ad sexagesimũ quintum annum tributi capitis obligantur, *l. 3. D. de censibus*, & à publicis muneribus personalibus eximũtur, *l. 3. C. qui ætate, vel professione se excusant lib. 10. l. 2. §. fin. vers. maiores, D. de Decurion. Consil. Rocc. resp. 81. lib. 2.* Et Sexagenarios esse immunes pro fiscali capitatione, verùm si in aliqua Vniuersitate, nedùm pro capite, sed etiam pro industria fit exactio soluere pro industria, decisum fuit per Regiam Cam. in anno 1571. vt ex *Arrest. 346.* apud *R. de Marin., Thor. in comp. decis. ver. sénex, fol. 496. to. 1.*

Cæci quoque à gabellis sunt immunes, nisi sint diuites, vt latè declarat *Girond. de priuil. cap. 10. num. 462. & 466.* etiam ex *l. 1. C. qui morbo se excusant lib. 10.*

14 Secundò annotamus, immunitatem esse exemptionem, vacationem, siuè releuationem à præstandis tributis, & oneribus, siuè muneribus, vnde dicitur priuilegium quoddam à iure, vel remissio à Principe ad nõ subeunda munera, vel honores concessa, de quibus in *tit. D. de Iur. Immun.* Immunisq; etiam dicitur, qui nullo fungitur officio, siuè qui ab omni onere publico liber est, ab omni tributo, & obligatione, qui nihil præstat, vt ex *D. Isidor. lib. 14. orig. & Maur.* declarat *Amaya super Codic. 10. tit. 25. l. 1. n. 1.* Munus enim, vt scribit *Festus*, significat certum officium, vnde Immunis dicitur, qui nullo fungitur officio, liber ab omni onere publico, qui vel ætate, vel alio priuilegio præstare munera nõ tenetur, *Calamus Lexic. ver. Immunis*, vbi similitèr res immunes, liberas, & ab omni onere, obligationeq; vacuas appellarunt veteres, & sic immunes Ciuitates dicuntur, quæ nullum vectigal pendunt *l. 3. & vlt. D. de censib.* *Calvin.* ac *Amaya d. loc.* Nam munus est quoque onus, quod cum remittitur, exemptionem inducit *l. 1. & tot. tit. D. & C. lib. 10. de vacat. mun. & de iur. immun.* & sic immunis dicitur, qui ab omni onere publico, atq; tributo liber est, nihilq; præstat; Ipsumq; munus in genere sumptum triplex esse, *Donum* scilicèt, *Officium*, & *Onus l. munus tribus modis 18. D. de V. Sign.* quæ latè exponit *Ansald. de iurisd. p. 5. tit. 1. de mun. impos. cap. vn. à n. 1. ad seqq.* Similitèr è contrario sciendum est, quod *munis* dicitur, qui rem fisco pendit, vocaturq; *munificus*, qui Principi tributum soluit, vt post *Rauar. lib. 3. var. c. 1.* & alios exponit doctissimus *D. Fran. Amaya in comment. ad lib. 10. C. d. tit. 25. n. 1. & 2.* Hinc munificium, vel munificum, quod muneribus obnoxium est *l. 4. §. 1. D. de public. l. 31. C. Th. de ann. & trib. l. 9. l. 16. de indul. deb. C. eod.*

15 Ipsamq; immunitatem à Principe solùm concedi in Supremæ Potestatis signum, & sic nullum ex priuatis posse immunitatem concedere nisi Principem, pœnamq; ignis impositam Tabularijs, qui alicui profitentur immunitatem, post alios declarant *cit. Amaya d. loc. à n. 3. ad seqq. Borrell. d. c. 33. nu. 2. & 4.* nam priuati id patrantes, in crimen falsi contrà publicam vtilitatem, quia ex immunitate publico præiudicatur, imò & in crimen maiestatis incidunt, vt fundat idem *Amaya ibid.*

16 Rursus ad hæc sciendum est, ipsam immunitatem concedi ob sexum, corporum debilitatem, numerum liberorum, paupertatem, conditionem, ordinem, dignitatem, religionem, absentiam Reipublicæ causa, & alia, quæ declarantur per *Camill. Borrell. de præst. Reg. Cath. d. c. 33. nu. 40.* eiusq; priuilegia probanda esse, idem *ibid. num. 41.*

17 Acquiritur verò priuilegio Principis etiam cum clausula *motu proprio*, quo in casu, an possit illi à successore derogari, examinat *Gallupp. in mith. s. p. 5. c. 5. nu. 17.* & quid in illa operetur prædicta, & alia clausula, *non obstante*, declarat *R. Galeot. contr. 55. num. 45. lib. 2.*

lib. 2. quæ immunitas ex priuilegio, in casu expresso eisdem restringitur *idem Gallupp. d. l. n. 18.* vbi qualiter extendatur ad hæredes, vel ad descendentes ex foemina *ibid. n. 19. & 20.* & qualiter interpretandum sit tale priuilegium, vide *Borrell. d. cap. 3. nu. 18. 19. & 20.*

17 Item acquiritur Pacto, & Consuetudine, *vt Gallupp. d. l. num. 24. & 25.* vel præscriptione *D. Iacob. Pignatell. 2. to. consult. canon. 84. n. 24.* & latè exponit *Cass. Alex. de contribut. cap. 16.* per tot. dicens, quod esto exemptiones sint odiosæ, & reformandæ ex *Nouell. 43. de officin. seu taber.* *Fab. Constantinopolit. c. 1. & 2.* vbi *immunem Ciuem edisse plebem, & beneficium quibusdam datum plebis esse iniuriam,* quod etiam textus ostendit in *tit. de Immun. nemin. conced. Gul. Ferret. lib. 1. Select. cap. 2.* idem *Rich. de Eurar. lib. 2. cap. 63.*

18 Nihilominus pacto quidem immunitatem à tributariis functionibus concedi posse constat, idque & ab Vniuersitate ad Ciuis beneficium, vt fundatur in celebri *cons. Alex. 30. vol. 5. fol. 44.* pro Vniuersitate Casini in Statu Mediolanensi pro illis familiæ *de Ropa,* quibus concessa fuerat immunitas, Principis interuedente assensu, ex quo fuit pronunciatum, quod valeret concessio, & si Vniuersitas læsam se prætenderet, debuisset iudicium ordinarium pro læsione dictæ concessionis instituere; nam tunc causa cognita annullatoque pacto immunitatis concessæ ex læsione, quæ locum habet in concessione immunitatis, *Petr. Bellon. de potest. contr. quæ fiunt in contractu cap. 134. num. 3.* audienda erit, tum non poterat alias immunitatem reuocare Vniuersitas, quæ erat per contractum concessa, vt benè scribit *cit. Alexand. d. loc. n. 17.* quem sequitur *Nicol. de Iuliis de iur. Vniu. p. 3. c. 10. n. 33.* vbi *cap. 9. num. 24.* quod, si Vniuersitas aliquos immunes, & exemptos faciat à solutione collectarum, verum hoc debeat aut alicui adiiciatur, verò defalcari, & diminui quantitas illa pars, quæ spectabat ad huiusmodi exemptos.

19 Idque ex his constat, quod esto ex *rubric. 15. C. lib. 10. de immunit. nemin. conced.* cauteatur, immunitatem nemini concedendam, præterquam à Principe, nihilominus ex prædictis liquet, Vniuersitatem vigore pacti, cum licentia Principis, licere concedere eius Ciuibus immunitatem; Quod tamen intelligas, ex quo publicæ vtilitati **ex immunitate** concessa præiudicatur, **vt supra**, illam ab Vniuersitate, siue Ciuitate esse titulo oneroso, & non sine **Principis** permissu concedendam, *Bartol.* **in** *l. 2. D. de iur. immun., Borrell. de præstant. Reg. Cathol. cap. 33. n. 33. Tiraquell. in* ***l.*** *si vnquam, in verb. donatione largitus n. 32. Purpurat. cons. 156. & 271. Roman. cons. 352. Roland. cons. 5. lib. 4. Natta cons. 309. lib. 2. Surd. cons. 419. nu. 17. lib. 3. Peira de Potest. Princ. cap. 31. dub. 1. n. 8. & 9. Losæus de iur. Vniuers. 3. par. cap. 10. Azeued. in Cur. Pisan. lib. 1. cap. 18. n. 12. & in addit. lit. X. Staib. sen. cons. 46.* & in quolibet casu publicæ vtilitatis valere, puta, si fiat ad hoc, vt facilius veniant exteri ad habitandum in eius territorio, fundat *Gallupp. d. l. n. 30.* sicut dicens, si Vniuersitas mutuo contracta ab incola acceperit pacto adiecto, quod, donec ei satisfiat, nihil solueret pro collectis, sed in sui præiudicium potest nouum Ciuem eximere, *Goffred. de Gaeta sup. Rit. R. C. rubr. 2. n. 264.* Vndè, pulsis Principis assensu cum dicta iusta causa potest Vniuersitas immunitatem concedere, *Borrell. vbi supra num. 35.* & latè *Fausl. pro Ærar. class. 3. ordin. 157. fol. 451.*

20 Imò ipsam Vniuersitatem ex causa, & ob seruitiorum remunerationem talem concedere posse immunitatem, videndus *Amaya in d. l. 1. C. de immun. lib. 10. n. 27.* conferunt notata per eundem *lib. 2. obs. 4. Girond. de priuileg. cap. 10. n. 507.* nam remuneratio seruitiorum potius dicitur compensatio, permutatio, & titulus onerosus *l. Aquilius, D. de donat. l. sed esse 25. §. consuluit, D. de petit. hæred. Tiraquell. in l. si vnquam, in verb. si donatione largitus num. 11. Cart. de donat. remun. nu. 6. & 16. Azeued.*

ead.lib.16.tit.10.lib.5.nu.9. Barbos.in l. qua dotis 34.n.55. D.solut.matrim. Schifordegher.ad Fabr.lib.3. tract.16.qu.1. & alij apud *Osuald.ad Donell.lib.12.c.9.litt.D.* latè *Reg.Galeot.contr.35. à nu.46. ad plures seqq.lib.2.* Declara tamen prædicta procedere, dummodò constet de benemeritis, ac seruitijs, *Alexand.cons.43.visis n.3. & 4. versic.nec obstat lib.4.* & plenius in *nu. 10. & seq. Card.Tusch.pract.concl.272. verbo, Vniuersitas an possit donare, & concl.636. verb. Donatio ob benemerita;* Nec sufficit assertio benemeritorum, quidquid in contrarium scribat *Losaus de iur. Vniu. p.3.c.10.nu.12.* vt fundat *Card. Tusch. concl.272.verbo, Vniuersitas nu.3. & 4.* cum immunitatis concessio, donationis species sit, idem *Losaus p.3.cap.12. n.1.* & tanquam in prohibita contrahere, & sine causa donare, siuè concedere, non sufficit assertio, *Napod. in consuet. Bona stabilia in vers. Sed quid, Pras. Merlin.controu.15.num.13. lib.1. Ossasch.decis.172.nu.2.& seq. & nu.17. Capell.consdin.24.n.24.& 25. in 2. Ludouic.concl.14. illat.48.* nam actum cõdere prohibitus, non potest aliquid facere, ex quo validus actus reddatur sibi interdictus, *Bardell.cons.49. sub nu.31.lib.1. Pui.decr.7.num.1. p.5. Honded.cons.31.n.29.lib.2.* ideòq; assertio prohibiti non probat, *Amat.cons.7.n.18. ex l.qui testamentum 27. D. de probat. l. si fortè 8. D.de castr.pec.* imò talis assertio prohibiti præsumitur fraudulentèr, & simulatè facta, *P. Assict.contr.18.n.51. & 52. Consil. Hodierna.contr.43.n.24.* & ad effectum fraudandi legem inita, vnde quod factum est, ipso iure annullatur, siuè rescinditur, *Reg. Capyc. Latr. consult.123.nu.19.* Et proindè assertio meritorum non sufficit ad validandum talem actum, nisi illa probentur, *Marant.contr.34.num.43.& 57.p.4. Dom. Cons.Petra rit.166.nu.40.* quoniam inter personas sine causa ad contrahendum prohibitas, veritas attenditur, & non quod fingitur, *Ant. Faber in C. defin.3.tit.de donat. quæ sub mod. in alleg. n.6.& 7.* & huiusmodi confessiones inter personas prohibitas factæ, suspectæ sunt, & non operantur, nisi quatenùs probantur, & veræ sunt per *tit. text.in l.qui testamentum 27.* vbi *glos. in verb. videtur,* ibi: *Propter legis interdictum præsumitur fraudis simulatio.*

31 Aduertendum ad prædicta quoque illa locum habere, dummodò talis immunitatis concessio ab Vniuersitate riè facta nullatenùs fisco afferre dãnũ, aut præiudicium possit, estò in præiudicium Vniuersitatis concessio valeat, secundùm *DD. cit. & Platam in l. vacuatis.C.de Decur.n.3.* & post *Valenz.* firmat *Amaya in d.l.1.n.38.* & sic intelliguntur iura in *l.1.C.de decr.Decur.lib.10.* vbi exceptis Medicis, & Doctoribus literarum, & liberalium artium non possunt Decuriones talem immunitatem concedere *l.4.D.eod.l.1. C.de his qui vacat.l.immun.9. C. de agric. & cens. l.vnic. C. de prox.salar.* in quibus neque salarium concedere licitum est, exceptis Doctoribus, & Medicis, sed cum Principis licentia poterit Vniuersitas immunitatem concedere, idq; ob vtilitatem, quam percipit, vel quando esset in quasi possessione concedendi, & vlterius, quando ob vera benemerita concederet, *Amaya in d.l.1. præsertim à n.4.cum seqq. Losaus d.c.10.n.9. Solorzan.de iur. Indiar. lib.3. c.3. nu.73. Reg.Galeot.2.sacontr.55.nu.46.47.50.& seqq.*

32 Hinc rectè *Nicol. Anton. Marotta de bonatenen.cap.12.à n.17.* tria requiri cõcludit, ad validitatem concessionis immunitatis à Collectis, & fiscalibus; Primò scilicèt *causam,* secundò *consensum,* tertiò *auctoritatem;* quorum vno deficiente corruit immunitatis cõcessio, & estò dicat *nu.19.* quod si proponatur iusta causa à generali Vniuersitatis Concilio, siuè per totius Populi congregationem, per capita domorum concedi debeat, & non ab ordine Decurionum, ex *Bart. & alijs in l.1. & 2. C.de decr. sup.immun.lib.10. & in l.ambitiosa, C.de decr.ab ord. fac. Losaus d.c.10.n.2.* Et sic intelligitur *Gallupp. in methed. feud. p.5. in tit.de iur. impon.ad.*

col-

collect. n. 29. & 32. Attento decretum Collateralis Consilij, siuè assensus regius, quando interponitur pro obligatione bonorum Vniuersitatis, non operatur tunc validitatem contractus, sed quando nihil aliud potest importare, tunc operabitur contractus validitatem, vt latè idem *Menoch. post alios d. cap. 13. n. 32. cum seqq.* Ipsumq; Vniuersitatis Concilium sufficere ad Vniuersitatem obligandam, licet ad donandum non sufficiat, non tamen talem contractum Vniuersitatis, vt exprimantur nomina contrahentium requirere, sed sufficere, vt fiat à Syndico, Electis, Commissarijs Ciuitatis, qui totum Populum repræsentant, ex *glos. in rub. quando sit lung. Consuet. & Bartol. in l. 1. in fin. & in l. Procuratores, C. de Decur. lib. 10. & alijs* prædicta latè, ac doctissimè congerit *Dom. Iulius Capone*, à quo prima Iurisprudentiæ elementa didici, *disceptat. forens. tom. 1. disceptat. 9. à nu. 4. ad 13.*

23 Idemq; *Capon. d. num. 13.* respondit *Pragm. 8. de admin. Vniuers.* in qua prohibetur quælibet donatio facta ab Vniuersitate, regio assensu prius obtento non roborata, neque sufficere quod fiat, saluo regio assensu impetrando; Etenim doctissimus ille magister meus aduertit, quod in *d. pragm.* minimè annullatur actus, sed ordo datur Iacoris officialibus, vt in talibus casibus, quibus ad hoc congregantur, informationem capiant, ad finem puniendi contrauenientes debitis pœnis, & certiorandi Proregem, imponiturq; pœna duc. mille officialibus contrauenientibus, vt in *d. pragm. 8. in fin.* Non verò annullatur actus, vbi etiam dicit, non procedere in casu, de quo ipse scripsit, qui erat in contractu, & transactione ob causam litium, & propter immunitatem concessam ab Vniuersitate, præuia pecunia, concludendo, ibi: *Et tandem, quia ex anno 1648. ex pragm. 1. de admin. Vniu. datur licentia se congregandi pro expediendo assumendo soluendi pecunia, etiam sine assensu, quem sufficit adesse, & pacta instrumenti.*

24 Præscriptione quoque immunitatem non soluendi vectigalia in rebus Fisco incorporatis posse acquiri in Regno constat; dummodò immemorabilis sit, siuè centenaria appellata, in alijs verò Fisco nõ incorporatis sufficit præscriptio quadraginta annorũ, vel minor, etiam in casibus à iure statutis, vt benè *Reg. de Marin. in obseru. ad Reuert. decis. 309.* quidquid post *Alfar. de offic. fisc. glos. 20. Reg. Rouit. super rubr. de Vectig. in pragm. nu. 27.* respectu Fisci nullo vnquam tempore præscribi tradat; *Caspar Ant. Thesaurus* tamen *qu. forens. lib. 1. qu. 8. n. 6.* fundat, posse præscribi immunitatem, idq; spatio 40. annorum, secundùm communiorem sententiam post alios, quos refert, imò tria ad id sufficere, *casus contingens impositionum factarum, taciturnitas communicatis, & quod non fuerit impedita agere*, vbi postea *in nu. seqq. vsq; ad 9.* plures casus distinguit, de quibus ille adeundus est, & *Fab. de Anna cons. 59. n. 59. Bertazz. cons. 21. nu. 61. Petr. Rauen. sing. 849. Gallupp. in merk. f. p. 3. q. 5. n. 14. & seq.* vbi n. 28. sed *Borrell. de præst. Reg. c. 11. n. 43.* declarat, qualiter collectarũ solutio pro præterito, & quo nam tempore præscribatur, eamq; præscriptionem non operari respectu impositionum, quæ ex causa belli imponuntur, & n. 18. quod collectas soluens post ius immunitatis præscriptum non sibi præiudicat. Eamq; præscriptionem absque scientia eius, contra quem præscribitur, procedere, imò in libertatis præscriptione patientiam aduersarij non requiri ex *l. si partem 13. §. fin. D. quemadm. seru.* Couarr. in cap. possessor [illegible] *in princ. num. 1.* licet quidam dixerint requiri immemoriale tempus, quia vectigalia, & tributa inter regalia numerantur, *Cyrill. l. 1. C. nou. vectig. n. 11. Bero cons. 23. nu. 13. vol. 1. Hyppol. Riminald. in addit. ad Rimin. sen. cons. 31. dict. 1. Ioc. Philipp. Menoch. cons. 31. num. 11. Alex. cons. [illegible] lib. 1. Bertazz. cons. 85. nu. 1. Bursat. cons. 143. n. 10.* Quæ omnia latè, & doctè examinat *Borr. de Collect. cap. 1 1. à n. 61. Repet. Bacca disputat. [illegible]*

tat.

ant. Cons. Nicol. Pisan. in add. ad Gaet. sup. Rit. R. C. rub. 2. à n. 60. ad seqq.

25 Neque prætereundum hic est, ipsas Ciuitates, siuè Vniuersitates quaslibet, quæ exigendi vectigalis ius priuilegio, aut præscriptione quæsiuerint, immunitatem ex eo elargiri posse, nam qui immunitatis dationem de reseruatis Principi esse docent ex *l. 1. & 2. C. de decr. ab ord. fac. l. ambitiosa, D. eod. l. vacantis 19. C. de Decur. lib. 10. l. 1. C. de immun. nem. conced. Reg. Tap. in rub. cap. 4. n. 30. D. de constit. Princ. Ioseph. Ludou. dec. Perus. 3. nu. 4. lib. 1. Ruin. consil. 103. nu. 5. lib. 5. Peregr. de iur. fisc. lib. 6. tit. 5. Matth. Stephan. de iurisd. lib. 2. p. 1. c. 2. membr. 2. n. 150. Henric. Bocer. de iurisd. cap. 1. n. 43.* ita intelligendi sunt, si ab onere, in quo ipsis ius nullum est, in præiudicium Principis liberare vellent, in sui autem præiudicium immunitate donare cur non possent, *Lansr. de iur. Vniu. p. 3. c. 10. n. 6. & 7. Natt. cons. 431. n. 22. Chassan. in Consuet. Burg. rub. 9. §. 18. ver. taillables, hauts, & bas n. 17.* & antè eos *Abb. cons. 61. vers. sicut vol. 2.* maximè si iusta causa, vt suprà, puta ob benemerita, adsit, *Panzirol. cons. 158. Rol. à Vall. cons. 5. nu. 8. vol. 1.* Vel si in longissima Consuetudine eximendi reperiantur, *Caccheran. dec. 95. n. 13. & seq. Losæ d. cap. 10. n. 13.*

26 Vnde in hoc quæritur, si molendina plura in aliquo flumine, quorum vnum ad Ciuitatem, alia ad alios pertineant, sita sint, Ciuitas autem à quibuscumque molendi causa, porta frumentum educentibus gabellam accipiat, an his, qui ad suum accedunt, remittere possit?

Quo in articulo, immunitatem ciuibus ad molendina Ciuitatis euntibus dari posse, ex eo videtur negandum, quod inde aliorum molendinorum introitus, cum perpauci eò accessuri sint, reddantur deteriores, malitijs namque hominum non est indulgendum *l. 1. §. denique Marcell. D. de aqu. pluu. arc. l. in fund. D. de rei vindic. l. sed & qui dota. ... D. ... quib. cau. ... &c.* & natura Statuti vel Constitutionis est, vt sit generalis, non verò concepta in aliquod odium, aut præiudicium, *Crauett. de antiqu. temp. p. 4. vers. circa præmissa nu. 12. vers. & iterando;* cum si aliter fiat, ab eo appellatur, & exceptione doli succurritur *l. 1. in fin. D. de except.* In odium verò conceptum id videtur, quia si alia molendina non essent, nunquàm data fuisset immunitas. *Ias. in l. quo minùs n. 175. D. de flumin.*, vbi post *Alber. in 2. p. Stat. qu. 2.* & alios dicit communem esse, & sequitur *Bocr. decis. 125. num. 4.*

27 Pro affirmatiua verò opinione, seniore quidem cõsilio sedatus est idem *Ias.* ab alia negatiua recedendo *consil. 99. in fin. lib. 3.* & similitèr *Curt. iun. consil. 147. in fin.* alios referens, *Crauett. d. vers. circa præmissa n. 8. Ferdin. Vasqu. contr. vsu freq. c. 4. n. 1.* Etenim licitum est vnicuique inuigilare proprio commodo, licet ex eo damnum alijs inferatur, modò vtendo iure suo non fiat animo nocendi alijs *d. l. 1. §. denique, D. de aqu. pluu. arc.* & charitas prima incipit à seipso, *§. 1. Instit. de donat. l. præses 6. C. de seru. & aqu. c. non licet 13. qu. 5.* & inde receptum est, vt in æmulationem alterius ædificare liceat, si principalitèr commodum nostrum, non autem alterius damnum inspiciamus, *Capoll. de S. V. præd. c. 62. n. 2. Gayll. 1. obs. 69. nu. 18. Crauett. cons. 876. nu. 7. Menoch. de arbitr. cas. 136. n. 9. Parisius cons. 212. nu. 14. Honded. cons. 80. n. 7. Aldouin. Aldogia. cons. 10. n. 2. Camill. Borrell. cons. 3. n. 40. Cephal. cons. 130. nu. 15. lib. 1. Vasqu. d. c. 4. nu. 1.* & si quæ in huiusmodi immunitatis concessione iniquitas, fortè ex eo consideratur, quia Ciues ab aliorum molendinis iam abstinent, sed molendinum adire, res liberæ facultatis est, cui nullo vnquàm tempore præscribitur *l. 2. D. de via publ. l. Proculus, D. de damn. infect.* Nondum autem data à gabellis immunitate contra Ciues ad Ciuitatis molendinum euntes, alijs nulla erat prodita actio: Igitur & nunc actione destituuntur, *Vasq. d. n. 2.* Demùm ex huiusmodi immunitatis concessione plurium commodum, & priuati damnum consequitur, sed in

comconorsu damni priuati, & vtilitatis communis, causa publica potior est *l.* [illegible] *D. pro socio* [illegible] *C. de caduc. tol.* Salus namque salus populi suprema lex esto, *Io. Bodin. de Republic. lib. 4. cap.* 3. [illegible] *lit. D. ex Cic. lib. 3. de legib.*

28 Tandem aduertendum est allegantem immunitatem, ut à mala fide se liberet, titulum allegare oportere, post [illegible] *cons.* 138. *n.* 43. quod tamen in praescriptione longissimi temporis ipsius non est, *l. omnes, C. de praescr. long. temp. Lancell. Gall. cons.* 34. *n.* 12. [illegible] ius commune, quod satis tituli [illegible] *cons.* [illegible] item [illegible] bona fides fauore libertatis praesumitur *Menoch. de recup. possess. remed.* 3. *n.* 21. *Ant. Padill. in l.* 1. *nu.* 17. *C. de* [illegible] *Gailler pract. quaest. lib. 3 qu.* [illegible] *n.* 19. unde multis tituli allegationi effectus esset, *Gym. dec.* 17. *nu.* 160. [illegible] post *Craueta de antiqu. temp. p.* 4. § [illegible] *n.* 9. Cum autem titulus allegatur, edi debet, ut alteri parti notus sit. [illegible] 3. *qu.* 9. cum sit pars communium actorum, *Afflict. in* [illegible] § 12. *n.* 5. & 42. & instrumenta non solum ratione copietatis *l. si quae cautiones* 4. *D. fam. ercisc.* & negotij *Grattian. discept. forens.* 188. *n.* 13. sed etiam ratione [illegible] communia edenda sunt, [illegible] *qu.* [illegible] *n.* 5. Vnde tamen quosdam particulae, quae ad rem facere videtur, edisse non sufficit [illegible] *ubi glos. D. de edend.*, [illegible] videndus *Cas. Barb. dec.* 89. [illegible] quod tamen non est extendendum [illegible] quae nullo tantum in iudicio allegantur, sed [illegible] velle [illegible] confirmandum est, *Capobl.* [illegible] *n.* 38. [illegible]

29 cum [illegible] ut [illegible] quod aliquando esse non possit. *Bertazz. cons.* [illegible] *Menoch.* [illegible] 131. *nu.* 47. *Mascard. de probat. concl.* 1372. *nu.* 33. *Rol. à Vall. cons.* 6. *nu.* 43. *vol.* [illegible] *cons.* 127. *n.* 19. *Iac. Put.* [illegible] *lib.* [illegible] *cap.* 81. *n.* 13. & 23. *Fr. Lapp. cons.* 22. *q.* 1 *num.* 3. [illegible] *Gail. in pract.* [illegible] & inde immemorabilis vetus quoque titulum sibi melius visum allegare potest etiam onerosum, post alios *Bursat.* [illegible] *cap.* 84. *n.* 19. & 20. Sic quoque priuilegium immunitatis in iudicio allegatum, statim edi non oportet, nam cum tam ex vero quàm praescripto titulo, seu praescriptione libertas à solutione acquiratur, alterutrum praestitisse sufficit *Cast. Ant. Thesaur. qq. forens.* 78. *n.* 10. qui *Senatum Pedemontanum* ità iudicasse memorat.

30 Testibus quoque possessio immunitatis probatur, idque etiam singularibus, cum possessio generis vice fungatur, quae ex pluribus speciebus constituitur, *Crauett.* [illegible] *n.* 11. *Bertazzol. cons. ciu.* 123. *nu.* 30. praescriptionem tamen illis non probari, quae est illis domini acquisitio per continuationem possessionis temporis lege definiti, § [illegible] *de usucap.* [illegible] *n.* 45. *Fr. Vivi.* [illegible] *cons.* 82. *nu.* 45. *vol.* 1. [illegible] *n.* 11. *Lancell. Gall. cons.* 35. [illegible] *Bursat. cons.* 124. *nu.* 17. [illegible] quàm 40. annorum spatio deponerent, quia in maiori etiam minus inest, *Rain. cons.* 92. [illegible] quae in specie negatiuam, non esse pura solutum vectigal, probare non tenentur, quia non est adeo facilis probationis, *l. actor. C. de probat.* [illegible] *eod. tit.*, re [illegible]

31 verò probari constat ex publicanorum libris, si in illis non reperiantur immunes descripti, *l.* 1. *C. de exact. tribut. lib.* 10. [illegible] *C. de* [illegible] *Natt. cons.* 480. *nu.* 4. *Menoch. cons.* 75. *n.* 1. *Crauett. cons.* 97. *n.* 9. *Surd. cons.* 135. *nu.* 11. *Dec. cons.* 408. *n.* 7. & 8. *Gall. cons.* [illegible] *n.* 27. *Bursat. cons.* 133. *num.* 48. [illegible] *dec.* [illegible] quemadmodum probatur publica ex voce, ac fama arg. *l.* [illegible] § 6. *D. de re milit. Natt.* [illegible] *nu.* 6. Nam si testes de negatiua isto casu deponerent, eorum testimonium redderetur suspectum; Vectigalium enim solutio actus [illegible] est, cui testes semper necessario, nec adesse possunt, ut sit negatiua non coarctata loco, & tempore, vel [illegible] *Cornel. cons.* 205 *nu.* 14. *vol.* 1.

Rimin. iun. consf. 589. *n.* 30. *&* 31. *& consf.* 26. *n.* 59. *& seq.* vbi alios cumulat.

32 In hac verò testium probatione, Interpretum controuersia est non minima, an præfati testes de interpellatione Domini, subsecutaq; denegatione fidem facere cogantur? Cuius quæstionis constrictus, esto in vtraq; parte communi Doctorum dissidentium suffragio fulciatur; Nos tamen pro negatiua, veluti receptiori, ac veriori aleam sustinendam accedimus; Et primò referimus rationes defendentium interpellationem necessariam esse; Mouentur enim, quia ius exigendi vectigalis est vnum aduersùs omnes, non diuersa iura contrà singulos *l.* 1. *si plures* 10. *D. aqu. pluu. arc.* Igitur, cum ab omnibus alijs exigitur vectigal, conseruatur etiam ius exigendi aduersùs non soluentem, *Bart. in l. licitatio*, § *earum*, *vers. quaro quid si priuatus n.* 4. *D. de public. Natt. consf.* 431. *n.* 14. *Rosenth. de feud. cap.* 5. *concl.* 46. *num.* 2. *& litt.* B. vbi citat *l. placet. l. is qui vsumfructum*, *D. quib. mod. vsufr. amitt. Rol. à Vall. consil.* 5. *n.* 77. *vol.* 1. *Peregr. de iur. fisc. lib.* 6. *tit.* 8. *n.* 30. *Gratian. in addit. ad dec. suam* 148. *n.* 1. *Surd. consf.* 323. *n.* 44. *Minsynger. resp.* 19. *nu.* 57. *Bardell. consf.* 90. *nu.* 17. & hinc, quod Consuetudo appelletur, siuè Vniuersitas contrà priuatum, siuè priuatus contrà Vniuersitatem præscribat *l. venditor* 13. §. 1. *D. commun. præd. cap. fin. de offic. Archid.* & in terminis Communitatis, *Natta consf.* 406. *nu.* 9. *& d. consf.* 431. *n.* 13. Consuetudo verò non introducitur ex actibus difformibus, *Fr. Bec consf.* 7. *nu.* 27. *Bursat. consil.* 360. *nu.* 31. Vndè aliquibus soluentibus, non soluentes consuetudinem pro se allegare nequeunt; Similitèr, quia in actibus merè voluntarijs non currit præscriptio, nisi exercens illam prohibitus sit, & tempore ad horum iurium acquisitionem sufficiente tacuerit, *gl. & DD. in l. hac autem iura*, *D. de S. V. præd.* impositio autem vectigalium est actus merè voluntarius, cum possit Dominus imponere, & non imponere, exigere, vel non, *Rimin. iun. consf.* 10. *n.* 34. quemadmodùm in Vasallo non acquiritur etiam per mille annos libertas à seruitijs Domino debitis, nisi interpellatus seruire recusset, & Domino possessionem interuertat, *Paris de Put. de syndic. c.* 65. *n.* 5. *Zas. consf.* 15. *n.* 6. *vol.* 1. *Schrader. de feud. c.* 6. *concl.* 2. *litt.* A. ex quibus prædictam affirmatiuam defendunt *Alex. consf.* 136. *n.* 18. *&* 20. *vol.* 1. *Burr. dec.* 161. *nu.* 19. *Grammat. consf.* 9. *n.* 13. *&* 14. *Brun. consf.* 32. *nu.* 8. *Chassan. in Consf. Burg. rub.* 1. § 4. *ver. nouelle cheuallerie n.* 18. *Gare. de expens. c.* 8. *n.* 4. *Pyrrh. Englebe in Consuet. Aurel. tit. de præscr. c.* 4. *in fin. Villalob. commun. opi. ver. præscriptio n.* 121. *&* 156. latissimè *Kim. iun. consf.* 10. *n.* 30. *& seq. & consf.* 3. *n.* 19. *& consf.* 589. *n.* 51. *& seq.* vbi Cremen. & alios reprehendit, *Loucell. Gal. consf.* 25. *num.* 47. *&* 49. contra Crauet. quia in causa propria iudicauit, *Iason. consf.* 142. *n.* 24. *&* 25. communiorem dicens, *Fr. Bec. consf.* 130. *n.* 42. *lib.* *Lutrb. iun. consf.* 1. *n.* 21. *lib.* 1. *Mantic. consf.* 62. *n.* 38. *Horat. Carpan. ad Stat. Mediol. p.* 1. *c.* 208. *nu.* 18. *Mich. Ncol. alleg.* 48. *n.* 6. *Compil. Symphor.* 1. 4. *po.* 1. *vol.* 30. *n.* 129. *Rol. Cauagnol. dec.* 2. *nu.* 30. *lib.* 1.

33 In contrarium verò, & melius pro negatiua consideratur, non suffragari conseruationem iuris exigendi aduersus omnes, per exactionem ab aliquibus factam sustineri, quia intelligendum id est, si iurium illorum possessionem nemo intercipiat, seù quando possessio est vacans post *Dec. consf.* 271. *n.* 18. *Ferd. Vasquius illustr. contr.* 1. *n.* 6. *vers. & acrus* [illegible]; Et sumus in indiuiduis, ex quo enim nihil ab aliquo exigitur, statim fauore libertatis possessio Domini sine aliquo facto interrumpitur, *Cauarr. in c. possessor. p.* 2. *in præfat. n.* 10. quia res facilius redit ad liberam pristinam naturam *c. ab exordio, dist.* 35. *l. si vnus* 17. §. 1. *in fin. D. de pact.* Et sic tempore à lege definito, absq; alia interpellatione pro libertate præscriptioni ad non soluentis fauorem locus fiet, aliò ab alijs exigitur vectigal, nam si aliàs diceretur pro vero, absurditas seque-

sequeretur, forte siquidem, vt aliquam probatus onera imposita vsucaperet Dominis aliquos, à quibus exigerent, semper retinentibus; Vnde dictum Bart. post Ang. Matt. cons. 451. n. 24. explicat, de nondum completa præscriptione, non autem quando aliquis cessaslet soluere tanto tempore, quod præscripsisset, ex text. in l. cum causam, de cens. c. quarta, de præscr. vbi nō attenta ratione iam allegata, præscriptio admittitur; Imò cum hic non agatur de iure quærendo publico, sed priuato, & ità in terminis præscriptionis nudæ versemur, Rol. à Vall. cons. 5. nu. 76. vol. 1. nō potest in disceptatis actuum, quæ consuetudinem, non præscriptionem impedit, fundamentum poni; Vt reliqua maneat difficultas quomodo intelligendum sit, quod in actibus voluntarijs non admittatur præscriptio, nisi facta contradictione; Nam assertio hæc in actibus meræ facultatis, non in ijs, quæ ex contractu descendunt, Alb. Brun. cons. 43. num. 8. vel cum quibus actio oritur, Crauett. d. §. circa præmissa n. 35. vera putatur; Pro solutione verò vectigalis contrà detrectantes eādem Domino dependere, conditio ex lege, vel priuilegio competit; consequens ergò est, vt triginta, quadraginta annorum iugi silentio ab earum petitione excludatur l. sicut, l. omnes, C. de præscr. 30. vel 40. ann.

Quod vnicum argumentum tantæ est efficaciæ, vt plerosq; à iam extatis diuellat, Crauett. cons. 117. Rol. à Vall. cons. 4. n. 65. vol. 1. Ruin. cons. 117. nu. 13. vol. 1. Cephal. cons. 531. n. 31. Couarr. in c. 2. p. 1. §. 1. nu. 8. Bonus Chapp. de iurisd. And. cap. 10. n. 3. Pancirol. cons. 134. n. 10. Surd. cons. 525. n. 9. & 10. Menoch. cons. 887. n. 33. & nu. 34. vbi triginta DD. pro hac sententia adducit, Sim. de Pret. cons. 170. n. 33. & seq. Carbon. cons. 114. n. 97. Flor. de Men. pract. q. 11. num. 386. Gratian. forens. 89. n. 71. Ioseph. Ludouis. decis. Perus. 3. n. 1. lib. 1. Ant. [illegible] ad Const. Sabaud. tit. de iur. emphyt. q. 3. gloss. 1. n. 12. Gabr. comm. opin. lib. 1. de præscr. concl. 6. n. 38. Ioan. Marchisell. Ab. [illegible] concl. q. 112. nu. 9. P. Gilkm. in Auth. quas actiones n. 22. C. de SS. Eccl. Interpellatione autem tùm minimè opus, si aliquis ab immemoriali tempore non soluit vectigal, Crauett. cons. 116. n. 35. Mastrill. resp. o. de ad. 15. n. 68. vel titulum aliquem licet vitiosum ostendat, Rol. à Vall. cons. 3. n. 62. vol. 2. Modestin. Pistor. cons. 4. nu. 74. lib. 1. in puncto Cephal. cons. 314. nu. 2. Rim. iun. cons. 238. n. 40. Gall. cons. 25. n. 61. & 62. & 80.

Quas conclusiones omnes, ac prædictam nostram sententiam latè ac doctissimè defendit Bapt. Roc. disp. 84. à num. 9. 10. & 12. vbi reprobat Alex. concludens n. 14. quod quando agitur de iure negatiuo aduersus actum positiuum, qui non sit meræ facultatis, sed cum dicto actu necessario sit coniuncta actio, quæ iuris facultas dicitur, in quo consistit prædictæ nostræ sententiæ fundamentum, tunc nullam esse necessariam contradictionis, aut interpellationis probationem quod in num. seq. idem peritissimus Rocca [illegible] latè exponit, [illegible] elucidat post innumeros alios, quos cumulat in articulo illo;

34 an immunitas à solutione collectarum præscribatur ex solo spatio longissimi temporis, etiam sine titulo, & bona fide, & num., & quando præscriptio currat in iuribus negatiuis ad intellectum text. in l. hoc iure, ibiq; gloss. vers. haustus, D. de seru. urb. præd. vbi examinat etiam, qualiter molendina non soleant collectari ob continuum periculum, & velut obnoxia ingentibus expensis pro eorum conseruatione, & quod Constitutiones Principis derogatoriæ exemptionum intelligendæ sint de gratiosis, non autem de competentibus ex dispositione iuris communis, & quales dicantur quæsitæ legitima præscriptione, vel ex titulo onerōso, resultante etiam ex immemorabili, idem ibid. adeundus est à n. 16. ad seqq.) Idq; etiam post alios amplectitur D. m. Cæsar. Nic. Pisan. in tit. rubr. 2. num. 99. & 103.

35 Postremò annotamus, quod Vniuersitas habens immunitatis priuilegium,

ne soluat fiscalia, neque donatiua, si
illa soluat per aliquod tempus, decem
puta annorum, sibi praeiudicat quoad
immunitatem, secundùm *Reg. de Ma-
rin. in obs. ad Reg. Reuert. dec. 38.* Nàm
non vtens priuilegio decennio, regula-
ritèr illud amittit *l. 1. D. de nund. Boss.
tit. de Princ. nu. 31 9. Gayll. 2. obs. 60. nu. 1.
Fab. de Ann. cons. 19. n. 75. Malansi cons.
fil. 60. n. 23. Eurnk. de priuil. lib. 3. c. 15.
n. 27. A. Fab. in C. lib. 7. tit. 23. def. 10. nu.
1. P. Stenrigmta cons. 67. nu. 1.* per trien-
36 nium autem soluens sibi non praeiudi-
cat, quoad immunitatem, vt pro Ia-
uenfibus, & Pisanis in priuilegio im-
munitatis illis concesso à Rege Apuliae
post *Andr. de Barul.* & alias decisum
refert *Thor. in compend. decis. verb. Im-
munitas ff. si concessa to. 1.* Quod in-
bis, quae in faciendo consistunt, vel in
priuilegio exigendi vectigal, verissimū
est, modò tamen voluntariè vsus non
sit, nam si occasio vtendi se non offe-
rat, nemine, puta timore belli, pestis,
vel alia ex causa, ad locum exactioni
destinatum accedente, non amitti, ap-
paret *arg. l. & Aetilicinar 35. D. de S. R.
Praed. Bald. de praescript. in 4. p. 5. princ.
q. 4. n. 3. Ant. Padill. in l. falso n. 4. C. de
diuers. rescr. Decian. cons. 66. n. 63. vol. 3.
Vasq. qu. vsu fr. cap. 2. nu. 8.* ne quidem
per mille annos, *Malans. cons. 92. n. 80.
Berab. Grau. pract. vuncl. lib. 1. vuncl. 60.
concl. 2. nu. 2.* & sic non est approban-
dus *Past. dec. 46. num. 26.* dicens exem-
37 ptum posse sibi praeiudicare solutione
etiam in actu meticuloso, quem refert
Rusfud. differt. 2. n. 24. Sic uti quoque
non vsu minimè perditur, quando fa-
cultas vtendi in arbitrium priuilegiati
formalitèr collata est, aut vt alij ex-
plicant, si facultas vtendi, tempus, non
ipsum priuilegium respiciat, *R. Tap. in
l. fin. p. 2. c. 1. n. 13. D. de Const. Princ. Ma-
strill. dec. 96. n. 7. Bald. de praescr. d. quaest.
4. num. 3.*
38 Quia verò priuilegia immunitatis
in non faciendo consistunt, ex actu cō-
trario harum amissio, & renunciatio
inducitur, *vt cum accessissent 8. & 4. ff.
de Constit. l. commissa 4. C. de poss. incr.
empt. l. 2. C. de iur. dom. impetr. Brun. cons.
99. n. 8. Meichs dec. 6. n. 4. l. 3. Euenk. de
priuil. lib. 3. c. 19. nu. 14. Gratian. discept.
forens. 301. num. 2.* idque non quidem
vnico, sed pluribus; Communis nam-
que *Doctorum* distinctio est, quod aut
priuilegia continent actum momenta-
neum, aut successiuum; Primo quidem
casu vno actu contrario perduntur, se-
cundùm *Bart. in l. vlt. D. de Constit.* vn-
dè dicitur, quod Immunitas inducta
momento temporis, puta contractu,
vnico actu contrario tollitur. Sed quia
Immunitas à vectigali continet actum
iterabilem, ac successiuum, vt ità ad
abolitionem eiusdem plures actus so-
lutionum requirantur *l. 2. & 3. C. de
his, qui spont. mun. subier. l. voluntariè
12. C. de excusat. mun. Paul. Bellon. lib. 1.
de potestate rerum, quae fiunt in contin.
cap. 44. à n. 1. 2. & seq.* & ità intelligi-
tur per vsum contrarium amitti, *Ca-
mill. de Medic. cons. 63. n. 5.* dummodò
non adsit protestatio, *Galupp. in meth.
stud. p. 5. c. 5. num. 21. & 23.* nàm alias
possessio vectigalis exigendi respectu
aliquorum suffragatur gabellario ad-
uersus alios, praesertim ad manuten-
tionem obtinēdam, *Rusfud. d. differtat.
31. n. 42. & 43.*
39 Contentio tamen fuit inter *DD.* an
decem, vel triginta, aut quadraginta
annorum spatium ad immunitatem
perdendam requiratur; Nàm *Syluan.*
decem annorum spatium requiri scri-
psit *cons. 40. Cart. cons. 41. & 177. Natt.*
verò *in cons. 406. n. 5.* quadraginta an-
norum spatium requiri dixit, quos post
alios refert *cit. Galupp. d. loc. n. 24.* di-
cens posteriorem *Nattae* sententiam
magis communitèr receptam, ex *Tho-
saur. qu. forens. lib. 1. q. 8. n. 6. vers. quod
attinet.* & *Fab. de Ann. cons. 59. num. 61.
cum pluribus seqq. lib. 1.* Verum cum dicto
temporis cursu necessariò requiri scri-
bit casum contingentem impeditionum
factarum, taciturnitatem Communita-
tis, & quod non fuerit impedita agere,
dicentes *cit. Galupp. d. loc. n. 67.* hoc tem-
pus 40. annorum currere ab illo die,
absque interpellatione, in quo scilicèt

gene-

generaliter sunt collectæ indictæ, & nõ à die, quo Vniuersitas fecit Conuentionem: Et quod si per tempus 30. vel 40. annorum soluerint eius priuilegiatus, sine dubio tenentur ex c. accedentibus, de priuil. Guid. Pap. dec. 387. n. 1. Sol. ad nou. Const. Salmad. tit. de iur. emphyt. glos. decretorum n. 12. Io. Philipp. Mensg. cons. 31. n. 3. Thesaur. dec. 193. n. 3. Flor. de Men. qq. var. 21. nu. 160. Reg. Tap. in l. fin. p. 2. c. 2. n. 29. D. de Constit. Princ. Petr. Fontanell. de pact. nupt. claus. 3. glos. 2. n. 17. Bertaz. cons. crimin. 9. n. 14. in puncto Alex. cons. 33. n. 3. vol. 5. Personal. de gabell. nu. 74. Franc. Marc. cons. 198. n. 27. Bonfat. cons. 25. nu. 19. Cephal. cons. 168. Ea omnium ratione, quia vt priuilegium perdatur, actus debet esse omninò contrarius, & incōpatibilis cum eo, Everh. d. cap. 15. num. 89. Gylmann. dec. 14. n. 48. lib. 1. At immunitatis priuilegium, cum sit generale, quoad omnes exactionis casus extenditur, & qui semel soluit vectigal, facit actum in particulari, Tiber. Decian. consil. 4. n. 19. vol. 3. In possessorio tamen si per decennium soluat, immunem sibi præiudicare tradit Feschal. de æstim. p. 4. cap. 4. n. 31. quod si clausulam irritantem, & annullantem adiectam habeat priuilegium, inseri a iure possessionem eius, qui contra libertatem præscribere nititur, Menoch. cons. 548. n. 48. Verall. dec. 134. n. 4. Rot. Gen. decis. 48. n. 8. & alij, quos cumulat Gryu. d. conclus. 5. n. 6.

40 Si tamen immunis grauetur, & non appellat, immunitatem perdit, arg. l. hi qui 7. ibi si appellationis auxilio non vtuntur, sententiæ conformius nominationem, & ex l. 2. C. de appell. Bursat. cons. 9. n. 3. Carleman. cons. 11. nu. 278. vol. 1. M. Ant. de Amat. dec. 16. n. 9. Capyc. decis. 4. n. 7. 8. & 9. Cardenal. tom. 5. & 9. Fiorra. pract. q. 11. n. 378. Alex. Rau. cons. lib. 2. Analog. cap. 4. n. 13. & ex Iustiniano in Nou. 130. Aldo. lib. 2. c. 78. n. 18. vide Rim. cons. 791. n. 29.

41 Si autem Vniuersitas habeat priuilegium non soluendi vectigalis, & postea appareat aliquem ex Ciuibus illis soluisse, non censetur derogatum priuilegio; immunitas enim ad plures, & vniuersos, non singulos pertinet, & quod est Vniuersitatis, non est singulorum §. Vniuersitas 1. Instit. de rer. diuis. l. in tantum 6. §. 1. D. eod. Nec quod cuiusque iam est sine facto suo illi debet adimi l. quod nostrum, D. de r. i. Iaf. consil. 83. n. 6. vol. 3. Natt. cons. 274. nu. 13. Mys. resp. 19. n. 30. Modest. Pistor. cons. 21. n. 12. vol. 1. Fontanell. de pact. nupt. d. claus. 3. glos. 2. n. 18. Gayll. 2. obs. 60. num. 10. & seq. Rimin. iun. cons. 28. nu. 10. & 11. Grammat. dec. 100. n. 24. Reg. de Marin. ad cit. decis. 38. Reg. Reuert. in obs. & in obs. ad dec. 31.

42 Ratioq; etiam assignatur, quia singulares personæ priuilegio Populo cōcesso renunciare non possunt, c. tamen omnis de Constit. videndus ad hæc Io. Ang. Pisanell. in alleg. 83. Io. c. Ant. de Mass. addit. to cit. Reg. de Marin. ad R. Reuert. decis. 97. in fin. Iul. Capon. discept. for. 13. 5. n. 56. tom. 4.

43 Quam doctrinam moraliter limitat Abb. cons. 81. vers. sed ad maiorem vol. 2. vt non militet, si plures priuati pluriès soluerint vectigal, vt verisimiliter in notitiam omnium Ciuium, vel maioris partis venerit, tunc enim per Consuetudinem contrariam videri recessum à priuilegio, Bertaz. cons. crim. 449. n. 18. Modest. Pistor. d. consil. 12. nu. 18. Oportet autem non interuenisse quoque actus difformes, idest aliquos transisse sine solutione vectigalis, quia ex illis soluentibus non introducitur Consuetudo, in puncto Rui. cons. 217. n. 8. vol. 2. Dec. cons. 213. num. 8. Imò & actus plures palam factos, & alia requisita concurrisse, constare debet, de quibus apud Decian. d. loc. Alex. consil. 173. vol. 6. cæterosq; DD. passim.

44 Quemadmodum etiam immunitatis priuilegio derogatur, si priuilegiatus abutatur priuilegio, c. cum priuilegia, c. cum & plantare, de priuil. c. sic decet 25. qu. 1. l. qui sine vsuris 38. D. de neg. gest. l. Christianis 6. C. de Pagan. Ideoq; si immunis sub specie suarum rerum alterius bona vectigali obnoxia

deferat, priuilegium amittit *argum. l. si sub praetextu, C. de SS. Eccl. P. Durun. in reg. in ver. gabella n. 3. Boss. tit. de fraud. vect. nu. 3. Ant. Corset. sing. 127. verb. gabella Phil. consil. 196. num. 18.* quia cessat finalem causam priuilegij a[illegible]gue, quæ est vt ipsi soli, non alij hoc iure vtantur, *l. fin. C. de spectac. l. Iudaei 11. C. de Iud. Malasf. consil. 35. num. 12. 23* quod adest Regni *pragm. 4. de Vectig.* & nos alia infrà annotabimus ad *Auth.* nostrum *in §. 6. de Iur. Dohan. quaest. 9.*

AD QVÆST. I.

An immunitas concessa Vniuersitati comprehendat incolas, & focularia, quæ de nouo accesserunt.

ANNOTATIO.

SVMMARIVM.

PRincipis *concessio non operatur, nisi in ijs, quae aderant tempore concessionis n. 1. 2. & 6.*

Immunitatis priuilegium strictè, an verò latè interpretandum, n. 3. 39. & 47.

Immunitas concessa alicui pro fructibus suorum bonorum, si ad alium fructuum collectio pertineat, an cesset num. 4. & 26.

Immunitas concessa Vasallis praesentibus et futuris, an comprehendat acquirendos n. 5.

Augmentum an comprehendatur in concessione feudi n. 7. & 38.

Ciuis nouus veniens ad habitandum in Ciuitate, an teneatur ad Collectas pro debitis antea contractis n. 8.

Immunitas concessa Vniuersitati comprehendit etiam incolas, & focularia, quae de nouo accesserunt n. 9. & seq. iuxta decisionem hanc Lum. Regentis, *quam transcripsere* Nouar. & Ricc. *in locis indicatis n. 52. & 53.*

Vniuersitas quid sit, & an recipiat diminutionem, vel augmentum n. 10. 11. & 17.

Vniuersitas semper eadem dicitur mutatis Ciuibus n. 12. immortalis esse, ac spiritum habere videtur n. 14.

Alpheni *responsum in l.* proponebatur, D. de iudic. *illustratur n. 13.*

Corporum genera quot sint, & exornatur Pomponij *resp. in* l. rerum D. de vsurp. & vsucap. *n. 15.*

Atomi, quae sint, & earum cognitio apud Alphenum I.C. *d. n. 13.*

Iurisconsulti secuti sunt Philosophiam Stoicorum, *à quibus multa sumpserunt n. 16.*

Concessio facta sub nomine Collectiuo, puta Vniuersitatis, familiae, territorij, Religionis, Ecclesiae, Collegij, dotis, extenditur ad augmentum, vel subrogatum à n. 1[illegible]. ad 23. & n. 31. ac 32.

Priuilegium, vel immunitas concessa Ciuitati competit etiam Villis seù Casalibus n. 24.

Immunitatis priuilegio concesso Ciuibus, comprehenduntur etiam futuri n. 25.

Immunitas concessa alicui, an extendatur ad famulos n. 27. & 30. vel fratres n. 28. vel vxorem n. 29.

Ciuitates si faciant pacem pro se, & suis subditis, an extendatur ad subditos postea acquisitos n. 33.

Animalia si quis possit tenere in pascuis, poterit etiam futura depascere n. 34.

Immunitas concessa, an extendatur ad alias futuras impositiones, siue augmentum n. 35. & 36.

Immunitas à collectis quibus datur Principis territorio impositis, an extendatur ad terras noviter acquisitas n. 37. & quid in seruitute, ne luminibus officiatur ibid.

Immunitas concessa Ciuibus, an intelligatur etiam de his, qui per constitutionem veri domicilij, vel ex priuilegio tales effecti sunt, & quid de Hebraeis n. 40.

Immunitatis priuilegium, an extendatur ad bona postmodum acquisita n. 41. & 42. & an ad futura, de quibus non cogitasse censetur concedens n. 43. & 44.

Priuilegium concessum Titio, & haeredibus suis, vel descendentibus, an transeat ad filios, & filias, eorumq; descendentes n. 45.

Im-

Immunitas à Rege alicui conlegato Baroni concessa, an protrahatur ad eius successorem n. 46.

Immunitas Titio, & generi suo, ac posteris concessa, an veniant descendentes ex fœmina n. 48. & quid si concessa sit Titio, & hæredibus suis, ac successoribus in perpetuum n. 49. vel omnibus, qui sunt de sanguine regio n. 51.

Immunitas concessa alicui pro se, suisque successoribus in perpetuum non soluendi fiscalia, an mortuo patre compreat filijs in solidum, vel pro rata n. 50.

QVæ nimis luculenter ad quæstiones istas *Author* noster, tàm pro dubitandi, quàm decidendi ratione adduxit, quemadmodùm viam nobis alia cumulandi arctant, ità tamen [illegible] præbentur ex illis vndiquè disserendi resultet occasio; Vndè vt assumpto ad easdem annotandi oneri satisfaciamus, ex his, quæ doctissimus Regens noster in ipsis quæstionibus, & principaliter in hac prima periclè examinat, hæc annotanda censemus.

2 Et quidem pro eiusdem quæstionis examine, quoad dubitandi rationem, vltrà illa ea, quæ ad hanc quæstionem attulit *Natta* [illegible] per tot. puta à nu. 1. quod quælibet dispositio sit intelligenda ad tempus præsens, & rebus sic stantibus n. 4. & n. 2. verba contractus ad eiusdem contractus tempus referri, & decimarum concessionem factam laico futuras nõ comprehendere n. 3. & contrarium n. 19. & n. 7. seruitutem non augeri, si augeantur prædia.

3 Annotamus, quod in qualibet Principis concessione regulariter solum veniant, & ad illa concessio restringatur, quæ tunc concessionis nempè tempore exstabant, non verò quæ de nouo superueniunt, & ideò nisi hoc aliter concessio exprimat, non protrahitur ad futura; nam Principis concessio est aliàs amplissimam recipiat interpretationem, non tamen operatur, nisi in illis, quæ aderant tempore concessionis, vt latè post alios fundat *Io. Bapt. Larrea* doctissimus I. C. Hispanus 1. p. alleg. fisc. 19. per tot. ac præsertim à n. 6. ad 9. Ità quod talis concessio ad tempus præsens restringenda semper sit, tantò magis, quandò aliàs esset magni præiudicij concedenti, vnde idem *Larrea* n. 10. concludit, ac latè probat, priuilegium non extendi ad augmentum post concessionem secutum ex *Io. Andr. Bald. Menoch. Tusch. Alberic. Roman. Cuc. & alijs.*

2 Quæ doctrina eò potiùs procedere videtur in priuilegio immunitatis, cuius natura tanquàm odiosa, veluti contrà ius commune semper restringenda est, vt post *Bart. Paul. Valenz. & Parlador.* fundant *Amaya in comment. ad l. 1. lib. 13. C. lib. 10. n. 21. Pontanella decis. 16. nu. 14. & seqq. Post Gammer. dec. 36. n. 21.* & gabellarum statuta, seu priuilegia strictissimè intelligi debere in eo tantum casu, de quo litera sedis impositionis clarè loquitur, post alios tradunt *Card. de Luca in Regal. disc.* [illegible] *& Ioseph Botta* [illegible] *& 9. cap. 79. num. 1. & cap. 81. num. 2. & 3.* nam immunitatis priuilegium quoad præterita grauat Principem, quoad futura grauat Conmsalliom, idem *Gamm. num. 30.* Et proindè illud non extenditur, etiò generaliter concessum, ad munera ordinaria, nec ad patrimonialia, *Barrell. de prag. Reg. Cathol. cap. 33. num. 14. & 15.* Et sic etiam tantò magis non potest extendi ad munera, seù onera incognita, & postea superuenientia, *arg. l. Rutilia Polla ff.* [illegible] *77. D. de contrah. empt. & post Dyn. Io. Andr. Bald. & alios ità sequitur Amaya d. loco n. 32.*

Etenim quia immunitatis concessio stricti iuris est, ob odium, & præiudicium quod in ea versatur, quandoque cæteris contribuentibus sit; vnde illa con-
4 cessa vni personæ pro singulis bonorum fructuum ad aliam personam fructuum collectionis, vel conditionis, mutatione personæ mutatur rei conditio, arg. *l. Paulus* (quæ aliàs incipit) *per procuratorem, D. de* [illegible]

acqu.hared. & *l. fin. in fin. C. de inoffic. testam. Reg. Reuerter. dec.* 32. vbi *R. de Marin. in obseru. Thesaur. decis.* 116. *Genuens. in pract. quaest.* 212. *Reg. Rouit. decis.* 71. *Capiblanc. de Baron. cap.* 85 *à num.* 12. *cum seq. Reg. de Marin.* 1. *lib. var. cap* 169. & *cap.* 99. & *ad Reg. Reuert. decis.* 192. & 373. *in obs. Mart. par.* 4. *cent.* 1. *cas.* 13. *Reg. Rouit. in pragm. sub. de vectigal. n.* 27 *ait. Borrell. num.* 29. & 30. de qua conclusione infrà in *annot. ad* §. 6. *qu.* 14.

5 Vnde quoque concessio immunitatis facta vasallis præsentibus, & futuris, non comprehendit acquirendos, sed futuros eiusdem oppidi, *Praes. Genuens. dec.* 15. *n.* 23. & 25. illa quidem ratione, quia priuilegium immunitatis est contrà ius commune, idem *Genuens. dec.* 36. *n.* 12. & ideò concessa alicui Ciuitati immunitas non extenditur ad alium locum existentem in eius territorio, *Thor. in supplem. decis. verb. Immunitas concessa alicui Ciuitati fol.* 288. & sic etiam immunitas concessa Ecclesiæ ad prædia recens à Monasterio acquisita non extenditur, vt fundat *Ann. Robert. rer. iudic. lib.* 1. *cap.* 2. *pro incolis, fol mihi* 301.

6 Quæ omnia eò potiùs militare possent in concessione immunitatis à fiscalibus, & sic illam intelligendam esse secundùm statum illum, numerumq; fumantium concessionis tempore, & nõ vltrà, neq; augendam cum ipso focülariorum augmento, siuè accessione, nam alitèr esset in odiosis ampliare, similiterq; cum illa inter regalia, tanquàm à Principe concedenda adnumeretur, strictè quoque interpretanda est, vt idem noster *Author* admonet; Propterea in his semper attenditur tempus contractus, siuè concessionis, secũdùm quod verba intelligenda sunt, imò illud inspiciendum potiùs, etiam in dubijs, quàm consequens vllum aliud, *Bart. in d. l. Rutilia* 69. vbi etiam *Dion. Gothofr. ibid. litt. E. & F.*

7 Hinc concesso feudo, ex dicta ratione augmentum insequens non venire, probatur ex *c.* 1. §. *si quis de manso, tit. si de inuest. feud. contr. fuer.* vbi *gl. in ver. reseruauit lit. I. & lit. K. & Andr. ibid. num.* 13. & 14. *Glos. Nard. Liparul. ibid. ad cit. Andr. Afflict. ibid. nu.* 18. *Io. Paul. Balzaran. in d.* §. *Iac. Cuiac. in lib.* 1. *de feud. in d.* §. *si quis de manso*, quẽ posuit *sub tit. de his, qui feud. dar. poss. & qual. acquirat. retin. Schrad. de f. par.* 1. *c.* 6. *à n.* 26. *Henric. à Rosenthal. in synops. feud. cap.* 10. *conclus.* 44. *n.* 17. *Consil. Anton. Capyc. in inuest. f. fol.* 84. 2. *col. vers. feudorum augmenta, Reg. Rouit. in pragm.* 1. *de iur. & exact. fisc. nu.* 18. *Camill. de Medic. cons.* 5. *Thor. in comp. dec.* 2. *p. verb. Augmentum focülariorum, Georg. Adam. Struu. in syntagm. iur. feud. c.* 12. *aph.* 6. *post Hotoman. in d.* §. *si quis de manso n.* 1. & 2.

8 Præterea argui potest ex eo, quia Ciuis nouus veniens ad habitandum in Ciuitate, non tenetur ad Collectas, quę fuerunt impositæ pro debitis contractis antè illius aduentum iuxtà *decis. Reg. Salernitan.* 32. vbi *Thor. in add. Losaus de iur. Vniu. p.* 3. *c.* 9. *nu.* 25. *Gaill. de Arrestis cap.* 9. *n. fin.* licet contrarium responderint plures, quos refert *Casp. Manzius in centur. decis. Palatin. qu.* 4.

9 At ad decidendi rationem, pro Vniuersitate, quæ, vt *Author* noster hic *n.* 8. refert, in Regia Camera petitam immunitatem obtinuit, etiam quoad incolas, & focularia, quæ de nouo accesserunt; Vltrà etiam tradita per *Nouar. d. loc.* vbi *n.* 9. dicit, priuilegia extẽdi ad futura, etiam in illo de non soluendo decimas ad *n.* 10. & quod Principis beneficium sit latissimè interpretandum *n.* 11. ob Principis liberalitatem *n.* 12. idemq; in priuilegijs alicuius Ciuitatis alteri cõcessis *n.* 14. quod augmentum eiusdem conditionis sit, cuius est principale *n.* 15. & immunitas concessa pro bonis præsentibus extenditur etiam ad futura *n.* 16. & Syndicus constitutus ab Vniuersitate ad singulas causas, intelligitur etiam ad futuras *n.* 17. & regulam, quod status præsens attendatur, non militare in Vniuersitate *n.* 20.

10 Annotandum est, Vniuersitatem, de

qua

quia hic, esse multorum congregatio-nem eidem capiti subiectorum, secundum *Baldum*, *cons.* 405. nam intelligitur de Vniuersitate personarum; illa, qua in *tit. D. quod cuiusq; Vniuers. nom.* & non rerum, de qua in *tit. D. de petit. hered.* dicimusq; illam per unum conferuari ex *l. si ut & § Vniuersitas, D. quod cuiusq;* &c. vbi *Bart.* Vnde verè, & propriè nihil aliud est, quàm ipsi homines Vniuersitatis collectiuè semper, & representare dicitur unam personam fictam, per iuris fictionem, quae est quid aliud diuersum ab hominibus Vniuersitatis. *Andr. in cons.* 158. *nu.* 17. *Oldrad. cons.* 63. *col. fin. vers. circa* [illegible] *n. 7. in fin. Losaeus de iur. Vniuers. p.* 1. *c.* 3. *nu.* 4. & 5. Itaq; nomen iuris in abstracto, sicut homo in communi non capax personae, ut *Fed. de Sen. cons.* 16. *in prin.* Corpusq; quoddam, quod ex multis hominum collectis conficitur, *Romanus cons.* 420. *n.* 2. *vers. sed tamen,* & *cons.* 336. *n.* 7. Itaq; diminuendo [illegible] Greges *l.* 70. *D. de usufr.* remanet eadem Vniuersitas, *Romanus cons.* 166. *n.* 5. *vers. quarto ideo;* vnde non solum membris, sed capite constat, quod collectiuè in eadem continetur, sicut appellatione militum Imperator, appellatione Populi Senatus continetur *l.* 1. *de milit. test.* § *Plebs, Instit. de Iur. nat.* & sic recte differt *Bertr.* an eo nomine veniant homines de Vniuersitate *l. aut facta*, §. *fin. D. de poen.*

Et inde mortuis omnibus de ipsa Vniuersitate, & Populo, & aliis subrogatis, eadem censetur Vniuersitas, & idem Populus, cum sit nomen iuris, & non personarum, non habens animum, intellectum, consensum, nec etiam corpus, & solum legitimè congregata, & conuocata vicem personae sustinet, vt declarat *Losaeus* n. 6. in §. 4. & 29. quem sequitur [illegible] *Vniuersit. cap.* 3. nam multitudo non facit Populum, nisi collectiuè sit congregata, *Reg. Rouit. in cons.* [illegible] *n.* 17. & sic propter accidentia Vniuersitas in vna sola persona seruata remanere potest *l. sicut, D. quod cuiusq;*

Vniu. nom. ad fin. Romanus cons. [illegible], & *cons.* 366. *n.* 5. *vers. vltimo*, & *cons.* 346. *n.* 3. *Losaeus d. loc. nu.* 30. & 31. [illegible] *d. c.* 3. *n.* 2. unde quod sit quid separatum, & diuersum à singularibus, & particularibus personis ipsius Vniuersitatis, *Losaeus p.* 3. *c.* 2. *nu.* 8. eademq; semper manet, licet mutentur personae; [illegible] *n.* 11. *n.* 10. corpusq; intellectuale dicitur *Losaeus p.* 4. *cap.* 9. 13. & 50.

11 Et inde est, quod in dispositione, quae fit super Vniuersitatem, bene continentur noua, & antiqua capita Vniuersitatis, *Signorol. in cons.* 46. *in princ.* & diminuto numero focularium eadem quantitas à Rege exigitur ab Vniuersitate, cum post factam numerationem, assumptaq; onere soluendi ab Vniuersitate pro suis focularibus, Rex dicitur creditor Vniuersitatis, & non particularium, & sic functionalis creditum ex modo particularibus non [illegible] in [illegible] Curiae, nam Vniuersitas ex diminutione Ciuium non desinit esse Vniuersitas, *Reg. Rouit. d. loc. nu.* 28. nec mutatur personarum, neque bonorum diminutione, aut augmento *Reg. Galeot. lib.* 1. *contrregister.* 53. *nu.* 41. & proinde etiam aucto numero focularium non augetur solutio praedicta in beneficium Curiae, vt latè docet, deciliumq; refert in Regia Camera; idem *Auth.* noster *infr. de* [illegible] *§.* 3. *qu.* 1. *nu.* 1. 2. 6. 7. 8. & *seq.* vsq; ad *fin.* vbi id latè declarabitur in *Annotat.*

12 Hinc meritò concluditur, quod concessio immunitatis facta, etiam omnes illius Ciues comprehendit, qui subeundem iuris nomine *Vniuersitatis* in abstracto considerato continentur, eisq; accedunt ex *l. forma* 4. §. 3. *D. de cens.* bus, ibi *Quamquam in quibusdam beneficia personis data immunitas cum personis extinguuntur, tamen cum generaliter iuris, aut cum Ciuitatibus immunitas sit data, videtur, vt ad posteros transmitteretur;* Nam (vt ait ibi *Gloss.* [illegible] & *Author* hic *nu.* 9.) semper videtur eadem Vniuersitas ex

13 *l. proponebatur 76. D. de iudic.* ibi *Et populum eundem hoc tempore putari, qui ab hinc centum annis fuisset, cum ex illis nemo nunc viueret*; Idemq; euenire in Legione, Naue, ac multis cæteris rebus; Si enim partibus rei commutatis, alia fieret res, sequeretur absurdum, vt ex eius ratione nos ipsi non ijdem essemus, *propterea quod, vt philosophi dicerent, ex quibus particulis minimis* (idest atomis, secundùm *Glos.* quibus constare omnia dicebant *Democritus*, *Epicurus*, & *Lucretius*, quorum Philosophiam his temporibus doctè excitauit *Petrus Gassendus*, sed ab his atomis principia *Cartesiana* Philosophiæ, quæ nunc fucato artificio maximè viget, multiplici nomine differunt, atq; in eo maximè, quod corpora infinitè diuisibilia *Cartesius* cum Peripateticis agnoscat, non item *Democritus*, sed an vera, vel falsa sint, dijudicent ij, qui in hoc supercilia subducunt, barbam demittunt, hoc tristes docent, ac palli li, vt loquitur *Seneca* moralis philosophiæ sapientissimus *lib. 6. epist. 48.*) *ex quibus* (ait I.C.) *particulis minimis consisteremus, hæ quotidie ex nostro corpore decederent, aliaq; extrinsecùs in earum locum accederent: Quapropter cuius rei species eadem consisteret, rem quoque eandem esse existimari*, vt preclare in *d. l. 76.* scriptum est ab *Alpheno Iurisc.* qui veram, & non simulatam Philosophiam, Iurisprudentiam scilicet affectauit.

Quod sanè *Alpheni* responsum ad rem nostram exornant *Alex. ab Alex. lib. 3. genial. dier. cap. 1. Alciat. lib. 6. Parerg. iur. cap. 17. Ferrand. libr. explic. cap. 17. repetit. fol. 510. Hugo Grotius de Iure belli, ac pacis lib. 2. cap. 9 à nu. 3. ibiq; in Notis Io. Frider. Gronouius, Franc. Hotman. illustr. quæst. 8. Harim. 2. obser. 2. & 2.* Eamq; legem esse pulcherrimam, & philosophicam, quam omnes Philosophi nunc viuentes nescirent componere, ait *Cagnolus in Comment. ad l. 2. C. de pact. inter empt. & vend. q. 93. à n. 257.* cuius etiam meminit noster *Præs. de Franchis decis. 344. nu. 10. Guid. Pap. decis. 179. Menoch. cons. 19. à n. 14. Salgad. de Regia Protect. p. 1. cap. 3 à nu. 53. Barbosa, Faber, Maranotius, Brunnemannus, Voissenbachius*, alijq; *in d. l. 76.*

14 Qua de re dixit *Isocrates*, Ciuitates esse immortales, idest esse posse specie, & propagatione, quia scilicet populus est ex eo corporum genere, quod ex distantibus constat, vniq; nomini subiectum est, habetq; spiritum vnum, vt *Paulus* I.C. inquit in *l. in rem, § item D. de rei vind.* siuè rei speciem, vt loquitur *Alphenus in fine d. l. proponebatur 76.* Is autem spiritus in populo est vitæ ciuilis consociatio, quæ corpus habet artificiale instar corporis naturalis, quod idem esse non desinit particulis commutatis, sicut & *Aristoteles 3. Polit. 2.* flumen populo comparans dixit, flumina eadem vocari, quamquam alia subeat semper aqua, alia decedat.

15 Corporum enim tria sunt genera, vnum quod est vnitum, seù continuum, vt homo, lapis, & corpora similia; alterum connexum, seù compositum, quod ex pluribus inter se cohærentibus constat, vt nauis, & domus; tertium, quod ex distantibus constat, vt corpora plura vni nomini subiecta, veluti populus, legio, senatus, grex, vt ait *Seneca lib. 17. epist. 102. & lib. 2. Natur. Quæst. cap. 2. Celius Rhodigin. lib. 2. antiqu. lect. cap. 13.* & *Pomponius* I.C. *in l. rerum, D. de vsurp. & vsucap.* illustrant *Alciat. lib. 2. prætermiss. Petr. Gregor. lib. 2. syntagm. cap. 8. Forner. 2. select. 17. Iac. Cuiac. 15. obs. 13. & in Comment. ad Pandect. in tit. 4. ad exhibendum lib. 10. l. 14. & 15. operum posthum. tom. 4. parte 1. pag. 639. lit. D.*

16 Quod axioma Stoicorum est, quorum philosophiam Stoicis Academicis, & Peripateticis amplexari sunt nostri Iurisconsulti, vt ostendunt *Frãc. Broeus ad princ. Inst. de testam. Marillus lib. 1. obseruat. cap. 11.* & *Cuiacius lib. 11. obs. cap. 37.* peritissimus *Reg. Consil. D. Petrus Ant. de Chauarri, & Eguia in Didascalia Iurisprudentia p. 3. c. 1. n. 1.* necnon idem *Cuiac. in cit. comment. Digest.*

gist. testatur, Iurisconsultos ex Stoicis sumpsisse, materiam videlicet non esse substantiam, quod est in vero omnem esse animal, sicuti nec vera esse eorum [illegible], quod sit lex, quod iustitia, quid accentus, [illegible] formes, & praefata vera corpora.

27 Et proinde praeadducta dubitandi motiua non obstat, cum non loquamur, neque moueamur, quando concessio sit Vniuersitati, sub qua non consideratur personarum numerus, diminutio, vel adiectio, sed tam antiqui, quam noui Ciues in illa continentur, insimulque ipsi omnes immunitate gaudere debent, cum tali casu res ipsa aucta non desinat esse, prout prius, neque dicatur diuersa a primis, *Gemin. cons. 70. n. 5. vers. tamen in gl(?)a.*

28 Similiter confirmatur, quia priuilegium concessum alicui, & eius familiae non restringitur ad familiam tempore concessionis, sed etiam extenditur ad alias in locum primae familiae subrogatas, *Girond. de priuileg. cap. 35. num. 1008. Castoldus consult. 89. per totum,* quod in alijs pluribus personis accessorijs, & subrogatis extendit *Reg. T[illegible] [illegible] Dial. Consil. Princ. c. 3. par. 2. [illegible] n. 93. ad seqq.* & legatum, vel alia dispo-

29 sitio facta pro sustinenda familia, comprehendit etiam familiam auctam, sine tamen fraude, sed ex iusta causa, *Gemin. cons. 70. num. 6. vers. super sit anda esse, in fin.* & idem concluditur in augmento, quod in principali aucto, ita quod territorium, seu Comitatus Ciuitatis, si augeatur, Castra, quae vniuntur, comprehenduntur, in tantum, quod idem iuris sit de augmento, quod de aucto, quando simpliciter, & non secundum quid sunt vnita, *Ancharan. cons. 4[illegible] n. 3.* Sicuti etiam, si concedatur Castrum cum territorio, cum secundum aliquos censeatur concessa iurisdictio, & si territorium augeatur, eodem censetur aucta iurisdictio, *[illegible] l. 1. n. 16. ac versic. cum. [illegible]* quem sequitur *Card. Tusch. pract. concl. in verb. Augmentum concl. 557. à n. 1. ad seqq. & 558. per tot.* vberius *[illegible] pract. cap. 2. [illegible] fin. & n. 8.*

30 Et confert conclusio illa, quod familia, vel res, cui seruitus debetur, qualiter sentiret incommodum illa diminuta, ita pariter debet commodum habere, cum augetur, *ex l. qui fundit. de S. [illegible] in 6. Nouar. [illegible] 157. n. 21.* in puncto *R. Rouit. in d. consult. in materia donatiua n. 19. lib. 1.* Quae roboratur ex traditis per *Petr. Quesada controu. fur. cap. 1. n. 21.* post *Paul. de Castro consil. 37. in fin. Aret. [illegible] quando de consult. & Hippol. Marsil. singul. 134.* qui tenent, quod si Pistor se obligauit coquere panem pro duodecim in anno, & augeatur familia, teneatur adhuc coquere pro auctis, nec possit petere maius salarium, quod in promissione gratiosa, vel onerosa declarabimus infra ad §. 20. qu. 3. vbi an aucto numero Monachorum in Ecclesijs, sit augenda praestatio salis ex Regis priuilegio concessa.

31 Eoque tanto magis procedunt respectu Vniuersitatis concessionem dictae immunitatis, quia priuilegium concessum Vniuersitati competit omnibus de Vniuersitate, qui continentur ad vnum corpus, sic & religioni, sic & haereditati, vt ad omnia corpora se extendat, *Oldrad. consil. 300. n. 10. & seq. vers. si autem illi, P. Morali disp. 5. de priuil. c. 8. à n. 106.* quia priuilegium concessum loco publicos, & naturales respicit *[illegible] quamquam, D. de cens. Fed. de Senen. consil. 9. n. 3. in fin.*

32 Hinc immunitate certae artis Ministris data, si Ciues ad id ministerium se conferunt, eadem immunitate fruentur, modo non aliud opificium exerceant, decisum refert *Decis. [illegible] p. 3. [illegible] 310. & 311.*

33 Et priuilegium concessum dotis quia Vniuersitas [illegible] est, extenditur ad augmentum dotis *[illegible]*, *Menoch. cons. 93. num. 15. lib. 1. & cons. 1[illegible] [illegible] de [illegible] tit. 2. q. 4. n. 77. Gratian. tom. 1. discept. cap. 171. nu. 10. & 140. cap. 274. num. 2. [illegible] in summa decis. p. 4. tit. 5. nu. 497. [illegible] de dote cap. 1. [illegible] q. n. 51.*

34 Concessio enim priuilegio Ciuitati competit Villis, & territorio, nam &

contrà, quia benè extenditur ad accessoria, & consecutiua; *Franc. Marc. decis. 385. n. 2. & seq. Reg. Valenz. cons. 79. à n. 31. & seq. Reg. Galeota controu. 30. per tot.* Sicuti eadem ratione sub nomine Ciuitatis, eiusq; iurisdictione, veniunt pagi, & Villæ seu, vt hispani vocant, *Aldea*, siue Casalia, quæ veniunt appellatione Ciuitatis in testamentis, & legatis, in contractibus, in legibus, & statutis, in pactis, & in beneficiis Principum, cæterisque multis, vt latè post alios declarat, & fundat *Iul. Capon. discept. 215. tom. 2. nu. 3. 8. 10. 17. 18. & seqq.* Idq; etiam quoad fruitionem priuilegiorum Ciuitati elargitorum pro Casalibus fidelissimæ nostræ Ciuitatis latè fundat *Fran. Maria Prato* post alios, quos refert *discept. forens. tom. 1. cap. 16. per tot.* & in specie quoad priuilegium exemptionis gabellarum extendi ad Comitatenses, latè exponunt *Garc. de Girand. de priuil. & exempt. explic. cap. 1 qu. 4. à nu. 32. ad seqq. & cap. 70. à nu. 929. Maur. alleg. 36. Dom. Cons. Nicol. Pisan. in addit. ad Grat. super rit. R. C. rub. 3. à num. 30. ad seqq.*

25 Et sic etiam concesso immunitatis priuilegio Ciuibus (quos intelligimus eos, qui fouent in Ciuitate domiciliũ, non qui nullum nomen originis habent, cum illud non attendatur *l. 1. §. sed et si sunt D. ad S. C. Tertullia.* qui non sit in Ciuitate, qui perpetua consuetudine se ab illa separauit *l. ex facto 35. §. 3. D. de hered. instit.*) originarius qui onera non subiit, habetur pro forensi, *Castr. cons. 29. nu. 3. lib. 2. Rol. à Vall. cons. 79. n. 29. & seq. lib. 3. Beraud. cons. crim. 109. n. 15. Natta cons. 130. num. 14.* quamuis multa ex *Beraud. cons. ciuil. 35. & cons. 36. per tot.* contra argui possent, ad quod conferunt declarata per *Reg. Galeot. in respons. fisc. 9.* Cum si originarius in loco originis, & alibi domicilium foueat, priuilegiis vtriusq; loci gaudeat. *Beraud. cons. 130. per tot. p. 3. v. [illegible]* [illegible] *d. l. forma §. 3. [illegible] lib. [illegible]* [illegible] *Nat-*

ta cons. 204. nu. 3. exclusis tamen negotiatoribus illius loci, qui ad instar Clericorum negotiantium, vt in *cap. quanquàm, de cons. in 6.* immunitate concessa Ciuibus nõ gaudent; & similiter, quia illi de lucro suo, non de amittendo tractant, vnde gaudere non debent illa immunitate, qua fruuntur ij, qui de damno vitando agunt, & sic facilius illis, negotiatores grauari possunt, *Natta cons. 130. n. 4. 5. & seq.* quorum etiam respectu immunitas effectu non caret, puta quoad bona in eorum prædiis, & si vsus causa portentur, vectigali non subijciuntur.

26 Prætereà licet concessa immunitate personæ pro eius bonorum fructibus, ad illorum Collectorem non trãseat, vt suprà, secus tamen est, si rei cõcedatur, nam transit ad colonos bonorum, *Ruin. cons. 157. nu. 9. lib. 3. cit. Borrell. d. cap. 13. num. 31. Castald. d. consilis. 89. num. 6.* & sic in connexis, & sub vno nomine conuenientibus non dicitur ampliatio priuilegij, sed comprehensio, prout etiam verificatur in conclusione illa, quod concessa *Titio*, comprehendat etiam filios illius, esto de illis nulla mentio facta sit, *Decian. cons. 2. num. 113. lib. 2. Hipp. Riminald. cons. 468. n. 5. lib. 4.* quod ex dicta ratione, & aliis fundat *Card. Tusch. pract. concl. 733. & 734. verb. priuilegium, & concl. 616. verb. Connexorum idem est iudicium.*

27 Et ideò etiam immunitas concessa alicui, censetur quoque concessa familiæ, *Reg. de Marin. lib. 2. resol. c. 23 3. Reg. Rouit. dec. 2. cons. 60.* vbi elaboratissimus, ac doctissimus *Dom. Consil. Blasius Altimar. in obs. à num. 1.* septem ampliationes in pluribus etiam casibus, veluti ad connexa idem militare fundat; Cum extendatur etiam ad totam familiam, *cit. Rouit. ibid. nu. 8.* vbi *Altimar. n. 3.* post *Capibl. de Baron. prag. 3. n. 173.* Et sic etiam ad fratres secum existentes, *Thor. ad Reg. Sanfel. decis. 4.*

28 *n. 13.* Et priuilegium Doctoris, necogatur militia hospitari, extenditur ad fratres simul habitantes, *Thor. d. loc. nu. 11. Sanfelic. 30. num. 8.* Et priuilegiũ

concessum marito competit vxori, &
29 è contra, ob connexionem inter se,
cum proxima Patrisfam. & Maritifam.
l. pronunciatio 195. *D. de V. S. Menoch.
cons.* 562. *n.* 6. *Villagut de extrens. pecun.
n.* 41. *Tiraq. de leg. connub. l.* 1. *glos.* 2. *n.*
51. *Ferret. cons.* 169. *nu.* 50. *Afflict. decis.*
§. 152. *num.* 12. *de Graff. effect.* 1. *n.* 157.
Amaya in l. mulieres, C. de incol. lib. 10.
R. de Maria resol. 150. *lib.* 2. *Aufalit de
tur[illegible] par.* 2. *tit.* 12. *cap.* 9. *Rota de privil.
mulier. cap.* 1. *n.* 84.

30 Vnde etiam famuli alicuius Monasterij, quibus pro eorum victu subministratur panis à Religiosis, sunt immunes à solutione gabellæ pro pane prædicto ex decisione Regiæ Cameræ de anno 1659. apud *de Maria Arrest.* 648. Idemq; in famulo Clerici, etiã illius consanguineo, vt in *Arrest.* 154. apud eundem *de Maria ad Rev.* Sed si sint plures famuli exteri, qui nihil aliud possideant, & viuant continuo victu Clerici, etiam sunt franchi ex *Arresto* 203. dummodò famulus habitet in ipsa domo Clerici, secus si extrà, & quamuis propè domum, vt in *Arrest.* 669. & Immunitas Clerici ab hospitatione militum extenditur ad laicum cum illo habitantem, siuè domus Clerici, siuè laici sit, vt in *Arrest.* 462. *&* 493. ipsi tamen laici contribuunt in pecunia.

31 Rursùs vbicumque concessio fit per nomina collectiua, seù vniuersalia, semper dispositio extenditur, & intelligitur non solùm de ijs, quæ adsunt tempore priuilegij, sed etiam de futuris accedendis, & sic ad quodlibet augmentum, *Alex. cons.* 179. *n.* 10. *vers. secundò pro hoc lib.* 2. *Cons. Arias de Mesa var. resol. lib.* 3. *cap.* 1. *num.* 2. *&* 3. &
32 inde in priuilegio concesso Ecclesiis Bononiæ, vel alterius Ciuitatis extenditur etiam ad Ecclesias constructas post priuilegium in eadem Ciuitate, *Alex. d. loc. n.* 13. *vers. Ego pro hoc adducebat lib.* 2. & nos latè [illegible] *ad quæst.* 1. *§.* 20.

33 Et sic etiam si duæ Ciuitates fecissent pactum pro se, & suis subditis, extenditur etiam ad subditos posteà acquisitos. *Marinus Magnus de Advocatia armata, siue clericatu patronorum iuris cap.* 1. *n.* 286. vbi *in seqq. num.* probat, quod si quis Ciuitatem aliquam in protectionem accepit, & eadem postea alios pagos, & subditos Imperio suo adiungit, protectio sese etiam ad eosdem extendit. *Steph. Garon. ad Statut. Mediol. lib.* 4. *tit.* 13. *fol.* 90. & *Alex. d. loc. num.* 14. *vers. quintò pro hoc*, vbi quod ità fuit iudicatum, dicens quoq; *n.* 15. *vers. finale*, id procedere etiam si priuilegium, quod non soluantur decimæ, præiudicet tertio; imò quod habens priuilegium pro suis familiaribus, vel immunitatem, extendatur ad futuros familiares *ibid. nu.* 11. *vers. pro hoc & tertiò*, quod latè declarat *Card. Tusch. concl.* 725. *verb. Priuilegium* [illegible] *n.* 29. *ad seq.*

34 Ex qua ratione, qui potest tenere animalia in pascuis, poterit etiam tenere animalia futura, vt ex *Barbat. tenet [illegible] in Consil.* [illegible] *pen. Orrus de pascuis cap.* 14. [illegible]

35 Ex quo etiam concluditur, quod immunitas concessa Clericis pro statu præsenti, extenditur ad omnes alias futuras impositiones, nam sub concessione facta verbis indefinitis, licet tẽpus specificetur, tamen continet omnia futura, & augmentum nouarum impositionum, *l. qui tot militari, D. de milit. testam. l. sed & si quis, §. quæsitum. D. si quis caution. cap. si Romanorum* 19. *dist. Aufalit in fin. de maiorit. & obed. Barbat. cons.* 26. *lib.* 1. *Parif. cons.* 88. *lib.* 2. *Alex. in l. Rex* [illegible] *col.* 1. *D. de legat. Natt. cons.* 340. *nu.* 13. *vol.* 2. *Castill. de tertiis cap.* 14. *n.* 14. Et sic decisum fuit fundate *Consil. D. Antonius Mendoza* [illegible] meritissimus Regens electus in Supremo Italiæ Consilio, dum [illegible] pro Vniuersitate [illegible] in exemptione impositionum. Ratio est, quia indefinita oratio vniuersali æquiparatur, & sic incrementum, & diminutionem temporis, & est semper eadem *d. l. propositum, D. de iudic. Camill. de Medic. cons.* 51. *n.* 38. *ex Bart. in l. contractus,*

Dat

D. de pact. Osasch. dec. 136. Ann. singul. 668. Reg. Tap. in l. fin. par. 1. cap. 4. n. 50. D. de Constit. Princ. ac etiam, quia augmẽtum sequitur naturam sui principalis l. inter 26. §. 1. D. de pact. dot. nã

36 qui immunis est ab ipsa impositione ab auctione quoque immunitatem meretur, nè per indirectum admittatur, quod ob eandem rationem directè fieri prohibetur, Menoch. cons. 105. num. 8. Et vectigal quid vniuersum est, quod cum augmento, & diminutione transit, semèl itàq; data ab eodem immunitate, augmentum, cuius principale non extat, exigi non potest, Menoch. d. cons. n. 14. & seq.

37 Quemadmodùm quoque à vectigalibus Principis alicuius territorio impositis exemptus, ab his, quæ in terris nouitèr acquisitis soluenda sunt, liber censetur Guid. Papa decis. 489. per tot. quem sequuntur Franc. Marc. dec. 425. n. 8. lib. 1. Altograd. controu. 51. nu. 6. indefiniti enim sermonis, nè luminibus officiatur, hic est effectus, vt luminibus, quæ nunc sunt, & posteà fuerint, offici nequeat l. si seruitus 13. D. S. V. P. Surd. cons. 17 à n. 3. Cons. Arias de Mesa var. resol. lib. 3. cap. 14. Et quæ de toto Regno dicuntur, intelliguntur quoque de Villis, & Castris c. cum in partibus, de V. S. etsi per augmentum accedant, Franc. Marc. dec. 425. num. 8. lib. 1. Reg. Tap. in l. fin. p. 1. cap. 4. n. 7. D. de Constit. Princ. Tiber. Decian. cons. 113. num. 71. vol. 3. Horat. Carpan. ad Statut. Mediol. p. 1. cap. 60. lib. 6. Sixtin. inter cons. Marpurg. cons. 14. n. 98. Natt. cons. 340. n. 25. Menoch. cons. 201. n. 148. & cons. 1105. n. 8. Fab. de Ann. cons. 61. n. 18. vide tamen Bursat. cons. 138. n. 12.

38 Neque obstat, quod dicitur, augmẽtum in concessione feudi non venire ex §. si quis de manso, cum DD. supracit. dum illi loquuntur in feudo concesso ad mensuram, siuè ad certum annuum redditum, vel si aliquid Dominus sibi reseruauerit in Curte, vt in d. §. & in gloss. ad illum, & apud cit. DD. legitur; & sic non militant in specie concessionis simplicitèr factæ, vt hic, Camill. de Medic. cons. 51. n. 10. tantò magis, cum simus in casu concessionis initæ Vniuersitati, & sic sub nomine collectiuo, cumq; non militet diuersa ratio in principali, quàm in augmento, debet naturam sui principalis sequi, & eiusdem iuris esse, l. si ex toto, & l. quid ita, rerum, §. si quid post, D. de leg. 1. quod etiam in materia regalium procedere declarat Sixtin. lib. 2. de regal. cap. 6. nu. 25. & seq. estò conclusionem illam, quod priuilegijs vnius Ciuitatis alteri concessis, intelligantur etiam concessa futura, non procedere in feudis tradat R. Tapia in d. l. fin. D. de Const. Princ. cap. 4. par. 1. n. 9. & 10. de quo inferius ad quæst. 5. §. 3.

39 Præterquamquod non desunt DD. qui optimè fundant, immunitatem cõcessam à Collectis in vno casu, extẽdi ad alios ex identitate rationis, vt probat Gallupp. in method. feud. to. 1. p. 5. cap. 5. n. 39. sicut extenditur inspecta Regis cõcedentis magnanimitate, ac liberalitate, imò ex eiusdem maxima qualitate, ac spectata fide, & meritis concessionarij, vt latè declarat doctiss. D. Reg. Galeot. controu. lib. 2. contr. 53. à n. 1. ad seqq. & n. 21.

40 Et sic immunitas concessa Ciuibus non solùm de originarijs, sed etiam de his, qui per constitutionem veri domicilij tales effecti sunt, intelligitur ex Reg. Salernitan. decis. 12. vbi Thor. decisum refert, idem Gallupp. d. loc. n. 40. licet in Ciue præsumpto, vel ficto, puta exposito, disputet Praes. Ganauarr. dec. 36. n. 14. vbi etiam n. 13. an concessa immunitas Ciuibus, extendatur ad Ciues ex priuilegio, vel Statuto; At quod immunitas concessa Ciuibus, suffragatur etiam allectis ex priuilegio, qui rectè, ac propriè dici debent Ciues, non minùs, ac originarij, idq; etiam si in Ciuitate incolatum non gerant, post alios fundat Iul. Capon. discept. for. 115. 2. t. num. 26. 27. & 28. quia idem operatur fictio in casu ficto, quod veritas in casu vero, & in puncto, vt suprà latè post alios Epist. Rocca dispu. iur. cap. 83. à num. 1. ad seqq. lib. 1.

Imò

[illegible] immunitatem cōcessam Ciuibus, vel incolis alicuius loci, porrigi etiam ad Hebræos, siuè Iudæos ibi habitantes; post alios tradunt *Cancer. var. resolut. lib. 3. cap. 3. n. 9. Borrell. de magistrat. edict. lib. 2. cap. 9. num. 26. Magerus de Aduocat. arm. cap. 8. n. 38. & ibi cap. 11. n. 313. Gaillard. Ant. de [illegible] restit. [illegible] 3. consil. 19. n. 16.*

41 Immunitatis quoque priuilegium extenditur etiam ex prædictis quoad bona postmodùm quæsita, *Io. Vinc. Anna singul. 698. Berlich. decis. 109. & Tapia d. cap. 4. nu. 6. Camill. Borrell. de præst. Reg. Cathol. cap. 33. num. 21.* vbi id declarat in priuilegio cōcesso per verba generalia, & amplissima, imò & in n. 23. quod priuilegium concessum personæ extendatur ad bona præsentia, & futura, & n. 24. quod habeat locum in bonis etiam posteà quæsitis per subrogationem bonorum priorum, quibus concessa erat immunitas, & post alios firmat doctissimus *Dom. Ioseph Altogradus controu. 51. n. 1. & seqq.*

42 Et immunitas concessa pro bonis præsentibus tantùm, extenditur etiam ad futura ex præsentibus acquisita eadem subrogationis ratione, vt docet *Ant. Faber in Cod. tit. 29. defin. 19.*

Prædicta tamē intelligimus, si acquisitio fiat sine fraude, cū aliàs posset talis priuilegiatus decimā partē Ciuitatis emere, & sic intelligēdus est *Io. Boldemanus in comment. ad Pand. vol. 2. [illegible]*

43 Secus verò dicendum videtur de bonis futuris in incerto, de quibus nō cogitasse censetur Princeps, sic, qui auxilium futurum promisit, excusabitur, quando ipse demū præstiterat, in quantum copijs opus habet: Athenienses posteris Harmodij, & Aristogitonis immunitatem dederunt, ad belli tamen subsidia, & triremes instruendas etiam ab his tributa exigebant, teste *Demosthene in orat. adu. Leptin. Io. Iacob. Wissembachius in Exercitat. ad 50. libr. Pandect. disp. 40. tit. de vacat. immunit. n. 21.* & nos infrà ad q. 10. § 3.

44 Nisi verbis quidem amplissimis immunitas titulo oneroso fuerit concessa, quo in casu nec ob læsionem superuenientem talis cōcessio rescinditur, neque per restitutionem in integrum audiatur concedens ipso tempore ad eam petendam, cum in contractum transiuerit, dictisque verbis expressis cum belli cōgicatione facta cōcessa, nam tunc etiā superueniant onera valdè grauia, tamen ad ea extenditur immunitas, *Gasp. Thesaur. q. 8. num. 13.* & initium debet spectari, & tempus illius perfecti, & consumati, qui in contractum migrauit onerosum, & vltrò, citróque obligatorium, vt post alios fundat *Paul. Bellon. de potest. eor. quæ sunt [illegible] cap. 154. num. 6. & 7.* & qualiter Principis concessio quandoque maneat in meris, ac puris priuilegij finibus, & aliquando permaneat in aliquam contractus speciem, exponit *Reg. Galeot. [illegible] 2. contr. 35. n. 45.* vbi quod talis immunitatis concessio ob benemerita à Principe, adeò sit immutabilis, vt perpetuò gaudeat [illegible] & nec etiam per [illegible] [illegible] posse [illegible] & n. 38. concludit immunem, & priuilegiatum non solùm gaudere immunitate, sed esse participem omnium vtilitatum, & reditaum communium, & quod tale priuilegium non extendatur ad Iudæum, solutionem n. 39.

45 Hic tamen aduertendum est, quod concesso tali priuilegio *Titio, & hæredibus suis,* transit etiam ad filias, & ex filiis descendentes, quia appellatione hæredum, & successorum veniunt heredes tàm de iure prætorio, quàm ciuili, *l. stipulatio ista, iuncta gloss. in verb. successoribus, ff. de V. O.* quemadmodùm, quando conceditur *pro hæredibus, & descendentibus,* non solùm ad primum, sed ad sequentem gradum hæredum, tàm masculorum, quàm fœminarum porrigitur; Vox enim hæredis subsequentes quosvis denotat *l. hæredis appellatione 170. ff. de V. S.* vt plenè in *Bertrand. consil. 91. n. 1. & 7. vol. 4.* & generalem dixit *Ant. Gabr. de priuil. lib. 1. cap. 4. n. 4. post Bart.* denegare regulam nomen hæreditarii appellatur alternatiuè,

teriæ, quæ sui natura cohæreat personæ, & omnes sequentes non comprehendat; Et hinc priuilegium immunitatis cum clausula, *pro se, suisque hæredibus, & successoribus*, concessum, ad emptores, & successores etiam particulares per *l. fluminũ 14. §. 1. de damn. infect.* extendit *Alciat. conf. 18. nu. 1. lib. 4.* Et tantò magis ad descẽdentes, tàm masculos, quàm fœminas, & ab illis natos ex ijs extenditur *cap. 1. in princ. Nouell. 118. l. fin. C. de suis, & leg. hæred.* in terminis *Claud. Bertazol. in add. ad conf. 391. litt. C. Natt. conf. 64. n. 8.* quidquid in contrarium dixerit *Bardell. conf. 94. n. 3.* citans *Alciat. conf. 7. n. 12. M. Brun. ab Anguill. conf. 54. num. 17. per l. 1. D. de iur. immunit.* quibus respondetur, immunitatem non semper esse contrà vtilitatem publicam *l. vnic. C. de impon. lucrat. descript.* maximè, si Princeps non contrà, sed præter ius de bonis fiscalibus largiatur, *arg. l. 3. C. de bon. vac. Gu. Pap. dec. 489. vers. Et quia beneficium, Ar. Pinell. in l. 3. C. de bon. matern. nu. 31. vers. hoc autem addendum.*

46 Imò etiam immunitas à Rege alicui condigno Baroni concessa ob eius grata seruitia, ac sanguinis coniunctionem, quod debeat prorogari in eius successorem ex eadem causa expressa, determinatum refert in causa Serenissimi Ducis Parmæ, qui porrectis precibus Dom. Regi, vt immunitas à seruitijs debitis occasione feudi, adohis, donatiuis ordinarijs, & extraordinarijs, siuè superindictis, & alijs porrigeretur ad ipsum successorem, habita consultatione à Regia Camera in sui fauorem, fuisse ità à Clementissimo Rege nostro rescriptum, & confirmatum per eãdem R. Cam. post *Reg. Galeot. 2. tom. controu. 55. Thor. in supplem. compend. dec. vers. immunitas concessa fol. 189.*

47 Quæ tantò magis militant, quia apud *DD.* circà priuilegia immunitatum, in fauorem immunium latè, aut strictè interpretanda, distinctione quoque declaratur, vt explicat *Io. Paladeor. rer. quotid. lib. 1. c. 3. nu. 30.* scilicet, quod aut Ciuitas aliqua, vel Princeps tributa, siuè vectigalia indicit, quo casu odiosa non sunt, *l. 1. D. de loc. public. fruend.* ibi (*tuentur enim vectigalia*) & imponuntur, vti regalia, vt Princeps inde victum sumat, iustitiamq; administret, *Rimin. iun. conf. 71. n. 34. & 43.* illo verò contrarium asserendum, *Palador. & Rimin. d. loc. Gallia conf. 25. nu. 36. Bardell. conf. 94. n. 1. & seq.*

Sed absq; limitatione illa, veriùs dicitur, tributa, ac vectigalia quoad personas, quibus imponuntur, odiosa esse, continent enim diminutionem patrimonij, liberumq; commercium nonnihil impediunt, omnis namq; recessus à iure communi est odiosus post *Tiraquell. de retract. lignag. Gattier. de gabell. qu. 6. n. 4. & 7. Angel. conf. 385. n. 1. Rol. à Vall. conf. 42. n. 15. lib. 3. Cacheran. dec. 4. n. 7. Surd. dec. 305. n. 45.* vbi (*mirum esse, ait, quod Rimin. ausus fuerit contrarium attentare contra omnes DD.*) *Gratian. discept. forens. 17. nu. 17. & seq.* ex *Rum.* tradens, causam quidem vectigalium fauorabilem esse, cum fiat ob vtilitatem publicam: sed actualem impositionem nunquàm *Claud. Bertaz. in add. ad pstr. conf. crim. 6. litt. B.* Hodièq; omne dubium cessare asserens, *Pacian. conf. 131. n. 35. Rupp. dec. 50. nu. 1. Personal. de gabell. num. 38. Horat. Rinat. dec. Luc. conf. 94. vers. quod autem summe, Mastrill. dec. 87. n. 16.* ex quo firma inducitur conclusio, immunitatem à vectigali, estò in se odiosam, respectu subditi immunitatis concessionarij vel fauorabilem latissimè interpretandam, *c. seruitium 18. qu. 2. Surd. d. decis. nu. 45. in princ. Natt. conf. 274. n. 8. Bertaz. consil. crim. 431. n. 10. Alciat. conf. 18. nu. 5. vol. 4. Rol. à Vall. conf. 42. nu. 22. vol. 2. Bera. conf. 70. n. 30. vol. 1.*

48 Non tamen existimamus, ad hæc prætereundum, quod si concederetur immunitas *Titio, & generi suo, ac posteris*, tunc non veniunt descendentes per lineam fœmininam nati, ex text. in *l. 1. §. fin. D. de iur. immun. l. vacatio, D. de muner. & honor.* licet contrarium videantur probare plura alia responsa I.C. vt notatur in *l. 1. & 3. D. de liber.*

conf.

tenus. l. 3. D. de interd. & releg. l. fin. D. de pollicit. l. si ità scriptum 41. D. de leg. 2. l. quisquis 116. l. Seruius 122. l. iusta 201. l. liberorum 220. de V. S. & Imperatorum rescripta *in l. generaliter 6. C. de instit. & substit. l. communium 9. §. 1. vers. illa videlicet, C. de natur. lib.* vbi appellatione descendentium, & posterorum comprehenduntur omnes, etiam qui ex fœminis nascuntur, ità vt omnes in infinitum comprehēdantur, tàm ex masculis, quàm ex fœminis progeniti; nam communior approbatur *Accursij* opinio in *d. l. si ità scriptum, verb. vocabulo, de leg. 2. Garz. de nobilit. gl. 1. §. 1. ex nu. 32. Pinell. Tiraquell. & alij,* quos refert *Castill. lib. 5. contro. c. 93. & 122. n. 7. Barbos. in l. quia tale 14. nu. 37. D. solut. matr. Girond. de priuil. num. 156. Valenz. in l. 1. tit. 25. C. lib. 10. n. 8.* dicentes, ideò *in d. l. 1. ad fin.* immunitatem posteris concessam ad fœminarum filios non extendi, ob naturam pota in se odiosam priuilegij immunitatis, cōmuni vtilitati repugnantis; cùm per illud priuilegiatus à publicis muneribus excusetur, vnde cæteri Conciues prægrauantur, & sic ex inæqualitate substinendorum tributorum odium resultante, quod in alijs concessionibus, beneficijs, dispensationibus, ac priuilegijs, quia cessat, nullumq; Reipublicæ, & Conciuibus discrimen resultat, omnes proindè in illis admittuntur, etiam qui ex fœminis procreati sunt.

Cuius tamen sententiæ rectiùs aliā rationem reddit *Amaya in l. 1. tit. 25. lib. 10. C. à n. 27. ad 38. vsq; ad 33.* quia scilicèt ad munera obeunda, & tributa persoluenda, & quoad dignitates, & honores inspicitur patris conditio, & origo ex *l. ius 22. l. 35. l. 36. l. 44. de Decur. lib. 10.* vnde Labeoni Antistio *soror* appellata est, quasi *seorsim* nascatur, separeturq; ab ea domo, in qua nata est, & in aliam familiam transgrediatur, auctore *A. Gellio 13. noct. Attic. 10.* Et ex hoc meritò immunitas posterorum masculis, non verò ex fœminis descēdentes comprehendit; nam illi patrum suorum originem, & conditionem sequuntur, exemptionisq; honor ille non conseruatur, nisi in masculis, qui familiam conseruant, & ità non tàm ex natura verborum, posteris, vel generi, hoc inducitur, quàm ex qualitate priuilegij, seù immunitatis, quæ nō est apta comprehendere descendentes ex fœminis contrà intentionem Principis, qui familiæ consulere voluit, & respectum habuit ad agnationem, vt declarat, & fundat idem *Amaya ibid. nu. 29.* vbi *n. 30.* contrarijs respondet, & *n. 35.* examinat; an priuilegium concessum descendentibus ex fœmina, competat etiam fœminis nuptis. Idem censet *Menoch. cons. 326. num. 83. & seqq.* si immunitas data sit descendentibus per rectam lineam, quasi recta marium sit, non fœminarum.

49 Præfata verò conclusio minimè locum habet, si fiat concessio *Titio, & hæredibus suis, ac successoribus in perpetuum*, quia tunc sine dubio veniunt omnes, etiam per lineam fœmininam descendentes, vt notant Canonistæ *in proœm. 6. decret. §. sanè, & in clement. dudum, de sepult. Fusar. quæst.* 345. in quo casu fuit disceptatus arti-
50 culus, an concessa immunitate alicui pro se, suisq; successoribus in perpetuum non soluendi fiscalia olim carol. 25. hodie 42. mortuo patre, cum filij se diuiserint, quilibet insolidum haberet totam immunitatem, an filij pro rata, & omnes simùl totam, fuitq; per Regiam Cameram decisum, omnes in solidum gaudere eadem immunitate *D. Reg. Reuerter. dec. 181.* vbi *D. Reg. de Marin.* obseruat, quod talis immunitas transit ad successores vniuersales, non autem ad particularem, nisi adiecta esset dictio vniuersalis, *quibuscumque*, quia tunc continetur quoque singularis successor, idem *Reg. de Marin. lib. 1. resol. cap. 169. & lib. 3. cap. 159. & ad R. Reuert. decis. 345.* quem refert *Iul. Capon. discept. 90. n. 32. & 33. tom. 2.*

51 An autem concessa immunitate omnibus, qui sunt de sanguine regio, gaudeant & descendentes ex fœmina, latè disquirit *Reg. de Ponte decis. 5. per tot.*

alii per Coll. Conf. decisum refert immunitatis immunitatem à solutione dirictuum regii sigilli contrà Sereniss. Ducem Parmae descendentem ex fœmina de sanguine regio, vt non gauderet ea; d. 1. D. de iure immunit. tradens n. 15. sic obseruatum in Dominis de Aualos descendentibus ex D. Maria de Aragonia Marchionissa Vasti, secus Ducem Montis Alti de sanguine regio Aragonensium descendentem ex masculo, fuisse semper immunem à dicta solutione.

52 Ex quibus omnibus ità examinatis satis quidem firma, & indubitabilis remanet *Auth.* nostri conclusio pro Vniuersitate, decisione Regiæ Cameræ confirmata, vtpotè quod immunitas concessa Vniuersitati comprehendat incolas, & focularia, quæ de nouo accesserunt, quam decisionem ex *Auth.* nostro referunt *Andr. Capan. de iur. adoh qu. 15. n. 10. & qu. 33. n. 9. Io: Bapt. Thor. in compend. decis. tom. 2. verb. Immunitas concessa Vniuersitati post Io: Mariam Nouar. in alleg. inserta inter decis. Riet. sub decis. 130. n. 2. p. in margin.; Danza ad Grammat. decis. 4. n. 36. vers. Petra hic*, eandemq; sententiam optimis rationibus sequutus fuit, illam fun-
53 dando idem *Nouar. in cit. quæst. forens. 157. per tot.* in qua in eo solùm defecit, quia collectis per ipsum rationibus, *Dom. Regentem* nostrum non citando, vt plurimum decrauit, licet in *d. alleg.* quæ est apud *eis. decis. Episc. Riti* Authorem nostrum, vt par erat, citauerit *n. 3.*

AD QVÆST. II.

Quando Rex concedit immunitatem à functionibus fiscalibus alicui Vniuersitati, an illa sit in damnum Regni, vel ipsius Regis concedentis; Et quid in donatiuis.

ANNOTATIO.

SVMMARIVM.

Immunitas Vniuersitati concessa, an cedat in damnum Regis concedentis, vel Regni, latè differitur à n. 1. ad seqq.

Nouarius 2. for. quæst. 57. *hanc, & sequentem* Dom. Regentis decis. *plagiariè transcripsit d. n. 1.*

Afferuntur verba D. Reg. Galeot. *hanc* decis. *commendantis n. 3.*

Quid si immunitas ob impotentiam contingat d. nu. 3. & seqq. & quid in donatiuis n. 6.

Clausula, nemine excepto, *in donatiuis apposita quid importet n. 8.*

QVamplurimæ cum sint in Regno Neap. Vniuersitates à functionibus fiscalibus immunes, ob elargita illis priuilegia à Serenissimis Regni Regibus, vt *in princ. hor. quæst.* *Author* noster aduertit; Indè meritò examinare prosequitur, *an talis immunitas in damnum Regis concedentis, vel Regni cedat?*

1 Quo in puncto ob doctissimè, ac plenè iuxtà morem ab *Auth.* nostro traditæ, non fuit locus *Io: Maria Nouar. 2. forens. qu. 57.* nisi verba eadem, authoritatesq; ità transcribere, vt ex hac, & sequenti aliis nostri *Auth.* quæstionem, vnicam ipse florentem quidem compilauerit; In eo tamen notandus videtur, quia *Dom. Reg.* nostrum non citauit;
2 Non ità tamen versati fuere *Andreas Capyc. de Iure Adoha qu. 44. num. 30. Danza ad Grammat. dec. 4. nu. 36. vers. Et immunitas, & Reg. Capyc. Galeota in*

com-

controu. 53. lib. 1. cui esto proprio mar-
2 te illas antecedentes cõclusiones prædictæ quæstioni æneæ expofuerit, authoritatesq; *DD.* plurimas retulerit vsq; ad *nu. 29.* deindè nu. 30. confirmando post *Valasc. ibid.* esse indubium esse in quolibet onere, nedum singulis quibusq; Ciuibus per capita diuiso, vel distributo sed etiam ipsi Vniuersitati imposito, tanquam vniuerso, & sic in communi integrè Communitati, quod adhuc immunitas siquibus concessa, cedat in damnum prius solius Principis concedentis, non autem aliorum, exemptorum, siuè Vniuersitatis, quod de communi, & benigniori sententia in praxi recepta generaliter verum esse firmat in quibuscumque oneribus ipsis Vniuersitatibus, siuè Communitatibus impositis, excepto casu, vbi ipsimet Vniuersitas aliquos exemerit; concludensq; tandem de prædictæ conclusionis veritate benè non esse dubitandum, cum & *ipsa vera sit, magis communis, & in praxi in Regno recepta, ac secundum eam, iuris in Regia Camera iudicatum, & longæua Consuetudine*
3 *approbatam refert* (vt doctissimi *Reg. Galeota* verbis vtar) *insignis itaque, cum non communiter Reg. Moles post hæc scripta, afferat, in quæst. 2. decis. sicut* 2 *sub rubr. de immun. funct. fisc. præmissa disputatione, vtrum Rex concedens immunitatem à functionibus fiscalibus alicui Vniuersitati, ausus fuerit immunitatis concessio cedat in damnum Regis tantummodo, vel potius cedat in quotam partem Ciuitatis exemptæ à reliquo Regno exigere; decidit quod Rex post concessionem immunitatis, idem Regnum teneatur ex contractu obligatum ad idem debitum, ex quo dicitur concedam, etiam Tyrannicum omnium excidendum fore à reliquo corpore Regni, Sicut in simili dicimus in casu impotentiæ, vt si aliqua Vniuersitas deficeret, siuè redderetur ex impotentia inhabilis ad soluendum, quod à reliquo corpore Regni supplendum est, cum ab ipsis ex impotentia exigi non possit, vt ex l. fiscus §. fin. D. quod cuiusq; Vniuers. nom. & ex traditis per Bart. in l. 4. §. aliter n. 4. D. de re iudic. & in l. 2. C. de apoc. publ. lib. 10. vbi Luc. col. 3. Plat. & Rebuff. n. 4. in l. si se non obtulit n. 35. D. de re iudic.* (quod hinc iudicium examinat, & ita concludit Reg. *Rouit. in consilio in mat. donationum n. 22. 25. 27. 28. vsq; ad 31. to. 1.*) *nihilominus resoluit Moles. hic, & alijs non obstantibus, Regiam Cameram tenere contrarium, & ita passim iudicare, ea potissimum ratione, quia Rex concedendo immunitatem, videtur recipere id, quod aliàs ab Vniuersitate exempta functis exolueretur, quia remittere est donare, & donando recipere videtur, ex traditis per Isern. ibid. per eundem D. Galeot. cit. num. 31. & 32. ex* expresso quoque textu id probante in *l. vir ab ea in fin. D. de iur. dot.*

Diuersa namque ratio est, quando contingit immunitas ob impotentiam à casu, quo ex priuilegio concessa fuit; Cum in primo consideretur impositio, siuè donatiuum indiuisum toti Regno, distributum verò pro rata focularium facilioris, & commodioris exactionis causa, integrè tamen illa à toto Regni corpore exigenda, vt sic nihil diminui possit à quantitate certa spontè donata, sed illa indiminutè est soluenda, siuè distributa sit in multos, siuè in paucos, cum in tali diminutione nullum Principis factum, aut culpa considerari possit, quod etiam cum Baronibus in donatiuis practicari ex *Reg. de Pont. fund. cit. Reg. Galeot. d. loc. num. 37.* In secunda autem immunitate ex priuilegio concessa, cum pro rata illius videatur Princeps donasse, & donando, consensus pro parte immunium substitutus, vt à *Aut.* nostrum tradidisse *Ripa in d. l. si se non obtulit nu. 36.* aduertit idem *D. Reg. Galeot.* vbi *Reg. de Ponte* doctrinam, vt suprà declarat *n. 38.*

4 Vlterius quod cedat in damnum Vniuersitatis, & non Regis diminutio, ea ratione alij cõcluserunt, videlicet quia in hoc Regno adest quædam conuentio inter ipsum Regnum, & eius Regem, vt quod solui nequit per aliquas Vniuersitates ob earum impotentiam, sup-

pleatur ab alijs Vniuersitatibus, quæ soluendo sunt, quia Regno imputandum est, dum talem conuentionem cũ eius Principe fecit, quod etiam procedere in casu immunitatis concessæ à Rege, & ità fuisse determinatum fundat, & refert *Reg. Camill. de Curt. in diuers. feud. fol. mihi 25. at. in ver. redeundo igitur nu. 32.* idemq; sequitur *Thor. in add. ad R. Salernit. decis. 39. nu. 17. & in comp. decis. to. 1. verb. immunitas à Rege concessa*, vbi tradit decisum, cedere in damnum Vniuersitatum, & hoc ex illa ratione, quod integra donatio facta ex causa prædicta veniat in beneficium Regiæ Curiæ, & quod non potest ex Vniuersitatibus habentibus immunitatem haberi, suppleatur ab alijs Regni Vniuersitatibus ex conuentione prædicta inter Regem, & Regnũ, cum in tantùm Rex voluerit, vt ad nouam numerationem non procederetur, quatenùs certa quantitas persolueretur; Sciebat enim tunc Regnum, adesse Vniuersitates immunes, & sic poterat sibi prouidere, & apertiùs legem dicere, conuentionemq; formare, sibiquè imputet, dum hoc non fecit, ex *tit. de Curt. d. loc.* & ex *P. Molfes. in Consuet. Neap. in proœm. qu. 6. n. 16.* qui estò dicat ob eandem conuentionem fuisse annis elapsis conclusum in Collaterali Consilio, vt donatiua facta per Regnũ eius inuictissimo Regi, dum solui non poterant ab omnibus Vniuersitatibus, integrè soluerentur ab alijs, quæ erant soluendo, & sic fuisse exequutum; attamen *Molfes. in seqq. num.* examinata, & in contrarium adducta *Thorus* non retulit.

5 Ipse namque *Molfes. in num. 17. & seqq.* testatur contrarium respondisse argumento illo bipartito, siuè bisulcato, secundùm legistas, puta quod vel Rex voluntariè immunitatem concedit, vel fit diminutio, quia illæ Vniuersitates soluendo non sunt; At cum neutro modo possit præiudicare alijs, quæ soluendo sunt; Ideò nullo modo secũdùm *Molfes.* sustinetur talis prætensio; Minorem autem fundat, quia concessa voluntariè à Rege immunitate illis Vniuersitatibus, ex iuris dispositione, remissio cedit in præiudicium concedentis, qui voluntariè gratiam fecit, immunitatemq; aliquibus concessit, nec potest ex hoc alios grauare, sed in eius præiudicium tendere debet, vt post alios & ex *Reg. Tap. in rubr. de Constit. Princ. cap. 4. nu. 3.* sic se vidisse semper in Regia Camera practicatum referente, optimoq; iure seruari, quia Principis gratia tertio nocere non debet ex *l. fin. C. de stat. pass.* (*Auth.* noster hic *num. 6.*) *ibid. num. 20.* fundat.

Idq; confirmat ex eo, quod licet Rex possit aliquos eximere à tributorum solutione, quo casu venialiter prodigalitatis peccato solùm peccat, secùs si ad ostendendam suam liberalitatem, & beneuolentiam ergà aliquos ex *D. Thom. lib. de regim. Princ. opusc. 20.* nihilominùs si cum eximeret aliquem, ab alijs ratam tributi remissi exigere velit, contra iustitiam mortaliter peccare videtur quamuis exemptus priuilegio licitè uti possit, nisi in eo cooperauerit, Principem ad concedendum inducendo, idem *Molfes. ibid. à n. 21. ad 24.* vbi hoc procedere respectu ipsius Principis, quia si eximeret aliquem, & onus remaneret, vt iuris est, respectu aliorum, tunc nõ esset peccatum; Sicuti etiam *nu. 5.* considerat, quod si Princeps insolidum consequuturus sit à duobus quantitatem pecuniarum aliquam, si vni faciat gratiam, estò alteri gratia non posit, tenebitur tamen soluere eius ratam ex *Bald. in l. fin. col. vlt. vers. sed quæ, C. de fr. & lit. expens. & Afflict. in Const. Cum circà iustitia sub n. 19.* Imò quòd eadem procedant, estò remissio fit, si Vniuersitates soluendo non sint *ibid. à n. 26.* dicendo, quod tunc peius Princeps faceret, nam de iure nemo cogitur alterius debitũ soluere, *Auth. hoc nisi C. de fideiuss.* cum Princeps teneatur nõ exigere illo in casu tributum ab Vniuersitatibus impotentibus, & à plures Regni Reges fecisse, præcipuè *Regem*

Fer-

Ferdinandum I. in anno 1483. vt in Cap. Neap. fol. 5. At cap. 2. Ferdinandum II. in anno 1496. vt in eisd. Capit. fol. 14. cap. 28. concludens exinde, quod, dum tenetur Princeps impotentes ex Iustitia à dicta tributorum solutione eximere, non potest alias Vniuersitates ad supplendum grauare, quod aliæ soluere non tenentur.

Et *n. 29.* respondit conuentioni prædictæ in contrarium adductæ, ad summum illam intelligendo de functionibus fiscalibus ordinarijs, non verò de extraordinarijs, & de donatiuis, sicut quoque est in habente Immunitatem simpliciter, intelligi eam ab ordinarijs, non autem ab extraordinarijs, prout declaratum fuit per literas *Regis Federici, & Augustissimi Regis Philippi II.* ex notatis per *Tap. in d. cap. 4. n. 104.* meminitq; de his *Thor. quoque d. loc. in verb. Immunitas concessa simpliciter*; & ex his *cit. Molfes. n. 30.* firmat, ità per hanc conuentionem factum præsumi, licet enim esset generaliter, & simpliciter facta, iàm modo explicato intelligi debet, & proinde in donatiuo, quod imponitur respectu habito ad omnes Regni Vniuersitates; rata inde illarum, quæ soluendo non sunt, ab alijs exigi nequit, quamuis opulentis, quod latiùs idem fundauit in *cap. 6. explicationis Bullæ Cœnæ Domini*; Cuius opinionis fuit etiam *Reg. de Pont.*, quem refert *cit. Reg. Galeot. contr. 55. n. 20. et Capan. de iur. adoh. q. 61. n. 24.* dicens, quod Terra penitùs impotens, & depopulata deletur à Cedulario, & eius focularia non aggregãtur in Regno secundùm distinctionem *ibid. n. 26. & seq.*

6 Prædicta tamen rectè non procedere concludimus in priuilegio immunitatis alicui Vniuersitati concesso ante donatiuum factum, vt *Auth.* noster hic *n. 7.* optimè fundat; Sicuti quoad donatiuum, veluti à toto Regno debitum, ad certam vsq; summam constitutum, vt à toto Regno debeatur, non obstante, quod aliquæ Vniuersitates sint immunes etiam à donatiuis futuris, quia Regnum, quãdo donat certam summam idem consideratur, datis etiam in illo aliquibus Vniuersitatibus immunibus, & sic Regiam Cameram contrà Regnum decidisse *Reg. noster hic n. 8. & 9.* refert, dicens, secùs esse, si sunt concessæ immunitates post factum donatiuum, quia fit per Regnũ rebus in eodem statu permanentibus, & inde cum Rex immutat rerum statum concedendo immunitatem, in sui præiudicium cedit, *ibid. num. 10. & 11. Nouar. in d. q. 57. n. 9. R. Galeot. d. contr. 55. n. 33. & seqq.*

Quod esse indubitatũ restatur *Reg. Rouit. in d. consult. in mat. donatiui num. 24. to. 1.* vbi *n. 15.* examinat, an idem sit dicendum in casu impotentiæ, vt scilicet distinguatur, si impotentia inerat tẽpore facti donatiui, vel superuenerit posteà, vbi sic fortasse dici posse concludit, ponderando rationem *Bald. in l. actiones n. 1. post fin. C. de execut. rei iud.* dicentis, quod cum obligatio certam formam distributiuam assumpserit, à statu ipsius non est recedendum, *arg. l. insulam, D. de V. Obl.* ex qua ratione manifestè attingi dicit casum, etiam respectu impotentiæ, nam concluso donatiuo à Regno in Comitijs oblato, statim pro illius exactione ab ipsa Regia Curia, siuè à Regia Camera fit distributio ratæ spectantis ad singulas Regni Vniuersitates iuxtà focularioram numerum, & sic donatiuum statim recipit suam formam certam distributiuam, vnde si post factas distributiones aliquæ Vniuersitates reddantur impotentes, non propterea à primo statu formæ distributiuæ est recedendum, idem *Rouit. ibid.* vbi *n. 16.* exponit, qualitèr Vniuersitates possint dici impotentes ad soluendum.

7 Firma itàq; remanet principalis *Auctoris* nostri conclusio, vtpotè, Principem Immunitatem à fiscalibus, & à donatiuis, cæterisq; tributis iam impositis concedentem, priuilegiati portionem in ipsius Principis concedentis, non verò in aliorum non immuniũ detrimentum imputari ex *l. ad Tорt.*, vbi

Luc.

Luc. de Penn. C. de exact. tribut. lib. 10. & in l. 1. C de excus. mun. eod. lib. Canon. in c. 2. de immun. Eccl. & alij citati apud *Mastrill. de magistr. lib. 3. c. 10. à n. 132. & Borrell. de praest. Reg. Cathol. cap. 33. num. 12.*

Imò in dubio non præsumitur, Principem alicui voluisse præiudicare, etiã si in dispositione vtatur clausula, *ex certa scientia*, itemq; si de modico, & leui præiudicio agatur, & similiter quoque si vtatur clausula, *motu proprio*, quemadmodùm non præsumitur alteri præiudicare, licet dicat, *non obstante concessione alteri facta*, nam intelligitur de inualida, vt ex traditis per *Auth.* nostrũ, alijsq; citatis *DD.* ad hæc cumulatis firmat *Nouar. in d. q. 57. à n. 1. vsq; ad 5.* Quæ procedere in dubio, secùs verò si aliter constet de mẽte Principis ait *Hippol. Riminald. cons. 17. n. 23. lib. 1.*

8 Rursùs idem *Nouar. de grauam. Vasall. tom. 3. grau. 77. à num. 4.* ex nostro *Auth.* conclusionem illam retulit *num. 13.* scilicèt clausulam, *nemine excepto*, in donatiuis appositam, in beneficium Regni considerari, ad hunc scilicèt finem, ne immunitas illorum accrescat pro eorum rata reliquorum oneri, sed quod omnes calculentur, etiam quod immunitas ante donationem factam fuerit concessa, nam cum Rex non obstante clausula prædicta mandat, immunitates seruari, censeri debet, ac si post donatiuum prædictum illam concederet, & per consequens in sui damnum cedere oportet, de qua conclusione infrà cum *Auth.* nostro, alijsque

9 latè examinabimus in *§. 4. de iur. adoh. quaest. 5.* in articulo illo, concessa immunitate per Regem alicui Vniuersitatis vel Baroni à donatiuis, an illa rata cedat in damnum Regis, vel Regni, stante clausula, quæ apponitur, *quod nemo sit exemptus*, ex traditis etiam per *Reg. Galeot. d. lit. num. 35. Capon. de iur. adoh. quaest. 13. & 61.* alijsque ad id annotandis.

AD QVÆST. III.

Quid si immunitas non est concessa Vniuersitati, sed alicui particulari.

ANNOTATIO.

SVMMARIVM.

Immunitas alicui personæ concessa, in damnum Communitatis, an verò Principis concedentis cedat num. 1. & seqq.

Nouar. *hanc decis. furtim excerpsit, ac* Thor. *de errore notatur d. n. 1. 2. & 3.*

Immunitatem concedens, an intelligatur concessisse à Collectis, quæ alteri debentur n. 9. & 17.

Princeps an possit concedere immunitatem etiam ab oneribus Vniuersitatis, vt portio exempti alijs accrescat nu. 10. 11. & 12. & an tertius possit à tali concessione appellare n. 13.

Barones eximentes aliquem à præstatione iurium sibi debitorum, an alij molestari possint n. 14.

EX præcedenti quæstione hæc alia ab *Authore* nostro dignè examinatur, vtpotè, an etiam immunitas cõcessa particulari, in concedentis dãnũ cedat, vel illius loci, in quo priuilegiatus habitat?

1 Ad quam sanè quæstionem *Io: Maria Nouar. 2. quaest. 57. à n. 6.* eam solũmodò referendo, cum rationibus dubitandi, ac decidendi à *Dom. Reg.* nostro per eadem verba desumptis, non erubuit doctissimum nostrum *Authorem* reiicere (licet in *rubr. Pragm. de iur. & exact. fisc. num. 0.* hanc *decis.* referat); Quemadmodum & *Io: Bapt. Thor. comp. vers. Immunitas concessa*, dum No-

2 *uario* credidit, *Authore* nostro non recognito, in errorem lapsus est, dum decisionem, quam *Reg.* noster hic *n. 16. & 17.* retulit in casu immunitatis concessæ particularibus personis *Io: Feli-*

cis

sis Scalaleonis, & *Iulij Gerardi*, videtur eam veluti Vniuersitati concessã exemplificare, quando non quidem de immunitate Vniuersitati, sed particulari concessa decisio illa emanauit, vt in damnum Regis, non verò Vniuersitatis *Nola* caderet, quod secus esset secundùm eundem *Thor.* quando ipsi nõ essent ibi numerati, & sic decisum per Regiam Cameram refert ex *Nouar.*

3 Imò ipse etiam *Thor. in comp. decis. tom. 1. verb. Immunitas & alicui*, secundùm conclusionem nostri *Auth.* illorum etiam nec citando firmat, in Regia Camera ità practicari, vtpotè immunitate alicui concessa, priuilegiati portionem alios non grauare, sed in præiudicium concedentis tendere, ex *Reg. Tap. de Constit. Princ. cap. 4. nu. 31.* & *Mastrill. de magistr. lib. 3. cap. 6. n. 133.* quidquid idem *Thor.* inconsiderate dicat *in add. ad decis. Reg. Salernit. 31. n. 1.*

Rectius, synceriusq; ad id tamen versantur *Reg. Galeota lib. 1. contr. 33. n. 34. in fin.* & *Andr. Capan. in tract. de iur. adoh. quæst. 44. num. 31.* qui Regentis nostri authoritate vtendo, prædictam conclusionem iuxtà proprium eius intellectum referunt, cum decisionibus ab *Auth.* nostro ibidem relatis.

4 Rursùs ad eandem quæstionem annotandum est ex doctrina *Specul. in tit. de exeq. §. nunc dicendum, vers. quid si Vniuersitas*; quod si aliquis eximatur ab annua solutione Superiori debita per aliquam Vniuersitatem, exempti portionem soluere non teneri alios eiusdem Vniuersitatis, & proindè à tali priuilegiati portione Vniuersitatem exgrauandam esse, *Follerius de Collect. in 4. parte. n. 32.* & *Reg. Desfur. in tit. de Principe, & eius privileg. n. 169.* vbi ait, quod dum esset fiscalis, fecit sæpius ità seruari, & opponebat, ne confirmarentur priuilegia, nisi diminuto in fauorem Vniuersitatis onere. *Surd. cons. 79. per tot. Rosenthal. de feud. c. 5. concl. 83. Reg. Camill. de Curt. de feud. n. 33. fol. 83. Elem. Reg. Tap. d. cap. 4. n. 31.* qui ità seruari in Regia Camera dicit, aliosque ibid. cit. fundat, & sequitur *Mastrill. de magistr. lib. 3. cap. 10. n. 133.* subdens ità in Regno Siciliæ pariter practicari ex *Petr. de Gregor. de concess. feud. p. 7. qu. 7. n. 10.* & præsertim pro Eminentissimis Cardinalibus, qui per literas regias consueuerunt immunes fieri super eorum Prælaturis de iurepatronatus, quas fortè in Regno possident, eorumq; ratas cessisse oneri ipsius Regis, & ob id, nõ ità facilè huiusmodi priuilegia à Principibus concedenda, nec à magistratibus probanda ad textum *l. 1. C. de prec. Imper. offer.* & maximè in immunitate simpliciter concessa, quæ ad iura concedentis, non quoad spectantia ad alios ex priuilegio, seu consuetudine extenditur, vt post alios declarat *cit. Mastrill. d. loc. d. n. 134. ad 136.* Vnde si Vniuersitas alicuius Terræ debet annuas centum libras superiori, & ille à dicta solutione aliquem eximit, dicta portio exempti excomputatur concedenti, & exgrauatur Vniuersitas, vt ex supr. cit. & post *Ant. Capyc.* & alios fundant *Camill. Borell. de præstant. Reg. Cath. cap. 73. n. 43. Gaspar. de Gaeta super Rit. R. Cam. rubr. 2. n. 176. & 177.*

5 Quod confirmatur ex eo, quia immunitas si concedatur Scholari in aliqua Ciuitate, reliqui Ciues non tenentur pro eo supplere, vt ex *Luc. de Penn. in l. absentes, C. de excus. tribut. lib. 10.* contrà *Bart. in l. 2. C. de apoc. publ.* requisit, & melius putat *Reg. Reuert. in consult. in mat. donatiui n. 13. & 14.* Nam functiones fiscales, quæ debentur ex numero focularorum, dicuntur debitum particularium, & non totius Regni, & sic nemo pro altero soluere tenetur *Auth. præsenti, C. de fideiuss. P. Vulpes in Consuet. Neap. in præludio qu. 6. num. 28.*

6 Sicuti etiam est in pluribus hæredibus Collectam soluere debentibus, vno ipsorum effectu non soluendo, cæteri non tenentur *Follerius in tract. de Censib. & de Collect. par. 2. qu. 13. n. 5. 6. & 9.* quem sequitur *Thor. in add. ad Reg. Salernit. dec. 31. n. 2.* licet tamen superindictum ob defectum Vniuersitatum, aliorumve, qui soluendo non sunt, possit Rex
7 imponere, & à potentioribus exigere,

quo

quo in casu Barones etiam tenentur contribuere; Contributiones autem istas nonnisi cum consensu omnium, qui conferre debent, imponere poterit, secundùm tradita per *Reg. Reuit. in d. consult. à n. 31. ad 33. Cons. Rouit. de offic. rubr. 17 §. 3. de donatiu. n. 106.*

8 Prædicta autem procedere intelligas, quando Princeps concedendo immunitatem solam à regijs muneribus, videtur ipsi soli, nec alteri nocere, & proindè alij grauandi non sunt, nam minuitur, quod illi præstatur, nec per alios suppletur, post alios etiam supra cit. fundat *Franc. Clapper. in tract. conseruatiua. cau∫. 23. qu. 1. num. 4.* ex quo in

9 dubio interpretatio contrà concedentem latissimè fit, contrà tertium verò strictissimè *cit. Clapper. d. loc. n. 5. & q. 2. à n. 1. & 7.* & ideò immunitatem concedens censetur tantùm de oneribus, siuè tributis sibi debitis concessisse exemptionem, non verò de quibus alteri præstatio debetur, *Borrell. de præst. Reg. Cath. cap. 33. n. 16. vers. Quinta declaratio.*

10 Cum aliàs si priuilegium sit amplissimum, quemadmodùm extenditur ad omnium immunitatum capita, si tamen nõ per importunitatem, sed motu proprio sit concessum *cit. Borrell. d. cap. 33. num. 8. 19. & 20.* Ità etiam eò fortiùs constito de voluntate Principis concedentis priuilegium immunitatis, vtpotè quia illud concesserit ab omnibus muneribus, & oneribus, tàm Regis, quàm Prouinciæ, & Ciuitatis, nocebit non solùm Regi concedenti, sed etiam Comitatui, & Ciuitati, & portio exempti accrescet alijs non exemptis, *Bossius de Princip. n. 164. Clapper. d. loc. n. 7.*

11 Idquè potiùs militat, si expressè in priuilegio dixerit Rex, concedens immunitatem ab omnibus subuentionibus, & collectis impositis, & imponendis, in damnum Vniuersitatis, & nõ ipsius. nam tunc quia voluntas est clara, & aperta, onus alijs accrescit propter supremam Principis potestatem, de qua dubitare est nefas *l. 2. C. de crim. sacrileg.* sicut Rex Carolus I. cuidam Notario *Angelo de Robertis* exemptionem concessit, vt refert *Auth.* noster hic *num. 4. & 5.* cum aliàs Rex possit concedere priuilegium, quod lædat alios, dummodò non venerit ad iniquitatem, secundùm *Auth.* nostrũ hic *n. 3.*

12 & concedendo priuilegium, vel etiã rescribendo, tollere ius priuatorum, quod non est quæsitum, sed quærendũ, vt est ius collectandi vnum, *Siluan. in cons. 66. nu. 9.* vbi loquendo *de Duce Montisferrati*, inquit, potuisse eum tollere Cõmunitati *Balzola* facultatẽ collectandi Dominos de *Sancto Georgio*, concedendo eis immunitatem, & *n. 11.* subdit, hoc procedere indubiè, quando ius collectandi fundatur sola consuetudine, vt quia is, qui eximitur, sit forensis, & non subditus, *Cephal. cons. 38. n. 58. & seq.* & sic pro filijs celebertimi I. C. ac Præsidis Dom. *Rolandi à Valle* immunibus contrà Communitatem *Camania* firmauit *Surd. d. cons. 278. à n. 7. ad seq. vol. 2.*

13 Quod declarat *Reg. Galeot. controu. 55. n. 43. lib. 2.* dicens, saluam tamen esse tertio facultatem recurrendi ad Principem, non tamèn poterit tertius à tali Principis concessione appellare, *[illegible] per principalem 9. qu. 3.* neque excipere de subreptione, si proprio motu Principis fuerit concessum *c. [illegible], c. si motu proprio, de præbend. lib. 6.* & ex alijs *cit. Clapper. d. qu. 1. num. 8. & 9.* vbi dicit, non præsumi concessum per importunitatem, quod proprio motu elargitum est, ideòq; illo casu illud superest vnicum remedium, conquestus puta per supplicem recursum ad Principem, tãquàm per grauatam Vniuersitatem melius informandum, vt dignetur grauamen tollere, & indemnitati ipsius consulere, cum ad solum Principem spectet de priuilegijs ab illo concessis decernere, & iudicare, vt ex *c. cum dilectus, de iudic. & c. suggestum, de decim. citat. Clapper. ibid. n. 10. & 11.* vbi *n. 12.* conclusionem ex his firmat, Principem posse aliquem eximere, & immunitate donare, non solum à donis gratuitis, & alijs

alijs subsidijs realibus, sed etiam ab oneribus, & subsidijs Prouinciæ, vel Vniuersitatis alicuius Ciuitatis, vel Castri, si Princeps in priuilegio specialiter hoc disposuerit.

14 Et proindè præfata non militant, quando Barones eximunt aliquos à præstatione rerum sibi debitarum, & talem exemptionem in damnum cæterorum produre faciunt, dum potest ab illis per viam grauaminis ad Superiorem proclamari, ut ipsi Barones de proprio pro exemptis prædictis remaneant, & sic alios molestare non poterunt, ut post *Camer. & alios* fundat *tit. Neapol. gravamin. 7 cas. grav. 77. n. 1. & 2. 3. cum.*

15 Neque omittendum est, quod in casu, quo expressè Princeps, ut suprà, id non concedat, neque exprimat, non intelligitur in præiudicium tertij, nec ut alij grauentur, concessum priuilegium, etiã verbis generalibus à donis gratuitis, impositionibus, & subsidijs quibuscunque dictum fuerit, ut decisum refert *tit. Clapper. d. quæst. 2. num. 1.* Ex quo Principis priuilegium ità temperandum, & ciuiliter est interpretandum, ut quam maximè fieri potest, sine alterius iniuria, aut iuris alieni præiudicio intelligatur concessum, *Late num. C. de emancip. liber. l. impub. C. de admin. tut. l. 1. § meruit. D. ne quid in loc. publ. c. ex tuarum. de usu pall.* & dubia, ac generalia verba priuilegij recipiunt interpretationem, ne tertio præiudicium inferant, cum non intelligatur in dubio Princeps per verba generalia velle iuri tertij derogare, sed benigna interpretatione ad id, quod æquum, & iustum est, & ut ciuiliter intelligantur, restringi debent, ipsaque priuilegia, atque Principum rescripta, quantum fieri potest, iuri communi, & æquitati conformanda sunt, & ideò priuilegium generale interpretatur concessum in solum præiudicium Regis, & peccuniæ regiæ, & non alterius, post alios *tit. Clapper. d. qu. 2. à num. 2. ad 7.* ubi sequenti exponit, declarari tale priuilegium generale, dubiumque ex possessione, maximè quadragenaria sequuta, ut intelligatur concessum respectu fiscos, in quo possessio reperitur à *num. 1. ad seqq.*

16 Tandem non prætermittimus ad supra tradita conferre distinctionem, illam apud *DD.* in hac materia admissam, quod scilicet, aut collectæ, & alia munera, de quibus Princeps alicui immunitatem elargitur, spectant ad ipsũ Principem, aut solutio est facienda alteri; Primò enim casu, quod portionẽ contingentem exempto detrahere Princeps teneatur de solutione sibi solũda, & alios exgrauare, ex iuris conclusionibus suprà relatis, optimè fundat *Camill. de Loretho in theatr. feud. p. 1. [illegible] 79. à n. 1. ad 4.* ubi post alios *Cassiador. 2. var. epist. 17.* verba ad hæc refert, ibi: *Munificentiam nostram nulli volumus esse damnosam, ut quod alteri tribuitur, alterius dispendijs applicetur* (& infrà) *nec inferri quoque volumus, quod alteri nostro largitate remittimus, ut (quod dictu nefas est) beneficium nostrum, incommoda contingat esse dispendium.*

17 Secundo verò casu, si solutio facienda sit alteri, quàm ipsi, puta si una Ciuitas, & eius Casalia debent soluere prouisionem eorum Capitaneo, siue Officiali, & Rex, siue Dominus de hac solutione facit exemptum unum Casale, aut Villam, tunc alij tenentur soluere integrum salarium, quia nõ est verisimile, cõcedentem exemptionem velle præiudicare tertio, ut ex *c. super ea. de offic. Deleg. Paul. de Castr. Iaf. Felyn. Parif. Alex. Barbat. Ratr. Roba Vall. Corbonon. Boer. Burfat. & Rufrab.* de communi refertur *cit. Loretho d. loc. num. 4. & 5.*

Ex his immunitate generalitèr concessa, non includuntur ea, quæ Rex alijs antea concessit, *Capiblanc. de Baron. cap. 13. num. 1. Goffr. de Gaeta super Rit. R. C. rub. 2. n. 284.*

AD QVÆST. IV.

Officiales Regij, à quibus muneribus sint immunes; Idq; an sit de iure communi, vel speciali priuilegio.

ANNOTATIO.

SVMMARIVM.

IMmunitas de iure cõmuni, vel ex priuilegio diuersũ sortitur effectũ n.1. & 28. Decis. *hanc verbotenùs exarauit* Episc. Riccius *n.2.*

Senatores Supremarum Curiarum à Collectis exempti sunt n.3. & quid de Senatore priuato n.5.

Consiliarius à Rege creatus, censetur factus nobilis, & immunis n.4. Et quid de Silentiarijs, Regis Secretarijs, Præsidibus Prouinciarum, eorumq; viduis, & filijs à n.6. ad 9.

Officiales Regij, siue Consiliarij, an sint à gabellis, alijsq; diriclibus immunes n.10. & distinguitur n.11.

Officiales sunt immunes à muneribus personalibus, excubijs, & custodia murorũ Ciuitatis n.12. & 14. & quid in hac Neapolis Vrbe n.13.

Officiales an sint immunes à muneribus realibus, extraordinarijs, ordinarijs, vel mixtis à num. 15. ad 20.

Decisio Guid. Pap. 376. *expenditur d.n.20.*

Officiales in Regno Neap. an, & qualiter sint immunes à solutione Collectarum, aliorumq; onerum n.21.

Præsidentes, & Locumtenens Regiæ Cameræ à quibus muneribus sint immunes n.21. & 23.

Regentes Collateralis Consilij qualiter sint immunes d.n.21.

Consiliarij Regij Sanctæ Claræ quibus gaudeant immunitatibus n.22.

Rationales Reg. Cam. an sint immunes n.24.

Fisci patroni Reg. Cam. sunt immunes, sicut Præsidentes n.25.

Aduocatus Pauperum, an à gabellis exemptus sit n.26.

Præsides, Auditores, Capitanei, alijq; Ministri Curiarum Regni, an sint à gabellis immunes n.27.

Officialium immunitas per simplicem officij ingressum, an per exercitium acquiratur à n.29. vsq; ad 31.

Salarium ante administrationem an Officialibus debeatur n.30.

Miles, an priuilegijs gaudeat antequam in numerum referatur n.33.

Militum species in Regno Neap. quot sint num. 35.

Milites sũt immunes à muneribus personalibus, nõ verò realibus n.34. 36. & 37.

Milites hodierni grauis armaturæ an ab onere soldariorum eximi debeant n.38.

Milites in fraudem effecti ob euitanda onera, an exemptionibus gaudeant à n.39. ad 42. & quid si miles reperiatur antea numeratus vti subfocularis à nu.43. ad seqq.

Milites exteri habitantes in aliqua Regni parte sunt immunes, nec numerantur num.46.

Militaria priuilegia, quibus militibus competant, à n.47. ad 52.

Milites Stratiotæ, qualiter sint immunes num.53.

Milites Hispani in hoc Regno, quibus gaudeant immunitatibus n.54. & 55.

Militum priuilegia vltrà immunitatem indicantur n.56. & 57.

1 IMmunitatem à iure communi, vel ex priuilegio nancisci, cum diuersum effectum circà deductionem in damnum Regis, vel Vniuersitatis faciendam pariat, meritò quæstio hæc præcedentem sequitur, doctissimusq; noster *Author* inde methodicè examinat, qualitèr Regij Officiales, & à quibus muneribus sint immunes, idquè an de iure communi, vel speciali priuilegio nitatur; Cuius quæstionis dilucidationem, cum ità *Dom. Reg.* noster peritè tradiderit, vt nullus alius quàm discendi remanserit locus, laudandi
2 sunt ex hoc *Episc. Ricc. in collect. dec. p. 7. coll. 3109.* dum ibi *in vers. occasione,* post nostrum *Auth. sic,* eiusdem ad hæc tra-

tradita per eadem verba recenset; Et *Andr. Capan. de iur. adoh. q. 15. n. 39.* qui eiusdem nostri *Auth.* conclusiones reassumendo refert.

Nos verò, vt ex omni parte eiusdem *Auth.* doctrina distinctione quidem optimè hoc in puncto declarata elucescat, ad ornatum annotamus.

3 Senatores supremarum Curiarum à collectis exemptos esse, ex *l. Senatorum, & l. omnes, & l. ius Senatorum, C. de dignitat. lib. 12.* fundant *Papon. arrest. lib. 5. tit. 11. n. 13. Fraider. de mandat. lib. 2. cap. 42. nu. 6. Rolan. de commiss. p. 4. lib. 1. c. 5. n. 18. Bonadill. in Politic. lib. 3. cap. 1. n. 23.* (praetèr tributum Tyrocinij, à quo de iure Romanorum Senatores non fuerunt immunes secundùm *Dom. R. Cons. D. Petr. Ant. Chamarr. in didascal. cap. 18. num. 10. 2. tom.*) Et eò 4 ipso, quod Rex aliquem creat suum Consiliarium, censetur eum nobilem facere, eiq; exemptionem tributorum ordinariorum, & extraordinariorum concedere ex text. in *l. 8. fœmina, D. de Senat. & l. si Senator, C. de dignit. lib. 12. Bovr. in tract. de ordine graduum 2. par. Greg. Lopez in l. 5. tit. 9. p. 2. verb. Consejeros* post *Garz. Tiraquell.* & alios *Girond. de privileg. qu. 56. c. 7. à num. 298.* receptumq; generalitèr apud plures nationes, vt de Germania, tàm quoad realia, quàm personalia onera, imò de omnibus onerum speciebus post *Alex. Nat. &* Rebuffum tradunt *Petr. Donnis in assertior. Comit. pag. 5. de Cephal. cons. 553. n. 2. & 15.* ac Senatui Parisiensi plenum Ioannem Galliæ Regem à vectigalibus immunitatem concessisse refert *Choppin. de domin. lib. 1. tit. 15. n. 7.*

Ità quod etiam Exassessores, qui dignitatem alia ex causa, quàm crimine depositerunt, non excludantur, quia Assessores Senatoribus similes sunt, *Gylm. dec. Camer. 4. 6. n. 13.* & qui deposita dignitate, gaudent immunitate, & privilegio dignitatis, *l. vnic. C. de Comit. qui Proui. lib. 12.* & *cum legem 14. C. de excus. munerum lib. 10. l. 1. C. vt dignitatum ordo servetur. Petr. Gregor. syntagm. lib. 3. c. 8. num. 9.*

5 Idemq; in Senatore priuato sua dignitate, vt gaudeat priuilegijs, & prærogatiuis, *Camill. Borrell. in summ. dec. tit. 15. n. 111. p. 3.* Secus autem si ex crimine priuati fuerint, quia inter plebeios tunc habentur *l. iudices, de dignit. lib. 12. l. Senatores, eod. tit. iuncta glos. in verb. Decurion. Camill. Borrell. d. loc. num. 112.*

Nàm, qui in Senatu describuntur, desinunt esse plebei, & nobiles sunt, *l. iudices, C. de dignit. lib. 12.* & ibi *Bart. l. honores, D. de his, qui non sunt de Decur.* & honorandi sunt *l. omnium honorem, C. quando provoc. non est necess.* nam iudicare est honor, *l. cui muneris, D. de muneribus, & honoribus*, & ideò eiusdem Principis personã, ipsiusq; partes substentant, *l. ius Senatorum, C. de dignit. lib. 12. l. etiam*, ibi, *qui imaginem Principis, C. de appell. Belluga in spec. Princ. rubr. 6. n. 16. Prat. pract. obs. 38. à nu. 9. ad seqq.* pluribusq; gaudent priuilegijs, ac immunitatibus idem ibid. post alios *d. loc. num. 19.* nam legum dicuntur suprema authoritate executores, assessores peruigiles, & custodes, secundùm quas iudicare, & non aliter tenentur *Mastrill. de Magistrat. lib. 3. c. 3. à nu. 98. ad seqq.* Et ideò etiam vti nobiles dicuntur immunes, *cit. Petr. Greg. d. loc. nu. 8.* vbi *n. 9.* refert, id ampliatum ad Aduocatos, Procuratoresq; Regios, Clericosq; Senatores immunes quoque à decimarum præstationibus, quas ipse Rex percipit, declaratos, nisi ob Abba- 6 tias, & Episcopatus; Et similitèr de iure extendi ad Silentiarios, quia Consiliarij Principis, & *Decuriones* dicuntur ex *l. 3. de Silentiar. lib. 12. Cons. D. Petr. Anton. Chamarr. d. loc. num. 17.* Necnon horum, ac Senatorum viduis, quemadmodùm, & viduæ aliorum, qui immunitatem habent, non compelluntur contribuere, *Guid. Pap. decis. 376.* quia retinent dignitatem maritorum *l. cum te, de nupt. l. fœmina, D. de Senat. l. mulieres, C. de dignit. lib. 12. l. fin. C. de incol. lib. 10.* dummodò castè in viduitate viuant, & honestè *l. quæ adulterij, C. de adulter. l. fœmina 8. C. de Senat. Guid. Pap. decis. 379. Gaet. Rocc. in C.*

Reynatius, verbo. qui cum alia n.140. de sessam. viduar. contias. 38.

7 Sunt etiam immunes Senatores, eorumq; filij à functione glebalis, idest pensionis, quæ ex fundis Senatorijs Ærario inferebatur, *l. 2. C. de Prætor. lib. 12.* Non tamen filij nati ante adeptam patris dignitatem, *Caiet. in l. 1. C. de dignit. Bocer. de regal. c. 2. n. 11.* Aliter sentiunt *Duaren. 2. disput. anni. cap. 19. Pac. lib. 1. annot. 39. Bossius lib. 1. subtilitat. 28. Hotman. illustr. quæst. 2. & cit. Borrell. d. loc. à num. 106.* Quod etiam ad

8 Ordinarios, non verò ad Supernumerarios Regis Secretarios ex *Constitut. Gall.* ampliat ibi *cit. P. Gregor. num. 9.* & post alios etiam ex ordinatione regiminis Imperij, *Sixtin. de regal. lib. 2. cap. 6. n. 111. & 112.* vbi quoque Præ-

9 sides Prouinciarum annumerat ex *l. si publicanus §. 1. D. de publican. damnorum. Arnis. de iur. Maiest. cap. 7. num 2. Faust. pro Ærar. clas. 6. cons. 13. ord. 565.*

10 Insupèr eandem immunitatem Officialibus Regijs, atq; Consiliarijs à solutione datiorum, & contributione gabellarum, esto de iure quidam generaliter secundùm communem opinionem concedant, ex doctrina *Bart. in l. athleta, §. gratium, D. de excus. Tut.* vbi dixit, Officialem in eo loco, in quo officium exercet, esse immunem à gabellis, & datijs; Vnde dicitur, quod Officialis, qui iurisdictionem etiam exercet in aliqua Terra pro rebus comestibilibus, tam pro se, quàm pro sua familia est immunis, *Menoch. de cons. [illegible] Consil. Rocc. [illegible] Consil. [illegible]* [illegible] esse in Baronibus, quia regij sunt Officiales, [illegible] Regem repræsentant, ampliant *Rocc. ibid.* [illegible] quo Consiliarijs [illegible] de iure immunitatem, post [illegible] *C. de immun. nem. conced. lib. 10.* [illegible]

strill. dec. 156. n. 19. Paul. Xammar de off. Iud. p. 1. q. 2. n. 75. Barbos. de diuis. fruct. lib. 1. cap. 8. nu. 61. & alij apud *D. Petr. Quesad. dissert. 21. n. 147. 1. ie.*

11 Attamen à distinctione *Authoris* nostri minimè recedendum, vtpote; Primò, quod, aut quæritur de muneribus personalibus in propria patria, quæ Ciues subire tenentur, tàm sordida, & vilia, quàm sine dedecore, & quæ cum honore, & indignitate exercentur, & tunc licet aliàs essent in qualibet dignitate Ciues, adhùc subire tenentur, verùm ex quo ipsi Officiales in Curia assistere tenentur, & ab illa absque Regis licentia distrahi non possunt, sicut nec à Ciuitate, ac regijs Tribunalibus, absq; dicta Regia licentia discedere permittitur, *l. si quis, C. de decur. l. sanctionem, C. de curs. publ. Auth.* noster hic *n. 10. & 11.* Fuit conclusum in Regia Camera, quod ipsi Consiliarij, ac Præsidentes immunes sint ex dispositione iuris ab omnibus muneribus personalibus, secundùm *Auth.* nostrum hic *nu. 16.* Et ità intelligendi sunt *DD.* immunitatem ab omnibus oneribus, personalibus, Consiliarijs Regijs de iure confirmantes, secundùm *Mastrill. dec. 156. n. 9.*

12 Vnde rectè resoluitur, quod magistratus sunt etiam immunes ab excubijs, & custodia murorum, ac portarum Ciuitatis, dum illud munus personale est, & non reale, *l. 1. circà princ. D. de mun. & honor.* vt latè fundant *Consil. Prat. præst. obs. 38. n. 22. & 28.* vbi à *nu. 29.* refert in contrarium *Ant. Roberti rer. iudic. lib. 2. cap. 11. vers. pro maiori* sententiam, magistratus ab excubijs, Ciuitatisq; custodia, ex publicæ securitatis tuendæ obligatione, non excusantem, pluribusq; historiarum exemplis confirmantem. Senatores [illegible] vigilias [illegible] per se obijsse, quia [illegible] [illegible] ex *Liu. Herod. Appian. Curt. Tacit. Plutarch.* & alijs [illegible] Veri ad hæc [illegible] *Prætor* ipse à *n. 41.* [illegible] conatur; [illegible]

tant-

mittendum non sit, *Senatum*, quem
orbis ornamentum, *& splendorem Ciuiū*,
Cicero lib. 1. de off. dixit, Magistratus
eos habere, qui insimùl iudicijs præ-
sint, ac ijsdem muneribus adstringan-
tur, quibus viles, & plebeios subesse
oporteт, ex quo etiam ius dicere illis
impediretur, & Curiæ negotijs assi-
duè vacare non possent; limitando id
solùm in casu publicæ necessitatis *ibid.*
*n.50.& 51.*vel in Ciuitatibus, seù Por-
tubus limitaneis, quibus hostes propè
imminent, vt irruptionem faciant, Ci-
uesq; ac incolæ satis non sint ad præ-
dicta subeunda munera, *cit. Prat. d.loc.*
& in annot.ad Consil. Paschal. de Virib.
patr potest.par.4.cap.4.ad num.34. Que-
sada dissert. 22. num. 101. Quod non
13 est verificandum in hac fidelissima
semper eius Pijssimis, Augustissimisq;
Regibus Austriacis Ciuitate Neapo-
lis, in qua ob Nobilium, ac Ciuium ad
militandum pro Clementissimo Rege
nostro, ac Ciuitate custodiendā prom-
ptum numerum, alacrem, animumquè
paratum, non est, quin supremi magi-
stratus ad excubias obligentur, verun-
tamèn, vt imperio ab Inuictissimo Mo-
narcha illis communicato pro subdi-
torum pace, atq; continua sustinenda
quiete, ius dicendo, magistratumquè
gerendo, vtantur.

14 Ipsos prætereà Senatores cum à
muneribus personalibus immunes esse
constet ex *l.4. C.de dignit. lib. 12.* inde
procedit, vt nec Præfectus Vrbi ex *l.5.*
*eod.tit.*nec Præses Prouinciæ tale quid
ijs imponere possit, ex *l.4. eod.tit. de*
dignitat. nisi Principis consensu id fiat;
nam Principem solùm recognoscunt
Superiorem *tit.l.5.*& à Principe quod-
cumque ijs imponitur, non sordidum
munus, sed potiùs dignitas dicenda est
*d.l.5.*vnde *DD.*colligunt, ab onere per
Principem omnibus imposito neminē
prætextu vllo se posse excusare, nam
officium ex persona conferentis nobile
reputatur, & sic officium Procurato-
rium, vel Notariatus Principis alicu-
ius, nobile censetur, vt ex *d.l.5.*probāt
Tiraquell.de nobil.cap.30.n.8. Gayll.lib.
1.obs.43.n.5. quos allegat *Klok.de con-*
trib.cap.5.num.8. & quod per Curiam
fit repræsentatiuè à Principe factum
videtur, *Brunneman. in C. de dignitat.*
lib. 12.

15 Secundò, vel agimus de muneribus
realibus, & tunc etiam optimè *Auth.*
noster subdistinguit; aut enim tracta-
tur de muneribus realibus, quæ à Ci-
uibus tantùm debentur, aut de mune-
ribus merè realibus, quæ debentur
etiam ab exteris ratione rei, quam pos-
siderent in ipsius loci territorio, fuitq;
determinatum, quod in primo casu
immunes sint; in secundo verò, quod
non sint immunes, vt aduertit *Auth.*
noster hic *n.40. Capan d.loc.nu* 40. ea-
demq; Regia Camera supradicta de-
clarauit; primò, quod Officiales, qui
prætendunt immunitatem prædictam,
vt suprà, si essent Ciues illius loci,
quod teneantur ad munera realia cu-
iuscumq; generis, quæ ab ipsis rebus
exiguntur, siuè exigantur à re ratione
rei, siuè à persona ratione rei ipsius; Si
verò sint exteri, quod teneantur tan-
tùm ad merè realia, secundùm *Author.*
nostrum *ibid.* Secundò declarauit,
quod aut talia munera sunt ordinaria,
idest, quæ à lege, more, vel Regis ordi-
natione, siuè imperio sunt indicta, &
perpetuam, certamq; haberent præsta-
tionem, aut sunt extraordinaria, vt po-
tè, quia extrà supradictum ordinem,
vel ex causa extraordinaria sunt impe-
rata; & tunc, primo casu non sunt im-
munes Officiales; secundo verò casu
sunt indubiè immunes, vt docet *Auth.*
noster *ibid.n.41.42.et seqq.Capan.d.loc.*
num.42.

16 Quæ cum ità vera sint, patet, immu-
nitatem in fauorem Officialium, intel-
ligi de oneribus omnibus extraordina-
rijs, maximè personalibus, secundùm
Bartol.& Luc.de Penn.in l.omnes, C.de
annon.& tribut.lib.10. eò quod impe-
diunt exercitium officij, *l.vnusquisque,*
& l.Decurionibus, C.de silent. & Decur.
cur.glos.in l.hanc rem, D. de man. & bo-
nor.l.subsisteret, C.de annon.& trib.l.cum
institutionem, C.de Sacros.Eccl. Rebuff.in
l.allo-

l. aflueri, *C. de exact. tribut. lib. 10. Petr. de Vbald. in tract. de Collect. n. 18. Mynsinger. cent. 1. dec. 11. n. 103. Franc. Marc. dec. 102. n. 1. & dec. 458. nu 7. Mastrill. decis. 156. num 9 par. 2.* vbi allegat *Salern. in add. ad Consuet. in proem. pag. 25. lit. B.* qui tamen remissiuè loquitur, allegans *Petr. Vbald. d. loc. n. 45.* vbi quærit, an Consiliarij, & Officiales teneantur ad Collectas, de quo *Bonadill. lib. 2. Polit. cap. 1 n. 17. & lib. 5. cap. 1. num. 98. Sixtin. de regal. cap. 6. nu. 111. Mastrill. de magistr. lib. 5. cap 3. n. 75. Brunneman. d. loc. vers. Imò etiam*; Et sic intelligendi sunt *Quesad. differt. 11. num. 143.* cum *DD.* ibid. alleg. & *Camill. Borrell. in summ. dec. d. tit. 13. nu. 106. & seqq. p. 3.* quæ procedunt etiam, si adesset clausula in iniuncto onere, siuè per-
27 sonali munere, *nemine excepto*, quia illa non obstante exempti essent Officiales, & Consiliarij prædicti, tanquàm in corpore iuris immunes, *Mastrill. d. dec. 156. n. 7. 8. & 9.*

28 Cum secùs sit in muneribus ordinarijs, *Io: de Plat. in d. l. vnusquisque. & in l. Decurionibus. & in l. iubemus, de prox. Sacr. scrin. & ex Bald. Alex. & Ias.* concludit *Lancell. Gall. cons. 3. n. 53. Crem. singul. 208. Rimin. cons. 12. n. 56. lib. 1. Menoch. cons. 197. n. 7. Mastrill. d. dec. 156. n. 13.* Prædictaq; militant etiam, si esset casus priuilegij immunitatis concessæ verbis quoque amplissimis ex *l. fin. §. penult. D. de mun. & honor. l. fin. C. quib. muner. vel præst. nem. lic. lib. 10. Plat. in l. 1. C. de excusat. mun. lib. 10. Menoch. cons. 5. n. 9. Gylm. dec. Imper. 14. num. 8. lib. 2.* Nam immunitas concessa non extenditur ad munera ordinaria à iure stabilita, quemadmodum nec extenditur ad munera patrimonialia, *l. in honoribus, §. qui muneris, D. de vacat. & excusat. muner.* post *Bart. Neap.* [illegible] *n. 7. n. 46. Rimin. cons. 12. n. 34. vol. 1. &* alios *Camill. Borrell. de præst. Reg. Cath. cap. 3. n. 10.* dum ab his [illegible] sexcum quæ patrimonio vindicantur, nulla priuilegia præstant vacationem, *l. hæc* [illegible] *l. qui immunitatem, C. de muner. patrim.* *lib. 10.* & ex alijs *tit. Borrell. ibid. n. 15.* additurq; illa ratio in ore *DD.* frequens, quod priuilegia immunitatis, vti odiosa, strictè sint interpretanda, quia alij ex illis grauantur *c. porrò de priuil. Bald. cons. 112. ad fin. lib. 1. Guilielm. Cun. in l. fin. D. de const. pec. Alex. consil. 125. lib. 2. Dec. cons. 223. Cotta in suis memorab. verb. immunitas, vers. sed omitto. Lancell. Gall. cons. 25. num. 96. Franc. Marc. dec. 359. n. 14. Auth.* noster *infr. q. 5. hoc tit. num. 34. & 35. Mastrill. d. dec. 156. n. 6. Prat. d. obs. 38 n. 27.*

29 Tertius tandèm est casus, quando agimus de muneribus mixtis, vt aduertit *Dom. Reg.* hic *n. 53.* & quod Domini de Camera sequuti fuerunt decis. *Bar. in l. 1. C. de mul. quæ vit. sol. n. 89. vers. venio modo ad tertium*, concludentis, quod immunis à personalibus, non est immunis à mixtis, quatenùs rem ipsam attingit; Et obligatus ad patrimonia est immunis à mixtis, quatenus personam attingunt, sed fieri separatim, *Andr. Capan. d. loc. n. 44.*

30 Ex quibus omnibus optimè concludit, ac decisum refert in Regia Camera *Auth.* noster *num. 55.* quod respectu munerum merè realium, quæ ordinaria sunt à lege, vel Principe antiquitùs indicta, eorum certa, & ordinaria potestate imperante, Officiales non habent aliquam de iure communi immunitatem, sed ex priuilegio particulari, & antiqua consuetudine, & quod pro istis immunitas cedat in damnum Cameræ; Respectu verò ad alia munera personalia, siuè extraordinaria, quia immunitatem habent à iure communi, proinde talis immunitas in damnum Vniuersitatis cedat, vt suprà dixerat *n. 50. Capan. d. loc. n. 43. Reg. Galeot. lib. 2. contr. 5. 5. n. 35.* Vnde rectè idem *Regens* noster admonet, ità debere intelligi *decis. Guid. Pap. 576.* qui dum indistinctè locutus est, errasse etiam aduertit, nisi quoque dicere velimus, eundem *Guid. Pap.* dum simpliciter scripsit, Regios Consiliarios, Senatoresq; à Collectarum solutione immunes esse, frigidè, & absque distinctione aliqua id expo-

po-

posuisse, vt indicat *Camill. Borrell. in summ. decis. tit. 58. 15. n. 106.*

21 Qualiter autem Officiales sint in Regno immunes à solutione collectarum, aliorum munerum, ac functionum fiscalium, & dirictuum Regiarum Dohanarum, hic annotare non omittimus, cuq; in re cum distinctione procedendo; Sciendum est, per Regiam Cameram Summariæ fuisse prouisum, Locumtenentem, & Præsidentes ipsius esse immunes ab omnibus dirictibus Dohanæ, fundici, nouæ gabellæ, cituræ, passuum, & alijs quibuscumque iuribus, & à iure adohæ, & donatiuorum etiam extraordinariorum, etiam si tales Præsidentes saculari sint, *Thor. in supplem. decis. verf. Immunitas ad ob. anum fol. 298.* eaq; immunitate gaudere Spectabiles Dom. Regētes R. Collateralis Consilij, vt per literas R.C. in varijs temporibus expeditas refert idem *Thor. in compend. dec. verf. Immunitate Collateral. tom. 1.* vbi immunem quoque Locumtenentem Magni Camerarij à iure tumulagij, & ab omnibus alijs muneribus, fundat ex alijs literis ibidem enunciatis, idquè etiam procedere in Magno Camerario, sicq; obseruatum pro Ill. Marchione Piscariæ M.Cam. pro dirictu mercium in Ciuitate Aenariarum confectarum, & conductarum in Ciuitate Salerni pro eius vsu, quæ omnia extendi etiam ad causam commercij *ibid.* doctum refert, quod non simpliciter admittendum est, dum Magistratibus, sicut & Clericis, mercatura inhibita est, præsertim de iure Regni ex *pragm. 1. de mercat. offic. prohib.* in loco sibi commisso, vt iure cumulat *Baldass. de Angel. post alios in Cod. lib. 1. tit. 34. significamus à num. 1. ad seqq.* quod in vera negotiatione dixit procedere, *Rosat. differt. 12. num. 196. tom. 1.* & quando dicitur mercatura exerceri *ibid. à nu. 93. ad 97. 104. & seqq.* nam pro eorum vsu, & familia dictæ immunitates intelliguntur, ex *arrest. R.C. 627.* & ita obseruatum refert *R. Galeot. resp. fiscal. 1. à num. 85. ad 94.* Sicuti etiam eosdem Præsidentes R.C. immunes esse à iure bonatenentiæ, imò etiam ipsos Præsidentes, ac Rationales immunes esse à iure sigilli, qua immunitate sigilli etiam prædictorum Præsidentium, & Rationalium filij gaudent, & ipsos Præsidentes gaudere immunitate pro vsu declarando per R.C. vt *in pragm. 15. §. 72. de offic. P. Cons.* & nos latius infrà ad nostrum *Authorem in §. 20. per tot.*

22 Easdemq; immunitates fuisse postea communicatas Spectabili Præsidi, ac R. Consiliarijs S.C. Sanctæ Claræ, nunc in Castro Capuano per Cæs. Maiestatem Inuictissimi Caroli V. ad supplicationem Excellentissimi D. Petri à Toledo, tunc dignissimi Proregis, vt in *Pragm. vnica sub tit. de immunit. Offic. S.R.C.* fuitq; auctum salarium in annuis ducatis biscentum, vt ex literis Regijs, quarum vigore fuerunt expeditæ prouisiones ad beneficium Consiliariorū pro honorentia, fuitq; prouisum quod indebitè exactum à die creationis ad Reg. Consiliariatum restitueretur, vt refert cit. *Thor. sibid. & Baldass. de Angelis sup. lib. 1. Cod. tit. 34. d. num. à num. 1. ad seqq. Flor. Diaz. de Mena qq. lib. 1. quæst. 21. n. 156. Mastrill. dec. 156. nu. 19. Cons. Rocc. resp. 82. num. 11. tom. 1.* Contrariumq; tradita per *Reg. Galeot. in d. respons. fisc. 1. & differtat. de Reg. Cam. iurisd. &c. à num. 64. ad 94. 95. & 97.* vbi id comprobat ex *d. pragm. vnic.* subnectens, hucusque quoad immunitatem ab adohis, & donatiuis, non vidisse in Consiliarijs vsu receptam ex *Mat. Surgente in add. ad Freccia de Neap. illustr. fol. 380. in princ.*

23 Confirmaturque prædicta immunitates Præsidentium ex *Arrest. R. Cam. 288.* idq; etiam quoad eorum vxores, vt pro dotibus tantum sint exemptæ à collectis, & pro extradotalibus sint franchæ ab onere bonatenentiæ tantum constante matrimonio, *Arrest. 306. Fab. de Anna consil. 108. nu. 12. Mastrill. de magistr. lib. 5. c. 3. nu. 77. & 78. Tassen. de antef. verf. 3. obs. 3. n. 146.* Sicuti & eorū nurus quoad dotes sunt franchæ *Arrest. 418. Reg. Galeot. d. à num. 68.* Imò & suspensi ab officio habent interim salem,

lem, saccarum, ferrum, & salarium, sed non habent vitellas declaratoriarum, verùm sequuta condemnatione restituunt, *Arrest. 451. & 477.* nam pendẽte Syndicatu gaudẽt Iudices ipsis elargita à gabellis immunitate, *l. Iubemus, C. de prox. sacr. scrin. lib. 10. Bouadill. politic. lib. 5. cap. 1. n. 58. Paul. Xamar. de off. Iudic. p. 1. qu. 2. nu. 75.* licet Syndicatus tempore deponendi veniant ab exercitio officij, *Reg. Galeot. resp. fisc. 15. n. 106. & 109. Larrea dec. 98. nu. 57. Capibl. de Baron. pragm. 5. n. 97.* Et de su-
24 pradictis, & alijs immunitatibus, & prærogatiuis, quibus gaudent, vide *Arrest. 627.* & quoad Rationales *Arrest. 50. & 430. & 630.* per *Reg. de Marin.* compilata.

25 Iisdemq; immunitatibus, priuilegijs, ac prærogatiuis gaudent etiam Fisci patroni Regiæ Cameræ, & sic pro bonis, quæ possident in aliqua Vniuersitate sunt immunes ab omnibus functionibus fiscalibus, sicut ipsi Præsidẽtes, vt decisum fuit in caula *Dom. Præsid. Marcelli de Mauro* olim Fisci patroni Regiæ Cameræ, quem *doctissimũ* vocat *Reg.* noster *in §. 23. qu. 10. nu. 14.* cum Vniuersitate Monopolis, idemq; esse in iure Sigilli Regij, vt ordinatum refert in Regia Camera Summariæ ad instantiam Dom. *Friderici Longhi* Aduocati fiscalis eiusdem, *Andr. Capan. de iur. ad. h. quæst. 15. n. 45. D. Reg. Galeot. d. loc. n. 68.* vbi *n. 71.* refert etiam, Præsidenti, qui gerit officiũ, tàm Præsidentis, quàm Fisci patroni, deberi duplicẽ portionem iuris cristallorum, & quid quoad duplicatum salarium exponit *ibid. in n. seqq.* & *Cons. Rocc. de offic. rubr. 20. à n. 35. ad seqq.*

26 Et quod etiam Aduocati pauperũ, quorum relationi statur super probanda paupertate Carcerati, *Scanarol. de Visit. Carcer. lib. 1. c. 9. n. 4. fol. 233.* gaudent, & exempti sunt ab onere gabellas soluendi, & per consequens idem pro tota eius familia, *Scanarol. d. loc. n. 25.* quem sequitur *Quesad. diuersar. 22. nu. 74. in fin. & 75. 1. tom.* quod hac in Ciuitate Neap. minimè obseruatur, licet inter Ministros Regios pauperum Aduocatus annumeretur.

27 Quo verò ad alios Regni Officiales, puta Spect. Præsides, & Auditores Prouinciarum, Capitaneos, Assessores, seù Iudices, Actuarios, & alios ministros Curiarum, Ciuitatum, Terrarum, & Casalium huius Regni, nulla prorsùs illi gaudent immunitate non soluendi gabellas, ac functiones fiscales ratione officij, nisi sint ciues Neapolitani, vel ciues, qui in propria patria non soluãt gabellas *Arrest. 47. & 638.* apud *cit. Reg. de Marinis.*

28 Ad prædictas autem immunitates, quas ex obseruantia, & priuilegijs prædictis Regijs Officialibus concessas diximus, distinctionem *Auth.* nostri, vt suprà, traditam applicandam esse censemus, vt eo tẽpore in damnum Regis illas cedere, & non Vniuersitatum.

29 Similitèr aduertendum est, prædictas immunitates dictis Officialibus non acquiri per simplicem ingressum ad officium, cum præstatione iuramenti de fideliter exercendo, cum requiratur exercitium in actibus ipsi officio congruentibus, vnde vt gaudere possint dictis prærogatiuis tria requiri cõstat; Primum, electio eius, ad quem spectat: Secundum, acceptatio electi: Tertium, administratio ipsius officij, vt ex *tex. in l. publicus 36. D. de cõd. & dem. post Bart. Bald. Pau. Bott. & Surgent.* fũdant *Rouit. in pragm. 5. nu. 8. de Baron. Curia Pisan. lib. 1. c. 13. Borrell. de magistrat. lib. 1. c. 1. à num. 43. ad 60. Ramon. cons. 6. n. 30. Alphar. de off. fisc. gl. 27. 29. & 30. Cabed. dec. 3. 4. & 5. p. 1. Reg. Galeot. (post Frecc. de Franch. & Ann.) controu. 45. n. 12. Reg. Sanfelic. dec. 269. n. 2. & 3. p. 2. & p. 3. dec. 333. nu. 1. cum seqq. Reg. Capyc. Latr. dec. 134. à nu. 21. & 30.* & in Prorege idem statutum ait *Denart. dec. 66. n. 46.* Quod procedit in officijs quidem iurisdictionem annexam habentibus, in quibus necessariò exercitiũ desideratur, ità vt illo nõ incœpto, non sit quis pro Iudice creato iudicandus, *Reg. Capyc. Latro consult. 130. n. 14. ad 22. Denart. d. dec. 66. ex nu. 38. Leon.*

dec.

dec. 33. ex nu. 47. Reg. Rouit. in pragm. 5. de Baron. num. 9. & 10. vbi concludit, quod Officialis, vt officij priuilegio, & dignitate gaudeat, administratione opus habet, quæ non à sola commissione, vel iuramenti præstatione manat, sed requiritur, quod exercitium ex eo sequatur, dum rescriptum, siuè concessio officiorum absq; traditione, & actu illo exercitij corporei, dominium, aut possessionem non transfert, neque acquiritur, seclusa tamen consuetudine, de qua apud relatos per *Reg. Capyc. Latr. d. dec. 154. n. 17. to. 2.* vel nisi Princeps concedens aliud iussisset, probè potest, idem *Capyc. Latr. n. 70. Leon. dec. 38. n. 47.* nam in dictis officijs cum iurisdictione, vt acquiratur eorum administratio cum prærogatiuis, & præeminentijs, exercitium requiritur, vt benè distinguit *Mastrill. de magistr. to. 2. lib. 4. c. 14. à n. 33. 45. & 46. Dexart. decis. 14. n. 8.*

30 Vnde antè administrationem ex hoc non debetur eis salarium, *Reg. Galeot. contr. 45. ex n. 11. to. 2. & respons. fisc. 6. à n. 37. ad 45.* vbi aduertit, quod Iudex ante officij exercitium in omnibus, quæ concernunt suum fauorem, non gaudet priuilegijs dicti Officij, traduntq; *Reg. Tapia decis. S. C. 60. Zacchia de salario quæst. 15. Iacob. Gothofred. in tract. de salario cap. 21.* vbi *thes. 3.* id confirmat ex eleganti quæstione, de qua *Traianus* Imp. à *Plinio* consultus, à quo tempore *Hieronicis* salaria, seù obsonia deberentur, de qua vide *Epist. Plinij* 119. & rescriptum Traiani in *epist.* 120.

31 Quod procedere constat ex regula etiam illa, quia in feudis ex sola inuestitura possessio non censetur translata, nisi realis traditio sequatur, *Reg. Rouit. in d. pragm. 5. n. 21. de Baron.* & valet argumentum à feudis ad officia, post alios *Nogueroł. alleg. 33. n. 3. to. 1. Reg. de Philipp. differt. fisc. 23. nu. 15.* Quemadmodũ, quia in his officij concessionibus, & priuilegijs dum tēpus estò regulariter attendatur, & primò electus, & nominatus à Principe, posteriori præfertur, *Reg. Rouit. d. prag. 5. nu. 13. & 17. Cabed. dec. 3. 4. & 5. par. 1. Reg. Sanfelic. d. dec. à n. 1. Reg. Capyc. Latr. d. dec. à n. 1. Leon. d. dec. 38. à nu. 1. Solorzan. de iur. Indiar. lib. 3. c. 9. nu. 21.* Attamen si posterior in data prius possessionem sit nactus, tunc primo electo, & nominato præfertur, ex *l. quoties, de rei vind.* quam in officijs militare dicunt *Mangrell. in addit. ad Bart. in d. l. quoties, Rouit. d. loc. nu. 34. & dec. 82. à num. 1. & 2. R. Sanfelic. dec. 169. Cabed. dec. 3. n. 5. & dec. 5. R. Capyc. Latr. d. dec. à n. 50. ad 53. Montan. de regalib. tit. de regal. offic. n. 3. Barbos. in c. capitulum 6. extrau. de rescript.* & post *Reg. Tap. Valenz. Consilium. Mastrill. Molfes. Consil. Arias de Mesa var. resol. lib. 3. cap. 41. n. 28. Consil. Petra in Rit. 101.* post alios *à n. 34. ad seqq.* non obstante opinione *Fontanell. dec. 183. nu. 10.* veluti contrà communem, qua docetur, etiam per vnicum momentum ante captam possessionem, prælationem, ac præce-

32 dentiam in officijs competere, licet electus posterior esset in data, *Mar. Cutell. de donat. to. 1. tract. 1. disp. 2. p. 6. n. 99. Reg. Galeot. contr. 45. num. 6. & 7.* ex quibus *D. Petrus Quesad. differt. 22. nu. 155.* rectè concludit, quod estò officij dignitas post creationem, & acceptationem quæsita sit, attamen dignitatis priuilegia illi annexa, acquisita non dicuntur, nisi sequuta administratione, ex *cit. Leon. decis. 38. num. 25.* sicut

33 Miles non gaudet priuilegio militari, antequam in numerum referatur, & electio regulariter non tribuit ius, nisi suscepta insula, vel cingulo, *Reg. Galeat. resp. fisc. 1. n. 87. & 88.* Et consequentèr Iudex, siuè Officialis, vt immunis fiat à collectis, cæterisq; gaudeat prærogatiuis, debet in actu officij exercitium accipere, illiusq; administrationem exercere, idque militare in officijs, quæ iurisdictionem, vel administrationem annexam habent.

34 Ex quo tandèm *Auth.* noster *nu. 30.* fundauit, quod à muneribus realibus generali regula nemo excusatur, estò immunis sit, aut causam excusandi à muneribus habeat; Cum neque ab his immunitas concedi possit, quia in præiu-

iudicium publicæ vtilitatis tenderet,
& proindè dictam regulam includere
etiam Officiales, id probans *nu.24. &*
25. quia *l. fin. §. patrimoniorum, versic. ab*
humiliori, D. de mun. & honor. per illum
tit. non excludit militem veteranum,
quia munus reale dicitur iure gētium,
& cum ipso imperio Regibus collato
introductum, vt doctè exponit *vsque*
ad num. 39.

Liceat proindè nobis ad *præd. n. 25.*
postquàm de Regijs Officialibus, mili-
tiaq; togata peregimus, circà armatam
militiam aliquid annotare; Et quidem
35 primò, Militum species in Regno plu-
res esse, puta *grauis armaturæ*, qui vul-
gò vocantur, *huomini d'armi*, & *leuis*
armaturæ, qui vulgò nominantur, *Ca-*
ualli leggieri, & pedestres, qui nuncu-
pantur, *del Battaglione*. De primis lo-
quitur *pragm. 7. rubr. de Milit. grau. &*
leu. armat. Et de nouissimis *prag. 2. ead.*
rubr. de quibus omnibus plura decisiuè
tradit *Donza de pugn. Doct. tit. de elect.*
for. & for. compet. c. 12. Nouar. in d. rubr.
pragm. coll. 1. num. 2. prætèr Hispanas
cohortes; Secundò, priuilegia veteris
36 militiæ seuera illa Romanorum disci-
plina institutæ, cui Quiritium iura im-
munitatem concessere, non ità prodes-
se, vt oneribus realibus exoluatur mi-
les, sed personalibus *l. 3. l. ex præstatio-*
ne 7. C. de vectig. & commiss. l. fin. de pri-
uil. Veteran. l. fin. C. de his, qui non implet.
stipend. lib. 10. glos. in l. 1. C. de Veteran.
lib. 12. vers. simili, & vers. collationes, & in
d. l. fin. vers. personalium, & in l. honori-
bus 8. vers. vacationum, de vacat. & ex-
cus. mun. & in l. 3. de mun. & honor. vers.
munus, Mastrill. decis. 173. in fin. Guid.
Pap. dec. 218. n. 3. Reg. Rouit. super prag.
3. de milit. n. 8. Cons. Rocc. de offic. rubr.
29. à nu. 38. Et propterea si milites no-
stri temporis ea disciplina deficiunt,
quinimò & omni virtute, qua Romani
milites erant præditi, præsertim diui-
tiarum contemnendarum, vt præ cun-
ctis Scipio, qui subacta Africa, aliud
nil, quàm cognomen reportauit, non
37 erit inde, cur hodiè militibus amplio-
ra concedantur priuilegia, quàm an-
teà, nimirùm hodiè & vectigalibus
persoluendis, & oneribus realibus Ci-
uitatum substinendis possint vacare,
cum anteà solùm personalibus mu-
neribus vacarent, à cæteris verò rea-
libus exempti non essent, secundùm
Auth. nostrum hic; At quod nec his
quoque personalibus hodiè possint
vacare, docet *Bart. in l. filiusfamilias, §.*
veteranus, de procurat. & in l. militibus,
C. eod. Ias. post Cyn. & Salycet. in l. 1. C. de
iur. & fact. ignor. & prosequitur *Chas-*
san. in Cathal. glor. mund. par. 9. 32.
consid. Igitur inspectæ immunitatis mi-
litibus de iure communi indulgentis
vltrà personalia munera, & onera va-
catio non erat, cuius hodiè nec est ex
doctrina *Cyn. Bart. & Ias. vbi suprà.*
38 Neque hodierni milites grauis pu-
ta armaturæ ab onere focularìorum
eximi valent, dicendo, quod licet iuris
communis priuilegijs, nec etiam per-
sonalibus potiantur, iuuari tamen ob-
seruato more, & stantibus in hoc Re-
gno ordinationibus hucusq; admissis,
& toleratis, quibus ijs militibus gra-
uis armaturæ immunitas est, onerum
etiam realium Ciuitatis, & vectigaliū
quoque non soluendorum; Nam re-
sponderi potest, hanc, quam factitant,
immunitatem intelligi posse conces-
sam militibus actu seruientibus, vel sti-
pendia à Domino recipientibus, non
item è contrà, secundùm *Reg. Rouit. in*
rubr. de milit. n. 6. Secundò dicimus, &
meliùs, non esse immunitatem conces-
sam militibus, qui euitandorum mune-
rum causa militiam subeunt, sed ij mi-
lites mittuntur, & è militia penitùs ex-
pelluntur, dubium, an ignominiæ nota,
& an existimationem hæc missio lædat,
ni *Vulpian.* explicando Prætoris edi-
ctum, *de his, qui infamia notantur, in l.*
2. §. infamia, hoc genus missionis scri-
psisset, non læsisse existimationem, sed
39 contrà hos milites non recipiendos,
militia, & militaribus priuilegijs
exauthorari iubetur in *l. 4. §. tempora-*
rium, de re milit. & in d. l. 2. §. infamia,
vnde si Ciuis aliquis honestus quidem
eo animo militiæ se dedit, vt sub eo
mili-

militiæ cingulo immunis euadat, non
aliò firmè, quia fortè honestiorem
facturum se scit, gradum subeundo mi-
litiæ infimum, sed certò preciosiorem
non soluendo onera realia, & vectiga-
lia in damnum Vniuersitatis, ac pau-
perrimorum aliorum Ciuium, qui one-
ra, ac functiones fiscales Augustissimo
Regi nostro soluere tenentur, cum ex
his satis clarè prædicti animus cur mi-
litiæ se adscripserit, pateat sit, vt alia
ad id probatione non sit opus, constan-
do militiam subijsse, euitandorum one-
rum causa, vt in *l. vis eius in fin. de pro-
bat.* Cum milites in fraudem functio-
num fiscalium militare non debeant,
*Tasson. sup. pragm. de antef. vers. 3. obs. 5.
Tom. 4. n. 372. ex l. 2. C. qui milit. non
poss. lib. 12.* & prudenter hoc animad-
uertit *Dom. Præs. Assutus* in prouisioni-
bus generalibus ab eo expeditis die
22. Decembris 1659. quæ sunt secun-
40 dùm ordinem *Pragmat. in pragm. 21.
de Milit.* ibi: *Li più ricchi Cittadini per
esimersi dal peso de pagamenti fiscali, si
hanno procurato, e praticano assentarsi
per Soldati, Caualli leggieri, ed huomini
d'armi ordinarij.* Et quis ignorat,
cum Ciuis diues grauis ætatis, & bonæ
fortunæ sit, solū animum habere, subeun-
do militiæ gradum infimum, fraudan-
dæ, & militiæ, & propriæ patriæ mili-
tiam, quia vocatus ad militandum gra-
uioris ætatis excusatione non venit:
Patriam, quia vectigalia non soluit, &
onera, vt cæteri Ciues non substinet.

41 Et ex hac ratione, purâ fraudis vi-
tanda prædict. die 2. Septembris 1579.
ad relationem Præsidentis *Io. Domini-
ci Brancaleonis* illud non minus iustum,
quàm pium generale decretum Regiæ
Cameræ, quo generaliter cauetur, vt
omnes milites, qui sunt talis effecti
post numerationem, & tamen reperia-
tur prius numerati soluant, vt cæteri
Ciues, verùm in oneribus personali-
bus exoluant in pecunia tantùm, secus
verò in militibus antenumerationem
adscriptis, vt legitur in *Arrest. 1150.*
apud *R. de Maria*, quod referunt *Thor.
in compend. decis. verb. milites, tom. 3. de
Numer. super pragm. de militibus, grauis,
& leuis armat. nu. 15.* & *Cons. Rocca d.
rubr. 10. n. 62.* Similiter confert, quod
postremò per Reg. Cam. in anno 1663.
fuit generaliter confirmatum quoad
omnes milites, & propriè quoad ipsos,
grauis, vt dicitur, *armatura*, vt patet
ex *instruct. R. Cam.* quas pro documen-
tis illa consignauit Regijs Numerato-
ribus *in cap. 15. num. 3.* his verbis: *Li
42 soldati, che sono stati assentati auanti la
numeratione ultimamente inuiata dal-
l'Vniuersità, e Baroni, ancorche si ritro-
uassero numerati, si deduchino, siccome
quelli, che si sono assentati dopò la detta
numeratione, e non si ritrouano numera-
ti, ne meno per fuochi; Mà quelli, che si
ritrouano numerati, restino per fuochi,
salue però ad essi le ragioni, che de iure
competono d'hauer nelli pesi personali à
contribuire in denari, ex decreto genera-
li 2. Septembris 1579. & ex nouissima
decretatione R. Cameræ.*

43 Quæ procedere possunt, esto talis
ciuis, miles posteà factus, reperiretur
anteà numeratus vti subfocularis, mo-
dò tamen ostiatim, nam esto non repe-
riatur vti focularis principaliter, &
antecedenter numeratus, in effectu idē
erit, ex obseruata R. Cam. praxi legem
faciente, qua distinguitur, quod aut
subfoculare est vnius filij, aut plurium;
si vnius, est certum, hunc filium, tanquā
vnicum iacturum foculare paternum;
si plurium, non ità, quia remanet do-
mi patris qui onus foculare portabit,
& si postremus militiam quoque esset
subiturus, causa euitādorum onerum,
sufferret onera ex determinationibus
ipsius R. Cameræ vt suprà enumeratis;
Nam tametsi dicatur, decretum gene-
rale de anno 1579. confirmatum, vt
suprà, esse pœnale, ac proptereà non
afficere aliam personam, quàm, quæ
principaliter est numerata, non itera
eum, qui non principaliter, nihilomi-
nùs magis comprehendit hæredem,
indubitatum successorem in locum
personæ affectæ succedentis, *Ias. in l.
diuortio, §. interdum in 2. col. solut. matr.*
quem refert, & sequitur *Chassan. in*

Consuet. Burg. in l. 4. §. 18. vers. sed vlteriùs quaeritur n. 10. & in rubr. n. 11. §. 6. vers. quaero sub nu. 4. quinimò comprehendit, quamuis concepta sit personae prohibita dumtaxat, quia eius haeres erat iam subintellectus & comprehensus ex *l. necessarias 8. § de vendendo, de pignor. act.* & probat ad rem *Chassan. d. §. 6. vers. 5. sub d. num. 4.* Igitur cum
44 Ciuis pater solus, & dumtaxat non sit
numeratus, sed etiam eius filius, videtur non posse dubitari, quin idem filius sit comprehensus, ac propterea militiam subeundo onera, sustinebit ex vi *d. generalis Decreti* saepiùs confirmati, alioquin manifesta fraus aperiretur in perniciem Vniuersitatum, tempore numerationis Regni non petentium deductionem focularis, quia foculare numeratum, & non deductum, vti octuagenariae forsàn aetatis, quia numerum subfoculari, & exinde subfoculare exciperetur priuilegijs adeptae militiae, ac proindè si pater numeratus, vti focularis, miles euasisset, non potiretur priuilegijs, nec etiam frui posset eius filius, vti subfocularis argumento desumpto ex *l. oratio 16. de sponsal. iuncta l. 3. de iurisd. omn. iud.*

45 Et tandèm corroboratur, quia ex decreto generali per viam legis generalis à R. Camera emanato ad relationem doctissimi *Dom. Reg. D. Annibalis Moles* Authoris nostri, de anno 1579. decidimur nominatim species subfocularis, vt ille numeratus, tanquàm subfocularis teneatur onera subire in loco numerati focularis, non obstante, quod domicilium transtulerat alium in locum, ibiq; soluerat, non alia profectò ratione, nisi quia numeratum subfoculare patris teneatur soluere post mortem patris eo in loco, in quo subfoculare est numeratum, vt in *Arrest. 391.* & proindè non dubitatur, quin onera debeat subire focularis, qui subfoculare est numeratus, & effectus oneribus tempore numerationis, quae ipsum numeratum subfoculare semper prosequuntur, & obnoxium; & astrictum.

46 Quae autem suprà diximus, quoad milites Ciues procedere intelligas, nō quoad milites exteros habitantes in aliqua Regni parte; nam ij omninò sūt immunes, ab omnibus functionibus fiscalibus, nec numerari possunt, & numerati deducuntur, constito per fidem Scribae portionis, quod sint annotati in stipendijs regijs, & exempti seruari debent, pro eorum vsu, suarumq; domorum, familiae, & equorum ab omnibus datijs, gabellis, & impositionibus Vniuersitatum Regni, verùm pro bonis in territorijs contribuunt, vt caeteri bonatenentes exteri, secundùm decretum R. Cam. in Regio Coll. Cons. prolatum die 25. Octobris 1546. vt in *Arrest. 85. apud R. de Marin.* & refert *Nouar. d. l. collect. 1. n. 16.*

47 Tandem ad haec animorare pertinet, an militum priuilegia, quippè, quae beneficia dicuntur in *l. 3. de testam. milit. l. vna in princ. C. de iur. delib.* hodiè nostri temporis militibus generaliter competant? Et distinguit *Card. Mantic. lib. 6. de coniect. vlt. volunt. tit. 1. n. 31.* quod, aut verè militant pro Reipublicae vtilitate, vitamq; suam periculis exponunt, & tunc meritò gaudent priuilegijs militum Romanorum, vel si degant in Castro, vel vacent armis, *Thesaur. dec. 111. n. 5. Vin. dec. 294. n. 18. & dec. 491. Castill. dec. 105. à num. 15. & seqq. Mastrill. dec. 173. à n. 5. cum seqq.*

48 Vnde rectè illa distinctio approbatur, quod milites ordinarij stipendiati à Regia Curia, etiam si positi sint in praesidijs arcium, vel Ciuitatum gaudeant omnibus priuilegijs militibus concessis, non ordinarij verò stipendiati non gaudent, nisi quando actu seruiunt, licet interim sint in exercitio armorum, vt exponit *Reg. Rouit. (post Trentacinq. Aquilanum I.C.) in rubr. de militib. n. 6.* & eò fortiùs non gaudere, si quotidiè excurrant per plateas, & negotiationi toti dediti sint, nam à mercimonijs, quae sunt animalium, &
49 cultura agrorum abstinere debent *l. milites 15. C. de re milit. lib. 12. T[illegible] de antiq. vers. 3. [illegible] 3. n. 371.* Imò ab omni

mer-

mercatura, nam aliàs non gaudent pri-
uilegijs, *Gurbà de priuil. c. 14. à n. 1062.*
Prag. 11. §. 9. de milit. Aut se non conti-
50 nuât in militari exercitio, *Thesaur. qq.*
for. qq. lib. 1. de Fräch. Arr. 88. Et quãdo
dicantur exercere milites in belli exerci-
tio, exponit *Mastrill. cit. dec. 173. n. 19.*
Proùt si autem non exerceant milita-
rem, sed solùm militiæ aureos torques,
vestesq; splendidas, cæterasq; similes
insignes habitent, *Cyn. in l. 1. C. de iur. & fact.*
ignor. qui istò vulgò milites appellen-
tur, id illis nihil prodest, quia vsus lo-
quendi non tribuit priuilegium, *Bald.*
cons. 148. n. 4. vol. 1. Hinc Equites Aura-
ti, Honorarij, qui pro Republ. non cer-
tant, sed alto supercilio incedũt, solaq;
cauda aurea gloriãtur, vt *Cyn.* ait, Equi-
tum, neque militum priuilegijs potiũ-
tur *Mansio. d. loc. nu. 35. Hering. de fide-*
iuss. c. 7. n. 162. Tholosan. lib. 19. Syntagm.
2. in fine, vbi ex *Lamprid.* ostentionales
vocat, idemq; de limitaneis militibus
ibi pariter *Gayllis obs. 118. n. 13.*

51 Sicuti milites Castri Brundusij in
Regno, si sunt Ciues enumerati in Ci-
uitate, sed habitant extrà Castrum,
soluunt cum Vniuersitate, *Arrest. 409.*
imò in Castro seruientes, si sunt Ciues
non sunt immunes, secus verò si sunt
exteri, *Arrest. 371.* quia in illis attendi-
tur assistentia personalis militiæ, & non
alia, puta ciuilitatis occasione, & im-
munitas conceditur illis, qui militiæ
specificè seruiunt, & ideò in prouisio-
nibus postis franchitijs habent clau-
sulam, *dummodò si est equestris militiæ,*
teneat equum, & arma, si pedestris mili-
tiæ, teneat Archibusium, & morrionum,
Arrest. 434.

52 Immunitas verò, quam habent mi-
litiæ ... granum, quàm ...
rã, etiam vt olim milites per spatium
25. annorum, *Arrest. 510.* consistit ad
rationem vnius rotuli panis singulis
diebus, idq; etiam pro eorum filijs, li-
cet minoribus, dummodò duos exce-
dant annos, eorumque famuli minimè
gaudent, nisi solueant onera gabella-
rum in eorum Terris, si autem famuli
sint extrà Regni immunes non sunt,

Arrest. 699. Habentquè franchitiam à
functionibus fiscalibus, & à quibuscũ-
que impositionibus, & gabellis pro
eorum vsu, & equis iuxtà taxam R. C.
Arrest. 83. 84. 510. & 805. Exceptis
53 Straticotæ militibus, qui fiscalia, &
bonatenentiam soluunt, & solum ab
extraordinarijs impositionibus, contri-
butionibus, & hospitijs sunt immunes,
Arrest. 659. ex compilatis per *Reg. de*
Marin. cit. Rect. d. loc. n. 77.

54 Gloriosissimi inde Hispani milites
(qui Regnum custodiunt, & soluuntur
illis stipendia ex impositione granorũ
4. pro foculari ex tempore Inuictissimi
Caroli V. secundùm *Reg. de Ponte de*
potest. Proreg. tit. 1. §. 5. nu. 16.) meritò
non numerantur pro focularibus in
Terris, vbi habitant *Arrest. 247.* & illi,
qui vulgò dicuntur, *intrattenuti*, pro
seruitio Inuictissimi nostri Regis gau-
dent, tanquàm Neapolitani circà so-
lutionem bonatenentiæ, *Arrest. 663.* Et
quoad alia declarat *Tasson. de antefat.*
vers. 3. obs. 3. n. 371. Imò eosdem gau-
dere immunitate à gabellis vna cum
vniuersa eorum familia, fundat *Nouar.*
collect. 5. n. 3. d. tit. de militib. vnde pri-
55 uilegium concessum marito de non
soluendo gabellas de iure communi-
catur eius vxori, *Thor. vol. 94. n. 1. tom.*
1. Quesad. differtat. 22. n. 74. to. 1.

56 Plura verò sunt vltrà immunita-
tem, de qua in *l. 3. §. 1. de mun. & hon. l.*
10. § angariarum, de vacat. mun. l. 3. C. de
re milit. militum priuilegia, veluti, ne
conueniantur, nisi in quantum facere
possunt *l. 6. in princ. l. 18. de re iudic. l. 7.*
de Castrens. pec. Non possunt pro debi-
tò incarcerari *l. vlt. C. locat.* nec stipen-
dia eorum oppignorari *l. vlt. C. de pign.*
Neque sequestrari, *Bart. in l. vn. C. ne-*
gat. ne milit. Neque in executionem
capi, *gl. in l. commodis 40. de re iud. l. Sti-*
pendia, & ibi *glos. C. de exec. rei iudic.*
Nou. 53. c. 5. Neque arma alienari, vel
oppignorari *d. l. 40. l. 14. §. 1. de re milit.*
Eutrbard. in Top. legal. in loc. 56. num. 7.
Quæ omnia, sicuti militibus prosunt,
ità non ignorare oportet illos, qui cum
ipsis contrahunt *l. 19. D. de reg. iur.* Et de
alijs

alijs militum priuilegijs, vide *cit. Eurhard. d. loc. Besold. de praem. c. 1. nu. 42. Schonborn. lib. 6. Polit. 31. Armmar. discurs. Academ.* 27. latè *Claud. Cotereum de iur. & priuil. milit.* tribus in libris *Georg. Acacium de priuileg. milit. Reg. Villosam de fugitiu. cap. 20. per tot. Zoannet. de Rom. Imper. n. 5. cum seqq. Clappen. caus. fisc. 31. qu. 2. Villadieg. lib. 9. for. iud. tit. 2. in rubr. per tot. cit. per Reg. Rouit. in rubr. de milit. n. 6. in fin.* vbi in *pragm. 2. nu. 7.* fundat militi peregrinanti, seù alitèr absenti ab exercitu cum licentia debe-
57 ri salarium etiam pro tempore absentiæ, quem sequitur *cit. Conf. Bocc. de assis. d. rubr. 10. num. 14.* vbi *num. 17. & seqq.* latè examinat, nunquid debeantur stipendia militi capto ab hostibus pro tempore, quo apud hostes fuit? Et negatiuè decisum refert, & vide *Praes. de Gamaurro decis. R. Cam.* 13. Quibus accedunt hospitalia militum, quæ vulneratis constituuntur, de quibus *Besold. d. s. 1. n. 120.* Vt tandem de gratia speciali moriantur in hospitali, vt loquitur *Neuiz. lib. 2. n. 155.*

AD QVÆST. V.

Quæ sint functiones ordinariæ in Regno, & quæ extraordinariæ, & quid de ipsis iudicetur quoad immunitates.

ANNOTATIO.

SVMMARIVM.

Onerum genus triplex, personale, reale, & mixtum n. 1.

Onera, siue munera ordinaria quæ sint nu. 2. & 3.

Onera extraordinaria quæ n. 4.

Functiones fiscales, grana 48. aliaq; impositiones pro viarum constructione, hospitio, & Barricellis, quæ munera sint n. 5. & 7.

Immunitas concessa, an intelligatur etiam de patrimonialibus oneribus n. 6.

Impositio extraordinaria, ex post facto ordinaria fieri potest num. 8.

Donatiuum extraordinarium, qualitèr ordinarium, & necessarium dicatur n. 9.

DVm onerum distinctione præcedentem quæstionem *Auth.* noster resoluit, declarando, quid in qualibet ex triplici onerum specie, personalium pura, realium, ac mixtorum, definiendum circà antecedentia sit, dignè propterea nunc sequitur exponere, quæ sint in Regno ordinariæ functiones, quæuè extraordinariæ, & quid de ipsis iudicandum quoad immunitates.

1 Etenim cum onerum genus triplex esse videatur, personale, reale, & mixtum. Primùm, quod principalitèr personæ, eiusq; corporis labori imponitur, ac in animi sollicitudine, & vigilantia consistit, vocaturque capitatio, quia per capita soluitur, ex *gl. in l. fin. § pen. vers. & à capitatione, D. de mun. & hon.* & alijs innumeris cit. exponit *Marott. de Collect. s. seù bonatenentis. cap. 1. de Angel. in C. lib. 1. tit. 54. l. quicumque à num. 1.* Secundùm, in quo sumptus maximè postulatur, rei, & non personæ imponitur, vnde ipsa res, non verò persona obligatur ex *l. imperatores, D. de publ. & vectig. l. 2. & 3. C. de mun. patrim. l. 2. C. de ann. & trib. lib. 10. tit. Marott. ibid.* post alios *n. 3.* dicens exinde *n. 4.* tale onus possessorem sequi, sicut vmbra hominem, & lepra leprosum, illudque patrimoniale quoque appellari, quia patrimonijs singulorum imponitur, *ibid. n. 5.* imponiturq; personis pro rebus, *Reg. Capyc. Latro decis. 116. nu. 12. 13. & 14.* Tertium, ex vtroq; mixtum dicitur, habens onus, sumptus, & personæ laborem, ex *l. fin. § mixto, D. de mun. & hon. cit. Marott. d. loc. num. 6. & seqq.* Quorum munerum exempla ponunt *Petr. Greg. lib. 18. syntagm. c. 12. Otalor. de nobilit. 1. p. cap. 2. Pancirol. lib. 3. var. c. 30. Flores lib. 2. var. qu. 1. § 1. in princ.* & alij apud *Amayam sup. lib. 10. C. tit. 40. ad rubr. n. 3. Gaetam super Rit. R. C. rubr. 2. à n. 191. & Mandosi de muner.*

2 Cumq; eorundem præfatorum onerum, siuè munerum quædam sint ordina-

naria, alia verò extraordinaria ex *l. omni munerris, D. de mun. & hon. l. qui muneris publici, D. de vacat. & excus. mun. l. 1. C. de indict. lib. 10. Prof. Merlin. controu. cent. 1. cap. 3. n. 3.* post alios *cit. Marott. d. loc. nu. 10. Henricus Bocer. de Collect. cap. 6. n. 1. & seqq.* Vt de prædictis omnibus nos conscios admoneret, & de muneribus specialiter in Regno, tàm ordinarijs, quàm extraordinarijs impositis, in hac quæstione *Reg.* noster declarat, quæ sint onera in Regno ordinaria, quæ verò extraordinaria.

3 Et quidem ad hęc annotandum est, præstationem ordinariam fuisse, quæ appellata est canon, canonici tituli, canonica, præbitiones canonicæ, vel debitæ, canonicæ indictiones tributorū, item solemnis pensitatio, solemne munus tributariæ functionis, solemnis expressio, solemnis titulus, solemnis ratio, & inde solemnis species, soliti tituli, solitæ species, statutæ necessitates, de quibus apud *Iacob. Gothofred. in 11. C. Theod. tit. 1. in Paratl. vers. atqui*; Ordinaria autem onera illa dici, quæ certam, perpetuam, vniformem, & inuariabilem habent præstationem ex *l. 1. C. de conat. publ. mun. l. 1. C. de indict. lib. 10. l. omnes, C. sine cens. vel reliqu.* eaquè lege, Senatusconsulto, aut Principum placitis indicta sunt, *Bocer. d. loc. n. 6.* & nemo ab illis excusatur ex *d. l. 1. C. de indict.* & alijs *cit.* ac ex *Auth.* nostro relato hic *num. 11. cit. Marott. d. loc. n. 10.* dicens inde, illa, ad quoscūque res transeunt, cum onere suo transire, ex *l. 2.* & ibi *glos.* & *l. qui immunitatem, & l. professio, C. de mun. patrim. lib. 10.* vbi etiam exponit, quando ordinarium munus certam habet annualem præstationem cum subdito conuētam, extrà tamen publicæ necessitatis casum, quod nō dicatur munus, cui necessaria lege, & imperio subimus ex *l. munus, de V. S.* sed ex consensu in certa quantitate debetur, quæ augeri, & minui potest, aut nouo consensu, aut Principis indulgentia, de quo in *l. fin. §. præterea, de mun. & hon. tot. tit. C. de annon. & tribut.* quæ pro Curiæ vrgentijs, aut rei priuatæ Cęsaris deputatur *l. fin. C. de coll. fund. patrim. lib. 10.* cuius certè indictionem pro singulorum viribus præcedere debet ascriptio, vt post *Alex.* exponit *cit. Marott. ibid. Cæsar Nicol. Pisan. ad Gattam super Rit. R. C. rubr. 3. n. 13. & seqq.*

4 Onera verò Extraordinaria, quæ ordinarijs opponuntur, vnde superindictum, superindictitij tituli, extraordinaria, quæquè extra ordinem indicuntur, *cit. Gothofr. d. loc. Bocer. d. cap. 6. nu. 7.* iuxtà varias necessitatum occurrentias imperantur, vt publica obsequia expediantur, quæ & mixta dici, quia personis pro rebus indicuntur, & pro qualibet collecta noua oritur obligatio, atq; præstatio, vnde variabilem appellant *Paul. de Castr. Bald.* & alij *cit.* ab eodem *Marott. ibid. vers. extraordinaria,* concludens *n. 11.* neminem ambigere, hanc obligationem ex quasi contractu oriri, qua non solùm immobilia publicis muneribus obligantur, sed personæ quoque de iurisdictione existentes, quæ domicilium per incolatum contraxerunt *l. incola, D. ad municip.* ex quo etiam tacitam hypothecam oriri, vnde prædia omnia solutioni publicarum functionum patrimonialium sunt hypothecata ex *l. item quia, D. de pact.* & alijs, quod latè etiam exponit in *cap. 2. num. 3. & cap. 3.* functionum fiscalium ethimologiam, & qualiter exigantur, declarat concludendo, illas onera realia dici, & possessorem sequi *n. 20. & 21.*

5 Insupèr ex his cum *Auth.* nostro dicimus, onus carol. 15. & gr. 2. pro quolibet foculari à Rege Alphonso impositum, decem puta pro tributo super singulis fumantibus, & alij quinque pro salis tumulo, vnà cum granis duobus pro conductura, ac salis mensura, hodiè carol. 42. vt suprà latè tradidimus ex *Auth.* quoque nostro, & alijs, onus merè reale dici, idq; confirmari ex *c. Regni fiscalium,* & *Reg. pragm. 1. de appret.* dum statuunt, onus illud soluendum in bonis per singulas familias, siuè fumantes, vnde verè reale di-

ci

ci debet, quia supèr bonis pro rata bonorum registratorum, seù pro rata æstimi agnoscitur, ac imponitur, seu exigitur per æs, & libram, *l. 1. & fin. C. de mun. patr. lib. 10.* post alios declarat *Io. Bapt. Costa de ration. rat. qu.* 158 *num.* 3. Et quia perpetuam, certamq; habet præstationē, Regia Camera merè reale, ac ordinarium meritò declarauit ex *Auth.* nostro in *præcedent. quæst. n.* 16. *& seqq. cit. Marott. d. loc. c. 4. n. 1. 2. & n. 4.* post *R. Tap. Clapper. & Gallupp.* de cōmuni sententia tradit, ex ratione quoq; illa nostri *Auth.* quia d. impos. fuerunt subrogatæ in locū antiquarū collectarū post *Andr. Afflict. Clapper. Rosenth. Tap. & Capibl. ibid. cit.* vltrà ea, quæ suprà nos latè annotauimus, subnectēs quoque ordinaria, ac realia munera dici functiones gran. 48. pro fuculari, ex decisis per Regiā Cameram, iuxtà *Auth.* nostrum, & ex *R. Tap.* ibi *cit. Thor. in supplem. compend. decis. verb. functiones.*

Rectèquè inde *Marott. ibid. num.* 5. *& seqq.* aduertit, reliquas impositiones, quæ pro Turrium, ac viarum constructione, cæterisq; Ciuitatis munitionibus, estò personis pro rebus indicantur, & quolibet anno soluantur, realia esse, ac ordinaria munera in antiquarum collectarum locum subrogata, & sic saltèm ordinaria effecta dici oportet, & rem sequuntur, cuius causa finalis est, *Reg. Capyc. Latro d. decis.* 116 *num.* 14 *cit. Marott. n.* 11. *&* 12. quod declarat *n.* 13. *&* 14. quemadmodùm & de onere hospitandi milites post *Bart.* & alios affirmat *num.* 15. ex quo hoc onus cuilibet ex Ciuibus, dū in Ciuitate, aut loco in quo viuit, domum ædificat, à lege constitutum videtur, vt milites regios in eam recipiat, necessitate vrgente ex *l. 3. §. munus, & D. de mun. & hon.* vbi etiam *n.* 16. fundat, equorum taxas, patrimonialia, & realia imposita rebus onera dici, ex quo hospitationis militum loco successeruut post *Bellon.* aliosq; & *n.* 17. onera realia, & mixta ad vsufructuarium non autem ad proprietarium spectare, ex regula, quod qui fructum capit, onera subire tenetur, quā inde limitat *n.* 17. si vsusfructus nullam vsufructuario commoditatem, aut vtilitatem afferret, ex pluribus *ibid. cit. DD.*

6 Vnde patrimoniale hoc munus esse, & quod immunitate concessa inclusum non intelligatur, post alios *ibid. d. num.* 15. *Goffred. de Gaeta super Rit. R. C. rubr.* 2. *num.* 263.

7 Quia verò *Auth.* noster *n.* 30. docuit, prædictas impositiones pro viarum constructione, hospitio, & Barricellis esse extraordinarias, licet quoad murorum refectionē dubitauerit ex *Bald. ibid. num.* 31 *cit.* (quod etiam aduertit *Præs. Genouer. dec. R. C.* 41. *n.* 35.) easq; non esse Regias impositiones, veluti à Regno, non pro Sacri Ærarij substinēdis viribus, sed pro ipsius beneficio impositas *d. loc. num.* 32. *&* 33. idemq; scripsit *Scipio Mazzella in descript. Regni Neap. fol. mihi* 333. *&* 334. *lib.* 2.

A prędictis, & ab *Auth.* nostro nō recedendo, concludimus cum *Reg. Capyc. Latr. cit. dec.* 116. *n.* 12. *&* 13. dùm prædictas impositiones enumerat, fatendo, extraordinarias fuisse, illa tamen gran. 48. pro quolibet fumante in anno 1554. tempore Ill. D. Petri à Toleto Proregis indicta pro sol-
8 uendis stipendijs militibus hispanis, estò eo tempore fuerit temporalis, attamen, quia deindè prorogata in perpetuum fuit, ideò hodiè etiam ordinaria dici potest, & quia imposita personis pro rebus, realis, & patrimonialis appellanda, ex *Auth.* nostro hic *n.* 21. *& seqq.* vbi *n.* 24. concludit, quod licet quædā impositio ab initio extraordinaria videatur, potest tamen ex post facto ordinaria censeri ex *Andr.* & alijs, quod etiam dicit *cit. Marott. in cap. 4. n.* 10. post *Præs. Merlin. cap.* 2. *controu. num.* 12. ac explicat *Baccr. d. cap.* 6. *à num.* 12.

9 Quemadmodùm idem dicendum est de Donatiuis, quæ estò ab origine extraordinaria munera dicantur, quia ex noua, & inopinata causa indicuntur, temporalem, & extraordinariam causam habēt, vt *Auth.* noster hic *n.* 25. aduer-

aduertit ex *Bart. ibid. d. cit.* attamen dum dicit, immunitatem Officialibus ab illis concessam in damnum Regis cedere, ac si essent functiones ordinariæ, in quibus non iure communi, sed ex priuilegio sunt immunes, idq; illa ratione, quia per Regnum fit Regi donatiuum, qualitate adiecta, ut nemo sit immunis, tuncq; acceptato donatiuo per Regem dicta cum qualitate, mandet nihilominus immunitates seruari, cedere debet inde immunitas in damnũ Regis, veluti si de nouo post donatiuũ factum, immunitas concessa fuisset, ex decis. *Baldas.* ab *Auth.* nostro *cit. à n. 27. ad 29. Reg. Rouit. inconsult. in mat. donatiui num. 24. to. 1. consil.* Concludendum est, donatiuum ipsum ab extraordinario, ordinarium onus effectum, *Tassone de antefat. vers. 4. obs. 3. num. 9.* vnde etiam donatiua biennalia ordinaria dicuntur, *ibid. n. 18.* quia Rex fidelibus bellis continuis contra infideles, hostesq; publicæ quietis, & pro defensione, ac tuitione, & pace suorum Regnorum, vel ad nouas Prouincias acquirendas, potest imponere nouas impositiones, *cit. Tasson.* post alios *ibid. n. 29. Consil. Rouit. de offic. tit. de donatiu. §. 5. n. 15. & seq. Reg. Capyc. Latr. d. decis. 126 n. 12.* Ob quod etiam donatiuum hodiè non voluntarium, sed necessarium dicitur, nec meretur in Regno nomen doni, sed necessarij debiti, *Andr. Capan. de iur. ad. d. qu. 4. num. 10.* & post alios *Consil. Rouit. d. tit. de donatiu. §. 5. n. 32.* vbi *n. 13.* donatiuum Regi deberi veluti onus necessarium, ac inde simulatum donatiui nomen habere, singulisq; binis annis fieri, post alios *ibid. n. 34. &c.* non solum in nostro Regno, sed in toto ferè Orbe sic obseruari *n. 32.* & in Regno præstantur donatiua ad Regis mandatum, *Capan. d. loc. n. 8.* imò Rex singulis binis annis donatiuum petit, per literas Proregi transmissas, *cit. Rouit. d. loc. num. 36.* vbi *n. 43.* casus enumerat pro legitima causa petendi, & præstandi donatiuum.

Quæ verò annotanda hic essent ad decisiones per *Auth.* nostrũ à *n. 35.* relatas, *infrà q. 9. & 11. §. 3. sub tit. de exact. funct. fisc.* veluti ad propriam materiam ibidem examinatam cumulabimus.

AD QVÆST. VI.

Munus recipiendi hospitij, an veniat sub immunitate generaliter cõcessa; Et an subditi teneantur gratis subire onus hospitij perpetui.

ANNOTATIO.

SVMMARIVM.

Hospitij recipiendi munus non venit sub immunitate generaliter concessa, nisi specialis mentio fiat, & quid in hospitio perpetuo num. 1. 13. & 16. & quando dicatur specialiter concessum hoc priuilegium n. 2. Expenditurq; Priuilegium sacra Domus A. G. P. num. 15.

Decisiones ipsius [illegible] Regiæ Hispaniæ collectæ 7093. n. 2.

Hospitia priscis temporibus publica domi fuisse, quibus apud dispertiendi immisti erant Metatores, & Epidemetici n. 3. & 4.

Hospitia, vel alimenta qualiter in hoc Regno Neap. militibus debeantur et quomodo Vniuersitates contribuant n. 5. 6. 8. & 9.

Hospitia satellitum, atq; Officialium (eo quod nimis grauia essent populis) sublata, ex q. [illegible] n. 7.

Hospitari tenentur Vniuersitates [illegible] Baronales, quibus Dominis [illegible] regularis [illegible] nu. 10. excepta Neapolis Ciuitate, in qua tamen si Regnum Præsidium [illegible] Barones [illegible], vel alij priuilegiati nu. 10. 12. 13. & 14.

Hospitium præbere Vasallus tenetur Regi, eiusq; familiæ, & quid de Magnatibus Hispaniæ, Baronibus Neap., Iudicibus Communitatum, & Episcopis n. 11. 12. & 17.

Immunes ab onere hospitij, an sint Archiepiscopi, Episcopi, Filiique legitimi [illegible] Magistratuum Doctores, Medici, Philosophi n. 18. Consiliarij & Patrimonij n. 19. & 20. Et quid de Praesidentibus Iudicum n. 21. familiaribus Regum & Custodibus publicis n. 22. Patronibus n. 23. [illegible] Senatoribus, mercatoribus, artificibus [illegible], coloniis [illegible] n. 23. Personis miserabilibus n. 24. & Viduis n. 25. Syndicis & Electis Capitaneum n. 25. Scribis Portuum & Magistris Portulanis n. 26. Praelatis Ecclesiasticis [illegible] ac familiaribus S. Inquisitionis n. 27. Militibus [illegible] armaturae, vel Stratioti, [illegible] Terrae [illegible] n. 28 [illegible], ac Baronibus n. 30. Ciuitate Capuae [illegible] n. 31. Officialibus Dohanae Fogiae num. 32.

Habitans cum persona immuni an ad hospitij onus teneatur n. 38.

Immunitas recipiendi hospitij, an procedat in casu necessitatis n. 37.

DIcturi antecedenter Auth. noster, quid iudicandum de ipsis ordinarijs, ac extraordinarijs Regni functionibus, [illegible] in n. 30. & 33. qualiter generalissimas immunitates habentes ab impositione viarum, & [illegible] exempti sint; Digne inde sequitur, an sub eadem immunitate generali, hospitij recipiendi munus comprehendatur: & an subditi illud praestare, [illegible] hospitij, obligentur.

1 Et quidem concludit, quod licet immunitas generaliter concessa à functionibus ordinarijs, & extraordinarijs comprehendat [illegible] munus, quando verba priuilegij sunt generalia, & cum clausula vniuersali omnem casum comprehendente, etiam futura, vt c. à beneficio de praebend. in 6. [illegible] Cameral. & ex alijs, idque etiam si de futuris non [illegible] [illegible] Auth. ad [illegible] [illegible] esse [illegible] munere hospitij, per [illegible] decis. R.C. [illegible] maior in [illegible] tis de hospitio, cum illud munus sordidum est, & à lege, imo & iure gentium est ipso, quod dominus eripitur in ea habitatione, & constitutum videtur; Et similiter, quia priuilegium immunitatis est odiosum, & tanto magis quod hoc onus, quod ab hominibus [illegible] debet, vt possint publicis obsequijs parere, & priuatis [illegible] requirentur, vt ibid. [illegible] ad n. 1 [illegible] [illegible] tamen procedere in temporalibus hospitijs, ac per transitum, non perpetuis, vt in praesidijs, ex decisis in R.C. n. 13. cum Vniuersitates non immunes, [illegible] sint ab hospitio militum loco praesidij, quia tunc non dicitur hospitium, sed perpetuae habitationis seruitus, vt ibid. n. 13. & 14. & ex hoc [illegible] quibus de iure hospitium est debitum, pro habitatione pretium soluant n. 15. Curiam, habere priuilegium recipiendi habitationem à subditis, occurrente necessitate, soluto tamen pretio, vt n. 16.

2 Nos verò ad pleniorem praedictorum elucidationem, Primò annotamus hanc Regiae Cam. decisionem, in causa Ciuitatis Capuae die 5. Aprilis 1570. ab Auth. nostro hic n. 4. traditam, vbi [illegible] onus hospitandi non comprehendi in priuilegio generalis immunitatis [illegible] [illegible] [illegible] Thoma comp. decis. par. 3. [illegible] verbo onus hospitandi, post [illegible] [illegible] 2093. [illegible] quam integre transcribo, & habetur [illegible] in [illegible] R.C. 390. apud R. de Maria, tenoris huiusmodi.

Die 5. Aprilis 1570.

In Causa Vniuersitatis fidelissimae Ciuitatis Capuae super immunitate, qua gaudere praetendit circa militum hospitationes.

Per Regiam Cameram Summariae proposuit Dom. [illegible] V.I.D. Annibale Males R. Cam. Praesidente fuit prouisum, quod [illegible] consultatio Excell. Dom. [illegible], in qua dicatur, Camerae [illegible] quod, [illegible] quod Vniuersitas Capuae habere priuilegium immunitatis praedictae, de iure non posse praetendere immunitatem hospitandi. & quod propterea [illegible]

Con-

Ciuitas, eiusq; Casalia, quando casus occurrerit hospitandi hospitentur, &c. & vide votum in hac causa *Reg. Salernitani*, tunc *R.C. Præsid. in decis.* 31. & propriè *circà fin.*

3 Secundò dicimus, Hospitia priscis temporibus publicè dari solita, fuisseque quibus hoc munus hospitum recipiendorum à Republica imponebatur; illudq; patrimonij, non verò personæ onus esse ex *l. 3. §. eos milites, l. fin. §. pen. & vlt. D. de mun. l. 16. § angariarum de vacat. mun. l. 1. C. de Episc. & Cl.* de quo apud *Cic. lib. 13. ep. vlt. ad Att.* hospitari, hoc est diuersari: Cogebanturquè etiam Prouinciales hospitio milites, Officialesq; Præsidum per municipia iter facientes excipere, vt colligitur ex *d. l. 3. § eos milites, l. 5. §. ut tenuis, D. de off. Præsid.* pluraq; ad eiusdem hospitij muneris spectantia congerunt *Martin. Magerus de Aduoc. arm. cap. 10. à nu. 138. Ahasuerus Fritschius, & Io: Baptista Pacichellus in suis tra. 7. de Iure Hospitalitatis.* ac *Mut. Surg. in add. ad Marc. Ant. Fratr. Neap. illustr. fol. mihi 375. 376. & seqq.* dicens, Romanorum tempore, actus istos hospitandi inter celebriores fuisse ex *Cassan. ibid.* Idq; fundari, quia nemo tenetur etiam in Ecclesia Dei militare proprijs stipendijs, ex *c. magnum 11. qu. 1.* & alijs; nec proprio ære militare generalitèr licet, *13. q. 1. c. his ità;* cum consonum sit, vt qui vitam pro Republica exponit, ab eadem alimenta capiat, & ideò inter alimenta, & hospitalia ad habitandum connumerari, quia sine his nõ potest commodè quis viuere *l. verbo victus, de V. S.* quanquàm hospites intèr peregrinos sint, nec propriè habitare dicantur *l. 2. § habitare, de his, qui deiec. vel effud. l. deuotum 3. de Metat. lib. 12. Petr. Gregor. Syntagm. lib. 19. tom. 2. cap. 8. num. 1.* Vnde olim, vt hos-
4 spitia rectè, & æquè dispertirentur, duo instituta fuerunt officia, sub nomine *Metatorum, & Epidemeticorum*, quibus suffecti sunt hodiè *Marescalli, & Mensores;* De primis est *tit. de Met. C. lib. 12.* de secundis in *tit. de Mensor. eod. libr.* quibus, vt incolumis duceretur exercitus, curæ erat, quod si militis nomen iam assignato hospitio delerent, imminuerentvè, aut variarent, in falsi pœnam inciderent, qua etiam pœna plectuntur milites, qui suum signum aboleuerint, *l. 1. C. tit. de Metat. Mut. Surg. d. loc. fol. 379.*

Ex quo Syndici, & Electi in eam pœnam incurrunt, si domos semèl pro hospitio designatas mutauerint, *Reg. Rouit. in pragm. 3. de Milit. n. 4.* vbi *n. 3.* ait, Milites hospitandi onus reale respectu domus esse, non verò respectu totius patrimonij, cum eis alimenta minimè debeantur, & consuetudo in contrarium non valeat, præsertim in hoc Regno, in quo per *Pragm. 3. §. 11. tit. de Milit.* expressè statuitur, vt pro
5 alimentis nihil detur gratis militibus, neque oleum, neque sal, hospitantes autem milites, ad quid teneantur, & qui, & quomodo per æs, & libram ad hoc onus contribuere debeant, *ibid. n. 5. & 6.*

6 Hospitia verò inter Terram, & Casalia diuidantur pro numero focularium, licet inter Ciues Terræ, & Casalium diuidantur per æs, & libram, vt in *Arrest. 551.* apud *de Marin.* Certumq; esse, quod dum in transitu tale hospitium debetur, nec pro victu, nec pro stabulo quidquam à Prouincialibus accipere possunt, etiam si spontè illis offeratur, nisi tamen pretiũ exoluant, *l. cynasicorum, C. de erogat. milit. ann. lib. 10.* & post alios *cit. Mut. Surgens fol. 377. in fin.* aliàs concussio præsumeretur, nam milites sempèr præsumuntur grauare populos, *Reg. Rouit. in d. pragm. 3. n. 1. de Milit.* bonus enim miles vltrà stipendia nihil sibi vsurpare debet, *c. militare 31. qu. 2.* aliquantispèr enim in transeundo morari conceditur, *l. 1 § habitari, de his, qui deiec. vel effud.* cautumq; esse in pluribus Regni *Pragmaticis* tribuendam solùm militibus habitationem, stramen, & lectum, quorum nomine quid veniat, in ijsdem *Pragmaticis* declaratur, vnde ex habitationis, straminisq; & lecti vi-

ce pecunia daretur, prohibuit *Excell. Dux de Alcalà* olim Prorex, & qualitèr fuerint inobseruantes puniri tempore *Card. Granuelani*, refert *tit. Mut. Surg. ibid. fol.* 378. pluresq; *pragmaticas* editas ad hoc habemus in *tit. de Milit.* & *tit. de Commiss. pragm.* 1. ad le-
7 uamen Populorum, cum ex illa hospitia Satellitum, Commissariorum, atq; Officialium fuisse sublata, ijsq; aucta salaria, *Reg. de Ponte* testetur *de potest. Pror. tit.* 1. §. 5. *nu.* 10. Hos autem Baricellos Imp. *Iustinianum in Nou.* 8. sustulisse, quod nimis graues essent hominibus Prouincialibus, dum ab eis extorquerent hospitia, & alia multa, scripsit *Scipio Gentil. de iurisd. lib.* 3. *cap.* 19. Sicut etiam antiquitùs leges plurimæ de hospitijs militum ad subditorum iuuamen dictæ sunt, de quibus apud *Vlpian. in l. illicitas* 6. *S. illicita ministeria,* § *seq. de off. Præs. Petr. Greger syntagm. d. cap.* 8. *n.* 3. & 4 vbi *n.* 4. exponit, hospitiorum nomine Dominos de iure teneri præbere hospitibus, quæ habitationis causa tantùm necessaria sunt, non etiam ea animalium pascua, vel hominum escas, quinimò, & miles, qui ea exigit, & Dominus, qui etiam ea spôtè exhibet, pœna affici debent *d. l. de notum* 5. *C. de Metat. lib.* 12. *l.* 3. *de erog. milit. ann. eod. lib. l.* 1. *ne rustic. ad vll. obsequ. deuoc. lib.* 11. ideò enim stipendia, & annonas milites accipiunt, ne Prouinciales onerent *d. l.* 3. *Costa de rat. rata qu.* 138. *num.* 8. Imò si milites velint per vim à Prouincialibus alimenta, posse eis de facto resisti, fundat *Cancer. par.* 3. *c.* 5 *num* 61.

8 Quod tamen intellige non procedere quoad paleam, & fœnum, ad quod Vniuersitates militibus præstandum tenentur, non solùm ex dispositione *Reg. Pragm.* 2. §. 20. *de militib.* sed etiam de iure communi ex *l. non videtur, C. de mun. patrim. lib.* 10. & in *l.* 2. & in *l. Prouincialium, C. de erog. milit. ann. lib.* 12. vbi etiam habes, an, & quando Prouinciales teneantur deferre paleam, & fœnum vsque ad domum militum, vt tradit *Reg. Reuit. ibi n.* 8. & 9. vbi *n.* 10. quærit, dum ex *d. Pragm.* §. 21. prohibetur quoque dari comestibilia militibus, nisi mediante pecunia, quid faciendum, si, vt plurimùm accidit, milites careant pecunia, quo in casu praxim refert iuri consonam, vt Vniuersitates subministrent pecunias militibus mutui nomine singulis diebus, recuperandas postea à Regia Curia in beneficium Vniuersitatum, de stipendijs ipsorum militum; Et *nu.* 11. quod licet
9 milites non possint petere aliquid pro cœna à Populis, debent tamen illis exhiberi victui necessaria, vt pro euitando trāsitu permittatur aliqua oblatio, sequitur *Cons. Rote de offic. rubr.* 10. *à n.* 80. Sicuti salgama rustica vetitum non erit militibus petere, scilicèt, quæ condita, ad vsum Domini seruantur, vt puta, mala, pyra, ficus, vuas, rapas, nam ea vilis pretij sunt; Salgami verò nomine non venire culcitras, oleum, ligna, quæ neque etiam à volentibus ijs hospitibus auferāt *l. vnic. de Salgam. hospit. non præb.* Neque Balneum à domino æstiuum postulent, *l. hoc prospect. C. de Metat. Petr. Greger. d. loc. n.* 6.

10 Regula verò est, quod singulæ Vniuersitates, Terræ, Castra, & Villæ tàm demaniales, quàm Baronales tenentur hospitari *l.* 1. *C. de Metat. lib.* 12. *l.* 2. *C. de Ep. & Cl. Afflict. dec.* 265. *in fin. Cassal. de Imperat. qu.* 110. *cas.* 303. *Alciat. consil.* 174. & post alios antiquiores *Reg. de Pont. de potest. Prorég. in tit. de prouis. fur. fol.* §. 6. *n.* 6. eò magis si sit tempore belli, *Kopp. dec. German.* 59. *nu.* 17. *Nouar. in Pragm.* 3. *de militibus n.* 3. Illud enim patrimoniale munus est, *l.* 3. *de mun. patrim. lib.* 10. *l.* 3. § *munus, de mun. & hon.* Et sic non est personale munus, *Reg. Reuit. d. pragm.* 2. *de Milit. num.* 2. Estq; ius ad Principem spectans, vti Regale maius, hospitia pura gratis recipiendi à subditis *l.* 2. *C. de Metat. lib.* 12. quinimò, & cogere possit Princeps subditos ad locādum hospitia pro necessitate hospitandi Curiales, & Magistratus Regios in domibus locari solitis, maximè si ad Regem, vel pro eius seruitio pergerent *l.* 4. *et* 5. *de itinerant,*

& ex

& ex alijs *Mastrill. de magistrat. lib.3. cap.10.num.178.185. & seqq. Reg.de Pont.de pot.Proreg.tit.1.§.5.n.6.* & an
11 hospitari gratis teneatur subditus Iudicem, cum vadit ad ministrandam iustitiam in loco suæ iurisdictionis, sed recepta congrua mercede, examinat *Cancer.var.resol.p.3.c.5.n.60.num.5.* vbi decisionem Senatus refert, & latè etiã declarat *cit.Mastrill.d.c.10. à nu.205. ad* 214. Non autem Barones hospitationes habent, quando eorum Terras visitant *Tasson. de antef.vers.3.obs.4. n.* 189. Et hospitia militum euntium in bellum, & redeuntium, vbi debeant constitui, exponit idem *Petr.Gregor. ibid.n.*10.& pro hospitandis militibus, vbi sint domus eligendæ,& distribuendæ, remissiuè tradit *Reg.Reuit.d.l.nu.7.* ad *d.l.*1. *C.de Metat.*

12 Hospitium verò præbere Vasallus tenetur Regi,ac eius familiæ,certamq; domus partem assignare,prout est quoque in *Cathalunia*, in qua Rex accipit tertiam partem domus pro hospitio, *cit.Cancer.var.resol.p.3.c.5.n.66.* Et in his Ciuitatibus, in quibus non est Regia domus, debet Principi dari melior, ac magnificentior illius loci, & ex *l.5.tit.*16.*p.*2. *Hispan.* expressè cauetur, quod quando capitur Ciuitas aliqua hostium, Principi domus Regia reseruatur, si adsit; sin minùs,honestiores, ac maiores domus illius, nam in istis Palatijs, tanquàm in capite Ciuitatis possessio accipitur ipsius loci, ac Imperij, *Reg.Constant.ad* 11. *lib. C. de Palat.& dom.dominic.l.vn. n.38.& 39.* & similitèr in Hispania adest consuetudo, qua Regiis Officialibus, & Magnatibus, qui appellantur *Grandes*, domus præbentur, dictæ *de apesent*, *Reg.de Pont.d.l.n.7.& 8.* ibiq; latè de hac materia hospitij pertractat; Quæ omnia fundantur,quia Princeps,eiusq; domestici, & familiares gratis hospitandi sunt, *Mastrill. de magistrat.* post alios *lib.3.cap.10.n.*210.

13 Quod verò immunitate generalitèr concessa, hospitandi exemptio nunquàm inclusa censeatur,cum patrimoniale hoc munus sit, fundatur in *l.sunt munera,* & *l.qui originem.§.munus,D.de mun.& hon. l.qui immunitatem, C. de mun.patrim. Petr.Antibol. de muner.§.*2. *n.*17. & alij *cit.* per *Marott. de collect. cap.4.nu.15. in fin.* idq; etiam probari ex *l.fin. §.pen. de mun. & hon.* & ex *l.3. de mun.patrim.lib.*10.imò ità alias fuisse quoque ipso referente per Regiam Cameram decisum, tradit *Reg.de Ponte d.loc.n.5.*nam priuilegium Vniuersitatis non comprehendit onera patrimonialia, sed tantùm personalia, vt fundatur in *alleg.*70. *Ferdinand.Branc.* apud *R.de Marin.3.10.n.3.& 4.*& ideò in generali concessione immunitatis dictum hospitij munus non comprehẽditur, post *cit. Reg. de Pont. Mastrill. de magistr.lib.3.c.10.nu.*219. Et quia subditis onerosa talia priuilegia sunt, ideò non latè interpretanda, *Aurelian. cap.4.n.45.de exec.mand.Petr.Greg.syntagm.iur.p.2.lib.19.c.8.*

Id tamen limitari constat,ex eodem *Auth.* nostro, vbi adesset speciale priuilegium à Rege concessum cum dicta immunitate hospitij, quo in casu, nulli dubium est, quod esto impositiones pro hospitijs militum sint onera patrimonialia, nihilominùs immunitas prædicta rectè concessa videtur, vt idẽ *D.Reg.* noster hic docet, quod intelligo à Principe superiorem non recognoscente, vel ab alio eius Vicesgerente, *Castald. de Imper.& Imp. q.*110. *cas.*152. *Mastrill.d.loc. nu.*199. & talis concessio requirit scripturam, *Thor. in supplem.decis. vers.Immunitas à gabellis fol.*287.

14 Quando autem dicatur specialitèr concessum tale priuilegium, & quid si hoc verificetur in concessione factæ immunitatis ab omnibus muneribus, personalibus, & realibus, examinat post alios *cit.Brãcia in d.alleg. d n.5 ad seqq.* qui scripsit in causa *Ven. Hospitalis A.G.P.* vbi licet ex pluribus ampliare ad id conetur immunitatẽ cõcessam ab omnibus muneribus personalibus, & realibus; Attamen nos minimè recedimus ab *Auth.* nostro, quẽ *Dom.Brãc.*

ooo

non obseruauit; Benè verùm est, quod attentis priuilegijs dictæ Sacræ Domus ibidem relatis à *n. 10.* quia non solùm generalitèr concessa fuit illi Im-
15 munitas per verba, *ab omnibus muneribus personalibus, & realibus*, sed etiã, quia fuit dictum. *de omnibus alijs*, imò quia in priuilegijs Imperatoris Federici adsunt illæ clausulæ (*ab omni molestatione, inquietatione, collectis, adiutorijs. datijs, exactionibus, alijsq; grauaminibus omnibus. & seruitijs personalibus, realibus & rebus personarum ipsarum, perpetuò liberos, & securos esse censemus, & nullus audeat, nec præsumat in Castro Mercuriani, Casalibus, & hominibus, & Vasallis eiusdem Monasterij, exactionem, adiutorium, aut collectam aliquam, seù seruitium aliquod, & grauamen personale, reale, & rebus personarum ipsarum facere, vel imponere in quacumque parte Regni, & Imperij nostri*): Et rursus, quia in priuilegio Ferdinandi I. non solùm confirmatur priuilegium Imperatoris Federici, sed Vasalli prædicti fiunt immunes à donis quoque cum clausula (*etiam si talia forent, de quibus oporteret fieri mentio specialis*). Idemq; legi in confirmatione elargita per Inuictissimum Carolũ V. in qua adest etiam clausula, (*quod Terra dicti Sacri Hospitalis deleantur à libris contributionum & Cedularij Regiæ Cameræ*); vt tradit idem *Dom. Bran. d. loc. n. 12. & 13.* Ex quibus satis clarè elucescit dicti Venerabilis Hospitalis contra Fiscum iustitia, etiã generalitèr fuerit concessio immunitatis prædictæ, nõ obstante quidem nostri *Auth.* doctrina hic *n. 1.* dũ in illa specie dubitando loquitur, puta, an concessio immunitatis à functionibus ordinarijs, & extraordinarijs comprehendat munus hospitij realis, & actualis; At quando, vt in prædicto casu, vltrà generalia verba, *à functionibus* [illegible] *ordinarijsque & extraordinarijsque*, adsunt illa alia verba, *ab omnibus muneribus personalibus, & realibus, & alijs*, eisq; concurrunt præfatæ aliæ clausulæ, tàm in priuilegio, quàm in confirmationibus prædictis, ex quibus satis constat de eius Regis concedentis voluntate, voluisse priuilegiatum exemptum reddere ab omnibus quibuscumque muneribus, vt suprà; nemo est, qui dubitet, quin prædictum quoque hospitij munus cõprehendatur, nam vbi sumus in claris, non est admittenda voluntatis quæstio, *l. ille, aut ille. D. de leg. 3.* Et sic inde dicta imunitas obseruatur, vt in Act. R.C. apud *Actuar. Ceterr.*

16 Quæ autem dixit *Auth.* noster circà *fin.* Vniuersitates non teneri pro hospitio perpetuo, siuè loco præsidij, procedit, quia munus hospitij intelligitur per transitum, & non in continua habitatione, ex rationibus ab *Auth.* nostro adductis, cum satis distans differentia sit inter hospitium, & habitationem, vt ex iuribus ibi adductis, & ex *cap. 1. §. Vasallo, vers. moram superfluam*, & ibi *glos. de pac. constant.* quod allegasse Ill. D. Ferdinandum de Aualos, refert idem *D. Reg.* hic *in fin.* idq; memorat *Io. Fran. Pasqualin. in comment. ad pragm. de Exteris Regni n. 8.*

17 Vnde etiam fit, quod si non adsit in loco domus Regia, vel Officialium, nõ possunt Vniuersitates adstringi ad dandam domum Rectoribus, ac Capitaneis ipsarum, quamuis sua pecunia debeatur eisdem prouideri de domo; ex *Luc. de Penn. in l. fin. de profess.* & ex alijs *Reg. Constant lib. 11. C. tit. de Palat. & Dom. dominic. Lucu. n. 33.* dicens tamen *n. 34.* dictos Rectores, ac Iudices præferendos in locationibus, cum multò fortiùs in illis procedant, quæ in Scholaribus voluerunt *Bald. Angel. Ias.* & alij *ibid. alleg.* & quid respectu Episcopi nouitèr à Ciuitate impetrati, dum Ciues illi Palatium ædificare tenentur, & sic perpetuum, ac decens hospitium eidem dare, iuxtà dignitatis Episcopalis fastigium, idem *Constant. d. loc. n. 35.* examinando *cons. Camilli Borrell. 37.* exponit.

Vlterius, dum in hac quæstione de immunitate recipiendi hospitij agitur, tandem in particulari à tali munere de iure immunes recensendi sunt, nam-

scu-

sunt à muneribus patrimonialibus nonnullos liberos esse constat, ita &
18 ab hospitij excipiendi onere, licet patrimoniali, plures exceptos esse, siquidem quamuis non omnes, qui à patrimonialibus excusantur, ab hoc immunes sint, sed illi tantum, quibus lege, aut speciali priuilegio à Principe indultum est; Numerantur itaq; inter exceptos illos à lege quidem immunes Archiatri Principis, & Vrbis Romæ, sacrarum Magistri, & Artium liberalium professores, insignesq; Pictores, Medici, Philosophi, & Doctores legum, vt infra in seq. quæst. *l. Archiatros, C. de Metat. lib. 12. l. Medicos, & l. fin. de profess. & Medic. lib. 10. C. l. fin. § fin. ff. de mun. & hon.*
19 Item Consules, & Patricij tres domos habent ab hospitio liberas, & heredes eorum: hoc est filij, pater, mater, soror, frater, vxor, duas; Consules tantum duas sibi, & heredes eius vnam solam; Sed si solum Consul., eodem modo Præfecti, & Magistri militum, dum viuunt, duas, heredes eorum vnam; magistri officiorum, vel quæstores vnā sibi, heredes eorum vnam; Comites domesticorum, & Protectorum sacrarum, vel priuatarum largitionum, singulas heredes eorum domibus, vt sumit *Accursius in l. hac lege 2. de Metat. lib. 12.* & ex Imperatore *Leone* decem
20 Tribuni post Primicerium ab hospitijs, in domibus, quas habent in Vrbe Constantinopolitana, cōstituti sunt immunes in *l. fin. eod. tit. de Metat.* Quemadmodum & Prætoria ordinariorum
21 [illegible] Iudicum *Lucas de Penna* [illegible] & *Rebuffus* [illegible] *l. Fabricenses, C. eod.* quos ex his auctoribus enumerant *Petr. Gregor. Syntagm. iur. lib. 19. cap. 8. num. 8. Glos. in l. 5. C. de mun. patr. lib. 10. Menoch. de arbitr. iud. cas. 379. Azeued. ad leg. Hisp. lib. 8. tit. 10. l. 4. n. 73. Vin dec. 161. Thesaur. in foro quæst. forens. lib. 1.* [illegible] *Bergo in Cap. Regni, Item Ducissas,* [illegible] *Ponte de Syndic.* [illegible] *Grand. de bell.* [illegible] *110. Fallet. in pragm.* [illegible] *Nouar. quæst. forens. 23. tom. 1. Couarr. variar. lib. 3. cap. 5. num. 75.*

22 Item ab hoc munere immunes sunt Familiares Regum, *Cancer. d. loc. n. 73.* & Cursores publici, teste *Ludouic. Hornigk de Postarum iure cap. 18. thes. 3. & 5.* Itemq; immunes sunt Patres
23 nouem ex filiorum, vt infra ad §. 7. Senatores omnes, Artifices, Fabri, Mercatores, Venatores, Locatores [illegible] sauri, Piscatores, Coloni alienos agros colentes, vendentes fructus in aliena Ciuitate, percipientes pensiones domorum, vel annuos redditus, vt post *Rol. à Valle cons. 68. vol. 1.* & alios recenset *R. Reuert. in prag. 3. de Militibus n. 8.*
24 Miserabiles quoque Personæ hospitali nō tenentur ex priuilegio, quo ipsi exempti sunt à dicto onere, arg. *text. in §. item si propter paupertatem, vbi DD. Instit. de excus. Tut.* & ita solitum esse refert [illegible], & mandatum Regiæ Cameræ Summariæ refert *Nouar. de priuil. miserab. person. priu. 105. n. 2.* vbi n. 3. idem
25 esse introductum in fauorem Syndicorum, & Electorum Ciuitatum, apud quos est Vniuersitatis regimen [illegible] *l. 3. C. de Decur. lib. 10.* [illegible] *C. de Metat.* [illegible] exercitio [illegible], quia propter officium dantur beneficia, & si cessante officio non est locus beneficio post alios [illegible] *Nouar. d. priuil. 125. nu. 4. & 5.* quorum Syndicorum immunitatem latè declarat *Reg. Reuert. dec. 70.* vbi distinguit inter hospitationem militum actualem, & contributionem in pecunia, vt scilicet quoad contributionem [illegible] teneantur, & [illegible] patrimonij cuiusque [illegible], quod non solum respectu domus, sed etiam respectu aliarum expensarum [illegible], quod primam tamen [illegible] esse [illegible] Vniuersitatem [illegible] n. 21. [illegible] contributionis [illegible] gendi ad expensas [illegible] non vero ad [illegible], quæ patiuntur [illegible] hospitantes in eorum domibus, vbi [illegible] *Cons. Afflict.* [illegible] referens per
26 R. C. decisum in anno 1586. respectu Scribarum portionis, & Magnificorum Portulanorum, quod tenerentur hospi-

tali

cati milites, ex *Arrest. R.C.* 452. apud *de Maria*.

17 Sunt etiam immunes ex priuilegio Clerici, & cũ illis Ecclesiastici omnes ex *gl. in l. 6.* vbi *DD. C. de Episc. & Cler.* quod etiam in Regno nostro est prouisum in Prælatis per *cap. Regni incip. Item statuimus, quod domus Prælatorũ*, *Dom. Reg.* noster infrà in §. 5. *de Camer. referuat. num. 14. Balthas. de Angelis super 1. Cod. tit. 6. à num. 1. ad seqq.* & ex alijs *Mastrill. de Magistr. lib. 3. c. 10. n.* 185. vnde infert, quod malè faciunt Domini temporales, ponendo Legatos in domibus Prælatorum, & in domibus aliorum Clericorum contrà eorũ voluntatem, & proinde prohiberi cripi illis inuitis lectos, & alias res ad vsum domus post *Abb. & Marcũ de iurisd. par. 4. cas. 86.* idq; procedere etiam in maxima necessitate ex *Vulpell. de liber. Eccl. lib. 3. num.* 47. Imò extendi ad familiares Sãctissimæ Inquisitionis ratione particularis priuilegij, quod habere dicuntur ex *Rojas de hæret. p. 2. n. 421. & sol. 283. p. 1.* fundat *Mastrill. d. loc. à n. 186. ad seqq.*

Et non solùm ad Religiosos omnes, personasq; Ecclesiasticas ex *Nigr. in cap. item statuimus*, & *de Grass. de effect. Cleric. eff. 4.* sed etiam ad fratres Clericorum secum habitantes in domo communi, post alios firmat eis *Nouar. d. priuil. 105. num. 9.* & sic etiam ampliatur

28 in quolibet habitante cum persona immuni, vt ad hospitij onus non teneatur, sed tamen tenebitur contribuere, *Reg. de Marin. Arrest. 461. & 491.* dummodò non habitet in eadem, *Rodoan. ad Reg. de Marin. resol. 167. n. 3. & 4.*

29 Rursus immunes quoque sunt Milites leuis vel grauis armaturæ ex *text. in l. fin. sup. D. de mun. & honor. Georg. Amatus de priuil. milit. lib. 2. priuil. 30.* idemq; in militibus cohortis numero tercentum Stratiotæ, qui licet non gaudeant immunitate munerum ordinariorum, exempti sunt ab extraordinarijs, & hospitijs, & contributionibus ex *Arrest. 659.* apud *de Marin.* quod ampliat etiam ad milites pedestres nouæ militiæ nõ tantùm in actuali hospitio, sed etiam pro contributione, vt in Terra Pisticij practicatum refert, iterũmq; ampliat ad Iuratos, & Baiulos Terræ tempore, quo resident, ex *Luc. de Penna in rubr. de milit. vag. lib. 10. & Capibl. de auth. Baron. pragm. 19. cit. Nouar. d. priuil. 105. num. 10.* Item ad Neapolitanos, & ad forenses etiam ab onere collectarum ad hunc effectũ impositarum, *ibid. n. 11. & 12.* ad fisci conductores, ex *Gurzen.* & alijs, *ibid. n. 12.* Quod procedere in Regnis Hispaniarum ex lege particulari aduertit *Mastrill. d. cap. 10. n. 195.* Et exemptos etiam esse habentes vaccas à n. 50. suprà, ex dispositione ibi *Reg. pragm. vn. tit. 55. de Macellat. §. 1. c. 1. Mastrill. d. loc. n. 197.*

30 Exempti etiam sunt Titulati, ac Barones, vt non teneantur ad actualem militum hospitationem in terra, in qua habitant, sed tantùm contribuere tenentur, vt in *Arrest. R.C.* 551. apud *R. de Maria*. Sicuti etiam Viduæ, eò quod

31 dicantur miserabiles personæ, & honestatis causâ ab hospitij onere excipiantur, quoties tamen essent diuites, tenentur pro contributione, *Capibl. de Baron. pragm. 19. n. 46. ex text. in l. 3. C. de mun. patrim. lib. 11.* & ità sæpius practicari vidisse testatur *Nouar. d. priuil. 105. n. 10. Reg. de Marinis resol. 167. n. 8. lib. 1.*

32 Præterea sunt etiam immunes Ciuitates, & Terræ, tàm Demaniales, quàm etiam Baronales, quæ in specie priuilegiatæ sunt, prout est Ciuitas Neapolitana, quæ omnimodè immunis est ab onere hospitandi, & contributione, vt per *Capitula eiusdem Ciuit.* per Regem Catholicum concessa, etiam si vellent hospitari mediante mercede, quod demùm in anno 1536. per Cæsaream Maiestatem fuit declaratum, vt non habeat locum respectu familiarium, & Curialium sequentium Curiã Sacr. Maiest. quibus assignentur quæ-

33 dam quarteria particularia Ciuitatis, verùm hoc noluit fieri gratis, sed soluta iusta mercede taxanda per duos

expert-

expertos eligendos, vnum per S.M. & alterum per Ciuitatem, *Reg. de Pont. de potest. Proreg. tit. 1. §. 6. n. 13. & 24. Tasson. de antefat. vers. 1. obs. 1. n. 19.*

34 Quemadmodum de Ciuitate Panormi, Messanæ, Catinensi, & alijs quamplurimis hoc priuilegium à Rege habentibus tradit *Mastrill. de Magistr. lib. 3. c. 10. n. 192.* Idemq; esse in Regno Neapolitano dicens *n. 193.* in quo Barones sibi reseruant vnam ex eorum Terris pro Camera, accipiendo pro dicta causa pecuniam à Vasallis ex *Vrsill. ad Afflict. dec. 101.* vt ab onere prædicto exempti fiant, de cuius Cameræ reseruatæ materia latè infrà annotabimus ad *Auth.* nostrum in §. 5. *de Cam. reseruat.* pro nunc verò adeundi sunt *de Pont. in d. §. 6. num. 19. & seqq. Mut. Surg. in annot. ad Neap. illustr. cap. 21. priuil. 42. fol. 375. & seqq. Reg. Rouit. in d. pragm. 3. de milit. n. 14. & seqq. Nouar. d. loc. n. 19. & de grau. Vasall. to. 1. grau. 145. & quæst. forens. p. 1. q. 84. & 90.*

35 Præter verò istas Ciuitates, & Terras, quæ hoc potiuntur priuilegio, omnes aliæ in Regno tenentur, prout fuit iudicatum etiam contrà Ciuitatem Capuæ, vt suprà *num. 1.* Et contrà

36 Officiales Dohanę Vigiliarum, ipsiusquè Arrendatoris homines, vt licet sint immunes, teneantur tamen pro hospitio contribuere, *Arrest. 383.* apud *cit. de Marin.*

Qui autem immunes ab hospitijs sunt, non debent vicinos onerare, nec debent, vt illi onerentur, immunitatem impetrare, *l. omnes qui 9. C. de Metat. Petr. Gregor. d. cap. 8. n. 9.*

37 Aduertendum tamen est, prædictas immunitates non procedere in casu necessitatis, *Ant. Oliban. de iur. Fisc. cap. 9. num. 35. Mastrill. d. loc. n. 191.* qui admonet ex *d. Oliban.* quod prætextu dictæ necessitatis pauci sunt ex immunibus, qui à dicto onere liberantur, *Cancer. par. 3. var. resol. cap. 5. n. 73.* maximè in Villis, & paruis Castris, *Nouar. d. prim. 105. n. 7.* excepta semper Ciuitate Neap. quæ in casu etiam necessitatis est immunis à tali onere, vt suprà, & in qua fuit ab Excellentiss. *D. Petro Antonio ab Aragonia* Regni olim vigilantissimo Protege Regium Præsidium erectum, in quo Hispani milites hospitantur, ac resident; prout in Ciuitatibus Regni Panormi fuisse etiam ad idem domos erectas, quæ *quarteria* appellantur, testatur *Mastrill. d. loc. n. 215. & 216.*

AD QVÆST. VII.

An Doctores legum sint immunes de iure communi à munere hospitij, & qui.

ANNOTATIO.

SVMMARIVM.

IVrisprudentiæ, & Iurisconsf. encomium afferetur n. 1. & 2. & quid sit methodus studendi, legendiq; iuris remissiuè n. 3.

Doctores legum, an sint immunes ab onere recipiendi hospitij n. 4. etiā cū filijs, fratribus, & vxoribus n. 5. quid seruetur in praxi n. 9. & 10. & in casu necessitatis n. 11. & an teneantur contribuere in expensis ratione hospitij num. 12. & 13.

Decis. istam per eadem verba exscripsère Episc. Ricc. & Rodoet. *in locis signatis n. 5.*

Doctores, an sint immunes ab omnibus oneribus personalibus, & collectis nu. 7. & 8.

Immunitas concessa Doctoribus, alijsq; nobilitèr viuentibus in Regno pro capite tantùm n. 14.

Immunitas, siue priuilegiū nō recipiendi hospitij, an competat tantùm Doctoribus actu legentibus, vel etiam alijs n. 15. et 18. et quid in Licentiatis n. 16. vel Bullatis n. 17.

Libri, an sint essentiales Doctori n. 21. eosq; non euoluenti, et consilium præstanti, an debeatur honorarium n. 22.

Io: Aloysius Riccius Episc. *Collectaneas suas memoritèr dictare solebat d. n. 22.*

Mm Do-

Doctores imperiti, et non exercentes, an gaudeant priuilegijs? negatiuè num. 19. et 20. et plura de ijs dicteria memorantur num. 23. 24. et 25. et iocosè rhytmi in Doctorelles nu. 26. Arguitur contrarium n. 27. et 28.

Doctores sunt in dignitate constituti, et honesti, excelsi, parentes, ac amici Principum n. 29. et militibus præstantiores nu. 30. admittuntur ad officia Nobiliū n. 31. aliaq; priuilegia traduntur à n. 32. ad 41. et Authores de ijs agentes recensentur n. 42.

Scholasticorum, & Academiarum tractationem qui nàm instituerint n. 43. & 44.

Aduocati cur stando perorent n. 34. sunt immunes ab oneribus personalibus, hospitijs, & collectis n. 45. & 46. à tutela n. 47. & possunt malleatorem à vicina domo expellere n. 48.

An sint immunes ab excubijs tempore pestis n. 49. 50. & 51. & quid in hac fidelis. Neapolis Vrbe ob negotiorum numerum n. 52.

Aduocati dicuntur milites, laudabiles, necessarij, nobilissimi, togati, à n. 53. ad 55. pro labore honoraria accipiunt n. 56. eorumq; suffragia in causis decidendis aliàs præstiterunt n. 57.

Aduocati, an sint Lectoribus præstantiores n. 58. et Authores de earum dignitate, ac priuilegijs tractātes referūtur n. 59.

Congregatio S. Iuonis pauperum Aduocati in hac Ciuitate Neap. quod nàm habeat institutum n. 60.

1 VT *Ciceronis* verbis exordiar: Fremant omnes licet, dicam quid sentio: Bibliothecæ meherclè omnium Philosophorum vnus mihi videtur 12. tab. libellus, si quis legum fontes, & caput viderit, & authoritatis pondere, & vtilitatis vbertate superare, vt contrà calumniatores (quos appellare libet *Doctor-mastiges*) *in orat. in laudem Iurisperitor.* concludit *Cælius Calcagnin.* videndus etiam *David Schmugk in apologetico contrà iuris studiosorū obtrectatores*, & praeter DD. omnes videas cætera copiosiùs apud *Desbardū Horst. in orat. de dignit. et laudib. Iurispr. Vldaric. Zasium in orat. de laudibus leg.* quæ extat *in tom. 5. eius oper. Henricum Gebhardum in tract. de princip. et dignit. Iurispr. Martinum Siller. in orat. de SS. leg. dignit. amplitud. vtilit. et necessit. Nicol. Cisnerum opusc. lib. 3. in epist. ad Io. Matth. Stamler. de Iurisprud. dignitate. Euerhar. Bronchhorstium in orat. de laudib. Iurispr.* elegantissimam conscripsit, & habuit Orationem Romæ *Marcus Antonius Murètus*, quæ extat *vol. 1. orat. 7. pag. 81. & seqq.* itemq; *cit. Vldaricus Zasius* aliquot habuit, quæ sunt *in eius Epitome Vsus stud. orat. 3. cum seqq. Henric. Ernstius in Statera Iurisprudentiæ, et Iurisconsulti*, qua Iurisprudentiæ, Iurisconsultorumquè dignitatem pendit, atq; examinat.

2 Hinc Iurisconsulti sunt Regum Reges, & Imperatorum Imperatores: his Consultis maximi Duces parent: hi sunt Principum à Secretis: his Rerum publicarum claues, litium maximarum arbitria, Ciuitatum rectoratus, Prouinciarum proconsulatus, Regnorum magistratus, Imperiorum administrationes, & Mundi deniq; moderamen offertur: ad hos tanquàm ad spirantia oracula confluunt gentes, tradente *Aloysio Grato Cæto Hadriēsi in orat. 24.* Desinant nostræ laudis inuidi, desinant aliquandò graui supercilio minitari, etiam à nostris studijs iter est ad immortalitatem, patet studiosis callis apertus, & consternitur via facilis ad studia legum, siuè Philosophiæ practicæ, quæ modò ciuilis sapientia, modò prudentia ciuilis ab *Aristotele* nuncupatur, *Samuel Rachelius in lib. 1. Instit. Iurisprud. tit. 1. aphor. 3.* Verùm *de me-*

3 *thodo, & ratione discendi, studendi, legendiq; Iuris ciuilis* adeundi sunt *Io. Bapt. Caccialupus, Claudius Cantiuncula, Matthaeus Gribaldus, Franciscus Duarenus, Io. Caluinus, Ægidius Mommerius, Eurrhardus Bronchorstius, Hermannus Vulteius, Ioannes Loccenius, Christoph Besoldus, Diodorus Tuldenus, Henricus Ernstius, Matthaeus Stierius, Otto Philippus Zapperus, Samuel Rachelius*, alijquè.

4 Sed

4 Sed propositæ quæstioni accedendo, plura quidem noster *Author* ad id cumulauit, allegando primò *text. in l. medicos, C. de profess. & med. lib.* 10. in quo de Doctore legum immuni tractando indistinctè disponitur, & ex *l. fin. §. fin. D. de mun. & honor. l. his honoribus, §. angariorum, D. de vacat. mun. l. fin. C. de profess. & med.* ac *Bartoli* doctrinam in *d. l. medicos*, intelligentis in Doctore actu legente, non verò in Aduocato, & ex voti suspicione, quia *Bart.* fuit lector, & non Aduocatus, refert *Guid. Pap.* contrà *Bart.* inuehentem in *decis.* 88. 389. & 788. aliorumq; pro Doctore indistinctè loquentium sententiam, vsq; ad *n.* 9. Deinde à *n.* 10. in contrarium varia recenset, præsertim ex regula, quod quisque hospitij muneri obligetur, ac allegata iura intelligendo de his, qui actu legunt, non verò de Aduocato, cuius est alios patrocinari, non autem docere, & per verbum, *professores*, intelligendum de his, qui actu legunt, iuxtà latinam interpretationem: ex quibus confirmat opinionem *Bart.* pro qua *Ill. D. Alphonsum de Aualos* Locumtenentem allegasse singulare *Cons. Laurent. Siluani* 88. quod se non vidisse, neque *d. Alphonsum* in ea fuisse opinione idem noster *Author* estatur. Demùm refert *nu.* 35. conclusum in Regia Camera, Regni Doctores huiusmodi immunitate non gaudere, quia ex eorum numero aucto, vt plurimùm illi sunt indocti, & Doctorelli dici possunt, non obstantibus alijs prouisionibus R. Cam. alitèr priùs expeditis.

5 Vnde pro annotationis nostræ coronide; Primò sciendum est, hanc nostri *Auth.* quæstionem fuisse integrè transcriptam ipso citato ab *Episc. Riccio in collect.* 3109. *p.* 7. & *Dom. Io. Leonardo Rodoerio* doctissimo I.C. *in addit. ad R. de Marin. resol. cap.* 267. *lib.* 1. Eandemq; retulisse *Thor. in comp. decis. p.* 3. *ver. Doctores legum, & in supplem. d. comp. ver. Doctores legum, R. Tap. lib.* 6. *Iuris Regni Neap. tit. de Hospit. fol.* 358. *vers. sed an Doctores*, *D. Carolum Antonium de Luca* elaboratissimum, ac doctissimum I.C. in suo *opusc. de præstantia Laureæ Doctoralis Iuristarum cap.* 32.

6 Secundò, de iure indubitatum esse, legum Doctores à muneribus publicis, & sic à munere hospitij vnà cum vxoribus, & filijs excusari, ex rescripto *Constantini* Imp. *in d. l. medicos* 6. *C. de profess. & medic. lib.* 10. etiam pro eorum fratribus simùl habitantibus, ac viduis vxoribus, *Cons. Pastbol. de virib. patr. potest. p.* 2. *c.* 5. *nu.* 77. & 78. *Nouar. de priuil. miserab. person. priuil.* 105. *n.* 7. *Cons. Altimar. ad R. Rouis. dec.* 70. *nu.* 37. vt ex hoc etiam homines ad scientias addiscendas allicerentur, quoniam literatorũ summa est necessitas in qualibet regulata Republica, vt latè obseruant *Petr. Gregor. lib.* 17. *de Republ. c.* 1. *n.* 6. *lib.* 19. *c.* 4. *et* 7. *Bouadill.* 1. *Polit. c.* 10. *n.* 11. & alij relati à *D. Franc. de Amaya in d. l.* 6. adeundus etiam *Iac. Gothofredus in comment. ad Cod. Theodos. ad hanc legem*, quæ est 3. ibi *tit. de Medicis, & professor.* & *in tit.* 21. *de profess. in eod. C. Th. l.* 6. Ideòq; pro tuenda
7 Ciuitate non tenentur excubias agere, nec milites hospitio recipere, nec loricis, vel armis, quæ alijs imponuntur Ciuibus, instructi esse, nec Collectam soluere, nec deniquè legationis munus obire, *Natta cons.* 1. *vol.* 1. *Flamin. de Rubeis cons.* 1. *à nu.* 13. *Pacian. de probat. lib.* 2. *c.* 41. *nu.* 131. *Menoch. lib.* 2. *de arbitrar. cent.* 4. *cas.* 379. *Fontanell. de pact. nupt. cl.* 3. *gl.* 1. *n.* 11. *et seq. Besold. in dissert. de studiosis, magistr. &c. c.* 9. *à pag.* 202. *Casp. Klock. in tract. de contribution. cap.* 15. *n.* 6. *& seq. Benius de priuil. I.C. p.* 3. *priuil.* 96. *& seq. Io: Harpprecht. ad §.* 5. *Instit. de Iure person. nu.* 55. *lib.* 1. *Casp. Mann. in decis. Palatin. in appendice quæst.* 3. quia hospitationis militum onus personalem cõtinet vexationem, à qua Doctores liberi sunt, *Klock. d. tract. c.* 17. *nu.* 239. *Mastrill. de magistr. lib.* 3. *c.* 10. *num.* 190. *Petr. Gregor. lib.* 19. *Synt. c.* 8. *num.* 9. *Faust. in cons. pro Ærario class.* 3. *ord.* 98. *& class.* 10. *ord.* 816. *Costa de ratione rata qu.* 236. *n.* 9. vbi exten-
8 dic hanc immunitatem ad omnes im-

positiones, collectas, & datia quæcum-
que, etiam pro molitura frumenti; ete-
nim in *d. l. ex dicet* expressè de rebus,
quas in Ciuitate possident, immunes
esse statuitur, vt contrà *Thoming. dec.*
55. negantem tenet idem *Klock. d. cap.*
15. *à num.* 102. vbi limitat summa vr-
gente necessitate, quem sequitur *Brũ-*
neman. in comment. ad Cod. ad hanc l.
tit. 52.

9 Et licet amplissimum hoc priuile-
gium in desuetudinem abierit, & dicta
Immunitas non seruetur, ex *Carauita*
in rit. 166. *n.* 30. relato à *Viuio dec.* 162.
n. 11. dicente in Ciuitate Aquilæ esse
immunes, & referunt *Mauson. de causis*
executiu. limitat. 9. *n.* 17. *cit. Cons. Altim.*
d. l. Papiæ tamen, seù Ticiui quoad
professores publicos, tàm legalis di-
sciplinæ, quàm aliarum artium ipsos
omnes gaudere priuilegio immunita-
tis, ex *cit. Costa* tradit *Horat. Barbat. de*
diuis. fruct. p. 1. *c.* 8. *n.* 62. tùm quia non
10 spectandum quid hic, vel alibi fiat, sed
quid fieri debeat, *l. sed licet* 12. *D. de*
off. Præsid. ità & hic non respiciendum
quid hic, vel ille sentiat, sed quid ex
rei veritate, & iuris dispositione senti-
re debeat, *Quirinus Kubach. centur.* 3.
quæst. illustr. politico-iurid decur. 7. *qu.* 7.
pag. 849.

11 Illudq; priuilegium de iure solùm
limitatur in casu necessitatis, vt dixi-
mus in antecedenti *quæst. num.* 37. &
post *Oliban. Camer. var. resol. par.* 3. *cap.*
5. *nu.* 73. aduertit, quod hoc prætextu
12 pauci Doctores excusantur, præsertim
in paruo Castro. Imò præfata immuni-
tas à munere recipiendi hospitij intel-
ligenda est, vt ij non teneantur hospi-
tari milites respectu habito soli habi-
tationi, ne in eorum studijs, & exerci-
tio turbentur, respectu verò aliarum
expensarum, quæ pro hospitijs fiunt,
non esse immunes, fundat *Thesaur. qu.*
for. 93. *par.* 1. vbi ità per illum Senatũ
iudicatum refert *n.* 8. *& seq.* quem se-
quuntur *Io. Baptista Costa de ratione*
rata d. qu. 158. *nu.* 8. *R. Rouit. d. decis.* 70.
nu. 17. quod comprobatur ex *Arr. R. C.*
461. *&* 491. apud *B. de Marin.* nisi ta-
men aliter vigeret Consuetudo, *No-*
uar. d. prim. 103. *n.* 7.

13 Inter expensas autem contribuen-
das non annumerari militum extorsio-
nes, pro quibus ad contributionem
præfati non tenentur, tùm quia illæ in-
ter infortunia reputantur, tùm etiam,
quia pro huiusmodi damnis non potest
imponi collecta, exponit *cit. Rouit. nu.*
21. *&* 22. Nec posse homines particu-
lares capi pro dicta causa, neque cogi
ad soluendum in solidum, sed quemli-
bet pro rata, tametsi possit capi ille, cui
exigendi onus est datum, si fuit negli-
gens, & posteà ipse exiget ab alijs, tra-
dit *Costa d. loc. n.* 9.

14 Rursùs aduertendum, quod Immu-
nitas concessa Doctoribus, Professis,
Iurisperitis, Iudicibus, Notarijs, ac
alijs nobilitèr viuentibus in Regno, ex
dispositione *Pragm.* 1. *de appret.* debet
intelligi, prout fuit decisum die 26.
Septembris 1541. de his nempè, qui
nullam artem exercent, sed de consue-
tudine, aut origine nobilitèr viuere
reputantur, & tunc sunt immunes à ca-
pite tantùm, prout hactenùs per Reg.
Cam. fuit obseruatũ, exclusis Iudicibus
cart. & Aromatarijs, qui non compre-
henduntur in *Pragm.* vt legitur in *Ar-*
rest. 57. apud *de Marin.* & refert *Thor.*
in supplem. comp. decis. ver. immunitas cõ-
cessa Doctoribus, vbi etiam monet vi-
dendum esse *Petr. Piccol. in comment. ad*
rit. Pragm. 1. *de appret. n.* 33. *&* 48.

15 Quibus ità prælibatis, quæstio in
hoc apud *DD.* fuit, quam in specie *Au-*
thor noster hic examinat, an præfatum
priuilegium non recipiendi hospitij,
complectatur etiam Doctores actu nõ
legentes, sed vel in Aula, vel in iudi-
cijs scientiam iuris exercentes, & quid
dicendum in Doctoribus, qui sine ope-
ra, sed tantummodò quoad titulum
Doctoratus munia habere dicuntur,
otioseq; viuunt, in literis legalibus
graduati, sed sine vllo exercitio illas
profitentes?

Sciendum est, quod pro affirmatiua
fassi sunt DD. nonnulli, & de communi
dixit *Natta cons.* 1. 20. *&* 65. *nu.* 1. *lib.* 1.

& alij

& alij apud *Gutier.lib.1.pract.quaest.ci-*
uil.21.& seq. Cothman.cons.acad.14.
Casp.Klock.d.tract.de contribution.cap.
15.nu.13.& seqq. Petr.Lenauder.de pri-
uil.Doct.p.2.§.7. Azored.l.8.tit.7.lib.1.
recopil.& l.2.tit.10.lib.8.n.311. Garzia
de nobil.gl.35.à num.4.& glos.48.§.1.à
num.73. ita quod etiam competere Li-
26 centiatis quidam affirmauerint, quam
vti æquiorem opinionem defendit *cit.*
Klock.n.27. quia fauores, qualia sunt
huiusmodi priuilegia, ampliandi sunt,
& non restringendi ad Doctores, qui
actu docent, maximè cum concessa
fuerint non solùm ob studiorum vtili-
tatem, sed ob dignitatem gradus, &
scientiæ excellentiam, vt exponit *P.*
Andreas Mendo Soc. Iesu de Iure Aca-
demico lib.1.qu.13.§.2.nu.317. Negant
tamèn *cit.Siluan.d.cons.88. Ludouic.de-*
cis.Lucens.6.Menoch.d.cas.379.num.13.
27 Imò etiam militare in Bullatis Do-
ctoribus; sed in his affirmat *Matth.*
Stephan.lib.2 de iurisd.p.1.c.6.membr.1.
à n.74. & post alios declarat *cit. Klock.*
n.78.Harprecht.d.§.5. Instit.à n.67.ad
76. si nempè præuio examine sint ij
creati, quod fortè præsumendum.
28 Quidam etiam circà dictum præser-
tim priuilegium, imò etiam à muneri-
bus personalibus nullatenùs Doctores
eximi posse, præcipuè hoc in Regno,
nisi ij Aduocati sint, vel Lectores, &
ità intelligunt *l.3.& l.sancimus, C.de*
Aduoc.diuers.Iud.Bald.in d.l.3. Rip.in
1.resp.de mun.& hon.col.2.vers.& in
eadem persisto, à Vall.cons.66.à nu.40.
lib.2. Iacob.Ben.de priu.I.C.p.3.priu.96.
Barbos.in collect.ad d.l.sancimus num.3.
29 *& 4.* Et sic otiosè viuentibus, & Do-
ctoratum non exercentibus præfata
priuilegia denegari fundant *Menoch.*
d.cas.379.n.12. D.Cons.Petra super Rit.
M.C.101.n.8. dummodò non sint ser-
uatis seruandis in publica Vniuersita-
te, & Academia admissi, quamuis in
istis sæpè verificetur esse Doctoratos,
& non Doctores, *R.de Marin.2.resolut.*
67.Card.de Luca de præeminent.disc.35.
n.14. alter *de Luca in obs.ad Pras.de*
Franch.decis.564. vbi Doctoratum in
Chirurgia gaudere decisum legitur.
30 Legalis namq; scientia non solùm
cõsistit in scire, sed in operari, ex *Bald.*
in l.1.col.1. D.de iust.& iur. & aiente
D.Alphonso de Escobar, Doctor, qui nõ
profitetur scientiam docendo, siuè le-
gendo, indignus est gradu dignitatis,
& priuilegijs, *in tract.de Pontific.&*
Reg.iurisd.&c.cap.10.à num.47. ex *Gl.*
in l.si duas 6.§.vtique 4. D.de excus. &
ex *Cuiac.in recitat.ad eundem text.* in
qua vocat Doctores non profitentes,
Sedentarios, & in umbra educantes stu-
dia, additq; nomine horum intelligen-
dos etiam esse Doctores illos, qui in
Oppido non sunt causarum patroni,
quin aliud peragant, nec librorum
scriptioni vacent, non autem illos, qui
ad docendum parati, per aliquod tem-
pus ex causa cessant, quam doctrinam
non conuenire ijs, qui gradu insigniun-
tur, docet *cit. Mendo d.qu.13.nu.319.*
dicens tamen *in qu.15.n.375.* eadem
31 priuilegia non competere Doctoribus
legalis scientiæ expertibus, licet in
Doctoribus libris carentibus contra
Besold.in dissert.de Studios.cap.10.pag.
146.& 147. non procedere dicat, cum
absolutè non sit verum, dum non est
essentialis conditio ad gaudendum
priuilegijs in Doctore requisita habe-
re libros scientiæ cuiuscumq; pro-
prios, sed tamèn verũ esse, quod absq;
illis munus Doctoris adimpleri ne-
quit, indeq; posse quenquam priuile-
gijs priuari, si suo non satisfaceret mu-
neri, addendo ex *Ias.in l.1.§.vbi, D.de*
off.Praecons.num.2. Doctorem, qui con-
32 silium præstat, quin libros euoluat,
nõ posse petere honorariũ, tunc verum
esse, cum Doctor non haberet in promp-
tu doctrinas, tempore antecedenti
satis præmeditatas, prout de *Io. Aloysio*
Riccio meritissimo *Vici aequensis Antisti-*
te refert *D.Cons.Petra super d. Rit.101.*
n.31. illum, vti memoriæ prodigium,
solitum fuisse Collectaneas suas me-
moritèr dictare; quod continuo studio
adipisci licet, vt in casibus frequenti-
bus possit etiam consilium optimum
absque nouo studio præstari, vnde ad
libros

libros de nouo lectitandos pro singulis euentibus non sit opus, vt etiam in Medico valdè experto idem *Mendo ibid.* testatur.

23 Prætereà, quia etiam si sint approbati, ex superuenienti causa reperti indocti, possunt reprobari ex *Gratian. discept. 186. n. 31.* vbi *n. 32.* ex *Nicol. de Neap.* testatur, quod in Regno Archiepiscopus Capuanus redeuntes Doctores ad patriam iterùm faciebat examinari, & inhabiles reprobabat; non enim est Doctor, qui Doctoris tenet locum, sed qui Doctoris exercet opera, vt in *cap. non est facilè 40. dist. Consil. Petra d. l. n. 9.* cōtrà quos inuehit *Bald. cons. 44. lib. 2.* vbi hanc ponit notabilem subscriptionem, ibi: *Baldus de Perusio ignorantiæ inimicus, alienæ inimicissimus, suæ paratus corrigi à quocumq; & correctiones patiens libenti, ac humili animo, quia ignorare non est vitium, sed natura l. Aichuum, de leg. 3.* Qui Doctores

24 vocantur fontes sine aqua, & asinæ Balaam comparantur, doloretq; vel monetæ tonsæ, idest sine literis, *Gratian. d. c. 186. n. 37. & 41.* vel *Doctores necessitatis*, quæ legem non habet, siuè *Doctor Valentiæ, longa vestis, & curta scientia*, vel, vt Galli dicunt, *Aduocatus Pilati*, qui scilicet nullum habet exercitium, iuxtà illud Pilati, *nullam inuenio in eo causam*, vt colligit *Ægidius Menagius in Adagijs Italis prou. 30.* Satis enim verissimum esse deprehenditur, quod asserunt [illegible] *22. & seq. D. de leg. 1. Knichen. de Saxon. non prou.* [illegible] *Durante 3. num. 18. Camill. decis.* [illegible] *num. 15. par. 1.* Doctor

25 sine lege, Comes sine Comitatu, Eques sine equo, Episcopus sine Episcopatu, Abbas titularis in ordine S. Benedicti, Canonicus sine præbenda, Cardinales Rauennæ, Rex Scacchorum, Imperator Græcorum, sunt nullatenentes, nobiles, & equites in herba, referuntq; etiam *Gomez de grat. & expectatiuis q. 37.* [illegible] *resp. 9. n.* [illegible] *vol. 1. & resp. 19. n.* [illegible] *vol. 3.* & in similibus dicitur [illegible] *Floriteg. Eth pol. in Prouerb. Ital.* vocanturq; nonnisi æquiuocè, sicut pictus equus ad parietem, est etiam equus, vt ait *Gylmann lib. 1. decis. Cam. fol. 772. n. 2.* & nemo nominari debet Comes, Dux, Princeps, nisi habeat subditos, & territorium, *c. quis dicatur Dux 1. fol. 10. Mart. de Carat. in tract. de Princip. qu. 65. Marot. resp. 46. n. 19. & seq.* sine quibus se habent tanquàm fides sine operibus, *Tiraqu. de nobil. c. 15. n. 9. Praschmon cons. 12. nu. 143. vol. 1. Rimin. cons. 672. n. 60. lib. 6. Lavatha in Theatr. stud. p. 5. dilucid. 19.*

26 Horum verò Doctorellorum infinitus est numerus, vt ex *Purpur.* firmat *Ant. Maria Corat. de commun. opin. lib. 2. tit. 9. num. 39.* qui circà montis radices versari dicuntur, vt notauit *Hadr. Iun. cent. 7. adag. 9.* Hinc ille lusus in ipsos, qui scilicet solùm studuere in titulo *de Iuris, & facti ignorantia*:

In Institutis comparo vos brutis:
In Digestis nihil potestis:
In Codice scitis modicè:
In Nouellis comparamini asellis:
Et tamen creamini Doctores:
O' tempora! O' mores!

Cuius meminere *Io: Gifte. p. 1. de vita Academ. dig. 7. nu. 42. Guilhelm. Ant. de Freundeberg in Prœm. de restript. morat. n. 5. lit. m. P. Andr. Mendo d. cap. 15. num. 366.*

27 In contrarium verò consideratur, quod in *d. l. Medicos* Imp. *Constantinus* describendo personas, quæ ab omnibus muneribus, vel ciuilibus, vel publicis immunes esse debent, inter eos legum Doctores enumerat, nulla facta mentione, an sint Lectores, vel Aduocati, an docti, vel ignari, vnde contrà *textus* regulam non est à nobis facienda distinctio, *l. de pretio, D. de public. in rem act.* Cumq; talis immunitas ob dignitatem Doctoratus constituta sit, *Vin. comm. opin. lib. 1. opin. 197. num. 1. & cit. Mendo n. 317.* hinc ob solam ipsam dignitatem exemptioni locus erit, veluti in honorem ipsius dignitatis concessæ, quamuis, qui illam assequutus est, proptèr eius imperitiam omni ho-

nore,

nare, & beneficio indignus esse deberet, pro digno tamen existimãdus est, ad hoc,vt ab oneribus omnibus exemptus sit, arg. eorum,quæ notantur per *glos.in c.præcipimus 26. vers. fortasse quam q.3.* & sic, vt priuilegijs Doctoribus concessis gaudeat quilibet Doctor, licet ignarus, dixerunt *Franc.de Aret.* *Ant.de Butr. & Felyn.in c. Clerici extra de iudic.& in rubr. de maior. & obed.* & tradita in contrarium à *Barbat. cons.57. vol.2.* falsa esse, *Lenauder. in tract. de priu. Doctor.in qu.13. nu.51. p.1. Vlad. loc.opin.196.n.3. Paschal. de patr.potest. p.2.c.5.n.69.*

28 Vnde tanquàm pecudes detestãdos esse, qui de facili, & lubrico linguæ Doctores iuris constituunt, Doctorumq; priuilegia violare volentes, faciunt hospitia militum in domibus eorum, inquit *Harprecht. in d.§.5.Inst.de iure pers.n.55. circa fin.* quia hoc cedit dedecori tantæ dignitatis, & cum læsione publicæ vtilitatis coniunctum est, vt scribit *Io.Franc.Ponzinibius in tract. de lamijs & excell.iur.num.20.* Ex quibus rationibus Doctorem quemlibet ab Ascriptatus munere suscipiendo eximit *R.de Marin.lib.2.resol.67.* quem sequitur *de Luca d.apost.c.16.*

29 Doctoratus namq; de per se dignitas est, & Doctores in excellenti dignitate procul dubio constituti, arg. *l.2.in fin.& l.4. D.de excus.tut. l.prouidendum 7.C.de postul.l.nobiliores 3. C.de commerc.& l.mercator 6. Nou.117.cap.4.* ibi: *cuiuslibet sint dignitatis, aut militiæ, aut studij, c.quanta extr. de magistr.* & dicuntur viri honesti, excelsi, eorumq; amicos, & parentes suos appellare solent Principes, vt ostendunt *Chassan. in Cathal.glor. mundi p.8. consid.10. & 11. Bobad. & Mastrill.in dissert.de præminent. consil.78. Ant.Tessaur.de præced. Marant. cap.25.n.7. Harprecht.in d.§.5.n.21. & seq. Franc. de Ponte cons.1. Reg.Rouitum. cons.34.ex n.60. Fontanell.dec.403.sub n.34.tr.1. Reg.Sanfel.dec.96.nu.7.Thesaur. p.1.comp. ver. Doctor. Mastrill.de Doctor.dignit.num.30. Cons. Petra supra allegat.num.3. & seq.* vbi post *Christ.Reguant.* *decis.Bohem.136.n.14.* refert, quod *Henricus* Rex magis gloriaretur Doctoris, quàm Regis titulo, veluti illum virtute, hunc verò fortuitò assequutum. Sed

30 hoc etiam confert, quod de *Georgio Pystullo* Doctore, & Vicecancellario Sigismundi Imperatoris scripsit *Æneas Sylnius lib.4. comment. in rei gestis Alphonsi c.19.* Adoptatus is erat à Cæsare ob virtutes, & officia in ordinẽ Equestrem; cumque Imperator in Synodo Basiliensi pro rebus arduis agendis, in vnum locum Doctores iuris, in alterũ Equites coegisset: ille Doctor dubitare cœpit, cui parti se adiungeret; Ad Equites tamen cum transiturus esset, tunc Imperator, *Stulte*, inquit, *facis Georgi, & nimis ridiculus es, qui militiam literis antepanis, cum scias ex ridiotis me, vel sexcentos vno die Equites creare posse: ast ex eodem genere ne vnũ quidem annis mille Doctorem.* Idemque referunt *Herman.Kirchov.de eff.& dignit.Consil.lib.3.cap.3.num.78. Lansius de Academ.pag.87.& seq. Zypaus in sua Iudic.lib.3.tit.2.num.27.fol.182. Harprecht.d.loc.n.78.*

31 Hinc admittuntur ad officia, ad quæ nobiles tantùm admitti debent, *Cons. Petra in d.rit.101.n.6. de Luca d.apost. de præd.Doct.cap.12. P.Mendo d.q.13. n.314. D.Ioannes de Carualho in tract. de legitima, & quarta p.1.d.nu.265. ad seq.* & sic admitti ad Canonicatus, in quibus solùm nobiles admittuntur, *Harprecht.d.§.n.94.* ità vt magni Comitissa nubens Doctori, non dicatur nubere indigno, *Fontanell.de pact.nupt. claus.7.gl.3.par.15. n.61. Campegius de dote p.2.qu.17. nu.1. Thom. Sagittarius apud Arum.de iure publ.vol.3.pag.95.* & secundum *Mastrill.in sing.59. num.9.*

32 Doctor ob aliquod scelus ad vltimum supplicium damnatus, sine prævia degradatione mori non debet in dignitate, tradunt *Thom.de Cad.rer.iud.alleg. 98.num.3. Reg.Sanfelic.dec.56.num.18.* Imò in torneamentorum,& cæterorum equestrium ludorum spectaculis, ac hastiludijs, Doctorem cum alijs nobilibus pro corona, & premio in certa-

mea

men venire, & alia plura decorè facere posse, post *Lansium de Academ. pag. 81.* contrà Equitem *Misnicum* tradit *Harprecht. d.l.n.17.& 97.*

33 Et quia nobiles sunt, alios præcedere debent, imò Nobilibus in sedendo, regulariter Doctor præfertur, *Besold. in dissert. de studiosis &c.c.9.p.112.* Et quod magis est, Imperatores rescripserunt, Doctores ad Iudicem, vel Magistratum venientes, non stare, sed sedere debere, pœna ternarum auri aduersus Iudicem constituta, qui hanc sedendi facultatem denegauerit, *l.vlt. C.de off.diuers. Iud.* facit *textus in l.fin. §.vlt.vers.& sedendi.C.vbi Senator. vel clariss.conuen.* sed cur Aduocati stando

34 perorent, vt est statutum in hoc Regno ex *Pragm.20. de off.S.R.C.* differit *Ianus Langlæus lib.1.ocij semestr. cap.3.* quia reuerentiâ eo situ Iudicibus exhibetur, & languidiùs sedendo peroratur.

35 Et ciuilis sapientiæ professores per terrarum orbem solemniter principari, & sedere in Aula Imperiali, scribit *Azo in proœm. Instit. n.1.* Inde ait *Angelus de Perusio in l. cum salutatus 1.C.de sent.pass.* quod licet Papa recipiat omnes ad osculum pedis, tamen *Vrbanus* Papa ipsum tanquam Doctorem recepit ad osculum pacis, quem refert *Pancirolus de Laudibus n.19. inter tract.diu.tom.11.par.2.pag.35.* Et si quis alicui Doctori, vel No-

36 bili rationem reddere tenetur, ipse ad eos accedere, non autem Doctor, vel Nobilis vulgaris, *Tom. de Curtis de nobilit. priu.16. Chassan. consil. 38.p.8.*

37 Propter dignitatem etiam, ac excellentiam personæ, iniuria Doctori facta, pro atroci reputatur, vt illius persecutio cuiuis de populo, non secus ac crimen publicum detur, *Christophorus Lanfranchinus in disp. de præcedentia Doctor. & milit. num.17. Benius de priuil. C.par.2.priu.47.et 48.* nec Doctor ob

38 paupertatem in corpore luit, neque in carcerem conijcitur, nec quæstionibus, sed tormentis subijcitur, excepto Maiestatis crimine, *Harprecht. d.§. n.9.* nec ob crimen suspendio dignum, laqueo, sed vel relegatione puniuntur, vel ferro è medio tollitur, vt post alios colligunt *Besold. in dissert. de studiosis &c.c.9.à pag.112.* (quia nobiles, egregij, conspicui, atq; clarissimi, & in dignitate positi sunt) *Harprecht.d.§.5.à n.23.25.et à n.30.ad 34.* & alij infrà allegandi.

39 Insuper Doctoribus plus fidei, quã hominibus plebeis tribuitur, & Doctori, quamuis vnico testi, attestanti de sui discipuli peritia plenè creditur, *l. nemini 11.§.1. C.de Aduoc.diu.Iud.* & testimonij dicendi, vel iurisiurandi præstandi causa ad tribunal non euocandi, sed Iudex ad eorum domum Notarium, à quo examinentur, mittere debet *l.ad personas egregias 15.D.de iureiur.* & ijs tanquàm dignioribus instrumentorum communium custodia committenda est *arg. l.fin. D. de fide*

40 *instr.* Nec armorum gestatio Doctori, tanquàm militi prohibita est, *Pacian. de probat.lib.2.c.41. n.158.* alijquè. Et Ipso iure efficitur Ciuis illius loci, vbi profitetur *arg. l.municeps 23.ff. ad municip.* & in electionibus anteponi ceteris debet, *Bart.in l.1.n.43. C.de dignit.*

41 & Doctori permissum est etiam sine speciali concessione nobilium insignia vsurpare, dummodò à certæ familiæ Insignibus abstineat, *Theod. Hopingk de Iure insign.cap.6.§.5.* & si per viginti annos in probatis Academijs publicè docuerunt, illustres efficiuntur, adeòquè Comitiuam Palatinam adipiscuntur, *arg. l.vn. C.de profess. qui in Vrbe Constantinop. Harprecht. d.loc. nu.63. et 64. Pras.de Franch.dec.115. Iul. Capon. tom.3.disceps.161.*

42 Hæc profectò, cæteraq; eximia Doctorum priuilegia copiosiùs tradunt *Mastrill. de quidditate, dignit. et auctor. Doctor.* vbi *Pratus in add. Mutius Recchus in Glosa Priuil. Sacri Colleg. Doct. Neap. cit. de Luca in opusc. de præstantia Laurea Doctoralis Iuristarum*, ex nostris; *Et Petrus Leonander. de priuil. Doctor. Iacob. Benius de priuilegijs Iurisconsultor. Christoph. Vvalterus de statu, iuribus, et priuilegijs Doctorum*,

Chri-

Christoph. Besoldus in differt. de Studio-
sis, Magistris, Licentiatis, ac Doctoribus,
Io: Halbritterus in orat. de Priuilegijs
Doctorum, subnexa tractatui *Henr. Bo-*
ceri de bello, et duello, Io: Dietricbus Fre-
gisamont. in discurs. de Doctor. dignit.
nobilit. priuil. et praeeminentia, Euerbar-
dus Bronchorstius in tract. de priuileg.
studiosorum, tùm professor. et Doctor. Et
43 quoniam Scholarium nomine in fauo-
rabilibus Doctores comprehendun-
tur, adeundi sunt, præter *Gothofred.*
Pat. Donell. Caiac. Bologuin. Sichard.
Frischen. Gilchen. Cuppenar. Hunn. alios-
què in celebri *Auth. habita C. ne filius*
pro patre &c. Petrus Rebuff. et Horat.
Lucius de priuilegijs Scholasticor. Iacob.
Middendorpius in tract. officior. Schola-
stic. P. Andreas Mendo de Iure Acade-
mico lib. 3. per tot. Io: Volckmannus Bec-
kmann. in tract. de priuileg. studiosor.
Kremberger in tract. de sumptib. studior.
Ahasuerus Fritschius de stipendijs stu-
44 *diosor.* Et de varijs Academijs, siuè
Vniuersitatibus scholasticis scripserũt
citati Middendorpius, et Mendo, Edmũ-
dus Richerius, Franciscus Sweertius, Ga-
briel Lubeus, Henric. Bottrus, Hieronym.
Matranga, Io. Cabognesius, Io. Schop-
perus, Petrus Cratepolius, Petrus Vuin-
strupius, Sim. Maricius, Vuolfang. Iustus,
Matth. Stephanus, Alphonsus de Esco-
bar, alijquè.
45 Nos verò à nostri *Auth.* doctrina, ac
R. Cam. decisione non recedendo, in-
simulq; secundùm veritatem scriben-
do, neque *Bart.* opinioni in solis Do-
ctoribus actu legentibus circà immu-
nitatem hospitij recipiendi inhærẽdo,
concludimus, nõ solùm Doctores actu
legẽtes, sed etiã Aduocatos illa perfrui
indubium esse, sicq; illos ab omni mu-
nere personali exemptos esse, ex *l. san-*
cimus, C. de Aduoc. diu. Iud. Donell. in
comment. iur. ciu. lib. 18. c. 3. vers. praterea
Aduocatus, ibiq; *Osuvald. lit. B. Hadr.*
Palupus in orat. de Aduocat. priu. for pag.
17. August. Barbosa in d. l. sancimus n. 5.
Thesaur. quaest. for. 99. lib. 1. Mund. in
tract. de muner. cap. 6. nu. 187. Gratian.
d. discept. 186. à n. 2. quem, *doctissimum*
virum, & praeceptorem suum ex lectura
suorum operum vocando, sequitur *Bal-*
thas. de Angelis super lib. 2. Cod. tit. 7. de
Aduocatis ad l. 3. n. 4. R. Sansel. decis. 36.
n. 4. et 5. to. 1. Thor. in comp. dec. ver. Ad-
uocatus, cit. de Luca d. opusc. de praestant.
Doct. cap. 31. n. 6.
46 Imò nec etiam illis inuitis ad mu-
nus collectarum colligendarum gra-
uandi sunt *l. ne quis 3. C. eod. Guid. Pap.*
d. decis. 88. et 388. Matth. Stephan. de
iurisd. p. 2. c. 10. nu. 16. Tiraquell. de no-
bil. cap. 19. n. 15. licet à tributis patri-
monialibus immunes non esse scribãt
Guttier. lib. 1. pract. qu. 13. Mundius de
munerib. d. cap. 6. nu. 190. vndè & deci-
sum refert *Cons. Petra in d. rit. to. 1. à n.*
7. ad seqq. post *Cons. Rocc. resp. 31.* Ad-
47 uocatos immunes esse ab omni onere
personali, & sic à tutela excusari, prout
etiam excusantur Doctores actu legẽ-
tes, *Ant. Faber in Iurisprud. tit. 15. princ.*
3. illat. 3. de immun. Io: Thom. de Rogerio
in allegat. apud *Cons. Paschal. de virib.*
patr. potest. p. 2. c. 5. & ipse *Cons. Petra* id
48 etiam extendit in alijs priuilegijs,
quod possit Doctor actu legens, Aduo-
catus, & Iudex fabrum malleatorem à
vicina domo expellere, *ibid. à n. 13. et*
seq. de Luca in animaduers. ad Gratian.
d. cap. 186. num. 8. et seqq. et in tit. opusc.
cap. 29.
49 Hinc & *Ripa in tract. de peste tit. de*
remedijs §. vn. nu. 216. quem sequitur
Franc. Marc. decis. 637. per tot. testatur,
Aduocatos ad officia custodiæ porta-
rum Ciuitatis tempore pestis esse im-
munes, dummodò sint alij vicini, qui
huic muneri, & custodiæ inseruire pos-
sint. & ità latè probat, & pro Aduoca-
tis in Regio Pinziano Senatu decisum
fuisse refert *D. Anton. Fernandes de*
Otero in tract. de Officialib. Reip. par. 2.
cap. 13. à num. 6. ad 36. non vrgentibus
50 fortè actibus contrarijs singulorum,
qui non potuerunt in præiudicium im-
munitatis toti Collegio Aduocatorũ
concessæ hoc onus personale subire, vt
tradit *cit. Oter. d. cap. 13. n. 34.* cum ne-
mo priuilegio suo renunciare possit,
quod non ipsius fauore, sed ordinis

datum est, *arg. l. ne quis 3. C. de Aduoc. diu. Iud.* in puncto docet *Brunnemann. in*
51 *commment. ibi.* Rationem huius immunitatis concedendæ ducunt aliqui, tùm ex dignitate Aduocationis, & vilitate functionum eiusmodi publicarum, tùm ex tanto labore, qui longiorem vitam sæpiùs absumptis viribus abrūpit, vt de *Hortensio*, quem causarum Regem nominat *Aston.* cecinit *Seren.*

———— *Sic est Hortensius olim*
Absumptus causis etenim confectus agendis
Obticuit, cū vox domini viuente periret,
Et nondùm extincti moreretur lingua diserti.

Nulla illis sollicitudo iniungenda, nulla inspectio, nulla discussio, nullum deniq; aliud præter arbitrium in eodem dumtaxat loco, vbi aduocationis exercetur officium, ex *d. l. sancimus*, *P. Ioseph. Gibalin. tom. 2. de vniuers. rer. negot. lib. 6. cap. 3. art. 9. n. 19.*

52 Quod cùm maximè in hac fidelissima Ciuitate Neapolis militare debet, nedùm ob aliorum ciuium numerum, vt annuimus suprà *in anteced. qu. 4. nu. 13.* sed etiam, quia in nostris Supremis Senatibus, præsertim Sacri Regij Cōsilij (cuius authoritas terruit *Decianum*, vt ipse testatur in *cons. 379.*) ex magna negotiorum multitudine quotidiè accidunt, quæ in alijs locis non cogitantur, vt ait *Præs. de Franchis decis. 80. n. 19.* Vnde Aduocatus Neapolitanis vix sufficere dies forensibus negotijs præstitutos ad causarum patrocinium testatur *Cons. Pratus prasi. obseru. cap. 69. num. 4.*

Accedat laudabile Aduocatorum nomen, literis, & meritis se commendantium, quorum alij in Regijs, Supremisq; Senatibus dignissimi eliguntur Senatores, alij in forēsibus Aulis causas patrocinantur, suæq; defensionis viribus bona, vitam, & posteros defēdunt, alij denique lucubrationibus suis, & scriptis in dies illustrando Iurisprudentiam nostram, quasi firmamēti splendores lucent, & profligatis errorum tenebris, velut sydera matutina, & stellæ in omnem perpetuitatem manserunt, Vniuersum irradiare dicuntur.

53 Et licet ex tali functione bonum commune, & vtilitas publica emanaret; eadem tamē, & maior ex eo repullulat, vt Aduocati non impediantur suum necessarium, & laudabile munus exercere, ac patrocinijs, consilijsq; vacare ex *l. laudabile, C. de Aduoc. diu. Iud. Diriment etenim ambigua facta causarum, suæq; defensionis viribus sæpè publicis in rebus, ac priuatis lapsa erigunt, fatigata reparant, non minùs prouident humano generi, quàm si prælijs, atq; vulneribus patriam, parentesq; seruarent; nec enim illos solùm imperio militare dicendum est, qui gladijs, clypeis, & thoracibus nituntur, sed etiam Aduocatos; militant namq; causarum patroni, qui gloriosæ vocis confisi munimine, laborantium spem, vitam, & posteros defendunt*, ex elogio Imp. Leonis, & Anthemij in *l. Aduocati 14. C. de Aduoc. diu. Iud.* consonat *B. Petrus Damiani in serm. de resurrect. Domini.* Hinc *Cic. lib. 3. de orat.* oratorem conformandum esse docet ad exemplum eorum,
54 qui in armorum tractatione versantur, & *Henric. Brealaus in comprend. milit. togat. & arm. p. 1. c. 1. n. 1.* dicit, Aduocatum esse militem togatum forensem legibus, & iure clientulos suos defendentem, *Martin. Magerus in tract. de Aduocatia armata, siue clientelari patron. iure, & potest. clientumq; off. cap. 3. num. 117.*

55 *Quid enim*, inquit *Cassiodor. var. lib. 1. ep. 12. aduocationis officio, si per eum impendatur, ornatiùs? quod peregrinum negotium ad suas molestias trahit, vt laboribus subueniat alienis:* eorumq; officium nobilissimum *l. omne, C. de dignit. lib. 12.* vnde Aduocati dicuntur clarissima eloquentiæ lumina, *l. restituendi, C. de Aduoc. diu. Iud. c. quia Episc. 3. qu. 3.* dicuntur togati in *l. neque 3. l. quidquid 5. l. cum Aduocati 8. l. si quis de togatis 9. C. de Aduoc.* quia togati incedebant in causarum oratione incedebant, *Pollet. lib. 2. hist. fori Rom. cap. 10. Langlæus lib. 1. eorū semestr. c. 5.* & patet ex *R. Prag. 15.*

de

de Official. Et Aduocatorum ectrum seminarium est dignitatum, *Nouell. cons. de postulando*, vnde ad magistratus eligi debent, vt lariùs infrà annotabimus ad *qu. 1. §. 16. de delict. Official.* Quare apud Græcos, maximè Athenienses in magno honore fuere, & apud Romanos nobiles causas perorasse testantur *Valens, & Valentinus in l. quisquis 6. C. de postul.* quod de Iulio Cœsare refert *Suet. in eius vita c. 81.* de Crasso, Scipione, Lelio, & alijs *Cic. lib. 1. orat.* de alijs nobilissimis viris *Plin. lib. 2. c. 4.* & de ipsis Imperatoribus *Gibalin. d. art. 9. n. 5.* Præter laudatos illustrant *Guntherus de offic. Domus August. lib. 3. cap. 2. D. Matthias Guerra in d. l. Aduocati Morra. Vargas de nobilit. disc. 3. Amaya in l. vn. C. de infam. lib. 10. n. 87. Velasc. de priuil. Paup. p. 3. qu. 17. à num. 14. D. Alphons. de Olea de cess. iur. tit. 5. quæst. 11. à n. 1. D. Emman. Gonzalez in comm. ad lib. 1. Decr. tit. de postuland.*

36. Proinde quidquid causa exhibitæ operæ datur Aduocatis, splendido nomine *Honorarium*, non mercedem, ex qua contrahitur locatio, appellarunt; quæstuosum tamen esse hoc officium fusiùs ostendit *Tiraquell. de nobil. c. 29. à n. 10. & Speculator in tit. de Aduoc. §. 9. n. 13.* monet, vt *tantus sit Aduocatus, ne passim pro modico salario aduocet, nam ex eo vilis, & degener habetur*; Et licet antiquitùs ex lege *Cincia de donis, & muneribus*, gratis hæc professio fieret, vsu fuit illa abrogata; nùm autem gratis accipiet, qui tot exanthlatis laboribus, tot sumptibus factis in libros, aliaq; propè infinita, ad supremum scientiæ fastigium euasit? Debent itàque honoraria præstari pro modo litis, Aduocati facundia, & fori consuetudine, & iudicij, in quo est acturus ex eleganti *l. 1. §. in honorarijs, D. de var. & extraord. cogn.* Quosdam verò fuisse, qui non poterant accipere honorariũ, eosq; Honoratos Vrbis Romæ dictos putat *cit. Tiraq. n. 53.* de quibus in *l. 6. §. 5. C. de Aduoc. diu. iud.* cum enim hi procùl dubio ingens stipendium ex publico acciperent, & maiorem inter cæteros honorem (vnde Honorati) obtinerent, aliquid accipere prohibebantur, vt est hic Aduocatus Pauperum, qui à Rege stipendia meret: Videas *Frideric. Brummerum in commentario ad legem Cinciam de Salarijs, Honoribus, & Officijs causarum Patronorum.*

57 Antiquitùs etiam ex præscripto Imperatorum in Germ. in feudalibus inuestituris, & alijs Aduocatorum assessum adhibitum fuisse ostendit *cit. Magerus de Aduoc. arm. cap. 11. à nu. 40.* & non immeritò in causarum deliberationibus esse vocandos, & ità refert *Afflict. in Const. vniuersos, & singulos*, vidisse tempore Ser. Regis *Ferdinãdi I.* quod Archiepiscopus Neapol. qui fuit Præsidens in Sacro Reg. Cons. adhibebat suffragia Aduocatorum in alienis causis, & dabat eis partem trigesimæ.

58 Ex quo maior de Aduocato, quàm de Doctore actu docente ratio habenda videtur, cum Ius ciuile dicatur Ius omne, quo Ciuitas vtitur, & lex non tantùm dicitur à legendo, quia scripta est, sed etiam à ligando, quia obligat ad agendum, & est dictamen rationis practicæ, quæ est principium primum actuum humanorum, rationis verò est ordinare ad finem, qui est primum principium in agendis, vt ex *D. Thom. 1. 2. qu. 90. art. 1.* disertè scribit *P. Magister Aquarius de signific. termin. ex doctrina S. Thom. ver. lex*; & sic præstantiorem Lectore esse Aduocatum tradit *de Luca in d. opusc. de præst. laur. doctor. cap. 9. & d. cap. 18.* vnde apprimè confert *Cassiodori var. lib. 5. epist. 40.* sententia: Didicisti, *vt credimus, iudicare nostris seruiendo iudicijs, vt quod efficacissimum disciplinatus genus est, agendo potiùs instructus es, quàm legendo.*

59 Cæterùm, ne longiores simus, & veridicas laudes officij nostri suspicione obumbremus, inspiciendi sunt *Io: Bapt. Caccialupus, et Lancellotus Politus de offic. Aduocati, Io: Matienzo in Dialogo Relatoris, et Aduocati, Ioannes de Deo in tract. de doctrina Aduocator. Io: Petrus Ala in tract. de Aduocato, et Causidico Christiano, Io: Bapt. Magonius de*

recta patrocinandi ratione, *Bartholomeus Agricola in tract. de qualitate, et officio boni Aduoc. Io. Paulus Xammar de officio Iudic. et Aduocati*, *Ahasuerus Fritschius in opusc.* cui tit. *Aduocatus peccans, siuè tract. de peccatis Aduocatorum, et Procuratorum*, *Martinus Hussonus de Aduocatis tàm apud Graecos, quàm Latinos, nec non recentiores*, *Caspar Manzius in tract. de Aduocatis, Procur. Defensor. &c. Io. Bourcius in tract.* inscrit. *Aduocatus, siuè de off. Aduoc. Hieronym. Andreas de Religione Aduocatorum*, *Io. Roberti Soc. Iesu in Sanctorum quinquaginta Iurisperitorum elogijs contrà popularE commentum de solo Iuone publicatis*; Et Aduocatorum Cõsistorialium Rom. syllabum scripserũt *Carolus Cartharius*, & *Dominic. Galessius in suo tract. de restit. in integrum cap. 8.* Aduocatorũ Parisiensis Curiæ *Antonius Mornacius*, & *Claudius Iolius*, Aduocatorum Veronensium *Iulius de Pateri*. Et S. Iuonis pauperum Aduocati, ac studiosorum iuris patroni vitam scripserũt *Barthius Epo*, & *Ioannes de Curtis* Doct. Neap. & Cãcellarius Aduocatorum piæ Cõ-
60 gregationis sub inuocatione ipsius gloriosi Sancti ad pauperum tutamen erectæ Neapoli in sacris Ædibus Ven. Ecclesiæ SS. Apost. Theatinæ Religionis (in qua inter alios religiosissimos viros emicat singularis *Dom. meus Adm. Rev. P. D. Caietanus de Andrea* ob morum probitatem, ac ecclesiasticæ historiæ eruditionem, moralemq; doctrinam, totius Ordinis Regularis gratiam promeritus, & ad suprema fastigia pro meritis euehendus, frater *Dom. R. Consiliarij Francisci de Andrea*, nunc disertissimi Fisci patroni in R. Cam. & *Dom. Ianuarij de Andrea* in Supremo Italiæ Consilio meritissimi Regentis, de qua gloriosa Triumuiratus corona satiùs est silere, quàm pauca narrare) vbi se congregant, & diuinis vacant operibus, eorumq; institutum est pro pauperibus nedum patrocinium gratis præstare, sed sumptus litis erogare; Cuius pijssimi exercitij encomium habes etiam apud *Consf. Francisc. Mar. Pratum tom. 1. resp. 90. et Reg. Capycium Latro in decis. 169. tom. 1.* & de Aduocatis, ac I.C. Sanctis, de origine, progressu, ac statutis d. piæ Cõgregationis nupèr scripsit *Dom. Nicolaus Gambardella* I.C. doctissimus in libro, cui tit. *Specchio de Giudici, e degli Auuocati &c.*

AD QVÆST. VIII.

Immunitas concessa à functionibus fiscalibus, an comprehendat personas non numeratas.

ANNOTATIO.

SVMMARIVM.

Immunitas concessa à functionibus fiscalibus, an comprehendat personas non numeratas n. 1.

Ciuis, an teneatur collectam soluere in Ciuitate, vbi est subditus pro bonis extrà territorium sitis n. 2.

Ciuis numeratus in duabus terris pro focolari, soluit functiones fiscales, vt Ciuis in illa Terra, vbi habitat, in alia verò vti bonatenens n. 3.

Mutatum in receptione locus originis, an domicilij sit attendendus n. 4.

1 BReuissimè ad hanc quæstionem annotamus, Rege concedente immunitatem alicui particulari à functionum fiscalium solutione, dum Vniuersitati in damnum Curiæ fit excomputatio ex iàm supradictis; Personæ exinde de familia immuni, si non fuerint numeratæ, quia mulieres, aut filij familias sub alterius focolario comprehensi, non est pro illis Vniuersitati excomputatio aliqua facienda, illa nimirùm ratione, quod, sicut quando conceditur immunitas à dictis functionibus fiscalibus, in damnum Curiæ ratione concessæ immunitatis fit Vniuersitati excomputatio, vt suprà, & ex *Reg. Salernit. decis. 31.* ità quoque immunitas concessa à prædictis functionibus, personas nõ numeratas comprehende-

hendere nō potest, dum illæ ad dictum onus non tenentur, non quia immunes sunt, sed quia tunc numeratæ non fuerunt, & præter immunitatem ad aliquid non tenentur, & sic, quemadmodùm Vniuersitas pro illis nullum incommodum patitur, nec excomputationem pro ijsdem aliquam prætendere poterit, dum illa concedirur Vniuersitati ob immunitatem concessam à Rege ad fauorem personæ, quæ aliàs præcisa immunitate soluere deberet, vt sic Vniuersitati succurratur, ne pro immuni soluat, quod non exigit, non verò pro illis personis, quæ numeratæ non sunt, vnde soluere non deberent, etiam si immunes non essent, secūdùm decisionem R. Cam. hic ab *Auth.* nostro relatam, quam referunt etiam *Thor. in supplem. comp. decis. verb. immunitas concessa circà functiones*, & *Nouar. in rubr. pragm. de iurib. & exact. fiscal. collect. 1. num. 7.*

2 Ad eandem quæstionem ducimus annotandum, num collectam soluere teneatur Ciuis in Ciuitate, vbi est subditus, pro bonis extrà territorium sitis, & sic in alieno territorio possessis? In quo puncto pro affirmatiua respondetur ex *l. 1. C. de mulier. & in quo loc. lib. 10.* dummodò pro bonis illis in loco, vbi sita sunt, nihil contribuatur, ex quo per gabellas, & non per allibrationem bonorum viuitur, vt post *Bart.* & alios *DD.* fundat *Reg. de Marin. resol. 1. cap. 63. nu. 1.* dicens etiam, nisi fortè quis possideret in Castro aliquo inhabitato, quia cum ibi bona illa collectari non possint, soluat possessor collectas in sua Ciuitate, Oppido, vel Castro, vbi numeratus est, ex prouisis in decreto generali de anno 1566. per Regiam Cam. apud *Reg. Salern. decis. 38.* idemq; *de Marin. n. 1.* prosequitur, quid si collecta pro bonis in alieno territorio sitis fuerit soluta in loco, vbi hic bona possidens est originarius, quia in loco vbi sita sunt, viuebatur per gabellas, num si hic locus vult viuere per catastum, possint inibi bona collectari, vbi *n. 3. & seqq.* affirmatiuè respondit, & *n. 6. & 7.* examinat, vbi collecta sit soluenda, si quis in vno loco est natus, & in alio habitat.

3 Per generalia verò decreta decisum fuisse iàm notum est, numeratum in duabus Terris pro foculari, soluere functiones fiscales, vt Ciuis in illa Terra, vbi habitat, in alia verò, vt bonatenēs, vt in *Arrest. 158. 387. & 410.* apud *Reg. de Marin.* & exponunt *Dom. Reg. noster infrà qu. 8. à nu. 44. §. 3. Cons. Altimar. ad Reg. Rouit. cons. 48. num. 46. lib. 1. Carol. Rota in annot. ad d. cons. 48. Reg. Rouit. num. 5. & 6. Cæsar Nicol. Pisan. in add. ad Gattam super Rit. R. Cam. rubr. 2. à num. 141. cum seqq. Hieronym. Nicolinus in collectanea decret. R. Cam. fol. 165.* Sicuti etiam idem Reg. Cam. Senatus censuit, quod numeratus in vna Terra habitans in alia, non substinet hospitium militum in Terra habitationis, si constet substinere onera in Terra numerationis, vt legitur in *Arrest. 416.* Quemadmodùm numeratus semèl in domo propria, si ad seruiendum alijs se transferat, adhùc remanet numeratus, *Arrest. 526.*

4 De iure verò, an locus originis, vel domicilij sit attendendus ad munera, vel onera subeunda, annotamus à iure statutum esse, vt in munerum receptione, & onerum solutione origo domicilij causa potior sit ex *Vlpian. in l. qui originem 3. D. de mun. & honor.* ibi: *Et qui originem ab Vrbe Roma habent, si alio loco domicilium constituerint, munera eius substinere debent*; quod explicat *glos.* dicens, natum Romæ, licet in Prouincia habeat domicilium, munera subire debet Romæ; Comprobaturq; ex *Papin. in l. libertus 17. §. præscriptio, D. ad municip.* ibi: *Cū simùl igitur vtrobiq; deferuntur, potior est originis causa.* Naturali namq; ratione indicatur, vt omninò maior sit originis, quàm domicilij, obligatio *c. pastoralis extr. de rescript. Bald. in l. 1. C. de municip. & orig. lib. 10. n. 2. Reg. de Marin. d. loc. n. 6. Mōtanar. de admin. Vniu. pragm. 2. à n. 334.* post alios *Dom. Consil. Altimar. in obs. ad Reg. Rouit. lib. 1. d. cons. 48. num. 44.*

AD QVÆST. IX.

De Prouisione Regis Federici, quod immunitas concessa de functionibus Fiscalibus, non se extendat vltrà carolenos quindecim, & quid sit desupèr obseruatum.

ANNOTATIO.

SVMMARIVM.

Immunes in Regno nedùm Vniuersitates, sed particulares personæ enumerantur n. 1. & 2.

Immunitas à functionibus fiscalibus, an se extendat vltrà carolenos quindecim iuxtà declarationem Regis Federici *n. 2. 3. & quid in contessione n. 4.*

Immunitas Domus de Transo *concessa an comprehendatur sub dispositione Regis Federici, & R. Cam. decretum etiam à* Dom. Reg. *hic n. 6. relatum contrà illorum immunitatem nullius ponderis ostenditur latè à n. 5. ad 11. & an sint illi immunes etiam à bonatenentia à n. 12. ad 14.*

1 QVemadmodùm multas Regni Vniuersitates à functionibus fiscalibus immunes, in Regno adesse iàm suprà cum eodem *Authore* nostro annotauimus, quas enumerauit *Scipio Mazzell. in descript. Regn. lib. 1. in fin. fol. 319. & 329.* quarum aliquę sunt ex priuilegio perpetuò immunes, aliæ verò ex conuentione certam annuam præstationem soluunt, vt apud eundem *Mazzell.* videre est, & de Ciuitate Capuæ cum eius Foria ex conuentione certã annuam quantitatem R. Curię soluente, necnon de Casalibus Arnoni, & Cancelli habentibus immunitatem à Regia Curia, vt non soluant iura fiscalia pro focularibus, sicuti etiam de Casalibus Braccianisi, & S. Mariæ de Fossã immunibus à fiscalibus functionibus adeundus est *Reg. Salernit. dec. 31. per tot.*

2 Ità propemodùm & multos Ciues in varijs Regni locis, ex priuilegio ab ijsdem functionibus fiscalibus immunes esse constat, quas immunitates omnes in damnum Regiæ Curiæ cedere ex superiùs, & in hac *quæst.* ab *Auth.* nostro traditis indubium est; Et sic Regiam Cameram iudicasse Vniuersitatibus excomputationem pro ea rata, pro qua gaudent immunitate prædicti, faciendam esse admonet *Regens* noster hic *à num. 1. ad 4.* vbi familias in Regno immunes enumerat, videlicet illos *de Transo* in Ciuitate Suessæ; *de Lucifero* in Ciuitate Cutroni; *de Gattula* in Ciuitate Caietæ, in focularibus Casalium Cosentiæ, qui sunt in magno numero, in quibus obseruatum, vt suprà refert; Easdem excomputationes ex declaratione Regis Federici in anno 1498. faciendas esse de carolenis quindecim functionum fiscalium, quia eius, & prædecessorum voluntas ità fuit, secundùm quam declarationem ità decisum in R. Cam. refert in dictis de domo *de Transo*, in illis de domo *de Carne* de Ciuitate Atri, in illis de domo *Martini de Carles* Ciuitatis Theanæ, & de domo *de Tarto* Terræ Suij, & de domo *Tedisci* de Terra Larini, & de domo *de Quinque* de Terra Cammarotæ, & idem in dictis focularibus Casalium Cosentiæ, licet *nu. 7.* dicat, quod præcedentibus annis contrarium fuerat prouisum, vt dictis literis Regis Federici non obstãtibus tractarentur immunes pro omnibus eorum bonis, & sic excomputatio pro summa in Catasto taxata Vniuersitati fieret, prout in illis de domo *de Gattula*, in illis de domo *Capuro* Casalis Paterni, in illis de domo *de Transo*; Et insupèr cum aliquibus alijs tertio alio modo fuisse prouisum, nempè in illis *de Alemagna*, & *Squillacio*, quod pro functionibus fiscalibus ordinarijs essent obseruandæ dictæ literæ Regis Federici, pro extraordinarijs verò seruandi immunes pro rata tangente dicto foculari iuxtà taxam per Regiam Cameram faciendam pro quolibet focula-

culatio Vniuersitatum Regni, & cum illis *de Alexandro* Ciuitatis Montis Leonis, quod pro ordinarijs essent immunes pro carolenis quindecim, & pro extraordinarijs, prout imponi contigerit; Cumq; pro parte illorum *de Corno* ad R. Maiestatem fuisset recursum, regio diplomate fuit mandatum, quod de eis omnibus S. Maiestas certioretur, quæ consultatio facienda per Reg. Cam. cum deinde facta non fuerit, non remanebat in hoc aliud dicere, vnde posteà insequitur numerare à nu.9. 10.& 11. particulares Casalium Cosentiæ, & alios in eadem Prouincia Calabriæ, & in alijs Prouincijs immunes à n.12 *ad seqq.*

3 Quibus annotandum est, quod ex literis dicti Ser. Regis *Federici* confirmatis per Regem Inuictissimum *Philippum II.* cauetur, quod omnes concessiones, & gratiæ de functionibus fiscalibus per ipsum, & eius prædecessores factæ exequerentur ad rationem carol. quindecim pro quolibet focolario, & non aliter, ipsisq; literis ad R. Cam. remissis in anno 1566. per plura decreta fuisse ordinatum, concessiones functionum fiscalium, non distinguendo si ex contractu oneroso, vel gratuito, reducendas ad iura focolariorum, & salis, hoc est gran.151. & sic in alijs impositionibus extraordinarijs non militare, prout ex pluribus eiusdem Reg. Cam. decretis declaratum constat, eaquè decreta cum contineant declarationem voluntatis Regum, nemini facere iniuriam, & esse obseruanda, cum possit Princeps in vim legis generalis declarare contractus à se celebratos, & alias quascumque dispositiones gratiosas, vel onerosas, prout scribit *Lagonar. in add. ad Reg. Reuis. sup. pragm. 2. de iur. & exact. fisc. fol. mihi* 379. *vers. Secundò*, ex *Muta in cap. Regis Ioann.* 107. *n.*80. *lib.*7. vbi idem *Lagonarius* latè examinat articulum satis quidem illustrem in Reg. Cam. iam controuersum inter Illustr. D. Aloysium Sanse-
4 uerinum Bisiniani Principem, & Regiũ Fiscum super petitione integrarum functionum fiscalium, quæ exiguntur per Regiam Curiam in Ciuitate Bisiniani etiam vltrà carol. quindecim, & gr.1. pro quauis causa sint impositæ, etiam pro donatiuis extraordinarijs, & alijs quibusvis impositionibus quocũque nomine nuncupentur, vigore contractus emptionis factæ per q. Ill. Lucam Sanseuerinum Ducem S. Marci à Rege *Ferdinando I.* in anno 1462. vbi plures conclusiones cumulat ad præfatam quæstionem affines, pro quibus idem *Lagonar.* adeundus est *ibid.*

5 Deindè circà immunitatem familię de Transo hic enunciatam, annotandum est, quod cum in actibus humanis duo considerentur, potestas scilicèt, & voluntas, literæ præfati Regis *Federici* non potuerunt, nec voluerunt præiudicium inferre immunitati concessæ per Reginam Ioannam II. *Bonomolo de Transo* eius Consiliario ob grata, vtilia, ac fructuosa seruitia ei præstita, pro se, suisq; hæredibus ex corpore legitimè descendentibus in perpetuum *à solutione, & præstatione generalium subuentionum, collectarum, subsidiorum, onerum, munerum, donorum, taxarum, focolariorum, & quarumlibet aliarum fiscalium functionum, quolibet vocabulo distinctarum, ordinariarum, & extraordinariarum, Nobis, & Regia Curia debitarum, & debendarum, & per Regiam Curiam impositarum, & imponendarum,* & pro omnibus bonis, quæ possidet, & habebit in Ciuitate Suessæ, & Concluse, & signantèr Collectis, quas tunc Regia Curia exigebat vsq; ad summã gr.12. pro qualibet Collecta, subsidio, onere &c. verùm R. C. excomputare debuisset d. Terris ratam dictæ immunitatis, sub data 13. Aprilis 1421. vt ex *Processu fol.*1. *vol.*3. quem vidimus occasione patrocinij à nobis præstiti ijsdem de Transo.

6 Siquidem cum in literis Regis *Federici* non legatur aliqua specialis derogatio immunitati dictorum *de Transo*, imò cum loquantur de gratijs concessis à solutionibus fiscalibus, non potest casũ ordinario porrigi ad priuilegium

gium Immunitatis, quod habent dicti *de Transo* concessum ob seruitia, ex quo transiuit in contractum; Imò post literas prædictas in anno 1514. Rex *Ferdinandus* Catholicus certior factus per relationem veridicam Regiæ Cameræ Summariæ, quæ est *f.* 11. de immunitate olim concessa *Bonomolo de Transo*, eiusq; descendentibus, per Reginam *Ioannam II.* & confirmata per alios Reges successores ab omni solutione fiscalium, foculariorum, & salis, eam confirmauit, & quatenus opus, de nouo concessit, vt *fol.* 5. & pro executione fuerunt deindè in beneficium dict. *de Transo* expeditæ plures prouisiones Regiæ Cameræ *fol.* 3. 4. 7. *&* 8.

7 Nec voluit Rex *Federicus* dictam immunitatem coarctare, siquidem paulò post per alias eiusdem Regis literas die 15. Decembris 1498. respondendo supplicatis per *Thesaurum*, aliosq; *de Transo*, miratur, quare in dubium reuocatur eorum priuilegiorum obseruantia, dùm factum fuit Ciuitati excomputum, cum focularia Doci Candiæ assignata fuerunt, & seruari immunitatem iussit. *fol.* 70. *vol.* 3.

8 Postmodùm in anno 1544. decreto Regiæ Cameræ fuit ordinatum, quod *Domini de Transo* manutenerentur in possessione, seù quasi immunitatis à functionibus fiscalibus *fol.* 3. & in anno 1507. fuerunt expeditæ prouisiones in beneficium dictorum *de Transo*, quod obseruetur immunitas à functionibus fiscalibus, & deinde in anno 1614. aliæ etiam prouisiones expeditæ pro illarum obseruantia *fol.* 4. Ex quibus sequitur nõ posse dubitari, quin d. priuilegium suum sortiatur effectum, etiam in functionibus fiscalibus, quæ subrogatæ fuerunt in locum Collectarum, vt ostendimus suprà *in annot. ad* §. 1.

9 Ex quibus etiam patet, quæ ratio habenda sit de Reg. Cameræ decreto sub die 13. Nouembris 1566. *fol.* 38. *vol.* 1. relato quoque à nostro *Auth.* hic *n.* 6. quod prædicti non gaudeant, nisi pro carolenis 15.

10 Etenim est contrà mentem Regis *Federici*, vt suprà, imò contradicit duobus eiusdem R. Cam. decretis antecedenter latis, quia in anno 1545. sub die 17. Martij fuerat interpositum decretum, quod etiam refert noster *Author* hic *n.* 7. pro manutentione possessionis, seù quasi immunitatis, prout hactenus seruatum fuit, iuxtà eorum petitionem *fol.* 14. Et deinde per aliud decretum sub die 17. Octobris 1566. fuit datus terminus ad probandum incumbentia, & interim prædicti *de Trãso* manuteneantur in possessione dictæ immunitatis *fol.* 33. Cumque à dicto decreto non fuisset reclamatum pro parte R. Fisci, vel Vniuersitatis; Postmodùm sub die 13. Nouembris 1566. nõ compilato processu cũ fuerit interpositum dictum decretum, propterea nullum est ipso iure *l.* 1. *C. quan. prouoc. non est necess. Prasf. de Franch. decis.* 398. *num.* 1.

11 Secundò principaliter ratio haberi nequit de hoc decreto, cum iàm sine elapsi centum viginti quatuor anni ab illius interpositione, nec appareat fuisse intimatum dictis *de Transo*, aut vllam habuisse exequutionem, de qua amplius tractari nequit, maximè contrà hæredes post 30. annos, *Afflict. dec.* 345. *n.* 11. & sic post latum dictum decretum, aliæ fuerunt expeditæ prouisiones ad beneficium dictorum *de Transo*, vt suprà.

12 Nec obstat argumentum pro parte Ciuitatis Suessæ desumptum ex priuilegio Neapolitanorum, qui licet sine immunes, soluunt bonatenentiam, quoad stabilia; & sic vel dicti *de Transo* sunt iudicandi, vti oriundi Neap. prout iamdiù litem instituerunt pro reintegratione dictæ nobilissimæ familiæ ad honores Sedilis Montaneæ, in qua scripsit etiam *Franc. de Petris consf.* 30. *&* 60. *per tot.* & soluere deberẽt bonatenentiam quoad stabilia in Ciuitate Suessæ; Vel vti speciali priuilegio muniti, & quod hoc nequeat maius esse illo Neapolitanis concesso.

13 Quoniã clarissimè respondetur, quod Nea-

Neapolitanorum priuilegium fuit dubitatum, imò etiã si concessum reperiretur, non habuit obseruantiam, nisi pro annuis redditibus, vt latiùs ostendimus suprà ad §. 1. *tit. de Collectis nu. 77.* At Domini de familia *de Transo* sunt specialitèr priuilegiati, eorumquè immunitas per tot seculorum curricula obseruantiam habuit, etiam pro bonatenentia Vniuersitatis, vt videre est in tribus *Processibus* in Reg. Cam. existentibus: Sed propensiùs consideratur, quod tempore, quo dictum priuilegiũ *Beamunda de Transo* concessum fuit, Neapolitani non erant ab huiusmodi solutionibus exempti, cum ijs concessa fuerit immunitas à Sereniss. Regibus Aragonensibus, vt ex *Cap. & Gratijs fideliss. Ciuit. Neap.* Vnde *Henricus Pignatellus* notorius Eques Sedilis Nidi idem priuilegium sibi concedẽdum curauit à Rege Ladislao pro bonis, quæ possidebat Barij, confirmatum in anno 1420. à Ioanna II. *in Process. Benedicti fol. 33.* Et *Franciscus Carracciolus* Sedilis Capuani sibi concedendum duxit à Rege Federico Aragonensi in anno 1498. pro bonis, quæ possidebat in eadem Ciuitate Suessæ *fol. 32.* vt notatur in *Allegatione edita pro reintegratione Dom. de Transo ad Sedile Montanea*, quæ extat *in Process. M. C. in banca Act. Antrsana fol. 73. à t.*

34 Hinc de Principis mente constat, quod immunitas est concessa etiam pro bonis, quæ possident in Ciuitate Suessæ, cum Princeps potuerit hoc facere, etiam in præiudicium dictæ Ciuitatis, vt in durioribus casibus contrà Vniuersitatem Ferrariæ consuluit *Riminald. cons. 17. lib. 1.* & contrà Vniuersitatem Camaniæ scripsit *Surd. cons. 378. vol. 3.* vbi notandum *num. 8.* quod procùl dubio procedit, quando est ius quærendum, vt est ius collectandi non subditum, siuè forensem; Eò potiùs in casu nostro, cum rata dictæ immunitatis excomputetur Vniuersitati; Et sic decisum per Regiam Cameram contrà Vniuersitates Salerni, & Capuæ testatur *Goffred. de Gaeta super Rit. R. Cam. rubric. 2. num. 186.* vbi *num. 187.* inquit, quod non debet considerari vtilitas Ciuitatis pro Collectis, quæ ab ea imponuntur, cum etiam dicantur à Rege impositæ, nedum ob assensum, qui super ijs concedi non potest in præiudicium immunium, sed quia pecunia peruentura ex dictis gabellis debet in Fisci vtilitatem conuerti pro soluendis functionibus fiscalibus, vel debitis earum causa contractis; Imò bonatenentia est quædam contributio in functionibus fiscalibus, vt tradit *R. Rouit. in Pragmat. 4. de immunit. Neap.* & functiones fiscales cum collectis confundi, apertè desumitur ex notatis per *Marant. de Collecta, seù bonatenentia cap. 1. num. 1. & num. 3. vers. Habentes autem.* Cumquè à dictis functionibus quolibet vocabulo distinctis, debitis, & debendis, debeant esse immunes Domini de Transo vigore dicti Priuilegij, sequitur, quod debeant esse immunes à solutione bonatenentiæ, ideòq; manutenendi, & conseruandi in dicta immunitate, præsertim lite pendente, *Reg. Reuerter. decis. 313. Reg. Tapia decis. 23. num. 1. Reg. Capyc. Latro consult. 68. per tot.* prout semper obseruatum fuit, & patet ex documentis in *2. vol. Actor. Reg. Cam. transmiss. à Curia Ciuitatis Suessæ pro dicta Ciuitate appellante contrà Marcum Ant. & alios de Transo. Incipiunt Spiritus Act.*

AD §. 3.

De Exactione functionum Fiscalium.

AD QVÆST. I.

Quare diminuto numero foculario-rum, adhùc eadem quantitas debeat exigi ab Vniuersitate.

ANNOTATIO.

SVMMARIVM.

Vniuersitas, si diminuatur, an ad integram debiti quantitatem iuxtà calculum numerationis teneatur num. 1. Et refertur praxis pro alleuiatione in damnum Fisci n. 2. Declaratur ex distinctione Reg. Rouiti *n. 9. & 10.*

Vniuersitate, licet ipsa soluere dicantur effectualiter Ciues illarum soluunt n. 3.

Vniuersitate non soluente ob diminutionem, an possit imperari superinditum alijs n. 4. & quid in Demaniis n. 5. & notatur incuria Pasqualini *n. 6.*

Numeratione clausa, ex diminutione Ciuium non datur alleuiatio, sicuti ex augmento non augetur solutio num. 7. & 8.

Vniuersitates Regni, an sint debitrices functionum fiscalium in communi nu. 11. Et expenditur Montani *ibid.*

Barones expellentes subditos absque causa iusta, an teneantur ipsi eorum ratam Regi soluere n. 12. vel ratam Vniuersitatum impotentium n. 13.

Assignatarij functionum fiscalium in feudum, an in exactionis concursu caeteris in allodium assignatarijs praeferantur? Affertur consultatio ab ipso Auth. *annotat. elucubrata à n. 14. ad 68.*

Fiscus, an de iure, non tantùm caeteris Vniuersitatum creditoribus verùm in functionum fiscalib. exactione, ipsius assignatarijs praeferatur à n. 13. ad 17.

1 RVbricae huius §. 3. necnon materiae praesentis quaestionis affinia sunt tradita per *Reg. de Pot. de potest. Prorr. tit. 4. de regal. impos. §. 1.* dùm ille, postquàm (vt *Auth.* noster) in praecedentibus examinauit, quomodò, & quando impositiones indici possint, differit de illarum exactione, & sic etiam de excusatione; Vnde aduertit, quod si euenerit, diminui Terram incolarum numero, ex quo solita onera fiscalium functionũ subire nequeat, estò *Dom. Reg.* noster hic referat decisum, Vniuersitatem ad integram debiti quantitatem teneri, iuxtà calculum tempore numerationis, quia debitum est Vniuersitatis, & non particularium, & quia focularijs extinctis eadem remanet Vniuersitas, & Rex dicitur Creditor Vniuersitatis, & non particularium, vnde sicut non augetur solutio functionum in beneficium Reg. Curiae, auctis focularibus, quia semper est eadem Vniuersitas, idem *Reg. Mod. infrà q. 5. à n. 3. ad 6.* ità extinctis particularibus neque in damnum Curiae extinguitur solutio, ex quibus ità iudicasse Reg. Cam. & proindè in hoc multùm consuetudinem regionis, siuè iudicandi stylum praeualere refert (est magna lit authoritas Reg. Camerae sic consulentis. *Reg. Salern. decis. 33. nu. 1.*) Cuius decisionis ab *Authore* nostro relatae memor est *Io: Maria Nouar. in Collect. 1. ad rubr. pragm. de imp. & exact. fisc. n. 3.* Eandemq; doctrinam sequitur *Reg. Salernitan. decis. 39.* vbi *Thor. in*
2 *add.* post alios. Nihilominùs ex *Luc. de Penn. in rub C. de superind. lib. 10. tit. de Pont.* ibi monet, quod eo in casu debet Princeps, & non alius mandare, capi diligentem informationem, constitoq; iuxtà preces de veritate, fiet alleuiatio de eius mandato, & sic practicari testatur

tur, esse puta præsentatpda memorialia directa Proregi; Et in Coll.Cons. decernitur, quod Regia Camera se informet, & relationem faciat in eodem Coll. Consilio, in quo demùm prouidetur, quod rationi consonum visum fuerit, quod exornat *Ther. ibid. in addit.num.* 1.

Verùm tamen est, quod ex *cod. Luc. de Penn.* idem *Reg.de Pont.*ibi *n.*2. docet, quod quando talis fit alleuiatio, illud, quod diminuitur, superimponitur alijs locis vicinis, & hoc rectè vocari superindictum, à quo licet eximat Terras demaniales *cit. Lucas*, id tamen non procedere ad præsens, cum vniformis sit in omnibus Regni Terris onerum fiscalium indictio; Et sic etiam ad id cumulat rationem illam, ex quo viduæ, & pauperes, qui non numerãtur, cedunt oneri aliorum, *idem de Ponte ibid.vsq; ad n.*5. vbi *n.*6.*& seqq.*fundat doctrinam *Luc.de Penn.* non obseruari, sed quod alleuiatio fit in damnum fisci, quia fiscales functiones, aliæq; indictiones in Regno pro numero foculariorum soluuntur, ità vt impositio indicta dicatur cuilibet foculari ad certam rationem, vnde est, quod singulis quindecim annis numeratio fit cum descriptione foculariorum, eaquè facta Terræ taxantur iuxtà foculariorum cuiuslibet numerum, & estò ipsæ Vniuersitates soluere dicantur, effectualitèr Ciues illarum soluunt, Vniuersitates
3
verò Collectas imponunt, appretiumq; fit bonorum particularium Ciuium, & quilibet soluit pro rata bonorum suorum, vel imponunt gabellas per ipsosmet Ciues persoluendas, ex quibus fiscales functiones Reg. Curiæ soluuntur, neque collecta imposita in genere dicitur, tanta puta quantitatis in vniuerso, vnde concludit, ex *Baldo* ibi *n.*8. *cit.de Pont.* deficientibus focularibus euanescere exactionem, idquè comprobat *n.*9. quia in dies Perceptores Prouinciales pro fiscalibus functionibus contrà particulares Ciues, ipsorumq; bona executiones faciunt, quando Vniuersitates non soluunt, imò pergraue legibus, ac naturali rationi esse quoque contrarium pro alienis debitis alios molestari, ex *l. vnic. C. vt null. ex Vican. lib.* 11. & ex alijs rationibus, & doctrinis id probat vsq; ad *n.*11. cuius rationes, & argumenta confirmat *cit. Ther.ibi in add.à n.6.ad* 11. addito *Io. Bapt.Costa de ratione rata qu.*103.

Et estò secundum alios videatur fundari, talem alleuiationem cum ipsa superimpositione in alia Terra, vt suprà, admittendam esse, allegando, quod totum Regnum videatur esse vnum Territorium, veluti vnius Ciuitatis, siuè vnius Prouinciæ, quod *cit. Luc.* à ratione etiam deuiare dixit.

4 Attamen idem *Reg.de Pont.ibid. nu.* 12. optima distinctione exponit, superindictum cæteris Vniuersitatibus imponi ob aliarum diminutionem, vel vnam adstringi ad soluendum pro alia, esse nimiùm diuersa; Nam aliud est, quod vna Terra pro alia soluat, aliud, quod ob diminutionem vnius, aut plurium Terrarum, posse fieri superindictum in omnibus Regni Vniuersitatibus, ob præfatam diminutionem sequutam, quo in casu, tanquàm noua præstatio, quia omnes participare debent, & non Terræ tantùm conuicinæ distinctæ, & separatæ grauatæ dici non possunt (Et sic dictum superindictum imponi posse Regia authoritate nulli dubium est, *Reg. Rouit. in consult. in mat.donat. num.*31. *to.*1. *consil.*) & procedere *cit.de Superindicto*, non verò posse admitti, concludit in functionibus fiscalibus, alijsq; oneribus pro numero foculariorum impositis, diminutionem non cedere damno R. Curiæ, quia est debitum Vniuersitatum particulariū, non autem totius Regni in vniuerso, & ità fuisse iudicatum, & practicatum ex regula *l.*1.*C.vt null.rustic.lib.*10. *& l.sicut, § fin. D. quod cuiusq; Vniu. nom.* refert, & sequitur *Reg. Rouit. in cit. consult.in mat.donatiu.n.*11.*to.*1.

5 Quod secùs est respectu donatiui, & aliorum onerum, quæ soluuntur à toto Regno in vniuerso, tanquàm ab vno corpore, quæ omninò cedunt damno

aliarum Vniuersitatum Regni, nam licet illa exigantur secundùm taxam focularioru, hoc fit ad faciliorem modum exactionis, non quod in quolibet fumante donatiuum debeatur, vt exponit *cit. de Pont. d. loc. num.* 14. 15. 19. 20. 21. & 22. quia deficientibus aliquibus Vniuersitatibus remanet idem Regnum, ac idem debitum, & totum Regnum repræsentatur ab illis Vniuersitatibus, quæ sunt habiles ad soluendum ex *l. sicut, §. fin. D. quod cuiusq; Vniu.* post alios declarat *cit. Reg. Reuert. d. loc. num.* 22. vbi *in num. seqq.* 23. 24. & 25. id exponit, & in his terminis donatiui loquitur *cit. decisio* 39. *Reg. Salern. d. n. 6. 7. ad seqq.* scripsitq; *Thor. ibid. in add. & Cons. Reut. de offic. rubric.* 17. §. 5. *num.* 105. Hinc rectè incuria

6 notatur *Pasqualin. in comment. ad prag. 9 de Commiss. & Exec. num.* 18. qui non distinxit referendo *Auth.* nostrum hic, & *cit. Reut.* qui loquitur in donatiuis, vt suprà.

7 In functionibus verò fiscalibus, quæ non in vniuerso, & nomine collectiuo debentur, sed à quolibet foculari distinctim soluuntur, dum talis impositio supèr vnoquoque foculari radicata dicitur, quãdo præsupponitur diminutio, vel augmentum foculariorum, statutis temporibus fit noua Regni numeratio, & in hac Ciuitate proptèr depauperatos, omnium de nouo fit extimatio ex *cap. 7. Regis Alphonsi I.* vnde praxis in Regno illa iusta videtur, quod alleuiatio in damnum Fisci fit, verùm ipse *Reg. de Pont. ibid. nu* 17. & 18. notandum aduertit, quod, dum numeratio Regni est facta, & qualibet Terra numerata fuit, atq; taxata pro suis focularibus in certa quantitate, clausa itã numeratione, dùm non datur ampliùs ipsius reuisio, tunc quia id, quod particulares exoluere debebant, translatum est ad onus Terræ, & ipsa remanet taxata in quantitate certa, benè procedit, quod ex diminutione Ciuium non datur alleuiatio, *Reg. Salern. d. decis.* 39. *num.* 12. Sicut si augetur numerus foculariorum non grauatur maiori solutione, qua taxata reperitur, sempèr enim est eadem Terra illa, quæ assumpsit in se onus, & propterea pro omnibus soluit, siuè viuis, siuè mortuis, pauperibus, & diuitibus, & sic defendit praxim, quæ seruatur in Regno *cit. Reg. de Pont. d. loc.* & hoc ordine vtimur in Regno, quia in omnem

8 euentum, si deficit, vel augetur numerus intrà vnam numerationem, & aliam fit solutio pro tot focularibus, pro quot fuit numerata, factaq; posteà noua numeratione, tunc si reperitur aucta, augetur solutio, si diminuta, deficit, & ità quidem iusto libramine vtuntur pijssimi nostri Reges, vt notauit *Camill. Borrell. in summ. decis. tit.* 13. *nu.* 124. & 125. *to.* 3.

9 Et ex his intelligendus etiam est *Author* noster hic, vtpotè secundùm distinctionem illam, quam tradidit *Reg. Reuit. d. loc. num.* 16. & *seqq.* quod aut Vniuersitatis impotentia consideratur in totum, vel quia fuit diminuta numero Ciuium, quia alibi transiuerunt; In primo casu fuisse decisum per R. Cam. quod non teneantur pro eis aliæ Vniuersitates, etiam si ibi habitaret maior pars Ciuium, qui recesserunt ab Vniuersitatibus extinctis, quoniam illi Ciues non faciunt populum, dum non sunt collectiuè congregati; In secundo verò casu diminutionis numeri tantùm Ciuium, quia sempèr dicitur eadem Vniuersitas, etiam si vnus homo tantùm remaneret *l. ex mille in princ. & §. si totum, D. de rei V. l. proponebatur 76. D. de iudic.* non est, cur sit recurrendum ad alias Vniuersitates, dũ hæc Vniuersitas post numerationem factam, illaq; taxata, assumptoq; in se onere soluendi est ipsa debitrix, à qua est facienda exactio, vt suprà, & sic licet diminutis focularibus, ad eandem tamen solutionẽ tenebitur iuxtà *Auth.* nostri tradita, decisionesq; R. C. ab eodem relatas, quem sequitur *cit. R. Reuit. d. loc nu.* 29. & 30. *Thor. ad Salernit. dec.* 39. *nu.* 6. & proindè firma remanet nostri *Auth.* sententia conciliatis omnibus prædictis doctrinis, vt patet, quod se-

sequuta diminutione focolariorum, sit facienda alleuiatio in damnum fisci, quia fiscalium functionum impositio in singulos focolares, & non in vniuersum, indicta dicitur *cit. Reg. Reuit. d. loc. n. 31. Reg. Valenz. consf. 99. in 3. puncto à n. 44. ad 55.* At in casu, quo non sit al-
20 leuiatio, quia Vniuersitas, siuè focularia decrescant, siuè augeantur, sempèr ad præstationem tempore numerationis ex focolaribus tunc numeratis taxatam tenebitur, ob onus in Vniuersitatem translatum, vt suprà ex *cit. de Pont. ibid.* neque cōqueri possunt Vniuersitates, nam si in casu augmenti ad nihilum tenentur: Ergò neque in casu diminutionis aliquid sibi remici ad nouā vsq; numerationē obtinere possunt, & sic rectè subsistit ratio ab *Auth.* nostro hic tradita *n. 11. Io: Maria Nouar. Collect. ad Reg. pragm. 1. de imp. & exact. fiscal. collect. 1. n. 31.* quod secùs est in donatiuo, vt suprà, quod etiam sic exposuit *Nicol. Marott. de Bonaten. cap. 3. n. 14. 15. & seqq.*

21 Hinc non admittenda est *Horat. Montani* conclusio *in tract. de regal. tit. extraord. collatio n. 9. & contr. 59. num. 2.* dicentis, Vniuersitates Regni esse debitrices functionum fiscalium in communi, nam scripsit, non prius perlectis *Reg. de Ponte* ad hoc traditis, vt suprà, dum illum non citauit, & propterea non benè (salua doctissimi Viri pace) ille *n. 2.* dixit, dictas functiones non à focularibus, sed Vniuersitatibus deberi; Cum contrarium constet, nam licet Terræ soluant, effectiuè Ciues soluunt, vt superiùs dictum est ex *cit. de Pont. n. 7. & 8.* Et conferunt tradita per *Auth.* nostrum hic *n. 4. & 5.* Neq; ex hoc alia conclusio eiusdem *Montani ibid. n. 3.* substinetur, dum scripsit, ex præcedenti ab ipso posita ratione erui, Vniuersitates Regni obligari pro focularibus inhabilibus, quia ipsum corpus vniuersale est debitor totius Collectæ ad numerum focularionum, non ipsi Ciues; Dum constat alia ratione, dictas Vniuersitates integram debiti quantitatem soluere teneri, ad quam reperiuntur calculatæ numerationis tempore, vt declarat, & decisum refert *Auth.* noster hic *num. 6.* scilicèt, ex quo post numerationem factam, ipsaq; Terra taxata, onus assumptum ab eadem videtur initò taxam soluendi ad nouā vsq; numerationem; & sic, quemadmodum non subiacet oneris augmento, auctis focularibus, ità nec illis diminutis, leuamen aliquod obtinere poterit, vt suprà.

Quod eò magis contrà eundem *Montan.* procedit, dum videtur sibi ipsi *in eod. n. 3.* aduersari, nam postquā scripsit, quod dictæ functiones fiscales sunt munus ordinarium patrimoniale, ad quod obligatur Vniuersitas ipsa in communi, non autem esse superindictas personis singulariter, prosequitur (*vt in casu nostro, dum impositum est focularibus, quo casu inhabiles detrahantur à taxa in damnum Regis, & sic vnus non soluit pro alio &c.*) vndè rectè contrarietate notatur, dum nō potest insimul admitti, dictas functiones esse munus ordinarium, ad quod obligatur Vniuersitas ipsa in communi, & dici posse impositum focularibus, siuè (vt dixit *in tract. de regal. d. n. 9.*) personis. Quod verò dixit, Vniuersitatem soluere pro pauperibus, & inhabilibus explicando, qui nàm sint isti pauperes, & inhabiles, nos vltrò concedimus, sed alia ratione Vniuersitatem, vt suprà teneri concludimus, assumpti puta in se oneris soluendi per numerationem, & taxationem, vt superius dictum est.

22 Concedimus tamen cum ipso *Montan.* conclusionem illam ab ipso firmatam, quod Barones expellentes subditos ab Vniuersitate absque causa iusta, obligantur ipsi soluere Regi collectā, ad quam expulsus tenebatur, vt rectè idem *Mōtan.* cōcludit *in fin.* Quemadmodùm cum *cit. R. Reuit. d. loc. n. 31. 32. & 33.* quoq; annotamus, ad superindictum, quod ob defectum Vniuersitatum, quæ non sunt soluendo, vt suprà, à Rege imponi potest, illud exigendo à
23 potentioribus, teneri etiam Barones contribuere, dūmodò consensu omnib.

qui

qui conferre debent, sit impositum; Et sic etiam Vniuersitatum impotentium ratam Barones soluere tenentur, vt fundant *Sot. P. Diana & cit. Rouit.* apud *Consil. Rouit. de offic. sub.* 17 §. 3. *n.* 106. licet contrarium æquius esse teneant *Tasson. Reg. Valenz. & Cons. de Georg. ibid. cit. Rouit. nu.* 107. vbi *in num. seqq.* examinat, quid dicendum sit de Ecclesiasticis.

Huic annotationi subnectere congruit sequentem Dissertationem, siuè Consultationem, in materia exactionis, siuè prælationis functionum fiscalium in feudum concessarum in concursu cum assignatarijs fiscalium in allodium, elapso anno 1690. à nobis elucubratam: Cuius articuli discussio, veluti generalitatem omnium assignatariorum respiciens, nobis vt pro iuris veritate consuleremus, Regiæ Cameræ nomine per I.C. peritissimum eiusdem R. Cam. Præsid. *Dom. D. Cæsarem Natalem* præfatæ causæ Commissarium, fuit demandata.

DISSERTATIO
PRO
Functionum fiscalium in feudum Inuestitis,

Cæteris in allodium Assignatarijs, in exactionis Concursu præferendis; Per Supremum Regiæ Cameræ Summariæ Tribunal definienda.

IN QVA

Functionum Fiscalium in feudum Concessionarios, Cæteris super eadem Vniuersitate, Regia Curia in allodium Assignatarijs præferendos esse, dilucidatur.

14 EXistimabam hac in re per se adeò clara, & nunquam antea controuersa, allegationibus opus non esse, *minimeq; dubitanda, qua certam semper habuere interpretationem: sed naturali hominum ad disceptandum facilitate,* vt notat *Vlpianus in l. item* 19. §. *principaliter, D. de recept. arbitr. glos. ibid. litt.* 3. hic in disceptationem nonnulli conducuntur, eoq; libentiùs, quo id vila capitella Regni legem contrariam dicunt: In quos iudè cum eodem *Vlpiano* ad hoc insistimus, quod *non possunt omnes articuli singulatim, aut legibus, aut Senatusconsultis comprehendi; sed cum in aliqua causa sententia eorum manifesta est, is, qui iurisdictioni præest, ad similia procedere, atque ita ius dicere debet l.* 11. *D. de ll. Nam* (*vt ait Paulus*) *quoties lege aliquid vnum, vel alterum introductum est, bona occasio est, cætera, quæ tendunt ad eandem vtilitatem, vel interpretatione, vel certè iurisdictione suppleri l.* 13. *eod.* Itaque, vt longè ab omni ambiguitate assumptus articulus patefiat ad hanc nostram proferamus dissertationem.

Primò: Fiscum Regnum, publicæ vtilitatis causa, de iure, & non de facto, vt aiunt, non tantùm cæteris Vniuersitatum Creditoribus, verùm in functionum Fiscalium exactione, eiusdem assignatarijs præferri. Idq; ex Regia prag. 9. §. 15. *de admin. Vniu. rationabiliter sanciq; sancitum.*

Secundò: Functionum Fiscalium in allodium concessione, siuè venditione in hoc Regno, minimè earundem mutari naturam, & non ampliùs de regalibus, neque publici sed priuati iuris esse, & non vltra Regia Curia, quàm sibi reseruatum recuendi ius remanere.

Tertiò: In feudum concessos istarum fiscalium functionum, vltra directum Regis dominium, ob Adoha, & Releuij, necnon deuolutionis iura Regio Ærario in illis competentia; cæteris in burgensaticum assignatarijs, ex eadem publica Fisci causa Inuestitos præferendos esse, indubiè demonstratur.

Quartò: Præfatam conclusionem, non solùm à contrarijs absolutam argumentis, sed imò ad inæqualitatem, absurdumq; ambos inter assignatarios in feudum, ac in allodium vitandum, & ob vtriusq; in ea Regij Ærarij concurrentem vtilitatem confirmari.

AD PRIMVM.

15 PArtim salutis immemores, priuata commoda publicis vtilitatibus non posthabentes, Ærarium Regium, functionum fiscalium in allodium assignatarijs, de facto, non autem de iure præferri, an[illegible] quidam contendunt; Obliti, Rempublicam omnem, aut Principatum corpus esse quoddam ciuile, sicq; pecuniam rerum gerendarum esse neruos. *L.* 1. §. *in causa* 20. *de quæstion. Plutarch. in Cleomen.* eiusq. vim in bello, *Cic. Philipp.* 5. *& in Verr.* 3. *& pro L. Manilio,* & in expugnationibus, *Io. Bodin. lib.* 6. *de Republ. cap.* 2. *fol.* 613. *litt. C. Mucian. apud Dion. in Vespasian. Choppin. de Doman. lib.* 1. *tit.* 1. *num.* 6. *Alex. ab Alex. lib.* 6. *dier. gen. c.* 2. *pag.* 174. *Iust. Lipsius* 4. *polit. cap.* 9. & alij apud *Fusc. in consil. pro Ærario clas.* 7. *ordin.* 9 98. *D. Io. Bapt. de Leon. in pragm. alleg. fiscal. nu.* 7. Et quos iudè præ cæteris excolendum, præcipuum ad publicum statum, siuè Principatum sustentandum vigilantijs

dijs paratam habere? Initioq; Respublicas esse facile administratas, vt qui opera sua non poterant, vel nolebant imminentibus periculis subuenire, pecuniam contribuerent; verumtamen experto postea ingruentibus necessitatibus, spontaneas contributiones tardiores, & etiam exiliores euadere, quàm par esset, vt testatur Archidamus Rex Spartanorum apud Thucyd.lib.1. dùm bellum contra Athenienses suscipi dissuadens, pecuniam, inquit, publicam non habemus, neque promptè conferimus è priuato; Consultius reputatum, pecuniam paratam habere, vt necessitate exigente prastò esse posset; Vnde prudenter laudatur Publicola, quod exactis Regibus, ad belloruni necessitates, pecunias publicas in Æde Saturni (quam Romani Ærarium esse voluerunt) recondiditset, ex Plutarch. in vita Public. Macrob. Saturnal.lib.1. c.8. eamq; peculiarum congregationem, Fiscum appellarunt Veteres, à fiscis, hoc est à sportulis, quibus pecunia seruabatur; illisq; non sufficientibus Ærarià constructa; Et inde Camera ad idem demùm versa est, vt eruditè exponit D. Franc. de Amaya in comment. ad lib.10. C.1 de Iur. fisc. à n.1. ad 21. & seqq. & Angel. Stephan. Garon. in comment. ad Constit. Mediolan. lib.4. t.7. de iur. & priuil. fisci c.1.4 n.1. ad seqq. Et meritò fisco Ossorij apud Io: Solorzan. de Iur. Indiar. c.30. n.97. vt in corpore, non quod vni membro iucundum est, sed quod totius corporis incolumitati conducit, praecipuè expectari consueuit, sic in Republica, non quod vnicuique libet, sed, quod vniuersis expedit, considerandum est. Quapropter fisci iura inter publica annumerantur, Alfar. de offic. fiscal. glos.9. nu. 12. R. Valenzuela cons.100. n.103. lib.1. Larrea alleg. fiscal. 1. nu.3. & alleg.107. sub nu.27. lib.2. Reg. de Philipp. fiscal. differt.14. nu.33. & debitum quoq; fiscale continetur appellatione publici debiti, sic Garon. d. lib.4. tit.6. art.4. n.54. Et fiscalium iurium defensio, eorumque vendicatio communi, ac singulorum vtilitati profigua; Est enim fisci Ærariũ stomacho assimulatum, veluti à quo corporis membra quælibet, vitam, ac sua alimentum recipiũt, Alphar. de offic. fiscal. glos.9. n.13. & populo nihil vtilius, quàm vt Principis necessitas impleatur, ex Polybio. Lucas de Penna in l.8. n.31. C. de exactor. tribut. lib.10. quia Regis inopia, est in perniciem Regni, Vasquez de restit. c.6. dubit. 2. n.23. publica namq; est fisci vtilitas l. vtilitatis 3. C. de primipil. lib.12. Reg. Galeot. resp. fiscal. 10. n.18. quæ cuilibet, & in particulari commodum affert, Ripa in l. data, D. solut. matrim. n.112. & 113. Alphar. de offic. fiscal. glos.9. n.11. quia si fiscales reditus desint, vel insufficientes existant, Princeps communi vtilitati, per ea, quæ à singulis colliguntur, prouidebit Luc. de Penna in L.1. C. de superind. lib.10. Afflict. in Rubr. quæ sint regal. à n.1. ad 25. Et ex his tributa noua imponendi, defectus redituum Regalis Patrimonij necessitatem inducit, & negligentia iurium fiscalium, pauperibus præsertim damnosa, vt post Larream alleg. fiscal. 59. n.7. & alios P. Afflict. controu. c.6. n.8. & 9. Besold. in discurs. pro Ærar. Publ. c.2. ab. q. num.1. Et sic meritò, ex cit. D. Franc. Alphar. in d. gl. 9. n.13. fisci pecuniam, magis quàm priuatorum conseruandam P. Afflict. n.10. per hæc citati Alpharí digna verba insequitur, ibi: Quanto magis publica, quàm priuata salus debet attendi, tantò magis de fisci pecunia, quàm de priuata, ratio debet haberi; Pecunia enim ad patriam defendendam, hostesq; oppugnandos necessaria est, & sine ea, scientia rei militaris, virtus, authoritas, facilitas, nihil Principi prosunt.

16 Tributorum propterea prosigua indictio, & Publico fauorabilior pro fisco exactio: Publica namq; vtilitas Tributorum, & vectigalium exactiones pro Ærario exquirit, quod aliàs Respublica consistere non posset: Impossibile est (ait Iustinianus Nouell.149. c. ac fanc. vers. impossibile), vt sacris tributis non illatis, aliquo Respublica conseruetur; Nam neque quies gentium sine armis, neque arma sine stipendijs, neque stipendia sine tributis haberi possunt, Tacit. 4. hist. R. Tap. dec. sup. Ital. Senat. 23. n.36. Hæc ornamenta pacis, & belli subsidia, Cic. pro leg. Manil. & solatia Ciuitatum, dignè vocant Imperatores in L. vectigalia, C. de vectigal. & commiss. quasi ex quibus muri, & ædificia publica restituãtur, Magistratibus salaria, benemerentibus præmia distribuantur, totiusq; Ciuitatis Status conseruari debeat, d. Nouell. 149. Hinc sine illorum exactione retineri Imperium nullo modo potest, Cic. in epist. ad Q. Fratr. Vtilesq; Ciuitatum Spiritus meritò dixerunt Iust. Lips. Ciuil. doctrin. lib.5. c. 4. Franc. Patrit. Instit. Reipublic. lib.3. tit.9. de Regis, ac Regni instit. lib.7. tit.6. pag.419. ipsasque hinc fiscales functiones, neruos esse Regnorum, dixit Reg. Valenzuel. cons. 99. n.3. & præ cæteris pro Sacro Ærario exigendæ, vt communi saluti consulatur, producitur nãq; ad hostes propulsandos, eisq; bellum inferendum, quod inductũ est, vt sine iniuria, in pace viuatur, & sic Principis curatur maiestas, quæ salutis est cautela, vt ex Q. Curtio lib.8. Prosp. Merlin. contr. for. c.23. & 24. num.1. Et inde fiscales functiones, publicæ etiam functiones dicuntur l. tempori, C. de agricol. & censit. lib. 10. l. omnes omninò, C. de annon. & tribut. lib. 10. vbi Luc. de Pen. & ob vtilitatem publicã debentur Auth. de mandat. Princ. §. publicorũ, Laganar. ad R. Rouit. in pragm. 1. lim. 4. vers. quo fiscal. sanct. de iur. & exact. fiscal. Etenim in-

sum-

sumptibus, vtsa Reipublicæ consilijs, opnisq; ei opibus est sine quibus nil fieri, quod opus est vis huic sumptuum publicorum officiis cunctis Magistratus talem accipiat vigorem, vt corpus Reipublicæ vnitet sum, & validius substineri, & item mouert promptiùs posse. *Petr. Greg. Tholosan. 3. de Rep. cap. 1. à princ. Iul. Cæsar Bulenger. tract. de vectigal. popul. Roman. c. 3. à princ. Lal. Zecchius de Principe lib. 2. c. 3. n. 1. Pras. Merlin. d. loc. nu. 35. Iacob. Bornitius in Rerar. lib. 1. cap. 1. fol. 2. Henric. Klock. de iur. vectigal. discept. consilij. 1.* Pecunia Regnorum sines deseudantur, paupertas relevantur, benemeriti remunerantur; Laudatur à *Celso I.C. in l. si chorus 79. §. 1. D. de legat. 3.* innocentia rusticorum antiquorum, qui *Pecuniam sine peculio fragilem esse*; Peculium appellantes, quod proprium causa reponentur, eò, vt necessitatis tempore vterentur, id in Rusticis si obtinet, Quid ni idem de Imperantibus pronunciari oportet? Namq; Ciuitates, & eò potiùs Regna pecunijs, & quæstibus indigent, sicuti, & domus, & multò magis, vt *Aristotel. ait lib. 1. Polit. c. 11. ad fin.*

Ex his vtilitas fisci, publico sauet bono, eaq; in diuitijs consistit fiscalibus; decet enim Principem plures habere thesauros, promptosque, ac pertinentes sorces, vt illius hostes hoc sentiens illum timeant, eiusq; nomen perhorrescant, vt sic pacificè viuere possit, & Regnum, quod iuste possidet, securiùs gubernare, *Palac. in cap. per vestras de don. inter virum, & vx. not. 3. §. 6. n. 1. 2.* Et hinc publicum, perpetuoq; promptum Ærarium, Principem habere oportet, *Bodin. de Rep. lib. 6. c. 2. n. 673. ad fin. Tholosan. de Rep. cap. vlt. Io. Simanca lib. 3 de Republic. c. 15. post Botterum lib. 7. à princ. della ragion di stato, Bartholom. Keckerman Disput. pract. 34. problem. 15. Gregor. Kolibegius certam. masculi fæmin. cap. 40. ad fin. Herman. Latber tract. de censu lib. 1. cap. 1.* Concordat his lex Regia in *l. 1. tit. 18. lib. 9. recopil. l. 2. tit. 19. lib. 4. recopil.* & consonant verba *Regis Roberti in cap. Regni, Fiscalium, 255. apud de Nigr. ibi Fiscalium functionum exactionem congruam, per quas Respublica curam gerimus, & onera supportamus, opportuno tempore prospicere cupientes, &c.*

87 Quis itaq; audax vsquè, vt his prælibatis non vlterò concedat, Regium Ærarium in functionum fiscalium exactione publicæ causæ immunitate cæteris, licet Curiæ assignatarijs præferri: Publica namq; vrget ad id vtilitas, quæ primatu præferri omninò debet, *l. vn. C. de offic. Comit. sac. Palat. l. vtilitas, C. de primipil. lib. 12. Authent. quæ C. commun. de leg. ibi Etenim quæ communiter omnibus prosunt his, quæ specialiter quibusdam vtilia sunt, præponimus.* Est enim hæc Rerum omnium publicarum prima, ac præcipua lex; salus populi suprema lex esto, *Cic. lib. 1. de leg. Bodin. de Republ. lib. 4. cap. 3. Iust. D. fol. 436.* Docentq; *Doct. in l. 1. D. de iust. & iur.* eleganterq; *Plin. nepos Epistol. lib. 7. Epist. ad Cæsarem.* (*Oportet, ait, priuatis vtilitatibus publicas, mortalibus æternas anteferre*), canitque, *Stilichonis æmpora laudans, Claudian. Panegyr. 1. addit.*

—— *Nec vnquam*

Publica priuatæ cesserunt commoda causæ.

Et in specie Imperator *Iustinianus* elegantissimè ad hæc adducit in §. *illud videlicet auth. vt Iudices sine quoque suffragio, ibi; Et nolite vestras voluntates, ita prabere indeuotiores, quatenùs eorum prasidum ægritis vehementia, quam necessarium est nos assumere propter ineuitabilem fiscalium exactionem, scientibus vobis nostris subiectis, quia militares expensa, & hostium incursiones, multa egent diligentia, & non possunt citrà pecunias hæc agi, causa videlicet nullam recipiente dilationem, neque nobis concedentibus despici Romanorum Terram diminutam, qui & Lybiam nunc recuperauimus, & Vandalos in seruitutem redegimus, & plurima, & maiora adhuc speramus à Deo recipere, & agere; Pro quibus competens est Fiscalia tributa sine imminutione, & decenti, & secundum definita exigi tempora.*

88 Ex quibus, quemadmodum Clarum bona tacita hypotheca tenent pro tributorum ordinariorum solutione sublata, *l. 1. vbi Doct. C. si propt. public. pensit.* Ità quoque pro extraordinarijs muneribus, quæ vicem ordinariorum obtinent, veluti ex eadem publica causa manantibus, eadem tacita viget hypotheca, vt ex *Cacher. decis. 95. nu. 33. & Roland. cons. 79. n. 9.* fundat *Præs. Merlin. contr. c. 2. n. 21.* Et indè Fiscum cæteris Vniuersitatum Creditoribus præferri, cum nullus creditor possit habere ius fisco in his anteriùs, dùm potitur priuilegio tacitæ hypothecæ à lege inducta, & iure communi, idem *Merlin. ibid. n. 22.* Vndè quoque fiscus dicitur præuenisse causam pignoris, vt consultatio in *Dominum Gattuzium* in simplici fisci prælatione, exponit *Angel. Stephan. Garon. ad Constit. Mediolan. lib. 4. tit. 7. n. 3.* Et eò potiùs hic, quia concurrit causa publica omnibus antecedens, veluti cum ipsis Gentibus, sue Ciuitatibus exorta: Ità quod fiscus præferatur etiam pro tributis, quorum solutionis tempus nondum venit, adeò, vt si bona debitoris fisci venditæ sint, ex causa tributi, cuius solutionis dies non dum cessit, adhuc ab alijs Creditoribus non poterunt auocari; Et ex *Donell. ad l. 1. n. 6. C. si propt. public. pensit.* meliùs oportere, fisco deberi, non ex tantùm, quæ iam cesserunt, sed etiā futura in multe annorum. *Merlin. d. loc. n. 18.* cum nullam sit fisco in his integris.

[illegible] esse [illegible] dictum ibid. [illegible] habere fiscus ius pignoris [illegible] 40. & *Afflict.* & *de iur. fisci.* Vbi *Ae* [illegible] pegnotam, *Guidasfe, lib. 18.* [illegible] & *ad* [illegible] 10. Et hinc pragmatica 4. §. 1. 5. *de admin. Vn.* [illegible] functionem rationabilitatum, ac in iure fundatam [illegible] fiscum omnibus Vniversitatum Creditoribus, eo potiori, quae pro tributis, collectis, & functionibus munitur à iure hypothecæ, ob causam publicam præfert. *Merlin. ibid.*

19 Quapropter esto in allodium assignatarij prætium, à Regia Curia causam habeant, non ideò cessionariorum, quibus illi vtuntur, doctrina, ad cedentem in concursu regulariter posthabendum (de quibus adeundus *Alphos. Olea de cess. tit. 6. q. 3. à n. præsertim 10.*) ipsis suffragari possunt; Cum adhuc per tractum successiuum, semper illis obstet causa publica, ex qua fiscus hic, vt suprà, præfertur.

20 Et licet in ipso prælationis, cæteris creditoribus, priuilegio, fisco collato *Bart. Salycet. Negusantius, Barbosa, Cons. Arias de Mesa,* & alij apud cit. *Oleam d. q. 3. à nu. 16. ex l. fin. C. de priuil. fisci.* dicant, speciale esse in fisco, vt in eius cessionarium, illud transferat; Cui conclusioni, veluti nullatenùs ex *d. l. fin.* roboratæ, aduersatur *Schuforde gherus* per eundem *Oleam* recensitus *d. l. n. 27.* de quorum dissidentium opinionum veritate, peritissimorum huius dicentium rectum erit examen; Nihilominùs prima, quæ opponi posset opinio, his in terminis non obstat; quia illa procedit in prælatione in eum transferenda, qui pro fisci debitore Ærario soluit, cessis ei iuribus, ad hoc puta, vt super tale nomen, cæteris eiusdem Creditoribus ex fisci iuribus præferatur; Non verò cum agitur de prælatione illa, qua cessionarius contrà fiscum cedentem vti prætendit, quo in casu non est locus tali iurium in cessionarium contrà cedentem translationi, ne, vt suprà, ipsa prælationis causa, sui ipsius destructiua euadat. Doctores namq; præcitati, qui dictam prælationem in fisci cessionarium transferri voluerunt, ideò hoc admiserunt, quia dicunt, hoc esse speciale in fisco, ad hoc, vt debita fiscalia per quemlibet soluantur, vt meminit est idem *Olea ibid. num. 16.* & notat *Io. Brunneman. in comment. super C. in l. fin. de priuil. fisci,* & sic ad eiusdem fisci fauorem id inductum videtur; Quod quidem indè non aliter, quàm tertij respectu intelligi debet, vt puta, posse fisci cessionarium, qui fisco pro altero cessis sibi iuribus soluit, in concursu cum alio eiusdem nominis creditore præferri; Quod nos hic non contendimus; dùm ipsis quoque Reg. Curiæ assignatarijs, eandem, qua fiscus vtitur, aduersus alios Vniuersitatis Creditores prælationem competere, veluti ex *d. Reg. prag. 4. §. 15. de admin. Vniuersitatum,* vltrò concedimus; Verumtamen solùm dictis assignatarijs, cum ipso fisco, in concursu, eadem vti posse prælatione, quæ publica ex causa, tantummodò regius fiscus gaudet, negamus, cùm alia causa ipsa publica, ex qua dicta prælatio manat, in ipsius destructionem [illegible]; Et ne, quæ in alicuius fauorem introducta sunt, in eiusdem odium conuertantur, contra regulam *l. quod fauore 6. C. de leg. l. nulla iuris ratio 25. D. eod. Cap. quod ob gratiam 61. de reg. iur. in 6. l. legata inutiliter 19. D. de leg. 1. l. 14. D. de adim. legat. & casus est in l. non eo minus 14. C. de procur. & in l. 19. de fid. instrum. Velasc. de priuil. miserab. person. q. 1. n. 27. Brunneman. ad C. de legib. in d. l. 6.* Et sic dum ipsum prælationis priuilegium inest ipsi causæ publicæ, ex qua prouenit, in semetipsam operari nequit, ne detur insimul in eodem subiecto, eodemq; tempore actio, & passio, contra iura in *l. Fratres, vers. sed cum duo, D. de fideiuss. Menoch. cons. 231. n. 73.* Quod vtique fieret, si contrà fiscum, nè per cæteris assignatarijs exigat in concursu, hoc est, contrà publicam vtilitatem, ex qua fiscus omnibus antelatus est, permitteretur, vt benè considerantì patet.

21 Quod sanè potiùs confirmatur, quia, esto regula sit, quod cessionarius cedentis personam repræsentat, quia in eam subrogatur, & sic esse in assignatarijs d. functionum tellatur *Michael Zappull. in comment. ad d. pragm. 5. de admin. Vniuersitatum §. 14. n. 9.* Attamen illa solùm habere locum potest, quandò subrogatus omninò, & sine differentia succedit in iuribus subrogantis, non quando adest diuersa ratio in subrogato, ac subrogante, per ea, quæ optimè post *Alciat.* expendit *Episcopus Formosanus p. 2. alleg. 15. n. 16. & 17.* vbi infequitur: *Nec dictam obstat de correlatione inter cedentem, & cessionarium; Nam respondetur, priuilegia personalissima inhærentia Regiæ personæ, vti Regi, cui incumbit cura de Regno, & eius conseruatione* (prout est hic in dicta publicæ causæ consideratione, quæ Regis respectu in functionum fiscalium exactione, concurrit, & illius personæ inest) *nequeunt transferri, neque consistere in alia vlla persona, ex l. in ambiguis 58. D. de reg. iur. l. ex pluribus 41. D. de admin. tut.* & proindè nunquàm dici potest in assignatarios illa prælatio translata, quæ principaliter ipsum concedentem Regem ex causa publica respicit, adeò vt non sit credendum, quod sic illi eius cessionarius prælerendus; sed solùm id concedendum est ad plus, quoad tertios, in quibus nò concurrit dicta ratio continua, ac principa-

lis publicæ vtilitatis, ipsum ergà ius publicū in ipso Rege, siue eius fisco radicatum. Ex quo patet, quod cum iū proueniat ex diuersis causis, & principijs, subrogatum nūquam sumit naturam principalis, vt tradit *Rimin. iun. cons.* 17. *n.* 64. & 65. *lib.* 1. Item cū sint diuersæ qualitatis, si vna est allodialis, altera feudalis, quo casu subrogatum non sapit naturam eius, in cuius locum subrogatur, vt docent *Alex. cons.* 106. *n.* 17. *vol.* 3. *Parif. cons.* 49. *num.* 78. *vol.* 3. imò repugnat, idem *Ann. cons.* 113. *n.* 189.

82 Quibus confert *Emmanuelis Rodriq. quæst. regul. tom.* 1. *qu.* 74. *art.* 6. doctrina, putà, quod laicus, qui habet tertias à Rege, gabellam soluere tenetur ex earum venditione: ex eo, quia etsi Concessionarius iuribus Regis vti possit, non tamen illis aduersus eundem Regem cedentem vtetur, pro gabellarum immunitate imò solùm fori priuilegio, non verò alijs personalibus regijs iuribus vti poterit, vt explosio *Zevall. de cogn. per viam violentia* 2. *p. qu.* 17. *n.* 4. *vers. nec obstabis*, declarat *Olea d. tit.* 6. *qu.* 3. *nu.* 4. Igitur etiā detur assignatarijs ex iuribus cessis contrà tertios, hoc est aduersus Vniuersitatis Creditores d. prælatio; illa tamen aduersùs fiscum in concursu militare de iure nequit, quia id illis cessum nunquam dici potest, ex cit. doctrinis.

83 Rursùs corroboratur, ex regulari conclusione illa, quam exornat *Bernard. Diaz in regul.* 307. quod in generali concessione exigendi vectigalia à quacumque persona, non videtur includi persona loquentis, ex *l. obligatione generali, D. de pignor. l. inquisitio, C. de solution.* quæ regula procedit etiam in locatione *l. qui tabulam § fin. D. locat.* quam etiā assignauit *Albericus in l. licitatio, § fiscus, D. de publican.* vbi ait, totum illum, per quem disponitur, vt fiscus non teneatur soluere gabellam, facere contrà Mercatores, qui conducunt Gabellam salis à communitate Bononiæ quæ posteà emit salem, vt ipsa ad aliquid pro gabella soluendum mercatoribus illis non teneatur, ex iuris alias ratione, quia in generali sermone non includitur persona loquentis, quam doctrinam amplectuntur, post alios *Nicol. Boer. dec.* 119. vbi reprobat *Bart. in cons.* 116. incipiente *casetur statum Montis Politiani, Surd. cons.* 47. *nu.* 13. *Laffort. de decim. quæst.* 18. *n.* 97. & *seq. Gutierrez de Gabell. quæst* 85. *Reg. Moles decis. R. C.* § 21. *q.* [illegible] *n.* 2. & 3. *Olea de cessione, tit.* 5. *q.* 2. *nu.* 34. *vers. contrarium, Reg. de Marin. in obs. ad Reg. Reuert. decis* 448. *n.* 1. *Pras. R. C. Ganauar dec.* 34. *ex n.* 14. *ad seqq.* Quæ eò magis hic procedunt, dum nimirùm in causa publica non præiudicamus, quia ob id semper censetur ab omni dispositione exceptæ ac reseruatæ *l. fin. C. de vect. publ. lib.* 11. [illegible] *Larrea alleg. fisc.* 7. *n.* 11. *p.* 2. Vnde, etiā quilibet cessionis clausulis [illegible] alleg. atorum, quinque translationes, possent vel prædicti assignatarij, nunquàm tamen illis contrà ipsum fiscum iuuari posse cōstat, dùm in generalissima qualibet concessione, persona loquentis, & potiùs ad euitandum in concessu publicæ causæ præiudicium, non includitur, sed excipitur, ex citatis doctrinis.

84 Et eò fortiùs, ex eadem ratione confirmatur præfata conclusio: Dùm cedens iura anteriora, ac potiora soluendi partem sui crediti potioris, nempè venditoris cum dominij reseruatione, & hypotheca, non censetur contrà se ipsum cedere, quia in generali sermone non venit persona loquentis, & simpliciter cedens, aduersùs se cedere non intelligitur, ex *gloss. in l. emptor* § *verbo, vtiles*, vbi loquendo de hæreditatis emptore, qualiter habeat directas, vel vtiles actiones, notat, ibi: *Vtiles actiones, etiam sine cessione, & nota aduersùs debitorem. Idem tamen puto aduersùs possessores singularium rerum illius hæreditatis: Dummodò non contrà venditorem, qui vsq; dominus remansit &c. C. de hæred. vel act. vendit. Olea de cess. iur. tit.* 5. *qu.* 2. *n.* 32. & 34. *Reg. de Marin. lib.* 1. *resol.* 158. *n.* 3. & 4. & probatur ex *l paulum* 6. § *fiscus, D. de peculio legat.* ac explosio *Cons. Staiban. resol.* 96. *in aliqua.* nec non recedendo quoque à distinctione *Consil. Arias de Mesa lib.* 1. *var. c.* 38. prædictorum sententiam, vti veriorem, indistinctè pro cedente optimè defendit *D. Car. Ant. de Luca in labyrint. cess. iur. & action. via* 33. *d. n.* 1. Et in *Spicileg. de cession. iur. & act. quæst.* 100. *nu.* 13. quod ex præaddncta doctrina probare quoque videtur, putà quia Dominus locando ius exigendi gabellas, cōtrà se actionem cessisse non videtur, *d. l. licitatio,* § *fiscus, D. de public. & vectig. Nogueroi. alleg.* 79. *nu.* 46. *Reg. de Marin. lib.* 2. *resol.* 158. *n.* 3. & 4. Si ergò hoc militat in omni cedente, quantò magis id vigere oportet, quando consideratio publicæ vtilitatis concurrit, qua fiscus cæteris est vtiq; præferendus, neque admittendum, censeri fiscum, id primario cessisse, quod ratione publicæ vtilitatis ipse gaudet, & eò potiùs, vt ille possit contrà ipsum fiscum in concursu priuilegio vti, repugnantibus suprà adductis conclusionibus.

85 Sed ad quid adhùc immoramur, si iam adducta omni ex parte manifesti sunt iuris? Vnde satis illa finxit de aperto amplius iure respondere videamur, & sic in *Scæuola* meminit à *Claudio Saturnino* illatam incidamus *Scæuolam* de iure aperto respondisse arguendo, in *l. a testatore de condit. & demonstr.*

& in

& in l.qui Roma,4.prin.de V.O.quem tamen ab omni noxa defendere curauit Alciat. lib. 4.parergon cap.1.tom.4.& memor est Io.Bertrandus de Iuris peritis lib.1.de Ceruidio Scauola, fol.mihi 74.

16 Ratione igitur exigente, ac publica vtilitate expostulante Regia pragm.5.in §.15.de admin.Vniuersitatum, cui consona est prag. 18.eod.tit.de admin.Vniuersitatum, sicuti prælationem pro fisco, eiusque cessionarijs, pro fiscalibus functionibus exigendis, cæteris Vniuersitatum creditoribus, rectè sanciuit, vt exponit supracit. Praf. Meri. d.cap.2. per tot. ità insimul instituiſſe fisci prælationem pro iisdem functionibus exigendis super Vniuersitatum introitibus, cæteris Regiæ Curiæ assignatarijs expressè statuit, ibi: Item statuimo, ordinamo, e comandamo, che de frutti, ed entrate dell'Vniuersità, e denari, che perueneranno dalle gabelle, e collette, si paghino prima li pagamenti ordinarij, & estraordinarij., che si debbono alla R. Corte, ò à quelli particolari, che gli hanno comprati dalla Regia Corte, appresso se ne paghino li pagamenti, che si deuono alli Creditori dell'Vniuersità.

Et sic sumus in claris, quod in primo loco fuit anteiata Regia Curia, & in ipsius defectu illi, qui ab illa emerunt, ibi: O à quelli particolari, che gli hanno comprati dalla R. Corte. At existentibus insimul super eadem Vniuersitate Reg.Curia, & eius assignatarijs, illa semper anteferenda assignatarijs est: tùm ex publicæ vtilitatis ratione, vt suprà, tùm etiam ex claris verbis, & ex ordine scripturæ ipsius Regiæ pragmaticæ, dum in illa Regia Curia per verba antelationem exprimentia, primò collocatur in loco, & sic omninò, & eò magis scripturæ ordo in tali prælatione attendendus est, eòque magis, ob posteriorem illam sequentem particulam O à quelli Particolarij & sic stante dictione illa, vel, disiunctiua, posterioritas assignatariorum R. Fisco apertè significatur, & indè omni ex parte attendendus est scripturæ ordo in d. pragm. expressus, & primò scripta ibi, hoc est Regia Curia, præferenda est, vt clarè elicitur ex Papiniani responso in l. hæredes mei 57. §. 2. D.ad Trebell. per ibi notata verba: Peto à te vxor carissima, vt cum morieris, hæreditatem meam restituas filijs meis, vel vni eorum, vel nepotibus meis, vel cui volueris, vel cognatis meis, si cui voles ex tota cognatione mea: inter filios, respondi, substitutionem fideicommissi factam videri &c. vbi glos.v.præscriptam, & consonat l.generaliter 23. §. quid ergò 17. ibi (Ordinem scripturæ sequendum) D.de fideic. libert. cum concord. & sic in iure prior descriptus in scriptura, debet posteriori præferri, cùm in illo præsumatur plùs iuris, sicut maior dignitas l.1.C.de alb.scribend. Albericus in l.inter claras.C.de summ.Trin. Peregrin.cons. 3.n.60.Signorol.cons.18.nu.15.Parij.cons.78. vol.1.Non.cons.71.n.16.Panciroliat cons.6.nu. 16.Colleg.Patauinum post consil.Zabarel.cons. 2.n.87.Colleg.Ferrariense cons.3.nu.25.Boer. de auctorit.Magn.Consilij n.51.60.& 86.Maceratensis resolut.32.nu.1. D.Regens. & R.C. S.Locumtenens peritissimus D.Raphael de Vilosa dissert.3.nu.16.& 17.post tract.de fugitiu.

27 Nec prætermittendum, quod ex libris Regalis Patrimonij id magis dilucidatur, cum in illis describantur Primò, Regius Fiscus: Secundò, Assignatarij in feudum: Tertiò, Assignatarij in burgensaticum; secundùm quam scripturæ methodum satisfieri debent, quia ordo scripturæ inducit ordinem intellectus, Collegium Bonon. cons.1. num.18. post cons. Zabar. voluntaris, & prædilectionis Rimimun.cons.713.d num.36. & iuxtà Philosophos nihil est in intellectu, nisi priùs fuerit in sensu: Qui sanè ordo non per errorem inductus præsumitur, Quia (vt loquitur Paul.de Castro cons.163 col.antepenult. nu.7. vol.2.de inuestitura, vt primò nominatus, sit primò vocatus) cum in Curia Principis sint periti, & litera transeant per multas manus peritorum, non est credendum, quòd talis inaduertentia fuisset tolerata, si per errorem, & præter intentionem concedentis contigisset.

AD SECVNDVM.

28 Fiscales functiones, quæ dum in collectarum locum subrogatæ sunt, inter regalia connumerantur, Vincent. Ann. alleg. 29.n.14.& alleg.36.n.6. ex Feudistis communiter in cap. vnic. quæ sint regal. in vers. extraordinaria, Reg.Moles in decis. Reg.Cam. Summ.34.1.per tot. idem Ann.alleg.18.nu. 14.& alleg.66.num.7. Regique debentur vt Regi, non autem vti domino Terræ, super qua impositæ sunt Reg.Reuert.dec.172.nu.3. vbi Reg.de Marinis obseru.n.1.Sed in Supremi Dominij recognitionem, vniuersalisque dominij, ac tutelæ, quam de Regno habet, cit.Reg.Moles d.loc.nu.8. Marius Surg.Neap. Illustr.in annot.fol.mihi 340.d. Praf. de Curt. in diuers.f.p.1.fol.6.nu.6.& 7.Reg.de Philipp. fiscal.dissert.34.n.35. Io:Lag.mar.ad Reg.Ronit. super pragm.1.de iur.& exact.fiscal. lit.A. Quando à Regia Curia cum facultate alienandi conceduntur, siuè venduntur, omninò regalium naturam in illis mutari apud concessionarios, certissimum est.

29 Etenim eſtò Regalium natura, num feudalis, vel allodialis, an verò sit ab his quid di-

directum, valdè controuersum fit: Quod latè post alios examinauit *Horat. Montan. de regalib. Summar. praeludior. à n. 30. qu. 7.* vbi ex *Ferrar. Montan.* docet, iure feudi non censeri & ex *Francisco Hotman.* regalia passim pro feudis in libris Feudalium Consuetudinum vsurpari; & idem fatetur *Reg. de Philipp. differt. fisc. 34. num. 18.* Quod à *Regnero Sixtino* impugnatur, idem *Montan.* recenset, vnde multa ad id iura, & conclusiones cumulat, atq; exponit in numero autem 37. attendendum in hoc esse primò Regis inuestituram, ex *cap. porrò extr. de priuil.* notat, cum aliquando in feudum, quandoque in emphyteusim, & aliquando sub censuali natura concedantur, ex cit. *Ferrar. Montan.* quo casu iuxtà propriam ab inuestitura inductam naturam, regalia regulari, quae specialis à generali regalium discedens natura dicatur: De feudali iam notum est, omnibusq; constat: In emphyteusi vtile dominium transfertur in concessionarium: in censuali verò vtile, & directum, census; concedenti soluitur in subiectionis signum. Natura verò in inuestitura non expressa, allodialem praesumi ex praecit. *Doct.* & *Capyc. in l. Imperialem col. 17.* Quod etiò in hoc Regno ex *Constit. scire volumus sub tit. de iuribus rer. regal.* non admittendum sit: dum illa, vt quilibet in hoc Regno regalia tenens, alienare nequeat, absque Regis assensu sanciuit; vndè Regalia ex patrijs nostris iuribus, feudalibus exaequata fuisse ostendit *Reg. de Philipp. d. loc. post alios*, & feudalia de Regalibus esse dicuntur *ibid. n. 19.* sicut etiam de regalibus in Regno Siciliae ex c. *Regis Martini 33. & 34.* testatur *Mastrill. de Magistratibus lib. 1. cap. 13.* Quod respectu alienationis ex *dict. Constit.* in alien. regalium exibeat, idem si regalia in feudum, quàm si in allodium possideatur, vt post *Capyc. in inuestitur. verb. & etiam Gabellas*, tradit *Regens Constantius in l. 1. & 9. n. 101. C. de sil. official. Consil. de Georg. in repet. cap. locus autem generis, in quibus causis feudum amitt. cap. 54. n. 36. Praes. Fabr. Lanar. in addit. ad Reg. Lanar. in cap. 1. de success. f. nu. 57.* Vndè cum ex dicta *Constit.* non sit in concessionario libera dispositio, neque vndè vera allodialis est natura: dum allodium est illud, de quo liberè disponere domino licet, ex *Bald.* & alijs cit. *Horat. Montan. ibidem.* Hinc in Regno nostro regalium concessorum naturam esse quid distinctum à vero allodio, ob Regis assensum in illorum dispositione requisitum.

30 Extrà tamen Regnum hoc, iure Romanorum communi, Regalium naturam, licet allodialem posuisse esse, publici tamen iuris, dùm penès Regem illa permanent, & priuati iuris penès concessionarios, fundat idem *Montan. ibid. num. 40.* Vndè in *fol. 34. à col. vers. Existimamus*, vbi id concludit, ibi: *Existimamus igitur de iure communi Romano, naturam Regalium publici iuris esse, dùm penès Regem, caeterosq; non recognoscentes superiorem, qui iura fisci habent, sunt. sic enim probat text. in l. inter publica. D. de verb. signif. Res vel publici iuris probantur esse eorum commerciorum, sunt ipsa Principis, ita quod non estimatio eorum debetur l. Aphricanus alias apud Iulianum, §. fin. D. de leg. 1. ex quo textu notatur illa verba, (sed ea praedia Caesaris, quae in formam patrimonij redacta sub procuratore patrimonij sunt) ; Horum commercium, sunt ipsa Principis esse, ibi dicitur; Ergò secùs si concessa sint à Principe, tùnc enim non sunt sub Procuratore fisci: Et ideò benè existimamus de iure communi Romano, Regalia penès concessionarios allodialem habere naturam, scilicet sub libera dispositione inter viuos, & in vltima voluntate, sine Regis assensu: Quia penès concessionarios non sunt regalia, idest publici iuris, sed priuati iuris ad vtilitatem concessionarij, Raphael Cuman. cons. 162. & 3. qu. n. cap. sine exceptione.* Quam conclusionem limitandum esse *Montan.* declarat in Regalibus concessis in administrationem, per verbum, *commendamus*, & qualiter sit in intelligenda in officijs iurisdictionalibus, & quid in illis ministerij, deseruientibus iurisdictioni, *idem ibidem* exponit, de quibus adeundus ipse *Montanus* est; Dum hic sufficiat pendiculam recensuisse conclusionem: Et etiò *Afflictus in Constit. scire volumus n. 4.* docet, bona Regalia existentia penès alios de voluntate Regis, esse iura Regalia: Contrarium veriùs esse constat ex *Andrea in cap. 1. quae sint Regal. in verb. angaria, & in Const. Const. Diuae memoriae sub num. 14.* Imò ex eodem *Afflict. in Constit. quia frequenter num. 5.* vt aduertit *Reg. Lanar. consil. 39. num. 6. & cons. 34. nu. 7.* quod exponit idem *Montan. d. loc. n. 41. fol. 38. col. 1.*

31 Ex quibus igitur ad assumptum nostrum deueniendo: Firmamus, indubium esse, functiones fiscales, etiò de regalibus, dùm à Regia Curia venduntur, cum facultate de illis disponendi, & alienandi, Regalium, ac iuris publici naturam nullatenùs retinere: Tùm inspecto iure communi; dùm, vt egregiè concludit cit. *Montan.*, penès concessionarios non sunt regalia, hoc est publici, sed priuati iuris, vt supra: Quàm ex dicta *Constit. scire volumus*, cum illa prohibeat sine Regis assensu regalium alienationem; ob quod videtur in Regno Regalium naturam, verè allodialem non esse; igitur cum è contra eiò dictae functiones fiscales, à concessionarijs

Libe-

liberè absque assensu vendi, seu cedi, sed alienari validè possint; Eatenùs nullo modo regalia considerari possunt, dum publicis vrgencijs non deseruiunt, sed ad priuatam concessionarij vtilitatem considerantur *Amicangelus in repet. cap. 1. & in c. num. 16. & 17. quæ sint regal.* Et cum sic eorum plenum dominium in concessionarios translatum, etiam iuxta ius Regni, eorum allodialis erit natura, prouti de iure communi, quia *Constit. scire volumus*, non militat in his concessionibus, est libera disponendi facultas latius cit. *Montan. d. loc. fol. 39. 2 col. vers. Ex dictis.* Itaque dùm in functionem in allodiū assignatarijs, nulla publici, sed verè priuati iuris qualitas considerari eò est, quam ampliùs dubitemus, cùm Fisco in eius functionū exactione, quàm cæteris in feudum assignatarijs, posteriores esse, dùm in ipsis functionū fiscalium in feudū beneficiis, publici iuris, atque regalium natura permanet, vt in sequenti assumpto clarissimè in 2. conclus. demonstratur: Concludendumq; est, quod etiam iure Regni nostro, dictas functiones in allodiū concessas, apud cessionarios, Regalium naturam in aliquo minimè retinent, & sic non publici, sed priuati iuris esse, ac vel verè allodiales in illis liberum esse concessionarijs ius disponendi &ytium; Et propterea nulla qualitas publica, neque Regis ius in illis ampliùs considerari, præter quàm reconditum illud Regiæ Curiæ reseruatum; ob quod dominium est plenè penes concessionarios, licet reuocabiliter, cum pactum de retrouendendo, essò perpetuum, non minùs efficit, vt emptor sit verè ac perpetuò dominus *Reg. Rouit. super pragm. 2. de iur. & exact. fiscal. in 1. alleg. num. 67. & in 2. alleg. n. 81. & 82. & seq. post Reg. de Curt. in suo diuers. iur. feud. cap. 9. n. 18 fol. mihi 24. at.* Et eò magis hic nulla cadit dubitatio, ob declarationem quoque insolutum de anno 1649. ad fauorem assignatariorum factam, vt in prag. 10. & seq. de vectigal. & legitur in libro Noui Sisuet de anno 1649 fol. 7. vers. Præterea, circa med.

AD TERTIVM.

32 EArundem functionum fiscalium in feudum concessionarios, in allodium assignatarijs præferendos, ex prædictis, ac sequentibus conclusionibus, omni ex parte liquet.

Primò: Cùm in annuis redditibus feudum rectè constituatur *c. vn. in princ. vers. quæsitum est, de contron. inter Episc. & Vasall. Iserna in c. 1. §. feudum n. 2. Præpos. num. 5. Aluarot. n. 4. Lambros. n. 8. & quæ sit feud. Afflict. in c. 1. num. 7. § de f. vasall. Rosenthal. 1. de f. c. 4. conclus. 5. Reg. Capyc. Latr. dec. 37. nu. 3. P. Molfes. in 2. p. Consuet. Neap. tit. de bonis, in addit. ad qu. 12. n. 4.* maximè si de rebus immobilibus præstantur, cum inter immobilia & ipsi connumerentur *Clemens. c. eg. 1. vers. annuq. annui redditus, Herman. Vulteius l. feud. 5. nu. 9 Iohan. Schwanmann in epit. feud. p. 2. n. 38.* siue etiam ex re immobili, æquipollenter, puta si ex aliqua mensa nummolari debeantur, secundum Feudistas, quos recenset *Arnold. de Reyger. disput. feud. 2. th. 44.* dummodò certè perpetuò, aut saltem longo tempore sint duraturi, nec ad modicum tempus constituti *Schrader de f. p. 1. c. 3. nu. 2. & seqq. Moz. de f. rubr. de reb. quæ in f. dar. poss. n. 2. Bertr. d. f. cap. 6. nu. 15. Obrecht. de f. lib. 1. c. 3. nu. 86. & seq. Rudieg. in meth. iur. f. lib. 1. cap. 9. num. 7.* nam si modico tempore essent duraturi, inter mobilia reputarentur *Reg. Rouit. in pragm. 1. alleg. 1. nu. 72. de iur. & exact. fiscal.* & perpetui eiusmodi reditus in iure nostro, panes ciuiles dicuntur *l. fin. §. præterea 2. C. de iur. dot. annonæ ciuiles l. iubemus 14. in princ. C. de SS. Eccl. Nou. 7. c. non igitur 1. vers. nec ne eiusdem annui, Camill. de la Ratta in Theatr. f. p. 3. ad l. 6.* res ciuiles *l. fin. vers pari forma, & ibi Gloss. & Doct. in verb. Ciuiles, C. de petit. bonor. sublat.* Item sportulæ appellantur *Zas. in epit. feud. p. 4. n. 14. cum seq.* Et indè quoque actiones in rebus immobilibus competentes in f. dari possunt, *Borcholt. post alios de f. c. 6. n. 10.* alijq; sup. cit. sic seruitutes etiam, tam prædiales, quam rusticæ *c. vn. § fin. de f. cogn. Borcholt. d. c. 6. n. 11. Rosenthal. d. c. 4. concl. 2.*

33 Ad hanc rerum classem referuntur etiam regalia *cap. vn. quæ sint regal. Arum. post alios disput. f. th. 10. Gothofr. Anton. disput f. 3. th. 6.* quorum duplex est genus, maiorum puta, ac minorum, vt exponit post alios cit. *de la Ratta d. loc. 3. n. 1.* Maiora, quæ supremam Imp. Regisque, aut Principis superiorem non habentis authoritatem demonstrant, de quibus *Georg. Adam.* post alios innumeros adeundus est *in Synops. l. f. cap. 6. Aphorism. 13. ad seqq. & Arnis. de iur. maiest. maior. per septem capita;* Minora sunt portoria, vectigalia, seù telonia, quorum nomine stipendia, ac tributa complectuntur *Arnis. de Iur. maiest. ...* *c. 7. n. 5.* ripatica, monetæ cudendi ius, salinæ, angariæ, thesauri inuentio, piscationum, nauium prouentus, confiscationes bonorum, flumina publica, & nauigabilia, argentariæ, & alia, quæ rectè infeudari possunt, vt exponunt *cit. la Ratta d. loc. num. 5. & Georg. Adam. ab Aphor. 28. ad seqq. Arnis. de Iur. maiest. lib. 3. cap. 7.*

34 Hinc fiscales functiones, quæ inter minora regalia annumerantur, in feudum rectè dari possunt, quia inter immobilia computantur,

pur

tur, etiã cum pacto redimendi concedantur *Reg. Rouit. super pragm. 1. de iur. & exact. fisc. alleg. 1. n. 66. & 67. nu. 79. & 80.* & cum in feudum conceduntur, & ex ipsis, adoha, domania, releuia, ac ius deuolutionis, iuxtà naturam rectì feudi, Regi nostro Clementissimo hoc in Regno competant, verè feuda esse, & sub nomine corporum feudalium, ac Baronalium uenire S.C. iudicasse refert *Anna allig. 19.* quem sequitur etiã *Reg. Cappyc. Latr. decis. 37. n. 4.*

35 II. In antecedenti assumpto, cum iam fundatum appareat, fiscales functiones, quæ cum disponendi facultate à Rege conceduntur, siuè venduntur, etiam attenta regalium natura iuxtà *Const. scire volumus,* in hoc Regno non remanere vel regalia, sed verè inter allodialia, ac priuati iuris esse: Sequitur è contrario, quod, cum dominium illarum directum, dùm in feudis conceduntur, penès Regem remaneat, & sine eiusdem assensu alienari nequeãt, verè illę sint regalia, ac iuris publici, & non priuati, vt rectè consideranti patet: prout sic in duriori quoque casu, porã quando non est expressa natura in regalium concessione, concludit etiã *Montan. d. loc. nu. 43. fol. 3. col. 1. vers. Ex dictis,* ibi:

36 *Ex dictis igitur hucusque constat, quæ sit natura regalium in Regno nostro, quoties ex concessione non est expressa, scilicet, vt si plenum dominium sit translatum in concessionarios, erit natura allodialis, prout est de iure communi, vt diximus suprà n. 36. quia Constitutio, scire volumus, non praescribit sibi locum in beneficij concessione, & sic libera est dispositio absque assensu Regis: Si verò dominium Regalium sit penès Regem qui concessit, puta si facta sit concessio, tibi, & hæredibus ex corpore, vel tibi, & vno hæredi, vel duobus, vel tibi, & hæredibus, dummodò Regalia teneas, & recognoscas à Rege, vel sint concessa Regalia, quorum natura sit, vt administratio tantùm transeat in concessionarios, vt sunt officia tàmen quia Constitutio, scire volumus, obtinet vim in beneficij concessionibus, dico, Regalia beneficij retinere naturam publici iuris, &c.*

37 Si igitur, cum non constat de qualitate concessionis, prædicta procedunt quàto magis, cum sumus in expressa, hoc est in concessione, dictarum functionum in allodium, cum potestate disponendi, dicendum est, non esse illas publici, sed priuati iuris, cum non remaneant regalia, & hoc est, quod optimè concludit post *Andr. Isern.* & alios *Mastrill. de Magistr. lib. 2. cap. 11. n. 13.* ibi: *Hæc tamen Regalia, vbi ad priuatum ex Principis concessione deuenerint, priuata fiunt, in quibus non vt in publicis, sed vt in priuatis versandum est Andr. quem refert, & sequitur Reg. Tap. in annot. ad d. Constit. scire volumus lib. 6. de Iur. Regn.* Et è conuerso, cùm expressè in feudum conceduntur, & sic directo dominio Regi reseruato, vndè alienatio sine eiusdem assensu est prohibita: quanto magis non erit dubitandum, publici iuris, ac de regalibus functiones illas remanere, cum feudalis concessio non sit plena translatio, & abdicatio, sed concedens rem in feudum, nihilominus sibi retinet ius, ac potestatem superiorem, ex quo de maioribus quoque Regalibus rectè in feudum ex dicta ratione concedendis *Georg. Adam. Struu. in syntagm. I. f. c. 6. Aph. 13.* non concludit, ibi: *Solent igitur Maiestate, scilicet potestate summa Imperatoris, atque Imperij, regalia in certa Prouincia iure superioritatis territorialis, per inuestituram feudalem Principibus concedantur, &c.*

38 Ex quibus concludamus, oportet, dictos assignatarios functionum in allodium, cum facultate liberè disponendi, dùm nec regalium, neque rerum publici, sed priuati iuris possessores dicendi sunt, non esse præferendos assignatarijs earum functionum in feudum, quarum dominium directum, & assentiendi in alienationibus est penès Regem facultas, & sic publici iuris, & de regalibus sunt, prout penès Regem erant, & iuxtà dictæ *Constit. Scire volumus,* terminos remanent.

39 III. Feuda ipsa constituta super fiscalibus functionibus, super Gabellis, & Dohanis, quæ sunt de Camera Regis, feuda de Camera dicuntur: Cameram verò intelligimus Cæsaris Ærarium, & feudum de Camera est illud stipendium, vel id quod ex Ærario soluendum conceditur *Freduffis in c. 1. §. scienda de f. cognit. Schrad. d. f. c. 3. n. 8. Vult. 1. de f. c. 8. num. 14.* & propriè locus, in quo pecuniæ, & Domini thesauri continentur, vt latè per nos expositum *in Vesten. feud. rubr. 10. vers. 18. vers. Est autem feudum de Camera, & vers. feudum verò de Camera fol. 131. & 132.* declarat *Dom. Carol. Rosa in annotat. ad Consil. Reg. Rouit. ad consult. vn. num. 1. in fine lib. 1.* Quod feudum Cameræ, si ad tempus sit côcessum, improprium, si verò in perpetuum concedatur, erit feudum proprium, *Matth. de Afflict. in cap. 1. §. fi. nu. 7. de feud. Goed. consf. 11. de feud. ab int. Rosenb. 1 f. synops. conclus. 75. & 76. Vurmser. Class. 3. sect. 11. 12. 13. 14. & 15. Georg. Adam. Struu. syntag. 1 f. c. 3. Aph. 18. n. 1.* vbi in seqq. Cameræ significationem exponit: Nomenque nomen iuris feudorum declarat esse *Ant. Capyc. in inuest. f. v. feudum de Camera, vers. Iuerit, fol. mihi 118. 2. col.* vbi prosequitur in *vers. Inuestitura,* ibi: *Inuestitur ergò de aliqua annua quantitate sibi soluenda de Camera, & Thesauro Regio, vel alio-*

[illegible] domini, seu super introitibus, vel in [illegible] Dohana, aut gabella, habebit feudum de Camera, sic etiam, si constitueretur, quod annis singulis de Canava domini, in qua vinum, vel frumentum conservatur, tot vegetes vini, aut frumenti modios percipiat, habebit feudum de Canava ex d. c. 1. §. secundum de feud. cogn. & dicuntur ista feuda panis vinales, secundum Bald. & c. quam doctrinam sequuntur Praes. de Curt. in divers. feud. 1. p. n. 37. fol. 16. Schrader. in tract. de f. p. 2. c. 3. nu. 31. & seq. Schneidewin. in epit. feud. p. 1. n. 61. & seq. Rosenth. in synops. f. c. 2. conclus. 73. n. 2 & seq. Vult. 1. f. c. 8. n. 24. & seq. Reg. Galeot. resp. fisc. 1. n. 9.

40 In super idem Antonin. Capyc. d. loc. fol. 119. 2. col. vers. Itemque, considerando praelata feuda de Camera, sive quoque de Canova (vel ut alii vocant Canova, Canepa, vid. de Curt. d. loc. nu. 38. ubi Camera cit. Vult. d. loc.) iuxta proprii beneficii naturam; veluti ex causa lucrativa concessa, ob aliquod puta praestitu concedenti servitium ibidem vers. ampliari scribit: Quod si Dominus habet ad alienum vasallus debet expectare, ut exolvatur primo ad alienum de Camera, seu Canava, ut sic satisfactis prius domini debitis, ipse percipiat summam debitam sibi statutam, ex c. 1. in princ. de [illegible] f. Bald. & c. quia ista verba de Camera, seu de Canava sunt adiecta loco donationis (sive vocibus legas, taxationis) ut tantum de dicto loco fieri debeat solutio, Alvarot. in d. cap. 1. 2. col. & c. Secus ubi locus esset adiectus, causa demonstrationis, quia tunc dato, quod in eo loco non esset, debet tunc solvi ex aliis bonis; l. quidam testamento, D. de leg. 1. l. legatis 2. D. de leg. 2. quam conclusionem in terminis functionum fiscalium examinavit cit. Praes. de Curte d. fol. 16. 1. p. divers. f. n. 38. & 39. ibi:

Sed in illis cadit difficultas, quid si illo anno ex Camera non sint percepti introitus, vel ex Camera, sive Canepa, non sint habiti fructus, numquid ex aliis bonis Curia debeatur illo anno, vel quod erat percipiendum illo anno, debeatur in sequenti? Pendet prima quaestio ab illo, numquid assignatio facta super Camera, & Canava, sit facta gratia demonstrationis, vel gratia taxationis; Si enim gratia taxationis, ab aliis bonis non debeatur; Si gratia demonstrationis, etsi quod ex illis introitibus non debeantur, sive ex fructibus, qui non percipiuntur, debeantur ex aliis bonis, iuxta terminos text. in l. quidam testamento, D. de leg. 1. quem text. supra allegat Andr. & c.

41 Ad quod ipse Praes. de Curte, postquam in num. seqq. tanquam de articulo, qui saepe, tam in legatis, quam in concessionibus accidere potest, ut idem adnotavit, late materiam exposuit, quando dicatur taxationis, & quando demonstrationis gratia, facta assignatio; sic postquam n. 44. firmavit, ibi: Aut vero summa in dubio, & tunc si certa est quantitas concessa, si uno anno haberi non potuit, fiet in annis sequentibus solutio, etiam pro isto anno, in quo defectum fuit, Andr. in d. c. 1. de usu f. & in aliis locis allegatis. Et n. 45. sequitur: Dummodo talis defectus causatus non fuerit ex culpa domini concedentis, quod si aliqua in casu considerari possit, tunc non expectabitur, nec differetur solutio in annos sequentes, sed tunc ex aliis bonis concedentis facienda erit assignatio solutio. Tandem concludit, allata circa dictam distinctionem assignationis, demonstrationis, vel taxationis causa facta, non procedere, quando agitur de concessione introituum Camerae, & sic etiam de fiscalibus in feudum oneroso titulo concessis; Nam tunc indistincte, non existentibus fructibus de illo anno, de aliis suppleri debere, & sic quotidie practicari, in specie in functionibus fiscalibus in feudum venditis testatur, ibi:

42 Praedicta etiam sunt intelligenda etiam, cum alia limitatione, ut tunc procedant, quando concessio facta fuit simpliciter; Caeterum si concessio fieret, ex causa onerosa, praedicta locum non haberent, sed tenaretur, non existentibus fructibus de isto anno, de aliis supplere, & sic quotidie practicamus: Nam venditis fiscalibus functionibus ex aliquo loco percipiendis, si illi non percipiuntur, ex aliis refecit Regia Curia, & sic fuisse decisum testatur additio Liparuli ad Andr. Isern. in c. Imperialem, §. illud quoque praecipimus, in vers. item quaerit Gl. de prohib. f. alien. quae vero fuit illius doctissimi viri Regentis Francisci Antonii Villani, sua tempestate peculii secandi, nam antequam fieret additio Liparuli, illam in libro dicti Regentis vidi, & eam aliqui in meo libro exemplatam habeo.

Ex qua conclusione satis clarissime apparet, quod functionum fiscalium in feudum exhibitarum super certa Universitate, onerosa quidem titulo, sive taxationis, vel demonstrationis causa assignatarum, in omni casu, quando integre assignatam ei annuam quantitatem ille non exigit, tenetur Regia Curia de aliis redditibus supplere.

43 Et inde sequitur, quod si dictis in feudum assignatariis debetur a Regia Curia, in defectu exactionis integri annui reditus refectio, & sic vincere illi videntur in hoc ipsam Regiam Curiam, quanto magis in exigendo vincent in allodium assignatarios, dum illi a Reg. Curia vincuntur, ex quo itidem in eadem exactione, ut supra praeferuntur, & sic vigere debet axioma illud, si vinco vincentem te, a fortiori vinco te, l. de accessionibus, D. de divers. & tempor. praescript. Menoch. consil. 26. num. 15. Molden de stat. nobil. Civil. cap. 10. num. 107.

44 Similiter, dùm Regiæ Curiæ assignatarijs in allodium prælatio fundatur, ex quo in illa causæ publicæ continuus fauor concurrit, vt in primo assumpto demonstraui; Si dicti assignatarij in feudum dictis alijs in burgensaticum non præferrentur, eadem Regia Curia damnum passura in publicæ vtilitatis non tam foret ex restrictione præfata, ad quam dicti assignatarijs in feudum obligarentur. Secundò, quia de talibus functionibus in feudum inuestitus inhabilitaretur soluere Regiæ Curiæ adohum; Itemque inuestiti mortis tempore, nec deberet releuij exactio integra Regiæ Curiæ deberetur, sed pro eo tantùm, quod in denunciationis, siuè renouationis anno exigitur, non verò pro integra quantitate annua concessa, quod omninò esset contra antiquissimum Reg. Cam. stylum, & in Regij Ærarij detrimentum continuum resultaret, in quo, cum publici iuris, ac vtilitatis concurrat successiua consideratio, non est illa prætermittenda, sed præferendi sunt dicti assignatarij in feudum, veluti regalium, rerumque iuris publici possessores, dictis in allodium concessionarijs, in quibus nulla iuris publici, sed priuati qualitas solùm iacet, vt suprà probaui.

45 IV. Rursus, quia certum est, quod Regia Curia dictas functiones in feudum concedens, vltra fidelitatis iura, cum onere releuij, adohę, ac deuolutionis, directum sibi reseruat dominium, & sub contingenti feudali seruitio illæ inuestiuntur, remanentibus indè illis in Regiæ Curiæ dominio, ac patrimonio, nécnon continua cum adohæ, aliorumque onerum feudalium exactione; & indè dùm Regij Ærarij formatum, imò perpetuum successiuum ius remanet, ideò vltrà illam prælationem alijs Vniuersitatum Creditoribus, quam ex Regia Curia consequuntur cæteri in allodium functionum assignatarij, Functionum in feudum inuestiti, illud aliud prælationis ius, quo eadem Regia Curia, in concursu ipsis in allodium assignatarijs vt suprà præfertur, obtinere debent; Nam, dum in dictis functionibus in feudum concessis adest formatum Fisci dominium, atque successiuum ius prælationis, concludendum est, quod sicuti in assignatarios in allodium, ex Fisco transijt ius prælationis alijs Vniuersitatum Creditoribus, ità nullum in illis Reg. Curiæ ius in dictis functionibus, ijsdem concessis remaneat; ex maiori ratione, & vberioris iuris ratione, debet illud quoque aliud plus iuris dictæ prælationis, ad præfatos in feudum inuestitos, & quidem cum ipsa re concessa transit, priuilegium, putà, quo ipse fiscus, vt suprà assignatarijs in allodium præfertur; Priuilegium enim, quod respectu causæ conceditur, transit cum causa, sicut re ipsa, quæ transfertur, idque tantò magis, quia penès talem in feudum inuestitum, non mutatur res qualitas, quin etiam de regalibus, & iuris publici sit, quod secus est in concessione functionum in allodium, vt superiùs dixi; Et proindè dùm rei qualitas, & causa ipsa iuris publici, ex qua dicta prælatio oritur, firma remanet in functionum feudatario, ipsum Regiæ Curiæ prælationis ex publica causa inductum priuilegium, nec aliter euanescere, sed permanere, ob dictæ Causæ publicæ perennitatem, ac firmitatem, concedendum erit; & sic eo potiùs militabit hic axioma illud, quod priuilegium concessum ratione causæ, cum ipsa permanente causa communicatur, secus cum personæ solùm conceditur, vt probatur ex *L. tempus 29. D. de re iudic. L. priuileg. 173. D. de reg. iur.* Et dùm tale prælationis priuilegium pro causa publica consideramus, ac fatemur concessum, & in concessionarijs in feudum remanere iuris publici rationem, vt præferantur cæteris in allodium assignatarijs, non dubitandum, cùm in ijs nulla publici iuris ratio permanens consideretur, sed priuati illic iuris fine, vt superiùs fundaui.

46 V. Confirmatur etiam, quià in dictis assignatarijs in feudum, duo concurrunt iura, ac circumstantiæ, siuè priuilegia; Primum, parta ex ipsa Regiæ Curiæ concessione, quà prout alij assignatarij, præferendi sunt alijs Vniuersitatum Creditoribus: Alterum ob permanens fisci ius, quod in dictis functionibus in feudum, cum publici iuris qualitate, siuè circumstantia consideratur, ex quo cæteris alijs in allodium assignatarijs illi præferendi sunt, nè aliàs qui fortiùs ius habet, imò duplicibus roboratur qualitatibus, eodem iure, ac ille, cui vna tantùm circumstantia vtatur, quod iura admitti nolunt, cum in concursu semper potiora, & eò magis maiora iura habens, præferendus sit, *tot. tit. de priuil. Credit.*, & ipsa quoque priuilegia non ex tempore extimantur, sed ex causa, & si eiusdem tituli fuerint, concurrunt *Paul. I.C. in L. priuilegia 36. D. de priuil. Credit.* vbi *Glos. in fig. Cas.* loquendo de pluribus Creditoribus priuilegiatis contrà vnum debitorem concurrentibus, quis præferendus, ibi: *Et certè non inspicitur tempus, vt qui primò contraxit præferatur, sed causa inspicitur, vt quis eorum habet magis fauorabilem causam, vt est in funeraria, quæ præfertur alijs, putà actionis tutelæ, & similibus*; Cùm igitur fauorabilior causa concurrat, vt suprà, in assignatarijs in feudum, dùm publici iuris etiam ratio in illis consistit, & illi in allodium priuati iuris dicantur; Inde prædicti, sequentibus anteferendi sunt,

sunt, nàm licèt dependeant ab eodem fisco, diuersimodè tamen, & cum diuersis circumstantijs, & qualitatibus cõsiderantur, ex quibus, cum pro inuestitis in feudum publici iuris ratio, quæ fauorabilior est, vrgeat, proindè illi cæteris præferendi, & ità priuilegij illum fauorabiliorem in illis existentem causam inspiciendo, concursus potior alijs pronunciandus est, ex tit. glos.

47 Vrget quoque ad prædicta fortior minimè negligenda demonstratio; Quoniam si priuilegium continens maiorem publicam vtilitatem præferri debet alteri continenti minorem, vnde causa dotis præfertur causæ maioratus, vt concludit *Ioa. Petr. Fontanell. de pact. nuptial. claus. 9. glos. 1. par. 2. num. 106.* quem sequitur *Angel. Stephan. Garon. ad Constit. Mediol. lib. 4. tit. 7. de iur. & priuil. fisci c. 3. n. 19.* Quantò magis vt sup. præferendi sunt dictarum functionum in feudum inuestiti, in quibus iuris publici assidua consideratur qualitas, atque interesse ob fisci regij continuam vtilitatem solutionis adohæ, & releuiorum, necnon ob directum dominium Curiæ Regiæ reseruatum; Cùm è conuerso, in allodium concessionarijs, non solùm minor, imò nec vlla concurrat publica vtilitas, dùm functionibus in allodium concessis, illę priuati iuris euadunt, naturamq; regalium, secundum præsertim dict. *Constitut. scire volumus* in nihilum recidunt, vt suprà fundatum est.

48 VI. Ex his cum indubiè innotescat, eosdē de dictis functionibus in feudum inuestitos duplici iure adiuuari, nimirùm primo, quod est commune cum cæteris assignatarijs in allodium, altero eorum quidem proprio, ex immediato, & permanenti fisci iure, ac dominio, quod in ipsis feudalibus functionibus Regia Curia retinet, propter quod in omnibus fiscalia iura, ac priuilegia continuò in re ipsa, cum eiusdem priuilegijs, publica ex causa illi repræsentant, ob id omninò cæteris illi præferendi: Nam creditor duplici iure suffultus, alio Creditori, qui vnico tantùm iure, siuè priuilegio fruitur, semper in concursu, vel potior præferendus est *l. fin.* vbi *Dd. D. qui pot. in pign. hab. Glos. ex causa in d. l. 16. D. de priu. Credit.* Vnde Doctores colligunt, fiscum quoque habentem prælationem in bonis à debitore fiscali post contractum acquisitis, priori generalem, aut specialem hypothecam habenti, *vt in l. si is cui ff. D. de iur. fisci*; nihilominùs non gaudere hoc priuilegio, si creditor, qui cum illo debitore contraxit, duplici priuilegio sit munitus, *Negusant. de pignor. 2. membr. 5. p. nu. 42. Castill. controuers. lib. 3. c. 4. nu. 34. Guttier. pract. l. 3. qu. 99. n. 12. Barbos. in l. 1. D. solut. matrim. par. 2. n. 33. Egid. in l. ex hoc iure 2. p. c. 1. n. 12. Rodrig. de concurs. cred. 2. p. art. 2. nu. 9. Peregrin. de iur. fisci lib. 6. tit. 6. nu. 18. Dom. Magon. in l. priuilegia, D. de priuil. credit. ex n. 7. Gaitus de Credit. c. 4. quæst. 11. n. 1548. D. Io. Baptista Larrea alleg. 17. nu. 51. Noguerol. alleg. 17. nu. 51. Franc. Merlin. d. c. 3. nu. 14. & 35. lib.* post quos relatos latè id exponit *Nunnez à Costa de priuil. Cred. ad reg. 1. in præf. à nu. 1. & seq.* vbi circa prælationem, plurimùm causam publicam valere, declaratque ex *Bartolo in l. 1. n. 25. D. solut. matrim.* quatuor modis illam considerari *ibid. n. 7.* de quibus etiam adeundus *D. Didac. Baler. tract. de Decoct. debit. Fiscal. tit. 5. q. 1. n. 10. & 11.*

49 Et corroboratur quia concurrentibus pluribus ad prælationem, is cæteris præferēdus, qui fortiùs priuilegium, & qui plures, & maiores qualitates habet, *Caius I.C. in d. l. 1. D. de priuil. cred. Alexander cons. 17. n. 8. lib. 6.* & inde inter plures præcedentes prælationem, is præferendus est, qui habet plures qualitates, si illæ sint paris potentiæ, ac effectus, quia plura vincula magis ligant, quàm vnum, *Flarian. respons. 15. nu. 16. vers. Nam duo vincula lib. 4. Gratian. discept. for. 916. n. 2. & seq. Rot. dec. 475. n. 14. & 15. p. 1. diuers. & coram Merlin. dec. 386. nu. 8.* quam refert, & sequitur *D. Petr. Marcellin. Corradin. in tract. de iur. prælat. qu. 14. n. 16.* At cum assignatarij in feudum duplici, vt suprà iure, & qualitate paris potentiæ, ac effectus ad prælationem prædictam, suffulti sint; non est ampliùs dubitandum de dicta prælatione pro illis admittenda; Idque eò magis, quia per dictos functionum in feudum inuestitos adimpletur finalis causa, propter quam à lege, ac statuto inducta est dicta prælatio, cùm ob directum Regiæ Curiæ in illis permanens dominium, tàm etiam propter solutionem adohæ, ac releuiorum Regio Aerario vt suprà debitam; et dùm ille, qui pinguiùs potest adimplere causam finalem legis, vel statuti, dicitur habere potiora iura, & cæteris præferri debet, vt ex *Dec. cons. 619. n. 7. Gratian. discept. 741. nu. 79. Bard. de iur. prothom. q. 4. in 3. notab. sub n. 6. et vndè liùet, versic. & ex hoc deciditur illa quæstio. Grinell. decis. Delan. 40. num. 34. & 35. Ferall. decis. 78. par. 1. Maria Digest. noniss. tom. 3. de retract. cap. 3.* simulque citat. *Corradin. de iur. prælat. d. qu. 14. n. 25.*

50 Tandem omnis hoc in puncto excluditur dubitatio, cum expressè legamus, ipsos in feudum assignatarios adeò cæteris potiores esse, vt nunquàm eorum exactio minui patiatur, ità quod etiā ex fumantium defectu, damnum in emptorem cedere oporteret, ex vulgatis iuribus *in tit. de periculo, & commodo rei venditæ*; prævalent tamen po-

ciis in prædictis assignatarijs in feudum qualitate feudali, adohæ, releuij, ac deuolutionis onere, vt nullo modo eorum diminuatur exactio, sed integrè sustinenda sit, in damnum quoque Regiæ Curiæ, eiusque assignatariorum in allodium, pro eorum ratis, in dicto casu fumantium defectus ex numeratione resultantis, Reg. Cam. Senatus nō semel censuit, excipere nempè semper à diminutione feudales functiones, veluti nunquam ob adohæ onus diminuendas, vt expressè legitur in *libr. Nouæ Situationis focul. iorum de anno 1669 fol. 7. vers. 1. in med.* Libri *Eccettuando solamente li fiscali feudali, & quelli si paga l'adoha, non soggetti à diminuzione, conforme se giudicatione più volte fatte dalla Regia Camera*, idemq; ibid. legitur *fol. 8. vers. quoad primum, & fol. 10. vers. Di modo che*. Dùm igitur pro dictis assignatarijs in feudum, ne ipsarum functionum exactio diminuatur, quod est plus, in dicta nempè diminutione etiam ex fumantium deficientia, indubiè pronunciatur, in damnum quoque Regiæ Curiæ, eiusque in allodium assignatariorum; Non est ampliùs ambigendum, vt quod est maius fortiori iure in ijsdem concedatur, prælatio nempè præfata, manans ex fisci publica causa in illis consistente, ex qua nulla diminutio permittenda, ac potior eorum causa cæteris assignatarijs in burgensaticum redditur, vt superiùs fundatum est.

AD QVARTVM.

51 Leuissimi quidem sunt ponderis, quæ in contrarium opponuntur: Et quidem primò non obstat, putà, quod si prælatio functionum in feudum inuestitis, cæteris in allodium assignatarijs, ex actualis, ac successiui publici iuris, quæ in fisco est prærogatiua, concederetur, essent & illi ipsi Regiæ Curiæ in exactione anteferendi: idque cum ità non sit; Igitur neque prima est vera cæteris prælatio.

Quoniàm breuitèr replicatur; Nàm si functionum fiscalium in feudum concessionarios, vel de feudo de Camera inuestitos consideremus, iàm superiùs fundauimus, quod vlò veri beneficij nomine sint illis tales functiones in feudum concessæ, iuxtà tradita in 3. *conclus.* tertij nostri assumpti, semper cum in vno anno fructus, ac reditus in Camera deficerent, saltem in sequenti anno resici deberent, vt ex ibid. cit. doctrinis; Imò cum in feudum à R. Curia venduntur, quod omninò super alijs R. C. introitibus refectio debeatur, supra ex *Prof. Camill. de Curt.*, & alijs fundaui, & sic iuxtà intellectum hunc, nullum ex dicta prælatione sequitur absurdum, sed ex dictis legalibus doctrinis iuri consona conclusio prædicta, vt in dictis casibus fiscus teneatur reficere, firma remanet; Si verò simplicitèr præfatos functionum in feudum concessionarios inuestitos, vel feudatarios, prout quoque sunt, consideramus: Et quis negare poterit, quod veluti de certa annua summa, in qua ex eiusdem feudi natura, feudalis propria qualitas consistit, inuestiti refectionem habeant: Nàm fiscali, cum pro annua certa quantitate esset cum feudo ipso, conceduntur fiscales illæ functiones, augmentum ex aucto fumantium numero resultans, fisco, & non concessionario cedit, vt decisum pluries refert *Camill. de Medic. consil. 51. nu. 3. & 4.* Ità quoque indubium est, si diminuantur, fiscum ad refectionem teneri, quod secùs esset in concessionibus indefinitè factis, cùm illæ augmentum, & diminutionem recipiant, cit. *de Medic. d. loc. num. 37.* post *Reg. Moles in decis. Reg. Cam. §. 3. quæst. 5. num. 9.* Et prædicta militant etiam ob adohæ taxam, super ipsa reditus certitudine à principio ipsi feudali functionum cōcessioni inita, cùm & tale feudum in redditibus certis propriè constitutum dicatur.

52 Vnde meritò, qua solet semper Regia Camera iustitia ergà feudatarios ipsos continuò ius dicere, in defectu focularium, vel alterius casus, in feudum assignatarijs refectionem elargitur, vt in praxi obseruatur ex decisis per R. Cam., & legitur in *d. libro Nou. Situat. focular. Regn. ab anno 1669. fol. 7. vers. 1. circa med. & fol. 8. vers. Quo ad primum & fol. 10. d. vers. Di modo che*. ubi in defectu focularioorum diminuta, quæ resultat exactio, in damnum R. Curiæ, eiusq; assignatariorum pro ratis cedere debet, vt in *d. fol. 8. d. vers. Quo ad primum*.

Et inde benè, ex publicæ vtilitatis ratione, ac statu infortunij damnis postea sequutis, declaratur sub dispositio *Pragmatica de anno* [illegible] *de Commiss. 7. §. 13.* vt non aliter simplicitèr procedat refectio ibi sancita, in defectu fumantium, nisi pro ratis Regiam Curiam, & ipsos assignatarios in allodium tangentibus, semper exceptis functionibus feudalibus, vt optimè considerandi patet, ex regula, posteriora derogare prioribus, aut illa declarare, *glos. in l. 25. 26. & 27. D. de leg.* & posteriores cogitationes prioribus esse sapientiores *Magn. a Pont. lectiori in pandect.*, neque ambigitur, Senatum ius facere posse, *l. 8. D. de l.*

53 Et sic stante insolutum datione in anno 1649. sequuta, non obstante dispositione *d. Pragm. 7. §. 13. de Commiss.* de anno 1612. non simplicitèr refectio diminuti fumantibus à R. Curia assignatarijs datur sed pro

rata

rata tamen sic dimissis ex corpore fiscalibus in feudum, ex quibus soluitur adoha; Vnde neque obstant tradita per Cons. [illegible] qui scripsit anni [illegible] in [illegible] Consil. Neapol. 38. ubi refert [illegible] Concluss. n. 46. & ideo ad fundandam, functiones fiscales censeri [illegible] Neque vim facit particula instrumenti dictarum venditionum, quod venditio d. functionum cum pacto de retrouendendo, cum earum perceptione, & in defectu, super aliis introitibus regalibus Regni, non transfert dominium, quia ob [illegible] intentionis Regia venditoris verè transferendi dominium rei, sed solummodò designandi Terram, & locum, vel introitus certos (vt de dictis Assignatariis) & sic contractus resoluitur in pignus; Anamos post dationem in solutum mutata substantia contractus in veram venditionem, Regia Curia amplius non remansit obligata ad refectionem, sed tantum pro rata, vt supra; quod confirmatur ex [illegible] quæ tradit R. Capyc. Latro in 2. decis. 188. n. 22. [illegible] respectu, & in vers. & eadem, [illegible] considerabant [illegible] respectu [illegible] qui [illegible] impositiones habentes, quia [illegible] pretij. [illegible] Regio Fisco [illegible] contractum [illegible] qui nunquam antiquitus fuit practicatus, ubi ut Fiscus venderet super Arrendamentis [illegible] & impositionem [illegible] proprietatem habere, et sic [illegible] reddere debent, &c.

54 In quantum verò attinet, quod functionum fiscalium venditarum [illegible] aliis præferantur, etiam quoque Fisco in exactione præferendi, quod tamen non sic practicatur: Respondemus, quod adhuc decisum non legimus, Regiam Curiam in feudum [illegible] præferri; neque de hoc nostra hæc [illegible] verum si casus disputandi [illegible] possit considerari, quod in contingenti [illegible] Regia Curia ad dictam refectionem ex aliqua circumstantia non teneretur [illegible] ob maiorem considerationem publicæ causæ, quæ in fisci exactione magis inest, quàm in tali functionum fiscalium [illegible] præferendus esset [illegible] fiscus; alij id simpliciter concludi quoque pro fisco posse, dicere vellemus, quia in pari causa fiscus præferendus de iure est Peregrin. de iur. fisci lib. 6. tit. 8. n. 29. Et sic [illegible] diuersa ratione, dictum argumentum non obstat, dum in fisco id adinuenendum est ob [illegible] in [illegible] publica vtilitate, [illegible] inter plures casus, vt [illegible] Franc. Merlin. [illegible] cap. 2. nu. 2 [illegible] &

[illegible] ex quo præstatio fisco conceditur, dicitur publica, et [illegible] causa, primata, licet secundaria [illegible], & semper [illegible] est Authen. [illegible] quæ, C. [illegible] Vnde [illegible] privato priuilegio quoque præfertur Bald. in [illegible] in princ. C. de [illegible] D. [illegible] Valenz. [illegible] 44. Surd. dec. 253. n. 11. Menoch. [illegible] Giurba [illegible] Gabel. [illegible] n. 5. [illegible]

55 Secundò, neque est in aliqua suis consideratione Aduersariorum allegatio, dum dicunt, præstationem ex dictæ solutione, in præfatis functionum [illegible], ne pro illa diminuatur, minimè resultare, dum adoha semper integrè ex feudo debetur, etsi feudi fructus diminuantur, cum adoha sit inalterabilis, Nam [illegible] dixi, quod ne diminuatur adoha ob non integram functionum exactionem, consequendo sic periculo præstatio: Cum et [illegible] satis omnibus notis constet, quod adoha sit inalterabilis, sicut etiam sit [illegible], cum [illegible] ita quod [illegible] vel diminutis fructibus illa non augeatur, neque diminuatur, præter casum deuolutionis, ex Reg. Reuert. dec. 101. ubi [illegible] Tho. verb. Adoha, [illegible] Reg. Capyc. Latr. [illegible] Thesaur. [illegible] 50. Imò ex gratia [illegible] Augustissimæ memoriæ Imperatoris Caroli V. accedens [illegible] pag. 10. & insuper [illegible] est, quod pro adoha in redditibus in feudum concessis, vt est in functionibus fiscalibus, quæ augmentum recipere non possunt, soluitur tantum duc. 28. [illegible] pro singulis centum, teste [illegible] Andr. Capan. de iur. Adoha q. 3. n. 33. & 34. dicitur ibidem, id procedere, quando per Regiam Curiam fuerunt concessæ separatæ à Ciuitate, vel Castro: Nam tunc non comparantur cum alijs introitibus feudalibus, vnde n. 33. fundat, & dictum est, quod si dictæ functiones, & introitus fuerunt concessi vnà cum Ciuitate, vel Castro, tunc quia comparantur cum alijs introitibus feudalibus, ideò soluitur adoha [illegible] decem cum dimidio pro singulis [illegible] & [illegible] soluti [illegible] de redditibus cum Vassallis, & quod Vassalli contribuunt, prout in alijs redditibus, ubi declarat Andreas. [illegible] Quod [illegible] si concedantur separatim, nam tunc soluitur quarta pars, [illegible] quinque [illegible] quarta [illegible] Capan. ibid. post alios n. 38.

56 Quæ omnia, esto [illegible] & in praxi recepta sint, [illegible] nec adoham diminui Reg. de Marin. [illegible] 116. nu. 18. Non tamen [illegible] Aduersarios,

cum ego solùm, vt suprà fundauerim, ideò dictam prælationem dicto inuestito, ex fisci iure concedendam esse, non quia posset diminui adohæ præstatio, diminuta functionum exactione; sed principale nostrum fundamentum consistit, ratiocinando, quod quemadmodum fisco competit prælatio prædicta, cæteris ipsius assignatarijs, pro exigendis fiscalibus functionibus, quæ penès Curiam sunt; ità quoque ipsi à R. Curia de dictis functionibus in feudum inuestito, eadem prælatio competet, ex Fisci quidem persistentibus iuribus, dùm in ijsdem functionibus fiscalibus infeudatis, adhuc inuictissimi Regis nostri directum dominium, atque ius in re, ob fidelitatis, adohæ, ac releuij onus consideratur: & proindè residente in illis Fisci iure, eiusdem quoque prælationis priuilegium locum habere oportet; præsertim etiam, ob maiorem rationem Regij Ærarij iuris, quod in inuestito magis, ac in cæteris assignatarijs in allodium consideratur, ob quod præferendus illis, veluti potior est, ex fortiori putà iure, allocationeq; plurium priuilegiorum, ex quibus non solùm est antæferendus cæteris Vniuersitatum Creditoribus, sed ipsis quoque in allodium assignatarijs, ob pinguius, ac vberius fisci ius, quod in ipsis fiscalibus functionibus infeudatis residet, vt supra expositum est.

57 Ex quibus replicatur tertiò dispositioni pragm. 8. in §. 1 2. sub tit. de Commissar. & exattor. sancitum, redditus feudales posteriores esse Regiæ Curiæ, eiusque assignatarijs fiscalium functionum; Vndè Aduersarius cum istas functiones in feudum concessas, pro feudalibus haberi indubium esse dicat; posteriores proindè assignatarijs pronunciandas concludit: Dum dicimus, quod si talis pragmatica applicari posset ad dictas functiones fiscales in feudum concessas, absurdum indè sequeretur, quod inuestitus, & sic etiam Fiscus pro adoha esset posterior quoque assignatarijs in allodium, quod pars aduersa ipsa, nec audet asserere; Igitur satis clarè constat, quod d. pragm. 8. in §. 1 2. loquitur de introitibus feudi, ob quos Vniuersitas est mediante contractu Baroni aliquo modo debitrix: Cumq; in tali casu Baro consideretur, vt quilibet Vniuersitatis Creditor; proindè, esto respectu ipsorum corporum feudalium, ac eorundem fructuum, qui ab Vniuersitate forsàn percipiuntur, potior ille sit, quo verò ad alios Vniuersitatis introitus, redditusq; posterior est Regiæ Curiæ, eiusq; Assignatarijs.

58 At secus est, quando agitur de functionum fiscalium exactione in feudum concessarum, nàm esto illas, vti redditus feudales consideremus, ratione videlicet infeudationis, fidelitatis, præstandi seruitij, renouationis inuestituræ, ac pro ea releuij, deuolutionisque; nihilominùs negari nequit, quod in illis considératur R. Curiæ illud ius prælationis, quod fiscum competebat antè infeudationem, quia illa præfertur assignatarijs, ità quoque competit inuestitis ab ea, dùm adhuc R. C. directum dominium, ac ius in re vt suprà consideratur: Ob quod possessor ille inuestitus, fisci priuilegio, ex ipsius in re persistente publici iuris qualitate, dicta prælatione gaudere, vt suprà debet.

59 Neque obijci potest, quod fiscus per concessionem in feudú, prælationem in damnum tertij impartiri non possit: Cum ex tali inuestitura cum dicta prælatione, nunquàm videatur fiscus iuri tertij præiudicare: Nàm ipse fiscus antè concessionem in feudum, idem præferebatur in exactione cæteris eius assignatarijs, vndè nemini præiudicare ex tali concessione videtur, sed solùm fit, quod ius illud prælationis, quod penès fiscum erat, pro annua illa quantitate infeudata, in concessionarium in feudum transeat, & sic non derogatur iuri alicuius tertij, vt benè considetanti clarè patet.

60 Non ambigendum indè ex prædictis quoque idem satis dilucidè constat, quod aperto iure sit præfatis functionum in feudum inuestitis pronunciandà cæteris in allodium assignatarijs prælatio; idque omne, tantò magis commendandum ob vtilitatem, quam Regia Curia ex hoc nanciscitur, quia fortiùs confirmatur ius in eiusdem feudatario, imò in re ipsa, in qua dominium directum, ac ius formarum Regiæ Curiæ inest: Nam si aliter obseruandum esset, fiscus in annis releuiorum, ob feudatarij dictarum functionum fiscalium mortem, haud integram consequi posset annui redditus medietatem, sed tantùm medietatem effectiuam illius, quod in eodem anno exigeretur, quod in eiusdem R. Curiæ damnú, & contrà R. Cam. [illegible] resultaret; Quas ob causas de [illegible], vel feudalium functionum exactio dimidiorum, dictis inuestitis fuit per R. C. [illegible], vt legitur in d. [illegible] Non. [illegible] primò [illegible].

61 Svadet autem Regiæ Curiæ vtilitas, cum in vendendo fiscales functiones in feudum, stante huiusmodi prælatione pro inuestito pronuncianda, dubitari nequeat, quia plures de illis inuestiri emptionis titulo promptiores in dies fiunt procuraturi: Vndè Regia Curia, & facilioremm venditionem dictarum functionum in feudum vberiori pretio consequatur, & Regali Patrimonio etiàm, atque etiàm consultius est, expeditiusque, tùm quia functiones fiscales liberiùs

in

in feudum vendendo, ad rationem [illegible] tam in [illegible] singulis, verum [illegible], non autem [illegible] pretium [illegible], cùm etiamsi quia in illis [illegible] dominium, & eaindè iura adoha, relevii, ac devolutionis habetis.

62 Quæ omnia in functionum in allodium venditionibus, Regia Curia [illegible] tantùm illarum [illegible] di facultatem sibi retineat, & quod pellus in eiusdem Ærarij [illegible] dominium, non ad [illegible] in singula [illegible], sed multo minus venduntur, ex quo [illegible] Regiæ Curiæ [illegible], ac publici [illegible] præiudicium [illegible], Dum Ærarij reditus [illegible], [illegible] augendi, nec etiam [illegible] confirmantur, sed quod [illegible], in allodium, minori, quo [illegible] pretio, venduntur, unde Regium Patrimonium [illegible] deficit; & proinde hæc quoque [illegible] ratione [illegible], inter utramque venditionem functionum, scilicet in feudum, & in allodium, non [illegible] in feudum æquales pronunciandæ, cùm illis in allodium, qui multò minus [illegible] pertinent, eòque magis ob [illegible], relevij, & devolutionis, quibus in feudum [illegible] subijciuntur, [illegible] non est, ut eodem in loco habeantur, [illegible] ad id naturali, nedum [illegible], qui [illegible] æqualitatis illa [illegible], quibus [illegible], tradendi [illegible], et ex [illegible] *Samuel Pufendorfius de iure naturæ, & Gentium lib. 5. cap. 3 de æqualitate in contract. necess. obseruanda lib. 1.*

63 Obiectorum denique [illegible] nebulis fugatis, ac [illegible], [illegible] ex [illegible] pelago iustitiæ [illegible], functionum in feudum alienationes optimum [illegible] iustitia [illegible] probantur [illegible]; imò in dubio etiam [illegible] pro ipsis pronunciandum esset, aliis cœteris causis, [illegible] publicæ, postponentur, quod [illegible], ut ponderauit *Cassiod. lib. 1. var. cap. 1 [illegible] [illegible] non debet esse per [illegible] C. de Conduct. & Procurat. [illegible] lib. 11. & gloss. in [illegible] publica, D. de [illegible] post [illegible] sequitur Prosper Gaetanus [illegible] n. 115. [illegible] Lauit [illegible], D. de iure Fisci, [illegible] probat, [illegible] pronunciandum, [illegible] in illis verbis, [illegible] re delinquere, non [illegible] dicere, quod id [illegible] citum, sed [illegible], quod [illegible] id [illegible] illicitum propter [illegible], ut [illegible], & [illegible] *Ameya in comment. ad l. 1. C. de Iure Fisci lib.*

[illegible] lib. 10. Aug. [illegible] in commentar. ad [illegible] lib. 4. tit. 7 de Iure, & Privil. Fisci cap. [illegible] 3. [illegible] Fermosin. [illegible] D. [illegible] alleg. [illegible] de [illegible] de [illegible] Fisc. [illegible] 27. n. 6.

64 Reliquum [illegible] ut dicta [illegible] functionum in feudum investitiis, aliis [illegible] pecuniam [illegible], confirmanda sit, [illegible] etiam [illegible] Dom. Fisci Patrono, [illegible] Regium Patrimonium [illegible], [illegible], & [illegible] speciali cura est, cum Regia Camera Summariæ [illegible] Tribunal, [illegible] Regalis Patrimonij [illegible], ac gubernationi [illegible] Imperator *Carolus V. in Pragm. 3. de offic. Proc. Cæsar.* [illegible]; *Reg. [illegible] 1. Prosp. Gaetan.* [illegible] quod [illegible] custodiam, & [illegible] *Reg. de Ponte de potest. Proreg.* [illegible] *n. 57.* [illegible] [illegible] *Regens Ponte* [illegible] *Prag. 37. de off. Proc. Cæs.* [illegible] *Camera agitur, & [illegible], & [illegible] summa [illegible], & [illegible] Tribunalis Officiales summa [illegible], & [illegible] maxima experientia [illegible] esse [illegible]*, [illegible] ad Regij Ærarij [illegible] publicum bonum [illegible] *Dom. [illegible] D. Sebastianus de Coste Magni Cam. Locumtenens I. C.* [illegible] iurisprudentiæ [illegible], & [illegible], ac nobilis Vir, publice [illegible] Regalis [illegible] Custodibus Dom. Præsidentibus [illegible] collegis, [illegible] *Claudian. Panegyr. [illegible] Consulat. Honorij.*

[illegible] parumque [illegible]

[illegible]

65 Hæc [illegible], in Regij Ærarij [illegible], [illegible] publica [illegible] debet, [illegible] *Theodoricus Rex apud Cassiodor. var. lib. 4. epist. [illegible]* [illegible] est, quæ publicis [illegible]

de-

doria prænarratum, quæ sic remediare quærunt, vt nobis non videatur generare dispendium. Vestrum pene erit, Sapientissimi Patres, vt sic solutum functionum in feudum Assignatarijs prælationem cæteris in allodium pronuncietis. Quod ex nitidissimo, quod in causa iure fouetur, atque ex confusione cum huiusmodi posteriorum concessione, aliud ex causis de fecundissimo vestri ingenij penu suppleandis, citrà dubitationem, orationem omnem hoc in voto concludo.

VI. Kalendis Martias, Reparatæ Salutis Anno M.DC.XC.

Caietanus Ageta.

66 POst hæc scripta peruenerunt ad manus nostras *Acta Pro Regio Fisco contrà* *hodiernos Possessores ann. duc. centum quinquaginta in feudum super Regia Dohana Neap. penes Marchionem Vrtiliani Alòuar.* Ex quibus apparet, quod in anno 1683 in causa Aloysij de Vicarijs super partita feudali ann. duc. centum quinquaginta, & Ill. Principis Carpini D. Alonsi Vargas possessoris ann. duc. centum, & decem in feudum super Regia Dohana Neap. cum fuisset facta refutatio à Regio Fisco pro solutione adohæ, & releuiorum contrà possessores, qui opposuerunt, non exigi posse integrè, & quod quando exactio integrè fieret ad eorum beneficium ex Regia Dohana, erant prompti transigere pro decursis pro medietate, illam etiam per tempus lapsu, & subsistere taxam in futurum: Cumque etiam pro parte Regiæ Dohanæ fuisset oppositum, vt quam articulum generalem respicientem illa Arrendamenta esset tractandum in Regio Coll. Consilio, obtinuitque quod Delegatus tunc *Dom. Cons.* [illegible] relationem faceret in d. Coll. Cons. & Regia Camera faceret relationem in scriptis, & interim non procedi ad vltimum ordinem: fuit postea in reuocatum petitis Consultationis R. Cameræ facta S. E. sub die 30. Iunij 1687 concludente, quod dictæ partitæ vti feudales integrè erant pro decursis, & in posterum soluturæ, & ob interesse Regij Fisci tàm pro adoha, quàm releuijs, & [illegible] in ea causa esset procedendum in R. Cam. Vnde per S. E. fuit rescriptum, *quod obseruetur præinserta Consultatio* ... posteà per Regiam Cameram sub die 16. Nouembris 1689 fuit decretum, *quod* [illegible] *pro S. E. pro eius exemptione ordine consiliario*; & sub die 12. Decembris dicti anni fuit per R. C. decretum *Vijs* [illegible] *fol. 45. admittatur ad oblationem transactionis pro medietate, pro decursis* [illegible] *relationem Magnifici Rationalis Crisconij fol. 40. firma remanente taxa in futurum, & præuia Magnifici Gubernatoris Regiæ Dohanæ solutionem duc. 1887. 1. 16. factum prouisione, facientes respectu releuiorum*; & deinde sequuta fuit alia transactio pro releuijs: Cumque fuisset facta relatio quorundam decursorum, & per dictum Principem mandata tradatum pro dicta partita feudali à *fol. 51. ad 75. die 4. Aprilis 1685. ad relationem Dom. Præs. Andreasso* prouisum fuit, quod *pro certatione Vtilissimum S. E. & decretorum R. Cameræ Magnifici Gubernatores Regiæ Dohanæ Neap. soluant petitam quantitatem fol. 81.*

67 In Arrendamento Olei, & Saponis *Ferdinandus de Medicis*, qui in eo habet partitam feudalem, præfertur illis Consignatarijs.

In Regia Dohana Neap. eadem ordinatio fuit audito Regio Fisco pro *Mag. Francisco Gagliardo*, vt præferretur pro decursis, & currentibus Consignatarijs simplicibus.

In Arrendamento Ferri, super quo multi adsunt Consignatarij in feudum, non solum fuit ordinatum, vt eam prælationem sortiretur, sed amplius in mense Maij 1679 cum mandato separato pro integra summa, illi verò in burgensaticum cum mandato generali per æs, & libram.

Eademque ratio qualitatis feudalis, & publicæ causæ militat in functionibus fiscalibus, & ideò per Regiam Cameram die 24. Martij 1686 decretum fuit, *Ill. Baron Sabadiæ*, eiusque Patrem primogenitum *D. Iosephum Reuerteram* esse præferendum pro quantitate ei debita ex causâ functionum fiscalium feudalium cæteris assignatarijs, sortita prius quamdam debita Regia Curia, super Vniuersitate Tricarici.

68 Et pro functionibus fiscalibus in feudum, *quæ* [illegible] *Hiacynthus Ragni* possidebat super Ciuitate Grumi die 30. Octobris 1685. prouisum fuit, quod annuatim primo super decimam annuali partita proportionalè, & facta curà priuilegium in iiteram partem fiat repartitio inter Consignatarios, vt Hiacyntho Ragni integrè tertium satisfiat in mense Augusti proximè preteriti 1684. & reliqua quantitas per æs, & libram inter alios Consignatarios.

Et ex his vndequaque bonum ius in feudum assignatarios, vt cæteris in allodium potiores pronunciandi sint, fore indubitum est.

AD QVÆST. II.

An Vniversitate in totum deficiente, debeantur fiscales functiones.

ANNOTATIO.

SVMMARIVM.

Vniversitate in totum destructa, esto alibi Cives habitent, an possit Fiscus ab ipsis aliquid exigere n. 1. & 3. quid si aliqui remanserint n. 3. Et qualiter in Donatiuis n. 2. & 4.

Vniversitatis priuilegia, an censeantur extincta, mortuis omnibus de Vniuersitate n. 5.

Vniversitas quotupliciter ex delicto condemnetur n. 7.

Vniversitates quæ solemnitate antiquitus delinquerent n. 8.

Vniversitas quando delinquere intelligatur n. 9. 10. & 11.

Vniversitas, seù Ciuitas an retineat priuilegium, si diruatur n. 12.

Castra, vel Turri destructa, an amittatur eius priuilegium n. 13.

Destructa Ciuitate nullo relicto Cive, cui adscribantur bona demanialia n. 14.

1 Decisiones, quæ referuntur in articulo isto, quod deficiente in totum Vniuersitate, esto illius homines alibi cohabitent, non possit Fiscus ab ipsis aliquid exigere, ex fundatore ratione, quia homines non sunt Populi, nec populum, neque Vniuersitatem constituunt, nisi collectivè fuerint congregati ex Bart. doctrina in l. etiam, C. de exec. rei iud. n. 17. Et dum ibi non reperitur in rerum natura talis Vniuersitas, debitum ipsius extinctum à particularibus nequit exigi l. *sicut §. 1. D. quod cuiusq; Vniu.* & non enim nullæ sunt qualitates *l. siue pat. D. si cert. pet.* quod intelligendum est in totum cassata Vniuersitate, vt ad nihilum redacta illa neque alia pro eadem, vt supra.

2 Quod est etiam respectu donatiui decisum per eandem Reg. Cam. relatore Dom. Thoma Salernitano, refert *Author noster* hic; Attamen hæc decisio diuersimodè respectu donatiui legitur apud eundem *Reg. Salernit. in decis. 99. de dict. Thoma in addit. per tot. dict. Reg. Salern. num. 12.* vbi ait, quod Vniuersitates impræsentiarum ad soluendum impotentes, si in futurum ditarentur, pro omnibus dictis focularibus tenerentur soluere Regiæ Curiæ ex regulis text. in l. *locum, §. desiderantib. D. de mun.* & alijs, nec audirentur, si dicerent, quod tunc non erant tot focularia, prout sic decisum refert *ibid.* Prosequendo, quod in casu, quo aliqua Terra esset in totum inhabitata, puta, charistiæ, terræmotu, vel incursu hostium, tunc illa focularia, quæ ante extinctionem erant taxata, iterum ad onus Regni, quia distributio facta per Vniuersitates in donatiuo, non posset verificari in illa cohabitatione, quæ debet esse Vniuersitatis secundum *Auct.* doctrinam ab eodem. Quod confirmatur ex suprà traditis per *Regent. Rouit.* antecd. *quæst. cit.* ex ratione diuersitatis inter functionum fiscalium impositionem, & donatiuum.

3 Ex quo tradita per *Auth.* nostrum hic respectu fiscalium functionum, vt in totum Vniuersitate deficiente illa non debeantur, nec possint ab hominibus eiusdem Vniuersitatis alibi degentibus exigi, iuxtà decisa per Reg. Cam. firma remanent, eaq; sequuntur *Reg. Rouit. in consil.* in materia donatiui à n. 17. ad 30. *lib. 1.* & *Io. Maria* 4 *Nouar. super pragmat. de iur. & exact. fisc. in rubr. collect. 1. num. 3.* Quod secus est respectu donatiui, quod impositum dicitur in toto Regno, vt declarat, & decisum refert sic *Reg. Salern. d. dec. 30.* ubiq; *Thom.* & *Reg. Rouit. ubi supra* distinctione vtitur à n. 23. quod aut impotentia aderat tempore facti donatiui, vel superueniens postea; & forsitan posset dici, quod sic, ponderando rationem, quam adducit *Bald. in d. l. etiam, C. de execut. rei iud. n. 17. in fin.* inquiens, quod

cum

sunt actiones, neque vtilis competit, quia proprij delicti pœnam subijt, quæ res indignum eum fecit, vt à cæteris quid consequatur delicti participibus: Secundò, Vniuersitatis pro grauitate delicti bona publicantur, *Lasans d. tract. p.4.num.33.* & nonnunquàm ipsi Vniuersitati priuilegia adimuntur *Iul. Clar.pract.crim.qu.16.n.9.*

Quemadmodùm aliquandò Ciuitas aratro subijcitur, vt de Carthagine scribit I.C. in *l.si vsusfructus, D. quib. mod.vsusfr. amitt. Flor. lib.2.c.15.* de Alba deleta, *Liu.lib.1. Petr. Greg. lib. 25.syntagm.c.1.n.18.& seqq.* Sic etiam Brixia Ciuitas ab Imperatore Henrico pœnæ aratri supposita, teste *Bart.in l.aut facta, §.nonnunquàm n.5.& 6. D. de pœnis.*

8 Constat siquidem eandem in Vrbiũ destructione solẽnitatem esse seruãdã, quę in illis cõdẽdis obseruari antiquitus consueuerat, vt admonent *Cal.Rhodig.lib.26.c.5.& Gratian.discept.169.n. 32.* In Vrbibus autem cõstruẽdis aratro vtebantur, quo circumducto situs delineabatur, Vndè Vrbs ab *Vrbo* Aratri notatur, I.C. in *l.pupillus 239. §.Vrbs, D. de verb.s.* & *Varro* ait, Vrbum appellari curuaturam aratri; Hinc *Ouid. lib.4.fast.*

Apta dies legitur, qua mœnia signet aratro.

Ità quoque Mythilenæ ab Atheniensibus, Corynthus à Lucio Mummio, Bizantium à Seuero, Platæa à Thebanis, Persepolis, & Thebanorum Vrbs ab Alexandro, Athenæ à Persis, Parada à Scipionis exercitu prorsus euersæ, & aratro exterminatæ recensentur, apud *Valenzuel. in discurs.Status, & Belli p. 1.consid.2.nu.4. Parlador.lib.2.quotid.c. 21.nu.4. D.Christoph.Crisp. de Valdaur. obs.2.n.19.* Et præ cæteris hunc interitum Vrbium deprompsit noster *Sannazar.lib.2.de partu Virg.*

Et querimur, genus infelix humana labare

Membra dies, cum Regna palam moriantur, & Vrbes.

Eosdem Manes toto orbe celeberrima Hierosolyma passa est, Romanis imperantibus, *Ioseph.* & *Tacit.lib.5.hist.* de Hierosolymis euersis loquens ait, (*Fa-mosa Vrbis supremum diem*) & *lib.3.* de Cremonæ excidio (*Vrbis sepulta ruinas*), Fridericus Imperator Mediolanum deleuit, *Sigon. in Frider.* Carolus Burgundus Leodium euertit, crudelior sanè, ac forsàn iniquior vniuersalis illa Templariorum cędes Vesperis Siculis parum absimilis.

Attamen grauior Vniuersitatis pœna in pecuniariam conuerti solet, *Minsynger.2.cent. obs.30. Gayll. d.loc.* vbi propter innocentes, pupillos, minores, pręgnantes, infantes, qui tempore perpetrati delicti nondùm extiterunt, hoc receptum dicit à Camera Imperiali anno 1549.18.Iunij in puncto arctiorũ executorialium in Bannum declarati sunt omnes masculi puberes in Ciuitate M.D. *Barthol.in sentent.Cameral.* Idq; omne euenit, quia certum est, Vniuersitatem delinquere posse, non tamen ea deliquisse intelligitur,
9 nisi vniuersus populus cum capite, & membris conuocatis vniuersis Ciuibus per sonitum Campanæ, tubæ, vel alium consuetum modum, habito priùs consilio ex proposito, & vnanimi consensu congregatus fuerit, & quid committendum concluserit, *Reg de Marin.ad Reuert.dec.98.n.2. Io.Franc. Capibl.de Baron.cap.63 n.19.& sup.prag. 8.p.3.n.133.Danza ad Gramm. dec.46. num.18.* ità quod si solus populus, vel plebs sine assensu regentium, ipsisq; adeò ad sedandam, compescendamq; rebellionem, omnem pro viribus diligentiam adhibeant, excusantur regentes, & seditiosus Populus punitur, imò
10 præcipua potiùs rebellionis capita plectũtur (magnanimi .n. viri est, rebus agitatis punire sontes, multitudinem cõseruare, *Cic.lib.1.offic.* confert *c.Romana.§.in Vniuersitatem, de sent.excom. in 6. Melchior.c.4. decis.Cameral.22.num. 97.fol.mihi 00*. *Tasson.in pragm. de antef.vers.11.obs.1.num.142.Christoph. Besold.in dissertat. Politica de Iure Vniuersit.cap.7.* iuxtà illud:

Re Ob

Ob populum multum, crimen pertransit inultum.

11 At si soli delinquāt Consules, nec per illorum delictum grauabitur Vniuersitas; non enim ad delinquendum constituti sunt, *Farinac in prax. crim. lib. 3. tit. 4. qu. 24. n. 130. Bert. in tr. de seditios. §. 7. nu. 13. Minsynger. obs. 79. Mascard. de probat. conclus. 1421. nu. 9. incip. quæ probanda sint.*

Sed præ cæteris exindè concludimus, quod Congregatio illa solemnis, nisi præcesserit, non erit delictum Vniuersitatis, sed quorundam tantùm, *Iul. Clar. in pract. crim. qu. 16. n. ult.* vbi *Baiard. in add. n. 16. Farin. d. loc. num. 129. Bert. in d. §. 7.* & post eum *Losaus d. tract. p. 4. n. 18.* Et ex hoc fundamento *Ioann. Lignan. in Clement. 1. de pæn.* magno honore coram Papa Ciuitatem Bononiæ pœna se exemisse scribit *Bert. d. n. 7.* vt etiam de Ciuitate Florentiæ refert *Franc. de Aret. cons. 264. Gayll. de pac. public. lib. 1. obs. 9. nu. 4. Losaus d. loc.* Sic etiam Cato coram Romano Senatu Rhodienses defendisse testatur *Gell. noct. Attic. lib. 7. cap. 3.* Et Locri apud *Liu. lib. 45.* vt notat *Grotius de Iure belli lib. 2. c. 21. n. 2.* Quæ tamen regula procedit in delictis tractum successiuum non habentibus, secùs est in continuis, in quibus ratificatio mādato æquiparatur *Meichsn. d. loc. n. 98. Gayll. d. obs. 9. Los. d. loc. num. 19.* siuè expressis verbis fiat, siuè tacitè, retinendo scil. rem per vim oblatam, dummodò ea ad Vniuersitatem è manibus deprædantium venerit *Farin. d. l. nu. 143.* Et ratum quoque habere dicitur delinquentium factum Vniuersitas si delinquentes non puniat, *Colér. de proc. exec. p. 1. c. 2. n. 275.* ex *D. August. in cap. Dominus noster. vers. sit gens, & Ciuitas 23. qu. 2.* dummodò admissi facinoris scientiam, & sine periculo seditiosos compescendi potestatem habeat Vniuersitas. *Farin. d. loc. num. 131. usq; ad 139.* Sed ad id quæritur, an rebellio sit pro momentaneo, vel successiuo delicto habēda, de quo adeundus est *Gayll. d. obseru. num. 31.* vbi hoc crimen continuis delictis annumerat, & *Farinac. d. loc.* dicēs, quod si Ciues contra Remp. siuè Principem vno impetu, vnoq; die, vel nocte rebellarint, pro momentaneo actu rebellionem habendam esse, vnde vt Ciuitas deliquisse dici queat, Congregationem præcessisse oportere, secùs verò iudicandum, si diuersis vicibus ea reiterata fuerit, si tamen Vniuersitas omittendo delinquat, tractatu præcedente opus non est, sed statim in dolo esse præsumitur, *Farin. d. loc.* Quas præfatas conclusiones latè exornat *D. Ignat. Gastone in disceptat. fiscal. discept. 9. usq; ad 12.* vbi examinat nefandum rebellionis crimen à Messana Ciuitate patratum, & post innumeros politicè, & iuridicè exponit, qualitèr ob delictum Vniuersitas possit puniri etiam confiscatione bonorum, & alijs pœnis à Iure præfixis.

12 Præterea dicimus, quod Ciuitas retinet sua priuilegia, quando venit in collapsum facto Tyranni, vel iniuria temporis, secùs verò si authoritate Superioris, vt suprà, nam Ciuitas diruta remanet Ciuitas habitu, etiam quod non actu, maximè, quando est spes reparationis, & habet suum Episcopum, & Diœcesim, vt doctè exponunt *Camill. de Medic. cons. 21. num. 6. & 7. Reg. Tap. d. Constit. lib. 1. cap. 4. num. 18. Girond. de priuil. cap. 17. n. 760.* & an de-
13 structa domo, vel Castello ædificato per priuilegium Principis, sit paritèr destructum priuilegium, & an eius dispositio cessauerit, & quid de Turre destructa, & alteri concessa, & alijs adeundi sunt latissimè *idem Girond. à num. 752. ad seqq. De Luca ad Gratian. cap. 396. per tot. tom. 1.* & de Ponte diruto dicemus infrà ad §. 14. qu. 4.

14 Destructa verò Ciuitate, siuè Vniuersitate nullo relicto Ciue, bona demanialia Regi excadere ex vi directi illius dominij, cuius virtus est trahere ad se excadentiam, & fieri plenum dominium, ex *l. item si fundi, §. sed si Insula, D. de usufr.* & alijs *Horat. Montan. de regal. in verb. Argentaria n. 15.* dicēs tamen de iure communi Regis fieri

tan-

tanquàm bona vacantia, quia in bonis nullius sunt, quod intelligit nullo relicto Ciue, quia si vnus supersit, Vniuersitas in illo conseruaretur, vt suprà, sicut erecta iterum eadem iàm destructa Vniuersitate Regis authoritate, bona illa demanialia ad eandem reintegrari etiam veluti accessoria, sub licētia à Rege pro tali erectione concessa, secundùm eundem *Montan. ibid.* vbi n.14. examinat, num destructa Vniuersitate bona hæc demanialia fiot Baronis, cui concessum erat Castrum illud cum planis, montibus, pascuis, nemoribus, aquis, & decursibus aquarum; negatiuè respondendo, propter rationes per eum traditas, & iuxtà declarata *ibid.* Et qualitèr Ciuitate Ciuibus destituta, territorium eō seatur vnirum viciniori Ciuitati, declarat *cit. de Medic. d.loc. n.* 15.

AD QVÆST. III.

An possint carcerari Ciues pro debito Vniuersitatis functionum fiscalium.

ANNOTATIO.

SVMMARIVM.

Ciues particulares non tenentur soluere Collectas, & extra, nisi collectiuè, licet ex Consuetudine à Perceptoribus ipsi carcerentur n. 1. declaratur n. 2.

Decisionem hanc transcripsit Reg. de Mariuis *n. 5.*

Ciuis arrestari potest pro debito fiscali etiam non facta excussione bonorum n. 3.

Vniuersitates possunt exequi realiter, ac personaliter contrà debitores fiscales n. 4. & quid si as alienum contraxissent n. 6.

Syndici, & Electi si sunt in mora in persoluendis fiscalibus, an possint carcerari d. n. 5.

Functionum fiscalium exactio olim per Barones fiebat, sed hodiè per Perceptores Prouinciales n. 7.

Exactores, fiuè publicani ob sauitiam in miseros debitores fiscales, inuisi semper fuere n. 9. & inde Ciuitatum perditio ostenditur n. 8.

Debitores fiscales non debent in carcerem impingi, sed per capturam pignorum Fisco prouideri potest n. 10. & 13.

Officiales in miseros subiectos desæuientes, acerrimè sunt puniendi n. 11. & 12.

Exactio fiscalis concurrens cum alia, supersedetur in ea, donec fiscalis fuerit completa n. 14.

Executio contrà Vniuersitatem quomodò fiat n. 15. & 16.

Vniuersitate in necessitate existente, etiam inuitis Ciuibus Collecta imponitur, possuntq; vendi pascua, & Ciues diuites cogi ad mutuandam pecuniam Vniuersitati n. 17. 18. & 19.

Ciues an arrestari possint, cum Vniuersitas cum regio assensu obligatur à nu. 20. ad 22. & quid in Administratoribus, & Electis n. 23.

1 REg. noster hac in quæstione plures conclusiones refert, quæ in summa reducuntur, quod pro exactione fiscalium functionum executio etiā de persona quoad Syndicos, & Decuriones Vniuersitatis fieri possit, ex quo de fiscali credito agitur, dùm illi iuris fictione Vniuersitatem totam repræsentant ex *l. ossa, D. de relig. & sumpt. fun.* & quia deputati sunt ad exactionem introituum Vniuersitatis, & ad solutionem Regiæ Curiæ, de proprio tenentur *l. 1. in princ. D. de mun. & honor.* ex quo munus istud patrimoniale dicitur, siuè mixtum *l. fin. §. mixta, D. eod.* Et proindè compelli posse, & ita decisum per Reg. Cam. refert; Secūs esse dicens respectu particularium, qui non tenentur nisi collectiuè modo, & soluendo collectas, & alia onera ad aliud non tenentur, quidquid Perceptores in contrarium, sed malè obseruent carcerando Ciues, antiqua eorum consuetudine, pro solutione Curiæ facienda, in quo Reg. Cam. conniuentibus oculis pertransire testatur.

2 Quod quidem nō simplicitèr dānan-

Rr , dum

dum est, sed tantùm si agatur de solutione onerum realium diuidua, quæ singula singulorum corpora afficit, quo in casu nec corpora singula, ex quibus solutum est pro rata cuilibet tangente, nec personæ singulæ possunt vltrò molestari, aut pro alijs detineri, *Reg. Valenz.* post alios *consf. 99. n. 40. 1. tom.* & post *Bart. & Bald. in l. 2. § quod si neme*, eundemq; *Bald. in l. etiam col. 4. versic. modo restat nu. 25. C. de exec. rei iudic.* & post *Auth.* nostrum idem admonent *P. Afflict. controu. 1 n. 45. Pasqualin in Comm sup. pragm. 9. rubr. de Commiss. & exec. nu 8.* idq; estò onera realia non Vniuersitates, sed possessores pensitare teneantur *l. 2. C. sine censu vel. reliqu. L. 2. C. de ann. & trib. lib. 11. Clapper. causa. vlt. 42. qu. 1. n. 16.* & alij cit. per *Nicol. Anton. Marott. de Collect. seù Bonatenent. cap. 3. n. 18.* vbi n. 19. dum refert Perceptorum Prouincialium obseruantiam prædictam exequendo contrà Ciues, vt suprà ex *Reg. de Pont. de regal. impos. tit. 4. § 1. num. 9.* cum *Dom. Reg.* nostro, ad id concludit, scilicet, vt in casu, quo particulares pro rata per ipsos debita Vniuersitati soluissent, contrà eos exequi non posit, quidquid in contrarium Perceptores obseruēt, Reg. Cam. in hoc conniuente, quod admirationē afferre *num. 20.* non debere concludit, quia cum onera realia dicantur, ex eo, quod loco gabellarum fiscales functiones impositę fuerīt, ratione subrogationis eas quoque reales dici necesse sit, quia gabellæ munera realia vocantur, ex quo pro rebus soluuntur ex *glos. in rub. C. de mun. patr. lib. 10.* & alijs, nàm causa, & origo attendi debet, tantò magis, quia bona accatastata pro collectis sunt Fisco tacitè obligata ex *l. 1. cum glos.* & ibi *Bart. & Bald. C. in quib. caus. pign. vel hypoth. tac. &c. l. 1.* & ibi *gl. C. si propt. publ. pensit.* & ex alijs, proinde deducendū esse onus reale, & cōsequentèr quemlibet sequi possessorē ex *l. si cōuenerit, § si fundus, D. de pign. act.* & ex alijs cit. *Marott. d. loc. n. 21.* idemquè esse dicens respectu Communitatis, quando bona sunt accatastata ex *Boccar. Ant. Gabriel. Thesaur.* & alijs *ibid. cit.*

3 Quod verò scripsit *Dom. Regens Moles* hic *nu. 3.* quod propter debitum fiscale persona arrestari potest, cum realiter, & personaliter pro illo fiat executio, id intelligendum est, etiam non facta excusione bonorum, vt possit persona arrestari ex *l. nemo, C. de exact. trib. lib. 10.* & *Carau. rit. 134.* sic testatur obseruari, estò aliter ritus disponat, & *Carauita* doctrinam sequitur *Reg. Capyc. Latr. decis. 72. num. 12. lib. 1.*

4 Quod quidem priuilegium extenditur etiam ad fauorem Vniuersitatum contrà debitores fiscales, ac etiam Administratores rerum Vniuersitatum, nam si à Rationalibus electis, vt administratorum computa discutiantur, illis visis, ac discussis fuerint significati, siuè cōdemnati ad soluendum certas pecuniarum quantitates, potest contra eosdem exequi realiter, & personaliter vigore *Reg. pragm.* sic interpretatæ, quæ est *5. cap. 11. de Adm. Vniu.* teste *Dom. Reg. de Marin. ad Reg. Reuert. dec. 319. n. 2.* quem sequitur *Dom. Consil. Petra sup. rit. 134. n. 9.*

5 Et ex eadem ratione confirmari potest antecedens cōclusio, vt puta quod Syndici, & Electi Vniuersitatis si sunt in mora in persoluendis functionibus fiscalibus carcerari possunt, *Reg. de Marin. resol. lib. 2. cap. 147. n. 7.* ex *Reg.* nostro hac *in decis.* Quod etiam respectu Ciuium particularium pro eorum tamen rata procedit, non autem insolidum contra quemlibet, & sic intelligēdum est, Vniuersitates Regni huius, cū æs alienum legitimè contractum persoluere non valent ex *Pragm. 7. § 7. sub tit. de Commiss.* posse exequi contrà Ciues, & particulares, sicq; Creditorum indemnitati prouideri, vt latè declarat, & fundat idem *Reg. de Marin. cit. cap. 147. per tot.* vbi pro fundamento, & cōfirmatione conclusionis ab ipso firmatæ, refert, & transcribit per eadem verba integram hanc nostri *Regentis decisionem.*

6 Qualitèr verò obligetur Vniuersitas,

eiusq;

eiusq; Ciues pro debitis contractis, & quid pro validitate talis obligationis requiratur, examinant latè *Reg. Rouit. consil. 64. tom. 1.* & latissimè *ibid. Consil. Altimar. in obseru. P. Assict. controu. for. cap. 11. & 12. per tot.*

7 Verùm te non lateat, quod tempore Regis Alphonsi ad petitionem Regni supplicatum fuit, & à Reg. Maiestate concessum, vt solutiones functionum fiscalium fierent per Barones Regni, destinatis locis in quibus fieri debebant, vt patet ex *cap. 4. Reg. Alph. fol. 5. at.* Quod hodiè non seruatur, sed Perceptores prouinciales mittunt Commissarios ad exactiones faciendas quando in tempore non soluerunt, esset tamen vtile Regno, vt hoc *Capit.* seruaretur ad euitandas Commissariorum extorsiones, qui non solùm contrà Vniuersitatum bona, sed contrà particularium res exequutiones faciunt, vnde multa damna, & Ciuitates, & Ciues sentiunt, prout aduertit *D. Reg. Tap. in summ. ad cit. Cap. tit. 3. de solut. funct. fisc. lib. 6. Iur. Regn. fol. mihi 44.* hinc Ciuitatum, ac Ciuium perditio, *nam*, teste *Saluian. de gubernat. Dei lib. 5. sub num. 856. plerique eorum agellos, ac tabernacula sua deserunt, vt vim exactionis euadant.* Hinc est, vt concludit pia Imper. *Maioriani Nouella tit. 4. de indulg. re-*
8 *liqu.* quod per iniuriam compulsorum destitutæ ordinibus Ciuitates idoneum nequeunt habere Curialem, quod exigentium authoritate perterriti possessores sua iura destituunt, cum non iàm amissio fortunarum, sed sæua custodia, & suspendiorum crudelitas formidatur, quæ immitis apparitor, & executio militaris pro commodo suæ cupiditatis exercet; vnde meritò exclamat, & in eorum detestationem prorumpit *D. Franc. de Amaya in Comm. ad l. nemo, C. de exact. trib. lib. 10. n. 9. & 10.* Harum quoque exactionum incommoda politicis rationibus, & exemplis tradit *Faust. pro Ærar. class. 5. ord. 105. & 506. & class. 7. ord. 661.* Sub Clementissimo tamen Rege nostro detestantur huiusmodi exactiones, & sæpiùs leuantur Vniuersitates; Præstat enim diuitibus imperare, quam diuitem esse, *Solorzan. emblem. 85.* cui tit. *Regum verus thesaurus, Boler. de decoct. debit. fisc. tit. 5. q. 11. à num. 8.* & *Morus Vtop. lib. 1. fol. mihi 41.*

Diuitiæ plebis, sunt laus, & gloria Regis,
Non sibi, sed Domino grauis est, quem grauat egestas.

9 Constat etiam antiquitùs, varijs pœnarum generibus, summaq; violentia vlus esse publicanos, vnde publici canes dicti, *Farinac. de furt. quæst. 173. num. 8. Iol. Ludou. comm. conclus. 15. num. 74.* dùm in miseros debitores fiscales deseuiebant, ob quas causas ità exosi, & inuisi fuerunt, vt hoc genus hominum malo publico natum censerent, vt videre est apud *Tacit. lib. 13. annal. (Temperandas planè publicanorum cupidines, ne per tot annos sine querela tolerata nouis acerbitatibus ad inuidiam verterent)* *Quid est enim* (vt inquit *S. Laurent. Episc. Mediol. citat. per Amayam in lib. 10. C. tit. 19. l. 2.*) *publicanus? Prædo sine pudore medius extermini; nonne caput rapina, & lex violentia, &c.* Confert dicta *Imperat. Maioriani Nouella tit. 4. de indulgent. reliqu.* vbi inter alia inquit (*Præfectiani siquidem, atq; Palatini, vel aliarum potestatum apparitores, exactione suscepta per Prouincias discurrentes, exactionibus possessorem concutiunt, & ità omnia pro arbitrio suæ deprædationis extorquent, vt cum aliqua pars certa, vel minima publicis compendijs inferatur, duplum, aut ampliùs sportulis auidus, & præpotens executor accipiat, &c.* *Sed* (vt vtar verbis *Vlpiani in l. quanta, D. de publican.*) *quanta audaciæ, quantaq; temeritatis sint publicanorum factiones, nemo est, qui nesciat.*

10 At quia optimi Principes detestantur, miseros premi, commoueanturq; & non querentium malis, vt ait *Cassiodor. lib. 1. ep. 35.* ideò ista exactorum durities ab optimo Principe Constantino suppressa fuit in *l. nemo, C. de exact. tribut. lib. 10.* ibi: *Nemo Carcerem plumbatarumq; verbera, aut pondera, aliaq; ab inso-*

insolentia iudicium reperta supplicia in debitorum solutionibus, vel à peruersis, vel ab iratis iudicibus expoueseat &c.
legiturq; etiam *in Cod. Theodos. tit. 7. de Exaction. l. 3. & 10. tom 4.* cum non sit
in debitorum corpora sæuiendum, vt
notat *Brunnemann. in comment. ad d. l.*
& eruditè *Amaya, & Gothofred. ibid.*
Ianin decitat. real. lib. 1. c. 2. n. 11. Con-
fert etiam, quod Imperatores Antoni-
nus, & Verus rescripserunt, scilicèt in
vectigalibus ipsa prædia, non personas
conueniri in *l. Imperatores 7. D de publ.*
& vectig. Imò ex ipso *text. in d. l. nemo*
11 colligitur, Officiales, quādo prætextu
officij miseros homines exagitant, fæ-
dè deprædantur, vel commoda in
abiectos, & humiliores desæuiunt, tunc
non solum priuatione officij, & simili-
bus pœnis, sed & interdū corporaliter
sunt puniendi, vt exemplo deterriti
alij minus delinquant, vt ait *Vlpian. l.*
si quis ferè 6 §. si quos, D. de pœn. vt la-
tiori calamo exponit *Dom. D. Francisc.*
Amaya in comment. ad cit. l. nemo à n. 30.
ad seqq. & *Reg. Galeot resp. fisc. 34. n. 44.*
subdit, quod huic malo eām execran-
12 do hucusq; remedium ex temporum
iniuria inueniri non potuit, sed *Consil.*
Rocc. in opusc. de delict. Percept. nu. 111.
putat optimum fore remedium contrà
h[illegible]s personas gladium euaginare, pœ-
nas absque miseratione applicare, &
rigorem seruare, & ad pœnam nonupli,
& ad reficiendū extortum ab Vniuersi-
tatibus, & ad pœnam relegationis cō-
demnādos, & quod Perceptoris officio
priuandi sint, de quorum pœnis latiùs
ibi ratiocinatur, & vid. *Reg. Sanfelic.*
decis. 166. n. 18, 19. & 20. lib. 1.
13 Nec deficit modus exactionis, absq;
eo, quod in carcerem debitores com-
pingant, sed si quis (vt idem *Constan-*
tin. ait in *d. l. nemo*) in obdurata nequi-
tia permanebit, ad res eius, omnemq;
substantiam exactor accedat, solutionis
obsequiū cum substantiæ proprietate
suscepto, &c. & ideò per capturam pi-
gnorum Fisco prouideri potest, vt pa-
tet ex *tit. Cod. lib. 10. de capiend. & di-*
strah. pignorib. tributorum causa, quia
onus functionum publicarum rei inhæ-
ret, idcircò per cessationem in soluen-
do, res confiscari possunt, *Rel. d Valle*
cons. 23. n. 3. 4. & 8 lib. 1. Carpz. l. 4. resp.
78. n. 1. Klok de contrib. cap. 19. nu. 559.
cit. Brunnemann. ad dict. tit. & an tri-
butorum exactores bona, de quibus
non soluitur tributum, possint confi-
scare, vel deportare, examinat *Christo-*
phor. Vvintzler in tract. de Collectis cōs.
5. Et ità etiam contrà negligentes sol-
uere, pignora distrahi statutum legitur
in Regni *Cap. 11 Reg. Alphons. fol. 8. àt.*
14 Et quando occurreret, quod prædicta
exactio concurrat cum alia facienda
ad instantiam Baronis, supersedeatur
in ea, donec fiscalis exactio fuerit cō-
pleta, & pro residuorum exactione
fiant quinterna residuæ quantitatis
exigendæ tunc per Barones, vt sanci-
tum extat in *pragm. 1. sub tit. de iur. &*
exact. fiscal. Et Perceptores tenentur
ante diem exactionis faciendæ denun-
ciare Vniuersitatibus debitum liqui-
dum, ad hoc vt constituantur in mora
l. 2. C. de indict. lib. 12. Nouar. in collect.
5 super pragm. 40. num. 3. de off. Prætor.
Cæsar.
15 Aduertendum tamen est, quod exe-
cutio contrà Vniuersitatem pro ciuili
causa fit, primò in bonis mobilibus
communibus, posteà immobilibus, &
nominibus debitorum, *Losaus de iur.*
Vniu. p. 3 cap. 6. Borgn. p. 2. decis. Finiz. n.
123. fol. mihi 157. Petr. Gregor. in syn-
tagm. iur. vn. lib. 23. c. 16. nu. 7. Imò in
nominibus debitorum speciale esse
Ciuitatum priuilegium, vt necessitate
cogente debitores suos ad soluendum
ante diem cogere possint ex *Ias.* refert
Losaus d. tract. p. 2. cap. 9. num. 1. & seqq.
16 Sed veritate iuris inspecta vix est, vt
aliquo *textu* id probetur, nam nimium
generales sunt *leges ità vulnerratus §.*
vlt. D. ad l. Aquil. & similes, nisi quis al-
legare velit *l. 1. C. de cond. ex lege*, sed il-
la loquitur in Fisco, vnde ad Ciuitates
non refertur, hoc sanè tamen priuile-
gium Ciuitatibus competit, vt debito-
res earum appellare nequeant *l. vlt. C.*
quor. appell. non recip. Losaus cit. loc. nu. 8.

17 Il-

17 Illisq; deficientibus in subsidium Collecta imponitur etiam sine Principis permissu, *Camill. Borrell.* post alios *de Reg. Cath. praest. cap. 20. num. 19. & 20. Aloys. Mans. lib. 1. consult. 79. num. 15. & 16. Scoppa ad Gratian. decis. 87. à n. 1.* Imò Ciues diuites cogi possunt

18 ad mutuandam pecuniã Vniuersitati, existente necessitate, & Vniu. exigere posse ante tempus suos introitus, *Capiblanc. to. 2. de Baron. cap. 47. n. 3. 4. & 5.* & possunt vendi nemora, & pascua pro fiscalium solutione, etiam renitentibus vicinis, *Praes. de Franch. dec. 197. Otter. de Pascuis cap. 31. num. 39.* Quod

19 si Ciues nollent Collectam imponere, poterit Iudex hoc agere illis vocatis, *Cons. Staib. resp. to. 1. c. 190. n. 71.* & nos sup. in §. 1. n. 10. *tit. de Collectis*, & si Decuriones, quando est necessitas imponendi, id distulerint, carcerari possunt, post alios *Molius obseru. forens. obs. 50. nu. 1. Rattagerra ad Conciol. in Statut. Eugub. lib. 1. rubr. 39. n. 25.*

20 Notandum insupèr est, quod quando Vniuersitates cum Regio assensu obligantur introitus desumendo, iuxtà sancita in *Reg. pragm. 12. de administr. Vniu.* earum Ciues arrestantur, & carcerantur pro iudicij assecuratione ad finem, vt arrestatus pro vna Vniuersitate fideiubeat de stando iuri, & iudicatum soluendo, vt firmat *Petr. Peb. de iurisd. & mand.* relatus per *Gothofr. in prax. ciuil. lib. 2. de in ius vocand. num. 27. vol. 611. Coler. de process. execut. par. 2. cap. 3. n. 330. & 359. & 361.*

21 Et licet contraria opinio sit communis, vt tenet *Gademan consil. 34. num. 33.* qua firmatur, quod non possit fieri praeiudicium personis singularibus in instrumento non nominatis, nec obligatis, *Alex. cons. 94. vol. 1* [illegible] *vol. 2.* quem refert *Coler. d. loc. sub num. 361. & 362.* post alios [illegible] *D. de re iudic. Gayll. de arrest. cap. 9. num. 8. vers.* [illegible] de hoc [illegible], & praecipuè in annuis redditibus, in quibus non possunt nec bona, nec personae non comprehensae, nec in instrumento nominatae, pignorari, & arrestari, & ita

esse receptum dicit *Garz. de expens. cap. 20. num. 4.* etiam si exactio contrà Vniuersitatem pro debitis fiscalibus esset facienda, post *Istrn. & Afflict.* substinet *Ferret. de vt nauali lib. 5. n. 25. tom. 12. tract. fol. mihi 331.*

22 Contrarium tamen obseruatur, vt puta, quod bona, & iumenta, vt suprà, singularium personarum etiam in instrumento non comprehensarum detineri possint, *Bald. in l. 5. n. 16. C. de execut. rei iud.* vbi *Addentes in lit. I. K. & L. Coler. d. tract. p. 2. cap. 3. n. 361.* & vigore Consuetudinis, hoc esse permissum firmat *Gayll. d. cap. 9. num. 9. in fin.* & latè *Ambrosin de immun. Eccles. cap. 14. n. 1. Reg. de Marin resol. 247. nu. 1.* quod declarat *num. 3. 2. tom.* Nec praedicta Consuetudo carcerandi Ciues in instrumento non comprehensos caret ratione, secus enim inanis esset creditoris actio, siquidem ex temporis interuallo defunctis omnibus in instrumento nominatis, impossibilis redderetur census exactio, & hoc ne Ciues dicentur etiam [illegible], introductum fuit esse in carceribus mancipandos Ciues, & per ipsas Vniuersitates pro illorum victu, & expensis necessarijs succurritur, quo casu permissum est per eas, & liberam Collectam imponere, vt suprà, prout obseruat hodierna praxis, teste *Manson. de cens. execut. ampl. 3. n. 31.* & in Italia, & Belgio obseruari inquit *Gayll. d. cap. 9. nu. 19. vers. Et placuit.*

23 Si autem Magistratus, siuè Electi Vniuersitatum in aliquo contractu ad fauorem earundem celebrato obligati reperiuntur, durante officio conueniri poterunt; Imò si nomine proprio se obligauerunt, poterunt etiam eo expleto conueniri, & carcerari *Manson. d. tract. ampl. 3. num. 19. & ampl. 19. nu. 6. & 7.* vbi *n. 8.* declarat non procedere in Consulibus, siuè Massarijs Oppidorum, qui indistinctè conueniri, & carcerari possunt finito, aut durante officio; Verùm Administratores, siuè Electi illustrium Ciuitatum, & aliquarum nobilium Terrarum licitè fuere car-

carceribus arceri non debens pro ciuili debito, sed fieri tantum debet præceptum non discedendi à Palatio, arg. text. *l. curiales 25. & l. dum virum 53. C. de Decur. lib. 10.* & sic obseruari se vidisse in sua Ciuitate, etiam pro debito fiscali testatur *cit. Mansonn. d. ampl. 19. n. 14.* apud quem plurimas ampliationes, & limitationes videre poteris in *d. ampl. 3. & 19.*

AD QVÆST. IV.

Quare est, quod Perceptor Regius teneatur de suo pro residuis.

ANNOTATIO.

SVMMARIVM.

Perceptor an teneatur de residuis suorum prædecessorum n. 1.

Perceptor præteriti anni debita, & residua exigere tenetur n. 2. 3. & 4.

Exactor, siuè Perceptor negligens in exigendis tributis, quomodò puniatur n. 5. & quid in alijs Officialibus n. 6.

Perceptores pro residuo non benè in computis discusso significantur n. 7. & 8.

Perceptores, aliiq; ministri pecuniarij tenentur pro reliquatis cum interesse n. 9.

1 EXaminat *Reg. Moles* hic, si Perceptores Prouinciales in præsentatione Computorum appareant non exegisse aliquam pecuniarum summam ab Vniuersitatibus, quid practicandū sit, ad quod refert ex R. Cam. stylo mandari illam exigi, etiā esset debitum præcedentis anni, aut in officio prædecessoris, quod ità decisum per Reg. Cam. recenset, idq; Consuetudine, ac natura talis officij roborari, pura quod Perceptores teneantur etiam de residuis suorum Prædecessorum, imò si negligenter exigāt tributa teneantur illa de suo soluere, ac Reg. Cam. practicare, quod ipsi Perceptores soluant, & repetant.

2 Quæ conclusio de iure fundatur in eo, quod cum susceptorum munus esset annuum ex *l. 4. C. de suscept. lib. 10.* Susceptor huius anni si omnia tributa, ac debita publica exigere non poterat, quæsitum fuit, an successor teneretur; Et licet pro negatiua argui posset ex *l. prouidendum 23. C. de decurion. lib. 10.* vbi nouitèr creatus decurio, nō tenetur pro debitis prædecessorum; Attamen pro affirmatiua concluditur ex *l. susceptores 3. C. de susceptoribus*; quia prioris officium est finitum, & ideò successor etiam præteriti anni debita,

3 & residua exigere tenetur, nam *text. in d. l. 23.* loquitur de debitis contractis à prædecessore susceptore, quibus successor non tenetur; secùs est in residuis, quæ ex natura officij susceptor exigere obligatur, vt in *d. l. susceptores 3.* Vnde rectè colligit *Ioann. Brunnemann. in Comm. ad d. l. 3.* successorem in officio administrationis, quamuis pro antecessore non teneri sit certum, obligari tamen ad residua præcedentis tēporis exigenda, quod etiam in Rectoribus Academiarum ità obseruari memorat, vt pute quod teneantur mulctas à prædecessore indictas exigere.

4 Etenim ex munere talis officij omnia fiscalia tributa exigere tenetur, prout etiam erat antiquitùs, cum ad Præsides spectabat onus profligandi, hoc est imponendi, & exigendi tributa per *l. 6. C. de Exact. tribut.* Vnde cum Iudex

5 erat negligens in exigendis tributis, poterat etiam priuari omnibus emolumentis, quæ ex munere percepit, idest toto salario ex *l. fin. C. de vestib. Holober. l. 10. C. de ann. & trib. lib. 10.* Imò quoque, & remotione officij, *Men. cōs. 263. n. 14.* præsertim si magna adfuerit negligentia *l. si quis, C. de off. Præf. Prat. Giurb. cons. 44. à n. 14.* quod procedit in

6 omni Administratore, Officiali, Iudice, Prælato, Principe, & omni alia persona officium exercente, *Lanar. cons. 12. n. 20. Amicbangel. de regal. off. qu. 20. n. 13. Reg. Rouit. dec. 36.* vbi *Cons. Altim.*

in

in obs. Georg. alleg. 42. Amaya in comm. ad d. l. 10. C. de annon. & tribut. lib. 10. à n. 1. ad seqq. & de Regibus est *text. in c. grandi de suppl. neglig. Prælat. in 6.* In dubio verò negligentiam in Officiali non præsumi probatur ex *l. 2. C. de off. civil. Iudic. Mascard. de probat. conclus. 1205. num. 48.*

7 Commendandæ sunt inde *Reg. Prag.* Regni huius, quibus residuorum exigendorum causa diligentias exprimi in computis Perceptorum pro residuis factas statuitur in *pragm. 75. §. 101. & 169.* imò pro residuo non benè diligentiaro significari Perceptores *in d. §. 101.* necnon Perceptorum exactum esse in residuorum extinctionem admittendum, nec aliter deduci in com-
8 putum, mandando Rationalibus, ut per significatorias præcedentes observent, an ità factum sit *ibid. §. 168. tit. de off. Proc. Cæs.* vulgò *pragm. Reformat. Reg. Cam.*

9 Insuper si isti Perceptores in rationalibus, seu computis reliquati sint, debent reliqua soluere cum legitimo interesse post moram, *Reg. de Ponte decis. 7. num. 1.* ibi: *Dum non negatur pecunia exactio ex stylo Regiæ Cameræ, Ministros pecuniarios significari tantùm per introitum superantem exitum ad quantitates exactas unà cum interesse, tanquàm reliquatores, qui dum ex revisione computorum, sive rationum debitores remanent, soluunt debitum cum usuris, &c.* quem sequitur *D. Didac. Boltro de decoct. debit. fisc. tit. 5. quæst. 34. num. 19.* videnda sunt annotata per nos infrà *ad quæst. 2. §. 16.*

AD QVÆST. V.

Quando Rex concedit functiones fiscales, an, & in quo casu intelligatur concessum augmentum ipsarum functionum, cum sit noua numeratio.

ANNOTATIO.

SVMMARIVM.

AVgmentum functionum fiscalium, an comprehendatur in concessione immunitatis ipsarum Vniversitati facta n. 1. & quid si taxativè ad certam summam Rex concesserit n. 2.

Functionibus fiscalibus simpliciter, & indefinitè concessis, an veniat augmentum n. 3. & plures referuntur DD. latè materiam hanc tractantes n. 4. & 6. & conciliantur decisiones n. 7. & 8.

Stylus, & observantia quod nam robur habeat n. 5.

Feudo, sivè Castro concesso ad certum annuũ redditum, vel cũ sibi aliquid Dominus reservaverit, num augmentum cedat in beneficium directi Domini, an investiti, latè à num. 9. ad 19. Et quid si reservatio fuerit restricta ad certos Vasallos n. 20.

Augmentum intrinsecum, sivè extrinsecum rei concessæ ad concessionarium, vel concedentem spectet n. 21. & quid in augmento impositionum n. 22.

VT huic articulo quoad omnes eius partes annotando satisfaciamus, distinguendo ea, quæ secundùm *Auth.* nostrum, dubitationem aliquam ampliùs recipere nequeunt, tùm ob rerum iudicatarum authoritatem, tùm etiam quia ex hoc certam habuerunt interpretationem, ab illis quidem conclusionibus, quæ rationibus, ac doctrinis fulciri indigent.

1 Dicimus itàq; primò cum eodem *Dom. Reg.* nostro, quod in casu immunitatis Vniversitati functionum fiscalium debitrici concessæ, nulli dubium est, augmentum comprehendi, quia sempèr consideratur, siuè aucta, siuè diminuta, eadem Vniversitas, ob quod sic in Regia Camera sempèr iudicatum, observatumq; hic refert *n. 6. & 7.* Quemadmodum etiam indubium est, quando concessio est facta alicuius Terræ cum functionibus fiscalibus, unà cum augmento, vel æquipollentibus verbis, nam tunc, cũ simus in claris non est admittenda voluntatis quæstio, *l. ille, aut ille, D. de leg. 3.* & sic rectè iudicatum in R. C. idẽ *D. Reg.* noster *nu. 8.* memorat. Similitèr
2 pro indubitato è contrariò habitum

ijic; quando Rex concessit functiones fiscales limitatiuè, & taxatiuè ad certam summam, quo in casu etiam summa in cartis, augmentum per Regem non fuisse concessum, prout iudicatum refert idem *Auth.* noster in concessione facta Magno Capitaneo hic *num.* 9. Prætereà & certum esse refert *n.* 10. quando concessio functionum fiscalium etiam debendarum facta est, & sic per verba futuri temporis, quæ non ociosa haberi, sed operari aliquid debent, ob quod sic iudicatum per R. C. post *Loffred.* ibi *cit.* recensct *n.* 11.

3 Dicimus insupèr secundò circà casum illum pluribus argumentis cōtrouersum, quando puta sit concessio functionum fiscalium simpliciter, & indefinitè per verba præsentis temporis tantùm, nempè cum Rex concessit Terras, & functiones fiscales, vel cum functionibus fiscalibus; Qui sanè casus pluriès licet tunc temporis examinatus, fueritq; plurimùm dubius existimatus, vt refert *Auth.* noster hic *nu.* 12. qui in *n. seqq. vsq; ad* 37. articulum latè hinc inde examinat, & contrà Fiscum *n.* 13. iudicatum refert ex doctrinis *ibid. relat.* id præsertim procedere aduertens, quando in Regis concessione apposita est clausula, *nihil sibi reseruans*; Nihilominùs pro Fisco à *num.* 26. pluribus consideratis iuris conclusionibus, & præsertim quod concessio concepta cum verbis præsentis temporis, non intelligatur facta, nisi de eo, quod in tempore concessionis habetur, & ex alijs concludit *n.* 38. & sic pro fisco pluries fuisse iudicatū per R. C. ex

4 *Afflict. in Const. Dignum* testatur, & ex allegatis per *D. Reg. Francisc. Reuerterij* omni æuo laudandum, de quibus est *decisio* 341. *in compil. per Reg. de Marin.* dum ille pro Fisco scripsit, consiliumq; composuit, quod legitur apud *Camill. de Medic.* post *cons.* 51. quo fuit vsus magnus, ac doctissimus huius Regni I.C. *Vincentius de Franchis* posteà S.R.C. Præses meritissimus in patrocinio fiscali, in causis Ill. Ducis Andriæ, & Ill. Ducis Neritonis, vt refert idem Reg. noster hic; Imò refert *n.* 39. quod R. Cam. ità semper iudicare consueuit, vnde stante obseruantia præfata maximam esse rerum iudicatarum authoritatem in ambiguitatibus, quæ ex legibus proficiscuntur, *l. in ambiguitatibus, D. de legib.* (quidquid inseruiendo causæ scripserit *Camill. de Medic. cons.* 51. *à n.* 16. *&* 17. *ad* 23. *&* 24. *& à n.* 55. *ad*

5 58.) Vnde stylum, & obseruantiam vnius Tribunalis vim legis habere post *Bald.* & alios rectè aduertit, & plura cumulat circà talem obseruantiam, ac stylum *n.* 41. pro quo probando attestationem sufficere Ill. Viri, ac recol. mem. *D. Francisci Reuerterij*, qui per 30. annos egit causas in Tribunali Regiæ Cam. & in Reg. Cancell. *n.* 42. licet secus esset in Consuetudine probanda dixerit *n.* 43. sed hic non agi de Consuetudine, sed de stylo Tribunalis, qui per solum vsum ipsius perspicitur, & probatur post alios *ibid. n.* 44. idq; tantò magis dicens, cum hoc in casu non poterat de tali stylo ambigi, dum totum Tribunal de dicto stylo, & obseruantia sua fuit attestatum in decreto *ibid. n.* 39. ad hunc finem relatum. Quod comprobatur, quia practica pro lege habetur, *l. nam Imperator, D. de legib.* & authoritatem interpretandi habet *l. fi. de interpretatione, D. de legib. Præs. de Franch. decis.* 173. *n.* 7. licet tamen legibus derogare nequeat, quia à solo Tribunali iudicando introducitur, vt latè exponit *Præs. Gamaner. decis. Reg. Cam.* 90. *à n.* 19. 21. 22. *& seqq.* & post innumeros declarat *cit. Authore* nostro *Dom. Cons. Nicolaus Pisanus in addit. ad Gaet. super rit. R.C. in proœm. à num.* 47. *ad seqq.*

6 Tertiò annotando ad prædicta luculentissimè ab *Auth.* nostro examinata, dicimus in quæstione prælata, quæ in decurso seculo in Regia Cam. Tribunali fuit latissimè exagitata, diuersas vt suprà in pluribus casuum speciebus contigisse decisiones, controuersiasq; ad præfata subortas ingeniosè tractasse, ac elegantèr scripsisse pro Duce Suessæ, & Valenæ *Io. Andr. de*

Georg.

Georg. alleg. 43. pro Marchione Vallis
Siculæ Reg de Ponte in cons. 30. lib. 2. &
pro Duce Neritonis, contrà Regium
Fiscum Reg. Rouit. vt legitur in allega-
tionibus impressis in Comm. ad pragm.
1. de iur. & exact. fiscal. & pro Ducibus
Neritonis, & Andriæ Fab. de Anna cons.
61. lib. 1. & Camill. de Medic. cons. 51.
vbi Reg. Galeot. in add. & pro Duce
Andriæ Iacob. Gall. cons. 21. & Reg. de
Pont. in quibusdam allegationibus ma-
nuscriptis, quarum meminit Reg. de
Marin. in obs. ad R. Reuert. d. dec. 342. &
de eodem articulo scripserunt Dom.
Io. Vinc. de Ann. in c. 1. n. 263. de Vasall.
decrep. ætat. Dom. Reg. de Curt. in diuers.
iur. feud. fol. 25. àt. à num. 30. & de his
memor est Reg. Tap. in l. fin. de Constit.
Princ. cap. 4. nu. 8. & in Iur. Regn. lib. 6.
tit. 3. in annot. vers. huius, vbi Reg. no-
strum citando, omnes casus, & deci-
siones R. Cam. retulisse, & pro Fisco iu-
7 dicatum, vt supra patrocinante præfa-
to Dom. Vinc. de Franchis recenset, &
post eū Thor. qui affert decisiones pro
Fisco, & contrà Fiscum, in Comp. decis. p.
1. in verb. augmentum, & post cit. Tap.
Reg. de Marin. vbi suprà cit. num. 1. qui
præcit. doctissimos I. C. audactèr fir-
masse refert, facta concessione alicuius
Terræ cum functionibus fiscalibus,
augmentum ex futura numeratione
posteà proueniens, non ad Regiam
Curiam, sed ad concessionarium spe-
ctare; quod quidem iàm ex traditis
constat non obtinuisse, vt suprà; Et idē
de Marin. ibid. postquàm retulit casus,
& decisiones vt suprà ab Auth. nostro
hic recensitas, non tamen illum citan-
do, sed tantùm laudando Dom. Camill.
de Curt. in diuers. feud. par. 2. cap. 19. à n.
34. fol. mihi 85. àt. ad fin. dicens, illum
pro Fisco scripsisse, ad tertium ca-
sum insequitur, quando de Regis con-
cedentis intentione clarè non constat,
cum puta simpliciter dixit, Concedo
Petro functiones fiscales in tali Terra, &
sic per verbum præsentis temporis, di-
cens ex cit. de Curt. in puncto iuris per
ea, quæ idem de Curtis ponderauit, ad
Reg. Curiam tale augmentum specta-
re, quodq; concessio illa de iure respi-
cere non possit, nisi functiones fiscales
concessionis tempore existentes, non
autem futuras, articulumq; eo tempo-
re adeò fuisse dubium, quod primo lo-
co pro Fisco pronunciatum fuerit, de
quo meminit cit. Carol. Tap. in d. l. fin.
cap. 4. p. 1. num. 9. & demùm in fauorem
Concessionarij contrà Fiscum, & quod
expectabatur vltima sententia, quę per-
petuum in vtraq; parte imponebat si-
lentium, sed nunquàm vsque adhuc
prodijsse scimus, idemq; scripsisse re-
fert Fab. de Ann. loc. cit. n. 72. & seqq. sed
Dom. Rouit. d. loc. num 8. vers. sed hodiè
tractatur, dixisse, quod in prima instā-
8 tia fuit decisum contrà Fiscum, & nu.
62. vers. his taliter exaratis in nouissi-
ma impressione attestari secundùm
eius allegationes, quas in reclamatio-
ne scripserat pro Duce Neritonis cliē-
te demum iudicatum, aduertendo illū
certè errasse, quia decisiones prodie-
runt, prout à Dom. Fab. de Ann. & Ca-
mill. de Curt. in loc. cit. referuntur.

Et estò ad præcedentes conclusio-
nes latè plura alia ex præcit. DD. colli-
gendo annotare possemus, nihilominùs
nè doctissimè per alios scripta repeta-
mus, & in immensum protrahamur,
sufficiat, præfatos, qui circà quæstio-
nem hanc, casusq; eiusdem singulares
vt suprà ab Auth. nostro relatos scri-
pserunt, recensisse.

9 Non omittimus tamen infrascripta
hic annotare ad articulum illum, puta,
an concesso Castro, siuè feudo ad certum
annuum redditum; vel quando sibi ali-
quid directus Dominus concedens in
illius concessione reseruauerit, num aug-
mentum, quod insequitur, cedat ad bene-
ficium directi Domini, aut inuestiti?

In quo puncto nos dicimus, feudo
concesso ad certam annuam summam,
siuè pro annua certa summa, non esse
locum dubitationi, quin augmentum
directo Domino cedat, conferentibus
ad id traditis per Auth. nostrum hic n.
9. alijsq; ad id cumulatis per cit. DD.
& comprobari per ea, quæ in puncto
fundauit, imò & in duriori quidem

casu simplicis concessionis feudi augmentum non venire, *Io: Bapt. Larrea pro Reg. Fisco 2. p. alleg. 89. per tot.* vbi *nu. 6.* probat, post alios, quos refert, in concessione feudi solum venire, quæ eius tempore extabant, non quæ de nouo superueniunt, & ideò nisi hoc alitèr concessio exprimat, non extendi ad futura, idem *ibid. n. 7. & 8.* nam Principis concessio, etsi latissimam recipiat interpretationem, non operatur, nisi in illis, quæ erant tempore concessionis, tantò magis, quando aliàs esset magni præiudicij concedenti, & ideò *n. 10.* concludit, priuilegium non extendi ad augmentum concessioni insecutum post *Io: Andr. Bald. Menoch. Tusch. Alber. Rom. Curt.* & alios; quod eò magis militare debet in concessione feudi ad certam annuam summam, siuè pro certa annua quantitate facta, probè in proprijs terminis, puta feudi concessi ad certum annuum reditũ, quod omne plus, quod est in reditu repertum vltrà concessionem, Domini directi beneficio cedat, & de hoc non fuisse vnquàm dubitatum, sed ità decisum refert *Camill. de Medic. d. cons. 51. n. 4.* ibi: *In anno 1516. contrà Magnũ Capitaneum in Terra Montisfusculi, quam cum alijs habuerat ad annuum redditum duc. 10 m. In anno 1573. contrà Ducem Suessæ in quamplurimis Terris concessis ad annuum redditum duc. 6. m. In duobus cum dictiones, ba&enus apparet in anno 1509. & 1512. contrà Ducem S. Petri in Terra Galiani concessam cum functionibus fiscalibus, hactenùs, vt proferetur; In anno 1519. contrà Ducem Ferrandinæ in statu Copertini concessi cum functionibus, hactenùs impositis. In quibus casibus limitatis augmentum fuit declaratum spectare ad Curiam;* Ex quo constat, quod etiam respectu primi casus, feudi scil. ad certum annuum reditum concessi fuisse pro Fisco iudicatum, augmentum ad Regiam Curiam spectare, vt consideranti notoriè patet.

10 Similitèr quando directus Dominus aliquid sibi reseruauit in feudo concesso, idem esse, vt ex illa reseruatione augmentum, quod insequitur, siuè accidit in ipso feudo, Domini beneficio, & non fidelis cedat, idq; expressè probatur in *cap. 1. §. si quis de manso, si de inuest. feud. contr. fuer.* vbi legitur:

Si quis de Manso vel feudi nomine inuestituram acceperit, & dixerit, quod omne incrementum pertineat ad eum per inuestituram; si Dominus reseruauerit sibi aliquid in ipsa Curte; tunc oportebit, fidelem incrementi inuestituram, per pares Curtis, vel per breue testatum probare; sed si Dominus in ipsa Curte nihil sibi retinuit, tunc omne incrementum iure feudi fidelis obtinebit, &c. & *Gloss. in d. §. si quis de manso lit. I. in verb. reseruauit*, ibi:

Reseruauit; præsumitur enim, quod Dominus incrementum retinuit, eò quod aliquid sibi in Curia reseruauit; vnde Vasallus obtinere debet, & de incremento specialitèr inuestituram factam esse probare habet necesse. Et *in verb. probare lit. K.* ibi: *Qualis, qualis ergò retentio, Domino prodest, &c.*

11 Et ad hæc imò ad propriam nostram specialitatem, feudi nempè ad certam mensuram, siuè ad certum annuum redditum, vt hic, concessi, ne pigeat ab euangelista Feudalium Iurium *Andrea de Isernia ad d. § si quis de Manso*, doctissimè tradita referre ibi *num. 13.* *Hic autem est considerandum, quod hoc feudum non erat datum mensuratum, sed ad mensuratum numerum certum, & ad certam quantitatem, aliàs secus, vt si dixit, triginta iugera soli tenimenti mei do tibi in feudum, quicquid tunc crescit, non erit vasalli sed Domini, arg. D. de contrah. empt. l. Rutilia Polla &c.*

In qua quidem *l. Rutilia Polla 69.* ex Proculo legitur: *Rutilia Polla emit lacum Sabbatinum angulariam, & circà eum lacum pedes decem; quæro numquid, & decem pedes, qui tunc accesserunt, sub aqua sint, quia lacus creuit, an proximi decem pedes ab aqua Rutiliæ Pollæ iuris sint? Proculus respondit: Ego existimo eatenùs lacum, quatenùs Rutilia Polla venisse, quatenùs tunc fuit, & circà eum decem*

decem pedes, qui tunc fuerunt, nec ob eam rem, quod locus posteà creuit, latiùs eam possidere debet, quàm emit.

12 Nàm sempèr attenditur tempus cō-tractus, secundùm quod eiusdem contractus verba intelligenda sunt, imò illud inspiciendum potiùs etiam in dubijs, quàm consequens vllum aliud, *Bart. in d. l. 69. Dionys. Gothofr. ibid. lit. E. & F.* & sic concesso etiam fundo ad certam mensuram, augumentum insequens non venit, vt in *d. l. 69.* ex qua vt suprà ad feuda etiam ad certum annuum fructum, puta ad viginti iugera concessum, arguit cis. feudorum lumen *Isernia d. loc.* vbi *n. 14.* ad id sequitur, docendo.

Item attende, quia retentio qualis qualis multum prodest, quia per hoc videtur non totaliter, & integrè illam Terram dare in feudum; sic & si antequàm constituit feudum, habebat totam Curtim, & aliquid de ea dat in feudum, & sic plusquam aliquid sibi retinuit, secùs si in Curte nihil retinuisset, & si plusquàm aliquid sibi retinuit, &c. Et infrà, *Si autem constat, quod non dedit totum, etiam si nihil retineret, non haberet, nisi datum tantùm, vt patet in limitatis, vt suprà dicitur.*

In dubio, quando simpliciter donaret, habet locum §. *iste*, vt totum videatur datum, quia cum dat Territorium tale, vel Agrum, vel Tenimentum, intelligitur totum, indefinita æquipollent vniuersali, *D. de legib. l. si pluribus*; sed quia aliquid retinuit, videtur non totum dare, & sic declaretur voluntas rebus, & factis *D. de leg. l. de quibus*, & sic Incrementum est Domini, non feudatarij. Idem ità exponunt *Glos. Nardi Liparoli ibid. ad cit. Andr. Afflict. in d. §. si quis de Manso n. 18.*

13 Post *Iacob. de Beluis. Bald. in eod. § in princ.* ibi: *Aut nihil reseruauit sibi Dominus in Curia, & tunc Vasallus nihil probat, scilicet tunc, hoc est autem incrementum sicutum, vt in medio huius §. vel dic, secundùm Iacob. de Beluiso, quod si inter Dominum, & Vasallum sit contentio de incremento feudi, si Dominus Curia aliquid sibi retinuit, tunc Vasalli est probatio; aut nihil sibi retinuit, & Vasalli est incrementum: Casus talis est; Quidam miles, vel Baro inuestiuit quemdam militem de quodam Manso, postea creuit Mansus, quæritur, ad quem pertinet incrementum; Respondetur, quod aut Dominus aliquid sibi reseruauerit, & tunc ad Dominum pertinet, nisi Vasallus probet se de incremento inuestitum per pares Curia, vel per breue testatum; Aut nihil sibi retinuit, & tunc aut possidet Vasallus, & tunc probat cum iuramento, aut non possidet, & tunc per pares Curia, vel per breue testatum probet, se inuestitum de incremento Iacob. de Beluis. in d. §. si quis de Manso; Iacob. Aluarot. in eod. § num. 1.* ibi.

Si contentio sit inter Dominum, & Vasallum de incremento feudi, & Dominus in loco feudi sibi reseruauit aliquid, tunc Vasallus debet probare se inuestitum de tali incremento; Idem dicendum si Dominus nihil sibi reseruauerit, sed tamen Vasallus non est in possessione incrementi; si verò esset in possessione incrementi, tunc stabitur eius Sacramento absque alia probatione.

Ex *num. 3.*

Nota, quod reseruatio partis facta per Dominum iure suo translato in alium prodest sibi, vt præsumatur velle retinere ius circà incrementa, & accessiones ad rem, & sentit Glos. fin. hic posita, & est ratio, quia non videtur totaliter, & integrè voluisse totum ius suum dare, & hoc constat.

14 Quarum conclusionum ratio iuris feudalis alia est notata in §. *item si quis sin. quib. mod. feud. amitt.* vbi *Aluar. n. 3.* notauit, ibi: *Nota, quod retentio, seù reseruatio alicuius partis, vel iuris in re infeudata per Dominum, prodest ipsi Domino, vt hic, & suprà titulum prox. §. si quis de Manso.*

Ioann. Paul. Balzaran. in d. §. si quis de Manso n. 1. vbi contrarijs adductis argumentis doctissimè respondendo concludit:

His non obstantibus seruatur contrarium virtute huius Consuetudinis; Et ratio

tio est, quia natura feudi est sicut natura agri limitati lacus, & stagni, qui non recipiunt augmentum extrinsecum, *Bald. hic n. 3. & reseruatio partis facta per Dominum in re sua translata in alium prodest, vt praesumatur velle sibi retinere ius circa incrementa, & accessiones, praesupposit. hic. vt reseruatio aliquid operetur, Bald. cons. 231. nu. 1. in fin. 3. vol. & prodest multum. tàm si sit tacitè, quàm expressè Affl. in §. fin. in 1. not. quib. mod. feud. amitt. qua stante non obstat primò &c.*

Iacob. Cuiac. in lib. 2. de feud. in d. §. si quis de Manso, quem posuit sub *tit. de his, qui f. dar. poss. & qualit. acqu. & retin.* quidquid referat de iure communi de incremento in vsufructuario, cum non sit in fructu, non accrescendo, &c. scribit, ibi: (*In Vasallo mediam viam Gerard. sequitur &c. quod si dominus aliquid sibi receperit, hoc est retinuerit*) *Et ad illum incrementum spectat, Vasallo inuestitura de incremento non probante.*

15 Idem indubiè sequitur post alios *Lodolph. Schrader de feud. p. 9. cap. 6. à n. 26.* ibi: *Si autem dominus feudi sibi in ista Curia, in qua hoc feudum situm est, aliquid reseruauit, incrementum tàm latens quàm patens ad dominum feudi spectat, nisi Vasallus manifestissimis probationibus contrarium probare possit, hoc incrementum videlicet ad se, vel ex pacto veteris inuestiturae, vel ex inuestitura noua pertinere*. Quidquid autem aliter sit in fundo legato, vel concesso certis designatis limitibus, quod id demonstrationis, & non restrictionis causa gestum sit, fundat *Couarr. pract. qq. cap. 2. n. 7. et 8.* Contrarium tamen est, nempè augmentum non venire cum legato, vel si conceditur fundus mensuratus, & ad mensuram, nam limitata causa limitatū effectum producere debet, *Garz. à Saabedra in tr. de expens. & melior. c. 22. n. 18. 30. et 31.* ac *Henning. de Meleandro de iur. burg. Manissa cap. 1. num. 337.* Neque in casu posito adest particula, *in circa*, ex qua posset limitationis dispositio excludi, & illa quodammodò demonstratiua probari, quod declarauit *Mangil. de euict. qu. 101. à n. 8. & 10.*

Henric. à Rosenth. in synops. feud. cap. 10. conf. 44. n. 27. ibi: *Pergendo igitur in materia nostra, casu, quo nihil expressè conuenit inter Dominum, et Clientem, ad quem incrementa debeant pertinere, et tunc si Vasallus asserat, omne incrementum ad se pertinere; Rursùs subdistinguitur, quod aut Dominus reseruauerit sibi aliquid in ipsa Curte, idest in Curia, &c. et praesumitur etiam sibi retinuisse incrementa omnia, adeò vt Vasallo probatio contrarij incumbat, quod videlicet cum ipso incremento inuestitus sit, &c.*

16 Pro quibus confirmandis accedat authoritas *D. Regij Consiliarij Ant. Capycij in inuestitura feudali fol. 84. 2. col. vers. Feudorum augmenta*, vbi limitat regulam, ad Vasallum feudi augmenta spectare, ibi:

Limita primò principale dictum, et regulam sic habentem, quod augmentum spectet ad Vasallum, vt non procedat, quando esset feudum datum ad mensuram, seù numerum modiorum, &c. tunc enim omne incrementum erit domini, et non vasalli Andr. &c. Et posteà subiungit:

Limita quartò, nisi dominus in illo tenimento aliquid sibi reseruasset, nàm tunc incrementum erit domini, secùs si nihil sibi reseruauerit, vel indefinitè concesserit. Et ità etiam scripsit *D. Reg. Rouit. in pragm. 1. de iur. exoct. fisc. n. 18.*

17 Similitèr addicit his, post alios doctissimus *Georg. Adam. Struuius in syntagm. Iur. feudal. cap. 11. Aphorismo 6. post Hotom. in d. §. si quis de Manso n. 1. et 2.* ibi:

Quando enim dominus non absolutè concedit in feudum, sed aliquid in Curte reseruauerit, non omnem vtilitatem rei extantis concedit; adeòq; multò minùs incrementa, quae post accedunt, videtur concessisse; At verò Mansum in genere, & nulla addita restrictione in feudum concesserit, et tunc omne incrementum iure feudi fidelis obtinebit.

18 Quod etiam comprobatur ex tradi-

tis

dis per *Auth.* nostrum hic *n. 18.* dùm in conclusione, quam pro concessionario contrà Fiscum circà augmentum fiscalium functionum lucrandum retulerat, scripsit, maximè ad id tradita procedere, quando in his concessionibus Rex apposuit clausulam, *nihil sibi reseruans*, quia tunc omninò videtur cōcessum, per *text. in d. §. si quis de Manso*; Igitur quando Dominus aliquid sibi reseruauit, non videtur concessum augmentum.

19 Et ad præfata annotare non prætermittimus, quod articulus prædictus, *num scilicèt concesso feudo in certum annum redditum alicui, augmentum cedat ad beneficium domini directi, vel inuestiti*, cum disputatus fuerit in Regia Camera super fiscali mandato, vulgò *risulta*, facto in anno 1677. contrà D. Marinum Condò Marchionem Treputij pro dicta terra Treputij, feudis Fereliani, & Carpignani Regiæ Curiæ in anno 1535. incorporatis ob felloniam Raphaelis de Marra, concessisq; illis ab Inuictissimo, ac Augustiss. Imperatore Carolo V. D. Federico Vrias pro benemeritis, clementissimo Imperatori præstitis, militaribus seruitijs, *in annuum redditum mille, & centum ducatorum vsualis monetæ prædicti nostri citerioris Siciliæ Regni, &c.* post longam discussionem in contradictorio cum Regio Fisco in Regia Camera in Aula Regij Cedolarij, & cum dicto D. Marino dicti feudi possessore, fuit tādem inita transactio pro ducat. 3000. tàm pro dicto principali dictæ resultæ fiscalis articulo pro dicto augmento, quàm pro alijs, licet vanis Fisci prætensionibus, vt patet ex *actis dictæ resultæ* apud *Actuarium Martium de la Puorte*.

20 Intellige tamen prædicta in proposito articulo, simpliciter procedere, nō tamen, quando in concessione facta de Castris, & Villis, reseruatio fuit restricta ad certos Vasallos, nam tunc augmentum Vasallorum, tantùm in reseruatis spectabit ad Dominum, remanens verò ad Concessionarium pertinebit, vt post *Afft. & Aluarot.* tradit *Cappyc. in inuest. feud. ver. feud. augm. 3. col.* quē refert, & sequitur *Auth.* noster hic *n. 12. in fin.* Vnde rectè *Bal. in d. §. si quis de Manso num. 7.* inquit, *Si dominus infeudauit Castrum, & reseruauit sibi quosdam Vasallos, & demùm illud est multiplicatum in hominibus, & magnitudine, ad quem pertinebit illud incrementum, respondit, familias distingue, & vnde processerunt, quia progenitores suos sussecti sequi debent, & sic augmentum contingens in Vasallis reseruatis erit Domini infeudantis, augmentum verò in Vasallis concessis erit concessionarij*, *Camill. de Medic. d. cons. 51. n. 43.*

21 Qualiter verò augmentum intrinsecum, siuè extrinsecum rei concessæ ex quacumque dispositione per nomen collectiuum, accedens, ad concessionarium, vel ad concedentem spectet, latè exponit, resoluitq; *Reg. Galeot. lib. 2. contr. 34. à num. 8. ad seqq.* vbi *nu. 23.* declarat etiam, an gabellæ augmentum proueniens facto Domini venditoris, siuè locatoris, pertineat ad conductorem, venditā simpliciter gabella, & qualiter fructuario incrementum latens concedatur, secùs patens *ibid. nu. 23.* & idem examinat *Epist. Rocc. disp. iur. cap. 78. à num. 19.* Licet *cit. Reg. Galeot. d. loc. n. 25.* concludat feudatario concedi incrementum latens, siuè patens, & *nu. 27. & 50.* idem in emphyteuta *n. 28.* & cur differat à fructuario, & an sit pro his petenda inuestitura *n. 19. et 30.* & quod in feudo limitatè, & taxatè concesso non sit locus iuri accrescendi, secùs si in confinibus demonstrato, & *n. 38.* in concessione feudi non aliter comprehendi iurisdictionem, nisi cum solito, & consueto diritto, & si fuerint certi dirictus à principio taxati, excludi augmentum *n. 42.* quod ampliat *n. 43.* & sic concessionem feudi non comprehendere Ius Terriariæ Vini impositum post concessionem *n. 38.* de quo articulo adeundus est *Reg. Rouert. dec. 553.* vbi *de Ma-*

22 *rin. in obseru.* Et an auctæ impositiones spectent ad concessionarium, vel empro-

prorem, aut ad Regem imponentē, Iurē *Pisan. sup. rit. R. C. rubr. 11. à num. 17. ad* 119. quod indubiū est quoad pœnas, & mulctas ex edicto Principis de nouo statutas, etiam si de non delicto fiat delictum; vnde illæ applicandæ non erunt Fisco, sed Baroni infeudato secundūm veriorem opinionem idem *R. Galeot. n. 46. 47. et 49.* quod tamē nō militat in pœnis ex edictis concernētibus annonam in Regno *num. 48.* vbi *num. 45.* opiniones distinctione conciliat.

AD QVÆST. VI.

An Barones, qui habent augmentum foculariorum in eorum Terris ex concessione, debeant etiam percipere augmentum pro rata illorum ex donatiuo facto in locum numerationis generalis, quæ fieri deberet.

ANNOTATIO.

SVMMARIVM.

Barones habentes concessionem cum focularijs, eorumq; augmento, an etiam habere debeant id, quod Reg. Cam. percepit ex transactione cum Regno, ne illud numeraretur n. 1. Fiscus fuit ab impetitis absolutus n. 2.

Decisionem hanc commendat Reg. Tapia *num. 3.*

1 CAsus, de quo in præsenti quæritur, fuit in donatiuo vnius millionis, & bicentum mille duc. in locū generalis numerationis imposito in anno 1574. de quo meminit *Scip. Mazzell. in descrip. Regni Neap. p. 1. tit. de donatiu. &c. f. mihi 340.* & nos infrà post §. 5. *tit. de Conuent. inter Reg. Curiā & Regn. &c.* vbi transcribemus sex articulos, siuè quæstiones occasione huius donatiui exortas, quas ex manuscripto Codice *Auth.* nostri illūc trāsferre putauimus. Hic tantūm agitur de sexto, siuè vltimo articulo disputato tempore Excellentiss. Marchionis Mondeyar tūc Proregis in anno 1575. an scilicēt ad Barones expressam concessionem cum focularijs, & eorum augmento habentes pertineat, quod percepit Reg. Camera ex transactione, siuè conuentione, quam fecit cum Regno, ne illud numeraretur, prout fieri solet quindenis quibusque annis; Nàm ipsi Barones instixerunt condemnari Fiscum ad soluendam ratam ab ipso exactam pro focularibus, quæ excreuerant in eorum Terris.

2 In quo iudicio secundūm *Autorem* nostrum hic Fiscus fuit ab impetitis absolutus, quia in dicta transactione non fuit habita simpliciter augmenti ratio, sed Vniuersitates soluerunt donatiuum ad euitandas vexationes Cōmissariorum, aliasq; expensas, atque labores, & quia etiam incertum videbatur, an augmentum adesset, cum sortiri posset, vt diminutio reperiretur, sicut quia Baronibus non competit ius numerandi, neque agendi, vt numeretur Regnum; Imò cum numeratio Regni non faciat augmentum, nec causa dicatur illius, secundūm *Auth.* nost: um *in præced. quæst. num. 23.* Proindè ex dicta transactione, quæ in locum dictæ numerationis non factæ successit, augmentum prædictum pro dictis Baronibus in consideratione esse non poterat.

3 Quarum rationum efficaciam in puncto post *Auth.* nostrum *cit.* commendat *Reg. Tap. in Iur. Regn. lib. 6. tit. 3. fol. mihi 48. col. 1. versf. huius*, idemq; tradunt *R. Galeot. in add. ad Camill. de Medic. cons. 51 lit. A.* & *R. Camill. de Curte in diuers. feud. cap. veniendo igitur num. 28. & 29. fol. 25.* vbi addit, quod cum in facultate Regis sit, quādo Regi debeat Regni numeratio, ipsis Baronibus ius nō cōpetit, nisi quando verè fit numeratio, sicut in simili ex *Frecc. lib. 2 auth. 1. n. 23.* quoad subuentionem, ad quam Vasalli in casibus à Regni Constit. cōstitutis tenentur Baronibus, quod nō possit exigi pro vero numero focularioris, sed pro illis focularibus, quæ sunt in vera numeratione.

AD

AD QVÆST. VII.

An Balius alicuius Baronis debeat in Parlamento Generali votare, vt Baro, an vt Procurator.

ANNOTATIO.

SVMMARIVM.

PRæcedentia quasi possessio, & obseruantia debet attendi, tàm in priuatis, quàm in publicis sessionibus num. 1. 2. 3. & 5. & quid in actu ciuilitatis n. 6.

Et an consuetudine induci queat, vt minor maiori præferatur n. 4.

Locus dignior, qui nàm reputetur in sessionibus n. 7.

Præcedentia in quæstione tria respicienda sunt, antiquitas, potentia, & possessio n. 8.

Hispanicum Imperium primum obtinere locum n. 9.

Præfertur senior inter pares n. 10. & quid inter familias æquales obseruetur nu. 11. & refertur præcedentia Sereniss. Ducis Neoburgensis ibid.

Ordo scripturæ prærogatiuam arguit n. 12.

Regula si vinco vincentem te, multò fortiùs vinco te, qualiter procedat d. nu. 12. & 117.

Parlamentum quid sit, et vnde denominetur, et quomodò fiat pro donatiuis in hoc Regno n. 13.

Procuratores Baronum, vel Titulatorum etiamsi sint Regentes, vel alia dignitate præditi, quo loco in Comitijs suffragia præbeant n. 14. et quid in Procuratore Titulati de sanguine Regio num. 18.

Decis. hanc transcripsit Reg. Tapia d. n. 14. in fine.

Officiales interuenientes, vti Barones an præcedant, et quid in Episcopo vti Canonico in Capitulo, et alijs nu. 15. et 16.

Barones, sint feudatarij interuenientes in Parlamento n. 17.

Procuratores Baronum, vel aliorum, quam differentiam inter se agnoscant n. 18. 19. 20. et 21.

Procurator in Parlamento, an possit esse plurium Baronum, vel Vniuersitatum, et quam vocem habeat n. 22. et 23.

Balius Baronis, vel Titulatorum, quomodò præcedat in Parlamento à num. 24. ad 28.

Titulati refutantes feuda primogenitis, quam præcedentiam habeant n. 26.

Titulati de sanguine Regio cæteris præferuntur n. 29. et memorantur allegationes in causa Ill. Ducis Montis Alti de sanguine Regio n. 30. 31. et 32.

Legati Regum, vel Principum in sessionibus, quam præcedentiam habeant à n. 33 ad 35.

Ciuitates plures de præcedentia decertantes recensentur nu. 36. Et quid inter Ciuitates Consentiæ, Capuæ, Salerni, et Surrenti n. 36. et 37.

Ciuitas Neapolis cæteras Regni Ciuitates, veluti Metropolis, antecellit n. 38.

Ciues insignis Vrbis præferuntur Ciuibus quamuis nobilibus alterius inferioris Ciuitatis n. 39. Ex quo, nihil præiudicat nobili Ciui munus Tribuni Plebis, vel Gubernij S. Mariæ Annuntiatæ n. 39. et 40.

Præcedere debet, qui maioribus prærogatiuis præfulget n. 41. vt prior in dignitate n. 42. vel primò nominatus n. 43. vel prior in data n. 44. et 45. et refertur præcedentiæ diffidium inter Dom. Reg. Centellas, & Ortiz *n. 46. vel qui actu dignitatem retinet num. 47. Vel prior ad ordinem adscitus n. 48. et adducitur Responsum* pro Ill. Marchione Orioli cum Ill. Duce Populi *à n. 49. ad 66.*

Regens in supremo Italiæ Consilio antiquior, an præcedat Decanum Reg. Cancellariæ Neap. n. 67.

Regentes, et Consiliarij Status quomodò præcedant n. 68.

Regens electus in supremo Italiæ Consilio, si fuerit electus Præses S. R. Cons. an alios præcedat n. 69. et affertur determinatio Regia inter Præs. de Franchis, & Reg. Fornarium *n. 70.*

Præfertur Officialis, qui erat Aduocatus, vel Lector n.71.

Aduocati cogniti examinari non debent, vel qui libros composuerunt, vel scholaris doctus n.72.

Filij Doctorum præferuntur alijs, gratisq; recipiendi n.73.

Doctores Iuris Canonici, an præferantur Doctori legum Ciuilium n.74.

Doctor creatus à Superiore, an alijs præferatur n.75.

Doctor, an præcedat milites, vel medicos n. 76. et 77.

Medici, an Philosophis anteponantur n.78.

Lectores, quomodò inter se præcedant n.79. 80. et 81.

Lector Iuris ciuilis, si anteà fuerat Lector canonum, an præferatur Lectori canonum actu legenti à n.82. ad 86.

Lector præpositus primæ Cathedræ, donec fieret concursus, an posteà in concursu alios præcedat à n.87. ad 91.

Typographorum, & Bibliopolarum præcedentia quæ n.92.

Notarij an præferantur Magistris actorum n.93.

Fisci patronus Regiæ Cameræ, an præcedat alterum M.C. n.94. & an præferatur Iudicibus eiusdem Magnæ Curiæ Vic. n.95. & transcribitur Responsum editum à Dom. R. Cam. Præsid. D. Didaco Moles *à n.96. ad 118. Decisum pro Iudicibus n.119. & quid si collegialiter cum suo Tribunali incedat num.120.*

Præcedentiæ ordo seruandus in solemni Equitatu qualis sit n.121. & 130.

Rationales R.Cameræ, an præcedant Iudices M.C.Vicariæ à n.123. ad 128.

Ordo seruandus in sententiarum, ac votorum prolatione quis nam sit n.129. & 130. & qualiter in Collegijs Aduocatorum n.131.

Barones an præferantur Nobilibus simplicibus n.132. & quid in Titulatis ibid.

Septem Regni officia quæ sint, & qualiter præcedant n. 133. et 134. afferuntur allegationes pro Magno Admirato, Io. Andreæ de Georgio, & Ascanij de Stabili *à num.135. ad 158. & alia* pro Magno Cancellario *à nu. 159. ad 169.*

Præcedentia Thesaurarij cum Dominis Quinque Sedilis Nidi, et Titulatorum cum Dominis ex Septem Officijs in Sedili Nidi à n.170. ad 179. et an in Illustribus Sedilibus Neap. detur aliqua præcedentia à n.180. ad 188.

Episcopi an præferantur Baronibus n. 189.

Ecclesiasticorum præcedentia, in processionibus, et alibi, quæ n.190. 191. & 192.

Præcedentia, an detur in processionibus pro SS. Reliquijs principalis Protectoris num.193.

Laici, & Principes seculares, an Consuetudine acquirere possint ius tenendi scannum, vel Baldacchinum, & alia in Ecclesia n.194.

Præcedentiæ materiam, quinam Authores tractarint n.195.

1 EA est humanarum rerum conditio, vt illæ sine ordine vix subsistere queant, ideòq; nostra Iuris ciuilis scientia, quæ ius suum cuiquè tribuit, huic ciuilitati prospiciens, diligentèr cauit in vtroq; Codice, *Iustin. & Theodos. vt dignitatum ordo seruetur.* Obseruantiam verò, quam ex *Marin. Freccia in lib. 1. de subfeud. cap. 1. nu. 52.* vel antiquam attendendam esse *Dom. Reg. Moles* refert, (quod scilicet maiores Tituli semper fiet in Parlamento primi ad vocandum, deinde Barones,
2 inter quos nullus antiquitatis delectus est, prout in Titulatis, quod etiam in Parlamento pro donatiuis quolibet biennio fieri consuetum attestatur) confirmat constans Sapientum sententia, iure gentium recepta, & ab Inter-
3 pretibus nostris approbata, quasi possessionem præcedentiæ omnino debere attendi, tàm in priuatis, quàm publicis sessionibus, siuè processionibus, *Seraphin. decis. 401. Perez de Lara de anniuers. & capell. lib. 1. c. 24. nu. 16. Salgad. de Regia protect. to. 1. p. 2. c. 9. nu. 26.* imò quod in controuersijs ortis quoad sessiones, & prærogatiuam, obseruantiæ standum sit, & consuetudo attendenda communi ferè Doctorum calculo fundatur ex *Bald. in cap. cum olim, extra de consuet. & in cons. 3. lib. Menoch. cons. 51. num. 49. & cons. 126. nu. 2. & 3.*

R. Vt

R. Valenz. conf. 201. à n. 92. l. 2. Peregr. conf. 5. Vivian. respons. de iure Pontif. in 1. conf. 10. Fab. de Anna conf. 40. à nu. 1. Galdast. in forinsec. lib. 1. c. 22. n. 1. & cap. 30. Em. Card. Ottoboni, postea Summus Pontifex *Alexander VIII. in dec. 4. nu. 34. & 35. Iac. Andr. Crusius in tract. de Praeminentia lib. 1. cap. 6. Iacob. Gothofred. in Diatriba de Iure Praecedentia p. 1. c. 2. thes. 7. Otto de off. Reg. p. 1. c. 14. à n. 17. Trilchad. consult. 29. à n. 1. Cesar Pannmolle in dec. fori Eccl. p. 1. dec. 1. annot. 1. ubi in annot. 2. à n. 2. ad sequ.* examinatur, an consuetudine induci possit, ut

4 minor in dignitate praeferatur quoad sessionem maiori, de quo etiam *cit. Crus. cap. 11. per tot.*

5 Imò is iudicandus est maior, & dignior, caeterisq; anteponendus, qui pro veteri more, & consuetudine ita habitus est, secundùm *Menoch. cons. 157. nu. 36.* quem sequitur *cit. Crusius d. cap. 6. n. 10.* dicens etiam dictum esse in quali possessione praecedendi constitutum, armata manu turbatori resistere, cum fundatam intentionem, tàm in possessorio, quàm in petitorio ha-

6 bere dicatur. Quod tamen declaratur, id non procedere in actu hospitij iure, vel respectu aliquo ciuilitatis generalis practicato, nam ex illo nec dignitas augetur, nec praerogatiua praeiudicatur, cum in sessionis materia vrbanitas, & modestia non inducat obligationē, *Gothofred. d. par. 1. cap. 2. thes. 1.* eidemq; *Crus. d. loc. n. 17.* vbi n. 18. scribit, nec ideò Inuictissimo Hispaniae Regi praeiudicasse, quod Caroli *Walliae* Principem, Iacobi Regis Angliae filium superiori sibi ad dexteram loco collocauerit, & *num. 19.* nec Innocentio VIII. Pont. quod *Mahumetus* Turcae filio, minori in Palatio mansionem supra se deputauerit, & *n. 20.* Christinam *Sueciae* Reginam (cum à Cardinalibus visitaretur) primum occupasse locum, & sellam etiam, cui insedebat, ex praetiosiori materia fuisse confectam, quàm illas, quibus Cardinales vtebantur.

7 Qualis autē sit dignior locus in sessionibus, processionibus, siue intrà, siue extrà Ecclesiam, siuè in spiritualibus, siuè temporalibus, exponitur praefati *Pannmolle annot. 14. Crus. lib. 1. cap. 8. Gothofred. par. 2. à th. 1. ad seq.* & praesertim à Principis vicinitate, loci dignitatem desumi, ex *glos. in §. aliam Inst. de bon. poss. Mastrill. de magistrat. lib. 5. cap. 4. n. 2. & 3.* sicut in Cęlo, qui Deo proximior est, altiorem locum obtinet, *Cabal. de hon. regim. c. 16. n. 6. & 7.* De honore dextrae multa multi scripserunt; medius tamen locus, vbi tres essent, honoratissimus apud omnes videtur, sed sinistrae locus primus honoratior est, quàm secundus dextrae; In pompis, seù processionibus, modò primus est melior, si priuatum officium sit, veluti nuptiale, aut funebre; modò medius, cum publicum, vel processio partim ecclesiastica, partim secularis; modò vltimus, vbi merè ecclesiastica, veluti in Choro: sed in hoc regionis cuiusq; mos attendendus.

8 In ipsa, in praecedentiae quaestione, tria ex *sud. Crusium, cap. 6. nu. 48.* respicienda esse, existimatur, antiquitatem, pota originis, nominis, rerumq; gestarum celebritatem, necnon magnitudinem, seù potentiam, denique iuris illius possessionem, vel quasi, & *nu. 49.* argumentum ipsum à magnitudine, siuè potentia desumptum caeteris pari-

9 bus intelligendum esse; Et inde Regnum Hispanicum primum procul dubio obtinere debere locum, cum illud decuplo sit maius Turcarum Imperio ex *Bodin. lib. 2. de Rep. cap. 2.* Imò & Romanum Imperium, quando vel maximum fuit Hispanico minùs fuisse scribit ex *Lips. de magnitud. Roman. lib. 1. cap. 3.* quin nulli Imperatorum, vel Principum à condito mundo maius Imperium obtigit eo, quo Clementissimus, Piissimusq; omni aeuo memorandus Philippus IV. Hispaniarum, & Indiarum Rex potitus ex *Iacob. Valdes. de dignit. Hispan. cap. 12. fol. 143. & seq. Botero in relat. p. 2. lib. 4.* & quocumque se die, noctèq; Sol verterit, nunquā nisi in hoc Regno Regem cernere occasum tradit *Io. Bapt. Villapand. praef. 12. in*

Eutch.par.7.cit.Crus.d.loc.vsq; ad n.51. vbi post Hispanicum Regnū, Turcicum annumerat, describitq; in num.seqq. Quod nos etiam latè ostendimus in Notitia pract. Ærarij Vniuers. p.1.cap.5. Similitèr ex antiquitate originis, siuè familiæ præcedentiam tribui ibid. post alios fundat à n.57. vbi n.62. Hispanorum antiquissimam, nobilissimamquè originem à Iaphet tertio Noe filio deducere Scriptores Hispanicos ex Damian. à Goes Equite Lusitan. in Hispan. Vaseo in Cron. Hisp. & ex eod. Damian. Tubal quintum filium Iaphet, & nepotem Noe primum Hispaniæ cultorem, & Regem anno post diluuium 143. fuisse, & post Abidum Regem Hispaniæ n.27. (qui vixit anno diluuij 1292. regnauit verò 35. annos) vsq; ad Carthaginensium, & Romanorum ætatem, nullos Hispaniæ Regno Principes, Regesvè successisse, idq; factum ob ingẽtem, quæ in Hispania fuerit, & celeberrimam illam ariditatem, adeò vt Petrus Medin. in lib. de praclar. & memor. reb. Hisp. cap. 8. attestetur per 26. annos continuos, nullam in eo pluuiã decidisse, de quibus & alijs adeundus est cit. Crus. ibid. d.c.6. nu.62. vbi in praced. & alijs n.seqq. aliarum nationum originem refert.

10 Inter eiusdem familiæ verò, genere, statu, & dignitate pares, seniorem præferri ex l.5. D. de iur. immun. & alijs cit. Crus. d. loc. n.77. fundat, vbi n.78. tàm de iure ordinariū, quàm de Consuetudine receptum esse, seniorem iuniori præferri, & præsertim inter Principes, Duces, & Proceres Imperij, idemq; obseruari in Electoratibus Saxonico, Brãdeburgensi, Ducatibus Brunsuich, & Luneb. & Domo Hassiaca ib. refert n.79.

11 Secundò inter pares familia, dignitate, & qualitate præfertur maior ætate, vt consuluit Iacob. Gallus cons.105. in præcedentia cum Ser. Principibus Analth. & Aldemburg. Et inter Titulatos præfertur ille, qui prior est in dignitatis maioritate, vt pro Ser. Duce Florentiæ contrà Ser. olim Ducem Ferrariæ Marcell. de Mauro alleg. 30. Leonin. cons.1. Marzar. cons. 26. Pistor. cons. 51. vol. 1. licet pro Ferrariensi scripserint etiam Decian. cons. 19. vol.3. Gigas cons.20. Natta cons. 637. Feder. Scotus cons.28. to.1. Philipp. Portius lib. 4. resp. 167. Et pro Ser. Parmensi Duce, cum Ser. Neoburgensi Dom. Andreas Ioseph Gizzius in sua alleg. apud Cons. Altimar. in obs. ad Reg. Rouit. cons.84. lib.1. licet aliud eiusdem Gizzij editum Responsum pro Ser. Neoburgensi Duce cum Statibus Hollandiæ nos habeamus, vt etiam annuimus suprà in Notitia Pract. Ærar. Vniu. par.1. cap.22. & videndus Iac. Andr. Crusius in tract. de Iure Potiòria S.R.I. Electorum, necnon Serenis. Domus Neoburgica.

12 Digniorem esse te, qui præfertur illi, cui tu prærogatiuam debes, scribit ex Menoch. lib.1. cons.126. nu.25. et Nolden. de stat. nobil. cap.10. num.107. cit. Crus. d. cap.6. n.80. ex regula, si vinco vincentem te, multò potiùs vinco te, l. de accessionibus, D. de diu. et temp. præscript. nisi adsit diuersa ratio vincendi ex Couarr. 1. var. resol. 7. num.3. Sicuti quoque ab ordine scripturæ argui prærogatiuam, vt ille dignior, vel potior iudicetur, qui tali ordine præponitur ex Cam. in c. qui prior de reg. iur. in 6. et cap. mandato, de prabend. in 6. et DD. in l. generalis. D. de fideic. libert. Io. à Reberteria topic. iur. lib.2. cap.11. Nicol. Euerhard. in Topic. in loc. ab ordine, Philipp. Dec. cons. 161. Modest. Pistor. vol.1. cons.51. n.34. & alijs; Et tandem n.83. in controuersijs sessionum multùm deferendum esse ceremonialibus libris, Gallicis quidem Gothofredi, Italis verò Paridis de Grassis, ait citat. Crus. d. loc.

13 Rursùs annotamus, Parlamentum, de quo Auth. noster hic, à Parium laudamento dici ex Tasson. in pragm. de antefh. vers.3. obseru. 2. num.5. vbi id exponit à nu.1. ad 8. et seqq. numerando n.10. quot Parlamenta fuere à tempore Regū Aragonensium, nec in illis interuenire, nisi qui habent feuda ibid. n.27. Et circà donatiua facienda obseruatur, quod Dom. Prorex habitis li-

teris

ectis à S.C.M. quibus donatiuum singulis binis annis petit, vel quoties vrgerent iustas atq; legitimas causas, de quibus meminit *Consil. Rouit. de officio S. de donatiu. fisc. à n. 33. n. 40. et seqq.* Barones omnes à Regno conuocat, qui singuli accedere debēt, vel Procuratores mittere, quibus vnitis, ex nobilium cætu, alicuius ex Sedilibus Syndicus eligitur, qui dicitur Rector, & Gubernator Ciuitatis, & Regni, *Reg. de Pont. decis. 15. num. 27.* vbi *n. 26.* scribit quod platea Popularis pariter suos Deputatos facit, & in omnibus istis actibus, tam in loquendo, quàm in firmando, seu subscribendo literas de gratias, Ciuitas præcedit omnes Barones, cōgregatisq; in loco aliquo ad id destinato, solemni processu accedit Dom. Prorex, & Regium Donatiuum à Baronagio, & Regno faciendum proponit, & Syndicus vniuersis Regni Baronibus, & Proceribus Regis necessitatem aperiendo, lectis etiam fiducialis ad hoc Regis literis, inde assurgit ante Dom. Proregis præsentiam, & petit ab eo licentiam, vt possit congregare Parlamentum Generale, in quo proponatur donatiuum petitum, & fiat debita conclusio, vt possit demum ipse nomine Ciuitatis, Regni, & Baronagii, ipsi Dom. Proregi respondere, & Dom. Prorex licentiam concedit, deinde Ciuitas duodecim creat Deputatos, aliosvè duodecim Barones, qui eligi debent sex ex Titulatorum cœtu, & reliqui ex Baronibus; posteà isti, Syndicus, & viginti quatuor Deputati, in vnum conueniunt in aliquo loco, vbi interueniunt etiam Aduocati, ibiquè de quantitate tribuenda deliberant, illudq; à maiori parte ipsorum concluditur, tribuitur autem ex tribus corporibus, Baronum scil., nec non quò Vassallorum, & Vniuersitatum Baronalium; Deputati verò à Ciuitate electi, licèt duodecim, vnicum tamen suffragium habent, sedent tamen in latere dextero, & primò subscribunt conclusionem, illaq; demum conclusa reuertitur Prorex item solemniter, oblatamq; pecuniarum quantitatem Regis nomine acceptam refert, & gratias agit, gratias verò ipse postea pro vniuersis Vrbis, Regniq; beneficio à Baronibus, licet numero paribus, quod ab Excell. *D. Perafan de Ribera* constitutum fuit; olim enim Ciuitas ipsa per suos duodecim Deputatos illas porrigebat, qui Barones ipsi etiam cum Deputatis subscribunt literas ad Regem de eo donatiuo iam facto, testibus *Marc. Ant. Surgent. de Neapol. illustr. lib. 1. cap. 23. n. 33. Reg. de Pont. dec. Coll. Consil. 15. fol. Cons. Capuae in libr. intit. Il Forastiero fol. 680. Consil. Rouit. d. loc. n. 87.*

14 Ad conclusiones verò nostri *Auth.* pergendo, puta cum in *nu. 2.* scripserit in donatiuo de anno 1570. Dom. Reg. Gundisaluum Bernundez, Thomam Salernitanum, necnon D. Aluarum de Mendozza Castri Noui Castellanum, & Caniglium Queradam Præfectum tormentis bellicis, omnes de Collaterali Consilio vocasse, nisi post Barones, quia non fuit considerata personarum dignitas, cum non venerunt, vti tales ad locum illum, sed cōsiderata fuit qualitas, cum qua ibi venerit, scilicet, vt Baronum Procuratores ex *Franc. Loffred.* & aliis, quam *decis.* transcribit, & sequitur *Reg. Tap. dec. Supr. Ital. Sen. 31. n. 57. & 58.* eumque laudat *Dom. Roder. ad Reg. de Marin. tom. 1. resol. 70. num. 2.* adde *Mar. Mut. cap. Regni Sicil.* post alios *cap. 11. à nu. 68. ad seq.*

15 *Annotamus* prædicta confirmari, quia tunc prædicti Regis Officiales vti Baronum Procuratores interueniendo, non poterant locū suæ dignitatis obtinere, sicut Episcopus interueniens vti Canonicus non præcedit Canonicos, vt Episcopus, & Episcopus Consiliarius Principis tenet locum, sicut quilibet simplex Consiliarius, quemadmodum & Consiliarius Regis si interueniat ex dispensatione pro Aduocato in causa alicuius particularis, in nouissimo loco licet in ordine Consiliariorum sedere debet, vt testatur *Praes. de Franch. decis. 338. n. 2.* quas conclusiones, ibi decla-

ratta

ritas, & per *Add. ib.* examinatam habes, & quid obtinuerit vltimo loco, refert *ibid.* post doctiss. *Consil. Petr.* aliosq; *De Luca in obseru.* post *Rit.* & *Amend. ibid.* aliaq; exempla in Archiepiscopo vel Canonico, vel Abbate, vel Vicario Episc. vti Canonico, vel de Camerario Cardinali extrà locum Cameræ, vel Regibus, vel Paribus Franciæ, & alijs affert *Iac. Gothofred. d. tract. par. 1. cap. 3. ib. 26. & cap. 5. ib. 34. per tot.* Nam dignitatis qualitas non attenditur, si ad negotium non confert *Tasson. d. loc. nu. 22.* & proindè etiam si Regens Regiam Cancellariam erexit Marchio cæteros Regentes primo loco in Concilio positos non antecellit in sedendo in illo, quod secùs est in ingressu, & regressu, ex quo ibi non vt Marchio, sed vt Regens sedet, & interuenit, quod etiam obseruatur cum Consiliarijs, ac ipsis Regentibus interuenientibus in Collegio Doctorũ, qui vti Collegiati sedebunt, non vti Consiliarij, siuè Regentes, *Reg. Constant. in comment. ad l. 1. n. 19. C. de Consul. lib. 12.* post *Annam in cons. 40.* & ita Mediolani seruari testatur *Menoch. cons. 90. 2. n. 75.*

16 Quemadmodum etiam in Parlamento interuenientes, vti Barones sedent, *Lanar. cons. 88. num. 28.* quia tunc dignitas à persona separatur, cum in Parlamentis non interueniant, nisi feudatarij, & Ciuitas Neap. per eius Deputatos, vt suprà. Et proinde, qui non

17 habent feuda, in Parlamento interuenire non possunt, neque vocantur Magnates de Septem Officijs Regni, *Reg. de Pont. cons. 14. num. 53. & 61. vol. 1.* & propterea non est in consideratione dignitas aliqua, nam qualitas dignitatis, quæ nihil refert ad capitulum, non est attendenda, *Tasson. d. loc. num. 22.* Est tamen verum, quod in Septem Regni Officijs, quorum si aliquis sit feudatarius, ex quo habet dictam maiorem dignitatem annexam cæteros præcedit in parlamento, vt fuit decisum in causa Comitis Cariæ Magni Cancellarij cum Principe Salerni, teste *Fonte de subfeud. lib. 1. fol. 13. num. 17. Reg. de Pont. d. decis. 8.* Quod secùs est in dictorum Procuratore in parlamento dum interueniat, non vti Procurator vnius

18 ex Septem Officijs, sed vt Procurator Titulati, & feudatarij Regni, & sic meritò Procuratorem Magni Comestabuli non esse præferendum in Parlamento cum alijs Titularis Baronibus fundat *Tasson. de anteph. d. loc. à nu. 23. ad seqq.* Nam Procurator non sedet in loco, vbi Dominus sedet, nec ei debetur idem honor, sicut & Domino, *l. sed & si, § fin. Dide in ius voc.* nec præcedentiã aliquã posse prætendere in voce danda, & ità decisum testantur *Reg. de Ponte dec. 13. nu. 1. Tasson. d. loc. num. 29. & 30. cum seqq.* quidquid scripserit *Andr. Capan. de iure relevij quæst. 8. num. 7.*

19 Verùm inter Procuratores adesse differentiam, vt præcedant secundùm qualitatem suorum principalium, idẽ *de Pont. ibid. n. 2. P. Dian. resol. moral. to. 1. tract. 3. de parlam. in resol. 28. Capan. d. loc. in fine*; quidquid in iuramento præstito de anno 1442. D. Ferdinando Aragonio filio naturali Regis Alphõsi I. fuerit obseruatum, puta, vt Titulatorum Procuratores non præcesserint Procuratores Baronum non titulatorum, vt ex *priuil. & Cap. Neap. fol. 3. & 7. à t. memorat cit. Tasson. d. loc. nu. 35.*

20 Quod intelligas respectu dignitatis feudatariorum titulatorum; Secùs verò respectu alterius separatæ dignitatis, prout fuit decisum in Procuratore Ill. Magni Comestabuli cum Spectab. Regente D. Io. Baptista Valenzuela Velasquez, qui in Parlamento de anno 1621. vti Procurator aliquorum Baronum, præcessit Procuratorem dicti Ill. Comestabuli, vt decisum refert *Tasson. d. loc. n. 16.* vbi *n. 17.* tradit, ex *Reg. de Pont. d. decis. 15. num. 9. circa fin.* quod Regentes Reg. Cancellariæ, vt

21 Regij Consiliarij Procuratores cæteros Procuratores Baronum præcedunt; Et posse eundem Regentem, vel Consiliarium in Parlamento, vti Baronem, & Deputatum interuenientem facere mandatum pænale, si aliqua differen-

tia

tia inter ipsos in Parlamento quaeritur, idem Tasson. ibid. nu. 20. licet & alias exerceret vigore iurisdictionis ordinariae penes ipsos existentis, Reg. de Ponte d. dec. 15. n. 28.

22 De Procuratoribus autem illis, qui interueniunt in Parlamento, quando vnus possit esse Procurator plurium, exponit cit. Capan. d. quaest. 6. 2. à num. 2. & 3. & quando possit alterum substituere, post P. Dian. & alios n. 8. & qualiter Procurator alterius, & Baro insimul sedere debeat, & quomodo det votum in Parlamento ibid. num. 10. & an Procurator alterius, & Baro insimul possit sequi vnam sententiam, vti Procurator, & aliam, vel Baro latè examinat P. Diana d. coll. 3. resol. 10. quem refert, & sequitur cit. Capan. d. loc. n. 12. & declarando Tasson. num. 28. addictio Borrello in comment. ad Belluga in Spec. Princ. rub. 6. & 43. de inaequal. voc. lit. A. Mastrill. ad cap. 11. Regni Siciliae, latè à num. 8. ad seqq. vsq. Consil. D. Io. Dexart in Capit. Regni Sardiniae lib. 1. tit. 1. de Parlamentis cap. 2. num. 16. & cap. 4. à num. 9. & cap. 9. per tot. Rupano lib. 7. de Parlament. Et an plures Vniuersitates, & Barones possint constituere vnum, aut alterum in Procuratorem ad effe-

23 ctum iurandi in Parlamento illicitum non esse existimat P. Dian. d. loc. resol. 7. dummodò Procuratores sint timoratae conscientiae, & amatores boni publici, non quaerentes semetipsos, sed communem Regni necessitatem, vbi ad id refert, quae animaduertit Reg. Io. Franc. de Ponte de pot. Prorex. tit. de dict. offic. §. 3. n. 3. circa abusum praemissum, vt tales Procurationes omnes ad pauces Ministrorum in ipsorum persona sint, vel ab earum dependentibus.

24 Similiter ad nu. 3. & 4. vbi dicitur, Balium pro Barone reputari, & in Parlamento votare tanquàm Baronem, & non vti Procuratorem, quia Balius habet omnimodam administrationem, & exercitium iurisdictionis, & imperij proprio iure à lege, non verò ab homine ex tex. in Constit. Regni [illegible] in quo Andr. nostrum celebrat Rubor-

ad Reg. de Marin. d. cap. 30. num. 1. & 2. Annotamus, quod licet Balius votet vti Baro, secundum decisionem hic relatam, non tamen praecedet, nec habebit locum sui principalis minoris, prout fuit conclusum in Collaterali Consilio, & practicatum in Parlamento, de quo testatur Reg. de Ponte d. dec. 15. no. 9. ob rationes ibi traditas à n. 8. puta quod respectu honoris, nunquam substitutus, subrogatus, vicemgerens, delegatus, & similes eandem habent praerogatiuam, quam sui principales, secundum quod obseruatur. Balium Tituli, si non sit ipse Titularis, non

25 gaudere praerogatiuis Titulatorum in Regio Palatio, nec in Capellis, nam ius illud honorificum specialiter personae, & officijs affixum, non euellitur ab eo, vnde minores in dies vbi Titulatos tractari, incedere, & separari videmus, quorum Balij curam tantùm habent personarum, vti titulatorum & honorum, & proinde praecedentiae praerogatiuae vel sequelae, nam titulus, eiusq; praerogatiuae dignitas adstricta inhaerent, vt separari nequeant, imò nunquàm perditur, etiam deficiente re, & persona, & illud etiam casu non existente durant durante persona, idem Reg. de Ponte cons. 3. num. 10. vnde vendito feudo titulato, feudatarij titulati non amittunt titulum, nec aliquam ex eius praerogatiuis, vt refert Camill. de Curt. & post alios Consil. Marc. de offic. §. 4. de mil. gerarg. nu. 97. At-

26 tamen Tituli refutantes feuda primogenitis, licet retineant nomen Tituli, in praecedentiis tamen omnibus illis posteriores, Reg. Consan. in Comment. ad l. 1. quaest. 4. & cons. lib. 1. Vnde

27 meritò hinc fuit, Balios minorum non praecedere Barones in Parlamento secundum eund. de Ponte d. decis. 15. qui in cons. 3. lib. 1. num. 1. similiter, minores admitti ad dandum votum in Parlamentis Generalibus, puta filios Nobilium in potestate parentum existentes, qui Balium habere non possunt, & comparere in Parlamentis cum authoritate parentum, non posse Balius comparere-

parere, & quid in mulieribus, Idem *de Ponte ibid.*

28 Circà verò alterum casum praecedentiae *n.* 5. 6. & 7. ab eodem *Reg.* nostro relatum, puta quod Dom. Reg. Salernitanus votauit primus ante Barones, vti Procurator Sereniss. Margaritae de Austria filiae Augustissimi immortalis memoriae Caroli V. Imper. tanquàm de sanguine Regio, ex tradictis per *Chassan. in Cath. glor. mund. in* 1. *part. consid.* 42. & 43. & alios, referens, quod dicta praelatio locum habet etiã si esset posterior titulatus, quod etiam practicatum recenset respectu Procuratoris Dom. Ducis Montis Alti, qui etiam erat de sanguine Regio, tanquàm pronepos Regis Ferdinandi I.

29 Obseruandum est, quod inter Titulatos, si adsit aliquis de sanguine Regio caeteris praeferendus est, estò maiore dignitate suffultis, *Reg. de Ponte de potest. Prov.* §. 5. *de assens. num.* 6. qui id practicatum in dicta causa Ducis Mõtis Alti refert, quẽ recẽset, & sequitur *tit. Reg. Tap. d. decis.* 21. *num.* 40. Quod etiam militat, tàm in Equitatu, quàm in sessionibus, caeterisq; alijs actibus, vt omnibus praeferatur Titulatis, etiam maiori dignitate, vt suprà decoratis, Imò quoque septem Regni officia habentibus, quia in sanguinis Regij praerogatiua talis praelaio innititur, & veluti descendens à Principe dignitatum fonte, caeteris dignitatum riuulis praeferendus est, & quia tanquàm dignitas in sanguine naturaliter insita, accidentalibus fortior, ac validior existimanda est, vt post *Bald.* & alios fundatur in allegatione pro dicto Duce Montis Alti edita, quae legitur apud *de Luca in obseru. ad Praes. de Franch. decis.* 548. *n.* 1. vbi *n.* 2. hoc etiam in Procuratore
30 seruari, ex *Regente* nostro, ad id cumulat, ex obseruantia in eadem causa dicti Ducis Montis Alti, in qua solùm fuit posteà disputatus articulus, an nouissimus tunc Dux Montis Alti D. Aloysius, licet ex foemina Regij sanguinis descendens, esset praeferendus, vel ne Septem Regni officia habentibus, pro quo in anno 1619. per Collaterale Consilium refert decisum, vt praeferendus esset; Et in simili pro Ill. Duce Segorbiae, & Cardona ex familia Cordubensi ab eodem stipite Regiae Domus Aragonensis ex foemina descendente in Hispania, idem *de Luca ibid.*

31 Imò ipse Ill. Dux Montis Alti cum praetenderet quoque praecedere Dom. Electos huius fidelissimae Ciuitatis, pro illis scripsit *Consil. Staiban. tract.* 1. *resol.* 101. in quo puncto nullus actus fuit subsecutus, sed quia Ciuitas ipsa recursum habuit ad Inuictissimum Regem nostrum in mense Aprilis 1630. rescriptum à Sua Cath. M. fuit obtentum, quod dicta causa votanda esset cum interuentu Praesidis S.R.C. & Locumtenentis Reg. Cam. absq; interuentu Dom. Proregis, etiam super validitate vltimi actus, qui pro dicto Duce allegabatur, & quod non propalato decreto vota transmittenda essent ad Supremum Italiae Consilium, ad finem prouidendi, vnde ampliùs de praetensione praedicta non fuit locutum, sed in actibus subsecutis dictus Dux non interuenit, ne forsàn sibi praeiudicaret, vt in simili admonet *Cras. de praeminent. cap.* 11. *n.* 5.

32 Et circà eandem praelationem eiusdem Ducis Montis Alti septem Regni officijs, in puncto illo, an vnicus actus sufficiat ad manutenendum in possessorio, contra dictũ Ducem pro Illustr. Marco Antonio Columna tunc Siciliae Prorege scripsit *Io. Vincent. de Anna alleg.* 131. quem refert *tit. Staib. d. loc.* vbi latè eundem articulum examinat, & *nu.* 11. probare conatur, talem praelationem non procedere in descendentibus à foeminis Regij sanguinis, ex quo illi nec sunt immunes à solutione dirictuum Regij Sigilli, prout sunt immunes descendentes ex Regio sanguine per lineam masculinam, vtẽdo ad id decisione prolata contra Sereniss. Ducem Parmae apud *R. de Ponte dec.* 5. quae processit non solùm in possessorio, sed etiam inspecta iustitia pro-

cian-

stlorij, idemq; cum hæredibus D. Mariæ de Aragonia Marchionissæ Vasti, vt in *nu.* 20. *&* 21. Cui argumento respondetur in *d. alleg.* pro dicto Duce *vers. Et vt pars aduersa.*

33 Quid verò sit in Legatis Regum, & Principum in hisce sessionum litibus obseruandum, & an Subdelegatus delegantis sessionem obtinere possit, latè exponunt *supracit. Gothofred. de Iure præced. par.* 1. *cap.* 7. *de repræsentatiua præcedentia*, *Iac. Andr. Cruss. d. tract. cap.* 11. vbi *n.* 7. tradit, quod licet regulare sit, quod legatis Principum idem honor, præeminentia, & sessio debeatur, quæ competit Principibus, à quibus missi, in Imperio tamen quibusdam in casibus id non obseruatum refert, vt in electione Regis Romani, si quendam Electorum abesse contigerit, legatus ab eodem missus, licet Domini sui personam repræsentet, in mensa tamen, quæ Domino deputata est, sedere non posse, & alijs in casibus *ibid.* recensetis, & *nu.* 9. in Comitijs Imperij receptum, vt Principes in persona ordine posteriores præcedant legatos Principum ordine priorum; Et *nu.* 10. diuer-
34 sum obtinere in legatis Augustissimæ Domus Austriacæ, Burgundicæ, & Episcopi Salisburgēsis, qui ipsis Principibus in persona præsentibus præferuntur, quod sic obseruatum in Comitijs Imperij de anno 1654. probat, & quid inter cæteros Imperij ordines receptum docet *nu.* 12. & an Subdelegatus delegantis sessionem obtinere debeat, examinat *ibid. n.* 13. exempla ponens in *num.* 14. Et an Regum exterorum Legati Electoribus S. R. Imperij in actibus ad Curiam pertinētibus, ac in Comitijs præferantur, quidvè de legatis Rerumpublicarum liberarum, quæ iura Regum sibi asserunt, dicendum sit, luculentèr exponit idem *Cruss. d. tract. lib.* 3. *cap.* 4. vbi *n.* 1. lega-
35 tos cæterorum Regum, Electores præcedere, excepto Rege Bohemiæ, qui in actis ad Curiam ipsam spectantibus quemcumque Regem alium, quem quouis casu venire contigerit, immutabiliter præcedit, id confirmans ex verbis *aurea Bulla Caroli IV.* & *Capitulatione Ferdinandi III. Imp.* Quod secùs est in Legatis Rerumpublicarum liberarum, qui quoad sessionem non præferuntur Electoribus Sacri Rom. Imp. quod ex nouissima *Capitulatione* moderni Imperatoris gloriosissimi *Leopoldi* idem probat.

Neque tandèm, in materia ista præcedentiæ, casus alios pro huius annotationis coronide cōmemorare omittimus.

36 Et quidem primò in istis Comitijs Generalibus, multa dissidia de præcedentia inter Vrbes quasdam celebriores fuisse oborta; & inter cętera, dissidium fuit inter Ciuitates Regni Castellæ Burgum, & Toletum, quod à nostro Clementissimo Rege Hispaniæ fuit decisum, de quo vidēdi sunt *Esteuan de Garibay, & Zamalloa en historial d'Espagna lib.* 14. *cap.* 23. *P. Marian. lib.* 26. *de Reb. Hisp. cap.* 15. *Ant. de Herrera p.* 2. *hist. gener. lib.* 14. *cap.* 19. *et Ambros. Morales lib.* 15. *Cronic. Hispan. cap.* 17. Similis controuersia inter Messanam, & Panormum Siciliæ Ciuitates, *Heberer lib.* 3. *Seruit. Ægypt. cap.* 22. *p.* 464. De Ciuitate Parisiensi, Florentina, & de Ciuitatibus Clamecy, & Desize in Gallia *Iac. Andr. Cruss. d. tract. de præemin. sess. et præcedent. lib.* 3. *cap.* 16. *à num.* 3.

37 Similitèr de præcedentiæ quæstione agitata inter Syndicos Ciuitatis Consentiæ, & Capuæ memor est *citat. Cruss. d. cap.* 16 *num.* 5. *& seq.* & pro Syndicis Ciuitatis Consentiæ respondit *Bernardin. Bombinus in suo cons.* 79. Probat inter Ciuitates Capuæ, Salerni, & Surrenti, eandem differentiam ortam fuisse, testatur *Frecc. de subfeud. lib.* 3. *in addit. n.* 62.

38 Florentissima autem, ac fidelissima Ciuitas Neapolitana, (qua optima patria nos meritò gloriamur) vti Regni Caput, & Metropolis, sic nuncupata à Seren. Rege Ferdin. *in pragm.* 1. *de immun. Neapolitan.* Mater omnium Ciuitatum Regni dicitur, & ipsius

exemplo reguntur, non mirum, si cæteras subiectas Ciuitates præcedit, & præ alijs Ciuitatibus primam sedem, & votum habere debet, ex *Leo. C. de Metropol. lib. 11. Flam. de Rub. cons. 65. n. 81. & seq. vol. 2. Bellug. in Spec. Princ. rub. 6. num. 39.* vbi *Borrell. lit. D.* inquit, quod post primam Ciuitatem Metropolim Regni, sedent aliæ, iuxtà fidelitatem, & antiquitatem; sicut Metropolitam aliarum inferiorum Ciuitatum Episcopos sub se habere *c. cleros 21. dist. Greg. Tholos. de Republ. lib. 1. c. 1. nu. 9. & seq.* Et quemadmodùm est Metropolis inter Ciuitates, ità Metrocomia est inter vicos, quorum mater, & caput dicitur, post *Gothofr. ad rubr. C. ne lic. habit. Metroc. Ios. Nelden. de stat. nobil. Ciuil. cap. 9. n. 370.*

39 Ex quo paritèr infert *Io. Bapt. Thor. in addit. ad alleg. 36. post decis. R. Salern. fol. mihi 186.* ad illam altercationem sæpè sæpiùs in hac nostra Vrbe excitatam, in munere Tribuni, sinè vti aiunt, Electi Popularis, ac Gubernio Sacri Templi Diuæ Mariæ Annonciatæ, dùm aliquando Nobiles Viri electi, licet extert, effugiunt onus subire, prætextu eorum nobilitatis, ideò eam maxima protestatione aliquãdo exerceant citrà præiudicium eorum nobilitatis. Quod sanè absonum videri existimant DD. eò quod si per statutum Nobiles fierent Populares, non tamen perderent nobilitatem generis, sed accresceit popularitatis beneficium, ità notabilitèr censuit *Alex. cons. 32. nu. 6.* quem sequitur *Tiraquell. de nobil. cap. 6. num. 53. Seraph. dec. 107. num. 10.* vbi *n. 11.* subdit, decisum fuisse, quod si quis sederit inter Ciues, inter quos fuerit Senator, non per hoc amitteret nobilitatem, etenim potest quis in parte esse nobilis, & in parte plebeius, *Sess. dec. Arag. 10. n. 30.* Vltrà quod ipsi Neapolitani Ciues preferuntur alijs Ciuibus, quamuis Nobilibus alterius Ciuitatis medineris, post alios *Tiraquell. d. tract. cap. 12. Reg. Lanar. consil. 88. num. 17. citat. Thor. ibid.* vbi ità fuisse supplicatum S. M. inter priuilegia Neap. *6. Iterum si supplicem fol. 173.* aìt de quo est memor *Iul. Ferrett. de milit. inst. & c. n. 134.* latè *Dom. Consil. Petra super Rit. M. C. 160. nu. 14. & 15.* itahc

40 huius Populi Tribunus in magna semper apud Magnates, ac Patricios fuerit, ac sit existimatione, feudisq; ac dignitatum titulis decoretur, teste *Camill. Tutino de orig. & fundat. Sedilium Neap. cap. 21.*

41 Insupèr præferendum esse, qui maioribus qualitatibus, seù prærogatiuis præfulget, tradunt *Pras. de Franch. decis. 635. Mastrill. dec. 130. n. 19. vol. 2. & de magistr. l. 2. cap. 4. num. 14. Paul. Christin. decis. 103. & seqq. vol 5. Barbosa de canon. dignit. cap. 18. Reg. Valenz. cons. 34. lib. 1. Cons. Rocc. de offic. rubr. 6. à nu. 1. Cons. Altimar. in obs. ad Reg. Rouit. cons. 8. n. 1. lib. 3.*

42 Vnde inter duos eodem tempore creatos Officiales, præfertur ille, qui priùs in dignitate erat, ex *l. 1. & 2. D. de albo scrib. & L. 1. C. de Consul. lib. 10.* & ità fuit decisum inter Dom. D. Annibalem Moles, Alphonsum de Salazar, & Franciscum Ant. Dauid R. C. Præsidentes creatos, posteà meritissimos Regentes, vt præcederent Moles, & Salazar, qui fuerant Iudices M. C. V. vt refert *Pras. de Franchis decis. 144.* & post *Thor. de Luca in obs. nu. 3. Reg. Tapia decis. 21. Supr. Ital. Sen. nu. 4. Reg. Constant. in comment. ad l. 1. nu. 2. C. de Consul. lib. 12. Cons. Rocc. d. rubr. 6. nu. 29. & 30. Cons. Altimar. d. obs. 8. n. 16.*

43 Inter æquales dignitate, & eodem tempore electos præfertur primò nominatus, *Consil. de Anna,* & *Cyrus Mastrillus* pro ipso *de Anna* scribentes *cõs. 136. & 137. lib. 1. Reg. Tap. d. decis. 21.* post *Mastrill. & Pras. de Franch. decis. 138.* licet ipse *Pras. de Franchis* voluerit litigare cum D. Io: Felice Scalaleone primò nominato, *Altimar. d. loc.*

44 *nu. 13.* Sicuti prior in data præfertur alteri posteriori, quantumuis anteriorem possessionem habenti. *Cons. de Anna* scribens pro Reg. de Ponte cum Reg. Laocio *in cons. 41. lib. 1.* vbi *nu. 57.* ità determinatum refert inter Cunill.

Git-

Gizzarellum, & Constantium, sequitur *Reg. de Marin. ad Reuert. dec. 446.* licet contrà allegata per *Ann.* iudicatum referat, & fundet *Freccia in alleg. 30. in 3. eam. dia. apud Reg. de Marin.* ac etiam tradant *Reg. Sanfelic. decis. 239. P. Molfes. cons. 15.* & alij apud *de Luc. & Alti-*

45 *mar. in d. loc.* & pro iuribus suæ præcedentiæ scripsit *Reg. D. Raphael de Vilosa in eruditiss. dissert. 2.* post suum *tract. de fugitiu.* & præcedentiæ disceptatio-

46 nē habitā inter Dom. Marchionem de Centellas Reg. & R. Cam. Locumtenentem meritissimum, & Dom. Reg. D. Franciscum Ortiz Cortes omni æuo memorandum, qui elegantes ad id allegationes ediderunt, latè memorant *Cons. Rocc. d. rubr. 7. ex num. 27. Roto ad Reg. Reuit. cons. 102. num. 12. lib. 2. Muscel ad Reg. Sanfelic. decis. 140. n. 38.*

47 Qui actu dignitatem retinet, præfertur illi, qui eam reliquit, vt fuit disceptatum inter Ferdinandum Fornariū, & Augustinum Carauitam apud *Pras. de Franch.* quem refert *Thor. in comp. dec. p. 2. ver. præcedere, Reg. Tapia d. de-*

48 *cis. 21. n. 6.* Vel qui prior ad ordinem fuit adscitus ex *l. 1. C. de offic. Vicar.* vt in causa Regentis Marcelli Pignoni Marchionis Orioli decisum testantur *Surgent. de Neap. Illustr. cap. 23. nu. 39. & c. 27. ad num. 19. Reg. Constans. in l. 1. n. 34. C. de Consul. Reg. Reuit. d. cons. 84. n. 7. R. Capyc. Latro consult. 43. num. 30. lib. 1. Cons. Rocc. d. rubr. 5. §. 1. num. 17.* Pro di-

49 cto quoque Ill. Marchione Orioli scripsit *Pyrrhus Antonius Lanarius*, vt ex sua allegatione, quam ex nostro Codice manuscripto diuersorum hic edendam existimauimus:

In causa Ill. Marchionis Orioli, cum Ill. Duce Populi super præcedentia, quis debeat præferri.

IN hac causa, in qua concurrunt officia titulis admixta, licet prima facie ex Consuetudine alias in Collaterali Consilio observata videri possit, Ill. Ducem Populi præferendum tanquam Titularem, & creatum de Consilio ante titularem Ill. Marchionis Orioli, tamen verè contrà sentiendum est, ad quod demonstrandum ponuntur tres hypotheses veritatum.

50 Prima sit, quia inter Titulatos in Collaterali Consilio antiquissimus quisq; prior est, nulla maioris, vel minoris tituli ratione habita, quæ conclusio certi iuris est, & alias consilienta inter Ill. Ducem Montisleonis, & Ill. Marchionem Vici.

51 Secunda, quia Ill. Marchio est Consiliarius Coll. prior Ill. Duce, Titulatus posterior, verùm ante Iuramentum præstitum d. Ill. Duci possessioné cæpit, & administrationé habuit officij Collateralis, quod positum patet ex datis priuilegiorum, & actu possessionis captæ, & illud pars non inficiatur.

52 Tertia, quia circà præcedentiam in hoc casu nostro tempus administrationis habitæ, possessionis captæ, & Iuramenti præstiti attenditur, quo tempore Ill. Marchio iam erat Titulatus, non dies concessi officij, & datæ priuilegij, ratio autem est, quia præcedentia sinè prælatio, tùm in sedendo, quā in sententia dicenda, quam in alijs est quid admixtū, & coniunctum administrationi, & cum ea simul in actu deducitur, nil mirùm si cum de illa tractatur, tempus ipsius administrationis, ac possessionis attendatur.

53 Et propterea rùm iuribus apertissimis, tùm ex verbis, & forma ipsius priuilegij demonstrabitur; & primò illud est clarum inter æqualem dignitatem habentes, illum anteire oportere, qui prius dignitatis administrationem nactus fuerit, probat *text. in l. 2. C. de præfect. prætorio lib. 12. ibi: quisque magisterium equitum, peditumq; susceperit, & gesserit*, deinde sequitur, *præferatur*, & sic requirit administrationem. Item ibi, *sit igitur sedes prior, cui est splendor adepti magistratus vetustior*, ad idem *text. in l. 1. C. de prapos. sac. cub. eod. lib. ibi, illum sequitur, quem reverentius probauerit examen*, & *text. in l. fin. C. de Tyron. ibi: Nisi cui, & laborum assiduitas, & stipendiorum prolixitas suffragatur.* & *text. in l. 1. de prax. Sac. scrin. ibi: ex eo tempore adeptus*, & in *l. unica eod. tit. ibi, qui in sacris ferunt militias*, & sic loquitur de administrantibus, in quibus statuit, *posteriorem tempore, locum antiquioris non ambire*, & *text. in l. 3. de princ. lib. 12.* dicit commoda officij post administrationem deberi; item *text. in l. 1. C. vt dignit. ord. seru. lib. 12.* in specie, de prærogatiua Officialiū, præfert habentem dignitatem, & officium in actu, habenti in habitu, & sic maxima est vis administrationis, dùm de prælatione contenditur, per quem *text.* ibi particulariter, & nuncupatim decidit *Ioan. de Plat. in l. 1. C. de consul. lib. 12. col. 1. ibi: Vera ergò, & similiter dignitas sine administratione non liberat quem à patria potest. præter consu-*

 latum,

latum, & patriciatum, vt in *Auth. const. quæ de dignit. coll. 6.* & in §. *filius fam. instit. quib. mod. ius pat. pot. sol.* maximè *glos. in ver. aliter.*

Ex quibus omnibus patet, collationem dignitatis, & officij non operari effectũ quoad prælationem antè administrationem habitam, & qui habet dignitatem cum administratione, præfertus habenti sine administratione, etiam antiquiori, vt latè deducit *Barr. in repet. de aut. b. magn. consi. n. 141. cum seq.* & *Afflict. in præam. const. Regn. quæst. 16.* & in vniuersum omnia iura, quæ propter officium, siuè dignitatem aliquod priuilegiũ, aut prærogatiuam cõcedunt, post administrationem habitam illa concedunt non antè, vt vltrà prædictos probat text. apertus in *l. penult.* ibi *Beneficium quod antè per illam administrationem peractam eis acquisitum est*, & in *L. vlt.* ibi, *in ipsorum actu, C. de decur. lib. 10.* & in *L. continua de consul. lib. 12.* ibi, *in actu tamen positus gessisse noscatur*, & benè considerat *Bald. in l. sed. & vtilius in §. prim. pil. & in §. quæsitum. ff. de excus. tut.* vbi dicit, quis non prodest creatio, nisi sit secuta administratio, & non habetur pro creato, qui non administrat, quare cum tempore, quo Ill. Dux possessionem, atq; administrationem prædicti Officij Collateralis Consilij forma solita accepit, quod tempus, vt paulò antè diximus, est attendendum, Ill. Marchionem titulatum reperit, profectò non video, cur ignota, & calcata temporum ratione, quam tanti fecerunt leges, vt vtar verbis, *Iustin. in L. vlt. C. de prim. lib. 12.* Ill. Dux Ill. Marchionem, simplicis tunc titulatum, recreatior Collateralis antiquiorem possit præcedere. Conferunt ad prædicta, quæ dicunt *DD.* quod in officijs tria requiruntur, Electio, Acceptatio, & Officij ingressus, vt probatur per *text. in L. pabkus. ff. de cond. & demonstr.* & declarat *Par. de syndic. in vers. electio, vers. in officio*, & *Io: de Plat. in l. fin. C. de consul. lib. 12.* & *Bar. in d. l. publius*, & sine illis non dicitur quis in quasi possessione officij, nec potest gerere, *L. 1. ff. de off. præfecti. præt. l. prima. ff. de fer.* non enim potest Officialis ante introitum palatij, & præstitum iuramentum exercere iurisdictionem, *l. 1. de off. præfect. arg. L. & si fortem de off. præt.* & consuluit *Rom. cons. 100. in præsenti causa*, & potius *Bal. in l. in primatorum. C. de iurisdict. omn. iud.* nec dicitur verè Officialis ante ingressum officij: quod etiam demonstrat consuetudo, cum si plures Officiales æqualis officij, æqualem dignitatem habentes, eodem die administrationem officij ingrediantur, etiam momenti ratio inter eos habetur, prout notorium est, & hinc rationabiliter vertitur mos, vt Officialis in matricula officialium describatur, quam vulgò librum Scribæ portionis appellamus, die ingressus exercitij attento, non concessionis gratiæ, atq; ab eo die suffragia salariorum prælantur, & in casu nostro est verum, vt attendatur possessio, & administratio in officijs, quod secundus habens officium cum possessione præfertur primo idem habenti sine possessione, iuxtà terminos *l. quoties, C. de rei vend.* vt latè disserit *Becrius in decis. 150.* vbi adducit *Luc. de Penn.* idem sententem in *L. 1. C. de præf. præt.* facit, quod scriptum relinquit *Card. in c. & Episcopus 17. dist. in princ.* quod Episcopus primo consecratus præfertur primo promoto, licet postea consecrato.

54 Atq; his positis, non obstant ea, quæ pro contraria parte adduci possunt, quod gratia Principis operatur effectum à die datæ, & quod in officijs quæritur ius à die electionis, siuè creationis iuxtà not. per *Bar. in l. absenti, ff. de donat. & in l. qui absenti, ff. de acqu. poss.* & habetur per *Ang. in §. fil. fam. inst. quib. mod. ius pat. pot. sol.* quia illa intitulat ad finem tollendi, vel non tollendi potestatem renouandi statum iure quæsito, vel non quæsito, respectu eiusdem officij, & contentionem inter duos super eodem, sed nos agimus de prærogatiua sedendi, & loquendi iuxtà text. in *L. 3. C. de off. præf. præt.* quæ est annexa dignitati, siuè officio in actu deducto, & debetur ei, qui prius possessionem caperit (vt suprà præmisimus). Itaq; nos non excludimus vires priuilegij Ill. Ducis, nec effectum gratiæ Suæ Maiestatis stante creatione, & acceptatione officij, sed agimus de prælatione, quæ debetur primo existenti in actu administrationis circa ordinem sedendi, & sententiam dicendi, hoc colligitur ex distinctione *Bar. in d. l. absenti*, vbi dicit, quod quando conferretur ius in electione, non traditur administratio, quæ requirit actuale exercitium, & sic distinguitur administratio à dignitate, & officio, in qua administratione non est dubium, quod præfertur Ill. Marchio ex his, quæ suprà diximus ad terminos *l. quoties, ff. de rei vend.* & ità etiam intelliguntur omnes Leges, quæ dicunt, habitis imperialibus codicillis, *L. 1. de off. præf. præt. C.* & aliæ, quæ loquuntur de consulatu, & patriciatu, loquuntur in casibus specialibus, & ità quando alij casus, & opiniones habentur per *Bar. & Ang. in l. ex ea, ff. de vul. subst.*

55 Quod si præterea per contrariam partem adduceretur text. in *l. pen. C. de consul. lib. 12.* dicimus illum text. loqui in diuersis terminis, quia ibi, ille consul iterum effectus, & creatus consul habuerat aliàs administrationem simul cum consulatus dignitate, quare non mirum, si secundò consul effectus præfertur, tempore primæ administrationis tamen;

gnito; sed Ill. Dux nunquàm aliàs habuit, neque dignitatem, neque administrationem huius officij Collateralis, nisi post eundem Ill. Marchionis, ergò &c. Verum his omnibus circumscriptis, quod tempus administrationis habitæ possessionis captæ, & iuramenti præstiti sit attendendum, non datæ priuilegij, coniunguntur verba, & forma ipsius priuilegij prædicti Ill. Ducis tàm clarè, vt superflua iudicari possint omnia, quæ suprà deducta sunt, ibi; Prius verò, quàm d. Coll. Cons. officium, & dignitatem ineat, iurare teneatur in posse prædicti Protegis, seu illius, ad quem spectat de bene, fideliter, & diligenter se gerendo in eodem officio, &c. Et si Rex voluit prius iurari per ipsum, quàm officium, & dignitatem assequeretur, igitur antequàm iuraret, non habuit officium, & dignitatem, quia cum ex voluntate Principis requisita fuerit antecedens qualitas iuramenti, illa debet probari præcessisse, aliàs priuilegium, & concessio officij, & dignitatis nō habet locum, *l. 4. §. quoties, ff. de dam. infect. cap. pro humani de homi.* & ibi Fel. *Andr. in 6. Bar. in l. 1. ne quid in flum. pub. alleg. l. prætor §. decre. ff. de in bon. rap.* Et ratio est, quia quando requiritur in ipsa productione actus, vel antè aliquod implementum, tunc dicitur esse de forma, adeò quod antè implementum factum, actus non valet, ita *Bal. in pulchra quæst. 1 l. vniuersa, C. de precib. Imp. off.* distinguens in forma, seu qualitate requisita antè perfectionem actus, vel posteà, & *Lucas ibi. §. prætor ait de transf.* & in specie est text. *in l. 2. §. prius, ff. de vulg. & pup.* & *Bar.* ibi, optimè, & hoc maximoperè attento, omnia forent quæ contra partem aduersam, quia officium cū titulo viuitum prius fuit in esse deductum, & etiam in exercitio penes Ill. Marcellum, quàm penes Ill. Ducem, imò Titulus Marchionis fuit penès Ill. Marcellū antequàm Ill. Dux posset dici Reg. Collat. Cons. non seruata forma, quæ prius erat implenda, quæ vniret dignitatem, & officium, vt manifestè dicunt verba priuilegij, ad quæ confirmanda non abs re erit afferre decis. *Bal. in rubr. de contr. emp. quæst. 16.* qui voluit ità demum præferri emptorem primum translata possessione per precarium, si quando adimplementum erat ab ipso faciendo circa solutionem pretij, probatur factum, & ex his videtur decisa hæc quæstio, scilicet ex anterioritate tituli posse præferri, si tamen non impleuit qualitatem necessariam pro effectuali translatione, non præfertur.

16 Accedant ad hæc, verba eiusdem priuilegij, in quibus coniunguntur prærogatiuæ, & honores cum salario, & de illis Rex pariformiter loquitur, & determinat; itàque rationabile est, vt sicut salarium à die administrationis habitæ, & possessionis captæ debetur, quod vltrà consuetudinē (quam suprà dixi) probat etiam *text. in l. desertorem, §. his, qui ad hostes, ff. de re mil.* & ibi *glos.* & *text. in l. 1. C. de re mil. lib. 12.* & *l. pen. de cerg. milit. ann.* & *l. 1. C. de priuc. lib. 12.* & etiam decis. *Bal. in cap. 1. in princ. & fin. quis dic. Dux, Comes, vel Marchio*, ità, & prærogatiuæ ab eodem tempore cedere censendæ sunt, per regulam *l. cum hoc iure ff. de vulg. & pup. l. si legatarius in fin.* & ibi *Bar. de leg. 3. l. quamuis de impub. & al. sub C.*

17 Præterea animaduertatur, nam, aut Ill. Dux prætēdit præcedere ratione antiquioris tituli, aut antiquioris officij, etiā adiuncti tituli; primi duo casus indubitabiles, neque enim titulus solus prælationem dat, & in officio Ill. Marchio est antiquior; in tertio casu officium Illust. Marchionis adiunctum titulo, est antiquius in exercitio, & administratione, ac prius in esse deductum, quàm illud Ill. Ducis, & sic præferri debet, virtus enim & prælationis ratio in exercitio consistere videtur, hoc probat tex. *in d. l. 1. vt dignitat. ord. seru.* quia non potest subterfugi, sicut omnia quæ suprà latè deduximus.

18 Vltimò, quid opus, & vlterius fatigari in hac controuersia, cum habeamus casum l. qui eam determinat, is est text. *in l. 1. de Consul.* vbi in fortioribus terminis probatur, quod etiam si Ill. Dux ante titulum Ill. Marchionis admissionem, & possessionem prædicti officij cepisset, & posteà superuenisset titulus ipsi Ill. Marchioni antiquiori Collaterali, tamen adhuc deberet subsequi, & Ill. Marchio præcedere, nam sicut, ibi, ille prior Consul, qui posthabitus fuerat posteriori Consuli propter patriciatus dignitatem, quā ipse posterior Consul assecutus fuerat, si profectò, & ipse patriciatus dignitatem eandem assequatur, præferri debet illi posteriori Consuli aliàs prælato propter dignitatem patriciatus; eodem modo & Ill. Marcellus prior collateralis, qui posthabitus fuisset Ill. Duci posteriori collaterali propter titulum ex cōsuetudine in Collaterali Consilio recepta, superueniente ipsi similiter titulo, non refert maiori, vel minori, vt suprà in hypothesi conclusimus, procul dubio Ducem præcedere deberet per text. præd. incontrabilem, quē ità intelligūt *Bar.* & *Iacob. de Plat.* ibi, ipso vers. *& hoc verum est*, & in fine vers. *Item, dic, postquam ipse.*

Ergò tantò magis præferri debet, si tempore ingressus officij Ill. Ducis, & possessionis captæ, reperiebantur & Coll. Cons. & Marchio.

19 In præsenti controuersia non contendunt inter

inter se ipsos tituli, sed titulus officij administrati, & consequenter qualitates concurrunt concordantes prælationem adsisto Ill. Marchionis, non obstante prioritate tituli Illust. Ducis, ideò sigillatim ipsas discutiemus.

60 Primò igitur ex iuris dispositione, quandocunque electio alicuius Officialis alio, seu alibi dirigitur, non operatur hæc electio totà literarum præsentationem, inquit Bar. in l. sancimus in 3. C. de Consul. lib. 12. allegans gl. in l. labeo, ff. de suppel. leg. & facit ad idem decis. Rot. in l. sed & milites, §. quæsitum, ff. de excus. tut. inquiens non prodesse creationem, nisi administratio subsequatur; Accedit prædictis decis. Luc. de Penn. per illum text. in l. 1. C. de prof. prox. lib. 12. dicentis quod si duo sunt promoti ad officium, is, qui primò literas, & alterum est possessionem, præferatur arg. l. 1. de Consul. & id inducit post Loc. Boer. dec. 350. in 1. par. & sic in materia prælationis tunc officij ratio habetur, quando est in actu, non autem in habitu, & sic, cùm Ill. Marchio prius habuerit officium, & titulum in actu, & exercitio, quàm Ill. Dux, meritò Marchio antiquior præfertur l. 2. de alb. scrib. l. 1. de Consul. & infectius latius.

61 Secundò illud est ab omni dubio procul, salarium scilicet, & prouisionem officij prædicti cedere Ill. Duci à die captæ possessionis, & capto administrationis, non autem à die expeditionis priuilegij, & vltra consuetudinem, quæ hanc admisit interpretationem, est text. quia ex labore, & opera dat hoc salarium in l. si seruum, §. qui ad hostes, ff. de re mil. & ibi gl. l. 1. de re mil. C. lib. 12. Luc. de erog. mil. ann. & est decis. Rot. in cap. 1. in princ. & præsertim in fin. quæ dicuntur Marchio, quia commoda officij post administrationem incipere deberi, quæ sunt verba l. 1. C. de prim. pil. lib. 12. Cum igitur salaria à die administrationis officij debeantur, & verba priuilegij non faciant differentiam, nec differentem statum tradunt, dum loquitur de salario, & prærogatiuis, & honoribus, vt recipiant pariformiter [illegible], & sic omnia incipiunt ab administratione l. [illegible] ff. de vulg. & pup. l. si legatarius in fin. & ibi Bar. de leg. 3. l. [illegible] de impub. & al. sub. C. & sic cum diuersitas in verbis, in sententia, & in ratione priuilegij concessi non possit inter salarium, & honores, & prærogatiuas, nil mirum si omnia ab administratione cedere censeantur.

62 Tertiò, si Dux [illegible] antiquiori [illegible] tempore, quia autem ipse fuerit Dux creatus, & prius habuerit officium cum titulo [illegible], [illegible], & antiquitas consideranda est cum exercitio [illegible], non [illegible] [illegible], & prælationis ratio in

exercitio consistere videtur, hoc probat etiam in l. 1. ff. de alb. scrib. loquitur namque, & disponit, vt inter eos, qui honore in re publica functi sunt, antiquior præferatur, & sic in functis tam honoribus antiquitas procedit, item text. in l. 2. de prof. prox. lib. 12. dicit, quisquis magisterium equitum, peditumq; susceperit, & gesserit, & deinde sequitur, præferatur, & sic requirit administrationem, text. in l. 1. de princip. lib. 12. dicit commoda officij post administrationem deberi, item text. in l. 2. vt dignit. ord. serv. lib. 12. præfert illum, qui habet dignitatem cum administratione illi, qui non administrat, licet habeat eandem dignitatem, & sic maxima est vis administrationis, dum de prælatione contenditur, quod maximoperè considerauit text. in l. vnicuiq; de prox. sacr. scrin. lib. 12. ibi qui in sacris scrinijs militat, & sic loquitur de administrationibus, & in illis statuit posteriorem tempore, locum antiquioris non ambire, patet igitur ex his non sufficere antiquiorem titulum, sed officium, nisi administratione adiuuetur.

63 Quartò, intelligendo rationem, si consideramus officia in promotis, vtique officia ipsa non dant prælationem, sed tempus, si autem tempus, & rationem temporis inuestigabimus, meritò labores ex officijs dependentes faciunt, vt antiquior præferatur, & sic concurrente paritate in dignitate, & prælatione in meritis, & laboribus præfertur antiquior, hoc considerat text. in l. vnicuiq; de prox. sacr. scrin. qui voluit posteriorem tempore, vincere antiquiorem comparatione laborum, & sic adeò sunt merita, & labores in consideratione, vt vincatur antiquior, quantò igitur magis procedit hoc, vbi antecessor est in titulo tantùm, & non in officio, in quo, & labores, & operam pro Regio seruitio præstitit, vt sic illa prioritas careat labore penitus, & administratione debeat cedere labori, & seruitijs longè antecedentibus, & post titulum ipsius Marchionis continuatis, & sequentibus, idem probat text. in l. fin. de tyron. ibi, nisi cui, & laborum assiduitas, & stipendiorum prolixitas suffragantur; Et sic cum omnis ratio antiquitatis in officijs consistat in maiori experientia, probitate, & labore, quid mirum si ratio fundamentalis ipsius prælationis, quæ fundatur in prioritate, quoad effectum viget in Ill. Marchione, non autem in illo Duce, quantum attinet ad seruitia, & labores ab officio hoc dependentia, licet in cæteris semper suis meritis optimè inseruierit, ac de illis, quam optimè sit meritus.

64 Quintò, hanc controuersiam decidit text. in l. 1. C. de Consul. hoc pacto indicando,

nam

ideo etiam si cessarent supradictae inductiones, & argumenta, & praeferretur Ill. Dux, hoc procederet ante quaesitum titulum Marchionis, etiam sicut Consul vincitur à Consule posteriore, & patritio, si Consuli casu supervenerit dignitas patritiana, iterum ipse praecedit Consulem posteriorem; pariter Dominus Marcellus olim Reg. Coll. Cons. si victus fuerit à Consiliario, & Duce, quando ipse effectus est Marchio, iterum vincet Ducem, & maximè, quia praeualet id, in quo magis neruus contentionis consistit, cum officia contendant, & illi simili qualitate sint, & in subiecto magis praeualet Ill. Marchio, quia suis nunc officium praecedit, argum. text. in l. quaeritur, ff. de stat. hom. cum ibi not. per gloss. & Doct.

65 Sextò, ad comprobationem praedictorum non omitto adeò considerari administrationem, vt qui consequutus est dignitatem, si postea reliquerit officium, praeferetur illi, qui postea dignitatem est assequutus, & nihilominus hic consequutus dignitatem cum administratione praefertur habenti dignitatem sine administratione, hoc probat text. in d. l. 2. de dignit. ord. seru. cum ibi not. per Bar. & Doct. & haec si rectè perpendantur, faciunt ad omnia superius adducta, & conferunt ad decisionem casus nostri.

66 Septimò, ex his videtur decidi haec quaestio, vt licet ex anterioritate tituli posset praeferri, si tamen non impleuit qualitatem necessariam pro effectuali translatione non praefertur: Ex quibus, & alijs, quae locupletiori ingenio, & doctrina in hac causa allegari possent, satis videtur assertio instantiae Illustr. Marchionis.

Pyrrhus Antonius Lamarius.

67 INter Regentem anteriorem R. Cancell. Neap. & alium apud Cathol. Maiestatem, qui postea fuit electus ad Reg. Canc. Neap. fuit statutum, dari praecedentiam Albertino prius Regenti apud Cath. Maiest. cum Regentibus Polo, & Villano, *Reg. Tapia d. dec. 21. n. 13.* Vnde si Regens Italiae Senatus sit antiquior adepti muneris tempore Regente Decanó Regni Neap. & fuerit adscitus ad Reg. Cancell. eiusdem Regni, praefertur etiam Decano, vt fuit decisum pro Dom. D. Iacobo Capycio Galeota contrà D. Franciscum Ant. Muscettulam Decanum Reg. Cancell. Neap. referente Spect. Reg. D. Felice Lanzina, & Vlloa, nunc meritissimo S. R. C. Praesidente, vt testantur *Cons. Rovit. de off. rubr. 5. §. 9.* & *Prat. to. 4. discept. for. cap. 39. & 40.*

68 In negotijs verò concernentibus res bellicas, Consiliarij à latere titulati praecedunt omnes alios, etiam Regentes, *Reg. Sanfel. decis. 140. & dec. 213. n. 9. tom. 2. Reg. Rovit. decis. 77. nu. 8. Cons. Rovit. de offic. d. rubr. 5. §. 1.* idemq; *Reg. Rovit. cons. 84. num. 9.* dicit, idem procedere in Praelatis, proinde iudicatum fuit pro Vincentio Carrafa Equite Hierosolymitano, tunc Hungariae, postea Capuae Priore, pro quo scripsit *Reg. de Ponte cons. 14.* licet *Reg. Tapia d. decis. 21. num. 35.* asserat contrà illum decisum, & quod obtinuit titulum Comitis, vt praecederet.

69 Sed an Regens electus in Supr. Italiae Consilio, si priusquàm ad Curiam accesserit, fuerit electus Praeses Sacri Consilij, praecedere possit alios Regentes post ipsum creatos, qui officiũ administrarunt? *D. Ferdinandus Fornarius Regens*, ac M. C. Locumtenens pro sua praecedẽtia scripsit cõtrà Dom. Praesid. Vincentium de Franchis, vt in *alleg. 12. in 3. tom. div. Reg. de Marin.* vbi licet non referatur determinatio, eam tamen ex nostro *tom. 7. var. diversis.* hùc curauimus transferendam, quae est tenoris huiusmodi:

EL REY.

70 *ILl. Conde de Olivarez primo nuestro Visorrey, Lugartenïente, y Capitan General hauiendoseme representado por parte del Regente Fernando Fornaro Lugartenïente de mi Real Camara de la Summaria desse Reyno el agrauio, que ha rescibido en la orden, que los dias passados mande dar a instançia del Presidente Vincenzio de Franquis, paraque en la pretension, que hauia entre los dos en razon de la precedençia en el votar las vezes, que concurren en Consejo Collateral, se observe la orden, que se guardò entre los Regentes David, y Ribera, y entre el Regente Ponte, y el dicho Fornaro alegando hauer sido subreçpia la dicha orden por no se hauer declarado en ella lo que yà està proueydo en este caso, y que*

no

no todas las vezes, que concurren juntos es por solo negocios tocantes al dicho officio de Presidente, y Lugarteniente ni tener tampoco consequencia los exemplos allegados por el dicho Presidente, de lo que se observò entre los dichos Regentes David, y Rebera, y Regente Ponte, y el dicho Fornaro no haviendo a la ocasion sucedido el caso por no haver sido nunca llamado el dicho David si no por negocios de la Summaria, y en este no aver difficultad, ni competencia fuera de ser mas ample la gracia hecha al dicho Fornaro, que la de David, como se vee por las mismas Cedulas, y entendidas tambien en este caso las razones del dicho Presidente Franquis, que pretende lo cõtrario, y insta por la observancia de la dicha ultima orden, que à su instancia mande dar en esta materia, y visto de nuevo tanto esta, como la que a los 13. de Iulio del año passado de 94. mande dar sobre esta diferencia aviendose considerado en tonces el papel de razones del dicho Presidente Franquis, que el Conde de Miranda vuestro predecessor en esse cargo me embiò con sus cartas de 29. de Agosto, y 20. de Noviembre del año passado de 93. declarando en aquellas, que sin embargo de las razones, que el dicho Franquis allegava en el dicho papel, mi voluntad era, que de baxo de las palabras generales de los de mis ministros, y officiales devia ser comprehendido el dicho Franchis, conforme ala orden de los 23. de Março no embargante, que no le especificava particularmente, y mirado atentamente el negocio con la consideracion, que lo pide la materia por ser de precedencia, y entre ministros mios, que me estan sirviendo en officios tan preminentes, me he resuelto, y tengo por bien, que las vezes, que el Regente Fornaro entrare en el Colateral por cosas tocantes al Tribunal de la Summaria aya de votar primero, que el Presidente de Franquis, y en los llamados al Consejo de Capuana Franquis primero que Fornaro, aunque en las que fueren indiferentes quiero, y es mi voluntad, que siendo llamados entrambos se llame à Fornaro como à Regente, y como tal preceda à Franquis, y que en lo demas se guarden las Cedulas, y ordenes por mi dadas en favor del dicho Regente Fornaro, con lo qual cessara qual quiera pretension de precedencia, que entre ellos pueda haver, y que dara entendida mi voluntad, conforme a lo qual lo hareys vos declarar, y quede assentado assi pues procede de la mia, y conviene à mi servicio, de Aranxuel à 16. de Março 1596.

YO EL REY.

Vidit Comes Gener. Thesaurarius.
Vidit Saladinus Regens.
Vidit Brugnolus Regens.
Vidit Scudero Regens.
Vidit Lanz Regens.
Vidit de Ponte Regens.
Idiaquez Secr.

Al Conde de Olivares con la declaracion sobre la precedencia entre el Regente Fornaro, y el Presidente Vincencio de Franquis.

71 Inter duos, qui erant pariter Aduocati, eodem tempore assumptos ad Idem Tribunal, praefertur primò doctoratus, vt decisum fuit inter Vitellum, & de Bottis, in rit. *de Franch. decis.* 144. *num.* 5. & post alios *Tapia d. decis.* 21. *num.* 5. *Amaya in comment. ad l. fin. num.* 34. *C. de Decur. lib.* 10. Si verò ambo essent Doctores vnius temporis, tunc aetate maior, vel vtriusq; iuris Doctor, vel Lector antecellit, *Conf. Rovit. de offic. d. rubric.* 6. *num.* 29. *&* 30. *Conf. Alsimar ad* Reg. *Rovit. d. cons.* 8. *num.* 3. *& seq.*

Aut qui Aduocati munus exercebat, *Cyrus Mastrill.* apud *Aur. cons.* 138. & *Garf. Mastrill. de magistratibus lib.* 3. *cap.* 4. *num.* 37. Qua propter Ad-
72 uocati in Supremis Tribunalibus experti ad magistratum electi examinari non debent, *Conf. Pratus resp.* 30. *Conf. Petra super rit. M. C.* 101. *à nu.* 50. Vel qui composuit librum cuiuscumque scientiae, *Chassan. in Cathal. glor. mundi p.* 10. *consid.* 28. *cit. Pratus observ. pract.* 73. & *Petra d. l. n.* 49. imò Carani-

ta in decis. 103. dicit, quod hæc prærogatiua præcedit prærogatiuam nobilitatis data paritate temporis, & ætatis, *Ritc. ad Franch. d. dec.* 144. *Altim. d. loc. n.* 7. & 8. Et qui libros legales composuerunt examini subijci non debent, *Nouar. de grauam. Vasall. tom.* 1. *grau.* 161. *nu.* 3. *Pratus d. resp.* 30. *à nu.* 23. & scholaris doctus sine examine doctorari potest, *Benius de priuil. Iurisc. p.* 2. *in princ. n.* 7.

73 vel qui est filius Doctoris, præfertur alteri tali prærogatiua carenti, ex *l. iubemus* 3. §. 5. *C. de Aduoc. diu. Iud.* vbi *Io: Brunnemann.* post alios etiam notat, filium Doctoris gratis esse recipiendum, & ex *Afflict. in rubr. de Iure protbom. nu.* 17. vbi ità seruari, & statutum fuisse in filijs Doctoris collegiati Almi Collegij Neap. Quò pertinet illud Theodorici apud *Cassiod. lib.* 5. *var. Reuoluimus patris officiosos labores.*

74 Doctor Iuris Canonici præfertur Doctori legum Ciuilium, *Cenall. pract. quæst.* 676. *nu.* 36. *Peregr. cons.* 24. *nu.* 36. *lib.* 1. quod tamen verum esse in Terris Ecclesiæ, non Imperij ait *Menoch. de arbitr. cas.* 425. *n.* 29. & *seq.* vbi allegat illud *Romani sing.* 660. *Leggista senza capitoli val poco, mà Canonista senza legge val niente, Ignat. Nolden de statu nobil. ciu. c.* 9. *nu.* 387. & 388. vbi *n.* 389. tradit, Doctorem Theologiæ præferri alijs, quem sequitur *Crus. d. tract. de præced. lib.* 4. *cap.* 30.

75 Exemplum verò in Doctore creato à Principe, vt præferatur alio creato à Collegio Doct. vel vt creatus in superioris alicuius Principatu præferendus sit creato in inferiore, secundùm *Nolden de Statu nobil. ciu. c.* 1. *n.* 25. *de Luca in opusc. de præst. laur. Doctor. c.* 26. meritò non admittit *Iac. Gothofred. de Iure Præced. par.* 1. *cap.* 4. *n.* 29. quia Doctoralis dignitas non à beneficio concedentis manat, sed præmium scientiæ est, prout idem *Luca* annuere videtur in *d. opusc. cap.* 51.

76 Sed an Doctores præferantur militibus, acerrima est quæstio, quam pro legali militia resoluunt *Lauterbach. de litter. & arm. nu.* 58. *Signorol. de Homodeis cons.* 23. *lib.* 1. *Nolden d. loc. à n.* 396. *Crus. d. lib.* 4. *cap.* 31. *de Luca in opusc. de præstantia laur. Doctor. cap.* 94. scripserunt etiam pro literis *Franc. de Petris cons.* 55. & in peculiaribus *tract. de præcedentia milit. & Doctor. Christoph. Lanfranchinus, Signorol. de Homodeis, Augustinus Sanssonus,* & licet *P. Thomas Carrafa in discurs. Academ.* 5. concludat verbis Romanæ eloquentiæ patris: *Duæ sunt artes, quæ hominem locare possunt in amplissimo gradu dignitatis; vna Imperatoris, altera Oratoris, ab hoc enim pacis ornamenta retinentur, ab illo belli pericula repelluntur:* Meliùs consonat illud:

Sunt duo, quæ faciunt, vt quis sit Nobilis, Ars, Mars,
Maior ab Arte venit gloria, Marte minor.

77 Verum Doctores iuris præferantur Doctoribus medicinæ. Hanc quæstionem ità esse claram pro Iurisconsulto, vt etiam histrio in hoc iudicium dare sciat, ait *Io: Nevizan. lib.* 5. *Sylua nupt. pag.* 529. traduntq; post alios *Crus. d. lib.* 4. *cap.* 34. *de Luca d. opusc. cap.* 10. *n.* 8. *Episc. Verdu in princ. lib.* 1. *Instit. ciu.* vide *Paul. Zacch. quæst. medico-legal. lib.* 3. *tit.* 3. *per tot.*

78 Medici verò Philosophis anteponuntur, & sic pro Medicis physicis Almi Collegij Neap. contrà Philosophos scripsit *Franc. Marotta discep. for. c.* 11.

79 De præcedentia inter Lectores, siuè Magistros videantur *Middendorpius de Academ. lib.* 1. *pag.* 132. *P. Andr. Mendo lib.* 1. *de Iure Acad. quæst.* 11. *nu.* 30. *Io: Dominicus Costa in dissert. Præcedentia* agitata inter ipsum vti primarium Lectorem Canonum, & D. Emmanuelem Roderico Nauarro primarium interpretem vespertinum Iuris Cæsarei in Vniuersitate Neapolitana, *in respons.* 1. 2. & 3. & sacris Canonibus fuit præcedentia data, vt memorant etiam *Cons. Altimar. in append. ad decis.* 85. *Reg. Reuiti,* & *Carol. Rota in annot. ad Reg. Reuit. cons.* 84. *n.* 1. *lib.* 1. vbi ponit etiam ordinem Lectorum in præla-

in Gymnasio Neap. cum eorum nominibus tunc temporis.

80 An autem Doctor actu legens praeferatur alteri, qui aliquandò anteà legit, ad partes differit *Paul. Christin. decis. 113. num. 17. & 18. vol. 5.*

81 Primariam Cathedram Iuris Canonici in nostro Neap. Lycaeo nunc dignissimè regit *Dom. meus singularis D. Hieronymus Cappella* doctrina, ac omni virtutum genere ornatissimus, & in naturali, ac vera philosophia, & in Catholicę Ecclesiae historia eruditissimus, qui in Ecclesiastica dignitate ob suam modestiam plùs mereri, quàm consequi gloriatur: Primarius verò, & celeberrimus Antecessor vespertinus Iuris Caesarei est *Dom. D. Felix Aquadies* nedùm de primaeuę Iurisprudentię disciplina, verùm & de alijs bonis

82 artibus optimè meritus, qui etsi fuerit anteà Canonum Interpres, non tamen potest nunc praefato Dom. D. Hieronymo Cappellae praeferri; Etenim mutata dignitate, iàm & ipsa praecedentia innouatur, veluti si de Consule Rhetor quis factus fuerit, de Rege ludi magister; quò etiam pertinent, quae ex Poetis, plerique tradunt de Vrbium, & Prouinciarum immutatione in puluerem, & vmbram redactarum. *Gotofred. de Iure praeced. p. 1. cap. 1. ib. 1. lit. C.* Hinc Aduocatus Regius, vel Consiliarius Scabinus electus posterius, senioribus Scabinis postponitur, *Bouat. tom. 1. verb. Eschinins qu. 25. & 27.* sibi scilicèt imputet, qui officium dignitati suae impar acceptauit: Cum amissa semèl praecedentia nunquàm recuperetur, nisi prior dignitas iàm esset in administratione, & exercitio, nam habès nouam dignitatem praefertur vacantibus, hoc est, eo officio aliquandò functis, *l. 1. in fine C. de praepositis sacri cubiculi l. fin. § cet. C. vbi Senat. vel clariss.* Praetereà constat apud Romanos, designatos Consules nunquàm coaequatos his fuisse, qui eo ipso administrabant, atque ità Senatum Curię Tholosanę iudicasse testatur *Ias. Cerisius in sentent. memorabil. Senatusconsulti Curiae Tholos. cap.* 12. *par. 55.* adde *Maynar. lib. 4. quaest. notab. cap. 27.*

83 Nisi is, qui dignitatem abdicauit, maiore interim dignitate auctus fuerit, quia maior dignitas nulli debet circà priorem praeiudicare ex *l. 3. C. de dignitat.* Quod secus est in hoc casu, in quo respectu honoris maior est lectio matutina Canonum, quàm vespertina legum, cumque ab ea maiori dignitate ad minorem gradum fecerit, praecedentiam amisit, vt suprà, & sic illa prima qualitas ei prodesse nequit, quando enim ex duabus dignitatibus, quae singulae non iuuant, seu quarum nulla per se sufficit ad praecedendum, tunc non potest duplicitas dignitatis praecedentiam operari, ità in his terminis *Gabriel lib. 6. de maior. & obed. concl. 1. Oucianus de la preced. de la Nobless. p. 94.* & post *R. Lanar.* respondit *Io. Dominic. Cystia* Lector Iuris Pontificij primarius in *respons. 1. de praeced. num. 56.* vnde rectè *Chassan. in Cathal. glor. mundi par. 10. consid. 37. col. 2. vers.*

84 Doctorem in Iure ciuili, & medicina simul, vel in artibus, non ideò praeferendum Doctori canonum tantùm, imò semper praeferendum Doctorem canonum, quoniam de nulla aliarum fieri potest comparatio ad illum, & ille gradus solus videtur potentior, & efficacior.

85 Vndè, vel consideramus praefatum Dom. Antecessorem *Aquadies*, vti Lectorem duplici qualitate munitum, & hoc ei non prodest, quia nedùm primam per sequentem amisit, & actu administrans vacantibus praefertur (imò de Iudice minore, qui in loco administrationis maiorem praecedit, vide *Chassan. par. 7. consid. 37.*) sed quia nulla fieri potest comparatio de alia qualitate legis, cum Canone vt suprà; vel tanquàm Lectorem Caesarei Iuris, & sic non potest Lectorem canonum

86 praecedere: Quod motiuum augetur, quia in sessionibus, sedendo, vel loquendo, esto considerari posset magis quàm Canonum Lector non potest interuenire, nisi vti Lector Iuris ciuilis,

& ra-

& ratione huiusmodi actus, quo officij tantùm ratio habetur, & exercetur, pro officij ratione locum obtinet: exemplum legimus in Accio Poeta, qui Iulio Cæsari in Collegium Poetarum venienti non assurrexit, de quo *Valer. lib. 3. cap. 7. de fiducia sui*: Hinc & Pontifices Senatores in Senatu, nulla habita ratione Pontificatus, ad sententiam rogabantur, *teste Cicerone ad Atticum lib. 4. epist. 2.* Veluti Episcopo existenti in Gymnasio tanquàm Scholari, datur secundus locus apud Rectorem ipsius Gymnasij, vt tradit *Abb. in cap. postulasti 15. num. 8. de concess. præbend.* quem sequitur *Boerius de auctor. magni Consilij num. 65.* Huc pertinet, quod de alijs notauimus suprà *nu. 15.*

87 Fuit quoque hæsitatum in anno 1689. occasione concursus facti per Lectores huius Ciuitatis, an alios præcedere potuisset *Dom. D. Philippus Anastasius* omnigena eruditione, ac Iurisperitia præditus, ex quo ipse anteà præpositus fuerat primariæ Cathedræ vespertinæ, donec fieret concursus, ab Excellētiss. Dom. Comestabulo Columna, tunc Regni Locumtenē-

88 te? Videbatur affirmatiuum, quia Aduocatus Cameræ deposito munere, manet in dignitate, & vir clarissimus, vel egregius, & sic priuilegia retinet ex rescripto Imp. Anastasij in *l. suggestionem 1. C. de Aduoc. diu. Iudic. Hilliger. ad Donell. lib. 24. cap. 22. lit. O. Marill.* apud *Cons. de Anna cons. 137. à n. 25. lib. 2.* & quod Aduocato Fisci, deposito officio, non sint imponenda sordida munera, *l. petitionem 13. C. eod.*

89 Fuit tamen per R. Collat. Consilium determinatum, debere illum suo loco concurrere; cum fuerit consideratum, quod adueniente concursu amisit ius illud Cathedræ primarium, & sic cessante dignitate, cessare debet priuilegium, quod ex ea proficiscitur, per *text. in l. 1. C. de excus. mun. lib. 10.* vbi Procuratores Cæsaris, dùm procurationem gerunt, à muneribus excusantur, vnde finito officio cessat dignitas, & memoria pristinæ dignitatis ex *l. adigere 3. quamuis de Iure patron. Anastasius in comm. ad cit. l. 1. nu. 2.* & post *Bart. in l. vn. col. 3. vers. sed quæro, an talis dignitas, C. de mulier. quæ in loco lib. 10. Tiraquell. in tract. Cessante causa limit. 15. num. 12. Prosp. de Franch. decis. 403. num. 7.*

90 Ad præfatam verò *l. suggestionem 1.* respondetur ex *Petro Barbosa ad l. 1. p. 7. in fine, D. soluto matrim.* id non esse verum generaliter, sed procedere in eo casu, in quo Princeps specialiter ità declarauit, nàm aliàs si priuilegium concessum sit propter officium, quod quis à se assumit, & non ab alio, debet continuò se exercere in illo, vt prædicto vtatur priuilegio post *Bart. et Bald.* ab eodem *cit.* Imò per accidens se ha-

91 bebat, quod absque solemni concursu Cathedram obtinuerat, qui autem habet administrationem, & officium perpetuum, præfertur habenti per accidens, quia causa naturalis attenditur, non autem accidentalis, *l. 3. §. 3. D. de tutel.* & ex alijs docet *Reg. Vilesa in differt. 2. num. 63. & 64.* post *tract. de fugitiuis*; tantò magis si facultas legēdi à superiore concessa, fuisset affectata, seù procurata ex *text. in l. vniuers. C. de legation. lib. 10. Costria cit. respons. 1. num. 51.*

92 Typographi inter artifices præferuntur iuxtà *Chasson. in Catal. gloriæ Mundi p. 11. consid. 39.* Bibliopolas verò præferri Typographis ratione antiquitatis, finis, nitoris, mercaturæ, ac maioris administrationis, erudite ostēdit *Francisc. Salarinus respons. 10. per tot.* ac etiam præferri cæteris mercatoribus, decisum refert *Thorus in comp. decis. p. 1. ver. Mercator librorum*; prout quoque notauimus in nostra *Notitia prosp. Erar. Vniuers. par. 1. cap. 3. num. 5.* vbi de origine Typographiæ.

93 De præcedentia inter Notarios, & Magistros Actorum S.R.C. agit *citat. Carol. Rota ad Reg. Reuit. d. cons. 84. à n. 21. ad 35.* vbi pro Notarijs arguit, quod officium Prothonotarij est vnum ex septem principalioribus Regni, cuius potestas est creandi, & visitandi

Notarios, & Iudices ad contractus, & S.R.C. Præsidens gerit vices illius nomine Regis, cum ad Regem tantùm pertineat tabelliones creare, ideòquè officium hoc esse de regalibus, citando adducta in nostris *Vision. feuda Lrubric.4.vis.1.in alleg.dit.C.& D.fol.213.* Et pro Magistris Actorum, quod sint quodammodò membra Sacri Regij Consilij, quod est Prothonotario dignius, & nomine Sacræ R. Maiest. illius Præsidenti supplices libelli porriguntur; cumq; amborum exercitium inter se conueniat, æqualem debere esse eorum prærogatiuam concludit *cit. Rota.*

94 Fisci patronus autem R.Cam. præcedit alterum M.C. vt latè fundat *cit. Conf.Rott.in* §.7. vbi *n.*25. & ità refert decisum, vt Fisci patronus R.C. peritissimus *Dom. Hieronymus de Philippo* posteà Regens, à quo prima practicæ documenta didicimus, præcederet R. Consil. *Humphrium de Palma* Fisci patronum M.C. Et anteà idem fuit decisum inter Consil. *Iulium Mastrillum* tunc Fisci patronum M.C. & *Reg. Io. Camillum Cacacium* tūc Fiscalem R.C. qui pro sui muneris præstātia scripsit, vt ex *alleg.*85. apud *Reg.de Marin.to.*3.

95 Sed an idem Fisci patronus R.Cam. præcedat Iudices M.C.V. fuit acritèr disceptatum annis elapsis, occasione Regiæ Iunctæ per Excell. Comitem Oñate tunc Regni Proregem erectæ in domo Ill. Reg. Marchionis Torelli, vbi interuenire mandauit, duos Iudices M.C. & Fisci patronum R. Cam. Et quidem circà Fisci patroni R.C. dignitatem, tàm in Tribunali, quàm extrà, etiam in Regijs Iunctis doctissimum Iuris Responsum elucubrauit *Dom D. Didacus Moles* nostri Regentis *D. Annibalis* dignissimus nepos, eiusq; virtutum imitator, hæreditaria continua auorum serie, nobilitate, doctrina, ac moribus cādore præstātissimus, ac Genitor optimi Viri Patritij *Dom. D. Frācisci Moles* Ducis Parete, ac Regiam Cancellariam Regentis, (de cuius laudibus alibi licet non satis) acerrimus Fisci patronus, ac Regius Consiliarius, postmodùm eiusdem Regiæ Cameræ Summariæ integerrimus Præsidens, de Rege, & Patria optimè meritus, qui dùm Fisci partes agebat in eodem Supremo Reg. Cam. Tribunali, prædictum responsum edidit, quod pro tanti Viri memoria, hic curauimus imprimendum.

96 IVdices Mag. Cur. Vic. contra delinquentes, & si viri doctissimi, ac omni virtutum genere præstantissimi, cum suprema tamen Regia Camera Summariæ, sociisq; Regalis Patrimonij Fisci patrono, ac Suæ Catholicæ Maiestatis re, & verbis Consiliarij dignitate decoratis, nescio quidem quo spiritu, qua ratione, ac quibus iuris principijs in quolibet loco, ac Iuncta contendere possint, licet enim Mag. Cur. Vic. Tribunal, dicatur luminare maius, speculum iustitiæ, ac ordinariam habeat iurisdictionem, itaut sub illo septem sideum maiora Regni officia, vt tradit *Regens de Ponte de potest. Prorez. tit.*7. §.7. *per totum*, *Reg. de Tapia decis. Supremi Italiæ Senatus* 3. *num.*17. *Rouitus ad Pragmat.* 1. *cum seqq. de tit. abusu*, & *ad Pragmat.* 1. *nu.* 7. *de offic. S.C.* & latè *Reg. Merlin. contr.*64. *per tot.lib.*1.

97 Tamen cum Supremo Reg. Cam. Summariæ Tribunali, vt in *prag.*5. *in princip. de offic. Proc. Cæsaris in nouissimis*, contendere non valet, neq; de hoc dubitari potest, ex traditis *per Regentem de Ponte in tract. de potest. Proregit.*3. *de elect. Official.nu.*16.

Et multò fortius debet præcedere Aduocatus Regalis Patrimonij Iudices Mag. Cur.

98 Primò, quia Fiscalis Patrimonij eligitur immediatè ab ipso Rege, qui ei priuilegium tribuit; Iudices autem M.C. eliguntur non à Rege, sed à Prorege, at ille præcedere debet, qui à maiori, & digniori obtinuit officium, vel dignitatem, *t. per text. de maior. & obed.* vbi *Card. Butr. & Anchar. Felin.in rubr. num.*4. *eod.tit. Abb. num.*9. *in cap. postulasti de concess. praeben. Iason in l.si quis num.*31. *C. de transact.* alios citant *Gratian. discept. forens. lib.*5. *discept.* 835. *num.*54. & *Dominus Reg. Valenz. consil.*1. *num.* 16. Vndè ordinatus à Papa vel à maiore cæteros præcedit, ex *not. in dicto cap. per text.* & *per Hyppolitum Rimin.in rubr. num.*17.ff. *de officio eius*, & argumentatur *Sigaor.* vbi *supra nu.*33. & *Decian. consil.*19.*nu.*214.*lib.*3. *Natta consil.*637.*n.*19. & 41. *Bursat consil.*443. *num.*10. *lib.*4. & in puncto *Cassan.par.*7.*cap.*19.

99 Secundò, quia Fiscalis Patrimonij est Minister

[illegible] vitae durante, ut Iudices Mag. Cur. Vic. sunt annales, vel biennales, & Officiales perpetuas cũ temporali praeferendas, vt ex *Socin. Anchar. Felin. Bero. de ordin. graduum vtriusque fori num. 21.* & alijs ait *Menoch. in consil. 50. num. 17. lib. 1. & consil. 302. num. 35. lib. 4. & Martin. Laudens. de dignit. quaest. 72.*

100 Tertiò, quia Fiscalis Patrimonij meliora habet stipendia, nempè ann. duc. sexcentorum, vltrà alia sibi concessa, quae ascendunt ad alios ann. duc. quadringentorum, Iudices M. C. singuli tantùm ann. duc. 400. pro stipendio accipiunt; At debet praecedere, qui maiora stipendia obtinet, *l. 1. C. de offic. magist. offic. l. 1. C. de agen. in reb. lib. 12. Doct. in l. cum quid. ff. si cert. pet. vbi Alexand. num. 8. Iason num. 19. in prima lect. nu. 19. & in cap. Clerici n. 10. de Iudic. Bero. de auth. magn. Consil. num. 9. Natta consil. 638. n. 12. Menoch.* qui hos omnes citat *consil. 784. num. 1. lib. 8.*

Nec obstat si dicatur hoc intelligi, iuxtà tradita per *Reg. de Ponte in tit. de electione. official. tit. 3. §. 8. nu. 36.* quando Tribunalia collegialiter incedunt.

101 Nàm vt verum fatear, nunquam *Reg. de Ponte* hoc asseruit, sed tantùm tradidit, quod Aduocati Fiscales cum Regia Camera, quàm Magnae Curiae Vicariae, dùm cum ipsorum Tribunalibus incedunt, praecedunt, prout Tribunal vnumquodque praecedebat, & sic [illegible], quod Reg. Camillus de Curtis, olim Fisci Aduocatus in Regia Camera, cum suo Tribunali praecessit Iudices M. C. ex quo dictum ipsi, quod quando non incedit cum suo Tribunali, non praecedit.

102 Sed salua pace ipsorum falluntur, nàm hoc argumentandi genus à contrario sensu non procedit in dictis Doctorum, vt post *Beroum, & Menoch. Pilier.* tradit *Reg. Rouit. consil. 78. n. 27. lib. 1.* Immò addo ego, quod si esset dictum *glos.* cuius authoritas magna est, adhùc tamen ex eius verbis à contrario sensu argumentari non licet, vt post *Alexand. de Imola, Cald. & alios,* probat *Euerar. in loc. argumen. loco 83. circa fin.*

Secundò, hoc argumentandi genus locum sibi non vindicat, quando ratio est in contrarium, ex traditis per *Euerar. in loc. supra alleg.*

103 Patet hoc pluribus rationibus; Prima & palpabilis, quia in caeteris partibus hoc videmus, nempè in capitibus, nàm etiam sine Tribunalibus, Locumtenens Regiae Camerae praecedit Regentem M. C. V. & Praesidentes alios, Iudices istius Curiae, cur non idem esse debeat in Fiscalibus, qui, & ipsi saltem Tribunalium partes sunt, & inter Praesidentes R. C. sedent, ad dicta per *Garz. de nobil. glos. 3. n. 20.* si enim omnes partes sunt Tribunalium; cur in partibus inferioribus deserviam [illegible] [illegible] est, quàm in superioribus partibus, & modus sit standum; cum non debeat eadem res diuerso iure censeri, *l. eum qui, ff. de vsucap.*

104 Secundò, ratione hoc ostenditur inconuincibili, nàm Fiscalis R. C. S. etià quando à suo Tribunali est seiunctus, habet praerogatiuas alijs Praesidentibus debitas vt, Togae, Portenij, Sessionis, & similiù, quod nó alia ratione esse potest, nisi quia est de Tribunali Reg. Cam. & ità appellatur, quando salutatur, tractatur, honoratur, ità igitur etiam seiunctus vti pars illius Tribunalis tractatur; cur non idem esse debebit etiam respectu ordinis praecedendi? Certè rationem non video diuersitatis. Pars enim est eiusdem naturae sicut est totum, *l. quae de tota 73. ff. de rei vend. l. Lucius, vbi glos. ff. de fundo instructo, l. grege, & seq. vbi DD. ff. de leg. 1.* cum alijs per *Decian. consil. 2. n. 20. lib. 1.* per *Mascar. in l. in toto, n. 29. ff. de reg. iur.*

105 Tertiò, regulare est, quod inter plures eiusdem dignitatis, & nominis praeferuntur illi, qui eam obtinent in maiori loco, ex doc. [illegible] de rescript. in 6. per Imm. [illegible] in fine de Donat. cum alijs per [illegible] Gloria Mundi par. 5. consid. 27. [illegible] Bald. per illum text. in l. quilibet, C. de [illegible] lib. 10. Paris. Imol. consil. 267. num. 19. [illegible] consil. 71. num. 23. Bursat. consil. 34. n. 28. Menoch. consil. 26. n. 20. lib. 1.

106 Quartò, opposita foret applicabilis, quàdo Aduocatus Regalis Patrimonij non esset aequalis dignitatis, prout sunt Praesidentes eiusdem Tribunalis, quod omninò est à veritate alienum, vbi creditur sit par cum dictis Praesidentibus, vt tradit *Zaun. in tract. de Offic. Iud. & Adu. par. 3. q. 6. n. 15.* & probat *Alfar. de Offic. Fisc. glos. 31. num. 8. versic. vnde, quemadmodum,* Immò in longè maiori dignitate, vt tradit idem *Alfar. glos. p. n. 18.* & proinde gaudet omnibus honoribus, priuilegijs, & praerogatiuis, quae Senatoribus Collegis conceduntur, vt probat *Io: Bapt. Larrea alleg. 1. nu. 15.* Vndè dùm aequalem immò maiorem retinet dignitatem, sicuti Praesidentes praecedunt Iudices M. C. V. etiam extra Tribunal, ità, & Aduocatus Regalis Patrimonij in aequali, immò maiori dignitate existens.

107 Quintò, ratio quare Aduocatus Fisci est in maiori dignitate aliorum Praesidentum, quia Aduocatus Fisci de per se repraesentat Inuictissimum Regem Nostrum, ac Praesidentes simul vnitum, vt optimè tradit *Alfar. d. glos. 31. n. 8* his fanè verbis:

Vndè quemadmodum Iudices Supremi [illegible] iudicando repraesentant Supremum [illegible] Principem, ità & Aduocatus [illegible] eundem Principem repraesentat, quia longa differentia est, nam cum in Praeside, & Auditoribus simul iunctis repraesentatio sit; in unico Fiscali eadem repraesentatio residet, unde confirmatur, quod suprà vidisti glos. 9. n. 37. & glos. 17. n. 3. ut omninò fiscalis Officium, officio Iudicis succedat, & assimiletur.

108 Idem tradit *Larrea vbi alleg. n. 26. circa medium*, sic loquutus *Sed & Principes repraesentatio quamuis collegialiter fiat in toto Senatu, tamen in solo Fiscali situm sit, ut notarunt Afflict. decis. 336. Gabido 1. part. decis. 118. num. 4. Peregr. de Iure Fisci lib. 7. tit. 1. n. 1. Bucr. decis. 182. Mastrill. de magistratibus lib. 5. cap. 8. nu. 65. Caualcan. decis. 41. nu. 31. Restaurus de Imperatore quaest. 310. cass. 347. qui indè tradunt Regium Fiscalem dici, & notauit D. Alfarus glos. 31. num. 8. ex quo nu. decimo notat, minimam esse promotionem, si Fiscalis in Auditorem einsdem Audientiae sumatur, cum Auditores aliquando in Fiscales maiorum Audientiarum, vel Consiliorum promoueantur.*

Quod etiam benè probat *D. Franciscus de Amaya in l. fin. cap. 3. n. 33. vers. qui ipsi soli, C. de decurionibus lib. 10.*

109 Sed vlterius progrediendo, dico ego nedùm axioma suprà relatum, vt Fisci Aduocatus praeeminentiam suam habeat cum suo Tribunali tantùm, verum non esse, sed extra Tribunal est in maiori, & excellentiori dignitate constitutus; siquidem eius dignitas maxima est, praecipuè illa Regalis Patrimonij, cum respectu officij dignitatem habeat, atque inter clarissimos numeretur, vt voluit *Lucas de Penna in leg. 1. C. de dignit. lib. 12. Peregrin. dicto tit. 2. num. 15.* necnon, & titulo Spectabilis condecoretur, iuxtà text. *in l. in sacris, §. modum, ibi, ac pro tempore Virum Spectabilem Fisci patronum, C. de prox. sacr. Scrin. lib. 12. & in authent. de iudicibus, §. vetas in fine, ibi, Appiono vero Spectabili, & Fisci Aduocato, coll. 6.* ideòq; incedit Togatus sicut caeteri Consiliarij Regis, & sedet coram Principe, iuxtà *tex. in l. laudabile, C. de Aduocat. diuers. iud.* multaq; habet priuilegia, de quibus per *Ioan. Garsiam de nobilit. glos. 7. in princip. & glos. 35. nu. 41. Peregrin. in loco proximè citato*, quod est adeò verum, vt ex tali dignitate à patria potestate liberetur, & à cohortali, seù curiali conditione, *l. cum Aduocatis, C. de Aduocatis diuers. Iudiciorum, l. fin. C. de decur. l. 10.* & post *Garsiam, Peregrin, Rebuff.* & alios probant *Alfar. ubi supra n. 11. & Xamar loco citato n. 21.* & est aduertendum, quod dignitas Senatoria, vel Consularis non liberat filium à patria potestate, sed tantùm summa patriciatus dignitas, ad textum expressum *in §. filias familias, institutionibus quibus modis ius patriae potestatis soluitur*, de cuius patriciatus dignitate multa scripsit *D. Franciscus de Amaya in l. fin. cap. 1. à n. 48. vsq; ad 71. & sub n. 51.* probat dignitatem hanc Consulatu, & *Praefectura Praetorio* excellentiorem.

110 Est etiam Aduocatus nedum Regiae Camerae, sed totius Regalis *Patrimonij*, ad tradita per *Gabriel. Berart. in spec. visitat. c. 12. n. 11. & Larrea nu. 8.* & ex nostris tradit *Iudex Tassonus in pragm. de antefato, vers. 3. obseru. 3. n. 141 circ. fin. pag. 131.* per haec verba loquutus:

Dicitur enim Aduocatus Regij Patrimonij, ex quo in omnibus Tribunalibus, in quibus habet interesse Regius Fiscus ipse interuenit.

111 Et proindè Aduocatus Regalis Patrimonij ab Inuictissimo Rege nostro sub die secundo Iulij de anno 1616. inter eius Consiliarios fuit adscriptus; vt restatur *Larrea alleg. 1. num. 11.*

Quod de alijs fiscalibus, ipse *Larrea* non affirmat.

Et fortiùs nedùm ex dicto ordine Inuictissimi Regis nostri, sed etiam de iure communi fuit semper, prout est ad praesens Regius Consiliarius, ex textu expresso *in 6. collat. Nouell. 82. quae est Authent. de Iudicibus, §. vetat.* ibi:

112 *Et Consiliario viuente laudabili, quatenùs disponere, quae ex legibus sunt, possit*, id est *Appiono Viro Spectabili, & Fisci Aduocato*, quem allegant *Larrea vbi supr. nu. 19. & D. Franciscus de Amaya in d. l. fin. cap. 3. n. 34. C. de decurionib. lib. 10.* & est in rei veritate, propter magnam authoritatem, quam habet, nedùm patrocinando, sed etiam consulendo in omnibus negotijs, & contractibus ad Regium Patrimonium spectantibus, hinc est, quod dicitur pars corporis Principis, iuxtà *text. in l. quisquis, C. ad Iuliam Maiestatis*, & proindè contra eum committitur crimen laesae Maiestatis, post *Io. de Platea, Andr. de Isern. in cap. 1. vers. & bona commissa, nu. 80. quae sint regalia, Bossium, Iulium Clarum, Capycium, & alios*, tradit *Alfarus in loco allegato n. 12. & Amaya vbi suprà n. 36.* ex quo nunc intelligo *textum in l. proximè ff. de his, quae in testamento delentur*, ibi: *Calfurnius Longinus Aduocatus Fisci dixit, non posse illud testamentum valere, quod haeredem non habet*, & sic apparet Aduocatum Fisci iudicasse, quod licet à iure sit prohibitum, ad *text. in l. si quis, C. de postulando, Aviles in cap. 3. praetorum, in verbo abogados, n. 1. & 3. fol. mihi 85.* Attamen respondetur, quod tanquam Principis Consiliarius consulendo votauit.

113 Et licet sedeat post Praesidentes, hoc non est mirum; cùm in illo Tribunali fungatur ma-

munere, & officio Aduocati, prout si Regius Consiliarius de Consilio Sanctæ Claræ crearetur Fisci Patronus Regiæ Cameræ, nulla habita consideratione de dignitate Consiliariatus maiori Præsidentium Reg. Cam. in loco vltimo post Dominos Præsidentes sedet; vt de stylo, & obseruantia in personam Consiliarij Barattucij, Consiliarij Io: Thomæ Mastrilli, Vincentij Corcioni, Fabij Capycij Galeotæ, postmodum Regentis meritissimi, testatur *Regens Constantius in l. 1. num. 36. C. de Consulibus lib. 12.* vnde extra Tribunal Regiæ Cameræ, vbi remouetur illa qualitas aduocationis muneris, est in excellentiori, imò, & maiori dignitate constitutus, prout eueniret in Consiliario Sanctæ Claræ ad munus Fisci Patroni Regiæ Cameræ adscripto, & ex his remanet exuberanter reiecta oppositio residentiæ extra Tribunal Regiæ Cameræ.

114 Quoad secundam, & vltimam oppositionem, quod vti Aduocatus in vltimo loco sedere habeat, fateor in illo aduocationis actu, prout seruatur in Regio Consiliario in Regia Camera Fisci Patrono electo, qui etsi in maiori dignitate existens, tamen in vltimo loco post Præsidentes sedet, ex dictis per *Regentem Constantium in loco suprà allegato*, facilis est responsio: Posita enim, vt suprà fundaui maiore, & excellentiore dignitate tàm vti Fisci Patronus, quàm vti Regius Consiliarius; Aut enim maior dignitas accedit ad Tribunal minoris dignitatis, prout est, quando Regius Consiliarius tanquàm Adiunctus accedit ad Tribunal Regiæ Cameræ, & tunc quia quilibet in domo propria quolibet extraneo etiam in maiori dignitate constituto maior est, ad *Glos. 2. in l. apud eum, ff. de manumiss.* ideò Præsidentes, & si in minori dignitate praecedunt Consiliarios, vt tradit *Reg. Constantius in loco citato nu. 37. & Reg. Rouit. cons. 102. num. 15. lib. 2.* allegat etiam exemplum in Episcopo, qui licet dignitate sit inferior Archiepiscopo, tamen in propria Diœcesi est maior Archiepiscopo; dummodò non sit eius Suffraganeus, auctoritate *Felin. in cap. cum inferior, num. 2. extra de maiorit. & obed.* hic non est casus noster, quia Fisci Patronus non accedit ad Magnam Curiam ad tuendum Fiscum, sed domum Ill. Dom. Regentis Capycij Latro, vbi interueniunt Præsidentes, & Consiliarius Stelbanus, & duo ex Iudicibus Magnæ Curiæ Vicariæ in criminalibus, nec est priuus casus, quando in maiori dignitate existens incorporatur minori Tribunali pro Fisci Patrono, prout quando Consiliarius efficitur Fisci Patronus Reg. Cam.

115 Sed est casus satis diuersus, nam non per viam incorporationis, sed in causa particulari, & non in Magn. Cur. sed in domo Ill. Regentis fuit datus pro Fisco Aduocatus, quo in casu retinet suam dignitatem, & inferioribus est præferendus, ità in specie tradit *Reg. Constant. in loc. cit. num. 38.* per hæc verba.

Quod ampliatur etiam si Consiliarius adiunctus, non in Iudicem in Tribunali Regiæ Cameræ daretur, sed in Fisci Patronum, vt etiam eo casu in Collaterali Consilio Præsidentes præcedere debent, Nec obstant superiùs firmata, quia procedunt quando Consiliarius penitus Tribunali S. C. relicto in Fisci Patronum Regiæ Cameræ incorporatur, tunc enim quia talis admissio accessoria fit per viam incorporationis, cessat in ea illa præcedentia, & dignitatis Consiliarij prærogatiua, & vtitur illa, quæ cæteris Fisci Patronis competit; at vbi adiunctio fit principaliter absque vlla incorporatione; prout in hac ampliatione, tunc semper retinet Consiliarius suam prærogatiuam, & si non vt Iudex, sed vt Fisci Aduocatus interueniret, & proinde in terminis huius iuris id præcendebat doctissimus Dom. Consiliarius Petrus Antonius Caracciolo electus in Fisci Patronum in causa, quæ in Regia Camera vertebatur, decidenda in Collaterali Consilio inter Dominos de Sabellis, & Marchionem Auendechi super articulo, an in Regno in feudorum successione in dubio viuatur Iure Francorum, vbi quod sic, omni semota controuersia determinauimus.

116 Et sic clarè patet, quod licet Consiliarius in Regia Camera tàm vti Consiliarius, quàm vti Fisci Patronus non præcedat Præsidentes inferiores, tamen extra Regiam Cameram, & in alio Tribunali vbi resident Præsidentes, & in Collaterali Fiscus suam retinet dignitatem contra Præsidentes, prout retinere habet vti Fiscalis Regiæ Cameræ in satis maiori dignitate Iudicum M. C. V. constitutus, ex suprà fundatis.

117 Quod fuit absque hæsitatione practicatum in causa Baroniæ Casapidelle, quæ tractabatur per Regiam Cameram in Collaterali Consilio, in qua erat Aduocatus Regens Rouitus tunc Regius Consiliarius, vt in eius consilijs 98. 99. & 100. num. 18. lib. 2. vbi de decisione facta in Regio Collaterali per Regiam Cameram existente Commissario Didaco Salinas Præsidente Reg. Cam.

118 Quod est adeò verum, vt per Præsidentes fuerit prætensum, debere præferri Reg. Consiliarijs, & quod illi sedere debuissent ad manum leuem, prout seruatur in Regia Camera, quando Consiliarij ad eam accedunt, & nihil minùs, quia Consil. Rouitus erat in dicta causa Fisci Aduocatus, & tamen in hoc

etiam

cium succubuerunt, & sola dictum, quod præcedant Consiliarij, de qua decisione meminit *Regens Constantius in d.l.1.num.37. & idem Reg. Rouit. in cons.102. lib.2.* quod edidit in hac causa, & sic in omnibus remanet satisfactum obiectis Iudicum M.C.V. Reliqua suppleat Supremum Collaterale Consilium, cuius correctioni me totum libentissimè subijcio.

D. Didacus Moles.

119 Quã controuersiam recenset *Dom. Consil. Petra in commentar. ad rit.2. M.C. n.26.* vbi præfatum *D. Didacum* miris laudibus pro meritorum dignitate celebrat, & *in num. seqq.* rationes in hac allegatione adductas reassumit, & *nu. 38. in fin.* dicit, has rationes Collaterale Consilium non admisisse aduersus Iudices, sed decreuit die 1. Aprilis 1653. quod Mag. Iudices præcederent ipsum Mag. Fisci Patronum, ad relationem Spect. Reg. D. Hieronymi Garziæ, penès *Lombardum* Scribam; vt apparet ex decreto apud *cit. Dom. Petr.* quod etiam fuit confirmatum sub die 3. Iulij eiusdem anni, & antea cum meminit de hac decisione *citat. Cons. Rovit. d. rubr.5. §.5. in fine*: Cuius decreti iustitiam idem *Rovit.* fundat in *num. antecedent.*

120 Aduertendum est tamen, quod si Fisci Patronus R.C. incedat iunctim, & collegialitèr cum suo Tribunali, tunc, ex quo est corpus indiuisibile, & Reg. Cam. præcedit Iudices M.C. ipse præcedit præfatos Iudices, & sic in funeribus nostri Serenissimi Regis Philippi II. *Regens Camillus de Curtis* tunc Fisci Aduocatus in R. Cam. incessit cũ suo Tribunali, & præcessit Iudices M.C. teste *Reg. de Ponte de potest. Prorr. tit.3. §.8. n.36.* quem refert, & sequitur *Consil. Rovit. de offic. rub.5. d.§.5. nu.7. sit. Consil. Petra d. rit.2. nu.28. in fin.* Prout etiam Regni Secretarius vnitim incedens cum Coll. Cons. præfertur S.R. Consilio S. Claræ.

121 Ordo obseruandus in solemni, & Regali Equitatu describitur à *Cons. Rovit. de offic. tit. de elect. quinque &c. §. 4. num.26.* quem refert *de Luca in obs. ad Præs. de Franch. decis.348. num.9.* vt primò scilicet Continui, posteà Barones, siuè Titulari cum Equitibus, deinde Ciuitatis Electi, successiuè septẽ officia Regni, exinde Excell. Prorex cum Syndico Ciuitatis ad læuam stipatus militibus: Post Proregem Regentes cum Consiliarijs, quorum Titulari præcedunt, Regentesq; subsequuntur, deindè Præses S.R.C., Locumtenens Reg. Cam. Thesaurarius, Secretarius Regni, cum Regijs Consiliarijs, posteà Præsidentes R. Cam. Iudices M.C. criminales, & ciuiles, Aduocati fiscales R.C. & M.C. iuxtà prioritatem officij, deindè Auditor Campi, & Iudices Siclæ.

122 Solemnis item, ac egregia Equitatus pompa in anno 1680. celebrata, narratur per *Dom. Carol. Rota in annot. ad cons.8. Reg. Rovit. lib.3.* iussu Excell. tunc Proregis Velensium Marchionis pro nuptijs augustiss. Regis nostri Hisp. *Caroli II.* cum *Ser. Dom. Ludouica Maria Borbona* eius sponsa (quæ cum fato cesserit in anno 1689. eius acerbissima mors funestissimo apparatu per nouem dies in Regali Capella, & posteà in Regali Ecclesia Diuæ Claræ deplorata fuit) existente tunc Syndico huius Ciuitatis *Dom. D. Michaele Misfestula* Patritio dignissimo, Regio Cõsiliario, ac deindè Regiæ Cam. Præsidente, in expediendis negotijs vigilantissimo, qui non superbia, odiosoquẽ fastu, sed [illegible] affabilitate, comitate [illegible], vt quadam æqualitatis [illegible] cum omnibus agere videretur, etsi omnes præcederet dignitate, nobisq; perfamiliaris, ac multis colendus officijs, pro quo patrocinando de multis causis retulimus palmã; sed proh dolor! in anno 1689. in mense Augusti inopinata sorte, importuna morte decessit. Et in præterito anno alius celebratus fuit Equitatus ob nuptias eiusdem Inuictissimi Monarchæ *Caroli II.* cum *Sereniss. Anna Maria Neoburgensi*, quibus felicem, immortalemquè prolem det Deus, obsecramus.

123 Sed hic non pigeat casum referre,

ssui

qui euenit occasione obitus præfatæ Sereniss. Dom. Nostræ Reginæ *Ludouicæ Mariæ Borbonæ* d. anno 1683. cum accedere deberent omnia Tribunalia ad Regalem Ecclesiam S. Claræ, vbi more solito doloris signa ostenderent, fuit ortum dubium, an Magnifici Rationales Reg. Cam. in ea functione præcedere possent Dom. Iudices Mag. Cur. Vic.

324 Quo in puncto, esto nos non lateat, id etiam accidisse in anno 1644. occasione mortis Sereniss. tunc Reginæ, & Supr. Coll. Cons. respondisse, quod in omnibus functionibus, in quibus Rationales associantur Dom. Præsidentes, quia faciunt vnum corpus, præcedant Mag. Iudices M.C. vt patet ex *Arrest. R.C. 630.* apud *Reg. de Marin.* Attamen id agnoscentes Mag. Iudices M.C. insisterunt, hoc Mag. Rationalibus non licere, & per rescriptum *Excell. Comitis S. Stephani* huius Regni vigilantissimi, ac dignissimi Proregis fuit ordinatum, vt Magnifici Rationales ad functionem prædictam non accederent.

325 Quæ prætensio Mag. Rationalium magnam hodiè dubietatem videtur habere, licet antiquitùs Magistri Rationalis officium fuerit per Catholicos, & Sereniss. Principes prædecessores in magno honore habitum, quamplurimis prærogatiuis, ac priuilegijs etiam decoratum, vt testatur priuilegium Regum Ludouici, & Ioannæ de anno 1350. *in ergisto. priuil. Reg. Sicla fol. 40.* vbi de dignitatibus, immunitatibus, iurisdictione, alijsq; prærogatiuis Ration. concessis, & de alijs priuilegijs, Capitulis, & Constitutionibus testantur etiam *Surgent. de Neap. illustr. cap. 7. n. 1. Reg. Galeot. respons. fisc. 1. num. 49. & seqq. Dom. Reg. Moles infrà in §. 27. nu. 33.* Et ab initio Tribunal Reg. Cam. fuit separatum à Magistris Rationalibus, & rationes summariè videbantur in Camera, quæ prius Audientia Rationum nuncupabatur, plenariè autem à Mag. Rationalibus Magnæ Regiæ Curiæ *idem Reg. Moles infrà §. 28. n. 115. & 7. cit. Reg. Galeot. d. loc. n. 36.* Imò eorum authoritas in tantum creuerat, tùm ratione iurisdictionis, tùm qualitatis personarum, vt in magistratus antiquitùs, sed cui ex illustribus, & antiquissimis Ciuitatis familijs ob merita concederetur à Regibus ad quem genitor, & alij consanguinei ipsius *M. Antonij Surgentis* ascripti fuere, vt ipse testatur in *d. cap. 7. n. 3.* & *Dom. Reg.* noster in *d. §. 20. nu. 3.* vbi non latiùs, imò supplicatum fuit Cpl. Maiest. vt Magistri Rationales creari deberent Nobiles de Plateis, prout antiquitùs fieri solebat, vt in *Cap. 13. Neap. fol. 95.*

326 Verùm vsus prædictus fuit à Ser. Rege Alphonso I. de anno 1450. sublatus, vt ex *priuil. Reg. Sicla fol. 33.* & legitur apud *cit. Reg. Moles d. §. 28. nu. 5.* vt rationes non modò summariè per Reg. Cam. sed etiam plenariè viderentur, & finaliter terminarentur, semota, sinè exclusa iurisdictione Magistrorum Rationalium, quod vsq; in hunc diem seruari testatur *Reg. Galeot. d. loc. nu. 38.* Ità vt Præsidentes Regiæ Cam. in antiquorum Magistr. Rationalium locum successerint, *Surgens d. loc. num. 1. & 3. Reg. Galeot. ibid. nu. 48.* ac eorum omnimoda iurisdictio, immunitas, ac priuilegium in Præsidentes ex *d. Regis Alphonsi* priuilegio translata fuisse, atque veriusq; officij prærogatiua gaudere, constat, idem *Reg. Galeot. ibid. num. 49.* & hodierni Rationales habent tantùm suffragia quoad rationum, sinè computorum discussionem.

327 Hinc facili modo dubium resoluitur, quod ipsi Magnifici Rationales non possint præcedere Iudices M. C. dum Iudices digniores sunt Rationalibus hodiernis, tàm ex ipsorum exercitio, cum ius dicant, tùm etiam ex ipsorum potestate, nam amplam, & ordinariam iurisdictionem in toto Regno retinent, ità vt eis maiora Regni septē officia subsint, vt tradit *Reg. de Ponte de pot. Prorr. tit. 7. §. 7. Reg. Tap. dec. Iud. Sen. 3. n. 37. Reg. Merlin. controu. 64. per tot. cent. 1.* Rursus ipsi Iudices M. C. præcedunt Fisci Aduocatum R. Cam.

vt suprà, qui est dignior Rationalibus, eosq; præcedit; Vnde eò fortiùs debent Iudices præcedere prædictos Rationales ex vulg. regula, si vinco vincentem te, multò potiùs vinco te, *l. de accessionibus, D. de diuers. & temp. præscript. Menoch.* in puncto *cons.* 126. *nu.* 25. *Noldeo de stat. Nobil. c.* 10. *nu.* 107. *Card. de Luca de Præeminentia discurs.* 33. *num.* 11. Quod intelligendum est,
128 nisi iunctim, & collegialiter incedāt cum suo Tribunali, nam tunc quia Tribunal Reg. Cam. præcedit illud Magn. Cur. & consideratur vnicum corpus indiuisibile, cū ipsis etiā Rationalibus, & cū in illo sint deputati, & illi vacent, iuri consonum est, vt præcedant omnes illos, quos suum Tribunal præcedit; & ità intelligitur *d. Arrest.* 630. vt diximus etiam de Fisci Aduocato eiusdem Reg. Cam.

129 Ceterùm, quo ordine Senatores vota sua proferre debeant; quidam tenent, quod antiquiores, & digniores respectu Senatoriæ dignitatis priùs dicere debent, iuxtà illud *Ecclesi.* 32. *Loquere maior natu, decet enim te primum verbum*, & illud *Iob.* 32. *Igitur Eliu expectabit Iob loquentem, eo quod seniores essent, qui loquebantur*. Faciunt *l.* 1. *D. de albo scrib. l. si quis ex argentarijs, §.* 1. *D. de edendo, c. qui iam* 50. *dist.* Quo verò ordine Senatorum sententiæ essent rogandæ, adeas *A. Gell. noct. att. lib.* 4. *c.* 10. *Langlæum lib.* 7. *semestr. cap.* 7. *Rapenam lib.* 9. *des Parlements cap.* 2. *Goldast. in senior. lib.* 1. *cap.* 9. *Maynard. quæst. notab. lib.* 1. *cap.* 71.

130 Alij verò existimant, quod post relatorem moderniores primò loco suffragia præstare debent, ne formident à sententijs, & votis antiquiorum declinare, & ità Theologos in Parisiensi Curia dixisse refert *Nicol. de Lira in apostill. super c.* 23. *Exod. ver. iudicio*, latè *Aviles c.* 44. *Prætor. ver. platicare num.* 1. & in Senatu Parisiensi obseruari aiunt *Rebuff. ad Constit. Regias tit. de public. [illegible] art. vn. glos. vn. num.* 33. *Maynard. decis.* 72 *lib.* 1. de Senatu Lusitaniæ *Gama decis.* 1. *à n.* 11. & ibi *Flores de Mena in sin. Cabedo decis.* [illegible] *p.* 1. de Senatu Pedemontano *Osascus in præfat. decis. n.* 11. *Thesaur. decis.* 1. *Faber in suo Cod. lib.* 1. *tit.* 7. *de Senatoribus def.* 4. de Regno Valentiæ *Matthew de Regimin. Regni Valent. tom.* 1. *cap.* 2. *§.* 2. *gloss.* 3. *nu.* 188. de Regno Sardiniæ *Reg. Vico ad Pragm. lib.* 1. *tit.* 1. *cap.* 10. de omnibus alijs Curijs Hispaniarum *Azevedo ad Cur. Prim. lib.* 1. *cap.* 4. latè *Carena de off. Sanctæ Inquis. par.* 1. *tit.* 8. *§.* 7. *à num.* 39. *Xammar de off. Iud. par.* 1. *qu.* 34. *nu.* 11. *Hermosilla ad Gregor. Lopez tom.* 1. *in Prologo glos.* 1. *num.* 97. *fol.* 10. *Reg. D. Michael Cortiada decis. Cathal.* 33. *nu.* 31. *&* 32. *par.* 1. & de Senatu Neapolitano *Afflict. decis.* 1. ibiq; *Vesill. à nu.* 13. *Thor in compend. decis. to.* 1. *ver. Iudex senior fol.* 291. & ex *Pragm.* 13. *de offic. S. R. C.* exponit *R. Tapia lib.* 2. *Iur.*
131 *Regni Neap. pag.* 154. etiam in Collegijs Aduocatorum obseruari testatur *Anna sing.* 6.

132 Inter Barones habentes feuda, & Nobiles simplices etiam de Sedili præferri Barones, latè fundat *Cons. Anastas. in obseru. ad Reg. Revert. d. cons.* [illegible] *lib.* 2. *à n.* 33. Titulatos verò Regni non posse præcedere Regentes R. Cancell. in actibus indifferentibus fundat *Reg. Lanar. cons.* 98. qui etiam contrà Titulatos extrà Regnum scripsit in *cons.* 72. sed per literas Regias sancitum esse, vt sedeant tanquàm Titulati Regnicolæ, testatur *Reg. Capyc. Latro consult.* 43. *n.* 30. *lib.* 1.

133 Attamen inter Barones Titulatos præcedit ille, qui habet vnum ex septē Regni Officijs, vt post alios decisum, referunt, ad fauorem Ducis Amalphiæ Magni Iustitiarij, contrà Principem Bisiniani, & prò Comite Castri Magno Cancellario contrà Principem Salerni, & prò Principe Conchæ Magno Admirato, cōtrà Marchionē Grupoliarum Coll. Consilij Decanum, *Reg. Rovit. cons.* 84. *nu.* 13. *Reg. Tapia decis.* 32. *nu.* 30. *Cons. Rocca de offic. rubric.* [illegible] *§.* 1. *num.* 1. *&* 2.

134 Verùm inter eadem septem Officia datur prærogatiua dignitatis, dum

ordine; Magnus Comestabulus, Magnus Iustitiarius, Magnus Admiratus, Magnus Camerarius, Logotheta, seu Magnus Prothonotarius, Magnus Cancellarius, & Magnus Senescalcus, ut per omnia discurrunt *Freccia lib. 1. de subfeud. Summont. lib. 2. hist. Neap. pag. 34. Scipio Ammirat. lib. 1. famil. nobil. Eugenius Caracciol.* aliiq; in *discript. Regni, Capacius in libro del Forastiere giorn. 7. à fol. 774. ad seqq.* Et sic pro Magno Cancellario contra Magnum Senescalcum agit *R. de Ponte consil. 82. lib. 1.* & ita decisum pro Principe Conchæ Magno Admirato contra D. Cæsarem de Auolos Magnum Cancellarium, ut in *decis. 8. eiusdem Reg. de Ponte*, & pro Magno Admirato scripserunt *Consil. Fabius de Anna*, ut in *consil. 122.*
135 *lib. 2.* & *Consil. Io: Andreas de Georgio*, ut in *sua alleg. 34.* & in alia *allegatione* in nostris manuscriptis Codicibus reperta, & *Alfonsus de Stabili* in suo responso; quod etiam hic edendum censuimus.

IN IVRE
Pro Magno Regni Admirato.

136 PRinceps Conchæ Magnus Admiratus Coll. Consiliarius admissus ad exercitium Consilii prædicti, omni iure debet præcedere D. Cæsarem de Auolos Magnum Cancellarium Collateralem Consiliarium, dato, quod fuerit prius admissus ad exercitium Magnus Cancellarius prædictus. Quod fundatur iuribus, & exemplis, in eodem Consilio Collaterali.

137 Iura sunt aperta, tam in Iure Cæsareo, quam Pontificio, quod in dignitatibus est duplex ordo, prioritas temporis, & maioritas dignitatis; prioritas temporis operatur inter æquales, ubi vero sunt inæquales ratione alterius dignitatis annexæ, non attenditur prioritas temporis, sed maioritas dignitatis, *ut est in l. 1. C. de Consul. lib. 12.* & *l. omnes, C. ut dignitatum ordo seruet. l. 1. C. de prox. sacr. scrin. lib. 12. in fin. l. unicam. C. de prof. qui in sac. & l. fin. C. de decur. eod. lib. 12.* & in iure Pontificio, est textus *in cap. statuimus, de maior. & obed.* & *in cap. 4. 2. dist.* quod incipit *Placuit*, alias *Statuimus*.

138 Quorum iurium interpretatio, & à DD. sunt recepta in *glossa in l. 1. de Consul.* & in *d. l. Statuimus*, & in *cap. statue* [illegible] *1. dist. Iacob. Platea in dictis iuribus*, & *specialiter in d. l. 1. de Consul.* & in *l. omnes*, quod clarius expressit *Iacob. de Rebuff. in d. l. 1. de Consul.* quod ubi adest maioritas dignitatis, non attenditur prioritas temporis; ita exemplum illius legis ad casum nostrum, quod consilii antiquiores postponuntur consuli recentiori, qui est consul, & patricius, tum patriciatus sit maxima dignitas, nec dum maior consul in *l. omnes, C. eodem*, plura exempla ponit *Felin. in rub. de maiorit. & obed. nu. 3.* De [illegible] per prius, si antiquam doctorum, alios aliorum gradum, non præfertur primo licentiatus ratione primæ dignitatis, sic de Episcopo Doctore præfertur in Episcopo non Doctori, quamvis sit Doctor posterior in tempore, *Abb. in d. cap. Statuimus* dixit non valere consuetudinem in contrarium, quam plura notabilia ad rem docet *Illust. Marchio Merconi* [illegible] *C. in cons. 14. num. 58. cum seq.* & sic in iure stat firma conclusio, quod maior in aliqua dignitate præfertur aliis circa aliam dignitatem minorem, licet non sit prior in illa, de qua agitur dignitate.

139 Exempla etiam sunt notoria in eodem Consilio, quod unus ex supremis viris præstantibus magna Officia admissus ad Consilium Regium, præcedit alios Consiliarios priores tempore, sic fuit decisum pro Duce Amalphiæ Magno Iustitiario contra Principem Bisignani, refert *Freccia de subf. lib. 3. in dist. num. 14. fol. 432.* sic Titularius Consiliarius præfertur Regenti Consiliario ratione maioris dignitatis, licet Titularis sit posterior, ut decisum fuit pro Marchione Vici contra Ciccum Loffredum, licet *Loffr. in suo permpho*, scripserit in contrarium *in cap. omnes, §. de feud.* [illegible] & deinde pro Marchione Orioli contra alios Regentes antiquiores similiter fuit decisum.

140 Pariter Regens, quia Doctor præfertur Consiliario non Doctori, ratione maioris dignitatis, licet Doctor sit posterior tempore, quæ exempla parent ad nostrum, & sic maioritas dignitatis præfertur prioritati temporis, sed Magnus Admiratus præcedit Magnum Cancellarium, ergo nulla cadit dubitatio, quin in Consilio præcedere debet.

141 Neque obstat arg. *Loffr.* quod quando una dignitas licet maior, est quid separatum ab alia, de qua agitur, non est considerabilis; ita quod magnum Officium Admiratiæ, dum non confert ad Consilium, ergo non tribuit in illo aliqua præcedentiam, quia decisio supposita in illo, & in alio simili casu demonstrat contrarium, in eo casu dignitas titularis [illegible] aliena à Consilio Status, & tamen, quia erat inseparabilis à persona Titularij, fuit decisum pro Marchione, pariter

in casu *Marini*, qui scripsit pro Principe Salerni in Parlamento contra Comitem Castri Magnum Camerarium, illa qualitas Officij in Parlamento non congruebat, & tamen eadem ratione fuit prępositus Magnus Cancellarius, vt refert *lib. 1. fol. 22.* Alia etiam fuit quęstio, exagitata inter Principem Bisinianį, cum Duce Amalphię Magno Iustitiario in actu Consilij, & fuit prępositus Magnus Iustitiarius posterior tempore ratione alterius dignitatis annexę, licet diuersę ab isto officio consilij, & sic tam *Loffr.* quàm *Ferra.* repelluntur, contraria decisione sequuta in vnoquoque ex casibus prędictis.

142 Nec mirum, cum & si Episcopus Canonicus, resideat in Capitulo, vt Canonicus, nō vt Episcopus, tamen Episcopalis dignitas illum prąfert omnibus post Decanum, *glos. in cap. à collatione de ap. in 6.* quam sequitur *Abb. in cap. postulasti n. 8. de concess. preb.* quē sequuntur *Fel. & Beer.* à prędicto *Marchione* citati vbi supr. n. 49. 50. & 51.

Vnde arg. refellitur rationę, authoritatibus, & decisionibus iudicialibus.

143 Nec obstat argumentum à simili de Titularibus Consiliarijs, vt inter eos non attendatur maioritas tituli, sed prioritas temporis, vt inferat sic decidendum inter septem viros de Magnis Officijs, vt inter eos attendatur prioritas temporis, non considerata pręcellentia Officij; Nām exemplum non congruit subiecto: siquidē hęc practica inter Titulares non est sumpta ex Regulis Iuris, nec ex ratione, nec ex authoritatibus Doctorum, cum ex prędictis demonstraui contrarium, sed sumpta ex consuetudine, quę sic ex vsu inualuit inter eos, quę non afficit alios non consentientes, nec poterit pars demonstrare in Iure, quod possit extendi ad alias personas, ad alias dignitates, vel officia, est enim stricti Iuris, imò contra Ius, & sic strictissimè intelligenda in casu suo, & quod sic consuetudo, non intelligo *Prasidem Sarg. in sua Neap. illustrata in c. 27. n. 38. vers. & mirabile nobis fol. 37.* vbi docet in contrarium esse Ius commune; imò audio, in indiuiduo fuisse decisum casum istum inter alios Officiales assumptos ad Cōsilium, vt attenderetur maioritas, & pręcellentia Officiorum, & non prioritas temporis; cum enim Locumtenens Regię Camerę Andreas Pons de Leon fuisset creatus Consiliarius Status, deindè fuisset ad idem Officium assumptus Ioannes de Samillar Prąses Sacri Consilij, quamuis esset in officio recentior, fuit prąlatus Locumtenenti ratione officij, quia Prąsidens Sacri Consilij dignior, quamuis in actu, de quo agebatur, erat quasi separatum; Vndè casus decisus demonstrat inter Officiales non dari prioritatem temporis, sed maioritatem dignitatis, nec sine ratione diuersitatis, quia Titulares possunt eorum fauori renunciare, sed Officiales non possunt Regijs Officijs preiudicare, tantò magis, quod *Abb. in d. cap. Antoninus,* dixit, quod non valet consuetudo, vt attendatur prioritas temporis, & non maioritas dignitatis.

144 Nec est verum, quod ista pręcellentia Officij, non pertineat ad Consilium, nam eorū septem proprium est comitari Regem, eiusvè Proregem, secundum ordinem Officiorum, ac dicuntur Collaterales Consiliarij, indecorum esset nunc, ex eo, quod tamquam in actu Officium Consilij sedere prępostenari; Imò cum nihil aliud de nouo fiat, nisi exercere Officium, attendendum esse opinor prorogatiuam pristinę dignitatis, argum. in l. omnes, C. vt dignitat. ord. seru. qui text. sufficeret, si alię concludentissimę suprà adductę deficerent.

Ex quibus concludo non esse locum dubitandi.

Ioannes Andreas de Georgio.

ADDITIONES IVRIS
Pro Magno Regni Admirato.

PRęcellentia alterius dignitatis facit eum pręcedere in Consilio, quia licet illa dignitas non sit pertinens ad Consilium, tamen est inseparabilis à Persona, ità quod exemplum *Abb. in cap. postulasti nu. 8. in fin. de conc. praeb.* est verissimum, quia Episcopus Canonicus, vel Scholaris sedens vt Canonicus, vel Scholaris, non precedit Rectorem, sed debet honorari ratione suę dignitatis, vt pręcedat alios Canonicos antiquiores, sequitur *Felin. in Rubr. de maior. & obed. num. 4. vers. mitte, Beer. de praecel. Magn. Conf. n. 65.*

Glos. in cap. Episcopus 17. dist. dicit quidd forensis, non text. dicit, quia Episcopi pręcedunt secundum ordinem antiquitatis eorum promotionis, glos. limitat, nisi posterior pręcellat antiquiorem ratione alterius Excellentię, vel ratione Personę ordinantis, vel loci, quam sequendo *Abb.* vbi *supr.* dicit, quod inter Personas eiusdem ordinis pręcedit ille, qui ex alia qualitate est dignior, puta ordinatus à Papa, quod dicit procedere in militibus secularibus; ergò si pars diceret ipsos esse eiusdem ordinis, puta de septem Viris de Magnis Officijs, adhuc inter eos est maioritas dignitatis, & prerogatiua considerabilis ad Officium Consilij, ad quod sunt assumpti, plura exempla ad idem ponit in d. cap. Episcopus, *&c. de Temporum.* sequitur *Beer. n. 8. in d. tract. de maior. Mag. Consil.* optimè, qui adducit egregium dictum

Car.

Gandin. in *R. cap. Episcopus*, quod qui [illegible] partiagens [illegible], [illegible] præcede[illegible], et nos [illegible].

Similiter dicit *Iacob. Pluc. in l. 1. in fin. C. de* [illegible] *lib. 12.* quia honores, & dignitates sunt in consideratione, tam in consilio, quam extra, quia procedunt à Principe, & semper sunt in consideratione, ergò dignitas Magni Admirati debet aspici tam in loco proprio, quam extra, ad quod facit, quod dicit *Lucas de Penna in l. 1. C. de* [illegible] [illegible], quod Clericus antiquior præfertur, [illegible] si iunior sit in maiori ordine, vel maiori [illegible].

Et officia possunt esse in æquali dignitate, licet sint diuersa, & separata, & tunc inter [illegible] de dictis Officijs præfertur antiquior, *Iacob. Pluc. in l. 1. C. de prepos.* [illegible] [illegible] vbi *Luc.* ergò si sunt inæqualis dignitatis præfertur, qui [illegible] maior, quia etiam [illegible] præcedit [illegible], [illegible] ratione maioris dignitatis. *Terrarum*, [illegible] exempla [illegible] 1. [illegible] *C. de* [illegible] [illegible] 27. et [illegible] 44. quos [illegible] *Franc.* [illegible] Principem Bisiniani, [illegible] Duce *Amalphia* Magno [illegible] [illegible] *fol. 471.* [illegible], Milites [illegible], & præcedere secundum eorum antiquitatem [illegible], [illegible] esset antiquior dignitatis alterius dignitatis, & sic fuit decisum, ergo, si illi Magni Viri sunt omnes Milites, & vnus præcedere alium ratione temporis, tamen Magnus Admiratus præcedit ratione præcedentiæ [illegible].

Et *Petr.* n. 133. refert conclusionem *Ioan. de Plat.* & aliorum, quòd quando plures sunt eiusdem dignitatis, præfertur antiquior cæteris paribus, sed si ex alio [illegible] esset præcellentior altero ille præfertur, [illegible] cum præcedentia Magni Admirati sit maior, & antiqua, debet in consilio aliquid operari, & sic de [illegible].

IN IVRE

Pro Magno Regni Admirato.

145 QVamuis præmitterê Magnus Cancellarius prætendat declarare, plura debere præcedere in Collaterali Consilio Magnum Admiratum, [illegible], quod [illegible] ipse Magnus Cancellarius fuerit admissus, cum adhuc non appareat de [illegible] [illegible], [illegible] de ordine Cancellarij [illegible].

Nihilominùs et patet, quod [illegible] prius admissus, non ex hoc potest in eodem Consilio præcedere Magnum Admiratum, sed quod omninò Admiratus præcedere debeat Cancellarium, ex infrascriptis Articulis [illegible] indubitanter.

Et cum [illegible] ex [illegible] magis [illegible], [illegible] argumenta, quæ pro Cancellario possunt adduci, deinde [illegible] Admirati fundabimus, [illegible] argumenta pro Cancellario adducta [illegible].

146 Et quidem pro Cancellario adduci poterat illud [illegible] argumentum quod primò ordinatus in aliqua dignitate, potior sit in honoribus, illius dignitatis [illegible], ad [illegible] *l. 1. in princ. C. de Consulibus lib. 12. l. penult. eodem tit.* [illegible] *C. de* [illegible] [illegible] *Fr.* [illegible], cum alijs concordantibus.

147 Secundò, pro Magno Cancellario allegari potest, quod quando secundo loco ordinatus esset dignior ob aliquam aliam dignitatem, non ex hoc præfertur primo ordinato, *gloss. cap. auditoris de appellat. in 6.* & *in cap.* [illegible] [illegible], & non [illegible] quod [illegible], & [illegible] [illegible] respectibus, [illegible] *de Philipp. Franch.* & *alij*, quos cumulat *Rossius* [illegible] *in cap. omnes si de feud.* [illegible] *Franc. lib. 1.* [illegible] Magnum Cancellarium, & Principem [illegible] *fol.* [illegible] 23.

148 Tertiò, adducit exemplum, quod cum Dux [illegible] ad Consilium, & [illegible] præcedere [illegible] Viri antiquiorem, [illegible] pro [illegible], [illegible] *Franc.* [illegible] *de off.* *Magistri Iustitiarij* [illegible] *fol.* [illegible] 33. vbi multa, adducit pro vtraque parte, quæ nolo transcribere.

149 Sed pro veritate dilucidanda illius Articuli [illegible] est, quod illi Domini habentes septem officia in Regno, [illegible] Collaterales Regis, vt late *Franc.* [illegible] [illegible].

150 Hinc est, quod in omnibus [illegible], etiam in actibus [illegible] præcedunt omnes Principes, & alios Barones [illegible], [illegible] dicto Consilio [illegible], non solum in sedendo, coram Rege, & Viceregè, cum pergunt, & [illegible], sed etiam in equitando, ac etiam [illegible] [illegible], [illegible], quia sunt [illegible] Collaterales, & [illegible] cum Regis, & eius [illegible] Videmus [illegible] in Parlamento generali, vbi congregantur [illegible] Barones, [illegible] septem Officia, quamuis [illegible] prius Barones [illegible] [illegible], & [illegible] de Comite [illegible], qui [illegible] in [illegible] loco, quam illi sunt [illegible], & si accidit [illegible] [illegible] in Collaterali Consilio, [illegible] ex septem Officijs, [illegible] in sedio [illegible]

Ve-

Vice-Regem, quod si aliquis titulo decoratus accederet pro simili causa, sedet vltimus in banco paruo.

151 Ea sola ratione, quia sunt veri Collaterales, & semper sedent viciniores penes Regem, vel eius Locumtenentem, quamuis ibi non sit pro seruitio Regis, sed pro primario commodo, quia illa maxima dignitas adeò est affixa, vt sit inseparabilis, etiam in actibus indifferentibus, & præsertim in generali Parlamento, vbi conuocantur vti Barones, & vidimus sæpè Magnum Cancellarium nostrum meritissimum, quamuis non sit titulo decoratus, præcedere omnes Barones Titulatos in Parlamento.

152 Hoc iacto fundamento, quod sint verè Consiliarij Collaterales, & ità Rex eos denominat in omnibus literis Cancellariæ, quando Rex mandat, vt actu assistant in Collaterali Consilio non nouam tribuit dignitatem, sed concedit administrationem exercitium, & actum dignitatis, quam prius habebat, & in parrem actu, quo ad honores habebat, quod si inter eos prius obtineat administrationem, vt præsupponit Cancellarius, quia prius admissum se asserit, si deinde alius prior, vel maior dignitate consequatur administrationem, tunc administratio superueniens, facit illum præcedere ei, qui medio tempore obtinuit administrationem, ad hoc est *text.* formalis in *l. 2. vers. & inter Administratores, C. vt dignit. ord. seru. lib. 12.* qui *text.* si rectè intueatur, decidit nostram quæstionem; Dum enim Imperator enumerat ordinem, & Præcedentiam dignitatum in primo loco, ponit illos, qui Illustres habent administrationem; secundo verò loco vacantes, qui administrationem habuerunt, sed deposuerunt, & sic habebant dignitatem, sine administratione in fine; Deinde decidit Imperator, quod si illis vacantibus superueniat administratio, vt puta si Magistro Militum, vel alia cura committatur, tunc erit in primo gradu, & sic administratio superueniens volunt cum priori dignitate, & actus vnitur potentiæ.

153 Idem perbellè deciditur in *l. 1. C. de Consul. in lib. 12.* qui *text.* ab omnibus adducitur pro Magno Cancellario, vt prius admissus debeat præcedere, habetur enim in *text.* quod inter Consules prior admissus alios præcedit, etiam quod isti, Consulatus placito fastigia ascenderint, subnectit deinde Imperator, quod si posterior Consul patritiatus dignitatem consequatur, præfertur Consuli priori; sed si ille prior Consul, quiuerè patritiatum secundi præcedebat, consequatur etiam ipse patritiatum, licet post illum prius admissum, tunc patritiatus vnitus cum priori Consulatu, facit ipsum præcedere secundum Consulem, licet prius admissum ad patritiatum, & sic *text.* qui adducitur pro Cancellario, in fine decidit articulum pro Admirato, cui licet administratio superueniat post Cancellarium, vnitur tamen cum dignitate, qua præcellebat Cancellarium, & sic non enumeratur tempus superuenientis administrationis, sed prioris dignitatis, cui administratio adueniens vnitur, & incorporatur tanquam qualitas subiecto, & sic ex eâ applicantur dicta iura ad omnes habentes supremi Officia, vt quando admittantur ad Consilium actu, retineant eundem locum, quem prius habebant in eod. Cons. & sic administratio nihil noui dignitati tribuat, quod si procedit in omnibus, præcipuè applicatur ad Magnum Admiratum, qui ex natura Officij est non solùm Collateralis Consiliarius, sed Generalis Classium maritimarum, & sic Collateralis rei bellicæ, & quando Rex vocat ipsum ad Consilium Guerræ concedit illud, quod est proprium sui Officij, & sic optimè applicantur verba, & mens *text.* prææallegati in *l. 2. vt dignit. ord. seru.* ibi: *Si Magistro militum, belli cura committatur;* (Erat ibi Magister militum idem, quod hodie Capitaneus generalis, *Rebuff. in rub. de præf. præt. & mag. milit. lib. 12.* vbi dicit, idem esse, quod Conestabulus, qui in Regno est Generalis per Terram, Admiratus autem Maris.

154 Sed erat Magister Militum vacans, quia non habebat administrationem, si deinde Imperator aliquam curam rei militaris committat, erit in primo ordine, quia non ampliùs vacans; ità Magnus Admiratus est vacans respectu rei militaris, committit modo Rex curam rei militaris, erit in primo ordine, & non in secundo; Notorium est enim, quod Domini de Consilio Guerræ dicuntur actu seruire, dum consulunt Regem: Adeòq; sunt immunes ab onere adohæ, quæ soluitur loco seruitij personalis, quando Bellum est in Regno, nam qui actu seruiunt, sunt immunes ab Adoha, quæ fuit subrogata loco militaris seruitij, *Isern. in cap. 1. si quis de Manso de contron. inuestit. & in cap. feud. Adohare,* & quod Domini de Consilio sint immunes ab onere adohæ, est *text.* singularis in *l. 1. C. de Castr. omn. pal. peculi. lib. 12.* quē *text. Lucas de Penn.* intelligit etiam in Adoha, licet *text.* loquatur de aliis oneribus, Adoha tunc non erat cognita, & non omittam verum, quod dicit *Luc. de Penn.* dum disputat articulum exemptionis Adohæ, inter alia refert casum, ex eo, quod Dominus *Bartholomæus de Capua,* qui fuit Magnus Prothonotarius, & Collateralis Consiliarius, nihilo-

nihilominùs impetrauit à Rege Priuilegium [illegible] Adolar, nobis ostensum, quod dignitates ex septem Officiis, & Collateralis Consilij, fuerunt apud antecessores illustrissimæ familiæ de Capua ab annis [illegible] centum &c.

155 Sunt verissimæ hæ conclusiones, ex prææallegatione, & omnes à DD. [illegible] & distinguunt, & optimè inter alios Rebuff. in d. l. 1. de Consil. & 1. infr. ad n. 3. ubi distinguit prioritatem ex tempore, & ex dignitate, quæ superat prioritatem temporis, nam enim semper datur prærogatiua inspecta prioritate temporis, sed datur etiam respectu prioritatis gradus, in quo non attenditur tempus, ad text. in cap. statuimus extra de maior. & obed. ubi licet in eod. Capitulo omnes sint Canonici, nihilominùs assumpti aliquis ad loca alicuius dignitatis, ut puta, Archidiaconatus, vel alterius, præcedit alios Canonicos antiquiores, sequitur Ioa. Andreas in d. cap. statuimus n. 3. ubi declarat, in quibus consistat hæc prioritas, & præcedentia, Card. ibidem n. 3. & Bal. in addition. ad Io. Andream in d. cap. statuimus in princ. in d. gloss. singulariter in cap. cum olim in verb. in possessione de consuet. ubi dicit, quod si omnes sint Canonici, maior dignitate est præferendus, Romanus omninò videndus in sing. 491. Not. in addit. ad tractat. de Auctor. Magni Consilij, ex n. 85. cum seq. Dec. in cons. 161. & in l. cum quid. n. 24. & 28. ff. si cert. pet. itá in casu nostro, utrique sunt in eodem Consilio, sed Admirantus antiquior vocatus à S. Maiestate ad exercendum Titulum Collateralis Cons. sedebat in hoc eodem Cons. & præcedebat Cancellarium, quomodo nunc amittet locum, quem tenet in eodem Consilio, postquam prius habebat maiorem dignitatem, sed verum tunc Admiratus, quàm Cancellarius carebant administratione, superuenit prius administratio Cancellario, deinde Admirato, præferendus est Admiratus, ut dixi, & est satis apertus text. in d. l. 2. C. ut dignitat. ord. seru. & ibi Luc. de Penn. Bart. Iac. de Clauna, & omnes, & in Doctorib. dicentes DD. quod prius licentiatus, & postea Doctoratus præfertur Doctori modernè creato Doctoratu, Areti. in §. quædam tamen. in instit. de actionib. Alex. in addit. ad Bart. in l. 1. Iul. &. ff. de obsequ. à lib. præst. Chassan. latè in Cathal. gloria Mundi par. 10. consider. 34.

156 Argumenta verò adducta pro Cancellario unica solutione tolluntur, quia procedit quando illa maior dignitas esset penitus separata, & nihil pertineret ad illud Officium, sed Collegium, secùs autem si illa maior dignitas pertineret ad Officium, prout est in casu nostro, nam propterea est Magni Admirati, & aliorum ex septem Officijs, quod sunt de Collaterali Consilio.

157 Et in hoc nemo ex Doctoribus dubitauit, cum omnes, qui dicuntur maiorem dignitatem non tribuere præcedentiam, id laudabiliter intelligunt in dignitate penitùs separata, Gemin. & Philipp. Franchin. cap. a collatio. de appellat. & Bart. in tract. 3. col. 2. ex mente Abb. in cap. cum olim de electi. & Felin. in cap. ex literis col. 2. de probat. & in rubr. de maior. & obed. col. 5. & Laffran. à feud. in cap. unicuique si de feud. defunct. mil. Quæ dicta plura adducit pro Domino Regentibus contrà Marchionem, semper se fundat in hoc, quod Titulus Marchionis est penitus separatus à Collaterali Consilio, licet enim titulo decoratus appellantur à Rege Consiliarij simpliciter, non tamen appellantur Collaterales, prout Domini ex septem Officijs.

Et ex hoc est ratio diuersitatis, quando concurrit nouissimè assumptus maiori titulo, cum antiquiori minori titulo decorato, licet ex diuersis non possit fieri illatio.

158 Tandem non omittam argumentum, quo etiam Laffredus utitur, nempè quòd in persona Magni Admirati concurrunt duæ dignitates, nempè Principis, & Magni Admirati, quod à Doctoribus satis ponderatur in hac materia, ex regula text. in Authent. sed cuique, Commend. de priuileg. cap. 1. de reg. & per Andr. in l. fin. ex Melior. si de condit. & Alexan. Lectoris n. 14. ff. de [illegible] & pupill. subst.

Et eodem iure, quo Cancellarius obtinuit contrà alios antiquiores, eodem iure Admiratus obtinebit, ut spero.

Alfonsus de Stabilis.

159 Sed libet afferre allegationem pariter pro dicto D. Cæsare de Aualos Magno Cãcellario tunc elucubratam, tenoris, qui sequitur:

ALLEGATIONES

Pro D. Cæsare de Aualos.

Controuersia cùm ad iudicium inter D. Cæsarem de Aualos Magnum Cancellarium, & Principem Conchæ Magnum Admiratum nouiter creatum de Consilio Status, quis priorum in Consilio præcedere debeat, ex subscriptis conclusionibus facili, & iam procul dubio in beneficium D. Cæsaris decidenda erit.

160 Prima conclusio facilis est, D. Cæsarem fuisse primo creatum, & sub hoc fundamento erit iudicandum.

161 Secunda erit, in hoc novo Consilium locum Sta-

Itaetus solicam esse asscribi, diuersa genera personarum, primates puta equites, seu patricios, Regentes & Consiliarios, qui eo ipso, quod sunt Regentes, sunt de Consilio status. Patricios titulo decoratos, ut sunt Principes, Duces &c. & Magnates, qui septem Regni Officijs potiuntur, omnes istæ personæ sunt diuersi generis, diuersique ordinis, & quodlibet genus est per se, absque dignitate, sed Officio Consiliarij, unum precedit aliud in quibuslibet actibus indifferentibus; Nam Regentes præcedunt Equites primates, Titulati præcedunt Regentes, & decorati septem Officijs Regni præcedunt Titulatos.

162 Tertia conclusio, quod quando aliqua persona diuersi generis Officio Consiliarij Status decoratur in Consilio primo electus, posteà electum præcedit, scilicet postea electum, eiusdem tamen generis, seu ordinis, non autem posteà electum alterius ordinis maioris, puta si eques primatus primò electus præcedit alium Equitem primatum posteà electum, non autem Regentem, seu Titulatum posteà electum, & sic Regens primò electus non præcedit Titulatum, & pariter Titulatus primò electus nō præcedet aliquem ex septem Officijs. Hæc conclusio est vera in facto, et est iuri consona per text. ad literam l. 1. de Consul. lib. 12. ubi Consul primo electus præcedit postea electum, nisi posterior electus esset patriciatus dignitate suffultus, nam tunc quia dignitas patriciatus est maior dignitate Consulatus, postea electus Consul, qui est Patricius primò electum Consulem non Patricium præcedet, ad idem text. in cap. statuimus de maioritate & obed. ubi scilicet de loco recipiat in cap. qui maiorem ordinem habet, præcedit primo loco recipiendum habentem minorem ordinem, & inde dicerunt Doctores, quod in dignitatibus duplex est ordo temporis, & qualitatis, seu maioritatis, & ubi ordo maioritatis adest, de ordine temporis non curatur, nam ordo temporis attenditur inter habentes æqualem dignitatem, sed ubi sunt inæquales dignitates & una maior altera, & diuersi ordinis, seu gradus, de temporis ratio non habetur. Lucas de Penn. in Rubric. C. de dignitatibus ordo seruetur lib. 12. Rebuff. in l. 1. de Consul. num. 2. ibiq. Ioann. de Platea num. 3. D. de Ponte in cons. 14. num. 40. contra stilū facit per Chassan. in Catbal. gloriæ mundi 1. par. 38. consid. in 7. par. 9. consid. ad fin. licet Bellug. in suo specul. de fraud. auditoris difficultatem p. col. contra teneat, cum quo facit consilium Reg. Lanarius in cons. 64. & 88. Et licet huic conclusioni videatur resistere vulgata regula, quod Episcopus, quando fuit ut Canonicus non præcedit Canonicum antiquiorem in Canonicatum electus. Nam ubi

alias responsiones, ut brevis sim, id possit esse in hoc Regno, vel ex summo Regio Consensu, ut refert D. de Ponte in cons. 14. vel ex veteris obseruantia tolerantur, & hodie sic obseruatur, & in materia præcedentiæ obseruantia præualet, ut infra dicam.

163 Quarta, & ultima conclusio facti erit, in hoc Consilio Status, aliam esse obseruantiam, seu stylum, quod inter illos de Consilio, qui sunt eiusdem generis, seu ordinis attenditur solum antiquitas in Consilio, licet in eorum persona sit maior dignitas illius ordinis, cuius sunt exempla in Equitibus primatis, licet postea electus in Consilio sit illustrioris sanguinis, vel in aliquo præcedat primò electum in alijs actibus, tamen in Consilio primò electus præcedit in ordine Titulatorum, item postea electus in Consilio sit Princeps, non præcedet ante electum, qui esset solum Comes, D. de Ponte d. consil. 14. sub n. 14. & sic videmus obseruari.

Hæ conclusiones in facto sunt verissimæ, ex quibus resultat vna iuris conclusio, quæ decidit controuersiam.

164 Et erit, quod in materia præcedentiæ obseruantia præualet, nam unusquisque Ciuitas suo sensu abundat, ultra Doctores in cap. cum olim de Consuet. Bart. in l. non tantum, per illum text. ff. de Decur. Bald. in l. aduersarius, § excepta, ff. de off. Præsid. Chassan. in Catbal. par. 5. 47. consid. Bellug. in suo Specul. de decor. & ord. num. 10. ubi bona adducit ut Consuetudo, omnes congruunt, si Consuetudo obseruantia, seu stylus attenditur. Nā dicit, quod stylus Curiæ attēditur in hac Curia, seu Curia Consiliariorum Status, in qua, quando ordines personarum concurrunt, stylus, & obseruantia est, quod in persona eiusdem ordinis non maior dignitas, sed quia prior fuerit in Consilio attenditur, ergo D. Cæsar, ut primus de Consilio, unus Principi Conchæ præferendus omni difficultate cessante, & ut sine particulari decisione pertransiant. Ioann. de Platea in d. l. 1. de Cons. in princ. id in specie decidit et scribit, quod Consul primo electus præcedit secundo electum, nisi ille secundus electus alterius ordinis maioris, puta Patricius. Ioann. de Plat. nisi si ipse prior electus Consul post patriciatum secundi Consulatus adeptus fuerit similiter patriciatum, quia tunc præfertur, cum fuerit prior in Consulatu, licet secundus in patriciatu; hic est casus noster. D. Cæsar præcedit Principem in Consilio vti primò sibi adscriptum, sed quia Princeps præcederet vel decoratus altera dignitate, non præcedet, quia D. Cæsar est similiter decoratus illa altera dignitate, licet sit inferior à Nam in casu Ioann. de Plat. ille secundus pa-

electus, vel secundò loco effectus patricius, erat inferior primò, *Ioann. de Plat.* sequitur *Rebuff.* ibi *in prim.* & post ipsos, hoc dicit *glos.* ibi, *in verbo possidebunt*. Nec dicatur id non facere ad casum, quia ibi patritij erant æqualis dignitatis, sed hic Magnus Admiratus est maioris dignitatis; etenim respondetur adhuc inter patricios dari præcedentiam, nam primò electus patricius præcedit secundum, sed melius legatur, ergo *Ioann. de Plat.* ibi in ver. ex quo infertur, nam dicit, quòd quando duo habent æqualem dignitatem, & ambo habent æquales dignitates, & si vna sit maior altera, adhuc in æquali dignitate attenditur ordo temporis, nulla habita consideratione alterius dignitatis, & si maioris: hæc decisio omnem tollit difficultatem, & idem videtur esse in Titularis, vt supra dictum est.

165 Hic non omitto, quod *Loffred. in illa sua alleg. pro Regentibus vbi supr.* dicit, quod quando illa altera dignitas, quæ est in persona secundi electi, non est pertinens ad Collegium, in quo præcedentia contenditur, nõ facit illum præcedere considerentur modò, in quo pertinet Officium Admirati ad Consilium status; profectò in nihilo: ergò illa dignitas Admiratus, & si sit maior, vt non pertinens ad Consilium, præcedentiam non tribuit.

166 Superest respondere obiectionibus, quæ ex aduerso fiunt, dicunt primò Aduersarij quartam conclusionem suprà factam, quod inter illos eiusdem ordinis non attenditur qualitas maior, sed ordo temporis, esse contrà ius, sed per Consuetudinem sic obseruatam non in omnibus, qui in Consilio præsunt, sed solùm in Titularis. & si hæc est talis Consuetudo, vel contrà ius, non extenditur ad septem Officia, quæ consistunt in altero genere, vt per *Doctores* omnes in *l. de quibus, ff. de legibus*, & quod sit contrà ius alleg. *leg. 1. C. de Consul.* dum in textu dicit textus, quod patricius effectus Consul, præcedit alium primò Consulem, non patricium; ita Princeps effectus de Consilio deberet præcedere Marchionem primò de Consilio; Pro quo aduertatur, quomodò difficultas enascitur. Dicimus primò Consuetudinem hanc, si Consuetudo appellari potest, non esse contrà ius, sed secundum ius, vel ad minus prope ius, quod sit secundum ius patet; illa *lex 1. de Consul.* loquitur in primo casu, quando vterque est Consul tantùm, & sic ambo sunt vnius ordinis, quod tunc attendatur ordo temporis; in secundo casu, quando vnus est duplicis ordinis, & alter vnius ordinis tantùm, tunc ille, qui est duplicis ordinis, præfertur, & hic non est casus nostræ controuersiæ, sed quando ambo sunt duplicis ordinis, hoc non dicit illa lex, & est casus noster, scilicet, quando ambo sunt Titulati, & ambo de Consilio, tunc quis præferatur, illa lex nõ dicit, sed dixit ibi *Ioann. de Plat. & Rebuff. vt supr.* dictum est, quod præfertur primò Consul, & sic primò de Consilio, & hæc est nostra consuetudo, quæ ex prædictis, vel est secundum ius, & res est in tuto, vel est præter ius, postquam illa lex hoc non dicit, & similiter res est in tuto, nam vera est conclusio de iure, quod consuetudo, quæ fuit non aduertatur, extenditur ad casum similem, maximè in eodẽ Tribunali, *Doct. in d. l. de quibus*, & signanter *Rochus de Curt.* num. 5. *Iason. num. 2. & Felin. c. ex tenore de præscript.* num. 11. *vers. quinto, & vltima declaratio*, & alij relati per *Roc. de Curt. de Consuet. sect. 4. num. 4. &* 9. & esto esset in alio Tribunali, eiusdẽ tamen Ciuitatis, & etiam si esset contrà ius, licet secus sit in diuersis Ecclesijs, *Roc. de Curt. vbi supr. num. 17.* & ratio est, quia in curijs eiusdem Ciuitatis idem populus est, sed in pluribus Ecclesijs non sunt ijdem Clerici.

167 Dicimus secundò, & melius, quòd in casu nostro non tractatur de extensione consuetudinis de casu ad casum, vel de Curia ad Curiam, sed sumus in vna, eademq; Curia, in qua conueniunt, dicta genera personarum, scilicet Personæ priuatæ, Togatæ, Titulatæ, & decoratæ septem Officijs: Casus decisus in hac curia, & sic stylus curiæ, qui est obseruatus vsque nunc in primis tribus, quia in ipsis casus euenit, quare non est obseruandus in quarto genere, si nunc, quod in ipso casus contingit, profectò non video, vbi sit extensio, quomodò enim dici potest, quod plures personæ, quæ in vno Tribunali conueniunt & si sint diuersi generis, velint in vno, eodemq; Tribunali vti diuersis iuribus, Clerici, dum veniunt in Curia seculari, vtuntur lege Curiæ secularis, & maximè quia obseruantia, seù stylus ille fuit introductus cũ assistentia Principis, & quandoq; interfuerunt istæ personæ ex septem Officijs, ex quibus procul dubio difficultas extensionis consuetudinis ad casum nostrum adaptari non potest.

168 Dicitur septimò ex aduerso, quod Magnus Admiratus est etiam Princeps, & sic vt duabus dignitatibus decoratus, præcedere debeat, ad dicta per *Bal. in l. sed & Milites de excus. tutor.* hoc non meretur allegari in Regno, nam quando maior dignitas absorbet minorem, minor maiorem non auget, etenim Marchio, & Comes non præcedit Marchionem tantùm, qui primò fuit Marchio.

169 Vltimò audio allegari, quod dignitas

Consiliarij Collateralis est annexa cum septem Officijs, & quando vnus creatur ex septem Officijs, est statim Consiliarius, licet non habeat exercitium; hoc in aere figuratur, nam priuilegia illud non dicunt, immò, dùm conceditur dignitas Collateralis istis personis, dicitur: creamus, facimus &c. quæ denotant tunc ipsis dari dignitatem, & non, quando fuerunt creati ex septem Officijs, sed meliùs argumentum retorquetur, nàm D. Cæsar fuit ex septem Officijs antè Principem Conchæ, & sic fuit antè de Consilio; Et demùm exercitium fuit ipsi anteà datum, quare de re, vel attendimus tempus creationis, vel tempus dati exercitij, vbicumque Princeps se vertit, erit Don Cæsari postponendus.

170 Et pro Regni Thesaurario, contrà Dominos Quinque Sedilis Nidi, scripsit *Cons. de Anna cons. 40. lib. 1.* Sed inter Barones Titulatos, & Dominos ex septem Officijs super præcedentia votandi in eodem Sedili Nidi, infrascriptum reperimus Iuris Responsum manu exaratum.

Pro Illustr. Dominis Titularis Plateæ Nidi.

171 VErtente quæstione in Sacro Consilio inter Dominos Barones Titulatos, & Dominos ex Septem Officijs super præcedentia votandi in Sedili Nidi, comparuerunt Domini Deputati omnium Platearum aliorum Sedilium, petentes causam debere remitti ad Dominos Quinque, & in hoc satis elaborarunt.

Rogo, vt aduertatur, quod Illustrissimus Dux Seminariæ, qui suam, & aliorum causam gerit, non contradicit potestati Dominorum Quinque, immò totis viribus illam tuebitur, sed non in hac causa, vbi habitus fuit recursus ad Sacrum Consilium, in quo Domini Quinque intendebant perturbare ordinem solitum, & iam perturbauerunt, vt in duabus vltimis Platetis *fol. 167.* & alia *fol. 170. at.* & concludit libellus mandari Dominis Quinque, vt non perturbent ordinem: fatentur ergò Barones Titulati potestatem Dominorum Quinque, dùm petunt ipsis mandari, nec credo, quod Deputati prætendant non posse haberi recursum ad Superiores.

172 Dùm verò ampliùs dicunt Domini Deputati, quod sit votandum per ordinem maioris ætatis, & non dignitatis, in hoc non sunt audiendi Deputati aliarum Platearum, quælibet enim Platea suo proprio more regitur, & de vna ad aliam non infertur, satis enim differunt in modo votandi, in eligendo Officiales, & in numero Officialium, vt in lectura Capitulorum vniuscuiusque Plateæ dignoscitur, cùm igitùr sit particularis controuersia in Platea Nidi, aliæ Plateæ non sunt audiendæ, etiam pro bono regimine, ne impendatur publicum nomen in priuatis controuersijs vnius Plateæ tantùm.

Non obstante, quod in hac causa tractetur inter ordinem, & ordinem, nempè inter Barones Titulatos, & inter Tenentes septem Officia.

173 Sed ad rem deueniendo, cùm tota vis causæ sit in more solito huius Illustrissimæ Plateæ; in ijs enim spectanda est consuetudo, vt notat in *l. 1. C. vt dignit. ordo seru. & in l. fin. §. penul. ff. de muner. & honor.* prædictum fundamentum erit, quod in hac Platea datur prioritas ex dignitate Tituli, non solùm inter omnes de Platea, sed etiam in officio maiori, nempè inter Dominos Quinque, licet enim sint Officiales, & vt tales sedeant, nihilominùs in exercitio eiusdem officij, Titulatus vnus ex Quinque præcedit, vt ex discursu omnium librorum Plateæ, & ex hoc continentur adesse ordinem per dignitatem.

174 Secundum erit demonstrare, quod ab immemorabili tempore habuerint priorem locum in votando ad septem Officia, quod euidenter apparet in libris Sedilis semper, quod casus contingit ab anno 1507. nam antiquiora volumina non reperiuntur, vsque ad præsens tempus, de quorum librorum veritate, & fide non est dubitandum, sunt enim scripta manu Secretarij Plateæ, qui semper fuit publicus Notarius, & adsunt etiam nonnulla publica instrumenta, & omnes conclusiones, quæ continent ordinem prædictum prioritatis, sunt subscriptæ propria manu Dominorum Quinque, vel maioris partis.

175 Ex ijs, inquam, libris apparet primum locum habuisse Titulatos, vt ex paruo libro Capitulorum, & signantèr in instrumento de anno 1514. & in alijs libris sequentibus vsque ad præsentem annum, & ridiculum est contradicere, quod hic ordo scripturæ non probat prioritatem dignitatis; censetur enim dignior, qui primo loco nominatus est, *glos. in Clem. 1. de Baptism. & in Authent. de defensor. Ciuitat. §. vltimo, verf. maximorum, Bal. in Authent. hoc amplius in fine alimma. C. de fideicommiss.* & quod primo scriptus censeatur dignior, est text. in *l. generaliter, §. quod ergo, ff. de fideicommiss. libertat.* & ibi *Angel. & in cap. non ij de solutio. & in c. mandato de rescript. in 6.* & *glos. in c. quorundam, in verf. prædictorum de election. in 6.* dicit, attendi etiam superper-

[illegible], quod [illegible], [illegible] glossa [illegible], de [illegible].

176 Nec tamen, quod Domini ex septem Officijs in præsentia Suæ Maiestatis, vel Excellentissimi Proregis præcedant dominos Titulatos, tunc enim sunt in exercitio Officij, & tunc locum eiusdem corporis, [illegible] esse dicitur caput à suis membris, [illegible] illum locum, extra exercitium Officij, [illegible] præferendi Titulati, cum habeant dignitatem, & dignitas Ducatus, vel alia [illegible] Regalis dignitates communicatæ, vt dicit [illegible] de feud. March. in princ. [illegible] filius Ducis etiam in vita patris dicitur Dux, vt [illegible] post num. 4. vers. unde [illegible], & [illegible] quis dicatur Dux, Officium verò non est dignitas de per se, sed habet dignitatem annexam, quæ præualet in exercitio Officij, & tunc extrà, quæ distinctio est de [illegible], [illegible] in [illegible] ubi distinguit, an Ducatus, vel Marchionatus sit datus in Officium, quando etiam in [illegible], quod non egreditur personam, & [illegible] non [illegible] Dux, vel Marchio in vita patris, si verò in titulū dignitatis, tunc Regalis dignitas est, & filius gaudet in vita patris.

177 Quod si allegetur, in Parlamento generali habere præcedentiam, replicatur illud processisse ex decreto, sine ordine Collateralis Consilij in anno 1549. pro illo Parlamento tantum pro bono regimine, ad hoc ne Princeps Salerni, de cuius fide dubitabatur, impediret Regium Seruitium, vt [illegible] in [illegible] fol. [illegible] 23. & 24.

178 Vltra quod ex hoc non possit inferri ad hanc Plateam, in qua habemus [illegible] [illegible] in libris concertum, secundum quem [illegible], & solitum est iudicandum.

179 Non obstante, quod in hac Platea sint etiam in aliis [illegible] domini Titulati, prohibetur enim in [illegible] Capitulo de anno 1507. quod nemo admittatur ad Officium ex quinque, nisi sit [illegible], [illegible] Titulatos, admittunt [illegible] quoniam [illegible] non admittantur, [illegible] 25. Titulis [illegible] annorum decem, & octo, [illegible], & [illegible] iudices [illegible], [illegible] pro bono regimine, & [illegible] Suæ Maiestatis, ad hoc [illegible] accedere ad Plateam prædictam.

180 Ad fundandum verò, quod in [illegible] Sedilibus, sed nobilissimis, ac præclarissimis huius fidelissimæ Ciuitatis Plateis, nec fuit, nec debeat esse præcedentiæ ordo, tàm in sedendo, quàm suffragia præstando, dicitur, quod in Sedili priùs fuerunt Equites sine titulo, quàm Titulati, & septem Officia, imò per Cap. 5. Capitulationis eiusdem Sedilis Nidi in anno 1507. in aggregatione Magnatum septem Officiorum, & Principum Regni, fuit conclusum, prædictos Dominos ex tunc in posterum censendos esse vti antiquos nobiles Sedilis, ideoq; aliam præeminentiam prætendere nequirent, & in eadem Capitulatione anni 1507. firmati apparent priùs Equites sine titulo, quàm Titulati, & Domini septem Officiorum, vt legitur in vno ex meis manuscriptis [illegible] rerum diuersarum tom. 4. fol. 183.

181 Ex libris eiusdem Sedilis ab anno 1507. (dum antea non reperiuntur) perspicitur, indifferenter inter ipsos, interdùm Equites sine titulo, prælatos fuisse Titulatis, & septem Officijs; interdùm etiam Titulatos alijs, & Equites septem officiorum Titulatis; & [illegible] Comites, & Marchiones præcessisse Duces, Principesquè; Et vice versa iuxtà ætatem, qualitatem, & prudentiam Equitum ad arbitrium Dom. quinque, & sex, vt ostenderetur, non adesse statutum præcedentiæ ordinem.

182 Velle autem præcedentiæ ordinē in Sedili inducere, esset confusio, aut enim præcedentia daretur Titulatis, & à Sedili expellerentur Equites septem Officiorum, alijq; Senes prudentes, vtiliores, & necessarij ad res publicas peragēdas, potius quàm iuuenes Titulati in publicā damnū, nec æquè conueniret, vt [illegible] tanquàm Titulatus præcederet eum ex septem Officijs, cum ex Dom. Quinque [illegible] Principes quoque præcedere; Aut pro septem Officijs determinaretur, & idem inconueniens sequeretur.

183 Si pro Senibus non Titulatis esset determinandū, illi ex septem Officijs, ac Titulati nō irē ad Plateas accederent, cum ex prudenti Dom. Quinque arbitrio [illegible] mos vnus, mos alter indifferenter honoratus fuerit.

184 Cumq; non fuerit certus præce-

demus ordo, omnes Equites ad Pla-
team accedunt pro suffragijs dandis, &
si ex placito Dom. Quinque septem
Officia praecederent Titulatos, ac Se-
nes, aut contrarium fieret, alteri non
praeiudicatur, tùm quia omnes sunt eius-
dem Sedilis, & nobilissimi sanguinis,
tùm etiam quia in alia sessione aliter
seruari poterit, & cum mutentur Quin-
que quolibet semestre, Quinq; succes-
sores, inter quos semper adesse solet
Titulatus, possunt alium ordinem prae-
scribere, vt meliùs ijs videbitur, ne
certus praecedentiae ordo introduca-
tur.

185 In Platea Nidi adsueruut Duces
exercituum generales, Regni Proro-
ges, & maioris dignitatis, & muneris,
quàm Equites septem Officiorum, vel
Titulati; imò possent accedere Cardi-
nales, ideò discreto Dominorum
Quinque arbitrio secundùm aetatem,
& qualitatem aduenientium huiusmo-
di ordo est remittendus.

186 Rursùs innumerae lites ex tali prae-
cedentia orirentur, eamq; praetende-
rent Archiepiscopi, & Episcopi con-
trà Titulatos, & septem Officia, cum
non adsit maior dignitas Archiepisco-
pali, & Episcopali, & ex libris Sedilis
constat, quod Archiepiscopus Hy-
druntinus Comites, & Marchiones
praecessit.

187 Lis quoque orireretur inter Comi-
tes, & Marchiones senes, cum Duci-
bus, & Principibus iuuenibus: Inter
Equites senes Cons. Status cum Titu-
latis iuuenibus, Scribis Rationis, alijs-
què: Inter primogenitos, & secundo-
genitos Principum, qui in vita patrum
non habent titulum: Inter Equites
Regios Consiliarios, vel R.Cam. Prae-
sidentes, cum alijs Equitibus natu
maioribus sine titulo: Inter Equites
habituum S.Iacobi, Alcantarae, Cala-
trauae, & S.Ioannis cum alijs nullo ha-
bitu insignitis: Inter eosdem Equites
non Titulatos natu maiores, cum illis
aetate minoribus, vndè natiuitatis li-
ber cuiusq; habendus esset, & semper
in quaestione, ità vt potius confusio lo-
cum haberet, & Regiae Senatus in re
nullius momenti decideretur, & saepè
forsan lites gladio dirimerentur.

188 De Iure enim dicendum est, eos in-
teruenire in Plateis non vti Titulatos,
nec septem Officia, sed vti Equites
particulares Plateae, & familiae, qua
in ea gaudet, ideòq; dignitas, titulus-
vè ad actum, & regimen Ciuitatis
non attinens, non debet esse in consi-
deratione, vt in similibus diximus su-
prà n.14.15. 16. & 86. Vnde cum ne-
queat de dignitate, vel titulo in hoc
ratio haberi, si esset ordo praecedentiae
attendendus, dandus esset Equitibus
grandaeuis, cum sint saniores, pruden-
tiores, peritiores, ac vtiliores ad pu-
blicas res peragendas, pro quibus
omnes congregantur.

189 Notandum quoque est, quod Ec-
clesiasticis personis à Catholicis no-
stris Regibus sempèr adhibita fuit re-
uerentia, teste *Reg. de Ponte de potest.
Proreg. tit. 3. §. 8. num. 34.* vbi transcri-
bit Epistolam Regis Ferdinandi man-
dantis, Episcopos debere praecedere
Barones, & Comites occasione praece-
190 dentiae Episcopi Nuceriae: De prae-
cedentia Vicarij Episcopi cum Cano-
nicis, & Archidiacono, *Menoch. cons.
552. & 257. Gratian. discept. 111.* vbi
de Luca in animaduers. & in decis. 16.
vbi *Steppa in addition. num. 7. Dana in tom.
2. de pugna Doctor. tit. de praecedentia
cap. 5. n. 18.* vbi etiam de Priore Cleri,
vel Capituli, *Fer. Sirenz. de off. Vicarij
quaest. 25. Ant. Iacob. Marell. in tract. de
praecedentia Vicar.* De Archipresbyte-
ris praeferendis Vicarijs Parochialiū,
Rota par. 1. diuers. decis. 326. Praeceden-
191 tiae ordinem in Processionibus vi-
deas apud *Pat. Iordan. lucubrat. vol. 1.
praelud. 13. per tot. Salgad. de Regia pro-
tect. par. 2. cap. 9. à nu. 19. Bichium decis.
366. Nauar. & Barbosa in Summa Bul-
lar. par. 2. tit. de Praecedentia, Lezan. Ze-
rol.* aliosquè, & in Alma Vrbe apud
Gammam decis. Lusit. 1. in qua refert
quoque ordinem habitum inter Praela-
tos, qui Sacro Conc. Trid. interfuerūt,
cui adde *Piasecium in cap. quod sicut, in*

§. 1.

§. 1. *de off. ord.* Ex in processionibus in
hac fideliss. Neapolis Vrbe fieri solitis
tradit *Carol. Rota in annot. ad Reg. Re-
vit. cons.* 102. *num.* 18. vbi ordinatim
enumerat omnes laicorum Confrater-
192 nitates, Religiosos Regulares, & Se-
culares, Parochos, & Canonicos: Vi-
dendi etiam sunt *Iac. Andr. Cosl. de
tract. de praecedentia lib. 2 per tot.* vbi de
praecedentia Summi Pontif., Praelato-
rum, Monachorum S. Benedicti, Car-
melitarum, Carthusiensium, Praedica-
torum, Franciscanorum, Iesuitarum,
Vicariorum, aliorumq; *Ludovis. decis.
Rot.* 284. *&* 411. *Squill. de privil. Epis.
par.* 3. *cap.* 30. *Grauens. in prax. Archiep.
cap.* 62. *Sperell. decis.* 76. *&* 175. *Ricciul.
in prax. Eccl. tit. praxis praecedentiarum,
Allegrad. cons.* 1. *lib.* 2. *Michael Ferrus
Manriquez de praecedent. Ecclesiast. Pi-
tonius in prax. Gerond. lib. 2. sect.* 3. 1. *Card.
de Luca in disc. de praeeminentia.* Iterû-
mè *Cesar. Panimolle decis. fori Eccl.* 1.
annot. 1. *vsque ad annot.* 18. Ex duobus
verò Monasterijs eiusdem Religionis,
quodnam praecedere debeat, vide
Fr. Ant. Tranchedin. consult. 14.

193 Debetur etiam praecedentia in
processionibus SS. Reliquijs Sancti Pro-
tectoris primi, & principalis Ciuitatis,
vt scribit *Aldegrad. cons.* 93. & Gu-
bernatores Ciuitatum, quem locum in
Ecclesia habere, quomodò thurificari,
& Episcopum associare debeant, idem
Panimolle d. decis. 1. *annot.* 11. & an lai-
194 ci possint acquirere ius tenendi
scamnum, seu sedem in loco particula-
ri Ecclesiae, & an transeat ad haeredes,
ait Aldegrad. cons. 85. & quod etiam
mulieres possint consuetudine acquire-
re ius sedendi in Ecclesia, & prius offe-
rendi, *Io. Faber in §. aliam vero, Instit.
de hom. poss. Perez. de annual. lib.* 1. *cap.* 14.
num. 22. *Gratian. discept. forens. cap.* 112.
num. 34. & an Principes saeculares ex
consuetudine possint habere sedem cum
genuflexorijs, vel Thronum cum
Baldacchino, videndi *Pignatellus con-
sult. can.* 7. *cit. Panimolle annot.* 13. *à nu.*
15. *&* *annot.* 15. *per tot.* & *Iulius Cape-
cius in discept. for.* scribens pro Baroni-
bus Regni Neap. circa sedilia, genu-
flexoria, Baldacchina, & receptionem
cum Pallio *in discept.* 329. *&* 330. *to.* 3.

195 Ad materiam denique praecedem-
tiae adeundi sunt praeter supra relatos
*Felix Contelorius in quaest. de praeceden-
tia, Bojsdeus in tract. de praecedentia,
Salernanus in allegat. praeced. pro Supre-
mis Iudicib. Consil. Marius Bonnelinus in
dissert. ad auream Bullam Caroli IV.
Imper. par.* 3. *diss. cb.* 1. *Bursius in tract.
de praeeminentia Magni Cons. tit. Cou-
flus de praecedentia, Melchior Alciat. de
praeced. Christian. Cassel. tractat. praece-
dentiae, Bern. Zieritzius tract. de praece-
dent. Alphons. Garzia de sessionib. Ara-
maeus de sessionib. praerog. M. Anton. Sabell.
in summa div. tract. § praecedentia, Iacob.
Hemel. in dissert. de praecedentia Regum
Hisp. Gall. & Angl. Sperontius Speroni
della precedenza de Principi, Quirico
de la precedence de la noblesse sur les
Gens de Tiers Estat, Chemnitz. 32.
des prerogatives, Thomas Balthas. Iuf-
fen. in disp. de iure praecedentiae, Iacob.
Gothofred. in Diatriba de iure praece-
dentiae, aliique.*

AD QVÆST. VIII.

An, & qualiter sit verum, quod Ciues in hoc Regno non possunt discedere à propria Patria.

ANNOTATIO.

SVMMARIVM.

C*iues, an possint discedere à propria Patria à n.* 1. *& quid in vagarijs, & peregrinis à n.* 2. *ad* 27. *& adducitur locuplentum* Auth. *Responsum pro* Ill. Marchione S. Georgij D. Iacobo Milano *n.* 34. *&* 35.

Decisionem *illam commemorant* R. Tapia, *&* Rodoerius *in locis indicatis num.* 10. *&* 11.

Episcopus, an possit reuocare Presbyterum extra Dioecesim habitantem n. 2.

*Bona terribilia, & teudalia an possit Vassal-
los*

los auocare num. 4. 5. 7. 8. & 11.

Ciues, & subditos seruari, & in Patria manere Resp. interest n. 5. 6. 20. & 35.

Barones Vasallos affligentes priuari possunt iurisdictione n. 9.

Baroni licet ejjcere Vasallum tumultuosum d. num. 9.

Vasalli demaniales, an possint à Rege reuocari à Terris Baronum nu. 12. & 13. 17. & 18. & quid si Neapolim petentes n. 14.

Vasallo discedente, cuiusnam interesse consideretur n. 15. & 16.

Subditi Regis, an possint recedere à Regno, vt habitent extrà n. 19. 20. & 21.

Subditus recedens extrà Prouinciam sub alio Principe, an origini renunciasse dicatur n. 22.

Angarij, & perangarij Vasalli qui nam sint à n. 28. ad 33. & n. 3.

1 LIcet hac in quæstione tradita, luculentissimè examinata sint, attamen ex ijsdem ab eodem *Reg. Moles* enucleatis conclusionibus, obseruanda hæc non omittimus; nempè, quod esto libertas illa naturalis in quolibet insita, etiam à propria Patria discedendi, quodammodò vulnerata agnosci posset in Ciue, qui semèl Patriæ munus suscepit, vt illo priùs non expleto recedere nequeat, sicuti etiã est in Vasallis angarijs, ac perãgarijs, siuè in singulis ad seruitia personalia obligatis, idq; etiã ratione subuentionis, quam Barones à Vasallis exigunt, ratione seruitij, quod Regi præstant, quemadmodùm ex quo Vniuersitas læderetur, ob Vasallorum recessum ratione onerum, quæ illi subire tenentur, & sic, ad instar Officialis pro eius interesse auocari posse Vasallum, siuè subditum; proùt etiam est
2 in Episcopo, vt possit Presbyterum extrà Diœcesim habitantem reuocare, quod exponit *Reg. de Marin. 1. resolut. cap. 107. à num. 1.* cum Episcopus, Baro, & subditi dicantur correlatiui, & mutuò debeat eorũ esse adiutorium, vt latè exponit *Helisaus Danza ad Gramm. dec. 90. in addit. à num. 1. per tot.* Attamèn R. Cam. in specie, de qua agebatur in causa relata ab eodem *Reg.* nostro hic *n. 24.* non in genere, sed particulariter iuxtà casus, de quibus ibi specialitatem decretando contrà Baronem iudicauit, Quia pura dubitatum fuit de concludenti probatione angariæ, dum testes Vasalli vel angarij, nõ fuerunt habiti pro legitimis ad fauorem Baronis, proùt apud *Reg. Reuert. decis. 308. in fin.* idem iudicasse Reg. Cam. legitur in vasallo *Thor. in compend. decis. to. 1. verb. Vasallus an possit resistere*; similitèr quia seruitia Erarianus, Camerlingatus, & Baiulorum non fuerunt pro angarijs existimata, cum sordida non sint, & ab illis Regni Vniuersitates minimè exemptæ veniant, vndè ordine Vniuersitatis vel Ciuis,
3 non vti Vasalli subire tenentur, quamuis exteri sint, animum tamen permanendi habentes; Proùt etiam aliæ præstationes, quæ fiunt à Vasallis Baronibus tortinis, lignorum pro molendinis, & vigesima pro satis extrà territoriũ, nec pro angarijs fuerunt à Regia Camera iudicatæ, sed potiùs pro introitibus feudalibus existimatæ, & proindè tales Vasallos recedere posse à proprijs Terris, esto ad præstationes præstatas obligentur; Quod tamèn secus esse hic *n. 40. Author* tradit, in Vasallis ad seruitia personalia obligatis, ea potè quando Baro ex priuilegio hominis, vel legis habet ius in Vasallis, quod habet Rex, qui solus est Dominus personarum, ex *Constit. Regni, quia frequenter*. Quod ius non censetur translatum in Baronem sub generali aliqua concessione, siuè priuilegio secundum *Auth.* nostrum *n. 42.* vbi *in num. seqq.* pro libertate Vasallorum concludit; Ità quod liberè recedere possint, nullumq; Fisci interesse considerari, dùm si recesserint ab aliqua Vniuersitate, soluunt in aliam, quò vadunt, esto vsquè ad nouam numerationem soluant in illa Vniuersitate, à qua recesserunt, & sic introductam esse consuetudinem, eiusmq; in Regno, vt Vasalli liberè recedere possint *ibid. n. 30.* Et in noua numeratione numerari possunt in ca-

pa-

patria, quam capiunt, neq; esse in consideratione possessionem, seu quasi servitiorum personalium pro Barone, tùm quia Vasallus nequit se obligari Baroni ad personalia servitia sine assensu, cùm etiam, quia tales possessiones extorsiones à Baronibus introductæ dicuntur, ac præscriptio Baronis in eadem quasi possessione servitiorum interrumpitur per murmurationes; Et exinde Ecclesiam noluisse decimas de fructibus de nouo quæsitis in Regno, vt in nu. 57. Quod maximè esse considerandum aduertit, respectu illius vigesimæ, quæ exigebatur per illum Baronem de satis extrà territorium, quia videbatur quædam extorsio, quæ etiam à Vasallis perangariæ non deberetur, n. 58. Et n. 60. aduertit Dominos de Camera plurimùm

4 considerasse, quod ille Baro erat admodùm terribilis, & malè agens cum Vasallis suis, quo in casu etiam cessantibus rationibus adductis, ex illo solùm non potuisset Vasallos suos angariare ex *Parid. de Put.* & alijs, & præsertim ex *Deutor. 23.* ibi: *Non trades seruum Domino suo, qui ad te confugit, habitabit tecum in loco, qui ei placuerit, & vnam vrbium requiescet, ne contristes eum*; Vndè nu. 61. inducit, tales quæstiones in hoc Regno non fieri, nisi ab his, qui sunt Tyranni, ipsosq; Barones ità existimari, & ità decisum in Camera refert, miraturq; de decisionibus aliàs in contrarium per S. Cons. emanatis.

Ex quibus satis clarè constat, quod licet *Reg.* noster hic materiam huius quæstionis doctissimè examinauerit, decisiones tamen per ipsum traditas, in particularibus casibus, non in generali articulo fuisse prolatas, vt ipse etiam n. 24. meminit, puta quod vel fuerit casus non probatæ angariæ, aut perangariæ, siuè seruitij personalis nō legitimè constituti, siuè acquisitæ possessio, vt per *Capyc. decis. 168. & Thom. in compend. decis. tom. 1. V. quàm angary.*

5 vel vbi nimia sæuitia Baronis viam etiam aperuit Iudicantibus, contrà Barones ipsos, & pro libertate, ac subditorum tuenda vita pijssimè iudicare, *Bamo contr. 3. n. 3.* nè subditi tyrannicè opprimerentur à suis Baronibus, sed ità ab omni persequutione seruarentur, alium locum tuerentur, benigniorem; Dominū adeundo, cum gloriosius sit iuxtà *Antoni Py* dictum, vnum Ciuem seruare, quàm mille hostes occidere, *Io. Harpecht. super Instit. proœm. in verb. Imp.* & ob salutem pu-

6 blicam, siuè subditorum, leges etiam transgredi permittitur *l. si quis in graui 3. §. de his quoque 16. D. ad S.C. Sylan. l. si quis filio 6. §. quid tamen 9. D. de iniust. rupt. irrit. fact. testam. l. iubemus nullam 10. C. de Sacr. Eccl.* vnde ob nimiam Viri sæuitiam authoritate Ecclesiæ quoad thorum fit separatio, *c. litteras 13. ad fin.* ibiq; *Abb. & Can. extr. de restit. spoliat. Lambert. à Bruch. in tract. de matr. c. 9. & 10.* nec redire tenetur

7 etiam si iuret, & caueat de non offendendo, & in illo casu dotem vir vxori restituere tenetur *Sanfel. in praxi iud. sect. 9. n. 7. & seqq.* vbi n. 10. quod si non sufficiant dotis fructus ad alendam vxorem, tenetur illi alimēta præstare, & si nō habuerit dotem, tenetur vir illi quartam bonorum assignare *ibid. n. 11.* & quid obseruatum in hoc vide eundem in *dec. 193.* & Iudicis arbitrio remitti, quæ nam sit sufficiens sæuitia, vt liceat Vasallo recedere, & quæ in filio, seruo, & vxore *ibid. n. 13. &c.* & pater filium, quem malè contrà pietatem afficit, emancipare cogitur, eiusquè successione priuatur *Mynsinger. in §. 2. Instit. de his, qui sunt sui, vel alien. iur. vers. sed & maior n. 6. Lud. lib. 2. Hyg. num. 13. Vasquius lib. 1. illustr. contr. cap. 8. n. 28. & seq. Nicol. Burchard. in præamb. leon. legal. nu. 16.* alijq; ab his citati. Imò ex hoc non solùm libertas quocumq; abibi ire subditis permittenda est, licet præiudicium adsit sæuientis Baronis, verùm etiam priuandus est ille iurisdictione ciuili, & criminali in Vasallos *arg. §. 2. Inst. de his, qui sunt sui, vel alien. iur. l. 1. §. 2. & l. 2. D. ad l. Iun.* ibiq; *DD. C. de emendat. propinquor. Doct. Mart.*

In 4.

to.q. Dig.nouiss.tit. Subditi n. 1. & 2. fol.
113. decis. Parlamenti Delphinatus 334. *& seqq.par.1. apud Franc. Marc.* etiam eos, quos non grauauit, vel etiam cogendus est ad feudi, quo abutitur, venditionem, & qualiter dicatur abuti, & puniendus sit, & quod Regis sit interesse, nè Vasalli à Baronibus angarientur, eosq; locupletes habere, nè impotentes reddantur ad solutionem fiscalium functionum, latè declarat post alios *Prat. discept. for. lib. 1. cap. 11. per tot.* vbi *n. 24.* Baronibus debere impo-
8 ni frenum, ne Vasalli angarientur, sed eos, vti filios tractare debeant post *Afflict.* & alios ibi *cit.* Et quemadmodùm filius eximitur à patria potestate propter sæuitiam, *l. fin. D. si quis à parent. fuer. manumiss. l. nisi lenones, C. de Episc. aud. Paschal. in tract. de virib. patr. potest. par. 3. c. 4.* vbi qualitèr patri licita sit correctio cum temperamento in castigando exponit.

9 Ità quoque Vasallus etiam non recedendo potest eximi à iurisdictione Baronis, vt puta si Dominus pluries opprimebat, dum Barones affligentes Vasallos possunt licitè priuari iurisdictione, vt suprà, & licitum est Vasallis discedere, quemadmodùm cogi potest ad vendendum, vt suprà, & in dies per Collaterale Consilium expediuntur prouisiones, in quibus adesit causa odij inter Barones, & Vasallos tenoris relati ab *eod. Reg. Sanfel. in sold. 17. & d. loc. n. 5.* vbi prædicta exponit in *antecedd. num. & in n. 14.* aduertit, quod sicut Vasallus potest recedere in dicto casu, ità Baroni licet eijcere Vasallum tumultuosum, *Melissan Damna ad Gram. dec. 67. n. 49.* etiam non subditum, illi tamen non licere sine causa eum Vasallum alteri dare, quotiescumq; interesset Vasallos nõ dari ex *ijsrm.* & alijs *R. Sanfel. ibid. nu. 15.* & quomodò possint Barones extrà locum domicilij transmittere Vasallos, cum prouisionibus Coll. Cons. *ibid. nu. 16. & nu. 17.* prouisiones refert expediri solitas aduersùs Barones opprimentes Vasallos, quem sequitur *Dom. Rodius in addit. ad Reg. de Marin. cap. 107. num. 10. lib. 1.* in
10 quo per totum hunc articulum examinat, & integram *decis.* nostri *Reg.* trascribit.

11 Et quod cum Baro est nimis crudelis, & terribilis non reuocat Vasallos etiam perangarios ex *Luca de Pena. in l. si Colonus, C. de agric. lib. 11. Capyc. in inuest. feud. vers. feudum amittitur n. 51. Petr. de Greger. de concess. feud. p. 7. qu. 4. n. 5.* eadem nimirùm ratione, quia illo casu potest etiam feudo ipso priuari, *Afflict. in Constit. ea, quæ ad speciale decus,* vbi *Reg. Tap. lib. 2. Iur. Regn. Consil. Rocc. de Offic. rub. 8. n. 114.*

Neque prætereundum est annotare conclusiones illas, quas ex traditis per *Reg.* nostrum hic *DD.* nostri Regnicolæ ad articulum præfatum generalem exposuerunt.

12 Et quidem ex *Reg. Tap.* qui integrã quæstionem, siuè *decisionem* hanc *Reg.* nostri transcripsit in *Iur. Regn. lib. 6. tit. 7. in Const. quicquid de Burgensibus in annos. fol. mihi 72. at. & 73.* ex dispositione *d. Constit.* annotamus, Dom. Regem posse reuocare Vasallos Terrarum Demanialium, qui iuerunt ad habitandum in Terris Baronum, quia Rex est Dominus personarum subditorum, vt in *Const. quia frequenter, Reg. de Marin. diuers. alleg. 91. nu. 13. tom. 3.*

13 Et proindè rectè Dom. Prorex decernere valet, vt Vasalli ad alienas Terras conuolantes, & propriam patriam deserentes, quasi inhabitatam, ad eandem redeant, & solita munera subeant, imò potest causa habitationis Terrarum capere personas ex alijs locis, & ibi trãsferre, vt ex *l. 4. C. de iur. fisc. lib. 10. & l. 1. C. de priu. Corp. Vrb. Rom.* scribit *Cons. Rocc. de offic. rubr. 8. n. 103. & 104.* vbi *n. 105. & 106.* rationem reddit, quia aliàs Regnum depopularetur, & Fiscus damnificaretur, ex impotentia Terrarum, quæ ex defectu habitantium non possunt debitas functiones soluere ex *text. in Auth. de quæst. per tot. & Reg. de Pont. de potest. Proreg. tit. 2. §. 2. nu. 2.* cum non possit quis à patria discedere, vbi munera subit,

pro

pro fiscalibus functionibus soluendis, & alibi ire ad habitandum ex *Bart. in l. incola, D. ad municip. & Martin. Laud. in tract. de Fisco quaest. 30. Rocc. d. loc.*

34 Quapropter optimè in anno 1634. fuit per Coll. Cons. ordinatum, quod Ciues propriam patriam deserentes, & ad aliam se transmittentes sint cogendi ad propriam patriam redire, illis tantùm exceptis, qui Neapolim se transtulerunt, prout patet ex ordinatione dicti Coll. Cons. pro Ciuitate Nolæ emanata, cuius tenorem refert *Helyseus Danza in add. ad Gramm. decis. 87. vers. tamen*; Idq; omnè optima quidem ratione, vt ipse *Danza* aduertit, quia in Vasallo recedente interesse triplici modo consideratur; Primò

35 nempè respectu Regis, cuius Vasalli ratione à Barone exigit Rex subuentionē; Secundò respectu sui Baronis, qui tenetur occasione sui Vasalli Regi seruire; Tertiò respectu Vniuersitatis, quæ à Ciue exigit munera, onera, & functiones; Et licet respectu Regis interesse cessare dicatur, quia valet Rex à Vasallo in quocumque loco petere, & exigere functionem, vt suprà *Reg.* noster aduertit, tamen respectu Baronis principale interesse remanet considerandum, cum Vasallus dicatur pars feudi, & proindè posse Baronem etiam eos cogere argum. eorum, quæ scripsit *Reg. Galeot. tom. 2. cap. 18.* sicuti etiam remanet interesse Vniuersitatis, cuius

36 interest Ciuem habere, vt subuentionem, & seruitia ab eo percipiat, Ciuesquè habeat, qui contribuant pro Vniuersitate in omnibus eius exigentijs, prout est etiam quando redimere se vult Vniuersitas, quo in casu disputatur articulus, num possit cogere Ciues suos alibi habitantes ad contribuendū pro tali subuentione faciēda, de quo *Medices conf. 80. & Nouar. quaest. p. 2. q. 19.* ipsumq; etiam Baronem idem facere vt suprà posse, idq; à iure communi *cit. Reg. Tapia* repetit, sicut puta coloni, & alij cēsiti reuocari possūt ex imperialibus legibus, vt in *l. un. C. & Curtel. Cis. conf. in lib. ... lib. 10. L. omni.*

C. de priu. corp. Vrb. Rom. lib. 11. l. metallarij, C. de metallar. lib. 11. idem *Tap.* post alios in *rubr. eiusd. tit. 7.*

37 Etiam in Vasallis, qui ad personalia seruitia adstringi non possunt ex *Capit. Reg. Roberti 119. & 108.* & peculiariter determinatur in *Cap. Papæ Honorij*, quorū sūt memores *Petr. de Montefort. in d. Constit. quicumque*, & *Reg.* noster hic, quos laudat *cit. Consil. Rocc. d. l. à n. 107. & 108.*

38 Et sicuti Rex reuocat Vasallos demaniales absq; probatione illos esse obligatos ad seruitia personalia, ideoq; posse facere Baronē, cū in illū dicatur esse translatum ius, quod habebat Rex cum Vasallis per clausulam, quod Vasalli non recedant à Terra, vnde sunt, & quia hæc clausula est consueta apponi, si non opponatur, expressa censetur ex *Reg. Tap. lib. 2. Iur. Regn. in Const. ea quæ ad speciale decus num. 42. Reg. Rouit. in pragm. 16. nu. 5. de Baron. Annibal. Reg. dec. 140. n. 9. part. 4. Reg. de Marin. 1. resol. cap. 107. nu. 16. & in obseru. ad decis. 393. Reg. Reuert. Consil. Roccus de offic. d. rubr. 8. nu. 113.* vbi *num. 116.* fundat, non tamen posse Baronem de Ciuitate domanij reuocare Vasallos, nisi sint perangarij, quod fallit in Terra Baronali, vbi sufficit esse angarios, vt decisum videtur secundùm *cit. Rocc. d. l. num. 116. & 117.* Idq; tamen limitari, si essent pauci *nu. 118.* & quando Terra esset nimis depopulata, Baro potest repetere Vasallos etiam non angarios ex *Capiblanc. de Baron. pragm. 10. num. 61. cit. Rocc. d. l. num. 120.*

39 Quoad Regem verò quæritur, num subditi Regis possint recedere à Regno, & ire ad loca extrà Regnum, etiā ad habitandum absque Regis assensu, post *Capyc. decis. 168. num. 4.* examinat *Montan. de regal. in verb. angaria, & perangaria nu. 7.* distinguens inter Vasallos Burgenses, hoc est qui nihil tenent à Rege, qui possunt liberè absq; assensu Regis recedere, non obstante eorum obligatione exhibendi seruitiū personale, quia non habēt illi certam,

determinatam, & perpetuam obligationem, sed tantum contingentem, & casualem, imminente necessitate publica, & sic in vtilitatem communem praestandum, & Regi tale seruitium personale debetur ratione [illegible], quam in subditum habet; Quod cessat in subditum à Regno recedente, & reducitur causa huius seruitij ad non causam. *l. 1. C. de condict. ob caus.*

20 Quam conclusionem haud simpliciter accipiendam existimamus; Etenim ex iuris gentium principijs constat, nemini patriam innatam deserere, aut mutare, & alterius potestati se mancipare licere, siue in aliam transferat, siue instar [illegible] per terram quamcumque sine patria sine domicilio vagetur: Cumque deserere nequeat, ea quo manet vtique obligatus Ciuibus, & Maiestati, cui se totum semel subiecit ad contractum seruandum, vnde à iubendi potestate modis legitimis compelli poterit. Interest namque Reipublicae, vt pactis conuentis vtrinque fretum, & firmamentum societatis, quod fidei fulcro innititur, permaneat inconcussum; In Ciuitatem namque nemo adoptatur ad tempus, nemo se subijcit Maiestati secundum quid, qui modo verè ciuem se constituit, vel subditum: Quemadmodum enim nemo se potest alteri ligium Vasallum facere, qui non sit Princeps absolutus. *Bald. in prael. feud. diuis. 7. num. 13. Aluarot. diuis. 15. Sonsbec. par. 7. nu. 10. Rosent. de nat. feud. diuis. 10.* quoniam illo qui subditus est, semper cogitur superiorem Magistratus Maiestatem excipere *cap. 1. de noua form. fidel. c. 1. §. fin. & [illegible] per Feud. [illegible] Rosenth. cap. 2. concl. 7. de f. diuis.* Ità quamdiu fidem, & obedientiam non remittit Ciuis, siue Princeps, tamdiu Ciuis non est, vel [illegible] fidelitatem contrahere, vel [illegible] contractus enim rebus integris non dirimuntur, nisi contrario contrahentium consensu, *l. ab emptione 58. in princ. de pactis, l. [illegible] de pactis, [illegible] sed quid [illegible]* [illegible] & conditio, quae inest [illegible] est obligationi, postea alia pactione *l. sed etsi [illegible] de [illegible]* vel poenitentia dolo non potest, *l. generalis 39. C. de transact. l. [illegible] idem 1. [illegible] C. de contrah. emption.* Sunt enim, quia nascimur Ciuitati, sed in originariorum Ciuium album transferimur, de consensu omnium Philosophorum, & I. Consultorum, aut aequalis debetur gratia patriae, & parentibus, aut quò amplior tuitio cadit patriae, & in plures beneficia sua, quam priuati parentes extendit, eò scelestius in eam peccatur, adeò quod si praemia in *l. unic. [illegible] de religios. & sumpt. fun.* proposita [illegible] prohibeatur, qui parentes immolat Patriae, saltem à crimine parricidij propter publicae vtilitatis magnitudinem, & praemissam necessitatem excusatus haberi debeat *Adam. Arnis. lib. 1. de Rep. c. 4. sect. 5. ad fin. & c. 1. sect. 8. nu. [illegible]* Si quis enim Patriae salutem cogatur praeferre propriae, eo quod publicam perdendo priuatam nequicquam seruet, vt ait Laelius Consul apud *Liuium lib. 26. & Arnis. lib. 2. de Rep. c. 5. sect. 3.* quidni communem parentem; si contentio exorta fuerit anteponat priuatis, cum horum salus in publica contineatur conclusa: vt praemisit *Valerius Max. lib. 5. cap. 6.* vbi enarrare conatur illorum laudes, qui ex suis incommodis [illegible] commoda patriae [illegible] *[illegible] Maiestati, [illegible] quae Deorum numinibus aequatur, authoritas parentum vires suas [illegible], fraterna quoque charitas aequo animo, ac libenti cedit, summa quidem cum ratione. Quia euersa domo, incolumis Reipublicae status manere potest: Vrbis ruina, penates omnium secum trahat necesse est.* Idem *lib. 4. cap. 4.* antiquos Romanorum extollit, quòd *Patriam non suam [illegible] augere properauerint, pauperesque in domo, quam diuites in paupere patria [illegible]* [illegible] *Arnis. de Rep. l. 2. c. 5. sect. 8. n. 3. & 4. vbi num. 4.* porgit quantum [illegible] obligemur Patriae, & n. 6. quidquid peccat Patriae defensor: Omnibusque potius [illegible] Principibus antei-

tem.

tempore iure Ciuitatis, & Reipublicæ peregrinaturos ad inimicas, suspectasque regiones Ciues in salutem publicam detinere, & ab externis bellis ad commoda patriæ secludere, pluribus exemplis confirmat *cit. Arnis. d. sect.* 8. n. 7. Subditosque inde prohiberi posse ab externa militia *ibid. n.* 9. & quid in Germanis *nu.* 10. *&* 11. *&* *n.* 12. vbi licuisse Reipublicæ fugitiuos Ciues retrahere: Exempla ex *Suet. in Claud. c.* 16. & alijs: & *n.* 13. legibus, puta ex *l. vn. C. si Curial. rel. Ciuit. lib.* 10. *l. hi qui impos.* 17. *C. de restitu. vend. l. quidam* 26. *C. de decur lib.* 10. *l. penult. C. de municip. & orig. lib.* 10. *l. vlt. C. eod. l. filij* 22. *§. municipes, l. de iure* 37. *in princ. ad municip.* Neque enim *recusando quis patriam, ex qua oriundus est, neque mentiendo de ea, quam non habet, veritatem mutare potest,* vt ait *Vlpian. in l. assumptio* 6. *in princ. ad municip.* & *nu.* 15. ex præiudicijs alijs id confirmat, & desertores facere furtum sui, *n.* 14. vbi quid in nobilibus oriundis Neapolitanis, ex *Afflict. dec.* 205. & alijs *ibid.* patriamque absque scelere non deseri, ex Zeleuci lege, græco idiomate, *Henrico Stephano* interprete *in lib.* 6. *de fontib. iur. ciuil.* (*Nemo Ciuitatis vllius amicitiam sibi magis adiungat, quàm suæ patriæ*) *num.* 17. omneque solum, quod sit, forti, Patria *n.* 18. declarando *n.* 19. ea nõ excludere innatum à natura desiderium, vt sub cęlo magis viuere, & mundum pro patria habere fas sit: Ambitum tamen mundi totius non tollere limites, quos patriæ cuiusque posuit ius gentium: Ex causis verum, vltrò licitum patriæ vale dicere *n.* 20. *&* 21. quibus stantibus fas est à patria discedere puta si Dominis vxorem, vel filiam Villici ad stuprum rapiat, si maneat excommunicatus per annum, si delicto suo prostituat bona subditorum: *Valentinianus* quippe, & *Valens*, quando Curiales verant exhiberi vltrà terminos prouinciæ Ciuitatis, excipiunt statim; *Nisi necessitas publica exegerit l. Curiales* 25. *C. de dignit.* Et Ferdinandus etiam Romanorum Imperator Germanis, qui cum Principe de religione non consenserunt, concessit potiùs potestatem mutandi Prouinciam, alioquè substantiam suam transferendi, quàm vt religionis diuersitate Principis ius turbaretur, dummodò domino Territorij satisfacerent ex *Freder. Myndan. de proc. Camer. cap.* 50. *n.* 7. 8. *&* 9. *Springer. de Pacif. relig. cap.* 7.

21 Alij verò sunt Vasalli ratione rei, quam à Rege, puta in feudum habent, qui, si de feudo alteri, quàm Domino præstent iuramentum, feudo per felloniam priuantur *Luc. de Penna in l. devotum. C. de metall. lib.* 10. *Mozz. de subfeud. f. n.* 14. *Rosenth. de f. c.* 10. *concl.* 78. de quorũ exemplis vid. *cit. d. Arnis. de Republ. c.* 1. *sect.* 8. *nu.* 7. & si recedant absque assensu Regis, licet non dicantur renunciare feudum, cogi tamen ad redeundum, & seruiendum Regi possunt, quod latè exponit *citat. Montan. ibid.* vbi qualitèr cogi possint feudatarij ad habitandum in Regno, in quo feuda tenent, & quid in subfeudatarijs in districtu feudi, in quo subfeudum possidẽt; & an feudum posse quis habere à diuersis Dominis, & qualitèr adscriptitij, & intrà quod tempus redire debeant ad habitandũ, & sub qua pœna, *Fausl. pro ærar. class.* 4. *ordin.* 234. & quid in feudi bonatenentibus ad certum reditum, nũ cogatur habitare in feudo *cit. Mõt. n.* 8. *&* 9.

22 Recedentes autem extrà Prouinciam, & sub alio Principe domicilium constituentes, quantumuis longum, non ideò videntur origini renunciasse, quia recessus extrà Prouinciam non est actus origini contrarius, nam non extinguit ciuilitatis obligationem, sed reddit difficilem executionem illius, & difficilis executio non impedit effectum iuris, vt latè exponit *Pras. Gamaur. decis. R. Cam.* 48. vbi in *subseq. decis.* declarat, qualiter originarius possit quoad sui præiudicium renunciare origini, & qualitèr in præiudiciũ vtriusque, & in *dec. praced.* 47. elucidat, quomodò sit limitanda regula, origine nemine voluntate sua eximi, &

in quibus casibus, & in *decis. 36. per tot.*
23 Similitèr quoad Barones dicimus
d. Constit. Quisquis, intelligendam de
Vasallis angarijs, & perangarijs, qui
non possunt à Terra recedere absque
cõsensu expresso eorum Baronis, quia
illorum personę Baronũ obsequijs sũt
destinatæ. *Afflict. dec. 273. n. 75. Capyc.*
decis. 118. n. 9. & dec. 168. nu. 4. Frecc. de
subfeud. lib. 2. auth. 15. Horat. Carpan. ad
Statut. Mediol. stat. 167. verb. vel se
verf. donationes, Mastrill. lib. 4. de ma-
gistr. cap. 18. num. 83. At secùs esse in
alijs Vasallis, vt decisum refert *Capyc.*
d. decis. 118. & ità consuluisse Proregi
Reg. Tapiam refert *Præs. Merlin. con-*
trou. 83. Ac valdè conferre ad supradi-
cta *decis. de Nigr. Rot. Mant. 78.* vbi
24 fuit decisum, posse Principem supre-
mum subditis prohibere, ne aliò ad
habitandum se conferant, & alibi de-
gentibus præcipere, vt reuertantur sub
pœna confiscationis bonorum; vnde
meritò *sup. cit. R. Tap. d. loc.* post *Ma-*
strill. ex lit. de Pont. de pot. Pror. tit. 7. de
abusd. Ciu. §. 3. num. 7. scribit, iustissi-
25 mas esse prouisiones, quæ expediun-
tur per Collaterale Consilium, ne Va-
salli discedant à loco, in quo nati sũt,
causa mutandi domicilium; quod si
seruaretur in omnibus, optima esset
prouisio, nec tanta damna paterentur
Vniuersitates Regni, & plura ad præ-
dicta tradit *Nouar. in suo tract. de gra-*
uam. Vasall. to. 1. grau. 75. quem ad hæc
refert *Epist. Rici. collect. dec. 2947. n. 8.*
26 Nos verò non omittimus varias DD.
opiniones circà hoc adesse. Et quidem
ex *cit. R. Tapiam*, dicente *d. Constit.* at-
tentis illius verbis, esse intelligendam,
etiam de Vasallis, qui non sunt anga-
rij, de quo latiùs se dicturum scribit
in *l. origine, C. de municip. & orig. lib. 10.*
citans ad id *Io: Franc. Capibloncum, ad*
pragm. 10. n. 6. 1. de Baron. addito *singu-*
lari 14. eiusdem. Alij verò sunt, qui di-
stinguunt, quod aut transit Vasallus
ad Terram Regiam, vel ad Baronalem,
vt primo casu nequeat, in secundo
verò possit reuocari, *Campagn. in cap.*
Reg. grauaminum num. 168. cui sunt
contrarij *Afflict. decis. 265. num. 82.*
Præs. Marches. in alleg. 91. apud R. de
Marin. 3. lib. num. 2. In angarijs verò vt
possint à Terra Baronis reuocari, pro-
cedere affirmat *Nouar d. grau. 75. vers.*
quamuis, consonant tradita per *cit. Clis.*
Rott. d. loc. n. 108. secùs à terra dema-
niali, nàm tunc requiritur, vt sit perã-
garius, aliter non est locus reuocatio-
ni, vt fuit decisum in causa *Io: Toma-*
celli Baronis Roccæ Rainolæ, cum
Io: Baptista Gargario suo Vasallo, qui
ad Ciuitatem Nolæ domicilium trã-
mutauerat, de quo est *decisio Reg. Re-*
uert. 398. quæ processit, quia non fuit
probata perangaria, quæ requiritur ad
reuocandum Vasallum à Terra dema-
niali, *Barro d. contr. 5. num. 4.* & repeti
posse affirmãt *Capyc. decis. 168. Reg. Re-*
uert. dec. 308. n. 2. & Præs. Merlin. d. cap.
83. vbi latè pro vtraque opinione con-
clusiones, & doctrinas refert, conclu-
dens oportere, vt Vasallus sit etiam
angarius, imò & perangarius, vt possit
ad habitandum cogi, id tamen deci-
sum non fuisse refert.
27 Tutiorem verò, probabilioremquè
præfatam agnoscimus sententiam,
puta in angarijs, ac perangarijs Vasal-
lis, discedentium reuocationem lo-
cum habere, vt declarat, & decisum
refert post alios *Præs. S. C. Andreas*
Marchesius in allegat. apud Reg. de Ma-
rin. 3. resol. cap. 91. num. 6. & 7. vbi in
num. seqq. contrarijs respondet, & *n.*
11. interpretatur *Grammatic. decis. 177.*
& n. 14. illam *Capyc. dec. 118. & nu. 12.*
concludit, quod Vasalli, vt cogantur
ad redeundum, sufficit, vt etiam in
minimo teneantur seruire Baronibus
sine expensis, vndè perangariam adesse,
dici possit.
28 Prædicta verò, vt omni ex parte
clarè ad hæc cumulata sint, declaran-
dum est, qui sint angarij, qui verò perã-
garij. Et angarij sunt illi, qui tenentur
eorũ opus de persona, idest personale
seruitium Dño, eiusdem tamen Domi-
ni expensis pręstare, post *Andr. in cap. 1.*
quæ sint reg. *Mastrill. de magistr. lib. 3.*
cap. 10. num. 319. Molin. de iust. & iur.
tom.

tom. 3. tract. 2. Capiblanc. de Baron. in cit. pragm. 10. n. 55. & iterùm *tom. 1. cap.* 89. n. 1. *de Angel. ad Feller. tit. studeat se ornare nu.* 36. *Montan. de regal. tit. angaria, & perangaria num.* 1. qui angarij erant tempore quoque Romanorum, vt memorat *cit. Capiblanc. tit. pragm.* 10. n. 58. qualitèr verò angarij æquiparentur libertis, & angariæ effectus, exponit *cit. Montan. d. l. nu.* 1. & 2. & nùm clericari possint, & non posse, cum ad seruitia personalia teneãtur ex *Constit. Regn. errores eorum, Barra d. contr.* 5. n. 3. Et nùm eligi officiales, item nùm Barones imponere possint eorum Vasallis angarias: & an Rex possit suos Vasallos demaniales facere angarios alterius, & quomodò angariæ inter regalia numerentur, & nùm Vasalli Regis sint angarij, & an Regis assensus requiratur, vt quis fiat alterius angarius *Mõt. n.* 4. & inde, an Vasalli absq; stipẽdio Regi seruire adstringãtur, & quare Vniuersitates Regni teneãtur dare remiges, & fodiatores Regi, dato tamen stipendio, & vtrum angariæ seruitium sit distinctum ab eo, quod Regi debetur à subditis, & ex quibus causis obuenire illud possit, & quanto tempore præscribatur, & de alijs ad materiam, idem *ibid. nu.* 4. & *seq.* & quando tales angarij seruire Regi obligentur, & an semper, & ad semper, declarat idem *Montan. d. loc.*

29 Et an dici possint angarij Vasalli, ex eo, quia eos Baro cogit ad sibi locanda opera personalia pro consueto salario inter Ciues, & extrà feudũ pro salario, iuxtà *Reg. Prag. in tit. de salario eor. qui mittunt &c. §. item statuimus*; negatiuè respondet *Montan. ibid. num.* 6. quia id non prouenit ex angaria, sed est potiùs locare operas suas solitas locari; Et coactio illa dependet ab authoritate Baronis, qui potest etiam eodem iure cogere Vasallos, ne aliena colant territoria, sed propria ex *Luc. de Penn. cit. Tap. d. loc. in d. Const. quisquis, vers. sed an*, vbi post relatam hanc *Dom. Reg. nostri decis.* multum commendat Præsi-
30 dentem *Riberum* ab *Auth.* nostro in fine *decis.* laudatum, dùm posteà fuit ille Locumtenens R. C. & inde Regens Vir insignis, probitate, ac doctrina, qui scripsit plura spectantia al Tribunal R. Cam. iacuria tamen illi seruiẽtium, tempore mortis deperdita, imò quod ille scripsit duo Responsa, vnum in causa successionis Regni Portugalliæ pro Inuictissimo Philippo II. Hisp. Rege, alterum in causa successionis Ducatus Britanniæ pro Ser. Infante D. Isabella præfati Regis filia.

31 Perangarij verò sunt illi, qui tenẽtur præstare eorum opus ipsorum Baronibus, & sic personale seruitium proprijs tamen sumptibus, vt exponũt *Montan. Capibl.* & alij *supracit.* & *Reg. Reuert. d. dec.* 398. *in med.* imò angarius estò habitare teneatur intrà fines feudi, *Muta in* 3. *in Cap. Sicil.* 5. 10. n. 16. *fol.* 69. non tamen extra feudum Domino seruire tenetur *Capibl. in d. pragm.* 10. n. 55. quod tamen fuit declaratum, vt teneatur iusto mediante salario conducere frumenta, Barone existente Neap. infrà 10. milliaria, *de Franch. dec.* 326. *n.* 3. *Thor. in comp. decis. tom.* 1. *verbo Vasalli coguntur &c.* Non posse tamen illum reuocari à Terra demaniali, licet à Baronali Terra reuocari possit, vt suprà ex *Reg. Reuert. d. dec.* 398. quam transcripserat idem *Reg. de Marin.* 1. *resol. cap.* 107. Quod secùs est in peran-
32 gario, qui potest etiam à Terra demaniali per *cit. DD. ibid.* Et si non redierit, eius bona possunt à Barone occupari, & occupatio sustinetur *Ioseph. Sesse decis. Arag.* 73. *num.* 29. quod propriè procedit in bonis feudalibus, quæ à Barone tenet, cum censeantur concessa in feudum, si habitauerit in Terra sua, *Campag. in c. Regni grauamina n.* 108. *Capan. de relcu. p.* 5. *qu.* 3. *num.* 30. & *p.* 6. *qu.* 6. *n.* 10. debet tamen præceptum facere Vasallo, vt redeat ad præstanda seruitia, & sic eum cogere ad rehabitandum, qui si non redierit intrà præfixum tempus, tunc poterit Baro prædicta bona feudalia illi auferre, *Campagn. d. loc. Masull. ad Capyc. decis.* 168. *num.* 5. *Grammat. in Const. quisquis n.* 8.

n.8. *Mastrill. de magistr. lib.4. c.18. num. 76. & 85. Pras. Merlin. controu. cap.85. n.23. Mele ad Gizzarell. dec.21. nu.16. Helisaus Donn. ad Grammat. decis.67.* vbi latè exponit casus, in quibus tales Vasalli ad seruitia Baronibus, & pro quibus seruitijs tenentur à *n.5. ad sequ.* idemquè *in dec.87. per tot.* vbi laudat *Amb.*
33 nostrũ hic, cõcludendo secũdũ tradita per eundem, non dici angarios, nec posse reuocari, ex eo quia Vniuersitas tenetur Baroni quolibet anno assignare Ærarium, Camerarium, siuè alium, qui ei inseruiat, vel in exactione feudalium ex *Thor. tom.1. compend. decis. verb. Vasalli angarij, Capibl. pragm. 8. num.63. tom.1.* nam tale seruitium consistit plus in sollicitudine animi, quàm labore personæ, ex *Montan. cit. loc. num.2.* vocaturq; munus *Capiblanc. cit. pragm.10. num.60.* & est officium, quod præstari debet per Vniuersitatem, & Ciues illud nomine Vniuersitatis exercent, vnde si Vniuersitas hoc per centum annos non præstiterit, & non fuerit à Domino requisita, non poterit præscriptionem opponere, *Reg. Reuit. decis.97. n.7.*

34 Ad prædictas autem conclusiones sparsim ad hæc annotatas inutile non existimauimus adnectere quandam nostram allegationem circà articulum istum pro *Ill. Marchione S. Georgij D. Iacobo Milano* iam annis elapsis elaboratam pro reuocatione illius Vasallorum, qui à Baronia *S. Georgij*, & *Casalis Polistina*, ad Ciuitates *Terranouæ*, & *Hieracij* non sine Principis earundem vtilis domini industria habitatum iuerunt, veluti ad materiam huius quæstionis congruè examinandam, nimiùm adaptatam.

D. O. M.

35 QVoniam cuiusq; Vniuersitatis, publicæ rei interest, originarios in propria Patria permanere, vt inde consequatur, quod in summo publicæ vtilitatis est, homines nimirùm plures nasci, *Pomponius in L.1. D. solut. matrim.* & Ciuitates, atq; Castra hominum copia magis, quàm diuitiarum repleri, *cum ampliari Imperium, hominum adiectione paribus*, quàm pecuniarum copia malim, respondit *Paulus I.C. in L. cum ratio 7. §. si plures, D. de bon. damn.* & not. in *L.2. in fin. C. de indict. viduit. toll.* vnde originarios propria sponte non posse voluntate sua eximi, manifestum est, vt rescripsit *Imperator in L. eos 4. C. de municip. & orig.* & multa propterea iura dignè statuta legimus, quibus compelluntur Ciues, vt in Ciuitate habitent, non, aut alibi se conferant, vt notant *DD. in L. si quis decurio 16. & in L. Certa 25. C. de Decurion. lib.10. & in L. vnica, C. si Curialis relict. Ciuit. rus. lib. D. Franc. Amaya in Comment. ad LL. 16. & 25. per tot.* & præsertim *n.8.* quæ iura æquitati consona esse probat *Iacobus Menochius præs. lib.5. præs.11. n.4. & 7.* nè Patriam homines deserant, & alibi inhabitent, cum impium sit Patriam non diligere, & quemcumque non diligit impius præsumitur, & pro ea mori, atque in eadem iure gêndum, omnia nostra ponere, ac quasi consecrare debemus, *cit. Menoch. ibid. nu.1. 2. & 3.* quandoquidem non sibi homo natus dicitur, sed Patriæ, vt dicebat *Cicero lib.1. Offic.* latè *Ilin. Arnis. de Rep. lib.1. sect.5. & 8.* vndè meritò Reipublicæ membrum, Ciuis appellatur *cit. Menochius præs.13. num.5.*

Ad quæ omnia, non pigeat referre aurea *Cassiod. 8. lib. var. epist.31.* verba, ex *Atholarico Rege, Seuero viro sublimi* scribente, *Cum te (inquit) Præfectorum Consilijs laudabiliter inhærentem omnia didicisse credamus, quæ ad Reipubl. statum pertinent, tempore adeuntium, maximè cognouisti literis eruditus pulchram esse faciem Ciuitatum, quæ populorum probatur habere conuentum. Sic enim & in illis splendor libertatis ornatur, & nostris ordinationibus necessarius fructus efficitur. Feris datum est agros, syluasque quærere, hominibus autem focos patrios supra cuncta diligere. Aues ipsæ gregatim volitant, quas innoxia voluntate mansuescunt. Canori turdi amant sub eadem consonantia congregari. Serpentes, Sturni comparis sequuntur indissimulabili exercitus. Murmurantes palumbi proprias diligunt cohortes, & quicquid ad simplicem pertinet vitam, adunationis gratiam non refugit. Cætera animosi accipitres, aquilæ venatrices, & supra omnes alites acutius intuentes volatus solitarios concupiscunt: quia rapaces insidiæ, innoxia conuenticula non requirunt. Ambiunt enim aliqui soli agere, qui prædam cum altero non desiderant inuenire. Sic mortalium voluntas, plerumque detestabilis est, quæ conspectum hominum probatur effugere. Nec potest de illo aliquid veraciter credi, cuius vitæ testis non potest inueniri. Redeant possessores, & Curiales Brutij in Ciuitatibus suis: Coloni sunt, qui agros iugiter colunt. Euitanter se à rusticitate distulit, quibus & honores detulimus, & actiones publicas probabili*

æstima-

[illegible]

[illegible] Vniversitatis [illegible] ad [illegible] [illegible] ob [illegible] tiam, quæ [illegible] [illegible] quo [illegible] [illegible] obligatio, [illegible] C. de [illegible] [illegible] l. omnes, & [illegible] C. de [illegible] vnde Vasallum posse sibi Civem [illegible] effectus [illegible] Montisferrati [illegible] Bart. in l. [illegible] ad [illegible] quem sequitur [illegible] de [illegible] feudorum [illegible] vers. [illegible] & ut [illegible] [illegible] Terra Baronalis, quæ consideratur una cum Vasallis, ex text. Afflict. in d. decis. concessa, cum dicta conditione, quod Vasalli non recedant à Terra vndecunq; etiã talis clausula non fuerit in investitura apposita, & sic dicendum est, ob id, quod etiã si Vasalli, non essent ad servitia personalia obligati, adhuc revocentur, ut post Afflictum in d. Constit. probatur Paris de Puteo de Syndic. in Rubr. de excessibus Baronum num. 41. Frecc. de subfeud. lib. 2. addit. 15. Lor. de Franch. & alij apud Petrum Gregor. de concess. feudi par. 7. quæst. 4. num. 1. & 2. cum id in ista propemodum ratione fundetur, quia Rex concedens Terram in feudum cum Vasallis intelligitur ea conditione dare, ut Vasalli ab ea Terra non discedant, Petrus Gregor. ibi. [illegible] num. 1. [illegible] post [illegible] de offic. [illegible] num. 112. & 113. quæ clausula etiam non apposita habetur tamen in concessione [illegible] pro adiecta, [illegible] communiter apponi solet [illegible] Petrus Gregor. ibid. [illegible] Consil. [illegible] ubi fundat, quod Baro in [illegible] Vasallis [illegible] [illegible] d. lex. quidquid scripserit Montan. de regal. verb. angaria n. 8. & Rex id [illegible]

[illegible] ad servitia personalia [illegible] cap. [illegible] Marra [illegible] Vniversitate [illegible] [illegible] fol. 2. num. 12.

Et licet quidam DD. voluerint, quod ut Baro possit revocare suos Vasallos in aliam Terram habitantes, requiratur illos esse angarios, & perangarios, ut fundant Capyc. decis. 188. & [illegible] Freccia d. [illegible] 13. [illegible] Vasallum esse obligatum Domino ad præstanda personalia servitia, ut valent [illegible] Montisferrato in d. Consil. [illegible] ubi ad id allegat Capit. Caroli Regis [illegible] [illegible] & aliud [illegible] Item Baronibus, de Capit. Papæ Honorij editum pro bono statu Regni, [illegible] in cap. [illegible] [illegible] distinguens inter servitia ratione rei, & ratione personæ, ut primo casu res [illegible] secundo [illegible] locus revocationi personarum, quem sequitur [illegible] & [illegible] in memorata [illegible] [illegible] Afflict. in d. Constitut.

In hac tamen [illegible] quidquid sit de prædictarum opinionum veritate [illegible] mis temporibus, tàm d. Illustris Marchionis Praedecessores fuerint, quàm vsque adhuc ipse etiam Marchio sit in possessione, sinè quasi exigendi personalia seruitia à suis Vasallis dictae Baroniae, & Casalis, quae sufficiunt ad priuilegium declarandum, vt in puncto fundant vis. Andr. Marches. d. alleg. 91. num. 16. Reg. de Marin. ex Reg. Reuert. resol. 107. n. 20. dùm vltra officium Aerariatus, pro quo est illi quolibet anno danda persona ab Vniuersitate, quod tanquàm non sordidum ad perangariam constituendam non sufficit, Capyc. dec. 118. tenentur eadem, dare gratis etiā anno quolibet personas alias, vt illi seruiant pro exactione redituum Baronalium, item pro Iurato, Custodia carcerum, & Birruarijs, & alijs dictis Comestabulis pro exercitio executorum Iustitiae contrà delinquentes, & pro custodia Castri, quibus salarium ab Vniuersitate dictae Baroniae, & Casalis annuatim soluitur, & similiter alia praestantur eidem personalia seruitia ex antiquissima obseruantia; Ex quibus clarè fundatur non solùm angaria, quae consistit, cum Vasalli tenentur personaliter seruire Domino sumptibus Domini dùm tenentur seruire pro custodia Terrae, ad quod angarijs obligantur, Capibl. [illegible] de Baron. cap. 89. nu. 24. sed etiam perangaria probatur, dum sumptibus etiam ipsorum Vasallorum seruire tenentur, vt declarat Andreas in verb. angaria, quae sunt regalia, & in Constit. persequentes, Capyc. in inuestit. verb. angary, Reg. de Marin. in citat. alleg. 91. num. 7. Capiblanc. de Baron. pragm. 10. nu. 36. & cap. 89. num. 2. Reg. Merlin. d. loco n. 15. Domin. Tasson. de antefato vers. 3. obseru. 4. nu. 149. & quia ad dictos Baiulos, seruientesque praestandos tenentur Vasalli dicti Ill. Marchionis proprijs inquam expensis, & salarium, idque munus, cum neduum sit sordidum, diurnum, & personale seruitium, sed sordidum operis indubiè agnoscatur, iterùm expressè habemus, hoc seruitium perangariam constituere apud Reg. Reuertet. in decis. 198. praecit. de Marin. lib. 3. resol. cap. 109. num. 12. & in d. alleg. num. 16. vbi idem fundat in seruitio [illegible], post Parid. de Puteo, & Capyc. Vnde satis clarè constat, non solùm de angaria, sed etiā de perangaria ex praedictis seruitijs praestandis dicto Ill. Marchioni, quae indè suis sufficientia sunt probationum [illegible] Vasallis, dùm aliàs admissa etiam [illegible] Afflict. in d. Constit. seruitia personalia requirentis opinione, mirremus etiam quaelibet [illegible] sufficientes pro reuocandis Vasallis, Afflict. in citata Constit. n. 9. Reuerter. in decis. [illegible], Caraccia in addit. ad Afflict. dec. 385. [illegible] his praemissis, Reg. Moles d. §. 3. quaest. 8. nu. 2. Praes. Andr. Marchesius in alleg. apud de

Marin. 3. lib. alleg. 91. num. 13. igitur eò fortiùs in hac specie nostra erit locus dictae reuocationi Vasallorum, dùm tot praestantur dicto Marchioni ab illis personalia seruitia, etiam eorum sumptibus, ob quod non solùm angaria, sed perangaria probata remanet.

Similiter non obstat decisio Capycij, nam huic obiectioni, in terminis respondit Praeses Andreas Marchesius in citata alleg. 91. apud de Marin. num. 14. primò, quia contrà Capycium, allegat Paridem de Puteo; secundò, quia Capycius, ibi non tenet contrarium, sed ex quo in facto non fuit probatum, onus dandi Camerarium, inde tenere casum pro dubio, itemque penitùs de vi dicti priuilegij agit, sed solùm an ex onere Aerariatus constituatur angaria, aut perangaria.

Et est, quoad verba praedicta, in dicto priuilegio expressa, & suprà considerata, scilicet cum angarijs, & perangarijs, ex pragmatica edita ab Inuictissimo Imperatore Carolo V. quae est 16. de Baron. non inducatur obligatio, sinè causa obligationis perpetui seruitij, sed cum benè inducatur concessio iurisdictionis in angaria, & perangaria, quae non competunt Baronibus, tanquàm regalia, nisi concedantur ex priuilegio: Id ex dicta pragmatica videtur prouisum, vt puta vigore dictae clausulae, non possint Barones noua seruitia, & grauamina à Vasallis extorquere; sed apparente causa à principio voluntariae obligationis Vasallorum, illa remanet vi illius priuilegij firma, & valida, vt optimè post Gramat. cons. 13. n. 16. & cons. 98. nu. 19. scripsit citatus Praes. March. in d. alleg. 91. num. 18. addito Capiblanco de Baron. pragm. 10. n. 64. nam d. pragm. 16. solùm sancit per tales clausulas, nouas non induci angarias, perangarias, aut grauamina, vt ibidem legitur, & declarat Reg. Merlin. cit. cap. 83. nu. 10. cum quo concordat idem Capiblanc. post alios in d. pragm. 16. n. 2. & seqq. Consil. Rou. de offic. rubr. 8. num. 109. & seq. Praes. Andr. March. in alleg. apud Reg. de Marin. 91. lib. 3. n. 18. quod eo magis procedit, quando ab antiquissimis temporibus talia seruitia praestita fuisse constat, vt in terminis scribit Reg. Reuertera apud de Marin. cit. cap. 107. nu. 11. & licet de Marinis post alios nu. 15. alleget Reg. Moles tit. de exact. funct. fiscal. §. 3. quaest. 8. qui videtur contrarium sustinere, non tamen hic obstat, dùm Domini de Regia Camera, ideò tunc contra Baronem determinarunt, quia malè se gerebat contra Vasallos, vt ibid. n. 30. & seq. cum aliàs certissimum sit apud Doctores Regnicolas angariae, perangariae praestationem solitam, consuetamque attendendam esse, Tassonus

loc.

loc.allegat.num.149. citat. Rouit. d.lat. num.109. & 110.

Cum itaq; hac nostra in specie, non solùm adsit priuilegium prædictum, sed insimul ab antiquissimis temporibus præstentur personalia seruitia à suis Vasallis dicto Marchioni S.Georgij, ad quem iamdiù voluntariè se illi voluerunt obligari, cum à tempore plusquàm centenario, & propè immemorabili præstita sint dicta seruitia, circa obligationem dandi dictos Exactores, ac Iuratos, qui deseruire debent quotidiè Baronali Curiæ, Carceres, Castrumq; custodiendo, & alia vt suprà sumptibus Vasallorum; Certissimè redditur satis constare, non solùm de angaria, sed etiam de perangaria, ad finem reuocandi Vasallos dictæ Baroniæ S. Georgij, eiusq; Casalis Polistinæ, qui ad Ciuitatem Terrænouæ iuerunt, dum stante perangaria, nedùm à Baronalibus, sed etiam demanialibus locis reuocari Vasalli prædicti possunt, vt concludit cit. *Marchesan. ibid. nu. 18. Reg. Reuerteria in d. decis. apud de Marin. Capiblanc. in d. Pragm. 10. n. 61. post Reg. Sanfelic. in præt. sect. d.* & comprobatur ex *Reg. Merlino cit. loco*, vbi post multa, tandem firmat, quod vt possit cogi Vasallus ad habitandum, requiritur, quod sit angarius, & perangarius, & ita est necessaria qualitas seruitiorum præstandorum, secundum eius opinionem *ibid. n. 33. in fin.* imò n. 34. concludit, quod in Fisco ne fraudetur collectæ, ratione functionum Fiscalium, vel alia publica ex causa, posse Ciues cogi ad habitandum in proprijs Terris, & ita dicit intelligi *Reg. de Ponte ibid. alleg. de potestat. Proregis, rubric. de abmalconia Ciuitatis tit. 2. §. 1. num. 8. & de Marin. ad Reu. dec. 118.*

Quod postremò eò fortiùs procedere debet isto in casu nostro, dùm Vasalli dictæ Baroniæ S.Georgij, & Casalis Polistinæ, non voluntariè pro eorum vtilitate, vel necessitate, sed ad seductionem vicini Ill. Principis Hieracij vtilis Domini Ciuitatis Terræ nouæ ibidem se contulerunt, idq; ob machinationem dicti Principis, qui ob litem, quam in S.R.C. habet cum dicto Marchione Sancti Georgij circa confines dictæ Baroniæ, & ob rixas inde iam sequutas, in odium dicti Marchionis induxit dictos Vasallos sub spe immunitatis ad aufugiendum à dicta Baronia, & Casale prædicto, vt in facti nota expositũ est, & sic omninò succurrendum est dicto Marchioni, & Vniuersitatibus dictæ Baroniæ, & Casalis, pro reuocatione prædicta dictorum Vasallorum, tùm quia dicta reuocatio de iure satis procedit, vt fundatum est; tùm etiam quia licèt in dubio, an sit locus reuocationi effectus, similiter deberet militare dicta reuocatio dictorum Vasallorum, stante præsertim æmulatione prædicta, nàm quod cuique de iure licet, ad æmulationem non est ei permittendum *Pistorer in l. altius C. de seruit. Vitalis decis. 476. nu. 7.* vnde pro bono pacis, & optimo regimine, ac ad tollenda scandala inter Barones, & præcipuè Magnates riuales, & rixari solitos, vt hic, reuocatio prædicta Vasallorum practicari oportet, vt in puncto seruari testatur *Capiblancus in Langrab. 2. de offic. Præfecti, super dicta pragm. 10. de Baron. n. 64. in fin.*

Et proindè spes nos fouet certissima, quod doctissimi Reg. Cameræ Senatores ordinare habeant, quod dicti Vasalli dictæ Baroniæ S.Georgij, & Casalis Polistinæ habitantes in dicta Ciuitate Terrænouæ ad eorum reuocentur patriam, & ordinandum esse dicto Principi Hieracij, quod in futurũ illos non detineat, ne vel in posterum recipiat, neq; in suis Terris banna pro dicto effectu, immunitatem dictis exteris habitantibus promittentia publicare audeat, dùm hoc de iure prohibetur, nam si possent Barones continuò concedere priuilegia, maximum aliarum Terrarum damnum subsequeretur ob hominum frequentiam ibi confluentium, quod procedit etiam si tractaretur de habitandis locis inhabitatis, nàm si in hoc releuaretur Terra inhabitata, in alio reliquæ Terræ grauarentur, ex carentia Ciuium suorum, idcircò non est iustum vnum Altare discoperire, & alterum cooperire, vt in cap. *cum olim de præbend. Glos. in l. assiduis, C. qui potiores in pignore habeantur*, in puncto *Thorus in addit. ad Reg. de Ponte de potestat. Proregis tit. de diuers. prouis. de feud. inhabit. post princ.* Et tantò magis non licet cum æmulatione, & indirectè, *Glos. in l. per præsentes, C. de solut. petitur, Bart. in l. opus nouum, ff. de oper. publ. Andr. & Afflict. in Constit. Regni Castra n. 3. & 4.* & quæ nàm, maior æmulatio, & odium, dum vtra lites in S.R.C. vertentes, maxime inter dict. Principem, & Marchionem, iam sequutas, de facto ipsius Marchionis Vasallos, dictus Princeps indebitè auocauit, in damnum, tùm culturæ feudi ipsius March. necnon iurisdictionis, & aliorũ iurium dominicalium, cum teneantur Vasalli etiam nolentes potiùs Baronis, quàm alterius territoria colere, *Lucas de Penna in l. quicunque, C. de censibus lib. 11. Afflict. decis. 365.* & alij communiter, quibus dictus Marchio modò priuatus reperitur, ob deficientiã rei seculatorum ascendentium ad numerũ plusquàm 350. quo casu, ne scandali, & seditionis præbeatur materia, cui & Regis adesset iustitia, talis colluctio non permittitur *Andr. & Afflict. in eod. Constit. num. 5.* nec in

viclblicum detrimentum, *Gloss. in l. 1. §. denique, il primo, D. de aqu. pluu. arcen. Bald. & caeteri in l. altius, C. de seruit. Afflict. loco cit.* Baro namque tenetur ad seruitia Regi ratione feudi illi concessi cum iure subuentionem exigendi à Vasallis, & seruitium Vasalli, seu militia liquidatur ad rationem ducat. 2. pro quolibet centenario, & feuda in Cedulario sunt taxata ad rationem 2. pro quolibet centenario, deducta rata Valuorum, & modicum subuentionis à Rege exigitur à Vasallis, iuxtà maiorem summam donatiui: Et ex his Vasalli vt redeant, interest tam Regis, quàm Baronis, pro exactione subuentionum, *Reg. Moles in decis. §. 3. quaest. 8. à nu. 13. ad 17. & seqq.* vbi licet n. 44. & 66. contrarium decisum tradat, id euenit, quia seruitiorum personalium antiquissima praestatio praecesserat, & quia Baro erat terribilis, ac malè versabatur in suos Vasallos, ob quod illos repetere non licebat ex *Parid. de Put.* & aliis *ibid. n. 60.*

Ex quibus rationibus Regia Camera praecedente causae cognitione constructionem permittit noui feudi, dummodò exteris, prout sunt Albanenses, siue Sclauoni, non autem Regnicolis repleatur, *Reg. de Ponte cit. loco, vbi Thoro in addit. & in addit. ad Tasson. decis. 40.* Quibus non fit incongruum, eidem in terminis huius iuristicae conclusionis, hac in Thesi adducere verba *In Rapsodia Thori in pond. praedicta confirmanda*, ibi *Et tantò magis, si essent Vasalli Baronum, qui si in alienis [illegible] Baronalibus confluerint ad habitandum [illegible] tantùm ipsi Domini Terrarum [illegible] deserent, dicti Vasalli exquirendi [illegible] Vasallos ipsos fugitiuos, [illegible] Vasalli exigendi erunt ad [illegible] reditis per Afflict. loco cit. n. 11. [illegible] Frecia de subfeudis auth. 15. lib. [illegible] formulis in d. Constitut. quicquid, [illegible] Thor. que sup. loc. cit.* sub censura tamen peritissimorum Senatorum.

AD QVAEST. IX.

Vniuersitates Regni immunes à functionibus fiscalibus, an sint immunes à refectione murorum; Qualitèr, & quādo Rex teneatur ad refectionem, & constructionem eorum.

ANNOTATIO.

SVMMARIVM.

Mvri Ciuitatum, quatenùs ad ipsarum vsum, & decus considerantur, sine permissu refici, aut erigi possunt, secùs pro defensione, & contra hostes propugnaculo n. 1. 2. & 4.

Moenia, & Via Ciuitatis Neapolis, cuius sint Regis nè, an verò Neapolis n. 3.

Castrorum reparatio, cuius expensis fiat à num. 5.

Vniuersitas, an teneatur edificare Praetoria, vel Carceres n. 6.

Rex vendens Castrum, ad quod reficiendum vicini obligātur, an transeat hoc Ius in Emptorem n. 7. & quid stante clausula, cum iuribus suis, in venditione n. 8.

Castra, an liceat edificare, vel reficere absq; Regis licentia n. 9.

Vniuersitas, licet ab omnibus oneribus immunis, an teneatur ad gabellam pro constructione, vel reparatione murorum n. 10.

Immunis nemo est ab onere construendi murorum n. 11. neque Ecclesiastici n. 12. 13. & 14. pater 12. filiorum n. 15. exteri bonatenentes n. 16. feudum quaternatum habentes nu. 17. & quid de alijs num. 18.

Laici tenentur ad reparationem Ecclesiae contribuere possuntq; cogi ad vendendum n. 19. & 20.

Monasteriorum nimia ampliatio in hac Ciuitate Neap. prohibetur n. 21.

DVo hic in summa reassumuntur articuli; Primus nempè, an Regni Vniuersitates à functionibus fiscalibus immunes, à murorum refectione exemptæ sint; Alter verò, qualiter, & quando Rex teneatur ad eorundem murorum refectionem, constructionemq; Et quia de primo non in principio huius *Quæstionis*, sed in fine *n. 10.* ac infrà in *undecima qu.* idem *Reg.* peragere videtur; De secundo hic primùm tractando, circa conclusiones per eũdem ad secũdùm cumulatas annotare onus assumimus. Et circa primum præfatum articulum, tàm hic à *n. 10.* quàm nonnulla etiam in dicta 11. *quæst.* annotabimus.

1 Et quidem *Auctor* noster, cum ad id ex decisis per R. Cam. concludat, onus construendi muros Vniuersitatum Regni, & illos reparandi, non esse Regis, sed ipsarum Vniuersitatum, ex *l. ad portus*, & *l. omnes*, *C. de oper. public.* Vniuersitates tamen non esse molestãdas pro propugnaculo, & incastellatione facienda pro Ciuitate, & sic neque pro reparatione Castrorum, optimè probat ex *Pragm. Regis Ferdinandi I.* de anno 1483. Et similitèr de iure communi, illa nimirum ratione, quia murorum reparatio, & constructio sine Principis consensu fieri potest, excepto si fieret fortellitium aliquod, cum tunc requiratur Regis consensus, quoniam illa fortellitia in Regno fiendi limitrophi sunt aduersùs inimicorum inuasiones ex *l. quicumque*, *C. de fund. limitroph. lib. 11.* & *Const. Regni Castrorum*, hinc quia licet cingere se muris ex iure gentium, onusq; Ciuitatis sit ab initio mundi Caini tempore introductum; Diuersum tamen id est, cum muri construuntur ad fines, vt propugnaculum totius Regni ex illis fiat, cum tunc sit onus Regis, ex quo de tributis, & functionibus Regnum ab hostibus custodire obligatur ex *Andr. in cap. 1. quæ sint regal. § vectigalia in 2. addit. num. 15.* & *D. Thom. 2. 2. qu. 63.* quem casum adhùc Reg. Cam. expressè non decidisse dicit; Et deindè diuersas Reg. Cam. decisiones *n. 10. & seqq.* refert.

Et quod licet aliqui ex Dominis fuerint in voto, Fiscum teneri ad tertiam partẽ expẽsarum, etiam in casu, quãdo Vniuersitas vult se tantùm muris cingere, vel veteres reficere, & ex *Luc. de Penn. in l. 1. C. de quib. mun. uel prest. nem. lic. excus. in 8. quæst.* firmet, quod Fiscus sit immunis ab oneribus patrimonialibus, pro bonis stabilibus, quæ possidet in loco Vniuersitatis, *l. placet*, *C. de excus. mun.* Talis attamen immunitas non procedit in Collecta, quæ pro cõstructione murorum indicitur, à quibus nec Ecclesia immunis videtur, ex *l. absit*, *C. de priu. domin.* Alios verò Dominos pro maiori parte cõtrarium cẽsuisse, vt Rex ad nihilum nempè teneatur, interpretando *l. splendidissimæ*, *C. de oper. publ.* & *l. restaurationi*, *C. de diuers. præd. lib. 10.* de proprijs fundis Vniuersitatum, vt ex ipsorum reditibus sumatur tertia pars, pro alijs duabus tertijs, fiat exactio per æs, & libram, nec *l. fin. C. de vectig.* probare casum prædictum, quia posita sub *tit. de Vectig.* & non inde extendenda ad tributa, nec tertia vectigalium pars ex illa pro refectione murorum, sed in beneficium Vniuersitatis datur, imò esse de illis *ll.* in speciali casu per Imperatores secundùm temporum necessitates promulgatis; Et tantò magis in Regno non militare, dùm nunquàm in illo practicatum sit, vt dicta tertia tributorum pars, pro murorum refectione applicetur, imò indubium esse, quod Rex ad nihilum teneatur, cum ex iuribus antecedentèr adductis constet onus esse Vniuersitatum, naturali quidem iure ad hoc obligatarum, & proinde fuisse iudicatum, quod Rex ad nihilum teneatur; Et circa secundum tradit, quod in Ciuitate Liparis à functionibus immuni, omnes tenuerint, etiam ex quo Rex nihil percipit de tributis, quod nullatenùs teneatur ex *Petr. Iacob in pract. tit. de refect. murorum* & alijs hic *n. 10.*

2 Annotandum ergò est ex traditis hic *nu. 7. & 8.* quod muri Ciuitatum, sinè

Ter-

Terrarum, quatenùs considerantur ad vsum pro cuiusq; Vniuersitatis Territorij diuisione, necnon ad decus ipsius Vniuersitatis, aut Ciuitatis, sine consensu Principis Vniuersitatum sumptibus refici, aut erigi possunt, *Capiblanc. de Baron.pragm.* 19.*a.*100. *n.*15. *tom.*2. Imò ad Ciuitates, & Vniuersitates spectare eorum reparationem *cit. Capibl.n.*39. *Cancer.var.*3.*cap.*13.*num.*34. *D.Carol. Ant.de Luca ad Franch. decis.*75.*nu.*2. *Capyc.de regimin.Reip.cap.*7.§.25.*nu.*2. *Nouar.de grauam.Vasall. tom.*1.*grauam.*342.*per tot. Pegas.ordin.Regn.Portugall.to.*5.*tit.*66 *glos.*46.*ad* §.43.*nu.*2. *&* 3.*& tom.*6. *tit.*68. *glos.*45. *ad* §.42. *n.*1.*& seqq. & tit.*74. *glos.*13. *ad* §.11. *nu.*2. *Consil. Fab.de Anna lib.*1.*cons.*72.
3 *n.*11. *&.*14. in quo *cons.* quaerit moenia cuius sint, Regis an Ciuitatis Neap. in vijs tamen distinguit *Consil. de Rosa in consult.* 1.*num.*15. quod viae publicae intra Ciuitatem, sunt ipsius Ciuitatis, & ideò in hac fidelissima Ciuitate sunt constituti Deputati, quos vulgò vocant *della mattonata*, eosq; liberè posse publicas vias constituere, easq; iterum destruere post alios *ibid. à n.* 1. *& seq.* Viae autem extrà Vrbem, & de vna Vrbe in aliam, seù de vna Regni parte in aliam ducentes, ad Principem spectant ratione protectionis, easq; esse de regalibus, & pro ijsdem vectigalia exigi idem à *nu.* 12. *ad seqq.* Vide *Ahasuerum Fritschium in tract. Iuridic. Politic.de Regali Viarum Iure*; in quantum verò ipsi muri, siuè moenia deseruiunt pro defensione, & propugnaculo contrà hostes cum sancta dicantur *l. sanctum, § in municipijs, D.de rer.diuis. §.sanctæ Instit.eod.tit.* imò iuris quodammodò diuini, & nullius in bonis, nec ipsius Ciuitatis, *l.sacra loca*, § *muros autem, D.de rer.diuis.d.§.sanctæ, & in l.*1.*in princ.D.de rer.diuis.* sed soli Principi, eiusq; supremo dominio competunt, cum illi, & nemini alteri sine eius authoritate, taliter sit illorum, sicut armorum, licitus vsus, vt in *tit.C.vt armor.vs. insc.Princ. interd.sit*, quo in sensu, atq; casu muros facere, vel reficere nemini licet sine Principis authoritate, atque beneplacito, *cit. l.sacra loca*, §. *muros autem*; & ex tali licentia facultas tribuitur, & non necessitas arguitur, vt exponit *Prof.Gamaurr. decis. R.C.* 39. *à n.*1.*ad seqq.* vbi conclusiones ad haec multas examinat, dùm declarat, quod moenia Ciuitatum esto solummodò supremo dominio, & Principis regimini subiecta sint, attamen homines, & incolae Ciuitatis teneantur, praeuia authoritate Principis, ad faciendum, & reficiendum ea; Quoniam eorum defensioni primò, & principaliter deseruiunt, imò non tantùm propriae Ciuitati, quàm vniuersae Prouinciae deseruire, quia conseruatis locis inexpugnabilibus seruantur totum, *ibid.num.*9. idemq; latè idem *Prof. Gamaurr.* exponit in *decis.* 40. *per tot.* vbi omninò absquè Principis authoritate, non obstante *l.omnes, C. de operib. publ.* fundat
4 videtur esse prohibitum Ciuitatibus, & eò fortiùs priuatis facere, vel reficere moenia; Et quod illa sunt facienda, & reficienda per contributionem singulorum de Ciuitate, quamuis maneant aliena, & sub dominio supremo Principis, *Reg. de Ponte de potest. Prorég.tit.*3.§ 1.*num.*35.36. *& seqq. & Reg.Tap. de Iur. Regn. tit.*18. *pag.* 1. §. *item ut in reparatione n.*3.*lib.*6. *Anna cons.*77. *per tot. Capiblanc. de Baron. d. pragm.* 19.*num.*37. *D. Carol. Ant.de Luca ad Prof. de Franch. decis.*78. *num.* 1. quoniam sunt sibi, & non fiunt suapte, poenaeq; violatoribus murorum impositam, non admittere differentiam inter Ciuitatem Romae, & alias Ciuitates, quod latè probat, reiecta etiam communi opinione, quam *ibid.* declarat *cit.Gamaurr.*

5 Insupèr annotamus, quod, quando agitur de reparatione Castrorum, non est exigenda pecunia ab hominibus terrarum, sed ab illis, qui ad id de iure, hoc est de consuetudine tenentur, quod tunc pro veterũ aedificiorum reparatione, nihil verò pro noua constructione militat, vt ex *Regis Ferdinandi pragm.* edita in anno 1483. *in-*

fit.

tit. de grauam. Vasall. incip. *Ad perpetuam rei memoriam, in §. item ut in reparatione*, non obstante *cap. Regis Caroli II.* incip. *Item statuimus*, exponit *Reg. de Ponte de potest. Proreg. tit. 9. de elect. Official. §. 1. à n. 31. & Reg. Tap. in Iur. Regni lib. 6. ad d. pragm. in d. §. item ut in reparatione*, quæ pragm. est in corpore *pragm. 1. in tit. de salariorum, &c.* vbi *Reg. Reuis. num. 12. & 13.* de qua memores sunt *Pras. de Franch. decis. 78. Capiblanc. de Baron. d. pragm. 19. nu. 37.* Vnde *cit. Reg. Tap.* scribit, quod Regia Curia de reditibus, qui ad ipsam spectant, soluit necessarias pecunias pro refectione prædicta, ac refert *Excell. Comitem de Lemos* assignasse pro reparatione Castrorum, & alijs ad fortificationem Regni spectantibus duc. annuos 30000. Contribuere tamen Vniuersitates teneri scribit pro constructione, & reparatione Turrium, quæ iuxtà maris littora per totum Regnum constructa sunt, pro qua facienda fuerunt assignati annui duc. 15895. & gr. 19. vbi etiã *d. pragmatica* rationẽ assignat, quia de iure communi reparatio Castrorum spectat etiam ad Dominum ex *Aurendan de exequ. mand. lib. 2. cap. 3. num. 4.* qui quoad Hispaniarum [illegible] distinguit inter Castella limitropha, & alia, quæ sunt intrà Regnum *ibid. n. 5.* & quod salarium militum Castrorum spectare ad Principem, si Ærarij redditus sufficiunt, secus subsidium à subditis moderatum exigere posse, idem *Tap. ibid.* post alios, vbi *n. 5.* [illegible] teneri ad noua ædificia [illegible] ex pecunia publica cum Principis licentia fieri debeant ex *l. [illegible] & l. si quando, C. de oper. publ. & cit. Aurendan.* quando verò dicatur refectio, vel noua constructio, declarat idem *Reu. in d. pragm.*
6 *1. num. 14.* An verò Vniuersitas teneatur ædificare Prætoria pro Curia regenda, & pro [illegible] Officialis, vel pro loco publicarum Congregationum faciendarum; Et an teneantur Subditi, siue Vasalli in constructione Carcerum, affirmatiuè respondet *cit. Tap.* est Rex ad custodiam [illegible] [illegible];

Idq; secùs esse in Barone, ad quem proventus spectant *cit. Tap. d. loc.* & post alios latè declarat *Aurendan. in add. ad cit. de Franch. dec. 78. à nu. 1. ad seqq.* Et posse Barones tempore belli præcipere suis Vasallis ad faciẽdas excubias, & visitare Castrum, quod ab eo tenet eius Vasallus, ex *Prær.* fundat idem *Tap. d. l. n. 4.* vbi *nu. 2.* examinat, an ius illud petendi, vt Vniuersitates teneantur ad refectionem Castrorum, quod vt suprà Regi competit, transeat ad
7 Baronem, cui Rex concessit Terram illam, vbi Castrum est ædificatum: Et negatiuè respondet ex decisione tradita per *Barth. de Capua* apud *Luc. de Penn. ibid. cit.* ex qua decis. se obtinuisse; refert *Pras. de Franch. d. dec. 78.* in articulo, an Rex vendens Castrum, ad quod reficiendum Castra vicina sunt obligata, transferat hoc ius reficiendi, seu compellendi vicinos ad contribuendum in emptorem, in quo negatiuè fuit conclusum *d. decis. num. 3. Reg. Reuis. in cit. pragm. ad perpetuam, de salar. &c. n. 13.* & *Reg. de Ponte d. loc. n. 34.* tradit, Vniuersitates non
8 teneri ad refectionem Castri ex clausula, *cum iuribus suis*, adiecta in venditione alicuius Terræ, licet dùm erant in potestate Regis ad hoc tenerentur, vbi quid in exceptuatis concessis magno Principi, an transeant in Inferiorem per generalem venditionem illi factam, quod etiam declarat *D. Carol. Ant. de Luca in obs. ad cit. dec. 78. Pras. de Franch. n. 3.* vbi *n. 2.* exponit, qualiter Baro feudi, in quo est Castrum, teneatur illud reparare, afferendo mediam opinionem inter illam *Pras. de Franch.* affirmantem, & aliam *Bertan. & Caran. d. Reg. Reuis.* relatorum contrarium dicentem, de qua *ibid.* Qualiter verò, & quando possit Princeps diruere domos priuatorum, non soluto eis pretio, & quando teneatur soluere pretium, quantum soluere obligetur, & quod Princeps supremus pro tuitione status possit Castra Vasallorum fortificare, milites ibi ponere, & etiam auferre, Barones cogere, vt suis sumptibus

bus

bus Castra mutulant, aut demoliantur, & etiam Castra Ecclesiæ munire, docet post alios declarat *Dom. Consil. Altimar. in obs. ad Reg. Ronit. lib. 3. cons. 18. à n. 1. ad 10.*

9 Castra verò ipsa nemini licere in Regno, neque reficere, licet diruta, absque Regis licentia, ex *Constit. Regni incip. Castra*, sancitur, *Afflict. dec. 165. num. 70. Reg. de Pont. de potest. Proreg. tit. de diuers. prou. in princ.* Quod tamen *Reg. de Marin. 1. resol. 154.* intelligit in Castro funditùs, ac omninò diruto, nō autem in vetustate corroso, & non omninò collapso; nam cum in totum est solo æquatum, absq; Principis licētia reædificari nequit, vt in Prouincia Gotholana testatur ex *Cancer. 3. var. cap. 13. num. 16. & seqq. à nu. 56. Ripoll. de regal. cap. 33. nu. 39. & seq. Franc. Romaguer. ad Constit. lib. 1. ad statut. Engub. rubr. 57. in addit. n. 6.* Quod in Terris demanialibus procedere, non verò in Baronalibus, quia Barones ob iurisdictionem, quam in Territorio habent, necessariam illis est corū Castra munita habere, secundùm *Mastrill. de magistr. lib. 4. cap. 16. num. 169. & seqq.* quod quidem secundùm veriorem opinionem minimè procedit, cum tàm in Terris demanialibus per *Const. Regni*, incip. *In locis demanijs*, quàm in Terris Baronalibus per *Const.* incip. *Castra*, non liceat Castra ædificare cū Turribus, fortellitijs, pontibus, versatilibus, bombardis æneis, cæterisq; armorum generibus, secundùm sententiam *gloss. Caramanici in d. Const. Castra, verbo ... Afflict. ibid. num. 2. dec. 165. num. 70. Camerar. in l. Imperial. fol. 3 ... Montan. de regal. fol. 289. n. 5. vers. Hæc Palatia;* Quod etiam nec sub specie defensionis propriæ, ac ne detur occasio Subditis rebellandi, vel inter eos rixandi licere, latè fundat contrarijs respōdendo *Dom. Consil. Rouit. tract. de Off. rubr. 9. num. 47. & seqq.* Vnde tandem magis Castra diruta ordine Principis, non posse denuò ædificari sine Principis licentia, ex *Gratian. discept. for. cap. 431. lib. 3.* probat, & cumulat *Dom. Consil. Altimar. in d. obs. 18. n. 11. & 12. tom. 3.* & post *Fragos. de regim. Reip. Christ. par. 1. lib. 3. disp. 11. §. 12. n. 276.* & alios cit. *Romaguer. d. loc. num. 7.*

10 Deueniendo insupèr ad propositæ quæstionis huius punctum aliud; Annotandum cōcludimus, tàm sæpè fuisse in Reg. Cam. decisum, vt Vniuersitas licet ab omnibus, tàm ordinarijs, quàm extraordinarijs oneribus immunis, teneatur contribuere, siuè ad solutionem gabellæ pro menium constructione, aut refectione impositæ, vt post *Reg.* nostrum refert *Reg. de Marin. in obs. ad Reg. Reuerter. dec. 439. num. 2.* Idque etiam illa ratione confirmatur, quia hoc onus refectionis, siuè nouæ constructionis murorum ad solam Vniuersitatem spectat, non autem ad Regem, nisi Rex mandaret in Ciuitate, siuè Terra propugnaculum fieri pro Regni defensione, quia tunc onus est Regis, vt post *Ausin. ... cap. 2. §. vectigalia in 2. addit. num. 13. tit. quæ sint regal.* & post *Auth.* nostrum citatum idem *Reg. de Marin. in obseru. ad cit. Reg. Reuert. decis. 38. num. 2.* vbi *num. 1.* obseruat, Vniuersitatibus immunibus à fiscalium solutione in vim specialis priuilegij, inter quas enumerat Ciuitates Caracensis, & Parcolorum non deberi salis quantitatem, quæ cæteris locis à functionibus fiscalibus non immunibus consignari solita erat, ex *cit. Reg. Reuert. ibid.*

11 Ex quibus satis inconcussum esse constat, quod omnes in commune subire etiam vicini, tenentur onus construendi muros Ciuitatis, nam, vt aduertit *Cassiodor. lib. 5. var. epist. 9. Necessitas publica multorum debet deuotione compleri, quia non decet paucos suscipere, quod constat plurimis expedire, ne Regia iussio superfacta lentescant, dùm res vtilis delegatur infirmis. In Tridentina igitur regione Ciuitatem construi nostra præcepit authoritas. Sed quia territorij paruitas magnitudinem operis sustinere non potest, hoc sollicitudo nostra prospexit, vt acceptis mercibus competentibus peda-*

pedaturam murorum omnes in commune subeatis, qui vicinitate iungimini. Quatenus accomodato solatio securiùs impleatur, quod paucis inexplicabile fortasse cognoscitur. Hac conditione scilicet definita, vt nullus ab his oneribus excusetur, vnde nec diuina domus excipitur.

12 Vnde indubium est omnes Ecclesiasticos ad tale onus subeundum obligari, cum nec diuina domus excipiatur, *l. ad instructiones 7. C. de sacros. Eccles. Harmenop. lib. 2. tit. 5. Amaya in C. tit. 25. de immun. nemin. &c. in l. 1. n. 8. Reg. de Marin.* post alios *in obs. ad Reuert. dec. 36. num. 1.* vbi contradicentes etiam refert, inter quos addimus *P. Dianam tract. 2. de immun. Eccles. resol. 39.* & post alios innumeros declarando id in subsidium, *P. Steph. à S. Gregor. de Neap. lib. 1. de pracip. iur. & instit. part. tit. de tribut. & vectig. cap. 26. n. 14.* & affirmãt *Card. de Luca de regal. disc. 59. num. 5. Olina de for. Eccl. par. 1. cap. 39. num. 27. Camerel. de legat. lib. 7. pag. 550. n. 43. Iul. Capon. discept. 102. nu. 52. Borrell. de praest. Reg. Cath. cap. 64. à nu. 48.* Hinc in refectione murorum Brundusij, Hydrunti, Tarenti, Manfredoniæ, Baroli, Barij in Regno Neap. & Carthaginis nouæ in Hispania, teneri Ecclesias voluit *Alphons. Aluarez in Specul. Rom. Pontif. cap. 63. col. 4.* & ex alijs innumeris *cit. Borrell. num. 49.*

13 Et de hoc articulo actum fuit in Supremo Italiæ Senatu, dum ageretur de contributione facienda ab Ecclesiasticis pro constructione murorum aliquarum Ciuitatum Status Mediolani, vndè Vrbanus III. Pontifex Maximus sanctissimus, atq; prudentissimus mandauit, vt Ecclesiastici Status Mediolani contribuant, pro summa ducatorum quinquaginta mille, pro constructione murorum aliquarum Ciuitatum Status prædicti, vt refert *Reg. Tap. lib. 7. Iur. Regn. tit. 17. fol. mihi* 114.

14 Ratio verò præfatæ conclusionis, prima est, quia munus istud non est sordidum, imò nec personale, sed reale; Secundò, quia Ecclesia vtitur commodo murorum, sicut & itineris, & pontium, & sic etiam idem procedere pro reparatione puteorum communium, exterisq; similibus necessitatibus, vt docet *Bald. in d. l. ad instructiones 7. n. 3. Salyc. nu. 3. Castr. num. 1. Gillen. num. 9. Guid. Pap. decis. 78. Tiraquell. de nobilit. cap. 20. num. 167. Molin. tract. 2. disput. 673. num. 4. concl. 1. Brunnemann. in eád. l. 7.* Quod probatur etiã ex *l. ad portus, C. de oper. publ. l. absit, C. de priuil. dom. Aug. l. fin. C. de quib. mun. nem. li. lic. excus. Flor. Diaz. de Men. var. qq. lib. 1. qu. 31. n. 220. Fulu. Pacian. consil. 7. num. 8. Surd. cons. 225. n. 27. Corn. consil. 2. lib. 3. Carol. Ruin. cons. 319. nu. 12. lib. 1. Rimin. iun. cons. 10. num. 13. & seq.* Propterea

15 meritò neminem à tali onere, etiò priuilegiatum immunem esse, firmatur, & sic nec patrem 12. filiorum talem exemptionem habere, *Balmased. de collect. quaest. 48. num. 19.* vbi plures modernos citat, & *Andreol.* confutat *Card. de Luca miscell. Eccles. in supplem. disc. 49. n. 6. & 19. Iul. Capon. discept. 90. num. 35. & seq.* quos refert, & sequitur *Dom. Franc. Romaguer.* in doctissimis *Addit. ad Constit. ad Statut. Eugub. lib. 1. rubr. 56. n. 4.*

16 *& 5.* Imò nec exteri bona tenentes ab eodem onere eximuntur *Pras. Genuens. decis. Reg. Cam. 39. num. 25.* Et licet collecta non soluatur de feudo quaternato, nec gabella de illius fructibus, vt ex *Andr. in c. 1. § plaustrorum col. 2. quae sint regal.* in Regia Cam. obseruatur,

17 fallit tamen pro ædificandis mœnijs, & muris, ac Castro, quia est commune propugnaculum, vt post *Luc. de Penn.* fundat *Io. Vinc. Ann. sing. 93.* Et post relatam decisionem hanc, *Authoremq; nostrum cit.* eiusdem conclusionem ampliat *Iul. Capon. tom. 2. discept. 100. à num. 36.*

18 Item exterus, qui moratur in aliqua Ciuitate vendens, & emens pro quæstu ad d. refectionẽ tenetur *cit. Luc. de Penn. in l. hac prouidentissima nu. 35. C. de quib. mun. lib. 10.* Et *num. 30.* pulchrè quærit de venatoribus, meretricibus, histrionibus, aleatoribus, Iudicibus, Aduocatis, Medicis, &c.

19 Deniq; notandum, quod sicut Clerici

rici, aliæq; Ecclesiasticæ personæ teneantur in subsidium ad opera publica Ciuitatis, quæ sunt communia omnibus, prout est refectio murorum, viarum, &c. Eodem modo *Laici* parochiani tenebuntur ad reparationem, & reædificationem Ecclesiæ cõtribuere, quandoquidem est causa pia, publica, & communis, stante tamen consuetudine, *Abb. in cap. 1. nu. 3. de Eccl. ædific. in prim. Bertrand cons. 53. num. 4. lib. 1. & cons. 41. num. 26. lib. 2. Parisien. cons. 7. num. 104. Cies. cons. 1. nu. 11. Valasc. dec. 179. num. 7.* & latissimè videndi sunt *Faust. pro Ærar. class. 12. ord. 897. 898. 899. & seqq. Petr. Pecb. de reparand. Eccles. cap. 9. & seqq. Camill. Borrell. cons. 2. & 26. Gutier. alleg. 10. Gregor. Tholos. lib. 2. synt. cap. 1. num. 12. & lib. 15. cap. 24. Christin. dec. Belg. 28. Consil. Gizzarell. decis. 39. & 87.* vbi Addentes, *Reg. Tap. decis. S.C. 7. per tot. Præs. de Franch. decis. 213.* vbi Addentes, *Reg. Valenz. cons. 18. Battilier. dissertat. 7. Iul. Capon. contr. 1. per tot.* vbi pro Archiepiscopo Neap. contrà Monasterium D. Reginæ examinat, an Ecclesia possit cogere aliam Ecclesiam ad vendendum.

30 Alia verò adducit *Gizzarell. cit. decis. 37.* referens decisum n. 19. *Laurens delle Done* matrem, & nutricem filiorum q. Decij Caraccioli cogi ad vendendum quasdam domos cum fundo, instantibus Patribus Congregationis Oratorij, pro construendo sumptuoso, & magnifico Templo, quod adhuc perficiunt, & ampliant; Et sic etiam teste *Consil. de Rosa d. consult. 1. in fin.* pro RR. PP. Iesuitis per S.C. declaratum fuit, licere claudere viam, vulgò *delle Gradelle*, qui ibidem Collegium magnificum, & in alio huius Ciuitatis loco aliud magnificentissimum Templum construxerunt, quod Domus Professa nominatur.

21 *Cyriacus* tamen *controu. 31. num. 17.* inquit, quod non est indulgendum appetitui Religiosorum, vltrà condecentem, & moralem necessitatem; Hinc *Tasson. sup. pragm. de annon. vers. 13. obs. 2. num. 17.* animaduertit, quod hodiè expediens esset oculos aperire in deuastationibus domorum pro non necessarijs ampliationibus Monasteriorum (videntur enim magnifica, & ampla Amphitheatra) pro quibus in dies florentissima hæc Ciuitas angustatur; Et *D. Bonauent. in epist. 2. Murorum* ait, *curiosa constructio, destructionem parit animarum*; Et alibi *in quæst. 6. circà Reg.* dicit: *Cum Sancti Patres laudantur in Cellis, & in vilibus habitaculis habitasse, quid est, quod Vos altas, & magnas domos erigitis, & Oratoria sumptuosa, & areas latas magno pretio comparatis, cum sitis pauperes, & mendici, & contemptores mundanorum esse debeatis.* Et aliàs exclamauit *Aluarus Pelagius in lib. 7. cap. 76.* his verbis: *Quantum autem excedãt Religiosi mendicantes circà curiositatem, & multiplicitatem, & sumptuositatem ædificiorum, totus mundus testis est*; Et sic *S. Gregor. Nyssenus* loquens de Secularibus *homil. 3. 10. Eccles.* ait: *Quo enim maior fuerit, & multitudine, & materia sumptu, magnificentia in ædium structuris, eò magis arguitur inordinata anima.* Et *Diu. Bernard. in vita S. Malachiæ Episc. fol. 1927. col. 3.* aduertit: *Si vis ædificare domum, indicat te necessitas, non voluntas; cupiditas ædificandi, ædificando non tollitur, nimia, et inordinata ædificandi cupiditas, parit citò, et expectat ædificiorum inundationem.*

AD QVÆST. X.

Immunitas concessa, an comprehẽdat casum vrgentissimæ necessitatis.

ANNOTATIO.

SVMMARIVM.

Immunitas generaliter concessa non comprehendit casum vrgentis necessitatis indictæ n. 1. 11. 13. 14. 15. & 21.

Necessitas facit iustum quidquid ad bonum publicum vergit, tolerabiles reddit ingrauescentes exactiones, ac alia efficit n. 3. 8. & 9.

Princeps vrgente necessitate, non solùm potest tributa imponere, sed etiam subdi-

tos rerum suarum dominio priuare, nu. 4. & 5.

Subditi cogi possunt ad mutuandas Principi pecunias necessitatis tépore, et quid Neapoli n. 6. & 7.

Clerici tempore belli, alteriusuè necessitatis casu, an ad contribuendum teneantur n. 10. & 13.

Vasalli necessitate vrgente seruitia etiam vltrà modum præstare tenentur n. 16.

Nobiles ratione bonorum feudalium immunes, an tales sint necessitatis tempore n. 17. 18. & 19.

Immunes, vt sunt Nobiles, Clerici, Doctores, Milites, aliiq; an etiam ità sint necessitatis tempore n. 20.

Immunitas concessa alicui Vniuersitati, an operetur in casu contributionis facienda in subsidium Capitis Regni n. 21.

Tributa, necessitate, vel causa impositionis cessante, sunt remouenda, nisi de facili posset redire, vel subintraret alia causa n. 2. & à n. 13. ad 18.

1 PLuribus ergò relatis priùs à n. 1. argumétis, pro immunitate ab omnibus ordinarijs, necnon extraordinarijs oneribus, etiam indicendis concessa, vt comprehendat quoq; casum ex vrgentissima belli causa superuenientem, veluti in verbis illis priuilegij generalibus à Principe consideratum, & quia dùm extraordinaria munera, bello vrgente imponi solent, videtur in specie in tali priuilegio casus iste comprehensus, eò magis dùm illud ità generalitèr elargitum, omnem futurum casum, & inde illum quoque belli comprehendit, cum de sui natura generalis immunitas ad futura omnia protrahatur, etiam si ex augmento accedant; *Author* tamen noster *nu. 9. & seqq.* contrarium iudicasse Reg. Cam. meminit, illa ratione, nàm licet generalitas qualiber concessæ immunitatis consideretur, non comprehendit incogitata, & quæ de nouo emergunt, & præsertim insolitos maximæ necessitatis casus, qui nullatenùs continentur sub quauis generali immunitate. Et ergò *Auth.* ipse hic multum in simplici animo dubitauerit; In casu tamen relatæ decisionis, ex vrgentissima Regni, exercitu, pecunijs, atq; annona expertis, necessitate, & Gallorum tunc bello maximo cum exercitu imminente, ex quo videbatur casus, in quo Princeps immunitatem concedens, nõ poterat de illo cogitare, ideòq; optimè tunc processit amplissimi Senatus R. Cam. decisio, vnde doctissimè ipse *Dom. Reg.* ad hæc *DD.* opiniones conciliando, cõcludit, quod semper, ac impositionis causa satis vrgens videtur, & incogitabilis, siuè insolita existimatur, qualibet immunitas, ergò generalis, haud militet.

2 Insupèr concludere videtur, quod ergò cessante belli causa, impositum onus ampliùs exigi non possit; attamen in casu, de quo hic, non fuit prædictæ conclusioni locus, dùm illa gabella imposita non fuerat, vt ex eius redditu, Regio Ærario pro dictis belli vrgentijs succurreretur, quoniam redditus ad id non sufficerent, sed fuisse impositam, vt ex venditione eiusdem reditus, posset Reg. Curiæ ex pretio, belli vrgentijs subueniri, quo in casu etiam cessante bello, quia tamen remanet causa illa perpetua venditionis gabellæ iàm indictæ ad effectũ, vt suprà, inde impositio ipsa nunquàm deficit, ex *decis. Io. Andr. in cap. decet, de regular.* quam refert, allegasse in dicta causa Ill. Dom. Locumt. *Ferdinandum de Aualos*, & sic fuisse decisum, quam decisionem memorant *Reg. de Marin. in obseru. ad Reg. Reuert. decis. 439. num. 1. Iul. Capon. discept. for. 90. num. 36. tom. 2. Franc. Pasqualin. in commens. ad 2. lib. Pragm. Neap. prag. 42. num. 9. tit. de Annona.*

3 Ad prædicta verò, ad ornatum annotamus, quod necessitas facit esse iustum, quidquid ad bonum publicum vergit; Hæcq; tolerabiles reddidit ingentes licet, ac violentas exactiones Romanorum; onera enim Imperij, pleraq; vectigalia institui coegerunt, vt pro vtilitate communi, ità singulorum iniurijs, vt *Plin. in Paneg.* scripsit, &

Ta-

Patin. lib. 1. consilium rerum venalium post bella civilia instituta deprecanteq; populo edixisset; Militare ærarium eo subsidio niti; Augustum à Civibus exegit sub Triumviratu quartam partem fructuum, redituumq; & à libertinis octavam omnium bonorum; aliaq; exempla post *Plutarch. in Anton.* & relationem apud *Bodin. 6. cap. 2. num. 667. de Republ.* memorat *Fusc. in Consil. pro Regn. neap. 4. tom. 4. nu. diff. 3.* Et sic quolibet indictio iusta videtur, quæ concurrente publica necessitate proportionabiliter imponitur, imò donativum deberi causa belli, tributumq; edici iustum, licet bellum sit in alio Regno, non obstantibus ad id *Papa Ifernens.* *Cardinalis* latè, ac doctissimè fundat post *Reg. de Ponte de potest. Proreg. tit. 4. §. 1. num. 47. Reg. Sanfelic. in diversp. cons. de donativo tempore belli præstan. de à n. 8. ad 30.*

4 Ideò Principes sua culpa inopes effectos sic, tributum exigere posse, quoniam privatis expedit relevare quotidianos sumptus, Principibus verò minimè, idem *Sanfel. ibid. n. 34. & 35.* Nec urgente necessitate cogitur quis donare, imò donare non dicitur, qui Regis necessitati succurrit; *ex Reg. Sanfelic. ibid. n. 2.* & non solum potest Princeps in eo casu tributa imponere, sed etiam subditos rerum suarum dominio privare, ut fundat post alios *Dom. Cons. Aldimar in observ. ad consuet. un. de donatio. ad Reg. Neap. tom. 1. à num. 1. & 12.* ubi etiam quando ad emendam damni tenetur, & quoq; procedat etiam necessitas sit extra Regnum *ibid. n. 13. ad 20.*

5 Ita quod ad Collectas imponendas, sufficiat, ut utilitas publica principaliter interveniat, licet aliquando privatisque onera subeunt, nullum commodum inde percipiant, ut rectè advertit *Marius Lon. Cicerm. in sn tract. spoli. fo. vers. Fulu Pation. consil. 7. nu. 13. [illegible]* refert *Livio*, ex ore Catonis tradentis, nulla lex satis commoda omnibus est; id modò quæritur, si maiori parti, & in summa prodest, & generaliter receptum est, quod ea, quæ communiter omnibus prosunt, his, qui specialiter quibusdam vexati sunt, præferri debent *Author. per Caramm. de leg. Alph. Aurand. in Consil. Hispan. reg. l. 3. n. 7. 2. 7. num. 3.* Et utilitati publicæ omnis privata, aut minus publica cedere, quoniam Respubl. incolumis, res privatas facilè salvas præstat: *Publica prudentia, tua ergo quoque salva sunt*, *Liv. lib. 26. circa fin.* Et Fisci causa potior aliis debet esse ob ipsius publicas necessitates *l. 1. ubi gloss. fin. C. de conditi. ex leg.* Ex quibus *cit. Fusc. d. diff. 7. num. 5. q. 1. & d. 63. n. 2.* dictam conclusionem firmat, & *in consil. 4. cod. nu.* insequitur, quod etiam nisi Reipublicæ custodia neq; quam aut à metu, aut futurè belli negotia suspicari, urgente tamen summa necessitate, non esse expectandam collectam, sed per mutui

6 inventionem posse subditos compelli ad mutuandas Principi pecunias post *Gond. Mastrin. Alph. de Aurand. Gaber. Chassan. Bertol.* & alios, id ampliant etiam per viam *Cambii*, & frumentorum emptione posse cogi omnes ad frumentum pro modo fortunarum post *Marc. de iurisdict.* & alios *ibid. additq;* atq; ita in Hispaniarum Regnis, bellis saevientibus ab Hispalensibus Quibus, & aliis ab Indorum Regnis venientibus argentum, & aurum mutuò accipere, sæpissimè observatum fuisse, refertur, arbitrariumq; hoc iustissimè introductum ex *Bobadill. lib. 5. politic. cap. 5. per tot. Lud. Molin. to. 3. par. 1. disp. 7. & prim. Ferd. Vasquius. iuss. sucessionis lib. 4. n. 22. & illustr. quæst. cap. 7. n. 7. & 8.* Ita tamen, quod si Princeps

7 idoneos reditus ex Regno habuerit, dat integrum pecuniam mutuatam cũ moderato interesse; imò commodius esse, mutuas pecunias ita à subditis accipere, quam eosdem opprimere tributis, tantò magis data spe in subditis fidius, & fœtem, & gratiam à Republica ipsis reddi ex *Bodin. lib. 6. de Republ. cap. 2. n. 664.* & ita Romani bello Punico secundo, pecuniam mutuò à Civibus sumere maluerunt, quàm tributum imperare, *Liu. lib. 26.* & alia

exemplis [illegible] [illegible] non quorum idem [illegible] pluries etiam referens [illegible] *Ferdinand. I. Regis cap. [illegible]* [illegible] non procedit in casu necessitatis, in quo Ciuitatem [illegible] Regi [illegible], vt ex *Cap. Neap. [illegible] fol. 93.*

8 Necessitas itaque ex causa publica, & communi vtilitate urgente, quando ipsius necessitatis [illegible] grauissimi, *[illegible] in [illegible]* [illegible] teste, necessitatem nec Dij superant, & multa [illegible] *Petr. [illegible] in [illegible] argumentum 78. de reg. iur. [illegible]* [illegible] præscripto, ipsa iure permittente, deflectendum prudentes semper [illegible] quasi per manus [illegible] necessitas quippe legem non habet [illegible] & ibi *D.D. [illegible] Conf. [illegible]* [illegible] *contrau. 27.* vocat [illegible] humanæ imbecillitatis patrocinium, & omnem legem frangit, quidquid cogit, defendit, *[illegible]* appellat violentissimum *iniuria, [illegible] Quintilian. declam. 260.* multum contra iustitiam necessitas valet, *[illegible] in [illegible]* [illegible] *cap. 1. num. 19.* & nulli [illegible] *Bald. conf. [illegible] lib. 3.* & [illegible] per [illegible] [illegible] necessitas [illegible] quod [illegible] [illegible] excusat *D.D. & [illegible] [illegible] & 5. [illegible] Coler. de [illegible] lib. 2. [illegible] num. [illegible] & 3. [illegible] lib. 2. de iure belli cap. 6. pag. [illegible]* Et quod necessitate fit, peccato caret, scilicet ciuili, *[illegible] num. 76.* Et necessitatis causa Iudæorum infamibus [illegible] Christianæ non sunt [illegible] *cap. ad hæc de Iudæis, [illegible] & dec. 3.* & latè post [illegible], & alios *[illegible] 689.*

9 Ex quibus descendendo ad speciales *[illegible]* nostri conclusiones, ex publicæ necessitatis ratione, sub causa, quoniam per illam licitum est leges transgredi, multaque permittuntur, quæ aliàs non liceret, *[illegible] in [illegible] C. de [illegible] lib. 10. n. 36. [illegible] ad [illegible] de [illegible] Ris. B. C. [illegible] num. 1.* & ordo est ordinem non seruare, [illegible] totali etiam derogatur, & contra naturalem æquitatem [illegible], & [illegible] impediri debent, ne [illegible] publicum patiatur, & defendatur, [illegible] quod publicæ vtilitatis, & necessitatis causa fit, [illegible] [illegible] [illegible] quod necessitatis, non sit culpabile, & [illegible] in casu necessitatis, legis præceptum [illegible] esse possibile, & necessitas supponit impossibile quoddam, & [illegible] [illegible] [illegible] & Princeps Supremus in [illegible] necessitatem, atque ex iusta causa boni publici, & [illegible] obligationum regalium, quamplurimum [illegible] imponit, ex quibus Vasalli conqueri non possunt; Cum, tempore necessitatis [illegible] esse Principis, & [illegible] Regis, hoc est [illegible] patris patrimonio reducatur, ne possint [illegible] *[illegible]* Vniuersitatum consensum non præstare, si [illegible] pro publica necessitate subeunda, quia si necessitas [illegible] tenentur consentire [illegible] [illegible] tributum, vel seruitium, de [illegible] imperabitur; Principes enim sunt Tutores Reipublicæ, & [illegible] conseruatores bonorum Vasallorum, [illegible] iure [illegible] diuino, & politico, [illegible] tenentur [illegible] & Regna [illegible] in pace conseruare, & [illegible] vt Vasallorum, & Regni defensio, proprium dicatur Regis Officium, & subditorum protectio, & defensio, [illegible] [illegible] [illegible] publica, [illegible] [illegible] vtilitate, & necessitate, Et

10 Ecclesiasticos [illegible] legibus, & edictis Principum secularium, & tributis, & contributionibus non esse exemptos, necessitatis tempore, latissimè declarauit per doctissimus *D. [illegible] [illegible] lib. 7. [illegible] part. & d. n. 30.* vbi concludit post alios Clericos [illegible] legibus, & edictis Principis laicorum obligari [illegible] [illegible] vi, & efficacia rationis [illegible] quæ [illegible] vt legibus Principis [illegible] pro publico [illegible] [illegible], per [illegible] *Dom. [illegible] ad [illegible] ad ll. [illegible] 47. [illegible] lib. [illegible]* capo [illegible] quod [illegible] de Clericis obli-

obligatis ad contribuendum onere belli, & bellum non sit de praesenti, sed in futurum timeatur, & etiam cogitatur ad illud obligandum, ut licentia Romani Pontificis praecedat, idem ibid. n. 3 [illegible] & seqq. Et quod sit attendendum [illegible] Ecclesiasticus, etiam si laicis Clerici contribuant, firmat Reg. de Marin. post alios in resol. ad Reg. [illegible] & quae requiruntur, ut Clerici cogi possint ad contribuendum cum laicis, post alios declarat Reg. [illegible] in [illegible] num. [illegible] & Rovit. [illegible] consil. [illegible] & in tali necessitate, & bellorum contributum, Reipubl. Rom. olim tempore, etiam à Sacerdotibus, aliquando immunitatem habentibus, exactum [illegible] exemplis & rationibus refert Rovit. [illegible] Et quid interdum ingruente aliqua belli, & [illegible] consuetum, quod Clerus, & Populus simul conveniant, & deliberent super collatione [illegible], examinat [illegible] in [illegible] num. [illegible] ad [illegible] vigente Venetorum bello, quod nostra etiam declaravit in consil. [illegible] n. 3. concludit, quod cum Clerici sint immunes ab excubijs, & custodia Civitatis, limitatur, si tam repentina emergat necessitas, ut laici sine Clericis non possent resistere, & Civitatem defendere. Quid autem, an simpliciter gabellae imponantur ob utilitatem publicam, quibus praestare Clericorum, ut [illegible] vel similia, quae [illegible] tangant tam saeculares, quam Clericos, & quod in similibus casibus gabellae imponendae sunt, etiam de consensu populi, quam Clericorum, post alios [illegible] de [illegible] par. cap. [illegible] n. 3 [illegible].

12 Condat pro [illegible] collecta, & [illegible] tempore bellorum [illegible] [illegible] [illegible] & ibi [illegible] Bart. in l. [illegible] C. de [illegible] [illegible] inquit, Clericos etiam esse cogendos, ad quod [illegible] allegat [illegible] Laurent. dec. [illegible] num. [illegible] quem sequitur Rovit. post alios [illegible] ubi concludit, quod axioma datum est communiter probatum, urgente publica necessitate, ab omnibus nulla habita ratione privilegij contribuendum, l. [illegible] C. de indict. lib. 10. Cum & Cessio praedictalia [illegible] substineant [illegible] C. de [illegible] dom. Aug. [illegible] C. de excus. [illegible] & alij allegati per eundem Rovit. ibid. quippe privilegium etiam amplum non extenditur ad incogitata, l. qui cum [illegible] [illegible] D. de [illegible]

11 transact. Et sic privilegium immunitatis ad tempus publicae necessitatis non porrigi, visum [illegible] ex toto, D. de [illegible] & [illegible] Franc. de [illegible] [illegible] num. 6. & 8. [illegible] 18. Bart. [illegible] [illegible] Nam iniquum est in tempestate Reipublicae commune [illegible] & [illegible] capere, incommoda [illegible] [illegible] [illegible] Imo concessio quaelibet, & quodcunque privilegium necessitati cedit [illegible]

13 etiam n. 28. probat, Ecclesiasticos ad id teneri, cum deficientibus à subveniente publicarum necessitatem [illegible] ipsosq; Summos Pontifices concedere solitos decimas bonorum Ecclesiarum Principibus laicis tempore necessitatis n. [illegible] memorat [illegible] in bonis Ecclesiarum [illegible] [illegible] [illegible] [illegible] [illegible] [illegible] & [illegible] quae reperta sunt in domo Domini [illegible] [illegible] [illegible] [illegible] [illegible] [illegible] bona deputata sunt [illegible]

[illegible] num. 12. q. n. 8. *Chassan. in Cons. Burgund.* [illegible] num. 13. *Molin. consil.* 1. & 12. [illegible] par. 2. q. [illegible] vbi communem, *Villalob. commun. opin.* [illegible] de [illegible] ad- [illegible] cap. 18. num. 12. & 13. *Carbon. decis.* [illegible] ad *Constit. Reg.* lib. 1. [illegible] adeo quod si hanc ob causam Ciuitas debitum contraxisset, Clerici ad dissolutionem eius pro rata teneantur, *Compil. Symph.* par. 2. [illegible] 108. *Matt. cons.* 2[illegible] num. 2. [illegible] [illegible] vers. [illegible] & ideo dicitur, quod quaelibet immunitas non iuuat respectu oneris, quae belli, vel pestis causa imponuntur, *Reg.* [illegible] num. 70. nam priuilegium quantumcumque generale numquam includit illud, quod publicae vtilitati obest *ibid.* [illegible]

14 Et licet in hisce praeliminaribus Italiae regionibus bella plurimum, & quotidie frequententur, & sic censentur quoque immunes ab impositionibus propter bellum, vt argumentantur *Natta cons.* [illegible] num. 18. *Neuizan. cons.* 66. num. 3. & 5 7. [illegible] num. 3[illegible] *Menoch. cons.* 84. num. 17. [illegible] cons. [illegible] lib. 1. vbi, quod haec conclusio ante tempora Aug. Imp. Caroli V. erat indubitata, prout etiam postea exemplo inuictissimi Regis Philippi II. vide vulgo fertur, Venerabili Bedae Presbytero oranti pro gentis Italiae tranquillitate, responsum fuisse ab Angelo: [illegible] Italia erit in pace, vt referunt [illegible] num. 10. & [illegible] lib. 1. [illegible] lib. 1. [illegible] intelligendum ait de bello magno, non solum paruo.

Ex publica tamen necessitate priuilegio, cum [illegible] nostro concludendum est priuilegia omnia immunitatis, à Principe per quascumque clausulas concessa, publica tamen exigente vtilitate, [illegible] necessitate, [illegible] belli, pestisque, [illegible] [illegible] & alijs [illegible]

[illegible] post alios innumeros [illegible] [illegible] nam si extenderetur tale priuilegium ad ea, vt quis etiam in casu publicae necessitatis [illegible], publica laederetur vtilitas, & sic nullatenus ad id extendendum *l.* [illegible] [illegible] & sic priuilegia publicae vtilitati damnosa non sunt recipienda, *l.* [illegible] & sic potius restringenda, & stricte interpretanda, quam amplianda, adeo vt priuilegium generale exemptionis ab omni munere, non eximat quemquam ab

15 oneribus, quae imponuntur pro aquis publicis habendis, vel pro aquaeductibus purgandis, vel reficiendis, *l. ad* [illegible] *C. de oper. publ.* [illegible] num. 45. [illegible] quinimo pestis, vel famis, seu magnae necessitatis tempore cessare solent priuilegia, *l.* [illegible] *C. de* [illegible] lib. 1. [illegible] *Girond. de* [illegible] num. 352. ad 357. quemadmodum neque possunt talia dicta concessa per quascumque clausulas, neque executioni demandari cum magno, vel paruo tertij praeiudicio, vide *Girond.* [illegible] num. 64.

16 Et Vasallus, licet regulariter vltra modum in inuestitura praefinitum seruitia haud praestare teneatur, id tamen non trahitur ad casum vrgentis necessitatis, in quo omnis cessat immunitas, vt fundat *Andr. Kohl. de formul. feud.* [illegible] num. 98. Et etiam, etiam à muneribus patrimonialibus ratione rei possessae debitis, pro quibus omnes tenentur, [illegible] num. 13. & 15. [illegible] *decis.* [illegible] in quibus nulla dignitas, aut priuilegium excusat, *l.* [illegible] *D. de* [illegible] & [illegible] *Rosenth. de feud.* cap. 5. [illegible]

17 Nobiles eximuntur ratione bonorum feudalium, pro quibus Dño suo seruitia feudalia praestant, vnde ad Collectas, & munera publica non tenentur, *Tiraq. de nobilit.* cap. [illegible] *Fr. Marc.* [illegible] num. 11. & seq. [illegible] *decis.* 61.

num. 3 *lib.* 1. *Alb. Brun. conf. feud.* 103. *n.* 3. *p.* 1. *Modest. Pistor. conf.* 21. *num.* 22. *&* 30. *vol.* 1. nam qui in Principis seruitio sunt, à Collectis meritò excusantur, *Petr. de Vineis lib.* 5. *ep.* 39. & semel decimatum vlterius decimari non oportet *Nicol. Balb. conf.* post *Caesar. dec.* 68. *n.* 10. *Bald. Vall. conf.* 1. *nu.* 21. *lib.* 2. *Modest. Pistor. conf.* 9. *num.* 49. *& seq. vol.* 2. *Thom. Maul. de homag. tit.* 9. *nu.* 68.

18 Fallit tamen id in pluribus casibus, inter quos praecipuus est, cùm agitur de Collectis vniuersalibus; immunitas enim concessa non intelligitur ab his, quae necessitatis tempore *l.* 1. *vt nem. lic. se ab empt. Petr. Heig. p.* 1. *qu.* 18. *n.* 23. *& seq. Mynsing.* 4. *obs.* 70. *num.* 2. *& seq.* & latè *conf.* 1. *dec.* 15. *Thoming. dec.* 53. *num.* 21. *Coler. conf.* 1. *num.* 263. *& seq.* & belli tempore indicuntur *Vvintzler. de collect. dec.* 6. *nu.* 13. *Rhemig. de Gonny de Carit. subsid. qu.* 39. *nu.* 35. *Caesar. decis.* 39. *num.* 20. *& seq. Neuizan. consil.* ... *num.* 7. *& seq.* praesentim si necessi-

19 tas tanta sit, vt sustineri non possit, nisi perueniatur ad exemptos, *Curt. iun. conf.* 61. *num.* 14. *por.* 1. *Natta conf.* 357. *num.* 4. *tom.* 2. *Bald. Vall. conf.* 80. *n.* 23. *vol.* 3. Quamuis concurrat qualitas iurisdictionalis, *Casta tract. de quot. & rat. qu.* 80. *num.* 6. *Casp. Klok. de contrib. tract.* 38. *lit. A.* Et esto Nobiles in Aulis Principum versentur, *Maul. de homag. tit.* 9. *n.* 67. *Mod. Pistor. conf.* 9. *num.* 44. *& seq. lib.* 2. *Flor. Diez de Mena* ... *p.* 1. *n.* 248. *Nolden. de stat. nob. Ciu.* c. 16. *Berlich. decis.* 21. *num.* 3.

20 Meritò igitur Reg. Camerae decisio ab *Auth.* nostro relata procedit, tùm ex praedictis, ex quibus constat, ad munera publica ob necessitatem publicam imposita, neminem esse à iure, vel priuilegio immunem, exemptum esse, & sic Clerici, qui à iure Ciuili, & Canonico sunt ab omnibus oneribus, & collectis immunes, Nobiles, qui à collectis, & muneribus sunt exempti, sicut, & Scholares, Doctores, Professores, Aduocati a publicis muneribus sunt immunes, si actu legunt, & studêt, Milites à muneribus ciuilibus exempti, esto secus in patrimonialibus: necessitatis tamen tempore nullus, vel lege, vel honoris ratione priuilegiatus immunis existit, cum tunc sileant priuilegia, vnde Doctor emeritus residês in Ciuitate à muneribus immunis, si pecunia est eorum, qui magistratum, dignè gerant, ab officio Decurionatus, seu Burgi magistri immunis non existit, vt in puncto ad haec praestat omnia cumulat *Io. Koppen in dec.* 61. *per tot.*

21 Tùm etiam quia immunitas concessa alicui ab oneribus, & collectis ordinarijs, & extraordinarijs solitis & insolitis, non extenditur ad onera, quae imponuntur ratione belli, vel alterius cuiusvis publicae necessitatis, de qua ab initio verisimiliter non fuit cogitatum, vt in puncto comprobat *vir. Fausl. class.* 10. *conf.* 3. *and.* 1527. vbi eandem sententiam, non modò Cameralis iudicij vsu, sed & consuetudine totius Germaniae passim receptam refert *ex Mynsinger. cent.* 4. *observ.* 70. *nu.* 6. *Heig. par.* 1. *quaest.* 18. *num.* 26. *cit. Kopp. d. dec. num.* 9. nam non solum silent eo necessitatis tempore priuilegia, & non sunt ad id amplianda cum sint stricti iuris, *cit. Kopp. d. loc. num.* 10. 11. *&* 17. Sed tenetur in commune, si necessitas exegerit, conuenit vtilitatibus publicis obedire *l.* 1. *C. de mun. non excus. lib.* 11. & textus ad hoc sunt exacti, secundum *cit. Fausl. in l.* 1. *vt nemin. lic. in empt. spec. se excus. lib.* 10. *tit.* 47. *l.* 5. *C. de quib. mun. vel praestat. nemin. lic. se excus. lib.* 10. *l. ab his, C. de priuil. dom. Aug. Kopp. d. dec. num.* 10. Quibus tandem addimus, in summa necessitate, omnes immunitates cessare, *Klok. de contrib. thes.* 17. & inde à Collectis Imperialibus immunis non est Comes, etiam qui de Comitatu suo inuestitur, *Bocer.* 2. *de Collect. ad fin.* nec etiam à Turcicis Collectis ullus status priuilegiatus exemptus habetur *Mynsing. dec.* 15. *obs.* 1. *n.* 9. 10. *&* 14. & generaliter immunitas haud extenditur ad onera, quae imponuntur ob publicum bellum, vel aliam euidentem necessitatem, *cit. Mynsing.* 4. *observ.* 70. Et cessare immunitates, vbi

vbi res geritur, pro aris, atq; focis, in munerumq; excusatione verba strictim esse accipienda; Idquè præiudicijs aliquot adstruere *Petr. Hered. rer. iudic. lib. 10.* & *Besold. de Ærar. public.* refert *cit. Faust. cons. 71. ord. 532. cl. 5.*

22 Concessa verò alicui Vniuersitati ex causa onerosa immunitas, an operetur exemptionem contributionis faciendæ per totum Regnum in subsidiū Capitis Regni, & quod dicta Vniuersitas non teneatur, concludit, & decisum refert *Mut. Surg. in annot. ad M. Ant. Fratr. de Neap. illustr. cap. 22. sub priuil. 42. fol. 386. vers. qua quidem multa facerent;* Nàm cum fidelissima Ciuitas Neapolitana ære alieno valdè oppressa esset, vrgēre in toto Regno penuria frumenti, ad quod releuandū cōstitutum fuit, vt tertiam tantum partem eadem Ciuitas persolueret, reliquum verò totum Regnum, aduersùs quod se opposuit Capuana Ciuitas negando contributionem, ob immunitatem aliàs à Cæsare ipsi concessam à tributis, etiam ex causa onerosa, & pro ipsa Iudicatum in R. Cam. Summariæ, facta relatione in Collaterali Consilio post *cit. Mut. Surg.* referunt *Capan. de iur. adoh. qu. 15. num. 15. & Thor. in comp. decis. tom. 1. verb. Immunitas concessa alicui, Reg. Tap. lib. 7. Iur. Reg. tit. 27. in annot. vers. sed an circa fin. fol. 115.* Nam priuilegia ex contractu procedentia, illæsa permanere debent *Reg. Tap. decis. 23. num. 85.* & talia priuilegia ex causa onerosa omninò obseruari debent, tàm à Rege, quàm ab eiusdem successoribus idem *Tap. d. l. n. 92.* & qualitèr priuilegium ob egregia seruitia concessum, tertio præiudicet *ibid. nu. 99.* & quod stante transactione cum Rege in hoc inhita, qualitèr sit illa obseruanda, aut rescindenda, *ibid. à num. 102. n. 110. & seqq.*

23 Ad aliam conclusionem huius decisionis pergendo, indubium esse annotamus, tributa esse remittenda, ipsa cessante necessitate, siuè causa, propter quam fuerunt imposita; Proportio enim inter quantitatem vectigalis, & ipsius causæ exigentiam, iustitiæ vectigalis est, vt si necessitas cesset, ipsum vectigal, vtporè cuius iustitia in proportione ad causam consistit, cessare necesse sit, ex *Iustin. in l. 1. C. de caduc. toll.* ibi: *Quod belli calamitas introduxit, hoc debere pacis lenitatem sopire, c. cum cessante, de appell. Tiraquell. in tract. cessante causa, DD. in l. cum pater, §. dulcissimi, D. de legat. 2. Guid. Pap. cons. 150. num. 5. Bonifac. de furt. §. fraudulosa n. 18. Paul. Fuscus singul. lit. T. n. 145. Acac. Eurnh. de priuil. lib. 3. c. 1. n. 7. Ludou. Molin. de iust. & iur. tom. 3. disp. 667. Suarez. lib. 5. cap. 13. Vasqu. de success. progr. 1. in præfat. num. 68. & seq. Casp. Klok. de cōtrib. cap. 77. Henric. Klock de vectig. cap. 81. Io. Chokier aph. polit. 2. cap. 10. n. 7. fol. 90. & 95. Less. de iust. & iur. lib. 2. cap. 33. dub. 6. Reg. Tap. decis. Supr. Ital. Senat. 23. num. 39.* & post alios *Baderrius ad Reg. de Marin. in addit. ad cap. 157. à nu. 1. ad seqq.* sicut etiam cessante causa immunitatis, ac concessi priuilegij cessat immunitas, & priuilegium, idem *ibid.* post alios *nu. 3. & 4.* & comprobat prædicta *Faust. pro Ærar. cons. 52. ord. 513.* vbi refert etiam nouellam *Tiberij Imp. 163.* de releuatione futurorum, in qua pientissimus ille Imperator motum se ait (*occasione Iesus Christi Domini N. eiusq; Resurrectionis ad instar liberationis ex seruitute Ægyptiaca*) iustitia, & philantropia, vt non tantùm releuatio præteritorum, sed & futurorum fiscalium debitorum fiat, ex quo *Ioachim. Stephan. in exposit. Nouell. Const.* colligere, relaxationem tributorum, pensionum, & canonum, ex Principis iustitia prouenire, eaquè moderanda esse, sola clementia, & humanitate, ne subditi nimium prægrauentur; Quod tamen intelligendum est, causa impositionis in totum cessante, vt in *l. ex facto, de vulg. & pupill. l. humanitatis, C. de impub. l. quod sit, de leg. 1. Dct. in l. 122. n. 5. de reg. iur.* & ibi *Staurc. c. in argumentum de reg. iur. in 6.* & ibi *Petr. Peck.* Sic Hierosolimæ Ciuitati post Captiuitatem Babylonicam valdè attenuatæ, iussa etiam tribu-

ta

ta remissa fuere, vt legitur 2. *Esdra cap. 5.* Sic Romanis tributum remissum est, quamprimum L. Æmilius Paulus Macedonicis opibus, Rege Persiæ deuicto, ærarium satiauit, teste *Valer. Maximo lib. 4. cap. 3.*

24 Præfatam verò conclusionem non procedere, cum imponitur gabella, vt ex venditione fructuum necessitati subueniatur, nam stante venditione sequuta, cum non possit verificari cessare causam, non est, quin possit onus reuocari, secundùm tradita per *Auth.* nostrum hic *in fin.* Hinc sententiam Neronis primis annis Imperij cuncta vectigalia remittere volentis, Senatus improbauit, docendo dissolutionem Imperij fore, si fructus, quibus Respubl. sustineretur, diminuerentur, vt refert *Faust. class. 7. ord. 654. Reg. Tap. decis. Supr. Ital. Sen. 13. n. 89.* Inde etiam vectigalium alienatio, siuè ademptio in præiudicium successorum est nulla, *idem ibid. n. 90. & 91.*

25 Imò & eadem conclusio limitatur, cum quandoq; cesset causa, quæ de facili posset redire, vel superueniet alia de nouo, nam tunc licita redditur exactio, *Salon de iust. 2. 2. qu. 77. art. 3. controu. 5. Suar. d. lib. 5. cap. 13. Consil. de Georg. rep. feud. cap. 57. num. 33. & 34.* quos refert, & sequitur *Consil. Rocc. de offic. ... de donat. §. 5. num. 84. & 85.* Fieri enim non potest, vt Resp. quæ sub perpetuo cælestium rationum motu gubernatur, in eodem statu permaneat, & quieta pace fruatur æterna. Interdùm autem vectigal ad determinatam causam, vt extructionem pontis, imponitur, & tunc si ad Principem summum, illud pertineat, & alia causa legitima sublata, non dicitur desijsse, quia posset de nouo aliud ob illam causam instituere, *Suarez lib. 5. de legib. cap. 15. num. 7.* Sed si inferior ab eo ad actum vnicum exigendi potestatem habeat, absoluta causa cessare debet effectus desistere; Quemadmodùm Adolphus Comes Holsatiæ, cùm vectigal Henrico Leoni Sax. D. in ostio Trauenæ quoad ostium pararet, Cæsareo beneficio indultum, licentiùs continuaret, rectè ab Imperatore exactionem remittere iussus est, *Krantz. Hist. Vvandal. lib. 6. cap. 26.* Interdùm etiam

26 causa permanentior, cum tamen actualis necessitas pro aliquo tempore cesset, vt si causa imponendi fuit securitas itineris, & viarum refectio, à qua licet aliquandiù cessetur, tamen quia periculum subest, vt occasio citò renascatur, ex continuatione vectigalis iniustitia nulla resultat, sed subintrat regula, quod cessante causa in communi, cesset dispositio, non autem si ex accidenti, vel in persona particulari cesset, arg. *l. nam ad ea 5. D. de legib. l. si fratri, & ibi Castrens. C. qui testam. fac. poss. Salon. de iust. & iur. lib. 4. qu. 5. art. 3. Suarez d. cap. 15. nu. 7. Tiraquell. in d. tract. cessante causa lim. 32. Couarr. in cap. possessor. 3. p. §. 2. num. 2. de r. i. in 6. Vasqu. ill. contr. quæst. 87. num. 13.*

27 Hinc quando gabella fuit imposita propter causam habentem tractum perpetuum, vt puta pro custodia ab inuasione hostium, ac infidelium, & tunc esto aliquando causa cesset, non tamen cessabit gabella, quia inuasiones in puncto, & omni tempore possunt euenire, vt ex *glos. in cap. quamuis 17. in verbo concesserit, vers. & ea sui causa, extra de decimis*, ex qua habetur, quod antiquitùs Ecclesia côcessit Laicis decimas, & alia bona in feudu[m], vt eam ab inuasionibus, atq; oppressionibus infidelium, & hæreticorum tutarentur, vi cuius concessionis multi laici adhuc decimas, & alia bona in feudum data possident, esto causa côcessionis cessauerit, & ità optimè ad prædicta concludit *Dom. Io. Leonard. Rodoerius* doctissimus Aduocatus *ad Reg. de Marin. in addit. ad cap. 157. n. 8. & 9.* vbi *n. 7.* aduertit ex *de Franch. decis. 56. sub n. 18. vers. Nec etiam nu. 19.* quod si postquã cessauerit impositionis Gabellæ, vel Collectæ causa, eius solutio à Ciuibus continuaretur, eo casu in progressu temporis nequiret à solutione desisti ob motiuum deficientis causæ ex doctrina *Iacob. in tract. de Homag.*

col. fin. vers. cessante verò tali necessitate.

18 Aliquando autem notum est causam primam cessasse, sed si ignoratur ob longissimum tempus, vel vltrà memoriale, verum legitima causa rursus subrogata sit, tunc æquius est vectigal manere, vtcumq; causa non appareat, quæ censetur fuisse legitima, *cap. super quibusdam, §. præterea de V. S. Thoming. cons. 39. n. 94. Bonifac. de furt. §. fraudulosa nu. 32. Suarez lib. 5. de legib. cap. 15. n. 9. & seqq.* Et in omni casu Regis est declarare necessitatem impositi vectigalis adhuc vrgere, vt non extinguatur vectigal, *Horat. Montan. de regal. ver. vectigalia n. 12. in fin.*

AD QVÆST. XI.

Immunitas generalitèr concessa, an comprehendat impositionem, & debitum pro Barricello, & impositionem Turrium, ac Viarum; Et an immunitas concessa per Regem alicui Vniuersitati in perpetuum, & ad tempus ab omnibus muneribus, etiam extraordinarijs, comprehendat hanc impositionem.

ANNOTATIO.

SVMMARIVM.

IMmunitas generalitèr concessa ab omnibus muneribus, non comprehendit onera pro Barricello, Turribus, vijs, & militibus grauis armaturæ imposita à nu. 1. ad nu. 13. Idq; procedit in Clericis, patribus onustis, & alijs n. 14. 15. 16. & 17.

Viarum, pontium, fontium, ac turrium refectio ad quem spectet, n. 12. & à nu. 18. ad 22.

1 PRæcedentibus affinis videtur hæc quæstio, quæ à *Dom. Reg.* hìc examinatur occasione, quia *Ill. D. Petrus à Toleto* in anno 1550. huius Regni tùc Moderator, ad viarum grassatores, quibus ab antiquis temporibus Regnum vexatum legimus, extirpandos, pro viarum, itinerantiumq; custodia in singulis Prouincijs, Campaneæ Barricellos instituit, inspectaq; in ijs publica cuiusq; loci, ac gentium vtilitate, salarium illis soluendum ab ipsis Terrarum Vniuersitatibus constituit; Vndè hæsitari in Reg. Cam. euenit, *an immunes ab oneribus omnibus Vniuersitates, ad tale onus obligentur?*

Et pro negatiua consideratur, quod siuè extraordinarium munus, & superindictum illud sit, siuè ordinarium comprehendatur, cum extraordinariũ sub qualibet immunitate simplicitèr concessa contineatur, & ordinarium non dubitandum est, comprehendi; Neque esse in consideratione, quod prælata impositio, Regni beneficio cedat, nam onus nihilominus Regis est, ipsum Regnum à latronum incursibus proprio ære custodire; ideòq; ipsum Regis beneficium vti fauorabile ampliandum, siuè pro concessionario interpretandum; Cum & Barricellus ipse non solùm contrà latrones inseruiat, sed pro alijs Reg. Curiæ vrgentijs, puta pro associando *Carrugio*, alijsq; Regijs seruitijs.

2 Pro affirmatiua verò, vt immunes quoque Vniuersitates tale onus subire teneantur, Reg. Cam. Senatus censuit; quia dicta immunitas non videtur in damnum Regis tendere ob certitudinem quantitatis, ad quam Prouincia quælibet soluere pro dicto salario obligatur, & si aliqua ex Terris Prouinciæ esset ab hoc onere immunis, nõ vtiq; minus soluerent de taxa facta, sed hoc tantò magis calcularetur ad onus cęterarũ totius Prouinciæ Terrarũ, pro eo, ad quod ascendit rata illa, quæ ab immuni non solueretur, nam taxa à Prouincia debetur, quæ eadem semper est, licet eius vna, vel plures Terræ sint immunes: Ex quo præfatum immunitatis priuilegium odiosum redditur, & non fauorabile, dum alios grauat, & sic minimè ampliandum,

dum, & redditur discrimen inter Priuilegium immunitatis Principis, quod est simpliciter fauorabile, quia alios non grauat, sed concedentis tantum iura praeiudicat; Et illud, quod in aliorum damnũ vergit, & propterea odiosum, & non ampliandum videtur in tertij praeiudicium; Neque his obstare, quod onus sit Regis Regnum à latronibus custodire, nam ideò ab Vniuersitatibus soluendum dictum salarium à dicto Ill. Prorege mandatum fuit, quia non poterat Reg. Curia de suo Aerario succurrere, quo in casu tenentur Vniuersitates supplire, *ex text. in l. annonas, C. de erog. milit. ann. lib. 10.* prout in similibus pro bono publico fuisse idem obseruatum, puta pro constructione Turrium, & Viarum, quoniã tendunt ad Regni beneficium, & nihil ex ijs Regium Aerarium lucratur, & proindè praedictas non venire sub immunitate generaliter concessa ab ordinarijs, & extraordinarijs iuribus; dum tales Impositiones pro communi Regni bono impositae fuerunt, vnde illas subire omnes tenentur.

3 Annotandum igitur ad praedictas conclusiones ducimur; Primò, impositionem pro salario Barricellorum indictam fuisse pridie kal. Aug. 1550. à dicto *Ill. D. Petro* in Prouincijs primùm Capitanatae, Comitatus Molisij, Principatus Citra, & Vltra, & Basilicatae; posteà in omnibus Prouincijs eosdem Barricellos fuisse constitutos, pro quorum salario omnes Prouinciae contribuunt, praeterquam illa Terrae laboris, dum Barricello huius Prouinciae de Regia pecunia salarium soluitur; fuisseq; à Regno huiusmodi impositionem receptam, vt damnorum clandestinorum euitaret refectionem, dum Vniuersitates in suis districtibus damna reficere tenebantur, ex quo instituti fuere Barricelli, qui eis publica extra Ciuitatem custodienda praefecti sunt; Vnde hodie non à Praesidibus Prouinciarum, sed à Prorege creantur isti Capitanei, seù Barricelli Campaneae in qualibet Prouincia; *Io. Baptista Thor. in annot. ad Io. Grand. de Bello Exulum quaest. 1. nu. 3. & quaest. 2. num. 1.* quorum salarij solutionem ad ann. duc. 18506. 3. 12. ascendere refert *Reg. Tap. de Consilijs Princip. cap. 4. n. 79.* post *Scip. Mazzell. in descript. Regni Neap. lib. 2. fol. 334. Camill. Borrell. de praest. Reg. Cath. cap. 51. à n. 61. & 62.* vbi
5 *n. 63.* deplorat Regni miserabilem tunc statum, quo nec ipsi Barricelli furta emendabant, sed pauperes Vniuersitates pro illorum salario pergrauatae damna quotidie in eorum Cades patiebantur malefactorum incursionibus. Quod tamen hodie à temporè Excell. Dom. *Marchionis Carpij* Regni peruigilantiss. Proregis, viarũ grassatorum gloriosissimi extirpatoris, minimè amplius deploramus, dum abolita illorum memoria continua ac tranquilla quiete in hoc Regno fruimur.

Et non sine ratione aduertendum est, tale onus ipsis Regni Vniuersitatibus fuisse impositum vltra praedicta, quia pro extirpatione, & persecutione latronum Vasallus etiam tenetur Dominũ suum adiuuare, *Reg. de Pont. de potest. Proreg. tit. 4. §. 1. nu. 48.* vbi *n. 47. & seqq.* casus alios refert, in quibus adiuuare Dñum Vasallus tenetur; Quam ob causam exigi pedagia, & vectigalia, vt tuta reddantur nemora, ac itinera ipsa ab incursu latronum, *Camill. Borrell. de Reg. Cath. praest. cap. 13. n. 63.* nam licet persecutio latronum, & contumacium loci spectet ad Baronem, *Afflict. decis. 265. à num. 80. Mastrill. de magistr. lib. 4. cap. 18. num. 47.* tamen si illi sint in magno numero, Ciues conuocari possunt, & eorum expensis persequi illos debent, *Follerio in prax. crim. verf. Item capiat de pessima ex nu. 16.* & alijs apud *Capibl. de Baron. pragm. 19. cap. 93. à nu. 15. & 14.* 1. *tom.* vbi tradit quod vrgente necessitate pro capiendis latronibus stipendium de publico militibus est assignandum, & sic practicatum in Regno tempore praefatae impositionis pro dicto Barricello, *num. 15.* & qualiter, & quo in casu teneatur Baro latrones proprijs sumptibus persequi, latè exponit *Capiblancus sup. d. prag. 19. de Baron. tom. 1. à num. 47. & seqq.*

6 Ratione itidem publicæ vtilitatis, concessa Vniuersitati generalitèr immunitate ab omnibus muneribus ordinarijs, & extraordinarijs, non comprehendi dictum onus pro Barricello impositum, vltrà tradita per *Auth.* nostrum hic, ex decisis quoque in Reg. Camera desumptis ex quibusdam decisionibus Reg. olim Riberæ manuscriptis memoratis *cit. Reg. Tap. d. cap. 4. nu. 105. Capan. de iur. ad. ha. qu. 15. num. 13. & 14.* ea quoque ratione, quia hæc pecunia in Ærarium non immittitur, sed pro custodia viarum distribuitur, ac proindè in prouisionibus R. Cam. exprimi, nullam ab hac solutione immunem esse Vniuersitatem, vt videri potest in litteris registratis in *Reg. lit. Cur. 49. fol. 131. ann. 1550.* idem *Tap. ibid. n. 106.* vbi *n. 104.* dixit, quod concessa simplicitèr immunitate alicui Vniuersitati, intelligitur de muneribus ordinarijs, non autem extraordinarijs; Et sic concessa immunitate ab adoha, intelligitur de ordinaria, non autem de extraordinaria, prout patet in duabus declarationibus Regis Federici, & Philippi II. in *registr. Reg. Cam.* vt refert *Andr. Capan. de iur. adoh. cap. 15. nu. 13. & 14.* post *cit. Tap.* quem etiam refert, & sequitur *Thor. in comp. decis. tom. 1. in verb. immunitas concessa Vniuersitati, & verb. Immunitas concessa simpliciter*.

7 Prædicta verò militare ex eodem *Auth.* nostro, & *cit. Reg. Tap.* etiam in solutione pro custodia Turrium, & viarum Regni, nam immunitas concessa ab omnibus oneribus ordinarijs, & extraordinarijs, non comprehendit impositionem pro construendis Turribus, pro defensione Regni à Pyratis, *Reg. Salernitan.*
8 *decis. 20.* quam decisionem veluti contrariam incautè refert *Thor. in comp. decis. par. 3. verb. Immunitas*, dicens comprehendi hanc impositionem; dùm *cit. Reg. Salern. ibid.* dicit, quod in causa Insulæ Capraræ, si non fuisset allegatum, ipsos Capraæos proprijs sumptibus duas Turres in dicta Insula construxisse, Domini videbantur inclinare in opinionem, quod tenebantur contribuere; vbi idem *Thor. in addit.* rectè comprobat non comprehendere hanc impositionem; Et sic nõ comprehendit impositionem ab Ill. Duce Alcalanorum Regni Prorege pro custodia Turrium indictam, dùm pro illa omnes Regni Vniuersitates contribuunt, hoc scilicèt modo, vt à distantibus vltrà duodecimum lapidem soluatur medietas taxæ, quæ est gran. septem, & vnius vnciæ cum dimidio, quæ vulgò *canallucius* vocatur; ab ijs verò, quæ sunt infrà duo decimum milliare, integra soluatur taxa, quæ impositio ad ducat. ann. 25348. ascendit, *cit. Tap. d. loc. n. 80.* idemquè esse in alia impositione pro Turrium constructione, quæ dùm illæ ædificantur, exigitur, fitq; distributio per Prouinciam, in qua ædificantur, ità vt distantes infrà duodecim mille passus, pro integra taxa contribuant, cæteræ verò vltrà duodecim milliare pro medietate satisfaciunt, quæ impositio, dũ Turres non ædificantur hodiè in Regno, non exigitur, *cit. Tap. n. 81.* sed si ædificandæ essent, aut reficiendæ, vtiquè exigenda esset, *cit. Scip. Marzell. d. loc.*

9 Similitèr eadem procedunt in impositione trium gran. à quolibet foculari pro quolibet 3. anni soluendorum pro constructione, & refectione viarũ, indicta ab eodem Ill. Duce Alcalanorum 10. Iulij 1559. vt in eius litera inserta in *mand. Reg. Cam. expedit. 1. Iulij registr. in reg. Reg. lit. Cur. 26. f. 93.* ascendenti ad ann. ducat. 41640. teste *cit. Marzell. ibid.* Fuitq; primum imperatæ pro vijs, quæ Romam, Aprutium, & Apuliam ducunt, exigiturq; in Prouincijs Terræ Laboris, Comitatus Molisij, Terræ Hydrunti, & Barij, Principatus Vltra, Capitanatæ, & Aprutij Citra, ab omnibus Vniuersitatibus deductis quidem nonnullis speciali immunitatis priuilegio munitis, teste *Tap. d. loc. num. 82.* Fuitq; per eundem Ill. Ducem pridiè Idus Aprilis 1562.

caeadem exactio trium gran. imposita in Prouincijs Calabriæ, Principatus Citra, & Basilicatæ, exceptis aliquibus Vniuersitatibus exemptis; Deinde gr. 3. & ÷ vnius denarij exigenda à quolibet fumante singulis annis mandatum fuit, vt ex literis eiusdem Ill. Ducis à cit. T ap. ibid. relatis.

10 Sicuti etiam est dicendum in impositione gran. 17. pro soluendis hominibus militantibus, grauis armaturæ dictis, pro custodia, & Regni tutamine, pro qua olim exigebantur gran. 45. pro quolibet fumante postea gran. 36. hodiè verò 17. gr. ob auctum focularium numerum, exceptis tantùm Vniuersitatibus, quæ actualitèr non hospitantur, eaq; ascendit ad ann. ducat. 99000. 1. 8. cit. Mazzell. d. loc. & citat. T ap. num. 83.

11 Pro quibus impositionibus, indubium redditur, immunitatem Vniuersitati generalitèr concessam, non habere locum, nisi fuerit ab omnibus muneribus, tàm personalibus, quàm realibus, cùm etiam mixtis concessa, cum constet de Principis voluntate, vt ex *Bart. in l. 2. de iur. immun. cit. T ap. d. loc. n. 107.* & de eius voluntate tunc constare, cum conceditur motu proprio, non ad partis postulationem, vel ex certa scientia, vel cum expressè dicit, non obstante, *l. euacuatis, C. de Decur. lib. 10. Bellug. rub. 46. num. 8. & 9.* & alij apud *cit. T ap. ibid.* nàm aliàs si ad partis postulationem concedantur, nec interueniat secunda iussio, aut aliqua ex clausulis, de quibus suprà *idem T ap.* memorauit, non sunt seruandæ huiusmodi immunitates, *l. fin.* vbi *Scrib. C. de contr. iud. vel test. publ. l. rescripta, C. de prec. Imp. offer. l. quidquid, C. de Vectigal. & Commiss. T ap. ibid. nu. 108.* nam estò regula sit, quod immunitas simplicitèr concessa non comprehendat casum belli, nec casum necessariæ defensionis status, *Thor. in add. ad decis. 20. Reg. Salern. num. 1.* id tamen limitatur, etiam si, ex coniecturis hoc appareret, fuisse intentionem concedentis, eo quoque casu dictam immunitatem concedere, aut non aliter fuisset molestatus adueniente casu belli immunis, post *Ioseph Ludou.* & alios *d. loc. num. 3.* & quamuis præcedentia obstare videantur, *cap. 181. Item statuimus, quod ab Vniuersitatibus*, vbi disponitur, ab ijsdem

12 Vniuersitatibus deputatis ad reparationem Castrorum exigi debere pecuniam necessariam tantùm, & non teneri ad noua ædificia construenda, quia Turres ad dominum Ciuitatis fieri consueuerunt, iustum erat, vt eorum proprio sumptu instituerentur, ex *l. Turres, C. de oper. publ.* Eoque in casu iniuriâ beneficium dari, quia ob publicam vtilitatem conferunt *Capyc. in Inuest. nu. 3. de reg. inu.* & ex *Capyc. Latr. prag. nu. 8. par. n. 9. de Baron.* Vniuersitates non teneri contribuere in fortalitio per Baronem faciendo, quando respiceret communem vtilitatem, accedente maximè Regis licentia, idem *Thor. ibid. num. 4. & 5.*

13 Firma itaq; remanet Auth. nostri conclusio, quod generalitèr concessa immunitate ab omnibus oneribus ordinarijs, & extraordinarijs, non comprehēdat impositiones præfatas, ità quod ab illis nemo se eximere possit, vt pro quantitate fundi, & numero iumentorum Collecta imponatur. *Brunnemann. super Cod. tit. 25. in l. vlt.* vbi etiam *D. Franc. de Amaya n. 3.* qui loquuntur in reparatione murorum, aggerum, viarum, & similium operarum publicarum, & *n. 6.* demonstrat, conuenire publicæ vtilitati vias reficere, purgare, & munire, imò viarum, & publicorum itinerum ornatus, commodi, & reparationis sollicitam semper Principum fuisse curam, testatur, tàm ex antiquis, quàm recentioribus temporum Scriptoribus, *Alex. Mans. Tom. fisc. tom. 3. consil. 158. num. 1.* vbi quibusdam viæ primum extrà Vrbem glarea sternebantur, in Vrbe verò silice, deindè etiam extrà Vrbem quadrato lapide, ex *Liuio lib. 41.* & alia *ibid.* eruditè referens, addito *Ant. Sola in Const. Sabaud. tit. de repar. & manut. viar. gl. 1. & on. 1. ad seqq.*

14 Adeò

14 **Adeò verò prædicta** conclusio **indubitabilis** est, vt procedat etiam contrà Patres duodecim filiorum, *Caput. de regim. Reip. §. 2 3. num. 1. Amaya obs. lib. 3. cap. 5. num. 48. Balmased. de Collect. q. 48. nu. 19. Surdinus add. ad decis. 59 1. Reg. Sanfelic. pag. mihi 27 ... Menoch. de [illegible] legal. 4 3. per tot.* vbi etiam Nobiles, & in dignitate constitutos teneri *n. 4. & 5.* etiam pro bonis feudalibus, *tit. Sola ad Statut. Sabaud. gl. 1. de repar. viar. num. 16.* viarumq; reparationem, luti quoque, immunditiarum, ac ad reliquorum impedimentorum purgationem obligari, idem *Sola ibid. num. 17.*

15 Et quoad Clericos, & Ecclesiasticas personas, licet aliàs à tributis exemptas, vt pro custodia Regni, reparatione pontium, turrium, & viarum teneantur contribuere; Primò, quia talia munera non videntur esse sordida, nec personalia, sed realia; Et propterea etiam non subditis imponi, vt Ecclesiæ, *l. ad instructiones 7. C. de Sacr. Eccles.* & soluunt etiam, qui alias immunitatem habent per *l. 1 2. C. de op. publ.* & etiam Princeps soluit *l. vlt. C. de collat. fund. fisc.* imò etiam forenses, vt contrà *Gayll. lib. 2. obs. 5 2. n. 15.* defendit *Klok. de contrib. cap. 9. num. 63. & seq.* & vicini si vtilitatem ex opere publico sperent, *Klok. d. loc. n. 77.* doctiss. *Carol. Ant. de Luca in obseru. Reg. de Franch. decis. 780. n. 2. Nouar. de grau. Vas. gr. 3 4 2. n. 1. Romagueri. in add. ad Concil. ad Statut. Burgund. lib. 1. rub. 57. num. 3.* Et ratio legis consistit in eo, quia horum refectio tendit ad conseruationem omnium possessionum ibi existentium, *Romaguera. cit. loc.* Imò ob dictam publicam vtilitatem, ex vrgenti necessitate quod etiā Baro possit collectare, subijciendo forenses, & Ecclesiasticos, putà pro refectione pontium, viarum, custodia Castri, & securitate, si fortasse adesset timor inuasionis, post alios fundat *Gallupp. in mem. feud. par. 3. cap. 3. n. 3.*

16 Cumq; hæc de re vtilitatem Ecclesiastici, & cæteri exempti capiant, par ratio suadet, vt & onus ferant, *l. fin. §. sed cum, C. de iur. delib. l. secundum naturam, D. de reg. iur. l. fin. C. de auth. præst. Fr. Personal. de gabell. nu. 89.* qui communem dicit *Flor. Diaz de Men. var. qq. lib. 2. qu. 31. num. 310.* latissimè *Fulu. Pacian. cons. 7. n. 8. Natta cons. 280. in fin. Surd. cons. 3 1 5. nu. 27. Corn. cons. 7 2. lib. 3. Carol. Ruin. cons. 2 1 9. nu. 1 2. lib. 1. Rim. Iun. cons. 10. num. 13. & seq. Amaya in C. lib. 2 5. de immun. nem. &c. Reg. de Marin. ad Reuert.* post alios *decis. 159. num. 2. & in decis. 36.* & alij per nos *cit. in annot. ad anteced. qu. 9.* quidquid cōtradixerit *Diaz. ibid. cit.* & in alia *resol. 2 1. tract. 3. par. 2.* De ripatica, seu pontium vectigali tractans *Bursat. consil. 142. num. 3.* & pro refectione viarum *Bald. in tit. de pac. Constant. vers. muniti one Ciuitatis n. 29. Cass. Calder. de reg. cons. 2. Al. 443. vers. quandoq; sit contributio, Fr. Marc. decis. 457. num. 18. vol. 1. Ant. Gal. Malasp. cons. 16. nu. 9.* Et quia causa publicæ vtilitatis, ob vrgentem necessitatem ad excubias, & personalia munera etiam tenentur *exempti*, & *immunes*, quantò ergò magis ad realia, cui dissentit *Abb. in cap. non minus de immun. Eccles.* qui per illum *text. & c. aduersus eod. tit.* leges Ciuiles correctas arbitratur; At in causis merè prophanis, qualis hæc exemptio est, *Bellarm. lib. de Cleric. cap. 28.* sacri Canones non dedignantur imitari leges Ciuiles *c. 1. de oper. nou. nun.* & vti cōmunis opinio defenditur etiā, *Abb. & Felyn. in c. Ecclesia nu. 106. de Constit.* secundum *Rip. de peste rub. de remed. ad construend. nu. 234. Natta d. cons. 280. in fin. Vasq. de success. creat. lib. 3. §. 21. lim. 7. nu. 18. Vincent. Carocc. de locat. par. 1. tit. de Collect. n. 1 1 vers. declaratur,* quod latè, ac eruditè examinat, & comprobat *Ann. Robert. rer. iudic. lib. 2. cap. 3. per tot. Camill. Borrell. d. loc. cap. 64. à n. 48. ad seqq.*

17 Qualiter autem Clerici, siue Ecclesiastici, quando cum laicis contribuere tenentur, cogendi sint, si erunt renitentes, tradit *Reg. de Marin.* post alios cōcludens esse adeundum pro compulsione Iudicem Ecclesiasticum competentem in *obseru. ad Reuert. dec. 438. & 439. num. 3.* Quamuis autem, quod

de

de Clericis, & Ecclesiasticis supra dictum est, procedat, latè adeundi sunt tit. *Balmased. d. loc. qu. 19. n. 17. Palaia decis. cam. tom. 2. dec. 11. nu. 151. Sperell. dec. 41. nu. 43. Card. de Luca de regal. discurs. 58. n. 11. & discurs. 59. n. 3. & seq. Oliua de for. Eccl. par. 1. cap. 39. num. 12. & seq.*

18 Ad viarum verò reparationem Conductorem longi temporis, & non temporaneum, sicut emphyteutam, vsufructuarium, & similes teneri secundùm *Card. de Luca de regal. disc. 140. num. 2. & seq. Vermigl. cons. 414. per tot. Parisen. de locat. & conduct. cap. 34. §. 1. num. 25. & seq. Camill. Borrell. de praest. Reg. Cath. cap. 7. à num. 18. & seqq.* vbi rectè declarat, & distinguit inter vias regias, & vicinales, seù priuatas. Et ab Vni-

19 uersitatibus sunt reparandæ viæ extra Ciuitatē existentes, nisi culpa alicuius sint destructæ, *Amaya ad L. 2. lib. 10. C. tit. 25. n. 5. & seq. Brill. ad Consuet. Neap. tit. 22. num. Paricbell. de distant. c. 6. num. 9. nu. 5. & 6.* Sicut via vicinalis, seù priuata reficienda est expensis eorum de vicinatu, pro rata agrorum Dominorum, qui de viæ commoditate participant *Balmased. de Collect. quaest. 125. nu. 14.* Et quod via publica destructa, liceat per vicini agrum transire, vicinumq; cogi viam per agrum suum, non refuso pretio concedere, saltèm de Consuetudine, *Brilla d. loc. tit. 20. cap. un. num. 30.* & alij *cit. à Romaguer. d. rubric. 56. num. 9. & 10.* vbi *nu. 11.* notat,

20 quod sententia lata super refectione, & reparatione viarum, maximè publicarum mandatur executioni, appellatione non obstante ex *Hermosill. gl. 1. L. 3. tit. 5. par. 5. num. 11. in fin.* Et arbores plantatas suprà vias publicas, non spectare ad publicum, sed ad illos, qui prædium vicinum habent, ex *Vestil. ecclesiast. legal. 136. num. 11.* idem *Romagu. ibid. n. 12.*

21 Sic etiam pro fabrica fontis, aut putei communis, expensa fieri debet à vicinis habitatoribus illius loci, in quo fons, vel puteus fit, *Aurelian. de extraqu. mand. par. 2. cap. 5. num. 9.* Et ad fabri-

22 cam pontis, quæ fit à Ciuitate, vel alio cogi possunt à Dom. Rege populi conuicini, qui vtilitatem sentire possunt ex illa fabrica pontis, ex *Alberic.* & alijs num. 8. dicens, quod si fortè solitum sit ab antiquo solui portagium, quicumque recipit commodum portagij tenetur ad reparationem pontis, circà quod infrà annotabimus ad qu. 4. §. 14.

AD QVÆST. XII.

Quid si Vniuersitas est immunis à pœna damni clandestini, an gaudeat pro impositione Barricelli.

ANNOTATIO.

SVMMARIVM.

Damni clandestini emendatio olim ad Vniuersitates spectabat n. 1.

Vniuersitas à pœna damni clandestini immunis, an etiam sit immunis pro Barricelli impositione n. 2.

Immunitatis manutentio concedenda est licet producenti priuilegium allegandi n. 3. 4. & 5.

1 Vltrà limitationes desupèr in antecedenti annotatione relatas præcedentis conclusionis, immunitatis generalitèr concessæ priuilegium non comprehendere debitum pro Barricello, aliam hìc *Auth.* noster docet, puta ex quo Barricelli impositio subrogata videtur in locum emendationis damnorum, ac delictorum commissorum, in territorio cuiusq; Ciuitatis, Terræ, aut Villæ Regni huius, ad quā ex *Constitut. Imperatoris Friderici* Regni Vniuersitates tenebantur, vt in *Constit. super inuentionibus*, & in *Constit. si damna clandestina*, & per Carolum Regem Primum in *cap. clandestinis*, *in cap. Statuimus*, & Carolum II. Regem per *cap. item statuimus, quod pœna*, & *cap. constitutionum*, de quibus scribit latè *Paris de Puteo*

Putte de Syndicat. in verb. robaria per tot. & per *Thom. Grammat. in decis.* 47. per quam apparet S. C. absoluisse à pœnis dictarum legum, Regni Vniuersitatem Sancti Seuerini, & Ciuitatem Theanensem.

2 Indè dubitari contigit in causa Vniuersitatis Riggij habentis priuilegium per Serenissimos retrò Reges cõcessum pro immunitate etiam à pœna damni clandestini, cumq; prædicta Barricelli impositio fuerit subrogata in locum præfatæ emendationis dãni, *Camill. Borrell. de præst. Reg. Cath. cap.* 11. *n.* 61. *&* 62. *R. Tapia lib.* 5. *Iur. Regni in tit. de homicid. & damnis Clandestinis, fol.* 84. ex regula, subrogatum sapere naturam eius, in cuius locum est subrogatum, stante prædicta immunitate à pœna damni clandestini, in qua dicta Vniuersitas erat in quasi possessione, Regia Camera censuit, terminum impartiri in causa prædicta Vniuersitati, & Fisco, & nihilominus ordinauit, quod lite pendente dicta Vniuersitas Riggij manuteneretur in possessione immunitatis, in qua erat, & quam prætendebat in specie virtute sui priuilegij.

3 Ex qua decisione annotandum est, concedendam esse manutentionem immunitatis Vniuersitati probãti quasi possessionem illius, & allegãti priuilegium pendente lite super priuilegij executione, declaratione, aut validitate, & sic eo casu regulam procedere, lite pendente possessorem esse manutenendum, cum in possessionis quæstione solùm quærendum sit, an possideat petens manuteneri, & summarissimè circà hoc, qui possidet, in possessione tuendus *Bald. in l. sales, §. an verò, D. de off. Proc. & in cons.* 485. *lib.* 3. *Dec. cons.* 136. *Rip. in l.* 2. *D. quar. bonorum*, quos refert, & sequitur *Peregr. cons.* 84. *nu.* 5. *lib.* 6. *& in tract. vnic. in tit. de caus. possess. & propriet. sub num.* 14. *Fontanell. de pact. nupt. tom.* 1. *cl.* 7. *gl.* 3. *par.* 10. *num.* 13. 28. *&* 72. *Ludouis. Pat. obseru.* 42. *num.* 94. Et lite pendente super validitate priuilegij esse manutenendum in possessione, seù quasi priuilegiatum, tradunt *Cappc. dec.* 189. *num.* 1. & *Couarr. pract. qq. cap.* 17. *nu.* 6. *Reg. Capyc. Latr. consult.* 68. *num.* 15. *&* 16. vbi quod conuentus à Fisco super solutione tributorum, in sua possessione immunitatis lite pendente manutenendus erit, etiam si immunitas sit contrà ius, quando allegatur priuilegium, vel longa possessio pro reo concurrit idem *n.* 32. *& seqq.* quem sequitur *P. Afflict. contr. iur. res. cap.* 47. *n.* 62. & quod si quis turbatur, realiter captis pignoribus debeat iudicium supersederi, donec agatur, an in possessione manuteneri debeat, idem *Capyc. Latr. num.* 17. Et sic tantò magis id procedit, quando docetur de titulo possessionem iustificante, vt post *DD. in c. cum persona de priu. in* 6. scribit *Reg. Tap. decis. Supr. Sen.* 23. *n.* 1. Quod secùs est, si

4 priuilegium non exhibeatur, nam tunc in possessione tuendus non est, respectu regalium, & præsertim circà vectigalia, vt post alios fundat *Larrea alleg.* 5. *per tot. & alleg.* 15. *n.* 20. *& alleg.* 74. *n.* 1. 2. 9. vnde dicitur etiam respectu regalium, iurisdictionalium, feudaliumq; quod spoliatus à Principe non restituitur, sed de petitorio cognoscẽdum est, licet secùs sit, quando Princeps spoliat re allodiali, vt declarat *eit. Tap. d. loc. à n.* 4. *ad* 9.

5 In Regia Camera verò vigore *cap. Regni, Item statuimus*, conclusionem desumptam ex *d. c. cum persona*, non fuisse aliquo tempore practicatam cõstat, dùm Clementissimus Rex noster per iustitiæ tramites, possessores earum etiam rerum, quæ sine titulo possideri non possunt, nunquam de facto spoliari permisit, sed ordinariè iura sua Regium Fiscum proposuisse, possessores ad titulum ostendendum in ius vocando, vt aduertit post *Afflict. in Const. inter multas n.* 4. *& R. de Pont. de potest. Pror. de regal. impos. §.* 6. *n.* 38. *R. de Marin. lib.* 2. *resol. c.* 115. *n.* 16. *& in obs. ad Reuert. dec.* 111. *&* 480. *n.* 1. latè *R. de Philipp. dissert. feud.* 1. *num.* 20. *& seqq.* Nos infrà *in annot. ad §.* 14. *q.* 1. *n.* 5.

AD §. IV.

De Adohà, & Seruitio, quod debetur Regi Serenissimo per Barones Regni, eius origine, qualitèr, & quomodò debeatur, & exigatur. Et de subuentione à Vasallis debita Baroni.

ANNOTATIO.

SVMMARIVM.

Seruitia feudalia Vasallorum ergà Dominum, quæ sint, & vnde orta nu.1. & 2.

Seruitia feudalia etiam à Vasallo inhabili, vel si in concessione de ijs mentio facta non fuerit, præstantur n.3.& 4.

Andreas Capanus in tract. de Iure adohæ *contra* D.Reg. Moles quæst. *huius* §.4. *typis mandauit n.5.*

Vasallus feudatarius ad Domini seruitium personale belli tempore tenetur n.5. præsertim si feudum sub mentione seruitij concedatur n.6. & quid in Regno Neap.num.7.& 8.

Adohæ nomen vnde exortum, & quid sit n.9.& seqq. & n.16.& 17.

Adohæ præstationes cur hæreditaria dictæ n.13.& 15.

Adoha in Gallijs vocatur Arriebar *n.18.*

Lingua latina quo tempore corrupta in Italia, Gallia, & Hispania n.19.

Adoha taxa, & forma quæ sit n.20. 21.22. & 28.

Vasalli quomodò contribuere teneantur feudatario adoham soluenti n. 23.& 24.

Cedularium, & Quinternionis quid sint n. 25.& 26.

Adoham an teneantur soluere Græci, Illyrici, & Epirotæ in Regno n.27.

Adoha quando Baronibus remissa fuerit, & Donatiuum exigi captum num.29.& seqq.& expenditur Cons.Rocc.*n.30.*

Donatiua ab initio fuerunt voluntaria, deindè necessaria n.35.

Donatiuum quomodò, & quando exigatur in Regno à n.36.ad 40.

1 PRæ cæteris ad Regiam Ærarium pertinentibus vtilior, ac tractatu etiam dignior vndiquè commendatur seruitiorum materia, siuè operarum, quas Vasallus proptèr feudum sibi inuestitum Domino ad vtilitatem ipsius fidelitèr præstare obligatur, vt ex *cap.1.§ vlt.ex quib.caus.feud. amitt.* admonet *Andreas Kohl in tract. de seruit.feudal.in proœm. num.1.* Competit enim Domino ius in personam Vasalli, quippè, quem ratione rei in feudum concessæ ex contractu feudali obligatum habet ad fidem præstandam, eaq; fidei exhibitio in genere consistit in præstanda Domino reuerentia, & promouenda eius incolumitate, atquè commodo, & auertendo, quod Domino fortè imminet, damno; In specie verò secundùm regularem feudi naturam ad seruitia Domino præstanda Cliens, siuè Vasallus obstringitur; Ipsaq; autem seruitia consistunt in opera, quæ tàm belli, quàm pacis tempore, consilio, atque auxilio, Domini vita, corpus, honorq; defenditur, territorium, aliauè bona, ac iura conseruantur, atq; augentur, de quibus est *decisio Afflict. 365.* vbi *Add. & Vrsill. in annot per tot.* Et sunt ea, vel definita, aliquandò verò alia certa seruitia in inuestitura determinantur, de quibus latè post *citat. Andr. Kohl* adeundus est *Georg.Adam. Struu.in syntagm iur.feud. cap.11.ab aph.2. ad seqq.* & in proprijs specirbus reuerentialium, & obsequialium, tàm in faciendo, quàm non faciendo consistentium, siuè etiam realium, personaliumq; seruitiorum præstan-

standorum, pleniſſimè conſulendus eſt *Ant. Bowin. in tract. Caualcata, ſiue de ſeruit. Vaſall. per tot.* poſt quem, ad per-
2 ſonalium ſeruitiorum originem intuendam, ipſa perſonalia ſeruitia in feudatario conſtituta, ob militare munus, ad bellorum neceſſitatem adinuenta, eruditè reperit *Dom. Reg. de Philipp. in alleg. 116.* apud *Reg. de Marin. tom. 3. n. 2.* exponens, Regnantes, vt fortiores milites obtinerent, ſibi Vaſallos, feudorum præſertim conceſſionibus adſcripſiſſe, vt bellicis expeditionibus ſecum ſtrenuè militaſſent, ſtrictioriq; fidei vinculo ſeruitia præſtitiſſent, ex *c. Domino guerram, hic fin. l.* Vnde militare ſolùm valentibus feuda regulariter fuiſſe conceſſa ex *cap. 1. §. ſimiliter, de leg. Corrad.* & alijs *idem, ibid.*

3 Imò etiam ſi Dominus inhabili ad ſeruiendum conceſſerit feudum, quod facere poteſt, cum de nouo concedit, aut feudum ipſi eſt apertum *cap. 1. §. filia de ſucceſſ. feud. cap. 1. quemadmodum feud. ad fil. pert. Iac. de Beluiſ. in cap. 1.* vbi *Iſern. & Afflict. n. 10.* & cæteri DD. *omnes vel al. imperſ. Bald. in l. quisquis n. 2. C. de Ep. & Cl.* & alij apud *Harim. Piſtor lib. 2. qu. 32. n. 7.* non tamen is immunis erit ab onere ſeruitiorum, ſed quæ per ſeipſum præſtare nequit, per alium præbere tenebitur, *Feud. communiter in c. Imperialem, §. firmiter de probib. feud. alien. per Frid. in c. 1. §. motus n. 4. Epiſc. vel Abb. Afflict. in cap. 1. n. 1. de inueſt. quam Titius accep. Harim. d. loc. q. 33. n. 17. Schrader. f. p. 6. num. 10. Roſenth. de feud. cap. 8. concl. 4. num. 16. 17. & 18.* Idq; ſiuè in conceſſione ſit
4 facta ſeruitiorum mentio, ſiuè non, nam tacitè actum intelligitur, vt ſeruitia præſtentur *d. §. firmiter cap. 1. cap. ad hoc, hic fin. l.* & per conſequens præſtare per alium debebit inueſtitus, quod ipſe non poteſt; vnde tacita quoque Domini voluntate per ſubſtitutum ſeruire admittitur, cum inhabili de feudo inueſtito, intelligatur, ſecundùm naturam, atq; feudi conditiones illi conceſſum, & proindè ad ſeruitium obligatur, licèt per ſubſtitutum, vt ex his, alijsq; rationibus optimè concluſit *Andr. Knichen. d. tract. p. 1. de ſeruit. Vaſall. à n. 61. ad ſeqq.* & *Georg. Adam. d. c. 11. ep. 6.* poſt alios.

5 Præterea, vt annotandi aſſumptum exactè expleamus, circa *Auth.* noſtrum, hic Primò quidem animaduertendum ducimus, ſecundùm iura feudalia, feudiſtarum ad ſeruitium perſonale belli tempore Domino præſtandum, ex iam tradita ratione fuiſſe adſtrictum *d. cap. 1. hic fin. l. c. 1. §. ſi Vaſallus, & c. Imet Vaſallus, & de feud. def. contumac. &c. Author hic n. 1. Reg. de Cure. in diuerſ. feud. cap. quam igitur in feud. fol. 4. n. 4. Prosp. Amat. conſ. 11. n. 6. Andr. Capano in tract. de iur. adoh. circà fin. f. 335.* vbi laudatur in hoc §. per *Auth.* noſtrum ad literam reſcribitur. Imò ipſos Vaſallos ſecundùm leges feudales ad ſeruitia Domino teneri, iuxta morem regionis illius, in qua feudum ſitum eſt, poſt alios fundat *Franc. de ſubfeud. lib. 1. auth. n. 8. Capyc. in inueſt. verb. feudorum genera, & verſ. apertum feudum, Camer. in cap. imperialem fol. 34. at vol. 1. lit. L. Conſ. de Georg. rep. feud. cap. 16. num. 35. & 36. Petr. de Greg. de conceſſ. feud. p. 1. q. 2. 1. n. 2. Intrigl. de feud. tract. 1. qu. 9. n. 16. & ſeqq.* Idque potiùs, vbi inueſtitur feu-
6 dum ſub mentione ſeruitij, prout in Regno ex forma conſueta conceditur *ſub contingenti feudali ſeruitio, Andr. in cap. 1. §. huius autem generis n. 2. ex quibus mod. feud. amitt. Afflict. dec. 329. Author noſter infrà qu. 3. n. 3. P. Afflict. contrau. q. 6. n. 7.* maximè belli tempore, quod militare ſeruitium appellatur, & feudi proprium eſt, cum illud detur Vaſallo, vt militet, vt exponit poſt præfatos, & alios *Conſil. de Roſa conſult. 12. num. 1.* Et ideò feudatarius dicitur miles, & feudum æquiparatur militiæ, *Iſern. in prælud. feud.* & pro feudo militare ſeruitium debetur *Camill. de Loreto. in theor. feud. p. 1. ſubducit. 10. n. 3.*

7 Hinc in Regno iſto obſeruatum erat, vt teneretur Vaſallus tempore belli ſeruire Domino tribus menſibus cum vno milite, & tribus Equis, & duobus famulis pro feudo reditus vnc. 20.

quo-

quolibet anno; Verùm si vltrà menses tres militare oportuerit, expensis Domini Regis continuare tenebantur quod post vsu introductum, vt quidam voluere, sed ex Cap. Reg. Carol. II. incip. Item statuimus, quod Comites, & Barones secundùm de Nigr. tit. de privil. & immun. Comit. Baron. fol. mihi 118. & adnotat Reg. de Curte in sua diversi. feud. Cap. item igitur in feudo fol. 40. ad. sub n. 46. in fine, quod tempus à die intimationis, quæ vulgò dicitur, la mostra, currere incipiebat, Isern. in Const. bestiarum vol. 3. vers. sed quæro, quand. & à quo temp. quem sequitur Freccia de subfeud. auth. 3. n. 14. R. Lanar. cons. 57. n. 4. Amat. cons. 3. num. 2. Reg. Tap. in rubr. de Constit. Princ. cap. 4. n. 62. cit. Consil. de Rosa d. loc. n. 2.

9 Cuius servitij loco postea vsum invaluit, vt Rege volente, & Vasallo offerente, certa pecunia daretur quæ præstatio nomen Adohæ sortita est, vt post Andr. & alios latè exponit Capone de investit. qu. 1. n. 2. Et licet Vasalli electio de iure fuerit, vel Domino personaliter belli tempore servire, vel alium Domino acceptabilem mittere, aut dimidium reditus vnius anni solvere, c. imperialem, §. similiter, de prohib. feud. alien. per Fred. Camerar. ibid. §. similiter fol. 91. Capyc. dec. 31. num. 2. Prosp. Amat. cons. 2. num. 6. In Regno tamen
10 hoc est in electione Regis in feudis quaternatis, vel cogere Vasallum ad servitium personale præstandum per ipsum, vel substitutum æquè habilem, quem recipere tenetur, vt per Camer. d. fol. 91. lit. P. & seqq. Cum electione Regis in hoc sit secundùm quid, hoc est, iuxtâ indicationem, ibid. lit. Q. Vel Rege volente in pecunia, quæ dicitur Adoha, servitium præstari, iuxtà liquidationem, & taxam cuiuslibet feudi, de qua dicto, & per Isern. in cap. 1. §. similiter de vas. Conrad. & in c. 1. quis dic. Dux, Capyc. decis. 31. in 1. lect. cons. feud. Adoha fol. 9. Camer. d. loc. fol. 91. Campagna in Regni volumus n. 11. per eund. Capyc. & Isern. in Const. Regni quamplurimum, alijsq; in locis, Afflict. dec. 285. num. 1.

Bald. in l. 1. C. de oper. libert. & habetur in d. Const. quamplurimum, Fer. Ant. Lanar. d. cons. 57. n. 3. & seqq.

11 Et ideo ipsa Adoha loco personalis servitij, quod antiquorum Regum tempore per descriptionem Valsallorum exigebatur subrogata sit, non tamen Dominus aliud pro alio recipere cogi potest, quia aliud pro alio invito creditori non solvitur l. 2. §. 1. D. si cert. pet. Isern. in c. 1. §. similiter n. 24. de Cap. qui Cur. vend. & ita indicatum fuisse in causa Iosephi Caracciolj cum Principe S. Severi facta relatione in Collaterali Cons. ex Prosp. de Amat. in cons. 21. n. 8. refert Thorat. comp. dec. part. Adoha, & ex alijs Reg. de Pont. de pot. Prorcit. de regal. impos. §. 8. num. 15. quos recenset, & sequitur cit. Lanar. d. loc. n. 8. addito Fab. Capon. to. 3. for. discept. 204. num. 30. Et idem Lanar. in seqq. delucidè profectò confirmat, docens num. 2.

12 ipsum servitium personale feudatarium in pecunia, Adoham dici ex feudatariorum condonatione, ipsumq; certum subrogatum loco subsidij nomine donii, ex Lanar. cons. 57. n. 9. & quod dicitur Adoha, est medietas fructuum vnius anni, & in feudis novis aliquid plus, ex Isern. in d. §. similiter, cap. imperialem, quia pro singulis 20. vncijs soluuntur decem cum dimidia, de feudis comm. Vasallis, in feudis vero non pro quibus consueuerunt, quia interdum Castrum magni valoris pro adoha quasi nihil soluit, secundum Isern. in cap. 1. de Vasall. decrep. ætat. Ita quod non augeri posse in præiudicium possidentis, cit. Lanar. ibid. n. 4. & 5.

13 Hinc etiam Adohæ præstationes Hostenditiæ fuerunt dictæ, ex quo contrà hostes præstabantur, & Reale servitium appellatur Conradus Imp. in lib. feud. tit. de Cap. Conrad. §. similiter, particulariter definiens esse adiutorium, quod præbent Domini cum Rege in hostem pergentibus Vasalli, qui cum eis non vadunt, & ideò Sebum vocatur ab hoste, quod exercitum, & Castra significat, vnde Magnæ Curiæ, Calaman. Lexic. verb. hostenditiæ; Cuius servitij

realis præstatio, quæ magis specificè ad fructuum collationem refertur, *d. §. firmiter*, non malè videri potuit in pecuniariam quoque transferri; Hinc Adoha reale feudale seruitium, quod contribuendo pecuniam, pro modo fructuum, & valoris feudi præstatur, *Afflict. dec. 205. n. 5. Prof. Reg. Cam. Iac. de Aptillo de iur. adoh. num. 54.* & alij apud *Borrell. in d. tract. Caualcata par. 3. cap. 11 §. 1. & 2. P. Afflict. contr. 46. n. 1.*

14 Vnde meritò Adoham in Regno nostro ad publicam vtilitatem, & Regni tutamen fuisse indictam, post *Afflict. decis. 232. n. 7.* & deberi tanquam decimam, vel tributum, ex *Capan. q. 18. à n. 2.* & alijs, citato quoq; *Auth.* nostro hic; imò esse omninò impræscriptibile feudale seruitium, fundat *P. Afflict. in add. ad suas controu. cap. 47. nu. 120. & 121. Reg. de Philipp. d. allegat. 216. in princ.* apud *de Marin.* etiam inserta in *fin. controu. P. Afflict. in addit. fol. 23.*

15 Ipsam verò subrogationem personalis seruitij in realem, ac pecuniariam certam præstationem, sine hostenditiam à *Corradi* Imperatoris tempore, *Auth.* noster refert, qui primus in Terra Theutonica personale seruitium Vasallorum, siue Adiutorium taxauit ad tertiam partem fructuum, eius anni, quo contributio, siue collatio fieret, & in Lombardia ad duodecim denarios, & postmodum ad in toto Imperio seruatum, & deinde à *Federico*, cùm in Italia, quàm in Alemania eadem taxatio ad medietatem fructuum, & redituum reducta est, & in hoc Regno ex *Auth.* nostro hic, eundem *Corradum* taxasse personale seruitium in pecunia, sed ad libitum, dictaq; ex pecunia [illegible], quia contra hostes præstabatur, vt suprà, eandemq; tamen *Federici* tempore ad medietatem fructuum, ipsiusq; præstationem Adoham dici, [illegible] Capan. q. 1. num. 1. & 2. [illegible] *Consil. de Rosa* [illegible] *Reg. de Philippis d. allegat.* [illegible] *Capan.* [illegible] *n. 24.*

16 Deinde in Regno, post [illegible] *Constitutionibus*, in quo [illegible]

menses præstando, vt suprà fuerat sancitum; Statutum fuit, vt si feudum cum Vasallis esset, ex cuius fructibus annuas vnc. 20. feudatarius perciperet, soluere deberet vnc. 10. cum dimidia, si verò feudum esset sine Vasallis pro quibuslibet 20. vnc. sex, si verò in annuis redditibus consisteret feudum, 5. vnc. & 4. præstare adstrictus esset, *Andr. in c. 1. quis dicat. Dux, March. sub nu. 5. vers. & secundùm usum Regni, & in cit. §. firmiter, vers. item videmus, quod solvitur adoh.* [illegible] *de prob. feud. alien. per Fed. & in § magistrorum, & numium sub n. 7. vers. posset esse ratio, quæ sunt regal. Freccia de subfeud. lib. 2. auth. 5. n. 9. Afflict. in c. 1. de Vasall. decrep. etat. n. 55.* [illegible] *quis feud. dar. poss. § fuerat modò fol. 77.* [illegible] *& seqq.* & alij *ibid.* quos sufficienti de more adducit *Reg. de Philipp. in d. allegat. 216.* apud *Reg. de Marin. sub n. 4.* quibus addimus [illegible] *d. cons. 57. n. 8.*

17 Quæ autem solutio barbaro vocabulo *Adohamentum*, seù *Adoha* in Regno fuit vocata, idqueex eo, quod, quando feudum non erat annuum, annuatim redditus, ex quibus seruitium vnum, [illegible] debebat, vnum seruitium indigebatur super alijs feudis parui quoque reditus, constituendo annuum reditum vnc. 20. ex quo ipsum seruitium præstari poterat, propter quam constitutionem, sub barbaro vocabulo *Adohationem*, seù *Adohamentum*, Adoha nomen vnicum est, significans solutionem illam, quæ pro seruitio fiebat, *Gomer. in cap. Imperialem fol. 9. à vol. 5. & sub pro* [illegible] *feud. alien.* [illegible] *post Isern. in c. 1. imprimit. 3. col. de contrar. apud par. term. Capyc. in Inuest. feud. 3. feudo adohant fol. 27. vers. Et dicta est Adoha, Consil. de Georgio in rep. feud. cap. 158. 11. Reg. Rou. sup. pragm. 8. de off.* [illegible] *num. 2. Capan. de iur. adoh. qu. 1. num. 1. cum seqq. qu. 3. à num. 1. cum seqq. & qu.* [illegible] *14. cum seqq. Reg. de Ponte cons.* [illegible] *Reg. Galeot. cam. controu. 4. num. 3. & contr. 18. n. 13. Ioh. Capan. conq.* [illegible] *aduerg. 594. n. 15.*

18 Quæ seruitij realis solutio, non solum

tum in Sicilia vitiâ pharum exigitur, sed etiâ in Gallia, vocaturq; *Arrièreban*, *Fusrigl. de feud. tom. 1. qu. 45. num. 5. Tiraquell. tract. primogen. qu. 74. nu. 1. Capon. de iur. adoh. qu. 1. n. 9. & 10. & qu. 2. [illegible]*.

29 Barbaris quidem vocabulis prædicti servitij solutio cognominata videtur, ob linguæ latinæ corruptionem pluribus in Italia invasionibus, declinatoq; Rom. Imperio à varijs gentibus occu[illegible]; nam postquàm Roma prius sub *Odoacre*, mox sub *Gothis* fuit, varijsq; nationibus, quas Romani barbaras vocarunt, [illegible] discerptum est Imperium, sermo quoque Romanus valdè fuit corruptus, teste *Gesnero in suo Mithridate p. 3. ibi; Linguæ sunt corruptæ propter imperia; Fere enim victi paulatim victorum moribus, & linguis se accomodant, sic à Gothis lingua latina in Italia, Gallia, & Hispania corrupta est;* Et *pag. 28. Latina lingua propagatus, sed tempore, & vulgi imperitia valdè corrupta; sunt tres hodiè vulgares linguæ, Italica, Hispanica, & Gallica; Prima minùs, secunda magis, tertia maximè corrupta (hoc est terminationibus, & literis, syllabisq; mutata, & distorta, & insuper vocabulis mixta alienis, ab eo nimirum tempore, quo Gothi non modò Regna, & Regiones vastare, sed etiam linguas Imperio suo pervertere cœperunt*, quod etiam advertunt *Gerard. Ioann. Voss. de vitijs sermon. et glossem. latino-barbar. in præf. & lib. 1. cap. 7. Ioh. Nicol. de [illegible], & [illegible] lingua latina lib. 2. &* Olaus Borrich. [illegible].

30 Eiusdem verò adohæ certa forma, non quidem solum moribus, sicut nonnulli ex *pract. DD.* existimarunt, sed ex Pontificis *Honorij IV.* iussu originem sumpsit in anno quidem 1285. nam privato Federico Imp. Henrici filio, hoc Regno, per sententiam apostolicam, de qua in *cap. ad apostolicæ 2. de sent. & re iudicat. in 6. & ibi glos. Platina in Vita Innoc. IV. fol. mihi 149.* Deindeq; Manfredo eius filio reiecto, Regno provisio per Urbanum IV. Carolo Andegavensi Comiti, Ludovici VIII. Galliæ Regis filio, & D. Ludovi-

ci IX. fratri, & Investito à Clemente IV. successore, teste *Platina in vita præfat. Pontif. fol. mihi 151. cum seqq.* quod etiam mèminerunt *Afflict. in prælud. Cap. Regni num. 10. Freec. de subfeud. lib. 1. tit. de antiqu. stat. Regn. nu. 30. & seq.* & [illegible] noster hic, ultrà prænotata *ad § 2. de Reg. Fiscal.* notabilis habitis conventionibus cum dicto Clemente IV. secundùm *Bald. in l. cum in antiquioribus n. 19. cum seq. C. de iure delib.* Cum præterea de subsidio huius Regni non ut cæterorum Normannorum Regum, sed ut Gulielmi III. (Boni dicti) tempore utebant, Pontifici in Investitura [illegible] promisisset, Populosq; nomini quatenus ad Deum, & veritatem [illegible], & hinc quemlibet Siciliæ Regem iuramento polliceri institutum fuisse, meminerat *Andr. de Isernia in cap. 1. § extraord. [illegible] sub n. 62. [illegible] patet ex capitulis exhortatorijs Papæ Honorij IV. quæ sunt regni. & in cap. Imperialem § nec Dominus propè n. 4. [illegible] prohib. feud. alien. per Fed.*

31 Cumq; illius, & status prædicti Gulielmi scriptus non reperiretur, & pauci, vel nulli de eo testimonium perhibere possent, Carolus II. tunc Patris, & Regni Vicarius, ad Martinum IV. pro declaratione illius scripsit, ut not. *Reg. Regni [illegible] Maiestatis, mandamus, & volumus 119.* [illegible] *de Niger. [illegible] de privil. & immunit. [illegible] & [illegible] in proœm. [illegible] Constit. in proœm. [illegible] lib. 2.* & ut hæc Imperatore mortuo prædicto Pontifice Martino IV. declaratio inde prolata per Honorium IV. Investituram expletâ est, & proindè inter cætera Capitula mandatum fuit, circà militare servitium, ut feudatarij, qui tribus aut mulibus, tribus cum equis, ac militibus servire, ut suprà personaliter cogebatur, vel personaliter cum dictis tribus equis servire tenerentur, vel pro singulis militibus unciæ auri 5. cum dim. pro quolibet tribus mensium prædictorum, & sic unc. 20. cum dim. pro servitio prædicto persolverent, ut legitur in cit. Cap. Cuius

verba

verba *Auth.* noster hic trāscripsit *n.* 17.
& memorant *Afflict. decis.* 263. *n.* 55.
Frecc. de subfeud. lib. 2 *auth.* 5. *nu.* 14. leguntur q; in *d. pr.* 2. & apud *Reg. Galeot.* 1. 2 *contr.* 18. *n.* 35.

22 Honorius igitur voluit, ad hoc, vt
militare seruitium exigi posset, adesse
bellum, seù inuasionem grauem, & duraturam in Regno, non procuratam,
non affectatam, vel rebellionem notabilem, vt in iisdem *Cap.* legitur; Sicq;
prædictis tantùm in casibus fuisse in
Regno præstitum militare seruitium
eiusdem Regni vsu approbante, constat ex not. apud *Isern. in c.* 1. *quis dic. Dux,* & *in c.* 1. *§. similitèr nu.* 14. *de Cap. qui Cur. vend.* & *in c.* 1. *§. sed nec est alia iustior n.* 14. *qua fit prim. caus. ben. amitt.* & *in cap. Imperialem §. firmitèr, de prob. feud. al. per F. Frecc. de subf. auth.* 5. *n.* 14. *Reg. Lanar. cons.* 57. *nu.* 6. & 7. *Cons. de Georg. in rep. feud. cap.* 56. *n.* 47. vbi refert verba *Cap.* aliosq; recensitos per *Capan de iur. adoh. qu.* 17. vbi integra *Capit.* verba transcribit, quos refert, & sequitur *Consil. de Rosa consultat.* 12. *n.* 4. & 5.

23 Tenebantur verò Vasalli pro eorum
rata contribuere feudatario adohã
soluenti medietatem pecuniæ, ad quã
seruitium ab eo præstandum ascendebat, dummodò medietatem generalis
Regni Collectæ non excederet, vt in
cap. Regni incip. Comites, Barones, & feudatarij 101. secundùm ordin. Neap.
sub tit. *de subuent. Vasall.* Quæ collecta
erat vnius duc. pro quolibet foculari,
& sic ad rationem carol. 5. pro quolibet fumante, & non vltrà Vasalli contribuebant, vt post *Regg. Fur. de Apulia*,
aliosq; exponit *Reg. Camill. de Curte in diuers. feud. fol.* 41. *n.* 5. *cum seqq. Author* noster hic. *Amat. cons.* 7. *num.* [illegible] *Amat. cons.* 12. *n.* 10. *Capan de iur. adoh. qu.* 1. *num.* [illegible] *Reg. Galeot. contr.* 18. *n.* 32. *cum seqq. Reg. de Philippis in alleg.* [illegible] apud *Rub. Marin.* Ex ista contributione dicta exigē-
24 batur rata Vasallorum, ad dictam rationem carol. 5. pro quolibet foculari, cū
ad integram medietatem pecuniæ, quæ
à feudatario pro adoha Regi præstabatur, non tamen vltrà Vasalli subuenire obligabantur, quam ad rationem
prædictam, iuxtà *d. Cap. Regni Comites, Barones &c.* & constat ex cit. *DD.* ac
Auth. nostro infrà *qu.* 3. *vers. quod autem diximus à n.* 14. & per quamplures R.
Cam. prouisiones, licet multò hæc cōtributio à medietate prædicta distaret,
vt recenset *Capan. d. tract. quæst.* 5. *n.* 12. *cum seqq.*

25 Quæ quidem subuentio, seù contributio à Vasallis per Barones exigenda antè annum 1504. militabat; Nam
eo tempore regnante Serenissimo Rege Catholico, nouus fuit confectus li-
26 ber, qui *Cedularium* nuncupatur, secūdùm *Auth.* nostrum hic, & *Reg. de Curt. in suo diuers. p.* 1. *fol.* 41. *num.* 10. In quo
omnes Regni feudatarij descripti fuere pro rata adohæ ad eos tantummodò
spectante, deducta rata Vasallorum,
Capan de iure adoha qu. 14. *n.* 12. *Cons. de Rosa consult.* 30. *n.* 1. *Cons. Pratus discept.* 11. *num.* 8. *tom.* 4. quod differt à
Quinternionibus, nam in illo describitur, quantum feuda adohant, & in
quinternionibus registrantur concessiones feudorum. *R. Lanar. rep. feud. in cap.* 1. *de his qui feud. dar. poss. num.* 107. vbi *Fulu. Lanar. in addit. nu.* 73. contra *Laffred.* declarans non esse idem, librum Cedularij, ac Quinternionū, sed
quomodò pro recta ordinatione regulari debeant, adest *Arrest.* 649. apud
R. de Marin. Vnde pro quolibet feudo
reditus vnc. 20. non pro vnc. 20. cum
dimidiā pro duc. 5. \& 10. per centum,
sed pro medietate taxæ prædictæ, nempè pro vnc. 5. & quarta vnc. & sic pro
duc. 26½. per centum taxati fuere, reliqua verò medietas, quæ à Vasallis
pro eorum rata soluebatur, mandauit
Rex, vt ab ipsis Vasallis exigi deberet,
prout ex tunc ad nostra tempora direc̄ta ab illis Reg. Curiæ intrà maiorem
summam soluitur, rectè *Auth.* nostro
hic *n.* 26. & *seqq.* & *n.* 40. & in *quæst.* 3.
vers. quod autem diximus, & *vers. sed hic vltimis temporibus,* & apud eundem
Capan fol. 327. & 343. *Reg. de Curt. in d. diuers. fol.* 41. *n.* 6 [illegible] *Amat. cons.* 12.

[illegible] vbi ad id refert Consultationem Reg. Cam. subscriptam quoque per Auth. nostrum, Capan. de iur. adoh. qu. 3. n. 12. Ità pluries per R. C. decisum refert Reg. Galeot. decont. 18. nu. 37. Reg. de Ponte. d. alleg. 116. sub n. 7.

27 Ad quã adohæ solutionẽ, veluti Vassalli, tenentur quoque Græci, & hic dicti Epirotæ, qui habitant in Regno Neapolis, licet non semper in eodem loco commorentur, cum sæpè sæpius moveant locum de vno territorio in aliud; Sigism. Loffred. in paraphras. feud. col. 1. versic. [illegible] tractatum, & vide Capan. d. tract. qu. 61. n. 40. nos suprà in annotat. ad § 3. nu. 101. Ipsumq. taxæ formam,

28 in casu etiam devolutionis hodiè servari, dum denuò investiuntur devoluta feuda, habita tamen ratione adohæ [illegible] valorem, secundùm præsens concessionis tempus, Auth. noster hic d. § 4. qu. 3. [illegible] nu. 10. Reg. de Ponte [illegible] & de pot. Prorex. tit. de regal. [illegible] n. 3. cum seqq. Capan. de iur. adoh. qu. 3. n. 23. Reg. Rovit. prag. 18. de off. Proc. Cæs. nu. 4. P. Afflict. contr. 46. num. 5.

Sunt hæc omnia, vt suprà **annotata, ad rubricam hanc** pro ipsius materiæ plena cognitione, quantum ad nos spectat, & ex *Auth.* nostro edocemur.

29 Cæterùm ipsius adohæ tractatio in Regno, nonnisi quam pro terminorum cognitione necessaria est, nam hodiè adoha peti non potest, cũ nõ debeatur, sed tantũ donativũ imperatur, quod licet verè non sit adoha, fungitur tamen vice adohæ in eo solũ casu, quo adoha præstari deberet, vt exponunt Reg. Camill. de Curte d. lit. n. 33. & 34. *Auth.* noster hic circa fin. & apud Capan. fol. 338. col. 2. in fin. & fol. 344. col. 1. in fin. Reg. Rovit. dec. 109. par. 3. Reg. Tap. dec. 8. C. 14. n. 11. & in rub. de Constitutione, cap. 4. n. 74. Capan. de iur. adoh. qu. [illegible] n. 1. & 3. Consil. de Rosa d. consult. 11. num. 3. P. Afflict. d. contr. 46. nu. 7. & 8. & ideò durante exactione donativi non posse adoham exigi confectum est, vt Reg. de Curt. d. l. 3. cum seqq. n. 34. Ideo enim in vsu communi pacto, vt exponit *Auth.*

30 noster hic in fin. quidquid involvit Consil. Rovit. de offic. rub. 15. de donativo, § [illegible] n. 32. [illegible] ad seqq. nam neq; non dubitamus Barones ad donativa Regi teneri: sed ambigendum non esse concludimus cum prædictis, quod pendente donativo adoha solvi non debet; cum in illo adohæ exactio includatur.

31 Enim verò remissam fuisse adohas Baronibus ex gratia Alphonsi I. constat in Cap. 2. eiusd. Regis inter Cap. & grat. [illegible] Civit. fol. mihi 7. quæ fuit tùm à Rege Catholico sub die 30. Ian. 1507. et in Cap. 10. d. Regis fol. 72. quæ item ab Invictissimo August. Carolo V. sub die 10. Iulij 1531. cõfirmata, vt in c. 8. eiusd. fol. mihi 120. dt. *Auth.* noster hic n. 55. 56. 58. & 59. concludens, quod quando sunt donativa, adijcitur inde pactum, quod eius exactione durante, adoham exigi minimè posse, etiam in casu, quo de iure posset exigi, & à Baronibus hæc exactio donativi fiat pro rata ipsis tangente non per viam Adohæ, sed secundùm taxam Adohæ, & ità practicari, quæ transcribit Capan. fol. 340. vers. Rex Alphonsus, Reg. Lanar. consil. 57. n. 14. Capan. de iur. adoh. qu. 2. n. 20. & q. 4. n. 10. Cons. & postea Reg. electus Erasmus de Piz. in alleg. 113. n. 19. apud Reg. de Marin. tom. 3.

32 Rex verò Ferdinandus in confirmatione præfati privilegij adiecit, quod tempore belli observarentur iura, & Consuetudines Regni, vt in Cap. 19. Reg. Cathol. fol. mihi 79. dt. & iterum Imp. Carolus V. iussit, vt tempore belli non exigeretur, nisi in casibus permissis à Regni Constitutionibus fol. 110. dt. Consil. de Rosa d. consult. 12. n. 6.

33 Ex quibus constat, quod hodiè adohæ taxa, està sub adohæ nomine non exigatur, nihilominùs exigitur sub donativi nomine, quod Regi singulis duobus annis præstatur, scilicet millionis, & ducentorum millium duc. ab anno 1560. teste *Auth.* nostro hic, & apud Capan. fol. 341. col. 1. & Scip. Mazzell. in descript. Regni lib. 2. fol. 348.

34 Vnde dicitur, quod licet adohæ onus

onus non fuerit annua aliqua continua
præstatio, sed quando bellum erat in
Regno graue, & duratorum imponebatur,
inquo si Vasallus eligebat dari
personam seruire iuxtà d. c. Regni. *Item
surgimus*, mittatur ad pecuniam solutionem
tenebantur, *vnde*, de communi receptus
in *d. c. 1. quis dicat. Dux, & in c.
1. §. similiter n. 14. de Cap. qui Curiam*.
In Regno postea cum cœperint fieri
donatiua partim à Baronibus, & partim
à Regni Vniuersitatibus soluenda,
Barones autem tangentem sibi partem
iuxtà taxam adohæ ea conditione
soluere consueuerunt, vt solutione
donatiui pendente, adoha non esset exigenda,
eò casu accidente, in quo imponi
posset. Ipsaq; Donatiua ab initio
35 fuisse voluntaria, & cum protestatione
Baronum, ac Vniuersitatum facta,
gratuitò pura, & citra præiudicium
priuilegiorum, & Capitulorum Regni,
quibus extraordinaria collatio imponi
prohibetur, adijcebantq; etiam expressam
conditionem, quod soluto illo
donatiuo, non posset aliud per Regem
imponi ex quauis causa, & quod ista
conditio deberet expressè approbari,
aliàs donatiuum non censeretur factum,
vt ex donatiuo anno 1531. facto Imp.
Carolo V. & ab eo iuxtà sui seriem
approbato, cum clausula, *& quatenus
opus est, de nouo concedimus*, & ex alio
anni 1532. vt post *R. Lanar. cons. 7. nu.
14.* declarat *Consil. de Rosa* *consil.* 12.
nu. 7. concludens tamen, hodiè donatiuum
redactum esse ad necessitatem,
continuamq; præstationem, cum sit
singulis duobus annis, soluendum quolibet
anno pro rata, & remansisse eo solo
nomine liberalitatem, & effectum esse
ordinariam, & perpetuam præstationem
ex *Reg. de Ponte, Reg. de Curt. & Capan.
ibid. cit.* & licet sub nomine donatiui,
irremissibiliter tamen est soluendum,
Reg. de Pont. d. dec. 3. num. 21. Nam Regum
preces, mandata dicuntur, *glos. in
l. 1. D. quod iussu*. Vnde Ouidius:

Est arare Ducum species violenta iubendi,

Et quasi mandata supplicat ense potens.

Et alia cumulat *Kolcher. de vectig. post.
lib. 3. cap. 3. num. 98. cum seqq. Cons. Rocc.
de offic.* post alios *rubr. 16. §. 5. de donat.
à nu. 31.* & post *P. Dian. de Parlam.
resol. moral. 1. par. 1. tr. 3. Reg. Galeot. lib.
2. controu. 18. nu. 17. Lagan. in addit. ad
Rouit. sup. pragm. 1. de iur. & exact. fiscal.*
fol. mihi 391. *versiculum ordinarium*.
36 Vnde ampliùs Adoha in Regno non
imponitur, in casibus, in quibus imponenda
erat, sed illa continuò quotannis
in ipso donatiuo exigitur, Idque
practicatum 90. annis, antequàm ipse
scriberet, monet *Auth.* noster hoc tit.
nu. 5. & apud *Capan. fol. 344.* nulla habita
ratione, an adessent requisita adohæ
imponendæ, imò vt plurimum plus,
quàm ipsa adoha importaret in tata
donatiui exactum, *cit. de Rosa ibid. n. 9.
et 10. P. Afflict. d. controu. 46. n. 8.* Nulliq;
dubium esse ob dictam continuam
donatiui præstationem singulo biennio
à dicto anno 1560. factam, Fiscum Regium
ius in futurum præscripsisse, *Prest.
Amat. cons. 12. n. 16. Capan. qu. 14. nu. 5.*
Dum per illam vniformem præstationem
diuturno tempore factam, cõcurrentibus
Reg. Ærarij vrgentijs, Fiscus
sine dubio præscripsit, vt ex *de Franch.
dec. 56. n. 17. et 18.* fundat *cit. de Rosa
resolut. 12. n. 21.* dicens, quod aliàs si hæc
præscriptio non adesset, Regius Fiscus
à Baronibus hæc donatiua exigere
non posset.
37 Donatiuum verò præsens, quod
quolibet quoque biennio soluendum
est in dictis ducat. duodecies centenis
millibus, soluitur pro tribus, ex quatuor
partibus per Regnum, & reliqua
quarta pars per Barones, *Capan.
de iur. adoh. qu. 34. à nu. 7.* & præsertim
n. 14. Et ideò non fit exactio per viam
adohæ, sed secundùm taxam adohæ,
vt suprà ex *Auth.* nostro hic *in fin. Reg.
de Curt. d. diuers. fol. 41. num. 53. et seq.
Reg. de Pont. dec. 3. num. 8. vers. Ex his dicebat
Princeps vsq; ad n. 11. Reg. Tap. in
pragm. 18. verb. adohariorum in fin. de offic.
Proc. Cæs. Reg. Galeot. 2. controu. 4. num. 4.*
(vbi *n. 45.* ex *Reg. de Pont.* et *de Curt.* &
alijs fundat, feudum francum ab adoha,

esse

esse etiam à donatiuo exemptum, & decisum refert *contr. 18. n. 15. & 21. ex Andr. in c. 1. § similiter in hufenditijs de Cap. Curr.)* & *d. contr. 18. n. 44. cum seqq. Reg. Valenz. consl. 99. n. 61. Capan. de iur. adoh. qu. 1. n. 12. qu. 14. n. 4. cum seqq. qu. 34. à n. 7. cum seqq. & qu. 40. num. 1.* Dictumq; donatiuum vocatur inde ordinarium, vt ex *Reg. de Pont. de pot. Prorit. de regal. impos. in princ. n. 17. & Reg. Tap. decis. 14. n. 12. cit. de Rosa consult. 11. num. 9.*

38 Cuius donatiui quarta pars dicti millionis, & ducentorum mill. duc. pro quolibet biennio à Baronibus persoluenda ascendit ad duc. 150000. annuos, *Auth.* noster apud *Capan. fol. 338. col. 1. de Rosa d. loc. n. 3. P. Afflict. d. contr. 46. num. 8.* inclusis omnibus adohis per Barones debitis; Et quia vnum Adohum, quod soluitur per Barones secundùm

39 Cedularium factum in anno 1564. importat duc. 130103. 4. 14. deducta rata Vassillorum secundùm *Auth.* nostrum apud *Capan. fol. 339. col. 1. vers. Istud seruitium*, hic verò *n. 46.* Sequitur inde, quod ad dictæ taxæ adohæ rationem quilibet Baro teneatur ad rationem carol. 12. cum dimid. pro quolibet duc. adohæ secundùm eius taxam, idq; ad complendam dictam quartam partem millionis, & 200. m. duc. Et ità quoque diuisio fit cuiuslibet donatiui, ab illis præstandi, secundum nempè taxam adohæ ab vnoquoque debitæ, iuxtà *Auth. in qu. 1. n. 7.* & apud *Capan. fol. 341. col. 1. vers. tamen in isto casu*, & sic vltrà adohum ratione donatiui cõsueuerunt soluere Barones gran. 30. supra quemlibet ducatũ pro ipsa adoha debitum, *P. Afflict. d. l. n. 8.* quod etiã post *decis.* nostram obseruat *de Rosa d. loc. n. 6.* vbi *n. 7.* scribit annuã præsta-

40 tionem duc. 150. m. pro rata donatiui semper fuisse, & esse æqualem, siuè crescat, siuè decrescat numerus Baronum, & siuè augeatur, siuè minuatur quantitas adohæ.

AD QVÆST. I.

An iura Portulaniæ, Ponderum, & Mensurarum liquidari, & taxari debeant in Aduho.

ANNOTATIO.

SVMMARIVM.

PRouentus, siuè pœna pecuniaria in fructuum liquidatione, an computentur num. 1.

Prouentus percepti ex Iure Portulaniæ, Siclæ, & secundarum causarum sunt iurisdictionis n. 2.

Adoha an debeatur pro fructibus, siuè prouentibus Portulaniæ, ponderum, & mensurarum, ac secundarum causarum? Negant Cons. de Rosa, *&* Reg. Marcian. *num. 3. sed contrarium secũdùm* Regent. *hic defenditur nu. 4. 5. 9. & 12. & quid in releuio n. 6.*

Adoha debetur de gabellis, Baiulatione, ... , alijsq; in feudum concessis num. 7. etiam per Conductorem solutionem fiscaliũ feudaliũ per annos decem n. 8.

Prouentus, siuè fructus iurisdictionum, ad quam rationem arbitrandi sunt n. 10. & 11.

1 DVbitandi ratio hac in quæstione desumitur, ex eo, quod pœnæ, seù prouentus iurisdictionis, fructus nõ dicuntur, idq; licet Baro Officialibus prouisionem non solueret, sed illa tũ Vniuersitas satisfaceret, prouentus in fructuum liquidatione non computari, neque taxari, pluries R. Cameram, atque Collaterale Consilium decidisse, attestatur idem *Auth.* noster infrà *de iur. relem. qu. 10. num. 5. & 9.* in causa Excell. D. Garziæ de Toleto, quam sententiam tenuere sequuti *Reg. de Curt. resol. feud. apud de Marin. post 1. tom. cap. 5. nu. 56. Capan. de iur. relem. p. 4. qu. 2. sub num. 19. vers. sed adhùc contrarium videtur, Reg. Constant. in Cod. in l. 2. n. 70. tit. pan. fisc. cred. præs. fol. mihi 68. col. 2.* & alij. Vide

 nun-

nunquàm in Regno in liquidatione fructuum, seù introituum, huiusmodi pecuniarias pœnas, quas prouentus vulgò nuncupamus, computari testatur idem *Reg. Constant. ibid. n. 67.* post *Auth.* nostrum *in d. qu. 10. in fin. de releu.* Ideòq; etiam legatis fructibus alicuius Castri, prouentus nõ venire cõcludit *Capyc. dec. 185.* quia fructus illi non dicuntur.

2 Ex quo ad hæc pro dubio opponitur, quod dùm adoha ex feudi fructibus soluitur, & secundùm illorum redituum quantitatem adohæ taxa formatur, *Iac. de Aytllo de iur. adoh. n. 53. Ant. Bottin. de seruit. Vasall. p. 3. cap. 2. §. 2. vers. generaliter. Capyc. in sua Inuestit. vers. feuda adohant*, & alij apud *Reg. de Philipp. in alleg. 116. n. 4. et 8. in 3. tom. Reg. de Marin.* Cumq; dicti prouentus verè fructus non sint, neque in fructuũ feudalium liquidatione veniant, vllo modo pro eis adohæ prædictæ taxa aliqua facienda euenit, ex *Andr. in c. 1. in prim. quis dic. Dux, Bald. in c. cum M. Ferrariensis n. 6. de Constit. Anna in repet. c. 1. nu. 152. in fin. de Vasall. decrep. ætat.* Tantò magis quia ipsa Iura Portulaniæ, & Sielæ, verè, & propriè sunt iurisdictionis partes, vt ex pluribus fundat *Reg. Galeot. resp. fisc. 28. n. 57. et seq.* & præcipuè *n. 59.* idem esse in iurisdictione secũdarum causarũ, fatuũq; esse contrarium asserere *n. 64.* Ideòq; reditus, seù prouentus, qui ex præfatarum iurisdictionum exercitio percipiuntur, dici verè prouentus, sicut omnes alios, qui nascuntur ab exercitio iurisdictionis, & punitione delictorum, & propterea pro illis adoham non deberi, dùm adohæ præstatio in Regno consuetudine fuit introducta ex *Andr. in cap. 1. §. fin. in fine, quis dicat. Dux.*

3 eaq; super fructibus taxanda, vt latè post alios fundarunt *Consil. Ioseph de Rosa consult. 30. à num. 41. ad seqq. et D. Reg. D. Marcell. Marcianus iunior in excerptis forensis exercit.* operum posthumorum, in causa Ill. Ducis Andriæ, pro secundis causis scribens in *cap. 10. per totum.*

4 Attamèn præfatis quidem in contrarium posthabitis argumentis, Regiam Cam. decidisse, adoham deberi taxamq; illius esse faciendam pro Iure Portulaniæ, Ponderum, & Mensurarũ, ratione diuersitatis, quæ est inter iurisdictionales prouentus secundùm *Auth.* hic *n. 4.* ac prouentus Portulaniæ, Ponderum, & Mensurarum, puta, quod illi fiant cum expensis, cum quibus prouentus ipsi compensantur, vt exponit idem *Auth.* infrà *de iur. releu. d. qu. 10.* Siuè etiam, vt melius *ibidem* declarat à *n. 9.* quia prouentus iurisdictionis Criminalis, non dicuntur verè fructus, sed sunt commoditates, quæ ex ipsa Iurisdictione perueniunt.

5 Qua sic stante ratione, meritò processerunt aliæ eiusdem Supremi Senatus R. Cam. decisiones ad Regij Ærarij fauorem, de quibus constat in libris Cedularij, circà adohæ taxationes factas tàm pro primis, quàm pro secundis causis, & similitèr pro iuribus Portulaniæ, Ponderum, & Mensurarum, alijsq; iurisdictionibus separatis ab adohis feudorum, quas memorat idem *Consil. de Rosa in prælud. feud. lect. 6. nu. 10.* vbi *n. 11.* ex *Reg. Galeot. controu. in add. ad controu. 33. n. 49.* ità per R. Cam. semper fuisse practicatum, & specialitèr decisum, citatis etiam *Auth.* nostro hic, & *Capan. de iur. adoh. qu. 5. num. 43.* refert, rationes ibi ad id cumulando, quia istæ iurisdictiones semper conceduntur cum clausola, *sub contingenti feudali seruitio*, siuè adoha, quæ licet etiam in Inuestitura abesset, adhùc adoha deberetur, dummodò in feudũ concessæ sint, cum qualibet concessio in feudum facta intelligatur cum seruitio ordinario, vt admonet *Auth.* noster hic, nam inambigua apud Regnicolas sententia fertur, seruitium, estò nõ expressum, deberi, vt post *Capyc. Lofsred. Frecc. Camer. Reg. de Pont. et Reg. Galeot. Consil. de Rosa ibid.* fundat; Pergens *n. 12.* non obstare argumentum, quod prouentus, & emolumenta harum iurisdictionum non sint verè fructus, cum sint fructus estò habeant industriam ex-

exerexcrescentis admixtam, vt ex Camerar. Capyc. et Grammatic. ibid. probat.

6 Neque vrget in contrarium releuij exemplum, cum diuersa sit inter adoham, & releuij ratio; Releuiũ enim nõ est onus feudi, sed feudatarij, imò quid odiosum, & improbo more introductũ, ex Andr. in c.1. §.in hostenditijs. de Capit. Corrad. Adoha verò non dicitur de consuetudine debita, sed solùm eius taxatio, siuè vt certa portio fructuum feudi pro illa præstaretur, consuetudine dici potest introductum ex Andr. in c.1.§.in hostenditijs, de Capit Corrad. nisi dicamus, & meliùs ex l.imperiali, §.firmiter, ibi; Medietatem reditus feudi. vel ex Capitulis Papæ Honorij, secundùm Apellis de Iure Adoha n. 27. & Auth. nostrum super Rubr. huius tit. n. 17. vt ſiqs tamen sit, semper est onus feudi intrinsecum, & reale, Domino concedenti debitum, in ipsius feudi recognitionẽ, ideircò, quoties in feudum conceditur, adoha debetur, estò fructus non perciperentur, ex Reg. Rouert decis. 36. par. 6. num. 17, ita edita per Capon. in d. tractat. de Iure adoha fol. 361. quo in casu taxatur adoha iuxtà valorem feudi, ex monitis per Loffred. in cap. 1. §. sed & ... per quos fuit inuest.

Hinc Auth. noster meritò in summario huius quæst. non cõsiderauit adohæ taxam in fructibus, sed in Iure Portulaniæ, ponderum, & mensurarum in feudum concesso, quo casu secundùm propriam naturam feudi seruitium debetur, & sic etiam adoha; Imò, estò feudum sit impropriè tale, non ideò mi-

7 nùs adohæ debetur, ideóq; soluitur de functionibus, & annuis redditibus, Dohanis, gabellis, baiulatione, & prouisionibus, cæterisq; in feudum concessis, vt l. rè exponit Capon. de iur. adoh. qu. 6. quem sequitur P. Afflict. in addit. ad consuet. cap. 47. num. 24. 25. & 26. vbi n. 27. adoham esse soluendam de industria introducta in feudum per Baronem, prout in illa dicta de la drapparia, nem. è conficiendi, & contractandi pannos, decisum fuit per R.C. ex Capon. de iure adoh. quæst. 6. num. 20. & in

tinc, in qua maxima Vasalli industria concurrit, est decisio Grammatic. ... d.

8 n. 21. Imò etiam, quod est fortiùs, adoham deberi decisum per R.Cam. legimus, per conductorem solutionum fiscalium feudalium per annos decem, ex quo dicitur, talem conductorem ius in re habere, vt ex Iacobo de Apelis de iure adoha n. 59. testatur Reg. Capyc. Latro decis. 168. n. 10.

9 Et eò potiùs in redditibus perpetuis iurisdictionis id procedere, licet non renascantur, idem Afflict. ibid. num. 28. ex pluribus confirmat exemplis, responderq; contrarijs argumentis in antecd. num. 22. contrà Ann. de Vasall. decrep. atat. c. 1. n. 152. licet id non firmantem, sed dicentem (Quidam dicunt, quod non ex dictis Andr. &c.) defendendo ibid. Auth. nostrum hic, quem etiam defendit tit. de Rosa d. lect. n. 13. dicens, magis esse deferendum authoritati Regentis nostri hic ità decisum referentis, quàm praesenti Annæ; Tantò magis, quia ex d. Reg. Galeot. constat, ità semper Regiam Cameram iudicasse, vnde non est ampliùs de hac sententia disputandum.

10 Tum deniquè, quia fuit ità decisum in R.Cam. in anno 1651. & 1652. per modum decreti generalis, referente doctissimo Dom. Reg. In. Camillo Cenatie, tunc Reg. Cam. Præsidente interuenientibus peritissimis ea ætate I. C. quibus in decretis fuit determinatum, ad quam rationem arbitrandi essent fructus dictarum iurisdictionum, nempè, vt pro iurisdictione primarum causarum fructus æstimandi sint ad rationem gr. 20. pro qualibet foculari, pro secundis causis ad rationem gran. 15. pro tertijs verò causis ad rationem gr. 5. Pro Iure Portulaniæ ad rationem gr. vnius cum dimidio, & pro Sicla, siuè Iure Ponderum, & Mensurarum, ad rationem gr. 3. & super fructibus fuit or-

11 dinatum fieri taxam adohæ ad rationem duc. 26. & quarti vnius pro centenario absq; alio augmento ratione domicilij, & ità practicari in Reg. Cam. testatur cit. de Rosa n. 14. quod testi refert

cit. P. Afflict. in addit. ad constitut. cap. 50. fol. mihi 504.

11 Ratio verò, quare maior quantitas taxatur in iurisdictione ponderum, & mensurarum, quàm pro Portulania est, quia impositio Portulaniæ est tantùm gran. 12. pro quolibet foculari, sed impositio Siclæ est gran. 15. & medij stipis; Tantòq; magis, quia directus Siclæ est certus, & exigitur quolibet anno, vt exponit *Capyc. de iur. adoh. quæst. 5. num. 45.* Vnde non est ampliùs de traditis ad hæc per *Consil. de Rosa in d. consult. 30. à num. 40. & seq.* ratio aliqua habenda, dùm idem sibi contrarius, veritatem conclusionis ab *Auth.* nostro hic traditæ, pluribus rationibus, decisionibusq; relatis illam confirmando, agnouit *in d. prælud. feudal. lect. 6. à n. 9.*

12 vbi post relata, quæ antecedêter scripserat in *num. præced.* ab illis recedendo concludit: *Hæc sunt, quæ pro hac sententia tunc dicebam; Cæterùm cum postea contigisset mihi exercere munus Fisci patroni in R. Cam. cæperim attentiùs considerare, & in effectu arbitratus sum sententiam illam valdè periculosam, ne dixerim falsam, & contrà tantùm communem nostrorum opinionem, efficacissimas rationes, et rerum iudicatarum authoritatem; nec quidem modernis temporibus, sed antiquissimis, etc.*

AD QVÆST. II.

Si Baro per plures annos non soluerit adohum, & deindè fuerit condemnatus ad solutionem, an illud spectet ad R. Curiam, an ad Barones, vel ad Populos: Et de donatiuis, quæ fiunt in Regno, qualitèr exigantur, & qualitèr Barones taxentur.

ANNOTATIO.

SVMMARIVM.

Baronem non contribuente pro ea summa adohi, pro qua tenebatur, actio tamen ad alios Barones, non verò ad Regem n. 1. & Contrà Fiscum tutatus fuit R. de Corte n. 2. sed tres casus distinguuntur à n. 3. ad seqq.

Decisionem *hanc typis demandarunt* Capyc. *et* P. Afflict. *n. 5.*

Baronū feuda taxari, quæ adhùc donatiua non soluerunt, aliorū Baronū interesse aiunt D. Reg. *hic, aliique n. 4. sed in dubium reuocatur ex* P. Afflict. *num. 5. et seqq.*

Fiscus multa iudicia prætermittere debet pro publici status quiete n. 5. in fin.

1 NOtabilis quidem fuit controuersia hæc agitata in R. Cam. in quadam causa *Excellentiss. Andreæ de Auria* pro Cathol. & Cæs. Maiest. in Italia Generalissimi Maris Præfecti, qui habuerat quandam concessionem à Cæs. Maiest. Augustissimi Imp. *Caroli V.* in feudum, & per multos annos nõ fuit ab illo solutũ adohum, pro quo demùm fuit condemnatus per R. Cam. ad ducatos sex millia, & plus. Cõtigit indè dubitari, cui nam essent soluendi? In quo puncto pro dicto *D. Andrea de*

2 *Auria* patrocinium præstitit facundissimus olim Aduocatus, tandèm meritissimus Regẽs, ac S.R.C. Præses *Dom. Camillus de Curte*, vt testatur *in suo diuers. feud. in cap. incip. cum igitur fol. 4. à n. 63. et 64.* defendendo, fiscum omni carere actione, sed si qua prætẽdi potuisset, illam spectare ad Barones Regni.

3 Ad tres autem distinctos casus definitionem quæstionis huius *Dom. Reg.* noster hic reducit; primò, puta quando sumus in donatiuo ad certam summam per Barones facto, prout fuit illud anni 1570. cuius *Auth.* ipse meminit, id, quod debetur ab aliquo Barone, qui non contribuit pro ea summa, pro qua tenebatur, debet restitui Combaronibus, & non Regi, prout etiam refertur *cit. R. de Curt. in diu. feud. par. 1. cap. 13. n. 42. et 63. fol. 4.* quem sequitur *Reg. de Marin. in obs. ad Reg. Reuert. obs. 300. nu. 1. in fin.* declarans etiam id, quia tùnc in Regno adoha

à feu-

à feudatarijs non soluitur, prout priùs exigebatur, sed exactio fit pro donatiuo, quod singulis duobus annis à toto Regno Clementissimo Regi nostro fit, *Reg. Galeot. contr. 18. lib. 2. n. 44. cit. de Marin. d. Lib. 1.* vnde, quando donatiuum est ad certam summam factum, eamq; Regia Curia integram exigit à Baronibus, quod alter posteà soluit, ipsis exinde, & non R. Curiæ contribuendum, cum ipsi Combarones damnum iam passi fuerint ex non solutione, dùm tantò minùs soluissent pro rata ad illos spectante, & proindè ijsdem debet fieri refectio, & non R. Curiæ; Nàm annua illa præstatio duc. 150. m. quam hodiè Fiscus in locum adohæ à Baronibus exigit pro rata donatiui, semper fuit, & erit æqualis, siuè crescat, siuè decrescat numerus Baronum, & siuè augeatur, siuè minuatur quantitas adohæ, vt optimè exponit *Consil. de Rosa consult. 11. n. 7. & 8.*

4 Ex quibus cum *Auth.* nostro concludit, decisionem hanc referendo, feuda taxari, quæ adhùc donatiuum non soluerunt, nihil Fisci, sed aliorum Baronum interesse, *cit. Consil. de Rosa d. consult. 11. & 14. n. 9. & consult. 13. à n. 6. Cons. Pratus discept. for. to. 4. cap. 37. nu. 1. & 2. D. Reg. Marcell. Marciano iunior in operibus posthum. in excerpt. forens. exercit. cap. 10. nu. 3.* cuius decisionis rationem, & si fuerit illa de præterito, pro futuro tamen concludere, & sic portionē donatiui, feudi nouitèr taxati nō accrescere Fisco, sed à cæteris ratis, quæ ab alijs Regni Baronibus soluuntur, deducendam esse, tradit *cit. de Rosa n. 11. 12. & 13.* Imò & pro donatiuo ipso, eiusq; residuo nullam competere Fisco actionem, sed alijs Regni Cōbaronibus, quia ex *Afflict. in cap. 1. §. similitèr post nu. 3. de Capit. qui Cur. vend.* constat, non alitèr seruitium Domino esse præstandum, nisi quando Rex ipse, vel tempore præstationis, ad eam Vasallum requisiuisset, vel quando saltem fuerit protestatus, & rursùs vltrà prædicta requiri causam, puta bellum, vel aliud consimile, ob quod Vasallus Domino seruire teneatur, *vt inq. Cons. de Rosa consult. 13. à n. 6. ad 8. & 9.* decisio tamen Regiæ Cameræ contraria fuit, vt *idem de Rosa ibidem* refert *in fin.* estòq; quoad articulum augmenti ex industria possessoris in feudo facti, vt super illo adoha non deberetur, obtinuisse moneat *ibid.*

5 Decisionem verò præfatam in dicto primo casu ab *Auth.* nostro traditam, quam transcripserunt *Capon. de iure adoh. p. 1. fol. mihi 340. col. 2. & fol. 341.* necnon *P. Afflict. controu. iur. cap. 36. nu. 23.* ad examen pro Regio Fisco expositam ex *eod. P. Afflict.* monemus, cum super illa fuerit posteà in R. Cam. valdè disceptatum; nam aliqui ex Dominis Reg. Cam. dixerunt, quod cum Baro ille, qui non soluerat, aliorum saltèm Combaronum debitor videretur, tàm pro adohis, quàm pro donatiuis, quæ cum propter publicam vtilitatem fiant, maioris partis factum obligat omnes ex *Reg. de Pont. de pot. Prorr. tit. de pot. Prorr. tit. 4. de regal. impos. num. 18. & seq.* posset ad faciendum depositum obligari, illudq; alijs Combaronibus liberandum; cui argum. ipse *P. Afflict.* replicauit, id fieri non posse, nisi alijs Combaronibus petentibus, nec Fisco id licere, dùm illi iuxtà hanc *decis.* nulla competebat actio, & sic obstabat exceptio, *sua non interest*, quæ impedit litis ingressum, & dicitur exceptio litis finitæ; Imò Fiscum non modò ea iudicia non debere mouere, in quibus nullum habet interesse, sed multa alia prætermittere debet pro publici status, ac populorum quiete, vt monet *Consil. de Rosa* post alios *d. consult. 11. n. 15. & 16.*

6 Alij verò considerabant in *d. decis.* integram à R. C. donatiui quantitatem fuisse tunc exactam, vnde non idem dicendum existentibus residuis pro præteritis donatiuis iuxtà calculum factum per Mag. Rationalem *Franciscum Caraffa*, quem probatæ, & incorruptæ fidei laudat idem *P. Afflict.* qui in casu Fiscum contra dictum Baronem non taxatum, iure saltèm Combaronum

ronum, eius pro dictis residuis debitorum agere posse: Quibus casu idem P. Afflict. respõderet, debitorem sui debitoris tunc Fiscũ conuenire posse, nõ existente scilicet principali debitore soluendo, vt in simili firmat *tit. de Resp consil.* 15. *nu.* 18. & 19. *cum seq.* Et respectu actionis Fisco pro dictis residuis competentis, eam non generalitèr contrà omnes Regni Combarones competere, sed tantùm contrà aliquos, qui non soluerunt: Et propterea non posse in præiudicium aliorum Combaronũ, qui soluerunt, & non sunt in residuis, contrà Baronem non taxatum, fiscum agere, idem *P. Afflict. ibid.* scribit à *n.* 26. *ad* 29.

Plura tamẽ à *n.* 30. argumẽta ibi cõsiderat, tũ quia obligatio Baronis nõ taxati, per erroneam, & superfluam solutionem ab alijs factam, nullo modo censeri potest dissoluta, neque ille à Fisco liberatus, tùm etiam quia ipsis Baronibus, qui plusquàm debito soluerunt, repetitio contrà Fiscum competit, ob quod contrà hanc *decis.* concludit, nullatenùs actionis defectum Barones, qui non fuerunt taxati pro præteritis adohis, & donatiuis, Fisco opponere posse sub illo prætextu, quod alij Combarones plus debito soluerint; quoniam ex hoc veri debitores liberati dici non possunt, sed tantùm repetitio plus debito soluentibus cõpetit, neque inde poterit ex alieno credito contra Fiscum compensari; tantò magis, quia si ipsi Combarones, qui plus debito soluerunt, interrogarentur, potiùs illas quantitates plus debito solutas munificentissimo Regi nostro, & pro publica vtilitate, quàm alijs Combaronibus, qui non soluerunt, donare, ac relaxare velle responderent, nec pro tot minutis partitis ab ipsismet Baronibus superfluè solutis aduersùs alios, qui taxati non fuerunt, iurgia instituere eligerent, vt per eadem verba idem *P. Afflict.* optimè firmat, ex quibus aduersùs *d. decis.* vrgentibus, Baronibus cum Fisco semper consuluisse aduertit *d. dec. n.* 36.

7 Sed si prædicta ità procedunt in dicto primo casu huius *decis.* ex quibus illa quodammodò hodiè adeò dubia redditur, vt Fiscus eadem non obstante contrà Baronem non taxatum agere possit, imò & transigere ex iàm traditis rationibus; Quantò magis inambiguè obtinere debet Fiscus, quando donatiuum factum non fuerit in certa quantitate, quo in casu, qui est secundus huius *decis.* sine dubitate Fisco Baronis non taxati debitum cedere debet secundũ *Auth.* nostrũ hic *n.* 11. & infrà §. 5. *tit. de tenuent. &c. n.* 6. 7. & 9.

Idemq; esse in tertio casu hic *num.* 12. considerato, puta si donatiuum factum fuisset per totum Regnum de certa summa, puta 600. m. duc. & diceretur, quod Barones soluerent vnum adohum tantùm, subiuncto, quod id, quod remanebit vsq; ad summam ducator. 600. m. soluatur per Regnum, quem casum mixtum esse *Auth.* hic declarat, quia postquàm Barones non promiserunt certam summam, sed vnũ tantùm adohum, hoc est, vt quilibet soluat id, quod pro vno adoho soluere tenetur, eo casu, si Baro aliquis integrè non soluit taxam, ad quam tenetur, illa non est in damnum aliorum Baronum, quia non per hoc soluerunt plus eo, ad quod tenebantur, & proindè R. C. actio competit, neque contrà Baronem non soluentem, Combaronibus, quia ipsorum non interest, actio competit, vt optimè explicat *Auth.* noster hic.

AD QVÆST. III.

Feuda deuoluta Regiæ Curiæ, an, & quando possint de nouo concedi secundùm taxam antiquam, & & non facta noua taxatione.

ANNOTATIO.

SVMMARIVM.

F*euda deuoluta si rursus vendantur, seruitium iuxtà antiquam taxam, vel vero* *verò iuxtà nouam exigi possit n. 1. & 2. & quid stantibus nouissimis Regijs literis n. 5.*

***Adoha** quantitas secundùm taxam antiquam, & nouam, qua sit n. 3. & 4.*

***Feudo** deuoluto Regia Curia, an possit super illo onus nouæ taxæ imponi, in præiudicium Creditorum cum assensu? Et refertur **articulus** in causa Creditorum Grypta Mirarda discussus à n. 4. ad 8. & quid in praxi obseruetur num. 9.*

***Assignatarij** adoharum, an sint præferendi in concursu Creditorum habentium expressam hypothecam n. 10. & seq.*

1 PRopter lineam finitam, aliamue ob causam deuolutis ad Regiam Curiam feudis, eaq; cum vendi contigerit, incidit quæstio hæc, impressa etiam apud *Capon. post tract. de iur. adoh. fol. 341.* an imponendum sit seruitium iuxtà antiquam taxam, hoc est, prout deuolutionis tempore taxatum erat, ex traditis per *Luc. de Penn. in l. 1. C. de vendit. rer. fisc.* an verò iuxtà nouam taxam, quæ medietas fructuum vnius anni est, ex *Andr. in cap. imperialem, §. firmiter, de prohib. feud. alien. per Feder.* vt si feudum est redditus vnc. 20. præstandæ sint vnc. 10. cum dimidia ex *eod. Andr. d. loc. & in c. 1. §. Similiter, de cap. Conrad. & in c. 1. in fin. quis dic. Dux;* Et hoc seruitium, quod in pecunia præstatur, adoha dicitur, secundùm eundem *Andr.*

2 Qua in quæstione *Auth.* noster, postquàm pro vtraq; parte motiua, rationesq; dubitandi doctissimè considerauit, tandem refert, Regiam Cameram noluisse articulum generalem decidere, verùm, quia in casu, de quo agebatur, maxima tunc vrgebat Reg. Curiæ necessitas, & feudorum emptores secundum nouam taxam non inueniebantur, consuluisse sub die 6. Iulij 1571. Domino Proregi, instante illa vrgentissima necessitate, feuda eo tempore deuoluta, secundùm antiquam taxam vendi, vbi idem *Dom. Reg.* noster exponit, quod feuda noua, quæ secundùm nouam taxam seruiunt, multò magis soluunt pro adoha noua, quàm antiqua, licet noua feuda eodem modo taxata sint, in feudis puta inhabitatis ad rationem duc. 24. & quarti vnius, & feudis habitatis duc. 32. & vnius quarti pro centenario, & sic non videtur taxa antiqua differens à noua, nisi in eo tantùm, quia in noua omnes fructus taxantur, in antiqua verò nonnisi illi fructus, qui tempore taxæ percipiebantur, vt exponunt etiam *Capon. de iur. adoh. quæst. 2. n. 5. & 7. & R. de Marin. in obs. ad Reuert. dec. 315. nu. 3.* post *Auth.* nostrum, *Reg. de Curt. Reg. de Pont. dec. 3. n. 2.* (addito *tract. de pot. Prorog. tit. 4. de regal. impos. num. 3. & 6.*) *Anell. de Amat.* & alios.

Quæstionem verò præfatam ad terminos ab *Auth.* nostro relatos, ac declaratè *Io. Vinc. de Anna in cap. 1. n. 150. de Vasall. decrep. ætat. Prosp. Camill. de Curt. de feud. par. 2. cap. 134. num. 5. fol. 41.* citat. *Capon. de iur. adoh. q. 16. nu. 6. 7. & 10. Nicol. Intrigl. de feud. cent. 1. q. 29. num. 16.* quos refert *Reg. de Marin. in cit. obs. ad Reuert. 315. num. 1. in fin.* addit *de Bugn. Thor. in comp. dec. 3. tom. 1. verb. adoha, & assist.* contrar. in *addit. suppleta ad cap. 134. num. 35. & seq. Camill. de Afflict. in prælud. feudal. lect. 5. per tot. de Luca in tract. de feud. regal. tom. 1. responso 3.*

3 De quantitate autem adohæ in Regno debenda secundùm taxam nouam, vel antiquam, & quid de taxa in feudis cum Vasallis, vel sine, & quid in feudis inhabitatis, & planis, & de tabula, & de contributione facienda Baroni per Vniuersitatem, & quid in functionibus fiscalibus, latè exponit *Capon. d. loc. quæst. 5.* & qualiter concesso feudo nulla facta mentione adohæ, illa subintelligatur, & facta adohæ mentione, quando intelligenda secundùm veterem, vel nouam taxam, & quando seruitium subintelligatur sub simplici concessione, & quale, an fidelitas, vel citrà fidelitatem; Et quid de concessionibus factis ante taxam veterem, vel post, & de factis post taxam nouam, latè declarat

clarat idem *Capon qu. 55. per tot.* vbi *n.*
19. & 20. duplicem adohæ taxam in
4 Regno dicit, vnam in anno 1504. quæ
dicitur *taxa vetus*, aliam verò de an-
no 1564. quæ dicitur *taxa noua*, &
feudo franco, vel conditionali conces-
so, quæ seruitia comprehendantur,
ibid. explanat: Et de Consuetudine, &
stylo R. Cam. Summariæ taxandi, &
soluẽdi adoham, & ritu ipsius R. Cam.
adeundus est etiam *Camill. de Laratha*
in theatr. feudal. par. 12. dilucid. 22. per
tot. & *Arrest. 153.* apud *R. de Marin.*
5 Quò verò ad rem nostram attinet,
annotandum est, propositã nostri *Auth.*
quæstionem hodiè cessare, stantibus
nouissimis Regijs Ordinationibus, siuè
literis, quibus sancitum est, vt cum
feuda deuoluta alienari contigerit, ser-
uitium nonnisi iuxtà taxam nouam ta-
xari oportere, haud verò sub taxa anti-
qua, quas literas refert, ac transcribit
P. Afflict. in add. ad suas controu. ad cap.
50. *fol. mihi* 323. qui estò *in antecd.*
add. ad cap. 33. n. 33. scripsisset, vrgen-
tibus tamen necessitatibus, literis quo-
que præd. Regijs non obstantibus, sub
taxa antiqua fuisse vendita per Dom.
Proregem, & acceptatas oblationes
per R. Cam. & consulto Coll. Consilio,
cum iterum S.C.M. suis Regijs literis
expeditis sub die 14. Nouẽbris 1646.
id fieri prohibuerit, iàm factas autem
venditiones non annullauit, vnde con-
firmasse, & ratas habuisse eas censetur,
ex obseruatis in simili per *Reg. de Pont.*
consf. 1. n. 34. & seq. lib. 1. Nihilominùs
in futurum vetuisse sub commioatio-
ne, quod eas non approbaret, idem
P. Afflict. monet *ibid. nu. 34.* & legitur
in fin. Reg. literar. per eundem transcri-
ptarum *in add. ad d. cap. 50. num. 9. d.*
fol. 323.

Et ità nouissimis temporibus iuxtà
dictas Regias literas in alienatione
Baroniæ Vallis longhæ Reg. Curiæ de-
uolutæ practicatum refert *Reg. de Ma-*
rin. in d. obs. 515. n. 2. licet in causa Ill.
Principis Casapesellæ D. Iulij Bonitl
cum Regio Fisco super taxa noua, quã
Fiscus fieri ex his prætẽdebat, contra-
rium defenderit, attentis R. Cur. tem-
pore venditionis dicti feudi vrgenti-
bus necessitatibus, necnon intolerabili
taxæ nouæ onere super dicto feudo, re-
spectu habito ad exbursatum pretium
per emptorem, ob quod cum prætten-
deretur ex taxa noua adoham ascen-
dere ad annuos duc. 1036. ta. 3. & gr.
15. plenissimè discusso articulo, non
obstante etiam Fisci motiuo ex defe-
ctu potestatis vendendi absque noua
taxa, & quod contractus venditionis
annullari, & Reg. Cur. pretium multò
maius, vt Fiscales sperabant, consequi
potuisset, per R. Cam. fuisse de mense
Maij 1651. ordinatam taxam in ann.
duc. 300. inclusa taxa antiqua, refert
idem *P. Afflict. in d. addit. ad cap. 33. n.*
36. & 37. vbi *n. 39. & seqq.* alios casus
similes recenset: De quibus casibus
quidquid fuerit in controuersia, aut
euentu, certum est ex Regijs literis in
venditione deuoluti feudi, taxam no-
uam esse practicandam, ità quod indu-
bium hodiè sit, ità seruandum esse, *cit.*
de Marin. d. loc.
6 Controuersia verò, & quidem valdè
in Reg. Cam. exagitata fuit in anno
1652. occasione deuoluti feudi *Grypta*
Minarda ob mortem *Ill. Ducis de la*
Cornia sine successore in feudis legiti-
mo, vrgentibus eiusdem defuncti Cre-
ditoribus Regio assensu vallatis pro
venditione feudi prædicti, an dici pos-
set, Regias præfatas ordinationes lo-
cum habere, circà taxam adohæ no-
uam, dicti feudi in venditione, in præ-
iudicium dictorum Creditorum cum
assensu?

Cuius articuli pro Creditoribus ra-
tio vigere videbatur, tùm quia præfa-
tæ Regiæ literæ dictum casum non
continebant, neque ad id interpretari,
siuè ampliari in tertij præiudicium
poterant, tùm etiam quia, dum indu-
bium est apud nos, Regem nostrum
Clementissimum, deuoluto feudo ad
R.C. teneri pro integro feudi valore
satisfacere creditoribus, qui cum eius-
dem Regis assensu obligatum feudum
habent, vt de communi constat, de qua
post

post *Andr.Barthol.Camer.Marin.Frecc.Praef.de Franch.* & *Reg.Constant.* aliosq; testatur idem *Reg. de Marin. d.loc.* additis eodem *Reg. de Marin. lib.1. resol. 230.n.2.* & in *alleg.116.n.19. Reg. Capyc.Latro consult.34. n.13. Consil. Marcian.cons.69.nu.51.lib.1. de Luca in obs. ad decis.Praes.de Franch.213.Dom.Consil. Altim.ad Rouit. cons.32.n.17.* quidquid in contrarium impertinentibus mediis attentare praesumpserint *Consil. Cariceual.tom.2.de iudic.disp.13. à n.29.* & *Horat.M.Staui.de Regal.offic.fol.225. à n.16.ad 19.* Proinde concludendum cõstabat, soluendum esse Creditoribus ex integro feudi deuoluti pretio, iuxtà taxam antiquam vendendi, secundùm quam maiori pretio feuda aestimantur; quod secùs esset, taxa noua imposita, proptèr quam feudi valor diminuitur, quod etiã dãnosum Fisco cognitũ, dũ vltrà quartã pretij partem diminuit, & ideò tempore necessitatum Reg.Curiae practicandum non esse censuit Reg. Cam.in Coll.Cons. vt *Auth.* noster hic testatur, & considerauit ad idem *P. Afflict. in supplem.addit. cap.33. ad nu.35. num.2.& 3.*

Ex qua ratione, & nè caeteri quoque Creditores posteriores, licèt cum assensu, ob dictam taxam nouam fortè faciendam, exclusi ab anterioribus in feudi pretio ex dicta taxa noua diminuto remanerent, & sic nè inutilis eorũ super feudo hypotheca iàm cum assensu Regio contracta redderetur, contrà inueteratum Reg. Cam. iudicandi stylum, quo nunquàm Creditores, qui feudum deuolutum obligatum habuerunt, exclusi fuere, ac stante ipsa iudicandi consuetudine inducta, nullo pacto affirmandum esse, dictas Regias ordinationes ad dictum casum extendi posse, rectè fundat *Reg.de Marin. in d.obs.513.* Et ex quo ob cõstitutionem hypothecae super feudo, stante assensu à creditore impetrato ad tollendum obstaculum, ius in re super feudo ad creditoris beneficium constitutum dicitur, concessaq; eidem in casu inobseruantiae vendendi licentia, inde sic etiam in casu deuolutionis cum dicta hypotheca, ad Dominum, stante assensu praestito, deuoluatur, prout erat penès feudatarium defunctum, & dùm illo possidente poterat creditor illud vẽdi facere, igitur eodẽ modo etsi ẽ illo possidẽte Domino directo, apud quem, etsì formale feudum extinguatur, quia tamen non extinguitur hypotheca, ideò in praeiudicium eiusdem hypothecae, siuè creditoris, nequit de taxa noua tractari, per quam pretium ipsum feudi deuoluti diminuitur, sed benè solùm sub antiqua taxa erit vendendum, non quia antiqua illa remanere debeat, & noua imponi non possit deuoluto feudo, vt pro Fisco considerauit *P. Afflict.d.loc.num.4.5.& 6.* sed quia, dùm status deuolutioni antecedens ipsius feudi, in praeiudicium hypothecarij creditoris mutari nequit, ideò cum ad instantiam creditoris deuolutum feudum venditur, non vltrà taxam antiquam adohae onus imponendum est; cum aliàs diminueretur valor ipsius feudi in praeiudicium creditorum, in quorum fauorem Rex Inuictissimus iàm assensitus est.

Vnde sicuti, quando feudatarius debitor alteri vendit, vt ex feudi pretio eius creditori satisfaciat, non est locus nouae taxae, ex gratia Augustiss. Caroli Caesaris de anno 1536. de qua meminit *Reg. Reuerter. d. decis.315.* & legitur *in cap.30.inter grat. & Cap. huius Fid.Ciuit.fol.104.* Sic paritèr, dũ instantibus creditoribus deuolutum feudum in alium alienatur, taxa noua minimè facienda est; vt benè concludit *cit.de Marin.d.loc.* Quibus ex rationibus, nec prodesse Fisco clausula, *iuribus nostris semper saluis*, dùm illa ficuti non suffragatur Fisco, quo minùs teneatur creditoribus cum assensu, feudo deuoluto, satisfacere, ità nequit iuuat in expressè contentis in assensu circà hypothecam, quae est ius reale, & transit ad quoscumque successores, ex *cit. de Marin.* & aliis superiùs recensitis.

Neque in consideratione aliqua

esse potest, quod deuoluto feudo cesset antiqua taxa, cum res sua nemini seruiat, secundùm *Auth.* nostrum hic, & proindè, quod non possit de taxa antiqua, deuoluto feudo ampliùs tractari, dùm fuit extincta, scribit *P. Affl. cit. loc. n. 6.* Nam non ideò de antiqua imponenda in feudo deuoluto, & vendito, pro dictis creditoribus cum assensu concluditur, quia illa feudo deuoluto remaneat, vel sit continuanda, sed quia, cum idem status ipsius feudi deuoluti, & hypothecati sit pro creditoribus seruandus, prout ante deuolutionem erat, proindè eorum respectu iuxtà antiquam taxam adoha imponenda est feudo vendito, ne mutetur status rei, quod fieri nequit in præiudicium creditorum, vt suprà, vltrà quod ipsa antiqua adoha sæpè numero reperitur Fisci creditoribus assignata, & proindè etiam deuoluto feudo assignatarios continuare exactionem adohæ antiquæ, post *Auth.* nostrũ h. c. cit. cõsiderauit doctiss. *D. Car. Ant. de Luca de lin. leg. lib. 1. d. resp. 23. n. 7.* vbi articulum hunc à nemine tactũ
7 vidisse ait, sed solũ audiuisse nonnullos Aduocatos creditorũ illũ examinasse, credimus certè intellixisse de Aduocatis, qui isto in articulo peritissimè scripsere in d. causa feudi *Gryptæ Minarda* pro creditoribus *Ducis de la Cerna* sine successore in feudis defuncti, qui fuere, *Dom. R. Io: Hieronymus de Philippo,* cuius doctissima allegatio integrè habetur apud *P. Affl. in d. add. supplem. ad cap. 13. n. 14.* necnon penès *Reg. de Maria. tom. 3. diuers. allegat.* 116. & meritissimus R. Cam. Præses Dom. *Ascanius Raetanus,* cuius allegationem legimus apud *eund. de Maria. d. loc. alleg.* 117.

8 Et similitèr eorundem I.C. ad eundem articulum obseruatas, cumulatasq; conclusiones latè in ordinem congessit *Dom. Consil. Ioseph de Rosa* peritiss. Iurium feudalium Interpres in *prælud. feud. lect. 3. per tot.* vbi *num. 60.* ex præadductis, ac per ipsum alijs cõsideratis doctrinis, concludit indubitantèr, excludendum esse ius nouæ taxæ in præiudicium creditorum authoritate *cit. Reg. de Marin. in d. obseru. 315. num. 8.* aduertens demùm ex alia conclusione id certum reddi, quando deuolutio euenit, quia feudi Dominus, idemquè super ipso creditor, alteri feudum vendidit cum onere satisfaciendi sibi, & alijs creditoribus, & hic alter vltimus emptor sine successore decessit; isto enim casu valdè iniquum videri, remanere exclusos creditores, qui feudum vendiderunt, aut vendi passi sunt, vt ipsis satisfieret, & proindè specialiùs nouæ taxæ non est locus pro ipso Rege, cuius ius ipsi ortum esset ex facto ipsorum creditorum ad satisfactionem ordinato, ne contrarium operetur, vbi *n. 61.* miratur de præfatis *DD. Præsid. Raetano,* & *Reg. de Philippo,* quia prædictam peculiarem rationem non ponderauere in dicta causa creditorum *Gryptæ Minarda,* cuius deuolutio ex modò explicata causa contigit, ex qua ratione semper habuisse certam sententiam, pro taxæ nouæ exclusione, concludit.

9 Articulus verò iste nouæ taxæ hodie consuetum est transigi, non minùs quarta, nec maius tertia parte eius, quod deuoluti feudi taxa noua iuxtà præsentes redditus ascenderet, & sic in dies praxis viget in Reg. Camera.

10 Tandem, quia occasione propositæ quæstionis *sup. cit. P. Affl. controu. in addit. supplem. fol. mihi 11. 2. col. num. 7.* In causa graduationis creditorum *Ill. Ducis Nuceriæ,* scribit, ipsum aduertisse, quod assignatarij Regiæ Curiæ super adoha eidem per Ducem debita, debebant quidem primo loco graduari pro adohis viuente Duce maturatis: at non ità post deuolutum feudum, extinctaq; tunc adoha, sed remanere assignatarijs actionem super alijs Regiæ Curiæ bonis, vel super ipsa adoha tempore nouæ infeudationis taxanda; Non illotis, vt aiunt, manibus, & absq; examine prælationem illam pro adohæ assignatarijs admittendam, alijs anterioribus feudatarij creditoribus, ex-

pres-

pressam hypothecam habentibus, concedendam facilè esse, sed articulum ipsum omni sui ex parte discutere pro huius Annotationis coronide censemus.

Assignatarij Adoharum, an veniant præferendi in concursu creditorum, habentium expressam hypothecam.

SVMMARIVM.

Adoha, an loco seruitij militaris successerit, & vnde dicta remissa n. 11.

Barones, & Feudatarij huius Regni, an sint immunes à solutione Adohæ n. 12.

Donatiua, an exigantur ad instar Adohæ nu. 13. & 14.

Fiscus respectu Donatiuorum, an careat actione, & respectu Adoharum, an habeat interesse num. 15. & 16.

Fiscus in Donatiuis non habet, nisi tacitam hypothecam n. 17.

Cessionarius Fisci pro donatiuis, in concursu non potest satisfieri, nisi prius satisfactis creditoribus anterioribus num. 18.

Fiscus, an ex quolibet contractu, sint quasi habeat tacitam hypothecam, & an hypothecam posteriorem habens, præferatur tacita priuati anteriori hypotheca, & quid de hypotheca dotali n. 19.

Donatiua, an sint in locum Adoharum subrogata n. 20. 21. & 22.

Subrogatum, qualiter sapiat naturam subrogati n. 23.

Adoha, an sit onus intrinsecum feudi n. 24.

Adoha, an sit subrogata in locum militaris seruitij, & respiciat naturalia feudi, an substantialia n. 25.

Feudi essentialia, quæ nam sint n. 26.

Caualcata quid sit, & an feudatarij extra bellum quoque equitare teneantur n. 27.

Adoha fuit remissa in Regno in anno 1442. vsque ad annum 1504. n. 28.

Exactio Adoharum, an sub Donatiuo contineatur num. 29.

Actio realis, an competat Cessionarijs Regiæ Curiæ pro donatiuis n. 30.

ET quidem non videtur quæstio hæc noua, sed iam antea ab ipsis feudorum Professoribus exagitata, ad quam concicendam nonnulla præmittere operæ pretium duximus.

11 Prima ergò sit conclusio, quod quamuis Adoha antiquis temporibus ante Alphonsum I. Regem loco seruitij militaris successit, prout testantur Iacobus de Ayello in suo tract. de Adoha num. 12. Franc. de subfeud. lib. 2. controu. 5. n. 8. & 9. Reg. de Curt. in suo diuersorio feud. §. cum igitur sub nu. 18. cum seq. Cons. de Anna cons. 3. post n. 6. & seq. qui ibidem declarant, quare Adoha appelletur, & vnde huiusmodi nomen fuerit sortitum; Ni-
12 hilominùs, deinde ex priuilegio dicti Regis Alphonsi Primi, Barones, & Feudatarij Regni sunt immunes à solutione Adoharum in perpetuum, & sic Adoha remissa, sine sublata dicitur in Regno, vt in Cap. 2. Regis Alphonsi inter Capitula Neapolitana fol. 4. à ter. de quo in terminis verba facit Reg. Lanarius cons. 57. n. 14. subdens, hac de causa semper in Donatiuis esse dictum, quod non intelligatur pro Adohis, à quibus coram Cæsarea Maiestate asserebant se immunes, & in omnibus alijs Donatiuis successiuis temporibus factis semper, & vbique hoc ipsum fuisse repetitum, vt supra in huius §. rubr. annotauimus.

13 Secunda conclusio, quod quamuis ex priuilegijs, Feudatarijs, ac Baronibus indultis Adoha sit remissa, sine sublata in Regno; Nihilominùs singulis duobus annis Donatiua indicuntur, quæ ad instar Adohæ exiguntur, sicq; non amplius Adoha viget, sed tantùm modus exactionis, secundùm taxam Adohæ, inter Barones, & Feudatarios in eiusmodi Donatiuis seruatur, vt non obscurè declarat Iacob. de Ayello in d. tract. de Adoha nu. 27. Reg. de Curt. satis expressè, & dilucidè in eod. §. cum igitur in vers. in Regno non exigitur, sub n. 53. & 54. Reg. Galeot. controuers. tom. 2. controuers. 55. sub nu. 4. in vers. non præstatur seruitiū, sine Adoha; Vnde illa hodie in Regno non exigitur, prout per priùs exigebatur, sed exactio fit sub Donatiuo, quod singulis quibusq; duobus annis exigitur à toto Regno, inclusis Baronibus iuxta taxam seruitij, Reg. de Ponte decis. 3. n. 15. & nu. 10. & notè cum tradit Dom. Author noster in hoc §. 4. de Adoha, & seruitio vrad. fin. vbi & Nos in annot. Cons. Theod. alleg. 81. sub n. 43. & Gallupp. in suo method. feud. par. 4. cap. 2. sub num. 49. vers. item non debet solui Adoha.

14 Ex quo fit, Donatiuum deberi, ex quadam pactione inita cum Serenis. Rege; ergò verè, & propriè effectus Adohæ fuit mutatus, ac in effectū Donatiui singulis duobus annis præstandi, fuit translatus, solùm firmo superexistente modo exactionis Donatiui eiusdē, ad instar Adohæ, iuxtà tradita, ac in superioribus demonstrata ex tot, tantorumq; Feudistarum consensu, ne dicam ex priuilegiis Serenissimorum Regum, inter Capitula, & Priuilegia Neapolitana registratis.

15 Tertia sit conclusio, quod ex quo Adoha fuit remissa, & sublata in Regno, atq; Donatiua singulis duobus annis præstanda sūt, &

ad instar Adohæ exigenda succedere, nullū amplius sit considerabile interesse Regij Fisci respectu Adoharum; imò neque respectu Donatiuorum, quæ postquàm fuere facta, Fiscus omni alia caret actione, contrà non contribuentes, prout sic iudicatum in Regia Camera testatur idem *Reg. de Curt. tit. §. cum igitur sub n. 63. & 64.* quem refert, & post multos exornat *Gallupp.* in adducta *par. 4. post n. 49.* & *Nos* post alios *suprà ad qu. 2.*

16 Igitur si ex fundatis, atque per Regiam Cameram determinatis, Fiscus respectu Donatiuorum caret actione, eorumque respectu nullum habere cōstat interesse, quia iam sunt adohæ remissæ, & sublatæ; imò in Donatiuis pro conditione, siue resolutiua, siue suspensiua adijciunt, quod pro Adohis donata quantitas nequaquàm soluatur, dubitationi locus minimè relinquitur, quia tàm Fiscus, quàm eius Assignatarij pro Adohis sine actione experiantur, & cum non entis nullæ sint qualitates, omninò frustratoria, & inanis sit assignatio super Adohis, quæ post *Alphonsi Primi* priuilegium Feudatarijs, & Baronibus indultum, ab aula recessere, nec amplius extitere, prout verè nō existūt; vndè si qua forte cōsiderabilis actio, singulis quibusque annis renasceretur ad beneficium Fisci, siue eorum, quibus à Fisco assignatio destinatur in effectu, nō quidem super Adohis remissis, & sublatis, sed super quantitatibus illis donatis (pro confusione euitanda) exigendis ad instar Adohæ, quemadmodùm singulariter aduertit *Reg. de Curte,* vbi suprà *§. cum igitur post n. 64.* id quidem, vt sicuti cessante militari seruitio in pecunia, cessabat Adoha, ità ad præsens cum Adoha sit remissa, & sublata, vbi Donatiuum huiusmodi singulis quibusque annis minimè fieret, omnis prorsus cessaret exactio, exigente nempè Domino nostro Rege personale seruitium, secūdùm ea, quæ aduertit *Cons. Thород. practic. allег. 81. sub num. 39. 40. & 41.* vbi ex *Franc. Andr. de Isern. Afflict. & alijs,* hoc solidè fundat *Cons. de Anna cons. 30. sub n. 12. 13. & 14.*

Sicque actio huiusmodi, quæ à Fisco suis Assignatarijs ceditur, non valebit coarctari, vel ampliari, sed habebit eandem naturam in cessionarijs, quam habebat in cedente, prout obseruat *Cons. Carleual. 2. tom. de iudic. lib. 1. tit. 3. disput. 33. num. 22.* Sed in Fisco ce-

17 dente non habetur, nisi tacita hypotheca, quæ singulis quibusque annis, ex donatiuis nascitur, iuxta *text. in L. aufertur 46. §. Fiscus, D. de Iur. Fisc.* igitur eadem tacita hypotheca eodem tempore nascitura considerabitur in Cessionarijs, siue Fisci Assignatarijs, ex regula *text. in l. final. C. de his, qui in priorum credit.* Ideòque non poterit Fisco, siue

18 eius Cessionarijs in concursu satisfieri, nisi prius satisfactis creditoribus, qui antè hanc tacitam Fisci hypothecam contraxere, iuxta *text. in L. non possunt 23. D. de iur. Fisc.* quia

19 quamuis Fiscus ex quolibet contractu, siue quasi, tacitam saltèm sortiatur hypothecam, iuxtà præcitatum *text. in L. aufertur. §. Fiscus,* eam tamen antè contractum, vel quasi non habet, sed ex eodem ipso contractu, vel quasi oritur, sicuti indiuidualitèr concludit *Peregr. tract. de Iur. Fisc. lib. 6. tit. 6. n. 1. ex cit. text. in L. aufertur, §. Fiscus. & l. 2. C. de priuil. Fisc. & l. 2. C. in quib. caus. pign.* hinc etiā subnectens *post n. 16.* ex inconcussa ferè inpunctu *DD.* hypothecam tacitam priuati, præferri hypothecæ Fisci posteriori, licet non hypotheca dotali, *Doct. in L. assid. C. qui pot. in pign. Gizz. decis. 1.*

20 Quibus omnibus, primò non refragatur, in casu per *R. Lanarium* discusso, *tit. cons. 37.* fuisse pro Fisco decisum, atque determinatū cōtrà Cōsiliarios Collaterales, quin ex hoc maximè suffragatur, ad affirmandum nostrarum conclusionum veritatem, dū fuit iudicatū, Cōsil. Collaterales ab Adohis exēptos, non tamen esse immunes à Donatiuis, quia verè Donatiua non sunt Adohæ, neque Adoharum naturam retinent, quamuis Adohæ in specificam, & naturalem substantiam seruitij, ad quod Feudatarij tenentur, successerint, in tantum, quod immunes à seruitio, dicantur etiam immunes, & exempti ab Adohis, secundùm tradita per *Camill. de Medic. cons. 6. sub nu. 30.* & per *Amatum in d. cons. 3. sub n. 12. & 13. cum seq. Praes. Amatum in suo cons. 13. & Reg. de Ponte dec. 3.*

21 Et quamuis *Reg. de Pont. tit. decis. 3. nu. 14.* alijque per *Nos* citati in hac rubric. num. 35. & 36. ipsa donatiua corrupto verbo, sic appellari, & in effectu esse impositiones necessarias; hoc minùs rectè affirmare possunt, sed tamen pro modo loquendi ob Regum preces, quæ veluti mandata habentur; Cæterùm non ideò, quod singulis quibusque duobus annis indubiè fiant, indè donatiuorum veram naturam, & peculiarem effectū deperdūt, imò illam intrinsecè, & extrinsecè retinent, prout ex solidissimis fundamentis comprobat *Episcop. Rebellus in suo tract. de regimin. Princ. lib. 3. de causa finali parlamenti, vers. quaritur an donatiuum sit, nibi 135.* cuius quidem fundamenta, & singulares rationes non transcribimus vti non simpliciter necessaria.

22 Quinimò & illo inconuincibili argumento confirmatur, dùm si donatiua in locum Adoharum effectiuè transijssent, vtique pro rata seruitij trium mensium, pro quibus feudatarij suis expensis seruire tenentur, & in- culum

cuius seruitij recompensam Adoha est introducta, prout ex Isern. in cap. 1. §. sed nec alia iustior, num. 42. tit. qua sit prim. caus. benef. amitt. & in cap. 1. nu. 14. vers. in Regno Siciliæ tit. de cap. qui Cur. vendidit, deducit Anne d. cons. 3. sub nu. 1. 2. & 3. cum seq. forent commensuranda, & tamen nondum commensurentur, licet pro euitanda confusione, secundum tradita per Reg. de Curt. in supra cit. §. cum igitur n. 63. & 64. ad instar Adohæ, & secundum illius taxam exactio fiat, ob quod iure clarior demonstratur, quod donatiua in effectu in locum Adoharum minus sint subrogata, cum ex probatis non sapiant naturam Adoharum, in quarum locum forent
23 subrogata, contra formam, & naturam subrogati, quod sapit naturam eius, in cuius locum fit subrogatio, vt in l. si rem, § seruitutes, D. si quis caut. l. mortuo Iudice, & l. finali, C. de Iudic. nisi rei subrogatæ diuersa insit qualitas, aut alia differentiæ ratio, l. cum in fundo, § si fundus, D. de iur. dot. l. 1. § si quis autem, D. de successor. edict. Alex. cons. 108. nu. 17. lib. 3. Paris. cons. 49. n. 70. lib. 3. Polydor. Ripa obseru. 150. Surd. cons. 289. nu. 30. & de aliment. tit. 9. qu. 21. n. 21. & decis. 3 [illegible] n. 27. Becc. cons. 30 [illegible] n. 59. Marec. cons. 49. n. 3. Aldrin. cons. 104. nu. 103. Natta cons. 4 [illegible] num. 43. Barth. in l. 1. § hac actio, D. si quis testam. lib. esse iuss. fuer. Menoch. cons. 310. n. 46. lib. 4. cons. 308. nu. 32. & de arbitr. qu. 5 [illegible] n. 29. Gabriel concl. 5. nu. 58. & ea, que supra ad §. 3. de exact. funct. fisc. qu. 4. 3. n. 21.
24 Secundò, nec refragatur, Adoham huiusmodi, vti subrogatam in locum militaris seruitij, quod respicit intrinsecum esse feudi, minimè remitti valuisse, ideoq; adhuc vigeat, & superexistat, statq; eius exactio sub dona-
25 tiuo; Siquidem respondetur, militare seruitium, ac Adoham in eius locum subrogatam, respicere naturalia feudi, non autem substantialia, quæ in sola fidelitate consistit; ideoq; benè illam potuisse, & posse remitti, prout valet remitti seruitium, secundum ea, quæ idem de Ponte non inficiatur in cod. decis. 3. & post alios, quos allegant, subscribunt Galleg. in d. q. 4. cap. 2. sub n. 35. & Andr. Capano tract. de Iur. Adoha quæst. 35. nu. 14. & magis in specie in præcedenti qu. 33. num. 3. vers. potest etiam Adoha remitti per Regem Vasallo, allegando Iacob. de Ayell. de Iure Adoha n. 16. & Cuiacium in cap. si aliquem, in verbo seruitij constent n. 98. post Andr. in cap. 2. § sed nec est alia iustior, vers. item si [illegible] penult. tit. quæ sit prim. caus. benef. amitt. & cit. R. de Curte in par. 1. diuersor. Iur. feud. cap. 14. in rep. cum igitur num. 10. quadruplici distincta seruitij præstatione in feudis, illam sic seruitij speciem esse debitam, quæ intuitu fidelitati, & de seruitio associandi Dominum, cum Imperator Romam proficiscitur ad coronam suscipiendam; tertiam verò speciem, quando seruitium fuit conuentum, & quartam, pro seruitio consueto, cuncta sequitur Cons. Prat. in descript. for. tom. 4. cap. 37. n. 12.

26 Huc reuocanda sunt, quæ elucidiori calamo disseruimus in nostris Vision. Iur. feud. rubric. 6. de feudi essentialibus, siue substantialibus, naturalibus, & accidentalibus, vbi ad rem nostram notandum est, quod naturalia feudi (vt est seruitium, c. 1. per quos fiat inuest.) possunt esse, & abesse, salua feudi essentia, & consensu Domini, ac Vasalli tolli, vel immutari, ex Georg. Adam. Struu. in syntagm. feud. c. 1. aphorism. 11. c. 3. aph. 3. & cap. 4. aph. 4. & seq. post Henr. Bocer. de feud. subd. cap. 1. His verò temporis, adeò naturæ feudi accedit seruitij munus, quod sub fidelitate comprehenditur, vt ex informi etiam concessione tacitè adiectum censeatur in fidelis obsequij nomine [illegible], §. fin. ex quib. caus. feud. amitt. Vnde non solùm bellica seruitia, siue personalia, & realia præstãda sunt, sed & quæ honori feudi, & obsequio Dominorum congrua videntur, sub beneficij nomine veniunt, ad quod facit glos. in l. C. de obseq. patron. præst.
27 eaq; pro aliis sub Caualcata nomine (ob Equitatu, vti à potioris functionis [illegible], quod in Equis, & Equestri militari [illegible] per nobiles Feudatarios Domino Regi (exhibentes frequentiùs esse noscitur) rectè intelligit Amat. Bernaier in tract. Caualcata, siue de seruit. Vasall. & præsertim id explanate, ac probans in par. 1. cap. 1. vers. Illud tamen pro aliis, & par. 3. cap. 1. vers. Vnde & non malè, & seq. vers. Cæterùm, cuius etiam meminit Capan. de Iure adoha quæst. 1. nu. 11. Hinc iure optimo ob Equitatum (quem vulgò Caualcatam appellamus) pro secundis nuptiis Augustissimi nostri Regis Caroli II. Hispaniarum Monarchæ in hac fidelissima Ciuitate celebrandum, per rescriptum Excell. Dom. Comitis de S. Stephano, vigilantissimi Pro-Regis, fuerunt vocati omnes Regni Barones, seu Feudatarij, legitimè solùm impeditis indulgendo.

Quod sanè eò potiùs procedit, cum hodiè solùm exigatur donatiuum, quod non potest esse de feudi natura, cum ex voluntate feudatariorum dependeat, vt docet D. Reg. Marcell. Marcianus iunior in accerpsis forens. exercit. cap. 10. n. 20. in operib. posthumis.

28 Quia & hoc, ex irrefragabili ratione suadetur, quod à tempore Ser. Regis Alphonsi I. per quem Adohæ fuerunt remissæ in Regno de anno 1442. vsque ad annum 1504. per illud intermedium tempus Adohæ non fuerunt exactæ, sed quia postmodùm suc-

succeſſerunt Donatiua, cum expreſſa proteſtatione, ne pro Adohis intelligerentur, ad euitandam confuſionem, pariter illa Donatiuorum, fuit ad inſtar Adohæ, & ſecundum taxam Adoharum præſtita, ſicuti in toties repetito §. cum igitur ſub n. 33. num. 63. & 64. ſatis apertè demonſtrauit Reg. de Curt. non quod (vt nonnulli opinantur) Adoharum
29 exactio ſub Donatiuo contineretur, ex quo eſſet contradictio, & antinomia in adiecto, vt Adohæ in effectu exigantur ſub Donatiuo, & quantitas Donatiui non exigatur commenſuratiuè ad quantitatem debitam pro Adoha, ſed in ſatis maiori quantitate, quæ ex lege, & conſuetudine ſemper fuit donata, & à Sereniſſimis Regibus, ſiuè Vicarijs accepta, ne intelligeretur pro Adohis, ſunt etiã expreſſa verba, & relegenda in Donatiuo de anno 1556. & in alio Donatiuo de anno 1564. ibi: *Nel qual contribuiſſimo li Baroni per due Adohe, nel modo, che ciaſcheduno d'eſſi ſi ritroua taſſato; non però per via, e pagamento d'Adoha, ma per ſemplice Donatiuo.*

30 Accedat tandem, quod vbi hæc ipſa aliqualem difficultatis vmbram inuoluerent; prout verè dubietatem non habent, adhuc actio talis conceſſionarijs Regiæ Curiæ, pro hoc iure adohandi non competeret, niſi ſingulis quibuſq; annis, in quibus Adohæ ſub Donatiuis renaſcuntur, & exiguntur, iuxtà nonnullorum Aduerſantium ſententiam, ergò non antè, quia alioquin eſſet dare Fiſco, ſiuè eius Ceſſionarijs tralatam actionem, & hypothecam ante contractum, ſeù quaſi contractum, id, quod ab omni iure abhorret, iuxtà fundata, & in ſuperioribus demonſtrata. Et confert doctrina *Pauli de Caſtr.* in *l. Imperatores num. 3. D. de publ. & vectig.* In ſimili concludens, ibi: *In hoc tamen eſt differentia, quia in tributis incipit hypotheca prædiorum ab ipſo initio, quo tributa fuerunt impoſita, nec multiplicantur ſingulis annis, quia illa ſunt extra ordinaria, & ſemper, & vniformiter præſtantur; ſed in collectis, quæ ſunt extra extraordinaria, multiplicatur obligatio ex qualibet indictione, & antequam ſit indictum onus, bona non ſunt obligata.*

AD QVÆST. IV.

An immunitas ſimplicitèr, & generalitèr pèr Regem conceſſa comprehendat donatiuum.

ANNOTATIO.

SVMMARIVM.

Immunitas Vniuerſitati à Rege conceſſa, etiam ab extraordinarijs oneribus, an comprehendat donatiua nu. 1. 2. & 4. & quid in venditione functionum fiſcalium n. 3.

Immunis Vniuerſitas etiam à donatiuis, ſi illa per aliquod tempus ſoluerit, an exemptione gaudeat num. 6.

Immunes etiam à donis, quando contribuere tenentur in caſu neceſſitatis, vel in diuiſione generali facienda pro donatiuo n. 7. & 8.

Eccleſiaſtici, an in caſu neceſſitatis donare Regi teneantur n. 9. 10. & 11.

Ciuitas Caſtri maris de Stabia, *an à donatiuis exempta ſit n. 5. & affertur* Reſponſum *pro eadem à n. 12. ad 24.*

Ciuitas Iſerniæ, *an ſit immunis à donatiuis? Adducitur allegatio* Scipionis Conſtantij *à n. 25. ad 35.*

1 IMmunitate Vniuerſitati à Rege cõceſſa, etiam ab extraordinarijs oneribus, donatiua an veniant? Pro affirmatiua nonnulla argumenta ab *Authore* noſtro hic excitantur, vtpotè quod immunitas generalitèr conceſſa omnẽ, futurumq; etiam caſum comprehẽdat, neque ſpecialem requirit mentionem, idq; magis, quando in Priuilegio ab extraordinarijs immunitas quoque elargita eſt, cum tunc comprehendi dici poſſit, ex quo functiones iſtæ donatæ, extraordinariæ dicuntur, neque certã, ac ordinatã præſtationẽ cõtinẽt, ſed ob nouas, inopinatas, & extraordinarias cauſas imperantur ex *L. 1.* vbi *gloſ. C. de ſuperindict. lib. 10.* & alijs, de quibus apud *R. de Marin. in obſeru. ad Reg.*

Reg. Reuert. decis. 54. num. 1.

2 Pro negatiua verò, secundùm quam censuit R. C. vt nonnisi specificè de donis fiat mentio in priuilegijs, etiò amplissimè generalibus verbis concessa illa sint, donatiua non comprehendantur, quoniam donatiua voluntariè fiunt, & sic, dùm soluuntur, non derogatur priuilegio ex *l. voluntarij, C. de excus. tutor.* sicuti quia immunitas nonnisi à necessario munere in iure consideratur; Igitur in his, quæ sponte donantur, illa non cadit; alijsq; ex rationibus *Author* noster hic, *R. Reuer. d. decis. 54. per tot.* & post *Auth.* nostrum *Capan. de iure adoha qu. 14. n. 11.* probè sic iudicatum contrà Ciuitatem Caietæ, legitur in *Arrest. 211.* apud *Reg. de Marin.* ac decisiones compilarunt *Reg. Salernit. decis. 130.* vbi *Thor. in add.* & *Reg. Reuert. decis. 130.* vbi *R. de Marin. in obseru. n. 3.* testatur, decisum fuisse, dictam Ciuitatem esse immunem ab impositione granorum quinque, & vnius pro sustentatione equestris militiæ; Contrà Ciuitatem Cauæ adest *Arrest. 37.* aliasquè decisiones refert *Tasson. de antefat. vers. 4. obs. 3. num. 17. & 18.* Vnde regula fit ex *Auth.* nostro hic, quod immunitas concessa semper intelligitur salua solutione donatiui, nisi de eo fiat specialis mentio, *Iul. Capon. discept. for. 90. n. 16. & seq. 2. tom. & discept. 313. n. 31. & 32. tom. 4.*

3 Præfata quoque conclusio procedit in venditione, cum scilicèt à R. Curia venduntur super aliqua Vniuersitate alicui integræ fiscales functiones, ordinariæ, & extraordinariæ, quouis nomine nuncupentur, seù in posterum imponi, aut nominari contigerit, etsi in aliud nomen posteà immutarentur, vt non comprehendantur donatiua ex prædicta nostri *Authoris* ratione, quia illa non imponuntur, sed gratiosè donantur, vt fuit examinatum in causa Ill. Principis Bisiniani cum Regio Fisco, de qua apud *Leganar. in add. ad Reg. Reuit. in Pragm. 1. de imp. & exact. fisc. fol. 389. & 391.* in qua causa articulus non fuit decisus, sed vota fuerunt ad S. C. Maiest. transmissa, eodem *Leganar.* teste *ibidem fine.*

4 Secùs autem si in priuilegio verbis claris legeretur immunitas à donatiuis, ea quidem ratione, secundùm *Authorem* nostrum hic *nu. 8.* nàm quando Vniuersitas speciale habet priuilegiũ à donis, non quia totum Regnum donat, fit præiudicium aliquod immunitati concessæ; regula enim *l. quod maior. D. ad municip.* nullo pacto locum habet, quando agitur de præiudicio patrimoniali habentis immunitatem, per *glos. in l. 1. C. quæ sit longa consuet.* traduntq; *Tasson. d. loc. Reg. de Marin. in obs. ad Reg. Reuert. decis. 58. n. 1. Cons. Rocc. de offic. §. 5. de donatiuis num. 103.* Neque ex hoc damnum Fisco infertur cum tota illa exempta cedat in damnũ Regni, non autem Regis, cui integrum donatiuum debetur, vt infrà *in sequenti quæst.* exponetur.

5 Et ità decisum per R. Cam. de anno 1570. pro Vniuersitate Castri maris de Stabia refert idem noster *Author* hic *nu. 9.* quidquid erroneè referat *Consil. Rocc. d. loc. nu. 100.* etenim, teste *R. Galeota lib. 2. controu. 18. sub n. 21.* concessa immunitate à Sereniss. Rege *Alphonso I.* de anno 1444. d. Ciuitati Castri maris ab omnibus functionibus fiscalibus, etiam extraordinarijs in ampla forma, fuit per Reg. Cam. decisum 20. Febr. 1538. quod conseruetur immunis etiam à donatiuis, vt ex *Consult. 1. Iunij 1545.* subscripta à *Barthol. Camerario*, & iterùm confirm. facto verbo in Collat. Cons. 26. Maij 1544. & 17. Octobris 1569. cum pluribus alijs decretis successiuè latis, vt ex Actis penès *Surrentinum*. Ad maiorem tamen huius quæstionis elucidationem non pigeat hic infrà afferre Allegationes pro eadem Ciuitate tùc temporis elaboratas à clarissimis I.C. *Io. Francisco de Rogatis, Marco Antonio Fiettaro*, & *Ferdinando Marthei.*

6 Et quamuis de anno 1568. fuisset per eandem Reg. Cam. decisum contrà Ciuitatem Tarenti, pro qua scripsit *Regens Lanarius cons. 95.* licet speci-

ficum

ficum haberet priuilegium immunitatis à donatiuis. id contigit, quia priuilegio prædicto videbatur renunciatum ob continuatam donatiuorum solutionem ab Vniuersitate factam ab anno 1446. & ex alijs rationibus, vt ex *libro notamentorum* testatur idem noster *Author* hic *nu.9.* quem referunt quoque *Tasson.d.vers.4.obs.3.n.29. Reg.de Marin.ad Reg.Reuert.decis.38.n.1 ad decis.54.n.3 ad decis.130.nu.1.in fine*, *Cons. Rocc.de offic.d.§.5. de donatiuis nu.100. Capon.cit.disceptat.313. cap.3. num.32.* Idemq; decisum fuit contrà Ciuitatem Puteolorum, ex quo illa semper soluerat donatiua, sicq; dicebatur, priuilegium Ciuitatis, per solutionem donatiui continuatis temporibus annorum 30.vel 40. factam, fuisse sublatum, siuè ex vsu contrariam interpretationem recepisse, teste *Reg. Reuerter. d. decis. 38.* vbi post *Auth.* nostrum, aliosq; id confirmat *Reg.de Marin.in observ.*

7 Similitèr annotandum euenit, quod si in concessione fuerit dictum, *Concedo feudum liberum ab omni iugo seruitutis*, deberet intelligi francum, liberum, & exemptum ab adoha, & donatiuo, prout decisum constat in Reg Cam. in anno 1544. in causa feudi Gaudiani R.Fisci cum Episc.Melphiæ, ex *Reg.de Ponte decis.3. num. 21.* secùs verò, si Baroni, vel Vniuersitati simplicitèr immunitas fuerit concessa, vt ex *Reg.* nostro hic aduertit *Capon.de iur.adoh. qu.14.n.11.* Et qualitèr Rege imponente adoham extraordinariam ex causa belli, possint immunes cogi ad illam soluendam, non obstante immunitate ab adoha, siuè illius remissione, & an, & quando eadem immunitas militet, vel non, & quibus in casibus, latè adeundus est idem *Capon qu.44.per tot.*

8 Tandem ad quæstionem hanc, vt suprà exaratam, sciendum, hodiè nullatenùs ambigendum, quod siuè generalitèr, siuè specialitèr etiam de donis fuerit alicui concessa immunitas; Nihilominus teneatur contribuere in diuisione generalitèr facienda pro donatiuo, etiam facto S.C.M. ob felicissimas nuptias, non obstante priuilegio Vniuersitatibus, aut alijs concesso immunitatis omnium donatiuorum, dùm ex decreto R. Cam. generali sub die 24. Martij 1599. emanato pronunciatum habetur, quod dictæ Vniuersitates cōtribuant in donatiuo, & sic Vniuersitas Capuæ, & aliæ, quæ tenent cōuentionem cum Regia Curia, contribuant pro integro numero focular iorum, & contribuant etiam Barones illi, qui sunt immunes à solutione adohæ, habito respectu ad clausulam, *quod integrè soluatur*, vt in *Arrest.517.* apud *Reg.de Marin.*

9 Probat immunitas Clericorum non prodest pro contribuendo in donatiuis ob communem vtilitatem, & maximè vrgentiam indictis, authoritate tamen Summi Pontificis, ex Concilio Lateranensi in *cap.non minùs*, & *cap. aduersùs, de immun. Ecclesiar. Kochier in vindicijs libertatis Ecclesi.lib.1.cap.2.à n.9. Baldell. in Theol. morali disput.34. dal Bene de Parlam.cap.50.dub.18.sect.2. Lother.de Censu lib.3.cap.18. Klock.de Ærario lib.2.cap.83. à n.38. Maximil. Faust.in cōs.pro Ærar.class.17.ord.1318. Rocc.de off.§.5.de donat.à n.108.* & Nos post *Gōzalez. B. Sāfel. Cōs. Altim.* aliosq; suprà in *annot.ad §.1. tit.de Collect. nu.34. & §.3.quæst.10.nu.10. & 13.* dummodò tempus hanc dilationem pati posset, vt S. Pontifex consulatur, secùs enim si Princeps repentè sit inuasus, nam imminente Regni periculo, potest ab Ecclesiasticis, illo quoque tunc inconsulto, subsidium petere, vt egregiè probat *Luc.de Penna in l.1. nu.5. C. de quib.muner. nem lic.se excus. lib. 10.* traditq; *Henric.Pirhing Soc.Iesu in Iur. Can.methodo noua lib.3.tit.49.sect.3.§.3.vers.quintò.*

10 Vnde, cum in anno 1658. ob circumuallationem factam à Lusitano exercitu in Ciuitatem *de Badajoz* nostri Catholici Regis immortalis memoriæ Philippi IV. decreto generali imperata fuerit registratio omnium curruum, siuè carrucarum, vt quilibet

sub-

subditus eas habens, centum ducat. aureæ monetæ pro vna vice contribueret, omnes Ecclesiastici suos census registrando, sponte donarunt Regi, vel eandem summam, vel aliam minorem, aut maiorem, temporis angustiam considerando, vt post *Fermosin. in cap. Eccles. S. M. de Constit. quæst. 38. num. 39.* refert *Capon. d. discept. 313. cap. 2. nu. 61.* & meminimus in nostra *Notitia pract. Ærar. Vniuers. par. 1. cap. 5. n. 18.*

21 Et sic etiam in Regno isto, tempore Regis *Ferdinandi I.* quo Turcæ Terram Hydruntinam inuaserunt, obseruatum fuisse testatur *Reg. Reuerter. decis. 36. n. 2.* Imò tunc omnes Regni Ecclesiarum Præsules, & Presbyteri contenti fuere medietatem eorum fructuum illius anni 1481. Regiæ Curiæ donare: Cumq; super dicta exactione fuisset per Curiam deindè supersessum, superueniente in anno 1482. alio bello, mandatum fuit, denuò exigendam esse dictam fructuum medietatem: Vide *litteras Cam. 11. Iulij 1482. in Reg. Cur. 12. fol. 220.* & instructiones datas super exactione prædicta, vide in *d. Reg. fol. 215. 3. Iulij 1482. & in mense Ianuarij 1485.*

IVRIVM ALLEGATIONES

(Quarum meminimus *suprà n. 5.*)

Pro Vniuersitate Castri maris.

22 Duplici capite Vniuersitas Castrimaris declarari debet immunis, etiam à donatiuo, & sic conseruari; Primò ratione priuilegij Regis Alphonsi anno 1444. & 1449. & nouissimè confirmati per Cæsaream Maiestatem anno 1536. vbi apparet, dictæ Vniuersitati fuisse concessam immunitatem à quibuscumq; collectis, & impositione ducati vnius pro quolibet foculari, & ab alijs quibuscumq; functionibus fiscalibus ordinarijs, & extraordinarijs cuiuscumq; sint generis, & speciei, aut quocumq; nomine nuncupentur, sicut prædicti sunt Ciues Neap. exceptis dumtaxat collectis, quæ in futurum imponi contigerit pro maritagio, coronatione, aut pro Regis, seù filiorum personis redimendis, cum dicta Vniuersitas dederit Regiæ Curiæ pro obtinenda huiusmodi exemptione vectigalia bonì denarij, vini, & quartucij.

23 Vnde cum verba priuilegij sint latissima per dictiones vniuersales, nihil excluduntur *c. solitæ, in fin. de maior. & obed. Auth. quibuscumq; C. de Sacrosanct. Eccl. l. Iuliana, in leg. 3. c. si Romanorum, in dicta glos. in vers. dicendo 19. dist.* & omnes casus includuntur ad notata per *Decium in cons. 113.* & verba priuilegij specialiter comprehendunt tempus futurum, licet indefinita solummodò idem operentur, *c. quia circa de Priuileg. cum ibi notatis*, & extenduntur ad augmentum futurum, & multò magis per dictiones vniuersales, vt per *Alex. in cons. 178. vol. 2.* & illa dictio *quibuscumq;* mirum in modum extendit dispositionem, etiam ad impropriietatem, vt tradit *Bal. in c. imperialem num. 19. de prohibita feud. alien. per Fed. in vsibus feud.* & pro singulari sequitur *Iason. in l. cum filiusfamilias num. 88. de leg. 1.* & *Alex. cons. 95. n. 9. vol. 2. in princ.* & in materia euictionis, licet emptor sine consensu venditoris de re empta compromiserit, & succubuerit, non possit agere de euictione, tamen si in emptione fuerit adiectum, venditorem teneri, à quibuscumq; molestio sequeretur, per dictam dictionem posset agere, *Alex. in l. si patroni n. 15. ad Trebell.* & idem per dictionem *qualitercumque*, *Alex. cons. 4. vol. 3.* vniuersalia enim non recipiunt restrictionem *Salyc. in l. si seruus num. 8. C. de nox. action.* & tantam efficaciam habent, quod licet in generali dispositione restricta per species sequentes cum adiectione certi loci, non veniant venialia, nihilominùs si fuerit adiecta dictio vniuersalis, comprehenduntur *l. generali, §. vxori, & ibi Bar.* & cæteri scribentes *ff. de vsu leg.* & per *Alex. in cons. 30. n. 16. vol. 5.* & ita vnus operatur generale in omnibus, sicut speciale in singulis, *l. si duo in fine. ff. de admin. tutor.*

24 Illa equidem verba vniuersalia, & geminata, arguunt enixam voluntatem Principis fuisse concedere ipsi Vniuersitati plenariam exemptionem *l. bastæ ad Trebell. Iason. in l. cum filiusfamilias n. 156. de leg. 1. Bar. in l. Annonas n. 7. C. de agri. & cens. lib. 10.* & per *Felin. in c. si cautio n. 39. cum seqq. de fide instr.* & in omni dispositione, & contractu, semper voluntas est attendenda *l. in conditionibus, ff. de cond. & demonstr. cap. sciendo 53. dist. & per Marianum Socin. in cons. 58. col. 2. vers. his tamen non obstantibus*, & si cessaret mens concedentis, standum esset verbis priuilegij, *cap. porrò de priuileg. Bal. in l. 1. q. si is, qui in fine, ff. de exerc. act. & in l. omnia n. 3. C. de Episc. & Cler.* & siuè intueamur verba, siuè mentem, colligitur concessio sic plenariè facta, etiam quia exemptio fuit concessa, *si, & prout gaudent Ciues Neap.* & dictio ista, *prout*, in priuilegijs, & alijs habentibus certam dispositionem

dictam fuerint certitudinaliter, & causaliter, vt puta, quia Cives Nap. eadem potiuntur immunitate, c. *Abbate de verb. signif.* cum alijs, de quibus notatur per *Felin. in cap.* 2. n. 10. *de rescript.* & si sumeremus conditionaliter, maximè per aliam praecedentem dictionem, *si*, eandem immunitatem afferret, cum Cives Neap. sint immunes quoque à donis.

15 Corroboratur, quia Princeps concessit exemptionem vniversalem, & iuravit omnia contenta in privilegio servare, & in aliquo non contravenire, nec suos haeredes aliqua ratione, vel causa, etiam si maxima necessitas conservationis status ad id cogeret, & iuramentum habet vim specialis dispositionis *l. cum pater, §. filiae matrem de leg.* 2. *cap.* & *rescripta*, iuncta *gloss. vers.* & *verum de iur. iurand. Bald.* notabiliter in *l.* 1. *n.* 4. *in fin. C. commod.* vbi si in aliquo actu intervenire debet consensus specialis, si intervenit generalis cum iuramento, sufficit, cum iuramentum illud operetur specialem consensum, & sequitur *Castil. Cotta in memor. vers. Iuramentum robur in verb. effectu.*

16 Fulcitur alia ratione, cum in privilegio appareat exceptuatio cum dictione tantum in illis tribus casibus, vnde omnes alij casus dicuntur inclusi, quia exceptio firmat regulam in non exceptuatis, *l. nam quod liquidè, §. fin. ff. de pen. leg. l. quaesitum, §. denique Neratius, ff. de fund. instr. l. cum praetor de iud.* & per *Alex. in cons.* 38. *n.* 9. *vol.* 1. *modo in proposito*, aut illi casus exceptuati veniebant sub regula, & debent venire alij quicumque, & dona quoque, quia exceptio in hoc non repugnat, imò declarat regulam, vt in omnibus alijs procedat, cum verba regulae apta sint omnia comprehendere, aut non includebantur sub ea, & tunc, ne exceptio sit inutilis, & etiam, quia ex tali exceptione demonstratur mens concedentis, ampliat regulam in omnibus alijs etiam requirentibus specialem dispositionem *cap. qui ad agendum de procur. in* 6. & videtur communis opinio, ad notata per *Dec. in l.* 1. *num.* 30. *cum seqq.* & per *Cagnolum ibi n.* 36. *de reg. Iuris*, & notant *Iason in l. Lucius* n. 11. & 12. *ff. de in litem iur.* & *Covarruvias in tractatu variar. resol. lib.* 2. *cap.* 5. *num.* 7. *cum duobus seqq.*

17 Rursus dicta immunitas dicitur concessa titulo permutationis, cum Vniversitas in recompensationem dederit Regiae Curiae vectigalia, & titulus emptionis, vel permutationis est bonae fidei, *§. actionum autem Inst. de action. l.* 2. *C. de rerum permut.* & actio, quae ex his oritur, cum sit bonae fidei, continet omnia, quae dictat aequitas, licet non fuerit actum, neque à contrahentibus cogitatum, vt notat *Iason in l. Lucius Titius, §. qui servum n.* 18. *de leg.* 1.

& omnia aequitas patitur, vt etiam dona comprehendantur in huiusmodi contractu, postquam Vniversitas dederit vectigalia Regiae Curiae, quibus reperitur privata, vt habuisset perpetuò exemptionem plenariam, quod etiam, ex superius adductis colligitur; accedat, nam in contractibus idem servandum in casu non contento, prout in contento, quo deinceps verisimile est, quod si in casu non contento quaesitum fuisset, idem esset statutum, *l. tale pactum, §. fin. ff. de pactis*, & latè per *Alex. in cons.* 34. *num.* 7. *vol.* 5. & licet ex dictis, & dicendis appareat dicta concessio plenaria, tamen quando non appareret, & fuisset quaesitum, vtique idem, & alia quaecumq; concessa fuissent, vt verba contractus demonstrant, & taciti, & expressi eadem est virtus, vulgata *l. cum quid, si certum petatur.*

18 Praetereà in claris non cadit interpretatio *l. ille, aut ille, §. cum in ve verbis, de leg.* 3. nec ibi est locus coniecturis *l. continuus, §. cum ita de verb. oblig.* cum in privilegio sit concessa exemptio vniversalis, à quibuscumque functionibus fiscalibus ordinarijs, & extraordinarijs, & in extraordinarijs comprehenduntur etiam dona, *l. vnica*, iuncta *gl. super rubrica in finalibus verbis*, & ibi *Bar. C. de superindicto lib.* 10. cum ordinaria differant ab extraordinarijs, quia ordinaria habent certam, & perpetuam praestationem, secus extraordinaria, quia quandoq; & vario modo, vt optimè declarat *Bar.* post alios in *l. vnica n.* 4. *C. de mulieribus in quo loco mun. red. lib.* 10. & *in l.* 1. *n.* 3. *C. de agric. & cens. lib.* 11. *Paul. de Castro in l. placet n.* 4. *C. de Sacrosanct. Eccl.* & exemplum à collectis; in dubio dicitur ab extraordinarijs, *l. hi qui muneris publici, ff. de vac. & excus. mun. l. vnica red. ut lib.* 10. vnde ex latis dispositione, & secundùm communem vsum loquendi, qui attendi debet *l. labeo, & ibi Scribentes ff. de suppell. leg.* nō videtur ambigendum, quin dona quoque dicantur specialiter comprehensa in privilegio, quod cū fecerit transitum ad contractum, dicitur irrevocabile, *l. si pater, §. si quis aliquem, ff. de donat.* cum alijs, de quibus notatur per *Afflict. in decis.* 188. *num.* 19. & per *Capycium in dec.* 131. *num.* 16.

19 Et in confirmatione, & nova concessione, dicto anno 1449. declaratur, dictam Vniversitatem vtilia ipsi Maiestati impendisse digna remuneratione, & varias destructiones pro nomine Regno sustinuisse, & sic vltrà vectigalia data, ex his solummodò non diceretur donatio simplex, sed remuneratoria, & per consequens non revocabilis, rationibus praedictis, & per *Andream de Isernia in Constitut. Regnum, quae ad decus col.* 2. & alia ratio haberi

beri debet de huiusmodi titulo oneroso, quã de lucratiuo, *l. fin. vers. non tam par ratio, C. de Codicillis*, & huiusmodi assertio meritorũ in Principe, qui habet potestatem donandi, probat, *Bar. in l. si furtũ, ff. de castrens. pecul.* quod procedit etiam si in specie non fuerit facta mentio de meritis, vt per *Dec. in cons. 30.* & nihil praeclarius, quàm recta fides, & obseruantia in Principe, *Ias. in l. 1. n. 3. ff. de pactis*, vnde non solùm contractus à se celebratos seruare debet, sed etiam à praedecessore suo, vt per *Dec. in cap. 1. num. 7. vers. 2. nota de probation.* & notat *Paul. de Castro in l. digna vox n. 4. cum seqq. C. de leg.* vbi ampliat, etiam si successor vellet de plenitudine potestatis contractum infringere, & dixit *Bal.* notabiliter in *l. qui se patris n. 15. C. vnde liberi*, quòd si Princeps praeterea concessionis aliquid sic lucratus, in perpetuam commemorationem, cum re concessa, non potest reuocare, quia committeret dolum.

80 II. Cõpetit exemplo propter bina decreta lata per eandem Reg. Cameram anno 1538. & 1544. per quae dicta Vniuersitas fuit declarata immunis in specie à muneribus, & in eadem conseruari, & res iudicata pro veritate habetur *l. ingenuum ff. de statu hom. l. Hermogenes, ff. de euiction.* vnde cum fuerit pluries disceptatum, & discussum super huiusmodi immunitate, & per amplissimos viros decisum, non debet denuò illud idem in dubiũ reuocari, cum res iudicata fuerit geminata cum longissimo temporis interuallo, quando tacitè, & rectè dicitur processisse, etiam si alia acta non appareant, & tantum temporis non excessisset, quia sufficeret lapsus decennij, imò biennij, vt per *Afflict. in § fancimus nu. 53. & 54. tit. quo tempore miles, in vsibus feud.* & per *Alex. in cons. 161. n. 7. vol. 4.* & *Bart. decis. 154. num. 17.* & sic obstat Regio Fisco exceptio rei iudicatae, *c. quod consultationem, de re iudic. l. Iulianus, ff. eod. tit. l. 1. & 2. C. sententiam rescindi non posse*, & sententia lata etiam contrà ius litigatoris, si non fuerit oppositum, tenet *l. ab eo, C. quomod. & quand. Iudex, c. examinata*, iuncta *glos. de confirm. vtili, vel inutili*, & non imponeretur finis litibus contrà dispositionem text. in *l. 1. ff. de re iudic. cum similibus*, & geminatio in decretis quoque validè operatur, vt per *Felin. in d. c. si cautio de fide instrum.* à quibus minimè reclamatum fuit, & quadriennium, quod datur ad petendam restitutionem in integrum, à tempore laesionis dicitur elapsum, & per consequens Fiscus excluditur *l. Respublica*, iuncta *glos. fin. C. quibus ex caus. maior. restit. l. rem publicam, C. de iure Reipub. lib. 11.* notat *Andr. de Isern. in Const. Regni beneficium in 2. lib.* cum Respublica, & Fiscus idem sint, *glos. in l. non est ambigendum, ff. de bonor. possess.* & per *Afflict. in d. Constit. num. 1.* & secundum aliam opinionem Fiscus solummodò per triennium excluditur *l. vnica*, vbi *glos. & Bar. C. de sentent. aduersus Fiscum latis retract.* & not. per *Alex. in l. Imperatores, n. 4. de re iud.* & procedit in Ecclesiã, vt per lapsum quadriennij post laesionem excludatur à restitutione in integrũ *c. 1. de restit. in integrum in 6. Clement. in c. vnica eod. tit.* vtitur enim Fiscus iure minoris *d. l. Respublica, & l. 1. C. ad diem*, cum ibi not. per *glos.* & scribentes, *de in integr. restitutione*, & sunt elapsi non solùm quatuor anni, sed triginta, nec potest considerari laesio, quae si appareret, & deduceretur post quadriennium ad retractandam rem iudicatam, cessaret restitutio, ad notata per *Alex. in cons. 30. vol. 5. n. 6.* licet aliqua laesio praetendi non possit, ex perquisitione facta solutionis, vt ponitur, factae Regiae Curiae de donis factis per Regnum, cum vltrà inferiùs dicenda, ex alio, huiusmodi obiectio tollitur, quia scripturae solutionum, quae nouissimè ordine Mag. Fisci Patroni fuerunt perquisitae, & tempore interpositionis dictorum decretorum, & per priùs reperiebantur in eadem Regia Camera, & lex praesumit eandem perquisitionem, & diligentiam fuisse adhibitam, & easdem scripturas exhibitas, & discussas, & ideò cessare debet restitutio aduersus rem iudicatam ex capite scripturarum, vt dicitur, repertarum, quia cessat causa ignorantiae, vt in simili tradit *Franc. Aret. in cons. 13.*

81 Nec obstant solutiones, quae praetenduntur factae Regiae Curiae nomine dictae Vniuersitatis de muneribus impositis in Regno; Nam, aut tractatur de solutionibus factis pendente lite, aut de alijs ante litem, si de his pendente lite, & in aliquo non afferunt praeiudicium Vniuersitati, cum defecerit consensus, & actus agentium non operatur deficiente consensu, *l. ore ignorant*, vbi *Bal. C. de donat.* & vltrà intentionem eorum non sortitur effectum, *l. non omnis, ff. si cert. petat. l. obligationum substantia, ff. de actio. & oblig.* nec ei, qui semper litigat, currit praescriptio, *Auth. si tamen*, iuncta *gl. fin. C. de temp. appell.* si verò de solutionibus ante litem, & est aduertendum, quia post priuilegium immunitatis in vnico donatiuo reperitur, Vniuersitatem satisfecisse tatam per viam compensationis, ex quo Vniuersitas erat creditrix in ducatis quinque mille impensis pro regio seruitio, & ideò fuit prona ad compensandum, quia difficilis erat recuperatio, & sic nullo modo videtur praeiudicasse; Praeterea renunciatio Priuilegij videtur quaedam alienatio, *Bal. in rep. auth. accessissent nu. 22. de Const.* & praecedere debet tractatus Vniuer-

 sitatis,

ftatis, & ideò si fuissent factæ plures solutiones omisso tractatu, non præiudicarent ex ceteris per *Felin. in d. cap. cum accessissent nu. 39.* & *Bald. d. nu. 32.* & quotiescumque alia coniectura sumi possit, quàm renunciatio priuilegij, illud non perditur, & attenditur coniectura, & per *Felin.* ibi, & per *Dec. col. 18. in ver. follentia*, & possent sumi plures coniecturæ, si solutiones factæ fuissent, scil. vt obtemperarent literis Regijs, & ad euitandas executiones, & sic non præiudicarent priuilegijs, & vt quis priuetur priuilegio suo per contrarium actum, requiritur, quod priuilegium contineat actum momentaneum, secus si habeat tractũ successiuum, & reiterabilem, quia tunc solutiones requiruntur factæ per longissimum spatium, *l. 2. C. de his, qui publica mun. sub. c. accedentibus, c. si de terra de priuileg. l. voluntarie, C. de excusat. tutor.* & per *Alex. in cons. 193. in quarto dubio vol. 2.* & plenius *in cons. 13. vol. 5.* & per *Dec. in d. c. cum accessissent col. 5. vers. retenta tamen prædicta conclusione.* Imò per quisicio factæ satis nocet Regio Fisco, & plenius fundat intentionem Vniuersitatis, postquàm apparet, fuisse dictam Vniuersitatem reseruatam immunem à similibus donis, & fuisse in possessione huiusmodi immunitatis, qua cum reperiatur priuata, reintegrari debet in dicta possessione, *c. reintegranda 3. qu. 1.* cum alijs, de quibus plenissimè notatur per *Saccorum in l. vtrumq; nobis, de aqu. pluu.* & ibi per *Iasonem*, & *Ripam l. naturaliter, §. nihil commune, ead. tit. de acqu. poss.* & *§. retinendæ Inst. de interdictis.*

52 Minùs etiam obstat alia difficultas, quæ obijci posset, scilicet dona non comprehendi in priuilegio, quia per Regnum sponte offeruntur; nam vltrà superius deducta, respondetur, non posse sic simpliciter nuncupari dona, cum donatio dicatur quædam mera liberalitas, quæ nullo cogente conceditur, vt not. per *Azonem in summa de donat. num. 1.* & veritate inspecta hæc definitio non potest adaptari oblationibus Regni, & per consequens cessare debet difficultas. Præterea in huiusmodi muneribus, cum tractetur de principali interesse Vasallorum, Barones nõ possunt ipsis præiudicare, essent enim audiendi, *l. de vnoquoque, iuncta gl. in vers. quos cons. ff. de re iudic. l. nam ita diuus, ff. de adoption.* & aliter actus non tenet, dictis iuribus, & est tex. *in cap. inter quatuor de maior. & obed. Alex. in l. filiusfamilias, §. diui, num. 8. de leg. 1. Socin. l. Gallus, §. & quid si tantùm num. 17. ff. de lib. & posthum.* & quinimò maior pars Vniuersitatis in his, quæ dependent ex voluntate, non præiudicat minori, & est communis conclusio, vt notatur per *Iasonem in l. iuris gentium, §. hodie, n. 8. ff. de pactis in 7. limitatione*, & per scribentes in c. *cū omnes de Const.* nec alij reperiuntur in eadem causa, cum Vniuersitas dederit Regiæ Curiæ vectigalia maximi reditus, & passa fuerit ingens damnum pro Regio seruitio, & esset satis inconueniens priuari dicta plenaria immunitate empta, & de nouo soluere functiones, & dona, & vt diximus, requireretur tractatus, & donare, est perdere, *l. filius familias, ff. de donat.* & ideò dixit *Bal. in l. 1. C. si aduersus donat. n. 1. & 2.* quod minor simplicem donationem de re mobili non potest facere, nec potest dari Curator ad authorandum, & minimè cum decreto celebrari possunt *l. fin. §. cum autem. C. si maior fact. alienation. fine decreto rat. hab.* & perpendi debet, nam si etiamsi in dubio, quemadmodùm vna pars testamenti declarat aliam, *l. qui filiabus de leg. 1.* idem in priuilegijs, vt per *Franciscum Ripam, in tractatu de peste in responsal. 18. num. 5.*

53 Et in priuilegio legitur, vt si in futurum imponi contigerit aliqua collectatio in dictis tribus casibus exceptuatis, & alijs casibus quibuscumque, & ex quauis alia causa, Vniuersitas non teneatur, nisi ad solutionem vnciarum quinque taxationum de summa vnciarum quindecim pro qualibet collecta, dono, taxa, munerẽ, vt sup. & cũ fuerit facta mentio de dono, non solùm ex præcedentibus, sed in specie videtur expressè cõprehensum, cum præcedentia declarent sequentia, & è contrà *l. si seruus plurium. §. fin. de leg. 1.* cum concordantibus, etiam quia vltrà amplissimas dictiones vniuersales, & geminatas apparet alia dictio *quæcumque*, quæ multum amplificat dispositionem, vt per *Bar. in alleg. l. generali, §. vxori, ff. de vsu leg.* apparent prædictæ literæ Regiæ Cameræ, quæ consulebãt Illustriss. Proregi, Vniuersitatem esse immunem à muneribus quoque, & aliæ prouisiones directæ Thesaurario, & Perceptori, ne grauarent dictam Vniuersitatem debitricem pro donis, & alijs functionibus fiscalibus, & simplex immunitas concessa à collectis, extenditur etiam ad nouam collectam ex causa necessitatis, nisi mutata esset conditio cõcedentis, vt puta quia alij non immunes nõ possent his necessitatibus subuenire, vel casus emergens omninò esset insolitus, quasi numquam antea accidisset, vel saltem non sit memoria, vt per *Franciscum Aret. in l. [illegible] tota col. 1. & 2.* & ibi *Socin. Ripa*, & alij *ff. de leg. 1.* quantò magis per dictas dictiones vniuersales, & geminatas includuntur dona, & equidem per alia verba [illegible] non potuisset declarare [illegible] fuisse plenariam & [illegible] concludit, vt

quia

quia esset notum de omnibus functionibus, quqdam verba vniuersalia in priuilegio apposita, non sunt efficacia, *contra* § 3. & quando daretur casus solutionis contra immunitatem concessam, ita tenerentur restituere vectigalia data, vt per *Andream de Isernia in c. 1. § fruitiones n. 24. cum seq. de capitan. qui Cur. vend. in vsibus feud.*

24 Et ex his concludimus, Vniuersitatem esse immunem etiam à donis, & sic conseruari, & redintegrari, saniori sententia semper salua. *Laus Deo.*

Ioannes Franciscus de Rogatis.
Marcus Antonius Flettarus.
Ferdinandus Mattheus.

25 Nec omittenda sunt, quæ fuerunt allegata à *Dom. Scipione Constantio* pro Ciuitate Iserniæ, ad fundandam immunitatem à donatiuo, ob generale priuilegium ab omnibus oneribus ordinarijs, & extraordinarijs illi concessum, cuius allegationem hic transcribere inane minimè censuimus.

IN hac causa immunitatis, qua Ciuitas Iserniæ gaudere intendit circa Regia Donatiua, paucis res absoluitur. Agitur namque de obseruantia priuilegij Ferdinandi Primi de anno 1464. per quod in remunerationem seruitiorum, per Ciuitatem ipsam fideliter præstitorum, fit immunis ab omnibus, & quibuscumque fiscalibus functionibus, tam ordinarijs, quàm extraordinarijs impositis, & imponendis, quocumque vocabulo nuncupatis.

26 Et licet prima fronte, videatur dubitandum; an tale priuilegium ad donatiua possit adaptari; cum alia sint onera, quæ in casibus vrgentibus à iure, Regnique Constitutionibus expressis per Regem imponuntur, quæ indictiones, & superindictum propriè appellantur, de quibus loquuntur, ibique Doct. & signanter *Luc. de Penna in l. 3. C. de indiction. & de superindict. lib. 10.* Alia sunt onera, quæ ad rogitum Regis, Ciuitates sponte sibi ipsis imponunt, & donatiua dicuntur, de quibus expressa in priuilegio erat mentio facienda, argumento tex. quod not. *glos.* ibique *Bart. in l. 1. C. de vect. pub. nan. lib. 10.* nobilis idem *Bart. in l. 2. num. 4. ff. de vet. immun.* vbi dixit, immunitatem debere concedi specialiter, & distinctè, cum aliàs simpliciter immunitate concessa à muneribus, veniunt tantùm extraordinaria, nec ordinaria, aut patrimonialia includuntur per *text. in l. in honoribus, § qui muneris,* & in *l. his oneribus ff. de vac. & excusat. mun.*

27 Tamen respondeo, verba huius priuilegij esse ita ampla, & prægnantia, vt etiam sub illis virtualiter dona comprehenderentur; verbum ad aliud nō videatur posse referri, præterquā ad dona; vt ex adiectiuo, *quocumque vocabulo nuncupatis,* postquam de ordinarijs, & extraordinarijs prius dixerat, aliquid operetur ex reg. *text. in l. quando, ff. de leg. 1.* vbi *glos.* dicit, scripturam debere intelligi, vt aliquid operetur, & adde *l. si stipulatus in princ.* iuncta *glos. ff. de vsu.* notatur in *c. si Papa de priuil. in 6.* & ex illis verbis quamuis generalibus expressa donatiuorum notatio inducitur arg. *tex. in l. fin. cum glos. in ver. specialiter,* & ibi notaria *C. quod cum eo,* quem text. allegat *Bart. in l. 1. qu. 3. ff. de vulg. & pup.* & *in l. fin. C. si contra ius, & vtil. pub.* dum declarat expressum posse dici, siuè verbis generalibus, siuè specialibus, siuè singularibus, & in terminis immunitatis, quod sufficiant verba generalia apta comprehendere, etiam munera insolita, consuluit *Alex. cons. 30. nu. 14. vol. 3.* & voluit *Luc. de Pen. in rubr. de excus. mun.* dum dixit verbis generalibus comprehendi omnia munera, & collectas, dummodò extensio priuilegij fiat contra concedentem.

28 Accedit prædictis, quia tam ordinaria, quàm extraordinariæ præstationes, & signanter illa donatiua sub fiscalibus functionibus continentur, eoque nomine palam nuncupantur. Quid enim aliud effectualiter important, quàm extraordinaria onera, quæ casualiter veniunt, vt puta, quia nascitur filius Regis, vel alia se præbet occasio, qua meritò sit Regi subueniendum, vt sensit *Luc. de Pen.* dum declarat munera ordinaria in *l. si domina, col. 3. vers. præterea, de excusat. mun. lib. 10.* nam quamuis respectu Regis, cui præstatur subuentio, donatiua appellantur; respectu verò Ciuitatum, & Terrarum, inter quas doni fit distributio, coactæ impositiones veræ sunt; cum rogitus Regis sit species violenta iubendi, arg. *glos.* not. in *l. 1. ff. quod iuss.* facit *text. in cap. rogo 11. qu. 3.* not. *Andr. in cap. si quis miles de feud. sine culp. non amitt.* & *Bald. in l. si mandator, C. quod cum eo.* Nec dicitur sponte fieri, quod fit ad Principis postulationem, tradit *Tiraq.* qui multa congerit *in tract. de pœn. causa 35. post num. 3.* per *text. in c. nolite, cum glos. 36. qu. 11.* & in proprijs terminis, quod tantùm nomine hæc dona sint, nec dicantur sponte fieri, habetur per *Frec. de subfeud. Baron. lib. 2. Auth. 3. post num. 26.* meritò igitur de donatiuis istis, tanquam de extraordinarijs oneribus iudicandum est, & sub illorum nomine debent comprehendi.

29 Præterea hæc verba priuilegij fuerunt interpretata per Principem concedentem

nam ex fide in actis producta liquet, etiam tempore Ferdinandi primi Ciuitatem illam fuisse immunem à tertio gratioso; in qua quidem possessione continuauit, ac steterit ferè vsque ad tempus præsentis iudicij, cum per nonnullas prouisiones, consultationes, ac decretum Regiæ Cameræ fuerit declarata immunis, etiam à donatiuis; imò enim sunt conciuda, quæ interpretationem certam semper habuerunt, vulg. l. minimè, ff. de leg. & valet ratio, quia sic semper extitit interpretatum Andr. in proœm. feud. vers. subsequenter quare col. 1. post glos. magn. in fin. in rubr. de alien. feud. pater. nec est recedendum ab eo iure, quod diù æquum visum est, dicit text. not. in l. in rebus, ff. de Constit. Princ. & potuit Rex concedens priuilegium ambiguum interpretari, ex regula l. Neratius, ff. de reg. iur. notatur in l. ex facto, ff. de vulg. & pup. præsertim cum interpretatio sit contrà ipsum concedentem; vt sensit And. in c. 1. §. sed nec est alia, in prima col. quæ sit prima causa benef. amitt. & vbi non alteratur forma primæ concessionis, & verba sunt dubia, ex post facto admittitur declaratio, Paul. de Castr. in l. hæredes palam, §. sed quid col. 11. vers. contrariis, ff. de testam. cumq; non consueuerit prædicta Ciuitas in donatiuis contribuere, nisi iuxtà taxam contributionis, quam soluere subijt pro ordinarijs oneribus, vt ad præsens soluit, de quo non est controuersia, erit ex huiusmodi consuetudine priuilegium satis interpretatum, ex regula text. in l. si de interpretatione, ff. de leg. notat Bal. cons. 130. vol. 3. Rom. cons. 371. Aret. cons. 14. col. 2. Corneus cons. 126.

30 At quando verba priuilegij verè essent dubia, quoad iura Principis concedentis, latissimè essent interpretanda in fauorem huius Ciuitatis, Bald. in l. fin. col. 3. n. 5. C. de sent. pass. & in l. fin. per illum text. ff. de Const. princ. vbi dicit, quod si Princeps concedit in genere vnum ex tribus officijs vacantibus, erit optio concessionarij, per text. in l. 1. C. de Castr. et Ministr. in priuilegijs enim latissima sit interpretatio c. cum dilecti. extr. de donat. c. olim extra de verb. sign. & quatenùs proprietas verborum se extendit, latè priuilegium interpretatur Ang. in l. fin. col. fin. vers. 3. quæritur, ff. de Const. princ. & pulchrè dixit Imperator, per absoluendam, ac temerariam esse eius liberalitatem astutâ interpretatione, non ad augmentum, sed ad diminutionem priuilegiorum extendere, l. hac saluberrima, C. de præpos. agen. in rebus, quam ad hoc propositum allegat Oldr. cons. 300. & de priuilegio immunitatis à decimis, quod extendatur etiam ad prædia acquirenda, est text. singularis in c. quia circa, de decim. & notant Doct.

& præsertim Bart. & Rom. in l. Lucius, §. 1. ff. qui. adeo in vit. quæst. ff. de damn. infect.

31 Nec dicatur, Ciuitatem iterato huic suo priuilegio se præiudicasse, cum per nonnullos annos donatiua pro integris focularibus exoluerit, & non seruata forma prædictæ contributionis per actum enim in contrarium amittitur priuilegium, ex regula text. in l. 4. C. de his, qui spon. publ. mun. sub. est text. in l. 11. C. de iur. dom. impetr. habetur in l. pen. §. fin. cum glos. ff. de iur. dotium. & in l. fin. ff. de prin. vete. & notatur in cap. cum accessissent extra de Constit.

32 Nam respondeo, quòd aut loquimur de solutionibus à tempore præsentis iudicij cœpti de anno 1555. huc vsq; & huiusmodi solutiones, quæ præcisè fuerunt ob violentiam exactorum, dederuntq; causam huic liti, cum non fuerint voluntariæ, sed coactæ, & cum expressis protestationibus, & querelis ex memorialibus per Ciuitatem, Proregi oblatis, non præiudicant iuxtà doctrinam Cyn. in l. voluntaria col. 3. vers. secundò, circa illam, l. quæritur, quem sequitur Alber. ibid. C. de excusat. Idem firmat Host. Io. Andr. & Anton. in cap. accedentibus extrà de priuil. qui dicunt, quod si ex mandato superioris, quis facit actum de directo contrarium priuilegio, sibi non præiudicat, quia coactus dicitur facere. Aut loquimur de solutionibus per triennium, vel quadriennium antè annum 1555. quæ ex computis Reg. Cameræ apparent factæ absq; lite, seù protestatione aliqua; & adhùc dico, illas minimè officere, vel quia non debet præsumi, fuisse voluntarias, sed ex consimili coactione, ac violentia exactorum, quod ex connexitate actuum declaratur, dùm autem ex tot continuatis prouisionibus Regiæ Cameræ potuit prædicta Ciuitas seruari immunis à prædictis donatiuis, & postea in anno 1555. super hoc mouit litem; sic præcedentibus namque, & subsequentibus animus declaratur, glos. singularis in l. apud Celsum in princ. ff. de dol. except. quam allegat Ang. in l. 1. ff. eod. per quam facta est communis glos. in l. 1. §. eā qui, ff. de eo qui. ff. de condic. potest. nec in dubio est sumenda coniectura, quod voluerit Ciuitas huic priuilegio renunciare, cap. super hoc, de renunciat. ita in terminis immunitatis conseruandæ arguit Alex. cons. 35. col. 3. vol. 5. imò potius ad relevandum licet præsumi debet solutio facta, et notabiliter dicit Ioann. in c. accedentibus de priuil. quem refert, & sequitur Alex. in d. cons. 35. vol. 5. Vel dato, quod solutiones prædictæ fuissent voluntariæ, et hoc minimè sibi obesse præiudicium, secundum omnium Doct. distinctio habetur, quod quando priuilegium habet vnum actum momentaneum, tunc sic capitur hac, ex vnico

actu

actu quis sibi præiudicat, hocq; casu procedit dispositio text. in d. l. 1. C. de iur. dom. impetr. At si habet actum reiterabilem, & successiuum, ex vnica contrauentione non amittitur priuilegium, per text. in l. voluntarie, iuncta glos. cum ibi notatis C. de excusat. tutor. ita Cyn. Alber. & alij in d. l. voluntarie, & in d. l. 1. C. de iur. dom. impetr. idem, Dott. in l. falso, C. de diuers. rescript. Bart. in l. fin. circa fin. ibiq; Claud. col. pen. ff. de Constit. princ. Felyn. & Dec. in cap. cum accessissent col. 8. post num. 27. vers. similiter non obstat, extra de constit. & Bal. in c. plerumq; ad fin. extra de rescript. Hinc inferunt Doct. & signanter Io. de Plat. & Luc. in l. 2. in fin. C. de his, qui spon. pub. mun. sub. quod si lanuendes habentes priuilegium non soluendi vectigal, soluerunt per vnum, duos, vel decem annos non sibi præiudicarunt in futurum, eo quod priuilegium reiterationem habebat, vnde præscriptio triginta, vel quadraginta annorum erat necessaria, vt tanto tempore contra priuilegium fieret, cap. de terra, & c. accedentibus, extra de priuil. & in his terminis consuluit Alex. in d. cons. 33. vol. 5.

33 Nec obstat vltimò, quod cum donatiua plerumq; fiant, vt subueniatur Regi pro imminentibus necessitatibus bellorum, in hoc priuilegio immunitatis debebat specifica mentio fieri, quod complecteretur onera, quæ ratione belli venirent imponenda, iuxta ea, quæ habentur per DD. in l. si ex toto, ff. de leg. 1. Felin. in c. nonnulli, quæ col. 10. n. 17. vers. supra declaratio, extra de rescrip. Nam satis per supradicta responsum est, illud priuilegium fuisse interpretatum, vt comprehendat huiusmodi donatiua, à qua interpretatione non est modò recedendum: sed etiam ad prædicta datur responsio, vt non procedant, quando ex geminatis, ac amplis verbis priuilegij, colligitur, Principem in omnem casum voluisse immunitatem extendi, quemadmodùm in hoc priuilegio adsunt verba, vt dixi, amplissima, & prægnantia sub illa clausula, omnibus, & quibuscumque, ac quocumque vocabulo nuncupatis, hanc limitationem in specie tradit Alex. in cons. 30. nu. 14. vers. circa secundum vol. 5. & alij, quos latè congerit Plat. in repet. l. si quando n. 17. & seq. C. vnde vi, ad quem me remitto.

34 Postremò aduertendum censeo in causa Baronis Roccæ Sforzatæ pro Casalibus Albanensium nouissimè fuisse iudicatum per Regiam Cameram pro immunitate respectu donatiuorum, licet in priuilegio non adesset talis clausula, & non esset ita amplum, quemadmodum priuilegium huius Ciuitatis, & quatenus diceretur decretum in illa causa continere clausulam, dummodò prædicti Albanenses non essent alibi numerati, hoc fuit, quia in priuilegio consimilis clausula aderat, ad quam decretum voluit se referre.

Ipsius Constantius.

35 Notandum verò, quod Vniuersitas, & homines Iserniæ sunt immunes, liberi, & exempti pro rebus, mercibus, & bonis suis quibuscumquè, & qualitercumquè ab omni, & qualibet solutione cuiusvis Dohanæ, gabellarum, fundicorum, passuum, pontium, scapharum, & aliorum diriċtuum, seù vectigalium in toto hoc Regno, eius Ciuitatibus, Terris, & locis quibuscumquè, vt ex *Priuilegio Regis Ferdinandi expedit. sub die 14. Nouemb. 1464. & per exequutoria Cam. expedita 12. Ianuarij 1484. in Reg. Comm. 33. & in Reg. 1. Regia Dob. Neap. fol. 213.* & vide *litteras Cam. expeditas 18. Febr. 1514. in Reg. p. 10. fol. 36.*

AD QVÆST. V.

Concessa immunitate per Regem alicui Vniuersitati, vel Baroni à donatiuis, an illa rata cedat in damnum Regis, vel Regni, stante clausula, quę apponitur, *quod nemo sit exemptus.*

ANNOTATIO.

SVMMARIVM.

Immunitas à donatiuis rata, an cedat in damnum Regis, vel Regni, à n. 1. ad 3.

Quæst. hanc transcripsere Capan. & Nouarius n. 2.

Et distinguuntur plures casus n. 2. 4. 5. 9. & 10.

Et quid stante clausula, quod nemo sit exemptus n. 6. & 7.

Vel si Regia Curia esset in quasi possessione exigendi integrum donatiuum num. 8.

Immunitas Vasallis concessa super iuribus Baronis, an noceat Baroni concedenti num. 11.

Tran-

1 TRansit *Dom. Reg.* noster hic ad articulum illum examinandum ex præcedenti quæstione exorientem, nimirùm supposito, quod specificum, ac indiuiduum etiam pro donatiuis exhibeatur exemptionis priuilegium (præcisa Decreti generalis definitione *in præced. quæst. n. 8.* adducta) vtrùm illud, quod exempti non soluunt proptèr eorum immunitatem, Regnum supplere debeat, ità vt Rex integrum cōsequatur donatiuum, vel potiùs Immunis rata illa, in damnum Regis cedat; Et quid stante clausula, *quod nemo sit exemptus à donatiuo*, per Regnum apposita?

2 Et quidem hac in quæstione (quam integrè transcripserunt à nostro *Anth. Capan.* post *tract. de iur. adoh. fol. 348. & Nouar. de grauam. Vasall. tom. 3. grau. 77. à num. 4. ad 14.*) plures distinguuntur conclusiones; Aut enim sumus in donatiuo Regi facto pro certa summa, quæ ad Regis Ærarium integrè peruenire debet, & agitur de exemptis iàm impositionis tempore existentibus, puta si aliquis Baro, vel Vniuersitas iam ante impositum donatiuum exempti erant, & tunc, dùm donatiui onus simpliciter est impositum Vniuersitatibus, seù feudatarijs, clarum esse videtur, exemptorum ratas, non exemptis aggregandas esse, illa nimirùm ratione, quia cum pro certa summa donatiuum factum sit, quę Regi integrè debetur, sequitur concludendū, exemptorum ratam in damnum totius Regni calculandam, *Reg. de Marin. in obseru. ad Reg. Reuert. decis. 54. num. 4. & decis. 117. num. 1.* ex illa etiam iuris doctrina, vtpotè quod defectus, & deficientia minus idoneorum, possit onerari, ac diuidi inter eos, qui in meliori statu, ac sufficientia reperiuntur, ex *l. 1. C. de omn. agr. desert. lib. 11. l. omne territorium, C. de censib. & censit. lib. 11. Anth. de Collat. §. si verò aliquando coll. 9. Luc. de Penn. in rubr. de superind. lib. 10. Capyc. in inuest. feud. verb. collectis, vers. deminuta Ciuitate fol. 124. Reg. de Pont. de potest. Proreg. tit. 4. de regal. impos. §. 1. nu. 1. Ægid. Thomat. de Collect. verb. retento n. 11. & 12.* quod etiam probat *Reg. Rouit. in consult. in materia donatiui post tom. 1. consil.* concludens posse Regem in omni euentu propter defectum non soluentium (etiam si onus spectaret ad totùm Regnum, vt vniuersum) exigere nouum superindictum ab alijs potentibus, ex *Bart. in l. 2. §. sed possibile esset, C. de apoch. publ. lib. 10.*

3 Et stante quod hìc sumus in donatiuo certæ quantitatis, inde Regi debetur ab Vniuersitate totius Regni, sìmè ab vno corpore, ac vnica Prouincia, cum Regnum totum vnica dicatur Prouincia, ex *Bart. in l. 1. C. de apoch. publ. lib. 10. & in l. 4. §. actor. D. de re iud. Anth.* noster hic *n. 3.* Et sic licet aliqua loca reddantur impotentia, deficiant, aut immunia sint, nō per hoc aliæ Vniuersitates excusantur, nam remanere videtur idem Regnum, idemq; debitum, totumq; Regnum repræsentatur ab alijs Vniuersitatibus, quæ soluendo sunt, & immunitate non gaudent *l. in sapdr §. fin. D. quod cuiusq; Vniu. nom. Bart. in d. l. 4. §. actor n. 8. D. de re iud. & in l. 2. C. de apoch. publ. lib. 10. cit. Rouit. d. loc. num. 21.*

Ex quo fit, quod cum Vniuersitates aliquæ sunt impotentes, Barones illarum ratam tangentem soluere teneri quidam fundarunt, vt sunt *Sot. de iust. & iur. lib. 3. qu. 6. art. 7. P. Dian. moral. resol. tom. 3. tr. 3. resol. 26. Reg. Rouit. d. loc. num. 32.* quorum tamen opinio veluti ęquitati contraria minimè recepta est, secundùm *Tesson. de antef. vers. 4. obs. 3. n. 2. Reg. Valenz. cons. 99. nu. 63. & Consil. de Georg. rep. feud. cap. 17. nu. 59.* quos refert, & sequitur *Consil. Rocc. de offic. §. 5. de donatiu. n. 106.*

4 Sed meliùs in hoc primo capite subdistinguendum cum *Andr. Capan. de iur. adoh. qu. 61. nu. 2. & 4.* quod aut exemptio competit ratione sanguinis, & tunc subdistinguit, quod aut prætensor ille est feudatarius, & tunc, quia tanquam de sanguine Regio non habetur, sed vti feudatarius obligatus,

ex

ex contractu *do, vt des*, puta ob datum illi feudum, vt seruitia præstet, ex illo contractu teneri, & soluet adoham, siuè donatiuum, vti quilibet priuatus, & sic consuluisse R. Cam. in anno 1530. pro R. Fisco contra Serenis. Reginam Poloniæ Regis nostri nepotem, ac tempore *Regentis Reuertterij* in causa Regis Romanorum, vt pro functionibus fiscalibus, quas in feudum habebat, adoham, & donatiua soluere teneretur, in Regio Coll. Consil. ad relationem R. Cam. fuit decisum, iuxtà opinionem eiusdem *Reg. Reuertterij*, non obstante voto aliquorum ex Præsidentibus, de quo est *decisio eiusd. Reg.* allegata, & transcripta *in fine tract.* ab eodem *Capan.* qui refert *n.* 5. quod Augustiss. Rex noster adoham donauit Regi Romanorum, eumq; ex gratia fecit immunem, & quod pars, quæ spectaret ad ipsum Regem, ipsius, & non aliorum damno cederet.

Si autem non cõsideratur vti feudatarius, & sic non sumus in adoha in specie, sed *in adoho* in genere, siuè in donatiuo Regni, personas, siuè Regnũ ipsum, Vasallosq; Burgenses respiciẽte, iterum distinguit *Capan. ibid. nu.* 6. inter ius commune, & Reg. Cam. stylum; communi nempè iure esse immunem, quia priuilegia Regi concessa ad Augustam, & descendentem filiam de sanguine extenduntur, etiam quoad vectigalia, & impositiones, & ità concludit etiam pro fauorabili libertate earundem personarum, à sanguine regio descendentium ex *cit. Reg. Reuert. num.* 8.

5 Secundo verò casu, quando exemptio ex priuilegio cõpetit, plures casus *num. 9. et seq.* subdistinguit, puta primò, quando immunitas ex causa priuilegij concessa est, post indictum donatiuum, siuè impositã adoham, vt damno Regis cedat, non autem aliorum Baronum, ac Regni; Secundò, quando immunitas ab adoha existit tempore impositionis adohæ, siuè indictionis donatiui simplicitèr impositi, & tunc non cedit damnno Regis, sed totius Regni, & ità decisum *num.* 12. suspensa tantùm pro tunc in damnum Curiæ parem immunitatis, quam habent Dom. Regentes de Collaterali Consilio, Præsidentes Regiæ Cameræ, & Consiliarij S. Claræ, alijq; *ibid.* enumerati; Concludens *nu.* 13. *in tertio casu eiusdem distinctionis*, exemptorum partem à donatiuo, siuè adoha cedere damno Regis, quando impositio facta est personis, siuè focularibus, quod amplias *nu.* 14. *&* 16. & quid de parte damni dati *ibid.*

6 Quartus casus *ab eod.* consideratur, quãdo immunitas, siuè exẽptio est nõnullorum ab adoha, & fuit dictum, quod soluerent exempti, & non exempti, vel quod nemo sit exemptus, siuè nemine excepto, quo in casu tales priuilegiati, estò ex vrgenti causa fuerit donatiuum impositum, non tenentur contribuere, vt *cit. Capan. d. loc. num.* 16. Verùm secundùm *Authorem* nostrum hic à *nu.* 13. in damnum Regis exemptorum ratæ cedunt, prout non semèl iudicauit Reg. Cam. quidquid in contrarium Fisci patroni institerint, & vltrà *Auth.* nostrum refert decisum *Reg. Reuerter. decis.* 35. & post *Octau. Glorit. resp.* 1. *par.* 3. *n.* 102. *Nicol. Morell. de collect. seù bonat. cap.* 3. *nu.* 17. *Nouar. grau.* 77. idem *Capan. qu.* 15. *n.* 22.

7 Et ratio decisionis fuit, quia clausula illa, *nemine excepto*, ideo apponitur, ne immunitas exemptorum pro eorum rata accrescat alijs non exemptis, vnde cum posteà Rex mandet, exemptis comparentibus, immunitatemq; allegantibus, vt non obstante clausula prædicta seruetur immunitas, iudicatur, ac si exemptio post factum donatiuum concessa esset, quo in casu ambigi non potest, in damnum Regis cedere, vt ex *cit. Capan.* declarat *Reg. de Marinis in d. obseru.* 54. *num.* 4. *& obs.* 117. *num.* 2. Vnde nulla est habenda ratio de decreto Reg. Cam. sub die 12. Martij 1525. contrarium dictante, cũ posteà diuersimodè fuerit iudicatum, teste *Auth.* nostro hic, & *cit. Reg. Reuert. dec.* 54. *&* 117. *tom.* 1. dicens, etiam quod si post donatiuum Rex eximeret,

sibi imputaret, sicut etiam si onus cuilibet personæ, siuè pro quolibet foculari imponeretur, immunitas concessa in damnum Regis cederet, *cit. Tasson. d. loc. obs. 3. n. 17. & Marent. ibid.*

8 Quam conclusionem limitandam esse constat, quando Regia Curia in possessione, vel quasi esset exigendi integrum donatiuum, vnà cum taxa exemptorum, ac si illi non essent, quo in casu integrum donatiuum à Regno exigendum esse scriptum fuit in votis Regiæ Cameræ, idq; lex perpetua erit, teste *Reg. Reuert. decis. 73.* per *cit. Capan. d. loc. nu. 15.* relato, dum ex decreto lato in Collat. Consilio referente Reg. Cam. in anno 1583. fuit ordinatum, quod Reg. Curia manuteneretur in dicta possessione, vel quasi exigendi integrum donatiuum à Regno.

9 Alium casum considerauit *Capan. ibid. nu. 16.* puta, si Vniuersitatibus tantùm esset concessa immunitas, in quo non aliorum, vel Fisci, sed aliarum Vniuersitatum damno immunitatem cedere tradit ex *Camill. de Curt. in diuers. feud. fol. 15. incip. Redeundo igitur num. 32. P. Molfes. in progm. ad Consuet. Neap. qu. 6. num. 13.* & ex *Auth.* nostro *ibid. cit.* Vel si esset præuia pecunia concessum priuilegium, quia neque tenentur, *eod. loc. num. 17.* & Princeps ligabitur per contractum ab ipso cum subdito celebratum, naturali quidem obligatione ad instàr ciuilis efficaci, adeò vt non possit illum reuocare, licet cum subdito non obligetur secundùm aliquos, grauiterq; peccare Principem fidem frangentem, quàm priuatum, idq; procedere, tàm in Principe, qui contraxit, quàm in eius successore, ità quod neque indirectè venire posset aduersùs talem contractum, post alios *cit. de Marin. in obseru. ad Reuert. 56. n. 5. & 6.* Quid autem sit dicendum in adoho imposito tempore belli, an tales immunes soluere debeant, idem *Capan.* se remittit ad tradita *in quæst. 14. d. nu. 18.* & Nos *in annot. ad quæst. 10. §. 3.*

10 Secundum caput ab eodem *Capan.* ad hæc expositum consistit, quid si Barones, vel Regnum integrum donatiuum, & sic soluissent etiam partem exemptorum, an possent repetere dictam partem solutam à Fisco, siuè ab exemptis; Sicut & tertium Caput, quid si essent nonnullæ Terræ impotentes, siuè ad nihilum reductæ, de quibus latè adeundus est *d. quæst. 61. à num. 18. ad seqq.*

11 Immunitas autem Vasallis concessa super iuribus Baronis, quod minimè noceat alijs Vasallis, sed Baroni concedenti, indistinctè declarat *Nouar. d. gramm. 77. num. 1. & 2. & num. 3.* quod si Vniuersitas concedat alicui exemptionem (quod facere potest in sui præiudicium ex *l. exactionis, C. de Decur.*) tali exemptione non obstante, ille, qui censum tenebatur recipere, poterit recuperare ab exempto, verùm exemptus ab Vniuersitate, quod soluit, repetet, ex *Cancer. var. resol. tom. 3. cap. 13. num. 95.* Si verò esset immunis ex causa priuilegij, vt non teneatur ad resarciendum damna data in Comitatu, verbo pars ista immunis, damno aliorum Comitatensium, & sic aliorum de Vniuersitate cedat, maximè in hoc Regno, & quod cedat damno aliorum, qui tenentur insolidum ex *Iacob. de Aren. & Albéric. à Rosate* fundat *Capan. de iur. Adoh. d. qu. 61. n. 17.*

AD QVÆST. VI.

Facto augmento functionum fiscalium in beneficium Concessionarij, an debeat tunc augeri etiam taxa adohi.

ANNOTATIO.

SVMMARIVM.

ADoho, an augeatur, auctis fructibus feudi num. 1. 2. & 3. & quid si esset facta concessio sub consueto seruitio, vel stante necessitate n. 6. & 7.

Adoho, an debeat augeri facto augmento fun-

functionum fiscalium in feudum concessarum n.4.

Et quid si augmentum esset eiusdem valoris cum ipsis functionibus num.5.

1 OCcasione articuli in §.3. *de exact. funct. fisc. qu.* 5. ab *Auth.* nostro examinati, occurrit præsens quæstio impressa etiam post *tract. Capan. de iur. adob. fol.* 349. in qua pro ratione dubitandi fuit consideratum, quod adohæ taxa in prima dictarum functionum concessione facta, quia habito respectu ad annuam tunc concessam quantitatem, inita fuit; Hinc ipsa annua quantitate aucta, videbatur & taxam, quoque augeri, arg. *l. non modus*, *C. de seruit. & aqu.* & de iure feudorum cõmuni, aucto feudo augetur etiam militare seruitium, ex *cap. si quis de Manso, de contron. inuest. & §. similiter, de Cap. qui Cur. vend.* pluresq; casus distinxit ad hoc *Capan. de iur. releu. p. 1. quæst. 11. per tot.* & post *Ant. Monach. de rect. feud. interpr. qu. 65. per tot.* idem *Capan. de iur. adob. q. 32. n. 1.* additis per eundẽ consideratis, in articulo, qualiter augmẽtum in feudo factũ, circa releuij, & seruitij feudalis solutionem considerandum sit, in quatuor *quæst. 7, 8. 9. & 10. de iur. releu.*

2 Pro decidendi tamen ratione, iuxta quam R.Cam. pronunciauit, secundum *Auth.* nostrum hic *n.* 4. *& seq.* ponderatum fuit, quia quatenus spectat ad adoham Regni Neapolitani, feudo aucto non augetur seruitium, sed si semèl fuerit taxata adoha, semper secundùm illam exigitur, neq; ampliùs augetur, *Frecc. de auth. Bar. lib. 2. auth. 5. num. 21.* Nam sicut calamitas Vasalli superueniens feudo, non debet nocere Domino, quod etiam in dictis functionibus fiscalibus militat *Capan. qu. 32. num. 9.* ità quoque industria Vasalli, & feudi augmentum non debet Vasallo nocere, sed potiùs prodesse, & ideò indubium est, non augeri adoham, licet quouis modo augeantur fructus, prout est in seruitijs ordine Superioris taxatis non augendis, etiam si creuerit industria Vasalli, post alios *cit. Capan. de iur. releu. par. 1. qu. 11. per tot.* & *qu. 32. de iur. adob per tot. Iul. Cæs. Gallupp. in suo instit. feud. tom. 2. par. 4. cap. 2. n. 39. Reg. Lanar. in repetit. feudal. ad §. huius autem generis, in quib. caus. feud. amitt. nu. 101. & 102. Thor. in comp. decis. par. 3. verb. adoha auger. Reg. Tap. lib. 6. Iur. Regni tit. 3. de solut. funct. fisc. in annot. fol. mih. 48. 2. col. in fin. & fol. 49. 1. col. Camill. Lerasb. in Theatr. feud. diluc. 36. par. 12. Io. Andr. de Georg. allegat. 4. per tot. Reg. Marcellus Marcianus iun.* in operibus posthumis *in Exerceptis forens. Exercit. cap. 10. num. 14. & 15. Cons. de Ross tom. 1. consult. 13. num. 11.* vbi *num. 12.* ait, quod virtute gratiæ huic Regno concessæ in anno 1536. de qua *inter Cap. Neap. fol. 104. cap. 10.* nullum augmentum in feudo contingens potest adobari, nisi quando feudum deuoluitur, *Reg. de Philipp.* post alios in *alleg. 116. in 3. tom. Reg. de Marin. num. 8. & seq.* vbi rationes, decisionesq; plures affert, *Præs. Ganauerr. in decis. Cam.* 35, vbi *num.* 15. rationem
3 specialem reddit, quare non augeatur seruitium aucto feudo, quia scilicèt seruitium militare, cum sit taxatum, & limitatæ quantitatis, prout est adoha, per incrementum feudi illud ità limitatum, non potest augeri, licet *n.* 57. id limitet, quando augmentum feudi est tanti valoris, vt importet tantundem cum feudo principali, cuius est augmentum, ex doctrina *Andr. de Isern. ibid. vit.*

4 Ex his proindè deuenimus ad propositam speciem augmẽti functionum fiscalium in feudum concessarum, vt non sit adoha, siuè seruitium semèl taxatum super illis augendum, secũdùm quam conclusionem sæpè decisum refert in R.Cam. *Auth.* noster hic *num. 6.* quem sequuntur *Reg. Tap d. loc. Capan. de iur. adob. d. qu. 31. nu. 7.* & *Reg. Marcellus Marcianus iunior exercept. forens. exercit. posthum. dicto cap. 10. n. 15.* dicens, id fortiùs procedere, vbi augmẽtum non potest dici magnum, ex doctrina *Andrea*.

5 Verùm si augmentum esset valoris ascendentis ad tantundem cum ipsis functionibus in prima concessione in feudum datis, non recederem etiam, quoad adoham in dictis functionibus tali casu augendam, ab opinione *cit. Præs. Gauanur.* illa nimirùm ratione, quia quemadmodùm in feudo illa procedere potest, ità quoque, & in functionibus in feudum concessis.

6 Insupèr cum *Capan. in d. qu. 32. nu. 5.* conclusionem præfatam declaramus, in adohæ nempè augmento de generali Regni consuetudine procedere, secùs si reperiretur facta concessio sub solito, vel consueto seruitio, nam eo casu auctis fructibus augeretur adoha, ipsisq; diminutis diminuitur illa, seu militare seruitium ex *Petr. Gregor. de concess. feud. par. 1. qu. 11.* Intelligendo id tamen, iuxtà tradita per eundem *Capan. de inv. relev. p. 2. qu. 11.*

7 Similitèr declaratur, quod in casu adohæ taxatæ, si illa non sufficeret Regi, secundùm occurrentem necessitatem, propter quam fuit imposita, possit illa augeri, dummodò Regni vires tale augmentum admittant, & deducto, ne Regnum egeat, *Capanus ibid. num. 8.*

AD §. V.

De Cameris reseruatis.

ANNOTATIO.

SVMMARIVM.

Hospitia gratis militibus præbenda in locis, qui superueniunt n. 1. & quid in hoc Regno Neap. à n. 2. ad 7.

Ioniuanes qui sint ab hospitij onere n. 8.

Barones tanquàm milites ab hospitij onere exempti nu. 9. possuntq; unam ex eorum Terris reseruare n. 10. & quid si ipsi visitant Terras n. 11.

Cameræ reseruatæ quid sint n. 10. & an pro transitum, vel ex urgenti causa hospitari teneantur n. 12. & 13. & num gaudeant immunitate contribuendi in pecunia n. 16. & an respectu Vasallorum sint voluntaria nu. 17. & quid in Casalibus n. 22.

Barones pro Camera reseruata, an possint exigere pecuniam à Vasallis n. 14. & 15. & an pro ijs releuium soluere teneantur n. 23.

Barones, an possint plures Terras pro suis Cameris reseruare n. 17. vel eas reuertare n. 20.

Barones à Regno absentes, an gaudeant Cameris reseruatis n. 18. & 19.

Cameræ reseruatæ, an talis remaneat, si Terra vendatur à Barone n. 21.

Cameram reseruatam, an habere possint Conductores, Episcopi feudatarij, & subfeudatarij n. 24. 25. & 26.

1 Plures conclusiones, quas circà militum hospitia *Auth.* noster hic præmittit, quatenùs ex iure communi, ac Regni dependent, consistere videntur; Gratis præbenda militibus hospitia in Ciuitate, & Villis, quo superueniunt, tertiamq; partem domus militi, ac tituli dimidiã dãdã ad quam præsignandam antiquitùs more Romanorum Mensores præcedebant, qui hodiè *Forerij* vocantur, quia Metatis domorum describũt foribus, & militi-

2 bus in Regno sibi hospitia præsignari prohibitum, Officialibusq; permissum ex *cap. 1. Regni incip. ad audientiam nostram, & cap. incip. quod stipendiarij.*

3 Prætereà hospitationes, quibus milites fruuntur ex *l. 2. C. de Episcop. & Cler.* quæ sunt munera Patrimonialia, non autem personalia, secundùm aliquos ex *l. 3. C. de mun. patrim. lib. 10. Plat. in l. si quando n. 27. vers. quinto quorum. C. unde vi. Mastrill. decis. exec. ampl. 2 glossam. 10 3.* & nonnulli dici autu-

mar

enim Consil. Rocc. de offic. rub. 10. n. 79. & à lege introducta, non à Principe, vnde munera hæc canonicæ præstationes dicuntur, secundùm *Auth.* nostrum hic nu. 21. & 22. & nos declarauimus in *annot. ad qu. 6. & 7. §. 2. de immunit.*

4 Nihil vltra hospitium militibus deberi, nec à sponte dantibus, nec ligna, oleum, sal, & alia similia esculenta, quæ sub nomine *Salgami* continentur, recipere posse, adeò indubitati iuris est, vt nec consuetudo in contrarium sit approbanda, *cit. Rocc. ibid. nu. 80.* & in Regno ex *Reg. Pragm.* sancitur, nihil dandum gratis militi pro alimentis, excepta domo, quam non licet Vniuersitati inde mutare, quod etiam de iure communi statuitur, in *l. 1. C. de Metat. & Epidem. lib. 12.*

5 Tenentur tamen Vniuersitates dare paleam, lectum, & stallagia soluto modico pretio taxato, secundùm *Auth.* nostrum hic, & Ciues obligantur deferre paleam, & fœnum, domum vsq; militū, *l. non videtur, C. de mun. patrim.* & ex alijs, & ex *prag. 3. §. 20. tit. de milit.* *Rocc. d. loc. n. 81. Reg. Reuit. sup. d. pragm. 3. n. 8. de militib.* Excipiuntur verò modica, quæ in Regno ex antiqua cōsuetudine militibus præstari, est consuetum, quæ etiam in foro poli recipi posse, *Auth.* noster hic *n. 11. & 12.* fundat; Omnia quoque necessaria subministranda militibus sunt, iusto pretio mediante, & quando deficit illis pecunia, Vniuersitas subministrare tenetur, recuperandam posteà à R. Curia, quod ex iure communi, & *ead. pragm. 3. §. 22.* in praxi obseruari fundat *cit. Rocc. d. loc. n. 83. Reuis. d. loc. n. 10.*

6 Non tamen illis permittendum, vt hospitētur ad indiscretionem, rusticos opprimendo, estò stipendium illis non soluatur, non iuuante Capitanei, vel Principis dissimulatione, *Auth.* noster hic *n. 13. & 14.* Et probatur ex *l. milites, C. locat.* cum non possint grauare etiā populos vicinos in hospitijs, quod tamen limitatur, si pro se, & equis non inueniant victualia iusto pretio, vnde eo casu, si excedunt, à pœna eos excusari, & ad emendam damni tantùm teneri, post alios fundat *cit. Rocc. d. loc. num. 85.* dicens, posse eos recipere victualia à Prouincialibus, si rustici fuerint ad vendendum renitentes, aut illis deficeret pecunia, non tamen illos excusari à pretio, & restitutione post *Bonadill. & Reg. Reuis ibid. cit.* & videnda nostra annotatio ad *cit. quæst. 7. §. 2.*

7 Ipsumq; hospitij onus ad tēpus adeò esse, vt si milites sint perpetuò aliquo in loco destinati, soluere debeant pro habitatione, secundùm decisionem R. Cam. per *Dom. Reg.* nostrum *n. 16. & 17.* contrà Fiscum traditam.

8 Omnibus verò ipsum recipiendi milites onus à lege, licet ordinarium dicatur, ità quod nemo ab illo excusetur, estò priuilegiatus sit, nam priuilegium personæ non eximit rem, tantò magis, quia non à Principe, sed à lege onus hoc introductū est, & inde exemptiones à prędicto onere cōtra legēs, & Principū constitutiones concessę dicerentur, *Author* noster hic à *n. 19. ad 23.* Nihilominùs multæ sunt personæ, atq; loci à tali onere exempti, de quibus *Auth.* noster hic *n. 24.* nempè Ecclesiastici, & alij *n. 25.* de quibus latè suprà annotauimus ad *cit. q. 6. et 7. per tot. §. 2.*

9 Inter quos præcipui sunt Barones in hoc Regno, qui tanquàm milites exempti sunt, idq; pluribus ex rationibus fundat *Præs. Mut. Surg in annot. ad M. Anton. Surg. à fol. 575. ad seqq.* vbi *fol. 404. vers. sextò*, ex eadem ratione præcedentèr dicta confirmat, vtporè quod ipsi Barones, tanquàm milites, non solùm sint ipsi exempti, sed etiam pro eorum proprio Castro, siuè etiam Terra, aut feudo, & vide *Arrest. 542. apud R. de Marin.*

10 Et exinde consuetudine potiùs, quā iure in Regno introductum est, Barones posse eligere vnam ex Terris ipsorum, illamq; pro propria habitatione reseruare, vnde Cameram illam reseruatam vocant, eamq; ab onere hospitādi exēptam esse consuit, *Auth.* noster hic *nu. 26. & 27.* cuius Cameræ reseruatæ originem exponunt *cit. Mut. Surg. d. loc.*

d.loc.fol.375. Capiblanc. de Baron. in prag.8.p.3. à n.168. rationesq; plurimas, in quibus fundatur talis Baronis facultas eligendi sibi ipsis Terram, aut Ciuitatem propriã pro Camera reseruata, latè tradit idem *Surgens ibid. in fol.seqq.* inter quas decimam numerat, quod cum Vasalli teneantur hospitari suos Barones, tanquam milites, omni iure consonum sit, illos ab aliorum militum hospitio esse immunes, ne duplici onere grauentur *Capiblanc. d. loc. n.176.* Et licet idem *Surgen.fol.393.& 394.* latè fundet, huiusmodi Cameras reseruatas semper odisse Reges, & ità consuluisse Regium Fiscum, ac debere intelligi de Camera tantùm Palatij Baronalis, non verò extendi ad Vasallos, contrarium tamen posteà concludere videtur. Quæ tamen hospitatio

11 Baronibus non debetur, quando visitant eorum Terras, nisi priuilegium habeant, quo etiam moderatè vti debent; cum hoc soli Regi competat, post alios *Tasson.de antef.versf.3.obseru. 4.n.189.& 190.*

12 Ex priuilegijs verò ijsdem Baronibus à Regibus concessis, eandem facultatem elargitam legimus in *Cap.32. Regis Cathol.fol.61. in Cap.& Priuileg. Neap.& in cap.8.fol.66.nu.4.Cast.Malfi.fol.124.* quorum meminit *Auth.* noster hic, & plura alia adducit post *cit.Surgent. Reg.Reuit.in pragm.3. de Milit.n.12.* Ex quibus ipsæ Cameræ reseruatæ per transitum tantùm hospitari tenentur per vnam diem, ac insuper Pro-Regis mandato præcedente, prout fuit obseruari mandatum, ac expeditæ fuerunt Reg. Prouisiones ab Illustr. D. Petro de Toleto in anno 1540. sub die vij. Nouembris, mandantes obseruantiam dictæ immunitatis iuxtà formam dictorum Capitulorum, & listam de prædictis Cameris reseruatis dandam per Regium Scribam Portionis, & ità fuisse inde obseruatum memorat *Auth.* noster hic *n.17.18.& 26.* quem refert *cit.Capiblanc.d.loc.num.176.* vbi *n.180.* ad limitationem tradit, multo-

13 ties non facto Baronis, sed Principis ex vrgenti causa, non obstante quauis Camera reseruata mittuntur militum cohortes, quod tunc hospitari tenentur, quia cum hac conditione talis à Principe Baronibus concessa censetur authoritas; causa enim præcisæ necessitatis, semper præsumitur excepta, idem *Capibl.ibid.* nam si prætèr necessitatem patiantur Barones, hospitari Terras sibi reseruatas, Vasalli grauantur, *Nouar. de grauam. Vasall. 2. tom. grauam.144.per tot.*

14 Pro Camera verò reseruata concedenda licitum esse Baronibus exigere pecuniam à Vasallis pro Terris, quae eligunt in Cameras reseruatas, *Vrsill. ad Afflict.decis.101.* vbi ità iudicatum refert, & post alios *Mastrill.de magistr. lib.3.cap.10.n.193.Reg.Reuit.in pragm. 5.§.19 num.59.de admin.Vniu.* Et qualitèr id possit fieri ab Vniuersitate, scilicèt pro dicta Camera reseruata Baroni, quantitas aliqua promitti, siuè donari, exponit *Capiblanc. cit.loc. à nu. 167.* Et quod passim Collaterale Cõs.

15 super talibus Vniuersitatum prouisionibus vsq; ad summam carolen.5. pro quolibet foculario, & non vltrà concedit assensum, testantur *Reg. de Marin.lib.1.resol.341.n.1.* & *Leganar. in addit.ad* Reg. *Reuit super prag.3.de Militib. litt.A.fol.439.* & nũ cogi possint à Baronibus Vniuersitates ad aliquid illis pro Camera reseruata donandum, & an Vniuersitas possit recusare, ne Baro ipsam nominet in Cameram reseruatam, idem *de Marin. d.l. num.2. & seqq.*

16 Istæ rursus Cameræ reseruatæ quãuis gaudeant immunitate hospitationis actualis, & sint etiam immunes à solutione granorum 23. & minus quarti pro tribus partibus gran.31. quæ pro quolibet foculari soluunt Vniuersitates Regni Regiæ Curiæ pro Præsidijs suis, secundùm *Leganar.cit.loc.* Non tamen gaudere debent immunitate contribuendi in pecunijs illis oppidis, à quibus actualitèr hospitantur, quidquid disputauerit *Thesaur.qu for.93.* & dubitauerit *Mat. Surg. in d.Addit. fol.*

406.

prag. vers. Oktaui, ac etiam post *Thor. in comp. dec. par. 1. ver. immunitas hospitandi*, *Capan. de iure adoha quæst.* 15. *num.* 16. imò & in publicis Comitijs Regni huius, estò fuerit hoc pluries supplicatum, S. M. nonquàm annuit, sed fuit sempèr denegatum, vt *in gratijs Cæs. Maiest. in anno* 1533 *cap. 4. fol.* 224. *in Priuil. & Cap. Neap.* estò contrarium senserit *Reg. de Ponte de potest. Proreg. tit. de prouis. fieri solit.* §. 6. *num.* 19. prout aduertit post *R. Reuit. in d. pragm.* 3. *de Milit. n.* 14. *Consil. Rou. de offic. rub.* 10. *num.* 89. Quod item decisum fuit per generale decretum Reg. Cam. sub die 24. Ian. 1589. vt non sint à contributione immunes, ex *Arrest.* 466. in cuius calce *Reg. de Marin.* rationem affert, quare contrarium fuit decisum pro Vniuersitate *S. Ioannis Rotundorum* contrà Ciuitatem *Sypontinam*.

17 Similitèr ipsi Barones secundùm eorundem qualitatem, non solùm vnam, sed duas, & tres Terras reseruare possunt pro Cameris reseruatis; *Auth.* noster hic *n.* 30. & 32. cuius verba transcribit *Reg. Tap. Iur. Regn. lib.* 6. *tit.* 30. *in annotat. ad cap.* 24. *fol.* 357. 2. *col.* ac etiam refert *Capiblanc. d. loc. nu.* 176. duas tamen Duces, & Principes, & vnam cæteri Titulati, & Barones, admertit *Reg. de Ponte de pot. Prор. tit.* 1. §. 6. *num.* 17. & 18. Imò noster *Author* hic *nu.* 31. refert modum, qui practicatur circà licentiam impetrandam, ad hoc, vt possit Baro, siuè Titulatus nominare vnam, duas, aut plures Cameras reseruatas pro qualitate personæ, & familiæ, ab Excell. Prorege præuia informatione capienda, quod verè indigeat vna, duabus, vel pluribus, decernendum.

18 Idemq; procedere ait *Dom. Reg.* noster hic *n.* 31. etiam si non habitent in dictis Terris, & extrà Regnum habeat incolatum, ac ità in persona Ill. Ducis Suessæ, aliorumq; practicatum fuisse, traditq; etiam *Reg. de Ponte cit.* §. 6. *nu.* 25. & 26.

19 Notandum tamen est, quod adest Reg. Cam. Consultatio in anno 1571. expedita, vt *in Reg. Consult. Cur.* 3. *fol.* 319. in qua conclusum fuit, quod examinatis alijs *Consult.* ac partibus auditis per Reg. Cam. in Coll. Cons. cum voto *Dom. Reg. Salernitani* (dum *Dom. Reg. Reuerter.* qui feuda habebat, interuenire noluit) concederetur Baroni vna Terra pro Camera reseruata, aut plures præuia notitia danda, vt suprà, quæ censerentur immunes ab actuali hospitio, non verò à contributione, & quod Barones à Regno absentes, prædicta immunitate non gauderent, exceptis ijs, qui reperiebantur in seruitio Suæ C. Maiestatis, eiusq; sub iussu, & Ill. Magnus Admiratus (dictus nempè Ill. Dux Suessæ) vt vna tantùm Camera fruerentur.

20 Aduertendum etiam est, posse Barones has Cameras reuocare, quando alias haberent Terras, & de vna in aliam mutare Cameram non prohiberi, vt quælibet ex beneficio Baronum commodum sentiat, secùs quando vnã Terram habet in Cameram reseruatã, vt testatur *Mastrill. de magistr. lib.* 3. *cap.* 10. *num.* 194. vbi ità R. Cam. seruare refert, quod tamen, quoad primam conclusionem non simplicitèr admittendum, sed denegandum est hoc ius reuocandi Baroni, quando re vera pecunia Cameram reseruatam concessit, tùm quia eo casu priuilegium transit in contractum ob pecuniam receptam, tùm etiam quia Terra effecta Camera habet immunitatem à Rege non à Barone; imò, quia Barones Regni ad instar particularium, & ad paria cum Vasallis iudicantur, inde ad d. obseruantiam tenentur, tantò magis, dùm Princeps quoque Superiorem recognoscens id facere non potest, nisi restituto pretio, vt ex *Bellugo in Spec. Princ. rub.* 9. *n.* 28. & alijs allegatis pro Vniuersitate Galatulæ, contrà Ducem Acheruntiæ, fundauit *Camill. de Laurentio cons.* 35. *per tot.*

21 Verùm autem vendita Terra à Barone in Cameram reseruatam electa, an adhuc remaneat exempta ab hospitatione, affirmat *Reg. Reuit. in d. prag.* 3. *de*

de milit. num. 13. modò vendens non habeat aliam Terram, quod latè examinat *Io. Maria Nouar. qu. for. p. 1. qu. 84. per tot.* Et *Capiblanc.* durum videri dicit, successorem obligari ad illam in Cameram ad alterius votum, atq; beneficium retinendam, se remittendo ad tradita per eundem *Rouit. in pragm. 1. ex n. 16. de priuil.* an mutata Baronis persona, concessa ei per Vniuersitatem expirent, & alia ad materiam videnda apud *Reg. de Pont. tit. de prouis. fieri sol. §. 6. ex n. 17.* monet idem *Capiblanc. in d. pragm. 8. par. 3. n. 183.*

22 Prætereà, an eadem immunitas ob Cameram reseruatam, extendatur, & competat etiam Casalibus Terræ reseruatæ, affirmatiuam, & esse securiorem opinionem fundat *Lagan. d. loc.* vbi etiam quærit *circa fin. addit.* an Baro
23 teneatur soluere releuium Reg. Curiæ de eo, quod sibi datur ab Vniuersitate pro nominatione in Cameram reseruatam, remittens se allegationibus *Dom. Pomponij Magaldi*, quem meritò pro doctissimo I.C. & ob vitæ probitatem laudat, quas allegationes transcripsit *Capan. de iur. releu. p. 2. qu. 2.* vbi *in fine* pro Fisco concludere videtur.

24 Subfeudatarios nihilominùs, qui habent Terras immediatè à Barone, hac immunitate Cameræ non gaudere decisum refert per Reg. Cam. *Dom. Reg.* noster hîc *nu.* 13. cuius verba transcripsit *Reg. de Marin. resol. lib. 1. c. 341. n. 13.* Itemquè Episcopum, siuè Capi-
25 tulum alicuius Terræ Baronem, neq; hac immunitate Cameræ reseruatæ gaudere, à cessante ratione ipsius, cum sit concessum proptèr honestatem mulierum, & ità decisum per R. Cam. sub die 23. Decemb. 1573. refert *Dom. Reg.* noster hîc *n. 34. & 35.* quem sequuntur *cit. Tasson. n. 60. R. de Marin. ibid.* vbi in *antecèd. n. 9. & seqq.* fundat, Cōductorē
26 ad vitam vnius Terræ posse eam nominare in Cameram reseruatam, quia sicut locatio ad longum tempus dicitur perpetua, sic etiam locatio ad vitam *ibid. n. 10. & 11.*

27 Tandèm prætereundum non est, ad præsens hoc nostro in Regno prædictas Cameras reseruatas respectu Vniuersitatum, & Vasallorum esse indubitantèr voluntarias, vt Barones non possint cogere Vasallos ad accipiendum Cameras reseruatas, & soluendas pecunias pro ipsis ex ordinibus emanatis tempore peruigilis quidem, ac rectissimi gubernij hoc in Regno *Excell. Comitis de Oñate*, qui etiam constituit modos eligendi milites, exemptiones, & priuilegia ipsorum, & in quibus delictis priuilegijs fori potiantur, & Vniuersitates, quæ illis præstare debeant, vt in *pragm.* edita 3. Iunij 1652. quæ est 20. *in tit. de Milit.* probè aduertit *Consil. Rocc. de Offic. d. rub. 10. num. 90. & 91.* latè *D. Cons. Petra tom. 3. super Rit. 273. d. n. 182.*

AD QVÆST. VNICAM.

Quando Rex huius Regni possit exigere seruitia à Baronibus pro seruitio alterius Regni.

ANNOTATIO.

SVMMARIVM.

Rex, an possit exigere seruitia ab aliquo Regno pro seruitio alterius? Referuntur in contrarium argumenta n. 1. & negatiuè concluditur iuxta hanc decis. laudatam à R. Constantio à n. 2. ad 10. quod declaratur inferiùs à n. 15. & seqq.

Regna plura, quibus Augustiss. Rex noster dominatur, an diuersa censeantur Patrimonia, & Hispaniæ aggregata dicantur nu. 10. 11. 12. 13. 14. & 15.

Leges Hispaniæ dominantis, an obseruari debeant in hoc Regno, vel in alijs subditis n. 6. & 7.

Matritum, vbi Curia Regia residet, communis Patria censetur huius magnæ Monarchiæ, ibiq; conueniri potest quilibet subditus n. 8.

Auocatio causarum à Tribunalibus huius Regni Neap. non potest fieri ex gratia num. 9.

Vasal-

Vasalli huius Regni, an teneantur gratis præstare lignamina pro triremibus aliorum Regnorum S. Cath. Maiest. nu. 16. & 17. & quid soluto iusto pretio n. 18. & an cogi possint ad exhibendos rhemigantes, & sodiatores ibid.

Fiscus, an sit immunis pro rebus, munitionibus, aliisq; extra Regnum transmissis. & pro bonis confiscatis, vel immissis pro structis Regiarum triremium, vel pro sustentando Equitatu, à num. 19. ad 23.

Immunitas Triremium, quanam sit, remissiuè n. 24.

Feudatarij huius Regni, an teneantur seruire extra Regnum, vel Regem comitari, & cuius expensis n. 25. 26. & 27. & quid si adsit bellum in locis conuicinis, & in Statu Mediolanensi num. 28. & 29.

Donatiuum, an debeatur pro sumptibus alterius Regni à n. 30. ad 34. & quomodò in hoc sit procedendum num. 35. & quid si adesset bellum, vel foret inuasionis timor in propria regione num. 36.

Ciuitas immunis, an tradi in manus hostium possit, pro Ciuitatis salute n. 37.

Ianuensis Respublica, est ianua Regni Neapol. n. 32.

Mediolanensis Status, est nostri Regni antemuralis n. 33.

Vasalli Baronum, an extra territorium, vel alteri seruire teneantur n. 38. & 39.

1 CONtrouersiæ huius specimen, post *Dom. Reg.* nostrum pro Fisco doctissimè examinauit *Dom. Reg. Constans. ad 11. lib. C. in Lun. tit. de Classic. n. 155. & seqq.* dum pro Fisco multa retulit argumenta; primum, nempè Regem nostrum Inuictissimum, vnum esse Principem totius huius Monarchiæ, siuè Imperij, quod vnicum corpus constituit, gratia solùm commodioris exactionis diuisum, ex qua separatio non inducitur ex *L. Caius, §. Titius, de leg. 2.* Vnde vnicam esse Dom. Regis nostri classem, diuersis tamen stationibus cōsiderandam, quia varijs in locis decet Principem esse instructum, prout videmus, & in locis fœderatis, puta in Ciuitate Ianuæ classem habere, & sic videtur ad id conferre *d. l. vnic.* dum ibi Classes, in diuersis licet Prouincijs maneant, Comiti tamen Orientis subsunt, & illa, quæ est vnius Prouinciæ pro tuitione alterius deseruit.

2 Secundum, quia quemadmodùm Vasallus seruire extra Regnum tenetur, quando bellum indicitur pro ipsius Regni, vel aliorum Regnorum ipsius Principis tuitione, imò & tunc contribuere nos omnes Vasalli tenemur, quoniam sub imperio Potentissimi, & Pientissimi nostri maximi Monarchæ feliciter subijcimur, quia ille non potest, nec iustè tenere, si alia desereret, quin periculo eas hostium exponeret, vt post *Gabr. Vasquez, Turrian. P. Dian. Castill. & Castil.* fundat etiam *Excell. Dom. D. Christoph. Crespi de Valdaura par. 1. obs. 34. nu. 26.* subiiciens, quia omnium interest Monarchiam conseruari, & cuiusq; Prouinciæ vtilitas in vniuersali Monarchiæ vtilitate inclusa est, cum facilius potentiæ sub Rege iustitia, & pax sustineatur, vt metu solo hostes fugiant, ex *Thom. del Bene in tract. de Parlament. dub. 4.*

3 Ex quibus pro Fisco concludi posset, ex *tod. Reg. Constant.* ità etiam Vasallos huius Regni teneri ad præstandam patientiam, vt ligna gratis in suis nemoribus abscindantur pro Triremibus, licet non huius Regni, sed pro cęteris eiusdem Clementissimi nostri Principis, ac eius Monarchiæ defensione, nam isti casus, in seruitiorum, & obsequiorum exhibitione parificantur, *Constant. ibid.*

4 Tertium, quia ius seruitutis extenditur etiam ad futura, & quando non est limitatum, debetur etiam pro augmento, & promissio coquendi panem, vel frumentū molendi alicui, & familiæ suæ facta, extenditur quoque aucta familia, & promissio quoque vt abscindere quis valeat pro se, & filijs suis vltrà alios natos tempore obligationis, extenditur quoque ad posteà pro-

creatos, vt post *Capoll.* qui alios refert *in tract. de seruit. verb. prad. n. 5. cit. Constant. num. 157. & 158.* & Nos *suprà ad quæst. 1. §. 2.*

5 Quartum denique addit argumentum, quia iura regalia vnius Regni ad alias Prouincias acquisitas, & additas extenduntur ex *Arnulph. Rutas de regal. in 16. priuil. in fin.*

6 Et licet hoc Regnum, Hispanicæ Monarchiæ adiectũ, nõ quidem accessoriè, sed principalitèr videatur, retinendo propriũ nomen, & antiquam dignitatẽ, ac omnia iura, quæ ante vnionem habebat, imò tanquàm Rex Neapolis, legitimo iure Rex Hierusalem appellatur: quo casu iuxtà celebrem distinctionem *Bart. in l. si conuenerit, §. si nuda, D. de pign. act.* quam amplectitur *Franc. de Clapper. in centur. caus. fisc. causa 1. quæst. vnic.* Prouincia nõ subijcitur legibus, aut Consuetudinibus Regni, cui accedit; Vnde leges Hispanicas non posse applicari in Tribunalibus huius Regni dixit *Reg. Reuis. in pragm. 4. n. 16. de dilation.*

7 Attamen deficientibus proprijs Statutis, primò ad Ius Regni, siuè Ciuitatis dominantis, deindè verò ad Ius Ciuile Romanorum recurrendum est, & sic leges, siuè Consuetudines Ciuitatis dominantis priùs seruari debent in Ciuitatibus subditis, ex *textu in §. fin. Instit. de satisdat.* ibi: *Quam formam non solùm in hac Regia Vrbe, sed etiam in omnibus nostris Prouincijs obseruare censemus, cum necesse sit, omnes Prouincias, Caput omnium nostrarum Ciuitatum, idest hanc Regiam Vrbem, eiusq; obseruantiam sequi;* Et ex *l. de quibus, D. de legib.* ibi: *Tunc ius, quo Roma vtitur, seruari oportet;* & post *Roman. cons. 218. & 222. Corn. cons. 151. vol. 3.* & alios latè probat *Frideric. Gauerra in cons. vnico decisiuo*, vbi examinat, *an deficiente Statuto, vel speciali consuetudine alicuius Ciuitatis, ad statuta Ciuitatis dominantis, vel ad Ius Ciuile Rom. in causarum decisione sit recurrendum.*

8 Apud Nos etiam Curia Augustissimi nostri Regis, *Matritum* scilicet, vbi
Princeps noster, & Dominus *residet*,
communis patria censetur, huius Ma-
gnæ Monarchiæ caput, ità vt ibi quili-
bet subditus possit conueniri ex *l. 4. tit.*
3. p. 3. vnde Aragonia, Neapolis, Sici-
lia, Mediolanum, & ferè omnes natio-
nes, quæ sub Orbe Hispano sunt, licet
suis Consuetudinibus, & legibus re-
gantur, non tamen sui Regis Curiam
declinare valent, vt neruosè contrà
Peregr. decis. 1. fundat *D. Franc. de Ama-*
ya in comment. ad lib. 10. Cod. tit. de inco-
lis, l. Ciues à n. 89. ad 97. & Nos dice-
9 mus infrà ad §. 8. *de Ciuilitate*; licet
quoad Regnum hoc Neap. Rex con-
cesserit gratiam, ne causæ auocentur à
Tribunalibus simplicitèr, vt videre est
in *Cap. & Priuil. Neap.* not. per *R. Tapia*
decis. 1. Supr. Ital. Sen. & latè examinat
D. Cons. Altim. lib. 3. de nullitatib. rubr.
9. quæst. 29. per tot.

10 Similitèr idem *Reg. Constans.* vt *Au-*
thoris nostri relatam R. Cam. decisio-
nem contrà Fiscum pronunciatam ex
omni parte iustissimam defenderet,
rationes decidendi peritissimè retulit;
Et quidem Regna hæc Siciliæ, Pro-
uinciasq; esse separatas, & vnam alte-
ri non esse vnitam, neq; annexam, &
propterea leges, mores, ac iura regalia
vnius ad alia non extendi, ex doctrina
Gulielm. de Cun. & aliorum *prærit.* &
Arnulphum Rut. loqui in Prouincijs
voluit, idq; etiam quia Regna, quando
diuerso titulo sunt quæsita, diuerso iu-
re censeri debent, Regnumq; istud, li-
11 cet sub eodem Augustiss. Corona, &
felicissimo dominio, non tamen dici
potest Regno Hispaniarum aggrega-
tum, nec cum eo vnitum, secundùm
Auth. nostrum hic *n. 3. & 4.* quod in
specie confirmauit ex *Accurs. in l. 3. D.*
de Off. Præsid. dum voluit, Regem An-
12 gliæ non posse Vasconibus seruitia,
nisi in Vasconia imperare, nec ius di-
cere Vasallis vnius Prouinciæ in alia,
estò id posset per Iudices à se in Pro-
uincia delegatos, vt ex *Franc. Marc.*
dec. 341. monet *cit. Reg. Constans. ibid.*
Quod tamen impugnat *Balzaran.* re-
censitus per *Lanath. in theatr. feud. p. 12.*
di-

dibus. 13 num. 3. dum ait, malè dicere Vascones, se non teneri sub Rege Angliae, nisi sit in Vasconia, & extra esse priuatum, non Regem, quod (inquit) *si Galli dicerent, priuarentur feudis suis*, intellige tempore, quo Vascones Angliam tenuerant.

13 Et de Prorege duarum Prouinciarum, quod homines vnius Prouinciae ad aliam reuocare non possit ex *Capyc. & Camer. ibid. tit. Constant.* vnde sententia in homines alterius Prouinciae, ab alia Audientia prolata, redditur nulla. *Afflict. de nullitat. nu. 83. fascic. 4.* sicut

14 Rex Apuliae, qui in alijs Prouincijs huius Regni est Comes, non iudicat vt Rex, & Galliae Rex, dum olim erat Mediolani Dominus, non poterat exercere iurisdictionem, nisi assistens in territorijs Mediolani, nam iurisdictio etiam, quae personae cohaeret, non

15 egreditur Territorium, & licet Rex noster habeat diuersa Regna, stante destinatione per eum facta, diuersa dicuntur Patrimonia, & vnum nihil commune habet cum alio, & habentur ac si essent diuersarum personarum, vt admonet *Auth.* noster hic *a n. 6. ad 9.*

16 Et ideo ius, quod Fiscus habet, lignamina in hoc Regno pro eiusdem Triremibus incidendi, nequit extendi ad alias alterius Regni huic non vniti Triremes; Prout etiã seruitus pro certa parte fundi constituta, non debetur pro alijs, licet sint eiusdem Domini, cum videatur limitatè concessa, neque concessionis tempore de alijs cogitatum ex *l. ex meo, D. de seruit. rust. praed. & l. qui cum tutoribus, D. de transact.*

17 Quas ob rationes contrà Fiscum decisionem refert sub die 11. Ianuarij 1577. quam fuisse de mense Apr. eiusdem anni, consulto Rege nostro, suo rescripto comprobatam; Fuisseq; etiam idem in anno 1565. decisum, memorat *Auth.* noster hic, exceptam tamen fuisse Regiam Triremem, quam *Regalem* vocant, vt in illa construenda possint gratis abscindi ligna in hoc Regno, quia Caput est omnium Classiũ, eiq; aliae omnes obediunt, *tit. Constit.* *ibid. n. 164.* addenda, contra Fiscum respondendum esse, etiam si triremes in hoc Regno construantur, destinatae tamen sint pro alijs Regnis, quoniam destinationis locus attenditur, ex *l. caeterae, § sed si separauerit, D. de leg. 1. Author* noster hic *n. 14.*

18 Annotandum tamen est, Regem posse à Vasallis lignamina recipere pro construendis triremibus soluto tamen iusto pretio, *Author* noster hic *nu. 21.* quem refert *Capyc. de iure adoh. qu. 17. n. 14. in fin.* Et sic etiam pro noua militia dicta *del Battaglione*, pro rhemigantibus dictis *Bonauoglia*, & fodiatoribus, vulgò appellatis *guastatori*, cogi eos posse tẽpore necessitatis ad illos exhibendos mediante salario, dummodò non sint [illegible], & alij vacantes agriculturae, tradit *Reg. de Ponte de potest. Prorég. tit. 4. §. 1. n. 49. & 50.*

19 Praeterea Fiscus pro bonis, munitionibus, [illegible], quae transmittuntur extrà Regnum pro Castro, & Praesidio, debet soluere tertiarium, secundum *decisionem n. 18.* ab *Auth.* nostro relatam, quia Fiscus, licet sit immunis, intelligi debet in hoc Regno, & non pro bonis, quae à Fisco emuntur per extrà Regnum, & sic Dohanae directas deberi pro bonis, quae dantur pro vsu Triremium Siciliae in eadem R. Cam. refert decisum *D. Regens* hic *nu. 19. & 20.* vbi *n. 21.* id facta *Consultatione* Augustiss. Regi nostro per rescriptum cõfirmatum meminit, ac etiam *n. 16.* exemplum affert, triremes huius Regni in Ciuitate Messanae soluere tractam pro biscotto, quod ab illo portu extrahunt.

20 Animaduertẽdum est insupèr, quod Fiscus ab omnium vectigalium praestationibus immunis est, *l. Locatio*, aliàs *licitatio, §. Fiscus, D. de public. & vectig. l. vniuersi 5. C. de vectig. & commiss.* Sed quaeritur, an etiam pro rebus, quae pro exercitu comparantur, eadem gaudeat immunitate; *Res exercitui paratas praestationi vectigalium subijci, non placuit* Paulo I.C. in *d. l. Locatio §. res*, & ità obseruari fatentur post alios *Bursat. cons.*

535. vol. 5. Peregrin. de Iure Fisci lib. 6. tit. 5 à num. 23. Larrea alleg. fisc. 34. nu. 4. & 5.

21 Vnde pro aliquibus bonis immissis, pro seruitio Regiarum triremium huius Regni, per R. Cam. in R. Coll. Consilio suit decisum pro Regij Fisci immunitate, ex quo erant bona exercitui parata, licet in ea gabella fidelis. Ciuitatis, cautum esset, vt nemo ab hoc onere esset exemptus, teste R. *Reuerter. decis. 548.* tradens etiam in fine, pro omnibus victualibus emptis pro seruitio Regiarum triremium, nunquam fuisse Vectigal solutum; vbi *Reg. de Marin. in obs. à n. 1. ad 3.* refert fuisse decisum in R. Cam. sub die 30. Aug.
22 1657. vt Fiscus pro bonis confiscatis cuiusdam rebellis, minimè directus, & sic ius fundici soluere teneretur, quæ determinatio legitur quoque in eiusdem *decis. 683.* Et immunem esse à
23 gabella pro segetum emptione in substentando Equitatu, & pro quantitatibus solutis restitutionem Fisco competere, apertissimè defendit *D. Reg. Marcell. Marcian. iunior in operib. posthumis in Excerpt. fiscal. exercit. cap. 14.* Ac vinum emptum in Ciuitate Castri maris pro Regiarum triremium vsu, extrahi posse à directibus immune, adsunt litteræ *Reg. Cam. sub die 4. Febr. 1520. in Regestro partium fol. 273.*

24 Ad hæc videndæ sunt Reg. Cameræ Consultationes, quarum vnam refert *Auth.* noster hic; Et alia est in *Regestro Cõsultar. Curiæ 7. fol. 421.* Alia verò in *Reg. Consult. Cur. 2. fol. 233.* recensita, etiam in alia Consultatione in *Reg. Consult. Cur. 3. fol. 304. anni 1571.* vbi agitur, an Genuensium Triremes sint immunes; Alia denique expedita sub die 29. Nouembris 1570. *in Reg. Consult. Cur. 3. fol. 260.* vbi latè circà obseruantiam prædictæ immunitatis, plures distinguuntur Triremium species, illæ nempè S. Cath. Maiestatis, triremes particularium ad eiusdem Seren. Regis mercedem viuentes, Triremes Religionis, Triremes particularium, qui soliti sunt Catholico Regi in aliqua expeditione seruire, ac Triremes denique confœderatorum, quæ tamen nec ad mercedem Regis, nec pro eiusdem seruitio viuunt.

25 Rursùs, quia *Auth.* noster *num. 10.* concludit, Barones huius Regni, qui ad seruitia pro eorum feudis tenentur, non obligari extrà Regnum; Ad eãdem conclusionem annotandum censemus, non simpliciter illam sic admittendam, cum ex pluribus rationibus, ac doctrinis *Andr. Knbl in tract. de seruit. feud. p. 5. de loco seruitiorum feudalium, quò exhibenda sint*, probet, quod Vasalli extrà ditionem Domini seruire teneãtur à *n. 10. & 11.* etiam si pro vindicãda sua, suorumq; iniuria bellum Dominus gerat extrà ditionem suam *nu. 12.* vel Dominus consultius iudicet vltrà fines progredi, hostemq; adoriri *n. 13.* vel tuendarum possessionum alibi sitarum gratia ducat Vasallos extrà ditionem *n. 14.* Vel si Dominus tendat cum Imperatore ad expeditionem publicam, licet locus remotus sit *nu. 15. & 16.* Aut si feudum, quod habet, extrà Domini territorium sit, quo loco Dominus indiget, seruire tenetur *nu. 17.* Et quid pro acquirendis extrà ditionem possessionibus, an seruire teneatur, distinguit *ibid. n. 24. & 20.* In Terram tamen propinquam, eàque vix ei iure debitam tenens, affirmat *nu. 21.* & si remota sit, & iure debeatur, ad illam acquirendam Vasallum auxilium ferre debere *n. 22.* limitat tamen, non teneri extrà, si intrà ditionem, in qua degit Vasallus, bellum sit, Dominum sequi, quod restringit *n. 24.* idq; arbitrio Iudicis committi *n. 25.* item limitat, si alterius ditionis Vasalli sufficiẽt pro auxilio *n. 26.* similitèr si bellum sit procuratum, vel simulatum *n. 27.* & tãdem *n. 28.* Dominum vagabundum, siuè hinc inde aberrantem sequi non teneri Vasallum.

26 Sequi autem debet Dominum extrà Territorium, Domini expensis, etiã vltrà mare pro Regni, aut dominij sui tuitione, Iniuriam suam, vel suorum vindicando, vt post *Sfort. Afflict.* & alios

alios firmat *Camill. Lazarh. in theam. feud. par. 11. dilat. 13.* vbi in fin. idè practicari in hoc Regno testatur; Et in facto, etiam pro associanda Sereniss. Regia filia Ferdinandi, tempore discessus ab hac Ciuitate Sereniss. D. Mariæ de Austria Reginæ Hungariæ, refert *Frãcisc. Roman. ad Afflict. de iure prothom. ad vers. sed iuxta hoc quæri num. 8. fol. 210.* & post alios firmant *R. de Curte in diuers. feud. fol. mihi 42. num. 47. Bilotta consuet. feud. 92. Consil. de Georg. rep. feud. cap. 57. num. 14. Reg. de Ponte de potest. Prorég. tit. de regal. impos. 4. §. 1. num. 47. Consil. Rouit. d. 1. resp. 49. n. 16. & 17. Capan. de iur. adoha. q. 17. n. 20.* de varijs autem rationibus, & distinctionibus, inter Vasallũ feudalẽ, aut iurisdictionis, post *Solorzan. tom. 2. de Indiar. gubern. lib. 2. cap. 25.* & alios videndus idẽ *Larrea tom. 1. alleg. fiscal. 61. per tot.*

27 in articulo, *an si Rex Hispaniæ ad bellum personaliter procederet, & proficisceretur, teneantur Vasalli illum comitari, & suis expensis.*

28 Quod eò fortius militat, ingruente bello ad vicina loca, cum eo casu, pro defensione proprij Regni, auxilio sit occurrere, quàm euentum rei expectare, ex l. 1. C. quand. liceat sine iud. se vind. ex c. Iuliana 94. 1. caus. 3. ibi: *Prædicare armis pro defensione Reipublicæ;* quodq; difficilè persuadere Regno, vt pecuniam contribuat ad bellum foris gerendum, neque enim facilè capit, quantum ad pacem domi conseruandam conducat, illud quàm longissimè arcere, ait *Didacus Saauedra in Idea Principis Christiani politici symbol. 67. fol. 179. & illud. Siquidem, (inde sunt) exteris parumq; eò nitentes quæ Prouinciæ pecunia parcendo, remota pericula contemnunt, incommodisque demum malis, desperata sæpè remedia grauiora sentiunt detrimenta.* Quo finè meditatio, telestè *Capiblanc. super pragm. 16. de Baron. 2. 89. num. 10. tom. 1.* defendi, vt sine Regni

29 præiudicio, posse Vniuersitatibus mādari, vt eligere debuissent tot milites per focularia, & Mediolanum mitti potuissent, vbi bellum vigebat, ob suspicionem tunc inuasionis nostri Regni, licet postea, illa causa cessante, milites electi à Regno non exierint.

30 Imò etiam propter bella, & sumptus, quos Rex substinet in alijs Regnis, donatiuum, siuè extraordinarium tributum iustè exigi potest, post alios *Afflict. decis. 205. num. 47. vers. sentitur, cum seq. P. Diana par. 1. tract. 3. resol. 3. Del bene de Parlam. dub. 14. Bilotta d. consuet. feud. 92. num. 2. 3. & 4. Damma de pagam. Ducit. tit. 1. de priuil. Baron. cap. 5. num. 6. Consil. de Georgio d. cap. 57. num. 40. & seq. R. Galeota controu. 18. nu. 17. lib. 1. R. Sanfelic. in descript. vniuersa donatiui à nu. 29. post 1. tom. decis. Larrea alleg. fiscal. 61. tom. 2. vbi nu. 26. & 29.* eò potiùs locum habere ait, si Galli aggressores fuerint, ac nostra Regna impeterent (quorum bellis maximè nunc agitamur) *Reg. Rouit. in consult. tom. de donatiuo post 1. tom. consil.* vbi *D. Consil. Altimar. in obser. à n. 14. Consil. Rouit. de offic. rubr. 17. §. 5. de donatiu. nu. 55. & seq. cit. Consil. 1. obser. 14. n. 26.* Imò tunc adohamentum posse fundat *Capan. de Iure adohæ quæst. 17. Quis enim (inquit P. Gabriel Vasquez de restitut. c. 6. dub. 1. num. 7. & 8.) non magni facias eum, quo fruitur, pacem? quis non volet Regi tributa offerat, vt pacem conseruet? Conseruatam augeat? Sed contrà fieri videmus, vt homines non perpendentes, vtiles verò potiùs considerantes nouam exactionem, & ægrè ferant, & contra Regem obmurmurent, sine causa tamen, & iniustè.*

31 Habetur quoq; exemplum Scipionis Africani, qui compulit Siculos contra Regem proaduinandi in bello Reipublicæ Romanæ contra Carthaginenses, vt ex *Liuio refert Bilott. d. consil. 92. num. 2.* Et ità obseruatum in anno 1623. testatur *Tasson. de antefat. vers. 4. obs. 3. num. 19. nu. & 21.* talisquam acceptè donatiuũ fuisse auctum in aliis ducat. biscentum mille, ex eo, quia Sereniss. Dux Sabaudiæ cum Gallorum auxilio Ciuitatem Ianuæ inuaderetentauit, quam ferè captam habebat in die Veneris, sed cum auxilio Inuictiss.

Regia

Regis nostri, & præcipuè huius Regni.
32 fuit liberata. Idq; etiam ratione protectionis, quam de ea Republica habet, etiam quia est Ianua, ex qua ad Italiam, & præcipuè ad nostrum Regnum aditus aperitur, tradente *Capiblanco to. 2. super Pragm. 1. de Baron. cap. 2. num. 9.* vbi etiam inquit, quod non potest dici, Regem de suo Aerario defendere Regnum teneri, cum videamus quasi omnes suos introitus venditos, tot Terras demaniales, ac alia regia iura, vt vix Regale Patrimonium in hoc Regno ordinarijs oneribus sit satis.

33 Et pluriès etiam id practicatum vigentibus bellis in Mediolanensi Statu, pro donatiuo præstando per hoc Regnum tradit *Cons. Reg. d. §. 5. de donatiu. num. 57.* cum Mediolanensis Ducatus sit nostri Regni antemurale, *R. Sanfel. cit. discept. vnic. pro donatiuo num. 18.*

34 Quis enim adeò in silicem obduratus inueniri posset, qui tàm benigno nostro Regi, verè Pio, Catholico, magis Patri, quàm Principi, non fortunas tantùm, sed vitam non vellet offerre? nune equidem nos subditi felicissimi credimur, cum pro Rege diuitias, ac sanguinem mereamur effundere, vt veridicè loquitur *Dom. Antonius Agraz de Spuig Marchio Vniæ in Diatriba de Donatiuis voluntarijs Politica, ad Carolum II. Hisp. Regem Cath. cap. 12.* sed nimium esset, si cuncta donatiua, quibus Neapolitana Ciuitas, & Regnum impatæ fidelitatis, ac amoris signa ostendit, diffusius prosequeremur, recensetq; *Mazzell. in descript. Regni Neap. lib. 2. à fol. 342. Tasson. de antef. d. vers. 3. obs. 4. & Iul. Cæs. Capac. in suo libro inscripto, Il Forastiero fol. 661.* Vnde, obseruandum est, quod ab anno 1553. quo gloriosæ, ac immortalis memoriæ Augustiss. Imperator Carolus V. Regna Inuictiss. Regi Philippo II. eius filio resignauit, vsq; ad annum 1692. donatiua præstita summam efficiunt quinquaginta trium millionum, quindecim supra septingenta mille, ac septingentorum ducatorum. *Quod si merita Principis ponderentur, omnia, quæ, vel natura porrigit, vel fortuna dispertitur, diuitia imparia essent, & subditorum affectui quam maximè inferiores*, vel notu inuenusto Præfectus ille *Symmachus*, cum Rom. Senatui præsideret, præfatus est.

35 Non omnes tamen eodem modo, nec pari obligatione adstricti, & sic etiã *P. Dian.* limitat cõclusionem hanc, vbi obstant leges municipales, & ex *Reg. de Ponte d. tit. 4. §. 2. num. 4.* & *Thom. del Bene in tract. de Priuileg. dub. 20. sect. 2. num. 2.* inquit: *Itaq; breuiter dico, quod Rex, si indiget, ad defendendum aliquod Regnum, debet grauare primò illud idem Regnum: Secundò, si illud non est potens, debet grauare Regna, quæ nõ grauentur priuilegium non habent: Tertiò, si hæc amplius grauari non possunt desiciéte viribus, licet fortasse & Regna, quæ priuilegium habent, ne grauentur, grauari possit, propter ea, quæ in dubit. 14. diximus, debet tamen illa, si in feudum habet, grauare cum consensu directi Domini, saltem in casibus, in quibus directus Dominus illa grauari à principio non concessit;* quem refert, & sequitur peritissimus *Dom. Grossi de Valdaur d. lib. 1. obs. 24. n. 27.* vbi n. 28. ait, inspiciendam esse per gradus Principis necessitatem, & Vasalli obligationem: & ad hæc multas cõgessimus cõclusiones suprà in *annot. ad §. 1. tit. de Collectis à n. 35. 36. & 44.*

36 Inspiciendum quoque est, ne quid donanti graue sit, & ne propriam defensionem deserere cogatur, cum ordinata caritas à se ipso incipiat, ex *l. Præses, C. de seruit. & aqua, l. inquisitio, C. de solut.* si Regnum nempè ipsum inuaderetur, vel constans de hoc timor adesset, & sic ait *cit. Kobl. de seruit. feud. par. 3. num. 13.* quod cum in ditione, in qua degunt Vasalli, bellum est, non tenentur Dominum extrà ditionem sequi, idque declarat *n. 24.* Vnde appositè *Seneca lib. 2. de benef. cap. 15. Nunquam in turpitudinem nostram tribuamus; tum summa amicitia sit amicum sibi æquare, vtriq; simul consulendum: Dabo egenti, sed vt ipse non egeam, succurram perituro, sed vt ipse non peream;*

Et

Et post *Io. Bertachin.* notandum asserit *Magirus de Aduocatia arm. cap. 11. nu. 642.* pro Ducissa Mediolani, quæ anno 1479. in bello Tusco, Florentinos, ad quorum defensionem deuincta erat, deseruit, propter bellum sibi motum in Lombardia à Ludouico Sfortia, & Roberto de Sancto Seuerino in agro Coronensi: Consonat illud *Tullij lib. 9. epist. fam. ad Dolabell. Tibi potius, quàm omnis sis amicus; nostra enim vtilitates nobis omittenda non sunt, aliq; tradenda;* Idemq; notat *lib. 3. de offic.* Et in orat. *in Vat. Nemo est tàm demens, tàmque parùm de se cogitans, qui alienam vitam magis, quàm suam diligat.*

37 Licet apud eruditos disputetur, an etiam tradi in manus hostium possit Ciuis innocens, vt vitetur imminens Ciuitatis excidium, vicit tamen Reipublicæ gratia, *pro qua mori, & nos totos dare, & in qua omnia nostra ponere, & quasi consecrare debemus*, secundum eundem *Ciceron. lib. 2. de legib.* & videas *Solorzan. d. cap. 23. num. 38.* & *Hugon. Grotium lib. 2. de Iure belli, & pacis cap. 25. §. 3. Balthass. Gomez de Amescua de potest. in se ipsum lib. 2. cap. 2.* vbi; *Pro Republ. quod periculum subire liceat.*

38 Non incongruè etiam hic quæritur de Vasallis Baronum, an illi teneantur pro seruitijs, & negotijs extrà territorium? Et fuit decisum, quod sic, vt scilicèt, tàm intrà, quàm extrà territorium seruiant, soluto tamen pretio, inter *Marchionem Lauri*, & prædictam Vniuersitatem *Lauri*, *Nouar. in collect. 3. n. 11. & 12. sup. pragm. 1. de salar. corr. &c. Thor. in comp. dec. p. 1. verb. Barones conducentes*; Et salarium seruitiorum Vasallorum, licet sit taxatum *per prag. 1. de salar. corr.* duplicatum tamen fuit, per *pragm. 2. eod. tit.* vt aduertit *de Luca in obseru. ad Præs. de Franch. decis. 516. nu. 2.* & Vasalli si mittendi essent Neapolim, v.g. pro asportatione frumenti, an possint consignare frumentum proprium Neap. existens, & ipsi Vasalli recipere frumentum Baronum in proprijs Terris, quod non possint cogi, decisum refert *Amendol. ibid.* & sequitur *Nouar. de grau. Vasall. lib. 1. grauam. 1.* & alibi;

39 Nò tamen posse cogi Vasallos ad seruiendum alteri cum eodem salario, fundat *Io. Angel. Pisanellus in comment. ad tit. Pragm. 1. de salario &c.*

De Conuentione inter Regiam Curiam, & Regnum, quod vice generalis numerationis faciendæ in Regno pro eodem anno 1576. detur eidem Curiæ vnus millio.

ANNOTATIO.

SVMMARIVM.

Numeratio focularium Regni, quo tempore fiat, & an sit in arbitrio Regis n. 1. 2. & 3.

Numeratio focularierum ad euitandas expensas in anno 1576. non fuit facta, sed transacta pro vno millione num. 4.

Quam conuentionem validam esse firmatur n. 5.

Barones habentes augmentum functionum fiscalium, an possint participare de solutione Regia Curia facienda, vt fiat numeratio focularium n. 6.

Vniuersitates immunes à fiscalibus functionibus, an debeant pro rata contribuere in donatiuo conuento, vt fiat numeratio nu. 7. & an immunitas cedat in damnum Fisci, vel Regni n. 8.

Decisiones Dom. Regentis *in editione prætermissa, hic transcribuntur à n. 9.*

1 Quoniam fiscalium functionum impositio regulatur ab augmento, vel diminutione focularioum, proindè temporibus statutis scilicèt iam anteà quolibet triennio, & postmodùm ab anno 1561. propter excessi-

cessiuas expensas euitandas singulis quindecim annis fieri de nouo totius Regni numerationem, obseruatũ fuit, & hoc ad releuamen pauperum, & ad Fisci etiam vtilitatem, vt vnusquisq; soluat, quod debet, & non grauetur, de quo in *l. 4. C. de cens. & censit. & peraequat.* & habetur expressè in *Cap. 7. nostra Ciuitatis in Cap. concess. à Rege Alphonso I. Praes. Camill. de Curte in diuers. feud. §. redeundo igitur fol. 15. n. 15. & 16. Reg. de Ponte de potest. Pror. tit. 4. §. 2. n. 17. & §. 1. num. 15. & 16.* vbi tradit differentiam inter collectam, & tributum certę quantitatis in vniuersum,
2 in quo Regnum, seù Terrae taxantur, quae integrè solui deberēt, nulla habita ratione focularioꝝ, quod procedit in donatiuis, quae licet exigantur secũdùm taxam focul ariorum, non habetur ratio diminutionis illorum, cum id solùm fiat ad faciliorem modum exigendi, *ibid. n. 14. 19. 20. 21. & 22.* ab ipsis fiscalibus functionibus, quae à diminutione, & augmento ipsorum dependent, ità quod stante diminutione in numeratione, fiat in damnum Fisci alleuiatio, non obstante *Luca de Penn.* doctrina, de qua *Reg. de Pont. d. loc. à n. 3. ad 6. & n. 17.*

Et quia existente augmento in numeratione à pari Fisci lucro, quod plus cedere debet, cum ipsae functiones fiscales à quolibet Ciue effectiuè soluãtur, dùm numeratio fit vniuscuiusq; Ciuis, & vnusquisq; taxatur ad rationem certam, nam non est taxatio facta singulis Terris in vniuersum, secundùm *cit. Reg. de Ponte d. loc. num. 8.*
3 Cumq; etiam verum sit, in arbitrio Regis esse, vel in breuiori tempore numerationem facere, vel in longius tempus protrahere, secundùm status Regni opportunitatem, vt declarat idem *de Curte d. loc. n. 26.*

4 Quãobrē instãte Fisco in anno 1575. fieri numerationem, habito respectu ad multas expensas, quae per Curiam in ea fieri solent, & ad damna, quae Vniuersitates patiuntur ex accessu Numeratorum ad Terras, & ad expensas, quas erogant pro assistentia eorum hominum in hac Ciuitate pro deductionibus, & principalitèr, ex quo R. Cam. Tribunal causarum expeditioni, computorũq; discussioni iuxtà peruigilem modum operam nauare non poterat, visum fuit acceptare oblationē à Regno factam vnius millionis soluendi per Vniuersitates in duobus annis, & hoc fuit etiam per viam transactionis pro augmento focul ariorum, quod potuisset resultare, si numeratio facta fuisset, & sic fuit conuentio conclusa in anno 1576. inter Regem, & Regnũ, de qua *Author* noster hic.

5 Et rectè dici potest, fuisse illam transactionem, siuè pactum, aut conuentionem inter Fiscum, & Regnicolas conclusa, cum translatum fuerit, tùm augmentum, quod à numeratione pro Fisco emanare poterat, tùm etiam diminutio, quae pro Vniuersitatibus conuinci quoque poterat; Transactio namq; conuentio est *l. 1. §. conuentionis, D. de pact.* itemq; pactum dicitur *l. vt responsum 15. l. cum proponas 17. l. sub praetextu 19. l. fiat apud acta 18. C. de transact. cum alijs commem.* apud *Valeron. de transact. tit. 1. qu. 3. nu. 2. 3. & 9. Vrsel. sod. tract. qu. 2.* Proindè optimè ab *Authore* nostro hic, & *Praes. de Curte d. loc.* conuentio inter Regiam Curiã, & Regnum vocatur, quae certè vtriq; vtilis fuit, ob euitatas expensas, & damna, & quia praeclusit viam futurae cõtrouersiae augmenti, & diminutionis, siuè deductionum, vtilior meritò pronuncianda est, quia vtilior transactio est, quae praecludit viam futurae controuersiae, eamq; omninò terminat, secundùm *Ciceron.* consilium pro *P. Quinctio*, de quo apud *cit. Valeron. in prooem. de transact. n. 11.*

6 Ex praefata verò conuentione multas subortas fuisse controuersias, easq; decisas per Reg. Cam. refert idem *de Curte ibid. num. 18.* Et primò, nam multi Barones, qui in Regno habebant ex priuilegio functiones fiscales concessas in earum Terris cum augmēto, praetenderunt, ex hoc participare in solutione

tione prædicta Curiæ faciendæ. Quo in puncto pluribus hinc inde adductis facto verbo in Coll. Consilio, nullum ius competere dictis Baronibus decisum fuisse testantur *idem de Curte ibid.* & noster *Author* supra *in quæst. 6. §. 3.* vbi Nos *in annotat.*

7 Similiter orta fuit alia contentio ex eadem conuentione, nunquid Terræ ex priuilegio à fiscalium solutione immunes, deberent pro rata focula-riorum contribuere pro donatiuo, non fiat numeratio? In quo articulo, licet apud *Auth.* nostrũ hic *n. 6.* simpliciter legatur, ibi: *Et primò fuit dictum, quod Terræ et Ciuitates Regni, quæ sūt immunes à fiscalibus, deberent soluere pro rata focularioru*; Nihilominus fuit error bibliopolæ exemplantis, vt meliùs videre est in *decisionibus eiusdem manuscriptis*, & hic consultò typis impressis, cum dici deberet: *Et primò fuit dubitatum, an Terræ, &c.* nam decisum fuit, secundùm relata per *Auth in primo articulo*, inijs, & *Præs. de Curte d. loc. nu. 31.* quod scilicet omnes Terræ etiam immunes ponantur in calculo, verùm stantibus priuilegijs non teneantur ad solutionem, quia dicta conuentio fuit facta pro augmento, quod posset esse in noua numeratione, quod etiam si repertum fuisset, facta noua numeratione, adhùc Terræ fuissent immunes.

8 Rursus, & aliam dubitationem euenisse *cit. de Curte ibid. n. 32.* refert, an immunitas dictarum Terrarum cedere deberet in damnum Fisci, vel Regni, aliarumq; Vniuersitatum, quæ immunitatem non habebant, de qua latè idem *de Curte d. loc.* & nos suprà annotauimus ad §. 2. *tit. de immun. funct. fiscal. quæst. 2. & 3.* & §. 4. *de iur. adoh. quæst. 5 per tot.*

9 Quas quidem quæstiones ità per *cit. Reg. de Curte* examinatas, latiori calamo expendit idem noster *Reg. Moles*, vt postea reperimus in eiusdem manuscripto Decisionum Codice, quæ cum non fuerint in editione per extensum impressæ, eas hùc pro clariori intelligentia transcribendas fore curaui-mus; Et quidem primò per hæc verba reassumpsit *Auth.* ibi:

10 Die 23. Februarij 1574. tractauimus in Regia Camera de dubijs ob hanc conuentionem exortis. Et primò fuit dubitatum, an Terræ, & Ciuitates Regni, quæ sunt immunes à functionibus fiscalibus, deberent soluere pro rata Focularioru.

Secundò, esto non soluerent, an hæc rata immunitatis deberet calculari in damnum Curiæ, vel in damnum Regni.

Tertiò, Terræ, vel Ciuitates, quæ sunt immunes ab ordinarijs, non tamen à donatiuis, an tenerentur soluere, saltem pro rata aliqua, & pro qua.

Quartò, an Terræ, seù Ciuitates, quæ tunc temporis reperiebantur grauatæ in numero foculariorum, deberent sgrauari in solutione, & quomodò.

Quintò, an Numeratio annalis, quæ sit fumanicium Sclauonorum, fieri deberet etiam respectu donatiui.

Sextò, & vltimò, an Barones, qui habent augmenta foculariorum in eorum Terris ex concessione, deberent etiam percipere augmentum pro rata illorum foculariorum ex isto donatiuo facto in locum Numerationis realis, quæ fieri debebat.

Verùm sextus iste articulus hic non ponitur, cum sit idem cum superiori in *qu. 6. §. 3.* sed tantùm sufficiat pro ordine indicasse.

ARTICVLVS I.

An Terræ, & Ciuitates Regni, quæ fuerunt immunes à functionibus Fiscalibus, deberent soluere pro rata Focularioru.

S V M M A R I V M.

Decisio Regia Cameræ, quod Terræ immunes deberent calculari, ijsq; pro rata seruaretur immunitas, n. 1.

Priuilegia immunitatis concessa Vniuersitatibus, per hanc Conuentionem non amittuntur, num. 2.

1 FVit prima quæstionis articulus ista die 23. Februarij, an Terræ, & Ciuitates, quæ immunes erant à fiscalibus functionibus, soluere deberent pro rata Focularioru; Et decisum fuit, debere omnes Terras calculari, debere tamen ipsis immunitatem seruari, quia augmento priùs gaudebant, & hæc

hæc erat quædam subrogatio in locum aggregari futuri, quod si non debebantur per illas Ciuitates immunes, ergò neque hæc solutio, quæ erat subrogatum illius.

3 Præterea Ciuitates, quæ habent eorum privilegia amplissima ab omnibus, & quibuscumque oneribus impositis, & imponendis ex quacumque causa, & quibuscumque, vel qualitercumque debitis, non est dubium, quod per hanc conuentionem, siue illa sit indictum, siue superindictum, siue ordinarium, siue extraordinarium, siue voluntarium, siue coactum, illa privilegia non amittunt; nam in omni casu conducunt privilegia illa, & nequaquam derogata intelligimus.

ARTICVLVS II.

Si Terræ prædictæ immunes erant, an hæc rata immunitatis deberet calculari in damnum Curiæ, vel in damnum Regni.

S V M M A R I V M.

R*ationes contra Fiscum, n.1.*

Immunitates in alijs donatiuis, & impositionibus semper cedunt in damnum Regis, num. 2.

Decisio Regiæ Cameræ, quod immunitas respectu huius millionis, cedat in damnum Regni, & ratio n. 3.

Immunitas, si concederetur post istam conuentionem, tunc cederet in damnum Regis, n. 4.

Ratio, cur in alijs donatiuis immunitates cedant in damnum Regis, & non Regni, secus ac in præsenti num. 5.

1 QVo ad secundum, an in damnum Fisci, vel Regni; Contra Fiscum dicebatur, in illius damnum cedere, quia facto suo Ciuitates illæ non soluunt, & concedendo Rex immunitates, videtur sibi satisfacere, & cum ea recipit, quod sibi debetur. &
2 ideò practicatur in alijs donatiuis, & impositionibus, quod semper cedunt in damnum Regis, vt diximus superius in quæst. 3. & cum hoc, quod hodie soluitur ob illam causam, sit subrogatum vt supra, ibit secundum eandem naturam.

3 His tamen non obstantibus, contrarium decreuimus, quod hæc scilicet immunitas cederet in damnum Regni, & quod hæc rata Terrarum immunium deberet superimponi in omnes alias Vniuersitates per æs, & libram; Et ratio ea fuit, cum hæc solutio non fuerit facta ad rationem tanti pro quolibet fumante, seu focolario, sed ad rationem certæ summæ ab ipsa totius Regni Vniuersitate, quæ Vniuersitas eadem remanet, siue sint aliquæ Vniuersitates extinctæ, siue immunes, siue auctæ, siue diminutæ, arg. tex. in L. in tantum, §. Vniuersitatis, D. de rer. diuis. & cum certa summa fuerit promissa, ita eadem certa debet solui ab illis Vniuersitatibus remanentibus; Nec est consideranda immuni-
4 tas, quæ ante conuentionem illius actus procedit, nam si subsequeretur, procederent tunc considerationes pro contraria parte adductæ per ea, quæ tradidit Bald. in L. 6. C. de excus. vet. lud. quia dùm illæ immunitates præcedebant, & ipsis non obstantibus Regnum offert certam summam, oportet quod illam soluat, nam consultò initia donatio est.

5 Nec obstat, quod in alijs declaratum per Cameram, procedere in damnum Regis, & quod hoc sit subrogatum, &c. Nam diuersa est ratio, diuersitate casus, & facti; in alijs enim donatiuis solitis in Regno fieri, regulariter cum donat, pactum speciale apponit, quod nemo exemptus sit, & sic quod omnes Vniuersitates debeant soluere, etiam immunes, & non aliter, nec alio modo donat, & Rex tunc ità donatiuum illud acceptat, & cum illa conditione, quod omnes ad solutionem teneantur, sed postea, quia hoc non obstante declaratum est, quod non per hoc sit reuocata immunitas immunibus Vniuersitatibus, imò quod pacto illo non obstante, immunes esseri, & tractari debeant; Et exinde declaratum quoq; fuit, quod illa immunitas cederet in damnum Regis, quia eius facto Vniuersitates illæ non soluunt, siquidem totum Regnum, quando donat pro illis teneri non vult, & ità per Regem ipsum fit acceptatio, & hæc est ratio, ob quam in Regno in cæteris donatiuis cedit in Regis damnum immunitas, vt fuit eo casu decisum in Camera, vt in supra cit. 3. quæst.

ARTICVLVS III.

Terræ, vel Ciuitates, quæ sunt immunes ab ordinarijs, non tamen à donatiuis, an tenerentur soluere, saltem pro rata aliqua, & pro qua.

S V M M A R I V M.

D*ecisio Regiæ Cameræ, quod Vniuersitates immunes ab ordinarijs, sint immunes etiam in hoc casu pro dimidia parte, n. 1.*

1 Quo

5 QVo ad iudicium, an immunes esse debeant Vniuersitates aliàs exemptæ in hoc etiam casu; Diximus eadem die 15. quod gauderent quota, nam, exempli gratia, solutio ordinaria est ducatus vnus cum dimidio, extraordinaria est ducati dimidium, donatiuum est ducatus vnus, & sic iuxta proportionem, ratam, seù quotam, Vniuersitates illæ, quæ sunt ab ordinarijs immunes, erunt tantummodò immunes pro dimidia parte; Si ab extraordinarijs, pro sexta solummodò; si à donatiuis, pro tertia, & sic fuit ordinatum obseruari, & exequutioni demandari.

ARTICVLVS IV.

An Terræ, seù Ciuitates, quæ tunc temporis reperiebantur grauatæ in numero Focul ariorum, deberent releuari in solutione, & quomodò.

S V M M A R I V M.

Causa varietatis augmenti, & diminutionis habitantium in pluribus Regni Oppidis, num. 1.

Vniuersitates Regni in Parlamento remiserunt arbitrio Pro-Regis releuamen huiusmodi Vniuersitatum diminutarum, n. 2.

Expeditur Regia Camera super hoc remedio, n. 3.

Respectu caeterorum onerum nil fuit de nouo prouisum, sed tantùm respectu solutionis huius militaris, & ratio n. 4.

1 QVoad quartum, quid agendum de illis Terris, quæ reperiuntur grauatæ in numero focul ariorum, siuè ab eodem tempore veteris Numerationis, siuè post illam, quia in parte sunt per Turcarū incursiones, & incendia, seù ob aliquam occultam aeris malignitatem superuenientam penè desertæ, & inhabitatæ, seù ob aliam causam diminutæ illæ, quæ prius erant repletæ populo; Et habitatæ ex aduerso aliæ, quæ tunc Ciuibus erant.

2 Et quia hoc à Regno animaduersum fuit, & vti casus cogitatus, fuit propositus in ipsis propositionibus, & ideò dictum à Regno codem, quod hoc remitteretur prouidendum

3 arbitrio S. E., ideò summariè prouidimus, nulla capta informatione per testes, sed ex nou scripto orretuais nos informati, fuimus arbitrati id, quod nobis visum fuit, resecando in illa Terra, & demendo fumantia vsque ad numerum illum, qui nobis iustior videbatur pro vero; Et quod ab illis, hoc grauamine releuatis Vniuersitatibus deminutum fuerat, adiunctum, superimpositum que fuit cæteris, pro hac rata videlicet illius impositionis

4 tantùm, nam pro cæteris oneribus ordinarijs, & extraordinarijs, & donatiuis, ad quæ per priùs tenebantur, prouidimus, quod res se haberet in ijs terminis, in quibus reperiebatur, nil innouari mandantes, ea potissima ratione, quia vera numeratio facta erat.

ARTICVLVS V.

An numeratio annalis, quæ fit fumantium Sclauonum, fieri deberet etiam respectu donatiui.

S V M M A R I V M.

Sclauones singulis annis numerantur, & ratio num. 1.

Prætensio Sclauonum, quod intelligeretur facta numeratio annalis, quæ fit ipsorum, etiam respectu donatiui, & ratio n. 2.

Decisio Regiæ Cameræ contrà Sclauones, quod numeratio annalis, quæ fit ipsorum, non intelligatur respectu donatiui, n. 3.

Ratio decisionis, n. 4.

1 FOcularia Sclauonum (vulgò *Schiauonesi*) quolibet anno numerantur (sunt enim incertæ habitationis, & non permanentis, gentes istæ) & Curia exigit plus, vel minus iuxtà numerum focul ariorum, quæ tunc pro tempore reperiuntur.

2 Prætendebant ipsi Sclauones idem fieri debere respectu donatiui, quod fieri solet quolibet anno, quod anno quolibet etiam respectu illius intelligerent facta numeratio, ità vt si in primo, vel in secundo anno reperirentur diminuti, diminuerentur etiam ratæ illos tangentes, nec ab eis inficiebatur, quod si reperirentur aucti, augeretur taxa, & rata, & dicebant respectu ipsorum non fuisse factam conuentionem, & transactionem istam, quæ fuit facta, ne fieret numeratio, & sic vt euitaretur solutio augmenti, & cum ipsi quotannis numerentur, & si augmentum repertum esset, ad solutionem cogebantur augmenti, cessante quoad ipsos transactionis causa, cessare, aiebant, debere etiam effectum.

3 Sed his omissis, Regia Camera die 5. Iulij anni 1576. decreuit, illam annalem numerationem, non habere locum respectu donatiui, sed quod pro ea rata, & in quo reperi-

tentur focularia tempore impositionis donatiui, pro eo semel, & alio pro integro biennio, etsi interim in numeratione, quæ fit quotiendam anno quolibet, respectu aliorum annorum inueniremus aucta, seù diminuta.

4 Et ratio; quia cæteræ impositiones non sunt ad certam summam, sed pro rata Focularium, ità vt si aucta fuerint, augetur proindè summa, si diminuta sint, diminuta, & in consequentiam remaneat eadem summa, sed donatiuum est certa summa, & sic certam debet habere exactionem, & proindè executa ea summa, fit partitio inter omnes Vniuersitates Regni per as, & libram, & si seruaretur idem stylus cum Sclauonibus respectu donatiui, prout seruatur respectu aliarum impartitionum, esset necesse, vel diminutam forsàn recipi à Regia Curia summam illam, vel certè suppleri de nouo per alias Vniuersitates Regni, quod permolestum, & impracticabile esse euidenter dignoscitur, & sic fuit in posterum sempèr idem obseruatum.

AD §. VI.

De Iure Dohanarum.

AD MEMBRVM I.

ANNOTATIO.

SVMMARIVM.

VEctigalium apud Romanos tria tantùm genera fuere, Decuma, Scriptura, & Portorium n. 1.

Vectigal quid sit strictè, vel analogè sumptum n. 2. & quomodò in Hispania vocetur Portazgo *n. 3.*

Præstatio illa, quæ fit ex rebus in Ciuitatem inuectis, vel euectis, an cognita in Iure Ciuili n. 4.

Dohanæ ius, in quo consistat, & an communiter dicatur cum vectigali rerum venalium, n. 5.

Vectigal rerum venalium olim erat octaua n. 6. & diuidebatur inter Fiscum, & Ciuitates, sed hæc diuisio recessit ab vsu num. 7.

Hodiè diuersis moribus, nominibusq; regionum soluitur n. 8.

Dohanæ nomen in pluribus regionibus vsitatum, eiusq; variæ notationes ex verbis Latinis, Græcis, Arabicis, Gallicis, Italis, Longobardis, & Normannis recensentur, à n. 9. ad 17.

Dohana est corpus mixtum heterogeneum, plura in se continens membra, seù iura, & significans totum Regale Patrimonium, ac R. Cam. n. 18.

Dohanæ partes, seù iura, cur membra appellentur, & quæ sint n. 19. 22. & 25. & an Dohanam emens, prædicta emisse videatur n. 23. & quæ sint vetera, vel noua n. 24.

Dohana Regia Neap. Funditus maior denominatur, est Caput Dohanarum Regni, multasq; præeminentias habet n. 20. & 21.

Ius Plateæ est Dohanæ membrum, & corruptè appellatur Ius Dohanæ, exigiturq; ad rationem gran. 18. pro vncia, n. 26. & 27.

Iuris Dohanæ, siuè Plateæ in hoc Regno origo ex Rogerio II. Normanno, & Primo Neapolis Rege traditur n. 28. & 29. & notatur lapsus Conf. Capycij *&* R. Tap. *scribentium, Dohanæ ius fuisse ab Imp. Federico institutū, n. 30.*

Iurium regalium curam tempore Regum Normannorum habebant Magister Camerarius, ac Magistri Quæstorum, qui ea locorum defensoribus, seù baiulis exigenda credebant, vel locabant num. 31.

Iura Plateæ, seù Dohanæ, baiulationis, scannagij, ponderum, & mensurarum, quare in plurimis Regni locis ad Barones, & Vniuersitates spectent à num. 32. ad 34.

Ius Scannagij quid sit, eiusq; origo, & cur in multis Regni Vniuersitatibus exigatur à n. 35. ad 37.

Pe-

Petrus Maſturtius *R.C. Præſes laudatur, eiuſq; Repertorium, aliaq; opera recenſentur n.36.*

Dohana ius ratione contractationis ſoluitur, & ſic quotiescumq; merces contractantur, ſeù vendantur, licet pro ijſdem rebus, & quid Neap. n.38 & 39.

Tàm à venditore, quàm emptore exigitur n.40. & conciliantur R.Cam. Ritus, *refutato* Goffredo de Gaeta, *n.41. & 42.*

Goffredus de Gaeta *in Regia Camera pro Magno Camerario præſedit, et laudatur, d. n.41.*

Ius Platea, quam vocant Regis Roberti, *gran.18. pro vncia, minimè debetur num.43.*

Dohanarum diritttus, debeantur ne in loco traditionis mercium, an verò conuentionis nu.44. & 45. In quo adducitur teſtificatio Officialium Dohanæ Tarenti pro declaratione Edicti Ser. Regis Roberti *à n.46. ad 56.*

Ciues in patria contrahentes, quare nequè ſoluant ius Dohanæ n.57. & 58.

Gabella, an bis debeatur, ſi quis per viam duobus communem tranſeat, vel de ſingulis rebus vniſsim emptis, vel de ſimplicibus, & poſteà laboratis, alijsq; materiatis, vel de contracta in aliam tranſfuſa, vel de reuenditione, vel de rebus denuò ad Ciuitatem, vel portum reuerſis, à n.59. ad 65.

Ius Noui impoſiti in anno 1625. tempore Exc. Ducis Albæ, *quare indictum, ad quam rationem, vbi, de quibus mercibus, & à quibus perſonis ſoluatur, à n.66. ad 72.*

Impoſitiones duorum gran. 25. in anno 1643. tempore Exc. Ducis Medinæ, *de quibus mercibus, et an in Nundinis Salerni ſoluenda, ſuntnéq; in ſolutum data, à n.73. ad 76.*

1 INitio Romani Imperij, vectigalium tria tantùm genera enumerata, cum ſcilicet varios populos ſuperando, partem agri eis auferebant, parte decima fructuum Publico retenta in agris ſatiuis, in plantarijs, & arboretis quinta; In paſtionibus etiam definiebant certum pretium in capita minoris pecoris, maiorisvè, ex *Appiano, Lipſius de magnitud. Rom. lib.2. c.1.* Tùm quoque ex inuectione, & euectione mercium, quædam pendebatur pecunia: Quæ vectigalia omnia *Decuma, Scriptura*, & *Portorium* vocabantur, *Cic. pro leg. Man. Ren. Choppin. de doman. lib.1. tit.1. n.4. Gregor. Tholoſ. de Rep. lib.3. cap.3. n.3. Io. Roſin. de antiqu. Rom. lib.10. cap.22. verſ. Prouincia. Iul. Ceſ. Bulenger. de Imperat. et Imperio lib.9. de Vectigalib. cap.6. et ſeq. Carol. Sigon. de antiquo iure Ciu. Rom. lib.1. cap.4. Boniſac. de furt. §. fraudoloſe num. 21. Marth in addit. ad decis. Guid. Pap.4.* & Nos ſuprà ad §.1. *de Regijs Fiscal.*

2 Varia tamèn fuere, pro diuerſitate cauſarum, proptèr quas illa penduntur, aut rerum, ex quibus capiuntur, vel modi, quo colliguntur: Vectigal itaq; preſſiùs à *vehendo* dictum, non tantùm ſumitur pro eo, quod ex mercibus importandis, exportandisq; & pro itinere *l. ſi quis a 1. D. de donat. inter vir. et vxor.* ex primaria ſua ſignificatione ſoluitur; ſed etiam tanquàm vox analoga, pro omni eo, quod capit Fiſcus, quale eſt vectigal Portus, vel venalium rerum, vel ſalinarum, metallorum, & picariarum, vti loquitur *Vlpian. in l. inter publica 17. D. de verb. ſignif.* vbi *Rebuff. Alciat. Geddeus,* alijq; *P. Gibalin. lib.2. de vniuerſ. negotiat. cap.2. art.1. Klock. de Ærario lib.2. cap.69.*

3 In Hiſpania Portorium vocatur *Portazgo*, quod ſoluitur tàm ratione euectionum rerum, quæ fiunt per terram, quàm egreſſus, & ingreſſus earundem per portus maris, *l.25. tit.9. par.2.* vbi ponitur declaratio huius verbi, *Almojariſe*, ideſt, *Official, que hà à recabdar los derechos de la tierra por el Rey, que ſe dan por razon de portazgo, Laſarte de gabell. in præfat. n.6. et 16. Parlador. lib.1. quotid. cap.3. nu.9. Balmaſeda de Collect. qu.1. nu.6. D. Didac. Bolero de decoct. debit. fiſc. tit.5. qu.27. n.25.*

4 Hinc præſtationem illam pro rebus, quæ in Ciuitatem immittuntur, vel ex

illa

illa extrahuntur, indictam, vectigal verè dici, & à Iure Romanorum iam cognitam esse, ex prædictis liquet, quidquid ex cit. *Casp. Klock. d. cap. 69.* (qui estò *n. 5.* hoc dicat, loquitur tamẽ de speciali tributo migrationis in Germania, imò contrarium ait *in seq. c. 73.*) scripserit *Cæsar Nicol. Pisan. in add. ad Goffred. de Gaeta in Rit. R.C. rubric. 2. de Iure fund. n. 1 & 2.* Nisi interpretari velimus, illum de ipso fundico intellexisse, cum iure ciuili incognitam eam præstationem dixit, *ibid. n. 7.* Dum alioquin à Legatis gentium pro rebus, quas de locis proprijs, vnde conueniunt, huc deportant, Octauarij vectigal accipere debent, ex *l. à legatis, C. de vectigal. et commiss.*

Imò Imp. *Valens, et Valentinian.* in *Lountinum 6. C. eod.* ac etiam in *l. 3. C. Theod. lib. 11. tit. 12. de immun. concessa,* ità commendant: *Vectigalium enim non parua functio est, quæ debet ab omnibus, qui negotiationis, seù transferendarum mercium habent curam, æqua ratione dependi:* Et vectigalia de Iure Ciuili fuisse docent integri *tit. D. de public. et vectigal. & C. de vectigal. et commiss.*

5 Dohanæ igitur ius consistere videtur in dario illo, quod soluitur ob introductionem formalem, & permanentem, quæ propriè dicitur portio illa valoris mercium Principi persoluẽda, quod iure communi vectigal, seù portorium appellant, vndè ipsum quoque Dohanæ ius antiquum in Regno antè *Fredericum* Imp. ex *Rit. R. Cam. & Andr. de Isern.* tanquàm ius à iure communi procedens, & ab initio rerum regalium debitum, docent *Dom. Reg.* noster hic *n. 4.* & suprà in *§. 1. de Regijs Fiscal. nu. 12. et 13. R. Capyc. Latro decis. 191. num.*

6 14. ac fuisse octauam partem eius, quod vehebatur, constat ex *l. ex præstatione, C. de vectig. et commiss. l. 2. C. de Eunuch. l. si cum heres 17. C. locat. Liuius lib. 31. Cuiac. 6. obs. 28. Mastan. de Regal. tit. Vectigalia in princ.* vnde olim Conductores, appellabantur *Octauarij* in *d. l. à legatis*, *P. Molin. de iust. et iur. t. 3. tract. 2. de tributis disp. 662. n. 1.*

7 Et octaua prædicta olim diuidebatur, vt duæ partes Fisco inferrentur, tertia in ditione Vrbium, municipumq; remaneret, *l. fin. C. de vectig.* quam legem vacante Imperio obtinere, *Albericus ibid.* dixit, & stultos esse Principes, si eam attendant, *Io: Sichard. in rubr. C. de vectig. n. 7.* ac malè seruari, ob Fisci auaritiam ex *Luc. de Penn.* insinuat *Rol. à Vall. cons. 84. n. 17. vol. 2.* & ab vsu recessisse tradunt *Pacian. cons. 101. num. 92. Casp. Klock. vol. 2. cons. 44. n. 48.*

8 Vniformis autẽ præstatio illa nõ fuit, ex mancipijs enim venalibus quinquagesima, *Tacit. lib. 13. Annal.* ibiq; in *Notis Iust. Lips. Dio hist. lib. 55.* Pro reliquis venalibus rebus quinta, aut vigesima, aut centesima, vel ducentesima, de quibus *cit. Bulenger. d. libr. 9. de Vectig. Herm. Lather. de censu, Casp. Klock. & Maximilian. Faust.* in absolutis *tractat. de Ærario*; Et hodiè ex cuiuscũq; regionis consuetudine diuerso more soluitur, *Ferrett. de gabell. n. 236. Choppin. de iurisd. Andegau. cap. 8. nu. 6. Mastrill. decis. 87. nu. 15. Peregrin. de Iure Fisci lib. 6. tit. 5. n. 1. Io: Brunneman. in Comment. ad tit. l. 7. C. de vectigal. & commiss.* varijsq; vocabulorum monstris denominatur, in quibus, etsi barbaris, *Fauorinum* imitabimur consulentem, verbis præsentibus vtendum, & moribus præteritis viuendum, *Aul. Gell. Noct. Att. lib. 1. c. 7. Casson. in præf. Casbal. Glor. Mund.*

9 Et licet *Dohanæ* nomen, apud I.C. ac linguæ latinæ authores sit ignotum, cum vectigali conuenire, nemo est, qui dubitet; imò *D. Io: Bapt. Vgeda R. Cam. Præsidens, & deindè Archiep. Tranensis* arbitratus fuit, hoc nomen *Dohanerij* esse corruptum à verbo *Ogduarium*, ex græco Ὀγδωάς, quod numerum octonarium significat, quasi exactorem octauæ rerum venalium, vt suprà, teste nostro *Authore* infrà *de Dohana Menæ pecudum §. 3. n. 12.* Siuè à *Decimarijs*, corrupta

10 pronunciatione, Duhanerios appellatos esse, iuxtà nonnullorum placitum tradit *Episc. Rocca disp. iur. cap. 74. n. 22. & 23.* Quales dicebantur vectigalium exa-

exactores, vt in *l. 1. C. de exact. tribut. lib. 10.* vbi *Gloss.* asserit, Ducenarios ità dictos, quia ducentos exigebant, vel quia ipsi tot erant numero, *Alciat. in legem qui 16. Rebuff. in l. qui neque 48. de V. S.* Siuè etiam, quia Ducenarij fuerunt Procuratores in ciuili administratione constituti, qui per Prouincias colligendis publicis reditibus constituebantur, & pro stipendio ducenta millia nummorum, & qui sexagena accipiebant, sexagenarij nuncupabantur, à stipendio, nomine sumpto, & ab Augusto instituti, vt ex *Dione, Brisson.* & alijs eruditè exponit *Amaya in d. l. 1. C. de exact. tribut. lib. 10. à n. 2.*

11 Vsitatumq; idem Dohanæ nomen in plurimis alijs locis, teste *Io: Boccacio in Nou. 80. sud giorn. 8. Nou. 10.* ibi: *Solena essere, e forse, che ancora oggi è, una usanza in tutte le Terre marine, che anno porto, così fatta, che tutti i Mercatanti, che in quelle mercatanzie capitano, faccendole scaricare tutte in un fondaco, il quale in molti luoghi è chiamato* Dogana, *tenuto per lo Commune, ò per lo Signor della terra, le portano: E quindi, &c.*

12 In Mantuana ditione exiguntur pro aggerum constructione, quædam collectæ, quas *Deganas* vocant, *Anton. Gobio* teste *in tract. de aquis quæst. 29. n. 1.*

13 Et in Castellæ Regno domus deputatæ, in quibus vectigal pro inuectis, & euectis rebus exigunt, *Aduanas* appellant, & inde vectigalia, *Aduana* dicuntur, licet in Regno Lusitaniæ *Alfandega* vocētur, *P. Molin. cit. disp. 662. n. 1. & 6.* à quo mutuatus est *Maximilian. Faust. in cons. pro Ærar. class. 18. ordin. 1385.*

14 Aduanas autem appellari à verbo Arabico *Diuanum, que significa la casa, donde se cogen los derechos, de donde diximos Diuana, Adiuana, y vltimamente Aduana*, obseruat *D. Sebastian. Couarr. in Thesauro lingu. Castell. eod. verb. fol. 16.* quem sequitur *Solorzan. de Indiar. gubern. lib. 5. cap. vn. n. 69.* & vide *Ioann. de Hauia in Labyrinth. lib. 3. cap. 7. de Aduana*, ac eruditissimum *D. Gasparem Moles in Thesauro ling. Hispan.*

15 Verùm ex Gallica voce *Doanne*, & *Douane* deriuari scribit *Gerard. Io. Vossius de vitijs sermon. lib. 1. cap. 5.* Et *Spelmannus in suo Glossario* dictum vult à *telonio Lugduni Gallorum, cui id nomen sit, atq; deinde translatum in Italiam.*

16 Verumq; verò à veritate aberrasse scribit *Ægidius Menagius in origine lingua Itala, verb. Dogana, pag. 207.* & Gallicum ex Italo, & Italum nomen ex latino, quod ortum habuit à Græco *doca*, siuè *doga*, ex alio verbo *δέχομαι*, aut *δέκομαι*, quod valet *capio, accipio, excipio*, inde *Docana*, & *Dogana*, eruditè perscrutatur.

17 Longobardum tamèn hoc nomen, vel Normannum, & sic barbarum esse alij putant, significans cumulationem quandam Regalium Iurium, vt de *Adoha* verbo diximus, vsitariq; cæptū in *Constitutionibus* vtriusq; Siciliæ, in quibus id originalitèr scriptū legimus in *Const. Iustitiarij nomen, Const. post mortem, Const. Magistri Camerarij, Cōst. Dohana de Secretis, Const. honorem nostri diadematis, Const. Magna Curia*, & in *Ritib. R. Cam. sub tit. de Iure Dohan.* prout explanant *Author* noster hic, & infrà *in §. 9. de Iure Baiul. nu. 39. & 42. & de Dohana Menaperud. §. 3. Pras. de Franch. decis. 397. nu. 10. in fine, & 11.* vbi *de Luca in obs. n. 3. Tasson. de antef. vers. 3. obs. 3. n. 322. vers. Dohana, Capan. de Iure Adoh. quæst. 1. n. 9. R. Tapia lib. 7. Iur. Regni tit. 1. de Annona in annot. ad Pragm. 18. Reg. Galeota contr. 23. nu. 16. 25. & 30. lib. 1. Laganar. ad Reg. Ronat. super Pragm. in rubr. de off. Baiuli nu. 5. Iul. Capon. tom. 4. discept. for. 313. cap. 2. n. 1. Iul. Cæsar Capac. in libro* intit. *Il Forastiero, giorn. 7. fol. 609. Pisan. in d. Rit. rubr. 5. n. 1.*

18 Ipsa verò Dohana est corpus mixtū heterogeneum, combinatione, & vniuersitate multorum Regalium iurium, quæ sub ipso verbo *Dohana* comprehenduntur, ità quod secundùm *Auth.* nostrum hic à *n. 6. ad 8.* sub ipso Dohanæ nomine ipsam Regiam Cameram, ac totum Regale Patrimonium contineа-

i.catur, & omnia Iura Regalia comprehendat, *Leganar. d. loc.* Quod alio Lõgobardorũ vocabulo, apud Feudistas, inter Regalia enumeratum, *Armandia*, scilicet *Telonium* nuncupatur, vt ex *Bertach. de gabell. in prælud. nu. 2 Guttier. eod. tractat. qu. 1. nu. 8. & seq. Balbaran. de feud. in c. 1. quæ sint regal. ver. vectigalia n. 2. & seq.* declarat *Epist. Rocca d. cap. 74. n. 16.* Hinc exactores omnium iurium Regalium, Quæstores, & Secreti Dohanarum dicebantur in *Const. Regni, Magistros Iustitiarios*, & *Const. Dohana de Secretis*, & ità legi in *Regestis Archiui Regiæ Siclæ Caroli I. anni* 1471. in quibus Rex mandat, seruari ritum Dohanæ Regiæ, intelligendo Dohanã pro Regia Camera: idemq; ex *d. Const. Iustitiariĳ nomen*, & *Const. post mortem*, in quibus habetur, feuda quaternata in quinternionibus Dohanę Regiæ notari, secundũm *Auth.* nostrum hic *n. 7.* & infrà *de Iure Baiulat. §. 9. num. 42. & 43.* & *Fab. Lanar. in add. ad patronum in repetit. c. 1. de his, qui feud. dare poss. num. 72.*

19 Et sic meritò idem noster *Author*, pro declaratione ipsius Dohanæ, veluti corporis continentis plures partes, siuè membra, quæ ab ipsa Dohana, tanquàm à stomacho nutrimentum recipiunt, conueniuntq; illi quoad partem quotatiuam, secundùm *Pras. de Franch. d. decis. 397. n. 2. & 3.* tractationem ipsius Dohanæ, eiusq; partium in nouem membra diuisit, & supèr his quindecim quæstiones exarauit; propriéq; membra, partes ipsius Dohanæ vocauit, dùm idem in *Rit. R. C. 6. sub rubric. 5 de Iure Dohan.* legitur ibi: *Habent Dohana certa membra, & iura, vnaquæque secundùm Consuetudinem, quæ iuxtà morem singularum Prouinciarum, certam habent denominationem, Leganar. in addit. ad R. Rouit. d. loc. n. 6.*

20 Quapropter ipsa Regia Dohana Neapolis, *Fundicus Maior* denominatur, & ab ea cæteræ Regni Dohanæ dependent, *Reg. Tapia lib. 2. Iur. Regni tit. de off. Magistri Fundicar. num. 13. & 14. Reg. Galeota d. controu. 23. nu. 28.* & habet quandam preeminentiam, quam non habent aliæ Dohanæ Regni, *Reg. Salernitan. decis. 44. n. 4.* & præeminentiam habet in exactione. *Pisan. ad Goffred. de Gaeta super Rit. R. C. rubr. 2. de Iure Fund. nu. 11.* Vnde Dohana dici solet Fundicus Regius, & Domus Regia, destinata pro repositione, conseruatione, & custodia mercium, vt in *Const. Regni, Magistros Fundicarios*, vbi *Isern. & Afflict.* & ex *Rit. R. C. sub rubr. de Iure Fundici*, vbi *Goffred. de Gaeta*, & *Pisan. Reg. Galeota contr. 46. n. 10. et 11. & contr. 47. nu. 59. lib. 1. Reg. Cappyc. Latro decis. 191. num. 24.* Et vide Priui-
21 legium concessum Ciuitati Tarenti *in Reg. exequ. 1. fol. 53.* vbi declaratur, Dohanam, siuè Fundicum Neap. esse caput Dohanarum totius Regni. Et sic id, quod in Dohana Neap. obseruatur, in omnibus alĳs Regni Dohanis quoque seruatur, *in Reg. litterar. par. 16 fol. 53. anni* 1477.

22 Partes verò, siuè membra, & gabellæ, quæ sub hoc Dohanæ iure comprehenduntur, nouem sunt: Primum, Ius Plateaticum, vt in *Const. Magistri Camerarĳ*, quod hodiè per *Ritum* Ius Dohanæ appellatur. Secundum, Ius Fundici. Tertium, Ius Anchoragĳ. Quartum, Ius nouæ gabellæ. Quintum, Ius reficæ maioris, & minoris. Sextum, Ius Ponderaturæ. Septimum, Ius mensuraturæ. Octauum, Ius exituræ. Nonum, Ius etiam passagĳ, & vltimæ exituræ Regni.

23 Quæ iura, veluti in vno Dohanæ verbo comprehensa, qui Dohanam emit, omnia prædicta emisse videtur, ex *Rit. R. C. 1. sub rubric. 5. De Iure Dohan.* & *in §. recipiente*, vbi *Goffred. de Gaeta n. 3. 150. & 151. Pisan. nu. 2. Author* noster hic *n. 14.* etiam si in alio cõsistant loco, modò ab ea dependeant, vt ex *R. Galeota d. contr. 23. lib. 1.* decisum refert *Pisan. ibid. n. 3.* & vide infrà ad *membr. 2. quæst. vnic.*

24 Quorum iurium quædam vetera, alia verò noua sunt, vt videre est apud *Andr. de Isern. in Const. quamuis cæteris*, & in *Rit. R. C. sub rubric. 31. de Decimis*

sol.

solueudis Prælatis; & Nos suprà *ad §. 1. de Regijs Fiscal. n. 59. et 60.* ad differentiam licitorum, & illicitorum; De veterum siquidem iustitia non dubitatur, secùs verò de nouis, in quibus Populi fuerunt ab Imp. Federico grauati, vnde vti auarissimus notatus à *Paride de Puteo de Syndic. tit. de excess. Regum*, quod priùs dixerât *Bart. in Auth. si verò, C. de haeretic. et Dec. in Auth. cassa, C. de Sacros. Eccl. Afflict. in praelud. Const. Regni qu. 1. 21. et 22.* eâdemq; ob causam impositionis grauissimorum tributorum, fuisse Federicum excommunicatum, vt in *cap. ad Apostolicæ. de sent. & re iudic. in 6. Michael Ricc. de Regib. Vtr. Sicil. Sigon. de Regno Ital. lib. 17. & 18.*

25 Et licet vltrà prædicta, sint etiam alia iura, quæ sub Dohana continentur, attamen extrà illam, & separatim venduntur, nempè Gabella Plateæ maioris, vini, equorum, &c. de quibus cum *Auth.* nostro inferiùs seorsim annotabimus.

26 *AD MEMBRVM ITAQ; PRIMVM* deueniendo, annotamus, sub Dohanæ nomine comprehendi hoc illud Plateæ, inter vetera connumeratũ in *d. Rit. R. C. de decimis solu.* & per *Andr. in d. Const. quantò carior, R. T ap. in rubric. de Const. Princ. cap. 4. num. 80.* quod exigitur ad rationem granorum decẽ & octo pro qualibet vncia valoris mercium, vt in *Rit. de Iure Dohan.* & in *Pragm.* Regis Ferdinandi sub die 4. Iulij 1449. quæ in ord. est 1. *de Vectigal. tom. 3.* & sic exigitur ad rationem ducatrium pro singulis centum; Vnde rectè monet noster *Author* hic *nu. 8.* & suprà in *§. 1. de Regijs Fiscal. n. 16.* quod

27 hoc Ius Plateæ malè appellatur Ius Dohanæ, cum sit species vna, siuè mẽbrum ex pluribus alijs iuribus, quę sub hoc generali Dohanę nomine comprehenduntur; fuisseq; introductum iure communi, vt in *l. debet 27. §. quid ergò, D. de ædilit. edict.* & Ius rerum venaliũ appellatur in *l. inter publica. de verb. signif.* quod olim erat octaua pars, *l. ex præstatione, C. de vectig.* Et per *d. Const. Regni, Magistri Camerarij,* Ius Plateaticum nuncupatur, quia in publicis Plateis res illæ contractantur, *Auth.* noster hic *nu. 17.* id confirmans ex Priuilegio *ibid.* enunciato, vbi dicitur, esse congregatos in Platea rerum venalium, in qua Baiulatio exercebatur.

28 Diuersum tamen est hoc Ius Dohanæ, siuè Plateæ ab illo Romanorum, quamuis analogè conuenire dicantur. Quò circà sciendum est, quod cum fuerit de hoc Regno *Rogerius* huius nominis II. ex Normannorum linea Siciliæ Comes primò inuestitus circà annum 1125. & Primus Rex Neapolis dictus, quia inuenit Neapoli quinque fundicos Longobardorum, Germanorum, Flandrorum, Venetorum, aliorũq; qui pannos, aliasq; merces vendebant, ac tàm Neap. quàm in alijs Regni locis quoddam exigebatur datium duc. trium pro centenario, idest decem, & octo granorum pro vncia, ex venditione animalium, quæ in Platea vendebantur, Fuitq; vocatum Ius Plateæ ex eo, quod veniebant ad Plateam maiorem Neap. hodiè dictum, Forum magnum, ad emendum, aut vendendum boues, sues, aliaq; animalia; & exigebatur à Publicano Ciuitatis ad rationem dict. gran. 18. pro vncia, tàm à vẽditore, quã ab emptore, & sic pro granis 36. ex causa contractationis in hac Platea ab exteris contrahentibus factæ; idquè ob solutionem quidem custodiæ passuum, & constructionis, siuè refectionis viarum.

29 Voluit etiam ipse Rex Fundicum Regium Neap. constituere, quem Dohanam, & Maiorem Fundicum appellauit, quia multos alios in Regno, vbi hoc mercimonium erat frequens, instituit, vt sibi soluerentur hæc grana 18. pro vncia à contrahentibus exteris, toties, quoties contractus de mercibus fieret; Pro Publicano verò reliquit exactionem animalium ad Plateam maiorem spectantem, quæ, tanquàm Dohanæ membrum, cum eadem fuit olim annexa, & postmodùm, vel ad tollendas fraudes, vel pro maiori exi-

ctionis commodo separata.

30 Vnde hoc Dohanæ ius est antiquum de veteribus iuribus, vt obseruauit *Afflict. in rubr. Const. Regni, de Offic. Mag. Fundic. circà fin.* Quo in puncto notandus est lapsus *Cons. Anton. Capyc. in Inuest. feud. tit. fœderum clauf. vtr. Dohanis fol. 112. & in tit. Regalia vers. Dohanas pag. 281. & Reg. Tapia lib. 2. Iur. Regni rubr. 6. de off. Magistr. fundic. n. 3.* qui materiam hanc non introspicientes, scripserunt, Dohanas à Federico Imp. fuisse primò institutas: Quod nec *Andr.* per *Capyc.* relatus dixit, neq; est verum, cum ius Dohanæ fuerit ante Federicum Imp. qui fuit VI. Rex Neapolis, vt aduertit noster *Auth.* suprà in *§. 1. de Regijs Fisc. n. 13. & 14. & in seq. membr. 1. n. 4. & 9.* imò ipse *Andr. in Rit. R. C. 1. in fin. rubr. 19. de Iure Tiratoria* testatur, ibi: *Dohana fuit ius antiquum tempore Catholicorum Regum Gulielmi & aliorum*; Et patet ex *Const.* Regni, *Magistri Camerarij.*

31 Tempore istorum Regum Normannorum aderant Magister Camerarius, & Secreti, siuè Quæstorum Magistri, qui Regij Patrimonij, aliorumq; iurium Regalium, & ad Regiam Curiam pertinentiũ curam gerebant, de quibus habemus d. Regis Rogerij *Cõst. Iustitiarios, Camerarios*, ac plures Cõstitutiones Regis *Gulielmi*, qui fuit eiusdem Regis *Rogerij* filius: Vt plurimùm verò solebat Magister Camerarius horum iurium exactionem ipsis locorum Baiulis, siuè defensoribus constitutis, ad extaleum (vt dicimus) locare, vel etiam in credentiam committere, vt ex *Const. locorum Baiuli*; Sed hæc Baiulationum officia idoneis viris committi mandatur per dictum Regem Gulielmum in *Const. Magistri Camerarij*, vbi *in fine* declarando ait: *Dohanas autem tam terræ, quàm maris, forestagia, plateatica, passagia, & alia tàm vetera iura, quàm noua Curia nostra, fideicommittere poterit, vel locare*, & in alia *Const. Imp. Fed.* incip. *authoritatem*; De quo latiùs infrà ad §. 9.

32 Cumq; cæperint posteà Reges inuestire feuda cum mero, & mixto imperio, cum omnibus iuribus, & introitibus Regijs, cæperunt etiam baiulationes prædictæ in concessione venire, & omnes reditus regales, qui anteà in credentiam, siuè in extaleum exigebantur, sumpserunt speciale nomen baiulationis, vt tradit *Reg. Tapia lib. 2. Iur. Regni in rubr. de off. & nom. Baiul. in annot. ad Const. locorũ Baiuli fol. 446.* Inde factum est, quod omnes baiulationes non retinent sub se easdem introituum species; quædam enim habent passum, quædam non; aliæ habẽt sub se plateaticam, aliæ forestagia, aliæ verò non; Aliæ habent ius cognoscendi de damnis datis tantùm, & hoc est ordinarium, quod habent etiam ex cõcessione omnes ferè Vniuersitates, de quibus loquitur *Pragm. 1. de off. Baiuli*, vt rectè obseruat noster *Author* infrà in *§. 9. de Iure Baiulat. n. 52. & 53.* quem refert, & sequitur *de Luca in obseru. ad Præs. de Franch. decis. 397. n. 3.* & Nos post alios *in d. §.* annotabimus.

33 Si tamẽn Baro habeat concessionem Ciuitatis cum *Dohanis*, & Vniuersitas habet ius Baiulationis, & Plateæ, & est in quasi possessione exigendi Dohanam, hæc manutenenda est, quia Baiulatio, & Platea sunt membra Dohanæ, vt decisum refert in causa Comitis Policastri cum Vniuersitate Bonatorum, *Laganar. ad Reg. Reuit. in d. rubr. Prag. de off. Baiul. n. 6.*

34 Sed quæ ista Baiulatio contineat, attendendam esse loci consuetudinem ex *Præs. de Franch. decis. 397.* monet *Capiblanc. de Baron. pragm. 8. par. 1. nu. 353.* cum de Consuetudine potiùs, quã de eius natura includere videatur iura Scãnagij, Plateæ, seù Dohanæ, Põderum, & Mensurarum; Idq; apparet ex Baiulatione Ciuitatis Capuæ, quia in dicta Ciuitate exercetur per Baiulum iurisdictio ciuilis, & exigitur ius Dohanæ; In Casali verò S. Mariæ, & alijs ei proximis exercetur iurisdictio per Baiulos, & exigitur ius Scannagij, quod intùs Ciuitatem Capuæ non exigitur, & ius quoque tumuli, & stateræ;

Et

Et in Casali Marcianisi cum ei vicinis exigitur Ius Scannagij tantùm, & non Ius Dohanæ, vndè Casale hoc à solutione iuris Dohanæ absolutum fuisse, refert *Præs. de Franch. d. decis.* 397. A quo Iure baiulationis Ciuitatis Capuæ immunes sũt Ciues Neapolitani, vt ex *Priuil.& Cap. Neap. fol.* 29. & 30. vel iuxtà primam edit. *fol.* 27. & 28. Vnde notandum est, quod ius Dohanæ in loco, vbi non est Dohana, soluitur baiulationi.

35 Cumq; de prædicto iure Scannagij Ciuitatis Capuæ mentionem fecerimus, sciendum est, quod ius Scannagij est de veteribus iuribus, vt habetur in *Rit. R.Cam. sub rubr.* 18. *de Iure Bucceriæ*, ibi: *Bucceria habet de veteri, & de nouo: Scannatura, quæ est granorum quinque per porcum, & pro castrato, & vacca plus, est de iure veteri, &c.* (verùm de varia exactione, & de Scannagio Ciu. Neap. annotabimus infrà ad §.13 *de gabella carnis*) Quod fortè cõprehenditur in dicta *Constitut.* Regis Gulielmi, *Magistri Camerarij*; in illis verbis: *Plateatica, passagia, & alia tàm vetera iura, quàm noua*: Inde etiam cum baiulationibus ex concessione ad Vniuersitates, vel Barones transijt, vt suprà expositum est, & patet ex *cit. dec.* 397. *Præs. de Franch.* (Et Ego, vti Aduocatus obseruaui plurimas Baronum inuestituras *cum Baiulatione, & Scannagijs*, verùm vbi non reperitur erectum hoc ius baiulationis, non debet de nouo erigi, ex *decis. Aut.* nostri infrà in §.9. *quæst.* 1. *num.* 4.) Et in *Repertorio*
36 accuratissimi viri, ac R.Cam.Præs. *Petri Nasturtij*, seù potiùs *Masturtij lit. S. fol.* 253. ita notatur: (*Strongiali; per Cameram fuit prouisum, quod exigantur iura dictæ Ciuitatis baiulationis, herbagiorum, censualium, & scannagij, consueta exigi per olim Principem Bisinianí, 25. mensis Maij 1488. in Cur. 15. fol. 29. in diuersorũ meo magno 2. fol. 1476. in 4. cap.*) Quod sanè *Repertoriũ* olim in Archiuo Reg. Cam. conseruabatur, de Nos illud manuscriptum obseruauimus; & de hoc *Masturtio* testatur *Top. de orig. Trib. lib.* 2. *cap.* 9. *num.* 6. *tom.* 1. quod fuit *Surrentinus, Procurator fiscalis, ac Præses R. Cam. & tanquàm Archiuarius Regiæ Cameræ, lustrando totum Archiuum, vbi suum Repertorium insudando perfecit, aliaq; pretiosiora per ipsum met elaborata, quæ sunt iàm deperdita*; Imò ex euidentissimis coniecturis composuit *Notas*, vulgò *Apostillas ad R.Cam. Ritus*, quę sub nomine *incerti Autoris* nupèr typis editæ sũt cũ ipsis *Ritib.* Quod nõ solũ ex *Apostill.* in *d. Rit.* ex non dissimili eius stylo, ac ipsius decretis *fol.* 386. 404. 427. & alibi sępiùs relatis colligitur, sed quia tàm in *d. Repertorio*, quã in *d. Notis ad Ritus f.* 297. 300. 360. & 404. ità se citat, *in diuersorum nostro, vel meo, in alphabeto diuersor. Terrarum, in diuersorum meo magno, in diuersorum magno, &c.*

37 Et licet *Capycius in Inuest. feud. tit. feudorum clausula, ver. Scannagijs, fol.* 116. cuius post *Bilast.* meminimus suprà *ad d.* §.1 *tit. de Collectis n.* 64. dicat, scannagia, iura foculariorum, & salis esse noua imposita per Regem Alphõsum I. in Parlamento generali habito in Ciuitate Beneuenti, ac successisse in locum Collectarum; Attamen sub tanti viri venia in dicto Parlamento generali, quod fuit Neapoli celebratum in Ecclesia S. Laurentij (non verò in Ciuitate Beneuenti, vt aiunt *cit. Capyc.* & etiam *Afflict. in cap.* 1. §. *& plaustrorum n.* 6. *quæ sint regal.* Cum in ea fuerint vocati Barones tantùm, verùm ad Vrbem Neapolis fuit Parlamentum ex gratia translatum) ablatis sex Collectis generalibus, fuerunt instituta iura focolariorum, & salis; vt videre est in *Cap. & Priu. Ciu. Neap. fol.* 2. & 3. De iure verò Scannagij nihil ibi habetur, sed tantùm in *Cap.* 3. *fol.* 5. *dt.* fuerunt abolitæ gabellæ pro animalibus magnis, & minutis.

38 Soluitur autẽ prędictũ Dohanæ datium ratione contractationis, & sic ab omnibus bonis, & mercibus, quæ contractantur, siuè venduntur, vnde non est impositũ rei, vel propter rem, sed rerũ contractationis, ac venditionis causa,

Mmm 2 *Lar-*

Larrea alleg. fisc. 111 *lib.* 1. *num.* 2. & sic ex ipso contractu debetur, *idem alleg.* 5. *n.* 19. *d. lib.* 1. & non debetur, si merces non sunt contractæ, etiam si extrahantur, & versa vice si pluries contractantur, toties debetur, quod secùs est in fundico, quare vulgò dici solet, *una fondaco, e tante Dogane, Auth.* noster in *seq. num. ubr. n.* 9. *in fin. R. Capyc. Latro in decis.* 191. *n.* 23 *lib.* 2.

39 Quod autem totiès sit soluendum, quotiès vẽdontur merces, licet eædem sint pluries venditæ, fundatur ex eo, quod tale datium contractum respicit, & nõ merces, secundùm *Auth.* nostrum hic *n.* 19. & 20. Id tamèn in Ciuitate Neapolis ex immemorabili tẽpore in contrariũ practicatur, vtpotè, quod ille, qui emit merces in Dohana, & soluit dirictum, si posteà secundò vendat, non soluet vlteriùs, vt seruatur in mercatoribus, qui emunt pannos in Dohana, & soluunt dirictus, posteà vendendo in suis apothecis, non soluunt ampliùs; quod benè procedere tàm de iure, quàm de rito (cum tanto tempore possit præscribi etiam contrà Fiscum ex *Const. Quadragenali*, & *Rit.* 4. *in fin. de Iure Dohan.* vbi legitur, quod in omnibus obseruanda est consuetudo, scilicèt vbi, quando, quotiès, & quid soluendum est in talibus, quod si non apparet, recurrendum est ad ritus, & ius commune) aduertit *Goffred. de Gaeta in lectur. ad Rit. R.C.* 1. *rubr.* 5. *de Iure Dohan. n.* 1. & 2. Vnde secundùm *Reg. Tap. in rubr. de Const. Princip. cap.* 4. *num.* 86. emptor non tenetur soluere vti venditor, si iterùm vendat.

40 Ex hoc etiam sequitur, quod, cum hoc Ius ex contractatione debeatur, vtiquè soluendum est, tàm à venditore, quã ab emptore, secũdùm *Auth.* nostrum hic *n.* 20 & 21. *Reg. Tap. in rubr. de Constit. Princ. d. cap.* 4. *num.* 86. Idquè confirmatur ex literis Regis Ferdinandi I. sub die 1. Iunij 1485. vbi mandatur exigendos esse dirictus tàm ab emptore, quàm venditore, quæ sunt in libro nostro *Rit. R.C. pag.* 118. meminitq; etiam *Io: Anton. Bonus in add. ad Afflict. in Const. Magistros fundicarios, lit. D.* Quod secùs esset, si proptèr rem exigeretur, nam tunc ab emptore tantùm soluendum esset, ex *l. debet in fin. D. de ædilit. edict.* ibi: *Quod emptorem fortè sequatur*, idest ratione rei, secũdum *Gloss.* quia onera, & vectigalia possessorem sequuntur, *l. Imperatores, D. de public. l. fin. C. sine censu, vel reliq. Episc. Rocca* id latè examinant *in lib.* 1. *disput. iur. cap.* 74. *per tot.* Et ità se habent Dohanarum mores, immemorabili publicanorum obseruantia comprobati.

41 Et licet *Dom. Goffred. de Gaeta* celebris quidem I.C. ac R. Cam. Præsidens (sivè M.C. Locumtenens, teste *Afflict. in rubr. Const. de off. Magistr. fundic. in fine*, ibi: *Per Dom. Goffred. de Gaeta magnum iuristam, qui fuit Locumtenens Magni Camerarij, & multum egregiè scripsit super ipsis Rit. R. Cameræ Summ. & maximè super d. tit. de iur. Dohanæ*; Et quamuis contrarium teneat *Pisan. in prœm. d. Rit. num.* 6. vbi non meminit *Afflict.* attamen non est dubitandum, quin in Reg. Camera pro Magno Camerario præsederit, vt habetur in *Notis ad Rit. de Iure Passagij rubr.* 14. *in ord.*) *in lectur. sua præclaris declarat. ad Rit. R.C.S. d. rubr.* 5. *de Iure Doh. à num.* 205. *ad* 209. circà id se inuoluat ibi: *Et sic ex hoc Ritu in fin. habes, quod ius Dohanæ soluitur à venditore; cuius contrarium habes suprà in hac ead. Rubr. in Ritu* 3. *qui incip. Item è contrà, & Dohanerij stramant, quod recipiunt ab vtroq; quod videtur contrà Ritum, & facere non deberent de iure, ex quo expressè Ritus dicit, quod ab emptore exigitur hoc ius, &c.*

42 Attamen (pace tanti viri) *Ritus prædicti*, si benè obseruentur, definiunt nostri *Auth.* conclusionem, quod nempè à venditore, & emptore soluatur hoc ius, neque sibi contradicunt; nam *Ritus* 3. sivè eius compilator *Andr. de Isernia*, non per viam dispositionis ait, ab emptore tantùm esse soluendum, sed per modum explicationis, quia nempè hoc ius debetur etiam ab emptore,

ptore,

ptore, declarando, quando sit perfectus contractus ex parte emptoris, respondet ibi: *Ritus dicit solui hoc ius ab emptore, & non dicitur emisse, nisi tunc effectu, ut sit dominus emptor*, hoc est sequuta traditione, ut ibidem dicitur: Et *Ritus* 5. priùs loquitur in mercatore Ciue Neapolitano, qui non soluit, deindè in venditore extero sic ait *in fine*, ibi: *Quia merces fuerunt mercatoris extranei, quando eas Neapolim tradidit, ipse soluet ius Dohane.*

43 Aliud verò ius Plateæ (vti vocant) *Regis Roberti*, similitèr granorum 18. pro vncia, quod nonnulli gruscatores in Dohanis exigendum putant, nullo modo deberi concludimus, dùm *Ser. Rex Robertus* nihil superindixit, sed tãtùm ad euitandas fraudes, quas mercatores in Apuliæ partibus, & alibi

44 callidè committebant, in diminutionem iuris Dohanæ, seù Plateæ, illud solui iussit in loco conuentionis, siuè contractus, non verò traditionis mercium, vt patet ex eiusdem Edicto sub die 4. Octobr. 1332. emanato, quod post *Rit. R. C.* legitur, sed in nouiss. editione illud etiam transcriptum habetur apud *Dom. Goffred. de Gaeta d. rubric. 5. n. 107.*

45 Et præfato Edicto attento corrigitur *Ritus* volentes, attendi traditionem, & solutionem pretij; De mercibus tamen extrà Regnum contractis, & in Regnum immissis, siuè traditis, dirictus debentur etiam in loco traditionis iuxtà *Ritus*, qui cum in hoc non tendant in diminutionem regiorum iurium, non tolluntur per d. Edictum, *Gaeta ibid. num.* 112. *&* 113. & Nos infrà *in Annot. ad quæst. 6. §. 14.*

46 Pro quarum Reg. *literarum*, siuè *Pragmatica sanctionis* obseruantia, notandum est, quod sub die 16. Ianuarij 1573. fuerũt literæ expeditæ per Reg. Cam. Summ. cum inserto tenore dicti Regij Edicti, aliarumq; Prouisionum, directæ *Magnif. Alexandro de Gerardinis* Regio Credenzerio Regiæ Dohanæ Terræ Baruli, vt ipse visitaret omnes Regias Dohanas, pro obseruantia *d. Regia Pragm.* & de dubijs forsàn ex ea emanantibus, vel de alijs fraudibus, earumq; remedijs transmitteret notam cum eius ac officialium voto ad ipsam Regiam Cam. vt *in Reg. partium 39 fol.* 180. Et non pigeat etiam hic afferre infrascriptam Officialium Regiæ Dohanæ Tarenti attestationem, quam vnà cum dictis literis in *fine* nostri *libri Rituum R. Cam.* manu exaratã inuenimus.

47 Noi Regij Doganiero, e Credenziero della Regia Dogana della fedelissima Città di Taranto, facemo fede à tutti, e singoli, à chi la presente sarà presentata, & precisè alla Regia Camera della Sommaria, come essendo venuto il Mag. Alessandro Gerardinis à visitare detta Regia Dogana per ordine di detta Regia Camera per l'osseruanza della Prammatica del Serenissimo Rè Roberto, & hauendo con detto Mag. Alessandro petticato l'vso di detta Prammatica, concorremo con esso nell'intelligenza di essa nelli modi infrascritti, v3.

48 In quanto alle mercantie, che si estraeno da luoghi, doue sono Fondichi Regij per li luoghi, doue sono le fiere, e giorni di mercato se si trouasse, che prima di detta estrazione s'hauesse per qualche modo trattata conuentione, ò contrattatione, ò in parole, ò vero per lettere, dette merci non si estrahano da detto Fondico senza pagare tutti li diritti, come fussero contrattate, e consegnate in detto Regio Fondico, doue si estraeno, come si vsa nella Regia Dogana di Napoli, come appare nel Rito, e non essendo contrattatione prima, si estrahano, conforme al Rito.

In quanto alle mercanzie s'estraeno dalli Regij Fondichi per infrà, ò per extrà con Vascelli, seù animali per consignarsi al compratore infrà, vel extrà: Dicemo, se prima l'estrattione, è fatta vendita di dette mercanzie, ò è stato trattato di venderle, si deuono pagare li diritti per dette mercanzie spettantino al compratore, e venditore, come se la consegna fusse fatta in detto Fondico Regio.

49 In quanto alle mercantie esistentino extrà Regno, e che si vendono in Regno, e li mercanti deuono venire al risico del compratore, prætexta, che la consegna li sia stata fatta extra Regno: Dicemo, che si deuono pagare li diritti spettanti al venditore, e compratore in quello Fondico Regio, doue s'immettono, ancorche si promesse in qualsiuoglia modo la cõsegna esser fatta extra Regno, vt supra.

Et

Et il medesimo intendemo alle robbe esistentino in Regno, che quando le mercantie, e robbe esistentino in Regno extra la giurisditione del Regio Fondico, e si contrattano in luogo di Regio Fondico, e si dice consignarsi nelli luoghi, doue si trouano e spirate extrà giurisditione de Fondico Regio, e poi si conducono in Fondico Regio, si deuono pagare li diritti di dette mercantie spettanti al venditore, e compratore, non ostante la consignatione fusse stata fatta extra la giurisditione di detto Fondico Regio, siccome la Prammatica dice.

50 Circa quello dicono le lettere della Regia Camera intorno le mercantie contratte in loco franco, esistente la mercantia contrattata nel medesimo luogo, ò vero in altro luogo similmente franco, e quando si fanno contratti in Regno di mercantie esistentino extra Regno: Dicemo, quanto al primo caso, che se la mercantia contrattata in loco franco, cioè in giorno di mercato, ò di fiera, è venuta prima del giorno del mercato, ò di fiera di qualsiuoglia luogo, ò franco, ò non franco, e si vende in detto tempo di mercato, ò di fiera, in tal caso lo compratore è franco, e lo venditore non è franco, ma se viene la mercantia di tempo franco, e si estraesse in detto tempo, il venditore, e compratore è pure franco, ma se la mercantia viene in detto tempo di franchitia, e si vende in detto tempo, e pernotta in tempo di seruitù, si deue pagare di detta mercantia la Piazza, e Fondico, & alli diritti spettanti al compratore, ma il venditore non paga cosa alcuna.

51 Circa l'altro caso delli contratti si fanno in Regno delle robbe, e mercantie esistentino extra Regno, s'intendono in due modi, vno delle robbe, che sono estratte da Regno, e portate extra Regno; l'altro delle robbe di extra Regno esistentino extra Regno, e che si vendono in Regno, e poi si conducono in Regno.

52 Si dice circa il primo, che se la mercantia estratta da Regno, e portata extra Regno, è stata venduta auanti l'estrattione à consegnar extra Regno, si deuono pagare tutti li diritti spettanti al venditore, e compratore, ancorche la consegna sia fatta extra Regno, come la Prammatica vuole, e perciò le mercantie estratte nel tempo passato, e vendute auanti l'estrattione nel modo predetto, delle quali mercantie nõ han dato lo vero manifesto: Dicemo, che detti mercanti si deuono astringere à pagare di dette mercantie li diritti estratti nel modo predetto spettanti al compratore, ma se la mercantia fosse venduta, ò se vendesse dopò l'estrattione fatta bona fide, non si deue pagare cosa alcuna per dette mercantie spettanti al compratore.

53 Circa il secondo modo, se la mercantia esistente extra Regno si vende in Regno, e poi si conduce in Regno in loco di Fondico Regio, si deue pagare la Piazza, e Fondico, & altri diritti spettanti al venditore, e compratore, ancorche la consegna s'intendesse esser fatta extra Regno, conforme alla suddetta Prammatica, come si è detto di sopra.

54 E per esser molto la malitia de mercanti dediti à fraudare li Regij diritti, per l'auuenire potrebbe essere, che non contrattassero nelli Regij Fondichi, ma andariano, ò mandariano altri in loro nome nelli luoghi extra la giurisditione di detti Regij Fondichi, e contrattariano, e riceueriano le dette mercantie esistentino extra la giurisditione di detti Regij Fondichi, e poi la conducono dentro li Regij Fondichi, & estraeno, e non pagano cosa alcuna della Piazza.

55 Per tanto semo di parere, che tutti mercanti esistentino nelli Regij Fondichi, e là fanno le loro mercantie, e che vanno, ò mandano altri in loro nome à comprare qualsiuoglia sorte di mercantia di Regno extra giurisditione di detti Regij Fondichi, doue essi stanno, e fanno loro mercantie; in tal caso non ostante, che habbiano contrattato, e riceuuto dette mercantie extra la giurisditione di detti Regij Fondichi, detti mercanti siano astretti à pagare lo Ius Platea così del compratore, come del venditore; e questa è cautela conueniente per euitar le fraudi. In Taranto nel Mese di Maggio 6. d. 1573.

56 Doue si dice delle robbe, che si conducono auanti la fiera franca, è vero, perche dette robbe non siano destinate per la fiera, e si conseruano nelli Regij Fondichi, mentre viene il dì franco.

Alex. Cas. R. Dob.

Petrus Ant. Casertas Reg. Credenz.

Registrata in Reg. 2. vano.

57 Circà verò conclusionem vltimam nostri *Auth.* hic *n.* 22. & 23. vbi firmat, Ciues contrahentes in propria patria non soluere Ius Dohanæ, illa nimirùm ratione, quia dùm illi soluunt tributa, & alia onera pro fiscalibus functionibus, tanquàm in vno grauati, in hoc releuari debent, *l. eum qui, D. de iure iur.* vt in Rit. 1. Reg. *Cam. sub rubr.* 27. *de mercatoribus, qui faciunt se Ciues, vt non soluant Dohanam*, vbi in Rit. *seq.* siuè iuxtà nouiss. editionem *in rubr.* 28. declaratur quoq; vt Ciuis non soluat ius Dohanæ, non solùm de pecunia propria,

pria, sed nec de aliena mutuata, vel ad
58 partẽ lucri data; Alitèr duplici onere
grauarentur contrà iura in *l.mauis §.1.*
D.ad l.Rhod.de iactu, l.Titia, §.qui in-
uito, D. de leg.2. cap. bona fides, de reg.
iur.in 6. l.penult.in fin. C. de Consul. lib.
12. Rom.cons.230. Io: Bapt. Asin. de exe-
cut.§.7.cap.169. Castr.cons.457.n.3.lib.
2. Alex.cons.143.n.6.lib.6. Corn. consil.
106.num.4.vol.3. Gadin cons.7.num.2.
Cons.de Anna cons.59.nu.70. Fr.Caldas
q.q.for.12.num.4.lib.1. Annibal.cons.33.
num.6.

59 Hinc ex eadem ratione duplicati
oneris pro eadem re non ferendi, si
quis per viam duobus communem
transeat, ad vnicam tenetur gabellam,
diuidendam inter vtrumq; dominum,
Bertach.de gabell.p.5.n.23.& p.6.nu.10.
Alex.cons.148.in fin.vol.6. Bursat.cons.
190.n.34. Bertaz.cons.crim.207.num.3.

60 Et cum de contractu emptionis, & ven-
ditionis soluitur gabella, & plures res
in grosso, vt vulgò aiunt, emptæ sint,
vnica debetur gabella, neque de rebus
singulis alia exigi potest, *Stephan. Au-*
frer.in add. ad decis. Capell. Tholos.451.
Fr. Marc.decis.570.n.6. vol.1. Multum
tamèn interest, an in vniuersas, vel sin-
gulas constitutum sit pretium; priore
namq; casu vna, posteriori plures cen-
sentur celebratæ venditiones, *l.cum*
eiusdem 34.l.si plura 36.D.de adil.edict.
l.quod sæpè 35.§.in ijs, D. de contrah.
empt. Card. Mantica de tacit. & ambig.
conuent.tit.3.n.13.lib.1.

61 Et iuxtà dictam regulam *Aucher.q.*
fam.70.lib.3. statutum Regij, quo ca-
uebatur, vt ex omnibus rebus in introi-
tu portæ solueretur gabella, exponens,
fabrum ferrarium, qui æs, pro quo iàm
soluerat in introitu gabellam, rursùs
euchit ad laborandum, & in diuersis
formis vasorum reducit, ad vectigal
pro vasis inuectis non teneri, cum in
rudi materia, iàm anteà portorium sol-
uerit, ne vna res duplici præstationi sit
obnoxia; quod eò securius concluden-
62 dum, dùm alio Statuto eiusdem loci
disponitur, frumentum in farina redu-
ctum, ne bino onere eadem res grauē-
tur, esse à vectigali immune; sed qua-
litèr extractione frumenti per Statu-
tum prohibita, includatur etiam fari-
na, idemq; in gabella olei, vt soluatur
pro sapone, & de alijs materiatis, vi-
dendi *Camill. de Medic. cons. 97. Cons.*
Hadiernus in addit. ad Surd. decis.139.
Cons. Altimar. in obseru. ad Reg. Roue.
cons.72.lib.2. Scoppa in obs.ad Gratian.
decis. 184. Episc. Rocca disp.iur. cap.81.
lib.1. Et an diritus serici debeantur
de serico torto, vel vermilibus, caligis,
alijsq; manu laboratis, ac de serico in-
tegris, differunt *Horat. Theodor. in al-*
leg.13. diuers. post decis. Reg. Salernit.
idemq; *Reg. Salernit. decis.36.* & Nos
infrà ad §.10. *de Iure Serici, & de Iure*
Ferri annotabimus.

63 Proin gabella de omni contractu
soluenda, illaq; soluta, si demùm ille
contractus in alium transfusus est, de
illo nouo contractu soluenda non est,
Reg. Salernitan. d.decis.36. num.3. vbi
Thor.in addit. Episc. Rocca d.lib.1.disp.
cap.79.à num.8. Vnde si de promissio-
ne vendendi pensum sit vectigal, non
debetur posteà de ipsa venditione,
Beor.decis.48.num.9. Claud.Bertaz.in
add.ad cons.crim.519. lit.C. Ludou.cõm.
concl.15.n.36.Thor.d.l.n.6.

64 Et quoties venditio resoluitur ex
pacto retrouendendi in venditione
apposito, debetur vnica gabella, nem-
pè ex venditione, non autem ex reuen-
ditione, *Anton.Gamer.1.tom.var.cap.1.*
num.31.Girond.de gabell.5.par.princ.nu.
30.Gratian.sed.tract.qu.10.n.11. Moli-
na tract.2. disp.374. cum reuenditio
fiat ex causa existente in prima vendi-
tione, & sic est pars primæ venditionis,
siuè illius quædam executio, quare nõ
esse distinguendum, verum venditio re-
nascetur in hac retrouenditione ipso
iure, aut nouo hominis facto, per viam
simplicis distractus, aut noui contra-
ctus, vt rectè monet *P. Ioseph. Tibalin.de*
vniuers.negot.lib.1.cap.3.de gabell.artic.
13.sect.4. n. 5. vbi latè de varijs re-
scissionibus venditionum edisserit; Et
quid in dissolutione trãsactionis, adeat
Ioseph.Vrceol.de transact.q.78.à n.35.

65 Præ-

65 Præterea soluta etiam gabella solita solui in exitu Ciuitatis, vel portus, si res, vel nauis onerata redeat ad Ciuitatē, vel Portū timore latronū, vel tēpestatis, & ventorum vi, non soluet denuò gabellam ex *l. Cæsar* 15. *D. de publ. l. fin. §. 8. D. eod. Leonin. cons.* 7. *nu.* 1. & ex *Ritu R. C. de Fundico Flagelli*, 20 ex *Arrest.* 3. apud *R. de Marin.* secus verò si voluntariè remaneat, sedata tempestate, vel etiam voluntariè redierit onerata, ex alio *Arrest.* 4. & *d. Rit.* Verùm de hoc infrà *ad seq. membr.*

66 Annotandum hic etiam est, quod exigitur aliud Ius dictum, *Noui impositi*, in anno 1625. ob tēpore gubernationis *Exc. Dom. D. Antonij de Toleto Ducis Albæ* ad rationem ducatorum quinque pro centenario, pro omnibus rebus, ac mercibus, exceptis tamen cera, oleo, & serico: Quod in anno 1649. post ciuiles tumultus fuit ad medietatem redactum, vt ex *Pragm.* 31. *§.* 1. *de Vectigal.* & sic hodiè ad rationem duc. duorum cum dimidio pro centenario, siuè gran. 15. pro vncia valoris mercium exigitur.

67 Siquidem in dicto anno 1625. maximis S. Cath. Maiest. vrgentibus necessitatibus, ob *Lombardiæ* bella, Regia Curia tertiam partem sibi retinuit ab omnibus ijs, qui assignationes habebant tàm supèr arrendamentis, quàm fiscalibus functionibus; Cumq; non adessent alij regij reditus pro facienda ijs alia æquiualente assignatione; ideò præuia R. Cam. consultatione *d. Exc. Duci Albæ* (qui d. R. Cam. rescripsit pro ordinaria expeditione, & sic fuit executum sub die 23. Martij dicti anni) fuit hæc superindictio imperata pro omnibus mercibus, quæ immittuntur, ac extrahuntur in omnibus Dohanis, ac Fundicis totius Regni, vltrà omnes alios diritus, non obstante, quod immittens, vel extrahens esset priuilegiatus; In exactione enim huius iuris nouitèr impositi non inspicitur, an persona sit immunis, vel non, sed solùm, an bona immissa, vel extracta soluant regios diritus, cum debeat etiam hoc ius solui pro frumento, alijsq; rebus, pro vsu Vniuersitatum, aliarumq; personarum, prout ordinatum fuit per Regiam Cam. facta relatione sub die 26. Febr. 1632. per *Dom. Præs. Io. Vinc. Cortionum Comm. Delegatum.*

68 Et per *d. Præs. Cortionum* vel Delegatum, multi ordines expediti fuerunt, & præsertim sub die vlt. Maij 1625. *in Reg. Cur.* 2. *Terra laboris fol.* 18. *at.* fuit ordinatum Capitaneo Grassiæ Prouinciæ Terræ laboris, qui curam habet exigendi diritus *Decimi* ad Reg. Dohanam Neap. spectantes pro equis, eorumq; pullis, vernacibus, agnis, alijsq; animalium speciebus, ac bonis, vt pro ijsdem rebus præfato iuri *Decimi* subiectis, separatim exigere dictū nouum impositum, & diritus exactos soluere nouæ arcæ administratori debuisset.

69 Deindè in anno 1627. sub die 12. Apr. fuit per *d. Præs. Cortionum* similis ordo expeditus (vt *in Reg. Cur.* 16. *fol.* 72.) directus Magistro Portulano Terræ laboris, & Comitatus Molisij, vt nullam expeditionem faceret de qualibet animalium specie, nisi prius ei constito de solutione dirictuum dicti Noui Impositi penès administratorem arcæ dicti impositi in Dohana Neap. imò quolibet mense de extractionibus notitiam præberet, secùs de proprio esset obstrictus.

70 Et per aliam prouisionem *d. Præs. Cortioni* die 5. Septembris 1627. *vt in Reg. Cur.* 2. *fol.* 107. mandatum fuit Magistris Portulanis Regni, vt exigendum curarent diritum dicti Noui impositi, etiam in Dohanis Baronalibus, ad beneficium Regiæ Curiæ de omnibus illis rebus, quæ immittuntur, aut extrahuntur à dictis Dohanis Baronalibus, pro quibus soluuntur, aut diritus Dohanæ, aut Fundici, Nouæ gabellæ, alijq; non obstante, quod domini mercium essent priuilegiati.

71 Cuius ordinis vigore fuit alius postea expeditus à *Præsid. Blandinio* etiā Delegato sub die 23. Februarij 1628. vt in *d. Reg. Cur.* 2. *fol.* 107. mandans dictis Portulanis, vt in singulis Dohanis Baro-

Baronalibus aliquem deputassent, pro exactione dicti dirictus nomine Regiæ Curiæ, de quo distinctum librum conficere debuissent.

72 De hoc igitur datio fuit factum assignamentum ijs, à quibus Regia Curia tertiam partem de eorum redditibus sibi retinuit in d. anno 1625. Et in anno posteà 1630. tempore regiminis *Exc. Dom. D. Ferdinandi Aluarez de Ribera Ducis de Alcalà* pro vrgentijs itidem Regiæ Curiæ ob *Mantua*, ac *Germania* bella, aliam tertiam partem ab omnibus assignatarijs cœpit, ijsq; assignationem fecit super augmento dicti Noui impositi, prout etiam supèr eo, quod in Arrendamento vini ad minutum supercessit.

73 Nec demùm est prætereundum, quod in mense Ianuarij 1643. ordine *Exc. Dom. Ducis Medina de las Torres*, huius Regni Proregis, fuerunt imposita grana 25. pro qualibet vncia super mercimonijs, quæ immittuntur in Dohanam, & maiorem fundicum Ciuitatis Neap. aliosq; Fundicos iurisdictionis eiusdem Dohanæ, vel ab ipsis (terra, mariq;) extraherentur, exceptis tantummodò piscibus salitis, oleo, caseo, alijsq; rebus, de quibus soluendum erat granũ pro rotulo; vltrà carol. 7½. pro singulis vncijs, qui in totum vsq; tunc ad annum prædictum summam efficiunt carol. decem pro vncia; In illis tamen mercibus, de quibus debetur Ius ponderis, ipsum quoque esset soluendum, prout etiam ius nouæ gabellæ pro illis mercibus, quæ per mare immittuntur,

74 Et in mense Iulij dicti anni 1643. ex alio eiusdem Proregis mandato, fuerunt alia grana 25. pro vncia superindicta: Exigebantur itaq; pro vncia in totum caroleni duodecim cum dimidio. Animaduertendum verò est, quod illa prima impositio fuit insolutum data *Ioanni Vandeynden*, & *Gaspare Romer*; & altera etiam assignata, sivè in solutum data *Matthia*, & *Antonino Marsta*, in computum eorum crediti, cum Regia Curia contracti.

75 Licet easdem duas impositiones fuisse in solutum datas prædictis *Vandeynden*, & *Romer* dicat *R. Capyc. Latro in princ. decis.* 191 *lib.* 1. vbi, cum ij exigere prætẽdissent dictam impositionem etiam in Nundinis Salerni, *ibid. nu.* 31. refert decretum *Reg. Brancia*, ordinãs, non esse exigendam impositionem ratione ponderis in Regia Dohana, & signantèr gr. 25. pro vncia in Nundinis Salerni, aliudq; decretum *Reg. D. Ant. Caraccioli* contrà dictarum nouarum impositionum Assignatarios.

76 Omnes verò tres istæ Nouæ impositiones, quæ exiguntur ratione contractationis, tanquàm augmentum Dohanæ, in pluribus differunt à Iure Fundici, quod ratione hospitij semèl ab emptore ad rationem gran. 15. pro vncia soluitur, vt firmat *Reg. Capyc. Latro cit. decis.* 191. *n.* 21.

AD MEMBRVM II.

De Iure Fundici.

ANNOTATIO.

SVMMARIVM.

IVs Fundici, & Dohana ad solum Regem spectat, n. 1. & 2.

Fundici, seù Fundaci ius, vnde ità dictum, à quo institutum, & ad quam rationem soluatur, à n. 3. ad 6. fuitq; introductum pro hospitio, & custodia mercium, d. n. 6. & 7. & an hoc fuerit color quæsitus n. 11. & 12.

Merces iuri fundici subiecta, fundicari debent in fundicis, & non in alijs locis, sine licentia Dohanerij, & quid si mercator non est tutus, puta tempore pestis, à n. 8. ad 10.

Ius fundici est onus reale, & soluitur ab emptore tantùm, etiam Ciue n. 13. & semèl eo soluto, liberata merces dicuntur, & quid de operibus factis de mercibus fundicatis, à n. 14. ad 16. & cui nàm gabellario debeatur, venditionis, an immissionis tempore n. 17.

Ius Fundici, & Ius Platea, seù Dohana, in quibus differant n. 18.

Ius Fundici, de quibus mercibus solui debeat, n. 19. & quid in illis ex necessitate in portu exoneratis, n. 20.

In nundinis, an, & quando sit soluendum, n. 21.

Ius fundici, quomodò soluatur de mercibus per intrà, vel extrà Regnum exportatis? recensetur praxis, à num. 22. ad 24. quid verò in maiori fundico Ciuitatis Neapolis propter eius praeminentiam, n. 25. & affertur fides obseruantia, n. 26.

Fundici territorium, & iurisdictio, qualiter differant, n. 27.

Dohana, & Fundici Neap. iurisdictio quousq; extendatur. & quomodò exactio in ea fieri debeat, à n. 28. ad 31. adduciturq; attestatio pro mercibus in Ciuitatem Caua deuenientibus, n. 32.

Coralia, qua emuntur in Turri graci, & capiuntur in mari Neap. vbi soluant ius fundici, & alia circà eorum solutionem, à n. 33. ad 35.

Immunes à iure fundici, an sint Neapolitani, & Ecclesiastici; n. 36. & 37.

Ius fundici in anno 1611. quare auctum in aliis granis decem. n. 39. & 30. & an soluendum in Dohanis Baronalibus à num. 40. ad 46. & quid in Nundinis, num. 47.

1 Quemadmodum vectigalia ad solum Regem spectant, quoniam inter Regalia sunt, & ex iis Rex protegere, & in iustitia Regnum conseruare tenetur, ex *Auth.* nostro *in antced. membr. n. 1. & 2. & in §. 1. de Regiis Fiscal. n. 8.* ibiq; Nos *in annotat.* vnde ius Dohanæ ad Regem spectare constat, *Pras. de Pramb. decis. 397. nu. 7. Reg. Galeota resp. fisc.* 10. *num.* 65. Ità
2 etiam ius fundici Regi, ex eadem ratione hodiè debetur, & inter Regalia annumeratur, *Thor. in add. ad Reg. Salernit. decis. 44. n. 1. & 2.*

3 Hoc Ius fundici idem Rex *Rogerius* Normannus instituit, vt merces custodirentur in domo regia, quæ Dohana, & maior fundicus fuit denominata;
4 à latino quidem verbo *fundus*, qui, vt ait *Iabolenus in l. quastio* 115. *D. de verb. sign.* est omne id, quod solo continetur, idest fundamentum eius rei, quæ solo fundatur; & alius dicitur liber, vel seruus, alius instructus, vel patrimonialis, aut vectigalis, vel emphyteuticarius, siuè *limitrophus* pro annonis militum in limitibus destinatus, vel *agonotheticus* sumptibus certaminum sacrorum deputatus; Inde *fundicus*, seù *fundacus*, vel *fundacum* pro mercibus vectigali obnoxiis cõstitutum, quidquid nonnulli à Punico verbo *fondac*, vel Arabico, ortum velint apud *Ægidium Menagium in origdingua Itala, verb. fondaco. pag. 128.*

5 Alii tamen putant, dictum Ius fundici, fuisse primò ab *Imp. Federico* statutum, sequendo *Isern. in Const. Regni, Magistros nostros fundicarios*, & in *Rit. R.C. sub rubr. de Iure fundici*; & inter noua iura à *d. Andr.* enumeratum in *Const. quantò cateris.* & in *Rit. R.C. de decimis solu. Pral.* sub simulato colore
6 vt merces in domo Regia hospitarentur, & custodirentur, cum solutione granorum 15. pro qualibet vncia, & sic ducat. duorum cum dimidio pro singulis centum valoris mercium, vt habetur in *d. Rit. de Iur. fund.* & in *Pragmatica Regis Ferdinandi* sub die 5. Iunii 1499. quæ est 2. *de Vectigal.* & promissa fuit per R. Cam. vt in *Arrest.* 5. apud *R. de Marin.* & post *Isern. in cit. Constit.* notant *idem Afflict. nu. 5. & 11. circà med. Camill. Salern. in prafation. ad Consuet. Neap. lit. N. Reg. Galeota controu. 47. n. [illegible] Thor. d. loc. nu. 5. Reg. Tapia lib. 2. Iur. Regni in rubr. de Off. Magistr. Fundic. n. 7. & in rubr. de Constit. Princ. cap. 4. n. 86. Pisanus in add. ad Gaffr. de Gaeta super Rit. R. Cam. rubr. 2. de Iure fund. nu. 6.*
7 *& 7.* Et licet vt plurimùm in domibus priuatorum mercede mediante custodiantur, & fundicis non vtantur, attamen Ius fundici est soluendum, *R. Galeota controu. 47. n. 8. lib. 1.*

8 Mandauit prætereà idem *Imp. Federicus* in *d. Constit.* vt merces, quæ fundicari, seù dohanari debent, in fundi-

cis, & non alio in loco sine speciali fundicariorum mandato deponerentur, sub poena publicationis earundem, *Author* noster hic *n.* 5. & ex *Rit.* 2. & 3. *de Iure fund.* vbi *de Gaeta num.* 302.

9 Quando verò mercator non est tutus de mercibus in Regia Dohana, potest cum licentia Fundicarij, seù Dohanerij eas in alium tutiorem locum asportare, ex *d. Rit.* 2. *de Iure fundici*; Prouti

10 tempore pestis, quæ in hac Neapolis Ciuitate grassabatur, & multi exteri circumcircà Dohanam degebant, per Reg. Cam. fuit prouisum, quod *Thomas de Nibia* posset à Dohana merces extrahere, & domum suam traducere, cum speciali, ac distincta nota, & pro R. Curiæ cautela obsignare, non tamen extrahere posset, absq; Officialium Dohanæ mandato, vt ex *litteris R. Cam. sub die* 7. *Iunij* 1503. expeditis, in *Reg. litterarum partium* 4. *fol.* 127.

11 Defenditur autem eius iustitia contrà dictum de colore quęsito, quia fuerunt verba *Isernia* ob liuorem, quem habebat contrà *Federicum*, prolata, nam, vt benè notant *Dom. Reg.* noster hic *n.* 10. *Reg. Tapia d. l.* & *R. Capyc. Latro decis.* 191. *nu.* 22. quos refert, & sequitur *Fol. Capon. to.* 4. *disceps.* 313. *n.* 13. Ius fundici fuit introductum ex illa naturali æquitate, quod, qui sentit cõmodum, sentire debeat incommodum, *l. secundum naturam*, *D. de cond.* & *demonstr. c. qui sentit*, *de reg. iur. in* 6. cum

12 debeatur pro iure hospitij, vulgò *Albergbi*; & dicitur fundicus, quasi domus, in qua fundicantur, siuè cognoscuntur merces, & æstimatur earũdem valor, *cit. Goffred. d. loc. n.* 301.

13 Vnde Ius fundici onus reale est, & sic ab emptore tantùm soluitur, ex *l. debet*, & *l. si prędium*, vbi *Bald.* & *Salyc. C. de ædil. edict.* & probatur ex *Rit.* 7. *de Iure fund. Auth.* noster hic *nu.* 10. *Pisan. d. rubr.* 2. *n.* 14. & 16. Siuè emptor sit Ciuis, siuè exterus, *cit. Goffred. num.* 299. *et* 300. *Thor. d. loc. n.* 6. & ità decretum per Reg. Cam. in *d. Arrest.* 5.

14 Et cum ius ipsum Fundici pro immissione, non verò contrattatione mercium soluatur, ideò semèl soluto, liberatæ merces dicuntur, vt ex *d. Rit.* tradunt noster *Auth.* hic *n.* 13. *R. Reuerter. decis.* 314. *nu.* 1. *Horat. Theodor. in alleg.* 13. *num.* 30. post *decis. Reg. Salernit. R. Tap. d. loc. n.* 7. *cit. Pisanus n.* 13. ità vt si

15 pro corijs rusticis, & pilosis fuerit solutum dictum ius, non debeatur postea pro ijsdem melioratis, ex *Arrest.* 464.

16 & neque de operibus, quæ fiunt de mercibus, & pannis fundicatis, quia nonnisi semèl soluitur, & sic de ferris, vel sericis laboratis, debet tamen constare, pannos, ex quibus sunt factæ caligæ, soluisse ius fundici, vt disponitur in *Rit.* 19. 20. & 21. *de Iure Fund.* & vide *cit. Theodor. d. alleg.* 13. *et R. Salernit. decis.* 36.

17 Debetur verò gabelloto tempore venditionis, ac traditionis mercium, non verò tempore immissionis, vt in *d. Rit. et cit. Arrest.* 5. *Pisan. d. rubr.* 2. *nu.* 20. *et* 21. & vide *Auth.* nostrum infrà *ad quæst.* 6. §. 14.

18 Ex quibus valdè inter se differre ius Plateæ, seù Dohanæ, & ius Fundici notarunt *Afflict. in d. Const. Regni*, *Magistros nostros fundicarios sub n.* 12. & *Author* noster hic à *num.* 9. quem refert, & sequitur *Reg. Capyc. Latro decis.* 191. à *nu.* 11. *ad* 16. *lib.* 2.

Primò, quia ius Plateæ, seù Dohanę est antiquum, & Ius fundici nouum, secundum *Isern.*

Secundò, Ius Plateæ exigitur ad rationem gran. 18. pro qualibet vncia; Ius fundici verò ad rationem gr. 15. pro vncia.

Tertiò, Ius Plateæ, dùm ex contrattatione debetur, soluitur toties, quoties res venditur; Ius verò fundici ratione hospitij introductum, semèl tantùm soluitur.

Quartò, differunt etiam natura, quia Ius fundici soluitur ab omnibus, & Ius Dohanæ non soluitur à Ciue in propria Patria.

Quintò, quia Ius Dohanæ, seù Plateæ soluitur ab omnibus mercibus indistinctè; Ius autem fundici non soluitur de mercibus infrascriptis.

19 De cæteris igitur mercibus ius fundici solui debet, præterquàm de exceptuatis in *Rit. Goffred. de Gaeta super d. rubr. 2. de Iure fundic. nu. 59. & 316.* nec de illis, de quibus nunquàm fuit solutum, & sic de equis, & animalibus ius fundici nunquàm fuit exactũ, secundùm *Isern. in c. vn. quæ sint regal. ver. vectigalia in addit. n. 14. Goffred. d. loc. num. 61.* Et de victualibus, alijsq; habentibus ius exituræ, quod est plusquàm fundici, non soluitur, vt habetur in *d. Const. Magistros nostros fundicarios*, ibiq; *Isern. Afflict. & Balzaran.* post *Capyc. num. 3. & 9.* nec de alijs bonis comestibilibus, quia pro vsu sunt *l. vniuers. C. de vectig. cum concord.* nec de auro, argento, & lapidibus, nec pro animalibus viuis, ex *Rit. 18.* nec de lignaminibus, ex *literis R. Cam. 7. Febr. 1511. in Reg. part. 40. fol. 69.* nec de serico, ferro, & sale, cum habeant aliud ius speciale, vt declaratur per *d. Rit. 18. & seqq. de Iur. Fund. Auth.* noster hic *à n. 17. ad 20.*

20 Nec itidem soluitur hoc ius ex mercibus in portu vi ventorum, seù tempestatis exoneratis, *l. Cæsar 15. & l. interdum 16. §. si propter necessitatem, D. de public. & vectig. l. 3. C. de naut. fænor. Nouar. super Pragm. de vectigal. collect. 2. num. 5.* & ex *Arrest. 3. & 361.* apud *Reg. de Marin.* quia est voluntas coacta, & non animus commercij ineundi, & quid si sponte venissent ad refrigerandum, & quiescendum, & cæperint exonerare, vide latè *in Rit. 3. & seqq. de Fundico Flagelli*, vbi *Goffred. de Gaeta*, & *Pisan.* post *B. Galeot. controu. 46. & 47. lib. 1. Cons. Rocc. respons. 32. & 37. lib. 1. & in tract. de Officijs rubr. 14. §. 6. per tot.*

21 Præterea in Nundinis exemptis, licet contrahentes non soluant Dohanarum iura, soluunt tamen ius fundici pro hospitio mercium, *Reg. Capyc. Latro decis. 191. lib. 2.* Si verò in loco nundinarum est fundicus, vt est in Ciuitate Salerni, in qua adsunt Regius fundicus, & nundinæ franchæ ex immunitate concessa, de qua etiam *Anton. Barra controu. 35.* tunc omnes merces, quæ illac eunt, intelliguntur fundicatæ, & sufficit cautio per mercatorem data de eundo ad fundicum; Secùs si iuit Luceriam, quia licet ibi adsint nundinæ franchæ, quia tamen ibi non est fundicus, ideò drictus solui debet in loco, vbi dedit cautionem de eundo ad fundicum; sed si nundinæ non sunt exemptæ, vt in Castro Sangri, tunc non habebit immunitatem, vt ex *Rit. 11. & 13. vsq; ad 17. de Iure Fundici* tradit noster *Auth.* infrà *in qu. 4. à num. 44. ad 49. §. 14. de Iur. Pass.*

22 Et sic *n. 21. & seqq.* practicam tradit *Auth.* noster exactionis huius Iuris fundici, vt potè, quod illud non exigatur de mercibus, quæ in Regno nascuntur, vbi non est fundicus, antequàm extrahantur, vel si consumantur, cum non debeatur, nisi vbi est fundicus, & cũ ibi venduntur, idem *num. 24.* verbum in Terra fundicum non habente, sufficit, vt subsit alicui Terræ fundicum habenti, *cit. Goffred. ad Rit. R. C. rubr. 2. num. 323.*

23 Item etiam si non venduntur, sed extrahuntur in partibus fundicos non habentibus, vel extrà Regnum, antequàm extrahantur, soluitur, *Author* hic *n. 25.* verum si extrahantur in locis fundicos habentibus, præstet mercator cautionem, *n. 26.* & in Regia Dohana Neap. quilibet inuitus, & immunis fundicare obligatur, etiam si voluerit conducere in loco fundicorum, idq; propter authoritatem huius fundici, vel ob diuisionem Arrendamentorum, vt docet idem noster *Author* hic *num. 27. et 28.* In personis verò immunibus practicari *Ritum*, quod si extrahant merces per intrà Regnum teneatur cauere de eundo ad fundicum, ne datium illud amittatur à futuro emptore, at si extrahant per extrà Regnũ ad nihilum tenebuntur ob immunitatem, *ibid. n. 29.*

24 Si autem merces veniant extrà Regnum, & applicant ad locum fundici, idem practicatur, quod de mercibus, quæ nascuntur in loco fundici; Si verò

in

in loco, vbi non est fundicus, & ibi cõsumuntur, non soluitur, *Dom. Reg.* noster hic *n.* 30. vbi *n.* 31. in vno tantùm differre istum à primo casu docet, quia primo casu, quando merces sunt natæ intrà Regnum, non debetur ius fundici, etiam, quod transeant per locum iurisdictionis fundici; Secundo verò casu secùs est, quia merces veniunt ab extrà Regnum, & transeunt per locum iurisdictionis, potest secretus intercipere, & petere, quod caueat de eundo ad fundicum, idq; esse, quod disposuit *Ris. in §. nemo inuitus in fin. à vers. Item si quando intrant merces*; Quæ omnia post *cit. Auth.* nostrum comprobat *Pisanus in d. rubr. 2. num. 10. et* 11. & confirmantur ex decisis per Reg. Cam. in *Arrest.* 8. 43. *et* 86. apud R. *de Marin.*

25 De eo verò, quod paulò antè diximus, in Regia Dohana Neap. propter eius præeminentiam fieri dictam solutionem iuris fundici, è re esse putauimus afferre fidem dictæ obseruantiæ, seù melius præeminentiæ, ex nostro *libro ms. Ris. R.C. pag.* 133. tenoris huiusmodi:

Magnifici Signori della Regia Camera della Summaria.

26 NOI sottoscritti Regij Credenzieri del maggiore Fondico, e Dogana della Città di Napoli, facemo fede à V. Sign. come detta Dogana è in osseruanza, che tutte le robbe, quali vengono da extrà Regnum, e vogliono andare per infrà Regnum, quali toccano nello terreno della Città di Napoli, pagano la ragione del Regio fundico, che sono grana quindeci per onza, e questo è tanto delle robbe, che vengono per mare, quanto di quelle, che vengono per terra, e di questo ne ci impone detta Dogana dal tempo del qu. m. Iacouo Tholomeo, allora Doganiero, e de tale osseruanzia ne fù fatta Rammenta in detta Camera, quale ne fù elberica à bocca per Gio. Domenico Bottino, allora Luogotenente di detto m. Iacouo. E perche, come più volte si è detto à V. S. lo registro, doue era notata detta l'rammenta, si è perduto; Per tanto ne hauemo fatta la presente alle Signorie Vostre, offerendo ancora fare, che si facci fede per lo d. Gio. Domenico Bottino, & anco per Alfonsetto de Dinolfo, luogotenente in detta Dogana per lo mag. q. Gio. Maria; Alle quali di continuo ne raccomandiamo. Ex Dohana Neap. die 18. Iulij 1505.

Io Cola de Dado Credenziero accerto quanto di sopra è scritto esser vero.

Io Nardo Antonio de Ligoro Credenziero accerto, vt suprà.

Io Tomaso Borriello accerto quanto sopra è scritto.

Ego Antonius de Villamari fateor, vt suprà.

Ego Notarius Cangianus fateor supradicta vera esse.

27 Ex quibus idem noster *Auth.* hic *nu.* 31. *et* 33. notat differentiam inter territorium, & iurisdictionem fundici, vt puta, quia territorium est locus, vbi fundicus est, vel est locus illius territorij, vbi residet fundicus; locus verò iurisdictionis fundici, est terra, in qua licet nõ sit fundicus, est tamèn fundico vicina, exẽplificando in fundico salis, ferri, & picis, respectu hominũ terrarũ, qui ad illum ire tenentur, quia de iurisdictione illius sunt, & differre in hoc, quoniam primo casu, quando sunt merces territorij, statim ius fundici debetur; quando verò sunt in iurisdictione, non debetur, nisi sint merces, quæ venerunt extrà Regnum, & hanc esse practicam istius fundici *Author* noster testatur.

28 Hinc annotandum est, quod iurisdictio Dohanæ, & fundici Neapolis se extendit vsq; ad flumen Capuæ, & illud Beneuenti, ità vt omnes merces, quæ per Terram in locis intrà hos fines designatis immittuntur, in iurisdictione Dohanæ, & Fundici Neap. esse intelligantur, & sic fundicari debent, ac soluere debitos, & consuetos dirictus, vt patet ex *literis Regis Ferdinandi sub die* 18. *Febr.* 1489. expeditis, quę sunt in *libro nostro Ris. R. C. pag.* 109. *at.*

29 Et in *Repertorio m. s. Praes. Petri Mastartij,* seù *Nastartij pag.* 211. habetur, quod merces per extrà Regnum venientes *Afragolam*, aut quæ nascuntur in Regno, & illuc asportantur, quia est territorium iurisdictionis Dohanæ Neap. soluunt in dicta Dohana, & sic etiam de mercibus conductis ad tabernam vulgò dictam *della Cerqua*, in

no-

notam. Cam. 1519. et 1520. fol. 1. et in libro magno notam. fol. 367. in quo subscripta notantur, vt.

30 *Die 18. Augusti 1520. in banca declarauit Credenzerius totius pecuniæ Regiæ Dohanæ Neapolis, quod bona, quæ veniunt per extrà Regnum, cum tangunt territorium iurisdictionis Neap. soluunt diricttus dictæ Dohanæ, bona verò, quæ nascuntur in Regno, non soluunt, nisi tangant territorium Ciuitatis Neap. vt si intrant in Afragolam, vel in tabernam della Cerqua: Bona quæcumq; quæ veniunt Salernum, vel ab intrà Regnum, vel ab extrà Regnum, et non tangunt territorium iurisdictionis Dohanæ, non soluunt fundicum, si verò tangunt territorium iurisdictionis dictæ Dohanæ, soluunt dictum fundicum.*

31 Vnde *Nola*, *Iscla*, *Procbyta*, *Nesis*, & aliæ sunt de iurisdictione Dohanæ Neapolis; Ac etiam *Caua* Ciuitas est sub eius iurisdictione, & ibi exiguntur diricttus de mercibus contractatis, & de transeuntibus, & euntibus ad nundinas Salerni, teste *eod. Præs. Mastertio in d. Repertorio lit. C. pag.* 139. vbi transcribit testimoniale factum per Officiales Dohanæ Neap. tenoris sequentis, vt.

32 NOI sottoscritti Credenzieri del maggior Fundico, e Dogana della Città di Napoli, facemo fede à Vos Ill. e Mag. Signori della Regia Camera della Summaria, come la Caua, e suo distretto, è della giurisditione di questa Dogana di Napoli, & in quella non possono stare, ne dimorare robbe d'extra Regno senza pagare le ragioni del Regio Fundico per li Conduttori di quelle, e volendosi estrare di questa Dogana per li forastieri mercanzie per portarnosi à vendere in detto luogo della Caua, si paga lo diritto intiero à ragione di noue in dieci per cento, siccome fossero venuti à contrattare in d. Città di Napoli. Et anco per tutte mercantie infrà Regnum, quali sono comprate in detto luogo della Caua, che non siano nate, ne fatte in detto luogo, e suo territorio, e per li compratori si conducono in d. Dogana di Nap. si paga lo diritto del fundico, e della Dogana à ragione di gr. 33. per onza, siccome fussero comprate dentro la Dogana di Nap. da forastiero, ac etiam al tempo della fiera di Salerno per causa delle robbe extrà Regno, che sogliono passare per detto luogo della Caua, e suo territorio, si deputano per questa Dogana due Regij Guardiani, li quali assistono in Vietri, luogo di detta Caua, alcuni dì auanti, che comincia detta fiera, finche dura, li quali, tutte robbe, che si esigono, e che da là passano sigillano, e deinde ne danno auiso à gl'Officiali, che assistono in detta fiera, à tal che di quelle possano esiggere detta ragione del Regio fundico, more solito, & iuxtà Ritum, quia secretos debet intercipere merces, antequam vadant ad nundinas franchas, e di tutte le cose predette, detta Regia Dogana di Napoli n'è stata sempre in possessione; siccome al presente, &c. Expedita in Regia Dohana Neap. 27. mensis Augusti 1519. cum subscriptione Regiorum Credenzeriorum Regiæ Dohanæ, præsentata in Processu originali Causæ vertentis inter Ciuitatem Cauæ, & Regium Fiscum, & Arrendatorem Ciuitatis Neap. ex altera, qui conseruantur in dicta Regia Camera penes Nobilem Pantellam dictæ Regiæ Cameræ Actuarium, & in libro meo Rituum *fol.* 142.

33 Insupèr cum de *Coralijs*, seù meliùs *Coralijs* (sunt frutices sub aqua nascentes colore viridi, baccas ferêtes candidas, teste *Theophrasto in tr. de gemmis*, qui ex aqua exempti, confestim lapidescunt, ruboremq; contrahunt) quæ emuntur in Turri græci, & accipiuntur in freto Neapolis, alijsq; locis extrà iurisdictionem Turris, illaq; Neapolim ducebantur, Dohanerius tredecim carolenos pro diricttibus Dohanæ exigere prætendisset; Per Regiam Cameram fuit prouisum, quod, quia Coralia emuntur in Turri, nec accipiuntur in iurisdictione, & in Dohanam Neap. asportantur, vbi fundici ius solui debet, dictus Dohanerius Turris diricttus exactos restitueret, & quod solueretur Neap. vbi soluendum est dictum ius, vt ex *literis R. Cam. exped. die 16. Iulij 1516. in Reg. literar partiù 16. fol.* 127. testatur idem *Præs. Mastertius in citat. Repertorio lit. C. pag.* 153. *at.*

34 Coralia etenim diricttus soluere debent, vt in *Reg. summar.* 1444. *&* 1445. *fol.* 192. & vide sententiam per R. Cam. latam contrà laborantes, & ementes coralia in Ciuitate Neap. per quam fuit declaratum, quod Coralia te-

tenentur soluere, fueruntq; expeditæ literæ tempore Regis Alphonsi I. & quidam homines *Prajani* extrahere volebant coralia à fundico *Scaleæ*; & per R. C. fuit prouisum, quod daret cautionem Scaleæ de conducendo dicta Coralia ad Regium fundicum, vt ex *Reg. literarum partium* 7. 1478. *fol.* 21. testatur præfatus *Præs. Maßurtius in cit. Repertorio pag.* 140. *at.*

35 Imò per literas R. Cam. expeditas sub die 4. mensis Iulij 1514. pro Coralijs, quæ per Genuenses, aliosquè exteros in mari Ciuitatis Tarenti capiuntur, per hæc verba declaratur: *Li Coralli, che pescano, e li discaricano in Terra, deuono pagare li diritti della Dogana, fondico, e noua gabella, e se non si discaricaranno, son tenuti solamente al diritto della Dogana, e del fundico, e che si scriua la quantità, e qualità delli Coralli, in Reg. literar. Cur.* 19. *fol.* 153. *& in Reg. notam. fol.* 618. Coralia verò, quæ piscantur homines Costæ in mari Surrenti, eaq; in Dohanam pyratarum timore reponunt, non tenentur Dohanæ diritus soluere, ex *literis Reg. Cam.* expeditis die 25. Maij 1512. in *Reg. literar. part.* 5. *fol.* 138. & infrà *ad numer.* 4.

36 Antiquitùs ab huiusmodi iuris solutione fuerunt exempti Neapolitani pro omnibus rebus, quæ pro eorum vsu in Dohanam conducerent, ex *Priuil. Regis Ferdin. I. c. 7. fol.* 15. *aliorumq; Regum, in Priu. et Cap. Neap. fol.* 21. 33. 35. *et* 43. In anno verò 1649. quia fideliss. Populus supplices dedit preces pro repositione medietatis gabellarum ex gratia extinctarum, vt in *Prag.* 1. *de Vectig.* 3. 10. insimulq; *in* §. 11. vt dignaretur Dom. Prorex auferre vsum personis cuiuscumq; status, quo obtento, stat in viridi obseruantia talis vsus denegatio, teste *Iul. Capon. discept.* 313. *cap.* 1. *n.* 24 *et* 27. *tom.* 4.

37 Sed, an Ecclesiastici, & Regulares, val ementes ab ijs, sint immunes à iure Dohanæ, & fundici, vide *Reg. Reuerter. dec.* 18. & *Capon. cit. disc.* 313 *per tot.*

38 Notandum deniquè est, quod tempore Exc. huius Regni Proregis *Dom. Comitis de Lemos* sub die 25. Nouembris 1611. cum Regia Curia iàm ab anno 1610. præcedente *Regiæ Cam. Consultatione* exegisset carolenu pro qualibet libra ferri, quod à Regia Dohana, & maiori Fundico Neapolis, alijsq; Dohanis eiusdem iurisdictioni subiectis extrahebatur, & itaq; exegerat prædicto tempore duc. viginti pro qualibet (vt vulgò aiunt) balla ferri crudi, & quia ex hoc multa considerata fuere inconuenientia, idcirco discusso negotio per Regiam Cameram in R. Coll. Consilio, ordinatum fuit, tolli dictam exactionem ferri, & in eius locum deinceps fore exigenda grana septem cum dimidio pro qualibet vncia ratione fundici ex omnibus mercibus, & personis, obnoxijs solutioni prædictæ, ità vt sicuti prius exigebantur grana 2. pro vncia, pro iure fundici, ità in posterum essent exigenda grana 2. cum

39 dimidio. Quæ tamen impositio gran. 2. cum dimidio die 9. Maij 1623. ad instantiam Gubernatorum Reg. Dohanæ ordine Exc. Proregis fuit aucta ad grana 25. quæ hodiè pro iure fundici soluuntur, vt constat ex *Scripturis* productis in *Processu existentib.* in *R. Cam.* in *Banca Iulij Valente, inter Regiam Dohanam Neap. & Barthol.* [illegible] *aliosq; & D. Vincentium Capanu*[illegible], *cuius alet* [illegible] *vol.* 1.

40 In anno posteà 1621. sub die 7. Iunij præcedente noua *consultatione Reg. Cam.* prouisum fuit, [illegible] dictam exactionem augmenti gran. 10. pro vncia ab omnibus mercibus, quæ extraherentur per extra Regnum [illegible] in Dohanis Baronalibus, vt ex [illegible] *fol.* [illegible] *vol.* 2. Et vigore *d. Consultationis*, approbatæ à Reg. Coll. Cons. die 12. Augusti 1621. expediri fuere ordines Reg. Cam. directi Regijs Dohanerijs, & Credenerijs, pro eius obseruantia.

41 Producta est etiam fides *Antonij Vel*[illegible] qualiter pro exactione olei, aliarumq; mercium, præter dirictus Arrendamenti olei, & saponis, & [illegible] Ra-

Baronales Dohanas spectantes, soluitur etiam dirictus ad beneficium Dohanarum Apuliæ, dirictus supplementi iuris fundici ad rationem gran. 10. pro vncia, & nouum impositum duc. duorum cum dimidio; & quod si Regius substitutus fortè nõ adesset in d. Dohanis Baronalibus, soluitur administratori generali arcæ Regiæ Dohanę proximioris, aliter merces inciderent in commissum, *fol.* 61. *&* 62. *d. vol.* 1.

42 Quod confirmatur ex alia fide præfati *Antonij*, in qua pro oleis extractis à Baronali Dohana *Mola per Dalmatiam*, *Ferrariam*, *Flumen*, *Venetias*, aliaq; loca per extrà Regnum, ab anno 1659. vsq; ad annum 1664. solutum fuisse asserit d. datium gran. 10. pro vncia, vt *fol.* 73. *vsq; ad fol.* 80. *d. vol.* 1.

43 Et ex alia attestatione diligẽtiss. Regij Archiuarij *Ant. de Masi*, qui asserit, quod recognitis rationibus *Frãcisci Siciliano* Vice-Secreti, & Vice-Magistri Portulani Fundici, & Dohanæ *Rossani*, anno 1672. exacti fuere dirictus gr. 15. pro vncia, alijq; dirictus in fundico, & Dohana *Rossani*, alijsq; in locis suæ iurisdictionis ad beneficiũ *Ill. Principissæ Rossani*, vtilis dominæ dicti fundici, & Dohanæ, ac etiam exactus fuit dirictus dictæ nouæ impositionis gran. 10. pro vncia ad beneficium Regiæ Curiæ per Regium Arrendatorem, vt à *fol.* 48. *ad* 50. *d. vol.* 1.

44 Quæ obseruantia ex alijs prouisionibus desupèr expeditis roboratur; Et primò ex *prouisionibus R. Cam. fol.* 34. *d. vol.* 1. Secundò ex prouis. Iudicis M. C. *D. Berardini Belprati*, Gubernatoris Dohanarum Apuliæ, & Commissarij generalis contrabandorum Prouinc. Barij, Hydronti, & Capitanatæ, quibus sub die 17. Martij 1652. mandatur Officialibus Dohanarum *Molæ*, *Poliniani*, *Melphicti*, & *Iuuenacij*, vt vigore *prouis. R. Cam.* expedit. die 15. Decembris 1645. ad petitionem Gubernatorum Dohanarum Apuliæ, & noui impositi, in dictis Dohanis assistere curarent substitutum, tàm pro exactione d. gr. 10. pro augmento iuris fundici, tùm etiam dicti noui impositi onne duc. duorum cum dimidio.

45 Et alia prouisio anni 1670. integerrimi, ac peritissimi *Dom. R. Consil. D. Sancij de Lossada*, Delegati Dohanarum Apuliæ, ad præsens dignissimi in Supremo Italiæ Senatu Regentis, *fol.* 64. *&* 65. *d.* 1. *vol.* Per quem etiam in dicto anno 1670. die 11. Septembris mandatum fuit Officialibus Dohanarum Baronalium, vt in omnibus immissionibus, & extractionibus mercium, æstimari debuisset earum valor iuxtà Regiam Pandectam, vulgò *Tariffam*, & si fortè in dictis Dohanis non adesset, obseruanda esset Pandecta Regiæ Dohanæ Barensis, vt *fol.* 67. *d.* 1. *vol.*

46 Deniquè, cum quidam extrahentes emisissent salmas 1500. olei *Poliniani*, & soluissent dirictus in dicta Baronali Dohana, ac institissent, mandari Regijs Officialibus Tarenti, vt exigerent supplementum, bonificata exactione in Dohaną Baronali, & quia Arrendamentũ prætendebat vltrà augmentum fundici, solui debere ius nouæ gabellæ; decretum fuit sub die 13. Martij 1683. per doctissimum, ac integerrimũ S. R. Consilij Decanum, ac Regentem electum *Dom. D. Stephanũ Padilla*, Delegatum Arrendamenti olei, & saponis, quod *facta obligatione de soluendo iudicatum respectu nouæ gabellæ, & constito priùs dicta olea esse recollecta in Terra Poliniani, & peruenta ex proprijs territorijs, & solutis etiam in dicta Dohana Tarenti granis decem pro qualibet vncia pro augmento fundici spectantibus ad dictum Arrendamentum, &c. permittatur extractio, bonificatis dirictibus solutis in dicta Baronali Dohana, iuxtà expeditiones dicta Dohana Baronalis.*

47 Exigitur etiam in Nundinis Salerni ius fundici ad rationem granorũ 25. & sic exiguntur grana decem vltrà ius fundici, quod anteà ad rationem gran. 15. pro vncia soluebatur, vigore dictæ nouæ impositionis, teste *Reg. Camp. Latro d. decis.* 191. *sub n.* 19.

AD QVÆST. VNICAM.

An ius Fundici debeatur in toto Regno, & in omnibus Fundicis, licet ab aliquibus ipsorum non fuerit solitum exigi per territorium.

ANNOTATIO.

SVMMARIVM.

Vectigal earum rerum, quarum nunquàm præstitum est, præstari non debet n.1. & quid respectu Iuris fundici, n.2.7. & 8.

Fundicus est vnicus in Regno, licet pro faciliori exactione diuisus, prout de Regno, Collegio, & Ciuitate diuisis, n.4.

Ius Dohanæ, vel Fundici, si de aliquibus mercibus in aliqua Regni parte non fuerit solutum, an soluendum sit. num. 3. & 7. & quid stante præscriptione, n.5.8. & 9.

Ius, quod habet Rex exigendi in aliquo loco, an conseruetur respectu cæterorum, d.n.5. 6. & 10.

Priuilegium allegans, an sit manutenendus lite pendente, n.11. & 12.

1 Vectigal earum rerum, quarum nunquàm præstitum est, præstari non debere, notatur in l. fin. C. de public. cum concord. Rom. sing. 4. Mascard. de interpr. Statut. concl. 8. n. 9. Author noster hic num. 1. Larrea alleg. 5. num. 24. Reg. Capyc. Latro decis. 191. n. 43. & 44. Cons. Roccus de offic. rubr. 14. §. 14. n. 32. Epist. Rotta disput. iur. cap. 75. num. 17. 18. & 19. lib. 1. Respectu verò iuris fundici, licet in aliqua Dohana pro ali-
2 quibus mercibus non fuerit solui consuetum; attamèn R. Cam. mandauit, hoc non obstante, illud solui debere, quamuis per centum annos, & plus non fuerit solutum, idque ex eo, quia Regia Curia reperiebatur in possessione, seù quasi exigendi continuatis temporibus in toto Regno ius fundici pro croco, & lana, ex dispositione expressa etiam Ritus R.C. qui in nouiss. editione est 20. in ord. incip. *Item de operibus, vers. sed earum rerum, sub rubr. de Iure fundici, & ex Rit. 1. de Iure Scalatici, Andr. de Isern. in cap. vn. quæ sint regal. ver. vectigalia in add. n. 14. Goffred. de Gaeta in rubr. 3. Rit. de Fundico fuggelli n. 17. Auth.* noster hic n. 4.

3 Et propterea in Fundico, seù Dohana Ciuitatis *Aquilæ* nemine discrepante facta relatione in Coll. Cons. & coram Excell. Prorege fuit decisum, quod Regia Curia manuteneretur in possessione, seù quasi exigendi de croco, & lana ius fundici in Regia Dohana dictæ Ciuitatis, in qua licet fuisset prætermissa exactio, de iustitia tamen R. Fisci constabat, ex quo talis exactio practicata fuerat in omnibus Regijs fundicis totius Regni, & signantèr in conuicinis, & sic fundatam esse Reg. Fisci intentionem in fundico dictæ Ciuitatis Aquilæ, ex doctrina *cit. Andr.* determinatum fuisse testantur *Author* hic, & infrà in § 10. *de Iure Serici n. 15.* & *Reg. Reuerter. in decis. 313. no. 1.* qui in eadem causa decisionem cõpilauit.

4 Quod comprobatur, quia vnicus est fundicus in Regno, licet in varijs partibus commodioris exactionis causa à Rege, tanquàm potestam. fuerit diuisus, vt notant *Author* noster hic *num.* 5. & *Reg. Tapia lib. 2. Iur. Regni rubr. 2. num.* 13. & à pari Regnum est vnica Prouincia, licet fuerit diuisum in plures partes facilioris functionum fiscalium exactionis causa, vt superius in §. 1. *de Reg. Fisc.* Et sic Collegium vnicum est, etiam si fuerit in Collegiatorum Sectas distinctum; & Ciuitas, esto in partibus, vti Roma diuisa extitit, iuxtà *descript. I. I. Boissardi in to 4. Rom V. Topogr.* vel in Quarterijs, vt est hæc nostra Ciuitas Neapolis, vnica cẽsẽda est, *Cl.*
5 *Al. Rocc. de Offic. rubr.* 17. Vnde Ius, quod habet Rex generalitèr exigendi, semper conseruatur in illo, etiam si in vno loco tantùm exigatur, vt fundat *Author* hic *n.* 6. & proindè nullam currere præscriptionem hoc in casu concludit *ibid.*

n.7. idq; illa ratione, quia quando expressè vectigalium solutio vnicuiquè generalitèr iniungitur, cum subditi omnes id scire debeant, immò & præsumantur, *l. leges, C. de legib.* prætendentes præscriptionem non possunt non esse in mala fide, *Gramm. cons. 134. nu. 16. Rim. iun. cons. 389. num. 33. Cort. iun. cons. 60. num. 17. Lancell. Gall. cons. 25. n. 55.* in puncto *Gratian. in add. ad decis. 148. n. 2.* vbi quod ius domini conseruatur integrũ per exactionem ab alijs; Nàm possidens, etiam in parte aliqua iura vniuocam rationem, aut qualitatem habentia, pro cæteris in reali possessione existit, & censendus est omnium continuasse exactionem, vt valeat quoque de parte totum allegare, vt fundat *Salgad. de Reg. protect. tom. 2. par. 3. c. 10.* & videndi ad hæc sunt *R. Lanar. cons. 52. num. 7.* qui contrarijs occurrit, latissimè etiam *D. Io: del Castillo contron. lib. 6. de Tertijs Decimar. cap. 33. per tot. tom. 7. & Reg. Galeota contron. 18. lib. 1.* vbi in terminis fundare videtur, quod appellatione Dohanæ Menæ pecudum Apuliæ, comprehendatur Dohana minor, quam Dohanellam *Aquilæ* appellant; Quod de conseruanda possessione iuris quæsiti, puta, cũ habet quis titulũ validum, siuè ex contractu, siuè ex priuilegio, secùs de iure nouitèr acquirendo, intelligit *Conf. de Rosa consult. 12. n. 16. & 17. lib. 1.*

7 Firma tamẽ ex his remanet suprad. regula, quod scilicèt vectigal non sit præstandum, nisi consuetum sit præstari, etiam in Iure fundici, nàm in Regno nostro de Equis, & cæteris animalibus viuis, quæ venduntur, non soluitur ius fundici, quia nunquàm fuit de illis solutum, vt post *Andr.* refert *Auth.* noster suprà *num.* 2. n. 10. sicuti nec pro victualibus, ac cæteris comestibilibus, quia pro vsu non fuit consuetum exigi *ibid. n. 18.* vndè in eo exigendo attenditur obseruantia. *Capon. discept. 313. n. 24. tom. 4.* Et sic non est simplicitèr verum, quod respectu iuris fundici dicta regula limitetur ex *cit. decis. R. Cam.* ab *Auth.* nostro hic, & *cit. Reg. Reuerter.* relata, nam ideò *d. decisio* processit, quia pro Fisco fuerat fundatum, dictam exactionem in alijs fundicis practicari, vndè dùm iàm erat Reg. Curia in possessione, seù quasi exigendi dictum ius fundici pro dicto croco, & lana, meritò Reg. Cam. censuit, sufficere Regio Fisco exegisse dictum ius in cæteris Regni fundicis, ad obtinendam exactionem in alijs, vt *suprà*.

8 Etenim hæc est differentia inter vectigal, quod postquàm fuit constitutum, nunquàm tamèn fuit solutum, & quando post constitutionem illius fuit in aliquo Regni loco exactum; cum in primo casu sit quoq; locus 30. annorũ præscriptioni, secundùm aliquos, etiam contrà Fiscum ex *l. in omnibus, D. de diuers. & temp. præscr.* Principe sciente, & non alitèr iubente *Gaffred. de Gaeta in Rit. R. C. rubr. 2. n. 187.* eòq; magis, cum ex vniuersali inobseruantia à statuto vectigalis recedi videatur, quam tamen scientiam in Principe fuisse cõcludentèr probari debet ab allegante, vt per *Gloss. in ver. statutum in c. cons. de R. I. in 6.* quod ampliat *Larrea p. 2. allegat. 92. n. 15. & 16.* maximè, quia Ser. Regi propter eius absentiam, nullum inferri potest præiudicium, præsertim in præscriptione Regalium, per quamuis patientiam, siuè incuriam Proregis, aliorumq; Officialium, vt post *Andr.* & alios testatur *R. Tap. in Prag. 13. n. 7. & seq. de suspic. Official. lib. 3. Iur. Regni, Mastrill. dec. 114. nu. 96. R. Merlin. centur. 2. controu. 72. num. 23. & 24. Reg. D. Carolus Calà Dux Diani in eruditissimo responso edito in causa Regij Fisci cum Electis huius fideliss. Ciuitatis, vers. parisin non refragantur.*

9 In secundo verò casu, puta si vectigal post impositionem fuisset semèl præstitum, & posteà desinat solui, tunc requiri tempus centum annorum ad præscribendum contrà Fiscum, æquiparatur in acquisitis per illum, vt in *l. fin. C. de Sacros. Eccl. & in Cons. Quadragenalem. Gaffred. ubi suprà n. 189.* qui [illegible] vnica solutione est acquisitum ius Fisco, *Ferren. in d. cap. vn. verb. Vectigalia num. 14.*

Et

Et in terminis huius decisionis con-
sideratur tertius casus Fisco fauorabi-
lior, puta quod non solùm per vnicum
exactionis actum fisco fuit ius quæsitũ,
sed etiam tunc Fiscus quasi possidere
dicebatur per dictã exactionem in alijs
Regni Dohanis, quod sufficit, vt possi-
dere dicatur etiam respectu illius, in
qua non fuit solutum, hinc Fisco nulla
præscriptio, esto plus centenaria obes-
se poterat, secundùm *Authorem* hic n.
7. tùm ob dictam malam fidem, quæ in
subditis consideratur; tùm etiam quia
10 ex eodem *Andr.* constat, sufficere fuis-
se solutum vectigal in vno loco, seù
Dohana Regni, vt sit quæsitum ius Re-
gi respectu cæterorum locorum, seù
Dohanarum Regni, vt optimè aduer-
tunt *Montan.de regal.ver.vectigalia n.*
6. Lanatha consf.10.num.10. R.Galeota
resp.fisc.10.nu.74. & proindè rectè per
Reg. Cam. decisum fuit pro Fisco in
dicta iuris exigendi manutentione, vt
notant *Author* noster hic, & *Reg. Re-*
uerter.d.decis.313.

11 Verumtamèn idem *Reg.Reuerter.* in
casu prænarratæ decisionis meminit,
quod postquàm obtinuit Fiscus decre-
tum, & prouisiones dictam manuten-
tionem ordinantes; pro dicta Ciuitate
Aquila fuit productum Priuilegium
Regis Alphonsi I. de anno 1457.allegã-
do ex illo immunitatem à solutione
iuris fundici probari, tàm pro Aquila-
nis, quàm pro alijs quibuscumque ab
illa Ciuitate, eiusq; districtu, & toto
Comitatu crocum extrahere volenti-
bus absque alicuius darij, seù gabellæ
solutione, cuius vigore possessionem
longissimi temporis in illa Dohana
obseruatam comprobarunt; Vnde du-
bium ampliùs non esse, stante dicta
possessione priuilegio vallata, & quod
saltèm Ciuitas lite pendente debebat
manuteneri in quasi possessione huius
immunitatis, & sic licet priuilegium
productum non esset clarum, sed po-
tiùs dubium, declarabatur per Con-
suetudinem, *c.dilectus, de Consuet.* Ex
quo iterum facta relatione in R.Colla-
terali Consilio,lite pendente manuten-
tionem in possessione immunitatis iu-
ris fundici obtinuit; Cõpilatoq; tãdèm
processu, quia defecit Vniuersitas in
saluatari, fuit per Reg.Cam. decisum
omninò esse exigendum ius fundici de
croco in Ciuitate Aquilæ, tùm quia
non fuit concludentèr probata cente-
naria, tùm etiã, quia præscriptio fuerat
interrupta, dùm per Prouisiones R. C.
constiit diuersis temporibus bis fuisse
in illa Dohana ius fundici pro croco
solutum, fuitq; præ cæteris considera-
tũ, nec prodesse illi esto immemorabi-
lem præscriptionem, quia si quis possi-
deret in toto Regno vniuersalem iu-
risdictionem, si in vno loco non vtatur,
videtur tamen possidere in illo loco per
possessionem, & exercitium vniuersale
in toto Regno, ex doctrina *Innoc. in c.*
dilectus, col. 2. de Capell. Monach. cit.
Reg.Reuerter ibid.

12 Vndè ad hæc præterea annotandum
est, allegantem priuilegium, licet
dubium cum possessione, siuè præscri-
ptione, circà regalia esse manutenen-
dum lite pendente, esto aduersarius,
habeat de iure communi fundatam in-
tentionem, *c.cum persona de priuil. in 6.*
Reg.Tap.decis.13.num.1. & latè *R. Ca-*
pyc. Latro consultat. 68. lib. 1. Secùs si
in sola præscriptione quis se fundet,
nam tunc est manutenendus ille, cui
ius commune assistit, post alios *Reg. de*
Marin.in obser. ad cit. decis.313. nu.1.
vbi post *Reg. Rouit. in pragm.1.n.19 de*
iurisd. ad inuitem non turb. notat cum,
qui in proprio territorio turbat, funda-
tam habere intentionem de iure com-
muni, iurisq, assistentia opitulari; cum
verò, qui turbatur, iuris resistentiam
contrà se habere, & ex *R.Galeot.2. con-*
trou.53.num.6. & *Capibl. de author. Ba-*
ron. lib.2. cap. 76. vbi prætendente Ar-
chiepiscopo Consano, vti Barone in
ciuilibus Terræ *S. Menna* conseruari,
& ampliùs à Vasallis non turbari in
sua quasi possessione pro fida pascuo-
rum, quam ille exteris animalibus
in territorijs demanialibus Vniuersita-
tis faciebat, fuit per S.C. datus termi-
nus simpliciter, de præscriptione per

Archiepiscopum allegata, nulla habita ratione: De qua conclusione nonnulla annotabimus ad qu. 5. §. 14. vbi duplicatur hæc quæstio.

AD MEMBRVM III.

De Iure Anchoragij.

ANNOTATIO.

SVMMARIVM.

Portus, Portoria, et Portitores quid sint, à num. 1. ad 5. & n. 8.

Portorium, an differat à pedagio declaratur opinio Vult. & Rosenth. *n. 6. et 7.*

Portorium inter regalia adscribitur, n. 9.

Riparicum, quid sit, n. 10.

Portus Vectigal duplex, Ancheragium scilicet, et Exitura, n. 11.

Anchoragij ius quid sit, et de quibus soluatur Nauigijs, n. 12. et 13. et an spectet ad eum, qui portum construxit, num. 16.

Ius Falangagij quid sit, n. 14.

Ius Ballista declaratur, n. 15.

Ius Anchoragij, quando exigatur, num. 17. et an de nauibus, quæ vi tempestatis in portum applicuissent nu. 18. et qui sint ab eo immunes, à n. 19. ad 22.

Ius Anchoragij, an hodie soluatur, et recensetur Scala franca *in anno 1633. introducta, n. 23. et 24.*

Ius Laterna exponitur, n. 25. & 26.

1 ANtiquissimum, & sic antè *Federicum Imp.* hoc ius omnes agnoscunt, quoniam vectigal est, quod in portu exigebatur, vocabaturq; Portorium, sub quo nomine vectigal, quod pro extractione, vel inuectione, siuè rerum transitu exigebatur, veniebat, idq; nedùm in portu, sed etiam in scaphis, vel alijs locis cōprehēdebatur, vt not. in *l. cum in plures. §. vehiculum, D. locat.* vnde nihil refert, siuè per portum intelligamus vectigal, quod in portu, vel pro transitu per pontem soluitur, *Istra. in c. vn. quæ sint regal. num. 9. Aluarot. n. 1. Afflict. in verb. portus n. 1. Vult. lib. 1. de f. cap. 5. nu. 7. vers. portus, Capell. de seruit. rust. præd. cap. 18. nu. 2. Caiac. in d. cap. vnic. in ver. portus*, & ibi *Hotman. Cons. Ioseph de Rosa in prælud. feud. lect. 5. num. 1. & 2.*

2 Etenim auctis Reipublicæ Romanæ necessitatibus dilatari, & Ærario vectigalia portus primùm cœperunt, nempè mercium, quæ in portum vehuntur, vel euehuntur, *Istra. in d. c. vn. verb. Portus*, locumq; ipsū regalem non esse, sed reditum dixit *Petr. Rebuff in l. 17. §. vectigal. Portus. D. de V. S. Geddæus num. 8. Card. Tusch. pract. lit. P. conclus. 385. Caiac. & Hotman. in d. cap. vn. Regner. Sixtin. de regal. lib. 2. cap. 4. n. 10. Georg. de Gabed. dec. 46. num. 6. par. 2. Horat. Montan. de regal. vers. Portus, n. 1. vers. id autem*, vnde receptum est, simpliciter portu concesso, reditus in specie non expressos, haud transferri, *Camill. Borrell. de præst. Reg. Cathol. cap. 9. num. 62.* Portus autem a portando nomen habet, ex eo quod merces in eo portantur. *Vlpian. in l. portus de V. S. Isidor. in lib. 14. ethimol. cap. 8.* vbi repetit, veteres à baiulandis mercibus *Baias* vocassè, vel dicitur portus hoc est, à freto, & sinu maris, qui facilè traijci potest, *Io. Brecbaus in d. l. portus*, aliàs statio dicitur, *d. l. portus*, à statuendo, quod naues ibi latè stare possunt, *l. 1. §. stationem de flumin. Camill. de Curtb. in Theat. feud. diluc. 49. p. 11. à n. 11. ad 19.* Vnde prouerbium, *In portu res est*, ex *Plaut. in Mercat. Camill. Borrell. de præstant. Reg. Cath. d. cap. 9. n. 9.*

3 Hinc *Iac. Spigelius ad lib. 8. Gunth.* inter regalia illic proposita in locum portus, *Portoria* posuit, quorum mentio fit inter vectigalia, quæ *Nero* abrogare volebat apud *Tacit. 13. Reiger. lib. 2. de Regalib. cap. 50. nu. 10. Fermosin. quæst. 15. num. 36. in Cap. Eccl. S. Mar. de Const. Iul. Capun. discept. 313. n. 26. 10 4.* nam illa aliud non sunt, quàm vectigalia ex portubus, sicut scripturæ ex pascuis, decimæ ex arationibus, vt notat *Turneb. ad Varr. & lib. 1. Aduers. cap. 5.* ex illo *Cic. pro l. Man.* (*neque ex portu, neque ex decumis, neque ex scriptura vectigal conseruari potest*) & apud *Tacit. lib. 13.*

lib. 13. *quadragesima, quinquagesimaq;* vocatur, & *Symmach.lib.* 5. *epist.quadragesimae, quinquagesimaeq; portorium, vel vectigal, quadragesima portorium* (ait) *non recte poscitur à Senatoribus*; Item *Quaestores ordinis nostri nunquàm ferarum suarum portorium contulerunt. Nūc à fratre meo Cyergio V.C. quinquagesima vectigal exigitur*. Portoriorumq; mentio fit in Iure Romano *in d.l.cum in plures, §.pen. D. locat.l.*3.*C.de vectigal. & commiss.*

4 Nihil igitur refert, siuè hæc intelligamus Portoria, siuè portus ipsos, quos describit *Vlpian. locos conclusos, quò importantur merces, atq; exportantur*, *in d.l.portus*, ibiq; *God. n.* 2. Nam etiam hi, eodem loco leges habent, cum fluminibus, *l. nemo in fin. de rer. diuis. §. flum. Instit.de rer. diuis.* Et inter publica reponuntur in *l.littora in fin. Ne quid in loco publ.l.* 1. in vlt. verbis Prætoris *§.non autem, §. stationem de flum. l.ad portus, C.de oper.publ. Bald. num.* 1. *quæ sint regal.Capoll.de seru.rust.præd c.* 28. *n.*2. *vers hodiè verò, Borch.de regal. num.* 38. *Rosenth.f. conclus.* 31. *in princ. Greg.Tholos.*3.*syntagm.par.*1.*cap* 14. *n.* 7. *Sixtin.de regal.c.*6.*n.*6. *Obrecht. de regal.n.*301.*&* 453. quos tamen *Botter. cap.*3.*num.*131.*de regal.Fisc.* illa ratione confutat, quæ se ipsam contradictioni implicet; nam portus perinde vt flumina, publici sunt, idcircò ad regalia referri debent, vti vectigalia nomine portuum imperata, *l.inter publica, §.* 1. *de V.S.* quod etiam sequi videtur *Faust.pro Ærar.cons.*16.*class.*6.*ord.*558. Et quia sunt publici iuris portus, de regalibus esse videntur quoad iurisdictionem, & protectionem, vt post *Capyc.in Inuest. ver.portus* exponūt *Montan.de regal.rod.verbo*, & *Camill.de Lorath.d.dilu.*49.*n.*5.

5 Hic verò Nos pro portu nō intelligimus domum cuiusquè, in qua habitat, prout accipitur in *ll.* 12.*Tab. Borrell. d. loc.nu.*2. neque pro Insula, siuè domo ea, quæ à cæteris domibus legitimo spatio seiuncta est, & quidem mercium importandarum, & exportandarum causa, sed stationem conclusam, & munitam in mari, vel flumine, vbi naues tutò stare possunt, & à ventis, procellis, & pyratis securæ sunt *l.*1. *§.*13. *D.de flum. Botter. de regal.cap.*3. *nu.*130. de cuius requisitis, imò de pluribus Mundi portuum qualitatibus, ac situ adeū-dus est *cit.Borrell.d.loc à n.*1.*ad seqq.* & *Guillelm. Iansonius de nauigat. & descript. omnium portuum maris Occidental. Septentr. & Oriental.* Eo autem modo portus consideratus, ad regalia pertinet, ratione scilicèt vectigalis, quod ex nauium statione Fisco soluitur, ex *l.*17. *§. publica*, ibi: *Ex quibus vectigal Fiscus capit, quale est vectigal portus D. de V.S. Botter. d.loc. num.*131. *Sixtin.de regal.lib.*1.*cap.*4.*num.*18. *Cuiac.& Hotman.in d.c.vn. quæ sint regal. Niell. disp.feud. lib.*4. noster *Author* infrà *§.*15.*de Off.Magistr.Portul.nu.*9. *&* 10. quem refert, & sequitur *D. Didac. de Bolero in tract.de decoct.debit.fisc.tit.* 5.*qu.*17.*num.*35. qua significatione portum pro reditu, seù vectigali portus intelligimus ex his prouenientē, quæ in portu, vel ex portu vehuntur, *Horat.Montan.d.loc. Lorathe in cit. dilu.*49.*num.*7. Vnde & portorium præfatum euenit, *Camill. Borrell. d.cap.*9. *num.* 46.

6 Neq; simplicitèr probanda est *Herm. Vult.de feud.*1.*c.*5.*n.*7.ac *Hēric. Rosenth. in synops. feud.cap.*5.*concl.*31.*nu.*4. opinio, dùm de vectigali intelligunt, quod pro transitu per pontem soluitur, cum propriè pons portui non conueniat, & nomina ipsa rebus consona esse debeāt *§. est & aliud, vers.sed primum, & vers. sed nos, Inst.de donat.* Vectigal enim, quod transeuntes per pontem, aut per viam pendunt, pedagium appellatur, *c.innouamus extr.de cens.c.quamquam de cens.Henric.Botter.d.cap.*3. *num.*131. nisi dicere velimus conuenire ratione transitus, importationis, vel mercium euectionis, & sic eiusdem iuris intuitu, nempè protectionis, securitatisq; ipsarum mercium ratione, quæ tàm in trāsitu maris, quàm in itinerantibus identidem consideratur; Enim verò sicuti

Rex

Hen tenetur ad emendam nauium dis-
lobatarum in portu, *Horat. Montan. d. loc. num.* 2. ità & itinerantibus securi-
7 tatem præbere tenetur, quam ob rationem peregrini quoque ad vectigal eò non ab eorum Principe indictum obligantur, vt exponit *Io: Garz. de expens. cap.* 21. *num.* 35. cum aliàs statuta non obligarent non subditos, etiam si ab Imperatore promulgata sint, respectu scil. non subditorum, *l.* 1. *C. de sum. Trin. &c. Cephal. consil.* 652. *num.* 14. *lib.* 5. *Gayll.* 2. *obseru.* 24. *num.* 5. neq; ipsi transeuntes subditi fiunt ob actum in illis non permanentem, in quo iurisdictio aliqua residere non potest, neque forum contrahi in alieno Territorio, nisi ibi contrahant, aut delinquant, *Socc. in cap. licet ratione num.* 45. *de for. comp. Gayll.* 2. *obs.* 36. *num.* 11. *Harem. de de Eppum pp. quæst. lib.* 2. *tit.* 50. *obs.* 6. *nu.* 3. ideòq; publicam vtilitatem esse oportet, quæ vectigalis impositionem tueatur, & proindè via quoque secura transeuntibus præstanda est, *Rebuff. in Bull. Can. Dom. Paul.* 111. *art.* 13. *Amened. ad Const. Reg. lib.* 8. *tit.* 9. *l. fin. num.* 1. Sed de hoc latiùs infrà ad *Auth.* nostrã §. 14. *de Iuribus Passuum.*

8 Ex portu insuper Portorium, & ex Portorio Portitores, quos inter sordidos quæstus, qui in odia hominum incurrunt, ponitq; portitores, vnà cum feneratoribus *Cic. lib.* 1. *offic. ad fin.* Sũtque illi, qui portus vectigal exigebant ab iis, qui merces, vel immittebant, vel extrahebant, ac etiam curabant, ne illicitæ extractiones fierent, nam eò non essent eo tempore de vna Prouincia in aliam prohibitæ rerum extractiones, extrahere tamen ad barbaras nationes non licebat ex *l. vn. C. quæ res export. poss. l. cotem ferro, D. de public. & vectig. l. cunctos qui, D. ad l. Iul. Maiest. l. vsurpationem, C. de vectig. & commiss. & in l.* 2. *C. de commerc. & mer.* quibus erat affine *Limenarchæ* officium, qui portum custodiebat, & ne fierent extractiones ad hostem, curabat, ideòq; statutum erat, vt omnes nauium naucleri deponerent, in quam prouinciam ituri essent, vt in *d. l. vn. C. de litt. & itin. Cust. Consil. de Rosa in prælud. feud. d. lect.* 5. *nu.* 4. *Camill. Borrell. de præst. Reg. Cath. cap.* 9. *num.* 49. *&* 68. notans exinde *n.* 50. res, quæ asportari cæteris, & eò magis hostibus prohibentur, & de pœnis contra asportantes, quod etiam declarat idem *de Rosa ibid. n.* 8.

9 Dictum autem Portorij ius, ex quo antiquissimum erat, ideò *Federicus Imp.* dũm compilauit *titulum, quæ sint regalia*, inter cætera *Portum* connumerauit propter vectigalia, quę soluuntur, *Montan. d. loc.* & *Consil. de Rosa* post alios *ibid. nu.* 5. ipsumq; datium, quod pro nauibus in portu soluitur, naulum etiam vocari solet, ex *Vlpian. in l. huius, D. qui pot. in pign. hab.* & etiam significare illud, quod datur pro vectura in *l. sed addes, §. si quis mulierem, D. locat.* declarat *Camill. Borrell. d. cap.* 9. *num.* 67.

10 Huic autem vectigali, Ripaticum Federici Imp. in *cap. vn. quæ sint regal.* quod ratione ripæ, seù aggeris in ea constructi, item traiectus soluitur, referunt *Petr. Rauenn. in compend. feud. tit. quæ sint regal.* vbi *Isernia*, *Afflict.* cæteriq; *Io. Ferrar. Montan. de feud. lib.* 5. *cap.* 7. *vers. sunt & riparum*, *Horat. Montan. de Regal. eod. vers. Sixtin. de Regal. lib.* 2. *cap.* 5. *Peregr. de Iure fisci lib.* 1. *tit.* 1. *n.* 23. *Petr. Gilken. in §. riparum nu.* 15. *Inst. de rer. diuis. Fr. Stypmann. tract. de Iur. maritim. par.* 5. *cap.* 3. *n.* 11. *Loccen. de iur. naual. Gasp. Klock. lib.* 2. *de Ærario cap.* 74. *à nu.* 3. *ad* 6. *Georg. Adam. Strauu. in syntagm. iur. feud. cap.* 6. *aphor.* 7. *num.* 13. *&* 14.

11 Portus autem vectigal duplex esse constat, Anchoragij nempè, & Exituræ, *Montan. d. loc. num.* 2. *Iul. Capon. discept.* 313. *cap.* 2. *num.* 25. *tom.* 4. *Antonin. de Portugal de Donat. Reg. lib.* 3. *cap.* 6. *num.* 6. De iure Exituræ infrà ad *numerum* 8.

12 Et quidem circà Anchoragium est hic annotandum, esse portus antiquum ante *Federicum* vectigal, ac solui ratione hospitij, vulgò albergi in portu, qui est locus conclusus statione munitus

tus

tis, *Author* noster hic à *num.* 1. *ad* 3. *Montan.d.loc.n.*1.*&* 2.*&* *n.*3. & ex littore, & Portu, *Anchoragium*, vt vocant, soluitur, *Matth.de Afflict.d.c.vn. verb. Portus n.*1.*in fine, quæ sint regal.* & de iure Anchoragij, & Exituræ adeundi sunt *Roman. cons.*171. *Frecc. de subfeud.lib.*1.*de offic. Magni Admirati maris n.* 22. *Loffred. cons.*14. vnde hodie anchoras adiectis littoribus, sine Principis permissione iniicere non licet, ex alijs *Bodin.*1. *de Republ Fr.Stypmann.de iur.maritim.p.*2.*c.*4.*n.*168.*& p.*3.*cap.*2. *n.*14.*& seqq.*

13 Soluitur enim Anchoragium ab omnibus Nauibus, seù Vaxellis intrãtibus in portu, siuè exteris, siuè indigenis, hoc est pro Vaxello duarum gabiarum vncia vna, & tareni 15. si est vnius gabiæ vncia vna, si sine gabijs tareni 25. Soluiturq; in omni portu, vbi anchoras figit, & ab *anchoris* nomen habuit, vt *in Rit. R.Cam. sub rubr. de Iure Anchoragij*, *Montan.d.loc.*

14 Nauigia verò minora non soluunt ius Anchoragij, sed aliud ius, quod dicitur *Falangagium*, ex *d. ritu in fin. Author* noster hic *num.*7. *Iul. Capon.disept.*313.*cap.*2. *num.*14. *tom.*4. dicunturq; Vaxella minora, quia non habẽt, vt volgò dicunt, *Carritoria*, & sunt quędam foramina existentia suprà coopertam nauigij, ex quibus aqua defluit, & sic nauigia, quæ non habent coopertã, sed ista foramina, dicuntur minora, & non soluunt Anchoragium, sed Falangagium, verba sunt *Auth.* nostri hic *nu.* 7.*&* 8. vbi *nu.* 9. exponit, quod nauis gabia ad hoc, vt soluat Anchoragium antiquum, requiritur, quod sit ad defensam, non ad pompam, vbi explicat, quando dicatur ad pompam: & vide *Rit.vlt.* iuxtà nouiss. editionem.

15 Exigebatur etiam Ius Ballistæ, quod per *Ritus* nupèr editos dicitur Ius *Balistarum*, & per *Rit.m.s.* Ius *Balistrarum*, per Federicum Imp. impositum nauigijs vltrà mare nauigantibus, vt si nauigium sit de tribus caueis, siuè (vt vulgò *Ritus* habet) gabijs, debeat in reditu ferre *Ballistas* tres Curiæ, quæ valeant vncijs quinque, pro quibus fideiussionem præstent de soluendo dictas vncias, si Ballistas non deferrent, iuxtà *Rit.*1.*de Iure Balist.* vbi in *Rit.*2. exponitur de trecentis vegetibus infrà, vel suprà; ibidemq; *Goffred.de Gaeta nu.*2. scribit, hoc ius malè exigi tàm à nauigijs exterorum, quàm Regnicolarum: Vnde cũ quoddam nauigium per *Anlestam Tuneti* nauigaret, quia tunc erat Christianorum, non verò infidelium locus, & nauigium Curiæ munitiones ducebat, eratq; Regnicolum, non autem exterum; fuit per Reg.Cam. prouisum nõ debere solui dictum ius Ballistæ, vt ex *literis Reg. Cam.* 1553. *partium primi anni penes Simeonem Galterium in diuers.magno* 1.*fol* 27. testatur R.C. *Præs. Petrus Mastursius in suo Repertorio m.s. ver.Ius b.llista*.

Nec ius prędictum soluẽdum de illis nauigijs, quæ ibant vltrà mare exportando 60.vegetes, cum vna cauea, non tamèn consueta, sed aliqua necessitatis ratione, ex *literis R.Cam.* expeditis die 22.Maij 1474.directis Dohanerio Barij, *in Reg. litterar. partium* 11.*fol.*107. scribit *cit. Præs. Mastursius d. loc.* qui etiam notat, illud solui in Dohanis, & fundicis Prouinciæ, & sic in Dohana *Monopolis* cum limitatione iuxtà vsum antiquum, & *Ritum*, ex *literis R.Cam.* expeditis die 10. Nouembris 1468. *in Reg. Curiæ* 6. *fol.* 219. quarum meminit quoq; ipsemet *Mastursius in Notis ad cit. Rit. lit. A.* in noua editione: Neque est exigendum pro bonis, quæ per Christianitatem extrahuntur, nisi extrahantur per *Alexandriam*, & *Barbariam*, vt per Reg.Cam. declaratum fuit in literis expeditis die 21. Apr. 1513. *in Reg. literar. partium* 7. *fol.* 174.

16 Præfatũ autem portus datium iustũ esse, quia exigitur pro custodia portus, quã Rex habet, tenẽdo ibi Castra munita militibus, & bõbardis. *Horat. Montan.d.loc.* Vnde Barones, & Ciuitates Regni non possunt destruere, neque construere portum, quia hoc ad Regẽ spectat, & apertura portus Regiæ digni-

gnitati inhæret, *cit. Montan. ibid. n. 3. in fin. Camill. Borrell. d. loc. nu. 61.* Imò quod pro nauium statione, ex portu præstatur artificiali, neque ad eum populum spectat, qui portum extruxit, eumquè sumptu suo, & opera conseruat, *Bocer. de regal. cap. 3. nu. 132.* sed omne ad Regem, siuè Imperatorem spectat; Verùm quia naturalis æquitas postulat, vt qui commodum percipit, etiam onera sustineat, æquum videtur, vt in refectionem, & reparationem horum portuum artificialium de vectigali Rex, aut Imperator aliquid collocet, & conferat, *Bocer. d. loc.* quem refert, & sequitur *Faust. in cons. pro Ærar. class. 6. ord. 558.*

17 Ius verò istud Anchoragij exigitur toties, quoties nauis figit anchoras in mare, tàm à ciuibus, quàm ab exteris, secundùm *Auth.* nostrum hic *num. 6. & 10.* & sic dicitur, quod hoc datium ab omnibus soluitur, licet quoad quātitatem reguletur secundùm nauium qualitatem, *Pisan. ad Goffr. de Gaet. sup. Rit. R. Cam. rubr. 3. n. 19.* sed si Nauis, seù

18 Vascellum non voluntariè, sed vi ventorum, & tempestatis applicuisset in portum, vel hostium timore, non adstringeretur ad solutionem Anchoragij, *Afflict. in cap. 1. quæ sint regal. verb. vectigalia, nu. 113. Montan. cit. loc.* eleganter *Cassiodor. lib. 4. var. epist. 7.* ibi: *Quia crudelitatis genus est, vltrà naufragium velle desæuire, & illos ad dispendia cogere, quibus inopem vitam probantur immania pericula cessisse*; Et iterùm *eod. libr. epist. 19.* Quod tamen intelligat secundùm tradita per *DD.* in superiori *membro n. 10. cit.* & quando suum iter talis nauis Dominus prosequi intendit, qualitèr teneatur soluere, tradit *Pisanus dict. loc. num. 23. 24. 26. & 29.*

19 Excipiuntur tamen ex *Auth.* nostro hic *in fine* vti immunes, ac priuilegiati à solutione huius datij, *Liparenses, Messanenses, Neapolitani, Caietanses, Surrentini, Capuani, Maxarenses, Burgensi, Biscaini, & de Fonte Tabia*; & Cardinales sunt immunes etiam ob Anchoragio in portu Neap. constando; nauigium esse illorum, vide *literas Cam. 4. April. 1513. in Reg. litterar. par. 12. fol. 62.*

20 Verum verò hoc idem ius soluatur à Clericis, & ab alijs exemptis non expressè priuilegiatis, affirmatiuè respōdetur per *Capon. d. discept. 313. cap. 2. à nu. 14. ad 29.* ex eo, quia hoc ius Regi debetur in recognitionem constructionis, & conseruationis portus, in quade suo Rex expendit, & sic illi debetur ob impensam, laborem, & reuerentiam, ad quæ munera non extenditur immunitas, *Menoch. cons. 297. à nu. 15. lib. 3. Gratian. tom. 2. cap. 377. num. 13.* Igitur hoc ius Anchoragij satis leue videtur, respectu iuris fundici, quia illo vt plurimùm non vtuntur mercatores, sed conductis domibus, in quibus commodiùs, ac tutiùs conseruantur merces, per eosdem nihilominùs soluitur ius fundici, vt considerat *Reg. Galeot. contr. 47. à nu. 7. tom. 1.* Hinc Ecclesiastici ad portum accedentes pro eorum naui ad Ius Anchoragij soluendum sunt eò magis obligati, quia tenentur ad ius fundici; ergò eò potiùs ad ius Anchoragij; Idq; confirmatur, quia id, quod soluunt Ecclesiastici hoc in casu non est gabella, sed est regalia debita Regi ratione portus, cum portus sit de regalibus, *c. 1. quæ sint regal.* & exigitur ratione securitatis, & custodiæ, aliasq; ob causas suprà enunciatas.

21 Vnde hoc Ius Anchoragij non potest dici verè, sed impropriè vectigal, seù gabella lato vocabulo accepta, & sic intelligendum est, quod suprà diximus Vectigal hoc, ius portus, siuè Anchoragij esse, vt declarat contrà *Montan. d. loc. num. 2. cit. Capon. d. l. c. 2. n. 25. & seq.* vbi *nu. 28.* hoc portus Ius differre à Iure, quod soluitur pro mercibus in portu vehendis, nam Ius Anchoragij non est nisi simplex Ius portus, quod pro portu conficiendo, conseruando, reficiendo, siuè renouando soluitur, quod de iure naturæ exemptos quoque obligat construere, & repara-

parare, vt scribit *Carol.de Graff de Cle-*
ric.essect.3.num.78. qui estò acerrimus
22 exemptorum sit defensor, concedit ta-
men illos esse obligatos ad ius pontis,
& ad portorium ex prædictis rationi-
bus, sicuti sunt obligati contribuere
cum laicis pro extirpatione locustarũ,
ne aerem inficiant, & segetes, ac vin-
demias deuastent, *cit. Fermosin. d.l. qu.*
21. per tot. dicens, ad id posse cogi
etiam à Iudice laico; Vnde sicut cer-
tum est Ecclesiasticos non teneri ad
donatiuum, quod fit in Regno, nisi es-
set inuasio Regni à Turcis, vt decidit
Reg. Cam. apud *Reuert. dec.36.* ità in-
dubium est, illos teneri ad gabellas
illas impositas, pro vijs, pontibus,
portis, & muris Ciuitatis reficiendis,
ex dictis etiam rationibus, *Reg.de Ma-*
rin lib.1.resol. cap.47. num.15. cum re-
quisitis tamen notatis apud eundem
de Marin.ad cit. Reuerter.dec.36. quem
refert, & sequitur *cit.Capon.d.loc. n.19.*
& Nos latè suprà annotauimus *ad qu.*
9.10.& 11.§.3.

23 Animaduertendum deniq; est, quod
in anno 1631. Regnum gubernante
Excell. ac vigilantissimo Prorege *D.*
D. Emmanuele Fonseca, & Zunica Co-
mite Montis regij, industria *Decij Vita-*
lis, vt maior mercium commeatus in
hoc Regnum confluerer, introductus
fuit in Regijs Dohanis vniuersalissi-
mus, ac liber Portus, seù *Scala franca*,
vt scilicet omnes, qui vellent per mare
naues conducere ab extrà Regnum,
in Portum huius fidelissimæ Ciuitatis,
vel Insulæ Nesidis, vel de districtu
ipsius Ciuitatis, essent exempti à re-
giorum dirictuum solutione, vsquè dũ
non venditæ essent merces, sed quod
anni spatium concederetur, postquàm
mercator, siuè nauis dominus in Do-
hana notitiam dederit, eas vendendi;
si verò non venderet, reuerti posse
absq; solutione dirictuum, & saltèm
teneretur pro ea mercium quantitate,
quæ intrà præfatum temporis spatium
vendita reperiretur: Idq; præcedente
Reg. Cameræ consultatione, in forma
Regij edicti publicatũ fuit sub die 26.
Nouembris 1633. vt habetur in *Prag.*
8.de Vectigal.& gabell.tom.3.

24 Et in eadem scala franca, seù *in d.*
Pragm.8.§.6. disponitur, ibi: *Similmen-*
te sia di esentione, e franchitia del paga-
mento dell'ancoraggio per le loro vascelli,
che per lo passato soleuano pagare in detta
Regia Dogana. Non secùs, ac *Theodo-*
ricus Rex de Siliquatici tributi immu-
nitate apud *Cassiodor. lib.4. var. epist.*
19. ità rescripsit: *Vt hac remissa solutio-*
nis copiam possit præstare Prouincijs, &
respirent aliquantùm fessi, præsentis sa-
lubritate decreti; Quis enim ad venden-
dum non incitetur largius, cui solita di-
spendia subtrahuntur? Portus nostros na-
uis veniens non pauescat: vt certum
nautis possit esse refugium, si manus non
incurrerint exigentium, quos frequentèr
plus affligunt damna, quam solent nuda-
re naufragia.

25 Exigitur tamèn ius Laternæ (quasi
in ea lumen clausum lateat, iuxtà ex-
positionem *Dionys. Lambini in comm.ad*
Plaut. in Amphitr. supèr illis verbis: *A*
portu illic nunc cum laterna hùc aduè-
nit) quod non est nouum vectigal, sed
res fauorabilis pro nauigantibus de
nocte, vt considerat *Reg. Galeota lib.2.*
contrprincipal.54.num.53.in fin.ex Afflict. de-
cis.391. vbi habetur, quod Rex *Ferdi-*
nandus I. cuidam concessit in molo
magni Ciuitatis Neap. sinum, seù la-
ternam, vt posset pro nauigantium se-
curitate ædificare, & ab omnibus ma-
ritimis lignis debitum dirictum acci-
pere, quemadmodùm in alijs locis, vbi
est dicta laterna, exigitur; vnde ibi
turrim ædificauit cum laterna, exegitq;
dictum ius laternæ à nauigijs mariti-
mis ad portum dictæ Ciuitatis acce-
dentibus; cum onere eam manute-
nendi: de quo etiam scripsit *Reg. sim.*
Loffred in cons.21. meminitq; *Burr. l.*
de praest.Reg.Catb.cap.9.n.3. [illegible]

Et de hoc iure notat *Praes Mar[illegible]*
tius in suo Repertorio m.s. pag. 150. [illegible]
quod pro omnibus nauigijs maritimis,
tàm exteris, quàm ipsius Ciuitatis *Ca-*
iera à tribus dulijs, siuè (vt *Ritus* [illegible])
vegetibus, vsque ad centum, soluitur

laternæ ius ad rationem vnius semissis, vulgò *tornesi* pro quolibet dolio, singulis itineris vicibus, ac esse S. *Catherinæ* dictæ Ciuitatis, ex *literis Reg. Cam. cum clausf. iustitiæ*, expeditis die 26. Augusti 1500. *in Reg. liter. part. 3. fol. 64.*

26 Vnde etiam pro nauigijs Neapolitanis hoc ius laternæ soluitur, vt ex *decreto R. Cam.* interposito sub die 12. Augusti 1498. tempore *Regis Frederici*, deindè confirmato in anno 1512. tempore *Regis Catholici*, ac producto *fol.* 16. in *Actis inter Insulam Ischiæ, & D. Hieronymum Capanum, dominum laternæ molis Neapolis, in banca Todari penès Scribam Horatium Schipr*; Non leuis enim altercatio inter præfatos insurrexit, cum dictus *D. Hieronymus* prætendisset exactionem diricturum pro dicta laterna, seù lampade accensa in mole huius Ciuitatis Neap. pro cymbis, & dolijs vini à locis dictæ Insulæ *Ischiæ*, vigore cuiusdam Priuilegij Regis Francorum *Caroli VIII.* in anno 1495. concessi *Lucæ Buongiorni*, in quo dicitur, *vt autem ipse Lucas sciat, quod ab vnoquoq; Vaso maritimo erit exacturus, & nauigantes, quod erunt soluturi, Capitula ordinata pro ipsius iuris exactione facienda, inferius præsentibus declarari, & inseri*; ibiq; dirictus soluendi describuntur, ac subdit: *Et se fosse nauilio, che venesse in Napoli da entro le bocche de Capri, di modo, che quello sia il suo nauigio, e non venesse da altra parte, lo detto padrone non sia tenuto à pagare*; deindè sequitur Capitulum, vt pro vnoquoq; vini dolio, quod in Portum aduenit pro mercimonio ineundo, soluenda essent pro laterna grana quinque. Imò etiam pro possessorio, seù quasi dictæ exactionis quasdam attestationes produxit, vnde sub die 22. Ianuarij anno 1683. aducrsùs conductorem vini ad minutum decretum obtinuit à D. Præsid. R.C. D. Aloysio Sineo, *quod liceret continuare exactionem à locis Insulæ Ischiæ, seruata forma soliti, verùm sint salua iura Fisco, & partibus in petitorio*.

Ex parte verò Insulæ Ischiæ, nullitatibus propositis decebatur, non solùm dictum assertum Priuilegium non esse originale, & à Rege inuasore concessum, & sic nullum ex *Pragm. 4. de poss. non turb.* verùm etiam in Priuilegijs concessionis dictæ laternæ à Ser. Regibus Aragonensibus haud legi prætensam facultatem exigendi dirictus pro dolijs vini, sed tantùm à nauigijs, vasisq; maritimis, quæ in Portum Ciuitatis Neap. se receperint, & sic non pro nauigijs paruis, siuè cymbis, ac lyntribus, ad nostra maritima loca accedentibus, quæ non egent portu, nec igitur lumine, vt illum ingrediantur. Et pro dolijs vini non esse exigendum dictum ius, cum seclùs, deberetur de omnibus mercibus, quæ per mare immittuntur, nec de possessione, seù quasi constare, dùm aduersùs d. attestationes, aliæ quoq; adductæ fuere, vt patet ex dictis *Actis*, alijsq; rationibus allegatis, patrocinantibus, perdocto amico nostro *Dom. Nicolao Brancaccio*, ac peritissimo *D. Cæsare Natale*, ad præsens meritissimo Reg. Cam. Præsidente: Obtinuit nihilominùs *Dom. D. Nicolaus Confalone* sanguinis, morumq; nobilitate, ac legalis scientiæ peritia percelebris, ac summè commendandus, pro d. de Capano patrocinando, dùm R.C. censuit, nullitates non obstare, impartito tamen termino in petitorio.

AD MEMBRVM IV.

De Iure nouæ gabellæ.

ANNOTATIO.

SVMMARIVM.

I*Vs nouæ gabellæ in Dohana, ad quam rationem exigatur, & à quo introductum, nu. 1. Fuitq; ampliatum in toto Regno à Ser. Rege Alphonso n. 2. & 3. eiusq;* Capitula *inferuntur à num. 14. ad 20.*

Nouæ gabellæ ius semel soluitur, & de quibus mercibus, à n. 4 ad 8.

Co-

Carolinum exactio pro iure nouæ gabellæ, aliisq; diriſtibus, quomodò fiat, n.9. Ius nouæ gabellæ, à quibus soluatur, à nu. 10. ad 12. & quid in Ecclesiasticis, num. 13.

1 NOuæ gabellæ Ius, quod in Regia
Dohana etiam exigitur ad ra-
tionem gran. sex pro vncia, siuè vnius
pro centenario, vt in *Pragmat. 2. de*
Vectigalibus, à Rege *Carolo III. de*
Duratio in anno 1385. fuit introdu-
ctū, soluebaturq; pro omnibus merci-
bus, quæ immittebātur, vel extrahebā-
tur per mare tantùm à Ciuitate *Rhe-*
gij vsque ad Ciuitatem *Caietæ*, vt *in*
Cap. nouæ gabellæ Caroli III. de Duratio,
exaratis post *Rit. R. Cam.* in editione
nouiss. per *Pisan fol* 678. noster *Author*
hic *à n. 1. ad 3. Reg. Tapia lib. 1. Iur. Re-*
gni, tit. de off. magistr. fundic. n. 8. fol. 130.
& de Consil. Princ. in rubr cap. 4. nu. 86.
Iul. Capon. tom. 4. discept. 311. *c. 2. n.* 30.
2 Quæ noua gabella deinde per *Ser.*
Regem Alphonsum I. fuit ampliata in
toto Regno, & sic exigitur à flumine
Truenti vsque ad Ciuitatem *Rhegij* in-
clusiuè per omnes Terras maritimas,
vt in alijs *Capitulis nouæ gabellæ tempo-*
re Regis Alphonsi in libro Rit. R. Cam. le-
gitur, *Author* noster hic *nu.* 4. quæ ta-
3 mèn *Capitula*, cum in *Rituum* editione
per *Pisan.* non fuerint impressa (quam-
uis coincidant in idem cum illis præ-
fati *Regis Caroli*, nam *Ser. Rex Alph.*
ampliauit solùm exactionem, nec ali-
quid immutauit) ad vberiorem noti-
tiam hic *in fine* inferenda curauimus.
4 Fuitq; huiusmodi exactio introdu-
cta pro Regijs triremnibus substentan-
dis, & ideò soluitur de bonis, quæ im-
mittuntur, vel extrahuntur per mare,
& semèl tantùm, etiam si millies ca-
dem res extraheretur, vel immittere-
tur, nisi mutaretur rei dominus, nam
tunc nouus dominus extrahens, vel
immittens per mare soluere debebit,
non obstante, quod antiquior dominus
pro eadem re soluerit, vt ex *d. Capit.*
tradit idem noster *Auth.* hic *à num.* 5.
ad 7.

5 Insupèr *Præf. Petrus Masturtius in*
suo Repertorio m. s. lit. C pag. 231. esse
videndas, aduertit, *literas R. Cam. ex-*
ped. die 10. *Februarij 7. Ind.* 1464. *in*
Reg. Cur. 3 fol. 170. vbi sunt hæc for-
malia verba, v3. *Per quanto tocca allo*
diritto della gabella noua, perche è spe-
cial diritto della Regia Corte, volemo,
che non essendo esatto dalli detti Regij
Officiali, lo debbiate esiggere voi, doun-
que trouarete le dette robbe, e similmente
esiguirete delli panni, & altre mercan-
zie che vengono da Puglia, ò da Napoli,
per le quali non vi porta la polisa; E con
detta lettera (idem subdit) *ancosi ordi-*
na, che debbiano esiggere da tutte robbe, e
mercanzie, doue le trouerà, non trouan-
do, per quelli sia stato pagato lo fundico
à gl'Officiali della Regia Corte: directa
fuit dicta litera Iacobo Sancho arrenda-
tori Prouinciarum Ducatus Calabriæ, &
in diuersor. neto magno pr. fol. 122.
6 Et in literis sub data 3. Iunij 1489.
in Reg. literar. Cur. 21. *fol* 235. apparet,
quod pro supellectili domus, & vesti-
bus pro vsu non soluitur dictum ius
nouæ gabellæ; ac iuidem determina-
tum per R. Cam. quod pro bonis, quæ
exonerantur in locis maritimis, & de-
indè ad nundinas asportantur, quia
clarè in fraudem ostenditur præfata
exoneratio, soluendum est dictum ius,
etc. *Masturt. d. loc. pag.* 131. vbi etiam
7 tradit, quod cum Dohanerius Caietę
R. Cameram consuluerit, an ab omni-
bus mercibus deberet exigere nouam
gabellam, quia per dominos solitum
erat de sale, frumento, ferro, & pice
soluere quatuor pro centenario; Per
Reg. Cam. prouisum fuit, in exactione
dicti iuris seruanda esse *d. Capitula*,
ex literis Cam. exped. die 21. Octo-
bris 1468. *in Reg. literar. claus. Cur.* 2.
fol. 67. Et *in ead. Reg. sub ead. data, &*
8 *fol.* habetur, quod si nauigia onerata
essent frumento, aut alijs mercibus in
Castro maris, & *Mondragonis*, tran-
seundo per Ciuitatem *Caietæ*, non ve-
rò exonerando, non debent soluere,
cum non sit consuetum, exigi à d. Ter-
ris huiusmodi nouæ gabellæ directa.

9 Circà verò Coralium extractionem, *Praes. Mastursius in dicto Repertorio m. s. lit. C. pag. 177. at.* ità notat: *Fù ordinato al Mastro Portulano di Calabria circa l'esiggere delli Coralli, come nella Dohana di Nap. v3. Se uno forastiero immette Coralli in detta Dohana, e l'estrahe, paga grana 15. per onza, se viene per terra; e se viene per mare, e và per terra ne paga 21. e 27. grana per soma, che è lo salmagio; lo Citadino Napolitano paga se non gr. 15. per onza, ò per terra, ò per mare; se una persona franca immette, ut s. e le vole estraere per infra Regnum paga se non gr. 15. per onza, se le vole estraere per extra Regnum, non paga cosa alcuna; e se uno forastiero non franco vende ad un'altro forastiero, quello, che compra paga 39. gr. per onza, cioè lo fundico. dogana, e gabella noua, e quello, che vende ne paga 14. cioè la dogana, e gabella, venendone per mare, & andandone per mare, perche venendone per terra, & andandone per terra, non ci è la gabella noua, se fossero persone franche, cioè Liparoti, Messinesi, & altri franchi, essendoli vendita, pagan lo fundico, è porto infrà, & extrà Regnum, per quello s'ordina à d. Mastro Portulano, che tutti quelli, tanto Regnitoli, come extrà Regno, che pescano in detti luoghi di fiumara de Maro, l'astrenga à dare pleggiaria di pagare detti diritti, come se fà in la Dohana di Napoli, e come per questa Camera sarà declarato, e non hauendo pleggiaria sufficiente, lassino tanta quantità de coralli, 31. Iulij 1545. in literar. part. vii. fol. 150. & in diuersor. nro magno 2. fol. 1354.* & vide suprà *ad membr. 2. num. 35.*

10 Soluitur idem ius etiam à Ciuibus, & ab omnibus, exceptis priuilegiatis in *superiori membro* enunciatis, secundùm *Auth.* nostrum hic n. 8. licet ex *literis Reg. Cam.* sub die 16. Septembris 1493. constet, à dicta gabella neminem esse immunem, etiam si ex priuilegio ab aliorum diriãuum solutione esset exemptus: Et cum quidam mer-
11 cator *Catbalanus* construendam curauerit nauem in Ciuitate *Puteolis*, ex qua spectabant ad gabellotum gabellæ *Spiritus Sancti Puteolis, & D. Mariæ Annunciatæ Neap.* diriãus gran. 18. & gran. sex nouæ gabellæ, & soluere renuerit, asserendo esse immunem ex priuilegio *Regis Ferdinandi*; quia Rex eum immunem fecit solùm de eo, quod ad ipsum spectabat, mandatum fuit, exigi dictos diriãus, ex *literis Reg. Cam. 8. Febr. 1484. in Reg. literar. part. 28. fol. 71. cit. Mastur. fol. 157. at.*

12 Imò cum quidam *Genuensis*, Caietæ degens, sub prætextu cuiusdam Priuilegij S. Maiest. prætendisset, non teneri ad solutionem nouæ gabellæ, & anchoragij; Et è contrà hæredes *Augustini Laudati, & Nicolai de Auanzo* domini nouæ gabellæ, & anchoragij Caietæ prætendissent, eum cogi ad soluendum, quia vigore priuilegij *Regis Ferdinandi* à dictis gabellis nemo erat immunis; Fuit per Regiam Cam. decretum, quod ille soluere debuisset pro omnibus mercibus contractatis, & contractandis Caietæ, ex literis R. C. expeditis cum clausula *iustitia*, Ann. 1499. *in part. 9. fol. 132.* idem *Mastur. fol. 161.*

13 Præthereà inter alios priuilegiatos, fuit per Regiam Cam. declaratum, Ecclesiasticos à iure nouæ gabellæ non esse immunes, quia ab huiusmodi solutione nemo est immunis, vt ex *Reg. literar. Car. 22. fol. 235.* sub data 3. Iunij 1489. testatur *cit. Praes. Mastursius in d. Repert. pag. 151.* vnde esse exigendum à Religiosis cuiuscumq; generis fundæ *cit. Capon. d. discept. 313. cap. 2. à num. 18.*

14 Capitula deniquè nouæ gabellæ Ser. Regis Alphonsi, quorum suprà meminimus n. 3. ità se habent:

Capituli, & ordinationi fatte per la Maestà del Sig. Rè sopra la exattione delle sei gr. per onza in tutte le Città, Terre, e Castelle maritime constitute intro lo fiume de Regio vsq; ad Trontum tempore Regis Alphonsi.

15 E Primo vuole, ordina, e comanda la detta Maestà, che per qualunque mercan-

cantia, che esce per mare in qualunque delle dette Terre maritime della foce de Tronto fino à Rigio, lo Mercante, ò vero Signore della detta mercantia, sia tenuto pagare incontinente per tutto lo valore della detta mercantia à ragione di grana sei per onza, ò vero de onza vna per centenaro ciascuno.

26 Item vuole, ordina, e comanda la detta Maestà, che per qualunque mercantia, che si estraherà da qualunque delle dette Terre, ò maritime per portarle in altre bande, tanto dentro lo detto Reame, quanto de fore, sia tenuto lo portator delle dette robbe, e mercantie à la detta ragione di onza vna per ciascheduno centenaro.

27 Item vuole, ordina, e comanda la detta Maestà, che per quelle mercantie, per le quali già vna bota sia stato pagato lo detto diritto di onza vna per centenaro, ancorche più volte siano vendute, e mandate in altre bande, lo patrone delle quali non sia tenuto pagar cosa alcuna per la d. ragione, più che la solutione di quello, che ne mostra apodixa, ò cautela, & in questo modo si pono portare, ò nauigare, douũque piace allo patrone di quelle, eccetto che non fosse altra persona la estraheние, che quello, che hauerà lo detto datio, ò gabella, e diritto pagato.

28 Item vuole, ordina, e comanda la detta Maestà, che per ciascuno nauilio, ò fusta coperta, che porta da trecento botti in sù, sia tenuto lo patrone di quello, arriuando in qualunque delle dette Terre a vn'onza.

29 Item per ciascuno nauilio, ò fusta coperta, che porta da trecento botti fino in cento paghi tt. 13.

30 Item vuole, ordina, e comanda la predetta Maestà, che per qualunque barca de portata da trenta botti in sù, che facesse la via di Calabria, ò di Sicilia vltra pharum, ò in qualsivoglia altra parte fora del detto Reame carica, ò vacante, ò venendo da qualunque banda, si pagano tt. 7. gr. 10.

Datum ex prædictis in R. Camera Summariæ die 18. mensis Ianuarij xv. Ind. 1432.

AD MEMBRVM V.

De Iure Reficæ.

ANNOTATIO.

SVMMARIVM.

IVs resica, seù resina, vnde dictum, & quare dicatur resica maior, & minor, *& ad quam rationem soluatur, à n. 1. ad 3. & de quibus mercibus, n. 4.*

An exigatur ab illis de Costa Amalphia, & Ecclesiasticis, n. 5. & 6.

1 IVs hoc reficæ, quod quasi Ius trafficæ, à vulgari voce, *trafficare*, est dictum, hoc est mercaturã exercere, siuè negotiari, vt *Auth.* noster hic declarat *n. 3.* siuè quia *resina*, siuè *resica* vbi fuit situatum, ità denominatum, *Pisan. ad Goffr. de Gaeta in Rit. R. Cam. rub.* 10. *nu. 2.* & inde dicitur etiam Ius *resinæ*, *Iser. in Const. quanto cæteris*; exigitur quidem etiam intus Regiam Dohanam, & est inter iura, ac impositiones nouas per *Federicum* indictas, ac dici potiùs Ius salmarum, distinguiturq; in Ius *resicæ* maioris, & Ius *resicæ* minoris, non
2 quidem ratione exactionis forsàn distinctæ, sed quia *Resica* maior dicta est respectu illorum de Ciuitatibus *Maiori*, & *Minori*, *de Rauello*, & *Scala*, quæ sunt loca Ducatus Amalphiæ, *Iul. Capon discept.* 313. *n. 1. n. 45.* veluti aptiorum ad *trafficationem*, vt vulgò dicunt, dum illi assiduè artem maritimam exercent, & sic *Maior* illa dicitur, ob maiorem quantitatem, quam reddunt in huius datij solutione; *Resica* verò *Minor* respectu aliorum dicitur, tam cum non sint ità continui in ea, minùs reddunt, secundùm *Auth.* nostrum hic *n. 5.* Soluiturq; toties, quoties fit illa traficatio, etiam si sit de eadem re, idẽ *Dom. Reg.* noster *n. 6.* quia hoc Ius super traficatione fuit impositum, & sic quoties traficatur, debetur, *Pisan. d. loc. nu. 5.* post *Prof. Maßurtium in apo-*

stil-

stilla in eod. Rit. lit. A. & membrum
3 Dohanæ dicitur, ex eo non fuisset vbiq; situatum, sed Neapoli tantùm per ea, quæ scripsit *Andr. in d. Const. quanto carceris, cit. Pisan. d. loc. n. 4.*

4 Exigitur autem hoc Ius Reficæ Maioris, & Minoris, seù salmarum intùs Regiam Dohanam de salmis mercium, quæ veniunt per terram, & exeunt per mare, vel è contrà, veniunt per mare, & exeunt per terram in salmis oneratis, ad rationem tarenorum sexdecim pro curru mercium, & hodiè exiguntur gran. 27. pro salma, & sic aliquid minimum, plusquàm disponit *Rit. de Iure resic. a*, qui dicit, *soluit tarenum, & tertium, Auth. hîc n. 4. Goffred. de Gaet. ad rit. Reg. Cam. rub. 10. num. 3.* vbi *Apostilla litt. B.*

5 Istud ius non soluitur ad præsens Neapoli ab illis *de Afflicto*, & *Freccia*, & ab illis *de Costa Amalphia*, qui habitant Neapoli cum vxoribus, & familia, exceptis illis *de Spina*, cit. *Goffred. d. loc. num. 1.* cit. *Apostill. ibid. litt. B.* vbi n. 4. tradit, Ciues Amalphitanos reputari, & tractari, prout Ciues Neapolitani, si habitent Neapoli, saltèm per tres dies, per ea, quæ ipse audiuit, quod tamen ex tenore transcripti priuilegij, non ità se haberi declarat, & fundat etiam ex *Arrestis Reg. Cam. ibid.* relatis *Pyanis in d. rubr. 10. ad rit. Reg. Cam. à n. 36. ad seqq. Scalenses* tamen habitantes Neapoli, & Amalphitani habentes merces communes cum alijs de *Costa*, non sunt immunes pro bonis illis cõmunibus, idem *Goffred. d. loc. n. 5.*

6 Ad hoc autem datium teneri Clericos, & Ecclesiasticos, ea nimirùm ratione, quia illi tenentur contribuere in Collectis impositis pro salario salmatij, camperij, vel custodis agrorum, vel animalium, *Carol. de Graff. de effect. Cleric. eff. 3. n. 373.* & alij apud *Mord. in emporsur. tit. 1. de leg. q. 16. n. 20.* & pro custodibus aquarũ, obligari Clericos, qui viuntur beneficio laticorum; Idq; eò magis, quia hoc ius non videtur exigi à Clericis, vti Clericis, sed ab emptoribus, & venditoribus mercium in Dohana venientium, vnde nihil cõmune habet cum Clericis, & exigitur in causa onerosa salmarum pro salmatarijs soluendis, qui talia asportant, & inducunt, & pro vnaquaq; salma exigitur aliquid earum mercium, quæ non veniunt, nisi per talia animalia onerata, vt de ingressu vini exteri in Ciuitatem, tradit *Carol. de Graff. d. l. n. 304.* & sic teneri Clericos, & personas Ecclesiasticas ad ea, quæ onus commune respiciunt, & sunt tàm Clericis, quàm laicis proficua, dummodò de Clericis non fiat mentio, concludit ex his cit. *Iul. Capon. d. discept. 313. c. 3. n. 45.*

AD MEMBRVM VI.

De Iure Ponderaturæ, & Mensuraturæ.

ANNOTATIO.

SVMMARIVM.

POnderum, ac mensurarum in Rep. necessitas ostenditur, n. 1. & recensentur DD. *hanc materiam tractantes, n. 2.*

Mensuris falsis vtens, qua pœna puniatur, & an sit de Regalibus hoc ius, & quid in hoc Regno, à n. 3. ad 5.

Siclæ Regia Tribunal duplex, quid sit, n. 6.

Ius ponderum, & mensurarum quare introductum, n. 7. & 8.

Ius Ponderaturæ, ad quam rationem, & quando soluatur, n. 9.

Merces ponderandæ, si nequeunt ad mensurarum locum in Dohana commodè asportari, quid faciendum, n. 10. & 11.

Ponderari, an possint merces extrà Dohanam pro maiori mercatorum commoditate per Regios Officiales, à nu. 12. ad 15.

Campionis, *vt vocant, officium in ponderandis mercibus in hac Ciuitate Neapolis, in quo consistat, à n. 16. ad 18.*

Ius mensuraturæ, ad quam rationem, & pro quibus rebus debeatur, à num. 19. ad 22.

Ius tumuli quid sit, & quomodò soluatur, num. 23. & 24.

Ius

Ius signandi pondera, & mensuras cum exactione diriclus, an veniat in generali concessione, & an Barones illud habentes, possint alia pondera constituere, vel alios diriclus exigere pro nouo obsignationis remissione, à num. 25. ad 27.

Modius maior, & alter minor antiquus adest in Regno Neap. sed quis eorum sit attendendus, enucleatur, à nu. 28. ad 31.

Ius ponderum, & mensurarum nequit propriè denominari vectigal, adeòq; nemo est ab illo exemptus, n. 32.

Et] quid in Ciuitate Neapolis, nu. 33. & Ecclesiasticis, n. 34. & 35.

1 CVm in omni commercio incumbat prouidere, nè in ponderibus, ac mensuris fraus fiat, *Cons. de Georg. alleg. 42. num. 1. Reg. Rouit. & Nouar. ad Pragm. 1. de Ponder. & mensur. Fontanell. dec. 515. à num. 1. Reg. Tapia lib. 7. Iur. Regni tit. 13. de pond. & mens. fol. 93. P. Ioseph Gibalin. de vniu. rer. negot. tom. 1. lib. 1. cap. 6. de mens. & pond. merc.* Ipsumq; pondus, & mensura, pernecessaria ad commercij iustitiam apud omnes gentes, Regna, ac Respublicas, ac per omnia iura Diuina, Canonica, & Imperialia, sint diudicata, vt inter alia iura diuina, ex *Prou. cap. 16. pondus habebis iustum, & verum, Leuit. cap. 19. Modius aequalis, & iustus sit tibi*; per Can. in *c. 2. de empt. & vend.* & in Iure Imperiali in *l. modios, C. de suscept. Praepos. & Arch. lib. 10. & in Auth. de collat. § nos autem circà fin. Quid enim,* inquit *Cassiodor. lib. 5. ep. 39. tam nefarium, quàm praesumptoribus liceat in ipsa etiam trutina qualitate peccare, vt, quod est iustitiae propriè datum, hoc per fraudes noscatur esse corruptum.*

2 Quod latè ostendunt *Volus. Metian. & Georg. Agric. in libr. de ponderib. Alciat. de pond. & mens. Lucas Paetus in tract. de mensur. & pond. Rom. & Graec. cum his, quae hodiè Rom. sunt collat. Io: Reguand. de mensur. in tract. vniu. to. 12. fol. 223. P. Io: Mariana in tr. de pond. & mens. Epist. Robert. Celan. de vero mens. ac pond. ratione. Barthol. de Pasi in libro intit. Tariffa de pesi, e misure, Gulielm. Budaeus de Asse, Borrell. de magi Ir. Edict. lib. 3. c. 15. Oterus de Offitial. Reip. c. 21. p. 2. Epist. Rocca disp. iur. lib. 1. c. 70. Pisanus ad Goffred. de Gaeta super rit. Reg. Cam. rubr. 8. Romaguera in add. ad Conciol. super Statut. Engub. lib. 5. cap. 19.* Et ab ipsa natura originem trahere tradit *D. Thomas de regim. Princ. lib. 2. cap. 14. Mattheu. ad l. 1. Gios. 1. tit. 13. lib. 5. nou. recoll.*

3 Hinc meritò vtens falsis mensuris, falsi poena punitur, *Petr. Gregor. Tholos. syntagm. iur. lib. 36. cap. 1. num. 8. cit. de Georg. d. alleg. 42. num. 3. Farinac. de fals. & simul. qu. 150. nu. 76. Reg. Galeot. controu. 53. nu. 7. lib. 2.* quod explicat *Conciol. in d. Statut. in annot. ad rubric. 19. à num. 1. ad 3.* vbi quid in commodante mensuras falsas, *cit. Pisan. d. l. n. 3.* ac ideò lapideas, & aereas mensuras fieri iura mandarunt, ne adulterari possent, signatasq; signo Regnantis, *idem ibid. num. 6.* Et in hoc Regno habemus *Const. mercatores, & Const. ad legitima pondera, &c. item praedicti Secreti:*

4 Et licet antiquitùs essent particulares Iudices ad id constituti, demùm ex particulari Regum benignitate, Magistris Rationalibus fuit tributa iurisdictio, *Tappon. de antefat. vers. 3. obs. 3. num. 198. Cons. de Georg. d. allegat. 42. num. 6. & Cons. Ioseph de Rosa in praelud. feud. lect. 4. nu. 52.* & exponit *Pisan. d. l. num. 9.* & *M. Ant. Sarg. de Neap. illustr. lib. 1. cap. 7.* vbi officia eiusdem Praefecturae, mensurarumq; genera enucleat; Ea de Regalibus hoc ius esse, mixtiq; imperij, fundat *num. 17.* & ad

5 merum imperium referri ait *Klock. lib. 2. de Aerar. cap. 17. num. 3. & cit. Reg. Galeot. d. loc. à num. 1. vbi nu. 4.* quod sicut hoc ius competit Regiae Siclae in toto Regno, ità Baronibus in suis Terris: Et quando concessa intelligatur haec iurisdictio, *Pisan. d. l. n. 11.* & quod hodiè, licet hae iurisdictiones ex *R. Pragm.* per Vniuersitates, & Barones Regni emptae sint, non tamen illos posse mensuras mutare, *ibid. n. 13. & 14.*

6 Va-

6 Vnde hæc in Ciuitate Neap. Regia
Siclæ duo Tribunalia sunt instituta,
alterum cudendæ monetæ deputatum,
de quo in *Rit. Reg. Cam. sub rubr. de Si-
cla*; Et regitur à Magistro Siclæ cum
alijs Ministris in domo Regia, in Pla-
tea *S. Augustini* Ciu. Neap. Alterum,
quod ponderum, & mensurarum æqui-
tati præest, & dicitur M. Reg. Curiæ
Siclæ; de quo in *Pragm. de pond. &
mens.* sed huius iurisdictio ex ordine
Regio extrà Neap. hodiè non exerce-
tur, teste *Reg. Rouit. in d. pragm. num.
3. & 4.*

7 Ex his iustè, hoc nouum Ius in Re-
gia Dohana introductum fatendum
est, vt puta, quod merces ibi, quæ cō-
sistunt in pondere, & mensura, antequā
à Dohana extrahantur, ponderentur,
& mensurentur, ne Regij diritus frau-
dari possint, vt noster *Auth.* hic n. 1. Siuè,
*vt vnusquisq; tributarius sub oculis con-
stitutis rerum omnium modis, sciat, quid
debeat susceptoribus dare; ità vt si quis
susceptorum, conditorum modiorum,
sextariorumq; vel ponderum normam
putauerit excedendam, se sciat pœnam
competentem esse subiturum*, ex *Constit.
Valentin. Theod. & Arcad. in d. l. modios
6. C. de susceptorib.*

8 Pro quorum ponderum, ac mensu-
rarum iustitia tuenda, in ipsa Regia
Dohana constituti sunt duo Regij Of-
ficiales firmantes *Bullettas* expeditio-
nis, notando pondus, & mensuram
9 mercium; Et pro hoc Ponderaturæ iu-
re soluuntur pro quolibet *cantario* gr.
5. medietas videlicèt ab emptore, al-
tera medietas à venditore, ex *Rit. 1. de
Iure Ponderaturæ*, noster *Auth.* hic n. 4.
quem sequitur *Pisan. in d. rubr. num.* 21.
Exigiturq; pro extractione merciū, &
bonorum, vt sunt pix, & aliæ res, ab
extrahentibus, seù ponderantibus, tàm
ciuibus, quàm exteris, vt in *Notis ad
cit. Rit.* vbi *Goffred. num.* 1. & debetur
totiès, quotiès fit contractatio, *Pisan.
d. l. num.* 10. siuè quotiescumq; merces
ponderantur.

10 Et, vbi statera, & mensuræ conser-
uantur, bona, & merces conduci à ba-
iulis, siuè ministris absque solutione,
ibiq; ponderari, & mensurari debent;
11 si verò non possent commodè ad eum
locum asportare, ità vt stateram in ali-
quem Dohanæ locum afferre opor-
teat, tenentur baiuli singulis vicibus
gratis eam baiulare, cum contenti esse
debeant eorum mercede per Regiam
Cameram taxata, vt patet ex *literis
Reg. Cam.* die 13. Octobris 1542. *in
Reg. literar. Cur.* 37. *fol.* 157. teste *Præs.
Mastursio in suo Repertor. m. s. pag* 104.

12 Quare dicitur, ius ponderaturæ, seù
stateræ fuisse, & esse de iuribus Curiæ,
& vnum ex Dohanæ membris, & stan-
te *d. Rit.* exerceri debere in fundico
regio, & non in alio loco, nisi pro ma-
iori mercatorum commoditate fuisset
extrà Dohanam solitum ponderari fa-
cere per aliquem ex eiusdem Officiali-
13 bus, vnde videtur esse in arbitrio Re-
giæ Curiæ tenere Dohanam, & fundi-
cum in vna domo, vel Terra, vel in aliā
transferre, & pro maiori mercatorum
commoditate transmittere stateram
ad nundinas Salerni pro mercibus pō-
derandis, vt tradit *Præs. R. C. Petrus
Mastursius in notis*, seù *apostill. ad cit.
Rit. de Iure Ponder. lit. A.* vbi ità eius-
demmet voto per R. C. prouisum, &
executum fuisse testatur.

14 Insupèr, cum per Ponderatorem
Dohanæ *Caieta* ponderarentur merces
extrà Dohanam, absque notitia Substi-
tuti Arrendatoris, fuit per Reg. Cam.
prouisum, quod dictus Ponderator nō
deberet extrà Dohanam ponderare;
si verò mercatorum commodum aliud
postularet, liceret ponderatori extrà
Dohanam ire cum interuentu dicti Ar-
rendatoris, & Regiorum Credenterio-
rum, vt ex *literis R. Cam.* 30. *Iunij* 1520.
in par. 31. *fol.* 19. scriptum reliquit idē
Præs. Mastursius in suo Repertorio m. s.
15 *pag.* 221. *dr.* Et referente eruditissimo
R. Cons. ac Reg. Cam. Præs. *Dom. Ia-
nuario de Andrea*, nunc dignissimo in
Supremo Italiæ Consilio Regente, per
Reg. Cam. decretum fuit, quod liceret
Ponderatori cum interuentu Magistri
Actorum, qui itidem est eius Creden-
te-

xerius, ponderare seuum, & myrtus,
quæ immittuntur Neapolim pro vsu
artis Coriariorum, & exigere diri&#7municipal;us
iuxtà instruct. R. C. pro ponderatura li-
cet extrà Dohanam facienda, vt ex
actis in Banca *Bozzauotra*.
16 Ad pondera verò tenent staterarn
quandam, quæ vulgò *Campione* voca-
tur, iuxtà quam pondera librant, & fi-
dem librationis adhibent, teste *cit. Sar-
gente d. cap. 7. n. 11.* Et in hac Ciuitate
17 Neap. adest officium Regij *Campionis*
(vt vulgò dicitur) mensurandi, & pon-
derandi à suis substitutis in locis soli-
tis omnes merces, quæ in hanc Ciui-
tatem immittuntur, tàm per mare, quã
per terram, vt ex prouisionibus, & Ba-
nis per Regiam Cam. expeditis penès
Actuar. Iulium Pastorem: Et in anno
18 1649. die 30. Octobris, *Antonius Bar-
timellus* dicti officij dominus ad con-
uentionem deuenit cum Consulibus
artis magnæ Coriariorum huius fide-
lissimæ Ciuitatis Neap. prætendenti-
bus, ponderandas esse myrtus, & coria
absque illius interuentu, dùm dicti Cõ-
sules quolibet anno triginta duc. &
duas pelles, vulgò *marrocchini*, eidem
soluere, & dare se obligarunt.
19 Pro Iure verò mensuraturæ olim
exigebantur pro mensura cuiuslibet
centenarij pannorum alborum grana
quinque, & pro qualibet *petia* panni
de lana grana duo, & pro quolibet cẽ-
tenario pannorum *albasiorum*, & *carfa-
gnorum* gran. quinque, & pro quolibet
centenario quarumlibet merciũ gran.
vnum intùs Dohanam, & extrà Doha-
nam gran. duo pro quolibet centena-
rio; Quæ exactiones, veluti extorsiones
fuerũt per Regem *Ferdinandũ I.* abro-
gatæ, ac statutum, ne de cætero exige-
20 rẽtur, & sic põderator fuit priuatus of-
ficio, quia in *Ritu* talis exactio non re-
periebatur scripta, & emanauit *Pragm.*
sub die 19. Aug. 1467. & post obsidio-
nem Neap. dictum officium de nouo
fuit concessum cum dictis extorsioni-
bus solitis, prout exigebantur per Ty-
rannos ponderatores, vt legitur in *Ap-
stillo ad d. rit. lit. A. in fin.*

21 *Author* verò noster hic *nu. 5.* refert
pro Iure mensuraturæ solui tarenum
vnum pro centum cannis *albasij*, de
alijs verò solui grana tria pro centum
cannis *cannabacci*, ex *Rit. de Iure men-
suratura*. Illudq; Ius solui pro rebus,
22 quæ contractantur tantùm, & soluitur
Ius Dohanæ, aliàs si extrahuntur per
extrà sine contractu, non soluitur, idẽ
Dom. Reg. hic *n. 6.* secùs si extrahãtur
per Ciuitatem, quia iudicantur merces
pro contractis, *ibid.*
23 Imò in *Rit. 2. d. tit. de Iure mensur.*
disponitur, quod victualia mensurati
debent cum modio Curiæ signato, pro
quo certum quid habet Curia, vt in
rubr. Rit. de Iure tumuli; Statuit enim
Imp. Federicus in *Const. incip. Mercato-
res*, ad fraudes repellendas, vt merca-
tores non alijs vterentur ponderibus,
& mensuris, quàm ijs signatis signo
Regiæ Curiæ, pro quorum receptione
non soluerertur vltrà *consuetum*; quod
vltimum sanè verbum ostendit, hoc ius
(veluti quandam impositionis speciẽ)
antiquitùs fuisse institutum, vt rectè
ibi obseruat *Afflict. num. 2.* Quare Ius
24 tumuli esse de antiquis, & veteribus
iuribus, dicitur in *d. rubr. de Iure tumu-
li*; pro qua nota (vulgò *merco*) in mo-
dio posita exigi pro quolibet modio,
seù *tumulo* grana decem, & pro semo-
dio, seù *medio tumulo* grana quinque
subdit idem *Ritus*, notantq; *Goffred. de
Gaeta in d. rubr. de Iure mensur. à nu. 9.*
ibiq; *Pisan. à num. 15.* & *cit. Consil. de
Rosa d. lect. 4. à n. 43.* & propriè *n. 53.*
25 Hoc verò ius signandi pondera, &
mensuras cum exactione dirictus non
venire in generali concessione iurisdi-
ctionis, cum banco iustitiæ, ac mero, &
mixto imperio, alijsq; clausulis, Baro-
ni facta, strenuè probat *cit. de Rosa d.
lect. 4. à num. 43. ad 59.* Supposito ta-
26 men, quod Baro habeat specialem de
ponderibus, & mensuris concessionem,
quæritur, an habeat paritèr augmen-
tum dirictus nouitèr impositi per Ser.
Regem in Regno circà pondera, &
mensuras? Pro Sereniss. Duce Parmæ,
Castrimaris domino, scripsit *Reg. Ca-*

pyt. Galeot. controu. 54. *lib.* 1. Debent
27 etiam ipsi Barones ea seruare pondera, quæ à Principe sunt constituta, nec possunt pro reuisione adæquationis ponderum, & mensurarum semèl obsignatarum exigere alios diritus, ex traditis per *Nouar. lib.* 1. *de gran. am. Vassall. grau.* 33. *&* 169.

28 Et licet ex *Deuter. cap.* 25. pro fraudibus damnandis moneamur, non esse habendum modium maiorem, & minorem: In hoc tamen Regno Neap. reperiuntur duæ modiorum species, quorum vnus minor, vulgò dictus, *all'antica*, alter maior per Regiam Curiam statutus, quo communitèr vtimur, & in dubio de hoc intelligitur, arg. *l. Imperatores, D. de contrah. empt.* verùm parvus modius deseruit pro his, qui ab antiquo aliquos reditus soluere debent, veluti in aliquibus Ecclesijs, quibus ad antiquam mensuram exhiberi, solitum suit, teste *Nouar. in rubr. Pragmat. de ponder. & mens. n.* 16.

29 Vnde notandum est, quod in anno 1485. die 13. Februarij per Reg. Cam. rescriptum fuit Officialibus fundici salis *Baruli*, vt curarent salem vendere non ad aliam mensuram, quàm modij Neapolitani, qui est quadraginta sestertiorum, siuè (vt vulgò dicimus) *rotulorum*, vt ex Reg. *Arr. Cur.* 1. *fol.* 154. tradit *cit. Præs. Mastursius in d. suo Repertor. S. pag.* 180. ac etiam *pag.* 191.
30 notat, quod, cum in Prouinciæ Principatus Citrà nollent modium adæquare ad dictam mensuram Neapolitanam, sed cum modio paruo antiquo venderent, ac soluissent duos semisses, siuè tornienses pro quolibet modio, ex causa nouæ impositionis; fuit per Reg. Cam. prouisum, vt dictum eorum modium ad dictam mensuram adæquarent, ac soluerent tres semisses pro dicto eorum modio, etiam si minor esset mensura Neap. ex causa dictæ nouæ impositionis, tàm pro præterito, quàm futuro; & dùm Abbas S. *Angeli ad Phasanellam* soluere renuebat dictam impositionem, mandatum fuit, vt solueret, ex *literis Reg. Cam* expeditis die 2. Februarij 1485. in Reg. *Arr. Cur. primo fol.* 145.

31 Imò *cit. Præs. Mastur. d. loc. pag.* 267. *dt.* testatur, fuisse communi consensu expeditam Consultationem Domino Proregi, in qua *dicta R. Cam. fuit voti* (vt eiusdem verbis vtar) *ex causis, & rationibus contentis in dicta Consultatione, quod per Mag. Magistros Rationales Regia Sicla fiat tumulus nouus, cum quo debeat mensurari sal absque pala battuta, & à dente ferreo, & sine aliquo culmitatu, & quod tumulus respondere debeat duodecim pro centenario plusquàm mensura tumuli, cum quo ad præsens Regia Curia recipit mensurando absque pala battuta, & sine culmitatu, qui duodecim pro centenario extenuabunt aliqualem partem sfridi, & mensurando absque pala battuta, & sine culmitatu, mensura erit iusta, & non poterit fieri fraus, neque mercatores poterint queri, & pari modo Regia Curia non erit delusa, neque fraudata, in libro notamentor. Cam.* 1533. *&* 1534. *fol.* 121. *in nostro fol.* 566.

32 In prædicti autem Iuris ponderaturæ, ac mensuraturæ solutione nulla exemptio dari, nec considerari potest, nam concessio etiam potens immunis, importat immunitatem à quibuscumq; pedagijs, & gabellis, non autem potest operari, quin res vẽdendæ sint mensurandæ, & ponderandæ, & sic exemptio ab oneribus, quamuis ampla non comprehendit ea, quæ pro mercede soluũtur, cum salarium non sit onus, sed merces laboris, neque vectigal denominari possit, quod ponderatori publico pro mercede soluitur, vt latè declarat *cit. Episc. Rocca d. disp.* 70. *à num.* 17. 21. 23. *ad* 29. Adeò vt immunitas cõ-
33 cessa Ciuitati Neap. à Sereniss. Regibus non includat Ius ponderum, & mensurarum, *Reg. Galeot. controu.* 54. *num.* 34. *lib.* 1.

34 Vnde nec etiam Ecclesiasticos ab hoc iure exemptos esse, probat *Ioel. Capon. tom.* 4. *discept. for.* 313. *cap.* 2. *nu.* 46. *&* 47. ex eo, quia de facto omnes, etiã immunes, & Clerici emunt in foro magno huius Ciuitatis, & soluunt Ius men-

mensuræ, & ponderum, emunt à secularibus, & mensurantur merces, ac pōderantur mensuris laicalibus, de quibus mensuratores, & vendentes soluūt Iura Regiæ Siclæ, nec habent Clerici, & Regulares mensuras, & pondera à secularibus distincta; Ergò ad ea, quæ secularium sunt, omninò tenentur, vt concludit *cit. Capon d.loc.* vbi n.47. notat, quod, licet sit quæstio, an venden-
33 tes Clerici, & exempti excedentes mensuras veras, possint puniri à Iudice laico, & pro affirmatiua citet *Menoch. Bouadill.* & pro negatiua alios apud *Fermosin. in cap. Ecclesi. S. M. de Constit. quæst.* 16. attamèn id ad hæc non referre, cum sufficiat, vi directiua teneri vendere talibus mensuris, ac ponderibus iustis, & iusto pretio, cum nulla exemptio consideretur in his, quæ ad humanam societatem seruandam incolumem constituta sunt, prout est, ne cibaria, & alia falsis mensuris, vel corrupta substantia vendantur ex *eod. Fermosin. ibid. qu.* 18. *num.* 50. Et ità concludit, Clericos, cæterosq; Religiosos ad talia iura mensuraturæ, & ponderaturæ constituta, ne fraudentur dirictus Regij, teneri, *idem Capon ibid.*

Plura alia hic annotari possent, circà alias quæstiones, quæ à DD. examinantur, ad hanc ponderum, mensurarumq; materiam, & præsertim qualitèr præscriptione possit hoc ius acquiri, an centenaria, vel immemorabili, & quando dicatur consuetum exigi, & de alijs, quæ tanquàm ad conclusiones nostri *Auth.* specificè non conferentia nos remittimus ad *Goffred. de Gaet. ad Rit. R.Cam. d. rub.* 8. ibiq; *Pisan.* & ad *tit. Epist. Rom. & Romagn.* aliosq; *suprà n.* 1. relatos.

AD MEMBRVM VII.

De Iure Imbarcaturæ.

ANNOTATIO.

SVMMARIVM.

IVs imbarcaturæ, quid sit, à quo introductum, & quomodò pro mercibus iterùm ponderandis exigatur ad beneficium Ponderatoris, non verò Regiæ Curiæ, n. 1. & 2.

Dirictus ad Ponderatorem, & mensuratorem spectantes, qui nam sint, remissiuè n. 3.

Cambiare, an possint Campsores monetam aeream, cum argentea, vel auro sine Regia Curia beneplacito in hac Ciuitate Neapolis, & quid sit Ius cambij, dilucidatur, à n. 4. ad seqq.

Gabella assecurationis, supèr mercibus, pecunia, & vita, quando introducta, & ad quam rationem soluatur, à nu. 6. ad 9.

1 HOc ius, quod est nouum à *Federico* Imp. introductum, exigitur, quando aliquis haberet merces suas in pōdere iàm fundicatas, de quibus soluerat Ius fundici, & Ius flateræ, & vellit iterùm ponderare: Hoc vulgaritèr dictum, *Imbarcatura*, ex quo antequàm nauim ascenderat mercatores, dictæ iterùm merces ponderabantur, soluebatur: Pro quo iure *Imbarcaturæ*, soluuntur pro quolibet *cantario* grana duo, ex *Rit. Reg. Cam.* sub *hoc tit.*

2 Ius autem istud, licet à *Federico* introductum ex *Istern. in Const. quantò cæteris*: nihilominùs non exigitur ad beneficium Regiæ Curiæ, sed ad fauorem ponderatoris: quod non fuerat per Fiscales R.Cam. consideratum eo tempore, quo *Dom Reg.* noster scripsit, vt ipse aduertit hic *n.* 2. *in fin.* Vnde indicare videtur, dictum Ius posse ad beneficium Regiæ Curiæ reintegrari, siuè incorporari.

3 Directus verò spectantes ad Regios
Magistrum Actorum, & Credenzerium
ponderis, & mensuræ, ac etiam ad Põ-
deratorem, & Mensuratorem, in anno
1668. fuerunt ab *Ext. D. Petro Ant. ab*
Aragonia, huius Regni Prorege, deter-
minati, vt in *Pragm. 78. de offic. Proc.*
Cæs. vbi aliorum Regiæ Dohanæ Offi-
cialium emolumenta statuta habes.

4 Præterea, sicuti nemo potest ponde-
ribus, ac mensuris vti, quàm ijs à Re-
gia Curia obsignatis, vt in *antecedenti*
membro exposuimus; Ità etiam de Cã-
bijs disponitur ex *Rit. R.C. sub rubr. de*
Iure Cambij, quod nouum est, vt sci-
licet non debeat Campsor absq; Re-
giæ Curiæ beneplacito cambiare, aliàs
est in pœna, nisi cum Curia se concor-
dauerit, aliquid persoluẽdo, vbi *Præs.*
R.C. Mastrillus in notis lit. A. recenset
ipsius decretum super hoc interpositũ
ad beneficium Officialis Banci Iustitię
pro solutione duc. vnius à quolibet
Banchirotto, ponderante, & cambiante
monetam; non verò procedere contrà
5 ordinarios Nummularios; Vnde *ibid.*
notat *Pisanus in addit. num. 11.* quod
Banchirotti in hac Ciuitate Neap. ha-
bent facultatem dicti vsus Cambij
monetæ æreæ cum argentea, vel aurea,
cuius facultatis ratione soluunt ali-
quid quolibet mense Regiæ Curiæ, &
ipsi percipiunt lucrum alagij dictę mo-
netæ, causa cambij.

6 Sciendum verò est, quod, cum multi
mercatores sibi assecurari desiderent
merces, vt in casu naufragij, deprædа-
tionis, aut cuiusvis alterius infortunij,
assecurator soluere debeat earundem
mercium iustum valorem; & pro huius-
modi fortunæ euentu tot pro singulis
centum ab assecurante accipiantur.
Super his contractibus à *Nicolao Frã-*
cisco Trobatto, mercatore Cathalano,
fuit Augustiss. Regi *Philippo II.* propo-
situm, indicendam esse gabellam ad
rationem dimidij duc. pro centenario;
Verùm Clementissimus ille Monarcha
sub die 30. Augusti 1558. rescripsit
Exc. tunc Regni Proregi, vt ipsum
certiorem faceret, an hoc Regali ser-
uitio conueniret; & remisso ab illo ne-
7 gotio Reg. Cameræ Summariæ, fuit per
eam sub die 18. Apr. 1559. expedita
Consultatio cum voto, ne dicta gabel-
la imponeretur, multas ob causas, &
præsertim ob Regnicolarum damnum,
tùm ob alias indictiones, tùm quia
nemo cambia reperiret, vt in *Reg. Con-*
sult. Cur. 1. fol. 211.

8 Sed in anno 1622. post sexaginta
quatuor annorum spatium, quo dicta
gabella fuit exclusa, Regnum guber-
nante *Em. D. Card. Zapata*, statuta fuit
hæc noua impositio ad rationem gra-
norum viginti pro cambijs extrà Re-
gnum, & gran. decem pro cambijs in-
frà Regnum, licet postea fuerit suspẽ-
sa exactio ista; & insupèr indicti caro-
9 leni quinque pro singulis centum va-
loris cuiusq; securitatis, siuè assecura-
tionis, quę à mercatoribus fit tàm
Neapoli, quàm in Regno supèr mer-
cibus, vel pecunia numerata, aut vita
personæ cuiuslibet, instructiones iti-
dem dando Notarijs, & Magistris
Actorum, qui prędictas assecurationes
acciperent, vt patet ex *Pragm. 1. de*
assecurationib. Quas instructiones post-
modùm ampliauit *Ex. Dux Alba*, vt
in *Pragm. 2.* & alij ordines successiuis
tẽporibus dati fuere in pluribus Dele-
gatorum Bannis, vt ex *Prag. 3. eod. tit.*

AD MEMBRVM VIII.

De Iure Exituræ.

ANNOTATIO.

SVMMARIVM.

IVs exituræ ad Portus vectigal refertur,
num. 1.

Ius exituræ, cur ità dictum, n. 2. inter Re-
galia enumeratur, nec in Priuilegio,
vel immunitate generali comprehen-
sum esse intelligitur, à n. 3. ad 5.

Ius exituræ, quando, & de quibus mercibus
soluatur, latè dilucidatur, à num. 6.
ad 11.

Ritus

Ritus *Reg. Cameræ Summariæ qu. Præsid.* Iacobi de Gello *suns correctiores, & conseruantur in Archiuo d. Reg. Cam. vigore cuiusdam legati, n. 12.*

Ius exituræ, an debeatur, si extractio sit de victualibus ex proprijs vuribus, vel emptitijs de vna in aliam Terram per intrà Regnum? Declaratur Dom. Regens *noster, à n. 13. ad 16.*

Ius exituræ, an sit rationabile? interpretatur Ritus R. C. *n. 17. 18. & 19.*

Mercatores ius exituræ fraudantes quomodò puniendi, & quid si victualia reperiantur aucta, siuè pinguefacta, n. 20. & 21.

Clerici, alijq; Ecclesiastici, an teneantur ad Ius exituræ, n. 22.

An ligentur statutis laicalibus, commune Reipublicæ bonum respicientibus, vt sunt Banna extractionem rerum prohibentia, pro annona conseruanda, vel alia lege politica, à nu. 23. ad 29. Et quid in Equitibus Ordinum militarium, n. 30.

1 AD Portus vectigal, primò Anchoragium, de quo suprà *membr. 3.* Secundò, Ius exituræ, referuntur, *Mōtan. de regal. verb. portus nu. 1. Antunez de Portugal de Donat. Reg. lib. 3. c. 6. n. 6.*

2 Hoc autem Ius exituræ, est inter alia iura noua à *Federico Imper.* hoc in Regno introducta, secundùm *Author.* hic *num. 1.* & infrà *de Off. Mag. Portul. num. 13.* & ità denominatur, quia de rebus, quæ per mare extrahūtur, debetur, *Reg. Galeot. resp. fisc. 28. n. 66. & 67. Reg. Tap. in Iur. Regn. lib. 2. de Off. Mag. fund. num. 8. fol. 230.* & inter Regalia annumeratur, ac fuisse dictum

3 Ius hoc in Regno tanquàm inter iura Dohanæ semper in vsu, *Consil. de Rosa in prælud. feud. lect. 5. num. 5. & 6.* noster *Auth.* infrà *in §. 15. q. 1. nu. 12. Capibl. de Baron. in pragm. 1. num. 327.* Vnde non

4 intelligitur in concessione comprehensum, nisi de eo specialis mentio fiat, *Dom. Reg.* noster *in eod. §. 15 qu. 1. n. 11. & 17.* Sicut etiam dicendum de eius exemptione, & immunitate, vt tenuit Reg. Cam. & consuluit ab hoc non esse recedendum, teste *Reg. Salernit. Arr. 33.* quem refert *Pisan. in add. ad Goffr. de Gaet. in rit. R. C. rub. 6. num. 9. & 10.* & Nos annotabimus *ad Auth.* nostrum *d. §. 15. qu. 1.*

5 Imò ex literis Reg. Cameræ expeditis sub die 23. Martij 1553. directis Dohanerio Salerni, mandatur exigi ius exituræ, aliosq; dirictus à *Cosmo de Helia* Messanense pro carne salita, quā extrahere volebat per extrà Regnum, stante quod omnes priuilegiati in Dohana Neap. sempèr soluerunt in Dohana Salerni dirictus Principi Salerni, cuius Iuribus successit deinde Regia Curia ob eius rebellionem, vt in *Reg. litterar. Curiæ 8. f. 121.* aliæq; adsūt prouisiones directæ Dohanerio *Agnonis,* sub die 9. Nouembris 1553. *in Reg. lit. Cur. 9. fol. 160.*

6 Exigitur verò de ijs rebus, quæ extrahuntur à portu causa mercimonij, & à Iure Dohanæ sunt exemptæ, licet alij dirictus pro illis soluantur, *Auth.* noster hic *num. 2. & 5. Pisan. d. rubr. 6. de Iur. Exitur. num. 3.* Et exigitur to-

7 ties, quoties res extrahuntur, quia in extractione fundatur, & sic differt à Iure fundici, quod semèl soluitur, *Goffred. de Gaet. in d. Rit. in rub. 5. nu. 4. Auth.* noster hic *nu. 3.* & decreuit R. C. in *4. Arrest. general.* apud *R. de Marinis* naues vi ventorum, aut ex aliqua iusta causa redeant, nam tunc non reiteratur ex *d. Arrest. Pisan. d. l. num. 6.* sed naufragata naui oleis onerata, potest eadem quantitas rursùs extrahi sine solutione iuris exituræ, ex *Arrest. 134. 186. 324. & 332.*

8 Variè autem, secundùm diuersos mores Dohanarum, exigitur, & in Regia Dohana Neap. soluitur ad rationem tarenorum trium pro vncia, & sic ad rationem ducat. decem pro centenario, *Auth.* hic *n. 4.* & debet solui secundùm consuetum, & quod taliter solitum sit solui à tempore, cuius non est memoria in contrarium, pro rebus non expressè comprehensis ex *Rit. 1. Goffred. de Gaet. ad d. rubr. de iur. exit. in rit. R. C. num. 14. 16. & 20.* Cum pe-

pedagia, guidagia, & salinaria debeantur, quando ab Imperatoribus, & similibus statuta solui reperiuntur, *idem ibid. num.* 15. vel si per immemorabile tempus fuerint exacta, *ibid. num.* 50. vbi *n.* 17. & 18. qualitèr probetur immemorabile circà hoc ius exigendum de rebus specialitèr non statutis.

9 Ipsumq; exituræ Ius non solui ab eo, qui de vno nauigio in aliud in mari exonerat, quia exonerasse non videtur, si in primo portu, à quo exiuit, soluit ius prædictum, vt in *Arrest.* 24. apud *Reg. de Marin.* idem *Goffr. ibid. nu.* 44. concludens etiam hoc exituræ ius solui ab emptore, licet merces in terra exoneratæ non fuerint, sed tamen venditæ in mari; Et quare ab emptore, non autem à venditore *num.* 45. 47. & 54. Neque iterum soluitur, si venit de Caieta Neapolim, vbi exonorauit mercator de vna in aliam nauim in mari, secus si in terra, & demùm in naui, *n.* 53. Exigitur tamen regularitèr, quando exijt ab vltimo portu, & dixit velle ire extrà Regnum, *cit. Goffr. ibid. n.* 52.

10 Ex quibus constat, ius hoc exigi, nõ pro ipsa re, sed pro exitura, vt suprà; illudq; soluitur à certis rebus, secundùm fuit expressè statutum, quod solueretur, puta, de caseo, oleo, & carnibus salitis, ex *Rit.* 8. *de Iure Exituræ*, de alijs verò mercibus nõ fuit expressè statutum solui, sed secundùm consuetum exigendum, hoc est, si ab immemorabili fuit solutum, vt benè declarat *cit. Goffred. d. loc. num.* 13. & 14.

11 In quo notandum est, quod in *d. Rit.* 8. postquàm dicitur, hoc ius exigi de oleo, caseo, & carnibus salitis, vt suprà, subdit ibi: *Item semper, quod extrahitur*, secundùm aliquos *Ritus m. s.* sed legendum est: *Item sepum quod extrahitur*, ità vt loquatur de seuo, non verò de oleo, & sic fuisse per Regiam Cam. declaratum, ex decreto *in processu pend. Io. de Flario*, in causa *Roberti Pandolfini* Regij Arrendatoris Dohanarum Apuliæ cum Venetis, patrocinante pro ijs *Fabio Marchese*, vnà cum *Iacobo de Apello*, seù *de Gello*, testatur ipse *Iacobus* in suis *Codicillis factis sub die* 2. *Octobris* 1595. *manu Not. Io. Hieronymi Caserij de Neap. in quadam particula legati*, in qua reliquit
12 Regio Tribunali Regiæ Cam. Summariæ, eiusq; Locumtenenti, ac Præsidentibus suos *Ritus d. Reg. Cam.* cum Capitulis septem Officiorum Regni, eosq; ait, habuisse *Antonium de Gello* eius patrem, ob mortem *Iacobi de Gello R. Cons. ac Præsid. d. R. Cam.* ac esse alijs correctiores, imò exemplar de ijs cepisse *Spect. R. Salernitanum*, aliosq; Officiales. Quos equidem *Ritus* manuscriptos Nos obseruauimus in Archiuo dictæ Regiæ Cam. vbi conseruantur, *in Cam.* 2. *lit. O. scans.* 3. *n.* 90.

13 Et sic hodiè soluitur etiam de lignaminibus omnibus rusticis, & elaboratis, quæ si extrahantur per extrà Regnum soluunt Ius exituræ, & alios dirictus, prætèr Ius Dohanæ, aliasq; merces omnes non soluere Ius exituræ, ait *Author* noster hìc *n.* 6. vbi subdit, quod si extractio fit per intrà Regnum, nullum ius debetur, allegando *Rit. de Iure exituræ*, §. *fin.* & *Capitulum* Regis Caroli incip. *Item statuimus*, quod est 105. secundùm ord. *de Nigris*, transcriptum quoque cum alijs *Cap.* per *Goffred. de Gaeta in d. Rit. à n.* 59. *ad* 63.

14 Intelligendus tamen est, nullum ius deberi de exitura; etenim ex *d. Rit.* & *Cap.* habetur, quod, quando frumẽtum, cæteraq; reditus ex proprijs ruribus per terras vellet dominus, nauibus, de vna in aliam Terram asportare per intrà Regnum, non teneretur soluere hoc exituræ, neque Dohanæ ius (licet sit deindè introductum Ius salmarum, vt inferiùs ad §. 15. dicemus) at si mer-
15 cimonij causa de vna Terra ad aliam extraheret, non quidẽ exituræ, verùm Dohanæ ius soluere deberet, dũmodò è portubus licitis, & staturis fiat extractio, & cum nauigijs non magnis, sed à centum salmis infrà, ac in portubus itidem licitis exonerentur; & de hoc præstet fideiussoriam cautionem, ac ducat responsales literas à Portulanis portuum, in quibus sunt exonerata; idq;

idq; ad euitandas fraudes extractionū
extrà Regnum, pro quibus soluitur Ius
exiturę, & tractarum, vt post *Io: Ant.*
de Nigris in Cap. Regni, super extractio-
ne, declarat *Montan. de Regalib. verb.*
portus num. 3. necnon *Goffred. loc. cit. à*
num. 55.

16 Vnde cum pro parte Comitis Capu-
tiaquensis conquereretur, quod de vi-
ctualibus, quæ ex portu *Pesti*, & *Silaris*
de pertinentijs, seù territorio Ciuitatis
Caputaquensis infrà Regnum portantur
cum barcis prædictis, vltrà ius Doha-
næ pro ijs, quæ in Terris suis, non verò
in littore maris per infrà tantùm per
iactum ballistæ eunt, siuè empta sunt,
ad dictum Comitem vtilem dominum
ipsarum Terrarum, tanquàm ius baiu-
lationis, spectat exigere; Magister Por-
tolanus intendebat quoque exigere
ius ad rationem carolenorum quinde-
cim pro quolibet centenario salmarū,
quod hactenùs ibi minimè consueuit
exigi; Regia Camera mandauit, quod
pro ijs, huiusmodi ius, quod aliàs ibi-
dem exactum non fuit, minimè exiga-
tur, & si prætenderit alia ibidem exigi
consueuisse, recepta ab illis homini-
bus cautione dumtaxat de soluendo,
quod inde per Reg. Cam. fuerit iudi-
catum, & de Consuetudine ipse se in-
formet, & Cameræ rescribat, vt proui-
deri possit, ex Reg. Cam. XI. Iulij 1464.
in *Reg. comm. 1. fol. 271. anni 1467.*

17 Et notatur in *Rit. 12. eod. tit. quod*
peccatum fuit eius, qui primò inuenit ius
exituræ, cum mercatura debeant esse libe-
ra per mare, & per terram, & sic erant
tempore bonorum Regum, quod patet, quia
nouum ius est, & peccat, qui plus solito
vendit, & exigit ius exituræ, & qui pro-
curat plus imponi de nouo &c. vbi *Ad-*
dens in Notis lit. D. refert *Consultatio-*
18 *nem* iustissimam Reg. Cam. factam Re-
gi *Ferdinando I.* sub die 9. Augusti
1468. cuius meminit etiam *Author no-*
ster infrà §. 15. *tit. de Iure tractarum nu. 5.*

19 Cuius *Ritus* dispositio intelligenda
est, respectu illius tareni pro curru de-
tractis, de quo loquitur *Ritus*, quod nō
est idem cum iure Exituræ, vt aduertit
Goffred. de Gaeta sup. d. rubr. 6. num. 69.
cum aliàs ius ipsum exituræ fundatum
videatur in illa ratione vbertatis in
Regno conseruandæ, ac proindè im-
positum pro licentijs extractionum, ac
ne fraudes in illis fiant in damnum Re-
gni, ex qua ratione, rationabile reddi-
tur dictum statutum, & ex hoc Cleri-
cos quoque ligare, post alios probat
Consil. Rouit. de offic. rubr. 14. §. 4. num. 33.
& seqq. de quo hic infrà annotabimus.

20 Mercatores autem fraudantes ius
exituræ, & similium debent puniri non
ex capite *Rubricæ de iure Flagelli*, sed
ex alia pœna tanquàm fraudatores iu-
rium Curiæ, *Goffr. de Gaeta ad Rit. R. C.*
rubr. 2. num. 303. Non tamen dicuntur
21 illud fraudare, nec ad pœnam tenen-
tur pro Incremento victualium, quæ
per inundationem, aut humiditatem
pinguescunt, cum de eo non debeat
solui ius exituræ, teste *Io. Ant. de Ni-*
gris in cap. Regni, incip. *ut illorum frau-*
dibus 2. num. 16. sub tit. de [illegible]
extractione victual.

22 Verum verò ad hoc Ius exituræ te-
neantur Clerici, & cęteræ personæ Ec-
clesiasticæ? Affirmat *Iul. Capon. tom. 4.*
discept for. 313. cap. 1. nu. 48. & 49. quia
(vt ipse dicit) hoc ius spectat ad publi-
cam vtilitatem tàm laicorum, quàm
Clericorum, vnde in eo Clerici cum
Ciuibus laicis adæquandi, ex *Pereira*
de manu reg. in cōcord. Regis Sebast. com.
291. & alijs, & quia etiam si Prælati
extrahant, auferuntur à laicis, ex *Fer-*
mosin. in C. E. S. M. de const. quæst. 1. 16. vbi
in pecunia extrahenda prohibitionem
procedere affirmat, in alijs verò bonis
negat; Imò absque aliquo discrimi-
ne, cum omnis extractio sit, ob publicā
vtilitatem, siuè vbertatem in Regno
conseruandam prohibita, ex *Sac. Con-*
greg. Immunitatis deliberatione fir-
mat *idem Capon.* cum in talibus ex-
tractionibus rescripserit *Ill. Dom. Nūtio*
Neap. vt in omnibus se conformaret cū
legibus huius Regni, teste *Sperell. dec.*
13. num. 14. & decis. 18. to. 1. Quod con-
23 firmat ex eo, quia aliàs licita esset
Clericis extractio, quod non admittē-

dum

dum est, cum extractionis prohibitio sit in Regno antiquissima, inductaquè pro ea consuetudo, ex qua Clerici ligantur, idq; in Regno Siciliæ, ac etiam Castellæ obseruari fundat *Consil. Rocc. de Offic. rubr. 14. §. 4. num. 34.* vbi *nu. 36.* ad confirmationem obseruat, Summos Pontifices pro eorum vsu nunquàm merces extraxisse, absq; Domini Proregis placito, consuetudinemq; prædictam rationabilem esse, nam si extractiones fuissent permissæ absque licentia, magnæ fraudes vtiquè committerentur in damnum vbertatis Regni, *Iul. Capon. d. loc. num. 51. 55. 56. & seqq.* & sic habere illam vim tituli, & priuilegij, & consensus contrà Clericos, ac scientiam, & tolerantiam Summi Pontificis induxisse consensum, & confirmasse eandem consuetudinem, *idem Rocc.* post *Reg. Reuert. decis. 212. num 5. d. loc. ad num. 39.* vbi *num. 40.* decisio-
34 nem R.C. pecuniarum personæ Ecclesiasticæ refert, Clericosq; in Prouincia Calabriæ extrahentes serica absque solutione dirictus arrestari, vt *Illustriss. Dom. Nuntio Apostolico* tradi possint, & serica incidere in commissum, prouisiones Coll. Cons. referendo *num. 41. & nu. 42.* præfatæ etiam *S. Congr.* rescriptum recenset, aliaq; *in num. seq.* & in prohibitione extractionis equorum comprehendente Clericos, & Episcopos ex ordinationibus *Caroli I.* Regis anni 1268. testatur noster *Anth. in seq. membro n. 6.*

35 Insupèr statuta laicalia, quæ disponunt ea, quæ cõpetunt Clericis, non vt Clericis, sed vt alijs de populo, & non priuilegiatis, ligare Clericos, & obseruari debere etiam in Curijs Ecclesiasticis, *ex c. cum venissent de eo, qui mitt. in poss. c. constitutos, de in integr. restit. c. cum verba, de re iud. Bart. in l. 1. num. 3. C. de Sacr. Eccl. Sebast. Medic. de legib. p. 4. q. 6.* post alios fundat *Carol. de Graff. de effect. Clericat. effect. 20. n. 176.* Ob quod statutum excludens Religiosos, vel Clericos à Collegio Doctorum, validum esse concludit *Alciat. cons. 707. Carpan. ad stat. Mediol. cap. 414. nu. 118. lib. 1. Cavale decis. 18. nu. 51. lib. 3.* quidquid alij scripserint apud *Carol. de Graff. d. loc. num. 434.* Ex quo concludit *cit. Iul. Capon. d. disceps. 313. cap. 2. n. 31.* quod quando aliquid competit Clericis, vti Ciuibus, iudicantur Clerici, vti omnes de populo: vbi *nu. 33. & 34.* respondet *cap. quæ in Ecclesiarum, & cap. Ecclesia S. Mariæ de Constit.* illa nempè loqui de Constitutionibus laicorum, quæ specialitèr res Clericorum respiciunt, ac de illis disponunt, non autem generalitèr ad Regnorum conseruationem, & ad commune Reipublicæ bonum respiciens laicos, & Clericos, & *num 35. & seq.* respondet contrarijs, pluresq; cumulat conclusiones ad præfatam sententiam firmandam vsq; *ad num. 44.* vbi ex mente
87 *Summistarum*, & omnium Theologorum fundat, statuta in materia annonæ, seù, vt nos vulgò dicimus, *Grassa*, ligare Clericos, cæterosq; Ecclesiasticos; cum quibus concordauit S. R. C. apud *de Franch. decis. 9.* & alij apud *Mexia in pragm. taxæ panis qu. 16. nu. 9.* & hoc statutum apud Hispanos vigere, & contrà Clericos obseruari tradunt *Diaz in pract. ciuil. & canon. cap. 55. Ant. de Ballis in pragm. Regni Siciliæ lib. 5. in proœmio num. 56. & in pragm. 1. tit. 69. Ramirez de lege Regia §. 20. n. 17.*
38 & sic vltrà pœnas amissionis frumenti, siuè aliarum mercium in casu contrauentionis, Ecclesiasticos mortalitèr peccare, ex *Bouadill. tom. 1. polit. lib. 2. cap. 18. nu 137. Reg. Rauito in pragm. 2. de extract. num. 16.* ibiquè *Pasqualin. num. 59. Carolo de Graff. d. effect. 20. nu. 290. P. Suarez lib. 2. de legibus cap. 34. nu. 20. Victoria de potestate ciuili nu. 19. P. Merolla tom. 2. disp. 4. cap. 3. dub. 25. num. 252. Valpell. de libert. Eccles. num. 17. & seq.* & alijs *ibid. cit.*

39 Quæ omnia ex professo comprobat *Reg. D. Carolus Calà in dissertat. iuridico politica de Contrabannis Clericor. nu. 175. & seqq.* vbi plura affert, & respondet *Spinell. decis. 12.* & *Diana to. 1. tract. 2. resol. 16. & 72.* asserentibus, bona non posse arrestari, ex quo similia sta-

tuta

tum Clericos nequeunt alligare; Probibitio enim fit in ipsas res, quæ statim desinunt eius esse, qui in commissum incidit ob cõtrauentionẽ legis politicæ, & œconomicæ in exportatione, iuxtà *L.commissa 14. D.de public. & vectig.* nõ verò in personas directè, sequũtur *D.Petrus de Salzedo in tract.del Contrabando cap. 32.* qui egregiè id roborat, & affert etiam *L.17. tit.9. lib.6. Ordinam.Reg.D.Didac.Balero in tract.de decoct.debit.fiscal.tit. quæst.27. à nu.17. ad 21.* vbi à n.21. id extendit in omni-
30 bus exemplis à iurisdictione Iudicis secularis, vt sunt Equites Ordinum militarium, & *Dom.D.Franc.Ramos del Manzano*, nostri Catholici Regis olim magister, alibi, sed nunquàm satis pro meritis laudatus, *in Comment.ad ll.Iul. & Pap.lib.3.cap.45. à num.15. ad seq.*

AD MEMBRVM IX.

De vltimis Exituris Regni, quæ ius Decini dicuntur.

ANNOTATIO.

SVMMARIVM.

Ius vltimæ exituræ, cur etiam dicatur ius Passagij, vel Decimi, vel Grassiæ, à n. 1. ad 3.

Exigitur pro mercibus, quæ exportantur à Regno per extrà Regnum, n.4.

Custodes passuum in confinijs Regni, à quo deputentur, & cur Capitanei Grassiæ *nuncupentur, & quid curare debeant, num.5. & à n.9. ad 13.*

Equi de armis nequeunt è Regno exire, n.6. & quid si Clerici, vel Episcopi cum illis exirent, n.7. & 8.

Ius vltimæ exituræ, de quibus mercibus debeatur, latè à n.14. ad 23.

1 TAndèm vltimæ exituræ ius, quod vulgò *Decimi* dicitur, ac etiam *Passagij* in confinijs Regni vocatur, & sub Regia Dohana continetur, videtur esse id, quod exigitur de mercibus, quæ extrahuntur per extrà Regnum ad rationem decem pro centenario valo-
2 ris earundem mercium, & ideò vocatur ius *Decimi*, seù *Decimi*, noster *Author* hic *nu.1. & 2. Pisanus in addit. ad Goffred. de Gaeta super Rit. R.C. rubr.6. num.7. & 8.* Diciturq; etiam gabella
3 *grassiæ*, ex eo, quia fuit ordinata, ne annona ab hoc Regno extraheretur, teste *cit.Goffredo de Gaeta d.rubr.6.nu.64. in fin.* Vel ius *vltimæ exituræ*, quia Regia Curia, & Arrendatores Regiæ Dohanæ, siuè nunc Consignatarij, & Gubernatores illius in confinijs Regni tenent Custodes.

4 Vnde notandum, quod hæc iura *Grassiæ*, & *Exituræ* soluuntur de mercibus, quæ deferuntur à Regno per extrà Regnum, & non de ijs, quæ immittuntur ab extrà Regnum in Regnũ, vltrà antiquas *Instructiones*, & *Capitula grassiæ*, vide literas Reg.Cam. expeditas ad instantiam Vniuersitatis *Mõtis Regalis* 9. Maij 1550. *in Reg. part. 26. fol. 29. fol. 173.* & aliàs consimiles expeditas ad instantiam Vniuersitatis *Therami*, 1. Octobr. 1550. *in Reg. part. 31. fol. 72.*

5 Et cum Regis officium sit passus, & vias custodiri facere, *l.1. & 2. C.quæ res export.non poss. L.cotem.in pr.D de public. L.2.C.de commerc. & toto tit. D.de itiner. & limit.custod.* Idcircò ad Regem spectat, istos deputare Custodes in præfatis vltimis exituris, vt in *Cap. Regni, Item prædicti Magistri Passuum, & Grassiæ*, 76. & *Cap. Item, quia Custodes* 74. vbi describuntur loca custodienda sub *tit.de Custodibus passuum & grassiæ*, secundùm ordinem *Io. Ant. de Nigris*, noster *Auth.* hic *num.4.* vbi *nu.5. & 6.*
6 refert prouisiones directas his custodibus passuum, concernentes optimum Regni regimen, & in illis apparere, quod Equi de armis non poterant è Regno exire, ex *Andr. in rubr. cap. quæ sunt regalia in princ.* 2.*col.* & vide *Prag.*
7 *de Extract.* Idq; procedere, licet essẽt Clerici, vel Episcopi, qui vellent cum equis exire, ex ordinationibus *Caroli Primi* in anno 1168. sequitur *Iul. Capon.*

pen. diſcept. ſor. 313. tom. 4. cap. 2. nu. 50. in fine, vbi latè in *ſeq. num.* id probat, ex ea ratione, de qua in *ſuperiori membro*, puta, quia ſtatuta de extractione loquentia, & ſolutionem dirictus imponentia, ligant æquè laicos, ac Clericos, vel Monachos, ex *Menoch. conſ.* 800. *n.*

8 46. *&* 47. fueruntq; facta conſeruandæ vbertatis gratia, quod intereſt communis, & publicæ vtilitatis, & concedit Reip. liberam facultatem ſtatuendi, ex *l. 1. & l. ambitioſa, D. de decr. ab ord. fac.* & alijs.

9 Proindè iàm à Regibus in Regno fuerunt deputati, nempè Portulani in littoribus maris, tanquàm portuum Cuſtodes, de quibus infrà ad §. 15. *de Officio Magiſtri Portulan.* Et alij in confinijs mediterraneis pro cuſtodia paſſuum prædictorum, qui ideò *Capitanei Graſſiæ* vulgò nuncupātur, ad quos ſpectat expedire *Bulleƈtas*, ſeù licentias extrahere volētibus, idem noſter *Auth.* hic à *num.* 5. *ad* 7. facta priùs inueſtigatione, ne res extrahenda in Regno deficiat, *Reg. Reuit. ſupèr rubr. Pragm. de extractionib. nu.* 1. quem ſequitur *Conſ. Rouit. de offic. rubr.* 14. *num.* 10. *M. Ant. Surg. lib. 1. Neap. illuſtr. cap.* 24. *num.* 12. *Reg. Tapia lib. 1. Iur. Regni rubr. 9. de Cuſtod. Paſſ. & Graſſia, in annot. fol.* 235. *Iul. Capon. sit. diſcept.* 313. *cap.* 2. *n.* 50. & poſt *Auth.* noſtrum hic, alioſq; *D. Didac. Bolero in tract. de decoct. debit. fiſcal. tit. 5. quaeſt.* 23. *num.* 17. Qualitèr verò

10 deputentur hi *Capitanei Graſſiæ* per S.E. in Prouincia Aprutij, vide *Florid. Mauſonium de Contraband. in prelud. n.* 2. Et alia circà idem officium in *qu.* 20. *à num. 1. D. Petrus de Salgedo eod. tract. cap.* 10. *à num.* 13. *& in Comment. ad leges addit. Recopilat. l. 8. tit. 12. lib. 3. num.* 28. *& ſeq.*

11 Imò per Reg. Cam. ſub die 30. Ianuarij 1516. declaratum fuit, quod *Capitaneus Graſſiæ* Prouinciæ Terræ laboris reſtituatur in poſſeſſione, ſeù quaſi exigendi grana 5. tantùm pro qualibet *bulleƈta* expedienda pro extractione equorum, & mulorum, aliorumq; animalium equinorum per extrà Regnū, pro quibus non ſoluitur ius *Decimi*, ſiuè apodixa fiat pro vno equo, vel mulo, ſiuè pro pluribus ad quemcumquè numerum aſcendent, extrahendis per vnum dominum, etiam ſi pro eis ſit neceſſe præſtare cautionem, pro qua cautione vltrà d. gr. 5. nihil ſoluatur, & ſic etiam intelligi pro equis, & mulis gratiosè extractis per patentes S. C. Maieſt. vel Dom. Proregis, & pro alijs *bulleƈtis* pro equis, & mulis, pro quibus exigitur ius Decimi, nihil exigeretur, vt in *Arreſt.* 15. apud *Reg. de Ma-*

12 *rinis*; Et inſupèr ſub die 3. Martij 1567. inſtante Procuratore Fiſci, fuit mandatum *Capitaneis Graſſiæ*, quod in fideiuſſionibus accipiendis extractionis equorum poneretur clauſula, quod in regreſſu tenerentur extrahentes præſentare equos, quorum fuit facta extractio, *d. Capitaneis*, & facere notamentum in libro, vt poſſit deleri fideiuſſio, & ſi ſecùs, non admittatur probatio per teſtes, equos reuerſos fuiſſe in Regnum, ex *Arreſt.* 318. *cit. Capon. d. diſcept.* 313. *cap.* 3. *num.* 5. Hic etiam me-

13 morandi ſunt ordines dati Capitaneo Graſſiæ Terræ laboris in anno 1635. vt de equis, pullis, vervecibus, agnis, alijsq; animalibus, pro quibus curam habet exigendi dirictus decimi, deberet etiam exigere ius noui impoſiti, vt annuimus ſuprà *ad membr.* 1. *num.* 68.

14 Prætereà *Capitaneus Graſſiæ* pro pecudibus, quæ paſcua ſumunt in Regno, & veniunt extrà Regnum, quando extrahuntur, exigit pro qualibet centenario duc. duas, excluſis pecudibus, quæ naſcuntur in Regno, ex ordinatis die 24. Febr. 1501. *in Reg. partiũ* 4. *fol.*

15 18. Et per *Capitula* graſſiæ prouiſum eſt, quod de omnibus animalibus, quæ extrahuntur, debeant exigi dirictus Regiæ Curiæ, ſcilicet de ouinis, & caprinis duc. 3. pro ſingulis centum, & de veruecinis duc. 4. de bobus, & vaccis [illegible] duc. 50. [illegible] dirictus procedunt ex antiquis Capitulis, quæ tempore [illegible] intelligebatur in hoc Regno de extractione [illegible] veteribus Regis [illegible], in quo-

ſunt

rum locum fine coronati, & pro dicta extractione, ducati veteres exigantur ad rationem decem coronatorum pro quolibet duc. & de victualibus, alijsq; rebus ad annonam spectantibus, decima pars valoris earundem, vt ex literis Regis *Ferdinandi* expeditis die 17. Decembris 1469. *in Reg. literar. 3.* & vide alias instructiones exped. die 24. Octobris 1518. *in Reg. Cur. 13. fol. 152.* vt habetur in *Repertorio m. s. Præs. R. C. Petri Mastrillj ver. Grassa.*

16 Dubia verò per Reg. Cameram declarata, ad officium prædictum Grassiæ spectantia habentur apud cit. *Mastrillum in d. Repert. lit. C. fol. 150. & seqq.* his verbis: *Capitanio della Grassa mandi li conti delle cascie in Camera, e dello numero de passagieri, che hà da deputare lo detto officio di Capitanio alli passi, e come fù augumentato lo numero, e le cascie ordinarie, v3. Teramo, Iulia noua, Aquila, Tagliacozzo: E se de cose pertinenti all'officio della grassa non in gran quantità, e di valore, non obstante siano lontane dalla cascia, si può dare licenza per detto Capitanio, e quando alcuno Regnicolo volesse vscire fora Regno con vno Cauallo per vso suo, e fosse molto lontano per vscire, si deue dare pleggiaria, ò stare al giuramento suo:* Fuit per R. Cam. prouisum, quod de equis paruæ staturæ, & modici valoris in eum casum, in quem aliter transiens transire non posset, stetur
17 sacramento trāseuntis: *E negl'vltimi fini del Regno alcuni delle Castelle solite andare à vettura, e carriare legna cō loro bestiame, ne vanno con boui fuor del Regno con promissione di rimetterli, e quando li venderanno, deuono pagare li deritti, perche altrimente non poteriano viuere, e così è stato solito farsi:* Fuit prouisum, quod Capitaneus habita cautione de
18 redeundo, permittat: *Sono alcuni Baroni del Regno vicini all'Imperio, & hanno Castelle all'Imperio in Romagna vicino le Terre del Regno, e mandano delli frutti delle Terre, che hanno in Regno, alle lor Castelle fora Regno, doue parte del tempo stanno, & habitano, se tale robbe deuono pagare lo ius extrema;* Fuit prouisum, quod Capitaneus de præmissis se fideliter informet, & quod erat consuetum, Regiæ Cameræ referi-
19 bat: *Item si le taforane, zuccaro, pepe, cannella, noci, amendole, e cose di spetiarie, sale, miele, cera, e confetti, e qualunque altra cosa potessero essere, che non pagassero à grassa, ma perche si dice nel priuilegio, Cose comestibili;* Fuit prouisum, quod dictus Capitaneus de prædictis se informet, & de eo, quod hactenus erat consuetum, Regiam Came-
20 ram faciat certiorem: *Item si li mulettieri, che escono fuora Regno per andare vetturando in lontani paesi, se si ponno portare da 20. ducati in sù per loro spese;* Fuit prouisum, quod consideratis qualitate personarum, distantia loci, & numero bestiarum, licentiam tradat Capitaneus extrahendi pecuniam pro ipsis expensis in numero viginti ducatorū vice qualibet, & non vltrà, & ibidē quod à Regno non possit extrahi aliqua quantitas nummorum sine licentia
21 Regis: *Item si l'huomini fora Regno mandassero loro bestiame à pascere, & à ghiandare, se per lo megliorāmento de detti bestiami in Regno, son tenuti pagare, quando vogliono retrahere indietro, e come si doueria pagare;* Fuit prouisum, quod habita veridica informatione de eo, quod tempore Regis Alphonsi obseruabatur, illud obseruet, prout erat illo tempore solitum, & consuetum:
22 *Item si Romani, ò altri padroni de pecore, ò altro bestiame, si fossero fuor del Regno, e quelli mandassero dentro Regno in Dogana à pascolare, & affidare dal Rè, ò altri Signori in Dogana, se vendessero dette pecore, bestiame, & altri spettanti à grassa, se son tenuti à pagamento alcuno per la detta vendita per vigore di detta affidatione;* Fuit prouisum, quod animalia exterorum hominum, quæ erant affidata per ipsum Capitaneum, solutis iuribus solitis, & consuetis Regiæ Dohanæ, possint liberè reuerti absq; ulteriori solutione; si verò ipsa animalia venderentur in Regno, & translatum fuerit dominium, in extractura ipsorum à Regno soluantur iura grassiæ consueta

in Reg. Cam. xv. 1488. *fol.* 83. *&* 84.

23 Ex his igitur, clariùs est concludendum, quod ius *grassia*, seù *ultima exitura* Regni custoditur, exigiturq; in locis, & passibus confinium Regni, quando res, pecudes, equi non prohibiti, aliaq; ad annonam pertinentia, exeunt à Regno per viam *Aprutij*, & *Terra laboris*, quæ Prouinciæ sunt Statui Ecclesiastico confines, ibiq; adsunt prædicti Officiales ordinarij, ac extraordinarij, qui curam habent, ne res prohibitæ extrahantur à Regno absq; licentia S. Cath. M. eiusq; Exc. Proregis, latiùs videre est in toto *tit. Pragm. de Extractione, seù exportatione, &c.* ac exigant diriñus de ijs rebus, quæ licitè extrahi valent, vt sunt vetueces Dohanæ menæpecudum, sues, equi gregarij, pro vsu exeuntium à Regno, valoris tamen circà duc. 15., muli, tàm mares, quàm fœminæ, frumentū, farina, hordeum, quando adest tracta, caro salita, oleum, ac cætera comestibilia, spectantia ad dictam annonam, siuè, quam vulgò dicimus, *grassiam*; Si verò aliæ res extrahi prohibitæ cum licentia extrahuntur, soluuntur itidem diriñus iuxtà eorum qualitatem, præterquàm à pecunia, auro, argento, ac gemmis, quæ non soluunt dirictus.

Omnes Dohanæ Regni quot sint, quomodò diuisæ, & quanti valeant, & qui Officiales in exactione iurium deputentur.

ANNOTATIO.

SVMMARIVM.

Dohana Regni Neap. qua sint, num. 1. & 2.

Officiales Regia Dohana Neap. enumerantur, eorumq; Officium notatur, à num. 3. ad 9.

Dohana Regia, ac maioris Fundici Neap. situs, Officialium, regiminis, ac dirictuũ summaria assertur, à n. 10. ad seqq.

1 Licet in *manuscripto Authoris Codice* esset hic titulus separatus, attamen iuxtà editionem in hoc eodem *numero* 9. prosequitur à *num.* 9. *ad* 18. omnes Regni Dohanas enumerare, easq; ratione facilioris exactionis, ac administrationis esse diuisas in quatuor Arrendamentis, in vno scilicèt esse Dohanam Neap. cum alijs Dohanis relatis, quas cum dicto Arrendamento ab antiquo Reg. Cam. concedere consueuit, vnà cum iure *vltima exitura*, & passuum Regni ex parte *Terra laboris*, & *Aprutij*, Dohanis eiusdem *Aprutij*, & iuribus, quæ in nundinis *Auersa*, *Lanciani*, *Luceria*, & *Salerni* exiguntur: Alias verò Dohanas, seù fundicos in Prouincijs *Calabria* arrendatas cum Arrendamento ferri; Sicut & alias Dohanas Prouinciarum *Hydronti*, *Barij*, *Basilicata*, & *Capitanata*; & cæteras Dohanas paruas *Agnonis*, *Agripolis*, & *Casalicchi*: De quibus *Auth.* noster hic adeundus, additis *Reg. Tapia lib. 2. Iur. Regni rubr. 6. de off. Magistr. fundic. à* 13. & *Scip. Mazzell. in descript. Regni Neap. lib. 1. pag.* 337.

2 Proùt de Dohana frumenti, hoc est de loco illo publico, in quo vectores conueniunt ad frumentum, aliaq; victualia vendenda, in quo, veluti in nundinis, immunitate gaudent, ac maxima prouidentia statutum, vt certis in locis huiusmodi Dohanæ haberentur, & commodiùs frumentum Neapolim transueheretur à Prouincia Apuliæ, Regni horreo: quarum prima est Dohana Abellinatensis, à qua ad alias Dohanas itur; sicuti est in alia Prouincia Principatus Citerioris Dohana *Salerni*, adeundus est idem *Reg. Tapia l. 7. Iur. Regni tit. 1. n. 1. & 2. & in Prag. 9. 11. 12. 21. 37. & 30. de annona.*

3 Enumerat quoque hic *n. 19. Author* noster Officiales à Regia Curia constitutos pro exactione præfatorum iuriũ, quos etiam ex manuscripto *opusc. de Magistratibus Regni, Fabij Marchesij* eximij Aduocati, refert *R. Tapia d. lib. 2. rubr. 6. à num. 11 ad seq. pag.* 130. exponens, omnes istos Officiales conueni-

nire sub nomine Magistrorum fundicariorum, seù Dohaneriorum, de quibus loquitur *Const. Magistros nostros fundicarios*, cum Regia Dohana maior fundicus denominetur, & in ea adsint infrascripti Officiales.

4 Regius *Dohanerius*, qui est caput, eiusq; officium consistit in exactione omnium iurium Regiæ Dohanę, & vnà cum septem alijs Credenzerijs in banca Regia quolibet die iudicat causas interceptorum, siuè fraudantium regios dirictus, & in suffragijs præstandis attendendus est stylus Regiæ Cameræ, vt priùs iunior Officialis, deindè alij gradatim votent, & Regius Dohanerius iuxtà maiorem suffragiorum numerum concludere debet.

5 Ex quibus septem *Credenzerijs*, duo dicuntur, *totius pecuniæ*, quorum officium est, libros totius pecuniæ, & omnium iurium, quæ exiguntur, conficere, ac taxare pretium mercium, secundùm Pandectas in Dohana existentes, & taxant alias merces, quæ pretiũ perpetuum non habent, vt sunt comestibilia, ac taxant ius à mercatoribus soluendum.

Tertius, *Credenzerius Maris*, qui conficit librum bonorum, quæ per mare immittuntur, ac facit bullectas expeditionis.

Quartus, *Credenzerius Terræ*, siuè bonorũ, quæ per terram transuehũtur.

Quintus, *Credenzerius Nouæ gabellæ*, qui conficit librum iuris Nouæ gabellæ.

Sextus, *Credenzerius Iuris fundici*, qui notat dirictus Iuris fundici, ac format *responsalia*, seù *bullectas* pro bonis, quæ à Regia Dohana extrahuntur, funtq; tàm ab ipso Credenzerio, quã etiam ab alijs duobus Credenzerijs vsus, & Nouæ gabellæ.

Septimus, *Credenzerius vsus*, qui notat bona, quæ à personis immunibus extrahuntur, exigendo pro *responsalibus* grana tria cum tertio, vt in *Pragm. 78. de off. Proc. Cas.*

Regius *Sballator*, qui vnà cum duobus eius *Credenzerijs* omnes merces, quæ in Dohanam immittuntur, videt, aperiendo arcas, siuè *ballas*, vndè *sballator* dicitur.

Regius *Magister Actorum*, itidemq; *Credenzerius ponderis, & mensuræ*. Regius *Ponderator*, & *Mensurator*.

Regius *Porterius*, qui dicto Tribunali deseruit.

Regius *Castos maior* Dohanæ, ac mercium, qui etiam tenetur pro illius custodia quolibet vespere, antequàm claudatur, perquisitionem facere, ne aliquod furtum eueniat.

Præfatorum omnium Officialium dirictus, siuè emolumenta distinctè statuuntur in Regia *Pragmatica* Exc. D. Petri Antonij de Aragonia, quæ est 78. *de Off. Proc. Cas.*

Adest etiam *Castos Portus*, qui statim nauigijs ad Portum appulsis curare debet, vt illorum domini notitiam dent Regiæ Dohanæ, ac notam mercium in ijs existentium, ac ipse, vel eius substitutus in dicta Dohana singulis diebus, saltèm per horam assistere debet.

6 Adsunt deniquè plures *Castodes*, qui in anno 1450. erant 32. idest quatuor in Dohana, cæteri extrà Dohanam, *in Reg. Comm. 5. fol. 82.* & in anno 1455. erant num. 34. & in anno 1558. erant triginta, & vnus, vt videre est *in Prag. 1. num. 85. de Off. ad Reg. Maiest. Collat. spect.* (vbi declaratur, quæ ex his officijs sint vendibilia) & custodiũt Dohanam, & portas Ciuitatis, vt merces, quæ vel occultè in Ciuitatem immittuntur, vel extrahuntur, publicentur, ne fraudes committantur, & vide *Arrest. 178.* cum mercatores merces non publicantes, incidant in commissum, *l. fin. & tot. tit. D. de public. vectig. et commiss.* post *Andr. & Afflict. tit. Reg. Tapia d. loc. num. 12.* declarans etiam, quod

7 cum vltrà iura ordinaria, quæ exiguntur in Regia Dohana, soleant quoque exigi alij dirictus pro alijs mercibus, & frugibus, inde per illorum exactione sunt quoque per Regiam Cameram alij Officiales deputati, & cum ijs *Credenzerij*, qui curam habent, ne dirictus

ab

ab exactoribus defraudentur, & ne absq; Officialium Dohanæ licentia merces per mare extrahantur.

8 Et ità gubernari Regiam Dohanam, seù Regium fundicum Ciuitatis Neapolis, imò & alias Regni Dohanas ità quoque regi, quoniam hoc ius vnicū consideratur in toto Regno, & solùm ratione facilioris administrationis, ac exactionis in varijs partibus diuisum, exponit idem *Reg. Tap. d. loc. à num. 13. ad seq.*

9 Cum deniq; inter nostros *tomos rerum diuersarū m. s.* quoddam summariū situs, Officialium, ac diriċtuum Regiæ Dohanæ maioris Neapolis inuenerimus, illud hic, vernaculo idiomate, vti iacet, curauimus imprimendum, vt res patria in huius argumenti barbarie patrio quoque sermone legatur.

10 IL maggior Fundico, e Dogana di questa fedelissima Città di Napoli stà situata nella piazza de banchi in vna casa grande, della quale la Regia Corte ogn'anno ne paga di censo à gli heredi di Col'Aniello Imparato, come primi padroni di quella duc. ducento, nella quale oltre le stanze, che si danno per habitatione del Guardarobba, seù Guardiano maggiore di quella, sono due guardarobbe grandi in piano, in vna delle quali si ripongono tutte le robbe, che vengono per mare, e nell'altra quelle vengono per terra; & di più trè ordini de magazeni, l'vno sopra dell'altro, che in tutto sono num. 67.

11 Delli quali i primi sedeci di basso, seruono, & hanno soluto seruire per li formaggi di Sicilia, e Sardegna, che vengono à venderfi in detta Regia Dogana, e per lo Arrendamento del ferro, E gl'altri delli due corritori più sopra sono di num. 47. nelli quali si ripongono sete, panni, drappi, telarie, speziarie, & altre robbe di prezzo, e si danno, e distribuiscono per lo Magnif. Doganiero à quelli negotianti, e mercanti, che ne tengono bisogno; La qual R. Dogana, e suo Tribunale, si regge, & amministra per vno Doganiero, e sette Credenzieri, che sedeno nella banca grande di detta Regia Dogana, per trè Sballatori, e Credenzieri di quella, che sedeno in vn'altra banca appartata, per vno Pesatore, e misuratore, e per il Mastro d'Atti, e Credenziero di detto pesatore, in vn'altra banca, e per il Guardarobba di detta Dogana; quali Officij sono in se distinti, e diuisi, e si reggono nel modo infrascritto.

12 Il Regio Doganiero è capo del detto Tribunale, l'officio del quale è di mirare all'esercitio, & espeditione delli negotij, e che se facci il debito à ciascuno, e di fare reggere Dogana, li dì, & hore solite, e debite secondo li tempi, commettere le cause, & informationi così d'interessati, come d'altri incidenti, e cose sogliono accadere, prouedere alcune differenze momentanee inter partes, & è causa della parte dell'interessati, che toccano alla Regia Corte, e ne fa libro, e tiene di prouisione duc. 400. l'anno.

13 Il Credenziero della pecunia, tiene pensiero di fare libro intitolato, *Totius pecunia*, nello quale nota, e scriue tutte le speditioni, tanto di mare, come di terra, e fare l'estime delle mercantie, conforme alla Regia tariffa, e secondo li tempi, e valuta in quelle robbe, doue non è tariffa, & in quelle cacciare li debiti diritti secondo la natura delle robbe, & estrahenti, e nota ancora tutti li priuilegiati, e franchi, che non pagano deritto, e così le robbe, che si danno per vso, tanto de Cittadini, come de Monasterij, & altre persone, e firma tutti li responsali, e bullette, che si fanno per li Regij Credenzieri, così d'estrattioni, come d'immissioni, tanto de deritti, come de franchi, e per vso; tiene di prouisione duc. cento l'anno, e tiene pĕsiero di far libri appartati delli nuoui Imposti, come sono, sete, vini, ed altro.

14 L'officio di Credenziero incontro quello della Pecunia, tiene pensiero di far libro all'incontro di detto Credenziero della pecunia, và per le fiere della giurisdittione giontamente con lo Sballatore, come sono, Salerno, Auersa, Capua, Atripalda, à notare tutte le robbe, ch'in quelle fiere vengono d'extrà Regno soggette al Regio fundico, e far l'estime secondo le tariffe; tiene di prouisione duc. cento l'anno.

15 Il Credenziero dell'immission di mare tiene pensiero di far vn libro chiamato, *Immission di mare*, nello quale haue da scriuere, e notare tutte le robbe, e mercantie, che vengono per mare da qualsiuoglia parte, con distinguere lo nome delli vascelli, e padroni di essi, da doue vengono, e di chi sono le robbe, e la quantità, e di quelle poi, à suoi tempi, farne le bullette secondo delli mercanti, e padroni di robbe sarà richiesto, e così anche li *responsali* dell'immissione di dette robbe, e di più vn'altro libro, doue notare tutte le robbe, che vengono, vt suprà, e che passano sballamento, dalli quali suoi libri, in dorso di quelle partite, haue da leuare da conto tutte le robbe, che si spediscono, conforme allo libro, *totius pecuniæ*; tiene di prouisione docento l'anno. E di più tiene pensiero di

ticericeuere, e conseruare tutti li responsali tanto di seta, quanto d'ogn'altra cosa, che li sono presentati dalle Parti, così delle Dogane, e terre del Regno, come d'extra Regno, e di quelle poi farne fede nelle bullette, quando occorre.

16 Il Regio Credenziero di terra tiene pensiero di fare il libro intitolato, *Salmarum*, nel quale hà da scriuere, e notare le robbe, che s'immettono per terra in detta Regia Dogana, con distintione de' nomi, e cognomi, de' mulettieri, e salmatari, e da doue vengono, la quantità delle robbe, e di chi sono; & vn'altro libro intitolato, *lo sballamento di terra*, doue nota tutte le robbe, che vengono per terra, e patono sballamento, e fà le bullette, & espeditioni, e conserua responsali, sin come si è detto, conforme à detto Credenziero di mare, & è officio borgensatico.

17 Il Regio Credenziero della noua gabella tiene pensiero di notare tutte le robbe, tanto quelle, che s'immettono, quanto quelle, che s'estraeno per mare da forastieri, e caccia per deritto grana sei per onza, e di più fà vn'altro libro intitolato, *delli franchi, e priuilegiati*, doue nota detti franchi, e che deritto doueriano pagare, se non fossero franchi, e di più fà poliise d'estrattione per detti franchi, e forastieri, e responsali del pagamento, che fanno, e della franchitia, che tengono, & alcune plegiarie, delli franchi, ch'estraeno per fundico regio; tiene di prouisione docati ottantaquattro l'anno.

18 Il Regio Credenziero dell'vso tiene pensiero di far libro di tutte le robbe, che si danno per vso à Cittadini, Chiese, all'arte della lana, e seta, fare li responsali, e bullette delle robbe, ch'escono per vso, tiene di prouisione doc. cento venti l'anno.

19 Il Credenziero del Regio fundico, il quale fà libro, & in esso nota tutte le partite delle robbe, che pagano la ragione del Regio fundico, e fà li responsali, e bullette delle robbe, che si estraeno, che pagano lo Regio fundico, tiene di prouisione doc. cento cinquanta l'anno, & è officio borgensatico.

20 Il Regio Sballatore non fa libro, ma solamente hà pensiero di vedere, riconoscere, e sballare tutte le robbe, che si sballano così per mare, come per terra, e riferire alli Sballatori suoi due compagni, e credenzieri la qualità delle robbe, e di più và per le terre della giurisdizione della Regia Dogana in compagnia del Credenziero incontro la pecunia, come di sopra è detto, & in dette terre tiene il medesimo pensiero, che tiene nella Regia Dogana di Napoli; hà di prouisione doc. cento venti l'anno.

21 Li due Credenzieri, è Compagni del detto Sballatore, fanno due libri per ciascuno, in vno de quali notano le robbe, che se disballano, che vengono per mare, e nell'altro quelle, che s'immettono per terra, & hanno da fare li trassi delle robbe sballate, che s'estraeno di fuora la Città di Napoli; vno de quali tiene di prouisione docati cento, e quattro l'anno, e l'altro doc. cento l'anno.

22 Il Pesatore, e Misuratore tiene pensiero di pesare, misurare, & estimare tutte le robbe, e mercantie soggette à peso, e misura, che s'estraeno, e spediscono da detta Regia Dohana, quale solamente notà in vno scartafoglio, e di più pesa le robbe, quando entrano in Dogana, e se pongono in magazeno, e fatne libro, così per l'indennità della Corte, come delle Parti; tiene di prouisione doc. sessanta l'anno.

23 Il Mastro d'Atti, e Credenziero di detto Pesatore, e Misuratore, tiene pensiero di tutte informationi, e processi, così d'intercetti, e contrabandi, come d'altro, ch'occorresse, così pro Fisco, & Arrendatore, come *inter partes*, pigliare plaggiarie, e tutto altro, che potesse spettare all'officio di Mastro d'Atti, hà diuersi libri, come è registro degli ordini, e prouisioni, di Sua Eccellenza, della Regia Camera, e d'altri superiori, scriuere li voti delli Mag. Credenzieri nelle cause dell'intercetti, & altro, che occorre, far decreti, notar licenze, che si danno per la Regia Dohana, scriuere, e notare le robbe, che si pesano, e misurano per lo detto Pesatore, e spedirne le bullette d'esse, tenere conto incontro lo Magnif. Doganiero della parte dell'intercetti spettante alla Regia Corte, che peruiene in potere del Magnifico Doganiero; tiene di prouisione docati quaranta otto l'anno.

24 Il Guardarobba, seu Guardiano maggiore tiene pensiero di guardare, e custodire tutte le robbe, che entrano in detta Regia Dogana, & à tempo di feste, & altre hore, che non si regge Dogana, scriuere, e notare le robbe, ch'entrano per terra, e poi darne lista al Magnifico Credenziero di terra, e tirare le robbe, ch'entrano à peso, come sono sete, spetiarie, & altre cose di valuta, acciò che mancando alcuna cosa per sua negligenza, sia tenuto pagarla alli mercanti; tiene casa franca in detta Dogana, e prouisione de doc. cento venti l'anno.

25 Il Credenziero del ferro, tiene pensiero fare libro così dell'introito, come dell'esito, e vendita del ferro, acciaio, pece, & altri ferramenti soggetti alla detta vità, ch'entrano, e se contrattano, e vendono per l'Arrendatori delli ferri; tiene di prouisione doc. cento l'anno.

26 Auuertendo di più, che tutti li sopradetti Ma-

Magnifici Credenzieri sono Giudici, e Commissarij dell'interesti, & altri processi, & informationi, che occorressero à trattarsi, e determinarsi in detta Regia Dogana, etiam inter Partes, come quella, che tiene le prime cause, e si osserua lo stile, ch'è costumato negl'altri Tribunali, & maxime nella Regia Camera, che comincia il Commissario, e poi il più nuouo nell'officio.

27 Quali tutti sopradetti Officiali, cioè ciascheduno d'essi separatamente, e distintamente, oltre le sopradette loro prouisioni, hanno li loro lucri, gagij, & emolumenti, li quali per essersno altre volte stati dati in lista, e nota particolare nella Regia Camera della Sommaria, per ordine di essa, non se ne fà qui mentione, ma si rimette à quella. (quali poi nel 1668. furo stabiliti, ò vero risormati con *Prammatica* dell'Eccellentiss. Sig. Vicerè D. Pietro Antonio di Aragona, che è la 78. in *tit. de Officio Proc. Cæs.*)

28 Si dispensano ogn'anno d'elemosina duc. 13–1–0. l'anno per la Regia Corte, per mano del Magnifico Doganiero, cioè ogni Sabato la tasa.

Deritti Regij, che s'essiggono in detta Regia Dogana.

29 LA ragione del Regio fundico sono grana quindeci per onza.

La ragione della noua gabella sono grana sei per onza.

La ragione del *Ius Dohanæ* sono grana dieced'otto per onza.

La ragione del *Ius exituræ* sono grana sessanta per onza.

La ragione del *Ius ponderis* sono grana cinque per cantaro.

La ragione del *Ius mensuræ* sono tarì vno da centenaro di canne, cioè, de zegrina, arbascio, e triane, e grana dieci per centenaro di canne di cannauacci.

Lo *Ius decimi* sono grana cinque, e mezo per botte de beuenda per extra Regno, si estrae per forastieri.

Lo *Ius fenæ*, di quelle fere d'extra Regno, che s'immettono per Napoli.

Lo *Ius refica*, seù *salmarum* de gr. venticinque per salma, seù carlini sedici per carro delle robbe, che s'immettono per forastieri per mare, e s'estraessero per terra, vel è contra.

Noui Imposti.

30 Carlino vno per libra delle sete, e zaffarane, che si estraeno per fora Regno, e così di quelle, che dal Regno venissero in Dogana, e non mostrassero in Dogana per responsale d'hauer pagato il nascimento nelle Terre, da doue s'estraeno.

Carlini quindeci per cantaro de cannaui s'estraeno per extra Regno, benche sino à qui non se ne sia esatto partita nessuna, per non essere accaduto farsene estrattione alcuna con tal pagamento.

31 La grancia della gabella di Piazza maiore, si essige nella Regia Dogana à ragione di vno tarì per onza delle robbe, come sono cannelle, anci salme, & altre robbe spettanti à quella.

Lo buon denaro della Città à ragione di vn tarì per onza di tutte le robbe, che s'estraeno per Napoli, ò per fore contrattate, & è diuiso in otto ottaue, cioè cinque della Città, che s'arrenda, e trè ottaue de particolari, che si fanno in demanio, ben vero, che della carne salata, e formaggi non s'essige à ragione di onza, ma à ragione di grana trè, e terzo per cantaro, e dell'ogli, grana quattro per staro di quelli, che vengono per mare, e di quelli vengono per terra, denari vendi per staro.

La gabella del Medaglio del Magnifico Gio: Battista Grisone, ch'è vno tarì per cantaro di tutti li cannaui, così lauorati, come rustici, sarciame, corde, e spaghi, che si estraeno per mare.

32 Sono di più la detta Regia Dogana ventinoue Guardiani Regij, frà li quali vno s'intitola Algozino, e tutti seruono alla guardia, e custodia di detta Regia Dogana, come delle porte di mare, e terra della Città, e se cambiano, e mutano ogni tanto tempo da vn luogo ad vn'altro ad arbitrio delli Magnifici Doganiero, & Arrendatore, qui pro tempore sunt, e l'Algozino tiene pensiero intimare gl'atti, e scritture, che occorrono in detta Regia Dogana, essequire, e fare ogn'altra cosa spettante all'officio di Algozino; tengono di prouisione, ciascuno d'essi duc. trè lo mese, poco più, ò meno.

A D Q V Æ S T. I.

Qualitèr, & quando merces incidant in commissum ob vectigal non solutum.

A N N O T A T I O.

S V M M A R I V M.

VEctigalium soluendorum fraudes odiosas esse, easq; in fraudantium damnū cedere, indicatur, n. 1. & 2.

Fraudati vectigalis crimen, cur dicatur contrabannum, vel intercepium, n. 3.

Mer-

Merces qualiter incidant in commiſſum, vnà cum continente, n.4.5.6. & 10.

Ius commiſſi, quare pro medietate applicetur Arrendatori, pro altera Regio Fiſco, & quid in deductione expenſarum, à n.7. ad 10. Et in contrabannis, vt dationis in ſolutum Conſignatorijs facta. n.15. & 16.

Intercepti gratia, quibus ex cauſis ſoleat à Regia Curia fieri, n.11. & 12.

Intercepti pœna non adeſt, vbi directus non debentur, n.13. & 14.

Merces commiſſa, an ipſo iure Fiſci dominium ſubeant, eiq; competat reiuenditatio, vel redemptio, ac poſſit de ijs diſponere, nu.17. & 18. & quid ſi fur rem furtiuam non profiteatur, n.19.

Merces ſi profeſſæ ſint, ſed vectigal non ſolutum, vel ex ignorantia, vel ex errore, non incidunt in commiſſum, verùm illud duplicatum ſoluunt, à num. 21. ad 23.

Publicani, an poſſint merces propria authoritate occupare, vel in iudicium deducere, vel poſſit decerni ſequeſtrum, à num.24. ad 27. Recenſetur praxis Regia Camera in cauſis interceptorum, num.28 & 29.

Gabella non petita, an excuſetur mercator, à n.30. ad 32.

Denunciatio mercium generalis, an ſufficiat, ne incidant in commiſſum, à n.33. ad 36. & quid ſi gabellarij dicant, non eſſe ſoluendam gabellam, n.37.

Probatio commiſſi, quomodò facienda, & quibus teſtibus, & an credatur Gabellariorum libris, à n.38. ad 45.

Scientia & ignorantia quomodò præſumantur in Ciue, vel foreſi pro vectigalibus à n.46. ad 51.

Ignorantia quomodò probetur, & quid in hoc Regno ad finem euitandi commiſſi pœnam, à n.52. ad 55.

Cuſtodes debent iter agentes expectare, vt directus accipiant, n.56. & reprobatur opinio volentium, ponendam eſſe pecuniam ſub lapide, vel feneſtra, n.57.

Fraus in non ſoluendis vectigalibus quomodò probetur? Afferuntur plures coniecturæ ad probandum, vel excludendum dolum, à n.58. ad 82. & num.84. & quot requirantur coniectura, n.85.

Vectigalium conſuetudines, & ſtatuta vti odioſa ſtrictè ſunt interpretanda, à nu. 86. ad 89.

Intercepti à manibus Officialium euellens, qualiter puniatur, n.90.

1 IN hac vectigalium materia, quò plus cautelæ, eò plus fraudis ſubeſſe ſolet, vt aliàs aiebat *Flam. de Ambas conſ.98. num.12.* cum tot ſint negotiantium fraudes ad intercipienda, & vſurpanda regia iura, quæ ex mercibus ſolui debent, vel in aſportandis ijs rebus, quæ ratione publicæ vtilitatis abſque Regio beneplacito euehi prohibitæ ſunt, monente *Solorzan. de Indiar. gubern. lib.4. cap.vnic. à n. 63.* vt *quamuis pœna ſit, quæcumque in commiſſum veniūt ea, quæ quis profeſſus non eſt, tamen fallere nos volūt, tamen mille artibus circūſcribuntur;* ſunt verba *Quintiliani in declamat. 341.* Idcircò Principes tributa multiplicant, quia probè ſciunt, omnia

2 non integrè ſolui, & per fraudem ſubtrahi, & gabellarij eaſdem fraudes præſentientes minoris redimunt à Rege, ac mulctis defraudantium damnum plus æquo ſupplent, vt animaduertit *P. Ioſeph Gibalin. tom. 1. de vniuerſ. negotiat. lib. 2. cap. 2. artic. 11 conſectar. 7 circà medium;* Vnde appoſitè *Caſſiodor. lib. 11. var. epiſt. 7. Nam ſua damna potiùs agunt, qui ſub nobis aliqua fraudare contendunt.*

3 Crimen igitur fraudati vectigalis dicitur *contrabannum,* quia contrà edictum facit, qui vectigal non ſoluit, *l. Cæſar. D. de publ.* videndi *Florid. Manfonius,* & *D. Petrus de Salzedo* in abſolutis *tract. de contrabannis;* ſiuè *interceptum,* quaſi rei Fiſco, & publico debitæ interuerſio, & contrectatio, arg. *l. 38. §. ſi debitorem. D. de ſolut. cum concord.* hinc interceptarum pecuniarum reus apud *Sueton in Domit.*

4 Rem autem incidere in commiſſum duplici ex cauſa poſſe, conſtat, ex *Laganar. ad Reg. Rouit ſuper Pragm. de Vectigal. fol. 78. à 2 col. verſ. illud quaro.* Prima eſt, ſi res ipſa prohibita ſit aſportari ad inimicos ex *l. cotem ferro,*

D. de public. vel peculiari lege, aut Principis, vel Supremi Iudicis, qui eius vice fungitur, aliquid duci, abduci, vebiuè prohibeatur, ex *l.* 1. *&* 2. *C. quæ res export. non poss. Peregr. de iure fisc. lib.* 6. *cap.* 5. *num.* 18. *&* 29. quo casu nedum res prohibita, sed etiam nauis, equus &c. eam conducentes, publicano cedunt, ex *cit. Peregr. d. loc.* & latè post alios, ex Regijs *Pragm.* huius Regni, alijs pecuniarijs, & corporalibus pœnis puniri tradit *Cons. Rocc. in tract. de Officijs rubr.* 14. §. 3. *&* 4. *per tot.*

5 Secunda est, si merces præstationi vectigalis obnoxias suppresserit, neque apud publicanos professus fuerit, fraudando iura debita fisco; cuius criminis pœna est, vt merces ipsæ, quæ vehuntur, incidant in commissum, *l.* 1. *&* 2. *C. de vectig. l. commissa* 14. *D. de public. l. cū proponas, C. de naut. fæn. l. qui fiscales, C. de nauic. lib.* 11. & sic confiscantur *Hartm. obs.* 1. *tit.* 48. *lib.* 2. *Rapp. dec.* 50. *par.* 1. *de Luca in animaduers. ad Gratian. cap.* 625. *à num.* 1. ac perdunt etiā
6 animalia merces vehentia, *Salyc. in d. l. cum proponas, Bart. decis.* 178. quod tamen non seruari in nostris gabellis ait *Anna sing.* 125. quem sequitur *Nouar. super Pragm.* 5. *de Vectigal. num.* 3. sed in contrarium declarat, & fundat *cit. Cons. Rocc. d. §.* 3. *per tot.*

7 Ius autem commissi Arrendatori, siuè publicano de iure communi applicatur, ex *l. quis fine, C. de vectig.* vbi *Bald. & Salyc.* alijq; apud *Franc. Personal. de gabell. num.* 24. *Rosenth. de feud. cap.* 5. *de Regal. concl.* 40. *Ansald. de iurisd. p.* 5. *t.* 4. *c.* 3. *num.* 9. Nos supra ad §. 1. *de Regijs Fisc. num.* 31. *&* 32. licet aliter obseruetur in Regia Camera
8 Summ. Regni huius, vbi de stylo medietas tantùm applicatur Arrendatori, reliquum verò Regio Fisco competit, nisi aliter actum sit inter partes, *Author noster hic n.* 1. *&* 3. *&* [illegible] *rn.* 8. *Loyzanar. d. loc. fol.* 783. *col.* 1. *in princ. R. Capyc. Latro consult.* 18. *nu.* 1. *&* 2. *lib.* 1. *de Luca in d. cap.* 625. *nu.* 4. *&* 5.
9 Hoc enim fuit introductum, vt Fiscus faueat, & sustineat partes Arrendatoris in inquirendo, pro punitione delinquentium, ac pro executione pœnæ interceptorum; Et in Capitulis Arrendamenti generalis ferri totius Regni, per Reg. Cam. fuit prouisum, & declaratum, quod deductis diritibus debitis, reliqua quantitas diuidatur inter Fiscum, & Arrendatores; Ex quo colligitur, quod de omnibus interceptis, priùs debent deduci dirictus gabellæ, seu Arrendamenti debiti pro
10 merce intercepta; quò verò ad deductionem expensarum, & quartæ partis debitæ, denuncianti, fuit per R.C. declaratum per hæc verba: *Deducta tertia parte pro gabella sibi debita, reliqua quantitas dimidatur: Item procuret dictus Commissarius, quod compositiones tales fiat, quod satisfacto sibi de expensis, & salario competenti, Curia deinde habeat competens commodum*; Et sic tacitè declarari, & notandum benè, cum alibi hoc non reperiatur, nisi in dicta declaratione facta per Reg. Cam. in anno 1469. in *Reg. Cur.* 5. *fol.* 451. scribit eiusdem R.C. *Pros. Petrus Masturtius* in sæpiùs relato suo *Repertorio m. s. verb. interceptum.*

11 Quando fit interceptum, & dominus nollet litigare, sed Curiæ gratijs se remittit, Regia Camera solita est ei quartam partem donare, vt ex literis R.C. sub die 28. Nouembris 1540. *in Reg. literar. part.* xii. *fol.* 44. *& partium* 2. *fol.* 83. 1540. Imò cum quidam aliquos pannos picis emerit pro vsu sui nauigij, & per Custodes fuerint intercepti per Reg. Cam. prouisum fuit, ex quo erat pauper innocens, & vasallus Reginæ, quod soluendo dirictus, ac etiam satisfactis custodibus, ei fieret gratia, in anno 1498. *in Reg. literar. part.* vii. *f.* 135. & hac ratione *R. Reuert. decis.* 532. *in fine* refert, Regiam Ca-
12 meram pro intercepto cuidam benemerito viro, fecisse gratiam de medietate ad Regiam Curiam spectante; Et ex literis Regis *Ferdinandi I.* expeditis die 10. Martij 1470. mandatum fuit, quod *Hector de Doto* Vicesecretus Aprutij non molestaretur de intercepto,

cepto,

cepto, ex quo dolum non commisit, vt in *Reg.litterar. regiæ.* 3. *fol.*68. *cit. Mafurtius ead.ver.*

13 Regulariter verò dicunt Dohanæ Officiales, quod, vbi non est directus, non est pœna; vnde cum *Galeriardus de Aurifice* arrendator iurium Regni prætenderet, iumenta conducta ab extrà Regnum, & exonerata in Terra *Pessigij* Prouinciæ Calabriæ, & per Officiales intercepta, ex quo fuerunt exonerata, & immissa in loco insolito absq; notitia Officialium, incidisse in commissum; fuit per Reg.Cam. prouisum, quod ea restituerentur parti, quia erát mercés, de quibus soluitur ius ab emptore, & adhùc non fuerunt contractatæ, & sic non dum erant obligatæ directibus Arrendatoris, ex literis R. C. sub die 20. Augusti 1485. *in Reg. com.* 35. *fol.* 39.

14 Præterea cum quidam Aquilanus, qui Asculi beneficia habebat, transiret per passum Introdochi cum equo, & nonnullis pecunijs Marchæ, quas habuerat ex vẽditione frumenti ex d. beneficijs peruenti, & Romã iret pro soluenda pensione, fuit intercepta dicta pecunia cum equo sub prætextu, quod licentiam non haberet, sed quia ex informatione de suprà narratis constabat, fuit per R.C. prouisum, quod sibi restituerentur equus, & pecunia, vt ex literis R. C. expeditis die 20. Martij 1467. *in Reg. comm.* 2. *fol.* 190. *cit. Mafurt. ibid.*

15 An verò contrabanna, & pœnæ cedant in beneficium illius, cui competunt iura exactionis gabellæ fraudatæ, & an Fisci, vel Consignatariorum cõmodis vi dationis insolutum cedere debeant? Hoc in articulo pro ratione dubitandi fuit potissimùm consideratum, quod licet respectu bonorum, quæ incidunt in commissum, eorumq; in acquisitione, instantia pro ciuili habeatur, vt infrà ex *Auth.* nostro *quæst.* 7. attamen non idem quoad cæteras pœnas, quæ fraudantibus ob patratum delictum pro publica vindicta infliguntur, quarum respectu criminalis iudicium est, & sub generali comprehenditur abolitione, *Reg. de Marin. resol.* 1. *cap.* 183. Vnde licet sæpiùs in pecuniarias pœnas incidat delinquens, quia tamen ex delicto proueniunt, Fisco deberi videntur, dùm principalitèr criminis intercepti causa criminalis videtur, quando agitur ad eius vindictam, quibus, & alijs rationibus ad Fiscum spectare præfatas pœnas, etiam si sub trãsactione à reo exigantur, quoniam pœnarum compendia, & sic pœnæ, & obuentiones Fisci sunt, nam dicuntur iurisdictionis emolumenta, & sic iurisdictionis Domino, veluti eiusdem fructus acquiruntur, imò & delicta transigere, & condonare nemo potest, nisi qui habet facultatem à lege, & Princeps transigendo non lædit ius partis pro interesse ciuili, neque dicta facultas à Rege translata vnquàm in assignatarios per dationem in solutum fuit, sed potiùs censentur penès Principem reseruatæ pœnæ, cum non sit facta specialis mentio, cui applicandæ; Hinc Delegatos Arrendamentorum non valere procedere quoad punitionem defraudantium arrendamenta, sed tantummodò ad declarationem interceptorum, bonorũmq; amissionẽ, quò verò ad præfatas pœnas R. Cam. Iudex competens est, vt latè fundauit *R. Consil. ac R.C. Præs. Aslan. Rais* tuque Fisci Patronus in Regia Iunta contrabannorum *in alleg.* penès *Consil. Rocc.* transcripta *in tract. de off. rubr.* 14. §. 1. *à num.* 102 *ad seq.* idemq; *Rocc. ibid. à nu.* 31. *et* 39. *ad seq.* idq; declaratum videri

16 per Regiam Cam. in Decretis generalibus pronunciatis sub die 9. Febr. & 5. Martij 1652. in *frequenti*, dum declaratum ibi fuit, bona intercepta comprehensa beneficio Arrendamentorum cedere, alias autem pœnas, earumque pretium ad Reg. Cur. spectare, ex *Arrest.* 642. *vers. Tertiò similiter prouisum*, & ex relatis per *cit. Rocc. d. loc. num.* 97. notat *Pisanus addit. ad Goffred. de Gaeta. in Rit. R. C. rubr.* 11. *à n.* 19. *ad* 28.

17 Commissum verò tantæ est efficaciæ, vt res, quæ in commissum cecidere, sta-

publicanum. *Gaffred.sup.rit. R.C.rub.2. n.344.* rem autem propria authoritate publicano occupare non permittitur, ex communi Interpretum conclusione fundata, quia nemo sua possessione priuandus, qui citatus non est, *Ang.Aret. syndicatus, de prax.in 6. l.defensionis fa-cultas 7.C.de Iur.Fisc.l.fin.C.de bon.vac.lib.10.* etiam si prędo sit, *c.reintegranda 3.q.1.* vel crimen lęsę Maiestatis commiserit *c.cum secundum de heret.in 6.*

25 sed Mercatores vocari debent coram Magistris Rationalibus, *Gaffred.d. loc.nu.341.* siue coram Prąsidentibus, *num.345.* Hodiè verò coram Delegatis Arrendatorum.

26 Itaq; simile iudicium hac in quęstione tenendum, ne scilicet reuindicatio publicano in casu commissi applicata videatur, si passim sine Iudice eam sententiam dicere posset, *Bald.consil.356. n.2.vol.4. Bertach.de gabell.par.5.q.18. n.45. Peregr.eodem.tit.lib.193. Rol.à Vall. consil.42.num.5.& 6.lib.3. Gramat.decis. 203.num.76. Ventur.eg.cons.consil.lib. 1.decis.de Iur.Fisc.cons.5.in fin. Gabr.de pron.exec.par.1.cap.3.nu.88. Ludouisin. decis.15.num.75. Bordon.in c.cum quod fine regal.num.49. Somm.diss.feud.q.46.53. In C.Steph.de iurisd.p.1.c.9.membr.1.n. 150. Personal.de gabell.n.2. Sicano.de regal.lib.1.cap.8.num.171. In Rap.Consi.de fall.sentent.q.n.num.1.diss.q.6. num.5. Reg.Valenz.cons.52.à num.73.* licet quod nec securitàtem *Bart.in d.l.7. n.4.& 5.& Iaf.in l.2.n.17.D.de iurisd.* sequestrationi locus sit; quod tamen tertiò indubium reuocat *Gabr.de prot. exec.d.c.3.n.84.& dec.190.n.5.* & perquã doctè *Gratt.hispan.Aduocat.lib. 1.cap.73.q.52.* exponitur, vel si alibi rectè conueniri possent defraudantes portorium, in loco, vbi commissum fuisse proponitur, non coguntur se defendere, sed quia plerumq; aduenę sunt, timorq; subest, ne res mobiles sublatę asportentur, & personę aufugiant, quas suspectas prąsumimus, quando immobilia non possident, cautionemq;, & pedes in expedito habent *Gabr.d.par.1. cap.3.num.86.* sequestrum rectè secun-

27 dùm prędictas etiam decernitur, datisq; vadibus hoc sequestrum soluitur, *Steph.de prin.iur.em.pars.14.nu.3.Mers. tran.disp.pt.fin.398.num.15.*

28 At in hoc Regno adest Iuncta Regiorũ Officialium per S.E. Delegata, in qua destinatur Commissarius, & instructo processu, & citato reo super expeditione causę, profertur sententia vel absolutoria, vel condemnatoria; Condemnatio autem solet continere pęnas à *Reg. Pragmat.* pręscriptas; licet pęnam mortis hactenùs reis impositam fuisse, testetur, & tandem *Couil. Rocc.de offic.rub.14.§.14.de mod. procedendi in cauf.contrab.per tot.& nu. 97.* tradit stylum Reg.Cam. in extrahente reperto in flagranti crimine.

29 Imò est animaduertendum, quod in anno 1656. cum fuerit quoddam ferrum interceptum, data cautione in Regia Camera de soluendo iudicatũ, fuit per eam decretum, vt restitueretur, & emptorem informatum, vt in *Reg. Comm.2.fol.89.tit.Prof.Mastarr.cu. d.sua Repertor.ver.Interceptum, Vbi subditur: Et sic virtute prędicta stylum* Cameralis in causa prącensi intercepti quatuor mille sextariorum olei extractorum per *Bartholomæum Gliarelli* Arrendatorem olei, & saponis, cum Regia Dohana Neap. in anno 1653. sub die 5. Decembris decretum fuit per Dom.R.C.Presid. *Franc. Antonium Andreassi*, quod *Iniungatur dictis Gubernatoribus Regia Dohana Neap.ad finem procurandi, & incurrere facta obligatione per Mag. Bartholomæum Gliarelli de stando iuri, & soluendo iudicatum, Magnifici Officiales della Regia Dohana residentes in Ciuitate Caretę non impediant Patronum Lucam Mercera nominatum Tauanus, & merces per locum, vbi est destinata, vt in fol.7. in Actis penes Iudicem Calenzio;* Et eidem in anno 1656. tàm dicti Gubernatores Reg.Dohanę, quàm Reg.Fiscus institerant, declarari oleum incidisse in commissum, & procedi ad illius venditionem vnà cũ Naui, sub cogi ad depositandũ veraliq; pecuniã, & etiam pęnam esse à tarsatione.

30 Ad num. verò 5. in quo *Author noster* conclusionem tradit, Mercatori non prodesse allegare, vt euitet commissum, quod publicanus non petierit ius: annotandum est, non sufficere, quod publicanus non petierit vectigal, & transeuntem non instruxerit, sed sat esse, quod non decéperit profiteri volentem ex *l. fin. §. Diui quoque. D. de public. Guttierez de Gabell. quæst. 3. per tot. Laganar. cit. loc. de Luca ad Gratian. cap. 615. num. 3.* sed quod transeuntes tenentur explorare, si soluitur gabella, aliàs sunt in culpa, nec excusantur, si ignorantiam allegent, de qua verò ignorantia sit hoc intelligendum, post prædicta ex *DD.* per eum *cit.* se remittit *Reg. Rouit. in pragm. 10. de extract. num. 14.*

31 Quæ conclusio licet à prædictis ità firmata sit, non est tamen, quin nos simpliciter in illa transeamus, cum valdè sit controuersum, præsertim in foro poli, non petita vectigalia, an quis soluere cogatur, inter Iuristas, Canonistas, & Theologos Scholasticos, vt tres discrepantes inde extiterint opiniones: Prima, inquam, negatiua, eamq; *Ias. de Aug.* à fortiori tenent, dum legem pœnalem circà vectigalium solutionem omninò obligare contendunt; Altera inter antiqua, & noua distinguit pedagia, vt porè prioris generis, cum iusta præsumantur, ab omnibus soluenda sint arg. *cap. super quibusdam, §. præterea, de V. S.* in nouis verò idem, si notoriè iusta sint, cum autem de iustitia nō certè constat, quilibet potest præsumere de iniustitia, ac non petita non soluere, cum melior sit conditio possidentis. Vltima opinio sine distinctione cōcludit, legem vectigalem obligare ad solutionem, etiam si nihil petatur, quã reprobata media opinione, sequuntur *Hostiens. in summ. tit. de cens. § ex quibus causis in fin. Bertach. de gabell. par. 9. num.* [illegible] *Couarr. in cap. peccatum* [illegible] *Suarez de legib. lib. 5.* [illegible] *18. num. 6.* vbi magis communem Canonist. opinionem esse, & magis receptam, inq; [illegible]

dixit, *Guttierr. de gabell. qu. 3. num. 6. in fin.* latè, ac benè id explicans *P. Ioseph Gibalin. Soc. Iesu lib. 2. de varijs commerc. cap. 2. de gabell. art. 10. n. 2. & 3. & art. 11. consectar. 10.*

32 Eandem verò communem sententiam limitandam, ex quibusdam constat, si certè iniustam esse legem appareat, cum ipsa petitio lege fortior non sit, neque obligare potest; Secundò, si consuetudine contrarium sit introductum, vt puta, quod publicanus admonere transeuntem cogatur, tunc enim in animæ iudicio non obligatur viator, antequam interpelletur, *Guttierr. d. q. 3. Randens. var. resol. cap. 23. nu. 7. Io. Bapt. Thor. in Cod. rer. iudic. cas. 47. nu. 36.* cuius ratio dependet ex traditis per *Gratian. dec. 50. n. 3. Menoch. cons. 98. nu. 34. Bertazzol. cons. crim. 163. nu. 19.* aliasq; limitationes videri possunt apud *Guttierr. d. qu. 3. per tot.*

33 In foro verò fori cōmmunis opinio est, gabellarios nō teneri denunciare transeuntem in solutione gabellæ, sufficere tamen genericam mercium denunciationem, ne res incidat in commissum, tum Gabellarius debeat inquirere species, vt post alios concludit *Episc. Rocca disput. iur. cap. 75. num. 4. & 5.* De cuius tamen conclusione non immeritò dubitandum, nam cum transeuntes profiteri teneantur; Profiteri autem est designare publicano quid, quantumvè vehatur, *Rebuff. in l. 16. §. profiteri, D. de V. S.* quare in loco exactioni

34 destinato publicanum esse oportet, vt ei designatio fieri possit, *Alex. cons. 172. n. 2. vol. 2. Bertach. de gabell. d. par. 9. n. 3. & 21. Ioseph Ludou. comm. concl. 13. nu. 25. Mascard. de prob. concl. 834. num. 12. Gauzzin. de confisc. bon. ampl. 82. num. 3.* aliàs res non caderet in commissum, *Reg. de Marin. ad Reuert. decis. 352. n. 2. Cons. Rocc. de off. rubr. 14. §. 1. n. 36.* Cūq;

35 professio eò tendat, vt cognoscatur quantum vectigalis nomine pendendum sit, sanè si aliundè publicanus mercium quantitatem nouerit, scrupulosa professionis solemnitate ampliùs non est opus, nam licet quando denuncia-

ciatio ad obligationem, liberationem-
vè inducendam requiritur, vaga rei no-
titia non sufficiat, *l. denunciasse* 17. *D.
de adult. Choppin.de iurisd. Andeg.cap.9.
num.*4. ex quo in his terminis *Accurs.*
nihil prodesse putauit, si publicanus
aliundè merciũ qualitatẽ, quantitatẽvè
sciat; attamen cũ ex denunciatione nõ
contrahatur obligatio soluendi vecti-
gal, vt notum est, sed eò fine fiat, vt
quid, quantumvè debeatur, cognosci
queat; inde si semèl sciat, necesse non
est amplius ei memoriam reuocare,
*l.1.in fin.D.de act.empt. l. fin.D.de tran-
sact.l.1.§.6 de adil.edict. Bero.cons.*164.
*n.*14.*vol.*3. *Gutier.de gabell.qu.*38. &
36 si præsente publicano merces, rhedæ,
aut naui impositæ sint, & eas singulas
vidit, amplius ei non significandas esse
scripsit *Rand.var.resol.c.*23.*n.*3.

37 Si verò petit viator, an sit gabella sol-
uenda? Illiq; responderint negatiuè, &
posteà auferãtur ei merces, proptèr ga-
bellã non solutã, hoc facere Publicani
nõ debent, imò tenentur eas restituere
cum alio duplo, *Paul. de Castro in l.in-
terdum. §.Diui quoque,n.*1.*D.de publ.&
vectig.* conferunt *Hippolyt. Riminald.
iun.cons.*724.*num.*98.*vol.*6. *Marquard.
de mercat.tit.lib.*2.*c.*4.*n.*16.

38 Quid autem probari debeat, si pu-
blicanus merces commissas arguatʼ cũ
reiuindicatio ei competat, dominium
ex parte sua probabit, vt eius actionem
experiri possit, item possessionem ex
parte rei, *l.*2.*de prob.l.officiũ* 9. *D. de rei
vind.l.vlt.C.de alien.iud.mut. §. omniũ,
Inst.de act.* ità quod si in vno deficiat,
reus etiam nihil præstans absoluatur,
*l.*4.*C.de edên. l. fin. C. de rei vind.* item
permissu Principis exigẽdi facultatem
habere, neque sufficere quasi possessio-
nem sine titulo, cum de illa lex hic nõ
benè præsumat, *Menoch. cons.*611. *nu.*
18.*& cons.*1125.*n.*17.*Curt.iun.cons.*90.
*n.*2.*Calà de modo art.n.*1314.*Capyc.dec.*
39 77.*n.*7.*&* 8. Et licet credatur Officiali
de attinẽtibus ad eiusdem officiũ *l.ma-
gis puto* 5.*§.ne tamen* 13.*D.de reb.cre. l.
fin.C.de pond.& aur.illat. Ruin.cons.*56.
*n.*5.*vol.*1. prout de custodibus alicuius
passus tradũt *Consil. Rett. de off. rubr.*14.
*§.*1.*nu.*17. *de Luca ad Franch.dec.*379.
40 *num.*4.*in fin.* & an famuli Curiæ sint
idonei testes in hoc? affirmatiuè fundat
tũ *Rett. ibid. à num.* 13. de quibus ob
eorum vilem conditionem satis dubi-
tat *Nouar.in collect.*3.*sup.pragm.*14.*de
extract.num.*8.*& seq.* licet crimen istud
extractionis probetur etiam ex testi-
bus singularibus, vt contrà extrahen-
tes serica per duos testes, item in ex-
tractione frumenti, equorum, moneta-
rũ, auri, &c. ex *Reg.Prag.* scribit *Rett.*
41 *ib. n.*27. Nõ tamen si actor publicanus
sit, illi creditur, cum non possit esse in
causa propria testis, *Alber.in l.*1.*§.quis
quoque n.*1. *D.de off. Praef.Vrb.* si vecti-
gal ad eum pertineat, *l.nullus* 10. *D.de
testib.l.*10.*C.eod. Parisan.de prob. lib.*1.*c.*
4.*num* 4. *Alex.cons.*118.*num.*2.*vol.*2.
*Eberhard.iun.cons.*1.*num.*33. *vol.*1. Se-
cùs si Fisco tota res applicetur, nam
tunc fidem aliquam merebitur, *Bald.
in l.Lictus sufficium n.*3. *D. de his, qui not.
infam.* aut stabitur eius dicto ad inqui-
rendum, non vt super eo fiat condẽna-
tio, & ità etiam cõcludendum de eius
libro ex eadem ratione, *l. illud, D.ad l.
Aquil.* nisi publica authoritate sit ele-
ctus, *l quidã* 9 *§.*1.*D.de edend. Hartm.*
1.*obs.tit.*17.*obs.*4 *in fin. Person.de gabell.
num.*36.*Tilem.de Benig syntagm.*2.*dec.*
4.*vol.*1.*num.*18.*Farinac.dec.*618. *nu.*2.
*Mod. Pistor.cons.*6. *n.*30. *vol.*2. *Anony-
mus cons.*43. *pag.*268.*col.*2.*Spir.impress.
Surd.cons.*336. *nu.*1. *Scacc.de iudic.cau-
sis.cap.*11.*num.*121. *Gratian.decis.*137.
*num.*1.*Ant.Rulant.de commission.lib.*3.*c.*
10.*num.*4. *Germo de scrips.priuat. tit.de
libr. ration. Gabell. per tot. De Luca ad
Gratian. animadu. ad cap.* 737. *num.*5.
quod non est sequendum respectu ter-
tij, cum quoad actum solutionis proce-
dat, *Menoch de arbitr. cas.*91. *num.*15.
*Bertaz. cons.crim.*15. *nu.*13. & ex Cre-
42 denzeriorum libris non probari per-
ceptionem fructuum gabellarum, post
Reg. Reuerter. fundat *Reg. Galeot. resp.
fisc.*17.*num.*48.*Pisan.ad Gaetam sup.rit.
R.C.rubr.*33.*de excomput.num.*58.

43 Negatiua quoq; solutionis nõ proba-

tur

tur ex libris gabellarij, vt post alios
tradit *Epist. Rott. disp. iur. cap. 75. nu. 8.*
sicuti & ipsis Gabellariorum libris fi-
des non est præstanda, quoties de ga-
bella dubitari contingit, & generali-
tèr non credendum, quando de tertij
præiudicio agitur, idem *Epist. Rott.*
disp. iur. cap. 77. à num. 9. ad 12. Vnde
44 si quis in Collegium lanificorum re-
ceptus, pro licentia texendorum pan-
norum certum vectigal dependat, de-
scriptus in libro Publicani, quod illud
soluerit, non inde probatur esse de
Collegio, *Ant. Cioff. cons. 103. num. 1.*
vol. 1. fides etiam eidem libro immi-
nuitur, si error in eo commissus sit, post
Ferret. de gabell. num. 193. Bertaz. cons.
15. num. 23. teneri autem publicanos
edere eius libros rationum, non in
odium ipsorum, sed ne fraudes com-
mittant ex *l. 3. § illicitas, D. de Off. Præs.*
Peregr. de iur. fisc. lib. 6. tit. 3. n. 17.

45 Obligari etiam probare scientiam
publicanum in transeunte eo in loco
vectigal soluendum, cum scienda sit
de substantia delicti, & sit probanda
cum suis qualitatibus in specie, & non
in genere, *Ias. in l. si per errorem nu. 10.*
D. de iurisd. omn. iud. Natt. cons. 225. nu.
4. aliter præsumptio ignorantiæ for-
tior est præsumptione scientiæ, *Caber.*
dec. 71. num. 35. quod tamen non mili-
46 tat in Ciue ad patria vectigalia, cum
præsumatur, imò teneatur scire statuta,
Ias. in l. is potest n. 72. D. de acqu. hered.
Cephal cons. 720. n. 7. Bursat. cons. 322. n.
4. Personal. de gabell. num. 18. Bertr. cons.
51. num. 1. & 2. & etiam in forensi, si
frequentèr in loco statuti versetur, ve-
rum dixit *Rim. iun. cons. 323. n. 1.* si con-
tinuè ibi fuerit, *Marell. Calà de mod.*
artic. gl. vn. § 2. num. 1140. quod tamen
declarant *Paris. cons. 75. nu. 13. Man-*
son. de contrabann. qu. 9. per tot. Goffred.
de Gaeta in rubr. 3. de Fundico Flagelli
num. 16.

47 Et ignorantia præsumitur, si publi-
cationis tempore Ciuis graui morbo
detineatur, vel absens sit, *Afflict. decis.*
290. num. 30. Seraph. de priuil. iur. priu. 4.
num. 174. Modica dilatio statuto data,
Asin. de exec. cap. 38. num. 11. aut si non
48 insertum volumini statutorum, *Seraph.*
d. loc. num. 177. vel nouissimè Ciuis ad
locum habitandi causa venerit, *Bert.*
cons. 57. num. 9. & 10. In forensi verò
negatiuè ex *l. quæ situm 76. § fin. D. de*
leg. 3. l. 14. D. eod. cap. nam & ego, vbi *gl.*
de V. S. Specul. in rub. de Const. num. 7.
Sanch. de matrim. lib. 3. disp. 18. num. 4.
& seq. Pisan. ad Gaet. super Rit. R. C. rub.
3. num. 104. Quod tamen secùs est in
delictis iure præsertim communi tali-
bus. *Io. Tuttier. lib. 4. pr. qu. 29. num. 2.*
13. 14. & seq. Farin. crim. qq. 24. n. 164.
49 At quia communis consuetudo est, vt
omnibus territorij Dominis vectigal
soluatur, & secùs facientibus pœna
imponatur, *Guttier. d. l. qu. 42. num. 1.* Et
sic supina esset ignorantia, si de loci, ac
potius consuetudine non se informet,
gloss. in c. illa autem. ver. venerit 12. dist.
arg. l. vlt. § Diui quoque, D. de public. &
ignoret ea, quæ publicè nota sunt, *Bert.*
d. cons. 50. per tot. & cons. 97. num. 3. Per-
sonal. de gabell. num. 9. Guazzin. de con-
fiscat. bon. concl. 13. ampl. 82. nu. 9. Kapp.
decis. 50. num. 26. Bargal. de dolo cap. 5.
num. 22. & seq lib. 2. Bostrabol. de feud.
cap. 5. de Regal. conclus. 37.

50 Limitari verò in vectigali, quod in
rebus pro vsu exigitur, veluti contra
ius commune, aiunt *Bert. d. cons. 97. num.*
11. Alex. Raud. var. resol. c. 23. num. 33.
Vel esset nouum, & omnibus nō adhuc
notum, *Rol. à Valle cons. 42. num. 14. &*
16. lib. 3. Gayll. 2. obs. 48. num. 23. qua de
causa solent vectigalium tabulæ su-
spendi, vt sint viatores admoniti in lo-
cis, vbi exiguntur, *Choppin. de iurisd.*
Andeg. cap. 43. num. 6. Author noster in-
frà in § 12. *de gabella Sbarrar. n. 6. & 7.*
Vndè optimè in hoc Regno Nea-
51 politano Clementissimus Rex noster
generalitèr edixit, vt exactores ve-
ctigalium, siuè passuum, locum eli-
gant in itinere, in quo exigãt, & omni-
bus notus sit exactionis locus, ibidem-
què insignia, & arma lapideis marmo-
reis, vel pictura erigant, vel insculpi
faciant, & modus exactionis, ac solu-
tionis statutus, magnis literis in mar-
more,

more, vel penicillo insculptum appa-
reat, *Camill. Borrell. d. cap. 11. num. 110.*
At *Caligula* Imperator vectigalia, quæ
indicebat, noua, minimè proponebat,
vt per ignorantiam scripturæ multa
commissa fierent, *Suet. in eius vita.*

52 Iuramento etiam ignorantiam pro-
bari, *Calà d. l. num. 660. Person. d. loc. nu.*
28. Odd. de restit. in integr. qu. 38. art. 6.
num. 51. Reg. de Marin. ad Rev. dec. 434.
num. 6. & lib. 2. resol. 194. num. 9. dum-
modò præsumptio scientiæ non mili-
tet, *Menoch. de arb. cas. 186. num. 7. &*
de recup. poss. rem. 16. num. 36. Raudens.
d. c. 23. num. 11. vt puta, si ignorantia
verisimilis non sit, *Carber. decis. 71. n. 2.*
53 *& 3.* quinimò si infamia laboret, de-
bet expurgatores secum habere, *Asin.*
d. cap. 57. vers. secundò limit. quod est
notatu dignum, ne mercatores iuue-
nes, & rudes ab hac innocentiæ proba-
tione excludantur, *Raud. d. cap. 23.*
num. 56.

54 In nostro Regno verò, & hac Ciui-
tate ignorantia non excusat ad finem
euitandi pœnam interceptam pro ve-
ctigali non soluto in loco, vbi est de-
stinata solutio, eò magis in gabella an-
tiqua, secundùm *decis. Reg. Reuert. de-*
cis. 552. num. 1. & 2. imò quod hoc iu-
re vtimur, tradit *Reg. de Marin. in obs.*
num. 1. Capon. tom. 4. discept. for. 313. cap.
3. num. 2. Quod, quia iniquum videtur,
55 non simplicitèr admittendum, sed in-
telligendum, vt suprà, de ignorantia
supina, quæ non excusat, *Surd. cons.*
356. num. 17. & 28. Goffred. de Gaeta
super d. rubr. 3. num. 49. Io: Brunnemann.
in comm. ad Pandect. vol. 2. ad l. fin. nu. 1.
D. de public. & cum distinctionibus præ-
dictis, & secundùm traditas conclusio-
nes per nostros Regnicolas, vt sunt
Thor d. cas. 47. Reg. Capyc. Latro d. con-
sult. 18. Consil. Rocc. de offic. d. rubr. 14. §. 1.
56 vbi ex *d. Reg. de Marin.* adducitur, quod
debent Custodes, qui sunt tot latrones,
commorari in loco solito, & destinato,
& ibi iter agentes expectare, & debi-
tas peragere diligentias, aliàs ad nihi-
lù tenebitur trāsiens, traditq; etiā *Bor-*
rell. d. c. 11. n. 109. & diximus *supr. n. 34.*

57 Neque illorum probanda est opi-
nio, qui aiunt, debere poni pecuniam
sub lapide, vel in fenestra, vt gabella-
rius veniens eam inueniat, quia posset
dari casus, vel quod alter pecuniam
furaretur, vel gabellarius illam inue-
nisse negaret, vt monet *Seraph. Massin.*
de confiscat. qu. 21. num. 33.

58 Dolus verò, & fraus ex directo
probari non possunt, nisi Dominus, vel
vector mercium fateatur, quod sine
solutione pedagij territorium transie-
rit, licet sciuerit eò loci vectigal sol-
uendum esse, quo in casu conuictus est,
cap. constitutus de restript. Calà de mod.
art. glos. vn. §. 2. num. 635. Crauett. cons.
115. nu. 1. vbi clariórem probandi mo-
dum viu esse dicit, at si extraiudicialì-
tèr fateatur, illa confessio semiplenam,
sæpiùs autem iterata, plenam inducit
probationem, *Menoch. cons. 1108. n. 2.*
& 3. Sed si confiteatur se portorium
non soluisse, sed cum licentia publica-
ni, an ea pro negatiua habenda, vel di-
uidenda? & diuidi eam debere, cum in
genere prohibitorum versemur, post
Bald. cons. 79. num. 2. vol. 2. tradit *Pa-*
rian. cons. 98. in fin. & qualitèr possit
59 qualificata confessio in specie frauda-
tæ gabellæ scindi, præcipuè, quando
continet diuersa facta in diuersis locis,
& temporibus, habeatq; præsumptio-
nem contrà se ex negatiua solutionis,
veporè in libris datii nō descriptæ, latè
declarat post alios *Episc. Rocca disput.*
iur. cap. 80. à n. 8. ad seqq.

60 Cum verò ex confessione nihil re-
sultet, ad coniecturas recurrendum,
quas per allegantem dolum probari
oportet, *l. quoties 13. §. qui dolo, D. de*
probat. Io: Vinc. Hondед. cons. 103. num.
19. & 20. Farinac. qu. crimin. 89. n. 3. &
5. Card. Mantic. de coniect. vlt. vol. lib. 2.
tit. 7. num. 1. Thor. in Cod. rer. iud. d. cas.
47. num. 23. Idq; ea ratione, quia dolus
61 est quid latens in animo, & sic per
coniecturas, præsumptionesq; hæc pro-
batio perficitur, *l. dolum 6. Cod. de dol.*
cap. 2. de renunc. l. non omnes, §. à barba-
ris, D. de re milit. Farin. d. qu. 89. nu.
16. Iac. Philipp. Port. cons. 93. num. 9.

quod ex priuilegio datiarijs indulto, vt possint per coniecturam fraudem vectigalis probare, docet *Hyppol. Marsil. singul.* 168. ex *Alex. cons.* 189. *num.* 2. *vol.* 7. *&* *cons.* 143. *nu.* 7. *vol.* 6. *Sim. de Prat. cons.* 55. *num.* 5. *vol.* 1. *Viu. dec.* 157. *num.* 1. *Marcabr. ab Anguil. cons.* 18. *nu.* 182. *Anonym cons.* 43. *p.* 168. *vol.* 1. *Spir. impress. Consil. Rott. d.* §. 1. *num.* 28. sed quia criminale hoc iudicium est, & quidem de iure canonico publicum, *Peregr. Iannin. inter cons. Farin.* 8. *n.* 40. *vol.* 1. Igitur non aliæ, quàm luce meridiana clariores probationes recipiëtur, *Famian. Cancelin. in add. ad cons. Farin.* 50. *lit. A.* cùm non semper ad pœnam corporis afflictiuam agatur, *Cather. decis.* 117. *num.* 7. *Natt. cons.* 633. *n.* 8. *Farin. cons.* 2.

63 Coniecturæ autem plurimæ à *DD.* enumerantur, inter quas præcipua illa solet esse, quæ ex personæ conditione desumitur, qui enim semèl fraudauit gabellas, in posterum idem fecisse creditur, *Tiraqu. de pœn. caus.* 10. *num.* 6. *Mascard. de prob. concl.* 532. *num.* 118. Malus enim non solùm in eodem genere delicti præsumitur, sed & in alio connexitatem cum eo habente, *Rip. de peste*, § *demum num.* *n.* 96. cumq; referens *Menoch. d. cons.* 1108. *n.* 6.

64 Quemadmodùm in homine bonæ conditionis, & famæ tollitur omnis suspicio, & errore potiùs, quàm mala intentione impegisse in legem vectigalis creditur, *Castrens. cons.* 412. *num.* 3. *vol.* 2. *Rol. à Vall. cons.* 21. *nu.* 45. *&* 73. *vol.* 3. *Bert. cons.* 60. *num.* 25. *& cons.* 96. *num.* 18. *Farin. d. qu.* 89. *num.* 44. *Menoch. de arbitr. cas.* 309. *num.* 10. *Bera. cons.* 164. *nu.* 7. *vol.* 3. *Rim. iun. cons.* 616. *num.* 17. *Berta. uzol. cons.* 346. *n.* 10. *lib.* 2. *Reg. Capyc. Latr. consult.* 18. *num.* 9. *Cons. Rott. de off. rubr.* 14. §. 1. *num.* 42. *&* §. 6. *num.* 30. quæ præsumptio coadiuuatur,
65 si à Domino, cuius vectigal defraudasse arguitur, recentèr beneficio affectus sit, *Menoch. cons.* 98. *num.* 33. nam malam gratiam velle rependere non putatur: et voluntas, ac propositum in omnibus magis attenditur, quàm exitus, & causa quælibet est apta ad excusandum à dolo, *Pisan. ad Goffred. de Gaet. super Rit. Reg. Cam. rubr.* 3. *num.* 4. *&* 6.

66 Similitèr coniectura doli exclusiua concurrit in pupillis, modò intrà diem tricesimum vectigal pensent, *l. Imperatores*, §. *ult. D. de public.* & in minoribus *l. si ex causa* 9. § 3. *D. de min.* Vnde restitui solent in integrum, *Boss. tit. de fraud. vectig. num.* 10. *Rim. cons.* 26. *num.* 14. *Person. de gabell. num.* 69. *Maurit. de restit. in integr. cap.* 248. *Massin. de consfisc. quæst.* 31. *num.* 34. Verum tamen est, opponi minori in delictis non succurri, *tot. tit. C. si aduers. delict.* Vectigalia autem non soluere delictum est, vt suprà, & infrà ex *Auth.* nostro *qu.* 6. *&* 7. & ideò minores includi sudat *Rott. d.* §. 1. *à num.* 47. post *Mans. de contra-*
67 *bann. q.* 7. Placet igitur distinctio *Oddi de restit. qu.* 82. *art.* 4. *num.* 38. quod, aut delictum consistit penitùs in omittendo, aut penitùs in committendo: Priori casu minori succurri, non verò posteriori, si deliquerit circà ea, quæ communitèr iure gentium prohibentur, sed non profiteri, aut vectigal non soluere, delicta omissionis sunt; minorem rursùs ipso quoque iure tutum esse putauit, *Alber. in d. l.* 9. §. 5. *Rebuff. de rest. in integr. art.* 1. *gl.* 3. nam currit quædã præscriptio temporalis, *l. Imperatores* 7. *in fin. D. de public. & vectig.* Præscriptiones autem contrà minores ipso iure non currunt, *l. fin. in quib. caus. rest. in integr.* quibus tamen respondit *Odd. d. loc. num.* 50. communem sententiam *DD.* his aduersari, nec sempèr verum esse, præscriptionem temporalem dormire minori ætati, *Odd. d. loc.* si verò culpa tutoris incidat in pœnam, tutor minori ad interesse tenetur, *Bursatt. cons.* 8. *num.* 4. *& cons.* 61. *n.* 5. *Rol. à Vall. cons.* 10. *n.* 22. *lib.* 1.

68 Præterea milites non incurrunt in pœnam commissi, dum illis prospectũ est, ne ob omissam professionem pœna commissi tenerentur *l.* 3. *C. de vectig. & commiss.* quia errore iuris magis, quàm negligentia eam neglexisse creduntur

quod

l.quod adhibitus 5. *C. de his, qui sibi adscrips. Farin.d.qu.89.num.54.* Intelligas
de militibus eo modo, quo explicaui-
mus suprà in *quæst.4.§.1.d.n.47.*

69 Itemq; mulieres, rusticiq; excusan-
tur, qui non dolo defraudasse censen-
tur, *Bald.cons.129. n.2.vol.5. Personal.
5.de gabell.n.65. Ioseph Vrsted. consult.
42.nu.31.* Vnde cum dolo defraudasse
arguuntur, ad iuramentum, doli pur-
gandi causa admittuntur, *Bero.d.cons.
164.num.8.* attamen de rusticis sagaci-
bus adeò benè lex non præsumit, *Ce-
phal.cons.108.n.12. Hier.Caual.comm.
opin.qu.58.n.5.*

70 Nonnullæ aliæ coniecturæ pro frau-
de præsumenda à *DD.* excogitatæ fue-
runt vltrà personarum qualitatem, ex
actu ipso, qui fit, puta, in eo, qui in via
insolita deprehenditur, vt animo de-
fraudandi vectigalis, eam ingressus
fuisse præsumatur, *l. qui fiscales 7. C. de
naufr.d.l.2.l.4. C.de curs.publ.lib.12.l.fin.
D.de ser.diuis.l.2.C.de naut.faen. Rip.de
pest.d.§.deuenio n.90.Cran.cons.215.nu.
5. Afflict.in c.vn.quæ sint regal.verb.ve-
ctigalia n.52. Mascard.de prob. conclus.
473.num.3.& concl.834. nu.13. Kopp.
decis.50.num.25. Fib. Leonis.cons.23.n.
5. N. Eucrh.Prof. cons.45. Marcabr.ab
Anguil.cons.18.num.183.* Eaq; præsum-
ptio plurimum viget, si in loco prohi-
bito multotiès visus sit, *Gramm. cons.
45.n.7.in fin.*

71 Coniectura autem hæc ab itinere
desumpta, fuit per Regiam *Pragm. 23.
sub tit. de extract.* declarata, ibi: *E per
tanto, s'intenda consumato il delitto del-
l'estrazzione, quando sia ritrouato l'e-
stracente con la moneta in luogo vicino al-
li confini, doue verisimilmente si debbia
credere, che detta moneta era per estrar-
si*; de qua adeundi sunt *Reg. de Curt. in
diuers.feud.par.2.cap.3.num.112. Mau-
son.de contrab.quæst.6.num.18.* qui s re-
fert *Reg.de Marin.ad Reuert. in obseru.
332.num.2.*

72 Si tamen in loco suspecto inuenia-
tur, de quo ad plura loca, & ad locum
non prohibitum declinare potest, In-
dex, vel mitiget pœnam, vel inspectis
personæ qualitatibus, aliisq; circum-
stantiis reum absoluat, *Menoch. de ar-
bitr.cas.391.num.8. Guazzin.de confisc.
bon.concl.13.ampl.82.num.6.* Excusare-
73 tur etiamsi iustam causam à recto iti-
nere diuertendi haberet, puta, si hostes,
& prædones viam obsedissent, aquis il-
la inundata esset, vector iustam rece-
dendi haberet causam, *arg. §.1. in fin.
Inst.de iust.& iur.l.1.§.3. D.si quis cau-
tion.in iud. l.fin. §.si per tempest. D. de
public. Mascard.concl.473.num.4. Mar-
cell.Calà de mod.artic.gl.vn. §.2. n.659.
Sais.in cons. Turon.tit.7. artic.3. in med.
Ripa in d. §. deuenio num.87. Laur.de
Pen.cons.141.num.10.Gutier.pract.qu.
lib.4.qu.37.num.8. Raudens. de Analog.
lib.1.cap.30.nu.284. Rosenthal.de feud.
cap.5.de Regal.conclus.39.* vel si mulus,
74 vel aliud animal inueniatur vltrà ter-
minum, & non constat, quod dominus
duxerit, nec incidit in commissum,
*Goffred.de Gaeta super Rit.Reg.Cam.ru-
bric.3.num.59.*

75 Similitèr ex tempore coniectura
oritur, vt qui de nocte inuentus fuerit,
contrà illum præsumatur ad malum,
*c.consuluit, ibi: Ne verò, de off. & pot.
Iud.Deleg. Menoch cons.98. num. 35.* &
76 è contra, qui palam ingreditur, non
præsumitur animo fraudulento voluis-
se delinquere, *l. non existimo 54. D. de
admin. Tutor. Farin. d.qu.84.num.65.
Roman.cons.478. Lancell.Galli.cons.94.
n.10. Ioseph Ludov.concl.25.n.89.in fin.
Bee.cons.96.n.11. Menoch.d.cons.108.
n.8. Bero.cons.104.nu.7. vol.3. Bertaz.
cons.crim.193 nu.2. Mauson. de contra-
band qu.15.Consil.Rocc.d.§.6.n.17.& nu.
55.& 56.* Item extractio mercium pro-
hibetur noctis tempore, vt in *Pragm.
17.§.1.& 8.& Pragm.38.§.3.& 8.de
extraction.*

77 Quemadmodùm, & ex modo conie-
ctura resultat, vt puta si vector socios
armatos secum habeat, tunc enim præ-
sumptio est, quod voluerit resistere pu-
blicano, possessionem mercis ob omis-
sam professionem apprehensuro, *Perso-
nal.de gabell. n.108. Gutierr.d.qu.n.16.*
vbi *in fine* dixit, in rusticis, quibus ar-

ma deferre vetitum, hanc præsumptionem maximè vrgere, idque ante cunctos docuit *Rip.in d.§.deuenio n.49.* Ex prę-
78 cedenti quoque tractatu deferendi merces, absque solutione vectigalis, *Crauett.cons.115.nu.6.* quia nemo præsumitur dicere, quod non velit exequi, *l.3.D.de prob.l.Labeo 7.§.1.* ibi: *Id Tubero, D.de suppell.legat. Rip. d.§.deuenio n.93.Guttier.d.qu.37.nu.12.Farin.cons.30.num.91.Leonin.cons.23.n.5.*

79 Sicuti ex alijs etiam circumstantijs contrarium inducitur, puta si aliquis vir bonus transeunti dixisset, non solui gabellam, pulchrè *Bert.cons.60.nu.14. & cons.96.num.16.Curt.cons.19.num.5. Vermigliol.cons.178.nu.5. & cons.179.num.9.Giurb.obs.dec.31.num.18.& 19. Caruma resol.106.n.5. & resol.107.n.9.*

80 Item si causa deficeret, & excogitari non posset, ex qua ad fraudem perpetrandam commotus fuisset viator, *Farin.d.qu.89.num.55. Bert.d.§.6.nu.18. & 19.* Ideòq; vbi lucrum, & commo-
81 dum non est, *Mascard.de prob.conclus.531.num.4. Ruin.cons.8.nu.5.lib.4. Farin cons.50.num.4.lib.1. Bertazzol.cons.171.num.1.lib.2.* Vel certè modicum,
82 siuè pauca quantitas dirictuum soluendorum, *Farin.d.quæst.89.num.52. Reg. Capyc.Latr.consult.18.num.17. Massin.de confess.quæst.21.nu.30. Vrceol.d.consult.41.à num.39.* cessat doli præsumptio, *Rond.var.resol.cap.23.nu.24. Menoch.cons.98.num.17.* Probè etiam prę-
83 sumptio innocentiæ resultat, si quis vltrò se non soluisse vectigal fateatur, cum tamen negando omnem molestiã euitare potuisset, *Bert.d.cons.96.nu.15.*

84 Cæterasq; coniecturas enumerant *cit. Reg.Capyc.Latr.consult.18.per tot. Bert.d.§.6.à nu.16 & seq.*

85 Plures tamen coniecturas requiri, tàm contrà, quàm pro inquisito, duas tamen sufficere tradit *Decian.cons.32.num.4 lib.3.Crau.cons.153.num.11.in fin. & num.12.* quod tamen admittit *Farin.d.qu.89.num.13.* si præsumptiones graues, non leuiusculæ sint, *l.dolum, C.de dol.Crau.cons.8.nu.9. Hieron.Magon.dec.Lucens.33.num.6. Surd.decis.116.num.44.idem cons.535.num.5.& 6. M.Brun.ab Anguil.cons.18.* vbi circà iuris vectigalis materiam scripsit.

86 Qualitèr verò vectigalis fraudati in materia agi non possit, sine fragrantia, actualiq; apprehensione bonorum, quę in commissum incidisse contenditur, ex quo causa fraudatæ gabellæ criminalis est, & qualitèr non possit prætendi fraus gabellæ, cũ in apothecis mercatorum inueniantur merces non denunciatæ, ex quo debebant gabellarij in introductione debitas adhibere diligentias, vnde negatiua solutionis gabellæ probari nequit ex libris darij, neque gabellarijs esse permissum obsignare merces iàm introductas, latè exponit, & fundat *Epist.Rosc.disput.iur. cap.75.per tot.* & ideò non posse Gabellarios prætendere fuisse fraudatam gabellam, ex quo in apothecis mercatorum inuenerint merces non denunciatas, cum debuerint in ipsarum mercium introductione debitas adhibere diligentias, ex *Crauett.cons.969.n.6.& seq.lib.3. & Vermigliol.cons.178.nu.6.* idem *Epist.Rosc.d.loc.num.3.*

87 In dubio deniquè, est iudicandum pro exclusione fraudis, *Rol.à Valle cons.42.num.16.vol.3.* & sic non esse locum pœnæ, seù condemnationi, *Antiq. alleg.58.num.17.Vrceol.d.consultat.42.num.46.& 47.* cum vectigalis exactionis materia sit odiosa, quantum fieri potest non vltrà proprium, expressumq; casum intelligi debeat, sed intrà limites verborum restringenda, neque vltrà tenorem, de quo impositio loquitur vnquàm intelligenda, & eò minùs extendenda, etiam si adsit identitas, vel rationis directa maioritas, *Bart.in l.si pupillus 21.num.3. D.ad L. Falc. Bald.in L.contract.16.sub nu.3.& 6.C.de fid.instr. & in L.1.num.7. C. quæ sit long.consuet.Bertach.de Gabell.par.1.num.18.Cyriac.contr.186.num.3. Card. de Luca de Regal.disc.72.num.3.Caberr.dec.Pedem.num.7.10.& seq. Carot.dec.99.num.15.Epist.Rosc.disp.cap.77.n.8.* vbi *num.9.* sufficere, quod possit dubitari de comprehensione, vt contrà il-
lam

lam sit iudicandum, post innumeros,
quos cumulat, & in *cap.79.* latè id
etiã fundat, & examinat, concludens,
ea statuta loquentia in casu sim-
plici non esse trahenda ad mixtum, &
88 sic talia statuta, vti odiosa, in eo dum-
taxat casu, & respectu illius materiæ
excquẽda, de qua eiusdem tenor lite-
raliter loquitur, *Goffr.de Gaet.in Rit.R.*
Cam. rubr. 1.n.310. imò & consuetudo
etiam in his non est extendenda *Anth.*
noster infrà *qu. 4. num. 12. Koppen dec.*
quæst.50.num. 1. & ex *Rit.1.R.C.sub ru-*
bric.de Iure Tinctoria, cit. Epist. Rott.
disput. cap.81. per tot. & interpretatio
loci, an sit prohibitus, vel nè, semper
accipienda erit, vt reus absoluatur,
Goffred.de Gaet sub Rit.R.C. d.rubr.1.n.
166. nam pœna à statuto comminata
non habet locum, nisi delicto consu-
mato, idem *Goffred.d.l.num.168.* & sic
etiam pecunia numerata, non potest
confiscari, nisi in statuto prohibitionis
expressa fiat mentio, *cit.Goffr. d.loc.nu.*
174. & inde etiam stante statuto, vt
89 nemini liceat emere, vel vendere sa-
lem, nisi à conductoribus gabellarum,
non comprehenditur portans, vel con-
ducens per transitum, sed is, qui
vendiderit, *Reg.Capyc.Latr. consult.18.*
num.19. vbi etiam, quod bannum con-
trà extrahentes monetas, non compre-
hendit eos, qui introduxerint mone-
tam ab extrà per transitum, & ideò eas
extrahendo, non incidit in commissũ,
ibid.num.20. dicens statutum à causa
regulari, *n.21.* & proindè stante statu-
to, vt nullus emat frumentum in pla-
tea, nisi pro vsu, non comprehendit
eum, qui emit pro vsu, sed posteà pro-
positum mutauerit, *n.22.*
90 Et qualitèr euellens à manibus Of-
ficialium bona intercepta, aut auxi-
lium præstans delinquenti, puniatur
iisdem pœnis, quibus principalis de-
linquens, examinant *Reg. Reuertet. de-*
cis.383. & latè *Conf.Regn. de offic. rubr.*
34.§.11. per tot.

AD QVÆST. II.

Quid si facta est professio, sed vecti-
gal non solutum, negligente Pu-
blicano, an tunc diritus præ-
teriti exigi posśint.

ANNOTATIO.

SVMMARIVM.

PVblicani pro damno ab eorum familia
illato, vel si plus exigant, ad quid te-
neantur, *n.1. & 2.*

Publicanorum nomine, qui adem veniant, n.
3. & an in eis negligentia præsuma-
tur, n.4.

Vectigali ex negligentia, vel remissione
Publicani non soluto, an ipse remittens,
vel mercator Fisco teneatur, num. 5.
& 6.

Distinguitur inter Conductores, & Cre-
denzerios nomine Reg. Curiæ exigen-
tes, à num.7. ad 9. & quid respectu
medietatis pœnæ ad Fiscum spectan-
tis, n.13.

Procurator, vel administrator, an domino
præiudicare queat, à n.10. ad 11.

Remissio vectigalis à Publicano, seù Con-
ductore facta, an Fisco, vel successori
conductori præiudicet, à n.14. ad 16.

Fraudati vectigalis pœna infrà quinquen-
nium datur, & quomodò ista præscri-
ptio militet, à n.17. ad 19.

Diricttus præteriti, an exigi possint, nu.20.
& 21.

Veneti, an sint immunes pro eorum contracta-
tis, & contractandis, n.22.

Immunes, an debeant limitari in extra-
ctionibus victualium ex fundicis Re-
gijs? afferuntur allegationes R. Cam.
Præs. Iacobi Salutij, *à n.23. ad 32.*

Regusei, an sint immunes in Regijs Doha-
nis? adducitur Responsum pro ijs elu-
cubratum, à n.33. ad 46.

Mediolanensium immunitates an sint extin-
ctæ? transcribuntur allegationes, à n.
47. ad 69.

Bartasei, an sint immunes, n.70.

1 Pu-

1 PVblicanorum factiones, quantæ audaciæ, quantæ temeritatis ſint, nemo eſt, qui neſciat, ità vt propter eorum malitias, ac fraudes edicto inductum ſit, quod teneatur Publicanus in duplum pro damno ab eius familia illato, ſi non exhibeatur, *l. quanta* 12. vbi *Gloſ. D. de public. & vectigal. & com.* Cuius legis inſigne exemplum videndum apud *Liu. hiſt. lib.* 25. & *Tacit. lib.* 13. eaq; militat, etiam ſi Publicani poteſtatem exhibendi non habeant, quia illi bonos ſeruos ad miniſterium adhibere tenentur *l.* 3. *D. de public.* & colludere cum furibus, quos in familia habent, plerumq; creduntur, *Eguin. Baro ad l. 7. D. naut. Caup. & ſtab.* non tamen omnes ſeruos dedere cogi publicanum ait *Duar. ad d. tit. de public. c.* 1. *in fin.* Et inde eò magis ſi plus exigat, aut damnum faciat Publicanus, contrà illum vel furti, vel damni, vel vi bonorum raptorum agitur ex *l.* 1. §. *& reſtituendi, D. de public. Amaya in comm. ad C. de exact. tribut. l.* 1. *num.* 19. neque ijs ſolis pœnis ille plectitur, ſi plus exigat, verùm & in duplum dãnatur, & peræquator in quadruplum, *l. peræquatores* 6. *C. de cenſ. lib.* 10. *Amaya ibid. num.* 21.

2 In eos verò, primùm Prætores ex edicto Neronis extrà ordinem ius reddidere ex *Tacit. Cuiac. in Paratlis. D. de public.* Deinde Prætores ipſi ordinariã actionem dederunt, & quidem in duplum eius, quod ademit intrà annum, *l.* 1. *in princ. D. de public.* poſt annum in ſimplum; In duplo verò rem ipſam contineri putamus, *l.* 5. §. 1. *D. de public. l. vlt. C. de ſponſal. Duaren. in tit. de public. cap.* 1. & multis delinquentibus nõ multiplicatur pœna, ſed quod ab vno ſolui non poteſt, ab alijs præſtatur, *l. ſi multi* 6. *D. de publ.* concurritquè hæc actio, vt ſuprà cum furto, & vi bonor. rapt. ſi ſcientèr vltrà debitum exegerit *d. l.* 1. §. 2. *&* 4. *Marc. dec.* 421. *nu.* 1. *vol.* 1. qui autem rem reſtituit ex edicto amplius conueniri nequit *l.* 5. *in princ. D. de public.* & ſi illicitè, publicè, vel priuatè aliquem grauant, puniuntur, & extraordinariè obligantur, *Geffred. de Gaet. ad rit. R. C. rubr.* 2. *nu.* 108. videndus *Conſ. Roccus in opuſc. de delict. Perceptor.*

3 Ipſi igitur Publicani, ſiuè iuxtà propriam ſignificationem legalem intelligamus illos, qui publica vectigalia habent conducta, vt in *d. l.* 12. *in fin. R. Galeot. reſp. fiſc.* 17. *num.* 1. ſiuè eos, qui vectigalia miniſtrant, atq; pro Fiſco exigunt, *l.* 1. *D. de public.* idem *R. Galeota reſp. fiſc.* 22. *num.* 49. ſub quorum nomine Credenzerios *Author* noſter hic *num.* 8. adnectit: Cum ſemper rapaces
4 ſint, negligentia in illis non eſt præſumenda, ſed potiùs maxima diligentia in violentiam frequentèr degenerans, *Gregor. Tholoſ. de Republ. lib.* 3. *c.* 9. *n.* 19. *Gaſp. Klocb. de contribut. cap.* 18. *n.* 263. *cum duob. ſeqq.* poſt alios *Epiſc. Rocca diſp. iur. cap.* 75. *n.* 21.

Profectò *Dom. Regens* noſter hic à *num.* 1. caſum proponit, quando publicanus non quidem rapax eſt, ſed negligens in exigendo datium, ità vt ſi mercator immiſſarum mercium profeſſionem fecerit, non tamẽn datium ſoluerit, idq; non ex dolo, aut eius culpa, ſed ob ſolam publicani negligentiam, aut permiſſum, an tunc præteriti dirictus peti poſſint?

5 Certum eſt, quod licet ad duo teneantur mercatores, ne merces amittant, & ſecuri ſint; Primò, ad profitendum merces; Secundò, ad ſoluendum dirictus, vt ex not. *in l. fin. D. de public.* fundat *Geffred. de Gaeta in lect. ad rit. R. C. rubr.* 3. *num.* 38. attamẽn merces non incidunt in commiſſum, ob non ſolutionem, ac profeſſionem factam, cum publicanus remiſit, ſed ipſe remittens fiſco tenebitur, *cit. Geffred.*
6 *num.* 46. & ſicuti ſi ignorantèr non profeſſus fuit mercator, vel ex deceptione publicani, non amittit merces, idem *Geffr. d. loc. num.* 45. ità quoque à maiori ſi profeſſus eſt, & ex ignorantia, vel conſenſu tacito publicani non ſoluerit, non incidunt merces in commiſſũ, actio tamen fiſco contrà publicanum datur, ex *l. fin. §. ſi quis profeſſus, D. de public.*

public. ibi: *Si quis professus apud publicanum fuerit, non tamen vectigal soluerit, hoc concedatur publicanum non solutum facere. Diui Seuerus & Antoninus rescripserunt, nec in commissum non cadere; cum enim, inquiunt, professionem meritum, commissum cessat, tum poterit satisfieri fisco ex bonis publicanorum, vel fideiussorum.*

7 Ad cuius legis intellectum *Author* noster duos distinguit casus: Primum, nempè in Arrendatore, qui ad sui commodum recipiebat pecuniam, & fisco certam quandam quantitatem ex conuentione soluebat, tunc posse Arrendatorem donare dirictus expressè, & tacitè, quod dum in dies consuetum est fieri, & in d. §. consideratur, ibi: *non solutum facere*; Et sic *Author* loqui videtur in Conductore vectigalium, qui fiscum locantem repraesentat, *Bart. in l. creditor, D. de aff. empt. Salyc. in l. si quis fine, C. de vectigal. & commiss. Bald. cons. 46. num. 3. Peregrin. de iure fisc. lib. 6. tit. 5. num. 35. Goffred. de Gabell. d. loc. num. 61. Caball. resolut. crim. par. 6. cas. 113. num. 10. Alphar. de offic. fisc. glos. 34. §. 2. num. 98.*

8 Poterit tamen, etiam hoc casu fiscus contra mercatorem agere, in subsidium tamen ex *glossa d. l. fin. sub commissum lit. q. ibi: Sed & forte illi, cui est remissum, teneatur in subsidium, &c.*

9 Alter verò casus est, quando exactio pro Curia fit, puta per Publicanos, vel Credenterios nomine Curiae exigentes, & tunc est regula sic, quod huiusmodi Publicanus, siue Credenzerius, non potest prorogare, neque remittere dirictus solutionem, *Goffred. de Gabell. d. l. num. 61. & ex Afflict. R. C. sub rubr. non liceat gabellotto pagare meno de dritti de la Curia. R. Lanar. cons. 37. num. 46. & 47.* Et exactores, ac susceptores regiorum vectigalium, seu tributorum, si ex regio nomine exigant, transigere non possunt inconsulto Principe, *l. nulli 13. D. de transact.* [illegible] *ad eruditè D. D. Franc. Ramos del Manzano in comment. ad l. Iul. & Pap. lib. 3. cap.* [illegible]

10 Attamen id procedere in non habente mandatum generale, cùm aliàs habentem vniuersale mandatum, ex Baldi sententia in *l. pactum Curatoris, C. de pact.* tacitè, scilicet omittendo posse praeiudicare, *Author* noster hic n. 4. sensit, in puncto *Bald. cons. 311. lib. 5.* cùm expressè id facere nequeat, Pro-

11 curatores enim omittendo id, ad quod mandatum eum obstringebat, Domino nocent, *l. cum mandati 23. in fin. D. de min. l. fin. §. 4. Clement. cons. 1. & compromissarius 37. in pr. de elect. in 6. Alex. cons. 93. num. 1. vol. 2. Natta cons. 563. n. 13. Castil. cons. 177. n. 3. Mandell. cons. 19. n. 3.* [illegible] *Menoch. cons.* [illegible] *Gratian. discep.* [illegible] *Franc. tract. de* [illegible] *Laurell. de* [illegible] *Surd. de appell.* [illegible] *num. 118. Marescot.* [illegible] *num. 33. Gallo de priu.* [illegible] *num. 115. & 116.* qui etiam in iudiciali procuratore loquuntur, eadem est ratio in extraiudiciali. *Menoch. praesid.* [illegible] *in fin.* Et *Author* noster num. 5. id exemplo Administratoris confirmat, qui licet expressè Do-

12 mino nocere nequeat, tacitè tamen omittendo scilicet praeiudicare potest, ex doctrina *Salyc. in d. l. pactum Curatoris*, ita intelligendo eum *d. §. si quis professus*, quem siue ita tacita, aut expressa dirictuum remissione à Publicano facta intelligamus, semper eos amplius peti non posse, idem noster *Author* concludit num. 6. & sic mercatorem profitentem, licet non soluentem, publicano concedente, semper securum esse, *Brunneman. ad Cod. lib. 4. tit.* [illegible] *num. 11.* dicens, [illegible] quidem [illegible] aut remittere, sed in sui praeiudicium.

13 Vide *D. Carol. Anton. de Luca in animaduers. ad Gratian. cap.* [illegible] *n. 8. in q.* post relatas *Auth.* nostri conclusiones, hac vtitur distinctione, quod aut mercator fecit professionem, & dedit notamentum, tunc potest Arrendator remittere, tanquam procurator in rem propriam, vel mercator non fuit professus, & tunc si ad Cameram regiam, *Capitulatorum* pertinet pars poenae non pote-

poterit Arrendator remittendo Fisco præiudicare, cui commissi medietas iuxtà Reg. Cam. stylum debetur, ex *Auct.* nostro in *qu.* 1. *num.* 3. *Guid. Pap. decis.* 413. *Larotba cons.* 20. *n.* 12.

14 Præfata verò publicani, siuè Arrendatoris negligentia, aut consensus expressus, siuè tacitus, nec fisco, neque successori vectigalium conductori preiudicat, cum conductores possint exigere, quæ priùs per alios non fuerunt exacta, *Goffred. de Gaeta super rit. R.C. rubr.* 2. *num.* 64. *Ansald. de iurisd. par.* 5. *tit.* 4. *cap.* 2. *num.* 16. *& 17.* & ex duobus Reg. Cam. *Ritibus* fundat *Pres. Lanar. cons.* 28. *num.* 46. & sic dicitur, in præteritum, posse conductorem vectigalium non exigendo præiudicare, non verò in futurum, idem *Lanar. ibid. num.* 48. *& seq.* prout in causa prætensæ immunitatis Venetorum decidit Reg. Cam. contrà illos, non obstante, quod in preteritum integri diricttus non fuerant exacti, ex quo id processit culpa Arrendatoris, vt in *Arrest.* R.C. 192. apud R.
15 *de Marinis*: Imò fiscus conseruauit sibi ius suum, & potuit credere, quod Conductores exigerent integrum debitum, quod si secus accidit, hoc non debet fisco damnum afferre, quia eorū negligentia non debet fisco nocere, vt fundat *Surd. cons.* 454. *num.* 45. *& 46. vol.* 4. nec possunt constituere aliquem in quasi possessione non soluendi, *Postius de manuten. obs.* 50. *nu.* 17. *& seq. &* 646. *num.* 12.

16 Sed vide literas Cam. 14. Nouembris 1464. *in Reg. executor.* 26. *fol.* 148. cū mercator se concordauerit cum Arrēdatore Dohanæ Neap. pro minori pretio, durante Arrendamento, eo elapso coactus fuit à Regia Curia ad soluendum illud plùs, quod minùs soluit, ex quo in præiudicium, & diminutionem iuris diricttus Curiæ soluere nō poterat: Varia fuerunt vota, maior tamen pars, quod benè soluit, & molestari non deberet *in libro notam. Cam.* 1. 1504. *fol.* 2.

17 Aliam insupèr conclusionem *Dom. Regens* hic n. 7. affert, puta petitionem rei, vel pretij, ob vectigal fraudatum, propter quod in commissum pœnæ est locus, non dari, nisi infrà quinquennium, secus post quinquennium ex *L.* 2. *C. de vectigal.* dum dicta commissi actio quinquennij lapsu perit, *Guid. Pap. sing.* 875. *Bertran sing. ver. præscriptio nu.* 9. *Oldend. tr. de præscript. tit. de commiss. in pr. Choppin. de doman. lib.* 3. *tit.* 9. *num.* 7. *Loganar. ad Reg. Rouit. in Pragm. de vectig. lit. A. fol.* 783. *col.* 1. *Rosenthal. de feud. cap.* 5. *de Regal. conclus.* 41. & de ista quinquennali præscriptione videndus *Ian. Langlaus lib.* 12. *Ocij semestr. cap.* 1. nàm mercator, qui Dohanam, vel passagium defraudauit, tenetur per quinquennium de mercibus, vel de pœna, *Goffred. de Gaeta ad rit. R. C. rubr.* 2. *num.* 310. Sicuti etiam tacitè tollitur hæc actio, si post commissum publicanus recipiat portorium, aut admittat professionem, *l. Æmilius.* 38. ibi *diserham, D. de min. Bald. cons.* 256.
18 *num.* 4. *vol.* 6. Quomodò autem dicta præscriptio procedat, si qui vectigal fraudauit, in mala fide esse videtur, ex qua omnis præscriptio excluditur, de iur. can. *cap. possessor de reg. iur. in* 6. Equidem locus est præscriptioni, quia in pœnalibus, etiam cum mala fide illa locum habet, arg. *c. cum confraternitatis* 12. *quæst.* 2. *cap. suam* 9. *de pæn.* nàm præscriptio cum mala fide prohibita est ex causa peccati, enim verò peccatum remitti non potest, nisi restituatur ablatum, sed id, quod pœnæ loco imponitur, ablatum non est, sicuti etiam quia Princeps in rebus fiscalibus certā obligationem inducere, & spatio certo constituto eandem abolere potest, *P. Gilk. de præscript.* 1. *membr.* 1. *cap.* 3. *nu.* 34. *& seq.* vbi contrarijs respondet; sed vide *Guttierez de Gabell. qu.* 3. *à nu.* 26. *ad seqq.*

19 Qua stante conclusione à fortiori concludit idem *Author* noster *num.* 9. quod post quinquēnium cessat petitio diricttuum, cum pro illis actio personalis, siuè condictio ex lege contrà debitorem competat, *l. vn. D. de condict. ex leg. Reg. Salernitan. decis.* 19. *num.* 2. siuè

in factum, cum ex statuto, vel consuetudine vectigal debetur, *Costal. in d. l. vn.* & proceditur executiuè, stante priuilegio manus regiæ conductoribus fiscalibus impartito, *Epist. Rocca disput. iur. cap.76. à num.1. ad seq. de Luca ad Gratian.d.cap.615. num. 1. tom.4.* Pro repetitione verò commissi reiuindicatio spectat, *l.commissa, D. de public. & vectig. Marcell. Calà de modo articul. 2324. Capyc.decis.77.num.7. Marc. decis.421. num. 1.* & ità actionem commissi inducere naturam realis actionis, & vbicumquè res inuenitur, intentari potest, ex *Alex.cons.113.vol.4. & cons. 163.num.5.vol.5. Bursat.cons.619.num. 20.* Idq; eò magis, quia ex *rit. R.C. sub rubr. de Iure fund. §.nemo innitur, & §. fundicus flagelli*, mercibus consumptis, antequàm Secretus intercipiat, nulla datur actio pro diritibus, & sic eò potius ipsis consumptis post professionem factam, quia illa actio personalis, quæ datur pro diritibus, est in rem scripta ex *l. Imperatores, D. de public. Alphar. de Offic. fisc. Glos.20 num.66.*

30 Decisiones verò, quas refert *Auctor* noster hic *num.12. & seq.* non solùm pro Fisco circà præteritorũ diritsuum exactionem non concludunt, sed imò indecisum eundem remansisse articulum memorat, ob dubietatem, quam in illo Regia Camera considerauit, nimirùm, quod stante Publicani remissione, ambiguum sit, an præteriti diritus fisco debeantur; In alia verò causa Venetorum, quam *ibid. num.26.* refert, quia constabat ex prouisionibus Reg. Cam. illum Arrendatorem nunquàm diritus voluisse remittere, sed pro illorum exactione institisse, ideò decretum fuisse in Regio Coll. Cons. ipso *Dom.Reg.* nostro relatore sub die 7.Maj 1568. quod à die expeditionis d. prouisionum possent exigi diritus præteriti, quia censuerunt Iudicantes, quod estò sit in dubio, quando Arrendator expresse, vel tacitè remittit, attamen quando ille instat, & Credenzerij non curant de exactione, quod tunc non fit Arrendatori præiudicium, & ità decisum fuisse; Et nonnullos ex dictis Iusdicentibus substinuisse, *d.§.si quis professus*, loqui in Arrendatore, qui expresse hoc remittit, siuè donat ex *text.* verbis, *concedente publicano*; licet in eadem causa decisionem quoq; compilauerit *Reg. Salernitan. decis.19.* vbi *in fine* determinatum refert, præteritos diritus non deberi.

21 Prout si immunitas prætendatur per Nobiles pro functionibus fiscalibus; & declaratur, quod teneantur soluere, an teneantur ad solutionem pro præterito, & futuro, an à die latæ sententiæ pro futuro, & non pro præterito? & per literas Cameræ expeditas 3. Nouembris 1490. fuit prouisum, quod non soluant pro præterito, sed à die latæ sententiæ pro futuro *in Reg. litterar. part.42. fol.250.1490.*

22 Quoad verò Venetorum priuilegia iàm declarata in anno 1551. extincta, cum fuerint cõdemnati ad solutionem omnium diritsuum, vt fundauit *Reg. Lanar. cons. 65. per tot.* ac decisiones compilarunt noster *Author* hic, & *Reg. Salernitan. d. decis. 19.* non omittimus recensere *Arresta Reg. C. 161. & 162.* apud *Reg. de Marin.* in quibus fuerunt condemnati ad soluendum diritus Dohanæ, & fundici pro oleis contractatis, & contractandis, dùm non habent immunitatem diritus fundici in Regijs Dohanis pro dictis oleis contractatis, & contractandis in Dohanis Hidrunti, Basilicatæ, Barij, & Capitanatæ, & fuisse ad integros diritus soluendos condemnatos, non obstante, quod in præteritum non fuerint integrè ex culpa Arrendatoris exacti, vt in *supra cit. Arrest.190.* & sic fuit per Reg. Cam. consultario deindè expedita sub die 22. Nouembris 1565. *in Reg.Consultan.Cur.1.fol.138.*

23 Deniq; annotandum est, quod sicuti pro oleis determinatũ est, ità quoq; personas priuilegiatas immunes debere limitari in extractionibus victualiũ ex fundicis Regijs, fundauit pro Arrẽdatore Regiarum Dohanarum Apuliæ doctissimus Fisci patronus *Dom. Iaco-*

 bus

bus Salutius, deindè Reg. Cam. Præsidens, summopetè laudatus à Reg. *de Ponte de potest. Proreg. tit. 3. §. 7. nu. 15. in fine*, Reg. *de Curte in resol. feudal. possessionis cap. 5. num. 126.* Reg. *Capyc. Latro consult. 48. num. 08.* Eius igitur *allegationem* inter alias nostras manuscriptas repertam, hic imprimendam duximus.

IVRIVM ALLEGATIONES PRO

Magnif. Arrendatore Regiarum Dohanarum Apuliæ.

EX pluribus fundatur, quod personæ priuilegiatæ, & immunes, debeant limitari in extractionibus victualium ex fundicis Regiis.

24 Primò, quia retroactis temporibus, & præcisè attento tempore concessæ immunitatis, omnes ferè negotiationes in Dohanis Regni exercebantur per exteros, & sic modicæ erant extractiones, & negotiationes, quæ fiebant per homines illorum locorum priuilegiatorum; quæ paucitas negotiationum potuit mouere tunc Principes ad sic concedendum, & non est credendum tempore concessionum simile cogitasse, tam vastã negotiationem personarum immunium, vnde licet beneficium Principis, plenissimam recipiat interpretationem *l. fin. ff. de const. princ.* non tamen debet extendi ad casum, de quo non est verisimile, Principem cogitasse, *cap. expositæ extr. de arbitr. & cap. super eo extra de offic. deleg.* ita *gloss. fin. in summ. vt de successionibus col. fin.* & rursus illa latissima interpretatio in beneficio Principis procedit quoad expressa tantùm, *Isern. in cap. Imperialem in princ. num. 4.* vbi *Camer. fol. 44. litera S. de prohib. feud. alien. per Feder. & Loffred. cons. 38. num. 16.* vnde immunitas concessa non potest extendi ad casum non cogitatum, & non expressum, tàm magnæ negotiationis personarum immunium.

25 Secundò, in tantùm attendi debet paucitas negotiorum secundùm tempus concessæ immunitatis, vt quamuis sit auctus numerus personarum immunium negotiantium, tamen immunitas debet seruari secundùm quantitatem, negotiorum illius temporis, quia non est verisimile, quod Princeps in infinitum voluerit obligari, *l. si quis vena ex fin. de peric. & commod. rei vend.* Si quia liberalitas ad competentiam debet reduci, si ex ea oritur grauamen, *cap. ex parte extr. de censibus*, & *Bar.* latè *in l. fin. princ. C. de Sacros. Ecclesf.* vnde si procuratio exhiberi promissa si fratribus alicuius ordinis ab initio non grauabat propter paucum eorum numerum, si postea fratrum numerus nimium creuerit, debebitur procuratio ad primam mensuram, *text. in cap. quante extra de censibus*, & sic habens molendinum, si promisit gratis molere alicui, & familiæ, quæ est nimis fit aucta, nõ tamen tenebitur omnibus gratis molere vltrà primum numerum, *Imol. in clem. litteras num. 10. de rescriptis*, & promittens soluere omni anno decem, pro anniuersario cuilibet canonico alicuius Ecclesiæ, quorũ numerus est in iis excreuerit, non tenebitur omnibus præstare, sed secundùm numerum, quod erat tempore promissionis, *Bal. & Salycet. in l. non modus, C. de seruit. & aqua.* Rursus facta concessione alicui, quod in aliquo nemore possit ligna incidere pro se, & familia, illo mortuo superstitibus multis filiis, omnes simul tantùm incidere possunt, quantum pater incidebat *l. cui fundus in fin.* vbi *Doct.* per illum *text. ff. de condit. & demon.* sic demùm si pistor promisit gratis coquere panem alicui, & familiæ, sequuto familiæ augmento, non tenetur coquere panem vltrà modum solitum, prout firmant *Doct.* in locis prææallegatis, *Iaf. in l. quoniam num. 138. de fideicom.* *Barr. Capoll. de seruit. vrb. præd. cap. 50. num. 4.* & *Cephalus cons. 275. lib. 2.* & sic priuilegium immunitatis nõ debet extendi in infinitum, sed obseruari secundùm modum, & mensuram, attento concessionis tempore.

26 Tertiò, nam verba concessionis immunitatum, debent intelligi moderatè, & ciuili modo, ità quod non absorbeantur omnes ferè dirictus, *l. in summa, §. fin. ff. de aqu. pluu. arc. & l. si cui, ff. de seruit.* vnde semper in concessione tacitè excipitur immoderatum incommodum, *Isern. in §. si quis de Manso n. 14. in fin. de contr. inuest. & in §. huius autem generis, num. 9. ex quib. caus. feud. amitt.* & ideo in laudo arbitrorum potest peti reductio ad arbitrium boni viri propter enormem læsionem, quia non est verisimile, quod compromittens hoc senserit, vt enormiter læderetur *l. si libertus ità, ff. de oper. libert. arg. l. in aquilliana, ff. de transact. & l. fin. §. idem quæsit. ff. de condict. indeb.* quapropter si data est potestas arbitrio, qui possit vni auferre, & dare alteri, intelligitur moderatè, & in parua quantitate, & si fuit dictum, quod in parua, & magna quantitate, intelligitur, nisi sit nimis magna *Paul. de Castr. in l. in summa, §. fin. ff. de aqu. pluu. arc. Bar. in l. societatem, §. arbitrorum, num. 24. ff. pro socio.* & *Roman. consil.* Rursus si procuratori fuit concessa facultas donandi, talis facultas restringitur ad modicum, quia mandans non videtur illius intentionis, qui voluerit, vt possit donare in magna

gua quantitate, *Socc. conf.* 113. *num.* 10. *lib.* 3. Amplius, si facta est concessio seruitutis, vt possim aquam fluentem in meo ducere ex tuo, intelligitur, vt ex ea non inferatur aliquod detrimentum magnum, & si est dictum, etiam si concedenti noceat, debet intelligi, vt non noceat vltrà modum *d. l. in summa, §. fin. de aqua pluu. arc.* & tradit omnis *Iacobus Menochius in tract. de retin. poss. remed.* 6. *num.* 106. Denique etiam Principis concessio non debet intelligi cum magna læsione, & incommodo *l.* 11. *C. de prec. Imp. off. l.* 11. *§. si quis à Principe, vbi glos. in verb. impetrauit, ff. ne quid in loco publ. & in l. si quis sepulchrum, ibi, ità tamen vt Iudex prospiciat, ne magnum patiatur detrimentum, ff. de relig. & sumpt. fun.* & prosequitur *Bart. Capoll. in tract. de seruit. rust. præd. cap.* 4. *num.* 76. vnde sequitur, quod concessiones immunitatis non debent vltrà modum exerceri, sed moderatè oportet intelligi.

27 Quartò, si consideremus paucitas negotiorum, quæ exercebantur per homines istorum locorum priuilegiatorum tempore concessæ immunitatis, non videtur dubium, quod si Princeps illo tempore fuisset interrogatus, vtiqu dixisset, vt non includeretur in immunitate magnus numerus præsentium negotiorum, ex quibus remanent absorti omnes ferè dirictus Dohanarum, & sic in concessione intelliguntur venire illa tantùm, quæ verisimiliter Princeps fuisset concessurus, *glos. in l. ait prætor, §. fin. ff. de pactis*, cuius opinio procedit etiam in Principis concessione, *Lud. Roman. cons.* 390. *Alex. in l. Titius, §. Lucius ff. de lib. & posthum.* & *Laffred. cons.* 14. *num.* 13.

28 Quintò, postquam Principi placuit concedere immunitatem, ità vt omnes Dohanæ debeant hanc seruitutem immunitatis circà personas priuilegiatas, non tamen priuilegiati habent posse augere hanc seruitutem in tàm magna quantitate vltrà solitum, nam is, cui seruitus debetur, non potest illam duriorem facere, vt pro stillicidio flumen patiatur, *text. in l. seruitutes, §. stillicidium, & l. cuius ædif. ff. de seru. rust. præd. Ifer. in d. l. Imperialem, num.* 3. *Socc. cons.* 141. *lib.* 2. vnde in domo habente plura solaria, dominus partis superioris non potest prohibere fumum solitum, sed si ignis fieret continuus in parte inferiori, vt quia tenerentur taberna, vel hostaria, tunc fumus satis prohiberi potest *l. sicuti, §. aristo, ff. de seruit. vrbal.* & ideò si seruitus respicit totum fundum sine determinatione, eius vsus per Iudicem limitari debet *text. in l. certo, §.* 1. *ff. de seruit. rust. præd.* Quapropter vel est attendenda forma immunitatis, vel qualitas immunitatis limitari debet.

29 Sextò, si attendimus effectus istarum immunitatum, considerari oportet, ipsas deuenisse ad maximam iniquitatem, quandoquidem personæ immunes solummodò negotia amplectuntur, & omnes dirictus in proprium commodum conuertunt, vnde reuocatur priuilegium, si reducitur ad iniquitatem, *l. ex facto, ff. de vul. & pup. & c. dilecti extr. de decimis*, & si ordini est concessum priuilegium decimarum, illud reuocatur, quando incipit enormiter esse nociuum, quia tempore concessionis erant pauca monasteria, & posteà sunt valdè augmentata, *text. in cap. suggestum, extra de decimis*, & priuilegium, si ex post facto incipit enormiter lędere, statim non valet *glos. in cap. rescripta* 25. *q.* 2. & quando priuilegium tendit ad noxiam est limitandum, *Card. Zabarell. in cap. quanto n.* 2. *ext. de censib.* quapropter ista immunitas saltem limitari debet.

30 Septimò, videatur abusus illius immunitatis; quandoquidem verum est in facto, personas immunes nimium abuti huiusmodi priuilegio, ex quo sub proprijs nominibus in fraudem dirictuum extrahunt merces ad personas non immunes spectantes, quæ stans vix conuinci potest, sed satis coniecturari potest, ex magnis extractionibus, nam excessus in magna quantitate facit præsumi dolum, *l. omnes, §. Lucius, ff. de his, quæ in fraud. cred.* quapropter satis benignè actù erit, si ad limitationem fuerit deuentum, non omni immunitate carere deberet, quia perdit priuilegium, si priuilegiatus priuilegio abutitur, *cap. priuilegium* 11. *q.* 3. & *cap. vbi illa dist.* 74. *dist.*

31 Octauò, quod immunes limitari debent in vsu immunitatis, non est amplius ambigendum, quandoquidem de hoc est conclusio generalis in Regno ab illo tempore, quo Regia Camera, & Regium Collaterale Consilium præuia magna discussione hoc statuerunt in extractionibus olei, nam sententia Principis, causa cognita interposita, facit ius vniuersale in Regno *text. in l. fin. C. de leg.* quę omnes rationes in extractionibus olei considerare eodem modo militant in extractionibus victualium ex finibus Regni, vnde sequitur, quod vbi est eadem ratio, ibi debet esse idem ius, nam quæ non differunt ratione, non differunt iuris dispositione. *l.* 1. *§. hoc interdictum, ff. de fluminib. & l. d. Titio, vbi Bald. ff. de rebus dub.*

32 Nec est lacienda vti in victualibus, quæ extrà Regnum non asportantur, sed Neapolim veniunt pro eius annona, nam ex hoc non venit diminuenda Neapoli annona, quandoquidem mercatores immunes sentiunt, & vendere viliori pretio non recusant propter

eorũ immunitatem, sed eodem pretio, prout vendunt mercatores exteri, qui omnes dirictus soluunt, vnde habitatores Neapolis eodem pretio victualia emunt, siue soluantur, siue non soluantur dirictus Curiæ, vnde cessat omnis ratio respectu Annonæ Neapolitanæ, sed limitatio immunitatis ordinari debet pro interesse Regiæ Curiæ, prout superius ex iuris dispositione fundatum esse, credo, postquam verissimum est in facto, quod mercatores immunes in eorum vtilitatem conuertunt dirictus, & vendunt eorum victualia non solùm eodem pretio, prout alij mercatores exteri, sed etiam eo pretio, quo cariore possunt, prout inquit text. *in l. si voluntate, C. de rescind. vend.*

Ex quibus nulli Ill. Iudicantium dubium fiet, eodem modo esse ordinandam reformationem in victualibus, prout in oleis fancitum est, & præsertim respectu *Bancheriorum*, qui cum aliena pecunia negociantur.

Iacobus Salutius.

33 Pro immunitate verò Ciuitatis *Ragusæ*, eiusq; Ciuium scripserunt *Franciscus Fernandez*, & *Vincentius Siccodus*, quorum Responsum hic imprimendum curauimus.

Pro Ill. Communitate Ragusæ, & eius Ciuibus.

34 CONcludendo, & absque Allegationum multiloquio, vt tempus expostulat, procedendo dico, non posse pro parte Magnifici Arrendatoris *Pandolfini* (cum alij agnoscentes bonam fidem contenti remanserunt) impediri cassationem fideiussionum præstitarum à Mag. Ciuibus *Ragusæ* nationis à tempore incœpti Iudicij, quod fuit in anno 1568. postquam mandabatur per prouisiones ad eius instantiam expeditas, præstari fideiussiones prædictas soluendi dirictus in casu, quo esset ordinatum per Regiã Cameram, debere solui, quod cum hodie nõ sit ordinatum, imò contrarium per decretum interpositum per eandem Regiam Cameram facta relatione in Collaterali 7. Maij 1580. scilicet, immunitatem dictæ Ciuitatis *Ragusæ*, & eius Ciues debere tractari immunes in dictis Regijs Doanis à dirictibus nouæ gabellæ granorum sex per vnciam, iuxta formam dictorum priuilegiorum, & literarum Suæ Cath. Maiestatis, sic vel quod debent censeri cassæ, & nullius roboris, vel cassari, & annullari seruata forma petitionis eorundem Magnificorum Ciuium dictæ Cõmunitatis.

35 Nec prædicto obstabat prætensio Partis de exclusione priuilegij dictæ immunitatis à morte Regis *Ferdinandi Primi*, cuius priuilegium in anno 1497. erat concessum *ad beneplacitum*, cum clausula, *& si reuocari contigerit, per annum vnum post reuocationem*, per ea, quæ in alijs causis, & Mediolanensium, Venetorum, & aliorum fuerunt decisa, cum ea (omisso pro nunc articulo, an fuerit necessaria expressa reuocatio, vt communiter magis tenetur, de quo per *Decium in cons. 108. & Couarr. variar. resol. cap. 15. lib. 3.* cum infinitis rationibus, & doctrinis, quæ adduci possent, maximè in concessione facta propter merita, vt in casu nostro, vel sufficiat tacita propter auctoritatem rerum iudicatarum, tamen quicquid sit) in terminis nostris non procedant, stantibus tot confirmationibus, & Regis *Ferdinandi* Catholici in anno 1507. & *Caroli* Inuictissimi in annis 1518. & 1534. & Cath. Regis domini nostri *Philippi* in anno 1561. ante litem motam à prædicto *Pandolfino*, & Arrendamento ipsius, & sic non habet ei quæsitum, quæ confirmationes defecerunt in illis causis Mediolanensium, Venetorum, & aliorum, maximè Catholici Regis *Philippi*, taliter quod illæ causæ non possunt adduci in exemplum. Imò in priuilegio Mediolanensium Cæsaris ritituo in anno 1536. producto in illo *processu*, reducuntur omnia ad ius & iustitiam, & mãdantur omnia exequi quoad possessorium, donec aliter de iure, & seruatis de iure seruandis fuerit prouisum, & sic conditionaliter donec fuerit decisum contrarium, & non perpetuò, vt in casu nostro, merito cum ibi sit mediante iustitia decisum contrarium, nihil commune habebit cum priuilegio nostro, nec poterit adduci in exemplum, vt suprà. Et quod priuilegia facta ad beneplacitum, si fuerint confirmata, quod valeant pro tempore dictæ confirmationis, dixit *Io. Anton. de Nigris in cap. Regni, incip.* [illegible] *fama proloquitur*, [illegible] 307.

Pars videns hoc ita esse, dicit confirmationes nobis non opitulari, tanquam factas in forma communi, quæ nihil noui conferunt nec inualidum validant, sed non obstare apparet ex infrà scribendis.

36 Et primò, per interemptionem facti, quæ non sunt confirmationes, sed vt melius dicam, ratificationes, cum non fiant à maiori, sed à pari, vel à successore secundum *Hostiens. in summa de confirm. vtil. vel inutil. nu. 5. in cap. 1. in princ.* [illegible] *confirmationes* [illegible], non sunt in forma communi, sed specifica, cum sint factæ ex certa scientia, vt in verbis continetur, à quibus non est recedendum, secundum *Glos. fin. in clem. 1. de rescript. Bal. in cap. super quod. 3. Panorm. num. 1. de offic. deleg.*

[illegible] in [illegible] ff. a quib. appellari non lic. [illegible], in cap. [illegible] de [illegible] vel. vel institutionem, quod quando in confirmatione adest clausula, ex certa scientia, tunc non dicitur in forma communi, & dixerat Romanus in cons. 117. num. 7. Alex. in cons. 16. [illegible] col. 3. habetur per Abb. & Dec. in c. Porrectum 2. 3. & 4. extra de confirm. vtil. vel inutil. vbi dicit, quod quatuor modis probatur de certa scientia, & inter alios, quando est expressè dictum, de certa scientia, & quando est facta confirmatio cum dicta clausula, actus, qui forsan erat inualidus, validatur, vt arg. l. adoptio non iure facta, ff. de adopt. Dec. [illegible] 3. not. de confirm. vtil. vbi inquit, quod confirmatio facta ex certa scientia, nullum operatur, quia confirmat, quod nullum est, allegat cap. 1. cum gl. in verb. auctoritate, & cap. [illegible] cum glos. in verb. confirmamus extra de transact. iterum in cons. 341. num. 3. & cons. 63[illegible] col. [illegible] num. 10. & cons. 653. num. 10. [illegible] in cons. 9. nu. 18. col. 4. vbi ait, quod confirmatio facta cum dicta clausula, de qua habetur in c. [illegible] & praeterea [illegible] confirmat, quod inualidum est, & nullum, & tribuit ius de nouo, & robur, & originem, & tum [illegible], quatenus nulla pro prius fuisset dispositio, et [illegible] Bald. in l. leges col. fin. C. de legib. Bar. in l. [illegible] col. 1. C. de Sacrosanct. [illegible] vbi inquit, quod quando confirmantur priuilegia inualida ex certa scientia Principis, tunc sine dubio valent, per d. l. adoptio. Cent. in repet. [illegible] num. 117. ff. de [illegible] & iur. Quod enim factum est certa scientia Principis, in dubium reuocari non potest, Bar. in l. [illegible] §. Claudius, ff. de [illegible] Oldrad. in cons. 157. num. 12. [illegible] Decian. d. cons. 44. col. 2. in fin. & cons. 169. num. 31. & 653. num. 29. [illegible] in cons. 81. n. 13. Item factum ex certa scientia Principis, habet vim clausulæ de plenitudine potestatis, Bal. in l. [illegible] C. de appell. Abb. in cap. ad hoc per glos. [illegible] de rescript. [illegible] in cons. 204. vol. 3. & [illegible] Princeps [illegible] de plenitudine potestatis, nihil opponi potest, quod [illegible] gratiam, Bal. in [illegible] decretor. col. 4.

17 Et cum dictæ confirmationes sint factæ cum dicta clausula ex certa scientia, dubitandum non est, quin consolidauerint primam concessionem, & eo magis hoc admittendum venit in casu nostro, vbi vltra dictam clausulam, adsunt etiam aliæ, vt dicemus infra. Clausula enim, ex certa scientia, posita in confirmationibus, est tanti potentiæ, quod gratiam alias personalem, realem efficit, vnde est tum glos. in verb. [illegible] in cap. cum [illegible] de [illegible] per l. [illegible] [illegible] Ang. in cons. 1. [illegible] sed illud, & si gratia

per confirmationem efficitur realis, sequitur vt perpetua dici debeat, & successorem obligare, Alexan. in cons. [illegible] num. 2. post [illegible] in cons. 94. vol. 3. etiam Bald. in cons. 139. vol. 3. Item clausula ista est tantæ potentiæ, quod [illegible], vt [illegible] non extinguatur [illegible] in cap. [illegible] de confirm. vtil. vel inutil. per [illegible] in cons. 148. num. 3. Gramman. in cons. 90. num. 19. & [illegible] cons. 1 [illegible] & [illegible] vol. Confirmatum enim ex certa scientia, [illegible] non [illegible], [illegible] tamen capit, & augetur, vt per [illegible] in cons. 173. num. 20. vol. 1. [illegible] de hac clausula scripsit Anton. Gab. Roman. in libr. comm. opin. in tractat. de clausul. 1. per totum, vbi dicit, quod clausula prædicta non requirit causæ cognitionem, neque citationem partis, quando tractaretur de tertii præiudicio. Quanto magis in casu nostro sufficit, vbi non de præiudicio tertii tractatur, sed solius concedentis, qui poterat saltem cogitare in genere de eodem priuilegio, vt per Alex. in cons. 131. num. 13. vol. 6. arg. l. qui iure militari, ff. de mil. testam. & etiam sua [illegible], tam dispositio [illegible] in cap. 1. de Constit. in 6. quam alia, quod dicta clausula non operatur in his, quæ sunt facta, quæ in contrarium possent allegari, vt procedant, quando agerent de præiudicio tertii, & quando non possidet cogitare, saltem in genere, vel quod loquantur [illegible] de confirmationibus factis cum dicta clausula ex certa scientia, & arguimus de mendacio Principem, qui dixit, habuisse scientiam, maxime cum tempore confirmationis prædictæ non [illegible] de præiudicio, [illegible] se [illegible] alias per supradicta.

18 Secundò, vltra dicta verba ex certa scientia in omnibus confirmationibus, & præcipue in confirmatione Cath. [illegible] Regis Philippi [illegible] tempore, vt supra, habentur alia, scilicet Regiaq; authoritate nostra deliberatè, & consultò, & ex gratia speciali, ac mero, [illegible] nostri Supremi Consilii [illegible] deliberatione [illegible], & [illegible] alijs, quorum tenores, licet præsentibus non insererentur, haberi tamen, ac [illegible] pro expressis, & [illegible] [illegible], ac [illegible] de verbo ad verbum insererentur cum omnibus [illegible] clausulis, punctis, & articulis in eis insertis, [illegible], & tenorem, [illegible], & [illegible] [illegible] Regno, [illegible], & [illegible] [illegible] personis [illegible] fuerunt, [illegible], & [illegible] [illegible], & in eorum possessione existant, quæ verba operantur validitatem omnium priuilegiorum, actu nominatim, [illegible] [illegible] [illegible], vbi not. [illegible] & alij C. de præscript. 30. vel 40. [illegible] 2. & [illegible] Francus 13. q. 2. 3. lib. 2. per Bald. in cap. cum dilecto el. [illegible] de rescript. Plura ad hoc allegat [illegible]

[illegible]

[illegible] Romani in [illegible] consilio [illegible] quodlibet enim illa, [illegible] obtentum [illegible] & solum omnem [illegible] ispicionem [illegible] subreptionis, obreptionis, & deceptionis, ex illis elicitur Regem eo
10 tempore eorum [illegible] videlicet privilegiis [illegible] per [illegible] num. 5. [illegible] loquitur in [illegible] casu, quando petitur per confirmationem [illegible] privilegium [illegible] fortiùs, ut dixi, si [illegible] praeiudicio confirmantis, [illegible] haberi pro inserta & [illegible] si de verbo ad verbum, ut [illegible] erit dubitandum de [illegible] state, ne incidamus in [illegible] mat à glossa [illegible]

39 Tertiò, [illegible] minata, & [illegible] & merita [illegible] bus, ex quibus apparet, quod [illegible] fuerunt [illegible] di; [illegible] cum [illegible] ceptus, [illegible] uari in eius praeiudicium non [illegible] & minùs tertiò, & [illegible] quod ex hoc praesumitur [illegible] voluntate [illegible] posset contrà eas, arg. [illegible] bell. ità in specie dicit [illegible] quod habetur in [illegible]

40 Quartò, in privilegio Catholici Regis [illegible] [illegible]

num. 54. cum seq. Imò quod per talem figuraturam, quatenus in possessione sunt, non approbatur tota gratia, sed limitatur, & approbatur in parte: Ergò sequitur, quod quando quis confirmat gratiam in parte, videtur habere noticiam specificam totius arg. l. tribunus. §. fin. ff. de mil. testam. per Bald. in cap. 1. per quae fuit causa. ut licat, quando detrahitur aliquid à contractu, dicitur novus contractus, arg. l. vertingentum, §. adeò. ff. de pact. & secundum dicitur novum ratione novae qualitatis appositae, secundùm Bal. in cap. 1. in Agent. Ità cum sit facta confirmatio in parte per eundem Cathol. Regem in anno 1562. videtur habere notitiam omnium per praedicta.

41 Quintò, ex aliis, vltrà dicta verba in confirmatione Cath. Regis Philippi supranotata, adsunt alia, ibi: Stabilia, realia, atq. firma, nullum in iudicijs, aut extra sentiant impugnationis obiectum, defectus incommodum, aut noxae cuiuslibet alterius detrimentum, sed in suo semper robore, & firmitate persistant, & vt praemissa, quem volumus, sortiantur effectum, Serenissimo propterea, &c. Meritò si voluit illa esse stabilia, & firma, & perpetuò observanda, non poterunt dici extincta, cum semper non esse nullae possunt esse qualitates, arg. l. Lesas, qui in Provincia, ff. si cert. petat. & sortirentur diversum effectum eius intentionis, quod esse non debet arg. l. non omnis, ff. si cert. petat. Mentio enim heredis inducit perpetualitatem per ea, quae not. Bald. in l. 2. post num. 4. vers. sed quid si esse filius, C. de cap. Ant. Ex stylo enim Regiae Cancellariae in privilegiis non perpetuis nunquam consuevit fieri mentio heredis, & in perpetuis semper, qui stylus habet vim legis secundùm Cardin. in clem. sepe, & in q. & quia de verb. signif. l. 4. in fi. c. ff. de supellect. legat. & si bene illa verba ponuntur in exequutiuis, declarabant mentem confirmantis, iuxtà non per Bar. in Leam, quam col. 8. num. 36. in fin. C. de fideicomm. sequitur Curt. iun. cons. 3. & Natta in cons. 3. n. 5. vol. 1. cum simil.

42 Sextò, non solùm habemus confirmationes praedictas, quae nobis sufficerent per iam dicta, sed habemus confirmationem magis specificam per Regem Catholicum sub data Neap. 10. Maij anni 1507. vbi inserta forma privilegij Regis Ferdinandi Primi dicit: Placet Regiae Maiestati iuxtà formam dicti privilegij, prout hactenus in possessione fuerunt, & in praesentiarum existunt; Meritò cum non possit dubitari de possessione probata etiam per Officiales dictarum Dohanarum, & earum libros; non erit dubitandum seruare formam dicti privilegij respectu locorum in eo contentorum, & pro quantitate earum gabella

bello grauerum sit, vt in priuilegio Regis *Ferdinandi Primi*, quod illa confirmatio non fuerit in forma specifica, & quod prosit nobis in futurum. absque eo, quod possit reuocari, cum sit facta non sub nomine proprio, sed sub nomine dignitatis, ibi; *Placet Regiæ Maiestati*, & quando ita est, priuilegium efficitur irreuocabile ex allegato *text. partis in cap. si gratiosè de rescript. in 6.* Cui enim dubium esset, quod si per Regem *Ferdinandum Primum* esset facta concessio sub nomine dignitatis, quod illa non fuisset irreuocabilis, eodem modo si est facta dicta confirmatio sub forma specifica, & sub nomine dignitatis, erit censenda irreuocabilis, postquam nulla fit mentio de beneplacito in responsione; Voluit enim ibi Rex *Ferdinandus* Catholicus, vt id quod erat ad beneplacitum, & reuocabile, quod fieret ad non beneplacitum, & irreuocabile per appositionem nominis dignitatis, & non proprij; Nec in hoc erit considerationis narratio priuilegij Regis *Ferdinandi Primi*, quia illud procederet in dubio, vt restringeretur responsio ad petita, & narrata arg. *l. si defensor, §. qui interrogatus, ff. de interrog. action.* non quando responsio, seu concessio esset clara, quia tunc attenderetur concessio, & non petitio, seu narratio, ita dicit *text. in cap. inter dilectos, vers. cæterum ibiq; vbi ex forma petitionis, extrà de fid. instrument.* vbi *Doct.* & præcipuè *Felyn. num. 8. circa fin. in vers. in tex. habetur per Abb. in cap. 1. circa med. extr. de treuga, & pa. per Iason cons. 63. in princ. & in fin. vers. per ista vol. 3.* Aliam refert *D. Lipariol. in cap. 1. in tit. qui succ. tenean. in verb. si fine, & in verb. quia tamen fol. mihi 19.* Nec obstant similiter illa verba, *iuxta formam dicti priuilegij*, quia intelliguntur præterquam in hoc, in quo est clarè dispositum, vt dicitur de clausula, *saluis iuribus*, per *Andr. in tit. qui success. tenent. col. 4. vers. multò magis*, & possunt etiam intelligi respectu locorum, & qualitatis, non autem respectu dignitatis, vt inj.

43 Septimò, vltra confirmationes prædictas, habemus etiam confirmationem Cæsaris inuictissimi, tàm in anno 1528. cum inserta forma dicti priuilegij Catholici Regis, ibi; *Priuilegium per prædictum Catholicum Dominum Regem emanatum. Datum in Castello Nouo Neap. die 19. mensis Maij 1507.* & sic in forma specifica, & aliarum cum clausula, *habentes pro expressis, ac si de verbo ad verbum, & sua Regia potestatis plenitudine*, ibi; *Quorum omnium, &c.* quàm in anno 1514. ibi; *à Sua Maestà piaze, che tutti sui priuilegi, &c.* taliter, quia non poterunt dici confirmationes in forma communi, sed specifica, per supradicta.

44 Octauò ex alio non solùm habemus confirmationes prædictas, quæ nobis sufficerent per iam dicta, sed habemus nouam concessionem dicti Inuictissimi *Caroli Quinti* in anno 1518. vbi non adest clausula, *ad beneplacitum*, sed simpliciter cum verbis enixis, generalibus, & prægnantibus, ex quibus mandat gratiam illam esse perpetuò valituram futuris temporibus, ibi; *Tenore igitur præsentis nostri priuilegij cunctis futuris temporibus firmiter valituri ex certa nostra scientia, deliberatè, & consultò priuilegium per prædictum Catholicum Dominum Regem &c. Nec non omnia alia & singula priuilegia, capitula, prouisiones, regias literas, iurisdictiones, & consuetudines, bonos vsus, scriptos, & non scriptos, seu scriptas, & non scriptas per quoscumq; Serenissimos Reges Siciliæ citra Pharum prædecessores nostros, &c. concessos, & concessa, tàm confirmatos, & confirmata, quàm per longum vsum in vim priuilegij transactos, & transacta laudamus, approbamus, ratificamus, & confirmamus, & quatenùs opus est, de nouo concedimus, noviterq; laudationis, & noua concessionis &c. & sì, & prout meliùs, & pleniùs hactenùs vsi sunt, & in eadem possessione, & obseruantia nunc sunt; Quorum omnium tenores, & continentia etiam si oporteret hic inseri, & exprimi, pro insertis, & inclusis, & expressis ex nostra regia potestatis plenitudine haberi volumus, ac si de verbo ad verbum præsenti essent inserta, & latissimè expressata, volentes &c. quod huiusmodi nostra confirmatio, & quatenùs opus est, noua concessio sit nunc, & de cætero firma, & in suo robore perpetuò valitura;* Meritò non erit tractandum, sicut tractari solet de simplici confirmatione, sed de noua concessione, per ea, quæ not. *Isern. in cap. 1. col. 1. num. 3. de Vasall. decrep. ætat.* vbi quod in dubio non sit recedendum à verbis, tantò magis si constat de mente per generalia. Si enim a verba, vt in casu nostro, per ea, quæ ipse notat in primo casu, & quod per dicta verba sit noua concessio dixit *D. de Anna in repet. cap. prim. de Vasall. decrep. ætat. num. 167. & seq. fol. mihi 97.* & sic vndecumq; Pars excluditur per supradicta.

45 Nonò, & vltimò, ad tollendam omnem difficultatem, fuerunt productæ literæ Suæ Catholicæ Maiestatis impetratæ in anno 1579. in quibus inter alia fuit supplicatum, Communitatem ipsam Ragusii debere gaudere atque concessionibus, & confirmationibus, & præsertim confirmatione facta per eandem Catholicam Maiestatem, declarando fuisse intentum fuisse in sua regali confirmatione quod Ragusei gauderent dictis immunitatibus, licet particulariter in d. confirmatione non fuerint specificatæ, maximè cum

factis

fuerint in possessione tempore dictæ confirmationis, & quod tunc seruiebant, prout hodie seruiunt cum responsione, ibi: *Y porque con la voluntad, que tenemos, &c.* & ibi *Os encargamos, y mandamos, que à la dicha Republica sean obseruados todos los priuilegios, que hasta à qui le fueron concedidos, de los quales estouieron en possession no embargante, que la concession haya sido à beneplacido, y que en la confirmacion dellos no haya sido hecha mention de las dichas immunitates estando en possession dellos*, de qua cum sit plenissimè documentatum per Officiales Partium, non erit dubitandum: Princeps enim potest declarare, & decere, quod hæc fuerat sua intentio, cum ille, qui declarat, nihil de nouo det arg. *l. hæredes palam. §. 1. ff. de testam.* vbi *Paul. de Castr. num. 4. vers. mulieres*, notabiliter tenet, quod si Papa facit aliquas declarationes circa gratias per eum factas, quod tales declarationes præiudicant illis, quibus erant ius quæsitum, quasi quod hoc, quod nunc declaratur, si fuisset à principio dictum, fuisset alteri ius quæsitum, sequitur *Iaf. in conf. 118. num. 6. vers. Item adest declaratio vol. 4.* & in declaratione eiusdemmet Principis cōsulum per multa *Alex. in conf. 11. nu. 18. vers. & sic arguendo vol. 7.* & hoc maximè, quando cum Consiliarijs faciet, vt per *Isern. in cap. c. 4. sed nec est alia iustior in prima addit. in tit. quæ sit prima caus. benef. amitt.* etiam si tractaretur de beneficio affirmatiuis, & præiudicio tertij; Quantò magis, vbi tractatur solummodo de damno confirmantis, vt in casu nostro, postquam in anno 1561. nullum erat ius quæsitum prædicto *Pandolfino*, & alijs, qui arrendauerunt ab anno 1563. hinc necrò cum omnia prædicta adsint, quorum vnumquodq; de per se sufficeret: spero prouidendum esse, cassari debere fideiussiones præstitas, imò permouerem nostram, seruata forma decreti vltimo loco interpositi, facta relatione in Collaterali circa obseruantiam dictæ immunitatis, vigore, & priuilegiorum, & literarum Suæ Catholicæ Maiestatis, vt in eo.

Et hæc currenti calamo, cætera suppleat egregio Dominorum Iudicantium pro iustitia dictæ Communitatis, cum re vera coniungendo has duas scripturas, scilicet, confirmationem Suæ Cath. Maiestatis in anno 1561. ante ius quæsitum, & declarationem suam, videlicet in anno 1579. respectu omnium, quæ opponi poterant contra illam confirmationem, si alia deessent, hoc vltimum sufficeret: Quantò magis supradictis etiam cōcurrentibus, per illum dicta, & hæc sufficiant, isto tempore maximè.

Franciscus Fernandez.
Vincentius Sicendus.

46 Sciendum verò est, quod sub die 31. Maij 1559. referente *Spect. Regente Salernitano* tunc R. C. *Præs.* fuit prouisum, quoad solutionem granorum sex per vnciam, priuilegium Ragusæorum esse extinctum, quò verò ad alios Regios dirictus soluere debere, sicut soluunt Veneti, vt in *Arrest. 204. & 210.* apud *Reg. de Maria.*

47 Pro immunitate deniq; *Mediolanensium* sequentes reperimus *Allegationes* inter alias nostras manuscriptas.

IVRA
Pro Natione Mediolanensium
CONTRA
Regium Fiscum.

48 CVM à Fisci patrono his proximis diebus audiuerim, nationem Mediolanensium obtinere non posse, quod interim reponatur in possessionē à qua de facto spoliata extitit, stante decr. prolato in ann. 1574. p quod fuit datus terminus in causa, & quod interim abstineret natio à Cōsules creandi, ac iurisdictionis exercitio in quo indicatum est, & si ope reclamationis hoc reuocari petebat, tempora non largiebantur; nec in pecuniario, & adhuc processus non compilatus, prout in scriptis hoc idem sæpiùs allegauit: huic difficultati breuibus occurrere volui, cū facis abundè in causa principali factum sit.

49 Duo sunt, quæ me mouent, ob quæ omninò Mediolanensium natio obtinere debet. Nam verum est in facto, cum de anno 1567. ex abrupto Regia Camera priuilegia Mediolanensibus concessa extincta declarasset, post cuius decreti interpositionem, cum eius possessionem, quoad iurisdictionis exercitium continuasset natio; in anno 1574. duo fuerūt porrecta memorialia: alterum per Ciuitatem Aquilæ, alterum verò per quendam particularem, in quibus continebatur, quod stante declaratione illi facta per Regiam Cameram priuilegia extincta, pro exequutione ipsius à cognitione quoque causarum abstinere debuisset, & præsentata copia decreti prædicti, processum fuit ad decreti prædicti interpositionem, ipsam possessione priuando, dando terminum in causa principali: Nec alia solida ratio assignari poterit pro iussione decreti prædicti, nisi decretum anni 1567. quod & memorialia, & decreti producti copia hanc præstationem, iudicium vtiq; in ea parte petitorium respiciebat, quo interim, & huius quæstionis decisio, in sua possessione, in qua reperiebatur, natio conseruanda erat, stante, & priuilegio,

legio, & longa eius possessione, iuxtà *cap. cum persona, de priuileg. in 6.* sed precedens decretum in ea causa fuit, vt de facto eius possessione priuaretur.

50 Cumq; ad præsens per Reg. Coll. Cons. declaratum sit, decretum illud anni 1567. caput iurisdictionis non comprehendere, sed in casu immunitatis tantùm procedere, est dubium, quod decretum anni 1574. tanquam ex falsa causa prolatum, ipso iure nullum censeri debet *l. 1. §. hac verba, ff. ne vis fiat ei, l. cum verò, §. fideicommissum, ff. de fideicommiss. li-ber.* & licet sententia prolata ex falsa causa, vt annullari possit, multa requirantur, vt per *Bar.* late in *l. si is ad quem, ff. de acquirend. her-edit.* at in decreto, vt est casus meus, cum falsa causa allegetur respectu agentis, hoc est fisci, qui aliter in possessorio obtinere non poterat, decretum illud ipso iure redditur nullum, *l. fera, ff. de tutor. & curator. dat. ab his, Bar. in l. iusté, ff. de acquir. poss. Roman. in qu. 454. Alex. cons. 39. vol. 6. num. 10.* & nouissimè *Ant. Gabriel in suis commun. opinion. concl. 10. de sentent. & re iudic.* etiam si causa in decreto non sit expressa, vt ibi per eum, & *Anna allegat. 55. num. 16.* & ratio differentię ea est, cum decreta interloquutoria nunquam transeant in rem iudicatam, & ab eodem iudice reuocanda veniant, *l. quod iussit, ff. de re iud.* sententia verò prolata, iudex statim functus est officio suo, nec locus reuocationi est, *l. iudex, posteà quam, de re iud.* latè *Panorm. in cap. 1. vbi cæteri Canonistæ de sentent. & re iud. et* Ciuilistæ in *d. l. iussit*, vbi præ cæteris *Alex.* si igitur nullum est, reuocari debet.

51 Præterea, dùm ratione illius decreti hæc omnia gesta fuere, sicq; causa non vera, sed falsa, cognita hodiè sublata, ac veritate causę prædictæ, omnia reducuntur ad pristinum *34. quæst. 1. & 2. l. re commodata, § fin. ff. commodat.* argumento text. *l. 1. & 2. de condiction. sine causa.* prout perbellè *Andr. in cap. 1. qua tempore miles n. 5.* nam vbi cum Vasallus post annum, & diem inuestituram nò petijsset ob mortem Domini sui, & feudo esset priuatus, reuerso patrono, cum falsa causa priuationis detecta sit, feudum cum suis accessionibus restituendum asserit, fretus legibus, & rationibus prædictis, hinc sententiam declarata nulla, omnia corpora exequitura restituuntur, *l. ac-cessitas, & §. vlt. l. in non contrahen.* *Anna allegat. 97.* hæc est vera actio proposita in memoriali *fol. 558.* & sicut de facto possessione deiectus fuit ob falsam causam, ità de facto reponi debebit, iuxtà *glos. in l. minor. ff. de euiction.* & *Sacr. in qu. 166. num. 58.* & in hoc reclamatione non indiget ratio, cum reducatur causa ad suam causam, & ad causam,

à qua incipere non potuit.

52 In causa verò principali, dùm prętendit Regius Fiscus ex duabus, ni fallor, rationibus, priuilegia Mediolanensibus concessa eis non opitulari, sed esse extincta ex maxima generali, quod priuilegiorum tenor sit attendendus, *cap. porrò, de priuilegijs*, qui si in omnibus priuilegijs hactenus Mediolanensibus concessis inspiciatur, videtur prima facie Fiscum optimam fouere rationem, ex infrascriptis.

53 Et prima maxima est, sub qua intentio fisci precipuè fundatur, nam si inspiciatur primum priuilegium eis à Rege *Ferdinando* concessum, illud fuit ad beneplacitum, vt liquet *fol. 7. & 8. at.* & consequenter morte Regis concedentis expirauit *cap. si gratiosè, de rescript. in 6.* cum sit contemplata persona concedentis, & non dignitas per illa verba, quæ in priuilegio exprimuntur (*ad beneplacitum nostrum*) ex notatis per *Gemin. ibi num. 16.* ad hoc etiam conferunt, quæ scripsit *Cappyc. decis. 136.*

54 Altera, & secunda maxima, quæ ius fisci tueri videtur, illa est, siquidem, si Mediolanenses alijs priuilegijs utuntur, in illis adest hæc clausula, (*iuxta illorum seriem, & tenorem*) *fol. 15. at.* ex qua clausula colligitur, vt hęc priuilegia secundo loco concessa videantur esse limitata secundùm primum *l. si testament. C. de testam. Dec. cons. 194. num. 1.* & sic ad beneplacitum, & propterea morte Regis extincta, cùm magis causa sit renouatio, sed cõfirmatio in forma communi antiquorum priuilegiorum, quæ ius nouum minimè tribuit, & inducit, sed vetus, si quod est, conseruat *cap. cum dilecta de confirmat. vtil. vel inutil. cap. ex parte, & in cap. quia intentionis nostræ, de priuilegijs.*

55 Hæc sunt, quæ in substantia Fiscus in sui fauorem adducere potest, quibus non obstantibus, prout inferius sigillatim respondetur, dicimus Mediolanenses optimam fouere causam, & adhuc priuilegia durare, minimèq; esse extincta, & in eorum fauorem per Regium Coll. Cons. & Reg. Cam. esse omninò pronunciandum, & quia tota vis, omnisq; difficultas consistit in responsionibus ad ea, quæ per Fiscum obijciuntur, ex quibus veritas, & iustitia Mediolanensium apparebit; ideò particulariter omnibus motiuis in contrarium adductis respondemus.

56 Quoad primam maximam, dum dicitur, esse extinctum primum priuilegium, ex quo fuit concessum ad beneplacitum, dico, plures, & verissimas tradi per scribentes limitationes ad illam regulam, in quibus nõ procedit, quarum prima est, nam cum tale priuilegium sit Mediolanensibus concessum

Xxx pro-

propter eorum benemerita, & seruitia, ex quo semper fideles, & deuoti Suæ Catholicæ Maiestati extiterunt, vt narratur in priuilegio *fol.* , & tali assertioni statur contra Principem, & plenè creditur magis, quam vni Notario, vel Præsidi, prout magistraliter docuit *Isern. in cap. 1. paulò post num. 15. vers. sexto, vbi Princeps in tital. qui success. tenebā. Dec. conf. 545. num. 16. & 17.* de iure sequitur, vt etiam si tale priuilegium fuerit concessum ad beneplacitum, per mortem Regis concedentis non reuocetur, *Andr. in Constitut. Regni, ea, quæ ad decus*, prout sic illam intelligit, & interpretatur *Capyc. decis. 116. Gulielm. de Benedict. cap. Raynutius, in verbo si absq; liberis moriretur, sub tit. de fideicommiss. substitut. num. 43.* quod etiam habet rationem, nam quando conceditur priuilegium propter benemerita, videtur concessio facta habere commensurationem cum pecunia, & transit in vim contractus, & ideò reuocari non potest, *Bal. in l. quis patris num. 14. C. vnde liberi; Dec. conf. 235. col. 5. in fin. & conf. 391. num. 7. Gulielm. de Bened. loco superiùs citato*, quia beneplacitum in contractibus non reuocatur morte, text. est in *l. 1. in princ. iuncta gloss. in l. quæsitum, §. 1. de officio Præsidis, Bart. in l. centesimis, §. fin. de verb. obligat.*

57 Altera, & secunda limitatio, quæ traditur ad illam maximam, nam hoc priuilegium primum non fuit concessum ad beneplacitum simpliciter, sed sub hac conditione, quod si contigerit reuocari beneplacitum, duret priuilegium per annum, ibi, (*& prius ipsius beneplaciti, si fieri contigerit reuocationem, per annum vnum faciemus, & concedimus*) *fol.* . quo casu tale beneplacitum per mortem non expirat, sed requiritur expressa reuocatio, *cap. si delegatus de off. delegat. in 6.* & est communis opinio, prout sic consulendo refert *Dec. conf. 108. per totum, & in specie num. 3.* & etiam consentiunt, quæ scripsit *Socin. in conf. 77. per totum*, & in specie *num. 2. vol. 3.* quod etiam habet rationem, nam quando ponitur clausula, quæ sonat in actum positiuum nouæ voluntatis, sicuti illa, *si reuocare contigerit*, beneplacitum morte non expirat, quia mors non includit positionem nouæ voluntatis, in quo casu erat limitata extensio actus, ita voluerunt *Paul. de Leazer, & Gemin. in d. c. si delegat. de off. delegat. in 6.* quos refert, & sequitur *Socin.* qui, obsecro, videatur in prælegato *conf. 77. nu. 2. vol. 3. Bar. in l. more maiorum, ff. de iurisd. omn. iudic. Imol. in c. licet vndiq; de offic. deleg. Angelus in l. & quia de iurisd. omn. iud. Alex. in l. centesimis, § fin. de verbor. obligation. Guzadin. q. 12. Federic. de Senis qu. 157.*

58 Tertiò limitatur regula prædicta pro Fisco adducta, nam cum in priuilegio Mediolanensibus concesso duo videantur data, immunitas scilicet, & ordinaria iurisdictio creandi Consules, & ministrandi iustitiam in illis, qui sunt de natione Mediolanensium, talis ordinaria iurisdictio ad beneplacitum concessa non expirat morte concedentis, prout ita tenet *Bald. in l.ommunisse de offic. Proconsul.* quem refert, & sequitur *Ant. Gabr. in libro commun. opin. sub tit. de præbendis conclus. 1. n. 34.* quod etiam habet rationem, quamuis ipse non explicat, siquidem quando à Principe creatur Officialis cum ordinaria iurisdictione ad beneplacitum, perpetuus reputatur, & morte concedentis tale priuilegium non expirat ad textum *l. insuper, vbi hoc notant Bar.* & cæteri *Doct. ff. de excusat. tutor. Dec. conf. 303. num. 4. Capyc. decis. 116. in fin. Glos. Petit. in tit. 2. de conf. fol. 57.* paulò ante *num. 21. vers. hinc decidit Bar. Gulielm. de Bened. in cap. Raynutius, in verb. duas habens filias num. 37. & sequent.* Ex quibus omnibus sic discussis eneruata videtur intentio Fisci in eius prima maxima, dum præsupponere videbatur priuilegium primum Mediolanensibus concessum, ex quo erat ad beneplacitum, fuisse extinctum, tum ex limitationibus superiùs adductis ad hanc regulam, luce meridiana clariùs apparet de iustitia nationis Mediolanensium.

59 Quoad secundam maximam, qua se tuetur Fiscus, vt non possint Mediolanenses aliquid prætendere ex alijs priuilegijs, cum fuerint concessa sub illa clausula (*iuxta formam, & tenorem aliorum*) & concessio fuerit facta in forma communi, & non in forma speciali, Respondeo pluribus modis; & primò satis esset dicere, primum priuilegium adhuc durare, & non esse extinctum, vt superiùs de iure fundatum arbitror, attamen, & si primum priuilegium esset extinctum, quod omninò negandum est, ex cæteris alijs priuilegijs Mediolanensibus concessis omninò obtinere deberet, nec obstant Fisci rationes, in hoc priuilegio adesse clausulam (*iuxta aliorum formam, & tenorem*) siquidem illa verba non sunt conditionalia, sed causaliter, & non respiciunt qualitatem priuilegij, sed substantiam, & erit sensus, vt Rex de nouo confirmet priuilegia Mediolanensibus, *iuxta formam aliorum*, idest secundùm quod erant alia in substantia illis concessa circa immunitates, & iurisdictionem, & non secundùm qualitatem, vt intelligantur hæc concessa ad beneplacitum, sicuti alia ad hoc, vt priuilegia valeant, posita, quibus probat, text. est optimus in *cap. abbate. Sanctæ Columbæ in vers. annectimus quod autem, de verbor. sig. & verè*

figni-

Regio, & longa eius possessione, iuxtà *cap. cum persona, de priuileg. in 6.* sed præcedens decretum in ea causa fuit, vt de facto eius possessione priuaretur.

50 Cumq; ad præsens per Reg. Coll. Consideratum fuerit, decretum illud anni 1567. capax iurisdictionis non comprehendere, sed in casu immunitatum tantum procedere, cur dubium, quod decretum anni 1574. tanquam ex falsa causa prolatum, ipso iure nullum censeri debet *l. 1. §. hæc verba, ff. ne vis fiat ei, Lucius verò. §. fabumtum, ff. de fideicommiss. libert.* & licèt sententia prolata ex falsa causa, vt annullari possit, multa requirantur, vt per *Bar.* Iaso *in l. si is ad quem, ff. de acquirend. hæred.* at in decreto, vt est casus noster, cum falsa causa allegetur respectu agentis, hoc est fisci, qui aliter in possessorio obtinere non poterat, decretum illud ipso iure redditur nullum, *l. fera, ff. de usur. & caruer. dat. ab his, Bar. in l. iusti. ff. de acquir. poss. Roman. in sig. 454. Alex. cons. 50. vol. 6. num. 10.* & notabiliter *Ant. Gabriel in suis commun. opinion. conclus. 10. de sentent. & re iudic.* etiam si causa in decreto non sit expressa, vt ibi per eum, & *Anto. allegat. 55. num. 18.* & ratio differentiæ ea est, cum decreta interloquutoria nunquam transeant in rem iudicatam, & ab eodem Iudice reuocanda veniant, *l. quod iussit, ff. de re iud.* sententia verò prolata, Iudex statim functus est officio suo, nec locus reuocationi est, *l. Iudex; postea quam, de re iud.* Iacob. *Panorm. in cap. 1. vbi casum Commun. &c. de sentent. & re iud.* & Claudius in *d. l. iussit*, vbi præ cæteris *Alex.* si igitur nullum est, reuocari debet.

51 Præterea, dum ratione illius decreti hæc omnia gesta fuere, sicq; causa non vera, sed falsa, cognita fuerit nullitas, ac veritate cessante prædicta omnia reducuntur ad pristinum *34. quæst. 1. & 2. l. commendato, §. fin. ff. commodat.* argumento text. *d. 1. & 2. de condition. sine causa*, prout probabilis *Andr. in cap. 1. quo tempore miles n. 5.* nam tibi cum Vassallus post annum, & diem inuestituram nō petijsset ob mortem Domini sui, & feudo esset priuatus, reuerso patrono, cum falsa causa priuationis detecta sit, feudum cum suis accessionibus restitutum afferit, frustra legibus, & rationibus prædictis; hinc sententia declarata nulla, omnia corpora exequuta restituuntur, *c. euidens, & §. vt hic aut contestat. Anto. alleg. 93.* hæc est vera actio proposita in memoriali *fol. 558.* & sicut de facto possessione detecta fuit ob falsam causam, ità de facto reponi debebit, iuxtà *glos. in l. minor. ff. de comission.* & *Socin. in q. 146. num. 38.* & in hoc reintegratione non indiget actu, cum reducatur causa ad suam causam, & ad causam, à qua incipere non potuit.

52 In causa verò principali, dum prætendit Regius Fiscus ex duabus, ni fallor, rationibus, priuilegia Mediolanensibus concessa esse non optimè, sed esse extincta ex maxima generali, quod priuilegiorum tenor sit attendendus *cap. porrò, de priuilegijs*, qui si in omnibus priuilegijs hactenùs Mediolanensibus concessis inspiciatur, videtur prima facie Fiscum optimam fouere rationem, ex infrascriptis.

53 Et prima maxima est, sub qua intentio fisci præcipuè fundatur, nam si inspiciatur primum priuilegium eis à Rege *Ferdinando* concessum, illud fuit ad beneplacitum, vt liquet *fol. 7. & 8. &c.* & consequenter morte Regis concedentis expirauit *cap. si gratiosè, de rescript. in 6.* cum sic contemplata persona concedentis, & non dignitas per illa verba, quæ in priuilegio exprimuntur (*ad beneplacitum nostrum*) ex notatis per *Gemin. ibi nu. 12.* ad hoc etiam conferunt, quæ scripsit *Capyc. decis. 196.*

54 Altera, & secunda maxima, quæ ius fisci tueri videtur, illa est, siquidem, si Mediolanenses alijs priuilegijs nituntur, in illis adest hæc clausula, (*in vita illorum seruiam, & amorem*) *fol. 29. &c.* ex qua clausula colligitur, vt hæc priuilegia secundo loco concessa videantur esse limitata secundùm primum *l. si testament. C. de testam. Dec. cons. 194. num. 1.* & sic ad beneplacitum, & propterea morte Regis extincta, eò magis cum sit renouatio, seù confirmatio in forma communi antiquorum priuilegiorum, quæ ius nouum nunquam tribuit, & inducit, sed vetus, si quod est, confirmat *cap. cum dilecta de confirmat. vtil. vel inutil. cap. ex parte, & in cap. quia intentionis nostra, de priuilegijs.*

55 Hæc sunt, quæ in substantia Fiscus in sui fauorem adducere potest, quibus non obstantibus, prout inferius sigillatim respondetur, dicimus Mediolanenses optimam fouere causam, & adhùc priuilegia durare, minimèq; esse extincta, & in eorum fauorem per Regium Coll. Consil. & Reg. Cam. esse omninò pronunciandum, & quia tota vis, omnisq; difficultas consistit in responsionibus ad ea, quæ per Fiscum obijciuntur, ex quibus veritas, & iustitia Mediolanensium apparebit; ideò particulariter omnibus motiuis in contrarium adductis respondetur.

56 Quoad primam maximam, dum dicitur, esse extinctum primum priuilegium, ex quo fuit concessum ad beneplacitum, dico, plures, & vetustiores tradi per scribentes limitationes ad illam regulam, in quibus nō procedit, quarum prima est, nam cum tale priuilegium sit Mediolanensibus concessum

ola procedat in onere à contractu separato, sed non in annexo: Cuius distinctionis interfigurantus fuit *Bald. cons. 31. vol. 1.* cumq; non referens *Dec. cons. 48. &* 457. *num. 1.* eumq; sequuntur, & ità intelligunt *d. §. Fiscus*, *Rol. à Valle cons. 61. num. 18. & 19. lib. 4.* Reminald. *lun. cons. 714. à num. 49. vol. 6. Menoch. cons. 836. num. 19. & 20. Bellon. de prescr.* [illegible] *lib. 1. cap. 196. num. 1. & 2.* Cyriac. contr. 687. *Clarin. contron. 22. à num. 9.* & post Reg. *de Marin. d. obs. 548. num. 3. Consil. Alemar in manuscriptis nostra ad* Reg. Revert. *d. decis. 71. n. 3. & quis Milano d. aliena* [illegible] *per tot. Cesar Panimollis decis.* fori Eccl. *6. an* [illegible] *num. 16.*

12 Exemplificamus in primo casu, quando onus gabellæ adijcitur actui à contractu prorsus separato, vt si quis emeret à Fisco, vel Ecclesia frumentum, collectum in eius territorio; & postea vellet mercimonij causa immittere in Ciuitatem, vel extrahere, pro qua immissione, vel extractione solveretur gabella, certè emptor non esset immunis, quia factum emptoris nil commune habet cum facto Ecclesiæ, & hic (ait *Bald.*) est casus *d. §. mercatores*, qui disponit, quod mercatores de fundis fiscalibus mercari soliti **cum** diuersis, nullam **immunitatem** publici vectigalis vsurpare possunt.

13 Secundus est casus, quando onus gabellæ **est** annexum contractui, vt si soluendi sint car. pro singulis libris [illegible] (quæ [illegible] sic habent Reg. *de Marin.*) quæ emuntur, & venduntur; Cum enim emptor immediatè emat à vendente, si eorum vnus est immunis, alter etiam eadem frui debet exemptione, quandoquidem non potest vnus lædi, quin saltem indirectè lædatur & alter, cum pluris vendatur res libera, quàm res onerata, ratione legis, vel pacti, arg. *l. si commissum*, §. *vlt. D. de ferm. capert.*

14 Hinc, dum Ciues Caietani bonum censuassent, quod Ciuis vendens Liparenses, alijsq; immunibus, aut ab illis emens, soluere deberet gabellas eiusdem Ciuitatis Caietæ, quia dictum edictum erat in præiudicium immunitatis *separatorum*, dum per indirectum soluissent iura gabellarum dictæ Ciuitatis; fuit per Reg. Cameram prouisum, illisum [illegible] omnes immunitates, ac tenorem eorum priuilegiorum, dictumq; edictum, seu ordinationes, quatenus [illegible] ad ipsorum priuilegij præiudicium **tendereis**, deleri, & annullari, & de cætero talia fieri non præsumi, vt ex prouisionibus expeditis die 15. Martij 1451. in Reg. Cam. 7. 1451. *fol.* 141. & [illegible] communiter prouisum, directam omnibus Regni Officialibus, & signanter gabellotis ferici Ducatus Calabriæ, quod per indirectum non faciant eis soluere dictas gabellas ferici, vt ex eod. Reg. 7. 1451. *fol.* 143. tradit *Prof. R. Cam. Petrus Mastrillus in suo Repertorio m. f. lit. L.* vbi ait, quod ista faciunt ad quæstionem, quando per indirectum tollitur immunitas.

15 Rursus, cum, [illegible] hic [illegible] concludat, immunem quoque [illegible] eius mercès in [illegible] ex *Consil. Regni.* [illegible] *dicarius*; [illegible] Regnum extrahere, [illegible] de iure [illegible] debetur ab emptore, qui [illegible] Regni, & idem [illegible] emptore in Regno, cumq; [illegible] non est locus [illegible], & sic decisum [illegible] *separatum* [illegible] 1563. ut pro mercibus, quas extrahunt extra Regnum, [illegible] soluant [illegible] non est [illegible] ne alieni [illegible] est, si

16 priuilegiatus per [illegible] Regnum extrahat, [illegible] obligatus [illegible] de asportando merces in locum [illegible], donec Regia Curia [illegible] prædictum, [illegible] ab ipsis mercibus ad vendiumentum [illegible] destinatis [illegible] hic num. 12. [illegible] de ad [illegible] dictam immunitatem [illegible] [illegible] iura fundica pro futuro [illegible]

vt

vt in perpetuum liberæ merces ab hoc iure, quod semèl soluunt, euadant, & ità in praxi obseruari testatur, *ibid. nu. 13. & 14.*

17 De hoc agitata fuit controuersia annis elapsis inter *Illust. Principissam Tarsiæ*, & Officiales fundici *Rossani* in Regia Camera, ad relationem *Dom. Præsid. Franc. Ant. Andreasso* in banca *Bonanotra*, & in *Processu coram Delegato*, fuit ab Arrendatore exhibitum Capitulū *Capitulationis Arrendamenti n. 14. fol. 42.* videlicèt:

Che molte persone priuilegiate di diuersi casioni immettevano robbe in Regno; e per esser franche pretendeuano non fundacarle; il che hauea causato nelle Prouincie molto danno alla Regia Corte, per non esser bene inteso il priuilegio dagl'Officiali de' Fundachi; Perche la franchezza, che tengono li venditori di dette robbe, non comprende il ius Fundici, *il quale si deue pagare dalli Compratori, e non da essi venditori, e l'immunità de venditori non hà da togliere alla Regia Corte il diritto, che deuono pagar li Compratori, come per decreto antico della Camera appare prouisto nella causa de Liparoti.*

18 *Die vigesimo Augusti 1478. fuit prouisum, quod Dohanerius, & alij Officiales Dohanæ, quandocunque mercatores Liparenses, siuè alij priuilegiati immittentes res, & mercantias in Regio Fundico, & Dohana Neapolis, illas non contractantes in dicta Dohana, sed illas volentes extrahere, & deferre ad Terras, fundicos non habentes, exigant, & exigi faciant ab extractoribus dictarum rerum, & mercium Ius fundici, Regiæ Curiæ debitum per illas ab emptoribus ipsarum solui debitum, iuxtà Ritum, & iuxtà formam, & tenorem litterarum Regiarum, prædictis Officialibus præsentatarum; A vendentibus autem ducere ad terras fundicos habentes dictas res, & mercantias, recipiant ab eis fideiussoriam cautionem iuxtà Ritum*, (est *Arrest. 8. apud R. de Marin.*)

Per tanto è conuenuto, che alli detti venditori di robbe, quantunque siano priuilegiati, e franchi, non si debba rimettere lo diritto del Fondaco in tutto, nè in parte, ma lo debbano pagare integramente per li compratori; volendole portare à vendere in terra, che non hauesse fondaco Regio, ò vero nelle loro Case, e Botteghe, come si contiene nel precedente Capitolo. E volendole portare in altra terra di Regio fundaco, debbano dar pleggiaria di condurle ad alcuna terra Regiam fundacum habentem, nella quale, si possa esiggere il diritto del Fondaco dal compratore, &c. fol. 42. & dic. d. proc. coram Deleg.

19 Insupèr R. Cam. decreto sub die 26. Februarij 1504. fuerunt expeditæ litteræ directæ Dohanerio Dohanæ Neap. quod à *Liparensibus*, alijsq; immunibus deberet capere fideiussionem de omnibus mercibus, quas non contractant in dicta Dohana, de illis portandis in Terras fundicos habentes, ad quas si non portabunt, & portare intendunt, soluant ius fundici debitum Regiæ Curiæ per emptorem; Fuerunt etiam expeditæ *Nicolao Aurilo Imparato* Secreto, & Magistro Portulano Prouinciæ Aprutij, in *Notamentis Cam. 1503. & 1504. fol. 59.*

20 Verùm, quando extractio fit per locum habentem fundicum, tunc licèt extrahens vellet ius fundici soluere pro futuro emptore, ei permitti non debet in præiudicium illius fundici, vbi venditurus est, ex decreto R. Cam. anni 1539. *Arrest. 43. in ord. apud R. de Marin.* ibi; *Fuit per Reg. Cam. communi voto prouisum, quod pro rebus, & mercibus, quæ non contractantur in fundicis, vbi dictæ merces immittuntur, sed ab eis extrahuntur, causa asportandi in aliam terram fundicum habentem, nullo modo extrahentes teneantur cauere de asportando dictas merces, & res ad terras fundicum habentes, & si forsàn factū fuerit, mercatores soluant iterum ius fundici in loco, vbi dictæ merces immittuntur, & contractantur, iuxtà dispositionem Rituu, & banimentorum.*

21 Hic conferunt ea, quæ in 3. *membro, de Iure Fundici* diximus, circà merces,

quæ

tia procedat in onere à cõtractu separato, secùs in annexo: Cuius distinctionis antesignanus fuit *Bald.cons.31.vol.1.* cumq; non referens *Dec.cons.48.* & *437.num.1.* eamq; sequuntur, & ità intelligunt *d. §. Fiscus*, *Rol. à Valle cons.61.num.18.* & *19.lib.4.* *Riminald.iun.cons.724.à num.49.vol.6.* *Menoch.cons.136 num.19.* & *20.* *Bellon.de potest.aer. quae fiunt inventin.lib.1.cap.196.num.1.* & *2.* *Cyriac.contr.687.* *Ciarlin.controu.22.à num.9.* & post *Reg. de Marin.d.obs.548.num.5.* *Cons. Altimar.in nouiss. obseru.ad* Reg. *Rouit.d.decis.71.n.3.* & *4.cit.* *Milano d.assert.20.sect.3.per tot.* *Cesar Panimollis decis.fori Eccl. 6.annot.9.à num.16.*

12 Exemplificatur in primo casu, quando onus gabellæ adijcitur actui à contractu, prorsùs separato, vt si quis emeret à Fisco, vel Ecclesia frumentum, collectum in eius territorio; & posteà vellet mercimonij causa immittere in Ciuitatem, vel extrahere, pro qua immissione, vel extractione solueretur gabella, certè emptor non esset immunis, quia factum emptoris nil commune habet cum facto Ecclesiæ, & hic (ait *Bald.*) est casus *d.§.mercatores*, qui disponit, quod mercatores de fundis fiscalibus mercari soliti cum diuersis, nullam immunitatem publici vectigalis vsurpare possunt.

13 Secundus est casus, quando onus gabellæ est annexum contractui, vt si soluendi sint tot pro singulis libris rei (puta, serici, frumẽti, secũdùm *Reg. de Marin.*) quæ emitur, & venditur; Cum enim emptor immediatè emat à venditore, si eorum vnus est immunis, alter etiam eadem frui debet exemptione, quãdoquidem non potest vnus lædi, quin saltèm indirectè lædatur & alter, cum pluris vendatur res libera, quàm res onerata natura, lege, vel pacto, arg. *l. si venditor, §.vlt. D. de seru. export.*

14 Hinc, cum Ciues *Caietani* bannum emanassent, quod Ciuis vendens *Liparensibus*, alijsq; immunibus, aut ab illis emens, soluere deberet gabellas eiusdem Ciuitatis *Caietæ*, quia dictum edictum erat in præiudicium immunitatis *Liparensium*, dùm per indirectum soluissent iura gabellarum dictæ Ciuitatis; fuit per Reg. Cameram prouisum, ijsdem obseruari omnes immunitates, ac tenorem eorum priuilegiorum, dictumq; edictum, seù ordinationes, quatenùs saltèm indirectè ad ipsorum priuilegij præiudicium tenderet, deleri, & annullari, & de cætero talia fieri non præsumi, vt ex prouisionibus expeditis die 15.Martij 1451.in *Reg.Cur.7.1451.fol.143.* & vide aliã consimilem prouisionem directam omnibus Regni Officialibus, & signãtèr gabellotis serici Ducatus Calabriæ, quod per indirectum non faciant eis soluere dictas gabellas serici, vt ex *eod. Reg.7.1451.fol.143.* tradit *Praes. R.Cam. Petrus Masturtius in suo Repertorio ms. lit. L.* vbi ait, quod ista faciunt ad quæstionem, quando per indirectum tollitur immunitas.

15 Rursùs, cum *Auth.* noster hic *nu.8.* concludat, immunem quoque teneri eius merces in fundicum immittere, ex *Const. Regni, Magistros nostros fundicarios*; Inde quando vult per extrà Regnum extrahere, cauendo de hoc, nihil soluit de iure fundici, quia debetur ab emptore, qui emit in Regno, & ideò eo casu nullo dato emptore in Regno, cumq; extrahens sit immunis, non est locus exactioni datij prædicti, & sic decisum refert *n.11.* in causa *Liparensium* in anno 1565. vt pro mercibus, quas extrahunt extra Regnum, nõ soluant dirictus, quoniam futurus emptor non est subditus, de qua decisione adest *Arrest.163.* quod secùs est, si
16 priuilegiatus per intrà Regnum extrahat, nàm tunc obligatur cauere de asportando merces in locum fundici, donec Regia Curia semèl exigat ius prædictum omninò exigendum ab ipsis mercibus ad venditionem futuram destinatis, *Auth.* noster hic *num.* 1 a. vnde ad curandam dictam cautionem præstandam, immunes eo in casu soluunt ius fundici pro futuro emptore,

vt

vt in perpetuum liberæ merces ab hoc iure, quod semèl soluunt, euadant, & ità in praxi obseruari testatur, *ibid. nu. 13. & 14.*

17 De hoc agitata fuit controuersia annis elapsis inter *Illust. Principissam Tarsia*, & Officiales fundici *Rossani* in Regia Camera, ad relationem *Dom. Præsid. Franc. Ant. Andreasso* in banca *Bozzauotra*, & in *Processu coram Delegato*, fuit ab Arrendatore exhibitum Capitulũ *Capitulationis Arrendamenti n. 34. fol. 41.* videlicèt:

Che molte persone priuilegiate di diuerse nationi immetteuano robbe in Regno, e per esser franche pretendeuano non fondacarle: Il che haueua causato nelle Prouincie molto danno alla Regia Corte, per non esser bene inteso il priuilegio da gl'Officiali de Fondachi: Perche la franchezza, che tengono li venditori di dette robbe, non comprende il Ius Fundici, *il quale si deue pagare dalli Compratori, e non da essi venditori, e l'immunità de venditori non hà da togliere alla Regia Corte il diritto, che deuono pagar li Compratori, come per decreto antico della Camera appare prouisto nella causa de Liparoti.*

18 *Die vigesimo Augusti 1476. fuit prouisum, quod Dohanerius, & alij Officiales Dohanæ, quandocumque mercatores Liparenses, siuè alij priuilegiati immittentes res, & mercantias in Regio Fundico, & Dohana Neapolis, illas non contractantes in dicta Dohana, sed illas volentes extrahere, & deferre ad Terras, fundicos non habentes, exigant, & exigi faciant ab extractoribus dictarum rerum, & mercium Ius fundici, Regiæ Curiæ debitum per illas ab emptoribus ipsarum solui debitum, iuxtà Ritum, & iuxtà seriem, & tenorem litterarum Regiarum, prædictis Officialibus præsentatarum; A volentibus autem ducere ad terras fundicos habentes dictas res, & mercantias, recipiant ab eis fideiussoriam cautionem iuxtà Ritum*, (est *Arrest. 8.* apud *R. de Marin.*)

Per tanto è conuenuto, che alli detti venditori di robbe, quantunque siano priuilegiati, e franchi, non si debba rimettere lo diritto del Fundaco in tutto, nè in parte, ma lo debbano pagare integramente per lo compratore, volendole portare à vendere in terra, che non hauesse fundaco Regio, ò vero nelle loro Case, e Botteghe, come si contiene nel precedente Capitolo: E volendole portare in altra terra di Regio fundaco, debbano dar pleggiaria di condurle ad aliam terram Regium fundacum habentem, nella quale, si possa esiggere il diritto del Fondaco dal compratore, &c. fol. 41. & it. d. proc. coram Deleg.

19 Insupèr R. Cam. decreto sub die 16. Februarij 1504. fuerunt expeditæ literæ directæ Dohanerio Dohanæ Neap. quod à *Liparensibus*, alijsq; immunibus deberet capere fideiussionem de omnibus mercibus, quas non contractant in dicta Dohana, de illis portandis in Terras fundicos habentes, ad quas si non portabunt, & portare intēdunt, soluant ius fundici debitum Regiæ Curiæ per emptorem: Fuerunt etiam expeditæ *Nicolao Aurilo Imperato* Secreto, & Magistro Portulano Prouinciæ Aprutij, in *Notament. Cam. 1503. & 1504. fol. 59.*

20 Verùm, quando extractio fit per locum habentem fundicum, tunc licet extrahens vellet ius fundici soluere pro futuro emptore, et permitti non debet in præiudicium illius fundici, vbi venditurus est, ex decreto R. Cam. anni 1539. *Arrest. 43.* in ord. apud *R. de Marin.* Ibi: *Fuit per Reg. Cam. communi voto prouisum, quod pro rebus, & mercibus, quæ non contractantur in fundicis, vbi dictæ merces immittuntur, sed ab eis extrahuntur, causa asportandi in aliam terram fundicum habentem, nullo modo extrahentes teneantur cauere de asportando dictas merces, & res ad terras fundicum habentes, & si secùs factũ fuerit, mercatores soluant iterum ius fundaci in loco, vbi dictæ merces immittuntur, & contractantur, iuxtà dispositionem Ritus, & bannorum.*

21 Hic conferunt ea, quæ in 1. *membro, de Iure Fundici* diximus, circà merces,

quæ

quæ in Regno naſcuntur, vel quæ ab extrà Regnum ad hoc noſtrum aſportantur, & quomodò teneantur cauere de eundo ad terram fundici, & quid in fundico huius Ciuitatis propter eius præeminentiam, vbi ſoluendi ſunt dirictus, licet ad aliam terram eſſent merces deſtinatæ, ob quod tranſcripſimus fidem antiquam obſeruantiæ prædictæ, cuius meminit *Reg. Reuerter. decis. 314. in fine*, ibiq; poſt ea ſcripta reperimus per *Reg. de Marinis in eius obſeru.* poſt tradita per noſtrum *Author. item in d. membr. 2. à num. 3. ad 5.* exaratum quoque fuiſſe eiuſdem fidei tenorem, *num. 6.* ex recenter à Iditis per eundem *Reg.* in nouiſſ. editione *Lugd.* anni 1674.

22 Conuenit prætereà quæſtionem illam examinare, num rei immunis omiſſa profeſſio, commiſſo locum faciat? Quo in puncto, plures affirmant, ex *L. fin. §. quoties, D. de public.* vbi dicũt *DD.*
23 ſcholarem (quanquam immunis ſit) debere petere *bollettam* à Gabellario, aliàs libri incidunt in commiſſum, ex *Bart. in d. l. fin. §. Diuus num. 2.* dicentem quod priuilegiatus à gabella, obligatur perfectè conſignare bona Datiario.

24 Idq; firmatur ex eo, quia fraus appoſitis mercibus munificis fieri poſſet, vndè graui pœna cohibendus tranſiens, ne fraudem committere tentet, *Zabar. in Clem. fin. Maſcard. de prob. d. concl. 834. num. 5.* Similitèr quia priuilegia non proſunt, niſi allegentur, *cap. vlt. de præſcript. l. 1. in princ. D. de vacat. mun. Acac. Eurek de priuil. lib. 3. cap. 17. num. 31.* Vndè improfeſſus abitus, cenſebitur iure reliquorum munificorum, *Æmil. Ferret. conſ. 23. n. 1.* Sicuti etiam, quia, an res immunis ſit, vel vectigali obnoxia, indiget aliqua inquiſitione, *Clem. fin. de cenſ.* Imò ipſis *apodixis*, ſeù *Bollettis* non creditur, ſed portantes, eas verificare debent, *Franc. Albert. decis. 128. lib. 1.* Igitur profeſſio nec quidẽ ab immuni prætermittenda eſt, *Eberhard. iun. conſ. 2. n. 30. vol. 1.* & ipſi Clerici, qui ampliſſimis iure noſtro fruuntur priuilegijs, ſub periculo, ne bona perdant, ea deſignare tenentur, *Ferret. de gabell. num. 209. Petra de poteſtat. Princ. cap. 5. num. 4. Tremacinqu. var. reſol. tit. de iur. fiſc. reſol. 5. num. 9. Camill. Borrell. de præſt. Reg. Cath. cap. 11. nu. 6.* Cur igitur eadem pœna alijs immunibus haud immineat? Quemadmodùm idem confirmatur, quia Domini vectigalium, tàm ad rei vectigalis præſtationi obnoxiæ, quàm immunis reſtitutionem obligati ſunt, ſi ea viatoribus à
25 prædonibus eripiatur: Igitur, vt eò cautiùs inuigilent, omnia manifeſtanda ſunt, & vt fiat periculi, & commodi proportio, res fiſco addicenda eſt, vti tenent *Bald. conſ. 19. nu. 4. vol. 2. P. Rauenn. ſing. 862. Rimin. iun. conſ. 784. à n. 9. vol. 6. Marc. dec. 214. num. 3. Saiſon in conſ. Turonẽſis des droits des peages art. 3. circà princ. Ladon comm concl. 15. nu. 50. Kopp. dec. 30. num. 13. Gratian. deciſ. 148. num. 21. & ſeq. & diſcept. for. 17. num. 8. ibiq; de Luca in animaduerſ. n. 2. Mind. de proceſſ. lib. 2. cap. 43. n. 12. Guaz. de confiſc. bon. concl. 13. ampl. 82. n. 2. Loſaus de iur. Vniu. p. 4. cap. 1. num. 30. Ruin. conſ. 23. n. 9. vol. 5. Rol. à Vall. conſ. 79. num. 31. lib. 1. & conſ. 87. nu. 49. lib. 3. conſ. 71. num. 22. vol. 4. Rim. iun. conſil. 57. num. 1. & conſ. 8. nu. 37. Pacian. conſ. 98. nu. 8. 12. & 13. Menoch. conſ. 1061. num. 4. Steph. Daoys in Indd. ver. verò Vectigal num. 4. Borrell. d. cap. 11. à num. 3. ad ſeq. Gaſp. Klock. de contribut. & collect. cap. 19. num. 561. Io: Marquard. de Iure mercat. lib. 2. cap. 4. n. 45. vbi n. 46.* quod hodiè neceſſe eſt, vt magiſter nauis à ſui loci magiſtratu literis commeatus, epiſtoliſq; aſſertoria vulgò *Certificatione* inſtructus ſit, vel inuentario, ac deſignatione mercium; & quid in nauibus immunibus, tradit *Petr. Peck. in tit. de Nauicular. num. 3. & 4.*

26 Præfatam verò ſententiam communitèr ità diſtinguunt, vt rem notoriè immunem, abſque periculo improfeſſã tranſuehere liceat, non verò eam, de cuius libertate certò minimè conſtat, cum *in d. l. fin. §. quoties*, vſualia mancipia, ſi profeſſa non fuiſſent, in commiſſum cecidiſſe *Martianus I.C.* dixiſſet,

& tamen veterana mancipia non professa à commissi pœna eximeret; Vndè *Bart. ibid.* duos casus distinguendos putauit, an videlicèt publicano liqueat, vectigal soluendum non esse, vel indubiè non constet; Priori enim casu omissam professionem nihil, sed posteriori præiudicare, *Bertach. de gabell. p. 9. num. 41.* Quam distinctionem sequitur *Goffred. de Gaet. super Rit. R.C. rubr. 3. de fundico stazelli, num. 36. Gratian. in add. ad decis. 148. num. 5. & 6. Castrin. d. §. quoties, Rol. à Valle cons. 79. num. 8. vol. 3. Person. de gabell. num. 107. Bertazol. cons. crim. 6. num. 1. & cons. 191. n. 1.* vbi *Claud.* ità iudicatum refert, *Hartm. tit. 48. obs. 1. num. 9. Stephan. de iurisdict. lib. 2. p. 1. cap. 7. membr. 1. num. 252. Flor. de Mena var. qq. 2. quæst. 21. num. 110.* & in praxi illam obseruari dicerunt *Boss. tit. de fraud. Vectig. n. 10, Menoch. cons. 1061. num. 12. & seq.*

27 Liquere autem publicano dicitur, si res sui natura immunis sit, non si ex accidenti ratione personæ immunitatem habeat, *Io. Cephal. cons. 451. n. 159.*

28 Exemplum adducunt in libris Scholasticorum, vt condonandum sit, si appareant signa, illos esse Scholares, puta ex matricula, habitu, libris, via fortè ad studij locum ducente, ac similibus, excusari à commisso, *Peregr. de iur. fisc. lib. 6. Camill. Borrell. d. cap. 11. num. 157.* tantò magis dicens procedere, quando Scholares essent minores, quoniam nulla professio est facienda rerum, quæ notoriè sunt immunes, atq; exemptæ, nec bona incidunt in commissum, post alios *cit. Borrell. d. loc. nu. 108.* Sed notandum, quod scripsit *Bartholom. de Capua in singul. 40.* cum scilicèt quidam deferrent aliquas merces,

29 in hanc Ciuitatem, Baiuli Neapolitani petierunt ab ijs ius Dohanæ, & Scholares se opposuere, ex quo ad ipsos deferebantur, vnde baiuli dicebāt, *iuretis*; & ipse tenet, quod iurare teneantur.

30 Sed præ cæteris obseruantiam in omnibus attendendam, alij faciliori via concludunt, vtpotè si publicanus sit in hac possessione, seù quasi denunciationis ab immuni facienda, minimè turbari possit; Constitui autem in possessione dicimus, si voluntariè immunis denunciauerit, siuè etiam, quod plus est, si per decennium soluat, quo in casu sibi præiudicat immunis, *Fe-stas. de assim. par. 4. cap. 4. num. 33.* Si verò per 30. annos, etiam in petitorio præiudicium infertur, *Claud. in addit. ad cons. patris Bertaz. crim. 141. lit. B.* vbi tamen rectè monet, coactè denunciantem sibi præiudicium non inducere, *Gu. Pap. cons. 91. n. 3.*

31 Quod procedit cum hac tamen declaratione, quod si infrà dictum tempus hoc intuitu fiat, turbans commissi nullam substineat pœnam, quod ex eo notandum, quod mancipia venalia ideò munifica fuere, quia commercij causa ducebantur, nec vsualia huic oneri indistinctè subtrahebantur, sed veteranis selectis ob peritiam, & vsum etiam hic honor tribuebatur, *Cuiac. 14 obseru. 3.* vel vt rectiùs idem *Cuiac. sub tit. Cod. de vectig. & commiss.* sentit, vsualia mancipia ad cultum agrorum partim nutriebantur, veterana autem, quæ in Vrbe seruiebant, ad vsum magis, & cultum corporis, familiæq; comparata erant, ideòq; hæc à vectigalis præstatione eximebantur, *l. in lege Censoria, D. de V. S.*

32 Si autem opinio *DD. supracit.* vera est, argumentari potest, quod omnia mancipia, etiam libera à vectigali, profitenda sunt, & si non profiteantur, in commissum cadunt: Veterana autem nomine mancipiorum continentur: Ergò, &c. Verùm ità manifestè *I.C. in d. l. fin. §. quoties*, mendacij argueremus, qui ob omissam professionem veterani serui immunis, locum nō esse commisso dixit; Si verò *Bar.* & sequacium distinctio vera est, certò constitisse publicanis, aliquem veteranum, non nouitium seruum fuisse, concludendum est: Verùm de eo *text.* fidem non facit, neque etiam veteranus ex facie, aut spatio seruiendi, sed genere, & causa, hoc est ministerio, cui propone-

neba-

nebatur, nomen accipiebat, ità vt nouitium, quamprimum ex venalitio emptus, & alicui ministerio præfectus esset, veteranus diceretur *l.fin. §. fin. D. adil. edict.*

33 Plus itàq; iuris rationi conuenit, rem, siuè notoriè, siuè obscurè immunem, si professa non sit, minimè committi, *Æmil.Ferret.d.cons.13.nu.4.* quæ sententia & exindè corroboratur, quia sine dolo commissi pęna non potest infligi: qualitèr autem dolus in non profitente rem immunem considerari potest, vbi omnis fraudis cessat suspicio; Quapropter sic argumentando, suprapositam distinctionem reijciunt *Dec. cons.96.nu.19. Bertaz. cons.crim.179. cons.193.n.1. & 8. & cons.336. num.8.* (quos refert etiam *cit. Gratian. d.decis. 348.in fin.*) *Mich. de Amat. decis.35. per tot.* qui maioribus votis hanc sententiam approbatam fuisse testatur, eamq; sequitur *Henricus* Klock *in disceptat. de Vectigal.iure conclus.83.lit.D.*

34 In contrarium verò adducta argumenta facilè refutantur, dùm maxima ex parte eò tendunt, æquum esse ob periculum fraudis rem quoque liberam designari, ineptè tamen inde concluderetur, æquum esse, si non fiat professio, vt res committatur; Et quæ de priuilegio dicta sunt, ità demùm obtinent, si priuilegium omninò non allegetur; Quis namquè contrà receptam *DD.* opinionem, quæ probationes, priuileg:a, instrumenta, testes vsq; ad sententiam exclusiuè produci permittit, *Afin. in Prot. iud. §.13. limit.9. sublim.1.nu.2. Giurb.ell decis.41.* affirmare rectè poterit, instrumentum si in limine iudicij non allegetur, postea produci, aut ex eo litis decisionem peti non posse?

AD QVÆST. IV.

Quid si merces extrahantur per intrà Regnum, vt vendantur minutim in apothecis, an debeatur Ius Fundici à persona immuni pro futuro emptore.

ANNOTATIO.

SVMMARIVM.

COnsuetudo in vectigalium exactione attendenda, ac nouitates arctandæ sunt, à n.1.ad 3.

Ius fundici, an debeatur à Ciuibus immunibus pro futuro emptore de mercibus extractis, quas minutim vendunt in apothecis? Traditur obseruantia Dohanæ Neapolis pro solutione iuris fundici, & cur aliter obseruetur in alijs fundicis Terrarum, à n.4.ad 7.

Et an teneantur fundicarij denuntiare, si exteris vendant, n.8. & 10.

Hæc decisio roboratur ex R.Salemitan. ac R.C.decreto, à n.9.ad 11.

Fundicus Ciuitatis Puteolorum *est membrum Dohanæ Neap.ex priuilegio Regis Ladislai, cuius verba transcribuntur, n.6.*

1 COnsuetudinem potissimè attendendã esse in modo exactionis vectigalium, neque innouandum, aut nouitates tolerandas contrà obseruatum à tempore immemorabili, concludit *Auth.* noster hic *num.10.* ex *l.licitatio, §.earum, D.de public.* cui consonant *l.fi. publicanus, § fin. D.eod.* ibi: *In omnibus vectigalibus ferè consuetudo spectari debet, l.mißi opinatores 7.* ibi: *Consuetudine seruata,* vbi *Io.de Plat.in 3.not. C.de exact.trib.lib.10.l.2.* vbi *Bart.C.de aur. coron lib.10. Rit.R.C.4.& 6.* sub *rubr.de Iur.Dohanæ,* ibi: *In omnibus tamen his spectatur consuetudo, Bursat. cons.185. n.11.& seq. & cons.138. num.42. Alex. cons.121.n.6.lib.6. Surd.cons.470.n.15. & seq.*

& seq. & cons. 197. n. 8. Ferret. de gabell. num. 386. Personal. sod. tract. num. 34. & seq. Koppen dec. 50. num. 9. Cyriac. contr. 109. num. 3. & controu. 221. n. 19. & 10. Larrea alleg. fisc. 5. num. 24. & alleg. 7. n. 22. lib. 1. Ciarlin. controu. 12. nu. 40. Em. Card. Petrus Ottobon. (deindè Summus Pontifex *Alex. VIII.*) *decis. 175. n. 10. & seqq. Episc. Rocca disput. iur. lib. 1. cap. 85. num. 1. & seq. Saminiati controu. 22. num. 15.*

2 Ità quod gabella locata intelligatur eo in statu, in quo reperitur, & cum eisdem conditionibus, cum quibus ab antecessoribus fuit conducta, *Ruin. cons. 74. num. 1. lib. 1. Surd. cons. 470. sub num. 15. Bursat. cons. 335. nu. 10. & cons. 190. num. 16. & 37. & Bertach. de gabell. par. 2. qu. 31. Caren. resol. 107. nu. 2. Bonden. collect. 37. nu. 18. Card. Caua-*
3 *ler. dec. 60. num. 4.* & sic nouitates, quas introducere gabellarij procurāt, omninò abolendæ, *d. l. missi opinatores*, vbi *Andr. de Barul. num 4. Bald. num. 2. Plat. num. 4. vers. tertiò nota, Rebuff. n. 5. Morot. cons. 86. num. 1.* cum sæpissimè Reipublicæ statum nouationes turbent, & in discordias ruere faciant, *Salgad. de retent. bullar. par. 1. cap. 6. n. 3. & seq.* Et ex *Tertull. nouum omne, & incognitum, quod est, suspectum est*, & apud *Cæsar. de bell. Gallic.* legitur: *Nemo est tàm fortis, quin non rei nouitate turbetur, Iul. Capon.* alia cumulans in *discept. forens. to. 2. discept. 85. Pisan. in add. ad Gaet. sup. rit. R. C. rubr. 25. à n. 1. ad 9.*

4 Qua sic stante conclusione, Regia Camera iudicauit hic, nullo modo molestandos esse Puteolanos Ciues pro iure fundici, quando extrahunt merces non contractas, & illas vēdunt ad minutum, quia ità obseruatum erat ab immemorabili tempore, & ideò non
5 esse innouandum censuit; licet in Ciuitate Neapolis contrarium obseruetur, puta, quod Neapolitani Ciues extrahentes merces, vt illas vendant minutim, soluere debeant ius fundici, quia poterant illæ merces exteris vendi, qui ad tale ius obligantur, vnde cōpetit, vt soluat extrahens, licet immunis, pro illo futuro emptore, aliàs R. Curia sub vnius immunitate primaretur iure ab alio debito; Idq; eò magis, dum consuetum est, mercatores Neapolitanos merces fundicatas habentes, illas vendere posse intùs Reg. Dohanam, quo in casu, si Ciuibus vēdantur, non exigitur, tanquàm ab immunibus emptoribus, secùs verò si exteris vendātur, nam debetur ius fundici, & sic quando vendunt extrà fundicum, extrahendo priùs, cum in Ciuitate non constet, quis nam sit futurus emptor, an puta immunis, ideò ibi soluunt dictum ius pro futuro emptore, velut si exteris fuissent venditæ; *Author* noster hic *à n. 1. ad 7.* cōfert *Gosfred. de Gaeta super Rit. Reg. C. rubric. 2. num. 300.*

6 Idemq; aiebat Arrendator, obseruari debere in Ciuitate *Puteolorum*, teste nostro *Auth.* hic *n. 7. & 8.* præsertim, quia fundicus *Puteol.* apparebat pars, & sub iurisdictione fundici Ciu. Neap. ex quodam Priuilegio *Ser. Regis Ladislai* expedito in Castro nouo Neap. sub die 27. Martij ix. Ind. in quo ità mandatur, *Quatenùs mercantias quaslibet, cuiuscumq; fuerint, fundicatas in fundico Ciuitatis nostræ Neap. de quibus appareat apodixa gabellotorum dicti fundici Puteolorum, impedire nullatenùs præsumatis, sed ipsas apodixas audiatis, accepitis, & admittatis, quemadmodùm apodixas gabellotorum aliorum fundicorum Terrarum nostrarum, non obstante, quod dictus fundicus Puteolorum non sit fundicus separatus, sed membrum Dohanæ præfatæ, &c.*

7 Sed contrarium censuisse R. Cam. tradit idem noster *Auth.* hic *n. 9.* tùm ob dictam immemorabilem in contrarium obseruantiam, tùm etiam, quia in Ciuitate Neapolis ob numerum exterorum concurrentium, credendum potiùs est, extractas merces ab exteris emi, quàm à Ciuibus, imò ob Ciuitatis magnitudinem, & numerum populorum, impossibile esset, Regiam Curiam posse ab exteris ementibus ius exigere; Idq; omne secùs esse in Ciui-

tate

tate Puteolorum, quæ exigua, & vacua exteris est, & quasi indubium, nonnisi à Ciuibus merces prædictas emi, & si forsàn exteri adsint aliqui, poterit Arrendator in illos animaduertere, ac verificari dicterium *Rit.7.incip.Fundicus flagelli in fin. sub rubr. & fundico flagelli, à buon ladrone, buon guardatore*, Ve-
8 rùm cautelam adhibuisse Reg. Cam. eo tempore, quòd licet non sint molestandi *Puteolani* pro mercibus, quas extrahunt, non contractis, vt illas minutim vendant, attamen si easdem iterùm vendant exteris, teneantur Dohanerijs, & Arrendatori denunciare, gratis verò, ad hoc, vt Curia possit ab illo extero dictum ius exigere; & ità determinatum, *Dom.* etiam *Reg.* nostro referente in anno 1570. & anteà in anno 1481.
9 Quæ nostri *Auth.* decisio in puncto confirmatur ex *arrest.44.Reg. Salernitani*, in qua per easdem ferè rationes decisum fuisse testatur sub die 6. Februarij 1566. quòd Ciues *Brundusini* extrahentes, vendendo in apothecis, non tenerentur soluere pro futuris emptoribus, licet ex quadam præeminentia, aliter seruetur in Reg. Dohana Neap. proptèr multitudinem apothecarum, &
10 exterorum; verùm fuisse etiam prouisum, quod vendendo exteris, & sic subiectis solutioni fundici, tenerentur dare notitiam Arrendatori, vltrà notitiam dandam per emptorem sub pœna intercepti.
11 Quemadmodùm & in anno 1565. suborto dubio, num persona immunis emens in fundico Regio merces, ac deindè extrahens illas ad loca non habentia, vel habentia fundicos Regios, vel à dicto fundico Regio, vbi fuit inita emptio, voluerit illas extrahere per apothecas, an debeat, vel ne ius fundici, dum Ritus disponit, qualitèr habeatur pro soluto immediatè, ac immunis emit; Ad quod constito per Officiales Regiæ Dohanæ fidem de solito, putà, quod immunis emens merces in dicta Dohana, si illas extrahit per apothecas, vel per loca non habentia fundicos Regios per infrà Regnum, soluit ius fundici, si verò extrahit per extrà Regnum, nihil soluit, & sic si extrahit à nundinis franchis, in quibus non fuit facta solutio, & immittit in Dohanam, soluit, videtur R.Cam. prædictæ fidei de solito annuere voluisse, vt in *Arrest.* 300. de recollectis per *Reg. de Marin.* consonant *littera Regis Ferdinandi Primi* expeditæ in anno 1476. *in Reg. Cur.* 30.

AD QVÆST. V.

An, & qualitèr emptor mercis teneatur pro præterito venditore incerto.

ANNOTATIO.

SVMMARIVM.

E*Mptores mercium an teneantur pro præterito venditore dirictus soluere*, *n.1. & quid si merces penès emptorem existant, n.3. & declaratur, n.4. & 5.*
Fiscus habet hypothecam in bonis sui debitoris. n.2. & quid pro commisso, vel alijs pœnis, n.6. & 7.

1 MErcium emptores, nec de iure, aut ex dispositione *Ritus*, neq; ex Regiæ Dohanæ moribus obligari Dohanæ, vel fundici ius pro venditore præterito soluere, Regiam Cameram iudicasse, refert *Dom. Reg.* noster hic
2 *n.2.& 3.* Nihilominùs, quia fiscus habet in bonis cuiuscumquè sui debitoris hypothecam, ex *l. aufertur. §. Fiscus, D. de iure fisci, l.2. C. quib. mod. pign. vel hyp. tac. contr. l. debet* 17. ibi: *Quod emptorem fortè sequeretur, D. de adil. edict.* cum alijs *concord.* Ideò R.Cam. censuit,
3 quod merces ipsæ existentes penès emptorem, poterant capi pro debito venditoris, quia in eundem emptorem cum onere suo transiuere, secundùm *Auth.* hic *in fine*.
4 Præfatam quidem hypothecam intelligas procedere supèr mercibus, & sic

sic contrà illarum emptorem pro datijs non solutis, facta tamen professione, vel cum fuerit dubitatum, an forsàn aliquo casu deberentur, & posteà decisum, deberi, vt possit Fiscus illa super mercibus, si extant, vel super bonis ipsis ab emptore consequi; Cum indubium sit, Fisco tacitam hypothecam ex causa tributorum, sicuti & suorum contractuum competere, ex *d. l. auferetur*, vbi *Dionys. Goth. sr. lit. M. l. semper, § conductores, D. de iur. immun. l. si is, qui 28. D. de iur. fisci, l. 2. & 3. C. de*

5 *priuil. Fisc.* Quæ hypotheca, sine prouisione hominis inducta, extenditur etiã ad ea bona, quæ tempore talis contractus non erant in bonis debitoris, ex *cit. iurib. & l. 10. D. de manumiss.* Quam conclusionem exornant *Reges. in d. ll.* & comprobant post alios *Negus. de pign. 2. p. membr. 4. ex nu. 113. Amaya in l. 1. C. de iure fisci, Larrea alleg. 44. n. 18. Noguerol. alleg. 31. n. 76. D. Io: del Castillo lib. 4. controu. cap. 61. n. 59. Merlin. de pign. lib. 3. tit. 1. qu. 85. Rodriquez. de concurs. art. 2. 1. p. num. 1. & 7. Guazzin. de confisc. bonor. conclus. 21. nu. 10. Maximil. Faust. in cons. pro Ærar. class. 9. cons. 40. num. 2. Reg. de Ponte cons. 17. n. 65. tom. 2. Reg. Galeota resp. fisc. 6. nu. 34. Reg. Reuert. decis. 4. num. 1. Præs. Gaualerr. dec. 4. num. 21. D. Didac. de Bolero in tract. de decoct. deb. fisc. tit. 5. qu. 19. & seq. Præs. Merlin. marg. 1. controu. for. cap. 2.*

6 Secùs verò pro commisso, nam cum illud statim fisco acquiratur, eiq; competat reiuindicatio, etiam contrà hæredes, ac possessorem, vt suprà in qu. 1. & 2. annotauimus; reiuindicatio, quæ ex dominio oritur, non potest cum hypotheca in eadem re, ex eadem causa, & eodem tempore insimul concurrere, quia hypotheca non datur in re propria, *l. ex sextante 30. § latinus*, circà finem, *D. de except. rei iud. l. neque pignus 45. D. de reg. iur. Cons. Cardenal. 2. de iudic. disp. 37. n. 18. & 19. Cons. Altimar. in obseru. ad Reg. Rouit. cons. 51. nu. 16. lib. 1.*

7 Pro pœnis deniquè, Fiscum hypothecam non habere constat, quod tamen conciliando dissidentium opiniones, vt scilicèt in confiscatione bonorum nunquàm detur hypotheca, secùs in alijs pœnis pecuniarijs post sententiam, declarant *Reg. Constans. in l. 1. C. pœnis fisc. cred. præferri, à num. 106.* ibiq; *Amaya à num. 11. Gail. de cred. in append. par. 3. resol. 9. nu. 109. Cons. Rocc. de offic. rubr. 14. § 1. nu. 43.* latè etiam *cit. D. Didac. de Bolero d. tract. tit. 5. à qu. 23. ad seqq.* vbi *in quæst. 27.* agit, an in mercibus, quæ ceciderunt in commissum, detur concursus Creditorum cum Fisco.

AD QVÆST. VI.

Instantia, qualitèr currat in Tribunali Regiæ Cameræ in causis ciuilibus, & criminalibus.

ANNOTATIO.

SVMMARIVM.

Litium ærumnæ causidicorum calliditates, earumq; remedia indicantur, à num. 1. ad 5.

Instantia causæ biennio in criminalibus, triennio verò in ciuilibus perimit, n. 6. & 7. & quid in S. R. C. Neap. n. 8.

Instantia, an perimat in causis fiscalibus, n. 9. & quid in Regia Camera Summariæ si fiscus est actor, quàm reus, vel in causis inter priuatos inibi agitatis, à n. 10. ad 12.

Instantia capta cum defuncto in eadem R. Cam. an transeat in hæredem etiam Clericum, vel alium successorem, n. 13.

Instantia peremptio, an respectu causarum criminalium in Reg. Cam. emergentium procedat? affirmat ex pluribus Dom. Reg. *hic, num. 14. & 15. sed contrarium firmatur ex* Regia Pragmat. *deindè promulgata in anno 1605. pro instantia prorogatione in omnibus Tribunalibus Ciuitatis Neapolis, à n. 16. ad 18.*

Et quid in Regijs Audientijs, & Curijs. Ba-

Baronalibus, num.19.& 20.
Fatalia, an currant in Regia Cam. n.21.

1 ÆRumnosos Iudiciorum anfractus, in omni Reipublicæ statu perniciosos, semperq; animaduersos vndiq; legimus, adeò vt, vel etiam cum nostræ substantiæ iactura vtile sit nobis, iniurioso actori cedere, ex *D. Matth.c.5. Si quis vult tecum in iudicio contendere, & tunicam tuam tollere, dimitte ei & pallium*; Cui sacro Canoni consonat ciuilis doctrina in *l.item si res §.1.versi.non tamen, D.de alien.iud.mut. caus.fact.l.illud,§.quid tamen, D. de tribut.act.* Vnde satis dicitur quis lucrari, si à lite discedat, eiusq; vexationem redimat, *l.minoribus 25. annis, D. de min.l.in summa, D.de condict.indeb.l.2. C.de transact. Abb. in c.quinta Vallis, de iure iur. Franc.de Petr.sessiu. lect. lib.2.*

2 *cap.9.num.3.* Idquè siuè litium morbo, aut litigantium pertinaciæ, (cum naturalis sit, homini ad dissentiendum facultas, ac ciuilem societatem, litium, & discordiarum omninò expertem optare, ac reperire vix liceat) vel etiam judicantium incuriæ, iudiciorumq; fatis, aut Causidicorum calumnijs, ipsiusq; totius fori ambagibus, vinculis, captionibus, quæstionibus, ac versipelli astutiæ, subterfugijs, strophis, mendacijs, cauillationibus, cæterisq; malorum compendijs adscribamus, vtcũquè eueniat, maximum semper fuit cuiusq; Reipubl. hoc detrimentum, ac de illo innumeros extitisse animaduersores, exclamatoresquè, quos hic annumerare nimium esset, sed solùm nos referimus ad plures relatos à *Dom. Emm.Valeron.de transact.in proem.à n.3.vit. Franc.de Petr.d.cap.9.per tot. Reg. de Pont.dec.20.num.2.& dec.34.n.54. Dom.Campl.D.Carolo Petra sup.rit.M.C. 10.to.1.& rit.147.to.2. Steph.Natben de iustitia in litibus vulnerata, Klock de Ærar.cap.123.ad 125.lib.2. Octauiano Pisano de litibus abbreuiandis, in Comment. Hermanni Hoffmanni sub tit. Lycurgi Germanici.*

3 Non tamèn prætereundus *Io: Barclaius in Argen.lib.3.c.16.* dũm ob hoc Reip.detrimentum, præsertim proptèr causidicorum, & quod peius, rabularum numerum, hæc inuehendo protulit: *Eo quidem maiori Reipublicæ detrimento, quod si inter pauciores, sed spectati candoris Aduocationum munus esset, tot illa ingenia, quæ noxia calliditate se corrumpunt, melioribus studijs ornarent patriam, disciplinas, & artes, aut proderent nouas, aut inuentas excolerent. Itá hæc pestis non modò malorum est rea, quæ infert, sed bonorum præterea, quæ ademit.* Et insupèr prosequitur: *Sed verò ex Iudicum, & Patronorum numero crescunt lites, aut subsistent, adde noua Tribunalia non deerunt, quibus placeat recens aculeas. Quod si de visceribus alimus, ità cadet pars litium; ac de morbo decedat, si de hodierna medicina subtraxerit.* Et similitèr ibi: *Nam & verborum, & numerum progressa sunt artes, ac nomina, quibus in sermones Clientes, Patroni, & Iudices frustrantur. Articulatim, & lentè hoc discerpunt, qui semel peragere potuerunt. Sæpè itur ad Iudices, causa narratur, aliquot anni abeunt, nec dum contestatio litis, vt vocant, audita est.*

4 Meritò inde rerum publicarum gubernatoribus, causarumq; Iudicibus summoperè cordi, ac studio esse debet, lites omnes, quam citiùs, minimoq; sumptu, ac molestia finiri, vt ex *cap. finem litibus, de dolo, & contum. l.quidam existimauerunt, de reb.cred l.2. de aqu. pluu.arc. l.si st. §.ait prætor, D de re iud. l.quæritur, D.de pecul.l.1. D.de inoff.testam.l.minor, D.de min.l.5.§.si rem, D.de leg.3.l.terminato, C.de fruct. & lit. expens. l.properandum, C.de iudic. l.si quis iusiurandum, C.de reb cred l.1. C. de re iud.l.litibus, C.de agric.& cens. lib.11. L. vbi pactum, C.de transact. Auth. vt Clerici apud propr.Iud. § fin. coll. 6.* id passim clamantibus, & ex pluribus Politicis, ac legalibus authoribus idem commendantibus monetetis. *Dom. Valeron. d.loc.num.8.* Itá quod si aliquid ad procrastinandam litem fiat, Iudex ex officio occurrere debeat; *nullus enim*

enim tàm audax inuenitur, qui possit inuito Iudice litem protelare, d.l.properandum, C.de iudic. ne feta, ac molesta fatigatione litigantes liti cedere, vel importunitatem actoris redimere compellantur, *c.nonnulli 28. in pr. de rescr.* Et præ cæteris verè, & sapientèr monet *Plato 6. de legib.* priùs per amicos tentandam esse pacem inter Ciues, quàm lites intententur; Quod elegantèr vnico commutato verbo, ex *Terentio* sic expressit *Donellus*: *Omnia priùs experiri verbis, quàm iure sapientem decet*, idemq; est nostrorum consilium *in cap. 1. de mut. petit.*

5 Quamplura inde ad lites extirpandas remedia ab antiquis I.C. fuisse adinuenta, atq; instituta, vsucapionem nempè, tacitā ratificationē, præscriptionē, ius iurandū, trāsactionē, boni viri arbitrium, rem iudicatā, exceptionē litis finitæ, actionum cumulationem, & alia, rectè aduertunt *Ant.Sola ad nouas Constit.Sabaud.in præfat. à n.15. ad 20. fol. 626. Anton.Geisentiroben in disp. de præcipuis remedijs, quib. lites dirimuntur, inter disput. Basilea impress.vol.1.* Et in Regno nostro plures extant Sanctiones, quibus, vt lites, quamcitiùs terminentur, occurritur, quas idem *Cons. Petra* memorat in *d.Rit.10. à n.15.*

6 Et nè lites fiant immortales, & vitæ hominum modum excedant, *Imperator Iustinianus in l. fin. C. vt intra cert. temp. & in l. properandum, C. de iudic.* criminales quidem causas biennio cōcludi, ciuiles verò non vltrà triennij terminum post litem contestatam esse protrahendas pijssimè constituit, vbi *DD.in repet. Marant.in spec.par.5. n.1. & 3. Caran. sup.rit.248. num. 1. Afflic. in prax.cap.3.n.15. Scacc.de iud. lib.2. c.2. nu.675. Borrell.in summ.decis.par.1. tit. 64.num.6. Franch.decis.250. Ripoll.de regal cap.13. num. 12. & 13. Cuiac. lib. 9.obs.22. & lib.17. obs.33. Tondut. de præuent.par.1 cap.30.n.6. & 7. Trentacinq.var.lib.2. tit.de iudic. resol.3. Nouar.de priuil.miserab person.priuil.76. & in prag.1.de instant. caus. Mogretti sup. pragm.* Sicil.§.8. *Guazzin.defens.2. n.6. Antonell de temp.legal.lib.1.c.57. Consil. Altimar to.1.de nullit.rub.9. quæst.36. à n.1. Cons.Petra sup.d.rit.248.n.2.*

7 Ità quod elapsis terminis, siuè fatalibus præfatis, minimè procedendum sit vltrà in causa, neque sententia proferenda, & si proferatur, ipso iure nulla videtur, eademq; peremptio post sententiam opponi poterit; Quod tamen in S.R.C. non admittitur, cum solum

8 decretum S.C. perempta instantia latum, nullitati subiaceat, non verò sententia, cuius rationem reddit *Reg. Capyc.Latr.dec.68.num.10.tom.1. post Rouit.in pragm.1 sub num.9.de inst.caus.nō restit.* & post *præd.* aliosq; latè exponunt *cit.Reg.Rouit.cons.66. vol.1. Cons. Staiban. resol.134. cent.2. Cons. Petra sup.d.rit.248.à n.1.ad 4. & seq. & Cons. Altimar.de nullit.tom.1.sub.9.quæst.35. per tot.* Plures verò ampliationes, & limitationes circà instantiæ peremptionem adducit idem *Cons.Altimar.d.rub. 9.quæst.36.per tot.*

9 Et quidē in causis fiscalibus nō currit instātia, & sic neq; triennio concluditur, ex *d.l.properandum,* ibi: *Exceptis causis, quæ ad ius fiscale pertinent, vel quæ ad publicas respiciunt functiones*; puta, super tributo, hæc equidem non clauduntur triennio, sed etiam in feriatis temporibus exercentur geminis mensibus, *Glos.* ibi *ver. Functiones lit. P.Anna* post *Afflict.* & alios *cit. sing. 143.* quod procedit ex peculiari causarum Fisci priuilegio ex *d. l.properandum*, & post *d.glos.in ver.Fisco, Bart.& Bald.Cyn.num.1. Marant.in prax.par.5. vers.& omnia sunt, Afflict.dec.210.Caroc.de except.exc.127. num.35. Alphar. de off.fiscal.glos.16.prin.38.nu.150. Borrell.in summ.dec.to.1.tit.64.n.30.Guazzin.defens.1.cap 6.num.48. Consil.Petra in rit.248.num.22. Nouar.sup.pragm.in rub. de inst. caus. collect.1. num.5.* & ad *Præs. de Franch. decis.653. Radoer. ad Reg.de Marin.cap.184.nu.12. Reg.Galeot.resp.fisc.1.num.57. & 58. Reg.de Marin. ad Reuert.dec.239.nu.3.& dec. 578.nu.1. De Luca in obseru.ad Franch. decis.251.in fin. & dec.653. num.4.*

10 Vn-

10 Vnde in Supremo Reg.Cam. Summariæ Prætorio, in quo fiscales causæ, aut priuatæ, in quibus Fiscus habet interesse, agitantur, non currit, neque perimit instantia, *Gallupp. in prax. p.2. cap.17.n.24. Reg. de Marin. ad Reuert. decis.139.num.6.& 7.& ad dec.578. n. 2.* & alijs *supra cit.* tàm si Fiscus actor sit, quàm reus, *Beninten.decis.76.Scacc. de appell.qu.15.num.265. Antonell. de tempore legali lib.2.cap.52.n.2.* vbi ait, durare spatio 30. annorum, *Nouar. d.l.* à quo tamen cauendum monet *Iac. Anichin.de prauent.instr.c.1.qu.5.Aub. vn.num 74.in fin.* cum veriùs esse dicat, solùm 30. annorum curriculo causas fiscales pro derelictis haberi, licet 11 dubitet hic *n.4.Auth.* noster, de iure in Fisco reo, quia aliàs nullum esset priuilegium causarum fiscalium; De consuetudine verò, indistinctè in omnibus causis præfati Tribunalis non currit instantia, idem *Auctor* noster hic *nu. 5.* de qua Consuetudine memor est *Afflict.in Const.accusatorem n.4.* quem sequitur *Anna d. sing.243.* vel quia in R. Cam.causæ fiscales agitantur, *ut. Anichin.d.loc.vers.procedit,* vbi ex hoc quęrit, quid dicendum in causa agitata in 12 R.Cam. inter priuatos, & refert decisionem pro desertione instãtiæ ex *Reg. Galeot.contr.19.in fin.* & sic respectu Fisci nulla admittitur difficultas, tàm si sit actor, quàm reus, *Dom. Consil. Petra sup.d.rit.148.num.38. Episc.Ricc.collect. 90.* & post alios, quos refert *Thom in comp.dec.p.1. verb. instantia in causis fiscalibus, Cons. Altimar. d. qu.36. à num. 44.ad 40.*

13 Imò & instantia cœpta cum defuncto in eadem Regia Camera, continuatur in hæredem, etiam si hæres Clericus sit, qui tenebitur prosequi iudiciũ in foro testatoris, vbicumq; cum ipso defuncto ibi sit lis cõtestata, post alios cit. *Nouar.d.collect.2.num.6.* vbi *num.7.* ità decisum refert, idemq; tenent *Cons. Hodierna ad Surd.decis.120.n.18. Cons. Stephan. d.resolut. 134.* qui scripsit pro Marchione Caprilliæ aduersùs remissionem petitam per Episcopum Acerrarum, hæredem conuenti; & qualitèr instantia transeat in hęredem, aut aliũd ratione etiam dignitatis, declarat *Rodoer. ad tit.de Marin. cap.185.per tot.* non tamen transit in Fiscum, etsi vniuersalem bonorum successorem, quia per publicationem bonis succedit, non personæ, vt post *Cons. Carleu.* tradit *Reg.de Marin. ad Reg.Reuert. dec.171. num.7.et 8. et in decis.396. num 1.*

14 Difficultas tamèn fuit, nùm in eadem Regia Camera in causis criminalibus, perimat instantia? Qui in puncto, licet *Auth.* noster à *num.6. ad 8.* plura adduxerit, pro negatiua, quod scilicèt non perimat; Contrarium tamen à *num.9.ad seq.* concludit, ac pluries determinatum refert, instantiam in Reg. Cam. quoad criminalia currere, & sic biennio perire, ipsaq; perempta vnà cum actione ius Fisci extingui, quia talis præscriptio ponit gladium ad radicem, & est exceptio intentionis, & facti, & sic Reg.Cam. quoad causas criminales, non recedere à dispositione iuris communis, neque vnquàm aliter fuisse obseruatum, & sic absolutum fuisse reum, *ibid.* refert.

15 Quæ decisio confirmari potest, quia instantiæ peremptio, non solum tollit acta ordinatoria, sed etiam probatoria in criminalibus, vt ex doctrina *Alex. Afflict.Specul.Marlt.et Caran.* aduertit *Præs.de Franch.dec.653.num.3.et 4.* vbi *num.1.* refert, in Reg. Cam. esse receptum in criminalibus perimi instantiã, teste *Liom. Reg. Salernitano* Pręside S.C. qui fuit Pręses, & Locumtenens Reg. Cam. & sic perire totum ius, ac extingui processum, ampliùsq; contrà inquisitum procedi non posse, licet noui superuenerint testes, etiam quod reus fuerit relaxatus nouis superuenientibus indicijs, *Capiblanc. de Baron. pragm 6. nu.39. Reg. de Marin. ad Reuert: obseru. 139. num. 2.* nam pereunt omnia probatoria, *Guazzin. defens. 2. cap.9.num.18.* vbi *num. 6.* inquisiti Aduocatum monet, vt illum ex peremptione instantiæ defendat, cum illa à lege sit inducta, ne vexationes sint

immortales, quem refert, & sequitur *D.Carol.Ant.de Luca in obs.ad cit. decis.* 653.*num.*2.*in fin.* vbi *num.*3. examinat, si ratione delicti bona sint ipso iure confiscata ex Statuto, vel Consuetudine, non locum habeat peremptio instantiæ.

16 Decisiones autem prædictæ ab *Auth.* nostro vt suprà relatæ, cuius verba transcripsit *cit. Rodoer. in d.cap.*184. *nu.*13. quia manarunt antè *Pragm.* promulgatam in anno 1605. quæ est 50. *de off.magistr. Iust.* ideò non est, quin dubitemus, quod hodiè non sunt obseruandæ, dum præfata *Pragm.Sanctione*, tàm in M.C. quàm in omnibus alijs Tribunalibus in hac Ciuitate existentibus, etiam delegatam causam habentibus, quia ob causarum multitudinem, ad illatum expeditionem intra tempus à iure statutum procedi non posset, & ne delicta remanerent impunita, fuit sancitum, instantias sempèr censeri prorogatas, ità vt nunquàm illarum peremptioni sit locus, vnde sempèr post *d. Pragm.* promulgationem, ità fuisse obseruatum, & in dies practicari memorat *Reg de Marin.cap.*184.*n.*12.

17 Eandemq; *Pragm.* quod procedat in Reg.Cam. non videtur dubitari posse, dùm expressè disponit de omnibus causis in omnibus Tribunalibus existentibus in hac fideliss. Ciuitate etiam in causis delegatis, & delegandis, & sic non obstat quædam *Apostilla*, quæ *Hanibal. Donæ* adscribitur, quam transcribit *cit. Rodoer. d.loc. n.*14. vbi *n.*15. eidem respondit, non obstante contrarium motiua, quod Fiscus M.C. nihil habeat commune cum Fisco R.Cam. & pluralitatis causarum in M.C. pendentium, tùm quia vnicus est Regis Fiscus; tùm etiam quia eadem causarum multitudo in R.C. consideratur, dùm ibidem propter vrgentia, & quotidiana Regalis Patrimonij negotia, vix ciuiles causæ expediri possint, *Rodoer. d.l.*

18 Sed nos in eo dictam conclusionem firmamus, quia *actl. Pragmat.* de omnibus causis, Tribunalibusq; loquitur, etiam in Tribunali Magni Admiratus, & in causis, quæ delegantur, & sic non est in consideratione multitudo causarum, sed quia generalitèr fuit sancitum, vt in omnibus causis criminalibus in dictis Tribunalibus huius Ciuitatis causæ perèmptio cesset; ità quod censeantur instantiæ in dictis causis prorogatæ. *Reg. Rouit.in pragm.*10.§.33.*de off.Iudic. à num.*3. *Reg.de Marin. d.l.* & sic ambigi nequit, quod *d.Pragm.* vim habeat etiam in causis criminalibus, quæ in Regia Cam. agitantur, *Dom. Consil. Altimar. d.quæst.*36.*num.*46.*in fin.* imò eadem

19 *Pragm.* dispositio fuit etiam ad Regias Audientias extensa, ex *pragm.* 10.§.31. *de offic.Iudic.* vbi *Nouar.in collect.* 146. *& seqq.D.Cons.Petra in Rit.*248.*nu.*19. idem *Dom. Consil. Altim.de nullit. d. quæ.* 36. *num.*11. Quia stante *pragmaticæ* dispositione, si quis fuerit liberatus, nouis superuenientibus indicijs, elapso biennio etiam fideiussor tenetur, si noua, aut vrgentiora superueniant indicia, vt decisum refert *Nouar.d.loc.num.*151. & *decis.* 15 *cit.Consil. Petr.d.n.*19. & decisum id etiam refert *Reg. de Marin. d.cap.*184. contrà ea, quæ allegauit in dicta causa *Fuluius Danesius*, quæ allegatio fuit transcripta per eundem *Reg. Rouit.in d.pragm.*10. *n.*7.*cit.Consil..Altim.d.l.num.*13.

20 Non tamen procedit *d. pragm.* in Curijs Baronalibus, *Nouar.tom.*2. *de Grauam. Vasall. grauam.* 40. *à num.*19. Et quamuis *Campana vol.*15. *num.*18. decisum referat vna vice per M.C.V. & S.C. quod non pereat instantia, ipse tamen & benè defendit affirmatiuè.

21 An verò in Regia Camera currant fatalia, affirmatiuè concludendum esse constat, post tradita per *Reg de Marin. ad Reg.Reuert. decis.*518. *& Reg.Capyc. Latro decis.*123.*num.*5. *P. Afflict. controu.cap.*33.*nu.*4. *& Cons.Petra in d. Rit.* 248. *num.*37. vbi dictum articulum examinatum memorat in causa *Ill. Ducis Andriæ*, pro quo scripsit *Reg. Galeota lib.*1.*controu.cap.*19.*&* 20. & *Illustr.*

Prin-

Principis S. Seueri, pro quo calamum arripuit *Reg. de Ponte cons. 62. & 63. tom. 2.* qui victoriam retulit, *Cons. Altimar. d. rubr. 9. quæst. 37. num. 16.*

AD QVÆST. VII.

In causa intercepti, an currat instantia, & ea, an sit ciuilis, vel criminalis.

ANNOTATIO.

SVMMARIVM.

C*Ausarum species, quot sint, num. 1. & quæ nam dicatur causa ciuilis, vel criminalis, latè dilucidatur, à num. 2. ad 12.*

Et quid respectu Baronum, & M.C. Vicaria, n. 13.

Causa intercepti, an sit ciuilis, vel criminalis? Ciuilem esse firmat Dom. Reg. *num. 14. criminalem verò esse probarunt* Innoc. Paganus, Corrada, *& alij in locis indicatis, n. 15.*

Quod tamen conciliatur in agendo ad criminis vindictam, vel rei commissæ prosecutionem, à n. 16. ad 18. & an transeat ad hæredes, n. 19.

Aliaq; traditur distinctio antè, vel post condemnatoriam sententiam, num. 20. & 21.

Instantia, an currat in causa intercepti, num. 22.

AD hoc, vt quæstionis huius, secundum tradita per *Auth.* nostrum, elucescant conclusiones

1 Principaliter supponimus, quod causa in triplici consistitur differentia, ciuilis nempè vna, alia criminalis, & demùm alia mixta, ex *glos. in rubr. D. de iudic. & in decret. extr. eod. Marant. de ord. iud. par. 4. dist. 1. Menoch. de arbitr. iud. qu. 78. & cas. 185. num. 6. Farinac. in prax. par. 3. q. 100. per tot. & cons. 85. à num. 3. lib. 2. Paz in prax. in pr. num. 1. à num. 19. Barbos. in rub. de iudic. in Decret. à num. 2. Narbon. l. 20. gl. 15. per tot. tit. 1. lib. 4. recop. Cabed dec. 14. p. 2. Ripoll. in addit. ad Peguer. in pr. ciuil. rub. 39. Parexa de instr. edit. tom. 1. tit. 2. resol. 6. num. 42. Scacc. de iud. lib. 1. cap. 5. & 6.*

2 Controuersia verò consistit apud *DD.* in definiendo, quæ nàm dicatur causa ciuilis, vel criminalis, de qua adeundi sunt *Farin. cons. 85.* vbi *Add. lib. 1. & in prax. par. 3. qu. 100. à num. 1. Asin. in prax. cap. 5. Iul. Clar. in § fin. q. 1.* vbi *Harprecht. Cabed. d. dec. 14. Marant. supra cit. loc. Hering. de fideiuss. cap. 10. à nu. 359. Palm. in prax. p. 1. gl. 3. Narbon. d. loc. à num. 1. Scaccia supra cit. Oliban. in § pœnales de act. Rota Auenion. dec. 112. Ripoll. d. loc. num. 9. & de Regal. cap. 34. à n. 10. Solorzan. de Iur. Indiar. tom. 2. lib. 4. cap. 5. nu. 16. Matthèu de Regim. Regni Valent. tom. 2. cap. 7. §. 5. num. 8. Nouar. de grau. Vasall. tom. 2. grauam. 130. Reg. Marcian disp. 64. Thor in supplem. v. iudicium, fol. 317. R. Capyc. Latr. consult. 17. tom. 1.*

3 Enim verò quidam criminalem causam definiunt illam, in qua pœna est corporis afflictiua, vndè ab hac pœnæ qualitate causæ nomen reperunt; vt si corporis afflictiua pęna non est, sed pecuniaria, quamuis illa Fisco applicetur, causam ciuilem esse arbitrantur, *glos. in l. si qua per calumniam, ver. tam, C. de Episc. & Cler. ex text. in l. Caius Seius 22. D. ad S.C. Syllan. Rota decis. 1. de appell. in antiqu. Menoch. de arb. iud. qu. 82. num. 3. & 4. & cas. 185. nu. 12. Scaccia de iud. lib. 1. cap. 5. à num. 1. Gutier. pract. lib. 1. qu. 107. num. 1. Azeued l. 5. n. 1. tit. 18. lib. 4. recop. Mattheu de regim. Regni Valent. tom. 2. c. 7. §. 5. num. 9. Sauouia de iurisd. adiunct. qu. 18. à nu. 21. Suelues cons. 22. n. 3. lib. 3.*

4 Alij autem pęnæ qualitatem non esse inspiciendam, sed à re in iudicium deducta nomen esse desumendum, putarunt ex *glos. in l. lex Cornelia, ver. eorum, D. de iniur. Iul. Clar. in § fin. qu. 1. in princ. Scacc. d. cap. 5. n. 1. in fin.*

5 Rursùs & alij, nec pœnæ qualita-

tem, neque rem in iudicium deductam esse attendendam, verùmtamen modum, quo delictum in iudicium deducetur, esse inspiciendũ, ità quod si deducatur indirectè, ciuilem esse concludant, siuè pœna Fisco, siuè parti applicetur *Abb. in rubr. de iudic. nu. 5. Scacc. d. loc. num. 2.*

6 Tandèm alij à fine, & commodo ciuilis causæ definitionem inducunt, vt potè causa ciuilis dicenda, quando principalitèr agitur in iudicio ad priuatum commodum, siuè illud ex contractu, siuè ex delicto descendat, ex *glos. in l. 3. §. tantum aureorum, D. de sepulchr. viol. Felyn. in rubr. de iudic. nu. 3.* vbi *Decu. num 96.* eamq; opinionem de communi, & magis communi testatur *Ias. in rubr. C. de iud. nu. 1. Afflict. in prax. c. 3. à num 14. Marant d. dist. 1. n. 2.* communem, receptamq; dixit *Scacc. d. cap. 5. num. 3. Bertar. de diff. inter iud. ciu. & crim præmiss 2. nu. 3. Parexa de instrum. edit. tom. 1 tit. 1 resol. 6. num. 43. Peguer. decis. 6. num. 7. Ripoll in d. addit. num 10. Nouar d grau. 130. num. 3. 10. & à num. 32. Farin. par. 3. quæst. 100. num. 6. Clar. lib. controu. for. cap 174. num. 42 par. 2.* à qua communi opinione neque in iudicando, neque in consulendo recedendum ait *Clar d. quæst. 1. vers. ex quorum omnium dictis.*

Et proindè si pœna pecuniaria parti applicatur, causa ciuilis est, *Narbon. d. loc. num. 9. Farin. d. qu. 100. nu. 10. & d. cons. 83. num. 37. Parexa d. tit. 1. resol. 6. num. 43. Ripoll de regal. cap. 34. à num. 9. & in d add. num. 12. Nouar. d. loc. nu. 34.* Idquè etiam si pœna applicanda sit tertijs personis, Iudici puta, Alguzerijs, denunciatori, vel causæ piæ, ciuilis causa dicenda, neque dici potest, tertium fuisse in locum Fisci subrogatum, *Guttier pract. lib. 1. d qu. 107.* vbi exempla refert, testaturq; *n. 3.* millies vidisse practicatum, *Macerat. var. res. lib. 3. resol. 49. num 11. Suelues d. l. nu. 6.* vbi quod absque dubio ità intellexit *Palm. d. loc. num. 12.* consonat, quod in dubio appellatione causæ pecuniariæ ciuilis causa, non verò criminalis venit. *Menoch. de arb. Iud. qu. 87. num. 1. 5. 6. Parexa d. num. 43 in fin. Bertaron. d. d. præmiss. 3.*

7 Causam insupèr criminalem quidam generalitèr illam agnoscunt, quotiès de crimine agitur, ex *d gl. in l. lex Cornelia, vers. eorum, D. de iniur.* quorum opinio communitèr improbatur, vt ex *Clar. d qu. 1. n. 2. in fin. Auil. c. 1. prætor. verb. Camera n 2. Farin d qu. 100. à nu. 12. ad 15. Narbon. d. l. n. 3. & 4.*

8 Quemadmodùm & altera opinio, quod causa criminalis dicatur, quàndo agitur de pœna corporali, siuè corporis afflictiua, *Farin. d. qu. 100. & nu. 3. & alij suprà cit.* impugnatur post alios à *Narbon d glos. 21. num. 5 & 6.* & per *Dec. in rub. de iudic. 1. lect. n. 9.*

9 Similitèr neque substinetur alia, qua tunc causa criminalis dicitur, quàndo principalitèr agitur, vt ordinaria pœna alicui imponatur, siuè condemnatio applicetur Fisco, siuè parti, dùm illam reprobant *Dec. d l. n. 96. Marant. d l. num. 2. Auiles vbi suprà. Farin. d qu. 100. n. 17. & 18.* & *Narbon. cit. loc. num. 7. et 8.*

10 Vltima verò opinio verior, & communior habetur, quod scilicèt cum principalitèr de delicto tantùm agitur ad commodum publicum, seù ad publicam vindictam, causa criminalis pronuncianda sit, *Ias. in rub. C. de iud. num. 2. Marant d. loc. num. 2. Clar. d. qu. 1 vers. secundus autem casus, Mascard. de prob. concl. 463. num. 3. Scaccia lib. 1. de iud. cap. 6. in princ. Farin. d. qu. 100. n. 4. Bertaron. d. præmiss. 1. nu. 3. Parexa d resol. 6. num. 43. Ripoll. in d. add. nu. 10. Capiblanc. in pragm. 4. à num. 105. de Baron. Balthas. de Angel. in add. ad Foller. tit. audiantur excusatores, n. 134. Solorzan. d. cap 5 sub n. 16.*

11 Et hoc, siue ex delicto principalitèr ad vindictam publicam agatur, et pœna corporali reus puniatur, ex *glos. verb. auri in d. l. si quis per calumniam. l. qui sepulchra. glos. verb. videtur, vers. vel alias, C. de sepulchr. viol. l. obseruare §. proficisci, Glos. in glos. verb. tu dic tutius, D. de off. Proconsul. Marant. d. l. n. 2. vers. hinc est,*

Fa-

Farin.d.qu.100.n.3. Noœhen.d.l.num.9. Buccaron.d.præmiss.1.num.3.Parexa d.num.43.

11 Siuè quoque principaliter, ex delicto ad vindictam publicam agatur, vt condemnatio pœnæ pecuniariæ Fisco applicetur, ex *glos.in l.3.D.de sepulchr.viol.* *Auctor noster hîc n.14. Maranta d.n.2 vers.idem si aliquis, Iul.Clar.qu.2. vers.quæro fuit opinio, Farin.d.q.100.num.10.& cons.85.d num.37.* vbi *Addit.C.* post alios *Narpen.d.n.9.Caball decis.14.num.2.Gayll.1.obs.65.num.2.Padilla in l.transigere n.106.* vbi *Martin.del Rio d.num.4.ad 22.C.de transact. Iusull.in d.add.num.11.et de regal.cap.34.d.num.10.Pegnor.decis.6.num.2.Ferron.par.3.obs.100.145. Buccaron.d.pragm.2.num.3. Parexa d.resol.6.num.45.et tit.3.resol.3.sub num.36.Portoles.S.rubrica num.11.Gutierez.pract.lib.1.q.106.num.2.Couarr.par.4.var.cap.11.n.242.et 243.et cap.17.num.458. Bouadil.in Polit.lib.5.cap.1.d num.220. Solorzan.d.cap.5.sub num.26.Pariad.diff.138.nu.2.Solorz.d.cap.5.sub num.26. Xamar.de off.Iud.par.2.qu.11.num.91. Nouar.qu.for.70.num.8.& d.grau.num.3.et 14.lib.1.Reg.Capyc.Latr.consult.48.num.7.lib.1.Consil.Altim* post alios *in tract.de nullit.rubr.9.q.8.num.47.tom.1.* doctissimus *Reg.D.Michael de Cortiada tom.1.decis.Cathal.35.* qui prædicta cumulauit *num.57.& seqq.* *Innoc.Pagan.in alleg.21.* post *decis.Salernit.num.1.& seq. Præs.de Franch.decis.162.num.36. Reg.Reuert.in pragm.1.de off.Baiul.n.98. Anna sing.384. Cathalan.in tract.de indult.cap.10.à num.28.ad 34. Sabell.in summa dinersa.causa 8.num.1.* & post alios *Consil.Petra.sup.rit.M.C.245.n.4.* vbi *n.5.* ex *pragm.2.de iurisd.conc.num.* secundùm Regni iura distinguit
13 causas, quæ cognitioni criminalis Iudicis, & quæ ciuilis sunt, de quo etiã *Reg.Reuert.decis.568.* eam tamen ibidẽ intelligit *n.8.* procedere inter Barones habentes iurisdictiones distinctas, non verò respectu M.C. quæ vnum, & idem dicitur Tribunal, vtramq; habens iurisdictionem, Vnde Iudices M.C. in criminalibus, cognoscere de omnibus causis criminalibus, imò & de falso commisso coram Iudice in ciuilibus, quia eadem est M.C. ex *de Franch.decis.731.num.19.* & alijs *Consil.Altimarul.d.qu.8.à num.50.ad seqq.*

14 Ex his præterea descendendo ad speciem huius quæstionis, circa articulum, an caus. intercepti sit ciuilis, vel criminalis; in qua post tradita argumenta, quibus esse criminalem fundari potest à *num.1.ad 9. Auth.noster n.10.* tradit, Regiam Cameram decidisse intercepti causas ciuiles esse, ideoq; Fisco concessum, vt in illis instantiæ peremptione non obstante procedatur, rationem reddens *n.11.* quando ex eo solùm, quod pœna aliqua Fisco sit applicanda, iudicium criminale pronunciandum sit ex *glos.in l.1.C.quan.ciu.act.præiud.crimin.in l.2.C.de ex publ.vect.lib.10.* & alijs dixit iudicium intercepti videri magis rei persecutorium, quàm ad criminis vindictam, quæ contra tertium non posset intentari. à *num.17.ad 22.* Illudquè peperit à crimen, Imperatorem vocasse, nequitiam audacem, & præcipitem auaritiam in *l.cum proponas, C.de naut.fœn.* adducens etiam argumentum *ex. 18.ex l.3.§.idem scribit, D.de pecul.* vbi cum filius condemnatur à Iouan in factum, pater tenetur de peculio, licet actio illa in factum ciuilis, sit in.cõtata ob delictum filij, ex qua ciuiliter obligaretur pater ex ratione *in eodem text.* tradita, quoniam non debet inspici origo, & causa iudicij, quod fuit delictum, sed natura ipsa iudicij, quæ fuit ciuilis ex *Bart.* doctrina ibid. allegata *num.19.& 20.* limitatque ibidem, quando Fiscus alio iure petit pœnam pecuniariam, quàm ad vindictam criminis ex *text.in l.1.& tot.tit.D.de Iur.Fisc.* vbi Fiscum agere potest ad persecutionem pœnarum proprio suo iure sibi debitarum, & sic in illis ciuiliter procedi ex *Bart.in l.1.D.de sepulchr.viol.* enumerando ibi inter cæteros casus, intercepti causam, ex illis verbis *si aduersus legem commissum factum sit,* quæ do-

doctrinas *Author* noster etiam repetit infrà *qu.9.& §.9.qu.3.*

15 Criminalem verò causam hanc intercepti esse, ex pluribus fundatur in *alleg. 32. Innoc. Pagani* apud *Reg. Salernit.* post *decis.* puta, quia vindicta publica intelligitur, sicut in corpore, & fama, ità in pecunia, & fortuna, *n.3. & 10.* & ob pœnam pecuniariam Fisco applicandam, causam omninò criminalem esse, *ibid. num. 4.* secùs si parti applicetur, *n. 6. & seq.* nam fraudare vectigal crimen est, *l. fraudati, & l. commissa. D. de publican. cit alleg. nu. 11.* idq; siuè Fiscus agat condictione ex lege, vel actione in factum, siuè reiuindicatione *nu. 12. & 13.* nam principaliter semper delictum attenditur, & origo publicationis, potiùs quàm actio, & sic estò fiscus pro pœna pecuniaria, ciuili modo, & non crudeliter agat, criminaliter agere dicitur, vt in *d. alleg. n. 14. 15. 16. & 20.* etiam vbi de lucro agitur propter delictum, & quia agi criminaliter debet pro fraude vectigalium, illudq; crimen ad hæredes transire, ex *l. vectigalia, §. Dominus nauis in fin.* ibi *Illicitarum mercium persecutio hæredem quoque tenet*, & alijs *concord. ibid.* Ex quibus, alijsque ibid. adductis, quod sit criminalis talis causa, fuisse iudicatum, *num. 18.* traditur; idemq; decisum refert *Ferrer. p. 3. obs cap. 446.* & post alios etiam ità in Senatu Cathaloniæ decisũ recẽset *cit. D. Michael de Cornada dec. 35. num. 8.* alijq; mox citandi.

16 Nos verò, vt ab *Authoris* nostri doctrina minimè discedamus, distinctione vtimur pro dissidentium opinionum concordia, vt quando in causa intercepti agitur ad criminis vindictam, criminalis iudicanda sit, siuè pœna sit corporalis, siuè pecuniaria, secundùm *Auth.* nostrum hic *n. 14.* post alios *Quesad. diffinit. 21. num. 56. Consil. Petra to. 1. tit. 50. in comm. num. 10. vers. et Regia Juncta, Ep. Rocca disp. iur. tom. 1. cap. 73. num. 6. Card. de Luca in Theatr. verit. et iust. tom. 2. in tract. de vectigal. discurs. 69. num. 10. Ant. Conciol. resol. crim. ver. gabella resol 9.* Et ità etiam intelligendi sunt *citati DD.* criminalem causam illam intercepti esse fundantes, & alij relati per *Reg. Capyc. Latr. consult. 18. n. 5.* & *Consil. Rocc. de off. rub. 14. §. 5. num. 56. et 57.* vbi *num. 58. et 113.* id etiam ait militare, quia in Regia Iuncta contrabannorum fisco instante proceditur

17 criminaliter contrà extrahentes bona vetita, & contrauenientes ordinibus ad regimen gabellarum statutis, contrà quos nedum sunt inflictæ pœnæ pecuniariæ, sed corporales, scilicèt, relegationis, triremium, imò etiam mortis, quam tamen hodiè non solent exequi, *Consil. Rocc. d. rubr. 14. § 14. à n. 82.* Ideòq; tantò magis hoc iudicium esse criminale iudicandum, post *Pras. de Franch. decis. 162. num. 16. Reg. Sanfel. dec. 237. num. 4.* & sic decisio R.C. ab *Auth.* nostro relata *in fin.* procedit, quando agitur ad persequendam rem commissam, secùs verò si procedatur ad vindictam criminis, quia semper causa criminalis appellanda est, siuè pena pecuniaria sit, siuè corporalis, vt post alios *cit. Cons. Rocc.* declarat, & fundat *ibid. n. 59. & 60. & seq. & num. 115. Consil. Petra d. tit. 56. num. 10. vers. è contrariò.*

18 At quando non est instituta causa, vel accusatio ad vindictam criminis principaliter, sed intentata actio à Fisco, prætendente occasione aliqua, vel delatione, tunc quantumcumq; præcedat aliquod quasi delictum conuenti, ex quo Fiscus prosequitur rem, vel æstimationem sibi debitam, & vult pœnam iam incorporatam ex facto conuenti consequi, prout in causa extractionis videtur, non dicendum est iudicium criminale, sed ciuile, nam licet oriatur ex præcedenti facto, attamen non attenditur origo, & causa delicti, sed ipsa iudicij natura, vt post *Auth.* nostrum hic exponunt *Reg. Capyc. Latr. consult. 18 num. 4. Reg. de Curte in suo diuers. iur. feud. par. 2. cap. 3. nu. 107. & seqq. Reg. de Marin. in obs. ad Reg. Reuert. decis. 552. in fine,* (vbi inquit, quod quamuis causa intercepti sit ciuilis,

nilis, sintq; in ea iudiciarij actus seruandi, attamen, quando extrahentes sunt in confesso, sat erit, quod dominos mercium citetur ad allegandum causam, quare non debeant illæ declarari in commissum incidisse) cit. Consil. Rocc. d. §. 5. à num. 59. & num. 110. ad 112. §. 8. à num. 79. §. 10. num. 5. & §. 9. à nu. 59. ad 62. dicens n. 61. ex hoc

19 causam, & iudicium intercepti ad hæredes transire, l. fraudati vectigalis, & l. commissa, D. de publican. & vectig. ex Auth. nostro hic, & Lagun. ad Reg. Rou. in rubr. pragm. de extra. T. de Luca ad Præs. de Franch. decis. 379. n. 4.

20 Aliam quoque distinctionem tradit idem Cons. Rocc. d. §. 8. à num. 169. ex Cons. Peregrin. Iannini 85. à n. 39. inter Cons. Farinac. putans, ùm causæ interceptorum, pro quibus corporales, & pecuniariæ pœnæ sunt inflictæ ad Fisci commodum, semper sint criminales, duo tempora distinguēs, ante, vel post condemnationem, & sententiam; ità quod ante sententiam dici nequeant ista iudicia esse ciuilia, quia ad rei persecutionem tendunt, neque hoc intellexisse Auth. nostrum hic, quia esset cōtrà omnes iuris regulas adductis per Ianu. Pagan. in d. alleg. 32. vbi Thor. post decis. Reg. Salernit. cum inspecta origine non possit negari Fisci actionē ex maleficio, & contrauentione legis punibili exoriri, & sic omninò dicendum iudicium esse criminale, ex doctrina cit. Bart. communitèr recepta in d. l. 3. de sepul. viol. Cum origo sit attendenda, vt natura actionis agnoscatur, licet expressè competeret alia actio, ex l. si Procuratorem dedero, D. mandat. & alijs cit. Rocc. d. loc. nu. 170.

21 Sequuta verò condemnatione, quia pœna Fisco ipso iure debetur, reo condemnato, videtur Fiscum posse agere contrà hæredes, vel tertios possessores ad rem, & bona ciuilitèr, & ità intelligendum esse Auth. nostrum hic nu. 17. vers. Et proptèr commissi persecutio contra tertium; Et insuper, quia supponit rem fisco iàm incorporatam vindicari, cum hoc verificari nequeat, nisi post condemnationem, ac finito iudicio criminali; Inde sic illum intelligi debere fuisse locutum, ait cit. Rocc. ibid. nu. 171. & 173.

22 Circà verò punctum illud, an in causa intercepti currat instantia? concludimus nullo modo in eo instantiam currere: nam si consideramus eam causam, vel ciuilem, vt suprà, non currit instantia, secundùm decisionem Reg. Cam. hic in fin. per Auth. nostrum relatam, quam etiam referunt Thor. in d. alleg. 32. & in comp. tom. 1. par. 3. verb. instantia an currat in causa intercepti, Consil. Altimar tom. 1. de nullit. rub. 9. q. 36. num. 6. Pasqualin. in comm. ad pragm. Regni, tit. de extractione animal. n. 103. si verò tanquā criminalem causam eādem vt suprà attendimus, nunquàm illam hodiè perimere, in vim Reg. Pragm. 50. de Off. Mag. Iustit. concludimus, ex annotatis in antecedenti quæstione.

AD QVÆST. VIII.

Quid si interceptum, est factum mixtum cum alio delicto, an tota causa erit ciuilis, vel criminalis, vel possit separari.

ANNOTATIO.

SVMMARIVM.

Causa mixta, quæ dicatur, à num. 1. ad 5.

Iudex criminalis, an ratione criminis mixti, seù connexitatis, possit incidenter de articulo ciuili cognoscere, à num. 6. ad 8.

Causa intercepti cum alio delicto admixta, an sit ciuilis, vel criminalis, & an possit à criminalitate separari actio ciuilis intercepti, seù rei, ac directum persecutoria, à n. 9. ad 12.

1 TErtiam causarum speciem, quam dicunt mixtam, pro declaratione huius

huius *quaest.* prae ceteris elucidandam esse oportet; eamque secundùm vnam opinionem consistere, quando insimul agitur ad publicam vindictam, poenamque criminalem, & etiam agitur ciuilitèr ad partis commodum, & interesse priuatum, vt post *Ant. de Butr. Abb. Dec.* & alios notat *Farinac. in prax par. 3. qu. 100. num. 54. & in cons. 81. in addit. lit. C. vers. in secundo verò casu.*

2 Alia verò opinio est, vt quando agitur ad publicam vindictam, vt fur scilicet puniatur, & etiam ad restitutionem rerum ablatarum, causa dicatur criminalis, *Iul. Clar. §. fin. qu. 2. 3. vers. tertius casus est, Farin. d. loc. n. 55. & in cit. add. lit. C. vers. contrarium.*

3 Quemadmodùm & alij distinguendo opinati sunt, quod si Fisco veniat aliquid applicandum, non principaliter, sed in consequentiam eius, quod principaliter parti applicatur, & debetur, tota eo casu videatur ciuilis, & non criminalis causa, & sic è contrà, si interesse partis, seù id, quod parti applicatur, venit in consequentiã eius, quod Fisco principaliter debetur, & applicatur, tota tunc causa reputatur criminalis, & non ciuilis, *Add. ad Clar. d. lit. B Farin. d. qu. 100. num. 56. & in addit. lit. C. vers. in hac contrarietate. Boss. tit. de appell. n. 9.*

4 Alter etiam casus est, quando poena Fisco, & partim parti hoc est accusatori, applicatur, in quo quidam causam criminalem reputarunt, & non mixtam, quia concurrente Fisco, & priuato, Fiscus tanquàm magis dignus trahit ad se minus dignum, post alios cit. *Farin. & Clar. d. ll. Ripoll. de regal. c. 34. num. 10. Larrea alleg. fisc. 95. nu. 35. lib. 2.* Alij verò existimarunt, quod causa non dicatur merè criminalis, nec merè ciuilis, sed mixta, *Ioseph Ludou. concl. 71. Marant. de ord. iud. p. 4. dist. 1. n. 73. Boss. tit. de appell. nu. 8. Farin. d. qu. 100. num. 50. & in d. add. lit. C. in princ. Cabed. decis. 14. num. 6. lib. 1. Parexa de instr. edit. l. 1. tit. 1. resol. 6. nu. 44. Fontanell. de pact. nupt. 2. clau. 7. glos. 2. p. 9. num. 57.* Cuius causae mixtae cognitionem ad Iudicem criminalem spectare probat *cit. Parexa n. 46.*

5 Eoque in casu tota poena debet venire in manus Fisci, & ex illius manu pars offensa debet habere suam partem, ex *Bart. in l. Senatus censuit, §. Senatus n. 1. D. de iur. Fisc. Reg. Constant. in l. 5. C. de vendit. rer. fisc. cum priu. comm. num. 75. & 78. Caball. resol. crim. cas. 202. à nu. 1.* vbi quod vtile est priuato, quia facilius in eius fauorem fit executio, & post *Excell. Dom. Visecomell. D. Christoph. Crespi de Valdaura obseru. 80. n. 1. & 3. par. 1.* ità fuisse iudicatum in Cathaloniae Senatu, post praedicta declarata refert *Reg. D. Mich. de Cortiada dec. Cath. 35. num. 67.* concludens, adeò Fiscum posse totam poenam exigere, vt ei non possit solutio recusari; si tamen pars soluat priuato poenae partem eum tangentem, quod remaneret liberata, ex doctrina *Auiles c. 11. Praetor. in princ. D. Didac. de Bolero in tract. de decoct. deb. fisc. tit. 5. quaest. 3. num. 2.*

6 Cum igitur *Auth.* noster hìc *n. 4.* pro ratione dubitandi dicat, quod Iudex criminalis, ratione criminis mixti cum intercepto, de ipso etiam intercepto cognoscit. Annotandum est, quod licet Iudex criminalis non possit se intromittere in articulo, vel actione ciuili, seù in causis ciuilibus, ex *l. solemus, §. latrunculator, D. de iudic.* post alios *Thor. in comp. decis. par. 2. ver. nullitas, fol. 582. Caball. crim. resol. cas. 82. num. 1. Fontanell. decis. 562. par. 2. & de pact. nupt. 2. cl. 7. glos. 3. p. 9. num. 14. Reg. Capyc. Latr. consult. 6. num. 151. lib. 1.* & alij quamplures apud *cit. D. Michael. de Cortiad. d. decis. 35. nu. 3.* ità quod processus alitèr nullus ex defectu iurisdictionis reddatur, neque partium consensu prorogari posse iurisdictionem, post *Prof. Merlin. controu. lib. 1. cap. 19. num. 3. Conf. Cardin. de iud. lib. 1. disp. 2. num. 1170.* idem *Cortiad. n. 5. & 6.*

7 Id tamèn intelligendũ est, quãdo principaliter ageretur de causa ciuili, seciùs quãdo incidentèr, quia tùc Iudex criminalis potest de articulo ciuili inciden-

ti

ti cognoscere ratione connexitatis, *l. sed & loci, §. si dicantur, D. fin. regund. Praes. de Franch. dec. 460. R. Capyc. Latr. d. consult. 6. num. 253. lib. 1. & dec. 187. num. 12 lib. 1. Praes. Merlin. contr. lib. 1. cap. 14. num. 7. & d. cap. 19. num. 5. Episc. Rim. collect. 1298. Reg. Sanfelic. dec. 226. num. 2. Nouar. de grau. Vasall. t. 2. grau. 214. num. 3.* & alij quamplures cumulati per *cit. Cortiad. ibid. num. 7. Consil. Altim. de nullit. rub. 9. q. 8. à n. 1. ad seqq.* Nam eo casu Iudicium criminale ratione indiuiduitatis trahit ad se discussionem causae ciuilis, *Auth.* noster hic *n. 5.* quod latè etiam declarat post alios *idem Cortiad. d. l. n. 8. & seq.* Vndè

8 etiam instantia criminali perempta, peremptum dici iudicium ciuile intercepti, notat hic *Dom. Reg.* noster *n. 6.* & sic etiam absoluto reo in causa criminali, vt innocens, censetur similitèr & ab intercepto liberatus, obstante exceptione rei iudicatae, ex doctrina *Bart. & DD. in l. 2. §. 1. D. vi bon. rapt. sub num. 3.*

9 Praefatis tamèn argumentis non obstantibus, contrarium hic firmatur. Etenim iudicium intercepti consideratum, vti rei persecutorium, cum ipsa res in commissum ipso iure Fisco acquiratur, eiq; reiuindicatio competat, potest quidem separari à delicto resistentiae, vel à qualitate illa, quia Officialis illud commisit, cum videantur duo separabilia iudicia, vnum puta respiciens Fisci priuatā vtilitatem, aliud publicam vindictam, poenamq; criminalem, & sic non videtur Regia Camera in casu huius *quaest.* procedere in consequentiam, & incidentèr de intercepto, ob quod posset vnà cum delicto tanquàm incidentèr in illo eodem iudicio contineri, & iudicari, prout est in iudicio furti, in quo incidentèr rei persecutoria cum ipso delicto continetur, incidentèrq; venit, actio illa ciuilis ad rei ablatae restitutionem, ex doctrina *Bart. in l. interdum, §. qui furtum, n. 4. D. de furt. Faria in prax. par. 2. qu. 1. num. 64. Baccaron. de diff. inter iud. ciu. & crim. diff. 127. num. 5. Caball. resol. crim. cas. 82. num. 3. Guazzin. defens. 1. 1. cap. 21. num. 6. Peguer. dec. 37. vers. vltrà, & vers. atque, Consil. Altim. d. qu. 8. num. 1.*

10 Sed ipsa R.C. principaliter tāquàm in iudicio separato, & à diuersa causa manante, & non tanquàm mixto procedit, prout *Auth.* noster hic declarat *num. 9. & 10. ex l. si decurris, C. de fals.* vbi licet iudicium criminale sit sopitum, potest tamèn ciuilitèr agi, subnectens, doctrinam *Bart. in l. 2. §. 1. D. vi bon. rapt. sub num. 7.* non militare, quando est abolitione cancellatum delictū, cum tunc remaneat causa ciuilis, ex *eod. Bart. ibid.* & ideò abolitio ipsa, nec tollit actionem, quoad ciuile interesse, *Auth.* noster hic *n. 11.* & eò magis quoad districtus, qui non debentur ex delicto, sed est ius separatum, debitum Fisco, nec venit sub indulgentia ex *l. si decurrin, §. fin. C. de fals. l. 3. C. de public.* quod respectu poenae non exactae, quoadratam Fisci, sub indultu contineri, excepta rata Arrendatoribus, ac denunciantibus debita, declarat ex *l. aut quicquam, D. pro soc.* post *Auth.* nostrum infrà *§. 9. quaest. 3. à num. 9.* & *Thor. in addit. ad alleg. 32.* post *decis. R. Salern. Consil. Rocc. de off. rub. 14. §. 8. à num. 88. ad 92.* vbi rationem, & decisionem Reg. Cam. in Coll. Cons. refert, & *num. 101.* secus esse in poena, pro qua Fisco est ius quaesitum, vel firmiùs cautum, quod latè exponit *ibid. à num. 143. ad seqq. & 148. cum seq.*

11 Et ob eandem rationem separabilitatis praedictorum iudiciorum, abolitum à criminalitate per M.C.V. cum ibidem esset Iudex, fuisse decisum *Author* hic *n. 12. & 13.* memorat, non esse torquendum pro causa ciuili intercepti, ad hoc, vt reus reuelaret bona subtracta, non obstante doctrina *Parid. de Put. de Syndic. §. tortura, vers. pone, quod aliquis, num. 1.* Ex quibus

12 etiam R. C. iudicasse, quod stante peremptione Instantiae in causa criminali, procederetur ciuilitèr in causa intercepti, quam *decis.* refert *Thor. in compend. decis. par. 3. verb. Instantia in*

causa mixta, & *in add. ad cit. alleg. 30.* post *decis. Reg. Salernit.*

AD QVÆST. IX.

Quando persona immunis accomodat nomen suum, vt fraudetur vectigal, an sit ciuilis, vel criminalis causa.

ANNOTATIO.

SVMMARIVM.

IMmunes personæ res alienas suo nomine transuehentes, an exemptionem amittant, & merces in commissum incidant, n. 1. & 2. & an priuandi sint ciuilitate, vel alia corporali pœna afficiendi, nu. 3. & 4.

Socius immunis, num possit nomen suum accommodare alteri socio non immuni, num. 5. & an rem communem celans, pro parte sua tantùm quis committat, à n. 6. ad 8.

Socij immunitas, an alteri socio prosit, num. 9. & 10.

Viro immuni, vtrùm liceat nomen suum accommodare vxori, n. 11. & quid in filijs, n. 12.

Immunes aliquas res vnà cum alijs vectigali, obnoxijs vehentes, si omnes quasi immunes profiteantur, an munificas tantùm amittat, à n. 13. ad 16.

Merces licita, an insimul cum illicitis publicari possint, à n. 17. ad 21.

1 QVoniam, si priuilegiati alienas res suo nomine transuehant, nomen suum accommodando, vectigal defraudare censentur, & res publicandæ veniunt, arg. *l. 1.* vbi *Bart. C. de nau. non excus. lib. 11. & in l. fin. C. de muner. & trib. lib. 10. Ferret. tract. de gabell. nu. 184. Bald. à Vail. cons. 79. n. 99. p. 3. Pistor. in l. si quando n. 189. vers. è contrario & n. 201. vers. & sicut. C. vnde vi, Bertach. tract. de gabell. par. 7. num. 42. Mascard. de probat. concl. 834. num. 4. in fin. & n. 34. arg. l. qui sub prætextu, C. de SS. Eccl. Anton. de Butrio in c. fin. de vit. & honest. Cler. Rovit. 1. par. dec. 50. n. 14.*

2 Itá quod, cum abuti etiam priuilegio videantur, *cap. vt priuilegia, & cap. cum & plantare, de priuil. c. sic decet 25. q. 2. l. qui sine vsuris 38. D. de neg. gest. l. Christianis 6. C. de pagan.* Ideò si immunes sub specie suarum rerum, alterius bona vectigali obnoxia deferant, priuilegium amittunt, argum. *d. l. qui sub prætextu, P. Durand in reg. in verb. gabella num. 1. Bossius tit. de fraud. vectig. n. 3. Ant. Consil. Ang. 127. ver. gabella, Pfeill. cons. 196. num. 18. Gratian. in add. ad decis. 248. num. 3 & 4.* quia contrà finalem causam priuilegij agunt, quæ est, vt ipsi soli non alij, hoc iure vtantur, *l. fin. C. de Spectat. l. Iudaei 11. C. de Iudæis, Menoch. cons. 35. num. 12.*

3 Hinc meritò eo casu, quo priuilegiati accommodant nomen suum, vt interceptum fiat, non solùm in commissum bona incidunt, sed ciuilitate, ac priuilegio priuandi sunt, aliasq; in pœnas in Bannis, ac prouisionibus ad hæc expeditas incurrunt; Imò etiam pœna corporali arbitraria, secundùm personarum qualitatem plectendi sunt ex *Regia Pragm.* promulgata die 10. Iunij 1575. sub regimine *Illust. Card. de Granuela*, quæ est 4. *in tit. de Vectigalib.* cui concordat *R. Pragm.* anni 1644. sub Magno Castellæ Admirato, quæ est 28. *in §. 11. sub tit. de Extract.*

4 Qua Regia Sanctione stante, eò magis confirmari videtur praxis R. Cam. hic ab *Auth.* nostro relata, puta, quod cum aliquis Neapolitanus dolosè admodùm se gessit, accommodando nomen suum, in fraudem vectigalis, puniendus sit, non solùm per commissi pœnam, sed etiam ad pœnam, & vindictã delicti tenetur, tantò magis si aliquid falsi commisit, vel alio simili dolo vsus fuit, nam tunc maiori cum rigore procedendum esse, hic aduertit *Auth.* noster n. 12. arg. *l. licitatio 9. §. quod illicitè, D. de publ.* Nam licet simplex iudicium intercepti, an sit criminale, dubitari posset, & R. C. non esse criminale decideris, secundùm *Auth.* nostrum hic

num.

num. 6. 7. 8. & 11. quoniam attento fi-
ne, ciuile videtur, *n. 9.* licet in origine
criminale dici possit, vnde potius
mistum à *DD.* appellatur, *n. 9. & 10.*
Attamèn stante dolo, ac fraude, cum
ex *d. Reg. Pragm.* non solùm commissi,
amissionisq; priuilegij, sed etiam cor-
porali pœna, licet arbitraria puniatur,
non dubitandum, criminalem tunc es-
se causam, vel hoc respectu, vtriusquè
pœnæ indictæ, in commissum scillicèt,
& corporalis, mistum saltèm iudicium
dici debere, ex suprà annotatis in *an-
teced. quæst.* patet.

5 Dispositionem verò *præcit. Pragmat.*
ampliari constat quoque in socio im-
muni, qui nequit nomen suum accom-
modare alteri socio non immuni, cum
socius teneatur pro illa parte non im-
muni gabellam soluere ex *Bocr. decis.*
300. Nouar. in collect. 3. ad d. pragm. n. 1.
6 At si socius sine socij voluntate rem
communem celauerit, eam pro sua tan-
tùm parte committit, *l. fraudati 8. §. 1.*
D. de public. & vectig. Ferret. de gabell. q.
272. num. 182. & 241. Farinac. in prax.
qu. 172. num. 34. ad quod nouum dog-
ma accumulat *Frideric. Mindan. de*
mand. cap. 43. num. 8. lib. 2. culpam so-
cij officere socio, ità tamen, vt isto ca-
su innocenti omnem causam præstet,
l. cum duobus 52. §. 1. & 3. D. pro soc.
quod tamen videtur contrà expressum
textum d. l. 8. vt rectè aduertit *Bocer. de*
regal. cap. 2. num. 210. cum diuersas esse
quæstiones dixerit, an socij pars com-
mittatur, & an ob damnum hoc culpo-
sus socio suo teneatur; nam posteriori
7 locus esse nequit, nisi prius ex iure
eam committi demonstretur; non ob-
stante, quod culpa vectoris Domino
imputetur, secundùm *DD. in l. cum plu-*
res 60. §. 8. D. locat. arg. l. 27. §. 3. D. de
vsufr. Bertach. de gabell. par. 7. nu. 3. Ber-
tan. consil. crim. 93. num. 11. & consil. 325.
num. 1. Ferret. de gabell. num. 78. & 89.
Stracc. de naut. & nauig. num. 3. Nàm in
Domino mercium ideò commissum
procedit, quia mandatum denuncian-
di, soluendiq; vectigal non dedit, in
8 culpa est, & si diligenti non commisit,
culpa quoque non caret; At in socio,
qui alteri rem profiteri non mandauit,
talis culpa imputari non potest, eo
quod ratione dominij communis, onus
profitendi socio incumbat, & ideò so-
cius quoad partem suam pœna non
afficitur, si in solutione vectigalis, pro
re communi socius fraudem commisit,
d. l. fraudati 8. §. 1. D. de public. Et sic
durior erit Domini, quàm socij con-
ditio, *Alciat. consil. 54. num. 3. lib. 2. Gra-*
uett. consil. 696. num. 3. Bertach. de gabell.
par. 9. num. 14. post *Afflict. Angel. Rip.*
Bonacoss. & Ferret. Gasp. Ant. Thesaur.
dec. 52. num. 1. lib. 1. Vinc. Carroc. de lo-
cat. par. 2. tit. fraud. gabell. num. 1. Bocer.
de regal. cap. 2. num. 311. Steph. de iurisd.
lib. 1. par. 1. cap. 7. membr. 1. n. 258.

9 Sed non sine aliquo dubio transit
circà socium, an eius immunitas alte-
ri socio prosit, nam affirmat *glos. in l.*
pen. §. fratribus, C. de imm. & bon. Polyd.
Rip. de peste. tract. 4. cap. 4. num. 102. Ve-
rumtamen, *d. glos.* in rebus connexis,
& indiuiduis tantùm defendi potest,
post *Paulum in l. 1. num. 3. C. de dec. refin.*
& alios scribunt *Gattier. pract. qu. lib. 1.*
quæst. num. 12. Nicol. Burs. cons. 1. n. 12.
vol. 1. [illegible] *Felic. de societ. cap. 12. nu. 5.*
& seqq. [illegible] *Michalor. de fratrib. par. 1.*
cap. 15. num. 23. Surd. de alimentis tit. 8.
priuil. 78. num. 6. & seqq. Cum autem im-
10 munitas, & Vectigalia in quantitate
consistant, ac nihil facilius quantitate
diuidi possit, clarè sequitur, immuni-
tatem hanc socio prodesse non posse,
etiamsi socij sint omnium bonorum,
nihil enim impedimento est, quo mi-
nùs, qui immunis non est, pro ea parte,
quam in societate habet, etiam onera
illa decimalia agnoscat, *Io. Iacobus*
Wissenbach in Exercit. ad Pandect. disp.
[illegible] *num. 11.*

11 De socia verò viri [illegible] indubitum
est, eam gaudere priuilegio viri, & im-
munem esse à vectigali, à quo maritus
eximitur, *Io. Bapt. Ferret. cons. 187. n. 8.*
quoniam vna, eademq; caro esse cen-
sentur, & sic marito annexa dicitur
vxor, nec debent vir, & vxor ad impa-
ria iudicari, *cap. si quis vxorem 33. q. 1.*

Mansir. decis. Rot. Rom. 30. & post alios *Nouar. in d. collect. à num. 2. ad* 5. vbi limitando primò *d. pragm.* 4. *de Vectigal.* licere viro immuni nomen suum vxori accomodare concludit; Quod quidem an idem sit, in vidua dicendum? & distinguimus, aut vir ratione dignitatis immunitatem habet, & eodem priuilegio fruetur vxor vidua, cum nobilitas mariti communicetur vxori, *l. mulieres* 13. *C. de dignit.* aut priuilegiū datur viro ob administrationem, quæ adiunctā habet dignitatem, & tunc, quoad viuit maritus, eo vtetur fœmina, *l. 1. in fin. C. de Ep. & Cl. Milan. dec.* 9. *num.* 9. *& seq. lib.* 1. Si verò administratio dignitate caret, nullatenùs vxor immunitate gaudebit, *Barbos. in l.* 14. *num.* 31. *D. sol. matrim.* Nos infrà §. 7. *qu.* 8.

12 Limitat. & secundò *eiusd. pragm.* dispos. idem *Nouar. d. l. num.* 6. in patre, cui permittitur, nomen suum filijs, qui non sunt immunes à Dohana, accomodare, vt paterno priuilegio gaudeant, quod extenditur ad filios, ex *Franc. Marc. decis.* 487. *par.* 1. Vndè *Doctorum* priuilegia eorum filijs competere suadet, ex *l. medicos. C. de profess. & med. lib.* 12. quod tamen declarat, *num.* 8. dummodò filij habitent cum ipso patre, secùs si diuertant ab eo, aut illo defuncto, nam tunc non fruantur immunitatis paternæ priuilegio ex *Fabr. in C. lib.* 3. *tit.* 17. *def.* 3.

13 Non leuis hic incidit altercatio, an, qui plures res vehit, quarum aliquæ sunt immunes, aliquæ vectigali obnoxiæ, & quasi immunes omnes profitetur, munificas tantùm amittat? Quo in articulo quibusdam omnia, aliquibus munifica tantùm committi visum fuit.

14 Nos verò controuersiam distinctione *Salyc. in l. cum proponas, C. sol. matrim.* expediri posse existimamus; Aut enim versamur in rebus, quæ licitè portari possunt, non tamen sine vectigalis solutione, & tunc certa quantitate professa, si quædam celentur, merces non professæ in commissum cadunt, *l.* 4. §. 1. *D. de public. l.* 1. §. 15. *D. de aqu. quotid. & æstiu. Alber. de Rosat.* 2. *p. stat. quæst.* 4. *Bertach. de gabell. par.* 9. *num.* 14. *Bruteg. consit. rim.* 6. *num.* 4. *et cons.* 13. *num.* 10. *Afflict. in cap.* 1. *vers. vectigal. nu.* 49. *quæ sint regal. Sichard. in C. tit. de vectig. nu.* 13. *Farin. qu. crim.* 172. *n.* 34. *Euerhard. iun. cons.* 2. *num.* 16. *vol.* 2. *Trentacinqu.* 1. *var. resol. tit. de iur. Fisc. resol.* 3. *num.* 1. *Farbin.* 2. *contro.* 98.

15 Aut res portari licitè non possunt, cum vectigalis quoque solutione; Et si Domino licitarum mercium inscio, eæ illicitis coniunctæ fuerint, cum illicitis non afficiuntur commisso, *l. vlt.* §. *Dominus, D. de publ. Alber. Gentil. Hispan. Aduocat. cap.* 10. *Trentacinq. d. res.* 3. *vers. primus est, Guttier. pract. qu. lib.* 4. *quæst.* 41. *num.* 1. Aut Dominus fuit conscius, & propter dolum, licitis quoque mulctatur, *Costa de fact. scient. & ignor. dist.* 46 *num.* 1 *&* 2. In quo sensu vera sunt, quæ scripsere *Guid. Pap. decis.* 572. *Bertr. decis.* 178. *num.* 14. *Persian. de gabell. num.* 145. *Guazzin. de confisc. consil. conf.* 13. *ampl.* 81. *num.* 1. *Clar.* § *fin. q.* 82. *Bat.* 7. *num* 9 *Cran. cons.* 6. *num.* 97. *Pisanus ad Goffre. l. de Gaeta in Rit. Reg. Cam. rubr.* 2. *num.* 391. *&* 392. Imò animalia quoque, & nauis, quæ alterius sunt, committuntur, si scientèr ad vsum illum accomodantur, *Pisan. d. loc. num.* 391. post alios, quæ procedere dicunt, quoties lege illicita exportari vetantur, quod latè declarant, & plures casus distinguunt *Prof. Ganauerr. dec.* 15. *per tot. Consil. Bott. de offic. rubr.* 14. § 3. *per tot. & tit. Pisan. d. loc. num.* 382. *&* 384 *& seq.* post *Goffred. n.* 152.

16 Insupèr, si iure municipali illicitæ fiant res aliquæ, etiam si scientèr licitis admisceantur, non faciunt eas cadere in commissum, *Afflict. in d. verb. vectigal. num.* 65. vbi veritatem appellat, si modò commodè separari possint, *Annæd ad Const. l. 6. tit. 8. l.* 25. *num.* 12. *Choppin. de iurisd. Andegau. t.* 14. *in fin.* licet hodiè leges illas de quarundam rerum prohibita euectione non seruari, ex alijs moneat *Gentil. Hispan. Aduoc. d. cap.* 10.

17 Sequitur inde, & alia examinanda quæstio, si in salma, vel naui quædam

res

res licitæ, & quædam illicitæ deferantur, an omnia publicentur? Et non publicari ex *Bart.in l.si publicanus, §.1. & not.in cap.1.de cens.* & in *l.1. C.de naut.* aiunt *Alberic.in 1.p.statut.qu.4. num.5. Franc.Lucan.de priuil.fisci in reg.4. in princ.Clar.in §.fin.qu.82.* *fisci.7.num.9. Mexia de Taxa pan.concl.1.num.21.* & alij citati per *Prat. in addit.ad Muscatell. in praxi crim. tit. de extract. extra Regn.in fin. vers.quinto, Io: Marquard. lib.2.de mercatur.cap.4.à num.31.*

18 Verùm idem *Bart.in l.cum proponas, C.de incest.nupt.* videtur notare, quod licitum propter illicitum confiscatur, quam opinionem sequuntur *Bert. decis.178.num.25. Guid. Pap. decis.572. Peregrin.de iur.fisci lib.6.tit.5.num.30.* & alij citati per *cit. Prat.d.loc.* quia vbi confiscatur continens, etiam contentum committitur ex *l. cum proponas, C. de incest.nupt.* quod ex continentia delicti, non ex continentia contineutis, & ex quo venit generalis publicatio, quia est crimen capitale, licitum per illicitum confiscatur, post *Iac. de Aren.* & *Cyn.* refert *Goffred. de Gaet. ad Rit. Reg.Cam. rubr.1. num.146.* quem post *Reg.Rouit. Manson.* & *Nouar.* sequitur *Consil.Rocc.de offic.d.rubr.24.§.2.n.18.* Et idem *Goffred. d. num. 147.* ex *Bald. in d. l.cum proponas,* scribit, quod licet
19 statuto, aut consuetudine definiri possit, licitum proptèr illicitum confiscari, quia illa pœna non imponitur personæ, tàm pro re, quàm pro auaritia, & ciuili audacia, & sic non est rationi contraria, *Bonadill.Politic.lib.4.cap.5.à num.31. tom.2. Bolgad.de reg.protect. p.4.cap.10. num.106. Manson. de contraban.qu.6. num.4. Reg. Rouit. in rubric. pragm. de extract. num.17.* vbi *Nouar. num.3. Consil.Rocc.d.loc.num.4.5.& 6.* Non tamen posse Iudicem, aut Fisci ministrum confiscare, aut incorporare licitum proptèr illicitum, quia separatorum separata est ratio, *l.fin. D. de calumn.cum concord.*

20 Alios verò distinguere idem *Goffre.d.num.148.* recenset, quod, aut res erant quædam delinquentis, & quædam alterius, & illæ, quæ erant alterius, non confiscantur, ex *l.cotem ferro, §. Dominus, D. de public.* nisi ille alter esset cõscius delicti ex *l.fin. C.de exact. num.lib.12.* Et *num. 149. & 150.* concludit, licitum per illicitum non publicari, nisi statuto id caueatur, nam tunc non ratione illiciti licitum publicatur, sed ratione pœnæ capitalis impositæ, per quam bona omnia proscribuntur, ac à Fisco vendicantur, *cit.Rocc d.loc.num.15. & 16.* Secùs vbi non capite punitur, sed tantùm res publicantur, nam tunc ex modico illicito aliæ res non committuntur, ex *d.l.si publicanus,* & ex doctrina *Angel. in d.l.*
21 *cotem, §. Dominus;* Et inde valere etiã locl consuetudinem, qua indistinctè omnia confiscantur, absque tali inquisitione; seclusa verò consuetudine, aut statuto, *Goffred.d.loc.num.151.* conclusionem firmat, quod ratione strictæ interpretationis in pœnalibus faciendæ, res, quæ congruo modo separari possunt, absque eorum præiudicio, separabantur, *l.cotem ferro, §. Dominus, D.de publican. & vectig. l.si publicanus, §. de rebus, eod. tit. Manson. de contrabannis, quæst.6.*

AD QVÆST. X.

Quid si diritus sint soluti à tertio, sed professio non est facta à vero Domino, an merces incidant in commissum.

ANNOTATIO.

SVMMARIVM.

Professio mercium facta in faciem domini, diriltibus verò ab alio solutis, an illa incidant in commissum? Arguitur pro affirmatiua, à num. 1. ad 4. sed contrarium firmatur, nu.5.

Profiteri, an liceat institori, negotiorum gestori procuratori, vsufructuario, alijsq; num. 6. & 7.

Professio, siue denunciatio mercium, quando dica-

dicatur falsa, conuicatur, à n. 8 ad 13.

Domino mercium, an culpa nauta, aurigæ, vel mulionis in vectigali soluendo no- ceat? Negatiua sententia recensetur, à nu. 14. ad 16. sed affirmatiua latè comprobatur, à nu. 17. ad 27.

Vectore mercium existente non soluendo, in integrum restitutio largitur domino, nu. 21. & 22. & pendente inter eos mandati iudicio, quid inspiciendum, n. 18. & quid si vterq; in culpa est, num. 19.

1 ALter hic examinatur articulus, quando merces sunt quidem professæ in faciem Domini, directus verò sunt soluti ab eo, qui verè non erat Dominus; an ex hoc tantùm merces incidant in commissum?

2 Et quidem pro affirmatiua arguit hic *Auth.* noster *nu. 2. & 3.* ex quo cum falsa videatur professio, non obstante solutione debeat commissum iudicari.

3 Quod confirmatur, quia professio, & vectigalis solutio Domino incumbit, *l. cum in plures 60. §. 8. D. locat.* arg. *l. 27. §. 3. D. de vsufruct. Bert. rebin. de gabell. par. 7. n. 3.* nisi consuetudo aliud disponat, *Ferret. de gabell. num. 87. & 89. Bip. in tract. de pest. tit. de prastru. §. deuentio nunc, n. 131. Bonr. decis. 173. nu. 24. Marc. decis. 285. num. 1. lib. 1. Bursat. consil. 331. num. 56. Bertaz. consil. crim. 93. num. 11. & consil. 315. num. 1. Stracch. de naut. & nauig. nu. 3. Daoyz in indic. iur. ver. sudio, Ioseph Ludou. decis. Perus. 32. num. 7.* adeò vt ex solutione vectigalis dominus mercium quis præsumatur, *Elb. Leonin. consil. 55. vers. quibus accedit.*

4 Similitèr, quia ab eo, qui nomine alieno vendidit aliquam rem, vt alienam, vel tanquàm eius procurator, gabella exigi non potest, sed à vero domino rei venditæ, vel ab ipsa re vendita, quæ transit cum suo onere soluendi gabellam, arg. *l. imperatores, D. de public. & vectigal.* vt cum *Laffart. de decim. vend. cap. 13. à num. 4.* contrà *Girond.* probat *Azeued. in l. 1. nu. 76. cum seqq. tit. 17. lib. 9. nou. collect.* quem sequitur *Gutier. de gabell. qu. 15. n. 10.*

5 Contrarium tamèn, & meritò determinauit Reg. Cam. teste *cod. Auth.* nostro *num. 4.* quia solutio directuum sufficit, quod à quocumque fiat, etiam à non Domino ex *text. in l. forma, §. si cum ego, D. de cens. Bald. in l. solemnibus, n. 4. in fin. vers. dicit, C. de rei vind. Rom. singul. 566.* quod confirmat *num. 5.* ex eo, quod si est data licentia alicui asportandi merces, possunt illæ asportari per tertium, licet non sit adscriptus in licentia, ex *Bart. in l. Pardippam num. 4. C. de Curs. publ.*

6 Cum profiteri liceat institori, negotiorum gestori, procuratori, vsufructuario, bonæ fidei possessori, sed in fure, nec omissio, nec professio nocet, aut prodest domino, vt ait *Erudius in notis ad Quintilian. declam. 341.* supèr illis verbis: *Vt alienam rem non profiteri liceret.*

7 Profiteri namquè est designare publicano, quid quantumvè vehatur, *Rebuff. in l. 16. § profiteri, D. de V. S.* quam mercium designationem tàm per alium, quàm per seipsum quis expedire potest, cum onus reale vectigal sit, & nihil intersit, à quo soluatur, dummodò soluatur, *l. Imperatores 7. D. de public. & vect. l. fideicommissum 30. §. 1. D. de iud. l. qui fundū 12. D. quemadm. seru. amitt. Afflict. in cap. vn. quæ sint regal. ver. vectigal, num. 33.*

8 Tunc autem ob falsam professionem merces committuntur, quando quis falsò vnam rem pro alia designarit, vitiosa namq; professio habetur pro non facta, *l. quoties 6. D. qui satisd. cog.* & falsa res, actus falsus, rei, & actus nomen, sicut nec nummi, falsi nummi, merentur, *Hipp. Marsil. l. vn. num. 312. C. de rapt. virg.* & in terminis, quod non sit differentia inter non profiteri, & profiteri falsò, docent *Bald. cons. 34. n. 12. vol. 5. Bertaz. cons. crim. 93. nu. 31. & 32.*

9 Notabilitèr verò hoc limitatur, quoties designatur vna res pro alia, pro qua æquale vectigal soluitur, puta cuprum pro stanno, & plumbo; pannos ex lino, pro pannis ex lana confectos,

poena

poena falsi locum non habet, quia, vt ea
10 detur, tria requiruntur, primò, dolus, *l. nec exemplum*, *C. de fals. Natt. cons. 314. num. 10. Ludou. Peguer. decis. 80. n. 26. Dec. cons. 78. n. 16. Gramm. cons. crim. 31. num. 8.* secundò, mutatio veritatis, *Ioseph Ludouic. dec. Luc. 13. num. 5.* tertiò, quod alteri exindè damnum inferatur, *Cacher. cons. 66. num. 8. Marant. cons. 38. num. 7. & 8.* sed dolus hic nullus, *Grauett. cons. 75. num. 16. & 17. Roland. à Vall. cons. 15. num. 55. vol. 3.* nec quidquam fisco ex errore hac designatione decedit, ideòq; & commissi poena cessare videtur, post *Grauett. cõs. 3. num. 25. Bertaz. cons. crim. 15. nu. 24.*

11 Et licet falsitas, quæ actualiter non nocet, si potentia nocere possit, extràordinem saltem puniatur, *Menoch. de arbitr. cas. 306. num. 13.* hæc tamen falsitas nec quidem potentia nocere posse videtur, vnde poena cessat, *Ludou. dec. Luc. 93. num. 474.* & fortè in puncto iuris verior est opinio, quod falsitas, quæ potentia nocere posset, extraordinariè non puniatur, *Rol. à Vall. cons. 33. n. 12. & 44. lib. 4.* & contrà *cit. Menoch.* & *Clar. Vinc. Carot. decis. 66. n. 17.*

12 Si verò merces in Regiam Dohanã immittantur, & introducens non denunciauerit omnes merces in sarcinis, vel ballis existentes, non esse locum poenæ commissi, tradunt *Vermigliol. cons. 178. num. 6. Card. de Luca de Regal. disc. 69. num. 6.* quia sibi imputare debent gabellotti, si ballas, & sarcinas non aperuerint, & non debuerunt sequi fi-
13 dem introducentis; Secùs respectu mercatorum in magna quantitate, in quorum gratiam consuetudo introduxit non reuoluendi ballas, sequitur *de Luca in animaduers. ad Gratian. d. cap. 17. num. 4.*

14 Quid autem dicendum, si nauta, auriga, aut mulio, qui mercium vehendarum, & vectigalis soluẽdi negotium in se suscepit, negligentiùs hoc administret, an eius culpa Domino noceat?

15 Negatiuè aliqui respondent, dùm culpa vnius in perniciem alterius non trahitur, *l. non debet 74. D. de re iud.* *arg. l. ex diuturn, D. de neg. gest. cum concord.* Si autem dominus proscriptione mercium mulctatur, culpa vectoris ei imputatur, imò vector rem non suam contrà æquitatis dictamen, onere aliquo afficere nequit, *Alciat. cons. 54. nu. 1. lib. 2.* Et socius quoad partem suam pœna non afficitur, si in solutione vectigalis pro re communi socius fraudem commisit, *l. fraudati 8. §. 1. D. de publ.* durior ergò esset domini, quàm socij conditio, *Alciat. d. loc. num. 3.*

16 Et in specie hanc opinionem probari ex *l. cotem ferro 11. §. Dominus nauis 2. l. fin. §. fin. & 11. D. de public. & vectig.* testatur *Grauett. cons. 696. n. 3. vol. 4.* pro ea iudicatum referens ex *Bertachin. par. 9. nu. 14. vers. quintimò*; nec vnquàm quempiam se legisse ait, qui cõtrarium defenderit, vndè procùl dubio communis est opinio, *Gand. Pap. singul. 21. Alexand. cons. per tot.* post *Afflict. Angel. Ferret. Bip. & Bonacoss. Gasp. Anton. Thesaur. qu. for. 52. num. 1. lib. 1. Vincent. Carot. de locat. par. 2. tit. fraud. gabell. num. 1. Bocer. de regal. cap. 2. nu. 211. Stephan. de iurisd. lib. 2. cap. 7. membr. 1. num. 358. Io: Marquard. de mercat. lib. 2. d. cap. 4. num. 17. Conciol. resol. crim. ver. gabella resol. 4. num. 1.* vbi limitat, stante in contrarium consuetudine *n. 3.*

17 Maturiùs tamen re deliberata, contrarium verius videtur, & hanc opinionem tuentur *Cuman. cons. 5. nu 4. & 5. Henr. Rosenth. de feud. cap. 5. concl. 30. lit. D. Mindan. de mand. lib. 1. cap. 43. num. 8. Sixtin. de regal. lib. 2. cap. 6. num. 165. Kopp. decis. 50. num. 21.* confert *Ann. ad leg. 131. num. 17.* Et ità passim in Regia Camera decidi testatur *Reg. Reuerter. decis. 136.* ibiq; *Reg. de Marin. num. 1. & decis. 532. num. 1. circa fin. t. 2.*

18 Etenim de iure communi non vector, sed dominus ad solutionem vectigalis tenetur, quotiescumq; igitur negotium soluendi in se suscipit vector, procuratorem se pro domino mercium constituit, *l. 1. D. de procur. Vuesembec. in Paral. D. eod. num. 1.* Procuratores autem omittendo id, ad quod eos obstringebat, domino nocent, *l. cum mandato*

dato 23. in fin. D. de min. l. fin. §. 4. D. naut. caupon. & ex alijs ostendimus suprà in quaest. 2. num. 10. & 11. hoc tit. & pro electis, praepositisq; cunctis nominatores obligantur, l. 1. C. de peric. nominat. lib. 11. Luc. de Penn. in l. agentes n. 10. vers. item si is, qui nominat, C. de agent. in reb. lib. 12. Cuiac. in Paratl. lit. B. Clapper. caus. rat. caus. 61. qu. 3. num. 1. Larrea alleg. fisc. 19. n. 1. lib. 1. P. Assict. controu. iur. 45. num. 1.

19 Similitèr etiam pro familiae delictis Dominus tenetur, quotiès eam ad peculiare negotiorum genus proposuit, l. 1. in princ. & §. familia, D. de public. & vectigal. l. sed & si seruus 3. D. de tribut. action. Capell. Tholos. decis. 196. num. 1. Gramm. dec. 5. num. 12. Card. Seraph. dec. 527. in pr. Arisman. Tepat. var. iur. sent. tom. 3. tit. 530. vers. Dominus tenetur, post alios Farinac. de delict. qu. 24. num. 30. Cons. Rect. t. 2. resp. tit. de Nau. & Naulo notab. 11. n. 36.

20 Et peculiaritèr etiam constitutum est contrà Dominum nauis, qui ex delicto, vel contractu magistri nauis ab eo propositi obligatur, l. non debet exercitor 7. D. de naut. caupon. & stab. l. 1. §. magistrum nauis, & §. magistrum autem, D. de exercit. act. l. institorem, D. si cert. pet. Giurba decis. 88. Kopp. par. 1. dec. 21. Tranchedin. consult. 62. nu. 1. Cons. Rect. in tit. not. 11. à num. 32. & de offic. rubr. 14. §. 3. à num. 11. & seqq. limitatur verò hoc, si magister nauis excessit fines mandati, nam tunc Dominus non obligatur, vt ex pluribus fundat citat. Rect. d. loc. notab. 12. vsq; ad not. 18. Vel quoties nauis Dominus, magistro id in quod ille incidit, delinquendo, nominatim prohibuisset, vt ex d. l. 1. §. igitur, & alijs tit. Cons. Rect. d. §. 3. n. 27.

21 Praetereà quamplures DD. quando vector mercium soluendo non est, restitutionem in integrum largiri Domino firmant, post Imol. Roman. Alex. Farinac. qu. crim. 172. num. 50. Ferret. de gabell. num. 57. Rol. à Vall. cons. 42. nu. 30. lib. 3. Lud. comm. concl. 15. num. 74. Bertaz. in add. ad cons. patr. crim. 37. lit. A. Marta vot. dec. 101. n. 3. & decisum fecit Reg. de Marin. in obseru. ad cit. Reg. Reuert. decis. 531. num. 1. in fin. Iul. Capon. tom. 4. disceps. 313. cap. 3. num. 3. post alios Caniciol. resol. crim. ver. gabella d. resol. 4. num. 3. Restitutio autem, non in-

22 iustitiam sententiae, sed veniae petitionem erroris proprij continet, Gayll. de p. p. lib. 2. cap. 18. num. 22. Odd. de restit. qu. 39. num. 34. par. 2. & qu. 72. num. 61. non sententiam nullam, sed rescindendam arguit, Odd. d. l. quaest. 35. num. 77. nulla autem esset sententia, qua dominus condemnaretur ob culpam vectoris, quia manifestum errorem iuris côtineret, l. 1. §. 2. D. quae sent. sin. appell. resc. & ideò restitutione minimè foret opus.

23 Hoc quoque facit ratio ab absurdo; si enim culpa aurigae non obesset Domino, sequeretur, pactis inter hunc, & illum initis fiscum obligari, contrà l. 17. §. si pactus, D. de pact. & ius quaesitum ei auferri posse, Kopp. d. decis. 50. num. 12.

24 Porrò posterioris partis tit. D. de public. & vect. & commiss. nullus hodiè vsus esset, cum raro ipsi Domini merces vehant, sed aliorum opera vtantur; Et in simili, si nauis Dominus ex delicto magistri non teneretur, nunquàm naues inciderent in commissum, quia nunquàm nauigationi se exponeret, sed illam peritis nautis committeret, vt considerat Cons. Rect. in tit. §. 3. n. 14.

25 Ad contraria tandèm, & quidem regulam illam, vnius culpam alteri nô obesse, facilè responderi potest, eam veram esse, si huic, qui culpa omninò expers est, imputetur; dominus autem mercium, culpa non omninò vacat, sua enim leuitati adscribat, cur non potius ipse duxerit merces, vel fideliori commiserit, aut in euentum fraudis cautione sibi prospexerit, Mind. d. loc. Gayll. 1. obs. 45. num. 2.

26 Ità quoque l. 11. §. 2. & ll. suprà allegatae, à nostra specie differunt; ibi enim faciendo vltrà, quàm mandatum seruis erat, nocere Domino non poterant, quamuis omittendo potuissent, Surd. decis. 181. num. 16. Rebuff. tract. de con-

scentem in præfat. num. 22. Vvesemb. conf. 77. num. 8. Marescott. 1. var. resol. c. 86. num. 15. & appositè *Castrens. in l. 7. n. 4. C. de transact.* magis Prælatum negligendo, quàm contrahendo Ecclesiæ nocere, ait.

37 Argumento deniquè à socio ducto occurrimus suprà *in quæst. 9. à num. 6. ad 8. hoc §.*

38 Pendente verò mandati iudicio inter aurigam, & dominum, cuius culpa pœna commissi acciderit, inspiciuntur duo actionis mandati requisita, mandatum scilicèt non impletum, aut extrà fines perperàm, dolo, culpa, aut negligentia aliquid commissum esse, *l. si procuratorem 8. §. fin. D. mand.* & ibi *in Parad. Vvesemb. num. 10. cit. Rot. d.*

39 *not. 12.* & si vterq; in culpa sit, damnũ dominus solus ferat, arg. *l. videamus 11. §. pen. D. locat. Bald. conf. 417. vol. 1. Bertaz. conf. crim. 94. per tot.*

AD QVÆST. XI.

Fiscus, an habeat hypothecam in pecunia debitoris sui iàm consumpta, & an possit eam repetere à posterioribus Creditoribus.

ANNOTATIO.

SVMMARIVM.

Fiscus vigore sua hypotheca, an possit auocare à creditoribus posterioribus pecuniam qualitercumq; consumptam, à nu. 1. ad 3. & referuntur DD. *hanc materiam exornantes, num. 4. ac multifariam declaratur, à n. 5. ad 12.*

Fiscus, an reuocare possit hæreditatem, aut legatum repudiatum per debitorem fiscalem, aliàs decoctum ex delicto, à num. 13. ad 18.

Conciliatur l. cum quidam 26. *cum* l. in fraudem 45. D. de iure fisci, n. 19.

Creditori anteriori, an liceat auocare pecuniam posteriori creditori solutam, & ab eo consumptam? latè negatiuam sententia amplectitur, à n. 20. ad 31. quæ declaratur in personis priuilegiatis, vel pecunia malæ fide consumpta, aut extante, à n. 33. ad 36. vel in pecunia per vim extorta, nu. 50. & quid in creditoribus priuilegio paribus, n. 51.

Pecunia, quando dicatur extare, ad finem auocandi solutam posteriori creditori, à num. 37. ad 47.

Gratificatio creditorum, quando fieri dicatur pro effectu auocationis, num. 48. & 49.

Creditores chirographarij, si à personalites, an possint auocare pecuniam alteri solutam, n. 52. & 53.

Mulier, an possit agere contra creditores ad restituendam pecuniam dotalem eis solutam, num. 55. & à n. 54. ad seqq.

Res empta ex pecunia dotali, an sit dotalis? Fundamentum l. pecunia 12. C. de iure dot. l. pecunia 5. C. de priuil. fisc. & l. deferre, §. fin. D. de iure fisci, nu. 55. & 56.

Dominium tamen, an quæratur, vel actio tantùm ad auocandam pecuniam, n. 57. & 58.

Introitus empti ex pecunia dotali, soluto matrimonio, an pertineant ad vxorem, viro existente non soluendo, n. 59.

Pecunia ad emptionem stabilium destinata, inter immobilia connumeratur, nu. 60. & 61.

Annuus reditus ob fundi, vel rei immobilis traditionem creatus, fundicarius, & immobilis iudicatur, n. 61.

Mulieri, an competat priuilegium fisci pro auocanda pecunia posteriori creditori soluta, etiam non extante, & bona fide consumpta, à n. 63. ad 66.

Auocatio pecuniæ competit, si præcedat excussio, tàm respectu fisci, quàm mulieris dotem repetentis, cum sit actio extraordinaria in subsidium, principali debitore existente non soluendo, num. 67.

Auocatio competit condictione ex lege, si pecunia nõ extat; hypothecaria, si extat, num. 68.

L. si me, & Titium, D. si cert. pet. an

fundetur in aquitate, *num.* 69.
Actio pro recuperanda dote, *an competat mulieri, constante matrimonio*, *nu.* 70.

1 QVæstio hæc, ad quam enucleandam properat calamus noster, bis accidit in Reg. Cam. teste nostro *Annotatore* hic *n.* 1. cuius difficultas circa id tendit, virum Fiscus creditor virtute suæ hypothecæ possit repetere à creditoribus posterioribus sui debitoris pecuniam ab ijs receptam, & consumptam? Et R. Cam. nonnullas conclusiones veras esse censuisse tradit *Author* noster hic; nimirum, quod creditor, etsi hypothecarius, nisi sit priuilegiatus, non habet potestatem auocandi pecuniam posteriori solutam, & bona fide consumptam, *num.* 2. 3. 4. *&* 6. Secùs autem in Fisco ex *text.* expresso *in l. pecuniam*, *C. de priu. fisc.* & *l. deferre*, *§. fin. D. de iur. fisc.* etiam si habuit pecuniam ex causa onerosa ex *Couarr. pract. quæst.* 19. *nu.* 1. quod tamen priuilegium auocandi esse remedium subsidiarium, inquit idem *Author* noster *num.* 9. *et* 10.

2 Cumq; *quæstionem* hanc controuersam admodùm, ac difficilem aliqui decantent, adeò quod perdifficilem vocauerint *Peregr. de iur. Fisc. lib. 6. tit. 5. num. 8. Andreol. controu.* 351. *num.* 17. arduam *Gasp. Ant. Thesaur. qu. for.* 16. *lib.* 2. *num.* 1. intricatam *Vinc. Carol. dec.* 109. *in princ. Ant. Amat. var. lib. 2. resol.* 31. *num.* 1. dubiam *Eugen. cons.* 89. *n.* 2. *P. Molin. de contract. disp.* 536. *num.* 17. & confusè per *DD.* practicatam *Flor. de Mena var. qq. lib.* 1. *qu.* 6. *num.* 1. perplexam, dubiam, spinosam, & intricatam, *Matth. Berlich. pract. lib.* 1. *conclus.* 71. *num.* 7.

Inde circà eius resolutionem, distinctione singula perpendemus; Et primò quidem in Fisco creditore, deinde respectu aliorum creditorum.

3 Et quidem in Fisco omnis cessat difficultas, quod possit auocare pecuniam creditori posteriori solutam, qualitercumq; consumptam, vt expressè respondit *Martianus* I.C. *in l. deferre*, 18. *§. fin. cum ll. seq. D. de iur. fisc.* & *not. in l. pecunia*, *C. de iur. fisc.* iuncto *text.* in simili in *l. fin. §. etsi præfatam*, *vers. sin verò*, *C. de iur. delib.* non esse tamen præstandas vsuras cum pecunia, quia non fœnus contractum, sed extraordinario iure aufertur *d. l. pecuniæ*; & aliam rationem reddit acutissimi ingenij I.C. *Papinianus in l. denig.* 19. *D. de iur. fisc.* quoniam res, non persona conuenitur, idest, quia Fiscus rem persequitur, non personam, & in persecutione in rem vsuræ non veniũt, *l. si nauis D. de rei vind.* vt rectè exponit *Cuiac. in Paratl. C. tit. de iur. fisc. lit. E.*

4 Quam conclusionem latè, & eleganter firmant *ibid. DD.* communiter, *Couarr. pract. cap.* 19. *Gutier. lib.* 3. *pract. qu.* 100. *Barbos.* 6. *p. l.* 1. *D. sol. matrim. ex num.* 10. *Flor. de Mena var. lib.* 1. *qu.* 6. *art.* 1. *Peregrin. de iur. fisc. lib.* 6. *tit.* 6. *Thesaur. quæst.* 16. *lib.* 1. *ex num.* 4. *Reinos. obs.* 61. *ex num.* 1. *Trentacinqu. lib.* 1. *var. tit. de iur. fisc. resol.* 7. *Fontanell. de pact. nupt. c.* 9. *cl.* 5. *glos.* 8. *par.* 7. *ex nu.* 63. *Alphar. de off. fisc. glos.* 34. *§.* 5. *post num.* 109. & *gl.* 16 *special* 40. *n.* 154. *Andreol. contron.* 351. *num.* 18. *Acosta de priuileg. credit. reg.* 2. *ampl.* 7. *à num.* 53. *Anton. de Amat lib.* 1. *var. resol.* 51. *n.* 34. *Epist. Ferrer. in alleg. fisc.* 7. *n.* 18. *lib.* 1.

Ex nostris *Afflict. decis.* 190. *Capyc. dec.* 78. *num.* 5. *Reg. de Pont. de pot. Pror. tit.* 7. *§.* 9. *num.* 18. *&* *decis.* 34. *num.* 20. *Ioseph Mele ad Gizzarell. decis.* 1. *n.* 87. *&* 86. *Gait. de cred. cap.* 4 *quæst.* 11. *num.* 1303. *Conf. Arias de Mesa var. lib.* 1. *cap.* 39. *num.* 41. *Reg. de Marinis in obser. ad Reg. Reuert. decis.* 382. *num.* 1. *lib.* 1. *resol.* 71. *num.* 5. & ibi *Rodoer. in addit. nu.* 17. *Ferdin. Brancia in alleg.* 54. *diuers.* apud *Reg. de Marin. to.* 3. *D. Carol. Ant. de Luca in animaduers. ad Gratian. cap.* 304. *tom.* 2.

5 Declarant primò procedere præfatam conclusionem, si Fiscus sit prior creditor, secùs si posterior esset, ità *Accurs. in d. l. deferre*, *§ fin.* & *d. l. pecuniam vers. ex iusta causa*, idem admittere videntur *Couarr.* & *Gutier. loc. cit.* quos sequitur *Fontanell. d. loc. num.* 66. contrà

Flor.

Flor. de Men. contrarium tenentem in *d.qu.6.art.1. num.18. Acosta d.ampl. 7.num.54. Reg.Reuert.dec.380.nu.2. in med.*

6 Competit verò hoc priuilegium Fisco auocandi etiam ab anterioribus illam pecuniam, quam constet esse ipsius Fisci, quoties id innotescat creditori, qui solutionem recepit, *Card.de Luca de credit. disc.50. num.10.* quem sequitur alter *de Luca ad cit. Gratian. cap.304.n.7.*

7 Secundò declarant adductam assertionem de Fisco, tantùm locum habere in pecunia soluta creditori posteriori lucratiuum titulum habenti, secùs si auocaret à posteriori ex titulo oneroso, *Io: Faber in §. si quis in fraudem nu. 23. Inst. de act. Menoch. Ceph.* & alij, quos sequitur *Peregrin.de iur.fisc. d.tit. 6.num 8. circa fin. Gratian. discept.304. num.3. & 4. t.2.* Nobis tamen contrarium verius videtur, cum *text.in d.l.pecunia,* generaliter loquatur, & sic procedere, etiam si secundus creditor habuit pecuniam ex causa onerosa, tenuisse Reg. Cam. tradit *Author* noster hìc *n. 8.* ex *cit.Couarr. d.qu. 29. num. 3.* Vnde *Gait. d.loc. num.1308. Fermosi.d. alleg.7.num.20.* tenent, in praxi contrà Fiscum non obtineri, sed procedere opinionem *Couarr.* quam veriorem dixerunt *Guttier. & Aurnd.* apud *Barbos. in d.l.1.par.6.num.24. Caroc.d.dec.109. num.49.* & ità *Couarr.* sequuti sunt *Reg. Valenz.consil.64.nu.22.et 23. Mich. Pastor.decis.206.num.51. Ferdin.Branc.in d.alleg.54.nu.2.et 3. Rodocr.ad cit.Reg. de Marin.d.c.71.n.19. de Luca ad Gratian.d.cap.304.num.5.*

8 Limitant tertiò in Fisco succedente priuato, quod tunc non gaudeat illo auocationis priuilegio, cum agat ex persona priuati, ad *text.in l. fiscus, C.de iur.Fisc.* & ex *Bart.& Bald.Card.Mantic.de tacit.& amb.lib.11. tit.18. nu.20. Amat.Rodriqu.de priuil. cred. par.1. art. 2.num.8. vers.* [illegible], idem *Gait. d.quaest.11.nu.1309.cit. Fermosin.n.21.*

9 Modificant, & quartò, si Fiscus est creditor ex pœna, qui non auocabit pecuniam solutam creditori posteriori, vt post alios fundat *Steph. Gratian. cit. cap.304.nu.9. & 10.* Quod tamen non procedit, si secundus posterior etiam esset creditor ex pœna, nam tunc existentibus in pari causa creditoribus Fiscus præfertur, & sic auocabit pecuniam, vt probat post alios *Gait.d.quaest. 11.num.1311.*

10 Restringunt quintò, vt prædictæ auocationi locus non sit, quoties Fisco aliundè contrà debitorem esset consultum, ità vt in illius bonis prius facienda sit excussio, vt sepiùs iudicatum refert *Auth.* noster hìc *n. 10.* quod probari videtur *in d.l.pecunia,* ibi (*ex iusta causa*) idest, si debitor non sit soluendo, *Bart in l. si non expediuerit, §.1. D.de bon.auth. Iud. Reg.Valenz. in rub. de iur.Fisc.num.57.in fin. Thesaur. n.3. Peregr.num.8. Barbos.num.23. Trentacinq. num.14. Fontanell. num.67. in locis supra cit. cit. Brancia in d.alleg.54.n. 3. Rodoer.ad cit.cap.71.num.23. Reg.Capyc. Latr.consil.33. à num.2,* ità vt inter remedia subsidiaria posuerit *Costa de rem.subsid.rem.37.illat.2.* & generaliter in omni creditore tradit *Berlich. conclus.71.num.57. Amat.d.resol.51. nu. 22. Reg.de Marin.cit. resol.71. num.14.* vbi sic decisum refert.

11 Probatur etiam ex generalitate *text.in l.Moschis, D.de iur. fisc.* vbi cõuenti emptores bonorum *Moschidis* fisci debitricis, *dicebant hæredes Moschidis idoneos esse, & multos alios ex ijsdem bonis emisse: æquum putauit Imperator noster, prius hæredes conueniri debere, deinde in reliquum, possessorem omnem. & ità pronuntiauit.* Ex quo ità contrarijs respondendo, latè fundat *Acosta d.ampl.7. à num. 56. ad 61.* vbi ad intellectum *d.l.Moschis* fundat, quod existentibus pluribus possessoribus rerum fisco obligatarum, licitum sit Fisco pro toto debito quemcumque possessorem insolidum experiri, non verò cogitur pro rata agere ex *Negus. de pign.4.membr.p.8.n.50.Guid.Pap.qu. 423. Bobadill.lib.2. cap.20. num.53.* & alijs.

12 Quod tamen sublimitant, si Fiscus

haberet in instrumento clausulam constituti, maximè si pecunia fuit posterioribus liberata sub cautione, vt post *Gizz. ad Capyc. Latr. decis. 24. num. 16.* & alios *Rodert. in d. cap. 71. num. 25. & 26.* Secundò in tributis sibi debitis, tunc enim excussio fieri non debet, *l. tam possessor, § fin. D. de censib. Gregor. Lopez in l. 14. tit. 13. par. 5. vers. 6. limita;* nisi negligentia aliqua Fisco, seù administratoribus adscribi possit, *Acosta d. l. n. 61. vers. Intellige.*

13 Prætereà non est omittendum in hac materia quærere, vtrum scilicèt Fiscus reuocare possit hæreditatem, aut legatum repudiatum per debitorem fiscalem, aliàs decoctum ex delicto.

14 Cuius *quæst.* negatiua probari videtur ex *l. qui autem, D. quæ in fraud. cred.* vbi debitor potest non acquirere, & repudiare, seù contemnere lucra ei obuenientia, in præiudicium suorum creditorum, & ratio ibidem affertur, *quia Edictum pertinet ad diminuentes patrimonium suum, qui autem sibi non acquirit, patrimonium non diminuit, l. non fraudantur, D. de reg. iur.* Ad hoc etiam sunt textus in *l. 1. §. vtrum, D. si quid in fraud. patron. l. si sponsus 5. §. si maritus 13. D. de don. inter vir. & ux. l. 1. § confertur 13. D. de collat. l. alienationis verbum, § qui occasione, D. de V. S.* cum latè traditis per *Acostam de priuil. cred. reg. 2. ampl. 7. à num. 146. & seqq. Gratian. lib. 1. for. discept. 132. à num. 3. & lib. 2. c. 271. Sanchez. de matrim. lib. 6. disp. 4. à num. 8. & in praecept. Decal. cap. 14. à nu. 32. Donell. lib. 25. comm. cap. vlt.* & ibi *Osvald. Hilliger. in notis lit. C. Gasp. Schifordegher. lib. 1. for. tract. 9. qu. 1. Faber. lib. 13. controu. cap. 46. Anna Robert. lib. 3. rer. iudicat. cap. 10.* & alij apud *Castill. lib. 5. controu. cap. 113. Negusant. Lolo leg. 18. n. 39. Molin. de legitim. lib. 3. tit. 2. qu. 3. Salgad. in labyrinth. p. 2. c. 14. à n. 1. Praes. de Franch. decis. 102. Cons. Carleu. de iudic. t. 2. disp. 25. n. 2. & 3. Consil. Hodiern. in add. ad Surd. dec. 140. à n. 1. Consil. Arias de Mesa var. lib. 2. cap. 41. D. Carol. Ant. de Luca in obs. ad Praes. de Franch. d. dec. 101. à n. 1. & in animadu. ad Gratian. tom. 1. cap. 132. & tom. 2. cap. 271.*

15 Ratio autem est, quia creditores nō possunt cogere debitorem ad acquirēdum, sed habent tantùm ad bona quæsita, & in suo patrimonio radicata eum obligatum, *D. Alph. de Olea de cess. iur. tit. 2. qu. 3. à n. 5. ad seqq.* Nec ius adeūdi ad creditores transit, quia non est ius, sed mera facultas, *Cancer. lib. 1. cap. 21. à n. 160. Reg. Capyc. Latr. decis. 8.* vbi *Gizz.* latè *in obseru.* nec in generali bonorum hypotheca comprehenditur, vt post alios docet *Mar. Cutell. de donat. t. 10. tract. 1. disc. 2. p. 2. n. 27. Olea d. q. 3. n. 13. de Luca in d. dec. 101. n. 1. in fin.*

16 Quæ sanè conclusio communitèr obtinuit in foro, sed an etiam in foro poli admittatur, satis controuertitur apud *Ciuilistas*, & *Theologos*; Etenim in foro interno, hanc repudiationem esse contrà iustitiam, & debitorem repudiantem, vel id consulentes mortaliter peccare, defendunt *P. Molin. de iust. et iur. tr. 2. tit. 2. disp. 435. in fin. Sanchez. de matrim. lib. 6. disp. 4. n. 9. Card. Lugo de iust. & iur. disp. 20. n. 137. Laym. de iust. lib. 3. tr. 5. cap. 6. n. 6.* & alij, quos sequūtur *Episc. Ricc. in add. ad Franch. cit. dec. 101. in fin. Cons. Rocc. resp. 83. nu. 6. P. Assist. contr. 18. n. 5. R. Capyc. Latr. d. dec. 8. num. 13. & 14. Franc. de Petris cons. 59. n. 15. & seq.* Quod probatur, nam debitor non solùm tenetur soluere creditoribus de iis, quæ habet, sed etiam debet assumere media facilia, vt creditoribus satisfaciat, & cum hæreditas, vel legatum relinquitur, de natura sua postulat agnitionem, vt quæratur, & exinde creditoribus soluatur, secundùm *cit. Doct.*

17 Contrarium verò conantur tueri, licere scilicèt in foro conscientiæ debitori non acquirere, nec esse contra iustitiam, dùm leges non ascribūt fraudi actum repudiationis, & alias lex esset nutritiua peccati; *Gomez. var. lib. 1. cap. 4. nu. 74. Tell. Fernand. in l. 4. Taur. n. 9. Consil. Prat. in add. ad Paschal p. 2. cap. 4. n. 174. & praeall. obseru. 15. & 16. per tot.*

& hanc

& hanc esse probabilem sententiam, tradit *P.Stephan. d. S.Gregor. de iust. t.2. de donat. c.13.n.11.* Ceterùm non recedendum à prima sententia, quæ vti verior, & conscientiæ fauens, omni lucro anteponenda est, post alios doctissimè fundant *Oles d.q.3.n.35. de Luca in cit. dei. de Fram. § 10 tamen, n.11. Boler. de decoct. deb. fisc. tit.5. qu.37. n.6.* vbi nu.12. fundat, quod debet similiter hæc sententia amplecti in foro exteriori cum lex humana iusta non debeat aliquid permittere, quod culpam lethalem inducat, ex *D. Thom. 1.2. qu.96. art.4. Solorzan. de iur. Indiar. lib.3. c.10. n.82.* & cum alijs *Carleual. d. disp.25.n.16.*

18 In Fisco tamen omnis cessare videtur dubietas, cum eius fauore debitor in illius præiudicium similem renunciationem non possit facere, & velle non acquirere, sed possit renunciata reuocare, vt probat *Paulus in l. in fraudem 45. D. de iur. Fisc.* ibi *In fraudem Fisci non solùm per donationem, sed quocumq; modo res alienata reuocantur*; Idemq; iuris est, & si non quæratur, æquè enim in omnibus fraus punitur; Confirmat eandem sententiam *Vlpianus in l. sed et si lege, §. proinde. D. de petit. hæred. Peregr. de iur. Fisc. lib.6. tit.7. à nu.38. Cuiac. lib.8. obs. cap.9. Ant. Robert. lib.3. rer. iud. d. cap.22. prope medi.* vbi sub ea distinctione declarat, iuris debitori delati, & quæsiti, vt in hoc casu patrimonium diminuatur in creditorum fraudem, vel iuris non dum delati, aut delati, sed non dum acquisiti, vt tunc non dicantur fraudare, idemq; sequuntur *Ant. Fachin. lib.13. controu. cap.56. in fin. Oliuan. ad tit. Donell. d. lit. C. circa med. Larrea decis.59. nu.26. & 32. Mansen. de transf. exec. lib.1. qu.6. ampl.8. n.38. cit. Peregr. lib.5. tit.1. n.190. et seq. Mangil. de imput. qu.44. n.5. Cathalan. de fraud. c.18. n.62. et 63. cit. Carleu. d. disp.25. n.12. Boler. d. qu.37. n. nu.11. de Luca in animaduers. ad Gratian. lib.1. cap.133. n.1. et 2.*

19 Nec obstat *l. cum quidam 28. D. de iur. fisc.* quæ ex diametro pugnare videtur cum *d. l. in fraudem*; nam omissis varijs conciliationibus traditis à *Cuiacio lib.8. obseru. cap.9. Iul. Pacio leg. conciliat. cent.7. qu.75. Gilbert. Regio lib.1. Enantiophanon. cap.14.* & alijs, quos refert *Conf. Arias de Mesa d. cap.41. n.12.* dicendum est, quod in *d. l. cum quidam* delinquens non erat adhuc condemnatus, & sic nulla obligatio nata erat respectu fisci, & ideò potuit pater filium emancipare, licet in consequentiam nõ acquireret (hæreditatem enim filio delatam filius sibi quæsiuit) sed in *d. l. in fraudem*, iàm damnatus erat, & ideò ius delatum, & acquisitum, in fraudem Fisci repudiare nequiuit, *Zas. tom.5. oper. part.1. antinomiar. nu.10.* à quo ad literam mutuauit *Theodor. Strasbman. in suis antinomijs iur. ciuil. contrarietate 29.* eumq; sequitur *Nicolaus Genua in conciliatione legum in iure ciuili contrar.* à pag.339.

20 Cardo autem totius difficultatis in eo versatur, an decisio *text. in d. l. pecuniæ, & d. l. desfrenndi* vlt. quatenus Fisco permittit, pecuniam posteriori creditori solutam, etiam consumptam, ab eo auocare, producenda sit ad alios creditores, an verò hoc ex peculiari Fisci priuilegio procedat? Qua in hæsitatione alij negatiuam, alij affirmatiuam amplectuntur, idcircò binas Doctorum pugnantium acies instruemus.

21 Prima igitur communis est Doctorum sententia, non licere creditori anteriori auocare pecuniam posteriori creditori solutam, & ab eo bona fide consumptam, idq; ex æquitate, ne totus Mundus litibus inuolutus quasi subuerteretur, ex vulgata *Afflicti decis. 209.* vbi dicit, sub nomine Regis ità fuisse decisum, subdens, quod ideò facit ius in Regno, sequuntur, & defendunt ibi *Add. Capyc. decis.78. Gramm. in q.1. post suas decis.* & cum hæc opinione residere Reg. Cam. testatur *Auth.* noster hic *nu.4. Charter. dec.19. Couarr. pract. c.29. n.2. Gutierrez lib.3. pract. qu. 100. Thesaur. lib.1. for. qu.16. n.11. Marcus tesaur. var. resol.60. cas.15. lib.1. Flor. Diaz de Men. var. lib.1. qu.6. §.9. Menoch. cons.25. Maria var. q.2. & 48. n.3.*

& de

& de clausul.p.1 clausul.165.n.15. Fontanell.de pact.nupt.to.2 claus.5.gl.8.p.6. à num 47.& p.7.per tot. Marescot.lib.2. var.c.36.nu.7. Gregor.Lopez in l.11.tit. 14.gl.1.p.5. Stephan.decis.31. Mercado lib.6.contr.cap.6. Ant. Faber in suo Cod. lib.8.tit.17.def.33. Conser.lib.1. var. c. 6.num.177.& 178. Costa de remed. subsid.num.47.illat. Gratian.d.cap.304.n. 2. Surd.decis.60. n.9. Sesse decis. Aragon. 806. Laurent.dec. Auen.96. Marc.Bran. de cess.bon.qu.24. Pras. de Framb decis. 53.nu.9. Viscont.in concl.ver.pecunia Fab.de Anna cons.129.num.2. lib.2. Io: Andr.de Georg.alleg.39.à n.8. Thor.vot. 94.num.4. & seq. to.2. & in comp.decis. verb. creditor secundus, & ver. creditor primus, P. Molfes.ad Consuet.Neap.p.4. tit.de success.ab intest.qu.26.Gais.de credit.cap.6.qu.11. nu.1297. Antonin.de Amat. var. lib.2. resol 51. à num.9. Andreol.contr.351.nu.1. Acosta de privileg. cred.reg.2.ampl.7.à num.75.Salgad.in labyr.cred.p.1.cap.10.à n.77.& seq.Reg. de Marin.lib.1.resol.cap.71.& in obseru. ad Reg.Reuert. decis.380. num.1. Consil. Arias de Mesa var.lib.1.cap.39.n.39.

82 Probatur, quia hoc ius proprium est Fisci privilegium, ex *l.Titius 21. D.de iur.Fisc.* ibi: *Postea Fiscus iure suo usus abstulit mihi pecuniam*, significans ius peculiare Fisci; Et in *d.l.pecunia*, ibi: *extraordinario iure*, *Andreol. d.contrau. 351.n.3. de Mesa d. cap.39. nu.46.* Ius autem singulare non est trahendum ad consequentiam, *l. quod verò 14. & l. seq. D.de LL. l.quod contra, D.de reg.iur.*

83 Similiter, quia si contrarium statueretur, lites in infinitum crescerent, & commercia impedirentur, quoniam si plures essent creditores unius creditoris decocti, & debitor soluisset secundis creditoribus, vel alias res vendat, & postea creditor anterior, vel privilegiatus velit illas revocare, quis non videt tot lites pullulare? ut considerat *Afflict.in d.decis.190.in fin. Acosta de priu.cred.d.ampl.7.n.82.*

84 Deinde, quia non erit quaerendum de hypotheca, si pecunia fuit consumpta, neque de reiuindicatione, si res non extat, nec de condictione ex lege, si debitum fuit solutum vero creditori absque dolo, *Gais.d.cap.4.n.1301. Andreol.d.contr.351. nu.4. de Mesa d.cap. 39.num.42.*

85 Rursus consideratur, quod ius creditoris, quantumuis privilegiati, non debet esse potentius, quam ius veri domini, sed, si nummi alieni à debitore soluti per creditorem fuerint bona fide consumpti, domino nulla actio adversus eum competit, *l.si filius 14. l.cu fundum, §.stramen tuum, D.de reb. cred. tam concord.* quod non esset si avocarentur, cum solutum non intelligatur, quod potest auferri, *l.si rem 20. D.de solut.* ut post *Fulgos.& Couarr.* tradit *cit. Andreol.d.l.n.3.de Mesa n.43. Pras. de Framb.decis.200.n.11.*

86 Praeterea facit *text.in l.pupillus, D. quae in fraud. cred.* ex quo desumptam videri Hispan. *l.9. tit.15.p.5.* ait *Acosta cit.ampl.7.num.83.*

87 Ulterius per *text.in l.filius 14.l.cum fundus 31.§.1.D.de reb. cred.* ubi patet pecuniam bona fide consumptam, quam filiusfam. contra S.C. *Maced.* soluit, repetere non posse: Si igitur domino hoc non permittitur, multò minus creditori, qui debilius ius habet, permittetur.

Multae aliae hic adnecti possent ratiocinationes, quas brevitatis ergò omittimus, ex autem videri possunt apud *cit.DD.*

88 Altera est contraria *DD.* opinio, videlicet, quod prior creditor etiam non privilegiatus, sive generalem, sive specialem habens hypothecam avocare posse pecuniam posteriori solutam, & bona fide ab eo consumptam, prout defendunt inter alios *Scracch. de decoctor.ult part.à n.31.& segg. Cephal.cons. 88. n.7. & 8. lib.1. Velasquez de Auendan.in l.32.Taur.gl.1.nu.8. Gomez de Leon.in resp.36. num.1.* nervosè tuetur *Felician.de Solis de cens.lib.3.c.5. n.17. Surd.cons.4.n.25.& cons.436. à num.9. Petr. Barbos.in l.1.p.6.à nu.20. D.solut. matr. Fachin.controu.lib.12. cap.33.* ingeniosè desequit *Schiserdegher.ad Ant. Fabr.*

Fabr. lib. 1. tract. 3. qu. 7. per tot. latissimè *Castill. contr. to. 5. cap. 61. à num. 83.* & alij videndi apud *Amat. d. resol. 51. n. 8. Salgad. d. cap. 10. n. 80. Andreol. d. contr. 331. nu. 2.* à lib. accerrimè hanc defendentem *March. Berlich. in pract. concl. 71. n. 47. & seqq.*

29 Validissimis pariter hæc sententia fulcitur rationibus; Primò, per *text. in l. creditor 12. §. Papinianus 5. D. qui potior in pign.* Secundò, per *textum l. ult. §. fin. vers. 5. & §. 6. C. de iur. delib.* vbi

30 dicitur, quod si hæredes creditoribus hypothecarijs soluerint, & hæreditas non suffecerit, possint anteriores creditores solutum à posterioribus creditoribus, si extat, hypothecaria vendicare, vel si consumptum sit, condictione ex lege repetere. *Berlich. d. loc. num. 48. Andreol. d. contr. 331. n. 7. & 8.*

31 Insuper sicut, quod pecunia in genere hypothecari potest, *l. idemque 6. §. fin. D. qui pot. in pign. hab. Author* noster hic *num. 7. Reg. Vglenu. consil. 64. n. 10. lib. 1. Gait. d. loc. nu. 1296. Fermosin. d. alleg. 7. num. 2.* ac pecunia in genere sumpta, nunquàm potest dici extincta, quia genus perire non potest, *l. incendium, D. si cert. pet.* Ergò poterit creditor anterior persequi pecuniam solutam posteriori, quasi semper extet, *l. si fundus, §. in vendicatione, D. de pignor. Andreol. d. l. num. 24.*

32 In hac Doctorum varietate, hanc secundam opinionem iuris rigore veram; Priorem autem æquiorem, (nonnulli etiam de iure veriorem dicunt) multò magis communem, & multorum Hispanorum scriptorum, & præcipuè nostri Regni Tribunalium vsu receptam, & liberaliter amplexam, veluti æquiorem, & Reipublicæ consultiorem probant *cit. DD. Gait. d. cap. 4. quæst. 11. nu. 1300. Salgad. d. cap. 10. n. 81. Amat. d. resol. 51. n. 10. Andreol. d. contr. 331. n. 17. Rodoer. in cit. cap. 71. num. 2. in fin. Fermosin. d. alleg. 7. n. 16.*

33 Declaratur tamen hæc conclusio, vt concedenda sit auocatio pecuniæ cum bona fide consumptæ creditoribus hypothecarijs, qui sunt, personæ priuilegiatæ, *Author noster hic nu. 8. Marescot. var. lib. 2. cap. 56. n. 5. Mich. Paster. in d. dec. 206. num. 51. Caron. decis. 109. n. 44. Gait. de credit. d. quæst. 11. num. 1312. & 1313.*

34 Quales autem sint creditores hypothecarij cum priuilegio, copiosè enumerant *Flor. de Mena d. lib. 1. qu. 6. §. 3. à num. 9. Gait. in appendic. ad d. cap. 4. à num. 109. & seq.* Probe est in Fabrica S. Petri, quæ ad instar Fisci auocare vt suprà potest, vt concludit *Maria vot. 41. Episc. Ritt. p. 1. prax. Eccl. resol. 375. Thor. de priuil. pia caus. priu. 78.* Idemque dicendum in omni Ecclesia, & pio loco, *Genuens. in prax. qu. 601. Reg. de Marin. d. cap. 71. n. 6. Andreol. d. loc. num. 14.* In Ciuitate, *Reg. de Ponte de potest. Prorr. tit. de regal. impos. §. 3. nu. 12. Thor. d. loc. Andreol. cit. contr. n. 25.*

35 In muliere dotem repetente post alios tradunt *Gait. d. qu. 11. num. 1311. Reg. de Marin. d. cap. 71. num. 8. cit. Andreol. nu. 19. de Luca ad tit. Gratian. cap. 304. n. 6.* quam conclusionem in *fine huius quæstionis* latè examinandam duximus, annectendo quæstionem ad id satis anteà per Nos exaratam.

36 Secundò conueniunt *cit. DD.* quod cæteri hypothecarij creditores priuilegio carentes possunt auocare pecuniam mala fide consumptam, vel exactam, aut si verè, aut fictè extet pecunia, *Salgad. d. cap. 10. num. 84. Gait. d. l. n. 1316. Andreol. cit. l. nu. 22. cit. Rodoer. num. 2.*

37 Quando autem dicatur pecunia extare, ad effectum auocandi solutum posteriori creditori, dicendum est, primò, pecuniam extare, nec dici consumptam, quando pendente lite pecunia liberata est per Iudicem, ne maneat otiosa, etsi per creditorem nulla sit præstita cautio, donec aliàs prouideatur, ità *Paster. d. decis. 200.* inserta *in 2. vol. dec. sess. n. 34. & seq. Gait. d. cap. 4. qu. 11. n. 1318. Fermosin. d. alleg. 7. nu. 31. Salgad. d. cap. 10. n. 63. & 70.*

38 Secundò, si pecunia esset in sacculo subsignato, vel sub sequestro, vel sub deposito, vel censu, *Reg. de Marin. d.*

cap.

cap.71. n.9. verf. Tertius, *Salgad.d.cap.* 10. *num.*61. post alios *Episc. Fermosin. cit.alleg.*7. *num.* 33. *Andreol. d.controu.* 351, *num.*12.

39 Tertiò, quando solutio fuit facta procuratori, qui nomine creditoris recepit, & adhuc penès se habet, nec dũ reddidit suo principali, *Surd. d.conf.*4. *num.*48. *Guttier.pract.dict.qu.*100.*n.*13. & *Fontanell.d.loc. num.*32. à quo non citato transcripsit *Nouar. lib.* 1. *for. qu.* 139. *n.*15.sequitur *Rodoer.d.cap.*171. *num.*12.*Salgad.d.cap.*10.*n.*67.*Andreol. d.contr. n.*28.

40 Quartò, fingitur extare, quando in creditore adest mala fides in receptione, & consumptione, puta, quando creditor sciebat alios adesse potiores, & priores seipso, nam tunc habet locũ aucratio, quasi dolo desierit possidere, ex *d.l.si fundus*, §. *in vindicatione*, *D.de pign.* post alios *Gait.n.*1319. *Salgad. n.* 62. *Andreol.n.*23.*Fermosin.num.*34.*Rodoer.nu.*3. *in locis suprà cit. Ant. Gabriel consult.*89. vbi hoc declarat.

41 Quintò, quando ab alio creditore anteriore fuerit exigens denunciatus, & interpellatus, ne exigat in sui præiudicium, quæ denunciatio constituit in mala fide, *Guzman.de euict. cap.*35. *num.*138.*& seq.Gait.d.l.n.*1322. *citat. Salgad.num.*63.*Andreol.d.contr.*351.*n.*24.*Rodoer.in d.cap.*171.*n.*5.

42 Sextò, si debitor post litem motam, vel concursum formatum, posteriori creditori instanti soluit in priorum fraudem, *Guttier.d.qu.*101.*nu.*6.*et* 11. *Flor.de Mena d.qu.*61.§1.*n.*2 *et seq.* Et pecunia exacta concursu pendente, refunditur in corpus concursus, vt priores creditores exigant propter dolum, ac fraudem posterioris exigentis, *Lavatha cons.*64. quem sequitur *Nouar. d.qu.*139.*Noguerol.alleg.*7.*n.*6.*& seqq. Salgad.d.loc.n.*64.65.*&* 66.

43 Septimò, quãdo creditor pecuniam recipiens promisit ipsam restituere in casu, quo alter creditor potior appareat, *Fontanell.loc.cit.nu.*36.*Thesaur.d. d.qu.*71.*n.*7. quem refert *Castill. contr. lib.*3.*cap.*78.*vers. quartum casum esse*, *Pacific.de interdict.inspect.*3.*cap.*2.*num.* 96.*Mastrill.d.resol.*60.*cas.*13.*in fin.*

44 Octauò, si à debitore fuerit posteriori delegatum nomen debitoris, & illud adhuc non fuerit exactum, nam ante exactionem semper dicitur res extare, vt post innumeros fundat *Andreol. cit. contr.*351.*n.*30. *& seq.*

45 Nonò, fingitur pecunia extare, si data fuit creditori cum fideiussione, vt latè probat *Fontanell.d cl.*4.*gl.*8.*p.*8. *à n.*33.*Castill.contr.lib.*4.*cap.*61. *nu.*74. *Hering de fideiuss.cap.*19. *nu.*127. *Muscatell.in prax. de fideiuss.* 1.*p. modo* 16. *n.*3 *&* 4. *Lanar.cons.*36.*nu.*4. *Pras.de Franch.decis.*64.75.*&* 200.

46 Et ideò optima fuit inuenta cautela in omnibus Tribunalibus, & signantèr huius fidelissimæ Ciuitatis, quando pecuniæ liberatio fit creditoribus, vt apponatur clausula in decretis: *Præstita tamen cautione de restituendo eis, quibus, & quando, ad ordinem ordinem Sac. Reg. Cons. siue R. Cam. aut Magnæ Curia*; Et sic sempèr quantitates sub hoc modo liberatæ, dicuntur extare, ideò quod superueniente creditore anteriore, nullo modo possit opponi de consumptione bona fide, vel quod intelligatur translatum rei liberatæ dominium, de qua praxi, & stylo testantur *Pras.de Franch.decis.*75. *nu.*9. *& decis.* 272.*circà fin.Reg.de Ponte decis.*34. *sub n.*20.*Reg.Capyc.Galeot.contr.*38 *à n.*30. *lib.*2.*Reg.de Marin.in obs. ad R.Reuert. dec.*83.*n.*1.*Rodoer.in add.ad R. de Marin.d.resol.*71.*n.*14.*Consil.Pras.in addit. ad Muscatell.d.modo* 16. *vers.ad sedandas*; *de Luca in obs.ad Franch. dec.*200. *& in animaduers. ad Gratian. cap.*701. *tom.* 4.

47 Imò etiam, si non reperiretur data cautio præstari solita, neque in decreto ordinata, non ideò præiudicat eis, ad quorum fauorem apponi solet, vt decisum refert *Thor. in comp. t.*3. *verb. Creditor primus fol.*246.*col.*1.*in fin.* quẽ sequitur *cit.Rodoer.d.l.nu.*15. *&* 16. Et hoc ex quadam æquitate, non verò de iure procedere aduertit *cit. R.Galeot.d. cõtr.*38.*à n.*38. *Reg. de Marin.d.obs.*83.*n.*1.

Hæc

Hæc tamen cautela, fundatur euidentèr in *l. procuratoris 5. §. fin. D. de tribut. action.* ibi: *Sed quoniam fieri potest, vt alius quoque, vel alij existere possint mercis peculiaris creditores, cauere debet creditor iste pro rata se refusurum, si fortè alij emerserint creditores,* & in *l. 1. et 2. D. de vsufr. ear. rer. quæ vsu consum. Rodoer. d. loc. nu. 14. Consil. Prat. ad tit. Mustatell. d. loc.* Dubitari autem solet, quãdo est locus auocationi pecuniæ liberatę cum cautione, an teneatur hic pecuniam receptam vnà cum interesse restituere, & negatiuam latè probat *Reg. de Marin. in cit. obseru. 83. n. 7.*

48 Similitèr declaratur, quando solutionis tempore par fuit omnium creditorum diligentia, & tamen posterior fuit gratificatus, nam tunc anterior auocat pecuniam posteriori solutam, *Amat. d. resol. 51. n. 26. R. de Marin. d. c. 72. n. 8. Flor. de Mena d. q. 6. §. 1. n. 2. et seq. Castill. d. cap. 61. n. 69. Schifordegher. ad Fabr. lib. 1. tract. 8. qu. 5. per tot.* post alios *Gait. d. q. 11. num. 1319. et seq. Andreol. d. contr. 351. n. 21.*

49 Gratificatio autem dicitur fieri, quãdo plures simùl instant pro solutione suorum creditorum, vel acceperunt possessionem ex primo decreto, & debitor vni soluerit, omissis alijs; tunc enim solutio censetur facta in fraudem creditorum, quæ reuocatur per *tit. D. quæ in fraud. cred. Marescott. var. lib. 1. cap. 36. n. 3. Caroc. d. dec. 109. n. 26. Gait. d. cap. 4. qu. 11. n. 1327.* nam tunc debitor gratificando videtur colludere, & committere dolum, *Amat. d. res. 51. nu. 26. in med. Fermosin. d. alleg. 7. num. 16.* Secùs verò, quando vnus tantùm instat, ex *l. si nõ expedierit 6. §. 2. D. de reb. auth. Iud. possid.* ibi: *Quod si vtroq; instante sibi gratificatus tutor soluerit, æquum esse, aut priùs eandem portionem mihi quæri, aut communicandum, quod accepisti,* post alios *Fermosin. d. allegat. fisc. 7. num. 25.* quam distinctionem, an omnes creditores instent, vel ne, procedere in creditoribus, qui innituntur allegatione paupertatis, & inæqualitatis, & non ex hypotheca, vel priuilegio scribit *Amat. d. loc. nu. 28.* quem sequitur *Fermos. d. l. n. 27.*

50 De pecunia item per vim extorta communis est *DD.* assertio, quod possit creditor anterior illam auocare à posteriori, cui soluta fuerit per debitorem, ex *text. in d. l. si pupillus, D. quæ in fraud. cred.* ibi: *Distinguendum est, an is obtulerit mihi, an ego illi extorserim inuito, vt si extorserim inuito, reuocetur, si non extorserim, non reuocetur, Caroc. d. dec. 109. n. 19.* vbi exponit verbum extorquere, *Amat. d. loc. nu. 29. et 30. Fermosin. d. alleg. 7. nu. 29. et 30.* post alios, quod limitat *Caroc. d. l. nu. 30.* nisi à debitore fugiente extorserit.

51 Notandum etiam est, quod si omnes creditores sunt pares priuilegio, & causa, tunc indistinctè auocatio denegatur, vt per *text. in d. l. si pupillus* concludunt, post alios *Gait. d. cap. 4. qu. 11. num. 1314.* & *Fermosin. d. alleg. 7. nu. 12. & 13.*

52 Postrema erit inspectio de creditoribus chirographarijs, hoc est, qui habent tantùm obligatam personam, & non bona, vel solùm chirographum, vel testes de suo credito habent, tunc si vni ex illis pecunia soluta sit, reliqui creditores eam repetere non possunt; quia creditores personales non priuilegiati, sunt pares in solutione, ità vt nec vnus alteri præferatur, etiam si sit prior in tempore, per *text. in d. l. si non expedierit 6. §. quid ergò, D. de reb. auth. Iud. possid. l. qui autem, §. sciendum 7. D. quæ in fraud. cred. l. pupillus 24. §. si verò tutor, D. eod.* ratio est, quia solutio facta posteriori diligentiori, non retractatur per anteriorem, qui fuit negligens, vt in *d. l. pupillus,* ibi: *Sed vigilaui, meam conditionem meliorem feci, ius ciuile vigilantibus scriptum est, ideòq; nõ reuocatur, quod percepi; d. l. si non expedierit, §. 1.* ibi: *Ne alterius, aut negligentia, aut cupiditas, huic, qui diligens fuit, noceat; l. summa cum ratione, §. sed si cũ suspicaretur in fin. D. de pecul.* ibi: *Licet creditori vigilare ad suum consequendũ; d. l. qui autem, §. sciendum,* ibi: *Quamuis sciens, sibi enim vigilauit;* & ità termi-

nis concludunt *Hartm. Pistor. lib. 3. qu. 50. num. 1. Kopp. dec. 61. n. 2. Caroc. decis. 109. num. 13. & seq. Costa de rat. rata q. 74. Trentacinqu. var. lib. 3. tit. de solut. resol. 33. nu. 5. Fontanell. de pact. nupt. cl. 5. gl. 8. p. 6. n. 28. & seq. vol. 2.* post alios *Amat. d. resol. 31. num. 1. & 2. Berlich. d. conclus. 71. à num. 7. vers. primus casus, Epist. Fermosin. d. alleg. 7. n. 5.*

53 Quæ conclusio ampliatur, etiam si creditor ipse solutionis tempore sciuerit, debitorem habere alios creditores personales, & illum non esse omnibus soluendo, per *text.* expressum in *d. § sciendum, & d. l. si pupillus, Flor. de Mena d. § 1. num. 3. Berlich. d. l. nu. 8. Fermosin. cit. l. num. 6.* non obstante quidem differentia inter pecuniam solutam extantem, aut consumptam, post alios *cit. Amat. n. 2. Fermosin. nu. 7.* Vel verum creditor à debitore spontè soluente acceperit, an verò iustè exegerit *Berlich d. concl. 71. num. 9.* vbi in *num. seqq.* alias ampliationes, & limitationes affert.

54 *Mulier, an possit agere contrà creditores ad restituendam sibi pecuniam dotalem illis solutam?*

55 PRo muliere aciem instruit *text. in l. ex pecunia 12. C. de iure dot.* vbi disponitur, quod res empta ex pecunia dotali non est dotalis, & ex tali emptione mulieri non acquiritur actio, & ideò si dos est in casu restitutionis, mulier pecuniam repetit, non ad rem agit.

Alia lex est in *l. pecunia 5. C. de priuil. fisci*, ibi: *Pecunia, quam creditor à debitore suo recepit, si posteà ex iusta causa fisco restituenda erit, sine vsuris debetur, quia non speciem contractum, sed suam recuperatam extra-*
56 *ordinario iure aufertur*. Alia lex est in *l. Aufertur, § final.* incip. *Papinian. D. de iur. fisc.* vbi *si debitor fiscalis creditori suo soluit, fiscus potest hanc pecuniam à tali creditore repetere, et sic remanebit debitor obligatus creditori suo, et tum si dedissent, et pignora, ac si nihil soluisset;* Et *l. si me, et Titium, D. si certum petat.*

57 At si diligenter veritas indagetur, nullum ex propositis medijs mulieri opitulari poterit; non fauor propriis, licet enim res empta ex pecunia dotali, regulariter non dicatur dotalis, *d. l. ex pecunia*, & proindè non quæratur dominium vxori, sed actio tantùm ad auocandam pecuniam, prout notabiliter *Bald.* & reliqui *DD.* quod in re empta non de pecunia dotali docent, ex *text. in l. 1. & l. multum, C. si quis alteri, vel sibi.*

58 Tamen vxori dominium quæritur, si cum consensu illius fiat emptio per virum ad beneficium eiusdē, *glos. magna in d. l. ex pecunia in princ. Campeg. in tract. de dote p. 4. q. 8. nu. 1. & 2. Reg. Lanar. cons. 26. num. 12.* aut si maritus non est soluendo, *l. vxor marito*, iuncta *glos. in verbo, separatur, D. de donat. inter vir. & uxor. Socc. cons. 234. num. 1. lib. 2. Bald. Nouell. in tract. de dote par. 7. priuileg. 15. Reg. Lanar. d. cons. 26. num. 12.*
59 vbi in specie concludit, introitus emptos ex pecunia dotali soluto matrimonio ad vxorem pertinere, viro existente non soluendo; Quoties autem vir non est soluendo, etiam si mulier emptioni non consenserit, res empta ex pecunia dotali efficitur dotalis, *Gregor. Lopez p. 5. tit. 5. l. 49. in glos. (voluntad della) & Gutierr. de iuram. par. 3. cap. 1. n. 88. Cons. de Georgio alleg. 79. n. 27. Reg. de Marin. ad Reg. Reuert. decis. 202. num. 8.*

60 Vel si pecunia sit destinata in emptionem stabilium, aut annuorum introituum; tunc enim non censetur, vtì pecunia, sed tanquam reditus, & consequentèr pecunia succedet loco rei, *Mastrill. decis. 36. num. 4.* Pecunia namque ad emptionem stabilium destinata, inter immobilia connumeratur, *Decian. cons. 19. num. 13. lib. 1.* aliique relati per *Surd. decis. 209. & Gabriel. commun. conclus. tit. de præsumpt. conclus. 12. n. 20.*
61 *vers. contrarium*, estque verior sententia, quidquid alij opinentur, quando destinatio fit cum consensu duorum, adeò

quod

quod, non sit in facultate vnius ab ea discedere, sed iuris necessitate illam exequi teneatur, vt declarat *Sorr. cons. 59. num. 13.* vbi hanc ipsam veritatem esse asserit, quos sequitur *Gabriel vbi suprà n. 2.*

62 Sic annuus reditus ob fundi, vel rei immobilis traditionē creatus, fundiarius, & immobilis iudicatur, vt per eadem verba, ex aliorum voto concludit *Io: Grivel. in decis. Dolan. 53. nu. 15. in fine.* Sic etiam, si legetur pecunia, vt inde ematur prædium, censetur species legata, & consequentèr prædium emendum, *Sorr. cons. 247. n. 8. vers. quartò huic conclusioni*, *lib. 2. Gratian. discept. forens. cap. 579. n. 5. lib. 3.* Cum igitur dominiū introituum emptorū, mulieri, & non viro quæsitum fuerit, eiusdem mulieris periculo deteriores effecti erunt, cum res domino pereat, *l. pignus*, cum ibi notata *D. de pignor. actione.*

63 Nec mulieri competere potest fisci priuilegium, de quo in *d. l. pecunia*, & *l. deferre, §. final. D. de iur. fisci*, loquuntur enim in debitore soluente credito-

64 ri posteriori, à quo fiscus tanquàm anterior auocat pecuniam, etiam non extantem, & bona fide consumptam, quemadmodùm explicat *Rodriquez de annuis reditibus lib. 2. q. 19. num. 23.* Pecunia non fuit per virum debitorem soluta creditoribus conuentis, quasi posterioribus, ità vt vxor, sicut fiscus, tanquàm anterior posset illam auocare, sed conuersa in emptionem annuorum introituum, neque tota redderetur vxor; etenim etsi plerīq; fisci priuilegium ad eam extendi velint iuxtà *glos. in d. l. deferre, §. finali, in verbo, auferendam*, tamen non desunt, qui vel contrarium simplicitèr defendāt, quasi *text.* illi specialem fisci fauorem contineant; quorum numero sunt *Bald. in l. finali, n. 7. in fine, vers. item scias, de priuileg. fisc. Fulgos. in d. l. pecunia, num. 1. Coman. in l. pupillus, num. 3. in fine, D. quæ in fraud. credit. Couarr.* in puncto iuris verius existimans *pract. qq. c. 19. n. 1.* alijq; relati per *Barbos. in 6. part. l. primæ antè n. 24. vers. tota igitur dubitatio, D. solut. matr.*

65 Vel eandem dispositionem obtinere alij putant, etiam respectu fisci, in creditore ex causa lucratiua, non ex causa onerosa, *Faber in §. Item si quis in fraudem nu. 25. Inst. de actiōn. Grammat. q. 1. n. 7. Alciat. in l. filiusfamil. n. 6. D. si cert. petat.* vbi in indiuiduo cōcludit, vice rei peremptæ, in subsidium dari actionem ad pretium creditori ex causa onerosa contrà creditorem ex causa lucratiua, *Cephal. cons. 86. nu. 22. lib. 1. Menoch. cons. 14. n. 13. & 17. Surd. cons. 4. num. 14. Thesaur. quæst. forens. lib. 2. cap. 16. n. 10. vers. si de communi.*

66 Admisso interim fisci priuilegio auocandi pecuniam etiam à creditore ex causa onerosa mulieri concedendo, nec poterunt creditores ad illius solutionem vrgeri; fiscus enim auocat pecuniam à creditore debitoris sui, nō verò à quocumque alio, nisi per hypothecariam, quando extat; ità *Alex. Turamin. in l. non puto. cap. 2. nu. 17. in fine, vers. sed quid, si hic secundus, D. de iur. fisci*, quod etiam voluit *Alex. Trentacinq; var. resolut. lib. 1. de iur. fisc. resolut. 7. in princ. fol. mihi 69.* dum concludit, pecuniam auocari posse à quocūque possessore, si extaret; Constat autem pecuniam bona fide consumptam esse, cum bona, & non mala fides in dubio præsumatur, vt vtrumquè notant *Molfes. in Consuetud. Neap. p. 4. de success. ab intest. qu. 26. n. 19.* & *Thesaur. citat. cap. 16. n. 13. vers. cæterum in dubio, & vers. sed quia non sufficit, Surd. cons. 4. n. 43. vers. & ratio est, Marescot. var. resol. lib. 2. cap. 36. n. 8.*

67 Et auocatio ità demum competit, si præcedat excussio, tàm respectu fisci, quàm mulieris dotem repetentis, *L. Moschis, D. de iur. fisc. l. hæredem mariti, C. de hæredit. action. Ias. in §. item si quis in fraudem n. 67.* & *Surd. cons. 4. nu. 3. & 4.* Est enim actio extraordinaria *d. l. pecunia*, ibi: *extraordinario iure*; consequentèr subsidiaria, *Angel. in d. l. pupillus, nu. 1. in fine, vers. ex hoc intelligas, Faber in d. § si quis in fraudem, n. 25. in fine, vers. vnum non prætermitto, Reg. de*

Ponte de pot. Prorex. in tit. de regal. impo- sit. §. 3. n. 12. cum seq. in subsidiũ intelligitur, principali debitore existẽte non soluendo, *Alex. cons. 108. num. 10. lib. 5. Surd. cons. 4. n. 13. & n. 14. Peregr. de iur. fisc. lib. 6. tit. 6. num. 8. Guttier. pract. qq. lib. 3. cap. 101. nu. 9. & Reg. de Pont. vbi suprà n. 13.*

Principalis verò debitor est maritus, eo itáq; non soluendo existente, & non alitèr, competit mulieri actio pro auocanda pecunia, *d. l. vxor marito, D. de donat. inter vir. & vxor.* vbi *Bald. in princ.* post *glos. in verb. separatur*, idéq; docuit *glos. in l. vbi adhuc, in verbo qui non poterat, iura C. de iur. dot. Surd. consil. 224. n. 1. lib. 2. Bald. Nouell. de dote p. 7. priuileg. 15. Reg. Lanar. cons. 26. n. 12. & 27.* etiam si mulier contra tertium à viro causam habentem ageret, *Gregor. Lopez citata glos. in fine, & Guttier. eod. cap. 1. de tutel. n. 89.*

68 Tandem auocatio competit condictione ex lege, si pecunia non extet, hypothecaria verò, si extet, *Alciat. in d. l. deferre, §. final. in verb. auferendam*, & *in l. pecunia, in verbo extraordinario, C. de priuil. fisci, Salyc. in d. l. pecunia, n. 3. Anna cons. 123. n. 3.* & *Cons. de Georg. d. alleg. 39. num. 19.* quando pecunia non extat, tanquàm bona fide consumpta, condictione ex lege auocabitur, quod in specie in pecunia bona fide consumpta tradit *Afflict. decis. 190. num. 4.* per *text. in d. l. deferre, §. final.* quem sequitur *Surd. cons. 4. num. 49. vers. Tertiò respondetur*, vbi ad idem allegat *Bart. in l. final. §. et si præfatam, C. de iur. deliber.* vbi concludit, creditori consultum dici, si satisfieri valeat super bonis aliorum obligatorum, dummodò obligatio sit liquida, vt idem explicat *n. 49. in finalibus verbis*; At mulieri consultum erit super bonis viri, si satisfieri valeat.

69 Non tamen prodesse potest mulieri priuilegium fisci, ex relata *l. si mer, et Titium, D. si cert. petat.* quæ lex fundata est in æquitate, ac tantùm sibi locum vendicat in creditore ex causa lucratiua, non ex causa onerosa, vt vnanimi consensu, concludunt in *l. si cum seruum, D. eod. Bart. num. 4. Bald. in prima lectura antiqua. Salyc. ante num. 1. & nu. 5. in fin. d. l. si me, & Titium, Bart. n. 2. Salyc. n. 3. Alex. nu. 2. Iaf. nu. 3. Alex. cons. 108. n. 10. lib. 5. Reg. de Pont. vbi suprà n. 18. & seq.* vbi nu. 10. hæc verba subiecit: *Dum enim quis creditum suum consequitur, non remanet in aliquo debitor, sed suum recuperat, ex quo non fit locupletior; sed exigentes non sit in damno, sùmetiam, quia mulieri constante matrimonio non competit actio auocandi pecuniam*: Fisci namquè priuilegium non transit, nisi ad creditorem, cui actu tantùm quæsita est actio, non autem habi-

70 tu, vt puta ad vxorem, cui viuente viro non competit actio contra mariti bona, licet post mortem viri competat, *Alex. Tiraquellus. d. resolut. 7. num. 17. fol. mihi 71. Paris cons. 69. num. 3. lib. 4.* nisi propter mariti vergentiã ad inopiã mulier remaneret indotata, nã cõstito, facultates viri ad dotis exactionem nõ sufficere, dotẽ repetere possit, *l. si constante, D. solut. matrim.* vbi latissimè *Barbosa num. 1. & seqq. Gratian. ad Gayll. lib. 2. practicar. conclus. cap. 83. num. 3. Mantic. de tacit. & ambig. lib. 11. tit. 30. n. 20. Marsilian. decis. 81. Afflict. decis. 290. & decis. 332. Ludouic. decis. Lucens. 22. n. 9. Chartar. decis. 43. Batz. de debitor. inope cap. 3. num. 12. & 13. Lucian. cons. 13. n. 21. & cons. 46. num. 136. lib. 2. Cancelier. decis. 21. num. 45. par. 4. Capon. var. resolut. cap. 9. de dot. num. 18. & 19. Mediolanens. decis. 7. num. 63. & 74. Paris. cons. 119. num. 10. lib. 1. cons. 14. num. 3. lib. 4. Mascard. de probat. conclus. 1017. nu. 3. Franchus de fideiussor. cap. 3. nu. 326. Put. decis. 350. sub num. 1. decis. 764. lib. 3. Franch. dec. 617. Vrs. decis. 38. num. 8. 9. & 10. Gratian. discept. forens. cap. 44. num. 11. & decis. 194. nu. 1. Chartar. decis. 117. num. 3. & 4. Cephal. cons. 747. num. 15. & 34. Marsil. Cala de modo articulandi, §. 2. glos. 1. nu. 152. Mastill. ad Capyc. decis. 40. sub n. 4.*

A D

AD QVÆST. XII.

An Arrendatores Dohanarum possint conducere, & ad se recipere Dohanas Baronum, etiam ipsis inuitis.

ANNOTATIO.

SVMMARIVM.

Fiscus rem communem cum priuato, potest inuito socio alienare, etiam si in ea minimam habeat portionem, parte tamen pretij socio conseruata, n. 1.

Socius inuito altero socio, nihil potest in re communi, nu. 2. & 3. Secùs in Fisco, num. 4.

Fisci priuilegium vendendi rem communem, an fundetur in libera Principis dispositione ex Martini *sententia, vel in iure speciali, vel in vtilitate vendendi rem integram, vel in dignitate, à nu. 5. ad 13. & an sit leoninum, vel fauorabile, n. 12. & 18. & in alijs casibus, vel personis amplietur, à nu. 19. ad 22.*

Fiscus instrumenta ad rem communem pertinentia conseruare debet, num. 14. & rei communis eligit portionem, nu. 15. & 16.

Intercepti poenam totam Fiscus accipere debet, qui deinde soluet Arrendatori partem vigore Capitulationis *debitam, n. 17.*

Fiscus, an possit rem communem locare? Affirmat Dom. Reg. *cum plurimis, nu. 23. Contrarium tenent* Castill. & Amaya, *& se inuoluunt* R. Sanfelic. Reg. Constant. & Fermosin. *à n. 24. ad 26.*

An possit Dohanas Baronum iusto pretio accipere, easq; locare Regijs Arrendatoribus? Comprobatur praxis Regia Camera pro Fisco, n. 27. & 28.

Dohana in feudum concessa, an possint dici communes cum Fisco ratione directi dominij. n. 29. 30. & 33. Memoratur articulus pro Fisco decisus in venditione Iuris Portulania simùl cum Casalibus Ciuitatis Neap. à n. 34. ad 36.

Dominij distinctio in directum, & vtile, an detur in iure, n. 31. & 32.

Fiscus, an possit Dohanas Baronum locare, post dationem in solutum? firmatur hac decisio *pro Fisco contra* R. Sanfel. *n. 37. 38. & 39.*

Pretium, an teneatur in hoc casu Fiscus soluere, & ad quam rationem n. 40. & 41. ac diluitur Reg. Constantij *dubitat, n. 42.*

1 INter cætera Fisci priuilegia, speciale est illud, quod conceditur ab *Imperatore Alexandro in l. vnic. C. de vendit. rer. fiscal. lib. 10.* ibi: *Forma est, quoties ad fiscum, vel minima portio rei pertinet, vt vniuersa à Procuratoribus meis distrahatur, sed pretium partis tantùm in fiscum redigatur, reliquum dominis partium restituatur.* Quod etiam constituerat *Imp. Antoninus in l. 2. C. de commun. rer. alien.* & *Seren. Rex Alphonsus* apud Hispanos *in l. 53. tit. 5. p. 5.* Nimirùm, vt Fiscus rem communem cum priuato possit inuito socio alienare, etiam si in ea quantumcumq; minimã habeat portionem, ità vt dominium rei venditæ transeat in emptorem, parte tamen pretij socio conseruata, quod latè exornant *Hermosill. in glos. 7. ad d. l. 53. Partit. à n. 1. R. Constant. D. Franc. Amaya,* & alij *in d. l. vnic. D. Isidrl Castillo lib. 3. contr. c. 6. Quesmad. qu. 5. fiscal. Gait. de credit. cap. 4. q. 7. à nu. 404. Episc. Fermosin. alleg. fisc. 5. & 6. Consil. Arias de Mesa var. resol. lib. 2. cap. 17. Reg. Galeot. resp. fisc. 28. Præs. R. C. Ganauerr. decis. 9. per tot.* Et nouissimè *D. Petrus Marcellinus Corradin. in suo eleganti tract. de Prælationis iure quæst. 38. per tot.*

2 Magnum sanè priuilegium fisci fatentur *Reg. Constant. & Amaya ibidem;* Etenim socius inuito altero socio nihil potest, cum non sit solidus dominus, *l. parietem 8. l. in re communi 26. D. de seruit. urb.* iunct. *l. 2. D. de seruit. l. vnius ex socijs 34. D. de seruit. rust. l. proprium, §. fin. D. commun. præd. l. Sabi-*

nus 28. *D. de comm. divid.* Imò si socius
3 vendiderit rem communem, tunc datur alteri socio reiuindicatio partis suę in emptorem, etiam non oblato pretio, *l. 3. C. de rei vind. tot. tit. Cod. de com. rer. alien.* vbi ità post alios notauit *Cuiacius*, & omnes in *d. l. vnic. C. de vend. rer. fisc.* Non enim, quod commune habeo, meum dici valet; nisi quoad dispositionem partis meæ, ex *l. serui* 5. §. *Labeo, D. de leg.* 1. *l. nemo ex socijs* 6. *D. pro soc. l. si socius* 16. *D. si cert. pet.* & plura alia, quæ congerunt *Gail. d. cap.* 4. *q.* 7. *à n.* 377. *Reg. Const. d. l. vn. nu.* 1. *&* 2. *Amaya à num.* 1. *ad* 4. quem sequitur
4 *Fermosin. d. loc. à num.* 1. Quæ tamen regula fallit in Fisco, *Auth.* noster hic *n.* 3. *Fermos. d. l. n.* 23.
5 Quare autem tale priuilegium competat Fisco contrà præfatas iuris regulas, non leuis est inter *DD.* disquisitio: Et omissa illa grauissima controuersia inter *Martinum*, & *Bulgarum*, dum *Martinus* voluit, ex hac lege, subditorum bona esse in libera Principis dispositione, contrarium tenente *Bulgaro*, quam *Martini* sententiam falsam, & à Christiano Principe alienam esse probant *Amaya in lib.* 1. *obs. cap.* 1. *à nu.* 50. & *in d. l. vnic. nu.* 6. *&* 7. *Solorzan. de iur. Indiar. lib.* 3. *c.* 21. *à n.* 43. *Castill. lib.* 5. *contr. cap.* 6. *Guzman de euictione. q.* 52.
6 Fatendum videtur priuilegium prædictum non fundari in libera facultate, sed in singulari iure ratione partis, vt præsensit post *Bald. in d. l.* 2. *C. de comm. rer. alien. Reg. Constant. in d. l. vn. nu.* 33. vbi *Amaya à nu.* 8. ex *d. l.* 2. ibi: *iuxtà proprium priuilegium vendit*, & *d. l. vn.* sic probans ex verbo *forma*, quod significat priuilegium, Et secundùm *Accurs. ibid. Constitutionem iuris.*
7 Sed, quia in dubio non est dicendum, aliquid speciale esse in Fisco, *glos. recept. in l.* 1. *C. de petit. hæred.* ideò vtilitatis causa Fisco concessum fuisse testantur *Cuiac. in l. res* 22. §. 1. *D. de iur. Fisc.* & *DD. in d. l. vnic. Rebuff. & Valenz. sub n.* 3. *&* 6. *Reg. Constant. num.* 5. *Amaya sub n.* 8. *in d. l. vn.* meliùs enim, & commodiùs res integra, quàm particulatim venditur, arg. *l. in commodato* 17. *§. duobus, D. commod.* ibi: *Nam cum, qui carrucam, vel lecticam commodauit, non vellè alterum de singulis partibus; cum concord.* & plus valet res vnita, quàm in partes diuisa, ex *l. Mæuius* 52. *D. famil. ercisc.* noster *Auth.* hic *nu.* 13. *Amaya d. l. n.* 10. *Cons. Arias de Mesa d. l. num.* 2. tùm quia nemo emeret
8 partem, tùm etiam, quia emptor non ità accederet propter communionem, quæ solet excitare discordias, *l. in re communi* 26. *D. de seruit. vrb.* iunctis ijs, quæ tradit post alios *Tiraquell. de primog. q.* 4. *n.* 28. *Reg. Constant. n.* 6. *Fermosin. d. alleg.* 5. *n.* 26. 27. *&* 28. *Reg. Ca-*
9 *pyc. Latr. decis.* 18. vbi *Gizz.* Facit multum decisio *text. in l.* 21. §. 1. *D. de iur. fisc.* vt possit Fiscus rem vendere, reliquo pretio creditoribus priùs soluto, vt exponunt *cit. Amaya d. l. nu.* 11. *Fermosin. num.* 29. *Author* hic *n.* 7.
10 Et ex prædicta ratione tenent plures, non esse admittendum debitorem, qui velit, vt creditor inuitus cogatur accipere particularem solutionem, quia plurima incommoda habet partium solutio, & exactio, vt ait *I. C. in l.* 3. *D. fam. ercisc. Farin. lib.* 10. *contr. cap.* 19. *Sarmiento lib.* 2. *select. cap.* 16. post alios *Amaya d. loc. n.* 19.
11 Neque hoc priuilegium tendit in aliquod incommodum socij, cui suæ partis pretium conseruatur, & addicitur, & sic quod ei non fuit damnosum, non debet recusari in alterius cõmodum, arg. *l. in creditore* 38. *D. de euict. l. cum in fundo* 78. §. *ipsius, D. de iur. dot. l. in summa, §. item Varus, D. de aqua pluu.* Et quamuis hęc Societas Fi-
12 sci, similis videatur leoninæ, ex *l. si non* imò licet *Hyppol. de Marsil. sing.* 661. velit priuatum non debere se immiscere cum magno viro, neque cum fisco, neque cum ingenti flumine, quem refert *Auth.* hic *n.* 11. Id tamen non semper procedit, cum multoties commodum socius consequatur, vt ex *text. in l. si communem, D. quemadm. seru. amitt.* notant *Reg. Constant. in d. l. vn. num.* 14. *Fermosin. d. alleg.* 5. *num.* 30. Vnde fit,

quod

quod habens rem communem cum Fisco, vel Ecclesia, non excluditur, nisi ex eadem præscriptione, qua Fiscus, vel Ecclesia: vt docent *cit. DD.*

13 Nec solùm propter vtilitatem fisci, sed etiam propter dignitatem, & maioritatem introductum dici potest, arg. *l. sancimus 34. §. ut autem, D. de donat.* post *Bald.* & *Bert. dec. 5. nu. 5. Reg. Constant. d. l. n. 7. Amaya nu. 13. Fermosin. d. alleg. 5. num. 28.* & ideò magis dignum trahit ad se minus dignum, illudque vincit, *l. quæ religiosis 43. D. de rei. diuis. l. si communem 10. D. quemadm. seruit. amitt.*

14 Simile enim Fisco preminentiæ ratione priuilegium in re communi in multis conceditur; Nam instrumenta ad rem communem pertinentia penès Fiscum residenti, *l. Senatus, §. Senatus censuit, D. de iur. fisc.* quia apud digniorem seruanda sunt *l. fin. D. de fid. instr. l. Procurator 7. C. de edend. R. Constant. d. l. num. 8.* & obseruant *Gothofr. in d. l. 7. Amaya d. l. n 5. Fermosin. d. alleg. 5. nu. 6. Maximil. Fauss. in cons. pro Ærar. clas. 9. ord. 756. num. 9.*

15 Speciale est etiam, vt rei communis, Fiscus eligat portionem ad se spectantem ex rebus eorum, qui se detulerint, nisi sit vxor defuncti, *l. 1. C. de his, qui se defer. Peregr. de iur. fisc. lib. 6. tit. 4. nu. 25. & 26. Alphor. de off. fisc. gl. 34. §. 1. n. 33. & seq. Castill. lib. 5. quotid. cap. 6. ex num. 13.* Concordat *Constit. Regni incip. præsenti, in tit. de off. proc. circa fin. R. Constant. d. l. n. 9.*

16 Probè etiam confiscatis bonis inter alios diuidendis, Fiscus facit partes, *Bart. in d. §. Senatus consult. in fin. Aretin. in tract. de malefic. in vers. dandis, & soluendis, Gomez in §. quadam autem, Inst. de act.* Imò in hoc Regno quando Fiscus forjudicato pro medietate, & filij illius pro alia succedunt ex *Const. Forjudicatorum bona*, ipse Fiscus suam partem eliget, vt post *Afflict.* & alios in *d. Const.* notat *Author* noster hic *n. 9. Reg. Constant. d. l. n. 11.*

17 Et stante Capitulatione Arrendamenti Dohanarum, quod pœnæ intercepti medietas applicetur Fisco, & medietas Arrendatori, vt latè annotauimus in *qu. 1. huius §.* totum tamen debet peruenire in manus Fisci, qui demùm partem debitam Arrendatori soluit, *Author* noster hic *n. 8. Farinac. in pract. crim. tom. 1. p. 2. q. 10. nu. 53. Seuerin. in addit. ad Reg. Sanfel. lib. 3. decis. 407. vers. Octauò obseruo, de Luca in animaduers. ad Gratian. tom. 4. cap. 625. n. 5. in fine*, alijq; per Nos relati *suprà in quæst. 8. n. 5. huius §.*

18 Cum igitur hoc priuilegium Fisco competat, ratione publicæ vtilitatis, & dignitatis, non est odiosum, sed in quadam æquitate fundatum, & sine tertij præiudicio, cui integrum suæ portionis pretium reseruatur, ideòq; vti fauorabile extendendum probant *Bald. cons. 336. lib. 5. Reg. Constant. in d. l. unic. nu. 18. & 19. Consil. Arias de Mesa d. lib. 2. cap. 17. n. 3. & 4. Præs. R. Cam. Ganauerr. decis. 9. n. 65.*

19 Ampliatur itàq; primò, vt procedat etiam si fiscus habeat communionem cum bonis dotalibus, vel doti obligatis, *Bald. cons. 171. lib. 1. Arias de Mesa d. cap. 17. num. 4. Corradin. d. quæst. 38. n. 5.* Imò quod possit pro executione pœnæ destruere totam domum, si delinquens habeat illam communem cum alio, etiam eo inuito, *Reg. Galeot. resp. fisc. 28. nu. 135. Corradin. d. l. num. 6.* latè probat *Epist. Fermosin. d. alleg. fisc. 5. per tot.*

20 Secundò procedit, siuè res ipsa diuidua sit, siuè non, quemadmodùm explosa *Martini* antiqui Interpretis sententia, voluerunt *glos. in d. l. vn. ver. distrahantur in fin.* & ibi *Bart. num. 2. Bald. n. 7. Hermosillo d. glos. 7. nu. 3. Reg. Constant. nu. 22.* post alios latè probans *Amaya à nu. 15. & seq. Gais. de credit. d. cap. 4. quæst. 6. num. 406. Reg. Capyc. Galeot. d. loc. num. 8. Corradin. d. qu. 38. n. 4. in fin. Præs. Ganauerr. d. decis. 9. num. 22. & 23.*

21 An verò Fiscus possit donare rem cum socio communem, affirmant *Reg. Constant. in d. l. vn. nu. 66. & seq. Fermosin.* post alios in *alleg. 6. à num. 15. & seq.*

ſeq. & hoc ſpeciale etiam eſt de iure hiſpanico *Partitarum in l.13.p.5.tit.5.* vbi *Greg. Lopez.* & *Hermoſill gloſ.7. nu. 12.* Contrarium verò probant *Amaya à num.59.cit. Corradin. d.qu.38.à num. 11.ad ſeq.* An poſſit permutare, poſt alios *Fermoſin d.alleg.6.à num.28.* vel obligare, aut infeudare, vel in emphyteuſim dare, præſati ſunt adeundi. Et quid ſi habeat communionem vſusfructus, aut alterius iuris, an poſſit alienare, communior ſententia eſt negatiua, *Reg.Conſtant.n.42. Amaya à nu.22. in d.l.vn. Hermoſill.d.gl.7.à n.8. Fermoſin.d alleg.6.à nu.30.& ſeq. Corradin.d. qu.38 à n.29.*

22 Hoc autem Fiſci priuilegium non competit alijs priuilegiatis, puta Ciuitati, vel Eccleſiæ, *Reg.Conſtant.à nu. 25. Amaya n.70.in d.l.vn. Arias de Meſa d.cap.17.num.32. Reg. Galeot. d.reſp. 28 à n.125. Corradin. d.quæſt.38. num. 27.& 28.*

23 Inſupèr, an vigore dicti priuilegij poſſit Fiſcus rem communem locare? Affirmat noſter *Auth.* hic *nu.16.& 17.* ex authoritate *Baldi conſ. 312.& conſ. 336.lib.5.* Si enim poteſt vẽdere, quod eſt maius, poterit etiam locare, quod eſt minus, ſequuntur *Boſſ. de fiſco n.39. Baiard.quæſt.95 ſub n.24.ad med. Card. Tuſch.lit.C.concl.342 n.2.& lit.F concl. 383.n.40. Gaezzin.de confiſc. concl.13. limit.44.n.17. Felic.de ſociet.cap.28. nu. 13. Gratian.deciſ. Marchi 169.nu.1. in addit. Maſtrill.de magiſtr.lib.3.cap.4. n. 414.in fin. Gait.de credit. cap.4. qu.7. à n.407. ad ſeq. R.Galeot.d.reſp.28. à nu. 76. Contrà Arias de Meſa d.cap.17.n.27.*

24 Contrarium verò concludunt *Io:del Caſtillo d.cap.6. à num.18. Amaya in d. l.vnic. n.46. & 59.* quos ſequitur *Corradin.d.qu.38.num.10.* ex eo, quia non conueniunt verba *legis* Fiſco priuilegium cõcedentis, quæ ſi mandat, quod priuatus conſequatur integrum ſuæ partis pretium in venditione, non poterit hoc adaptari locationis contractui, in quo ſingulis annis certum quid percipere tantùm poteſt, imò ex venditione, non verò ex locatione dominium transfertur, & in hanc ſententiam, cõtrà *Auth.* noſtri deciſ. inclinare videtur, *Reg.Sanfelic.in praxi iudic. ſect.19. à n. 3.ad ſeqq.* cum *R.Conſtant.d.l.vn.n.59.*

25 *& 60.* vbi etiam quandam diſtinctionem tradit, quam non amplectitur *cit. Amaya*, imò improperat, quaſi inuentam ab *Italis* diſtinguere aſſuetis in caſu difficili; & poſt hæc diſſidentium fundamenta relata ſe inuoluit *cit. Fermoſin.d.alleg.6. à num.16.ad 24.* Si ve-

26 rò ad breue, ſeù modicum tempus Fiſcus vellet rem locare, tunc faciliùs permitti, aut obſeruandum id, quod circà duos ſocios ſcripſere *Ant.Gomez tom.2.var.cap.3. num.14. Menoch. de arbitr.lib.2. caſ.442.* aduertunt *Caſtill. d.l.n.23.& cit. Amaya n.58.*

27 Quidquid ſit de his, cũ non poſſit in hoc caſu de publica vtilitate dubitari, ne igitur eſt ambigendum de praxi R. Cam. à noſtro *Auth.* hic *n.1.* relata, vt ſcilicèt poſſit Fiſcus Dohanas Baronũ iuſto pretio accipere, & locare illis, qui ſuas Dohanas conducunt, & ſic ſolet apponi pactum, quando locantur Regiæ Dohanæ, quod liceat Arrendatoribus accipere Dohanas Baronum ſoluto iuſto pretio, vt deciſum refert idem *Author* noſter hic *num.21. & 22.* quam *deciſionem* recenſent inter alios *Reg. Lanar. in memorab. manuſcr. verb. Fiſcus, an poſſit locare*, quem refert *Gizz.ad Reg. Capyc. Latr.deciſ.18. n.30. cit. Conſtant.d.loc. cit. Sanfelic.d ſect.19. num.1.& 2. Reg. Tap.l.b.6. Iur.Regn. in annot. ad Conſt. Magiſtris Procuratoribus, ver. diſtrahant, fol.19. Contrà Arias de Meſa d.cap.17.nu.20. Corradin.d.qu. 38.num.9.*

28 Ratio autem huius priuilegij eſt, quia ſi hoc non permitteretur, poſſet inde magnum damnum inferri iuribus Reg. Curiæ, cum negotiatores fierent extractiones per Dohanas Baronum, & ſic redditus regij ad nihilum redigerentur, vt prudentèr conſiderat *Author* noſter hic *n.15.& 19.*

29 Supponit autem *Author* hic *nu. 18.* quod, cum Dohanæ detineantur in feudum, ſatis poſſunt dici communes cum

Fiſco

Fisco ratione directi dominij, vide l. 1. *D. si ager vectigal.*

30 Quam rationem praeuidens & Con[illegible] *Anto.* et suam [illegible] de hac [illegible] [illegible] communionem considerari posse inter directum, & vtile dominium, ita vt non posse directus dominus alienare vtile dominiū vasalli, latè probauit *in d. d. nu.* [illegible] *ad* 42. Imò quod [illegible] distin-
31 ctio dominiorum vtilis, & directi, contra communem Pragmaticorum sententiam, de qua *D. [illegible] de vsufr. cap.* 72. *n.* 22. [illegible] *Regia lib.* 2. [illegible] *contra* [illegible] *cap.* 15. [illegible] animaduertione [illegible] *ad Dec.* 1. [illegible] *Cuiac.* [illegible] *Paul. ad* [illegible] *in l.* 74. *de rei vind.* [illegible] *lib.* 1. *disput. cap.* 17. [illegible] *Magnus lib.* 2. [illegible] *cap.* 4. [illegible] *lib.* [illegible] *cap.* [illegible] *lib.* [illegible] [illegible] [illegible] *in singul. de dominio n.* [illegible] *nu.* 27. [illegible] *lib.* 1. [illegible] 2. *qu.* 7. [illegible] *ad* 1. *Inst. de rer. diuis.* [illegible] *nu.* 41. *ad* 47.

32 Verùm distinctionem hanc dominij latè, ac pulchrè elucidat *Vaconius à Vacuna lib.* 1. *declarationum cap.* 44. *nu.* [illegible] *& seq.* dari nempe dominium directū, & vtile, quod [illegible] scilicet [illegible] denominatur; vtile (velut à sola forma accidentali) quia emphyteutae, feudatarius, ac superficiarius, qui tale dominium habent [illegible] superficies, id est, superiore solo parte, quae [illegible] [illegible] quam accidens, quod potest esse, & abesse praeter [illegible], sed semper remanet dominium obliquum, vtile [illegible] est, dari dominium directum & vtile in feudis, siue potestatem de re disponendi superiorem, & inferiorem, nisi lege, aut vi [illegible], ex traditis etiam per *Georg. Adam. Struu. in syntagm. iur. feud. cap.* 2. *aphor.* 3. *n.* 4.

33 At licèt Dohanae viderentur corpora separata, nihilominùs in eis [illegible] deratur communio, prout in iurisdictione ciuili, & criminali, & in primis, & secundis causis ponderat *Anto. de Mesa d. cap.* 17. *n.* 21. qui scripsit in
34 illo celebri articulo, ex Fiscus, [illegible] Casalis huius fidelissimae Ciuitatis [illegible] expolitis, posset infimis ius Portulaniae distrahere? In quo licèt pro hac fidelissima Ciuitate *D. Carolus*
35 *Brancarius* scripserit, dictū Reg. Coll. ponderatum, huius [illegible] non suffragari, cum non in venditione, sed in locatione casus hic versaretur, ac deinde esse in venditione [illegible], quatenus directum dominium semper retineat Rex, ac ideo in translationem per venditionem eiusdem iuris Portulaniae, cuius dominium directum, & vtile in exercitio iurisdictionis, & percipiunt directum commiti, [illegible] quod delicata in alio [illegible] exercitio, & [illegible] fructuum percipiendo, [illegible] superesse valeat [illegible], quia cum in certum genus [illegible], & personarum [illegible], [illegible] Regia [illegible] concessio vectigalium, ex [illegible] [illegible] *in* [illegible] *Reg. de* [illegible] *dec.* 4. [illegible] *n.* 7. [illegible] communio nulla, & [illegible] [illegible] privilegium, ut [illegible] [illegible], [illegible]. Pro
36 Regio Fisco verò scripsit *D. Reg.* [illegible] [illegible] *n.* 18. pro quo ita Regio Coll. Cons. decisio emanauit, [illegible] *D. Praes.* [illegible] *D.* [illegible] [illegible].

37 Postea attendebatur, [illegible] [illegible] procedit, post [illegible] in anno 1649. Regij Fisci [illegible] [illegible], [illegible] *Reg.* [illegible] *Portugal.* [illegible], quae [illegible] [illegible] *Reg.* [illegible] 19. vbi [illegible] [illegible] praeeo [illegible] [illegible] [illegible] [illegible] [illegible] [illegible], [illegible] [illegible] [illegible], & [illegible], & pro [illegible] pro certo [illegible] facultate [illegible] propria authoritate, [illegible] [illegible] [illegible] qui [illegible] [illegible] [illegible] [illegible]

ne, promissiõ dici vilitur. Et non
38 obstantibus hic traditis, fuisse decisũ refert in anno 1643. die 17. Octobris non esse locũ dictæ intercisæ solutioni, ioxta contractum cum d. [illegible] nihil Fisco sibi reseruante, nisi ius redimendi, & sic Fiscum ad illius pacti obseruantiam teneri, eadẽ à num. 3. ad 5. vbi infrà n. respondet à. l. 1. Cod. [illegible].

39 Verum tamen, etsi nullã haberet cõmunitatem, adhuc dici posset huiusmodi priuilegiũ fisco cõpetere, secundum Reg. Tap. d. lib. 6. Iuris Regni fol. 19. 2. vol. ex eo, quia si Princeps, ut causa publicæ vtilitatis, potest alienare rem priuati, siuè cum eo habeat pactum, siuè non, vt patet ex l. item si verberatum §. idem, si forte ager. D. de rei vend. & l. Lucius 11. D. de euict. Solorzan. de iur. Indiar. [illegible] lib. 2. cap. 21. num. 62. & seq. Consil. Paschal. de patr. potest. par. 1. c. 1. num. 69. & seq. Reg. Capyc. Latr. decis. 188. num. 112. lib. 2. Reg. Reuert. decis. 445. ita prouisum referens pro utilitate [illegible], etc. Conradin. d. quæst. 38. num. 51. Ioz. Andreas Crusius in tract. de Emineriti [illegible] Principis, & [illegible] publica infeudatis, [illegible], & ius [illegible] post alios à se his relatos in [illegible] §. 1. [illegible] Tamò magis id facere poterit, nempè soluendo, si [illegible] vendo, ad commoditatem Regiarum Dohanarum, vt inde vberiores redditus percipiantur pro Republica tuenda, vt etiam obiecit [illegible] Reg. Tap. Quod cõ[illegible] potius videtur permissum in [illegible] ab ipso Principe [illegible], prout sunt Dohanæ, quæ de regalibus esse, & antè Imperatorem Federicum [illegible] [illegible] Tap. [illegible] & [illegible] ad hanc [illegible].

40 Tenetur tamen in hoc casu Fiscus soluere pretium iustum, vel [illegible] ne [illegible] tempore [illegible], [illegible] Conrad. [illegible] num. 49. Mar[illegible] de magistr. lib. [illegible] cap. 15. num. 7. & Reg. [illegible] [illegible] Reg. de [illegible] decis. 443.

num. 1. quidquid dicatis Reg. Galeota [illegible] 3. cont. 4. num. 73. quæ reprobatur per Card. de Luca de regal. disc. 148. num. 13. Reg. Capyc. Latr. d. decis. 188. vbi loquitur de dicta infeudatione in anno 1649. secuta.

41 De cuius iusti pretij quantitate, [illegible] dubitatur, cunctari tamen solet, facta computatione fructuum annorum [illegible] [illegible] Domin. Sed Reg. Cam. solet prouidere, quod attendatur tempus locationis, & sic Arrendatoris soluere Baronibus; si si prætenditur in conductione commissam esse fraudem per Barones, super hoc datur terminus, & ita [illegible] cum Ill. D. Cæsar Gonzaga pro Dohana Atripaldæ; Et ad eandem hanc quæstionem super quantitate mercedis, fuit dictũ per Regiam Cam. [illegible] Reg. [illegible] cum Ill. Marchione [illegible] super Dohana Terræ [illegible], quod Arrendator Regius haberet exercitium Dohanæ, verum omnes fructus essent Baronis, pro quibus conficerentur Credenzerius, vel quod Arrendator integram conductionem solueret. Author noster hic num. 51. quem refert Reg. Sanfelicius [illegible] 89. num. 6. cit. Reg. [illegible] num. 5. qui

42 dicit, nullo pacto esse hoc admittendum, quia [illegible] & graue esset Baroni suas res alteri administrandum, sine aliqua certitudine, & melius cum suspicione fraudis committendas; [illegible] nullum omnium considerari potest in Barone, si ei omnia vtilitas per conductionem conferantur, & parum refert si per Arrendatorem Regium, vel Baronem administratam, dum quotis Conductor determinatam mercedem soluit Baroni locatori.

AD

AD QVÆST. XIII.

Si quis semèl soluit diri&us, volens extrahere, demum se pęnituit, an repetat diri&us solutos.

ANNOTATIO.

SVMMARIVM.

PEnitens se velle extrahere merces à Dohana, an repetat diri&us solutos, num. 1. Arguitur pro affirmatiua, n. 3. & 4. sed negatiuè concluditur, nu. 5. & 6.

Voluntatis mutatio quadrifariam impeditur, n. 2.

Pęnitentia, an habeat locum quoad diri&us Dohanarum re integra, & quando, n. 7. & 8.

Expenditur l. debet 27. D. de ædilit. Edict. n. 9. & 10.

Pęnitentia quid operetur in delictis commissis, vel falsæ professionis mercium, n. 11. & 12.

Et quid in contractibus nominatis, aut innominatis, à n. 13. ad 15.

EX post facto se pęnitere non iuuat, si ab initio sibi meliùs quis non prospexit, iuxtà illud vulgatum:

Consilium post facta, imber post tempora frugum.

1 Hinc ad propositum nostrum, si quis dixit velle extrahere merces suas à Regia Dohana, fecit partitam, ac soluit diri&us, demùm se pęnituit, nec ampliùs vult merces extrahere; non debere illi restitui diri&us decisum fuisse tradit *Author* noster hic *n. 1. & 2.* dicens etiam *ibid.* quod *Credenzerij* de hoc etiam fecerunt fidem, vt semèl solutis diri&ibus, si ex causa voluntaria ipsum pęniteat, nunquàm repetantur.

2 Voluntatis enim mutatio, seù consensus reuocatio quadrifariam impeditur, scilicèt, si vel is, qui consensit, alteri obligatus est, vel si alteri est ius quæsitum, vel si res non est integra, vel si voluntas traxit secum executionem, vt post *Ant. Hering. de fideiuss. c. 20. §. 33. n. 17.* obseruat *Martin. Mager. de Aduocat. armat. cap. 16. num. 136.*

3 Dubitari tamèn potest, quia ob causam, scilicèt extractionis, Publicanus recipit gabellam, qua cessante datur repetitio, vt ex *l. 1. & l. 5. §. si liber homo, D. de condict. caus. data*, vbi plenè *DD.* & si deficeret causa finalis, sine qua non esset quis alioquin contracturus, tunc licet à conuentione recedere, *l. cum te fundum, C. de pact. int. empt. & vend. l. fin. C. de cond. ob caus. Corn. cons. 35. vol. 3. Crau. cons. 192. num. 11. Natta cons. 171. Rol. à Vall. cons. 69. vol. 4. Burs. cons. 191. & 194. vol. 2. Caroc. de locat. p. 2. tit. de cond. ob caus. Paul. Zach. de contract. qu. 13. num. 29. & seq.* causa enim finalis principium actionis est, & intentionis obiectum, eaq; si deficiat, omnis dispositio corruit, quia deficit voluntas agentis, vel disponentis, *l. cum te fundum,* vbi *DD. C. de pact. inter empt. l. verum, C. de furt. l. fin. D. de hæred. inst. l. fin. D. de testam. tut.* latè *Castill. lib. 5. contr. cap. 172. Solorzan. t. 2. de Iur. Indiar. lib. 2. cap. 8. à n. 58.* & alij laudati à *D. Alph. de Olea de cess. iur. tit. 8. quæst. 1. num. 5.* Et sic stante statuto,

4 vel consuetudine, vt ex contractu soluatur gabella, intelligitur de contractu valido, nam de nullo gabella non debetur, *Giron. de gabell. 5. p. n. 25. cum seq.* post *Tiraquell. de vtroq; retract. tit. 1. §. 1. gl. 2. num. 7. Parlad. lib. 1. quotid. c. 7. §. 3. num. 34.* & *Auen. in l. 1. num. 70. tit. 17. lib. 9.* vbi quod si soluta est, repeti potest, latè *Guttier. de gabell. q. 9. per tot.*

5 Secùs autem est in casu nostro, vbi quasi contractus est perfectus cum fisco de extractione facienda, vnde debentur tunc diri&us, etiam si pęniteat, nam contraria procedunt, quando contractus ab initio nunquàm fuit perfectus, vel habetur pro non facto, vt vt post *Tiraquell.* docet *Dom. Reg.* noster hic *in fin.* Quando autem contractus habitus fuit pro perfecto, non ad-

admittit pœnitentiam, etiam re integra,
l. contract. C. de fid. instr. l. 2. C. quand. lic. ab empt. discred. Rot. Rom. decis. 517. p. 1.
& per solutionem partis pretij, vel per
traditionem rei, res desinit esse inte-
gra, ex *d. l. 2. Carot. decis. 39. num. 5.* &
6 cum sit acquisitum ius Fisco, non po-
test in eius præiudicium ampliùs con-
trahentem pœnitere, *l. sicut, C. de act. & oblig. Menoch. cons. 489. num. 21.* post
alios *Graff. de eff. Cleric. eff. 1. n. 421.*

7 Vndè quotiescumque res desijt esse
integra, non habet locum pœnitentia
quoad dirictus Dohanarum, quia si res
non est integra, venditio dicitur perfe-
cta, & per eam acquiritur ius Fisco, ex
Rit. R.C. 3. 4. & 5. de Iure Dohan. vbi
Goffred. de Gaeta num. 138. 148. & 149. P. Ioseph Gibalin. de vniuers. rer. negot. lib. 2. cap. 2. art. 13. consect. 4. num. 2. à
8 quibus etiam exponitur, quomodò in-
tegrum, & non integrum considerari
possit respectu venditoris, emptoris, &
gabellarij, & quid in dissolutione vē-
ditionis, quæ fit ex pacto, pura, retro-
venditionis, legis commissoriæ, vel
adiectionis in diem, vel ex beneficio
legis, & à Iudice, post *glos. Paris. Gutier. Molinam,* & alios *cit. Gibalinus.*

9 Rectè etiam noster *Author* hic *nu. 3. & 4.* ponderat *textum in l. debet 27. D. de ædilit. edict.* vbi solutum vectigal
pro contractu, si is per ædilitium resol-
uatur, debet restitui emptori per ven-
ditorem; Et sic redhibitoria sequuta,
potest emptor recuperare id, quod sol-
uit nomine vectigalis, non quidem à
Fisco, sed à venditore, *Sfortia Oddus cons. 4. num. 9. & 10.* Hinc in *comment. ad Pandect. in d. l. 27. Io: Brunnemann.*
10 *n. 2.* notat, quod si partes recedant à
contractu, non tamen fiscū teneri red-
dere gabellam ex *Ludouic. decis. 113. Franc. de Clapperijs p. 2. decis. caus. 65. q. vn. n. 3.* dùm iuri alieno, per legis, aut
statuti dispositionem quæsito, ex actu
inter certas personas principalitèr ge-
sto, non possunt principales contrahen-
tes reuocando præiudicare, *Lassarte de decimis vend. cap. 12. num. 12.* quem
refert *Stephan. Fagundez de iust. & contr. lib. 5. cap. 38. num. 13.*

11 Quid autem operetur pœnitentia in
delictis commissi, & extractionis, de-
clarat *Mauson. de contrabann. quæst. 18. per tot.* Et an, qui non propalauit cu-
12 stodi gabellæ omnes merces, quas du-
cebat, vel est falsò professus, denun-
ciando scilicèt tot *ballas lanæ* pro *bal-lis serici*, possit se corrigere, vt euitet
pœnam, & infrà quantum tempus, cō-
suluit *Bald. cons. 34. lib. 5.*

13 Regulare verò est, vt in contracti-
bus innominatis, liceat re integra pœ-
nitere (intelligendo pœnitentiam, pro
libero vnius partis recessu à cōtractu)
ex *l. 3. §. 1. l. si pecuniam 5. D. de condict. caus. dat. l. ex placito, C. de rer. permut.* &
apud Hispanos *l. 3. tit. 6. par. 5. Faber in tit. C. de act. & oblig. def. 9. Couarr. var. lib. 1. cap. 14. à num. 16. Gomez var. lib. 2. cap. 8. per tot. Benedict. Carpzou. decis. 292. num. 4. & seq. Amaya obs. iur. lib. 2. cap. 4. num. 17. Pistor. qu. 140. à nu. 115. Salgad. in labyr. cred. par. 1. cap. 33. n. 15. Mager. de Aduocat. Armat. cap. 16. à nu. 230. Parion. de locat. & conduct. cap. 12. num. 28.*

14 Nisi stipulatio subsequuta sit, *l. 7. C. de rer. permut. Osasch. decis. 98. num. 5. & seq. Parlad. rer. quotid. lib. 2. c. 3. num. 33.*
Nec de iure canonico pœnitentiæ lo-
cum esse ait *Gemnens. in prax. qu. 689. per tot.* post alios *Vrceol. de transact. qu. 6. num. 54. & seq.* nec fauore dotis *Salgad. d. cap. 33. num. 18.* Nec pœnitentia
intrat in transactione, *Gratian. discept. 672. num. 12. & 13. Consil. Staiban. lib. 3. resol. 75. num. 10. & 11.* latè *Valeron. de transact. tit. 1. qu. 4. per tot. Vrceol. d. qu. 6.* aliqque limitationes, ac declaratio-
nes ponunt *Gothofred. & Brunnemann. in d. l. 3.* vidend. *Georgius Veidman de contractibus veris, & quasi non nominatis, & innominatis contractibus.*

15 Quod secùs est in contractibus no-
minatis, dùm postquàm vtriusque con-
trahentis consensu constant, non licet
alteri sine altero à contractu recedere,
l. 3. C. quand. lic. ab empt. disc. l. ab emptione, D. de pact. l. contractus 16. C. de fid. instr. l. sicut, C. de act. & oblig. l. iniuste,

C. de

C. de reiuind. Afin. de exec. §.5. cap.33. Schrader de contract. tit.24. Costa de re integra dist.1.per tot. Guttier. de iuram. conf.1.p.c.35.Castill.l.5.contr.cap.109. à n. 16. Caldas de empt. & vend. cap. 18. vbi à *num.*17.quando res integra dicatur, *Conf. Arias de Mesa lib.1. var.cap.* 40.*num.*10.*cit. Valeron.d.qu.*4.*n.*6.

AD QVÆST. XIV.

An fructus rei feudalis sint immunes à diritu Regiarum Dohanarum, vt à Collectis.

ANNOTATIO.

SVMMARIVM.

Feudatarij, seù Barones, pro bonis ipsis feudalibus sub contingenti seruitio, ad collectas non tenentur, n.1.& 2.

Etiam pro bonis allodialibus in feudalia commutatis, n.3.& pro fructibus feudi, n.4.& 5. pro industrijs, ac animalibus ad instructionem feudi, num.6. & 7.

Sicut de feudis quaternatis, planis, rusticis, & de tabula, ac alienatijs feudi, n.8. Et quid de rebus, siue reditibus Regijs simpliciter, vel sub annuo seruitio concessis, n.9.

Feudatarij non sunt immunes pro bonis allodialibus, quæ esto intrà feudi fines, libera, & non feudalia præsumuntur, n. 10. & 11.

Nec sunt exempti à iuribus Dohanarum, & quare, à n.12.ad 14.

Decis. *hanc transcripserunt* Nouar. & R.Tapia, *n.*13.

Nec ea exemptio procedit ob publicam necessitatem, vel vtilitatem, pro muris, pontibus, vijsq; reficiendis, alijsq; communibus, n.15.& 16.

Conductores bonorum feudalium pro fructibus, quos ex ijs bonis colligunt, an gabellam soluere teneantur, à num.17. ad 19.

Feudalium fructuum emptores, vel coloni, an de ijs collectas soluere debeant, n.20.

Barones immunes sunt pro vsu eorum, & familia, nu.21. & quid pro comestibilibus pro alterius seruitio emptis, num.22.

In quo puncto transcribuntur litteræ Sereniss. Reginæ Ioannæ, n.23.

1 Communis est *DD.* conclusio, feudatarios, seù Barones, pro bonis ipsis feudalibus, quorum ratione directo Domino seruitia præstant, ad collectas, & vectigalia non teneri; qui enim in seruitio Principis sunt, meritò à collectis excusantur, vt ait *Petr. de Vineis lib.*5.*epist.*59. secus duplici onere grauarentur, quod iura non permittunt, *l.primam, C. de excus.mun.cum concord.* post *Andr.de Isern.* & *Luc.de Penna,* noster *Author* hic *n.*1.& 2. *Reg.Salernitan. decis.*59. *num.*1. *Laratha in Theatr.feud.par.*12. *dilucid.*9.1. *Nouar. qu.for.lib.*1.*qu.*13.*num.*1.& *in tract. de grauam.Vasall.lib.*3.*grau.*83. *Tiraquell. de nobil.cap.*20.*à num.*166. *Iosias Nolden.de Statu nobil. ciuili cap.*16.*num.*4. *Christoph.Besold.in dissert.de Ærario publ.cap.*5.*in princ. Matthias Berlich. p.*3.*decis.*320. *Gasp.Klock. de contribut. c.*14.*sect.*1.*à n.*15.

2 Et in hoc Regno Neap. habemus expressam sanctionem, vt in *Cap.* Regni, *porrecta,* 199. in *rubr. de modo, & forma apprety*; & in *Pragm.*16. *de Vectigal.*

3 Quæ assertio, extenditur etiam in bonis allodialibus, & burgensaticis in feudalia conuersis; eo ipso enim, ac in feudum sunt conuersa, ab eiusmodi contributionibus sunt exempta, *Modest. Pistor.cons.*9.*à num.*46.*vol.*1. nec Principis potestas coarctari potest, quo minùs nobilium, vel bonorum feudalium numerum possit augere, *Ant. Faber in suo Cod.lib.*9.*tit. de muner. patrimon.*30. *defin.*7. & post alios probat *Berlich. d.decis.*320. *à num.*16. *ad seqq.* probat de fructibus ità commutatis tradit *Laratha in theatr. feud.par.*12. *dilucid.*28 *num.*4.

4 Nec solùm in re feudali, sed etiam in fructibus feudi, qui licet sint à feu-

do

do separati, de ijs, tanquàm à feudo peruenientibus non soluuntur Collectæ, post *Isern. Paris de Put. de reintegr. feud. cap. 16. num. 4. Reg. de Curte in diuers. iur. feud. par. 2. c. 5. nu. 105. fol. 228. R. de Ponte cons. 105. n. 17. l. 2. Anna singul. 93. Thor. ad Reg. Salernit. decis. 59. num. 1. & in comp. dec. ver. Collectæ, fol. 99. par. 1. Larotha par. 8. dilucid. 72.* &

5 ità in Regia Camera quotidiè expediri prouisiones, vt pro his fructibus feudi non exigantur pedagia, nec gabellæ, testatur noster *Author* hic *n. 4.* quem sequitur *Nouar. qu. for. lib. 1. qu. 13. n. 3.* sic etiam decisum in anno 1538. die 3. Iunij, vt in *Arrest. 41.* vbi in calce *Reg. de Mariu.* refert hanc nostri *Auth. decis.* aliaq; *Arresta*.

6 Imò & pro industrijs, quas in bonis feudalibus exercent, collectas soluere non tenentur, secùs verò de alijs negotijs extrà feudum, vt post alios tradunt *Capiblanc. in Pragm. 12. de Baron. à nu. 13. ad 15. Nouar. de grauam. Vasall. lib. 1. grau. 137. nu. 4. Cons. Rocc. resp. 9. nu. 2. lib. 1. & resp. 82. nu. 13. lib. 1.* Vnde pro

7 bobus, alijsq; animalibus, quæ sunt ad instructionem feudi, ad laborandum, & impinguandum, non possunt poni in appretio, neque collectari, præsertìm si feudum est sterile, ex *Luca de Penna in l. si quando annot. nu. 11. C. de bon. vacant. lib. 10.* & post *Isern. cit. de Puteo d. cap. 16. num. 3. Rocc. d. resp. 9. num. 21. & 22.* & ità fuisse expeditam prouisionem Reg. Cam. sub die 23. Iulij 1566. ex *Reg. part. d. anni*, testatur *Præs. Petrus Mastursius in suo Repertorio m. s. ver. collecta, pag. 166.*

8 Rursùs indistinctè procedit, non solùm collectam, siuè de feudis quaternatis, siuè planis, rusticis, & de tabula, quæ à Barone tenentur, ac de bonis actenasijs feudorum, nàm sempèr adest onus, licet sit aliqua annua præstatio in pecunia, vel re, & sic intrat dicta ratio, ne duplici onere grauentur, vt probant *Paris de Puteo de reintegr. feud. d. cap. 16. de Actenasijs, Camill. de Larotha in d. Theatr. feud. p. 12. dilucid. 92. per tot.* quem transcribendo sequitur *Nouar. de grau. Vas. lib. 3. grauam. 83. per tot.* licet quando feudum nõ esset quaternatum contrarium tenuerit, *Luc. de Penna in l. agros nu. 6. C. de fundis limitroph. lib. 11.* (vbi contrarium etiam de facto seruari ait) quem sequutus fuit *Anna sing. 92.* sed contrà istos *Reg. de Marin. in obseru. ad Reg. Reuert. dec. 469. num. 2.* laudat *Afflict.* & *Reg. Reuert.* ac etiam *ad decis. 27. n. 14.*

9 Et quamuis idem *de Penna in d. l. agros, n. 10. vers. quintò*, dicat, habentem annuos reditus, puta ciuiles annonas, contribuere pro eis in collectis; Etiam si res à Rege concessæ sint quocumq; titulo, vt fundat *Scipio Theodor. alleg. 32.* loquens de redditibus ex Actuariatu illorum *de Bernaudo* prouenientibus, quidquid teneat *Anna alleg. 128. lib. 2.* Id tamèn limitat *idem Luc.* nisi pro ijs alia seruitia præstet, vt seruari ait in hoc Regno in prouisionibus pecuniarijs, quæ percipiuntur à Curia Regis, pro quibus præstatur seruitium; Et patet ex *d. Cap. Porrecta*, ibi: *Etiam burgensaticis concessis sub annuo reditu, seù seruitio de bonis ipsis præstando*; *cit. Theodor. d. alleg. 32. num. 14.* etenim in functionibus fiscalibus, alijsq; redditibus Regijs, feudum consistere posse ostendimus suprà *in annot. ad qu. 1. §. 2. à n. 32. ad seq.*

10 Fallit verò præfata conclusio primò in bonis allodialibus, seù burgensaticis, quorum ratione feudatarius ad collectas tenetur, *Præs. de Franch. decis. 197. nu. 19. Guid. Pap. decis. 384. Gasp. Klock de contrib. cap. 14. sect. 1. nu. 21. & seq. Berlich. d. dec. 310. nu. 24. & 25.* ac vti bonatenens pro dictis bonis burgensaticis, quæ debent accatastari, cõtribuere tenetur, ex *d. cap. Porrecta*, & ex decretatione Reg. Cam. Summ. siuè *Pragmat. 26. de Vectigal.* vbi statuitur, Barones soluere debere bonatenentiam pro omnibus bonis, creditis instrumentarijs, fructibus à feudo non dependentibus, aliovè titulo quæsitis, & ex *Arrest. 228. & 575.* apud *Reg. de Marin.* & ità passim obseruari tradunt *Anton. Quadra in alleg. 15. inter alleg. diuers. 3. lib.*

lib. Reg. de Marin. Capiblanc. d. Pragm. 32. *num.* 12. *&* *lib.* 2. *cap.* 84. *à num.* 19. *Reg. Revert. in rubr. Pragm. de feud. nu.* 10. *Consil. Rov. d. resp.* 9. *n.* 4. *& seq.* [illegible] *Nouar. d. grau.* 137. *num.* 3. *& lib.* 1. *for.* [illegible] 83. *num.* 1. [illegible] *ad Gaff. de Gaeta super Rit. R. C. rubr.* 2. [illegible] *n.* 137. Prolis de bonis stabilibus ad consum datis, & postea à Vasallis emptis, collectas soluere tenerì, ex *Reg. de Ponte consil.* 12. *num.* 2. contra *Capiblanc.* concludit *Rou. d. responsf.* 9. *à n.* 8.

12 Res autem intra feudum, vel redditiua feudo possessæ, liberæ, & allodiales præsumantur, *arg. l. altius, C. de seruit.* [illegible] *dictum Andr. in cap.* 1. *n.* 3. *de contrau. inter masc. & fæm.* quicquid est intra fines feudi, de feudo pertinentiis esse [illegible] ut probat [illegible] *Dan.* [illegible] *Reg. de Ponte consil.* [illegible] *Capiblanc. in Pragm.* 11. *de Baron. n.* 53. [illegible] *in Pragm.* [illegible] *num.* 38. [illegible] *in obseru. ad Reg. Reuert.* [illegible] *consil.* 67. *per tot.*

12 Deinde sollita [illegible] Dohanæ, à quibus non sunt immunes, vendensium [illegible] sub die 5. Iulii 1570. [illegible] *num.* [illegible] [illegible] reddit, quia ius Dohanæ propter contractationem soluitur, & sic non respectu fructus, sed contractum, & ideo toties, quoties sic contractus debentur [illegible] *de Iur. Doban.* & ius fundici [illegible] proprio; incongruum enim videri non [illegible] plura onera sustineri [illegible] sum vicem repræsentare [illegible] [illegible] *D. de his, qui* [illegible]

13 Dohanarum [illegible] *d. qu.* 13. [illegible] transcripta, [illegible] *Reg. Tapia* [illegible] *fol.* 94. [illegible] *in fine, Thor. in comp. dec. par.* 3. [illegible] *consil.* 67. *num.* 1. *& seq.* [illegible]

num. 283. *circa fin.* ubi ita sit, generaliter mandatum fuisse per eandem Reg. 14 Cam. sub die 18. Iulii 1597. [illegible] 308. de recollectis per *Reg. de Marin.* [illegible] *Ferd. nand.* [illegible] *alleg.* 5. *n.* 13. *in* 3. *num. Anast. Reg. de Marin.*

15 Quemadmodum ob [illegible] necessitatem, vel [illegible] præstita exemptio [illegible] *non quod præ*[illegible] *Gaff.* [illegible] 11. *nor. quæst.* 36. [illegible] *Iac. de Ponte* [illegible] [illegible] *n.* 3. [illegible] *lib.* 2. [illegible] *consil.* 86. *nu.* 3. *& seq.* [illegible] *Burla.* [illegible] *lib.* 9. [illegible] pra in § 1. *qu.* 10. *n.* 17. *ad* 18.

16 Vnde contributiones [illegible] pro [illegible] *Matth. Surgent.* [illegible] *Neap. ill.* [illegible] alio, de quibus [illegible] clauorum, &c. [illegible] *Capiblanc. in d. Pragm.* 1. *num.* [illegible] *lib.* 2. *cap.* [illegible] quem sequitur *Rou. d. resp.* 9. *n.* 4.

17 Præterea conductores [illegible] feudalium pro [illegible] quos à baronibus colligunt, gabellam [illegible] tenentur [illegible] *Reg. Revert. in d.* [illegible] *concl.* 13. [illegible] Salerni [illegible] *Ferd. nand.* [illegible] *alleg.* [illegible] *Reg. de Marin.* [illegible] S. Agatæ [illegible] [illegible] *Reg. Reverter. decis.* 353. *&* [illegible] *decis.* 9. [illegible] in eadem [illegible] simplex [illegible] & soluendo gabellam, per indirectum feudatarius duplici onere grauaretur, [illegible] [illegible] & possessio, [illegible] locatores [illegible] *Reg. Reuert.*

18 [illegible] *Reg. Reuert. decis.* 1. contra-

tium

rium his per Reg. Cameram determinatum fuisse tradit, facta distinctione, ut si mercers locans feudi, sit praestandi Baroni in pecunia, non sit immunis conductor, si autem est praestanda de fructibus, pro ea parte, quae Baroni praestatur, immunis sit, ad instar conductoris Ecclesiae, eumq; referunt Capiblanc. d. loc. Nouar. d. qu. 13. num. 7. & post Reg. de Marin. Pisanus in Addit. [illegible] 581. ubi pro hac opinione, sed in[illegible] R. C. [illegible]

19 Adhuc tamen in priori sententia persistit Cons. Rocc. d. resp. [illegible] num. 15. ibi: Ego verò potius adhaereo decisioni Salernitani; nec enim [illegible] ab [illegible] ad Baronem, quoniam Ecclesia nihil omninò Regi soluit. Baro autem pro feudis soluit adoham, & seruitia praestat; propterea conductor sit ratio, conductor Baronis gaudere debet immunitate eiusdem Baronis, aliàs quia feudum duplici onere [illegible] grauaretur, ut bene [illegible] Salern. ubi sup. n. 3.

20 Caeterùm in fructibus feudalium emptione hoc non procedere, aiunt tit. Reg. Reuert. d. decis. 313. in fine. & Reg. Salern. d. decis. 50. sub n. 3. quia non est occupandi dominium, neque possessor, & licet videatur immunitas concessa rebus feudalibus, non personae, ex d. cap. Forrella, unde transeat ad emptores, & colonos, ut notatur per tit. Grat. ban, sen. de Feudo Baronis; Attamen emptor fructus à feudo recollectus, quia considerantur, & sunt à solo separati, ideò de [illegible] velut [illegible] collectas fuisse [illegible], ut habetur in fin. d. Arresti 508. & ita concludit Capiblanc. in d. pragm. 1. a num. 1 [illegible] 19. lib. 2. cap. 8. [illegible] num. 9 vel 16.

21 Verùm Regens de Marin. in observat. ad Reg. Reuert. d. decis. 3 [illegible] num. 4. in fine, subdit, hodiè prodiisse generalia decreta Regiae Camerae, quibus prouisum est, ut ipsi feudatarij pro fructibus, qui in eorum locis feudalibus recolliguntur, non [illegible] quam [illegible] obligentur [illegible] & familiae [illegible] suae [illegible] de quo [illegible] fructibus [illegible] qui percipiuntur, & de [illegible] familiae, ut videre est in decretis latis sub die 28. Nouembris 1642. & 30. Maij 1654. quae sunt Arrest. 675. & 683. cum alio Arrest. 531. sub die 15. Ianuarij 1613. promulgato, inter decreta generalia R. C. per eundem Regentem relatis; Idemq; tradit Cons. Rocc. d. resp. 4. num. 10. cum seqq. lib. 1. & resp. 82. a num. 14. lib. 2. Sic etiam Baronem

22 teneri soluere gabellam pro rebus comestibilibus emptis pro seruitio aliorum, vel causa donandi, vel mittendi extra territorium, prouisum fuit per Sac. Cons. inter Vniuersitatem [illegible] eiusq; Marchionem, ut refert Nouar. de grauam. Vassall. lib. 2. grau. 179.

23 Quo pertinent literae Sereniss. Reginae Ioannae directae gabellotis Terrae Summae, quae post nostros Ritus Reg. Cam. [illegible] & apud Cons. de Gaeta in Rit. R. C. [illegible] 78 nu. 3 [illegible] leguntur, & hic pro maiori praedictorum intelligentia typis edendas fore utiliter duximus.

IOANNA DEI GRATIA REGINA Hierusalem, & Siciliae, Ducatus Apuliae, & Principatus Capuae, Prouinciae, & Forcalquerij, & Pedemontis Comitissa, Gabellotis, seu Credenzerijs Terrae nostrae Summae praesentibus, & futuris, fidelibus nostris gratiam, & bonam voluntatem. Pro parte Raymundelli de Cabbrino (aliàs de Caputo) familiaris, & fidelis, sui Excellentiae nostrae nuper extitit supplicatum, ut, cum ipse habuerit, habeat, teneat, & possideat in territorio dictae Terrae Summae à nostra Curia certa bona feudalia sua [illegible] sub certo feudali seruitio nostrae Curiae exhibendo; Vosq; praefati Gabellotti, seu Credenzerij supplicantem ipsum, & alios pro [illegible] facientes [illegible] grauatum, [illegible] [illegible] [illegible] pro parte sua [illegible] ipsa Terra ad Ciuitatem Neapolis [illegible] ad soluendum [illegible] dictae gabellae pro ipsius [illegible] & [illegible] sua in [illegible] [illegible] supplicantis, & [illegible] nostrae Curiae [illegible] [illegible] hoc de opportuno [illegible] *dio prouidere: Nos verò attendentes, sicut etiam habito de mandato nostro propterea consulta deliberatione, quod ex bonis feudalibus, & fructibus prouenientibus ex eisdem, in quantum scilicet pertinet, ad tenentes bona ipsa, & partem contingentem eisdem, quia pro illis seruire nostra Curia specialiter sunt adstricti, ius talis plateatici, seu passagij, non deberent, nisi forte habentes bona ipsa, dictos fructus pertinentes ad eos, alijs venderent, vel etiam fructus pertinentes ad laboratores, seu colonos dictorum bonorum emerent, vel aliter quoquo modo reciperent; in quibus casibus pro ipsis taliter venditis, vel à partionarijs emptis, vel quoquo modo receptis ius huiusmodi deberetur; Quò circa volumus, & vobis, ac vestrum cuilibet expressè mandamus, quatenus supplicantem ipsum haeredes, & successores suos, et alios pro eisdem facientes fructus suos, prouenturos ex dictis bonis, quantum ad eum et suam partem pertinet, tantummodò portari pro seipso de ipsa Terra ad dictam Ciuitatem Neapolis, ad soluendum dictum ius minimè compellatis, nec propterea indebitè molestetis, quinimò reuocetis in irritum quidquid esset in contrarium contra iustitiam attentatum, et praesentes nostras literas quoad praemissa alia contenta in eisdem tenaciter seruari; Praesentibus, post opportunam inspectionem earum, remanentibus praesentanti. Datum Neap. per Magistros Rationales Magnae nostrae Curiae, anno Domini 1447. die vii. Maij xv. Ind. Regnorum nostrorum anno quinto.*

AD QVÆST. XV.

An mercibus non extantibus, poterit publicanus petere pretium, quãdo dirictus sunt fraudati.

ANNOTATIO.

SVMMARIVM.

1 *Publicanus, an pretium petere possit pro re, quae in commissum incidit, si ipsa non existat? Negatiuè arguitur ex l.* 2. C. de vectig. & commiss. *n.* 1.

Distinguuntur plures casus, à n. 2. *ad* 5.

Haeres, an teneatur pro crimine fraudati vectigalis, n. 6.

Interpretatur l. fin. §. poenae 8. D. de public. & vectig. *n.* 7.

POstremò quaerit noster *Author*, si fraudatis dirictus, vendidit iàm merces, & publicanus illas non apprehendit, an ipse poterit earum pretium petere?

1 Et licet videatur dici posse, nullam Fisco actionem competere ad pretium, iuxtà Caesareum placitum *Seueri, & Antonini in l.* 2. *C. de vectig. et commiss.* ibi *Neque pro re, quae in commissi causam cecidit, si ipsa non extitat, nec dolo supprimatur, pretium peti potest.*

2 Attamèn duo sunt distinguendi casus; Primus, quando merces sunt perditae, vt quia in rerum natura non sũt, nec penès mercatorem fraudantem, aut alium; Secundus, quando non sunt penès mercatorem, sunt verò in rerum natura, puta, mercator vendidit, ac pretium recepit.

3 Ad primum igitur dicimus, procedere *d. l.* 2. quae disponit, quod fiscus intrà quinquennium potest vindicare commissum, & pro eo non potest petere pretium, nisi dolo supprimatur, vnde si dolo, vel lata culpa fraudantis, res non extet, potest fiscus ad pretium agere, *Brunnemann. in d. l.* 2. quia dolo, & lata culpa ipsius fraudantis desijt possidere, quando mercator scire debebat prohibita, maximè si erat Ciuis, & non simplex homo; Si autem culpa leui, vel leuissima, aut perit casu fortuito, nempè furto, incendio, &c. non tenetur debitor, vt latè fundat *Goffred. de Gaet. ad Rit. R. C. rubr.* 3. *à num.* 30. *ad* 32.

4 Hinc ex *Bald. in d. l.* 2. *C. de vectigal.* firmat *Io. Ant. de Negris in Cap. Regni, incip. Vt illorum fraudibus* 2. *num.* 24. quod si mercator fraudauit ius exiturae, ex quo eius merces fisco applicari debebant, & in mari à pyratis spoliatus

est, non tenetur Fisco ad pretium.

5 Alter casus est, quando mercator fraudans vendidit, & pretium recepit, & tunc tenetur ad pretium Fisco, quia ille, qui pretiũ habet, rem habere videtur, ità vt distrahens rem, teneatur ad pretiũ, cum ipso iure rei dominium sit acquisitũ Fisco, *l. commissa. D. de public.* *Ant. r* noster *num.* 4. Si ergò res erat Fisci, non potuit vendi, potest enim Fiscus ratificare contractum, & agere contrà vendentem ad pretium, & interesse, *Reg.* noster hic *in fin.* latè *cit. Goffred. d. l. nu.* 34. *& seq.* Et sic cum iàm quęsitum fuisset dominium Fisco, mercator, qui posteà vendidit, in fraudem, & iudicij mutandi causa id fecisse videtur, arg. *l. vn. C. de alien. mut. iud. caus. fact. Goffred. d. l. n.* 37. *et seq.*

6 Quare fraudati vectigalis crimen aduersus hæredem, & quemlibet possessorem transmittitur, *l. commissa* 14. *D. de public. et vectig. Cons. Bar. de est. rubr.* 14. *§.* 8. *num.* 66. *et* 67. & *§.* 9. *n.* 36. 37. *et* 61. *Pisanus in add. ad tit. de Gaeta d. cap.* 5. *n.* 151. & hoc iure falsũ esse ait *Ærodius* in notis illud *Quintilian. in declam.* 341. *Nos nisi retinemus* (loquitur de publicanis) *nulla actione vindicari possumus*. Non tamen tenetur

7 hæres, nisi quatenùs ad eum peruenit, vt planum est ex *l. si publicanus* 4. & *l. fraudati vectigalis* 8. *D. eod.* sed pretiũ earum rerum, quæ ad hæredem non peruenerunt, haud præstare tenetur, & hoc sensu interpretari *l. fin. §. pęna* 8. *D. eod.* quatenùs pœna commissi, non potest exerceri contrà hæredem, si contrà defunctum quęstio non fuit mota, tradunt *Farinac. quæst.* 173. *num.* 48. *Rosenthal. de feud. cap.* 5. *conclus.* 36. *num.* 2. nisi dolo, & lata culpa res non extet, vt suprà, secundùm *Goffred. d. loc. num.* 41. *in fine.*

Ad maiorem Dei, ac Sanctissimæ semper Immaculatæ Deiparæ Gloriam.

PRIMÆ PARTIS FINIS.

www.ingramcontent.com/pod-product-compliance
Lightning Source LLC
Chambersburg PA
CBHW021224300426
44111CB00007B/411
9783741171819